CHINA FORESTRY YEARBOOK 1991

中国林业出版社

绿化祖國，造福万代。

邓小平 一九九一年三月

全党动员
全民动手
植树造林
绿化祖国

江泽民
一九九一年三月七日

防沙治沙
改善生态
造福人民

田纪云
一九九一年七月

增加林草植被防止
土地沙化改善生态
环境

宋任穷
一九九一年七月

1991年3月11日，江泽民总书记在毛泽东故居韶山植树 殷菊生 摄

1991年河南省94个平原、半平原县全部实现平原绿化达标。图为博爱县1991年实现平原绿化高级达标 齐保元 摄

1991年3月12日召开全国植树造林表彰动员大会。图为李鹏总理为全国荒山造林绿化第一省广东省代表颁奖 朱俊凤 供稿

李鹏总理接见参加全国植树造林表彰动员大会的先进单位和造林绿化劳动模范代表 朱俊凤 供稿

1991年8月26日，江泽民总书记等党和国家领导人参观“七五”国家林业科技攻关成果展览

魏殿生　供稿

◀ 湖南省衡东县杨桥镇虎圹村油茶低产林改造，1991年每亩平均产油量由改造前的3.2公斤增加到7.5公斤　　李益辉　摄

▼ 由中国林业科学研究院主持研究位于内蒙古乌兰布和沙漠的磴口大范围（22309.5 亩）绿化工程对环境质量作用的研究试验区，是世界上最大的荒漠开发试验区，该项研究1991年获林业部科技进步一等奖　　高尚武　供稿

▶ 由中国林业科学研究院主持研究培育出的抗云斑天牛杨树新品种珍珠杨　　韩一凡　供稿

中国林业科学研究院在河南省民权县试验建立的泡桐、葡萄、小麦间作模式

张艺华　供稿

由中国林业科学研究院主持研究的胡杨试管组织育苗成功。图为胡杨叶愈伤组织再生芽和试管苗移植2个月的生长植株

黄钦才　供稿

（左）西藏米林县海拔3400米的天然林芝云杉　　刘龙飞　摄

（右）西藏波密县位于雪峰下的冷杉天然混交林　　曹　源　摄

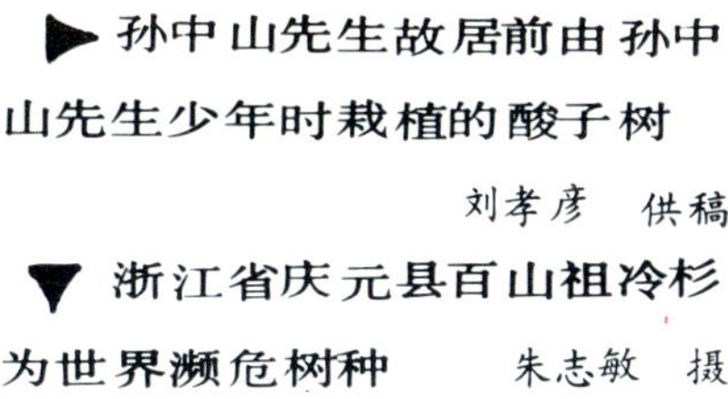

▶孙中山先生故居前由孙中山先生少年时栽植的酸子树　　刘孝彦　供稿

▼浙江省庆元县百山祖冷杉为世界濒危树种　　朱志敏　摄

生长在云南省的国家一级重点保护动物黑长臂猿,雄性黑色, 雌性浅棕色

杨云锦 摄

(上、中)内蒙古伊克昭盟发现世界上最大的遗鸥繁殖群体

高 利 摄

(下)在辽宁省双台子河口国家级自然保护区繁殖的黑嘴鸥是稀有鸥种

邱英杰 摄

中国林业年鉴编辑委员会

中国林业年鉴编辑部

特 约 编 辑

林业部办公厅　陈培源　张永利
林业部政策法规司　张健民
林业部资源和林政管理司　蒋云安
林业部造林经营司　刘孟龙
全国绿化委员会办公室综合组　任锡初
林业部森林工业司　郝丕炎
林业部野生动物和森林植物保护司　刘克敏
林业部公安局　刘振偿
林业部森林防火办公室　毕忠镇
林业部综合计划司　张锦生
林业部财务司　曹效军
林业部科学技术司　魏殿生
林业部教育宣传司　李葆珍
林业部外事司　刘洪存
林业部人事劳动司　朱延福
林业部科学技术委员会　杨健君
中国林业科学研究院　黄鹤羽　王秉勇
西北华北东北防护林建设局　王质彬
林业部林木种苗管理总站　赵良平
林业部林业工作站管理总站　陈宏贞
林业部世界银行贷款项目管理中心　程　红
中国林学会　马忠良
中国水土保持学会　黄　元
中国林业机械公司　梁扬子
中国林业物资供销总公司　陈崇欣
中国林产工业公司　刘茂泰
中国林产品经销公司　刘兆全
中国国营林场开发公司　肖纪六
北京市林业局　李宝林
天津市农林局　刘兆华
河北省林业厅　陈英洲
山西省林业厅　孔繁西
内蒙古自治区林业局　夏玉田
内蒙古大兴安岭林业管理局　崔志博
辽宁省林业厅　张洪生
吉林省林业厅　崔云深
黑龙江省林业厅　张福卿
黑龙江省森林工业总局　王保田
大兴安岭林业公司　梁昌发
上海市农业局　陈希侠
江苏省农林厅　郦振平
浙江省林业厅　周志赓
安徽省林业厅　薛胜平
福建省林业厅　陈玉华
江西省林业厅　吴少华
山东省林业厅　谢桂英
河南省林业厅　齐保元
湖北省林业厅　余志中
湖南省林业厅　廖亚杰
广东省林业厅　曾培贤
广西壮族自治区林业厅　欧阳荣
海南省林业局　魏茂忠
四川省林业厅　魏寿才
贵州省林业厅　陆应中
云南省林业厅　唐庆苹
西藏自治区林业局　尹秉高
陕西省林业厅　孙承骞
甘肃省林业厅　林依明
青海省农林厅　李林欣
宁夏回族自治区林业厅　朱永元
新疆维吾尔自治区林业厅　严效寿

编辑说明

一、《中国林业年鉴》是一部综合反映我国社会主义林业建设重要活动、发展水平、基本成就与经验教训的大型资料性工具书。每年出版一卷，反映上年度情况。1991年卷为第六卷，收录限1991年的资料。

二、年鉴的基本任务是，为我国林业战线和有关部门的各级生产和管理人员、科技工作者、林业院校师生以及广大社会读者全面、系统地提供我国森林资源消长、森林培育、林政保护、森林工业、林业经济、科学技术、专业理论研究、院校教育以及体制改革等方面的年度信息和有关资料。

三、第六卷编纂内容设29个栏目。基本数字以林业部综合计划司提供的“林业统计”和林业部资源和林政管理司编发的《全国森林资源统计1984—1988》为依据。统计资料除另有说明外，均不含台湾省数字。

四、年鉴编写实行条目化，条目标题力求简洁、规范。长条设黑体和楷体两级层次标题。全卷编排按内容分类。索引按汉语拼音字母顺序；并设索引首字笔画索引。条头设【 】。按分类栏目设书眉。

五、年鉴撰稿及资料收集由林业部机关各司、局、厅，部直属各单位承担；“各省、自治区、直辖市林业”由各省（区、市）林业厅（局）承担。所提供的资料、数字较为准确、可靠。

六、释文中的计量单位执行1984年国务院《关于在我国统一实行法定计量单位的命令》和文化部出版局、国家计量局《贯彻〈中华人民共和国法定计量单位〉的联合通知》及国家计量局公布的《〈中华人民共和国法定计量单位使用方法〉的函》等规定。数字用法按国家语言文字工作委员会等七部门1986年底联合公布的《关于出版物上数字用法的试行规定》执行。

七、条目、文章一律署名，文责自负。

八、释文中凡提到“党的”、“省（区、市）委”、“县委”字样，均指中国共产党；“××年代”指“20世纪××年代”；“建国以来”，系指中华人民共和国建立以来。

《中国林业年鉴》编辑部

栏 目（1991）

目 录

特 辑

中国林业概述

森林资源保护

林业公安、检察、法院工作

森 林 防 火

森林资源与林政管理

全民义务植树与社会林业

森林生态效益

森 林 工 业

林 业 教 育

林业科学技术

林业宣传与出版

林 业 统 计

林业计划与基本建设

林业财务与物价

人　物

林业法制建设与林业政策

对外科技交流、经济合作与贸易

专 文

机关、团体及其动态

重要会议

中国林业大事记

精神文明建设

国际林业信息

索　引

彩　图

广　告

特 辑

国家领导人重要讲话

江泽民总书记、李鹏总理致全国治沙工作会议的信

全国治沙工作会议：

建国以来，各地沙区人民在各级党委、政府的领导下和有关部门的支持下，在治沙工作中取得了很大成绩。值此全国治沙工作会议召开之际，我们向大会表示热烈的祝贺，并通过你们向为我国治沙事业付出辛勤劳动、做出贡献的同志们，向治沙战线的广大干部群众和科技人员致以亲切的问候。

我国沙区面积很大，治沙是关系到国计民生具有战略意义的大事。搞好治沙工作，是摆在我们面前的一项十分紧迫的任务，对于扩大耕地资源，改善生态环境，保障工农牧业生产，改善沙区人民生活，促进国民经济发展，实现我国现代化建设的战略目标，都具有重要意义。要坚持把治沙作为一项重大工程纳入国民经济和社会发展计划，采取有力措施，切实抓紧抓好。

在治沙工作中，必须依靠全社会的共同努力，发挥各个方面的积极性。沙区各级党委和政府要把治沙工作列入重要议事日程，经常加以研究，切实加强领导，动员组织广大群众、科技人员和其他方面的力量，真抓实干。全国绿化委员会、林业部要加强治沙工作的行业管理，各有关部门要密切配合，团结协作。治沙工作要坚持从实际出发，做到统一规划，综合治理，严格责任制度，实行扶持政策，注重科学技术，强化组织管理，扎扎实实地取得实效。

大力开展治沙工作，向沙漠进军，是我国人民在社会主义现代化建设中一项长期的艰巨的任务。要广泛深入地进行宣传教育，增强搞好治沙的责任感和紧迫感。沙区广大干部群众和科技人员要进一步动员起来，向为治沙事业无私奉献的英雄模范和做出显著成绩的先进单位学习，发扬自力更生、艰苦奋斗精神，坚韧不拔，开拓进取，努力开创治沙工作新局面，完成治沙十

年规划确定的任务，为实现我国现代化建设第二步战略目标做出积极贡献。

江泽民 李 鹏

1991 年 7 月

李鹏总理在全国植树造林表彰动员大会上的讲话

（1991 年 3 月 12 日）

同志们：

今年是全国开展全民义务植树运动的 10 周年，今天又是我国一年一度的植树节。在这个有意义的日子里，我们在这里召开全国植树造林表彰动员大会，充分表达了党和国家对植树造林、绿化祖国的高度重视和加快发展这一事业的决心。

在今天的大会上，受到表彰的有获得“全国荒山造林绿化第一省”光荣称号的广东省；在森林防火工作中取得突出成绩的吉林省；在林业建设中取得显著成果的福建、湖南、安徽、山西、河南、北京、辽宁、内蒙古、山东等省、市、区和中国人民解放军北京军区，以及 524 个绿化先进单位、271 名造林绿化劳动模范。我代表党中央、国务院向所有受到大会表彰的先进地区、先进单位和劳动模范表示热烈的祝贺！向全国林业战线广大职工，以及所有为植树造林、绿化祖国作出过贡献的广大干部、群众和人民解放军官兵表示亲切的慰问！希望大家再接再厉，继续发扬艰苦奋斗的精神，为植树造林作出新贡献。

林业是国民经济的重要组成部分，既是一项产业，又是一项社会公益事业；既属于农业范畴，又是基础原材料工业。森林还是生态系统的主体，是保障农业稳产、高产的屏障，兼有经济效益、生态效益和社会效益。植树造林，绿化祖国，是国家的一项重大决策。

党和政府历来十分重视林业建设，特别是党的十一届三中全会以来，国家制定了一系列保护、发展林业的政策、法律和法规，邓小平同志倡导开展全民义务植树运动大大激发了各地区、各部门和林业战线广大干部群众的积极性，植树运动成效显著，绿化事业取得了巨大成就。造林面积稳步增加，质量不断提高，森林覆盖率开始上升，城乡绿化面貌大为改观。以“三北”防护林、长江中上游防护林、沿海防护林、平原绿化、太行山绿化等为标志的许多重点造林绿化工程取得了很大进展。全民义务植树运动成效显著，10 年植树 100 多亿株。林业在促进国民经济发展、改善生态环境、推动社会主义两个文明建设等方面发挥了重要作用。我国人工造林保存面积已达 4.6 亿亩，位居世界前列，大力造林绿化，对于人类也是一个很大的贡献。

在看到成绩的同时，也要清醒地认识到：我国森林覆盖率还比较低，全国还有大量宜林荒山荒地尚未绿化；生态环境恶化的趋势还没有根本扭转；城市绿化与人民生活的需要还不相适应；有些林区可采森林资源持续下降，森工企业面临不少困难。因此，植树造林、绿化祖国的任务还十分艰巨。

今后10年，是我国实现现代化建设第二步战略目标的关键10年，也是林业建设的关键10年。党的十三届七中全会关于10年规划和“八五”计划的建议中明确指出：要大力加强林业建设，积极植树造林，提高绿化水平，加强速生丰产用材林、防护林、经济林和薪炭林建设，改善生态环境。全国人民都要在七中全会精神的指引下，总结前10年造林绿化的经验，向受表彰的先进地区、先进单位和模范人物学习，进一步动员起来，以高度的爱国热情，人人动手，年年植树，愚公移山，坚持不懈，把造林绿化这一功在当代、造福子孙的事业更加深入扎实地开展下去。

要广泛深入地宣传植树造林的意义，使植树造林、绿化祖国成为全社会的共同认识，使广大干部和群众增强植树造林的责任感和紧迫感，自觉地积极投身到这一伟大事业中来。各地区、各部门、各单位、人民解放军、各级群众组织，都要从实际出发，积极主动地完成自己承担的造林绿化任务，为绿化祖国做出贡献。

植树造林要从我国的国情出发，大力发扬自力更生、艰苦奋斗精神，实行以群众投劳为主、国家补助为辅，多渠道筹集造林绿化资金。国家和地方都要增加对林业的投入，为植树造林创造更多更为有利的条件。

要使今后10年我国的植树造林事业有较快的发展，必须依靠科技进步。当前最重要的是积极推广经过实践检验有显著效益的林业科技成果，特别是重视林业适用技术的推广，新技术、新成果的运用。还要建立健全林业技术推广服务体系，充分发挥广大科技人员的作用，努力提高造林绿化的总体水平。

林业生产周期长，造林仅仅是发展林业的第一步，从造林到成林，进而发挥林业的效益，是一个比较长的过程，需要付出艰苦的努力。关键是要做好林木的科学管理和保护，提高林木生长量。通常所说的“三分造、七分管”就是这个道理。要坚持以法治林。认真贯彻执行《森林法》等一系列林业法律、法规。近年来，各级政府和林业部门大力加强了森林防火、森林病虫害防治、制止乱砍滥伐森林等工作，取得了很大成绩。要坚持不懈地加强“三防”体系建设，把保护林业的工作抓紧抓好，使森林火灾进一步下降，森林病虫害面积进一步缩小，与一切毁林犯罪、乱砍滥伐的违法行为进行坚决的斗争。

领导重视，真抓实干，是发展造林绿化事业的关键。广东省荒山造林绿化成绩显著，根本经验就是从主要负责同志做起，各级领导亲自动手，真抓实干。各级党委和人民政府都应把造林绿化工作纳入重要议事日程。

同志们，植树造林，绿化祖国，需要全国人民同心协力，像邓小平同志指出的那样，世世代代坚持干下去，自力更生，艰苦奋斗，把造林绿化工作推向一个新的水平，使林业生产建设再上一个新台阶，以适应国民经济发展和改善生态环境的需要，为实现现代化建设的第二步战略目标做出新的贡献。

田纪云副总理在国家森林防火总指挥部第八次全体会议上的讲话（要点）

（1991 年 3 月 9 日）

国家森林防火总指挥部成立三年多了。这几年我国森林防火工作取得很大成绩。森林防火体系初步建立，各项工作逐步走上轨道，预防和扑救森林火灾的综合能力有了明显增强。森林火灾的次数和损失连年大幅度下降，没有发生大的问题。为维护社会安定，促进经济发展，保护森林资源和生态环境做出了重大的贡献，积累了一些好的经验。这些成绩确实来之不易，这是全国各族人民在各级人民政府的领导下，各有关部门的大力支持配合、团结协作、艰苦奋斗的结果；是各级森林防火和林业战线广大职工勤奋工作、组织协调的结果；是我国社会主义制度优越性的生动体现。

刚才高德占同志对这几年森林防火工作的总结，是实事求是的，对今后工作是有指导意义的。对今年的工作部署，特别是对春季森林防火形势的分析和采取的措施，是可行的，我都同意。各地、各有关部门要结合实际，狠抓落实。把今年春防工作切实搞好。

下面我再强调几个问题。

一、进一步提高认识，加强领导，思想上不能麻痹，工作上不能放松

森林防火是一件关系社会安定，关系经济发展，关系生态环境的大事，是林业建设的一项重要工作。今年是“八五”计划第一年，森林防火乃至整个林业工作都要再上一个新台阶，为实现现代化建设的第二步战略目标做出贡献。我们要进一步提高对森林防火工作重要性、艰巨性、长期性的认识。这几年没发生大的森林火灾，其中最主要的经验是上下认识统一，工作抓得紧、抓得实。已有三年多没有着大火了，有的同志产生麻痹思想，以为森林防火工作抓得差不多了，不用再像过去那么使劲抓了，这种想法是很危险的。历史的教训是，着了大火狠抓几年之后，思想就容易麻痹，工作就容易放松，往往在这时就可能出问题。我们必须承认，我国森林防火灭火的综合能力落后的状况并没有根本改变，与科技现代化的水平很不适应，我们还不具备扑救特大森林火灾的能力。森林火灾受自然条件影响和制约严重，遇上恶劣天气，着大火的危险是随时存在的。必须时刻保持高度警惕，思想上不能有丝毫麻痹，工作上不能有丝毫放松。思想麻痹工作放松之日，就是森林大火可能发生之时，这个血的教训，千万不可忘记。各级领导同志一定要进一步提高认识，加强领导，在成绩面前保持清醒头脑，要居安思危，全面贯彻“预防为主，积极消灭”的方针，放手发动群众，严格火源管理，同时，随时做好扑大火的各项准备，有备才能无患。

二、要明确森林防火工作的性质和特点，加快森林防火体系建设

森林消防是国家公安消防的重要组成部分，武装森林警察就是森林消防警察。森林火灾不仅有突发性和严重社会危害性，森林消防的群众性、社会性更强，组织协调任务更加繁重。这几年森林防火取得的成绩是同加强森林防火体系建设，从上到下有人抓这项工作分不开的。要巩固森林防火工作成绩，必须稳定和提高森林消防队伍，进一步健全森林防火体系。国务院有关部门已经专门发了文件，希望各地要认真组织落实，至于机构怎么设，编制给多少，请各地从实际出发，做出决定。但有一条应当明确，就是机构和人员要与森林防火任务相适应。据反映，在这项工作落实中还有一定困难，有认识问题，也有实际问题。请国家森林防火总指挥部办公室同林业部、公安部、财政部、人事部、劳动部等部门在调查研究的基础上，制定一个可行的办法，切实解决好森林消防体系建设中的有关问题。

三、进一步稳定政策，增加投入，加快森林防火基础设施建设，特别是重点林区的扑火手段现代化建设，逐步提高我国森林消防的综合能力

对森林火险天气的预测预报能力，森林火灾的监测能力，通讯能力，运输能力以及扑火能力等，这些都是保证我国森林防火工作持续稳定发展的物质保证。过去，我们在这方面的工作十分薄弱，多数地区处于空白状况。大兴安岭火灾以后，开始重视基础工作，取得了初步的成效。各方面反映较好。在这方面，要舍得花一点钱，在一些重点林区，搞些现代化手段。要注意研究和引进经济发达国家的先进技术和经验。目前，各地都制定了加强森林防火基础设施建设的近期规划，国务院有关部门和地方人民政府为支持这项规划的实施，制定了一些优惠政策，这是十分必要的。为了加快森林防火基础设施建设，给予森林防火的各项优惠政策原则上应保持稳定，不要轻易改变。对一些临时性的优惠措施有的要改变的，有关部门的总指挥部成员同志必须把关，必须事前同国家森林防火总指挥部办公室协调，取得一致意见后再办。随着国民经济的发展，对森林消防的投入要相应增加。对森林防火的各项资金，一定按照规划，专款专用，精打细算，管好用好，发挥更大效益。

四、进一步改进工作方法和工作作风，加强组织协调，加快我国森林防火工作的规范化、制度化、现代化建设

我国的森林防火工作近几年上得较快，步子较大，一些亟待解决的问题大体都有了一个眉目，有了一些章法。森林防火工作是一个系统工程，是涉及多学科多部门的综合性工作，许多更深层次的问题还有待于解决。要很好地总结这几年的经验，从实际出发，深入地进行调查研究，搞一个与国民经济发展相适应的森林防火建设十年规划，并不断探索有中国特色的森林防火工作的路子，把森林防火工作引向深入。森林防火战线的同志们要再接再厉，继续努力，勤奋工作；社会各方面、各有关部门要继续给予大力支持，积极配合，经过全社会的共同努力，我国的森林防火工作一定会搞得更好。为了加强森林防火日常工作的组织协调，原则上同意建立联络员制度，及时解决森林防火工作中的一些具体问题。

五、进一步落实各项措施，把今年春防工作切实抓紧、抓实、抓细、抓好，力争不要发生大的问题

气象部门已经做出预报，今年春季大部分地区旱象比较严重，气候对森林防火十分不利，对此必须高度重视，各项预防和扑救措施必须落到实处。除了抓好这次会议精神的落实外，在大兴安岭开个现场会是必要的，总结经验教训，警钟常鸣，有利于提高大家的警觉，引起高度的重视。国家森林防火总指挥部要组织几个组下到重点林区去检查，帮助解决一些实际问题。虽然气候条件不利，但是，只要我们把工作做好，巩固这几年森林防火工作的好势头是完全可能的，我们就要朝着这个目标，上下共同努力，争取把今年春防工作切实抓好，抓出成效。

国务院副总理、全国绿化委员会主任 田纪云植树节电视广播讲话

（1991 年 3 月 11 日）

同志们：

一年一度的植树节来到了。从 1981 年到现在，开展全民义务植树运动已经 10 周年。我们要总结过去，开拓未来，再来一个大动员，把植树造林、绿化祖国的活动提高到一个新水平。

10 年来全民义务植树运动取得了很大成绩。1981 年，全国人大根据邓小平同志的倡议，作出了《关于开展全民义务植树运动的决议》，用法律形式规定了每个公民植树造林的义务。全国各族人民热烈响应，各地区、各部门、各行业都积极开展义务植树运动，人民解放军走在造林绿化的前列，广大青少年和妇女踊跃建设各种造林绿化工程。全民义务植树运动的规模一年比一年大，工作一年比一年扎实，成效一年比一年显著。10 年来，全国参加义务植树的人数达 20 多亿人次，义务植树 100 多亿株。近两年，每年参加义务植树的人数都在 3 亿人以上，植树 17 亿株以上。

全民义务植树运动有力地推动着全国造林绿化事业的发展，造林面积稳步增加，造林质量不断提高。“三北”防护林、长江中上游防护林、沿海防护林、平原绿化和速生丰产用材林基地建设等重点造林绿化工程取得了很大进展。城市绿化建设成效显著，大部分大中城市实现了近期绿化目标。特别值得指出的是：广东省委、省政府 1985 年作出“5 年消灭宜林荒山，10 年绿化广东大地”的决定后，全党动员，全民动手，经过 5 年艰苦奋斗，造林 5000 多万亩，在全国第一个实现了消灭宜林荒山的目标。这是我国植树造林事业发展进程中的一个重大突破，为各省、区、市实现造林绿化规划、消灭宜林荒山树立了榜样。造林绿化事业的发展，使林业的经济效益、生态效益和社会效益越来越明显，为农业稳产高产和水利设施发挥效能提供了生态屏障，为发展国民经济和改善生态环境做出了贡献。

但是，全民义务植树运动发展还不平衡，全国每年参加义务植树的人数还没有达到要求，对植树造林、绿化祖国的重要意义，还没有在全社会得到应有的共识。我国是个少林的国家，森林覆盖率低，全国还有大量宜林荒山、荒滩、荒地没有造上林。林业的现状与发展国民经济和改善生态环境的要求还不相适应，植树造林、绿化祖国的任务十分艰巨。

林业是国民经济的重要组成部分，是农业稳产高产的生态屏障。它既是一项产业，又是一

项社会公益事业；既属于大农业，又是基础原材料工业，兼有经济效益、生态效益和社会效益。植树造林、发展林业是关系国民经济和社会发展全局的大事。今后10年，是我们实现现代化建设第二步战略目标的关键10年，也是林业建设的关键10年。要认真贯彻党的十三届七中全会精神，大力加强林业建设，积极植树造林，提高绿化水平，加强速生丰产用材林、防护林、经济林和薪炭林建设，改善生态环境。

要做到经济建设和生态建设同步发展，把植树造林、绿化祖国的活动提高到一个新水平。

为了更好地全面落实小平同志倡导的经全国人大作出的《决议》和10年规划、"八五"计划的要求，还需要我们作出更大的努力。为此，国务院要求做好以下几项工作。

一是要全面落实造林绿化规划。去年9月，国务院批复了《1989—2000年全国造林绿化规划纲要》，明确了今后10年造林绿化工作的奋斗目标、总体布局和建设重点，提出了各地区造林绿化的任务指标。各地区、各部门都要狠抓规划的落实，分级负责，实行目标管理，千方百计保证全面完成任务。要坚持高标准、严要求。既要加快造林进度，又要坚持因地制宜，提高造林质量，提高城乡绿化水平。

二是要实行全社会办林业、全民搞绿化。植树造林、绿化祖国是全社会的事业，是全国各族人民的共同愿望和光荣责任。要动员和组织广大群众和各方面力量，都积极投身于这一功在当代、造福子孙的伟大事业。要大力发扬自力更生、艰苦奋斗的精神，实行群众投工投劳为主、国家补助为辅，进一步健全植树造林劳动积累工、义务工制度，多渠道筹集造林绿化资金，努力增加林业投入，开展多种形式的联合造林。

三是要认真总结10年来开展全民义务植树运动的经验，学习和推广先进经验，把全民义务植树运动不断引向深入。各地要从实际出发，统筹安排，逐步对机关、学校、厂矿、企业等所有单位确定义务植树基地或责任区。各地区、各单位都要推行义务植树登记卡制度，按适龄公民人数落实任务，保证每个适龄公民每年义务植树3—5棵，或者完成相应劳动量的育苗、管护和其他绿化任务。要广泛开展营造各种纪念林的活动，促进社会主义精神文明建设。各地区、各部门都要切实采取措施，使全民义务植树运动逐步走上基地化、制度化、规范化的轨道，健康地向前发展。

四是要加强领导，落实责任制。这是发展造林绿化事业和深入开展全民义务植树运动的关键。各地区、各部门都要认真学习广东省的经验，从主要负责同志到各级领导干部，都要高度重视造林绿化工作，列入各级党委和政府的重要议事日程，加强领导，真抓实干，广泛动员和组织群众，大力植树造林。各地都要实行领导干部任期造林绿化目标责任制，层层签订责任状，领导干部办造林绿化点，并认真检查验收，严格实行奖惩。要及时解决造林绿化工作中的困难和问题，促进造林绿化事业持续、稳定地向前发展。

同志们，今年是"八五"计划的第一年，又是全民义务植树运动10周年。做好今年的工作，对实现造林绿化规划具有重要意义。今年的植树造林活动，已经从南到北陆续展开。全国各族人民要进一步行动起来，在党的十三届七中全会精神指引下，艰苦奋斗，扎实苦干，坚持不懈，把植树造林、绿化祖国的活动提高到一个新水平，为实现现代化建设的第二步战略目标做出新贡献。

田纪云副总理致全国沿海防护林体系建设工作会议的信

林业部并全国沿海防护林体系建设工作会议：

在各级党委和政府的领导下，沿海防护林建设取得了很大成绩。欣闻全国沿海防护林体系建设工作会议在福州召开，我代表国务院表示热烈祝贺，并通过你们，向在沿海防护林建设中作出贡献的广大干部群众表示衷心的感谢。

今年是“八五”计划的第一年，我国沿海防护林体系建设将进入全面推进的新阶段。在这个时候召开会议，研究部署沿海防护林体系建设工作，是非常必要的。

沿海地区在我国国民经济和社会发展中占有十分重要的地位。但是，由于这一地区森林植被较少等原因，每年因台风、旱涝、风沙等自然灾害损失严重。因此，在万里海疆大力植树造林，建设绿色屏障，是一项十分紧迫的任务。这对于改善沿海地区生态环境，加快经济发展；对于改善投资环境，发挥对外开放窗口的作用；对于促进精神文明建设，实现现代化建设第二步战略目标都具有十分重要的意义。

我们要进一步增强建设沿海防护林的紧迫感和责任感，提高思想认识，发挥沿海地区的优势，采取得力措施，在过去工作基础上，开创建设的新局面。沿海地区各级人民政府要把这项任务列入议事日程，加强领导，真抓实干，要动员和组织广大人民群众积极投入沿海防护林体系建设，层层建立责任制，及时研究和解决建设中出现的困难和问题，高质量、高水平地完成这项功在当代，造福子孙的伟大事业，为尽快建成整个体系做出自己的贡献。

沿海防护林体系是一项社会性的生态建设工程，必须从实际出发，统一规划，分类指导，因地制宜，因害设防，实行山水林田路综合治理。坚持多林种、多树种、多层次、多功能相结合，做到生态效益、经济效益和社会效益相统一。在建设中要发扬自力更生、艰苦奋斗精神，注重科学技术，强化工程管理，严格各项制度，加强检查监督，定期评比通报，保证建设质量。

建设沿海防护林体系是一个宏伟壮举，是林业十年规划重点建设项目之一，任务是十分光荣而艰巨的。希望各地都要进一步行动起来，把沿海防护林体系建设提高到一个新的水平。只要我们坚持不懈地把这项工作抓下去，建设万里海疆绿色屏障的目标一定能够实现。

祝会议圆满成功。

田纪云

1991年5月22日

田纪云副总理致全国竹业工作会议的信

林业部并全国竹业工作会议：

建国以来，在各级党委和政府的领导下，我国竹业生产取得了很大成绩。值此全国竹业工作会议召开之际，我代表国务院向会议表示热烈的祝贺，并通过你们向为我国竹业发展付出辛勤劳动、做出贡献的广大干部群众和科技人员致以亲切的问候。

竹业是林业生产建设的重要组成部分。竹子具有很好的经济效益、生态效益和社会效益，发展竹业生产，对于加快国民经济发展、改善生态环境、繁荣山区经济、帮助竹乡群众脱贫致富、促进社会主义精神文明建设，都具有重要的意义。

各级林业主管部门要切实加强对竹业的行业管理，要像抓树木那样抓竹子，像抓木材那样抓竹材，采取有力措施，对竹子资源加快培育，强化管理。竹子产区各级人民政府要把发展竹业纳入议事日程，加强领导，从政策上、资金上扶持竹业生产，及时研究解决存在的问题。各有关部门要密切配合，团结协作，共同促进竹业的发展。

发展竹业，一是要从实际出发，实行分类指导，既要保护竹子资源、提高竹林质量，又要广开门路，综合利用，促进竹子资源的发展。二是要发扬自力更生、艰苦奋斗精神，依靠地方、依靠群众，多渠道、多层次筹集资金，注意取之于竹、用之于竹，实行以竹养竹。三是要搞好统筹规划，坚持科技兴竹，注重科学技术，加强科学管理，不断扩大竹子加工利用的广度和深度，努力提高竹业的经济效益。

发展竹业是加快林业发展的一项重要措施，也是今后十年林业发展的重点之一，希望各地都要进一步行动起来，努力完成竹业发展十年规划的各项任务，为振兴我国竹业做出新的贡献。

祝会议取得圆满成功。

田纪云

1991 年 10 月 10 日

植树造林是造福万代的伟大事业

——在“世界粮食日”纪念会上的讲话

宋　健

（1991 年 10 月 16 日）

女士们、先生们，朋友们，同志们：

今天是“世界粮食日”。1979 年粮农组织第二十届大会通过的关于建立“世界粮食日”的决议中指出，其目的在于唤起世界公众关注长期存在的粮食问题，鼓励各国更加重视农业生产，努力提高营养和生活水平，以确保人类免于饥饿和贫困。联合国粮农组织确定今年“世界粮食日”的主题是：植树造林，造福人类。这一主题的确定，充分指出了森林对人类生活的极端重要性。通过开展这一主题活动，就是要提醒人们充分认识森林是人类赖以生存的基础，是人类生产、生活必须品的重要来源基地，林业和农业有着十分密切的关系，对农业的发展具有重要作用；呼吁人们更加重视植树造林，保护森林，改善生态环境，才能保证农业的稳定发展。在“世界粮食日”中开展“植树造林，造福人类”这一主题活动，标志着人们对粮食生产内涵的认识有了进一步的深化和提高。因此，今天我们隆重纪念这一日子，是一件很有意义的事情。

众所周知，森林是陆地生态系统的主体，是巨大的绿色宝库。森林不仅为我们提供木材和大量的林副产品，更为重要的是，它能涵养水源、保持水土、防风固沙、调节气候，对改善生态环境，保障农牧业稳产高产，保障水利设施发挥效能，维护人们的生存环境，保护生物多样性等等，都发挥着至关重要的作用。我们要充分认识农、林、水三者在大农业中相互依存、相互促进的客观规律。农业是基础，水利是命脉，林业是屏障，这三者互相作用的结果，才能从整体上促进农业生产的稳定发展，这是世界科学界的共同认识，也是人民在长期的生产实践中得出的科学结论。没有发达的林业，没有良好的生态环境，就没有发达的农业。抓林业就是抓农业的基础建设，就是抓农业和水利的生态屏障。从这个意义上说，抓林业也就是抓农业，抓粮食。

中国政府十分重视保护森林、发展林业。为加快植树造林步伐，坚持不懈地在全国开展全民义务植树运动。在中国，亿万人民年年坚持植树造林，取得了巨大成就。现在，植树造林活动蓬勃开展，造林质量不断提高，森林面积稳步增加，森林覆盖率呈逐年上升趋势。目前，我国每年植树造林530多万公顷，全民义务植树20亿株，人工造林累计保存面积已达3100多万公顷，均居世界首位。为了进一步发挥林业的经济效益、生态效益和社会效益，国家还集中力量抓好以建设660万公顷速生丰产用材林基地，“三北”、长江中上游、沿海、平原农田防护林体系和全国治沙工程为中心的林业重点工程建设。举世瞩目的“三北”防护林体系工程经过13年的艰苦努力，造林900多万公顷，保护农田1100万公顷。长江中上游防护林体系建设，已于1990年在9个省的145个县全面展开，造林面积已突破180多万公顷，占一期工程造林任务的四分之一，进展情况良好。沿海防护林体系建设，已在我国长达1.8万公里的海岸线按规划全面推进，已有1万多公里海岸线营造起基干林带。占全国耕地总面积50%的平原农田防护林体系建设取得重大进展，有3000多万公顷耕地实现了林网化，400万公顷耕地实行了农林间作。这些大规模的防护林体系建设，在相当部分地区改善了生态环境，有效地减轻了自然灾害的威胁，为保护我国生态环境，保证农业丰收和农村经济的持续发展发挥了重要作用。

中国在保护森林、植树造林、发展林业方面虽然取得了很大成绩，但是，我们还必须看到，森林覆盖率还比较低，还有大量宜林荒山荒地尚未绿化，生态环境恶化的趋势还没有得到根本扭转，农业生产还经常遭受自然灾害的困扰，洪涝、干旱、风沙、高温、冻害等灾害还比较频繁，土地沙化、盐碱化和水土流失还比较严重。要从根本上改变这种状况，最重要的就是要坚持大力植树造林，增加绿色植被，发挥森林的生态屏障作用。

今后10年是我国实现现代化建设第二步战略目标的关键10年，也是林业建设的关键10

年。为了加快植树造林步伐，促进林业发展，中国政府批准了《1989—2000年全国造林绿化规划纲要》，对植树造林、发展林业确定了明确目标。今后10年我们要全面落实造林绿化规划，在森林面积继续增长的基础上，实现森林面积和森林蓄积量二者都稳步增长。这是一项艰巨任务。为了实现这个目标，我们要在过去取得成就的基础上，总结成功经验，从我国的国情和林情出发，按照林业的自然规律和经济规律办事，走有中国特色的林业建设道路。要继续坚持多林种、多树种、多形式、多层次造林；坚持依靠广大人民群众，实行全社会办林业、全民搞绿化；不断提高科学技术和科学管理水平，实行“科技兴林”；坚持发扬自力更生、艰苦奋斗精神，加快林业发展。要通过坚持不懈的努力，使我国林业建设在90年代再上一个新台阶，为农业的发展乃至整个国民经济的发展和改善生态环境做出新的成绩，为中国人民和全人类作出新的贡献。

同志们、朋友们，植树造林、绿化祖国是造福千秋万代的伟大事业，是历史赋予我们的光荣使命。这也是中华民族对保护地球生态环境这一全人类的共同事业所担负的重要责任。多年来，在这一伟大事业中，我们同联合国粮农组织、联合国开发计划署、世界粮食计划署、世界银行等国际机构，以及一些国家进行了卓有成效的合作。我们感谢这些国家和国际机构对我国植树造林、发展林业的支持和帮助。我相信，今后我们在发展农业生产，在植树造林、发展林业、改善环境等方面的合作会进一步加强，更加富有成效。

谢谢大家。

动员起来　向沙漠进军

——在全国治沙工作会议上的讲话

陈俊生

（1991年7月29日）

同志们：

这次全国治沙工作会议是国务院召开的。这是建国以来全国第三次治沙工作会议。

党中央、国务院领导同志对治沙工作非常关心，非常重视。1989年，宋任穷同志对我国防沙治沙情况作了深入调查，并写了一份调查材料，对治沙工作提出了建议。江泽民、李鹏、陈云同志作了重要批示。

一年来，林业部做了大量工作，调查摸清了我国土地沙漠化现状，同各地一起总结了多年来治沙工作的经验，并制定了今后十年治沙规划要点，提出了实施规划的步骤和措施。国务院多次开会研究、部署治沙工作，并决定召开这次会议。江泽民、李鹏同志又给这次会议写了信，田纪云、宋任穷同志为会议题了词，对这次会议的召开给予极大关心和支持。

这次会议的任务，就是贯彻落实党的十三届七中全会精神和七届人大四次会议通过的国民经济和社会发展十年规划和“八五”计划纲要中关于治沙工作的部署，贯彻落实中央、国务院领导同志对治沙工作的指示精神，紧密联系实际，总结、交流治沙工作经验，提高认识，明确规划、任务、政策、措施，从而把治沙工作在原有基础上再提高一步。

在这次会议上，我们还要表彰治沙先进单位和治沙劳动模范。

通过这次会议，要在全国范围内开创治沙工作的新局面，把我国防沙治沙工作推向一个规模更大、效益更高的新阶段。

下面，我讲四点意见。

一、治沙已成为一件迫在眉睫的大事

治理沙漠、遏制土地沙漠化和开发利用沙区资源，是人类征服自然、改造自然、改善生存条件的重要事业。现在，土地沙漠化已成为世界性灾难。全世界现有沙漠、戈壁和沙漠化土地4560万平方公里，受沙漠影响地区的人口约有10亿，沙漠化土地还正以每年5万至7万平方公里的速度不断扩大。我国是世界上沙漠面积较大、分布较广、沙漠化危害严重的国家之一。全国沙漠和沙漠化土地总面积153.3万平方公里，占国土总面积的15.9%，已超过全国耕地面积的总和。自古以来，我国一些地区就遭受了沙害之苦。我国古代西域的丝绸之路已被沙丘埋没，一些古城已毁于沙害，历史上一些曾是林草繁茂的沃土，由于风沙肆虐，已成为不毛之地。新疆的巴音格楞蒙古自治州中古楼兰国都，当时是很富庶的，被称为西域明珠，由于不治沙，沙进人退，后来被沙漠吞没了，这是一个历史的教训。50年代至70年代，沙漠化土地平均每年以1560平方公里的速度在扩大。进入80年代，沙漠化土地平均每年扩大2100平方公里。土地的沙漠化，不但侵袭和埋压农田、牧场、城镇、村庄、道路和水利设施，还垫高河床，造成水患，黄河已成为悬河，长江水颜色也变深了。不仅严重妨碍工农业生产，还威胁着沙区人民的安全和生存。例如，内蒙古哲里木盟的科左后旗潮海乡，60年代中期还是上交粮食的先进单位，平均亩产400斤，而到80年代初，该地80%的土地沙漠化，已成为人缺口粮、畜缺饲草的穷地方。目前，在全国范围内，直接受沙害影响的人口约5000万，而且土地沙化的趋势还在继续扩大。据不完全统计，仅“三北”地区就有2亿多亩农田遭受风沙危害，粮食产量低而不稳；有15亿亩草场沙化、盐渍化，牧草严重退化；有800多公里铁路和数千公里公路受到风沙侵袭；不少水库淤积变成沙库。今年6月下旬我到新疆考察，南疆和田地区反映，他们那里风沙非常严重，流传着：“和田人民苦，一天半斤土，白天吃不够，晚上还要补”。该地区由于“沙进人退”，皮山县城两次搬家，民丰县城也是两次搬家，策勒县城三次搬家，后来由于开展治沙工作，“沙进人退”现象才被制止。甘肃河西走廊沙漠面积达4605万亩，风沙线蜿蜒1600公里，千百年来，黄沙吞噬田园千万顷，埋尽寒骨几十代。就是在湿润半湿润地带的豫东、豫北平原以及唐山市、北京市和鄱阳湖周围，也出现了2350万亩的风沙化土地。可见，土地沙化不只是局部地区的问题，其范围和严重程度不断扩大，趋势十分严峻，我们万万不可掉以轻心。

长期以来，我国各族人民积极防沙治沙，同风沙危害进行了富有成效的斗争，并已取得很大成绩。一些省、区建国以来就一直没有放松防沙治沙，如果不是这样，情况将更加严重。但是，由于一直没有把治沙列入国民经济发展计划，因而治沙规模小、步伐慢、效果不显著。目前的治沙措施还主要是在沙漠边缘的宜林地带营造防护林，在局部地区阻止沙漠化的扩大，这样做尽管有一定效果，但还没有从根本上扭转沙漠推进和土地沙漠化不断扩大的被动局面。我国治沙工作目前还存在分散状态。这次会议就是要把各地的经验及时地概括、总结起来，编印成册，必要时可以出版发行。从现在开始，我们必须把防沙治沙放在国计民生这个战略大局中来认识，下大气力治沙。这项工作不仅是整治国土、改善生态环境、保障农牧业稳产高产及水利设施发挥效能的重要措施，更是促进国民经济发展，确保实现现代化建设第二步战略目标和到本世纪末达到小康水平的根本大计，也是造福子孙万代的一件大事。如果再拖延下去，后果不堪设想。现在已经到了迫在眉睫、非抓紧不可的时候了。我们要认真贯彻落实党中央、国务院领导同志的指示精神，充分认识沙漠推进和土地沙漠化的严重性，增强对治沙工作的紧迫感和责任心，肩负起这一光荣而艰巨的任务，认真、扎实地把这件事情办好。

二、治沙是全社会的共同任务

50年代，党中央、国务院曾经召开两次全国治沙会议，动员和组织沙区各族人民群众进行防沙治沙，并建立了治沙机构和科研单位，有重点地抓了一些地区的沙漠治理。党的十一届三中全会以来，治沙工作又有了新的进展。到现在为止，全国治沙造林保存面积已达1亿多亩，不但使10%的沙漠化土地得到有效治理，而且还从沙漠中新辟农田2000多万亩。如果经过几代人的努力，能够从沙漠中开发出10亿亩耕地来，那么，我国人多地少的状况可以得到根本改善。在同沙漠和风沙危害的斗争中，涌现出了一大批治沙先进典型和英雄模范人物。比如陕西省榆林地区坚持综合治理开发沙漠，从1950年到1990年治沙造林1192万亩，固定流沙550万亩，保护农田230万亩，恢复和保护草牧场230万亩，治沙造田100万亩，扭转了“沙进人退”的局面；宁夏中卫县在沙漠中造田1万余亩；甘肃省兰州市南山、北山的绿化工作很有规模。临泽县地处沙漠边缘，他们在防沙治沙中求生存、求发展。这个县平川乡一工程滩，原是一片荒无人烟的沙漠地，经过综合治理，大搞造林和水利工程建设，现已开发利用沙漠地9800亩，已有149户，646人搬进这里安家落户，去年粮食总产62.7万公斤，人均纯收入760元。截至目前，全县森林覆盖率已达14.25%，比1980年增加9.25%。酒泉地区从1980年到1990年封沙育林育草243万亩，8级以上大风由过去年均19天减少到现在的7.8天，风沙得到一定程度的控制。新疆生产建设兵团已将大量沙化土地变为稳产高产田；吉林省长岭县已成为我国第一个沙地绿化县；内蒙古哲里木盟在沙地上建立的速生丰产用材林基地也已初具规模。沙区的广大人民群众为改变贫困面貌，同沙漠和土地沙化进行着长期不懈的斗争，为我国的治沙事业做出了很大贡献。

在这里，尤其值得高度赞扬的是一大批长期投身于治沙事业的科技工作者。1958年以前，我国没有沙漠科学研究机构，也很少有专门研究沙漠的人才。1958年全国治沙会议以后，中国科学院于1959年成立了全国第一个沙漠研究机构——中国科学院治沙队，即现在的中国科学院兰州沙漠所的前身，他们紧密配合群众的治沙活动，为治沙服务。该机构建立之初，首先对中国沙漠进行了全面系统的考察，为国家决策提供了依据。以后在一些省的沙区建立了试验站，在当地政府领导下，依靠广大群众和有关部门配合，进行铁路、公路防沙，农田防治及沙地开发利用等具体方法与措施的研究，并进行示范推广，取得了良好的效果，也在实践中造就了一批沙漠科研人才，同时，提高了当地干部和群众的治沙科学水平。沙漠所目前已有近220名专门研究沙漠的科技人员，其中高级科研人员41名，中级78名。自1978年以来，该所的青年人占其总数的2/5。10年来，青年人员尽管工作和生活条件十分艰苦，每年有6—8个月在野外作业，但至今无一人离开。兰州沙漠研究所为我国治沙事业立下了功劳。江泽民总书记在宋任穷同志的调查材料上批示说："在这样的地方工作条件十分艰苦，没有人掉队，应该说这些人有强烈的事业心，加上领导以身作则。"在这次会议上受到表彰的先进单位和劳动模范，都是治沙事业的先进典型的代表。从他们身上，我们看到了我国治沙事业的前途，增强了治沙的勇气和信心。我们应该深入学习他们兢兢业业、埋头苦干、无私奉献的精神，并通过报纸、电视、电台等多种形式广泛宣传他们的先进事迹。

我们必须清醒地认识到，治沙这项关系国计民生和子孙后代的大事，至今还没有得到全社会的普遍重视。总的来看，目前仍然处于边治理边破坏、治理速度赶不上沙化速度的状况。有些地方的领导干部认为治沙见效慢，在任期内看不到明显效果，没有在这方面下功夫，没有坚持一代干给一代看，一代接着一代干，有的缺少调查研究，存在畏难情绪。治沙工作的管理体制也还没有理顺，工作不协调，造成治沙的人力、物力、财力分散。不少地方滥用沙区资源，至今仍然靠不适当的农垦和超载放牧来维持简单再生产。一些部门在沙区开矿、开采石油、修筑公路、铁路，搞建设项目，顾此失彼，没有和治沙结合起来，破坏天然植被，造成新的沙漠化。有些地方无计划用水、不合理用水，致使水资源减少、植被退化、土地进一步沙漠化或盐渍化。

治沙是一项涉及多行业、多部门、多学科的系统工程，必须依靠全社会的共同努力，才能办好。这里特别要强调的是，沙区的各级人民政府首先要负起责任，组织广大干部、群众采取植树种草等多种有效的办法，防沙治沙。林业、计委、财政、农业、水利、税务、银行和能源、交通、铁路、环保，以及科委、科学院、扶贫、农业综合开发等各有关部门和当地驻军，都应该把治沙作为自己的光荣任务，舍得投入，舍得花力气，密切配合，互相协作，形成合力，切实把治沙工作搞好。

三、治沙要统筹规划，采取综合措施

治沙工作非抓不可。我们这次会议就是研究部署怎样抓紧抓好，也就是落实问题。为此，必须明确以下几个问题：

第一，要明确治沙工作方针。这个方针就是："统一规划，分工负责；因地制宜，综合治理；防治并重，治用结合；突出重点，讲求效益。"在具体做法上，要实行沙、水、林、田、路综合治理，农、林、牧、副、渔综合开发；既要注重当前利益，又要考虑长远发展，有计划、有步骤、有重点地进行。治沙工作要与农牧业和水利建设结合起来，充分考虑水资源的承受能力。要做到治理一片、巩固一片，开发一片、见效一片。

第二，要纳入国家重点工程建设计划。过去，治沙工作在国家建设规划中是个空白。为了确保这项工作扎实有效地开展，必须纳入国家重点工程建设计划之中。我们这次会议，提出了一个全国治沙工程十年规划要点，规定了目标、任务、原则、实施步骤，已发给到会同志，请大家充分讨论，会后报国务院审批后执行。今后，国家每年都要根据单项工程进展情况安排必要的投资；发放治沙专项贴息贷款，增加治沙工作的事业费。各有关省、区和部门都要围绕全国的治沙规划提出自己的计划和目标，作出自己的投资安排。这样，从上到下，层层落实，才能保证总体规划的实施。

第三，要明确有关政策。治沙涉及的方面很广，要做的工作很多，不仅仅是个投资问题。在目前国力、地方财力比较困难的情况下，如果把注意力只盯在资金一个方面，许多事情就难以起步。我们的思路要广一些，符合实际，好的、现实可行的政策规定就是一个重要方面。比如：在国家、集体、个人一起上的前提下，"谁治理谁受益"的政策；坚持群众投工投劳为主、国家补助为辅，多渠道、多层次、多形式筹集治沙资金的政策；关于保护沙区植被的政策，关于合理开发沙区资源的政策，关于投资、贷款、税收等方面给予扶持的政策，等等。这次会议发给大家的关于治沙工作若干政策措施的暂行规定，已经有关部门多次研究，取得一致意见，请大家讨论，会后报国务院审定。

各地在防沙治沙中形成的一些好的政策措施，还要继续坚持。

第四，加强科学研究，积极推广应用现有的治沙经验及科技成果。经济建设要转到依靠科技进步的轨道上来，治沙工作也必须这样做，要依靠科技，搞好科技成果的推广应用。今年我到新疆考察时，看了吐鲁番的"五道林"治沙工程。据介绍，那里过去荒无人烟，是一片近万亩的荒沙地。从 1964 年开始，经过连续多年的奋斗，他们开出 5 道毛渠，在毛渠两侧各植 10 行树，故称"五道林"。如今，那里绿树成荫，"五道林"成为矗立在风沙前沿的一道绿色屏障，以往的荒沙地变成了瓜果飘香、葡萄满架的绿洲。建国 40 多年来，广大群众和科技人员在实践中积累了许多宝贵的治沙经验和科研成果，需要很好地加以总结，并在更大的范围内推广应用。治沙科研成果的推广应用内容十分丰富，而且在综合治理中还有许多工程技术研究和攻关项目，这方面的工作今后应大力加强。

四、要切实加强对治沙工作的组织领导

治沙已提上日程，方针、规划、目标、任务、政策、措施基本都有了。要把这些变成现实，则需要我们真抓实干，切实加强对治沙工作的组织领导。

治理沙漠、控制土地沙漠化和开发沙区资源，是沙区各级人民政府的重要职责。有关省区的各级政府都要切实负起责任，结合本地的经济发展规划，研究实现治沙规划目标的措施和办法。要把规划指标按年度分解，层层签订责任状，落实到县、乡，直到地块。各级领导要亲自指导，摸索经验，不断提高领导水平。各级领导都要宣传群众，发动群众，组织群众，使广大群众积极投身到治理沙漠开发沙区资源的伟大斗争中来。这次会议介绍的一些典型经验说明，治沙不是一代人或一届领导班子所能完成的事业，只有历届领导班子都把治沙当作大事来抓，形成"班子换届事不变，治沙造林接着干"的好作风，才能切实取得成效。

各地要从实际出发，建立相应的规章制度。例如：治沙成果的检查验收制度，治沙规划执行情况通报制度和评比奖惩制度，治沙资金的审计制度，等等。组织领导工作绝不能只搞一般号召，更重要的是要有具体组织措施、工作制度来保证。国务院决定，全国治沙工作由全国绿化委员会中同治沙工作有关单位的委员为主，组成全国治沙工作协调小组，建立部际联席会议制度，不定期召开会议，研究和协调有关治沙工作中的重要问题。协调小组由林业部部长高德占同志牵头，具体工作由全国绿化委员会和林业部承担。

同志们：

江泽民、李鹏同志在致会议的信中说："大力开展治沙工作，向沙漠进军，是我国人民在社会主义现代化建设中一项长期的艰巨的任务。"我们一定要积极响应这一号召，勇敢地肩负起时代赋予我们的这一历史使命。沙区人民已经同沙害进行了长期的斗争。这次会议是向沙漠进军的一次新的动员。我们要在党中央和国务院的领导下，密切配合，精心组织，坚持不懈，艰苦奋斗，努力开创我国治沙事业的新局面，为征服沙漠做出新的贡献。

重要林业政策法规

中华人民共和国主席令

第四十九号

《中华人民共和国水土保持法》已由中华人民共和国第七届全国人民代表大会常务委员会第二十次会议于一九九一年六月二十九日通过，现予公布，自公布之日起施行。

中华人民共和国主席　杨尚昆

一九九一年六月二十九日

附：中华人民共和国水土保持法

（一九九一年六月二十九日第七届全国人民代表大会常务委员会第二十次会议通过）

第一章　总　则

第一条　为预防和治理水土流失，保护和合理利用水土资源，减轻水、旱、风沙灾害，改善生态环境，发展生产，制定本法。

第二条　本法所称水土保持，是指对自然因素和人为活动造成水土流失所采取的预防和治理措施。

第三条　一切单位和个人都有保护水土资源、防治水土流失的义务，并有权对破坏水土资源、造成水土流失的单位和个人进行检举。

第四条　国家对水土保持工作实行预防为主，全面规划，综合防治，因地制宜，加强管理，注重效益的方针。

第五条　国务院和地方人民政府应当将水土保持工作列为重要职责，采取措施做好水土流失防治工作。

第六条　国务院水行政主管部门主管全国的水土保持工作。县级以上地方人民政府水行政主管部门，主管本辖区的水土保持工作。

第七条　国务院和县级以上地方人民政府的水行政主管部门，应当在调查评价水土资源的基础上，会同有关部门编制水土保持规划。水土保持规划须经同级人民政府批准。县级以上地方人民政府批准的水土保持规划，须报上一级人民政府水行政主管部门备案。水土保持规划的修改，须经原批准机关批准。

县级以上人民政府应当将水土保持规划确定的任务，纳入国民经济和社会发展计划，安排专项资金，并组织实施。

县级以上人民政府应当依据水土流失的具体情况，划定水土流失重点防治区，进行重点防治。

第八条　从事可能引起水土流失的生产建设活动的单位和个人，必须采取措施保护水土资源，并负责治理因生产建设活动造成的水土流失。

第九条　各级人民政府应当加强水土保持的宣传教育工作，普及水土保持科学知识。

第十条　国家鼓励开展水土保持科学技术研究，提高水土保持科学技术水平，推广水土保持的先进技术，有计划地培养水土保持的科学技术人才。

第十一条　在防治水土流失工作中成绩显著的单位和个人，由人民政府给予奖励。

第二章　预　防

第十二条　各级人民政府应当组织全民植树造林，鼓励种草，扩大森林覆盖面积，增加植被。

第十三条　各级地方人民政府应当根据当地情况，组织农业集体经济组织和国营农、林、牧场，种植薪炭林和饲草、绿肥植物，有计划地进行封山育林育草、轮封轮牧，防风固沙，保护植被。禁止毁林开荒、烧山开荒和在陡坡地、干旱地区铲草皮、挖树兜。

第十四条　禁止在二十五度以上陡坡地开垦种植农作物。

省、自治区、直辖市人民政府可以根据本辖区的实际情况，规定小于二十五度的禁止开垦坡度。

禁止开垦的陡坡地的具体范围由当地县级人民政府划定并公告。

本法施行前已在禁止开垦的陡坡地上开垦种植农作物的，应当在建设基本农田的基础上，根据实际情况，逐步退耕，植树种草，恢复植被，或者修建梯田。

第十五条　开垦禁止开垦坡度以下、五度以上的荒坡地，必须经县级人民政府水行政主管部门批准；开垦国有荒坡地，经县级人民政府水行政主管部门批准后，方可向县级以上人民政府申请办理土地开垦手续。

第十六条　采伐林木必须因地制宜地采用合理采伐方式，严格控制皆伐，对采伐区和集材道采取防止水土流失的措施，并在采伐后及时完成更新造林任务。对水源涵养林、水土保持林、防风固沙林等防护林只准进行抚育和更新性质的采伐。

在林区采伐林木的，采伐方案中必须有按照前款规定制定的采伐区水土保持措施。采伐方案经林业行政主管部门批准后，采伐区水土保持措施由水行政主管部门和林业行政主管部门监督实施。

第十七条　在五度以上坡地上整地造林，抚育幼林，垦复油茶、油桐等经济林木，必须采取水土保持措施，防止水土流失。

第十八条　修建铁路、公路和水工程，应当尽量减少破坏植被；废弃的砂、石、土必须运至规定的专门存放地堆放，不得向江河、湖泊、水库和专门存放地以外的沟渠倾倒；在铁路、公路两侧地界以内的山坡地，必须修建护坡或者采取其他土地整治措施；工程竣工后，取土场、开挖面和废弃的砂、石、土存放地的裸露土地，必须植树种草，防止水土流失。

开办矿山企业、电力企业和其他大中型工业企业，排弃的剥离表土、矸石、尾矿、废渣等必须堆放在规定的专门存放地，不得向江河、湖泊、水库和专门存放地以外的沟渠倾倒；因采矿和建设使植被受到破坏的，必须采取措施恢复表土层和植被，防止水土流失。

第十九条　在山区、丘陵区、风沙区修建铁路、公路、水工程，开办矿山企业、电力企业和其他大中型工业企业，在建设项目环境影响报告书中，必须有水行政主管部门同意的水土保持方案。水土保持方案应当按照本法第十八条的规定制定。

在山区、丘陵区、风沙区依照矿产资源法的规定开办乡镇集体矿山企业和个体申请采矿，必须持有县级以上地方人民政府水行政主管部门同意的水土保持方案，方可申请办理采矿批准手续。

建设项目中的水土保持设施，必须与主体工程同时设计、同时施工、同时投产使用。建设工程竣工验收时，应当同时验收水土保持设施，并有水行政主管部门参加。

第二十条　各级地方人民政府应当采取措施，加强对采矿、取土、挖砂、采石等生产活动的管理，防止水土流失。

在崩塌滑坡危险区和泥石流易发区禁止取土、挖砂、采石。崩塌滑坡危险区和泥石流易发区的范围，由县级以上地方人民政府划定并公告。

第三章　治　理

第二十一条　县级以上人民政府应当根据水土保持规划，组织有关行政主管部门和单位有计划地对水土流失进行治理。

第二十二条　在水力侵蚀地区，应当以天然沟壑及其两侧山坡地形成的小流域为单元，实行全面规划，综合治理，建立水土流失综合防治体系。

在风力侵蚀地区，应当采取开发水源、引水拉沙、植树种草、设置人工沙障和网格林带等措施，建立防风固沙防护体系，控制风沙危害。

第二十三条　国家鼓励水土流失地区的农业集体经济组织和农民对水土流失进行治理，并在资金、能源、粮食、税收等方面实行扶持政策，具体办法由国务院规定。

第二十四条 各级地方人民政府应当组织农业集体经济组织和农民，有计划地对禁止开垦坡度以下、五度以上的耕地进行治理，根据不同情况，采取整治排水系统、修建梯田、蓄水保土耕作等水土保持措施。

第二十五条 水土流失地区的集体所有的土地承包给个人使用的，应当将治理水土流失的责任列入承包合同。

第二十六条 荒山、荒沟、荒丘、荒滩可以由农业集体经济组织、农民个人或者联户承包水土流失的治理。

对荒山、荒沟、荒丘、荒滩水土流失的治理实行承包的，应当按照谁承包治理谁受益的原则，签订水土保持承包治理合同。

承包治理所种植的林木及其果实，归承包者所有，因承包治理而新增加的土地，由承包者使用。

国家保护承包治理合同当事人的合法权益。在承包治理合同有效期内，承包人死亡时，继承人可以依照承包治理合同的约定继续承包。

第二十七条 企业事业单位在建设和生产过程中必须采取水土保持措施，对造成的水土流失负责治理。本单位无力治理的，由水行政主管部门治理，治理费用由造成水土流失的企业事业单位负担。

建设过程中发生的水土流失防治费用，从基本建设投资中列支；生产过程中发生的水土流失防治费用，从生产费用中列支。

第二十八条 在水土流失地区建设的水土保持设施和种植的林草，由县级以上人民政府组织有关部门检查验收。

对水土保持设施、试验场地、种植的林草和其他治理成果，应当加强管理和保护。

第四章 监 督

第二十九条 国务院水行政主管部门建立水土保持监测网络，对全国水土流失动态进行监测预报，并予以公告。

第三十条 县级以上地方人民政府水行政主管部门的水土保持监督人员，有权对本辖区的水土流失及其防治情况进行现场检查。被检查单位和个人必须如实报告情况，提供必要的工作条件。

第三十一条 地区之间发生的水土流失防治的纠纷，应当协商解决；协商不成的，由上一级人民政府处理。

第五章 法律责任

第三十二条 违反本法第十四条规定，在禁止开垦的陡坡地开垦种植农作物的，由县级人民政府水行政主管部门责令停止开垦、采取补救措施，可以处以罚款。

第三十三条 企业事业单位、农业集体经济组织未经县级人民政府水行政主管部门批准，擅自开垦禁止开垦坡度以下、五度以上的荒坡地的，由县级人民政府水行政主管部门责令停止开垦、采取补救措施，可以处以罚款。

第三十四条 在县级以上地方人民政府划定的崩塌滑坡危险区、泥石流易发区范围内取土、挖砂或者采石的，由县级以上地方人民政府水行政主管部门责令停止上述违法行为、采取补救措施，处以罚款。

第三十五条 在林区采伐林木，不采取水土保持措施，造成严重水土流失的，由水行政主管部门报请县级以上人民政府决定责令限期改正、采取补救措施，处以罚款。

第三十六条 企业事业单位在建设和生产过程中造成水土流失，不进行治理的，可以根据所造成的危害后果处以罚款，或者责令停业治理；对有关责任人员由其所在单位或者上级主管机关给予行政处分。

罚款由县级人民政府水行政主管部门报请县级人民政府决定。责令停业治理由市、县人民政府决定；中央或者省级人民政府直接管辖的企业事业单位的停业治理，须报请国务院或者省级人民政府批准。

个体采矿造成水土流失，不进行治理的，按照前两款的规定处罚。

第三十七条 以暴力、威胁方法阻碍水土保持监督人员依法执行职务的，依法追究刑事责任；拒绝、阻碍水土保持监督人员执行职务未使用暴力、威胁方法的，由公安机关依照治安管理处罚条例的规定处罚。

第三十八条 当事人对行政处罚决定不服的，可以在接到处罚通知之日起十五日内向作出处罚决定的机关的上一级机关申请复议；当事人也可以在接到处罚通知之日起十五日内直接向人民法院起诉。

复议机关应当在接到复议申请之日起六十日内作出复议决定。当事人对复议决定不服的，可以在接到复议决定之日起十五日内向人民法院起诉。复议机关逾期不作出复议决定的，当事人可以在复议期满之日起十五日内向人民法院起诉。

当事人逾期不申请复议也不向人民法院起诉、又不履行处罚决定的，作出处罚决定的机关可以申请人民法院强制执行。

第三十九条 造成水土流失危害的，有责任排除危害，并对直接受到损害的单位和个人赔偿损失。

赔偿责任和赔偿金额的纠纷，可以根据当事人的请求，由水行政主管部门处理；当事人对处理决定不服的，可以向人民法院起诉。当事人也可以直接向人民法院起诉。

由于不可抗拒的自然灾害，并经及时采取合理措施，仍然不能避免造成水土流失危害的，免予承担责任。

第四十条 水土保持监督人员玩忽职守、滥用职权给公共财产、国家和人民利益造成损失的，由其所在单位或者上级主管机关给予行政处分；构成犯罪的，依法追究刑事责任。

第六章 附 则

第四十一条 国务院根据本法制定实施条例。

省、自治区、直辖市人民代表大会常务委员会，可以根据本法和本地区的实际情况制定实施办法。

第四十二条 本法自公布之日起施行。一九八二年六月三十日国务院发布的《水土保持工作条例》同时废止。

附：法律有关条文

刑法有关条款

第一百五十七条 以暴力、威胁方法阻碍国家工作人员依法执行职务的，或者拒不执行人民法院已经发生法律效力的判决、裁定的，处三年以下有期徒刑、拘役、罚金或者剥夺政治权利。

治安管理处罚条例有关条款

第十九条 有下列扰乱公共秩序行为之一，尚不够刑事处罚的，处十五日以下拘留、二百元以下罚款或者警告：

……

（七）拒绝、阻碍国家工作人员依法执行职务，未使用暴力、威胁方法的。

林业部转发《国务院关于1991—2000年全国治沙工程规划要点的批复》的通知

林计字［1991］161号

各有关省、自治区、直辖市林业（农林）厅（局）、绿化委员会，西藏自治区农牧林委，林业部有关直属单位：

在各地规划基础上编制的《1991—2000年全国治沙工程规划要点》（以下简称《规划要点》），经1991年7月末国务院召开的全国治沙工作会议讨论修改，已由国务院以国函［1991］65号文批复（见附件1）。现将国务院的批复和《规划要点》转发给你们，请认真贯彻落实，并就有关问题通知如下：

一、完成全国治沙工程规划的任务十分艰巨，各地绿化委员会和林业部门要切实负起治沙主管部门的职责，在当地党委和政府的领导下，与各有关部门团结协作、密切配合，如期完成各自的分年度计划任务，以确保十年治沙工程规划的全面完成。

二、各有关省、自治区、直辖市绿化委员会和林业部门，要认真贯彻执行国务院的批复和《规划要点》，并提出落实的有力措施。要经常向当地人民政府汇报，征得政府及各部门的支持。请各地于12月1日以前将安排落实情况函告全国绿化委员会办公室和林业部。

附件：1. 国务院关于1991—2000年全国治沙工程规划要点的批复

2. 1991—2000年全国治沙工程规划要点

中华人民共和国林业部

1991年11月7日

附件1 国务院关于1991—2000年全国治沙工程规划要点的批复

国函〔1991〕65号

全国绿化委员会、林业部：

国务院同意你们所报的《1991—2000年全国治沙工程规划要点》，现批复如下：

一、我国是沙漠化危害比较严重的国家，治沙是一项需要长期努力的艰巨任务。《1991—2000年全国治沙工程规划要点》明确了今后十年治沙工作的主要任务和建设重点，提出了完成规划的主要措施，是各地发展治沙事业的重要指导性文件。要切实按照规划的要求，认真组织实施，全面完成规划提出的各项任务，为尽快改变沙区生态环境，促进工农业生产的发展做出贡献。

二、治沙是对国计民生具有战略意义的大事，必须依靠全社会的共同努力才能完成。要把治沙作为一项重要工程纳入国民经济和社会发展计划，采取有力措施，切实抓紧抓好。要坚持“统一规划、分工负责，因地制宜、综合治理，防治并重、治用结合，突出重点、讲求效益”的治沙工作方针。沙区各级政府要把治沙工作列入重要议事日程，经常加以研究，切实加强领导，动员组织广大群众、科技人员和其他方面的力量，真抓实干。要认真实行各级领导治沙任期目标责任制等一系列行之有效的制度。

三、各地区、各部门要积极采取措施，从政策上、资金上对治沙事业予以扶持，及时研究解决存在的问题。在沙区进行各类产业开发和工程建设，都要按照“谁开发、谁保护、谁治理”的原则，相应搞好治沙工作。沙区内的机关、企业、单位和居民，要在治沙事业中承担一定的责任和义务，在当地政府的统一领导下，按照治沙统一规划的要求，积极完成治沙任务，促进治沙事业的发展。

四、治沙工作要搞好统筹规划，实行综合治理，注重科学技术，强化组织管理。要认真执行治沙成果检查验收制度、规划执行情况通报制度和评比奖惩制度，加快治沙进度，保证工程质量，切实做到治理一片、巩固一片，开发一片、见效一片，把治沙工作扎扎实实地推向深入，全面完成治沙规划确定的任务，为改善生态环境，发展国民经济，实现现代化建设的战略目标做出贡献。

中华人民共和国国务院

1991年10月5日

附件2 1991—2000年全国治沙工程规划要点

我国是世界上沙漠面积较大、分布较广、沙漠化危害严重的国家之一。全国沙漠和沙漠化土地面积约153.3万平方公里，占国土总面积的15.9%，其中，沙漠戈壁116.2万平方公里，沙漠化土地33.4万平方公里，风沙化土地3.7万平方公里。我国沙漠和沙漠化土地主要分布在新疆、甘肃、青海、宁夏、陕西、内蒙古、山西、河北、辽宁、吉林和黑龙江等11省、区，形成长达万里的风沙危害线，有将近三分之一的国土面积受到风沙的威胁。

沙漠的推进和沙漠化土地的扩大给我国一些地区的工农业生产和人民生活带来了严重影响。在我国北方万里风沙线上，每年8级以上的大风日数为30—100天，还经常出现沙暴。流沙对农田、牧场、城镇、村庄、交通线路和水利设施的安全造成严重威胁。“三北”地区约有2亿亩农田遭受风沙危害，粮食产量低而不稳；有15亿亩草场由于沙化造成牧草严重退化，牲畜载量下降；有数以千计的水库和大批灌渠因受风沙侵袭而淤积，水利设施失去效能；有800多公里的铁路和数千公里的公路受到风沙威胁，经常影响交通。据估算，全国每年因风沙危害造成的直接经济损失高达45亿元。由于风沙、干旱、植被稀少，沙区的生态环境十分脆弱，不少地方耕地面积萎缩，生产结构单一，农村燃料、饲料、肥料普遍短缺，对人民生活产生严重影响。全国有60%以上的贫困县集中在风沙地区，有些沙漠化危害严重的地方，群众的温饱问题尚未解决。

建国以来，党和国家十分重视治沙工作，领导广大人民群众，采取有力措施，积极开展防沙治沙。特别是党的十一届三中全会以来，随着“三北”防护林体系建设和造林绿化事业的发展，治沙工作又取得了新的成绩。据调查，到1988年底，全国以治沙为主要目的的造林保存面积已达1.5亿多亩，不但使10%的沙漠化土地得到治理，而且还从沙漠中新辟农田2000多万亩。过去受风沙危害产量低而不稳的1.65亿亩农田，由于防风固沙条件的改善，粮食产量增加10—20%。过去因土地严重沙化和盐渍化、牧草严重退化的1.34亿亩荒漠和半荒漠草原，由于封沙育林育草，使草场得到保护和恢复，产草量增加20%以上。各地还结合封沙育林育草，营造了1100多万亩薪炭林，再加上多能互补，约有500万农户的燃料问题得到解决。

我国治沙工作虽然取得了很大成绩，但是从总体来看，还没有扭转沙漠推进和沙漠化土地继续扩大的趋势，甚至还有所加剧。50—70年代，沙漠化土地平均每年扩大1560平方公里，进入80年代，则平均每年扩大2100平方公里，有的地方“沙进人退”的形势还十分严峻。造成这些问题的主要原因：一是有些地方对治沙工作的重要性和紧迫性认识不足，对治沙工作的长期性、艰巨性缺乏思想准备。二是没有把治沙作为重要的建设项目纳入国民经济和社会发展计划，投入严重不足。三是没有把治沙工作作为一个系统工程来抓，对防沙、治沙以及开发利用沙区资源缺乏统筹规划和综合安排。四是政策措施跟不上，对保护沙区现有植被、扶持治沙和开发利用沙区资源等，都缺乏有力的扶持政策和措施。五是治沙工作缺乏有效的组织和领导，还没有形成全社会的共同任务，未能做到各部门密切配合，形成合力，共同治沙。

为了开创治沙工作新局面，必须充分认识到治沙工作的重要性，必须增强治沙工作的紧迫感和责任感。要从国民经济发展和改善生态环境的全局出发，从沙区人民的长远利益和造福子孙后代的战略高度出发，动员和组织广大人民群众，在过去治沙工作的基础上，采取有力措施，进一步向沙漠化土地进军。这是搞好国土整治，改善生态环境，保障农牧业生产的需要；是开发建设沙区，繁荣“三北”地区经济，促进国民经济发展，实现第二步战略目标的需要；也是改善沙区人民生产生活条件，做到脱贫致富、安居乐业，促进精神文明建设，实现小康水平的需要。防沙治沙是一件具有重要现实意义和深远战略意义的大事，是摆在我们面前的迫在眉睫的任务。

一、规划的指导思想和基本原则

（一）指导思想

根据国民经济和社会发展十年规划和“八五”计划总的要求，按照国务院关于治沙工作的部署安排，今后十年治沙工作，要围绕实现现代化建设的第二步战略目标，坚持“统一规划、分工负责，因地制宜、综合治理，防治并重、治用结合，突出重点、讲求效益”的工作方针，在各级党委和政府的领导下，依靠广大群众，动员全社会力量，自力更生，艰苦奋斗，坚持不懈，走有中国特色的治沙道路。

（二）遵循的主要原则

1. 坚持统一规划，分类指导，突出重点，分步实施，先易后难，由近及远的原则。要根据不同的立地类型确定防治措施，做到因地制宜、因害设防、因利开发。

2. 坚持防治并重、治用结合、综合治理、讲求实效的原则。要统筹兼顾，正确处理好防、治、用三者的关系，长远利益与当前利益之间的关系，做到生态效益、经济效益和社会效益的统一。

3. 坚持生物措施为主、生物措施与工程措施相结合的原则。要大力发展林草建设，因地制宜地采用封沙育林育草、飞播造林种草和人工造林种草等方法，努力增加林草植被。同时从实际出发，把发展林草植被与工程措施有机结合起来，努力提高防治效果和综合效益。

4. 坚持保证工程质量，重视科学技术的原则。要强化质量意识，严格质量管理，把提高质量贯穿于治沙工作的全过程，落实到各个工作环节上。要重视先进适用技术的推广和新技术、新成果的应用，重视治沙科技攻关项目的研究，真正做到科学管理，科学治沙。

5. 坚持依靠全社会的力量搞治沙的原则。治沙工作必须依靠各地区、各部门共同努力，实行国家、集体、个人一起上。坚持谁开发、谁治理、谁受益，多管齐下，多路进军，联合起来搞治沙。

6. 坚持按规划立项，按项目实施，按工程管理，按效益考核的原则。要坚持资金与任务、效益挂钩，努力管好用好治沙资金，提高资金使用效益。

二、总体布局、建设任务及重点

今后十年治沙工程规划的总体布局是：以西北、华北、东北西部万里风沙带为主线，以保护、扩大林草植被和沙生植被为中心，建立防、治、用有机结合的治沙工程体系。治沙工作要从我国的国情出发，因地制宜，量力而行。当前要以治理沙漠化土地为重点，围绕恢复土地资源和合理开发利用进行综合治理，逐步缩小沙漠化土地的面积；对风沙化土地的地区，主要是以防风固沙、保护农田为主要目的，进行综合治理；对沙漠、戈壁地区，当前只能是努力保护好现有沙生植被，在边缘地带有条件的地方发展林草植被，防止流沙扩张和推进。

十年治沙工程规划的总任务是：在切实保护好现有植被的基础上，共治理（包括开发）面积1亿亩。其中，治沙造林2000万亩，封沙育林育草4000万亩，飞机播种造林种草1000万亩，治沙造田及改造低产田600万亩，人工种草及改良草场2000万亩，发展各种药材和经济作物200万亩，开发利用水面200万亩。

“八五”期间（即1992—1995年），根据国家投入的实际情况，重点抓好投入少、见效快、效益好的封沙育林育草。四年共安排治理面积5400万亩，占规划总任务的54%。规划人工造林800万亩，其中营造防风固沙林600万亩，速生丰产用材林100万亩，经济林100万亩。封沙育林育草3000万亩，飞播造林种草400万亩，人工种草及改良草场800万亩，治沙造田及改造低产田240万亩，种植药材及经济作物80万亩，开发水面80万亩。

各省、自治区、直辖市十年规划及“八五”期间治沙主要任务指标及年度安排见附表。

为了做到突出重点，集中治理，讲求实效，十年治沙规划中安排重点建设项目20个，治理开发总面积为8015万亩，占规划总任务的80.15%。具体安排是：人工造林1690万亩，其中，营造防风固沙林1310万亩，速生丰产用材林180万亩，经济林200万亩。封沙育林育草3510万亩，飞播造林种草800万亩，人工种草及改良草场1280万亩，治沙造田及改造低产田420万亩，种植药材及经济作物200万亩，开发水面115万亩。

“八五”期间，20个重点建设项目安排总治理面积为4437万亩，占重点项目总任务的55%。其中营造防风固沙林524万亩，速生丰产用材林72万亩，经济林80万亩，封沙育林育草2635万亩，飞播造林种草320万亩，人工种草及改良草场512万亩，治沙造田及改造低产田168万亩，种植药材及经济作物80万亩，开发水面46万亩。

20个重点项目安排是：

1. 内蒙古高原至新疆荒漠地区天然森林植被的恢复和合理利用。建设范围包括内蒙古自治区锡盟西北部、乌盟西部、巴盟北部和阿拉善盟，甘肃河西走廊西端，青海柴达木盆地以及新疆荒漠地区，共计55个县（旗、市）。规划封沙育林育草2850万亩，建立甘草等药材培育基地160万亩和相应的加工业。在“八五”期间，计划完成封沙育林育草2137.5万亩，种植药材64万亩。

2. 呼伦贝尔沙地综合治理开发。建设范围包括内蒙古自治区呼伦贝尔盟的4个旗。规划营造以樟子松为主的防风固沙林40万亩，封沙育林育草100万亩。“八五”期间计划完成防风固沙林16万亩，封沙育林育草75万亩。

3. 松嫩沙地的综合治理开发。建设范围包括黑龙江省西部嫩江沿岸的8个县和吉林省长春市、白城地区第二松花江下游5县。规划营造以樟子松、落叶松为主的防风固沙林100万亩，速生丰产用材林25万亩，人工种草及改良草场100万亩，治沙造田20万亩，开发水面50万亩。“八五”期间计划完成防风固沙林40万亩，速生丰产用材林10万亩，人工种草及改良草场40万亩，治沙造田8万亩，开发水面20万亩。

4. 西辽河流域沙地的综合治理开发。建设范围包括内蒙古自治区哲里木盟、赤峰市和辽宁西部，共29个县（旗）。规划营造防风固沙林210万亩，速生丰产用材林40万亩，经济林30万亩，飞播造林种草200万亩，封沙育林育草200万亩，人工种草及改良草场140万亩，治沙造田70万亩，开发水面50万亩，建成粮、林、果、畜商品生产基地。“八五”期间计划完成防风固沙林84万亩，速生丰产用材林16万亩，经济林12万亩，封沙育林育草150万亩，飞播造林种草80万亩，人工种草及改良草场56万亩，治沙造田28万亩，开发水面20万亩。

5. 科尔沁沙地北部综合治理开发。建设范围包括吉林省西部5县和内蒙古兴安盟南部3旗。规划营造以樟子松为主的防风固沙林50万亩，速生丰产用材林10万亩，封沙育林育草100万亩，治沙造田及改造低产田50万亩。“八五”期间计划完成防风固沙林20万亩，速生丰产用材林4万亩，封沙育林育草75万亩，治沙造田及改造低产田20万亩。

6. 浑善达克沙地沙化草场的综合治理。建设范围包括内蒙古自治区锡盟的8个旗（县）。规划营造防风固沙林50万亩，速生丰产用材林25万亩，封沙育林育草200万亩，飞播造林种草100万亩，人工种草及改良草场150万亩，使草场得到恢复和改良。同时，积极开发利用风能和光能，解决牧区能源问题，并相应发展饲料加工工业，将这个地区建成高效益的畜牧业生产基地。“八五”期间计划完成防风固沙林20万亩，速生丰产用材林10万亩，封沙育林育草150万亩，飞播造林种草40万亩，人工种草及改良草场60万亩。

7. 神府—准格尔煤田沙区环境的综合治理。建设范围包括陕西省的神木、府谷，内蒙古自治区的准格尔、东胜4个县（市、旗）。规划营造防风固沙林80万亩，经济林15万亩，飞播造林种草150万亩。防止开发煤田造成土地沙化，为煤田建立良好的生态环境，并提供林果畜产品。“八五”期间计划完成防风固沙林32万亩，经济林6万亩，飞播造林种草60万亩。

8. 毛乌素沙地中部沙化草原的综合治理。建设范围包括内蒙古自治区伊克昭盟6旗（县）。规划营造防风固沙林150万亩，经济林15万亩，飞播造林种草300万亩，人工种草及改良草场265万亩，治沙造田10万亩，使草原得到恢复和发展。“八五”期间计划完成防风固沙林60万亩，经济林6万亩，飞播造林种草120万亩，人工种草及改良草场106万亩，治沙造田4万亩。

9. 毛乌素沙地南缘长城沿线沙地综合治理开发。建设范围包括陕西省榆林、横山、靖边、定边4县长城沿线地区。规划营造以樟子松为主的防风固沙林80万亩，以杨树为主的速生丰产用材林20万亩，以苹果为主的经济林20万亩。人工种草及改良草场30万亩，治沙造田40万亩，种植药材及经济作物10万亩，开发水面10万亩。“八五”期间计划完成防风固沙林32万亩，速生丰产用材林8万亩，经济林8万亩，人工种草及改良草场12万亩，治沙造田16万亩，种植药材及经济作物4万亩，开发水面4万亩。

10. 乌兰布和沙漠北部的综合治理开发。建设范围包括内蒙古磴口县和杭锦后旗内的乌兰布和沙漠北部。规划营造防风固沙林5万亩，速生丰产用材林10万亩，以苹果为主的经济林10万亩，治沙造田10万亩，开发水面5万亩。“八五”期间计划完成防风固沙林2万亩，速生丰产用材林4万亩，经济林4万亩，治沙造田4万亩，开发水面2万亩。

11. 内蒙古乌盟后山沙漠化土地的综合治理开发。建设范围包括内蒙古自治区乌兰察布盟后山地区的7旗（县）及包头市固阳县和锡盟太仆寺旗。规划营造防风固沙林145万亩，人工种草及改良草场150万亩，治沙造田及改造低产田10万亩。“八五”期间计划完成防风固沙林58万亩，人工种草及改良草场60万亩，治沙造田及改造低产田4万亩。

12. 山西雁、同、朔及忻州地区沙地综合治理开发。建设范围包括雁北地区和大同市、朔州市、忻州地区所辖的15个县（区）。规划营造以樟子松为主的防风固沙林50万亩，以黄杏为主的经济林30万亩，人工种草及改良草场30万亩。“八五”期间计划完成防风固沙林20万亩，经济林12万亩，人工种草及改良草场12万亩。

13. 宁夏河东沙地及腾格里沙漠东南缘的综合治理开发。建设范围包括盐池、陶乐、灵武和中卫县。规划营造防风固沙林50万亩，经济林10万亩，封沙育林育草50万亩，飞播造林种草50万亩，人工种草及改良草场30万亩，治沙造田20万亩，种植药材及经济作物10万亩。“八五”期间计划完成防风固沙林20万亩，经济林4万亩，封沙育林育草37.5万亩，飞播造林种草20万亩，人工种草及改良草场12万亩，治沙造田8万亩，种植药材及经济作物4万亩。

14. 河西走廊沙地综合治理开发。建设范围包括甘肃河西走廊15县（市）。规划营造防风固沙林70万亩，速生丰产用材林10万亩，经济林30万亩，人工种草及改良草场90万亩，治沙造田及改造低产田40万亩，种植药材及经济作物20万亩。“八五”期间计划完成防风固沙林28万亩，速生丰产用材林4万亩，经济林12万亩，人工种草及改良草场36万亩，治沙造田及改造低产田16万亩，种植药材及经济作物8万亩。

15. 准噶尔盆地南缘沙地综合治理开发。建设范围包括新疆建设兵团的农建六师、七师和八师，新疆自治区的木垒至博乐14个县（市）。规划营造带网片相结合的防风固沙林50万亩，人工种草及改良草场165万亩，治沙造田及改造低产田10万亩。“八五”期间计划完成防风固沙林20万亩，人工种草及改良草场66万亩，治沙造田及改造低产田4万亩。

16. 塔里木盆地绿色走廊的综合治理开发。建设范围包括新疆尉犁、若羌2县及农建二师。规划沿绿洲边缘营造防风固沙林20万亩，人工种草及改良草场30万亩，治沙造田及改造低产田20万亩。“八五”期间计划完成防风固沙林8万亩，人工种草及改良草场12万亩，治沙造田及改造低产田8万亩。

17. 塔里木盆地南缘沙地综合治理开发。建设范围包括新疆和田地区及喀什地区19个县（市）。规划营造防风固沙林50万亩，经济林20万亩，治沙造田及改造低产田20万亩，人工种草及改良草场100万亩。“八五”期间计划完成防风固沙林20万亩，经济林8万亩，治沙造田及改造低产田8万亩，人工种草及改良草场40万亩。

18. 永定河、潮白河中下游风沙化土地的综合治理开发。建设范围包括北京的大兴、房山、丰台、密云、怀柔、顺义、通县和河北的固安、永清、廊坊市。规划营造防风固沙林30万亩，速生丰产用材林10万亩，经济林20万亩，治沙造田及改造低产田20万亩。“八五”期间计划完成防风固沙林12万亩，速生丰产用材林4万亩，经济林8万亩，治沙造田及改造低产田8万亩。

19. 黄淮海平原中部风沙化土地综合治理开发。

建设范围包括山东的菏泽、德州、聊城、惠民地区及东营市和河南省的郑州、新乡、开封、濮阳、周口、商丘地区及安阳市。规划营造防风固沙林50万亩,速生丰产用材林30万亩,治沙造田及改造低产田80万亩。"八五"期间计划完成防风固沙林20万亩,速生丰产用材林12万亩,治沙造田及改造低产田32万亩。

20. 塔克拉玛干中部油田沙区环境的综合治理。建设范围包括库车沙雅、轮台、尉犁、库尔勒等5县(市)。规划营造防风固沙林30万亩,封沙育林育草10万亩,采用化学固沙5万亩。"八五"期间计划完成防风固沙林12万亩,封沙育林育草10万亩,采用化学固沙3万亩。

为了实现科学治沙,达到综合治理、综合开发的目的,需要分别不同类型区进行科学试验,建立试验示范区,规划今后十年建立试验示范区9处:科尔沁沙地综合治理开发试验示范区;毛乌素沙地综合治理开发试验示范区;乌兰布和沙漠综合治理开发试验示范区;河西走廊沙漠化土地综合治理开发试验示范区;永定河中下游风沙化土地综合开发试验示范区;阿拉善荒漠植被保护与合理利用试验示范区;赣江中下游亚热带风沙化土地综合开发试验示范区;新疆沙化盐渍化土地综合治理开发试验示范区;柴达木盆地高海拔沙地综合治理开发试验示范区。

按照上述规划,十年综合治理开发沙漠1亿亩,依据各治理开发项目的面积、单位投资测算,共需投入78亿元。按照"以群众投工投劳为主、国家扶持为辅"的原则,需国家补助的资金概算为13.2亿元,占总投资的16.92%,各级地方财政投资为13.2亿元,占16.92%,群众投工投劳折算为51.6亿元,占66.16%。

治沙工程建设项目完成后,可增加林草植被7000万亩,恢复草场2000万亩,新增基本农田600万亩,发展药材及经济作物200万亩,开发水面200万亩;不仅可以控制风沙危害面积2.7亿亩,使沙漠化土地治理面积由10%提高到30%,农牧交错地区和半湿润地区的土地沙漠化将基本得到控制,受风沙危害的农田由2亿亩减少到1亿亩。而且还能进一步改善沙区的经济条件,促进"老、少、边、贫"地区尽快脱贫致富。经测算,规划实施后,除了能明显改善沙区生态环境,具有较大的社会效益外,其直接经济效益每年可达23.7亿元,到那时,许多地方将出现人进沙退、林茂粮丰、草原肥美、人们安居乐业的欣欣向荣的景象。同时,也为下世纪进一步向沙漠进军打下良好的基础。

三、实现规划的主要措施

(一)深入宣传发动,提高思想认识

治沙工作是一项群众性、社会性、公益性很强的事业,必须依靠全社会的共同努力才能搞好。要充分利用各种宣传手段,采取各种形式,广泛深入地大力宣传治沙工作是保护国土、改善生态环境、利国利民、有益当代、造福子孙的伟大事业;大力宣传治沙工作面临的形势和任务;大力宣传四十年来治沙的成就和经验;大力宣传治沙先进单位和劳动模范的事迹。通过宣传,使全社会充分认识治沙的重要意义和方针政策,增强治沙的紧迫感、责任感,明确自己承担的任务,使治沙工作真正成为各级领导干部和广大人民群众的自觉行动,使各部门、各系统、各单位都能高度重视和积极支持治沙工作,并认真完成各自承担的任务;通过宣传,弘扬艰苦奋斗、无私奉献的精神,克服畏难情绪,激励广大人民群众树立雄心壮志,满怀信心地夺取治沙工作的新胜利。

(二)层层落实治沙规划,加快治沙进度

各地区都要按照全国治沙工程十年规划的要求,认真编制本地区的治沙十年规划和"八五"计划,并纳入本地区的国民经济和社会发展计划,认真组织实施。各地的治沙十年规划和"八五"计划要做到奋斗目标、总体布局、具体任务、建设重点和建设进度"五个落实",还要从组织领导、宣传动员、责任制度、建设资金、科学技术等方面提出切实可行的措施和办法。做到规划任务明确、措施配套、能够实施、便于检查。要通过编制和落实规划,把治沙任务层层分解,落实到县、乡、村,落实到各部门、各单位,落实到具体项目、具体地块。凡国家重点治沙工程所在的地区,必须认真按照重点工程建设的要求,认真抓好落实。未列入重点建设的地区,也应按照本地区治沙规划和"八五"计划的要求,不等不靠,积极抓好规划和计划的落实。各地每年要对规划实施的进展情况进行认真检查,并作为考核各级领导干部政绩的重要内容。

(三)增加治沙投入,实行扶持政策

治沙是一项宏大的生态建设工程,是关系国计民生的大事,国家给予必要的扶持。但是,开展治沙工作,受益在地方,潜力也在地方。治沙所需要的资金,应本着自力更生的精神,实行群众投工投劳为主、国家扶持为辅,依靠地方和群众,群策群力,多层次、多渠道来解决。沙区各级人民政府除组织好群众投工投劳外,还要按规划要求,每年投入资金,发展治沙事业。地方各级治沙主管部门要积极做好工作,地方计划财政等部门要积极支持治沙工作,增加对治沙的投入。国家和地方在沙区安排的扶贫开发、以工代赈、农业综合开发、农业发展项目、粮食基地建设、水利水保建设和草原建设等项资金,都要按各自投资渠道和使用要求,从当地实际出发,安排治沙项目。在沙区进行的各类产业开发和工程建设项目，要在总投资内安排必要的资金，保证治沙措施与主体工程同步完成。在治理区内的机关、企业、单位和城镇居民，都应在治沙事业中承担一定的责任和义务，并逐步建立治沙劳动积累工、义务工制度。对于治沙和合理开发利用沙区资源，在税收等方面实行优惠政策，以扶持治沙工作。

（四）依靠科学技术，振兴治沙事业

沙漠地区自然条件恶劣，要保证治沙工作的质量和效果，必须依靠科学技术；沙漠地区多为老、少、边、穷地区，资金比较困难，要做到投入少、见效快、效益好，更要依靠科学技术。要采取有效的政策措施，鼓励科技人员深入沙区，积极投身治沙工作。

要十分重视科技推广工作，结合治沙规划的实施，建立和完善科技推广体系和技术监测、技术服务体系。要认真搞好现有科技成果的总结、整理、筛选和推广应用，尽快使科技成果转化为生产力。要有针对性地安排好治沙科研和攻关项目，尤其要解决好在气候干旱、风沙严重条件下，大力发展林草植被的关键性技术问题。要积极建立治沙示范区，抓典型、树样板，以点带面，努力提高科学治沙的水平。

要进一步加强治沙技术人才的培养。沙区林业、农业、水利等各大专院校要结合治沙事业，适当调整专业和课程设置，为沙区培养治沙技术人才。同时要加强治沙科技人员的岗位培训，以适应治沙工作的需要。

（五）切实加强工程管理

治沙工程建设任务艰巨，难度大，必须高度重视工程建设的管理工作。要全面加强计划、资金、技术等各项管理。治沙工程要坚持按项目管理，按效益考核，资金和任务挂钩，精打细算，千方百计提高资金使用效益。要特别注意加强质量管理，切实抓好治沙规划设计质量，严格按设计施工，按技术规程操作；切实抓好工程建设质量，尤其是林草植被建设质量；要实行质量工作目标责任制，建立和完善质量管理和技术监督体系，认真做好检查、抽查和年度验收工作。各地要认真制定治沙工程建设管理办法和制度，确保治沙工程建设的顺利进行。

（六）加强对治沙工作领导

搞好治沙工作的根本，是领导重视，真抓实干，这是多年治沙工作的一条基本经验。加强领导的核心是把治沙任务落实到各级领导干部的肩上，实行领导干部任期治沙目标责任制。要落实好这项责任制，一是认真编制治沙规划，确定本地区治沙工作的目标和任务。二是把治沙任务指标层层分解，层层签订治沙责任状，明确各级领导的任务。三是各级领导带头办治沙点，以点带面，做到一级带着一级干，一级办给一级看。四是积极支持治沙工作，及时解决治沙工作中的困难和问题。五是要坚持考核，严明奖惩，把治沙工作成果作为考核各级领导干部政绩的一项重要内容。有治沙建设任务的地区，从治沙工作的实际需要出发，可以考虑成立由有关部门参加的治沙工作领导小组，并在主管部门设立办事机构和人员，切实加强对治沙工作的组织领导。

表 1　全国治沙十年规划任务总表

单位：万亩

省别	1992—2000年治理开发总面积	人工造林				封沙育林育草	飞播造林种草	人工种草及改良草场	治沙造田及改造低产田	种植药材及经济作物	开发利用水面	备注
		小计	防风固沙林	速生丰产用材林	经济林							
内蒙古	4045	745	625	70	50	1300	770	950	140	70	70	
新　疆	2405	180	150	10	20	1602		500	52	70	1	固沙5万亩
甘　肃	975	110	70	10	30	700		90	40	30	5	
陕　西	335	175	120	20	35		50	50	40	10	10	
吉　林	325	105	85	20				120	60		10	
黑龙江	305	105	83	20	2		20	80	60		10	
河　北	282	87	50	22	15	60	50	50	30		5	
宁　夏	260	75	60	5	10	50	50	50	20	10	5	
青　海	250	20	20			200		20		10		

（续）

省别	1992—2000年治理开发总面积	人工造林				封沙育林育草	飞播造林种草	人工种草及改良草场	治沙造田及改造低产田	种植药材及经济作物	开发利用水面	备注
		小计	防风固沙林	速生丰产用材林	经济林							
辽宁	235	70	50	10	10	40	50	40	20		15	
山西	135	85	50	5	30			50				
山东	94	43	25	15	3				50		1	
河南	93	42	25	15	2				50		1	
四川	90	32	22		10	48	10					
北京	55	40	20	5	15				15			
安徽	14	10	5	3	2				3		1	
江西	14	10	5	3	2				3		1	
江苏	14	10	5	3	2				3		1	
福建	14	10	5	3	2				3		1	
浙江	14	10	5	3	2				3		1	
广东	12	9	5	2	2				2		1	
广西	12	9	5	2	2				2		1	
云南	11	9	5	2	2				2			
西藏	6	5	3	1	1				1			
海南	5	4	2	1	1				1			
合计	10000	2000	1500	250	250	4000	1000	2000	600	200	200	

表2　全国治沙十年规划“八五”期间任务表

单位：万亩

省别	1992—2000年治理开发总面积	“八五”期间治理开发面积	人工造林				封沙育林育草	飞播造林种草	人工种草及改良草场	治沙造田及改造低产田	种植药材及经济作物	开发利用水面	备注
			小计	防风固沙林	速生丰产用材林	经济林							
内蒙古	4045	2073	298	250	28	20	975	308	380	56	28	28	
新疆	2407	1524.2	72	60	4	8	1203		200	20.8	28	0.4	固沙3万亩
甘肃	975	635	44	28	4	12	525		36	16	12	2	
陕西	335	134	70	48	8	14		20	20	16	4	4	
吉林	325	130	42	34	8				48	24		16	

（续）

省别	1992—2000年治理开发总面积	"八五"期间治理开发面积	人工造林				封沙育林育草	飞播造林种草	人工种草及改良草场	治沙造田及改造低产田	种植药材及经济作物	开发利用水面	备注
			小计	防风固沙林	速生丰产用材林	经济林							
黑龙江	305	122	42	33.2	8	0.8		8	32	24		16	
河　北	282	133.8	34.8	20	8.8	6	45	20	20	12		2	
宁　夏	258	120	30	24	2	4	36	20	20	8	4	2	
青　海	250	170	8	8			150		8		4		
辽　宁	235	108	28	20	4	4	30	20	16	8		6	
山　西	135	54	34	20	2	12			20				
山　东	94	37.6	17.2	10	6	1.2				20		0.4	
河　南	93	37.2	16.8	10	6	0.8				20		0.4	
四　川	90	52.8	12.8	8.8		4	36	4					
北　京	55	22	16	8	2	6				6			
安　徽	14	5.6	4	2	1.2	0.8				1.2		0.4	
江　西	14	5.6	4	2	1.2	0.8				1.2		0.4	
江　苏	14	5.6	4	2	1.2	0.8				1.2		0.4	
福　建	14	5.6	4	2	1.2	0.8				1.2		0.4	
浙　江	14	5.6	4	2	1.2	0.8				1.2		0.4	
广　东	12	4.8	3.6	2	0.8	0.8				0.8		0.4	
广　西	12	4.8	3.6	2	0.8	0.8				0.8		0.4	
云　南	11	4.4	3.6	2	0.8	0.8				0.8			
西　藏	6	2.4	2.0	1.2	0.4	0.4				0.4			
海　南	5	2	1.6	0.8	0.4	0.4				0.4			
合　计	10000	5400	800	600	100	100	3000	400	800	240	80	80	

表3 全国治沙十年规划重点建设项目任务表

单位:万亩

重点建设项目	1992—2000年治理开发总面积	人工造林				封沙育林育草	飞播造林种草	人工种草及改良草场	治沙造田及改造低产田	种植药材及经济作物	开发利用水面	备注
		小计	防风固沙林	速生丰产用材林	经济林							
内蒙古高原至新疆荒漠地区天然森林植被的恢复和合理利用	3010					2850				160		
呼伦贝尔沙地综合治理开发	140	40	40			100						
松嫩沙地的综合治理开发	295	125	100	25				100	20		50	
西辽河流域沙地的综合治理开发	940	280	210	40	30	200	200	140	70		50	
科尔沁沙地北部综合治理开发	210	60	50	10		100			50			
浑善达克沙地沙化草场的综合治理	525	75	50	25		200	100	150				
神府—准格尔煤田沙区环境的综合治理	245	95	80		15		150					
毛乌素沙地中部沙化草原的综合治理	740	165	150		15		300	265	10			
毛乌素沙地南缘长城沿线沙地综合治理开发	210	120	80	20	20			30	40	10	10	
乌兰布和沙漠北部的综合治理开发	40	25	5	10	10				10		5	
内蒙古乌盟后山沙漠化土地的综合治理开发	305	145	145					150	10			
雁、同、朔及忻州地区沙地综合治理开发	110	80	50		30			30				
宁夏河东沙地及腾格里沙漠东南缘的综合治理开发	220	60	50		10	50	50	30	20	10		
河西走廊沙地综合治理开发	260	110	70	10	30			90	40	20		
准噶尔南缘沙地综合治理开发	225	50	50					165	10			
塔里木盆地绿色走廊的综合开发	70	20	20					30	20			
塔里木盆地南缘沙地综合治理开发	190	70	50		20			100	20			
永定河、潮白河中下游风沙化土地的综合治理开发	80	60	30	10	20				20			
黄淮海平原中部风沙化土地综合治理开发	160	80	50	30					80			另外化学固沙5万亩
塔克拉玛干中部油田沙化环境的综合治理	40	30	30			10						
合计	8015	1690	1310	180	200	3510	800	1280	420	200	115	

表 4　全国治沙重点建设项目“八五”期间任务表

单位:万亩

重点建设项目	1992—1995年治理开发总面积	人工造林				封沙育林育草	飞播造林种草	人工种草及改良草场	治沙造田及改造低产田	种植药材及经济作物	开发利用水面	备注
		小计	防风固沙林	速生丰产用材林	经济林							
内蒙古高原至新疆荒漠地区天然森林植被的恢复和合理利用	2203					2139				64		
呼伦贝尔沙地综合治理开发	91	16	16			75						
松嫩沙地的综合治理开发	118	50	40	10				40	8		20	
西辽河流域沙地的综合治理开发	446	112	84	16	12	150	80	56	28		20	
科尔沁沙地北部综合治理开发	119	24	20	4		75			20			
浑善达克沙地沙化草场的综合治理	280	30	20	10		150	40	60				
神府—准格尔煤田沙区环境的综合治理	98	38	32		6		60					
毛乌素沙地中部沙化草原的综合治理	296	66	60		6		120	106	4			
毛乌素沙地南缘长城沿线沙地综合治理开发	84	48	32	8	8			12	16	4	4	
乌兰布和沙漠北部的综合治理开发	16	10	2	4	4				4		2	
内蒙古乌盟后山沙漠化土地的综合治理开发	122	58	58					60	4			
雁、同、朔及忻州地区沙地综合治理开发	44	32	20		12			12				
宁夏河东沙地及腾格里沙漠东南缘的综合治理开发	104	24	20		4	36	20	12	8	4		
河西走廊沙地综合治理开发	104	44	28	4	12			36	16	8		
准噶尔南缘沙地综合治理开发	90	20	20					66	4			
塔里木盆地绿色走廊的综合开发	28	8	8					12	8			
塔里木盆地南缘沙地综合治理开发	76	28	20		8			40	8			
永定河、潮白河中下游风沙化土地的综合治理开发	32	24	12	4	8				8			
黄淮海平原中部风沙化土地综合治理开发	64	32	20	12					32			另外化学固沙3万亩
塔克拉玛干中部油田沙化环境的综合治理	22	12	12			10						
合计	4437	676	524	72	80	2635	320	512	168	80	46	

表 5 全国治沙“八五”期间分年度安排表

单位:万亩

省别	1992—1995年治理开发总面积					人工造林									
	合计	1992年	1993年	1994年	1995年	小计					防风固沙林				
						计	1992年	1993年	1994年	1995年	计	1992年	1993年	1994年	1995年
内蒙古	2073	518.25	518.25	518.25	518.25	298	74.5	74.5	74.5	74.5	250	62.5	62.5	62.5	62.5
新疆	1524.2	381.05	381.05	381.05	381.05	72	18	18	18	18	60	15	15	15	15
甘肃	635	158.75	158.75	158.75	158.75	44	11	11	11	11	28	7	7	7	7
青海	170	42.5	42.5	42.5	42.5	8	2	2	2	2	8	2	2	2	2
陕西	134	33.5	33.5	33.5	33.5	70	17.5	17.5	17.5	17.5	48	12	12	12	12
河北	133.8	33.45	33.45	33.45	33.45	34.8	8.7	8.7	8.7	8.7	20	5	5	5	5
吉林	130	32.5	32.5	32.5	32.5	42	10.5	10.5	10.5	10.5	34	8.5	8.5	8.5	8.5
黑龙江	122	30.5	30.5	30.5	30.5	42	10.5	10.5	10.5	10.5	33.2	8.3	8.3	8.3	8.3
宁夏	120	30	30	30	30	30	7.5	7.5	7.5	7.5	24	6	6	6	6
辽宁	108	27	27	27	27	28	7	7	7	7	20	5	5	5	5
山西	54	13.5	13.5	13.5	13.5	34	8.5	8.5	8.5	8.5	20	5	5	5	5
四川	52.8	13.2	13.2	13.2	13.2	12.8	3.2	3.2	3.2	3.2	8.8	2.2	2.2	2.2	2.2
山东	37.6	9.4	9.4	9.4	9.4	17.2	4.3	4.3	4.3	4.3	10	2.5	2.5	2.5	2.5
河南	37.2	9.3	9.3	9.3	9.3	16.8	4.2	4.2	4.2	4.2	10	2.5	2.5	2.5	2.5
北京	22	5.5	5.5	5.5	5.5	16	4	4	4	4	8	2	2	2	2
安徽	5.6	1.4	1.4	1.4	1.4	4	1	1	1	1	2	0.5	0.5	0.5	0.5
江西	5.6	1.4	1.4	1.4	1.4	4	1	1	1	1	2	0.5	0.5	0.5	0.5
江苏	5.6	1.4	1.4	1.4	1.4	4	1	1	1	1	2	0.5	0.5	0.5	0.5
福建	5.6	1.4	1.4	1.4	1.4	4	1	1	1	1	2	0.5	0.5	0.5	0.5
浙江	5.6	1.4	1.4	1.4	1.4	4	1	1	1	1	2	0.5	0.5	0.5	0.5
广东	4.8	1.2	1.2	1.2	1.2	3.6	0.9	0.9	0.9	0.9	2	0.5	0.5	0.5	0.5
广西	4.8	1.2	1.2	1.2	1.2	3.6	0.9	0.9	0.9	0.9	2	0.5	0.5	0.5	0.5
云南	4.4	1.1	1.1	1.1	1.1	3.6	0.9	0.9	0.9	0.9	2	0.5	0.5	0.5	0.5
西藏	2.4	0.6	0.6	0.6	0.6	2	0.5	0.5	0.5	0.5	1.2	0.3	0.3	0.3	0.3
海南	2	0.5	0.5	0.5	0.5	1.6	0.4	0.4	0.4	0.4	0.8	0.2	0.2	0.2	0.2
合计	5400	1350	1350	1350	1350	800	200	200	200	200	600	150	150	150	150

（续）

省别	人工造林										封沙育林育草					飞播造林种草				
	速生丰产用材林					经济林														
	计	1992年	1993年	1994年	1995年	计	1992年	1993年	1994年	1995年	合计	1992年	1993年	1994年	1995年	合计	1992年	1993年	1994年	1995年
内蒙古	28	7	7	7	7	20	5	5	5	5	975	243.75	243.75	243.75	243.75	308	77	77	77	77
新疆	4	1	1	1	1	8	2	2	2	2	1203	300.75	300.75	300.75	300.75					
甘肃	4	1	1	1	1	12	3	3	3	3	525	131.25	131.25	131.25	131.25					
青海											150	37.5	37.5	37.5	37.5					
河北	8.8	2.2	2.2	2.2	2.2	6	1.5	1.5	1.5	1.5	45	11.25	11.25	11.25	11.25	20	5	5	5	5
陕西	8	2	2	2	2	14	3.5	3.5	3.5	3.5						20	5	5	5	5
吉林	8	2	2	2	2															
黑龙江	8	2	2	2	2	0.8	0.2	0.2	0.2	0.2						8	2	2	2	2
宁夏	2	0.5	0.5	0.5	0.5	4	1	1	1	1	36	9	9	9	9	20	5	5	5	5
辽宁	4	1	1	1	1	4	1	1	1	1	30	7.5	7.5	7.5	7.5	20	5	5	5	5
山西	2	0.5	0.5	0.5	0.5	12	3	3	3	3										
四川						4	1	1	1	1	36	9	9	9	9	4	1	1	1	1
山东	6	1.5	1.5	1.5	1.5	1.2	0.3	0.3	0.3	0.3										
河南	6	1.5	1.5	1.5	1.5	0.8	0.2	0.2	0.2	0.2										
北京	2	0.5	0.5	0.5	0.5	6	1.5	1.5	1.5	1.5										
安徽	1.2	0.3	0.3	0.3	0.3	0.8	0.2	0.2	0.2	0.2										
江西	1.2	0.3	0.3	0.3	0.3	0.8	0.2	0.2	0.2	0.2										
江苏	1.2	0.3	0.3	0.3	0.3	0.8	0.2	0.2	0.2	0.2										
福建	1.2	0.3	0.3	0.3	0.3	0.8	0.2	0.2	0.2	0.2										
浙江	1.2	0.3	0.3	0.3	0.3	0.8	0.2	0.2	0.2	0.2										
广东	0.8	0.2	0.2	0.2	0.2	0.8	0.2	0.2	0.2	0.2										
广西	0.8	0.2	0.2	0.2	0.2	0.8	0.2	0.2	0.2	0.2										
云南	0.8	0.2	0.2	0.2	0.2	0.8	0.2	0.2	0.2	0.2										
西藏	0.4	0.1	0.1	0.1	0.1	0.4	0.1	0.1	0.1	0.1										
海南	0.4	0.1	0.1	0.1	0.1	0.4	0.1	0.1	0.1	0.1										
合计	100	25	25	25	25	100	25	25	25	25	3000	750	750	750	750	400	100	100	100	100

（续）

省别	人工种草及改良草场					治沙造田及改造低产田					种植药材及经济作物					开发利用水面				
	合计	1992年	1993年	1994年	1995年	合计	1992年	1993年	1994年	1995年	合计	1992年	1993年	1994年	1995年	合计	1992年	1993年	1994年	1995年
内蒙古	380	95	95	95	95	56	14	14	14	14	28	7	7	7	7	28	7	7	7	7
新疆	200	50	50	50	50	20.8	5.2	5.2	5.2	5.2	28	7	7	7	7	0.4	0.1	0.1	0.1	0.1
甘肃	36	9	9	9	9	16	4	4	4	4	12	3	3	3	3	2	0.5	0.5	0.5	0.5
青海	8	2	2	2	2						4	1	1	1	1					
河北	20	5	5	5	5	12	3	3	3	3						2	0.5	0.5	0.5	0.5
陕西	20	5	5	5	5	16	4	4	4	4	4	1	1	1	1	4	1	1	1	1
吉林	48	12	12	12	12	24	6	6	6	6						16	4	4	4	4
黑龙江	32	8	8	8	8	24	6	6	6	6						16	4	4	4	4
宁夏	20	5	5	5	5	8	2	2	2	2	4	1	1	1	1	2	0.5	0.5	0.5	0.5
辽宁	16	4	4	4	4	8	2	2	2	2						6	1.5	1.5	1.5	1.5
山西	20	5	5	5	5															
四川																				
山东						20	5	5	5	5						0.4	0.1	0.1	0.1	0.1
河南						20	5	5	5	5						0.4	0.1	0.1	0.1	0.1
北京						6	1.5	1.5	1.5	1.5										
安徽						1.2	0.3	0.3	0.3	0.3						0.4	0.1	0.1	0.1	0.1
江西						1.2	0.3	0.3	0.3	0.3						0.4	0.1	0.1	0.1	0.1
江苏						1.2	0.3	0.3	0.3	0.3						0.4	0.1	0.1	0.1	0.1
福建						1.2	0.3	0.3	0.3	0.3						0.4	0.1	0.1	0.1	0.1
浙江						1.2	0.3	0.3	0.3	0.3						0.4	0.1	0.1	0.1	0.1
广东						0.8	0.2	0.2	0.2	0.2						0.4	0.1	0.1	0.1	0.1
广西						0.8	0.2	0.2	0.2	0.2						0.4	0.1	0.1	0.1	0.1
云南						0.8	0.2	0.2	0.2	0.2										
西藏						0.4	0.1	0.1	0.1	0.1										
海南						0.4	0.1	0.1	0.1	0.1										
合计	800	200	200	200	200	240	60	60	60	60	80	20	20	20	20	80	20	20	20	20

国务院办公厅转发
全国绿化委员会、林业部关于治沙工作若干政策措施意见的通知

国办发［1991］54号

各省、自治区、直辖市人民政府，国务院有关部门：

全国绿化委员会、林业部《关于治沙工作若干政策措施的意见》已经国务院批准，现转发给你们，请遵照执行。

中华人民共和国国务院办公厅

1991年8月29日

附：关于治沙工作若干政策措施的意见

国务院：

为了防止土地沙化，加快治理沙漠化土地，合理开发利用沙区资源，改善生态环境，保障农牧业生产和促进国民经济发展，经全国治沙工作会议讨论研究，对有关治沙工作的若干政策措施，提出如下意见：

一、治沙工作由沙区各级人民政府负责。治沙任务重的省区，要在治沙主管部门内自行调剂设置专管的机构和人员，负责本地区的组织、协调工作；重点沙区县和沙生植物集中分布地区，要建立健全基层治沙站，负责治沙和植被管护工作。

二、全国绿化委员会、林业部和地方各级绿化委员会、林业部门主管治沙和沙区资源的开发利用工作。水利、农业、牧业、土地、环保、矿产、能源、铁道、交通、科技等有关部门要密切配合，通力合作，并负责做好本行业的治沙工作。

三、沙区各级人民政府要根据全国治沙工程规划制定本地区的防沙治沙规划，并纳入国民经济和社会发展规划，积极组织各行业和广大人民群众实施。

四、治沙工作要贯彻“统一规划、分工负责，因地制宜、综合治理，防治并重、治用结合，突出重点、讲求效益”的方针，有计划、有步骤、有重点地进行。要切实保护好沙区林草植被，严禁滥垦、滥牧、滥采、滥挖。

五、沙区地方各级人民政府对适宜封沙育林、育草的沙漠戈壁、沙漠化土地，要划定范围，实行封育；对珍稀动植物资源集中分布的地区，应分别情况，逐步建立不同类型的自然保护区。

六、经有关部门批准和治沙主管部门同意，在沙区从事采矿、石油开发、筑路及其他工程建设的部门和单位，要把防沙治沙作为环境评估的重要内容；按照“谁开发、谁保护、谁治理”的原则，都要承担治沙任务，并把施工区域的防沙、治沙经费列入工程预算，做到工程建设和防沙治沙同步进行。

七、防沙治沙资金实行多渠道筹集，以群众投工投劳为主、国家扶持为辅。地方各级人民政府除组织群众投工投劳外，还应按规划的要求，每年投入一定数量的资金。各有关部门和有关行业每年应筹集一定的资金，用于防沙治沙。国家基建投资每年也安排一定资金予以扶持。

八、全国治沙工程列为国家计划的重点建设项目，按年度安排基建拨款，按项目进行管理。

九、国家每年发放治沙贴息贷款。“八五”期间，从1992年起，每年由中国人民银行专项安排，中国农业银行组织发放1亿元贴息贷款，财政给予部分贴息，贷款使用者也负担一部分利息。具体办法，由林业部、财政部、中国人民银行和中国农业银行另行规定。

十、国家每年安排一定的治沙事业费，主要用于防沙治沙的技术推广、人员培训、宣传等。此项事业费必须专款专用。

十一、国家对治沙和合理开发利用沙区资源，在税收等方面给予优惠照顾。由财政部、国家税务局制定《关于治沙和合理开发利用沙区资源给予税收等方面优惠照顾的规定》，另行下达。

十二、新占用、征用经保护或治理的沙地，应按《土地法》的有关规定向土地管理部门提出申请，在

审批前，要征求同级林业主管部门的意见；用地单位应按规定缴纳土地占用补偿费，此项费用专项用于治沙。具体办法和补偿标准，由省、自治区、直辖市人民政府制定。

十三、防沙、治沙所需的化肥、农药、汽油、柴油、农膜、木材、水泥、钢材等主要生产资料，视同重点工程项目所需物资，优先纳入国家物资供应计划。

十四、治理沙漠及开发利用沙区资源的科技研究项目，应纳入科技项目计划，经有关领导机关批准后拨给专项经费。各级人民政府和有关部门应实行优惠政策，吸引和鼓励科技人员到沙区进行科学研究和技术推广。

十五、各级人民政府对治沙工作成绩显著的单位和个人给予表彰奖励；对于因滥垦、滥牧、滥采、滥挖而破坏林草植被等沙区资源的单位和个人，由治沙主管部门责令其限期治理，并按有关规定追究责任和给予处罚。

十六、沙区各省、自治区、直辖市人民政府可根据上述意见，结合具体情况，制定本地区的具体规定和实施办法。

以上意见如无不妥，请国务院批转各地、各部门贯彻执行。

全国绿化委员会
林 业 部
1991年8月15日

关于发布《国家重点保护野生动物驯养繁殖许可证管理办法》的通知

林策字［1991］6号

各省、自治区、直辖市及计划单列市林业（农林）厅（局），内蒙古自治区农委，西藏自治区农牧林委，黑龙江省森工总局，新疆生产建设兵团农业局，大兴安岭林业公司：

《国家重点保护野生动物驯养繁殖许可证管理办法》已于1990年12月30日林业部部务会议审议通过，现发给你们，自1991年4月1日起施行。

附件：《国家重点保护野生动物驯养繁殖许可证管理办法》

中华人民共和国林业部
1991年1月9日

附：国家重点保护野生动物驯养繁殖许可证管理办法

第一条 为保护、发展和合理利用野生动物资源，加强野生动物驯养繁殖管理工作，维护野生动物驯养繁殖单位和个人的合法权益，根据《中华人民共和国野生动物保护法》第十七条规定，制定本办法。

第二条 从事驯养繁殖野生动物的单位和个人，必须取得《国家重点保护野生动物驯养繁殖许可证》（以下简称《驯养繁殖许可证》）。没有取得《驯养繁殖许可证》的单位和个人，不得从事野生动物驯养繁殖活动。

本办法所称野生动物，是指国家重点保护的陆生野生动物；所称驯养繁殖，是指在人为控制条件下，为保护、研究、科学实验、展览及其他经济目的而进行的野生动物驯养繁殖活动。

第三条 具备下列条件的单位和个人，可以申请《驯养繁殖许可证》：

（一）有适宜驯养繁殖野生动物的固定场所和必需的设施；

（二）具备与驯养繁殖野生动物种类、数量相适应的资金、人员和技术；

（三）驯养繁殖野生动物的饲料来源有保证。

第四条 有下列情况之一的，可以不批准发放《驯养繁殖许可证》：

（一）野生动物资源不清；

（二）驯养繁殖尚未成功或技术尚未过关；

（三）野生动物资源极少，不能满足驯养繁殖种源要求。

第五条 驯养繁殖野生动物的单位和个人，必须向所在地县级政府野生动物行政主管部门提出书面申请，并填写《国家重点保护野生动物驯养繁殖许可证申请表》。凡驯养繁殖国家一级保护野生动物的，由省、自治区、直辖市政府林业行政主管部门报林业部审批；凡驯养繁殖国家二级保护野生动物的，由省、自治区、直辖市政府林业行政主管部门审批。

经批准驯养繁殖野生动物的单位和个人，其《驯养繁殖许可证》由省、自治区、直辖市政府林业行政主管部门核发。

《驯养繁殖许可证》和《国家重点保护野生动物驯养繁殖许可证申请表》由林业部统一印制。

第六条 以生产经营为主要目的驯养繁殖野生动物的单位和个人，须凭《驯养繁殖许可证》向工商行政管理部门申请注册登记，领取《企业法人营业执照》或《营业执照》后，才能从事野生动物驯养繁殖活动。

第七条 驯养繁殖野生动物的单位和个人，应当遵守以下规定：

(一)遵守国家和地方有关野生动物保护管理政策和法规，关心和支持野生动物保护事业；

(二) 用于驯养繁殖的野生动物来源符合国家规定；

(三)接受野生动物行政主管部门的监督检查和指导；

(四) 建立野生动物驯养繁殖档案和统计制度；

(五) 按有关规定出售、利用其驯养繁殖野生动物及其产品。

第八条 驯养繁殖野生动物的单位和个人，必须按照《驯养繁殖许可证》规定的种类进行驯养繁殖活动。需要变更驯养繁殖野生动物种类的，应当比照本办法第五条的规定，在二个月内向原批准机关申请办理变更手续；需要终止驯养繁殖野生动物活动的，应当在二个月内向原批准机关办理终止手续，并交回原《驯养繁殖许可证》。

第九条 因驯养繁殖野生动物需要从野外获得种源的，必须按照《中华人民共和国野生动物保护法》第十六条及有关规定办理。

第十条 取得《驯养繁殖许可证》的单位和个人，需要出售、利用其驯养繁殖的国家一级保护野生动物及其产品的，必须经林业部或其授权的单位批准；需要出售、利用其驯养繁殖的国家二级保护野生动物及其产品的，必须经省、自治区、直辖市政府林业行政主管部门或其授权的单位批准。

取得《驯养繁殖许可证》的单位和个人未经批准不得出售、利用其驯养繁殖的野生动物及其产品。

第十一条 县级以上政府野生动物行政主管部门或其授权的单位应当定期查验《驯养繁殖许可证》。对未取得《驯养繁殖许可证》的单位和个人进行野生动物驯养繁殖活动的，由县级以上政府野生动物行政主管部门没收其驯养繁殖的野生动物。

第十二条 取得《驯养繁殖许可证》的单位和个人，有下列情况之一的，除按野生动物保护法律、法规的有关规定处理外，批准驯养繁殖野生动物或核发《驯养繁殖许可证》的机关可以注销其《驯养繁殖许可证》，并可建议工商行政管理部门吊销其《企业法人营业执照》或《营业执照》。

(一) 超出《驯养繁殖许可证》的规定驯养繁殖野生动物种类的；

(二) 隐瞒、虚报或以其他非法手段取得《驯养繁殖许可证》的；

(三) 伪造、涂改、转让或倒卖《驯养繁殖许可证》的；

(四) 非法出售、利用其驯养繁殖的野生动物及其产品的；

(五) 取得《驯养繁殖许可证》以后在一年内未从事驯养繁殖活动的。

被注销《驯养繁殖许可证》的单位和个人，应立即停止驯养繁殖野生动物活动，其驯养繁殖的野生动物由县级以上政府野生动物行政主管部门或其授权单位按有关规定处理。

第十三条 省、自治区、直辖市政府林业行政主管部门要建立《驯养繁殖许可证》审批、核发制度，配备专人管理，使用野生动物管理专用章。核发《驯养繁殖许可证》时，可适当收取工本、手续费。收费标准由省、自治区、直辖市政府林业行政主管部门提出，报同级物价、财政部门核定，并报林业部备案。

第十四条 本办法由林业部负责解释。

第十五条 本办法自 1991 年 4 月 1 日起施行。

关于印发《林业部直属普通高等学校招收有实践经验人员的暂行办法》的通知

林教字［1991］39号

各省、自治区林业（农林）厅（局）、教委、高教（教育）厅（局）、普通高等学校招生委员会，内蒙古自治区农委，部属普通高等林业院校：

现将《林业部直属普通高等学校招收有实践经验人员的暂行办法》（以下简称《暂行办法》）印发给你们，并就有关问题通知如下：

一、高等林业院校招收有一定林业生产实践经验的人员，是为了使专门人才流向工作环境比较艰苦的林业生产第一线，更好地为科技兴林服务。各地、各校在招生工作中，应加强组织宣传工作，严格执行《暂行办法》，端正指导思想，排除各种干扰，确保招生录取工作顺利进行。国家教委和林业部将对有关方面执行《暂行办法》的情况进行监督检查。

二、招收有实践经验人员的工作目前仍处于试点阶段，近二、三年内将本着积极稳妥的精神逐步推行。每年试点院校、试点地区的确定，经国家教委和林业部审核后下达。

三、各地、各校在执行《暂行办法》的过程中，要注意总结经验，发现问题及时反映。

附件：林业部直属普通高等学校招收有实践经验人员的暂行办法

中华人民共和国林业部

中华人民共和国国家教育委员会

1991年2月19日

附：林业部直属普通高等学校招收有实践经验人员的暂行办法

第一章 总 则

第一条 为保证工作环境比较艰苦的边远林区县或县以下林业基层生产单位能得到一定数量的毕业生，参照《普通高等学校招生暂行条例》的有关规定，结合林业具体情况，特制定本办法。

第二条 林业部直属普通高等学校按国家任务招生计划的一定比例招收有实践经验的人员。实行参加全国普通高等学校统一考试、单独录取、定向培养、定向就业的办法。

第二章 招生范围及对象

第三条 主要面向东北用材、防护林地区，蒙新防护林地区，黄土高原防护林地区，西南高山峡谷防护、用材林地区和南方用材、经济林地区等五大林区的地处边远、工作环境比较艰苦的地、县或经林业部指定的林业企事业单位招生。

第四条 招生对象是凡在林业系统中，具有高中毕业或同等学力，有当地正式户口，年龄不超过25周岁，未婚（实践经验丰富的优秀青年，经所在单位推荐，省招生办公室批准，年龄可放宽到28周岁，婚否不限），并具有两年以上生产实践经验的在职职工（包括在册的合同工、临时工、季节工），乡（镇）村集体林场、林业工作站和林业专业户中的优秀青年。

第三章 招生计划编制

第五条 招收有实践经验的人员录取指标列入国家任务招生计划，招生比例一般不超过当年部属高校国家任务的20%。

第六条 有关省林业厅（局）根据本省边远林区林业生产建设及经济发展对专门人才的需求情况，于每年8月底前向林业部提出拟进行招收有实践经验人员的试点地区及生源情况、招生专业，经国家教委和林业部审核后，与普通高校招生来源计划同时下达。招收有实践经验人员的招生来源计划单独列表，直接列到有关省的地、县或单位。由省普通高校招生办公室向考生公布单独录取招生人数和专业。

第四章 招生与录取

第七条 考生在报考前，必须由所在单位出具

《林业系统有实践经验人员参加普通高考资格审查表》(以下简称《资格审查表》)(一式五份),由考生及其家长签字,县级林业部门、招生办公室签字盖章,被录取的新生,由录取学校在《资格审查表》上盖章,由考生所在的省招生办公室、高校毕业生分配部门、县级林业部门、考生本人及学校各存一份。

《资格审查表》由招生学校按林业部编制的统一格式印制,寄送试点地区的林业部门。

第八条 考生资格审查由县级林业部门负责,报名、建档及考务等工作由当地招生办公室负责,并在考生档案上标出"林科单录"字样。

第九条 考生只能填报某一试点院校的专业,不得兼报其它院校的专业。

第十条 考生参加全国普通高校招生统一考试,外语成绩不计入总分。

第十一条 坚持德智体全面考核、择优录取,不断提高新生质量,对考生文化成绩的要求,应以适应大学学习为原则。录取最低控制分数线由省招生办公室确定,并照顾到生源地区。各地录取控制线要及时通告国家教委和林业部。

第十二条 录取实行"学校负责,招办监督"的体制,录取名单由省招生办公室审核,在同等条件下,优先录取近五年内获县以上先进工作者称号的考生。

第五章 在校管理及就业

第十三条 学生在校期间的待遇与国家任务生相同,其中在职人员待遇按国家有关规定执行。

第十四条 学生单独编班教学,专科学制三年,本科学制五年,学生在校期间按《普通高等学校学生管理规定》管理。

第十五条 学生毕业实习回当地林业部门进行,当地林业部门应为学生实习提供必要的条件。

第十六条 毕业生归入国家分配计划,一律回原报考地区的县或县以下林业基层生产单位工作。

第六章 违纪处理

第十七条 凡有违反普通高校招生管理规定者,按《普通高等学校招生管理处罚暂行规定》予以严肃处理。

考生资格审查出现问题,对主要负责人和直接责任者,根据情节轻重由所在单位或上级主管部门给予行政处分,并取消试点地区或单位试行招收有实践经验人员的资格。

考生建档或投档出现问题,由当地招生办公室承担责任,负责处理善后工作。

录取工作中出现问题,由录取学校承担责任,问题严重的将取消试点资格。

第七章 附 则

第十八条 本办法由林业部和国家教委负责解释。

第十九条 本办法自1991年度招生起试行。

关于印发《集体林区调度工作规定》的通知

林工字[1991]100号

河北、山西、辽宁、黑龙江、江苏、浙江、安徽、福建、江西、山东、河南、湖北、湖南、广东、广西、海南、贵州、西藏、青海、宁夏省、自治区林业厅(局):

现将《集体林区调度工作规定》印发给你们,请认真遵照执行。

附件:集体林区调度工作规定

中华人民共和国林业部

1991年5月6日

附:集体林区调度工作规定

第一章 总 则

第一条 为了发展、保护和利用好森林资源,加强林业行业管理和组织领导,提高调度工作质量,保证调度工作的及时性、准确性、预见性和科学性,使调度工作制度化、规范化,特制定本规定。

第二条 本规定适用于集体林区各省、自治区林业厅(局)级调度机构。基层林业调度工作,由省、自治区林业厅(局)参照本规定制定实施细则。

第三条 调度工作是林业企业各项生产经营活动和经济形势分析的中枢,是加强林业行业管理和生产、供应、销售、贮存及物资分配宏观调整的重要手段。

第四条 调度机构工作人员是为各级林业主管部门领导决策及组织指挥生产提供可靠依据的参谋和助手，各级林业主管部门领导都要支持调度工作，树立调度的权威。

第五条 调度机构应由具备较高政策、业务水平和较强业务综合分析能力的专职工作人员组成；为了保证调度工作的质量和连续性，调度人员要保持相对的稳定性。

第二章 调度的任务、职责和职权

第六条 调度的基本任务

(一)宣传和执行党的各项方针政策及国家有关林业的各项政策、法规，督促林业企业认真执行和落实林业政策、法规及上级有关文件精神。

(二)参与制定本地区的林业生产和各项经营活动计划，协助主管领导抓好生产经营活动，加强木材流通领域的宏观管理，完成国家各项林业生产任务。

(三)收集、整理所属林业企业生产经营管理情况，并按照要求向本单位领导和上级主管部门汇报。

(四)研究市场动态与信息，主动和有关业务部门交流情况，协助解决林业企业林木产品的生产、运输、销售和贮存等工作中存在的主要问题或重大问题。

(五)深入基层，调查研究，不断总结经验，及时与上下通报。

第七条 调度职责

调度室负责人主要职责：

(一)负责领导、督促、检查调度工作人员抓好本职工作，及时做好调度工作人员思想政治工作，调动全体人员工作积极性。

(二)每月至少组织召开一次调度工作综合分析会，并负责向主管领导和上级调度机构汇报林业企业生产经营各项指标完成情况、存在问题及所采取的措施等；每半年召开一次本省、自治区林业企业调度工作会议，为半年小结和年终总结作准备。

(三)组织制定调度工作制度和调度人员培训计划，加强岗位责任制考核，负责向本地区林业主管部门领导提出调度工作人员的调整或晋升建议。

调度员主要职责：

(一)收集和掌握木材生产、运输、销售、贮存和营林、林产工业、多种经营、林机修造等林业生产经营活动情况，并及时做好形势分析和预测。

(二)填报各类调度报表，完成综合文字分析材料，办好调度工作《简报》或《情况反映》，并按规定时间报业务主管部门和上级调度机构，同时下发所属企业和基层单位。

(三)根据上级调度机构和业务主管部门的指示，起草有关的调度代电、通知、指示和命令，按时完成上级调度机构和主管领导交办的与调度业务有关的各项任务。

(四)搞好调度业务中的文字、图式、表格及原始记录的分类存档工作。

第八条 调度职权

(一)参加有关林业生产经营活动的各类专业会议，及时阅读和学习有关业务的上级文件，并提出贯彻落实建议和措施。

(二)检查林业行业贯彻和落实上级有关指示、通知、会议精神及规章制度的执行情况，并将执行情况向主管领导及上级调度机构汇报，或根据主管领导意见向全省通报。

第九条 调度工作人员应遵纪守法，廉政、勤政；要严格保守国家机密。

第三章 调度工作的制度建设

第十条 必须建立健全调度工作各项制度，包括定期汇报制度，定期综合分析制度，会议制度，岗位责任和值班制度，档案管理制度。

第十一条 省、自治区林业主管部门要有计划地对调度工作人员进行培训，不断提高工作人员整体素质，要组织开展调度工作评比活动，对先进调度单位和个人予以表彰或奖励。

第十二条 调度汇报材料，包括月报、半年小结、全年总结，要有数字，有文字分析，有重点，有问题，有措施，简明、清楚。对重大风、水、火灾等自然灾害及事故的汇报，一般不超过48小时，并要说明损失情况和所采取的救治措施。

第四章 调度设备的配备

第十三条 各省、自治区林业厅（局）调度机构，应依据生产规模和需要装备必要的调度专用程控电话或传真机、微机等先进设备。购置设备的经费由各省、自治区林业厅（局）自行解决。

第十四条 调度机构要加强调度专用设备的维护和保养，建立设备档案和管理制度，以保证通讯渠道的畅通。

第五章 附 则

第十五条 本规定由林业部负责解释。

第十六条 本规定自发布之日起施行。

关于印发《林业工作中国家秘密及其密级具体范围的规定》的通知

林办通字［1991］9号

各省、自治区、直辖市及计划单列市林业（农林）厅（局），西藏自治区农牧林委，黑龙江省森工总局，新疆生产建设兵团农业局，部属各企事业单位，各省、自治区、直辖市、计划单列市保密局，各地市（州）保密局：

根据《中华人民共和国保守国家秘密法》第十条规定，国家保密局会同林业部制定了《林业工作中国家秘密及其密级具体范围的规定》，现予下发。请认真组织学习、执行。

中华人民共和国林业部
国 家 保 密 局
1991年5月29日

附：林业工作中国家秘密及其密级具体范围的规定

第一条 林业工作中国家秘密的具体范围包括：

（一）未经公布的重大林业经济政策和改革措施；

（二）未经公布的全国林业生产建设中、长期发展规划和年度计划；

（三）列入国家林业科技攻关计划项目、具有国际领先水平的科研成果的核心技术、我国独有的以及国际上尚属保密的工艺技术和诀窍；

（四）未经公布的野生动物疾病和危险性的森林病虫害疫情；

（五）未经公布的珍贵木材、人造板、松香等重要林产品的出口创汇能力；

（六）未经公布的我国独有的珍贵稀有野生动、植物数量及其有关资料；

（七）涉外工作中内部掌握的计划、方案、策略及双方约定的保密事项；

（八）为国防军工配套的重要林业制品的生产科研计划、核心技术、储备数量和产品去向；

（九）森林防火无线电台的频率、频点及呼号；

（十）支队级武装森林警察部队的实力、装备；

（十一）未经公布的全国性林业统计资料；

（十二）尚未公布的全国森林资源清查成果和调查数据。

第二条 林业工作中国家秘密的密级具体范围如下：

（一）机密级事项

1. 拟议中的重大林业经济政策和改革措施；

2. 未经公布的全国林业生产建设及科研中、长期规划、计划；

3. 木材、锯材、胶合板及松香出台前的价格政策及调价方案；

4. 列入国家林业科技攻关计划项目和具有国际领先水平的科研成果的核心技术、我国独有的以及国际上尚属保密的工艺技术和诀窍；

5. 为国防军工配套的重要林业制品的生产科研计划、核心技术及储备数量和产品去向；

6. 尚未公布的我国独有的珍贵稀有野生动、植物数量及科研开发利用重要成果；

7. 未经公布的珍贵木材、人造板、松香等重要林产品的出口创汇能力；

8. 尚未公布的野生动物疾病和危险性的森林病虫害疫情；

9. 尚未公布的全国森林资源调查数据；

10. 未经公布的全国林业财务会计预、决算资料。

（二）秘密级事项

1. 未经公布的全国林业生产建设年度计划；

2. 尚未公布的全国森林资源清查成果；

3. 涉外工作中内部掌握的计划、方案、策略及双方约定的保密事项；

4. 全国林业进出口计划及重大引进项目的谈判意向、标底、用汇额度、换汇、成本；

5. 通过秘密渠道取得的新技术及其来源；

6. 森林防火无线电台的频率、频点及呼号；

7. 未经公布的全国性的林业统计资料；

8. 武装森林警察部队的实力和装备；

9. 全国林业职工伤亡事故的统计资料。

第三条 林业工作中下列事项不属于国家秘密，

但应作为内部事项管理，不得擅自扩散：

（一）内部文件、资料；

（二）内部业务档案及刊物。

第四条 本规定自1991年5月29日起生效，林业部过去制定的有关规定与本规定有抵触的，均以本规定为准，林业工作涉及的本规定以外的保密事项按国家有关规定办理。

林业部关于进一步加强种苗工作的决定

（1991年5月20日部办公会通过）

林种字［1991］117号

各省、自治区、直辖市及计划单列市林业（农林）厅（局），西藏自治区农牧林委、黑龙江省森工总局、新疆生产建设兵团农业局、大兴安岭林业公司：

党的十一届三中全会以来，我国林木种苗事业有了很大发展。到1990年底共建采种基地2280万亩、良种基地73万亩；每年采收林木种子2500万公斤，其中生产良种54万公斤，优良无性系穗条（根）6.5亿条；年育苗面积350万亩，生产苗木220亿株，对促进造林绿化事业的发展起了重要作用。但是，林木种苗工作的现状与《全国造林绿化规划纲要》（以下简称《纲要》）的要求相比还有很大差距：在数量上还不能满足需要，特别是合格种苗供需矛盾仍较突出；在质量上主要是基地供种率低，造林良种使用率低和一级苗出圃率低。为了进一步解决种苗生产建设中存在的问题，切实加强种苗工作，以适应造林绿化事业发展的需要，特作以下决定：

一、统一思想，提高认识，下大力量抓种苗

林木种苗是林业生产最基本的生产资料，是保证造林绿化进度、提高营林质量、加速资源增长、实现林业发展战略目标的主要基础。要坚决扭转重造林、轻种苗；重数量、轻质量；重买种、轻采种；重买苗、轻育苗的错误认识和作法。各级林业主管部门和生产单位，要真正做到下大力量抓种苗，超前抓种苗，一把手抓种苗。如果我们不是这样来认识和解决种苗问题，就会影响我国造林事业发展的进程和质量。各级领导要增强紧迫感和责任感，把种苗工作真正摆到议事日程上，每年至少召开1—2次专门会议，研究和部署种苗工作，解决种苗生产建设中存在的问题。各级领导办造林绿化示范点，应包括抓种苗工作，也可安排到种子生产基地和中心苗圃办点。县（市、旗）林业局长办苗圃示范点的工作要抓紧落实，真正形成制度，抓出成效。今后在部署、检查、验收造林工作时，要把种苗生产列为重要内容。抓种苗是关系林业工作全局、具有战略意义的一项重要工作，林业系统的广大干部职工，都要提高认识，狠抓落实，真正把种苗工作提高到一个新水平。

二、明确种苗工作的任务和目标

种苗工作的根本任务是保证造林绿化规划的全面落实。只有超前准备好品种对路、数量充足、质量优良的种子和苗木，才能保证实现造林绿化规划，促进林业生产的健康发展。抓种苗要和抓造林绿化一样，必须坚持数量与质量的统一，在保证种苗供应的前提下，各地都要采取有力措施，努力提高种子合格率、基地供种率、良种使用率、一级苗出圃率、自育苗率和容器苗率。

今后营造速生丰产用材林、经济林必须使用经过审定（认定）的林木良种和一级苗木。速生丰产用材林所需种苗，一定要做到定点采种，定点育苗，定向供应。工程造林要使用优良种源区或优良林分的种子和二级以上苗木，禁止使用劣质种源种子和三级苗木。飞播（直播）造林要使用合格种子，原则上禁止使用等外种子。国营、集体和专业户育苗都要加强管理，提高出圃苗木质量。使用良种和优良无性系培育的苗木，一级苗要达到80%以上；使用优良种源区或优良林分种子培育的苗木，一级苗要达到60%以上；使用普通种子培育苗木，一级苗要达到45%以上。禁止出圃使用三级苗。要根据造林绿化规划，抓紧建设一批新的种子生产基地和中心苗圃，确保到本世纪末人工造林全部实现基地供种，工程造林全部使用优良种子和一级苗木。

三、加强计划管理，层层搞好种苗生产与造林计划的衔接

根据《纲要》要求，全国每年要为造林绿化提供2500万公斤普通合格种子和150万公斤良种，育苗390万亩，生产合格苗200亿株，这个任务是相当艰巨的。各省（含自治区、直辖市，下同）要根据本地区造林绿化规划目标，严格按照适地适树、保证质量、立足本省、超前准备的原则，制定种苗生产建设规划和年度生产计划。同时，还要分层次做好省、地、县、乡各级造林绿化任务与种苗生产计划的衔接工作，越往基层要衔接得越细、越具体，要分树种安排种苗生产计划，育苗要与造林任务挂钩，努力做到“对号入座”、苗木自给，严禁长距离调运苗木。经过衔接的种苗生产计划应做为各省林业生产的指令性计划下达。

各省、地、县林业部门都要建立种苗生产与造林任务协调制度，由主管领导主持，定期召集有关单位和人员协调解决种苗生产与造林计划衔接中存在的问题，搞好平衡调度和余缺调剂。要从领导、政策、科技、投入和管理等各个方面给予保证，使种苗与造林的衔接，真正落到实处。

四、加强科学研究，推广科技成果，提高种苗生产水平

技术密集是种苗的行业特点，依靠科技发展种苗是科技兴林的重点。要进一步加强科技与生产的联系，科研单位要紧紧围绕种苗生产存在的关键技术问题，组织科技攻关和开展超前研究，生产单位要为科研提供方便条件，管理部门要做好组织和协调工作。为使种苗研究工作紧密结合生产、服务生产，科技、造林、种苗部门要充分协商共同制定种苗科研计划，建设种苗基地要组织专家进行技术论证，良种鉴定要吸收生产、管理部门参加，新技术、新品种推广要依靠生产、管理部门进行，应用于生产的林木良种要由良种审定委员会严格审定（认定），推广无性繁殖要有科技人员进行技术指导。

在安排林业科技推广计划时，要把种苗研究成果的推广作为重点。当前要着重抓好优良种源和容器育苗的推广工作。在优良种源区建设种子生产基地，在短时间内大量提供林木良种。凡经过种源试验确定为优良种源区的，各地都要根据需要划建采种基地，并选择优良林分建设母树林。容器育苗节约用种，苗木质量高，又能大大提高造林成活率，要大力推广应用。凡适宜推广容器育苗的树种，都要积极使用并加快推广步伐，争取在1992、1993两年有一个大的突破。还要重视二代种子园营建、种子园稳产高产、母树林疏伐改造、种实病虫害防治、种子检验、无性繁殖以及地膜覆盖、ABT生根粉、切根等先进技术在种苗生产上的应用，不断提高种苗生产技术水平。

各级林业主管部门都要制订具体办法，鼓励和组织科技人员深入种苗生产基地开展技术承包，技术指导和技术服务，抓好多种形式的技术培训，提高生产单位的技术水平和对新技术、新成果的消化吸收能力。各级领导都要关心种苗科研和推广工作，并在人力、物力、财力上给予支持。

五、切实抓好种苗生产基地的管理，充分挖掘种苗生产潜力

种苗生产基地建设的关键是加快优良种源区采种基地、主要造林树种良种基地和苗圃的建设，为造林绿化提供良种壮苗。

当前首先要下大力量抓好现有种子生产基地的管理，认真落实疏伐改造、辅助授粉、病虫害防治、土肥管理等行之有效的增产措施，改善种子采收、调制、贮备设施和条件，大幅度提高种子的产量和质量。为适应造林事业发展的需要，1992年良种产量要比1990年提高30—50%。要加强引进树种种子生产基地建设。湿地松、桉树、火炬松在“八五”期间要实现国内产种自给。在建的基地要加快建设进度，强化经营管理措施，促进母树早结实，早丰产。

苗圃建设是实现良种壮苗的重要环节。要重点抓好国营苗圃建设，开展国营苗圃创优达标活动（办法另发），使其在繁育良种，生产壮苗，集约经营，推广新技术等方面发挥骨干、示范和辐射作用。同时，要以中心苗圃为龙头，国营苗圃（包括国营林场苗圃）为骨干，统筹安排国营、集体和专业户育苗，各省、地、县要逐步形成以国营、集体育苗为主的苗木繁育网络。

六、制订扶持政策，增加种苗生产建设投入

实现种苗生产建设规划，必须有资金、物资和劳力的投入做保证。要坚持以地方投入为主，中央扶持为辅的原则。各级林业主管部门要在各级政府的支持下，把种苗生产建设经费列入年度计划，重点加以安排。要多层次、多渠道筹集种苗生产建设资金。林业部对种苗生产建设在投资上继续给予支持和倾斜，并坚持按项目进行管理。育林基金要优先考虑种苗生产的需要，各项林业开发资金要有一定比例用于种苗生产建设。要管好用好现有种苗生产建设资金，并积极主动地向各级人民政府汇报，取得支持，进一步解决好种苗生产周转金、良种基地经营管理经费、国营苗圃事业费及种苗基本建设投资。对种苗生产所需要的粮食、化肥、柴油、农药、农膜等物资，多数省都制定了优惠扶持政策和措施，应该继续坚持，没有制定的要认真研究，妥善解决。种子生产基地疏伐改造所需木材采伐指标在采伐限额中优先安排，采伐收入用于种子生产基地建设。各地要主动与当地财政部门联系，解决好种子贮备的政策性亏损补贴和苗木征收农林特产税等政策问题。要多做工作，争取方方面面的支持，为种苗生产建设创造一个比较宽松的外部条件。

七、加强组织领导，搞好行业管理

种苗行业管理的主要任务是制订种苗发展规划、计划，实行行业指导、监督，搞好协调服务。各级种苗管理机构，都要建立健全以岗位责任制为主的各项管理制度，全力搞好种苗的行业管理和服务工作。

要加强种子的调拨管理，省际间的种子调拨由省林业种苗部门统一安排，种子采收、苗木出圃之前，各级林业主管部门要开好种苗调剂会，认真搞好种苗的平衡与调剂工作。种苗供应要做到适地、适树、适种源。

种苗质量管理是各级林业主管部门的重要任务，各省要尽快成立良种审定委员会，对目前生产的良种要及时进行审定（认定），逐步做到凡推广和使用的良种都要经过审定（认定）。要认真把住种子采收、入库、使用及苗木出圃质量关，经检验不合格的种苗不得使用。为保证对种苗质量的检验与监督，各省及重点采种、用种地区要建立健全种苗检验机构，配备检验人员和仪器设备。

对种子市场要会同有关部门认真进行清理整顿，加强管理。进入流通领域的种苗，要有检验、检疫合格证，否则各级林业部门和单位不得购买和使用。未经县以上林业主管部门同意，不得购买市场流通的种苗用于国家造林工程。对于违反规定购买、使用或推销伪劣种苗的单位或个人，要严肃处理。

八、提前一年抓好下年度的种苗准备

做好种苗工作是一项长期、细致的任务，各地都要按照超前安排的要求，认真做好下一个年度的种苗准备，牢牢掌握造林绿化的主动权。

1991年是执行“八五”计划的第一年，新的造林绿化热潮正在形成，为今冬明春造林绿化做好种苗准备是当前林业生产的一件大事。各省林业厅（局）要按照上述要求，在摸清情况的基础上，对种苗工作进行一次认真地研究安排，特别要重点抓好种苗产量的预测预报和基地、苗圃的抚育管理。据了解，1991年马尾松、油松、落叶松、红松等主要造林树种的结实仍属平年偏下，各地都要尽快搞好1992年造林和种苗生产计划的衔接，进一步落实种源和采种、育苗任务，准备好必要的资金和物资，组织好今秋种子采收、苗木出圃和种苗的余缺调剂，为今冬明春造林绿化准备充足的种子和苗木。

各级林业宣传部门要为种苗工作上新台阶做好宣传工作，采取多种形式，广泛、深入地宣传抓好种苗工作的重要性、紧迫性，宣传种苗生产、建设和管理方面的先进经验和优秀典型，进一步强化种苗意识，提高大力抓好种苗的自觉性。

各省林业厅（局）要根据本决定精神，结合当地实际，制定加强种苗工作的具体办法，认真组织实施。林业行业各部门、各单位都要大力支持种苗工作，为促进种苗事业的发展，为造林绿化提供足够的良种壮苗做出贡献。

中华人民共和国林业部

1991年7月6日

关于印发《沿海防护林体系建设工程管理暂行办法》的通知

林造字［1991］128号

天津、河北、辽宁、上海、江苏、浙江、福建、山东、广东、广西、海南省、自治区、直辖市林业（农林）厅（局），大连、广州、宁波、青岛、厦门市林业局，深圳市绿委：

为全面推进沿海防护林体系建设，确保工程建设质量，提高工程建设效益，林业部制定了《沿海防护林体系建设工程管理暂行办法》，现印发给你们。各地在贯彻执行中，如有什么情况和问题，请及时向林业部反映。

附件：沿海防护林体系建设工程管理暂行办法

中华人民共和国林业部

1991年7月25日

附：沿海防护林体系建设工程管理暂行办法

为确保沿海防护林体系建设总体规划的顺利实施，加强工程建设的管理，提高工程建设质量和效益，依据有关规定，结合沿海地区实际情况，特制定本办法。

一、建设目标和指导原则

1. 沿海防护林体系建设是沿海地区经济发展战略的重要组成部分，也是国土整治中生态林业建设的重点工程之一。基本目标是在沿海地区建立以人工森林植被为主体的多林种、多树种、多功能、多效益的综合防护林体系，提高抵御各种自然灾害的能力，改善生态环境，为发展沿海地区经济和提高人民生活水平服务。

2. 防护林体系建设遵循的原则：

（1）因地制宜，因害设防，合理布局，讲求实效的原则。根据全国和省级总体规划的要求，结合本地实际，因地制宜，因害设防，合理布局，认真编制好县级总体规划，做到多林种、多树种、多功能科学配置，带、网、片、点有机结合，山水田林路综合治理，努力提高工程建设的综合效益。

（2）先易后难，突出重点，分步实施，集中力量攻关的原则。要根据沿海地区自然灾害多、发生频率高、地域差别大的特点，在全面推进工程建设的同时，要先易后难，突出重点，容易的先上，急迫的先行，尽快发挥工程的效益。凡造林难度大、技术要求高、工程投入多的项目，应先行试点，取得经验后再推开，对困难地段，要集中人力、物力进行攻关，一个一个地突破。

（3）多种方式造林，造管并重的原则。因地制宜地采取封山育林、飞播造林和人工造林等多种方式，加速荒山、荒沙、荒滩绿化。应严格按照技术规程要求，精心设计，精心施工，切实搞好培育管护，造管并举，做到营造一片，见效一片。

（4）质量第一，科技兴林的原则。把工程质量放在首位，贯穿于工程建设的全过程，并完善规章制度，严格技术管理，努力提高造林营林质量。要大力推广新技术、新成果，加强技术培训，开展技术服务，依靠科技进步，努力提高工程建设水平。

（5）生态效益、经济效益和社会效益相统一的原则。围绕区域经济的发展，结合群众生产、生活实际需要，在发挥防护林生态效益的同时，正确处理好长远利益和近期利益的关系，治理、开发与利用的关系，做到防护林、用材林、经济林、薪炭林相结合，农林牧副渔相结合，生态效益、经济效益和社会效益相统一。实行立体开发，综合利用，充分调动广大群众参加防护林体系建设的积极性。

（6）自力更生为主，国家、集体、个人一起上的原则。发扬自力更生、艰苦奋斗的精神，立足地方，依靠社会，动员集体和群众的力量，努力加快工程建设步伐。对于必要的资金投入，要坚持“地方自筹为主，国家补助为辅”的原则，多方筹集，做到国家、集体、个人一起上，以开创防护林体系建设新局面。

二、项目和资金管理

3. 以县级行政区为单位，切实抓好全国和省级总体规划的落实与实施。县级总体规划由县（市、区）林业主管部门负责编制，地（市）林业主管部门签署意见，报省级林业主管部门审批。

4. 沿海防护林体系建设实行工程项目管理。项目的年度施工设计由县级林业主管部门编制，经地（市）林业主管部门汇总签署意见，报省级林业主管部门审批后，纳入本省（区、市）年度计划。项目施工实行“两书一图”制（即调查设计说明书、工程承包责任书和作业施工图）。

5. 项目建设单位每年应向项目主管部门报告项目实施情况。工程项目的建设由部统一标准，分级组织检查验收。以县为单位逐项逐块自查，按小班为单位填报建设情况，将验收合格的面积上图建档；省组织复查，复查数不少于造林总面积的8%；林业部组织有关部门进行抽查。项目建成后，组织竣工验收。

6. 工程建设资金以地方投资为主，国家补助为辅。中央和地方用于防护林的建设资金，按年度施工设计进行项目管理，统一安排使用，分别核算，统一考核投资效益。

7. 国家用于防护林工程建设的投资必须专款专用。本着相对集中、择优扶持的原则，国家投资优先安排领导重视、群众积极性高、配套资金落实好、有一定技术力量的地方。

8. 国家投资重点用于防护林体系骨干工程，如海岸基干林带、农田林网、水土流失地区、风口地段和盐碱地的造林种苗补助。

9. 防护林工程建设中所需的规划设计、检查验收、资料建档、技术培训等经费，可从地方配套资金中列支，具体比例由各省（区、市）确定。

10. 各级林业主管部门要加强对资金的管理，提高资金使用效益。县林业主管单位应按时编报工程预算和财务决算，逐级上报资金使用情况和任务完成情况。各省（区、市）林业主管部门应分别于年初和年终向林业部上报当年资金、任务的安排情况及资金使用和任务的完成情况。

资金的使用接受上级林业主管部门和审计部门的监督和审计。对违反财经纪律的，要按有关规定予以严肃处理。

三、工程质量管理

11. 在县级总体规划基础上，按规划小班进行人工造林、飞播造林和封山育林年度施工设计，按设计组织施工与验收。

12. 工程建设实行项目责任合同制，年度计划都要落实到项目。建设施工时，必须落实项目、技术和施工的负责人，并由各负责人与项目主管单位分别签订承包合同，明确责任和奖惩。

13. 工程质量标准和要求：

（1）人工造林：造林3年保存率不低于80%。工程造林必须用一级苗或合格容器苗造林。

（2）封山育林：封育3—5年后，乔木郁闭度在0.4以上（含0.4）。

（3）飞播造林：当年有苗面积占有效面积的70%以上。5年后，乔木每亩保存幼树200株以上，并且分布均匀。飞播用种必须符合国家和省级规定的种子质量标准。

（4）森林病虫害防治面积和森林火灾受害率必须控制在各省确定的指标范围内。

14. 沿海平原县（市、区），必须按照全国和省（区、市）平原绿化达标规划的要求，按期保质实现平原绿化达标任务。

15. 要切实加强体系建设的领导。已有管理机构的，要稳定、健全。力量不足的，要加以充实。没有专人管理的，应抽调力量，专人专责进行管理。要把沿海防护林工程建设和各地造林绿化规划统一起来，纳入各级领导任期绿化目标责任制中，作为考核干部政绩的重要内容，奖励先进，激励后进，不断开拓体系建设的新局面。

关于发布林业部《会计证管理办法（试行）实施细则》的通知

林财字［1991］129号

部直属企事业单位：

根据财政部（90）财会字第009号《关于印发〈会计证管理办法（试行）〉的通知》精神，结合林业部实际情况，林业部制定了《会计证管理办法（试行）实施细则》，现印发给你们，请认真组织会计人员学习，贯彻实施。执行中有什么具体问题，请及时报部。

附件：1. 林业部《会计证管理办法（试行）实施细则》
2. 会计证申请表（略）
3. 林业部会计编号（略）

中华人民共和国林业部
1991年7月25日

附件：林业部《会计证管理办法（试行）实施细则》

第一条 为加强对部属企事业单位的会计工作和会计人员的管理，提高会计人员素质和会计管理工作水平。根据财政部颁发的《会计证管理办法（试行）》精神，结合林业部实际情况，制定林业部《会计证管理办法（试行）实施细则》。

第二条 会计证是会计人员从事会计工作的资格证书，也是林业部对直属企事业单位会计人员进行管理和登记注册的依据。

第三条 会计证按财政部统一印制的格式经林业部编号后颁发。林业部由财务司具体负责和管理。

为提高工作效率，林业部授权大兴安岭林业公司、中国林业机械公司、中国林业物资供销总公司颁发及管理所属单位的会计证。上述单位要将发给会计证的人员名单及简况造表报部财务司备案。

第四条 取得会计证的条件：

（一）坚持四项基本原则；

（二）遵守会计法规、制度；

（三）具有一定的会计专业知识；

（四）热爱会计工作、秉公办事。

第五条 颁发会计证的范围和对象

（一）林业部直属企事业单位（包括施工企业）的会计人员和主要从事会计工作的人员；

（二）部属企事业单位所属的集体所有制单位的专职会计人员和主要从事会计工作的人员；

（三）改行、离职或担任行政领导，已不再从事本单位财务与会计工作的原财会人员，不发会计证；

（四）已离休的原财会人员，不再颁发会计证；如离退休的财会人员被聘用从事会计工作，需要有会计证的，由本人提出申请，聘用单位开具证明，由原单位核查办理发给会计证。

第六条 对已评定会计员以上（含会计员）会计专业职务任职资格或取得中专以上财经专业学历（含中专及中专专修班）并符合第四条（一）、（二）、（四）项规定条件的人员，可直接颁发会计证。

第七条 对尚未评定会计专业职务任职资格，又不具备中专以上财经专业学历的会计人员，其会计证的颁发，按以下规定办理：

（一）具有非财经专业中专以上（含中专）学历的会计人员，从事财会工作一年以上，经考核能胜任本职工作，并符合第四条（一）、（二）、（四）项条件的，可发给会计证。

（二）具有高中专以上（含高中）文化程度，从事会计工作一年以上，经过半年以上财会专业培训，取得结业证书者，经考核符合第四条（一）、（二）、（四）项条件的，可发给会计证

（三）具有初中毕业以上文化程度，从事会计工作两年以上，未经过半年以上财会专业培训的，经专业知识考试合格，并经考核符合第四条（一）、（二）、

（四）项条件的，可发给会计证。

（四）本条第（一）、（二）、（三）项规定以外的现职会计人员，从事财会工作两年以上，经会计专业知识考试合格，并经考核符合第四条（一）、（二）、（四）项条件的，可发给会计证。

第八条　会计专业知识考试，由林业部统一部署，分级组织进行。林业部负责出试题，评试卷，组织有关单位进行会计专业知识考试等工作。

林业部授权大兴安岭林业公司、中国林业机械公司、中国林业物资供销总公司，根据部财务司的统一安排，具体负责所属单位会计人员的培训、复习、组织考试及评试卷等工作。

考试科目定为：财务会计法规、会计基础知识、专业财务会计（工业、预算、基本建设、施工财务会计）、计算技术（会计应用数学和珠算）四门。

考试成绩四门均在60分以上者为合格。不合格者可参加下一次考试。

第九条　会计人员取得会计证，应由本人提出申请（申请表格式见附表一）（略），所在单位审核签署意见，报林业部或本细则第三条指定的发证机关批准颁发。

第十条　凡已取得会计证的会计人员，可以依法行使会计人员的职权，可以参加会计专业职务的评审、聘任（任命）和优秀会计人员的评选，可以按规定取得会计人员荣誉证书。

第十一条　未取得会计证的人员，不得独立担任会计工作。对任用无会计证人员担任会计机构负责人、会计主管人员、出纳人员的单位（包括新组建的单位），有关开户银行不予办理留存印签卡片。

第十二条　从本细则颁发之日起，新增不具备取得会计证条件的人员从事一般财会工作，必须有初中以上（含初中）学历，并经岗位培训合格后才能上岗。

第十三条　会计证应记载持证会计人员的奖励、处分、专业职务、行政职务、论著、工作业绩、培训等情况，作为其评审、聘任（任命）会计专业职务以及评选优秀会计人员的主要参考依据。会计证所列各项内容，每年记载一次，由持证会计人员所在单位财会机构负责填写，人事部门核签。

第十四条　会计人员的业务档案由财会部门管理。持证会计人员所在单位会计机构应如实填列记载业务档案并于年度终了两个月内将会计证记载情况按人列报林业部或本细则第三条指定的发证机关。各发证机关应于年度终了两个月内，将会计证记载主要情况及典型事例专题上报部财务司。

第十五条　对于新调入林业部所属企事业单位的会计人员，应由调出方发证机关提供证明并转来业务档案，调入单位凭原单位的会计证换发林业部统一颁发的会计证。

第十六条　对林业部发证以前已在地方领取会计证的，林业部承认其会计证有效。自本细则颁发之日起，由发证机关审核换发林业部统一颁发的会计证。

第十七条　对办理离退休、改行或担任行政领导的持证会计人员，应在其会计证和业务档案中登记有关情况，会计证不收回。

第十八条　发证机关及部授权颁发和管理所属单位会计证的单位，应建立验证制度。每年对持证会计人员进行不定期抽查、验证。对严重违反财经纪律，给国家、集体造成严重经济损失或弄虚作假骗取会计证的，发证机关及授权单位应根据情节轻、重吊销或收回其会计证，并建议所在单位将其调离会计工作岗位。

第十九条　林业部每年集中颁发一次会计证。

第二十条　各单位会计编号见附表二（略）。

第二十一条　本细则由林业部负责解释。

第二十二条　本细则自1991年7月1日起实施。

关于印发《“三北”防护林体系建设资金管理暂行办法》的通知

林策字［1991］127号

“三北”地区各省、自治区、直辖市及计划单列市林业（农林）厅（局），部“三北”防护林建设局：

《“三北”防护林体系建设资金管理暂行办法》已于1991年4月15日经林业部办公会议审议通过，现印发给你们，请遵照执行。

附件：“三北”防护林体系建设资金管理暂行办法

中华人民共和国林业部

1991年7月26日

附："三北"防护林体系建设资金管理暂行办法

第一条 为了加强"三北"防护林体系建设资金（以下简称建设资金）的管理，充分发挥建设资金的使用效益，促进"三北"防护林体系建设持续稳定协调发展，根据国务院批准的《支援经济不发达地区发展资金管理办法》和林业部、中国人民建设银行制定的《中央级营林投资拨款暂行规定》，结合"三北"防护林体系建设的实际情况，制定本办法。

第二条 建设资金是国家安排的非经营性资金，由中央预算内林业基本建设投资和支援经济不发达地区发展资金组成。

第三条 建设资金用于营林生产的部分必须占85%以上。

建设资金不得用于行政事业机构开支和人员经费，不得用于楼堂馆所建设。

第四条 用于营林生产的建设资金的使用范围是：人工造林、飞播造林、封山育林、种苗生产、病虫害防治、抚育管护、林业科技推广、造林作业设计等。

第五条 中央预算内林业基本建设投资除用于营林生产外，还可用于基层林业工作站或管护、检查站建设补助。

第六条 支援经济不发达地区发展资金除用于营林生产外，还可用于由林业部"三北"防护林建设局统一组织的造林检查验收、规划设计、良种基地建设、林业宣传和重点示范工程的必要设施。

以上支出均应先编制预算报林业部批准，未经批准的不得列入决算。

第七条 地方使用的建设资金以省、自治区、直辖市和计划单列市为单位分配。

第八条 林业部"三北"防护林建设局根据国家和林业部批准的"三北"防护林体系建设工程规划和年度计划，对"三北"防护林建设项目实行补助，按项目建设进度分期拨款。

第九条 建设资金与其他用于林业生产的资金统筹安排使用，分别报帐。

第十条 支援经济不发达地区发展资金可实行无偿、有偿使用两种形式。凡是以生态效益为主的项目，实行无偿使用；凡是有经济效益或有偿还能力的林业商品基地建设、林业资源的开发利用等项目，实行有偿使用。

地方各级林业行政主管部门不得自行将无偿扶持的资金改变为有偿使用。

第十一条 林业部"三北"防护林建设局每年将经林业部批准的有偿使用的建设资金指标下达给有关省、自治区、直辖市和计划单列市林业行政主管部门，省、自治区、直辖市和计划单列市林业行政主管部门应在下达的指标范围内落实生产建设项目，并与林业部"三北"防护林建设局签定借款合同，实行统借统还，缴纳资金占用费。

有偿使用的建设资金收回后，由林业部"三北"防护林建设局单独设帐，继续用于"三北"防护林体系建设。

第十二条 地方各级林业行政主管部门要严格按照项目概算编报预算。因特殊情况当年不能完成营林项目建设计划的，其建设资金年终结余不注销，可结转下年度继续使用。当年未完成的营林工程量，应在下年度继续完成。所需资金在上年结转的营林投资存款中支付，并列入下年度基本建设财务决算。

第十三条 变更建设资金投向的，必须根据管理权限报林业部或林业部"三北"防护林建设局批准。

第十四条 建设资金使用单位，在会计年度终了时，经有关银行审查签证后，按时编报会计决算，由地方各级林业行政主管部门汇总逐级上报，并附经济活动分析和文字说明。

第十五条 各级林业行政主管部门对建设资金的使用应加强检查，接受审计、银行等部门的监督。对挪用、损失浪费和不按规定办事等违反财经纪律的，要严肃处理；对贪污建设资金的，要依法惩处。

第十六条 本办法由林业部负责解释。

第十七条 本办法自发布之日起施行。

关于发布《林业部对外国专家奖励实施细则》的通知

林策字〔1991〕132号

各省、自治区、直辖市林业（农林）厅（局），西藏自治区农牧林委，黑龙江省森工总局，部属各企事业单位：

为了表彰对中国林业建设做出贡献的外国专家，促进林业发展，根据国家外国专家局发布的《对外国专家奖励办法》和《关于设立“友谊奖”的暂行规定》，林业部制定了《林业部对外国专家奖励实施细则》，现予发布，请遵照执行。

附件：林业部对外国专家奖励实施细则

中华人民共和国林业部

1991年8月7日

附：林业部对外国专家奖励实施细则

第一条 为表彰对中国林业建设做出贡献的外国专家，促进林业发展，根据国家外国专家局制定的《对外国专家奖励办法》和《关于设立“友谊奖”的暂行规定》，制定本实施细则。

第二条 本实施细则所指外国专家系应聘（邀）在各级林业主管部门、林业企业事业单位工作的各类外国专家。

第三条 对外国专家的奖励分为单位奖、部奖和友谊奖。

（一）单位奖由聘（邀）请单位对使本单位获得明显经济效益或社会效益的外国专家，以单位的名义发给奖状（授予先进工作者或优秀教师等荣誉称号）和价值1000元人民币以下的纪念性奖品。

（二）部奖由林业部对符合本实施细则第四条规定的外国专家授予中国林业国际合作奖章、荣誉证书或荣誉称号以及价值3000元人民币以下的纪念性奖品。

（三）友谊奖由国家外国专家局授予在工作中做出突出贡献的外国专家。

第四条 凡符合下列条件之一的外国专家，可以林业部的名义授予部奖：

（一）无偿转让科学技术成果、优良林木种质或者改进生产管理和工艺流程，获得显著经济效益的；

（二）无偿援助培训林业技术人员累计达10人次或者90人月以上的；

（三）参加中国林业科学技术研究，其成果获国家级科技进步奖或发明奖的；

（四）争取国际组织无偿援助200万美元以上、外国政府无偿援助100万美元以上、民间组织捐赠30万美元以上或者个人捐赠10万美元以上的；

（五）其他对中国林业建设做出较大贡献的外国专家。

第五条 林业部对外国专家的奖励每年评选、审定一次。

第六条 林业部对外国专家奖励的申报、评审程序是：

（一）由林业部机关各司局、林业部直属单位或各省、自治区、直辖市林业行政主管部门推荐，填写《林业部对外国专家奖励推荐、评审表》（见附表）（略），并附详细事迹材料，报林业部对外国专家奖励评审委员会审议；

（二）由林业部对外国专家奖励评审委员会将审议结果报林业部审批。

第七条 林业部对外国专家奖励评审委员会由林业部科学技术委员会主任、科技司司长、外事司司长、教育宣传司司长和中国林业科学研究院院长组成。

林业部科技司负责办理林业部对外国专家奖励评审委员会的日常工作。

第八条 林业部对外国专家的奖励，可在征得外国专家本人同意后，选择适当时机，由林业部负责人主持，举行一定的授奖仪式。

对获奖外国专家的报道，事先必须征得本人和林业部的同意。

第九条 中国林业国际合作奖章和荣誉证书由林业部统一制作。荣誉证书或荣誉称号证书由林业部部长签字，加盖林业部印章。

第十条 授予外国专家单位奖的林业企业事业单位，应将授奖情况及时报林业部科技司备案。

申请授予外国专家友谊奖的，由林业部科技司负责办理有关申请材料，经林业部负责同志签署意见后，报国务院引进国外智力领导小组审批。

第十一条 本实施细则由林业部负责解释。

第十二条 本实施细则自 1991 年 10 月 1 日起施行。

关于印发《林业企业安全技术措施计划编制和实施办法》的通知

林工字［1991］140 号

各省、自治区、直辖市林业（农林）厅（局），西藏自治区农牧林委，黑龙江省森工总局，大兴安岭林业公司，中国林业机械公司，林业部机电设备安装公司：

为了认真贯彻“安全第一，预防为主”的方针，加强企业安全技术措施计划的实施和管理，逐步增加安全生产和职业卫生的投入，有计划地改善企业劳动条件，促进林业生产建设的发展，林业部制定了《林业企业安全技术措施计划编制和实施办法》（以下简称《办法》）。现将该《办法》印发给你们，请认真贯彻执行。如在执行过程中发现问题，请及时报我部。

附件：林业企业安全技术措施计划编制和实施办法

中华人民共和国林业部

1991 年 8 月 27 日

附：林业企业安全技术措施计划编制和实施办法

第一条 为了认真贯彻“安全第一，预防为主”的方针，有计划地改善企业劳动条件，有效地防止发生职工因工伤亡事故，预防职业病和职业中毒，保护职工在生产劳动中的安全和健康，促进林业生产建设的发展，特制定本办法。

第二条 国营林业企业适用本办法。

第三条 企业必须高度重视安全生产工作，认真贯彻“安全第一，预防为主”的方针，坚持“管生产必须管安全”的原则，严格执行国家有关劳动保护的法律、法规和劳动安全卫生标准。企业要在保证安全和卫生的前提下组织和发展生产，结合技术改造和技术进步，增加安全生产和职业卫生的投入。

第四条 安全技术措施计划是指以改善企业劳动条件、防止发生职工伤亡事故、预防职业病和职业中毒为目的的一切技术组织措施。编制和实施安全技术措施计划是有计划地改善企业劳动条件的一项重要的劳动保护措施。安全技术措施计划是企业生产、基建、技术、财务、物资供应等计划的组成部分。

第五条 企业要根据实际情况，制定改善劳动条件的具体规划，纳入企业生产建设和企业改造的长远规划。企业在编制生产、基建、技术、财务、物资供应等年度计划时，必须单独编制安全技术措施计划。为保障安全生产和治理职业危害所需的资金、设备、物资材料，必须优先解决。

第六条 编制安全技术措施计划，要切合企业安全生产实际，应根据企业经济、技术、物资条件，优先安排消除严重影响职工安全健康因素和迫切需要解决的安全技术措施。

第七条 编制安全技术措施计划的依据是：国家公布的劳动保护法律、法规和劳动安全卫生国家标准；安全检查中发现的事故隐患；防止工伤、职业病和职业中毒应采取的措施；职工提出的有关安全生产、职业卫生方面的合理化建议；因生产发展而应采取的安全卫生措施。

第八条 安全技术措施计划的项目范围包括：安全技术措施；职业卫生技术措施；保证安全生产和职业卫生所需的房屋和设施；安全生产和职业卫生宣传教育所需的设施。具体内容，按照劳动部、全国总工会发布的《安全技术措施计划的项目总名称表》及其说明的规定执行。

第九条 安全技术措施所需的经费，按1985年国务院发布的《国营企业固定资产折旧试行条例》的规定，纳入企业年度固定资产折旧资金使用计划，报上级主管部门批准后执行。对纳入计划的劳动安全保护措施经费，不得挪作它用。

第十条 企业每年度都必须安排安全技术措施项目。安全技术措施项目由基层生产单位或企业有关业务部门提出，企业劳动安全技术部门进行审查平衡。对选定的安全技术措施项目，经有关部门审查后，由企业劳动安全技术部门负责编制下年度安全技术措施计划（表式见附件）（略）。

第十一条 企业安全技术措施计划须经企业领导批准，并由职工代表大会审议，报请企业上级主管部门核定。经核定的安全技术措施计划，作为企业生产建设计划的组成部分下达执行，并抄送劳动安全部门备案。

第十二条 在落实项目设计、施工单位和完成期限后，由项目负责单位或负责人组织实施安全技术措施计划。项目负责单位的业务主管部门及其行政领导，要对计划执行情况进行督促检查，发现问题应及时解决。

第十三条 企业劳动安全部门应定期对安全技术措施计划的执行情况进行监督检查。检查从项目设计、施工进度、施工质量、物资材料供应、经费开支等方面进行。发现问题应及时报告企业主管领导，以便采取措施，保证计划的按时完成。

第十四条 安全技术措施项目竣工后，应在试运转情况基本正常的两个月内，由企业主管领导或总工程师组织生产、技术、劳动安全、卫生、工会等部门，会同项目负责单位，按照设计要求进行竣工验收。对投资较大的项目，还应按规定邀请劳动、公安、环保等部门参加。

第十五条 各地林业企业的主管部门有权对未编制安全技术措施计划、未按规定提取安全技术措施经费或未按批准的计划组织实施的企业发出《劳动安全监察指令书》，责成企业限期改进。逾期不改的，可根据有关规定对企业领导进行处理。

第十六条 对违反本办法规定而发生职工伤亡事故、职业中毒或职业危害严重、损害职工健康的企业，上级主管部门应追究企业领导和有关人员的责任。

第十七条 集体林业企业参照本办法执行。

第十八条 本办法自发布之日起施行。

关于印发《林业系统内部审计实施办法》的通知

林策字［1991］157号

各省、自治区、直辖市及计划单列市林业（农林）厅（局），黑龙江省森工总局，新疆生产建设兵团农业局，部直属企业、事业单位：

为了加强林业系统的内部审计工作，充分发挥内部审计机构的监督作用，逐步实现内部审计工作的法制化、制度化、规范化，促进林业发展，根据《中华人民共和国审计条例》和《审计署关于内部审计工作的规定》，结合林业的实际情况，我部制定了《林业系统内部审计实施办法》，现印发给你们，请遵照执行。执行中有什么问题，请及时报我部。

附件：林业系统内部审计实施办法

中华人民共和国林业部

1991年10月25日

附：林业系统内部审计实施办法

第一章 总 则

第一条 为了加强林业系统的内部审计工作，促进林业发展，根据《中华人民共和国审计条例》和《审计署关于内部审计工作的规定》，结合林业系统的实际情况，制定本实施办法。

第二条 林业系统内部审计是国家审计体系的重要组成部分。各级林业行政主管部门和企业事业单位的内部审计机构，必须认真履行内部审计职责，维护财经法纪，促进加强内部管理和提高经济效益。

第三条 林业系统内部审计机构在本单位主要领导人的直接领导下，依照国家法律、法规和政策，对本单位及所属单位进行内部审计监督，独立行使内部审计职权，对本单位主要领导人负责并报告工作，同时接受审计机关和上级内部审计机构的业务指导。

第四条 林业系统内部审计机构，通过审计监督，推动国家政策法规的贯彻执行，促进林业经济持续、稳定、协调发展。

林业系统内部审计机构在开展审计业务时，应正确处理监督与服务、审计与被审计之间的关系，与有关部门搞好协作，当好领导的参谋和助手。

林业系统审计机构在对被审计单位进行审计监督、做出审计结论和决定时，应坚持实事求是、客观公正、宽严适度的原则，同时全面考虑林业的经济效益、生态效益、社会效益，有利于促进林业的发展。

第五条 林业行政主管部门和企业事业单位的主要领导人，应定期部署、检查内部审计工作，支持内部审计人员依法履行职责，及时审批审计结论和决定，督促执行审计决定。

第二章 审计机构和人员

第六条 林业系统根据内部管理的需要，可以设立独立的内部审计机构或配备专职内部审计人员。

县级以上林业行政主管部门和林业大中型企业、财务收支较大的事业单位，除审计机关已设立派出机构的以外，可以设立与本单位财务机构同级的内部审计机构。

审计业务较少的单位，可以配备专职内部审计人员。

地方林业行政主管部门审计机构的设置和人员配备，由地方主管部门审定。

第七条 林业系统内部审计机构应当保持合理的人员结构，其数量和质量应当适应审计工作的需要。有条件的部门和单位，应当配备审计师、会计师、经济师、工程师等中级或者高级职称的专业人员。

内部审计机构的负责人，按照干部管理权限的规定任免。在任免前，应当事先征求其上一级审计机构的意见。

内部审计人员任职资格的评定、聘任，按照国家和主管部门的有关规定办理。

第八条 林业系统内部审计机构和内部审计人员依法独立行使职权并受国家法律保护。任何单位和个人不得打击报复。工作成绩显著的，予以表彰或者奖励。

第九条 内部审计人员应当热爱审计工作，遵守职业道德，依法审计，忠于职守，坚持原则，客观公正，廉洁奉公，保守秘密。不得滥用职权，徇私舞弊，玩忽职守。

第三章 审计范围

第十条 审计署驻林业部审计局负责指导全国林业系统的内部审计工作。

省、自治区、直辖市的审计机关驻林业行政主管部门的审计机构，负责指导本省、自治区、直辖市林业系统的内部审计工作。

县级以上地方林业行政主管部门的内部审计机构，对本单位及所属单位实行内部审计监督，指导本地区林业系统的内部审计工作。

林业企业事业单位的内部审计机构，对本单位及所属单位实行内部审计监督，指导所属单位的内部审计工作。

第十一条 林业行政主管部门的内部审计机构，负责对同级林业行政主管部门安排的林业专项资金进行审计，或委托下级林业行政主管部门的内部审计机构进行审计。

第十二条 林业系统内部审计机构对审计范围内的下列事项进行内部审计监督：

（一）财务计划或预算的执行和决算；

（二）基本建设投资的使用管理；

（三）育林基金及其它林业专项资金的提取、征收、使用和管理；

（四）预算外资金的使用、管理和效益；

（五）内部控制制度的建立健全和执行情况；

（六）国家财经法纪的执行情况；

（七）国家和单位资产的管理情况；

（八）承包、租赁经营的有关审计事项；

（九）与境内外合资或合作经营企业及合作项目的资金、资产的使用管理及其效益；

（十）审计机关、上级内部审计机构委托的或所在单位领导人交办的审计事项。

第十三条 林业系统内部审计机构根据所在单位的规定，可以对有关经济活动实行审签制度。

第四章 审计职责

第十四条 林业系统内部审计机构行使以下职权：

（一）有权要求被审计单位报送、提供有关计划、预算、决算、报表和文件资料等，被审计单位应当按时据实报送、提供；

（二）检查凭证、帐表、决算、资金和财产，查阅有关的文件和资料；

（三）参加有关的会议；

（四）对审计中的有关事项进行调查，并索取证明材料；

（五）对正在进行的严重违反财经法纪，严重损失浪费行为，做出临时的制止决定；

（六）对阻挠、破坏审计工作以及拒绝提供有关资料的，经单位领导人批准，可以采取必要的临时措施，并提出追究有关人员的责任的建议；

（七）有权向上级内部审计机构和审计机关反映本

部门、本单位的情况和问题；

（八）提出改进管理、提高经济效益的建议以及纠正处理违反财经法纪行为的意见；

（九）对遵守和维护财经法纪、经济效益显著的单位或个人，提出通报表扬或者奖励的建议。

第十五条 林业行政主管部门和林业企业事业单位领导，可以在管理权限内，依法授予内部审计机构经济处理、处罚的权限。

第十六条 林业系统内部审计机构对有下列行为之一的单位或个人，根据情节轻重，可以提出行政处分、经济处罚的建议，报请单位领导或有关部门处理：

（一）拒绝提供有关文件、凭证、帐簿、会计报表、资料和证明材料的；

（二）阻挠审计工作人员行使职权，抗拒、破坏监督检查的；

（三）弄虚作假、隐瞒事实的；

（四）拒不执行审计结论和决定的；

（五）打击报复审计工作人员和检举人的。

第十七条 林业系统内部审计人员有下列行为之一的，依照有关规定处理：

（一）利用职权谋取私利的；

（二）弄虚作假、徇私舞弊的；

（三）玩忽职守，给国家或者被审计单位造成较大损失的；

（四）泄漏国家秘密的。

第五章 审计工作程序

第十八条 林业系统内部审计机构应根据主管部门和审计机关的部署，结合本单位的具体情况，拟定审计项目计划，报经本单位领导人批准后组织实施。

第十九条 确定审计事项后，应在审计前通知被审计单位。

第二十条 对审计中发现的问题，可随时向有关单位和人员提出改进意见。审计终结，提出审计报告，征求被审计单位意见后，做出审计结论和决定，报经单位领导审批。经批准的审计结论和决定，被审计单位必须执行。

第二十一条 被审计单位对审计结论和决定有异议时，可以向内部审计机构所在单位领导人提出申诉。单位领导人应在收到申诉之日起20日内做出处理决定。

第二十二条 林业系统内部审计机构办理的审计事项，必须建立审计档案，按照规定管理。

第六章 附 则

第二十三条 林业系统的集体经济组织的内部审计工作，可以参照本实施办法执行。

第二十四条 本实施办法由林业部负责解释。

第二十五条 本实施办法自发布之日起施行。

林业部、国家工商行政管理局关于颁发《松香产品运输管理办法》的通知

林策字［1991］155号

各省、自治区、直辖市及计划单列市林业（农林）厅（局）、工商行政管理局，西藏自治区农牧林委，黑龙江省森工总局，新疆生产建设兵团农业局，大兴安岭林业公司：

为了加强松香产品运输管理，经商财政部，林业部与国家工商行政管理局联合制定了《松香产品运输管理办法》。现印发给你们，请遵照执行。

附件：松香产品运输管理办法

中华人民共和国林业部

中华人民共和国国家工商行政管理局

1991年10月29日

附：松香产品运输管理办法

第一条 为保护森林资源，加强松香产品的运输管理，根据国家有关规定，制定本办法。

第二条 本办法所称松香产品是指脂松香、聚合松香、歧化松香、歧化松香钾皂、氢化松香、松香树脂（包括#136、#138甘油松香树脂，#210松香改性酚醛树脂）和松节油。

第三条 从松香产区运输出省（含自治区，下同）和出口的松香产品，必须办理出省、出口运输凭证。松香产品在产区省内流通的，必须办理省内运输凭证。

松香产品出省、出口运输凭证由林业部制定。产区省内流通的运输凭证由省级林业主管部门制定并报林业部备案。

第四条 林业部林产工业办公室为出省、出口（包括自产区生产收购点直接运到口岸的）松香产品运输凭证的发放管理单位。

第五条 松香产品出省运输凭证和加盖松香运输专用章的铁路运输要车计划表，由林业部林产工业办公室委托产区省松香产品管理单位在产区审核发放。被委托单位必须按照林业部下达的调出计划和调拨通知单办理发放工作。

第六条 松香产品出口运输凭证和加盖松香运输专用章的铁路运输要车计划表，由林业部林产工业办公室委托产区省松香产品管理单位在产区审核发放。被委托单位必须按照林业部下达的出口供货计划和出口调拨通知单办理发放工作。

第七条 各产区省松香产品管理单位要指派专人负责承办运输凭证的发放管理工作，按月对铁路、公路、航运实际发运出省、出口松香产品分别进行统计，并将运输凭证第三联一并上报林业部林产工业办公室审核检查。

第八条 松香产区各级林业主管部门应当对松香运输凭证工作加强监督管理。木材检查站和工商行政管理机关具体负责松香产品运输凭证的检查放行工作。

第九条 有下列行为之一的，木材检查站或者工商行政管理机关有权将其运输的松香产品扣留：

（一）无松香产品运输凭证的；

（二）运输松香产品的品名、等级、数量、运输起讫点与松香产品运输凭证规定不符 的；

（三）使用过期松香产品运输凭证的；

（四）使用伪造、倒卖、涂改的松香产品运输凭证或以藏匿、伪装等方式逃避检查的。

木材检查站或者工商行政管理机关对所扣留的松香产品应妥善保管，并发给扣留通知。在扣留期间所发生的费用，由货主承担。

第十条 有本办法第九条行为的，由县级以上林业主管部门或其授权、委托的单位，或者工商行政管理机关，按下列规定处理：

（一）有本办法第九条第（一）、（三）项行为的，处以价款20—30%的罚款，收缴其运输凭证。但经调查核实需要补办运输凭证的，可以允许其在一个月内补办。

（二）有本办法第九条第（二）项行为的，处以超量或不符部分松香产品价款10—15%的罚款。但经调查核实需要对超量或不符部分补办运输凭证的，可以允许其在一个月内补办。

（三）有本办法第九条第（四）项行为的，收缴其运输凭证，没收所运输的全部松香产品，并处以价款30—50%的罚款。

（四）对本条（一）、（二）、（三）中的罚款和没收物品的变价收入，按财政部（86）财预字第228号《罚没财物和赃款赃物管理办法》就地上交地方财政。

第十一条 对无证和不按松香产品运输凭证规定发货的生产企业，由林业主管部门视情节轻重核减出口和内销计划或吊销松香产品生产许可证。

第十二条 违反本办法第九条规定的，除按照第十条第（一）、（二）项规定给予行政处罚外，还可责令货主将所扣留的非法运输的松香产品运至林业部门指定的经营单位，按出厂价80%的价格收购。

第十三条 违反本办法构成投机倒把的，依照《投机倒把行政处罚暂行条例》处理。

第十四条 核发松香产品运输凭证的人员和木材检查站、工商行政管理机关的工作人员必须认真负责，依法办事。对有滥用职权、索贿受贿等行为的，依照国家有关规定处理；触犯刑律的，由司法机关依法处理。

第十五条 木材检查站和工商行政管理机关应定期向上级主管部门报告松香产品运输凭证的检查工作。

第十六条 本办法由林业部和国家工商行政管理局负责解释。

第十七条 本办法自发布之日起施行。

关于发布《长江中上游防护林体系建设工程管理办法》的通知

林策字［1991］166号

江西、河南、湖北、湖南、四川、贵州、云南、陕西、甘肃、青海省林业（农林）厅，重庆市林业局：

现将林业部制定的《长江中上游防护林体系建设工程管理办法》印发给你们，请遵照执行。

附件：长江中上游防护林体系建设工程管理办法

中华人民共和国林业部

1991年12月16日

附：长江中上游防护林体系建设工程管理办法

第一章 总 则

第一条 为加强对长江中上游防护林体系建设工程的管理，提高工程质量和效益，确保工程建设任务的全面完成，根据有关规定，制定本办法。

第二条 长江中上游防护林体系建设工程营造林项目的管理适用本办法。

第三条 长江中上游防护林体系建设工程以县（市）为工程管理的基本单位。正式列入国家长江中上游防护林体系建设总体规划的县（市）为工程县。因工程建设需要，经林业部批准列入长江中上游防护林体系建设工程管理的其它县（市），按正式批文归类管理。

第四条 长江中上游防护林体系建设工程，必须依据国家批准的长江中上游防护林体系建设总体规划组织规划、设计文件的编制和项目实施。

省级总体规划，由省级林业主管部门依据国家批准的长江中上游防护林体系建设总体规划编制，经省级人民政府同意后，由省级林业主管部门报林业部审批。

县级总体规划由县级林业主管部门依据经批准的省级总体规划编制，经县级人民政府同意后，由县、地（市）级林业主管部门逐级上报省级林业主管部门审批，并报林业部备案。

第二章 计划管理

第五条 工程县应当根据县级总体规划设计和上一级林业主管部门下达的年度预安排，按项目编制年度计划。各地、县编制的年度计划，经省级林业主管部门的计划（计财）处和长江防护林建设办公室汇总、审查，由省级林业主管部门平衡、纳入省级林业建设年度计划并报林业部审批后，按规定程序逐级下达。

第六条 年度计划一经下达，必须遵照执行，不得擅自变更。因特殊情况确需调整时，须经原审批部门批准。

第三章 项目管理

第七条 工程项目的作业设计，依据上一级下达的年度计划预安排，在施工前一年编制（区域治理可一次设计，分年施工）。设计文件（含调查设计说明书、工程承包责任书、作业施工图）须经省级林业主管部门审批。工程县较多或工程任务量较大的省，省级林业主管部门可以委托地（市）级林业主管部门审批作业设计文件。

工程项目按批准的作业设计施工。

第八条 工程项目应以县、乡为单位，按区域治理、综合治理的要求，合理布局，总体推进，不得分散安排，分散施工。

第九条 工程项目施工应当保护原有植被，防止造成水土流失。

第十条 重点工程项目的质量标准

（一）人工造林：集中连片面积30亩以上；当年造林成活率和3年后保存率达到85%以上；林木分布均匀。

（二）封山育林：每个封育区面积不得小于500亩；封育第3—5年，目的树种株数达到造林技术规程规定的85%以上，或郁闭度在0.4（含0.4）以上。

（三）低效林改造：面积集中连片100亩以上，目的树种株数占85%以上或3年后乔（灌）木郁闭度不低于0.4。

(四)飞播造林：当年有苗面积占有效面积的70%以上，每亩有苗400株以上；播后第5年，每亩保存幼树200株以上(含天然更新的伴生目的乔木树种；飞播苗每亩不得少于70株)，而且分布均匀。

(五)森林病、虫、火、鼠、畜"五害"和年森林资源消耗量控制在省级相关规定的指标范围内。

一般营造林项目的质量标准按部颁规程执行。

第十一条 项目检查分为年度检查、阶段检查和竣工验收。项目年度施工和竣工后，应分别进行年度检查和竣工验收。项目计划工期超过7年的工程县，在项目开工后的第5年应当进行阶段检查。项目检查按县自查、省或地抽查、林业部核查的顺序进行。

第十二条 所有工程项目均应实行项目负责人、技术负责人和施工负责人责任制。项目、技术、施工负责人应分别与项目主管单位签订承包合同，承担经济、技术责任。

第十三条 重点工程项目建设，必须采用适生良种壮苗和先进技术手段，提高工程的生态、经济和社会效益。

工程区各级林业主管部门，应在工程区建立科技兴林示范基地。省及管辖3个以上工程县的地(市)林业主管部门，应当建立1个以上示范县，县级林业主管部门应当建立1个以上示范乡。

第十四条 工程项目均应按造林技术规程要求建立营造林技术档案。技术档案一式3份，一份由营造林施工单位保管，另两份分别报上一级林业主管部门和长江防护林建设办公室存查。

第十五条 重点工程项目(基地)均应建立永久性标志，组建专业场(队)或确定专人长期负责项目的经营管护。

第十六条 地方各级林业主管部门均应按期如实向上一级林业主管部门报送工程建设进度、项目管理和工程建设情况。

第四章 资金管理

第十七条 长江中上游防护林体系建设工程主要依靠地方集资和群众投工投劳进行建设，国家根据"择优扶持"原则给予适当扶持。

第十八条 国家对长江防护林体系建设工程的资金扶持，一律按项目投入，按工程管理，根据任务分年度逐级落实到县，并签定使用合同。

第十九条 国家扶持资金与地方配套资金，应统筹安排，专款专用，不得挪用。

第二十条 国家扶持资金主要用于重点工程项目所必需的种子、苗木、林木管护、作业设计和苗圃基础设施建设等直接生产建设补助。检查验收、技术培训、效益观测、资料建档及地方各级长江防护林建设办公室必需的业务活动经费，由省级林业主管部门核定，其总额不得超过地方配套资金的3.5%，并从配套资金中提取。

第二十一条 地方各级林业主管部门应当按照国家有关规定和不同的资金使用范围，做好预、决算工作，按规定逐级上报资金使用情况，接受上级林业主管部门和同级财政、审计部门的检查监督。

第二十二条 凡配套资金不到位、未按期完成任务、工程质量差的，项目审批单位可以视情况中止项目、停止拨款，或调减下年度的国家补助。

第五章 组织管理

第二十三条 工程区各级林业主管部门应按照当地政府的有关规定，做好组织协调、宣传发动、制定责任目标和工程管理等工作，及时向同级人民政府报告工程建设情况和存在的问题，并提出解决存在问题的办法和措施，当好政府的参谋。

第二十四条 省、地、县林业主管部门应逐级签订长江防护林体系工程建设责任书，加强检查督促，落实目标管理。

第二十五条 对执行本办法成绩突出的单位和个人，由林业主管部门给予表彰奖励。

第六章 附 则

第二十六条 省级林业主管部门可根据本办法制定实施办法并报林业部备案。

第二十七条 本办法的解释权归林业部。

第二十八条 本办法自发布之日起施行。1990年3月31日林业部发布的《长江中上游防护林体系建设工程管理办法》(试行)同时废止。

关于颁发《沿海防护林体系建设县级总体设计规定》的通知

林资字［1991］174号

天津、河北、辽宁、上海、江苏、浙江、福建、山东、广东、广西、海南省、自治区、直辖市林业（农林）厅（局），大连、广州、宁波、青岛、厦门市林业局，深圳市绿化委员会：

为加强沿海防护林体系建设，确保工程建设质量，林业部制定了《沿海防护林体系建设县级总体设计规定》，现印发给你们，请遵照执行。同时，请你们根据本规定，并结合当地实际情况和需要，制定适于本省（区、市）的实施细则或补充规定，报林业部备案。

请各地按照全国沿海防护林体系建设工作会议精神，切实抓紧抓好此项工作。凡已完成县级总体设计的，可结合本规定的要求，进一步加以完善提高。要通过编制和落实县级总体设计把工程建设任务落实到山头地块，确保建设质量。各省、自治区、直辖市完成县级总体设计任务后，请将工作情况及时报林业部。

附件：沿海防护林体系建设县级总体设计规定

中华人民共和国林业部

1991年12月26日

附：沿海防护林体系建设县级总体设计规定

第一章 总 则

第一条 沿海防护林体系建设是沿海经济发展战略的重要组成部分。在万里海疆大力植树造林，建设绿色屏障，对于抵御自然灾害，改善沿海地区生态环境，加快经济发展；对于改善投资环境，发挥对外开放窗口作用；对于促进精神文明建设，实现现代化建设战略目标等都具有十分重要的意义。为保证工程建设质量，搞好沿海防护林体系县级总体设计，特制定本规定。

本规定适用于我国沿海县的防护林体系造林总体设计。各省、自治区、直辖市可根据本规定结合当地实际情况，制定工作细则。

第二条 沿海防护林体系建设应遵循以下原则：

一、因地制宜，因害设防，合理布局，讲求实效；

二、先易后难，突出重点，分步实施，集中力量攻关；

三、多种方式造林，造管并重；

四、质量第一，科技兴林；

五、生态、经济、社会效益相统一；

六、自力更生为主，国家、集体、个人一起上。

第三条 沿海防护林体系建设县级总体设计，以县级行政区为单位编制。其任务主要是：

一、落实宜林地，掌握现有林资源。

二、查清自然灾害种类、危害程度以及对国民经济的影响。

三、确定全县各不同类型区沿海防护林体系建设的主要目的和林种布局。

四、确定造林、营林主要技术措施。

五、确定造林规模、速度及完成年限。

六、确定苗圃、土壤改良、治沙以及其它工程项目规划设计。

七、概算用工量和投资，估算效益。

第四条 总体设计在县级森林资源调查或林业区划、林业发展规划的基础上进行，不足部分进行补充调查。设计深度要求满足生产建设安排，控制建设投资，各项造林、营林技术措施落实到小班。

第五条 总体设计必须在取得经批准的设计任务书后，委托有相应设计证书的调查设计单位承担。

第六条 总体设计工作必须在当地政府的领导下，以林业部门为主，组织各有关部门参加。采取领导干部、专业技术人员和基层工作人员相结合的办法进行。

第二章 技术标准

第七条 土地种类的划分

一、林业用地：

（一）有林地：包括防护林、用材林、薪炭林、特种用途林、经济林以及竹林。

1. 天然林：郁闭度0.3以上（不含0.3，十分法，下同）的天然起源的林分。或尚未郁闭，但生长稳定，株数达到规定标准的天然起源林分。

2. 人工林：郁闭度0.3以上人工起源的林分，或人工造林3—5年生以上，每亩保存株数不低于合理造林株数的85%，飞播造林5—7年生以上，尚未郁闭，每亩保存150株以上，生长稳定，分布均匀的林分。

（二）疏林地：郁闭度0.1—0.3的森林。经济林、竹林不划疏林地。

（三）未成林造林地：人工造林3—5年生以下，成活保存株数达合理造林株数的41%以上，飞播造林不满5—7年，每亩保存100株以上，尚未郁闭，但有成林希望的新造林地。

（四）灌木林地：以培育灌木为目的（不包括灌木类经济林），或分布在乔木林生长界限以上，以及专为防护用途，覆盖度大于40%的灌木林地。

（五）苗圃地：指固定苗圃用地。

（六）无林地：

1. 宜林荒山荒地：适宜发展林业，以草本植被占优势的土地。

2. 灌丛地：适宜发展林业，灌木覆盖度40%以上，需要改造不属于灌木林地的土地。

3. 竹丛地：竹丛覆盖度40%以上，经济利用价值不高，需要改造不属于培育目的的竹林地。

4. 采伐迹地：指原为有林地或疏林地，采伐后达不到疏林地标准，且尚未更新的迹地。

5. 火烧迹地：指原为有林地或疏林地，火烧后保留的活立木达不到疏林地标准，且尚未更新的迹地。

6. 宜林沙荒：指造林可以成活的固定、半固定沙丘和沙地。

7. 停耕地：指现为农耕地，由于坡度大或其他原因确定不再耕种，并规划落实用于造林的土地。

二、非林业用地包括：农地、牧地、水域、未利用地、其它用地等。

第八条 林种划分

一、防护林：以抵御自然灾害，改善生态环境为主要目的的林分，其类型有：

（一）防浪护堤林：专指潮间带及其以下生长的红树林，其作用是降低潮浪势能，保护海堤、海岸。

（二）护路护岸林：以保护铁路、公路、海岸、海堤、河岸、河堤及水库等免受风、沙、潮、浪的袭击和冲刷为目的的林分或林带。

（三）防风固沙林：以降低风速，防止风蚀，固定流沙和防止风沙危害为主要目的的林分。一般指滨海流动、半流动沙丘、沙岗、沙地以及与沙地交界250米以内或面对沙荒地第一层山脊以内的林分。

（四）农田防护林：以保护耕地免受风沙、干热风等自然灾害危害，改善环境，保障农业生产条件为主要目的的林网或林分。

（五）水土保持林：以减缓地表径流，减少冲刷，防止水土流失，保持土地肥力为主要目的的林分。凡坡度较大容易产生水土流失的山地坡地，土层薄或岩石裸露地，采伐后不易更新，土质疏松易引起水蚀、风蚀的，均应划为防护林。

（六）水源涵养林：以涵养水源，改善水文状况，调节水分的小循环和防止河流、湖泊、水库淤塞以及保护居民点的饮用水源或水产养殖水源为主要目的的林分。凡主要入海河流及大、中型水库、湖泊周围山地第一层山脊以内或250米以内的林分，均应划为水源涵养林。

（七）护村护宅林：凡以保护村庄、住宅免受风、沙危害为主要目的的林分。

二、用材林：以生产木材为主要目的的林分。

三、经济林：以生产果品、油料、饮料、调料、工业原料和药材等为主要目的的林分。

四、特种用途林：以军事、科研、美化环境等特种用途为主要目的的林分。类型有国防林、科研林、风景林等。

五、薪炭林：以生产燃料为主要目的的林分。

六、竹林：以生产竹材为主要目的的林分。

第九条 海岸类型的划分

大的海岸地貌，根据海岸动力地貌类型的差异划分，一般分为淤泥质海岸、沙砾质海岸和基岩港湾海岸三种类型，其中淤泥质海岸又可分为淤长型和蚀退型二种。

上述三类海岸，依据其特征又可划分为红树林海岸、生物海岸（如珊瑚礁海岸）、人工海岸、沙坝泻湖海岸等。

第十条 滩涂类型的划分

滩涂类型依海岸类型而定，一般分为泥滩、沙滩、泥沙滩和岩礁四种类型。而依其距海远近、含盐量程度、植被状况又可细分，如泥滩可分为草滩、光滩、板沙滩等，各地可视具体情况确定。

第十一条 地形划分

一、地貌划分标准（见下表）：

地貌		海拔高（米）	相对高（米）	坡度	特征
山地	中山 低山	1000—3500 500—1000	500—1000 200—500	不限	山体大，通常有明显的顶峰和陡坡，气候、植被、土壤已有垂直层次变化

（续）

地貌		海拔高（米）	相对高（米）	坡度	特征
丘陵	高丘 中丘 低丘	300—500 <300 <300	100—200 50—100 <50	>15°	山体小，无明显的脉络，形状散漫，坡度缓和，一般是馒头状起伏，各生态因子无明显的垂直地带性变化
台地	高台 中台 低台	<200	40—60 20—40 10—20	<15°	为低山或丘陵的延伸部分，坡度小，有起伏但平坦开阔
平地			<10	<5°	含平原与谷间平地，平坦开阔或略有起伏

二、坡度、坡向、坡位划分标准

1. 坡度（见下表）：

级别	Ⅰ	Ⅱ	Ⅲ	Ⅳ	Ⅴ	Ⅵ
名称	平坡	缓坡	斜坡	陡坡	急坡	险坡
坡度	0°—5°	6°—15°	16°—25°	26°—35°	36°—45°	46°以上

2. 坡向：分为阳坡、阴坡、半阳坡、半阴坡。

3. 坡位：分脊、上、中、下、谷五个坡位，各地根据情况可适当增减。

第十二条 水土流失强度的划分

一、土壤侵蚀程度划分

（一）片蚀（面蚀）：按植被覆盖度划分

轻度：覆盖度>70%（表土局部被侵蚀）

中度：覆盖度 30—70%（表土一半或大部被侵蚀）

强度：覆盖度<30%（表土全部或心土部分被侵蚀）

（二）沟蚀：按侵蚀沟面积占总面积的比例划分

轻度：<10%

中度：10—25%

强度：25—50%

剧烈：>50%

（三）崩塌：按崩塌面积占山丘面积的比例划分

轻度：<10%

中度：10—20%

强度：20—30%

剧烈：>30%

二、土壤风蚀程度划分

轻度：地表出现明显的砂砾或表土发生剥蚀现象，A 层破坏不到 1/4，原生草本植被生长中等。

中度：地表有明显的片状剥蚀，A 层破坏 1/4—1/2，草本生长受抑制，仍有深根系植物生长。

强度：表土完全剥蚀，出现风蚀沟、风蚀坝、A 层 1/2 吹蚀，草本很少或不能生长，深根系植物稀少。

剧烈：A 层完全破坏，B 层裸露，变成裸地或风蚀清地，原生植物破坏无遗或仅生长先锋植物或矮小一年生植物。

三、沙侵程度划分

轻度：浮沙覆盖地表厚度小于 10 厘米，出现均匀沙纹，对草本植物生长无影响。

中度：浮沙厚度在 10—20 厘米之间，出现椭圆型丛状小丘和稀疏大沙纹，已影响下层草本植物生长。

强度：浮沙厚度在 20—30 厘米之间，形成椭圆型丛状沙丘，浅平沙丘，已影响中层草本植物生长。

剧烈：浮沙厚度在 30 厘米以上，形成低新月型沙丘，原生植被稀少，沙生植物侵入。

第三章　准备工作

第十三条 县级总体设计工作开展前，由省林业主管部门主持召开有设计、建设单位参加的总体设计工作会议，部署工作，研究技术要求、队伍组织、工作计划、经费安排、协调设计与建设单位的有关工作，并形成会议纪要，作为总体设计的依据。

第十四条 有总体设计任务的县接到任务后，即应落实调查设计单位，成立领导小组，拟定工作计划和技术方案，报上级主管部门备案。

第十五条 工作开展前设计单位应编制工作计划，搜集资料，进行技术、组织、仪器工具、调查用表、作业用品及生活物资等准备。并对参加调查设计人员进行技术培训和试点，统一技术标准、调查方法和成果要求。

第十六条 资料搜集

一、调查区有关的土地利用区划、综合农业区划（含林业区划）、资源调查材料、规划资料及其与总体设计有关资料如技术规定、造林典型设计、林业技术经济指标等。

二、图面资料。国家新编地形图，航空象片及有关调查、区划、规划的图面资料、调绘底图要求，1：1 万（或不小于 1：2.5 万）地形图或平面图，县级现状和规划底图要求 1：5 万的地形图或平面图。

三、调查区内有关的地质、水文、气象、地貌、土壤、植被等有关资料，当地自然灾害种类、危害程度及危害范围，以往对自然灾害采取的措施及其效果。

四、社会经济情况，居民点分布，行政区划，户数、人口、劳动力，农、林、牧、副、渔及工业生产和产值，收入水平；当地林场、农场、养殖场、工矿企业、旅游点及交通状况；对外贸易、开放口岸、华侨来往状况等。

第四章 经营区划

第十七条 经营区划的目的，在于有利经营管理，便于组织生产。根据沿海地区的自然地理、行政建制和造林形式，经营区划应分别国营林场、群众造林采取不同的区划系统。

一、国营林场 采用林场—营林区（分区或工区）—林班—小班四级区划或林场—营林区（分区或工区）—小班三级区划。

二、群众造林 采用县—乡（镇）—村—小班四级区划。

第十八条 各级区划单位的职能作用和区划原则。

一、林场是组织生产和经营管理单位，按已经确认的实际经营范围为界，原有区划界线，不要更改。

二、营林区（分区、工区）是组织经营生产活动单位，以山脊、河流等自然界线为界。

三、林班既是区划单位，又是森林资源统计单位，原则上采用自然区划或综合区划。

四、小班是设计和经营的基本单位，按不同土地种类、权属、立地类型、林分起源、林种、树种、生长情况与经营措施等划分。小班最大面积一般不超过200亩，起始面积应根据使用图纸比例尺和各地林业用地分布的实际情况确定，小班最小面积不得小于5亩。当造林地块达不到起始面积而又比较集中，可合并区划综合小班，并注明各地类比例。

五、县、乡（镇）、村是组织生产的管理单位和统计单位，其界线按现行行政界。

第十九条 各级区划命名和编号县、乡（镇）、村、林场、营林区（分区或工区）、林班均按现有名称（或编号）命名，小班编号以村、营林区（或林班）为单位，结合自然地形，按自上而下，从左至右顺序，用阿拉伯数字1、2、3……编号。

第二十条 经营区划一般采用1∶1万（或1∶2.5万）地形图、平面图，采取室内结合现场调绘完成。如图面资料不能满足要求，或缺少图面资料时，应根据需要和有关规定进行补测或实测成图。

第五章 专业及专项调查

第二十一条 专业和专项调查是在搜集和分析现有资料的基础上，根据防护林体系总体设计的需要，确定调查的重点和要求。为编制各种类型（立地类型、造林类型、林分经营措施类型）、原则方案和总体设计，提供依据。

第二十二条 专业调查一般采用路线调查结合样点调查的方法进行。调查路线的布设，可利用地形图或航摄照片，在室内根据现场踏查和搜集的资料情况选设。调查路线应通过调查区内不同地形地貌、土壤、植被有代表性的地段，设置密度，应根据自然条件复杂程度决定。调查时一般沿调查路线在有代表性的地段上设点调查，当选设的路线不能包括所有的类型时，需设样点补充调查。

第二十三条 专业、专项调查的主要内容

一、地形地貌调查 调查主要山脉、河流位置及其走向与流程，不同地形地貌与气候、土壤、水土流失、植被分布和林木生长的关系。

二、土壤调查 在调查线或调查点上，选择有代表性的位置，挖取土壤剖面，调查各发生层的形态特征和肥力状况、岩石种类、成土母质、pH值、含盐量等对造林、营林有影响的因素。一般在同一土壤类型内，设主要剖面不得少于3个，并要采取土样提供分析，为了验证主要剖面和深入研究土壤性质，可根据实际需要选设辅助剖面进行调查。主要剖面挖取深度1—1.5米，土层厚度不足1米时挖至母质层。

土壤调查除常规项目外，对滨海风沙土，还要调查沙丘的类型和形态、沙地性质、流沙移动规律和速度，覆沙和干沙层厚度，沙下土质、地下水深度、盐渍化程度，以及沙地植被覆盖等。有海岸滩涂的地区，还应进行类型及其分布和有关项目的调查。

土壤分类系统和命名，应用发生学分类原则结合林业生产需要，采用土类、亚类、土属、土种四级分类系统。土壤名称可采取分级命名。

三、植被调查 查清植被的主要种类，群落的组成、结构、高度、盖度、多度、生长状况、分布和演替规律及对保持水土的效能等，采用样方调查。样方面积，一般草本1—2平方米，灌木、竹丛4—25平方米，每个植物群落的样方数不得少于3个。

四、林分调查 调查主要树种的分布规律和生长情况。为编制林分经营措施类型和选择造林树种提供依据，应根据不同的林种、树种、林分结构、林龄、郁闭度等，选择有代表性的林分，设实测标准地调查林分因子和立地条件，并作一定数量的解析木。

五、植物根系调查 对乔木、灌木、草本作一定数量的根系调查，了解其根系种类、根深、根幅、根量及保土固土能力，为防护林的设计提供依据。

六、病虫害调查 调查目前和历史上发生的主要病虫害种类、发生规律、危害程度、分布范围、防治措施和效果，以及害虫的天敌种类、数量和应用的可能性等。对危害较严重的地区，应选择有代表性的地段设标准地或标准株调查。

七、苗圃地调查 了解现有苗圃地的自然条件，育苗面积、种类、技术措施、苗木生长情况、产苗量、设施以及育苗的各项技术经济指标和经验教训。对拟建固定苗圃，应进行地形地势、土壤、水源、病虫鸟兽害及交通情况的调查。

八、母树林、种子园调查 调查已建母树林、种子园面积、立地条件、林分状况、经营技术措施与种子结实、产量等情况。

九、水土流失情况调查 了解全县水土流失类型、分布范围、流失程度、流失原因、流失后果及治理效果和经验等。

十、沙侵情况调查 了解全县风沙危害的程度、分布区域及治理的办法和效果等。

十一、社会经济情况调查 了解全县行政区划、人口、劳力情况；全县土地利用现状，粮食单产、人均口粮和粮食供应情况；全县工农业总产值、人均产值和收入水平，以及农、林、牧、副、渔各业的产量和产值情况；工业、农业、交通运输等国民经济部门与人民群众的需材（柴）情况和对林业生产发展的要求。全县每年可提供林业生产的劳力和季节等。

十二、林业生产情况调查 全县林业组织机构以及人员组成情况；现有森林资源数量、质量、结构及生长量；商品材、地方用材、民用材及其他用材的消耗结构；历年造林面积，保存情况和造林营林经验；木材、林副产品不同时期的产量和最高年产水平；林业生产建设投资，以及生产定额、成本等技术经济指标。

第二十四条 专业调查工作结束后，通过对各种调查资料汇总整理，综合分析，编制立地类型表、造林类型表、林分经营（措施）类型表，并编制总体设计原则方案。

一、编制立地类型表 对地形地貌、海拔高、岩石、坡向、部位、坡度、土壤、植被等因子采用定性和定量分析相结合的方法进行筛选，确定影响林木生长的立地主导因子，作为划分立地类型的依据。划分立地类型应遵循科学性和适用性原则，既要正确反映立地特征，立地生产潜力，又要使立地类型直观、稳定、简明，便于设计和生产中应用。编表内容包括：类型名称、类型编号、立地特征、适生树种、适宜造林类型等。

二、编制造林类型表 造林类型表是在划分立地类型的基础上，根据防护林建设的特点，深入研究造林树种的生物学特性和生态学特性，按照适地适树的原则编制。内容包括：类型编号、林种、树种及混交方式，整地方式方法及规格，株行距、配置形式及每亩株数，造林方法及时间，苗木规格，幼林抚育及预产指标等。

三、编制林分经营措施类型表 根据防护林体系建设需要，对现有林应根据不同的立地条件、生长状况和需要采取的经营措施，编制林分经营措施类型表。内容包括：类型编号、类型名称、立地条件、林种、树种、起源、林龄、地位指数、郁闭度、生长状况、经营利用方向及经营措施等。

四、编制总体设计原则方案 其主要内容：

（一）基本情况包括：地理位置、幅员面积、自然条件、社会经济情况、土地资源、森林资源现状和林业建设情况等。

（二）经营方向和建设规模。

（三）林种布局原则、多种经营项目规划及附属工程项目安排。

（四）建设年限、顺序及年度造林、营林任务量安排。

（五）总体设计工作的深度、精度要求和达到的技术经济指标。

（六）总体设计文件组成和要求。

第二十五条 原则方案拟定后，由主管部门主持召集承担设计和生产建设单位，以及有关人员进行审查修改，并经主管部门批准。

第六章 小班调查

第二十六条 小班调查，对纳入防护林工程建设范围的宜林地和有林地，应进行现场调查。

一、宜林地小班 包括宜林的荒山、荒地、荒滩、沙荒地、火烧迹地、采伐迹地、林中空地、停耕还林地以及划为农田林网和农林间作地等。全面调查记载小班的地形地貌特征、部位、海拔高、坡度、坡向、坡位、地形、土壤植被、土壤侵蚀、水土流失等情况，根据各项调查因子，确定立地类型和造林类型。

二、有林地小班 应充分利用最近森林资源调查材料，尚不能满足的应作补充调查。有林地小班的立地环境因子同宜林地小班调查，并根据各项调查因子的分析，为划分立地类型和造林类型、林分经营措施类型，提供立地评价及立地生产力预测指标。

1. 天然林小班 实测或目测林分各项因子，记载林种、树种组成、林龄、郁闭度、平均胸径、平均高、每亩株数、蓄积量及林分生长状况等。

2. 人工林小班 人工林调查除同天然林外，还应调查造林时间、造林方式、方法、造林规格、抚育管理措施、成活率、保存率、林木生长以及种苗质量、来源等。

3. 经济林小班 调查方法及内容除同人工林小班外，还应调查经济林木的结果期、年产量及经济价值等。

4. 竹林小班 除进行立地因子调查，还要查清竹林的种类、眉径、高度、每亩株（丛）数以及经营管理情况。

三、疏林地小班 调查树种、年龄、高度、胸径、每亩株数、天然更新能力和立地条件等，并确定经营措施类型或造林类型。

四、未成林造林地小班 调查造林树种、造林时间、造林方法、密度、种苗来源和立地条件，并设置标准地（或标准行）调查成活（保存）率及苗木生长情况。根据立地条件和成活率等级确定经营措施类型或造林类型。

五、在小班调查过程中，如发现原编的立地类型、造林类型和林分经营措施类型不能满足要求时，应进行详细调查记载，以便内业修订或补充。

第二十七条 在小班区划调绘工作中，对新增地物，如水库、渠、塘、公路、铁路、桥梁、主要乡村道路以及固定苗圃等，应在地形图上补充调绘。

第二十八条 为保证设计质量，外业结束后，在离开现场之前，必须加强外业调查材料的检查验收。

第七章 调查材料整理

第二十九条 为确保规划设计质量，在内业工作开始前，必须认真做好资料检查，类型表修订，底图清绘和面积求算等项基础工作。

一、检查和整理调查所搜集的全部资料，如发现有错漏立即进行纠正和补充，并分类装订。

二、修订“类型”表。分析小班调查材料，补充修订立地类型表、造林类型表和林分经营措施类型表，并用修订后的类型表重新确定小班归属。

三、底图的清绘。逐块校核底图各类界线，拼接图幅，清绘着墨。清绘后的底图是求算面积、编制现状图和规划设计图的依据。

四、面积求算。用求积仪、网点板或方格纸量算面积，以小班为单位，两次求积，合格后取平均值。面积以亩为单位，取整数。

第三十条 编写专业调查报告。根据总体设计需要和当地实际情况，对调查资料进行整理，突出重点，编写专业调查报告。包括：土壤、植被、森林资源现状及木（薪）材和多种经营产品供需预测，防护林营造技术，森林病虫害，林种结构的合理调整，风沙危害，水土流失及海岸滩涂防护治理经验等。

第三十一条 编制技术经济指标。根据部、省颁有关规定及当地的各项技术经济指标，通过分析，编制县级防护林工程总体设计技术经济指标。

第八章 总体设计

第三十二条 总体设计的编制，应以专业、专项调查，小班调查和原则方案为依据。主要内容包括：根据沿海防护林体系建设特点与需要，确定经营方向，各林种比例，建设规模与布局，造林技术设计，现有林经营措施设计，苗圃规划设计，投资概算，效益估算等。必要时，还可包括林场等基建规划及附属工程规划。

第三十三条 确定经营方向 根据防护林工程建设项目、建设规模和各地在沿海所处位置的自然特点，充分体现以防护林为主，为抵御自然灾害，改善沿海地区生态环境，提高人民生活水平创造条件。

第三十四条 建设规模与布局 根据全国沿海防护林体系建设总体要求，本着充分发挥地区资源优势与低投入高产出原则，合理调整农、林、牧结构，确定县级防护林体系建设规模与布局。

第三十五条 造林技术设计 根据计划任务书和县级原则方案中拟定的造林原则，综合分析调查材料，因地制宜地安排林种，以修订后的立地类型为基础，设计造林树种及相应的各项技术措施，分别修订原编拟的造林类型，并落实到每个小班。主要内容包括林种、树种设计、混交方式设计、造林密度与配置设计、造林方式方法设计、整地设计、种苗设计、幼林抚育设计等。

一、林种设计 应本着以防护林为主，多林种结合，适当发展用材林、薪炭林、经济林的原则。对现有林林种结构，应根据当地生态条件、国民经济发展和人民生产生活对木材、薪柴、林副产品的需求，合理调整，加大防护林的比重。

二、树种设计 应本着适地适树、防护效能好、经济收益大并密切结合群众利益的原则，根据不同林种和立地条件，选择各林种能发挥最大效益的优良乡土树种为主。引进树种，须经种植试验，通过鉴定的方可选用。

三、混交方式设计 应以混交林为主，乔、灌、草结合，形成多层次的立体结构林分。设计混交类型、混交方式和混交比例，应根据林种的不同及造林树种的生物学、生态学特性，既要考虑种间关系的稳定性，充分发挥防护效益，又要考虑施工方便的原则，尽量采用行之有效的混交方式。在以针叶林为主的造林地区，阔叶混交比例应不低于20%。

四、造林密度与配置设计 应根据造林目的、立地条件、林种、树种特性、混交类型、作业方式和经济条件，并考虑保持林分多层次结构的稳定，因地制宜地确定其密度、株行距和配置形式。

五、整地设计 根据立地条件、林种、树种不同，设计整地方式、方法、规格和时间。

六、种苗设计 坚持良种壮苗，按部省颁布的种苗标准，分别造林树种，设计种子、苗木质量、规格要求，并概算种苗需用量。

七、造林方式方法设计 根据立地条件、树种及种苗的特性，可分别采用植苗、直播、扦插和分殖造林。

八、幼林抚育设计 根据树种特性及气候、土壤肥力等情况，设计抚育措施。如除草、松土方法要求，施肥种类、施肥量，抚育年限、每年抚育次数和时间等。

第三十六条 现有林经营设计 根据立地条件和林分生长状况，因林制宜，分类型进行营林技术措施设计。

一、封育措施 对于依靠天然更新或人工促进天然更新，能恢复森林植被的，应提出封山育林及管护措施。

二、幼林抚育措施 对有成林希望的天然幼林，应提出抚育方式方法，年度、次数等设计；对人工造林成活（保存）率41—84%的未成林造林地，应提出幼林抚育、补植树种、时间、整地方法、规格等设计。

三、抚育间伐措施　根据林分的生长状况，提出间伐种类、方式、开始期、间隔期、强度、抚育方法等设计。

四、采伐利用措施　对成熟林的林分区别林种提出采伐方式设计。竹林提出择伐强度设计。

五、低质林分改造设计　对一些不能成林、林相残败以及非培育目的树种的林分，提出改造方式方法设计。对集约经营的经济林等林分，应分别提出除草、松土、施肥、修枝、病虫害防治等设计。

第三十七条　苗圃设计　根据造林规划设计的苗木需要量和现有苗圃的产苗量，确定新建苗圃面积。苗圃可分为固定苗圃和临时苗圃两种。对固定苗圃应进行总平面布置、经营方向、生产工艺、设施设备种类、数量、附属工程等设计。对临时苗圃应提出苗圃地的位置、面积和生产工艺。

第三十八条　母树林、种子园设计　根据需要和可能，在国营林场或集体林场经营范围内，按部、省有关规定设计母树林和种子园。

第三十九条　森林保护设计　根据地形和现有森林病虫、病源等情况，本着预防为主、积极消灭的方针，进行防火和防治病虫兽害的森林保护设计。包括防火线、瞭望台、病虫害预测、预报及设施、设备等设计。

第四十条　附属工程设计　在充分利用现有工程设施前提下，根据防护林工程建设需要，进行房建、供电、通讯、排灌、林区道路等工程项目设计。提出建设项目、规模，确定类型、数量及主要设备。

第四十一条　多种经营规划　贯彻“以林为主，多种经营，以短养长，长短结合”的方针，根据当地资源条件，提出多种经营项目和规模，产品种类和产量，并计算投资效益等。

第四十二条　机构设置与人员编制规划　本着有利工作，提高管理水平，加强生产第一线的原则，按国家有关规定或主管部门确定的人员编制标准，提出各级防护林建设机构、管理体制、人员编制、职责范围等规划。

第四十三条　用工量概算　按总体设计的项目和现行的技术经济指标，分别概算用工量和劳力数量。

第四十四条　投资概算　根据各设计项目的任务量，分别国营和地方，按国家规定有关技术经济指标和现行价格，并分别造林、营林、专项工程、建筑安装、设备购置、劳动工资及其它项目进行概算。

第四十五条　资金来源测算　资金来源分年度和计划期测算。资金来源包括：国家扶持资金；地方（省、地、县）筹集资金（按资金渠道分别计算）；群众投资（除直接投入资金外，还应计算投劳折价和投物折价部分）。

第四十六条　效益估算　分直接效益和间接效益进行估算。根据投资建设项目与经营实际情况，以货币形式和增益效果表现在整个计算期内的经济效益。

一、直接效益　估算建成后的森林覆盖率、立木蓄积量和通过抚育间伐、主伐等的出材量，经济林的年产量、产值以及林副产品和多种经营的产值。

二、间接效益　对抵御自然灾害、改善生态环境的作用，包括保障农业稳产、高产，改善工业及其它行业环境等生态效益和社会效益。

第九章　总体设计文件编制

第四十七条　总体设计文件组成　包括总体设计方案、各种用图、统计表、设计表及有关附件。

第四十八条　制图

一、乡现状图与造林总体设计图的绘制

乡现状图与造林总体设计图以乡或林场为单位，比例尺为1：1万。乡现状图是反映土地利用现状的，根据调绘后的底图绘制。乡总体设计图是以现状图为基础，增绘设计内容，它是指导施工生产的重要依据。

二、县总体设计图的绘制

县总体设计图是反映现状和总体布局的分布图，根据各乡设计图编绘，比例尺为1：5—1：10万，内容与乡设计图相同，主要起示意作用。

三、其它专业用图　如苗圃平面布置图、场区平面布置图以及附属工程设计图等，比例尺根据需要确定。

以上各图的图面要素，均按林业部颁发的《林业地图图式》规定绘制，不足部分可自行拟定。

第四十九条　编表　为满足主管部门和建设单位的不同需要，各类统计表应分别县、乡两级为单位编制。

以县为单位的统计表：

一、各类土地面积统计表；

二、现有林面积、蓄积统计表；

三、林种比例调整表；

四、造林、营林任务量统计表；

五、工程项目、多种经营规划统计表；

六、造林、营林任务量按类型面积统计表；

七、造林总体设计（分别树种）面积统计表；

八、种子、苗木、育苗面积按树种统计表；

九、投资概算表；

十、工程资金来源测算表；

十一、防护林体系建设预期经济效益估算表。

第五十条　编写县级总体设计　总体设计以县为单位编写。根据已批准的设计任务书、总体设计原则方案和各项初步设计，编制总体设计初步方案供初审，在经初审的方案基础上，编写总体设计。

主要内容包括：

前言：简述总体设计工作的依据、方法、工作过程和完成时间等。

一、基本情况　包括自然地理、自然灾害、资源分布、社会经济、林业生产等概况。

二、防护林体系建设的规模、目标和发展远景。

三、设计指导思想与原则。

四、土地利用的调整和林种总体布局。

五、立地类型、造林类型和林分经营措施类型的划分与造林、营林设计。

六、苗圃、母树林、种子园规划设计。

七、道路、房建、水工及附属工程规划。

八、多种经营规划。

九、机构设置与人员编制规划。

十、效益估算。

十一、总体设计实施对策。

第十章　设计文件审批

第五十一条　县设计文件初步方案编制完成以后，应由主管部门邀请有关单位和人员进行初审，设计部门按初审纪要进行修改编制的总体设计成果，由省林业厅审批，有条件的可经县人大常委会审查通过，并报林业部备案。

第五十二条　设计文件报送　县级总体设计文件（包括附图、附表）报林业部5份，报送省、市县有关单位及份数，按需确定。

第五十三条　设计文件经审查批准，设计部门应向工程建设单位作技术交底。在实施过程中，为需变更设计须通过主管部门，并征得设计部门同意，方得变更。

印发《林业部关于进一步加强林业科技成果推广工作的决定》和《林业科学技术发展十年规划和“八五”计划》的通知

林科字［1991］176号

各省、自治区、直辖市及计划单列市林业（农林）厅（局），西藏自治区农牧林委，黑龙江省森工总局，新疆生产建设兵团农业局，大兴安岭林业公司，林业部直属各企事业单位：

为了深入贯彻党中央、国务院近几年来关于发展科学技术工作的一系列方针政策，进一步加强林业科技推广工作，加快林业科技成果向现实生产力的转化，并明确今后十年和“八五”期间林业科技发展的主要目标和重点任务，林业部制定了《林业部关于进一步加强林业科技成果推广工作的决定》和《林业科学技术发展十年规划和“八五”计划》。现印发给你们，请结合本地区、本单位的实际情况贯彻执行。

附件：1. 林业部关于进一步加强林业科技成果推广工作的决定

2. 林业科学技术发展十年规划和“八五”计划

中华人民共和国林业部

1991年12月28日

附件1：林业部关于进一步加强林业科技成果推广工作的决定

1991年11月

科技成果推广是科学技术转化为现实生产力的关键。建国以来取得的3000项林业科技成果中已有30%转化为生产力，对我国的林业发展产生了很大的推动作用。但是，由于目前主要存在着运行机制不顺、推广体系不健全、资金投入不足、推广手段落后、推广人员缺乏等因素，影响了科技成果推广工作的进一步发展。根据《国务院关于依靠科技进步振兴农业加强农业科技成果推广工作的决定》精神和《国民经济和社会发展十年规划和第八个五年计划纲要》中明确提出的“要把发展国民经济作为科学技术工作的主战场，加快科技成果向现实生产力转化”的战略思想，必须迅速将林业科技成果推广工作推进到一个新的发展阶段。为此，特作如下决定：

一、切实加强对林业科技成果推广工作的领导

林业是国民经济的重要组成部分，森林是农业稳产高产的生态屏障，林业现代化是整个国民经济现代化的重要组成部分。要振兴林业，实现林业现代化，必须把工作重点转移到依靠科技进步和提高劳动者素质的轨道上来。科技成果推广工作是科技与生产的结合部，是依靠科技振兴林业的首要任务，各级林业部门的第一把手一定要亲自抓第一生产力这项工作，并列入重要议事日程，要建立相应的科技推广工作运行机制，确定单位和人员具体负责此项工作。

各级林业主管部门都要建立科技兴林试验示范点，经常深入基层，调查研究，抓好典型，及时解决科技推广工作中出现的各种问题。要把在科技推广工作和实施科技兴林中，是否做到了认识到位、工作到位、条件到位，列为考核各级林业领导干部政绩的重要内容之一。

二、大力推广效益显著的林业科技成果

当前，要把大力推广一批技术先进成熟、适用面广、投资少、见效快、耗能低、效益显著的重点林业科技成果，作为林业推广工作的突破口来抓。林业部要围绕林业发展十年规划和“八五”计划的重点建设任务，着重抓好以速生丰产的优良种源、无性系、容器育苗、丰产栽培技术、生态林业工程配套技术、干旱造林技术、病虫害综合防治和林产工业新技术为主的200项科技成果的滚动推广，有计划地进入速生丰产林基地建设、“三北”防护林体系建设、长江中上游防护林体系建设、沿海防护林体系建设、平原绿化工程建设、治沙工程建设和国有林区资源恢复建设。各地林业部门要针对本地区资源优势、技术优势，结合林业生产实际，选择一批效益显著的科技成果尽快推广应用。

三、建立“四位一体”的林业科技成果转化运行机制

各级林业主管部门要统筹协调科技和生产、计划、财务四个方面的关系，科技要面向生产，生产要依靠科技，并以计划为导向、资金为保障，共同促进科技与生产的紧密结合，建立林业科技成果转化的运行新机制，并把这项工作作为一项重大改革措施来抓。

在“四位一体”林业科技成果转化运行机制中，计划要真正起到导向作用，要改进林业计划工作，提高计划中科技的含量，特别是林业重大工程项目的建设，必须同时制定采用科技成果的计划。能采用而不采用先进科技成果的项目不能立项。计划部门在立项时要会同科技、生产部门，共同审查，共同把关，确保生产与科技的结合。财务部门要解决科技投入的渠道问题，要建立起多元化的科技投入体系，尽量多增加科技投入。生产部门要树立主动依靠科技的自觉性，林业生产的各个环节都必须与科技结合在一起，积极采用先进适用的科技成果，并参予推广工作。含有科技项目的生产计划，生产部门不执行的，各级林业主管部门要终止项目的执行。林业科技部门要面向林业生产建设，为生产部门提供先进适用的技术成果，搞好技术服务和技术咨询。应用性科研项目立题应根据生产的需要，并征求计划、财务、生产部门的意见，成果鉴定要有计划、财务、生产部门参加，并相应研究确定该项成果的推广应用问题。

四、加强林业科技成果推广服务体系的建设

各级林业部门要把加速林业科技推广服务体系的建设列为重点建设任务，并纳入年度计划。根据林业科技推广服务工作的需要，健全部、省、地、县四级

推广服务机构，重点加强县级推广站（中心）的建设。乡（镇）林业工作站要把科技推广服务工作作为重要任务。要注意发挥各地森防站、种苗站在科技推广工作中的作用。各级林业科研单位、高等院校要加强开发机构的建设，森工企业和国营林场也要逐步健全科技推广体系。

林业科技推广服务体系的建设坚持部省合建与地方自建“两条腿走路”的原则。林业部要加快部省合建推广体系的步伐，并优先考虑林业基地县和林业发展重点地区。各级林业部门要积极支持推广机构深化内部改革，允许林业科技开发推广机构根据国家有关规定，兴办林业服务实体，国家原有的事业费保持不变。开展有偿服务增加的收入，主要用于改善工作条件，进一步发展林业社会化服务。

五、建立林业科技成果推广试验示范区

林业科技成果推广要通过建立试验示范区的形式逐步形成多点辐射的局面，组织技术服务网络，做好产前、产中、产后服务，形成自我扩散的能力。

林业部结合林业生产建设重点任务与有关省区共同建立必须的科技推广试验示范区，在试验示范区内要集中推广一批先进适用的科技成果。各省、地、县的林业科技推广机构要根据不同地域确定不同类型的试验示范点，形成优势，长期稳定，发挥效益，尽快提高科技成果在适宜地区推广覆盖率。

六、增加对林业科技推广的资金和物资投人

各级林业部门要继续保持通过各种渠道已经安排的林业科技推广资金，并逐年有所增加，同时要积极开辟新的资金渠道；

各级林业主管部门掌握的育林基金中，根据各地不同情况，用于森林资源培育的技术开发和成果推广项目的启动的费用可不低于2%，并实行有偿使用、滚动使用的办法；

有技术开发和成果推广任务的森工企业和国营林场，在生产发展基金中用于上述支出不低于5%；

从林业企业销售总额中提取1%用于新产品开发，有科技推广任务的企业，也可用于科技推广；

从林业重点工程建设项目（如一个基地、四大体系、一个工程等）总经费中安排适当比例用于本项目的科技成果推广；

现有的林业低息和贴息贷款应优先支持效益显著的林业科技成果推广项目；

要广泛吸收社会资金。积极鼓励和引导集体林业单位和林农以各种形式集资组织推广。积极争取国际科技合作项目和无偿援助；

根据国发（1989）78号文件精神，对林业部门选定的林业科技推广项目，有关省、自治区应在农业综合开发基金中给予支持；农资批发部门对林业科技推广项目所需要的化肥、农药、地膜、柴油等生产资料列入计划，予以优先供应。

七、进一步加强林业科学研究工作

在大力加强科技成果推广的同时，要进一步重视林业科学研究工作，以增强科技推广的后劲。林业科研院所和大专院校要做好科技工作的纵深部署，集中力量抓好国家“八五”科技攻关和部重点攻关项目；有重点的开展基础研究并加强高新技术研究的步伐；积极开展国际合作交流；重视软科学在林业决策和现代化管理中的应用研究。林业大中型企业要结合生产发展需要有重点地开展研究开发工作。在研究中应做好单项科研成果的组装配套，具有可操作性，能经得起生产实际的检验，以发挥其向生产力转化的潜在优势。今后，应用性研究成果在鉴定时就要提出推广应用的具体安排。

八、促进林业企业的科技进步

各级林业主管部门要定期公布新技术、新成果。要根据新技术、新成果制订推广规划和分年度实施计划，修订行业标准和考核办法，及时监督检查指导，促使企业应用新技术、新成果，开发新产品和发展替代产业。主管部门在安排生产建设项目、技术改造项目和引进项目时，要把项目采用的技术先进性作为审查的主要内容之一，防止重复引进重复建设。

各林业企业要积极应用科技成果，要以推广降低原材料消耗和能耗，提高劳动生产率，开发新产品，提高产品质量等新技术、新成果为重点，切实提高企业的科学技术水平和经济效益。要加强企业专利工作，积极鼓励和支持职工的创造发明和技术革新活动。

九、广泛开展技术培训

振兴林业靠科技，科技推广靠人才，人才培训靠教育。各级林业部门、科研单位和大中专院校要积极探索和创造林科教统筹结合的具体内容和形式。要把对广大林业职工和林农的文化教育和技术培训作为一项战略任务来抓。各级林业科技推广机构要把培训工作列为主要任务之一，制订人才培养和实用技术培训方案，充分利用现有设施和人员做好各层次、各专业的培训。

对林业职工重点进行专项实用技术培训，合格者颁发“岗位合格证”；对广大林农进行适用技术培训。对初、高中毕业后专职从事林业科技推广工作的人员要实行岗位培训；对于学习成绩优良、工作成绩突出的可评定相应的技术职称，由所在推广机构择优聘任。通过全方位、多层次的技术培训，大力提高林业科技推广队伍的素质。

十、落实各项奖励政策

广大林业科技推广人员大都工作在林业生产第一

线，在学习、工作、生活条件十分艰苦的情况下，为我国的林业生产发展和林业经济建设作出了很大贡献。各级林业部门要积极贯彻中央和国家的有关政策精神，组织人事、财务、生产及科技管理等部门共同采取有效措施，尽可能改善他们的学习条件、工作条件和生活待遇。

林业科技成果推广是实现林业科技进步的关键环节，各级林业部门要利用林业科技进步奖评审予以积极鼓励，在评审中要把推广成果与科研成果同等对待，有条件的地方也可单独设立林业科技成果推广奖。

根据国发（1991）59号文件精神，要积极鼓励科研、教育单位和科技人员到林区和林业基层单位去，开展各种有效的林业技术服务。他们的智力投入应当同产生的经济效益挂钩，取得合理报酬。他们的职称评定和晋级要与实际贡献结合。对有突出贡献的基层林业科技推广人员要进行表彰和奖励。

附件2：林业科学技术发展十年规划和“八五”计划

林业是国民经济的重要组成部分，既是一项产业，又是一项社会公益性事业。植树造林、绿化祖国是我国的一项基本国策。今后十年，是我国林业建设的关键十年。经济建设转移到依靠科技进步和提高劳动者素质上来是十一届三中全会以来党的工作方针的第二次转变，大力发展林业科学技术是实现林业发展十年规划与“八五”计划的关键和保证。

林业科技工作在“七五”期间取得了新中国成立以来的最好成绩，使我国林业生产建设技术水平从整体上跨入了一个新阶段：科技体系不断完善，科研水平有较大提高，科研成果大幅度增加，成果推广效益显著，有力地促进了林业生产力的发展，为科技兴林打下了良好基础：

（1）部组织实施了“主要用材树种速生丰产技术”和“林业工程技术开发”两项国家级科研攻关项目（含7个课题146个专题），212个部重点科研课题的研究，获鉴定成果229项，比“六五”期间增加93项，增长68.4%。各省区和部直属林业科研单位和院校还积极承担完成了省部级、地厅级重点科研课题。

（2）部组织实施了192项林业科技开发推广项目，比“六五”增加65项，增长51.1%，对其中已投产的120个项目统计，新增产值17.7亿元，创利税4.6亿元；还组织实施了38个国家级“星火计划”项目，其中建成投产的有13个。同时各地林业科技推广部门与科研院所、生产部门，组织实施了部分省内科技开发推广项目，取得了显著效益。

（3）部组织制、修订国家标准和行业标准400余项，是新中国成立以来至“六五”期末累计制、修订标准总数的2倍以上，为营林、森工生产实现规范化、标准化创造了条件。部分省区“七五”期间还制订了林业地方标准。

（4）国际科技交流与合作事业长足发展，仅1989、1990年，林业科技人员派往国外进行培训达303人，邀请外国专家来华讲学或合作研究达388人，利用外资也取得了成绩。

（5）基本建成了桉树、泡桐研究开发中心；截止1990年底在全国恢复或新建了县级以上林业科技推广机构约1500处，现有人员达2万人，其中“七五”期间部省合建推广站（中心）99处。

（6）部举办专业技术培训班45期，受训人员达2700人次。各省、地、县林业部门以及部直属有关单位举办了不同层次的专业技术培训班，提高了业务管理水平。

但是，林业科技工作的现状仍不适应林业发展的需要。科技与生产的结合问题还没有根本解决；科技成果转化的运行机制尚未理顺；科技投入强度低；科技队伍出现断层，设备、手段落后，林业科学技术的潜力尚未充分发挥出来。

根据《国民经济和社会发展十年规划和“八五”计划纲要》和《中长期科学技术发展纲要（1990—2000—2020）》的精神，按照林业发展计划的要求，今后十年必须紧密围绕深化林业改革、发展林业生产力、增加森林资源、调整产业结构、增强林业活力这个林业工作总体目标开展林业科技工作，为此特制定林业科学技术发展十年规划和“八五”计划。

一、1991—2000年林业科学技术发展主要目标

今后十年，林业科技工作要继续贯彻执行“经济建设必须依靠科学技术，科学技术工作必须面向经济建设”的总方针，要把使整个林业工作转移到依靠科技进步和提高劳动者素质的轨道上来作为奋斗总目标。今后的林业科技工作，要从增加森林资源、增强林业活力、保护生态环境、整治与保安国土出发，针对造林绿化和森工生产中的关键技术问题特别是把提高林木生长量、资源利用率和劳动生产率作为重点，在建设生态屏障体系和林业产业体系中发挥第一生产力作用。

——推动林业科学技术事业全面发展，“八五”期末使科技进步对林业增长的贡献率从现在的10%提高到20%；到2000年达到25%。主要林业科技领域中的科学技术水平本世纪末达到80年代初国际

先进水平。

——加速科技成果向生产的转移，“八五”期末使林业科技成果转化率由现在的 30%提高到 50%；2000 年达到 70%。科技成果在适应地区覆盖面由现在的 20%提高到 30%；2000 年达到 50%。

——加强技术改造工作，把发展产品品种、提高产品质量、调整产品结构作为重点，“八五”期末重点林业企业 30%的产品达到发达国家 80 年代初水平；至 2000 年有 50%的产品达到发达国家 80 年代的水平。

——加速科技体系建设，到 2000 年基本建成完整的林业科研、技术推广服务、技术监督、情报信息体系，并完善林业科技工作管理体系。

二、1991—2000 年林业科学技术工作重点任务

（一）把科技成果的推广应用作为首要任务

1. 抓好推广项目的落实。加强科技成果推广工作是今后十年尤其是“八五”期间整个林业科技工作的首要任务。要采取有效机制、多种形式，切实加快科技成果转化为现实生产力，争取最大的综合效益。“八五”期间林业部选择 200 项技术先进成熟、适用面广、投资少、见效快、效益好、耗能低的重点科技成果在全国适应地区滚动推广。这些先进技术主要是：优良的种源、无性系，先进的育苗技术、栽培技术和工程造林技术，有效的森林病虫害防治技术和森林工业新技术。

2. 建立健全推广服务体系。建立健全林业科技推广服务体系是林业科技推广工作能够顺利进行的组织保证。推广服务体系建设坚持部省合建与地方自建“两条腿走路”的原则。“八五”期间，部省合建 660 个推广站，地方自建 340 个推广站；应建站的地县都要恢复或新组建推广的机构，逐步进行基本建设；同时充分发挥种苗站、森防站、林业站等在科技推广工作中的作用。到 2000 年基本建成全国上下相通、左右相连的推广服务网络。

3. 办好科技成果推广试验示范区。选择代表性强、基础较好、规模适当、条件具备的地区建立试验示范区。林业部“八五”期间紧密结合林业重点工程建设与有关省区共同建设 12 个试验示范区。把单项先进技术组装配套，较大规模地推广应用，发挥其辐射作用。

（二）进一步加强科研攻关工作，解决一批林业发展的重大科技问题

1. 组织实施“八五”林业国家攻关项目。科研攻关是促进林业科技进步的基础工作。“八五”林业国家攻关的主要任务，是组织完成“短周期工业用材林定向培育技术研究”、“生态林业工程技术体系研究”以及“治沙工程技术研究”国家攻关任务。重点研究短周期工业用材林良种选育、集约栽培模式、病虫害综合防治技术和加工利用技术；长江、“三北”、沿海、太行山防护林体系工程规划布局、营造技术、生态经济效益评价；以及大规模沙漠治理系列技术。为科学经营森林、合理利用森林资源提供技术，为改善生态环境质量、整治国土奠定基础。

在实施“八五”国家攻关项目中，要重视高新技术在林业中的应用，并抓好应用基础研究，同时加强林业软科学研究。

“九五”国家攻关项目的提出，以国家“八五”攻关为基础，在解决能源与环境问题、沙漠治理问题、木材高效利用问题、林业产业化问题和增加森林资源新途径等问题上进行攻关。

2. 抓好部重点科研攻关项目。“八五”期间针对林业生产建设中的技术难题，集中人力、财力、物力，完成部重点科研攻关项目。重点研究任务是：主要优良用材树种遗传改良的研究，主要名特优经济树种丰产技术及产后加工技术的研究，森林能源研究，东北内蒙古林区集约经营管理系统研究等。

3. 采取措施改善林业科研条件。(1) 继续建设好中国林业科学研究院，使其成为全国林业科研的骨干单位；创造条件办好北京、东北、南京 3 所林业大学，使其成为教育与科研的中心；建设好泡桐、桉树等研究开发中心，使其成为专业研究的中心；对基础比较好的 15 个省属林科院所的仪器设备等基本建设进行扶持，使其形成各有特色的区域性研究机构；(2)“八五”期间投资建设 12 个中心实验室，20 处实验基地，5 个中试车间，10 个森林生态定位观察站；(3) 制定省地级林科院所科研仪器设备装备标准。

（三）做好技术监督工作

技术监督工作以标准、计量工作为基础，以质量管理为中心，是科技工作中愈来愈重要的一个方面。“八五”林业技术监督工作的重点任务，是使面广量大的营林工作在质量监督上有技术依据，对覆盖面较大的森工主要产品尽快采用国际标准。“八五”期间制、修订国家标准 175 项、行业标准 272 项，共计 447 项。主要任务为：完成种子综合标准化和速生丰产林综合标准化 2 个重点项目；修订 1984 年以来颁布实施的 34 项木材标准；制订林产工业产品深加工和新产品国家标准；在林业机械方面“八五”国际标准采用率达到 95.5%；齐全配套刨花板生产线上所有设备标准，以及板式家具、胶合板、纤维板生产线和二次加工生产线上主机标准。

为贯彻执行国家《标准化法》，对标准实施进行有效监督，要建立健全林业技术监督体系。“八五”期间要扶持组建省级林业技术监督机构，地、县级林业技术监督工作可在推广站（中心）内设专人负责。“八五”期间要继续加强同国际标准化组织的联系，

并抓好林业标准化队伍的充实提高工作。

（四）积极推进国际科技交流与合作

1．大力开展合作研究。合作研究工作在“八五”期间要与林业国家攻关和行业攻关项目紧密结合起来。“八五”期间派出150名科技人员、聘请20名外国专家进行长期合作研究，其重点方面是：生物技术在林业上的应用；病虫害预测预报及生物防治技术；长江、沿海、“三北”、太行山防护林体系生态效益分析；林业与环境问题；短周期工业用材材性研究；纸浆造纸技术。

2．做好人才交流与技术考察工作。在“八五”期间重点配合国家攻关、部门攻关和技术改造的重点项目进行，选派300名科技人员出国考察。主要考察：生物技术应用；无性系繁殖技术；生态环境问题；科技工作管理。

3．做好利用外资工作。“八五”期间重点抓好桉树研究开发中心、泡桐研究开发中心外援项目，并争取更多的双边和多边技术援助项目。

4．配合有关部门建立与林业发达国家长期的科技合作关系，并与一些愿意帮助中国林业建设的友好人士、团体，建立协作关系。

（五）强化林业企业的科技进步

林业企业必须依靠科技进步发展生产，依靠科技进步治危兴林。“八五”期间的重点任务是：(1)建立林业企业依靠科技进步的机制，制定科技进步的考核指标；(2)建立和完善林业企业的科技开发机构和产品质量检验机构；促进林业企业同科研单位、大专院校的技术联合与协作，形成技术依托；在企业内部科技进步管理工作实行总工程师技术负责制；(3)对技术工人建立培训考核制度；大力开展技术革新，倡导和鼓励职工提合理化建议；(4)加强新产品开发与技术改造，重点开发松香、松节油深加工产品、纸浆产品、林机产品和名特优经济林产品，加快制材生产工艺、贮木场生产工艺、人造板生产工艺的技术改造和引进技术的消化吸收工作；(5)在“四位一体”促转化中创建一批科研与生产紧密结合、效益显著、各项技术经济指标先进的科技先导型森工企业和国营林场，与科技成果推广试验示范区建设配起套来。

（六）加强林业科技队伍建设

稳定和发展林业科技队伍是“八五”期间的一项重点任务，要努力造成一支在政治上和业务技术各方面都能适应科技发展需要的科技队伍。其重点是：(1)通过各种途径培养青年科技人员，顺利实现90年代人才战略转移，并充分发挥老一辈专家在人才培养等各方面的作用；(2)创造一个尊重知识、尊重人才的良好环境，努力改善科技人员工作条件和生活待遇，尤其要制定出对在边远山区和困难条件下工作的林业行业科技人员的优惠政策，鼓励林业科技人员到生产建设第一线工作；(3)加强林业教育工作，努力培养科技后续队伍；开展全行业培训活动，积极发掘科技人才；充分重视各级林业科技人员特别是基层林业科技人员的知识更新工作，有计划地采取脱产进修、出国考察等多种形式，切实抓好对林业科技人员的继续教育；(4)抓好精神文明建设，教育广大科技人员坚持四项基本原则、坚持改革开放，发扬党的优良传统和作风，为林业发展无私奉献。“八五”期间要表彰和奖励一批在科技兴林中成绩突出的单位和个人。

三、实现十年规划和“八五”计划的主要措施、条件

（一）提高认识，加强领导，深化改革

要深入宣传“科学技术是第一生产力”，要把科技进步纳入各级领导任期目标责任制，作为考核干部政绩的主要依据。各单位都要制定科技发展规划、计划，把各项工作转移到依靠科技进步和提高劳动者素质的轨道上来。

要深化林业科技体制改革，进一步增强林科院所和推广部门的活力，把计划管理与市场调节机制引入林业科技工作之中。

（二）认真落实“四位一体”促科技成果转化为生产力的新运行机制

各级林业主管部门要统筹协调科技和生产、计划、财务四个部门的工作，以计划为导向，资金作保障，促进科技与生产的紧密结合，建立林业科技成果转化新运行机制，把这项工作作为一项林业重大改革措施落到实处。今后在下达林业生产计划时，即同时安排一定任务、规模的科技成果推广项目列入计划一并下达。对有可能而不采用先进科技成果的生产工程项目，计划部门不予立项，财务部门不予拨款。

（三）增加科技投入

增加林业科技投入要采取多种途径。现有各种资金渠道必须保持并增加资金数额，同时积极开辟新的渠道：

在林业企业销售总额中按国家规定提取1%经费，用于本企业新产品开发，有科技推广任务的企业也可用于科技推广；

在各级林业主管部门掌握的育林基金中，用于培育森林资源的技术开发和成果推广项目启动的费用可不低于2%，并实行有偿使用、滚动使用的办法；

从林业重点工程建设项目（如一个基地、四大体系、一个工程等）总经费中安排适当比例，用于本项目科技成果推广；

有技术开发和成果推广任务的森工企业和国营林场，在生产发展基金中用于上述支出可不低于5%。

同时，广泛吸收社会资金，用于林业科技工作；

并把林业低息贷款、贴息贷款优先支持林业科技开发、推广项目；积极争取国际技术援助项目。

要保证林业科研、教育基本建设投资优先安排，保证推广服务体系建设经费。

（四）加速培养人才

人才是科技发展的前提与保证。今后十年林业科技队伍在数量上必须稳步增长，在结构和层次上必须趋于合理，在整体素质上必须有明显提高。因此要加强林业教育工作，努力培养科技后续人才尤其是高层次的学术带头人，解决好科技人员断层问题。加强专业技术培训工作，大力普及林业科技知识，采取多种形式努力提高劳动者素质。并把改善林业教育和推广部门的教学、培训条件作为林业基本建设的重点，优先安排。

（五）加强科技管理工作

加强林业科技计划、统计、情报、成果、干部队伍和技术保密与出口、技术监督的管理工作，加强对整个林业科技工作的宏观协调，逐步把林业科技管理工作引向科学化、现代化的轨道。

（六）发展国际交流与合作事业

国际交流与合作事业要紧密地配合林业生产建设，引进外国先进技术与管理经验，掌握世界先进水平，进一步做好改革开放工作，为顺利完成第二步战略目标并为实现第三步战略目标奠定基础。

中国林业概述

1991 年的中国林业

1991 年，在党中央、国务院的关怀和各级党委、政府的领导下，在各部门的支持下，经过林业系统广大干部职工和林农群众的共同努力，林业改革和林业工作又取得了新的进展。

造林绿化工作 1991 年 3 月 12 日，在北京召开全国植树造林表彰动员大会，进一步动员和鼓舞全国人民把造林绿化工作推向新水平。江泽民总书记为大会题词“全党动员全民动手植树造林绿化祖国”，邓小平同志题词“绿化祖国，造福万代”。李鹏总理在会上作了重要讲话，号召全国人民同心协力，自力更生，艰苦奋斗，把造林绿化工作推向一个新水平。为表彰广东省委、省政府领导全省人民在造林绿化工作中取得突出成绩，中共中央、国务院特授予广东省“全国荒山造林绿化第一省”光荣称号。1991 年，全国出现了新的植树造林、绿化祖国的热潮。全国共完成造林 8391.7 万亩（其中飞播造林 1600 多万亩），封山育林 43 955.4 万亩，超计划完成全年任务。造林质量进一步提高，1990 年度造林面积核实率达 95.1%，合格率达 75%。全民义务植树运动又有新发展，参加人数达 5 亿人次，植树 23 亿株，再创新水平。林业重点工程建设取得显著进展：利用世界银行贷款的“国家造林项目”，1991 年完成造林 390 万亩，占总规模的 26.4%；“三北”防护林体系建设，完成造林 1755.7 万亩，超额完成全年任务；长江中上游防护林体系建设，造林封育 1170 万亩，超计划 11.4%完成全年任务；沿海防护林体系建设，已在 1.8 万公里的海疆建起了 1 万多公里基干林带；平原农田防护林体系建设，累计已有 507 个县达到建设标准，73.5%的平原耕地实现了林网化；为加快治沙步伐，国务院召开了全国治沙工作会议，批准了全国治沙十年规划要点，批转了治沙工作政策措施的暂行规定，决定从 1992 年起将治沙工程列入全国重点建设，组织实施。

森林工业 1991 年，全国木材产量完成 5807.33 万立方米，胶合板 105.4 万立方米，纤维板 117.43 万立方米，刨花板 61.38 万立方米，松香 34.33 万吨，栲胶 1.9 万吨，林区纸浆、纸板和纸产量 8.16 万吨。林区多种经营产值和收入达 36.87 亿元，比 1990 年增长 12.4%。东北、内蒙古林区首次实现木片出口，创汇 360 多万美元。国务院对森工企业治危兴林工作十分重视，多次专门开会研究，并发出了《关于研究解决森工企业困难问题的会议纪要》，采取了一系列重要扶持政策和措施，帮助企业治危兴林。森工企业坚持深化改革，转换经营机制，制定了治危兴林的规划和奋斗目标，并开始组织实施。

资源和林政管理 根据国务院批准，从 1991 年起对森林资源采伐消耗实行全额管理。各地实行编制采伐量计划制度，开始做到采伐限额管理与计划管理协调统一。针对林地严重被侵占问题，林业部发出了《关于进一步加强林地管理的通知》，要求各地严格执行林业部、国家土地管理局《关于加强林地保护和管理的通知》，切实加强林地管理。国有林权证的颁发工作有了很大进展，87.5%的国有林地完成发证工作，发证面积达 8.97 亿亩。通过发放林权证，还调处了大量林地林木权属纠纷。为了加强森林资源监督工作，国家编制委员会已同意林业部向吉林省、黑龙江省、内蒙古自治区、大兴安岭林业公司以及四川、云南、福建省派驻森林资源监督专员办事处。东北、内蒙古 4 单位的资源监督工作，已进入正式运行阶段。

森林保护 森林防火工作，经各地共同努力，全国火灾受害率为 0.14‰，连续 4 年创历史最好水平。通过深化改革，实行目标管理，扭转了森林病虫害发生面积逐年上升的局面。为加强野生动物保护管理工作，林业部会同最高人民检察院、最高人民法院、公安部等 8 个部门，组织联合检查组，检查贯彻落实国务院《关于加强野生动物保护严厉打击违法犯罪活动的紧急通知》情况，并针对存在问题，向国务院写了报告，提出综合治理的措施。国务院办公厅转发了报告，要求各地遵照执行。

深化改革、扩大开放方面 国务院同意在东北、内蒙古国有林区实行林价制度，这是林业发展中一项带根本性的改革，1991年在9个林业局先行启动。通过实施林价制度，促进了森林资源管理水平、采伐利用水平、森林经营水平和企业管理水平的提高。针对林业建设资金来源多元化的趋势，实行林业建设项目和资金大计划管理，对各种渠道资金综合平衡，统筹安排、优化配置、合理使用，提高资金使用效益。为促进科技成果的推广应用，实行了科技、生产、计划、财务部门“四位一体”促科技成果转化的运行机制，以科技兴林为核心，通过计划的导向作用和资金的保证作用来促进科技面向生产、生产依靠科技。进一步加强林业对外开放工作，积极开展国际间林业交流与合作，积极争取国际援助和贷款、引进先进技术和管理经验，促进林业发展。1991年度“世界粮食日”，联合国粮农组织向林业部颁发了植树造林银质奖章和证书。

特别要指出的是，通过深化改革，实行全社会办林业、全民搞绿化，植树造林蓬勃发展，森林资源保护管理加强，有力地促进了森林资源发展。1988—1991年的森林资源清查和全国第三次（1984—1988年）清查相比，森林面积已由18.7亿亩增加到19.3亿亩；森林覆盖率由12.98%上升到13.4%；活立木蓄积量上升到108.68亿立方米，增加1.7亿立方米。现在，我国已实现了全国森林资源总生长量和总消耗量持平，开始走向森林面积和蓄积量双增长，这是多年来林业改革和林业工作成果的综合体现。

（林业部办公厅）

森林资源保护

森林病虫害防治

【综　述】 1991年，各省（区、市）深入贯彻“预防为主、综合治理”的方针和“谁经营、谁防治”的责任制度，积极实行目标管理和行政领导负责制，大力推行工程防治措施，继续加强防治体系网络建设，比较显著地提高了防治工作的管理水平，推动了各项防治工作的顺利开展，取得了较好的成绩。据统计全国森林病虫害发生面积16 453.3万亩，防治面积8590.2万亩，大部分省（区、市）的防治率有所提高，部分省（区）发生面积有所下降。

①加强行政管理，实行目标管理责任制。各地都比较重视这项工作，山西、浙江、广西、云南、湖北、新疆等省（区）都制定有森林病虫害防治目标管理办法，并在实行中通过层层签定责任状，把防治任务作为考核各级领导干部政绩的一项重要内容，推动了防治工作的开展。山西省恒山、五台山系的浑源、应县、五台等县的落叶松林，突然暴发7万多亩红腹叶蜂的严重危害。各有关县、乡、镇都成立了有主要领导干部参加的灭虫指挥部，自上而下实行层层包干。经过近1个月的集中防治，平均虫口递减率达97%，取得了很好的防治效果。据测算防治后可挽回的经济损失，是防治投资的12.5倍。

②继续开展工程防治。对重点病虫害实施工程防治，做到防治前有设计，防治后有检查，将防治任务与防治经费挂钩，以提高防治效果与效益。浙江省完成了永康、临海等6县（市）246.9万亩松林的松毛虫综合防治工程和安吉、余杭等4县67.1万亩竹林的竹虫综合防治工程，经过3年努力，基本上控制了虫害，取得明显的经济效益、生态效益和社会效益。广西壮族自治区为了改善马尾松毛虫常灾区松林的生态环境，提高森林对害虫的自控能力，1991年进一步推广了全州的综合防治经验并列入区林业厅“八五”林业科技推广项目，由区森林病虫害防治检疫站、林业技术推广站、区林业科学研究所共同组织桂林、玉林、南宁、柳州、梧州地区，南宁、梧州市马尾松毛虫常灾区的14个县参加，综合治理松林面积90万公顷，并以签订合同的形式落实了推广内容、预期达到的经济技术指标及资金筹集等计划。江西省在总结鹰潭市综合防治示范点经验基础上，1991年扩大综防林面积42万亩，签订了协议，付诸了实施。在综合治理措施上，重点抓好封山育林、疏林补植、提高林分郁闭度、改善生态环境、提高生物防治比例，使森林自控能力明显提高。

③重视生物防治。各地在防治中都能因地制宜地使用生物防治害虫。内蒙古自治区在防治上，非化学类农药的比重有了明显提高，特别是对春尺蠖使用核型多角体病毒；白杨透翅蛾使用性引诱剂防治，保护了环境，并取得很好的效果。广东省在应用日本花角蚜小蜂防治松突圆蚧中取得了一定进展。1991年在19个县、市42万亩松林中进行了放蜂，经过对71个放蜂点的抽样检查，在70个点中有蜂寄生，其中58个点的雌蚧寄生率达20%以上，对控制蚧虫虫口密度效果明显。当前，各省（区）计有白僵菌、赤眼蜂生产厂50多个，基本上都能满足各地生物防治的需要。

④部分病虫害得到控制。至1991年底，陕西省美国白蛾发生区域已缩小到2个县内的部分乡镇和单位，有2市7县（区）的美国白蛾基本上得到了扑灭根绝。江苏省的松材线虫病，经过化学、物理、生物、检疫、行政措施综合治理后，疫区面积已连续5年控制在原有的12个县、区的局部林区内。1991年比上年压缩疫区面积3.99万亩，下降16.6%，枯死松树23万多株，比上年同期减少4万多株，下降15.2%。

⑤加强防治体系建设。目前全国已有省、地、县三级防治检疫站2250个、10 742人，基层测报站、点11 494个，机动喷药机78013台，在组织、指导预测预报和防治工作中发挥了重要作用。浙江省森防站利用研制的马尾松毛虫虫情预测预报软件（SMCRB），可以预测全省各县次代或次年的松毛虫虫情发生面积、地理分布、危害等级，同时还可按乡级行政单位绘出各林业小班的虫情分布图供防治决策时参考。建立全省森林病虫害防治管理信息系统的计划也将逐步实

施。山东省投资64万元为各地森林病虫害防治检疫站购置微机，培训技术骨干，在全省16个地市中，已有8个地市进行了微机联网。建立了多层次、多功能的社会化系列服务网络，基层的防治服务组织已发展到900个、人员11 801人、服务面积1477万亩以上，防治服务能力有了很大的提高。

1991年，全国森林病虫害防治工作各地发展仍不平衡，防治经费困难，影响防治工作的开展。同时，过去一些未大面积发生的病虫，已在各地不断暴发成灾。

（刘克敏）

【《主要森林病虫鼠害发生面积统计规定》发布】 1991年5月23日，林业部发布了《主要森林病虫鼠害发生面积统计规定》，分别对全国47种（类）发生面积较大、危害较为严重的主要病虫鼠害发生面积的统计起点，发生面积的轻、中、重标准，调查虫态以及取样单位等都作了明确的规定。除《统计规定》规定的种类外，还要求各地应制定本省（区、市）主要森林病虫鼠害发生面积的统计规定。

《统计规定》的实施，将进一步统一全国主要森林病虫鼠害发生面积的统计标准，较为准确地反映森林病虫鼠害的发生情况，保持统计数据的稳定性和连续性，更好地为防治决策和目标管理提供可靠的依据。

（蔡炳城）

【《进一步加强森林病虫害预测预报工作的通知》发布】 1991年7月23日，林业部发出了《进一步加强森林病虫害预测预报工作的通知》，要求各地：一是切实加强对森林病虫害预测预报工作的领导。在制定防治方案，进行防治决策，安排防治经费时，都必须以病虫情报告为依据。二是进一步建立健全森林病虫害预测预报监测系统。一般常灾区每0.5万—1万亩，偶灾区1万—2万亩，无灾区2万—5万亩，应设1名测报员或病虫情调查员。护林员也负有调查、报告病虫情的责任。要以林班或小班进行病虫情调查，掌握面上的病虫情发生情况。对危害严重的主要病虫害，应设立中心测报站（点），进行系统调查与观察，切实掌握发生趋势，及时发布病虫情预报。三是认真落实预测预报的各项规定。要严格按照病虫害联系报告规定的时间和要求，利用微机或传真通讯系统，迅速传送森林病虫情趋势或病虫害发生、防治情况报告，以及森林病虫害防治统计报表、主要病虫害发生分布图3项材料。对危害严重的病虫害，应专题报告。四是加快制定主要病虫害的测报办法和防治指标，要研究制定森林病虫灾害实际损失和防治后挽回损失的调查和计算方法，并付诸实施。五是加强技术培训工作，提高预测预报技术水平。六是要安排必要的测报经费，配备必要的仪器设备。

（蔡炳城）

【《森林病虫害防治目标管理办法》】 1991年，林业部野生动物和森林植物保护司，制定了《森林病虫害防治目标管理办法》。

目标管理工作的主要原则和指导思想是：深入贯彻国务院发布的《森林病虫害防治条例》和《植物检疫条例》精神，把调控机制纳入森林病虫害防治管理体系，全面加强管理，强化调控手段，提高整体素质和科学管理水平，尽快扭转我国森林病虫害严重发生趋势，减轻灾害损失，促进林业生产的发展。

“八五”期间，全国森防工作要实现的宏观目标是：森林病虫害发生率，由“七五”期末的9%下降到“八五”期末的6%，平均每年下降0.8%；森林病虫害防治率，由“七五”期末的40%提高到“八五”期末的60%，平均每年提高5%；森林病虫害监测覆盖率，由“七五”期末的30%提高到“八五”期末的60%，平均每年提高7.5%；种苗产地检疫率，由“七五”期末的60%提高到“八五”期末的80%，平均每年提高7.5%。要通过一降（发生率下降）三提高（防治、检疫能力和监测水平提高），促进森林病虫害发生面积在质和量上的转化。

防治目标由林业部统一管理，根据全国的总目标和各省（区、市）的实际情况，下达年度指标，由各省（区、市）林业主管部门组织实施；各级林业主管部门要层层签定森林病虫害防治目标管理责任状，把指标逐级分解落实到基层，并纳入各级领导干部任期目标管理责任制；各级林业主管部门组织进行的造林绿化达标检查、森工企业和国营林场年度工作考评，应包括森林病虫害防治的年度指标；对当前发生和危害十分严重的松毛虫、大袋蛾、松突圆蚧、杨树蛀干害虫、美国白蛾、日本松干蚧、松材线虫病等七大病虫害的防治和封锁扑灭工作，由林业部制定宏观控制指标并组织有关省（区、市）制定综合治理方案，实施工程防治，实行专项目标管理；各省（区、市）林业主管部门要建立健全森林病虫害防治管理档案，并根据目标管理办法的统一规定，建立森林病虫害防治目标管理监督、检查制度，逐步形成与目标管理工作相适应的指标管理体系和运行机制。

防治目标的考核，由林业部制定统一的检查考核办法并组织实施。检查考核方法应采取平时考核与集中检查相结合、自查与抽查相结合、审查管理档案与现场核查相结合的方式进行。各省（区、市）森林病虫害防治检疫站承担具体工作，负责报告执行情况。每年检查考核后，林业部将对各省（区、市）的指标完成情况进行通报。

《办法》将于1992年在全国各地实行。

（刘克敏）

【森林病虫害工作研讨会】 为了推进森林病虫害防治工作决策的科学化、民主化，1991年8月，林业部召开了有科研、生产专家参加的森林病虫害防治工作研讨会。专家们从实际出发，对防治森林病虫害，加强森林植物检疫、测报等提出了许多建议和科技措施，分析了今后森林病虫害防治工作的对策。在认真听取专家意见之后，高德占部长作了讲话，他指出，目前森林病虫害防治工作还存在着许多薄弱环节，主要是：①在认识上，还普遍缺乏防治意识和紧迫感；②在工作上，对森林病虫害的防治还没有像对森林防火那样有检查、考核的硬性指标；③在技术上，许多病虫害科研成果及时推广应用得还不够；④在资金上，投入少，影响防治工作的开展。要像抓森林防火一样，抓紧抓好森林病虫害防治。为此，①实行防治目标管理，建立严格的防治责任制度。②坚决贯彻落实“预防为主，综合治理”的防治方针。③把防治资金、研究课题和防治目标、任务挂起钩来，调动各方面防治病虫害的积极性和创造性。④森林病虫害的防治要讲科学，保护好生态环境。（王淑英）

【《关于加强大袋蛾防治工作的通知》发布】 1991年7月20日，林业部对大袋蛾主要发生区的山西、江苏、安徽、山东、河南和陕西6省发出《通知》，明确要求：要把大袋蛾的发生面积降下来，把损失减少到最低程度。①1991年大袋蛾的防治率要达到65%以上。河南、山东、安徽和陕西四省，在大袋蛾严重发生区，力求做到不造成大的危害。江苏、山西省，应做到有虫不成灾。②切实加强对大袋蛾防治工作的领导。各地林业部门应将大袋蛾和其它病虫发生严重的情况，及时向当地政府报告。在虫害严重发生区，要酌情成立由有关部门参加的防治指挥机构，实行行政领导负责制，进行目标管理，层层建立责任制，建立检查验收制度。按照《森林病虫害防治条例》的规定，根据防治工作的好、坏，给予奖励或惩罚。③落实“谁经营，谁防治”的责任制度。广辟资金渠道，多方集资购药，切实解决好防治经费和药物，以保证防治工作的顺利开展。④加强森林病虫害防治管理体系建设。进一步建立健全组织机构，充实人员，提高控制灾害的能力。要按时进行大袋蛾的虫情调查，准确掌握发生发展趋势，及时发布预报，适时开展防治工作。（蔡炳城）

【五省（区）杨树天牛防治工作紧急会议】 近些年来，我国栽植杨树的省（区）普遍发生天牛虫害，尤以“三北”地区危害甚重。党中央和国务院的领导对防治天牛的工作极为关注，作出指示。1991年9月，林业部在北京召开了陕西、甘肃、宁夏、内蒙古、山西五省（区）杨树天牛防治工作会议。刘广运副部长主持会议并作会议总结。高德占部长作了讲话。会上传达了田纪云、倪志福、温家宝、宋健、陈俊生、罗干等对天牛防治工作的指示，五省（区）汇报了当地杨树天牛发生危害情况，交流了防治工作经验，研究落实了防治任务。

会后，向国务院专题呈报了《加强五省（区）杨树天牛防治工作的紧急报告》，其主要内容是：①切实加强领导。五省（区）都要成立以主管领导负责、有关部门参加的防治指挥部，把天牛防治工作摆到议事日程。②实行目标管理。五省（区）各级政府和有关部门要组织制定本地区、本系统的天牛防治计划，限期完成治理任务。从1992年开始，用3—5年的时间，把现有虫害发生区的被害株率下降到10%以下，并将新造林的抗虫和免疫树种比例提高到50%以上。③积极开展除治。五省（区）和有关部门要集中力量，突出重点，分期分批地进行除治。对重灾区，要以改为主，该采伐的要坚决伐除；对中灾区，要治改结合；对轻灾区，要以治为主，适当进行卫生伐；对新传入区，要拔点除源，彻底清理，防止再传入。要充分利用现有的各种防治手段，积极推广新的病虫害防治适用技术。④依靠科学技术。大力加强天牛防治技术的科学研究工作，有关部门要作为“八五”科技攻关的重点项目。⑤广筹防治资金。天牛防治根据以“地方为主，国家适当扶持为辅”的原则，五省（区）要按照本地区天牛防治计划的要求，每年从地方财政中拿出一定的资金用于天牛的防治，国家财政给予一定的支持。各有关部门的天牛防治资金，由各部门自行解决。

11月29日，国务院批复了林业部的报告。（刘克敏）

【广东积极推广花角蚜小蜂防治松突圆蚧】 广东省自80年代初期发现松突圆蚧后，到1991年年底止，累计发生面积已达1077.5万亩，造成180万亩马尾松枯死或濒于枯死。7年来，全省受松突圆蚧危害损失的木材生长量已达2000多万立方米。1991年，广东省在惠东等19个县（市）2100个点释放松突圆蚧花角蚜小蜂，推广试验面积42万亩。据惠东、新会、紫金、高明等县放蜂后3个月的492个点调查，小蜂已定居寄生了482个点，成功率达98%。小蜂定居后扩散快，对雌蚧寄生率高，惠东县在放蜂后6个月的66个放蜂点检查，已扩散达100米以上的点52个，占78.8%，雌蚧的寄生率一般达20—30%，其中寄生率达40%以上的点占28.6%。试验证明，从日本引进花角蚜小蜂控制松突圆蚧的扩散蔓延已在广东取得初步成功。（王淑英）

【陕西省查防控制美国白蛾取得重大成效】 陕西省自1984年传进美国白蛾后，省政府和林业主管部门非常重视对这一虫害的查防封锁和扑灭工作。1991年，发生区域已由3市9县区，缩小到2县内的部分乡、镇，并在2市（西安、宝鸡）7县区（乾县、礼泉、扶风、雁塔、杨陵、秦都、周至）基本上扑灭了美国白蛾，成效极其显著。1991年的工作特点是：

①指导思想明确，进一步增强扑灭美国白蛾的责任感和紧迫感。5月，陕西省扑灭美国白蛾指挥部召开了第八次会议，全面布置了美国白蛾的查扑工作。王双锡副省长要求各市、县、区政府要专题向省政府报告查防扑灭工作；秦都、杨陵、雁塔、周至等县区要在原来已经基本扑灭的基础上，广泛发动群众，反复搜查，反复除治，不留死角，一举实现扑灭目标；兴平、武功县部分疫情较重的乡镇，要集中人力、物力、财力重点围歼，面上扫残，使疫情范围大量缩小，虫

口密度要大幅度下降，要把疫情局限于少数乡镇和单位。

②落实规范化防治措施。克服了过去只剪网不喷药或只喷药不剪网，造成疫情遗漏、扩散，年年除治年年有虫，治标不治本的作法。强调并落实了一查（普查）二喷（树上喷药）三剪（剪网）四再喷（树下喷药）的系列化防治措施，防治效果十分显著。

③依靠各级政府，充分发动群众，有关单位配合。一是实行目标管理，兴平县政府对乡镇查扑美国白蛾采取不达标“一票否决制”，七里镇对辖区内各中央、省、市属企业单位的扑蛾工作，采取不达标企业晋级不盖章并向其主管部门通报，保证了查扑目标的实现；二是坚持实行“谁经营、谁防治”的原则，水利、交通、国防工业、铁路等部门下辖的企事业单位，都严格实行了自查、自治。（刘克敏）

【大兴安岭林区落叶松毛虫发生原因调查与论证】 1991年7月17日，林业部野生动物和森林植物保护司会同大兴安岭林业公司，在北京组织了多学科的20余名专家、教授，对大兴安岭林区落叶松毛虫发生的原因、发展趋势、秋季防治方案、今后的综合防治意见等，作了比较全面、深入的论证，取得了基本一致的意见，主要的论点是：

①发生原因。经调查分析，多数专家认为大兴安岭林区的落叶松毛虫是当地就有的“原生”虫种。

②趋势估析。当前，大兴安岭地域落叶松毛虫害已具备大发生的基础条件，并又值“种群”处在上升阶段，在当前防治覆盖面小，短期内要做到全面控制是比较困难的。也有的专家认为，鉴于对落叶松毛虫的生物学特性尚未查明，难于对未来的发生趋势作出预测。

③综合防治。关于防治用药问题，多数专家认为，在监测不力突然大暴发的情况下，做为一项压低虫口的救急措施，可采用“杀虫优”和“林丹烟剂”等作为防治用药，但从不污染环境，不杀害天敌和有利于维护生态平衡的观点考虑，应该拓宽用药面，改用菊酯类药剂和微生物类农药，烟剂要因地制宜慎重地使用。（刘克敏）

【中国重大自然灾害（森林灾害）及减灾对策调研完成】 为配合“国际减轻自然灾害十年”活动，国家科学技术委员会对与自然灾害有关的7个部、局下达了全国自然灾害综合调查分析和防御对策的研究课题。林业部承担了中国主要森林病虫鼠害和森林火灾综合调查分析和防御对策的调研项目。

课题组经过近2年的工作，提出了《中国重大自然灾害及减灾对策·森林灾害》的报告。该报告主题包括基本概况、森林病虫鼠害、森林火灾三部分内容，系统地综述了我国历年来森林灾害的发生和危害情况；森林灾害的防御技术；建国以来国家提出的有关保护方针、制定的法规；我国林业的科研、教育及与国外科技研究水平的对比情况；灾害的防御对策等。还重点介绍了松毛虫，松材线虫病，杨树蛀干害虫和干部病害，泡桐大袋蛾，泡桐丛枝病，竹蝗，林鼠等森林生物灾害和森林火灾的分布、危害、发生规律和防治技术措施等。还附有1950—1990年我国主要森林病虫鼠害和森林火灾简表和年表，全国主要森林病虫鼠害和森林火灾的发生时间、地点、面积和造成的经济损失，及全国主要森林病虫鼠害和森林火灾分布图等。（刘克敏）

【地级森林病虫害防治检疫站站长等岗位规范编制】 为了强化森林病虫害防治队伍的管理工作，逐步实现科学化和规范化，1991年林业部野生动物和森林植物保护司组织编制了地级森林病虫害防治检疫站站长（副站长）、县级森林病虫害防治检疫站站长（副站长）、国营林场森保员、森林病虫害防治检疫站标本管理员、森林病虫害防治检疫站实验室实验员等5个岗位规范。该规范将由部成人教育领导小组组织论证后施行。

规范分别由内蒙古、吉林、辽宁、浙江、安徽、江西等省（区）森防站拟定初稿，再由部保护司、教育宣传司会同省、地、县三级森防检疫站共同研究修改后定稿。这5个规范正式批准后，森林病虫害防治系统的岗位规范将达到11个。（朱新飞）

【省（区、市）级森林病虫害防治检疫站站长岗位培训班】 为了贯彻林业部《关于开展林业全行业培训的通知》精神，促进森防站管理工作规范化、科学化、制度化，1991年10—12月，野生动物和森林植物保护司委托南京林业大学，举办了第一期省、自治区、直辖市及计划单列市森林病虫害防治检疫站正（副）站长岗位培训班，有24人参加了学习。

本期培训班的特点，一是在学习内容上，既按照规范要求全面设置课程，又侧重提高站长的政策水平和管理水平。二是在教学方法上，充分考虑了站长们工作任务重，防治工作季节性强的实际情况，灵活地采取了自学、课堂教学、现场教学、专题研讨和交流审阅论文等相结合的方法，既缩短了办班的时间，又满足了国家教育委员会关于岗位培训不少于300学时的规定。（朱新飞）

【全国森林病虫害测报微机培训班】 为加强森林病虫害防治体系建设，改进森林病虫害预测预报手段，加快森林病虫害数据的处理和信息的传递，林业部为各省（区、市）统一组织订购了微机、传真机等设备。1991年1月12日至2月6日和5月14日至6月8日，林业部野生动物和森林植物保护司委托林业部调查规划设计院，在北京举办了两期森林病虫害测报微机培训班。参加学员来自各省（区、市）森林病虫害防治检疫站，共50多人。学习的内容有长城386微机、传真机、数字化仪、绘图机、汉卡以及信息通讯系统的使用、安装和维护技术等。经过培训，学员初步掌握了微机等的基本操作、使用方法。（蔡炳城）

自然保护区建设

【保护大熊猫及其栖息地工程】 根据林业部与世界自然基金会1986—1988年对野外大熊猫及其栖息地的全面调查，现今野外大熊猫的数量仅有1000只左右，分布在四川、陕西、甘肃省的34个县境内；栖息地范围缩小，并呈岛状分布。为了从根本上保护野外大熊猫及其栖息地，林业部在与世界自然基金会共同制定的《大熊猫及其栖息地管理计划》的基础上，1991年向国家编报了《保护大熊猫及其栖息地工程》建设项目。其主要内容是：①扩大现有大熊猫保护区体系，加强和完善已建的13个大熊猫保护区的建设和管理；②在大熊猫重要分布区新建14处大熊猫保护区；③在已被隔离的大熊猫群体间建立"走廊带"；④在有大熊猫分布的县建立专门的保护管理站；⑤加强宣传教育和科学研究；⑥搬迁和转产一部分森工企业，安置转产一批职工；⑦迁出大熊猫保护区内的一部分居民，在大熊猫分布区内弃耕还林，逐步恢复适于大熊猫生存繁衍的自然环境。

这项工程是稳定和发展现存大熊猫野外种群，全面、有效地保护大熊猫栖息地，进而从根本上拯救大熊猫的一项艰巨而复杂的自然生态工程，对促进我国自然保护事业有着十分重要的意义。（孟 沙）

【《中国保护生物多样性行动计划》编制】 生物多样性（Biological Diversity）包括物种、生态系统和遗传基因多样性三个层次，是生物之间多样化、变异性和物种生境的生态复杂性的总称。我国是世界生物多样性丰富的国家之一，其生物多样性总体丰富程度列世界前八位，保护我国的生物多样性具有全球意义。为在我国开展保护生物多样性的工作，联合国环境规划署、联合国开发计划署和世界银行利用部分"全球环境基金"资助中国编制《中国保护生物多样性行动计划》（以下简称行动计划）的项目。

编制《行动计划》的工作，于1991年初起步，参加编制的有林业部、国家环境保护局、农业部、国家海洋局、中国科学院、国家计划委员会、国家科学技术委员会、建设部、财政部。林业部组成了由部世界银行项目管理中心主任屈树业为组长的领导小组和由部保护司、中国林业科学研究院、林业调查规划设计院等有关单位专家组成的技术专家小组参加编写。

《行动计划》分为前言和四个章节：前言主要阐述该行动计划的目的、意义、内容和范围；第一章是中国生物多样性现状，内容包括中国生物多样性丰富程度、中国生物多样性的特殊性、中国生物多样性的受威胁程度和中国生物多样性保护与持续利用的需要和紧迫性；第二章是中国生物多样性保护的努力及评价，包括生物多样性就地保护现状与评价、生物物种易地保护现状及评价、生物多样性保护科学研究进展及评价、自然保护机构建设现状及评价、生物多样性保护法规与政策的制定现状及评价、生物多样性保护的宣传与教育现状及评价和生物多样性保护的国际合作及成果评价；第三章是中国生物多样性的目标及任务，分为两个方面：第一方面为中国生物多样性保护的总目标与行动，包括了总目标、总任务和总方针与国家战略；第二方面是中国生物多样性的具体目标与行动，共拟定了5个目标。一是建立和完善全国自然保护区网络；二是加强野生生物物种的保护；三是保护作物及家禽家畜种质资源；四是建立全国生物多样性信息和监测系统；五是寻求生物多样性保护与持续利用相协调的途径。这5个目标中共有16项行动和若干优先项目。第四章是中国生物多样性行动计划的实施措施，内容包括法规政策的保证、组织措施、科学研究基础推广、宣传与教育、经费渠道及国际合作。

《行动计划》编制完成后，我国将进一步利用"全球环境基金"开展我国的生物多样性保护项目。

（孟 沙）

森林公园建设

【综 述】 1991年，林业部批准建立森林公园34处，其中国家森林公园9处，是1982年建立第一个森林公园以来最多的一年。截至1991年底，全国森林公园已发展到63处（其中国家森林公园17处），遍布全国22个省（区、市）。

部分森林公园知名度越来越大。张家界国家森林公园自1982年建立，共接待游人约450万人次，其中外宾及港澳台胞近10万人次；以张家界为主体的风景区，在1991年经国内外游客投票被评为"中国旅游胜地40佳"；1991年，张家界国家森林公园还成功地承办了湖南省政府主办的中国湖南张家界国际森林保护节。浙江千岛湖国家森林公园也以其优美的湖光山色吸引着越来越多的国内外游客,几年来共接待了15个国家的科学考察、学术交流人员。

森林公园工作逐渐受到了各级领导的重视。1991年8月,李瑞环视察了陕西省太白国家森林公园,认为在长江以北,景色如此之美、科学价值如此之高、离大城市如此之近的自然景观是很少见的,并对森林公园的保护和开发作了指示。有的省(区、市)林业厅的主要领导亲自抓森林公园工作,并协调与有关方面的关系。

1991年,林业部对12个森林公园投资430万元进行建设,是历年投资最多的一年。据统计,截至1991年底,林业部门累计投资1亿多元建设森林公园,其中林业部投资2408万元。目前全国森林公园已形成年接待3000万人的能力,拥有接待床位近万张,旅游设施日趋齐全,交通、通讯条件大为改善。如千岛湖国家森林公园已开通国际国内直拨电话,公园内还建有涉外宾馆——千岛湖宾馆;张家界国家森林公园已开通国内微波电话,开通广州——张家界的直快列车,公园内部已基本形成吃、住、行、游一条龙的服务体系。

但是,目前森林旅游业的发展还很不适应形势发展的需要,森林旅游业管理体制不顺,来自外部的阻力还很大,林业部门的合法权益仍不断地受到侵犯。针对这一突出问题,1991年,林业部发出了《关于切实维护国营风景林场合法权益的紧急通知》,强调任何部门、单位未经省级林业主管部门审批同意不得在国营风景林场随意圈地、设点搞旅游等经营活动。此外,森林公园建设需要资金缺口甚大,森林旅游专门人才缺乏等问题有待解决。 (胡春姿)

野生动物保护管理

【综 述】 1991年,野生动物保护工作受到国务院和各级政府的极大重视,取得了新的进展。

年初,国务院发出了《关于加强野生动物保护严厉打击违法犯罪活动的紧急通知》。1月18日,由国务院副秘书长徐志坚主持,召开了全国保护野生动物电话会议。会后按照宋健指示,由林业部牵头,组织了有9个部委参加的国务院联合检查组,分别到6个省(区),检查贯彻国务院《紧急通知》和电话会议的情况。吉林、辽宁、广东、广西、福建、甘肃等省(区)及时召开电话会议,主管领导亲自安排部署加强野生动物保护管理工作,其他省(区)也大都及时转发了国务院《紧急通知》。

在贯彻国务院《通知》和电话会议的同时,各地进一步健全了法制。黑龙江、辽宁、宁夏、新疆、四川等省(区)政府批准颁布了实施中华人民共和国野生动物保护法办法,10多个省(区、市)发布了地方重点保护野生动物名录。为加强对野生动物驯养繁殖的管理,林业部颁布了《国家重点保护野生动物驯养繁殖许可证管理办法》,自1991年4月1日起实行。林业部、农业部、司法部联合发出通知,将《中华人民共和国野生动物保护法》列入国家"八五"普法规划;林业部和中央电视台向全国播送《野生动物保护法》讲座。林业部、中国野生动物保护协会举办了有公安、工商部门参加的《野生动物保护法》培训班。按照国务院《紧急通知》的要求,各省(区、市)普遍开展了第一次"野生动物宣传月"活动。

为贯彻执行野生动物保护法和国务院《紧急通知》精神,林业部全面加强了野生动物保护管理工作,在资源保护、狩猎管理、野生动物驯养繁殖、经营利用等各个环节及专业管理队伍建设上,开展调查研究,并向国务院报送了《关于加强野生动物保护管理工作的报告》。国务院同意并于10月23日向各省(区、市)政府和国务院各部门转发《报告》,要求各级政府要把保护野生动物列入重要议事日程,明确林业、农业、工商、经贸、商检、海关及公安、司法等部门对保护管理野生动物资源都负有重要责任,要严格狩猎及猎枪、弹具的管理,打击一切违法犯罪活动。《报告》对进一步保护好国家野生动物资源提出了若干积极措施,如要求在野生动物重点分布区和经营活动频繁地区的林业部门,在当地政府的统一安排下,建立健全野生动物管理机构,野生动物管理所需经费除各级财政部门给予适当安排外,各级主管部门要努力筹集资金,增加对野生动物保护管理工作的投入。还要求各省(区、市)用3—5年时间进行一次国家重点保护野生动物资源调查,在有条件的地方,应在林业部门的指导下成立猎人协会,做到有组织、有计划地开展狩猎活动。

野生动物对外交流取得新的进展。1991年9月,在北京召开了中澳候鸟保护第一次工作会议,双方就两国候鸟保护工作交流了情况,探讨了今后进行候鸟保护合作的途径,会后双方签署了会谈纪要。11月25—31日,在日本东京召开了第五次《中日候鸟保护协定》工作会议,会上双方报告了1988年第四次工作会议以来,执行《保护协定》的情况,双方还就今后的合作交换了意见。中国代表团在日期间,还就朱鹮保护问题与日本环境厅、有关民间保护组织共同举办了会议。会议上中方介绍了对中日共同为拯救朱鹮进行长期合作的设想,双方还对延长日本钟鹮与中国朱鹮在北京进行配对繁殖期限达成一致意见。

(李玉铭)

【贯彻国务院《紧急通知》和保护野生动物电话会议精神】 1991年1月8日，国务院发出《关于加强野生动物保护严厉打击违法犯罪活动的紧急通知》。1月18日，国务院召开全国保护野生动物电话会议，国务委员宋健、林业部部长高德占在会议上作了讲话，对今后的野生动物保护管理工作作了部署。为了贯彻国务院《紧急通知》和电话会议精神，由林业部、农业部、最高人民法院、最高人民检察院、公安部、对外经济贸易部、海关总署、国家工商行政管理局、国家商检局等部门，组织了全国保护野生动物联合检查组，分赴新疆、四川、广西、广东、云南和福建6省（区）开展检查工作。

国务院《紧急通知》和全国保护野生动物电话会议之后，各省（区、市）迅速转发了《紧急通知》，召开会议部署贯彻实施，并召集有关部门专门研究解决野生动物保护工作中存在的具体问题。新疆人民政府作出了明确规定，要求各级政府把贯彻执行《中华人民共和国野生动物保护法》和保护国家珍贵的野生动物资源看成是应尽的责任，抓好野生动物保护工作是民族进步的标志。广东在国务院召开电话会议的时候，就组织了19个地、市听取会议精神，广州、中山、珠海、深圳、惠州市的领导亲自过问，组织突击检查。中山市检查面达34个镇（区），参加人数达230人，检查了413个饮食店和34个市场。广西的一些地、市，在区政府的统一部署下，组织联合检查，取得了很好的效果。梧州市组织联合检查组对市场、饭馆、车船、码头等32个单位进行了检查，在社会上引起震动；南宁市组织工商、公安、林业、水产等部门，出动160多人次，查出非法经营国家重点保护野生动物10多种。云南在接到国务院《紧急通知》后，立即派出4个工作组，到重点地、县贯彻落实，并决定全省禁猎3年，尽快建立野生动物管理专职机构。

《野生动物保护法》颁布实施以来，野生动物保护工作正受到越来越多人的关心和支持。国务院《紧急通知》和电话会议，对推动各省（区、市）野生动物保护管理工作将起到积极的作用。 （张志忠）

【《国家重点保护野生动物驯养繁殖许可证管理办法》发布】 根据《中华人民共和国野生动物保护法》第十七条规定，1991年1月9日，林业部发布了《国家重点保护野生动物驯养繁殖许可证管理办法》，并规定自1991年4月1日起实行。

我国野生动物种类繁多，驯养繁殖野生动物情况比较复杂，涉及许多部门。为突出重点，在《管理办法》中管理的野生动物种类限定在国家重点保护野生动物的陆生野生动物范围内，并规定适用于所有的单位和个人。对非国家重点保护野生动物，《管理办法》没有具体规定(见“特辑”栏目中“重要林业法规”)。

（张志忠）

【野生动物科学研究项目】 1991年，中国野生动物保护协会拨出近10万元资金，用于安排21个科研课题项目，重点支持中青年科技工作者进行科研工作。科研课题内容主要有：珍稀濒危物种生态生物学研究，濒危野生动物驯养繁殖研究，野生动物资源调查、合理利用及其经营管理方面的研究。 （孟宪林）

【部分省（区）野生动植物进出口管理工作座谈会】 林业部和国家濒危物种进出口管理办公室于1991年4月9—13日在北京召开部分省（区）野生动植物进出口管理工作座谈会。黑龙江、辽宁、内蒙古、陕西、四川、甘肃、湖南、福建、广东、广西、新疆、云南等省（区）的代表及有关方面25人出席会议。

与会代表分别就本省（区）野生动植物保护和进出口管理工作中执行《濒危野生动植物种国际公约》、《中华人民共和国野生动物保护法》等有关法规情况；边境贸易；配合有关部门查处违法进出口野生动植物及其产品；核准并签发允许进口、出口和再出口证明书等方面交流了经验。

刘广运副部长作了讲话，指出要提高对保护野生动植物重要性的认识，切实加强领导；查清野生动植物资源，做好野生动植物及其产品的进出口管理工作；加强主管部门与有关部门的协调与合作；制定和完善野生动植物配套法规。 （王占云）

【《中华人民共和国野生动物保护法》培训班】 为进一步宣传和贯彻执行《野生动物保护法》，提高专业管理和执法人员的业务水平，更好地开展基层野生动物保护和管理工作，1991年，中国野生动物保护协会与林业部野生动物和森林植物保护司联合在山东长岛自然保护区、四川省林校举办了两期《野生动物保护法》培训班，对基层管理人员进行执法培训。培训班聘请国家野生动物行政主管部门、大学和研究单位的专家，讲授了鸟、兽分类学，野生动物生态学、管理学，并就《野生动物保护法》进行了逐条解释。全国各省（区、市）共有116人参加培训，学员分别来自基层林业、公安、工商、旅游、农业等部门。

（孟宪林）

【《国家重点保护野生动物图谱》编写】 中国野生动物保护协会、林业部野生动物和森林植物保护司、国家濒危物种进出口管理办公室联合编写了《国家重点保护野生动物图谱》，介绍了国家重点保护的野生动物(陆栖部分)。图谱收录的335个物种分别列有中文名、英文名、拉丁学名及别名，同时就各物种的形态特征、生物学习性及地理分布进行了描述，便于查阅和鉴别。

（孟宪林）

【第十届“爱鸟周”和首次“野生动物宣传月”】 1991年，是全国性“爱鸟周”活动开展10周年，也是全国开展“野生动物宣传月”活动的第一年。为此，中国野生动物保护协会发出了《关于深入开展“爱鸟周”和“野生动物宣传月”活动的通知》和《关于统一使用

“野生动物宣传月”口号的通知》，号召各省（区、市）野生动物保护协会认真贯彻国务院《关于加强野生动物资源保护严厉打击违法犯罪活动的紧急通知》精神，宣传《中华人民共和国野生动物保护法》及国家有关方针、政策和规定，普及野生动物知识，配合行政主管部门和公安机关对乱捕滥猎、违法经营、食用和倒卖走私国家保护的野生动物及其产品的情况，进行充分的揭露和查处。全国30个省（区、市）于2—5月进行了“爱鸟周”活动，并于秋冬季开展了“野生动物宣传月”活动。在继续作好城镇爱鸟护鸟、保护野生动物宣传活动的同时，各地都注意把活动逐步推向了广大农村和山区。（孟宪林）

【中央人民广播电台野生动物保护专题广播节目】 为宣传贯彻《中华人民共和国野生动物保护法》，普及保护野生动物和自然保护区知识，中国野生动物保护协会和中央人民广播电台综合部于1991年1月1日至6月30日，联合举办保护野生动物专题广播节目。

广播节目介绍了我国野生动物资源及国家重点保护野生动物的状况，国家有关保护野生动物的方针、政策和法规，保护管理机构，自然保护区，保护野生动物好人好事和保护、科学研究成就等。同时还报道保护野生动物的重大活动，介绍一些国外珍稀动物趣闻等。

节目分播讲稿件、录音报道、配乐配音等多种形式。（宋慧刚）

【大熊猫好新闻奖评选】 为加强保护野生动物的宣传工作，表彰广大新闻工作者和野生动物保护工作者在宣传报道保护野生动物中取得的成绩，中国野生动物保护协会开展了大熊猫好新闻奖评选活动。这次活动得到了各省（区、市）野生动物保护协会和在京新闻单位的响应，共推荐优秀新闻作品近百篇。经评审委员会两轮评审，评出一等奖6名，二等奖10名，三等奖30名。

获一等奖的是，新华社推荐的《保护大熊猫问题亟待解决》，人民日报推荐的《用新观念办好自然保护区事业》，中国日报推荐的《中国政府积极拯救保护大熊猫（系列）》，中央电视台推荐的《野生大熊猫生态情趣入镜头》，光明日报推荐的《宋健强调依法管理和宣传教育保护野生动物》，山东推荐的《白天鹅之死——关于人、社会、生物圈的思考》。（宋慧刚）

【大熊猫展览】 为配合林业部实施保护大熊猫及其栖息地工程，争取国内外对保护大熊猫工作的支持，由林业部，中国野生动物保护协会，四川、陕西、甘肃省林业厅、野生动物保护协会等部门联合举办的大熊猫展览，于1991年8—12月在北京自然博物馆展出。胡乔木题写了展名，宋健出席了开幕式，并为展览剪彩，高德占部长在展览开幕式上作了讲话。

大熊猫展览分国宝大熊猫、大熊猫的野外生活、大熊猫的历史变迁、大熊猫的科学研究、大熊猫的保护和保护大熊猫的远景规划6个部分，共选用图片400余幅，标本实物100多件。（宋慧刚）

【中国保护大熊猫研究中心喜获熊猫双仔】 由林业部和世界自然基金会合作建立的四川卧龙国家级自然保护区中国保护大熊猫研究中心，在人工繁殖大熊猫工作中取得了突破性进展。1990年从四川省宝兴县野外因病抢救回来的大熊猫“冬冬”，在人工饲养条件下于1991年9月7日顺利地产下一对双胞胎，结束了该中心多年没有人工繁殖出大熊猫的历史。

两只幼仔中，由熊猫“冬冬”自行哺乳的一只体重、皮毛、活动能力等均属正常，半岁后已断母奶，发育成为健壮的幼体大熊猫；另一只由于在出生后被母体所弃，在人工条件饲养下，通过了营养和免疫两大饲养技术难关，成功地成活了160天，成为世界上第一只不曾吃初乳而人工哺育存活时间最长的大熊猫。

（范志勇）

【大熊猫赴英开展繁殖研究】 1991年10月，中国野生动物保护协会安排1只雌性大熊猫“明明”赴英国伦敦动物园，用于与该园雄性大熊猫“佳佳”进行为期2年的配对繁殖。因“佳佳”不幸病死，德国柏林动物园愿将其雄性大熊猫“宝宝”放于伦敦动物园与“明明”进行配对繁殖。因此，中、英、德三方又达成一项新的繁殖协议，所得幼子的所有权归中方。11月，“宝宝”赴伦敦正式与“明明”结为伴侣。此次大熊猫赴英旨在发展和扩大中国以外的大熊猫种群数量，是我国首次将大熊猫送往国外用于繁殖的项目。

（李玉良）

【朱鹮保护】 1981年5月，在陕西省洋县重新发现朱鹮后，林业部投资60万元，帮助洋县建立了朱鹮保护观察站。拨款20万元用于扶持当地群众生产，减少环境污染和破坏。在当地政府领导下，大力开展宣传教育和保护等工作。经过10年的努力，在洋县已初步建立了一支17人组成的专业保护队伍，在三岔河、姚家沟朱鹮营巢区建立了观察点，进行系统观察，开展资源调查、科研并采取野外投食，加强巡护等一系列有效措施，使朱鹮栖息地环境得到了保护，使朱鹮基本上能正常营巢、产卵、孵化，目前已发展到30余只。

朱鹮的重新发现、保护、发展，也受到国际上的极大关注。1987年，联邦德国伯莱姆鸟类基金会与我国签署了协定，提供了3500万美元资金，帮助我国在北京动物园建立北京朱鹮繁育中心，并捐赠了部分设备。1985年以来，林业部与日本环境厅先后签署了两个共同保护朱鹮的协议。借给日方1只雄性朱鹮在日本进行配对（历时4年，未能成功）。1990年3月日方1只雄性朱鹮在北京动物园继续开展配对繁殖工作。日方投资3300万日元帮助洋县建立朱鹮驯养繁殖场，提供了5辆汽车和其它仪器设备，并为我国培训了技

术人员。截至1991年，中日双方合作项目已全部完成，取得较好成效。（王乃华）

【中日、中澳候鸟工作会议】 《中日候鸟保护协定》第五次工作会议于1991年11月25日至11月31日在日本东京举行。以林业部野生动物和森林植物保护司副司长卿建华为团长的一行5人和日本环境厅审议官濑田信哉为团长的10人代表团参加会议。会议期间还召开了中日朱鹮保护联络会议。同时，就1993年召开中日候鸟环志研讨会、中日候鸟环志研究交流及中日联合进行渤海湾鸟类调查以及朱鹮繁育等问题进行了探讨。11月27日，签署了会议纪要。会后，中国代表团考察访问了日本新泻县爱鸟保护中心、湿地鸟类观察站及佐渡岛朱鹮繁育中心和正在建设中的新朱鹮繁育中心。

根据中澳两国政府1986年10月签署的《中澳候鸟保护协定》，第一次中澳候鸟保护会议于1991年9月16—23日在北京举行，中方代表团团长是林业部野生动物和森林植物保护司副司长卿建华，澳方代表团团长为澳大利亚国家公园与野生动物局野生动物保护办公室主任迪姆·雷奇蒙德。会议就执行《协定》情况进行了交流，并对今后两国间合作的可能性及就水禽、涉禽和珍稀鸟种的合作研究进行了探讨。9月23日，签署了会谈纪要。会后，澳方代表参观了全国鸟类环志中心。（王乃华）

【国际狩猎】 1991年，在试开展国际狩猎活动中，继续取得良好的效益。青海、甘肃、新疆林业厅接待了来自美国、丹麦、西班牙、意大利等国的狩猎爱好者9批36人次，猎取盘羊8只、岩羊24只、藏原羚12只、马鹿2只，直接创汇35万美元，创开展这项活动的最好成绩。（王 巍）

林业环境保护

【综　述】 1988年，林业部和农业部共同起草了《中华人民共和国野生植物保护条例》，该《条例》共四章三十七条，对野生植物的定义、保护、管理、奖励和处罚等作了规定。1991年《条例》基本定稿，附件中的《国家重点保护植物名录》征求意见稿也已完成。此《条例》经国务院颁布后，将成为我国第一部保护野生植物的法规。1991年，林业部参与了由国家计划委员会牵头编写的为1992年世界环境与发展大会准备的《中华人民共和国环境与发展报告》，参与了由国家环境保护局组织编写的《1990年中国环境状况公报》和对世界银行编写的《中国环境战略报告》的修改。在上述《报告》和《公报》中，反映了我国森林和野生动植物种资源状况、防护林体系工程建设、造林绿化和濒危动植物种保护以及2000年造林发展规划等林业情况，展示了我国林业建设的成就。（刘德望）

林业公安、检察、法院工作

林业公安工作

【综　述】　1991年，全国林业公安机关发现受理森林案件98 016起，查处森林案件93 742起，综合查处率为95.64%。挽回经济损失6532.24万元。东北、内蒙古国有林区林业公安机关还查处了一批社会治安案件，破获了一批刑事案件。林区社会治安形势持续两年基本稳定。

工作动态　①林业部于10月在吉林省敦化市召开了全国林业公安系统“创先”活动经验推广工作会议。会后，林业部发出了《关于推广吉林省林业公安系统创建先进单位经验的决定》，把“创先”活动推广到全国林业公安系统。②林业部公安局于12月在南昌市召开了全国林业公安基层基础工作经验交流会。会后，向林业部、公安部领导报送了经验交流会的情况汇报。③林业部科学技术委员会于11月在北京市召开了林业公安（检法）体系建设规划专家论证会，专家们基本认可。规划实施后，将提高林业公安机关整体作战能力。④建立了特大森林案件档案管理制度，达到了多年来要求省级林业公安机关“一案一报”和“一案一表”的目的。

坚持“打击、防范”两手抓　1991年，林业部公安局以开展反盗窃斗争为突破口，部署各级林业公安机关组织开展了打击毁林、盗窃木材、非法运输木材、违法狩猎等专项斗争，保证了林区社会治安的持续稳定。为了贯彻全国禁毒工作会议，林业部公安局发出通知，部署林区的禁毒工作，并取得显著成绩。同时，还督查了一批特大森林案件。在抓打击的同时，还十分重视在林区开展社会治安综合治理工作，先后派出调查组到黑龙江、吉林、江西、湖南、广东、福建6省林区调查林区社会治安综合治理情况。

为基层办实事　1991年，林业部公安局十分重视办实事，讲实效，为基层服务。①林业部公安局与公安部政治部联合发出《贯彻公安部〈关于清理整顿企事业公安机构的通知〉的有关问题的通知》，明确了林业公安机关不属于企事业公安，不是这次清理整顿范围，保持了队伍稳定。②林业部公安局制发了《林业公安非干民警一次性调查统计表》，为实行警阶制做好准备工作。③以林业部办公厅名义转发了《公安部、财政部〈关于公安业务经费开支范围和管理办法〉的通知》，对解决林业公安经费渠道起到促进作用。④经过工作，解决了贵州林业公安编入地方公安序列问题．四川、黑龙江两省编委分别下文承认了地、县两级设立的林业公安机构，江西省公安厅、林业厅理顺了中国林业科学研究院江西亚热带实验中心林业公安机关关系问题，宁夏建立区林业公安处，并编入区公安厅序列。同时，认真贯彻干部“下管一级”的规定，积极配合北京、内蒙古、山西、吉林等省（区）林业厅（局）林业公安处（局）16名处级干部的任职问题。⑤下达了林业公安装备投资700万元，各级林业部门完成配套资金1200多万元，对林业公安装备条件的改善起到积极作用。

（刘振偿）

【森林案件综合分析】　1991年，全国林业公安机关发现受理森林案件98 016起，毁坏林地29.46万亩，损失林木62.96万立方米，毁坏幼树、竹子1812.7万株，造成直接经济损失6424.09万元。全国林业公安机关查处森林案件93 742起，综合查处率为95.64%。打击各类违法犯罪分子162 551人次，破获犯罪团伙519个、3224人，挽回经济损失6532.24万元（见附录）。

1991年森林案件的特点：①发现受理的森林案件总数比1990年有所下降，但林业行政案件继续上升。发现受理的森林案件数量在1990年下降5.5%的基础上，又下降3.2%。其中：刑事案件下降15%，治安案件下降16.5%，而林业行政案件上升2.6%。②经济损失大幅度上升，挽回经济损失有所增加。森林案件造成毁坏林地、损失林木、毁坏幼树和非法猎杀野生动物分别比1990年上升13.8%、20.8%、20.8%和270.1%，案件造成的经济损失比1990年上升8.9%，造成人员伤亡比1990年上升5.2%。在各种案件造成的损失中，仍以森林火灾、滥伐和盗伐案件为主，分别占32.6%、23.7%和22.4%。在办案中，为国家挽回经济损失比1990年增加107.9万元，上升1.7%。其中，办理盗伐、木材及其野生动物投机倒把和滥伐案为主，分别占全部挽回直接经济损失的28.1%、21.3%和16.8%。③森林案件综合查处率继续提高，而刑事案件，特别是重、特大案件破案率下降。森林案件综合查处率比1990年提高0.89个百分点。刑事案件破案率下降0.72个百分点，特大案件破案率下降2.5个百分点。全部案件处理违法犯罪分子比1990年减少18 684人次。在各类处罚人员中，逮捕占2.4%，劳动教养占0.01%，治安拘留占5.2%，警告占5.6%，治安罚款占8.8%，林业行政罚款占54.1%，其它占32.99%。④案发规律有所变化。各地林业公安机关发现受理和查处案件情况差异仍然较大。发案超过10 000起的有2个省（区），在5000—10 000起的有6个省（区），在1000—5000起的有11个省（区）。查处案件超过10 000起的有湖南和广西，在5000—10000起的有吉林、福建、江西、广东、四川、云南。（肖兴威　关旭庆　刘振偿）

【林区社会治安综合治理】　中共中央、国务院和全国人大常委会两个《关于加强社会治安综合治理的决定》发出后，吉林、新疆、海南3省（区），大兴安岭林业公司、内蒙古大兴安岭林业管理局相继成立了林区社会治安综合治理委员会领导小组，其他省（区）林业部门也大都由林业公安机关牵头负责有关日常工作。按照林业部公安局的要求，各地林业公安机关坚持把严厉打击毁林犯罪作为林区社会治安综合治理的首要环节，充分发挥公安机关的职能作用，针对各类突出问题开展专项斗争，对“热点”林区实行专项治理，严厉打击了破坏森林资源和林区其他违法犯罪活动，维护了林区治安的基本稳定。

林业公安机关坚持专门工作与依靠群众相结合的公安工作方针，积极组织和依靠社会力量强化群防群治工作。江西、广东、云南等省将护林治安队、森林经济警察队和部分木材检查站划归林业公安机关管理，初步建立起以林业公安机关为主体的森林资源保卫体系，强化了护林的整体功能。通过多种形式动员组织群众建立多层次的护林组织，开展护林联防，初步建立了群防群治网络，林业法制宣传教育网络，护林联防和案件协查网络，情报信息网络，有效提高了案件的发现、预防、控制和打击能力。（孙立民）

【林区治安分析】　1991年，各级林业公安机关认真执行全国社会治安综合治理工作会议精神，结合林区特点，以反盗窃斗争为突破口，打击破坏森林资源违法犯罪活动，大力加强基层基础工作，提高了发现、预防、控制和打击能力，森林案件略有下降，林区治安基本稳定。但是，影响林区稳定的隐患仍未消除，形势依然十分严峻。主要表现：①森林案件总数略有下降，但造成经济损失上升。森林刑事案件，特别是重、特大案件的破案率下降。打击、处理的人数，尤其是逮捕和劳动教养人数减少，存在着打击不力的倾向。②木材和野生动物投机倒把、违法狩猎和殴打执法护林人员案件上升，木材流通领域违法犯罪活动相当严重。③因山林权属纠纷引起的哄抢盗伐、聚众械斗事件时有发生，这类事件影响面广，危害性大，严重影响林区安定团结。④以暴力或以暴力相威胁，围攻、伤害执行公务的公安干警和执法护林人员事件不断发生，有的地方甚至发生打、砸、抢林业公安派出所办公室和部分公安干警宿舍的恶性案件。⑤伪造、倒卖林业票证的团伙犯罪日趋严重，扰乱了木材市场管理和木材流通领域管理秩序，助长了破坏森林资源歪风。⑥在一些地区非法猎杀、加工、倒卖、走私国家和地方保护的野生动物违法犯罪活动屡禁不止。东北、西北、西南地区非法猎杀、加工、倒卖野生动物违法犯罪严重。广东、福建等沿海地区，走私野生动物违法犯罪较为突出。有些宾馆、饭店，非法收购野生保护动物，加工出售给游客，获取高利。⑦毁林开荒、毁林搞副业又重新抬头。西南一些林区毁林种粮，东北、内蒙古国有林区毁林种人参、木耳，华东一些林区毁林种香菇的现象较为普遍。

出现上述问题的原因主要有：一是1991年全国有17个省（区、市）受灾，灾情波及到林区，灾情过后，群众需要重建家园，采取“山下损失，山上补”的不正确做法，进入林区盗伐、滥伐林木；二是木材市场疲软开始缓解，木材供需矛盾日渐尖锐，加上木材流通领域管理不严，诱发盗伐滥伐林木；三是山林权属纠纷久拖不决，导致哄抢盗伐林木，甚至聚众械斗；四是高额的利润，诱发了非法猎杀野生动物和盗挖、采野生保护植物；五是林业公安机关警力偏紧，与保护森林资源的繁重任务不相适应，导致森林案件发现率不高。由于办案经费有限，使有些森林案件未能及时处理，犯罪分子胆子越来越大，加剧森林资源的破坏。

（肖兴威　关旭庆　刘振偿）

【东北、内蒙古国有林区社会治安管理】　1991年，吉林、黑龙江、黑龙江大兴安岭、内蒙古大兴安岭国有林区林业公安机关，认真贯彻全国社会治安综合治理工作会议精神，在打击犯罪，强化治安管理方面，做了大量工作，取得明显的社会效果，林区社会治安形势持续基本稳定。

以反盗窃斗争为中心，严厉打击严重刑事犯罪。在“严打”中，坚持重点与专项打击相结合，集中统一行动与经常性打击相结合，广泛发动群众与组织专门力量相结合，先后开展了破大案、抓逃犯，打击卖淫嫖娼，禁毒等专项斗争和反盗窃斗争，查处了一大批治安案件，侦破了一大批刑事案件。治安案件和刑事案件发案率分别比1990年下降6.2%和19.4%。打击处理了一批违法犯罪分子，收缴木材1.23万立方米和其他赃物，挽回经济损失793.83万元。

遏制了破坏森林资源违法犯罪活动。东北、内蒙古两个国有林区林业公安机关按照林业部公安局的工作部署，组织开展了为期3个月的打击破坏森林资源和盗窃木材违法犯罪活动的专项斗争，成效显著。据统计，两林区林业公安机关共受理森林案件1.09万起，比1990年下降17.7%，查处森林案件1.08万起，综合查处率98.8%，下降0.8个百分点。同时，根据国务院召开的全国保护野生动物电话会议精神，把非法猎杀、加工、倒卖、经营野生动物违法犯罪分子作为“严打”的重点打击对象，收到良好的社会效果。

开展打击经济犯罪斗争。两林区林业公安机关运用法律手段，积极开展打击以木材为主要内容的经济犯罪活动，为缓解林业企业“两危”作贡献。仅黑龙江大兴安岭林业公安机关就侦破经济案件72起，为国家挽回经济损失33.7万元。

林区城镇消防工作实现了由管理型向监督型转化。两林区林业公安机关认真贯彻“预防为主，积极消灭”的方针，城镇火灾明显下降。黑龙江省国有林区城镇火灾共发生70起，经济损失47.66万元，比1990年少发生49起，经济损失减少1.53万元。内蒙古大兴安岭林区城镇火灾只发生15起，经济损失31.14万元，分别下降65%和61%。

群专结合，加强治安防范。两林区林业公安机关在社会治安综合治理中，坚持群专结合，积极组织和依靠林区社会力量，全面加强安全防范工作，提高居民区和重点部位的物防、技防能力，林业职工有了安全感。如黑龙江省国有林区林业公安机关建立群防群治的治安防范网络以来，全年发生盗窃案比1990年分别下降39%和59%。

主要问题：林业企业“两危”所带来的待业率增加，并影响职工生活，林区社会治安潜在隐患增多；社会丑恶现象仍然存在，禁毒工作任务十分繁重；刑事犯罪和经济犯罪在一些林区还相当严重；林业公安编制少，不能适应新时期社会治安管理工作需要。

（郑　晔　刘振偿）

【反盗窃斗争】　根据中央社会治安综合治理委员会1991年9月13日电话会议的部署和公安部的要求，针对林区社会治安的实际情况，林业部公安局于11月2日发出《关于认真开展反盗窃斗争的通知》，要求各级林业公安机关：①把盗伐林木、盗窃木材等犯罪活动作为反盗窃内容，重点打击；②要按照各省（区、市）反盗窃斗争的总部署，制定林业反盗窃斗争三年规划，在森林案件高发的冬春季节，要适时组织开展专项斗争；③要认真贯彻“打防结合，标本兼治，重在治本”的方针，坚持“谁主管，谁负责”的原则，充分发挥各种护林组织的作用；④以破大案，抓团伙为主攻方向，对近年来尚未查处的疑难案件要组织专门班子，限期查处，对团伙案件，一经发现，就一查到底，力争一网打尽，扩大打击效果；⑤东北、内蒙古国有林区林业公安机关除积极开展反盗窃斗争外，还要加强对机关、企业、事业单位反内盗斗争的业务指导，把斗争引向深入。

各级林业公安机关接到通知后，都做了认真的部署。黑龙江省森林工业总局成立了反盗窃斗争领导小组。江西、海南、陕西、四川等省和内蒙古大兴安岭林业公安处（局）制定了反盗窃斗争三年规划。吉林省林业公安机关在短短的2个月内就破获盗伐林木、盗窃木材和违法狩猎案件180起，破获其他刑事案件275起。逮捕47人，收缴木材1024立方米，挽回经济损失58.1万元。

（刘振偿）

【林业公安队伍】　1991年，全国林业公安队伍人员编制比1990年增长5%，实有人数增长4.4%。全国林业公安机关机构增长3.5%。宁夏回族自治区成立了区林业公安处。至此，全国有27个省（区、市）建立了省一级林业公安机构。林业公安警力按大行政区域划分，东北三省及内蒙古、黑龙江大兴安岭国有林区的警力占46.77%，华北地区（内蒙古大兴安岭除外）占4.78%，华东地区占13.93%，中南地区占17.18%，西南地区占11.05%，西北地区占6.29%。各级林业公安机关警力分布情况：省级警力占1.18%，地级警力占5.97%，县级警力占46.75%，派出所警力占46.06%。县（市）以下基层单位警力达92.81%。干部结构情况：处（局）级干部占0.87%，科级占9.96%，股级占11.25%，所（队）长占16.60%，一般干警占61.32%。文化结构：大学、专科占12.8%，中专占23.79%，高中占38.03%，初中占25.38%。队伍的平均年龄为36.4岁。

（朱　秋）

【清理整顿林业公安队伍】　为做好实行警衔的准备工作，1991年1月8日，林业部公安局、公安部政治部联合发出了《贯彻公安部〈关于清理整顿企事业公安机构的通知〉的有关问题的通知》。主要内容：①各省（区、市）林业公安处（局）、地（市、州、盟）林业公安处（科）、县（市）林业公安分局、科和各类林业公安派出所；吉林、黑龙江、四川、云南省和黑龙江省大兴安岭、内蒙古自治区大兴安岭、甘肃省白龙江等大面积国有林区的林业公安处（局），都是按照劳动人事部劳人编〔1984〕70号文件和林业部、公安部林安字〔1986〕1号文件规定建立的保卫森林资源安全、维护林区社会治安秩序，保障林业生产建设的治安行政力量，是各级公安部门派驻林业部门的公安机构，不属于这次清理的范围。②要求各地要认真贯彻“双重领导，以地方为主”的管理体制，对已经建立的林业公安机构，审批手续不完善的，要按文件规定，抓紧补办审批手续，尽快理顺关系。③凡是按公安部〔85〕公（保）84号文件规定建立的林业企事业公安机构，要进行认真地清理整顿，该撤销的撤销，该整顿的整顿。为贯彻《通知》精神，林业部公安局于1月27日在昆明市召开全国林业公安处（局）政治处主任、政工科长会议，对清理整顿工作作了进一步研究布置。会后，各地都作了认真贯彻。河北、内蒙古、辽宁、吉林、湖北、湖南、广东、云南等省（区）林业厅、公安厅对按公安部〔85〕公（保）84号文件批准改建的林业企事业公安机构，做到该撤的撤，该改的改。对原审批手续不完善的林业公安机构，补办了审批手续，理顺了管理体制。 （莫泽升）

【立功创模活动】 1991年，全国林业公安干警立功受奖3317人，其中一等功5人、二等功23人、三等功245人、嘉奖1742人、其他奖励1302人；集体立功的单位394个，其中一等功1个、二等功8个、三等功76个、嘉奖208个、其他奖励101个，是近5年来立功创模单位和个人最多的一年。在抗洪抢险中，灾区林业公安干警积极参加抢险救灾700多次，出动警力2万余人次，好人好事4万多件，抢救护送病危群众1000多人次，照顾孤寡老人5000多人，送还遗失财物1000多件，收到表扬信件2000余件，拒礼拒贿100多万元。 （罗葆文）

【加强廉政建设】 1991年，林业部公安局印发了《关于1991年加强廉政建设、纠风治乱的工作安排》，要求加强领导、搞好教育、提高认识、找出差距，并根据《林业公安干警保持清正廉洁的规定》，逐条自查，针对问题，制定整改措施，及时纠正和处理。北京、山西、吉林、江西、广东等20多个省（区、市）林业公安机关针对自查自纠中的重点问题进行整顿，建立了党政监督、群众监督、相互监督的监督网络，进一步深化了纠风治乱工作。全国林业公安经过自查自纠、治理整顿，干警违纪率比1990年下降2.8‰。据统计，做好事共4万多件，拒礼拒贿100多万元。

（罗葆文）

【关于推广吉林省林业公安系统创建先进单位经验的决定】 12月5日由林业部发出。主要内容：①“创先”活动是在改革、开放的新形势下，充分发挥思想政治工作威力的一种好形式，是全方位推动林业公安各项建设的重要措施。②“创先”在县和县以下林业公安机关进行。③省、地级林业公安机关要认真制定“创先”方案，及时掌握进展情况并提供指导和服务。“创先”标准包括：领导班子、干警队伍、业务和装备等四方面建设。④各基层单位每年进行自我检查，由上级主管机关进行考核并审定。对达标单位要授予“创先”红旗单位称号，连续3年获省级红旗单位的应给予物质奖励。“创先”与提职提级挂钩，上级制定的经费分配计划重点补助达标单位。 （章 宏）

【林业公安干警抗洪抢险】 1991年，全国17个省（区）遭受百年罕见的洪涝灾害，灾情波及林区。灾区各级林业公安机关，全力以赴，一手抓抗洪救灾，一手抓维护社会治安，保证了抢险救灾工作的顺利进行和灾区社会秩序的稳定。据不完全统计，安徽、黑龙江、吉林、湖北、广东、北京6省（区、市）林业公安机关救灾期间共出动干警近8000人，抢救被围困群众953人，疏散转移受灾群众33094人，抢救出各种物资2115.1吨，挽回损失折款2430.2万元。

安徽省790名林业公安干警投入抗洪抢险5200多人次，其中450人投身抢险第一线。全寨县林业公安股在抗洪抢险中表现突出，共救出被水淹群众45人，解救、疏散群众千余人，抢捞机器、设备406件，转移物资价值100多万元，挽救国家机关大批档案资料等，被公安部授予抗洪救灾先进集体的光荣称号，抢救队长史建国被授予抗洪救灾先进个人称号，黑龙江省双鸭山市林业局岭东派出所所长李子晶也获此称号。黑龙江大兴安岭塔河林区公安局、黑龙江省柴河林区公安局、吉林省红石林业公安局和北京市怀柔县汤河口林业公安派出所，都受到当地党委、政府和人民群众的高度赞扬。 （章 宏）

【公安机关离退休干部人民警察荣誉章】 为表彰在建设和发展人民公安工作、保卫中国革命和社会主义建设事业中做出贡献的公安机关离退休干部，公安部印发了《关于授予公安机关离退休干部人民警察荣誉章的通知》。人民警察荣誉章分为人民警察金盾荣誉章和人民警察蓝盾荣誉章。人民警察一级金盾荣誉章授予1945年9月2日以前参加革命工作的公安机关离休干部；人民警察二级金盾荣誉章授予1945年9月3日至1949年9月30日期间参加革命工作的公安机关离休干部；人民警察蓝盾荣誉章授予新中国成立后从事公安工作满30年的公安机关退休干部。经公安部批准，12名林业公安离休干部被授予人民警察一级金盾荣誉章；经林业部公安局批准，114名离休干部被授予人民警察二级金盾荣誉章；经各省（区、市）林业公安处（局）批准，50名退休干部被授予人民警察蓝盾荣誉章。 （朱 秋）

【林业公安（检法）体系建设规划专家论证会】 11月24、25日在北京召开。参加会议的有黑龙江、山西、云南、吉林、湖南、湖北、北京省（市）的林业公、检、法机关负责同志，会议还邀请林业部、公安部、最高人民检察院、最高人民法院、国家计划委员会、公安部第一研究所等单位专家和领导，共21人。会议对体系建设规划进行了审议论证。与会专家认为，当前和今后相当一个时期内林区治安形势将是严峻的，森林资源保卫工作任务将是艰巨的，而林业公、检、法机关装备建设仍然落后，很不适应形势发展需要。因此，编制体系建设规划是非常必要的，是加强林业公、检、法建设，提高发现、预防、控制和打击能力的重要措施，也是保卫森林资源，打击毁林犯罪，维护林区社会治安，保障林业改革和林业生产建设顺利进行的重要保证。专家们肯定了体系建设规划目标明确，布局合理，重点突出，数据应用准确，体现了林业公、检、法工作的特点，是基本可行的，它既是全国林业发展"八五"计划、十年规划的组成部分，也是今后十年林业公、检、法建设的指导性文件。 （崔永环）

【全国林业公安基层基础工作交流会】 12月9—12日在南昌召开。各省（区、市）和计划单列市林业公安局（处）长，部分省林业厅林政处长、林业公安局（处）治安（森保）科长，典型单位的科、股、所长以及新闻单位记者共78人参加了会议。会的主要议题是，传达贯彻中共中央《关于加强公安工作的决定》和第十八次全国公安会议精神；交流全国各地林业公安机关开展基层基础工作经验；讨论、修改《关于加强林业公安基层基础业务建设的规定》；研究、部署今冬明春林业公安业务工作。同时，还参观了江西省靖安县宝峰林业公安派出所抓基础工作经验的现场。

（徐道启）

【林业公安干警教育培训】 按照林业部公安局《岗位培训规划和岗位规范》要求，1991年林业部公安局委托举办各类岗位培训班5期、培训学员382人。其中委托西南政法学院举办第五、六期林业公安刑侦干部岗位培训班，培训学员232人；委托西南政法学院举办了第三期林业公安科（局）长干部岗位培训班，培训学员40人；委托四川省林业管理干部学校举办了第二、三期林业公安政工干部岗位培训班，培训学员100人。各地林业公安机关积极采取措施，广开办学渠道，举办各种岗位培训班931期，培训干部13 677人，其中举办各类岗位培训班373期，培训学员7066人；举办各类短训班558期，培训学员6611人。据统计，1991年林业公安干警经政治考核，业务考试合格获取大学本科毕业证书50人，大专毕业证书2720人，中专毕业证书3311人，专业证书316人。 （乔世武）

【全国林业公安装备工作经验交流会】 4月1—5日在海口市召开。参加会议的有各省（区、市）及计划单列市林业公安处（局），有关省林业厅林政处负责装备工作的同志，共80人。会议的主要内容：贯彻全国林业厅、局长会议和全国公安厅、局长会议精神，总结、交流林业公安装备工作经验，部署1991年装备工作，表彰云南、山西、黑龙江、浙江、吉林、北京6省（市）林业公安处（局）。 （田志景）

【林业公安派出所装备情况调查】 6月22日，林业部公安局发出《关于基层林业公安派出所装备情况调查的通知》，并制定了装备情况调查统计表，要求进行认真调查、汇总上报。为检查各单位落实情况，林业部公安局于8月31日至9月25日，派人到甘肃、新疆林区调查。通过点面结合的办法，基本弄清了林业公安派出所装备现状和今后装备建设重点。

（田志景）

【建立特大森林刑事案件档案】 为实行特大森林案件管理规范化，1991年4月，林业部公安局发出了《关于报送特大森林案件登记表的通知》，并制发了《特大森林案件登记表》，要求《森林案件月报表》填写的特大案件，必须同时填报《特大森林案件登记表》。特大森林案件实行"一案一表"制度。采取这一措施后，林业部公安局建立了"一案一表"的特大森林案件档案126件。 （张 萍）

林业检察工作

【综 述】 1991年，黑龙江、吉林、四川、湖南、福建、甘肃6省和黑龙江省大兴安岭各级林区检察机关共受理公安机关提请逮捕的森林刑事案件1249件1490人，批捕909件1370人；受理公安机关移送起诉的案件1334件1872人，经审查起诉942件1567人。为国家挽回经济损失1867.12万元，收缴木材6054立方米。

1991年，东北国有林区的林业检察机关，认真贯彻执行全国检察长会议精神，始终把打击贪污、贿赂的犯罪活动置于工作首位，坚持为林业企业解决经济危困服务。仅黑龙江省大兴安岭林区的两级林业检察机关就受理经济犯罪线索161件，经审查构成犯罪立案的有82件90人，比1990年的72件79人上升了13.9%。万元以上的经济犯罪案件就高达16件。为企业挽回损失221.13万元。通过办理经济案件，黑龙江、吉林、黑龙江大兴安岭的林业检察机关共为企业挽回经济损失611.23万元。

坚持依法从重从快打击严重的社会刑事犯罪分子。1991年，黑龙江、吉林、四川、甘肃省白龙江林区、黑龙江省大兴安岭林区的林业检察机关共受理公安机关提请逮捕的社会刑事案件1340件1978人，批捕1216件1761人；受理公安机关移送起诉和自侦起诉的案件2041件3134人。通过打击社会刑事犯罪活动，为林区的生产建设创造了良好的社会环境。

加强审判监督，保证法律的正确实施。1991年，各级林业检察机关在批捕环节的侦查监督工作中，一是在防错防漏上下功夫。共依法应予以追捕的人犯11人，纠正错捕27人，不构成犯罪不捕的有34人。二是及时纠正公安机关在侦查活动中的违法行为。共发出口头、书面纠正建议达500多次。三是对公安机关的劳动教养卷、行政拘留卷和另案处理卷进行审查。通过审查，共有14件23人已构成犯罪而予以纠正。四是了解群众呼声，追究遗漏犯罪分子。共有6件8人被依法追究了刑事责任，从而维护了法律的尊严。

积极参加社会治安的综合治理。最高人民检察院发出贯彻中共中央、国务院《关于加强社会治安综合治理的决定》通知后，各级林业检察机关积极行动，认真落实《通知》精神。一是派员参加“办大案、抓逃犯”和反盗窃斗争，积极与公安机关、法院协调作战，开展专项打击；二是参加维护社会治安的巡逻；三是针对办案中发现的各种问题及时发出检察建议；四是对免诉人员落实帮教措施，避免重新犯罪；五是对监外执行人员进行定期考察，发现违法问题及时提出纠正意见，并帮助建立帮教组织；六是认真处理来信来访，防止集体上访和越级上访。通过上述做法，对社会治安的好转起到了积极的促进作用。

队伍的素质有了明显的提高，机构、人员有了增加。林业检察干警有280多人次参加了各种培训班。湖南省成立了省林业检察处。 （段庆浩）

【林业检法干部教育培训】 ①5月7日至6月30日，林业部检察院法院工作办公室委托北京市政法干部管理学院举办了第三期林业检法干部行政诉讼法培训班，来自黑龙江、吉林、福建、湖南4省及甘肃省白龙江林区和黑龙江省大兴安岭林区的林业检法干部50人参加了培训。②3月，黑龙江、吉林、福建、湖南、四川5省及甘肃省白龙江林区和黑龙江省大兴安岭林区的林业检法干警30人，报考北京市政法干部管理学院检察、法律和经济法等专业。经考试，有14人被录取为大专班新生。 （段庆浩）

林业法院工作

【综　述】 1991年，各级林业审判机构共审理林业刑事案件1217件1852人。仅湖南省林业审判机关就审理林业刑事案件648件1187人，通过审理林业刑事案件，为国家挽回损失339.6万元。

各级林业审判机关共受理林业经济案件3703件，诉讼标的5523.26万元，加上案外和解的林业经济案件，共为林业企业追回拖欠的木材款8216.33万元。

国有林区的林业审判机构，坚持“严打”方针，对严重危害林区社会治安的社会刑事犯罪活动依法从重从快和稳、准、狠地予以坚决打击。共受理社会一审刑事案件1516件2382人，二审116件168人。

黑龙江及大兴安岭、吉林、四川、甘肃白龙江林区林业审判机构共受理一审民事案8659件。他们在民事审判工作中，从稳定林区，稳定社会的高度出发，始终坚持巡回审理，就地办案，既解决了群众打官司难的问题，又增加了民事干部的服务意识。

湖南、福建两省林业审判机关共审理山林权属纠纷案件2292件，审结2029件，解决争执林地37.69万亩。在山林权属纠纷案件的审理中，各林业审判庭密切联系本地实际，突出重点，一是突出了对国有山林的依法保护，对涉及国营林场、苗圃、果木场的案件，做到优先立案、优先审理；二是本着为林业服务的指导思想，深入基层，送法上门，巡回办案，注重社会效果，并有针对性地配合造林绿化和完善林业生产责任制等中心工作开展专项巡回办案；三是与各级政府山林权属纠纷调处部门紧密配合，使调处效率明显提高。

此外，各地林业审判机构还坚持严格执法，大力开展行政审判，共审理行政案105件，认真处理控告审诉工作，维护公民的合法权益。仅吉林省的林区法院就接待群众来访13 176人次，处理来信7806封。

（段庆浩）

【协助办理《关于盗伐、滥伐林木案件几个问题》的解答】 1987年，最高人民法院、最高人民检察院制发了《关于办理盗伐、滥伐林木案件应用法律几个问题的解释》（以下简称《解释》），为打击毁林犯罪，保护森林资源提供了法律依据。经过一段司法实践后，基层执法机关对《解释》的一些条款提出了意见。为此，林业部检察院法院工作办公室于1987年7月25—27日在黑龙江省双鸭山市召开了办理森林案件应用法律问题研讨会。会后，林业部向最高人民法院、最高人民检察院提出了修改《中华人民共和国刑法》和补充、完善《解释》的书面法律建议。1990年12月，全国人大常委会财经委员会视察南方6省（区）《中华人民共和国森林法》执行情况时，提出要完善有关林业方面的法律的问题，并责成最高人民法院、最高人民检察院完成这个任务。1990年5月24日至6月19日，林业部又邀请了全国人大法工委刑法、经济法室和最高人民法院、最高人民检察院的有关部门就修改完善《解释》问题，共同派人到湖南、江西、福建3省进行了调查。调查结束后，经过反复论证，1991年10月17日，最高人民法院、最高人民检察院下发了《关于盗伐、滥伐林木案件几个问题的解答》（见附录），就单位、集体组织滥伐林木，因进行营利性生产毁坏林木，伪造、倒卖林木采伐许可证、运输证等犯罪行为的处罚问题进行了明确的规定，对《解释》作了补充规定，解决了基层在执法中存在的标准不一的问题。

（曹　真）

附　　录

最高人民法院、最高人民检察院关于盗伐、滥伐林木案件几个问题的解答

（1991年10月17日）

各省、自治区、直辖市高级人民法院、人民检察院，解放军军事法院、军事检察院：

近年来，一些地方就办理盗伐、滥伐林木案件适用法律的若干问题，向最高人民法院、最高人民检察院提出请示。经研究，现作如下解答：

一、问：最高人民法院、最高人民检察院《关于办理盗伐、滥伐林木案件应用法律的几个问题的解释》（以下简称《解释》）第八条中规定，国营企业事业单位、集体组织滥伐林木情节特别严重的，应按刑法第一百二十八条追究其主管人员和直接责任人员的刑事责任。对于“情节特别严重”的数量起点是否可按“林区为100立方米或者幼树5000株；非林区为50立方米或者幼树2500株”的标准掌握？

答：对于“情节特别严重”的数量起点，在林区一般为立木材积100立方米或者幼树5000株；非林区一般为50立方米或者幼树2500株。

二、问：在林区，有的人今日盗伐一株，明日盗伐二株，持续不断，对林木危害很大。但是，由于每次盗伐没有达到“数量较大”的标准，不能依法惩处。对于一贯盗伐林木的，是否可以累计其盗伐数量定罪处罚？

答：对于连续多次盗伐林木，情节恶劣的行为，可以累计其未经处理的盗伐数量，按照《解释》第五条第（3）项的规定，视为盗伐林木“情节严重”，依照刑法第一百二十八条盗伐林木罪定罪处刑。累计的时间一般以一年为宜。

三、问：我们在审判实践中经常遇到因进行营利性生产而毁坏生长中的林木，情况很复杂，有的只是毁坏了林木，例如，毁林种粮、种参；有的既毁林又非法占有木材；有的毁坏的是用材林；有的毁坏的是经济林，如剥树皮卖药材。对于这类犯罪行为，“情节严重”的，如何计算其造成的损失？盗伐林木种植木耳、香菇定什么罪？

答：因进行营利性生产，违反森林管理法规，毁坏林木，影响林木正常生长，致使林木死亡，情节严重的，依照刑法第一百五十六条故意毁坏公私财物罪定罪处刑。

因泄愤报复而毁坏生长中的林木，情节严重的，依照刑法第一百二十五条的规定定罪处刑。

对毁坏经济林和用材林的应当分别处理。毁坏经济林的，可以按照经济价值或者林木的株数计算损失。毁坏经济林和用材林的具体数量标准，请你们根据实际情况作出规定。

对毁林后又侵占林木情节严重的，或者盗伐林木种植木耳、香菇或烧炭等情节严重的，依照刑法第一百二十八条盗伐林木罪定罪处刑。

四、问：雇工盗伐林木构成犯罪的案件，对被雇者应否追究刑事责任？

答：雇佣他人盗伐林木构成犯罪的案件，如果被雇者不知是盗伐他人林木的，应由雇主承担刑事责任；如果被雇者明知是盗伐他人林木的，应按盗伐林木罪的共犯论处。

五、问：我们在执行《解释》第十条（3）时，发现目前有的人还伪造、倒卖林木采伐指标、运输木材的其他凭证以及完税证、育林基金、更改资金、林政费、更新造林费等票据。上述行为构成犯罪的，是否可以分别依照刑法第一百二十条、第一百二十四条定罪处刑？

国家机关、集体组织倒卖木材采伐证或者采伐指标、木材经营指标的，如何追究主管人员和其他直接责任人员的刑事责任？

答：以营利为目的，伪造、倒卖林木采伐许可证或者采伐指标、运输木材的各种票证，情节严重的，依照刑法第一百二十条以伪造或者倒卖计划供应票证罪追究刑事责任。认定“情节严重”或者“情节特别严重”，可以伪造或者倒卖票证的面额结合牟利的数额和造成实际的危害为根据。具体数额标准，请你们作出规定。

伪造税票，包括育林基金、更改资金、林政费、更新造林费等票据的，应当依照刑法第一百二十四条伪造税票罪的规定惩处。

对于无证贩卖木材同时又伪造计划供应票证和税票的，应择一重罪处罚。

国家机关、企业事业单位、集体组织倒卖林木采伐许可证或者采伐指标、木材经营指标，情节特别严重的，依照刑法第一百二十条第一款伪造或者倒卖计划供应票证罪的规定追究主管人员和其他直接责任人员的刑事责任。

1991年森林案件综合统计表

项目	刑事案件						治安案件		受权处理的林业行政处罚案件		受处罚人次							
	总计		其中															
			重大案件		特别重大案件													
	发	破	发	破	发	破	发生	查处	受理	处理	合计	逮捕	劳教	治安拘留	警告	治安罚款	林业行政罚款	其他处罚
累计	7750	6981	1247	1092	165	153	18 855	17 379	71 411	69 382	162 551	3928	154	8463	9161	14 215	87 914	38 716
盗伐林木	3446	3213	490	454	46	44	7955	7016	25 487	24 280	63 287	2198	60	3738	3460	5346	35 829	12 656
滥伐林木	1149	1063	237	211	57	55	987	956	9663	9316	23 486	371	18	373	1196	834	15 380	5314
故意毁坏林木、苗木	348	259	74	45	16	10	873	796	1725	1612	5425	87	8	444	699	824	2312	1051
盗窃、抢夺、抢劫林木、木材	916	827	122	104	16	17	2837	2684	1118	1074	8105	496	13	1216	711	2544	1737	1388
森林火灾	644	527	104	93	5	6	756	657	1009	831	2350	178	2	384	160	240	944	442
伪造、倒卖林业票证	124	111	33	26	3	3	48	44	307	306	721	90	7	15	38	17	420	134
木材、野生动物及其产品投机倒把	336	313	46	44	9	7	701	711	12 703	12 678	20 325	141	8	120	971	459	12 803	5823
违法狩猎	177	128	54	43	5	4	267	265	632	613	2105	72	13	175	197	339	819	490
殴打护林人员	164	136	23	16	2	1	1380	1273	227	216	2734	92	13	803	272	755	369	430
其他森林案件	446	404	64	56	6	6	3051	2977	18 540	18 456	34 013	203	12	1195	1457	2857	17 301	10 988

（续）

项目	损失情况										收缴财物						
	林地面积（亩）	林木		幼树、竹子		野生动物		其他损失折款（元）	人员伤亡		合计（元）	木材		治安罚款（元）	林业行政罚款（元）	赔偿损失（元）	其他财物折款（元）
		数量（立方米）	折款（元）	数量（株）	折款（元）	数量（只、头）	折款（元）		亡（人）	伤（人）		数量（立方米）	折款（元）				
累计	294 572	629 580	48 706 964	18 127 442	10 675 550	165 542	2 354 295	2 504 045	24	1172	65 322 448	176 455	25 875 573	1 582 349	21 112 856	10 777 796	5 973 874
盗伐林木	16 628	66 701	13 637 359	460 494	662 409	717	1040	101 659	3	60	18 332 097	48 018	7 034 284	493 061	5 881 014	4 283 682	640 056
滥伐林木	56 597	150 847	14 340 110	399 712	849 742			41 367		3	10 970 280	21 347	4 021 400	310 700	4 565 478	1 375 281	697 421
故意毁坏林木、苗木	14 060	3029	325 858	2 476 421	1 409 296			122 830		19	1 158 156	534	326 225	61 284	283 125	427 995	59 527
盗窃、抢夺、抢劫林木、木材	7093	11 842	1 547 109	197 373	27 360			40 206		56	2 359 634	4682	1 269 975	252 861	271 006	479 883	85 909
森林火灾	194 165	300 131	12 087 761	13 834 415	7 414 666			1 461 722	12	28	863 255	18 088	16 047	30 508	209 747	565 195	41 758
伪造、倒卖林业票证	20	12 269	850 034	2500	8000			342 138		2	925 119	1011	267 885	5455	308 689	165 448	177 642
木材、野生动物及其产品投机倒把	302	26 445	2 652 734	28 071	45 602	150 802	734 333	182 881		5	13 902 676	37 331	6 637 706	48 125	3 867 099	1 232 814	2 116 932
违法狩猎	1	1	350	161	805	10 966	1 578 432	573		2	654 011	361	95 269	21 721	128 412	310 290	98 319
殴打护林人员	1	29	5335	1056	373	9	840	25 816	5	744	241 617	79	20 034	74 925	23 327	101 987	21 344
其他森林案件	5705	58 286	3 260 314	727 239	257 297	3048	39 650	184 853	4	253	15 915 603	45 004	6 186 748	283 709	5 574 959	1 835 221	2 034 966

林业部林业公安局

六、问：在盗伐林木案件中，有些盗伐者对护林人员施加暴力或者以暴力相威胁，危害护林人员的人身安全，虽然其盗伐林木的数量或者伤害的程度还构不成犯罪，但是情节恶劣，影响很坏。对此，是否可以按盗伐林木罪惩处？

答：盗伐林木者对护林人员施加暴力或者以暴力相威胁，危害护林人员人身安全，虽然其盗伐林木尚未达到数量较大的起点或者伤害的程度尚未达到轻伤的标准，但是情节恶劣，需要依法追究刑事责任的，可以视为盗伐林木“情节严重”，依照刑法第一百二十八条盗伐林木罪的规定追究刑事责任；如果使用暴力或者以暴力相威胁，情节显著轻微危害不大的，可不认为是犯罪。

附：立木材积的计算和幼树的概念及数量计算

一、立木材积的计算。立木材积即为立木蓄积。计算方法是：原木材积除以该树种的出材率。如：某地区、某树种的出材率为60%，即：立木材积（立木蓄积）＝原木材积÷60%。

二、幼树的概念和幼树数量计算。幼树是指生长在幼龄阶段的树木。在森林资源调查中，树木胸径在5厘米以下的视为幼树，以“株”为单位进行统计。

森 林 防 火

【森林防火综述】* 1991年，气候条件对森林防火工作十分不利。从1990年冬到1991年春，除华东东部降水量较常年同期偏多外，全国大部分地区气温较常年同期偏高，降水量较常年同期偏少。多数地区降水偏少两成，部分地区偏少四成，出现冬春连旱的局面。东北、内蒙古和西南地区春旱更为严重，与1987年5月大兴安岭特大森林火灾前的气候条件非常相似。秋季，华北、中南、西南地区普遍干旱。特别是中南各省，有的地方出现了几十年不遇的大旱。

全年，虽然森林防火形势十分严峻，但由于国务院和地方各级人民政府高度重视，抓得早、抓得紧、抓得实，按照特殊情况，采取一些特殊的预防和扑救措施，战胜了几次重大险情。森林火灾次数和受害森林面积比1990年略有增加。共发生森林火警、火灾5890次，其中重大火灾15次，没有发生特大火灾。受害森林面积33.3万亩，因火灾死亡34人，伤169人。

全年森林防火工作在以下几方面有所突破。

①打破常规提早部署。国家森林防火总指挥部办公室于1990年11月发出简报，预告1991年春季全国大部分地区将出现严重干旱。12月，总指挥部发出《关于切实抓好冬防，提前部署春防的通知》。1991年1月，分别召开北方、南方各省森林防火办公室主任会议，强调做好春防工作。3月9日，田纪云副总理在总指挥部第八次会议上，对抓好春防做了重要指示，高德占部长做了重要具体安排。3月下旬，在大兴安岭召开了全国森林防火现场会，分析了全年的形势，研究落实预防和扑救的措施。5月，高德占部长与东北、内蒙古三省区负责同志通电话，要求各地对春防按特殊情况对待，打破常规，采取特殊措施。紧要期下决心抽出人员下基层抓火源管理。各级防火办和扑火队伍要进入临战状态，发生火情按预案处理，做到万无一失。

②确定重点火险县，实行分类指导。为了贯彻落实国家森林防火总指挥部《关于进一步加强重点火险区森林防火工作的决定》，总指挥部办公室批准了第一批重点火险县675个。这些县每年发生火灾占全国的80%以上，抓好这些县对推动全国森林防火工作持续稳定发展具有重要意义。

③落实处理特别重大火灾预案。为了做好扑救特大森林火灾的各项准备，制定了《关于处理特别重大森林火灾事故预案实施办法（试行）》。按照实施办法，一旦遇到特大火灾，国家机关及军队15个部委，林业部有关司局即可进入岗位，实施指挥、组织、协调工作。同时安排森林警察3000名应急兵力，可随时出动执行任务。

④进一步组织民兵参加森林防火工作。经与总参谋部磋商，国家森林防火总指挥部、总参谋部、林业部联合发出《关于组织林区民兵参加森林防火工作的通知》。使林区民兵在发现火情、预防与扑救森林火灾方面、保护国家森林资源和人民群众生命财产安全方面，做出了重要贡献。

⑤建立总指挥部联络员制度。随着我国森林防火工作深入发展，总指挥部与国家机关各单位的协调任务日益增多。国务院、总指挥部的决定、指示，需成员单位贯彻落实。联络员可协助总指挥部成员做好本单位承担的任务。现有19名司局长级干部为联络员。

⑥加强森林火灾的监测工作。6月，总指挥部办公室发出《关于对过火面积超过1000公顷的火灾进行自查》的明传电报。其后，派出检查组对黑龙江省伊春市友好林业局、大兴安岭地区加格达奇林业局，内蒙古呼伦贝尔盟免渡河林业局3个超过1000公顷的火场进行检查。促进了各地对火灾统计的严肃性。同时，在东北航空护林中心安排1架火情监测飞机，进行空中监测。

⑦大力加强森林警察部队思想政治工作。深入扎实地抓好党对武装部队的绝对领导和深入进行社会主义信念教育。以加强党的建设为主线，发挥党委的核心领导作用，党支部的战斗堡垒作用和党员的先锋模范作用。部队的思想政治工作全面加强，基层干部战士的精神面貌发生了显著变化。（徐 洪）

---

* 注：本栏目中各项数字系各省（区、市）森林防火办公室根据国家森林防火总指挥部办公室中森防［1987］1号通知中的有关规定统计的，并由该办公室汇总。

森 林 火 灾

【综 述】

重大森林火情 1991年春季，东北、内蒙古林区出现了与1987年大兴安岭特大森林火灾时极为相似的恶劣天气条件，发生了3起重大险情。

5月4日16时 大兴安岭林业公司加格达奇林业局加格达奇镇北山南坡发生森林火灾。该火先从草塘燃起，当时有五六级北风，阵风7级，火场为残次林、矮柞林和未成林造林地。火场迅速蔓延，不到半天就达3000多公顷，直接威胁加格达奇镇的安全。大兴安岭党政领导按照扑火预案迅速调集森警部队和其他扑火队近万人及大量交通工具、扑火工具投入战斗。省政府接到报告后，孙魁文副省长立即赶赴火场。由于指挥扑救得力，在24小时内将火扑灭。过火面积达6091公顷。起火原因尚未查清。

5月17日14时 内蒙古自治区呼伦贝尔盟免渡河林业局发生雷击火，当地林场组织扑救，于17日晚将明火扑灭，但没有看守火场。18日刮起大风，火场复燃并迅速蔓延成灾。再次调集兵力，苦战4昼夜，至5月21日19时借火场有小雨的有利时机才将火全部扑灭。火场范围7885公顷，受害森林面积300公顷。

5月21日和24日 黑龙江省伊春林业管理局友好林业局奋斗林场先后发生两起林火并燃成一个火场。火场内杂草丛生，倒木横七竖八，风力灭火机发挥不了作用，扑救十分困难。省政府和森林防火指挥部接到火情报告后，调集全省森警部队和其它扑火队近万人，奋战7昼夜才将火扑灭。火场总面积5142公顷。

森林火灾目标管理 1991年，没有突破国家森林火灾控制指标，与控制指标相比，全国森林火灾次数占70.2%，受害森林面积占47.5%。但有9个省（区）突破了国家下达的分省控制指标。

森林火灾形势分析 1991年，全国森林火灾次数和受害森林面积与1990年相比，森林火灾次数增加3.8%，受害森林面积增加53.9%。受害森林面积增加了0.06个千分点。

东北、内蒙古林区继续保持好成绩，黑龙江、吉林和内蒙古三省（区）共发生森林火灾152次，受害森林面积1527公顷，只占全国总数的2.5%和6.8%。

南方林区森林火灾增多，西南、中南、华南、华东等绝大多数省（区）森林火灾次数和受害森林面积比1990年增加，个别省（区）增加幅度很大。

火案查处率略有提高，在5899起森林火灾中，查清火因率为80.9%，其中处理率为68.1%。

（崔洪浩）

森林火灾预防

【国家有关部门支持森林防火工作】 国家计划委员会、财政部及地方各级计划财政部门继续保证森林防火专项资金的划拨。物资部优先供给森林消防专用车辆。铁道部门除坚持做好自身防火工作外，还有力地支持了东北、内蒙古几场较大火灾的扑救。国家气象局发出《关于加强森林防火气象服务的通知》，认真做好火险天气预报、高火险天气警报及卫星热点监测工作。交通部、国家税务局、海关总署帮助解决购置及进口森林消防机具的免税工作。科技、公安、人事、民航等部门也一如既往地支持森林防火工作的开展。总参谋部和国家森林防火总指挥部、林业部联合下发了《关于组织林区民兵参加森林防火工作的通知》。

（崔洪浩）

【国家森林防火总指挥部联络员会议】 1991年4月18日，国家森林防火总指挥部办公室召开总指挥部联络员会议，出席会议的有16个部委的联络员或代表。总指挥部秘书长、林业部副部长刘广运主持会议。总指挥部副总指挥、林业部长高德占到会，传达了田纪云副总理关于1991年秋季森林防火工作的指示。田纪云指出1991年秋季各地森林防火工作遇到不少新的情况，形势相当严峻，各级人民政府各有关部门的领导同志务必高度重视，大水之后一定要防大火，无论如何也不能在水灾之后出现严重火灾。

会议决定将总指挥部联络员职责（修改稿）印发各成员单位，进一步研究，征求意见。（广呈祥）

【全国森林防火工作现场会议】 1991年3月25—29日，国家森林防火总指挥部在黑龙江省加格达奇召开全国森林防火工作现场会，田纪云副总理给会议写了信，高德占部长作了书面讲话，刘广运副部长主持会议。参加会议的有30个省（区、市）森林防火指挥部主管常务工作的副指挥和国家森林防火总指挥部部分成员，以及一些重点林区的同志。黑龙江省孙魁文副省长也参加了会议。

这次会议是在大兴安岭发生特大森林火灾四周年的前夕，在火灾现场召开的，既是检查工作，又是现场办公，帮助解决问题。会议着重分析了全国森林防火工作形势，研究制定“八五”计划和十年规划；总结交流了典型经验。代表们现场参观了大兴安岭地、县、林业局、林场森林防火指挥系统，观看了森林警察部队乘直升机和驾驶坦克、消防车、摩托车等机械灭火的快速反应演练，以及专业快速扑火队、群众义务扑火队的消防演习和地空结合的联合作战演习等。

会议对森林防火工作的重要性、艰巨性、长期性有了新的认识，增强了提高森林防火总体水平和加快森林防火工作规范化、制度化、现代化建设的责任感和紧迫感。（广呈祥）

【北方13省(区、市)秋季森林防火工作会议】 1991年8月28—31日，国家森林防火总指挥部和林业部在北京市昌平县召开了北方13省（区、市）秋季森林防火工作会议。参加会议的有辽宁、内蒙古、吉林、黑龙江、北京、河北、天津、山西、陕西、青海、甘肃、宁夏、新疆等13个省（区、市）森林防火指挥部办公室负责同志和黑龙江省森林工业总局、大兴安岭林业公司、内蒙古大兴安岭林业管理局主管森林防火的负责同志。会议首先由蔡延松副部长总结了1991年春季森林防火工作的经验和教训，与会同志对秋季森林防火形势进行了认真的分析，最后由高德占部长代表国家森林防火总指挥部和林业部对秋季森林防火工作进行了部署安排，强调各地要抓好几项重点工作。一是要认真分析秋防形势，进一步提高思想认识；二是秋防工作首先要抓好预防，千方百计加强火源管理；三是要周密部署，做好扑大火的各项准备；四是各部门要密切配合，严格按制度办事；五是要切实加强对秋防工作的组织领导。（王 栋）

【南方17省（区、市）秋冬季森林防火工作会议】 1991年10月29--31日，国家森林防火总指挥部和林业部在海南省海口市召开了南方17省（区、市）秋冬季森林防火工作会议。会议代表认真学习了田纪云副总理对秋季森林防火工作的重要批示，总结了南方春季森林防火工作的经验，主要是：打破常规，提早部署；坚持目标管理，落实行政领导责任制；大张旗鼓地开展森林防火宣传教育；抓住重点，严格火源管理；做好扑大火的各项准备；社会各方面、各部门要大力支持森林防火工作。在认真分析南方秋冬季森林防火形势的基础上，刘广运副部长代表国家森林防火总指挥部和林业部对南方1991年秋冬季和1992年春季的森林防火工作进行了部署安排，明确了任务，提出了具体要求，主要强调几点：一是认真分析南方秋冬季和1992年春防形势，进一步提高思想认识；二是认真抓好预防，千方百计强化火源管理；三是周密部署，做好扑大火的各项准备；四是加强各部门密切配合，严格按规章制度办事；五是加强队伍的思想作风建设；六是切实加强对秋冬季和1992年春防工作的领导。（王 栋）

森林防火体系建设

【综 述】

森林防火组织建设 为落实田纪云副总理在国家森林防火总指挥部第八次全体会议上关于切实解决好森林防火体系建设中的问题的指示，国家森林防火总指挥部办公室同人事部、财政部、林业部有关人员组成联合调查组，对森林防火体系建设情况进行了调查。全国的森林防火体系建设，自1989年国家森林防火总指挥部、人事部、林业部联合下发《关于加强森林防火体系建设的通知》以后，除已有编制的黑龙江、吉林、内蒙古、北京、辽宁、新疆等省（区、市）外，广西、湖南、广东、陕西、江西、河南、河北、山东等省（区）也下达了一定编制，配备了一定数量专职人员。到1991年底统计，全国已建地、县级森林防火指挥部办公室3698个，确定编制8336人，实际配备专职人员9091人、兼职人员8172人。

森林防火队伍建设 为加强森林防火队伍建设，国家森林防火总指挥部、总参谋部、林业部于1991年2月，联合发出《关于组织林区民兵参加森林防火工作的通知》，要求林区人武部门，要根据当地人民政府对民兵担负扑火任务的需要，在县以下基层单位，特别是乡、村、林场的民兵组织中，确定一定数量的民兵，承担森林防火任务，平时做好各项准备工作，针对可能出现的情况，拟制扑火预案，明确责任，落实措施。遇有森林火灾时，林区人武部门要在当地人民政府的统一领导下，指挥民兵迅速投入扑火战斗。浙江、江苏、海南、河南、广西、四川等省（区）都专门发出通知和文件。1991年底统计，全国已建群众性义务扑火队12.7万个、381万人。（广呈祥）

【森林防火基础建设】 1991年，森林防火设施设备完成投资18 051万元，其中：建瞭望台621座；购置特高频电台9223部、短波电台7226部、传真机876部、微型计算机43部、数传终端机23部；开防火隔离带31 126公里，营造防火林带24 845公里，修林区公路 11 136 公里，修林道 8553 公里；购置森林消防指挥车 708 辆，森林消防运输车 94 辆，摩托车 554 辆，拖拉机等其它车辆 343 辆；购置风力灭火机 3064 台，背负式灭火器 5317 台，二号工具 81 738 把，其它机具 133 382 台。（冯秉仁）

【森林防火建设资金大检查】 1989 年 11 月 28 日，国家森林防火总指挥部（以下简称总指挥部）和林业部联合发出《关于开展森林防火建设资金大检查的通知》。截至 1990 年 10 月上旬，有山西、辽宁、浙江、山东、河南、广东、四川、云南、陕西、青海、新疆等 11 个省（区）及计划单列市青岛、林业部西南航空护林总站等将大检查结果报林业部。

1990 年 10 月 8 日，总指挥部和林业部又发出《关于继续开展森林防火建设资金大检查的通知》。检查的范围和重点是 1988 年以来的各种森林防火建设资金，包括国家补助森林防火专项投资、林业部预算内森林防火投资、地方投入的各项森林防火投资及国外援助的森林防火资金的使用、管理、效益等情况。大检查以县为单位，由使用森林防火建设资金的单位自查为主，省地进行抽查，抽查面不少于 33%。总指挥部进行抽查。

1990 年 11 月，总指挥部办公室派出两个检查组赴内蒙古、吉林、黑龙江、广东、广西、贵州、海南 7 省（区）进行了抽查。

绝大多数省（区、市）森林防火指挥部十分重视资金大检查。有 24 个省（区、市）及时做了部署。辽宁在各级自查的基础上，省林业厅审计部门进行了审计。安徽、河南、山东、四川等省林业厅领导亲自带检查组进行抽查。广西组织 12 个检查组对全区进行了检查，检查面为 100%。

除湖南、西藏外，28 个省（区、市）和内蒙古、黑龙江武装森林警察总队在 1991 年 4 月底前将检查结果报林业部。

检查结果如下：

森林防火建设资金投入 1987 年 5 月 6 日大兴安岭特大火灾后，各级政府和林业主管部门高度重视森林防火工作，多方筹集资金增加投入，改善森林防火条件，提高预防和扑救森林火灾的能力。据 28 个省（区、市）自查和总指挥部办公室抽查，1988—1990 年各省（区、市）用于“四网两化”建设的资金（不完全统计）为 56 969 万元，其中国家计委下达的森林防火专项补助投资和林业部预算内投资 9749 万元，省级配套 13179 万元，地县级以下配套 34 041 万元。国家与省地县配套投资的比例为 1：4.9，体现了以“地方为主，国家适当补助”的方针。

森林防火建设资金管理 各级森林防火指挥部和林业主管部门都非常重视森林防火建设资金的管理。绝大多数省（区、市）按照总指挥部和林业部的要求，结合各自实际，建立起严格的资金管理制度。基本上做到了按照森林防火基础设施建设规划进行建设，设立专门帐户，有专人或兼管人员管理，专款专用，执行计划审批程序和年报制度。

森林防火设施、设备管理 随着森林防火设施设备数量相应增多，各级领导都比较重视加强管理，分门别类地建立档案，防火期过后进行维护检修，有的还进行封存，保证了防火期内设施设备的正常使用。据总指挥部抽查，内蒙古乌尔旗汗林业局、黑龙江满洲里护林联防站、山河屯林业局防火设施设备完好率达 100%。

森林防火资金使用效益 据统计，这次检查到的 56 969 万元投资，建瞭望台 2461 座、瞭望哨棚 1450 个，购置无线通讯电台（含手持机）22 627 部、其他通讯设备 1654 台（部）、消防车 3469 辆、风力灭火机 15 115 台、其他扑火机具 113 335 台（件）、扑火服 13 623 套，建设阻火系统 154 192 公里，同时，重点装备了三个武装森林警察总队及建立直升机加油点 13 处。这些设施设备在预防和扑救森林火灾中，起到了重要的物质保证作用。从 1988 年以来，我国森林火灾次数和损失连年大幅度下降，取得了建国以来的最好成绩，这是与防火设施设备的物质保证作用分不开的。

资金大检查中反映出的问题 一是少数省（区）对防火资金大检查工作不够重视，没有认真组织开展自查和进行抽查。二是有的单位有变相挪用或挤占防火投资的现象，将计划下达的修建瞭望台等的投资改购通讯设备，用国家补助投资购置防火车辆或建防火隔离带，甚至挪做他用。三是有不少省（区）地县森林防火资金的投入没有比较稳定的渠道。森林防火设施建设发展不平衡，特别是偏远国有林区、集体林区、贫困山区县等防火设施寥寥无几，通讯、交通手段落后，扑火能力很差。四是防火设施设备的管理较为普遍地缺少完善的规章制度。缺少技术人才。（石瑞芝）

【森林防火教育和干部培训】 近几年来，党中央、国务院和各级人民政府对森林防火工作十分重视，加强了领导，增加了投入，使森林防火的基础设施建设有了较明显的提高，同时在高科技、先进设备和新工具的应用方面有了较大进步。林火监测已在原有地面巡护、定点瞭望和航空巡视的基础上增加了航天迹轨卫星监测；林火预测预报火险区划和火险等级划分标准的制订由点到面开展起来；使用微机进行林火管理已在各重点林区省（区）和十余个县市推广；从中央到省（区）（除西藏）到地市的一二级通讯网已畅通无阻，由地市到县、到林场、乡镇三四级通讯网正在建设；装备和灭火工具有了很大改善，扑救林火不再是单一的人工扑打，增加了机械和航空灭火的比例。随着这些新技术、新设备、新工具的应用，各省（区、市）都强烈地感到防火专业人才和管理人才的不足，不少地区，购置的先进通讯工具和微机设备无人会用，严重影响了防火事业的发展。森林防火人才的培养、干部素质的提高，已成为森林防火的基础工作之一。1991年，对全国森林防火干部的现状进行了调查，现有森林防火专职人员约15 000人（省、地级防火部门3000人，县局级防火部门12 000人），其中有大专文化程度的（包括专业证书）2400人，占总数的16%；高中和中专文化程度的8000人，占总数的53%；初中和初中以下文化程度的4600人，占总数的31%。从参加防火工作的年限来看，5年以下的占总数的50%，5年至15年的占35%；15年以上的占15%。从以上数字看出，全国森林防火干部的文化素质较低，而且有一半人是近5年内参加防火工作的，缺乏防火实践经验，不适应森林防火工作的需要。（毕忠镇）

【森林防火专科教育】　1991年8月15—20日，由林业部教育宣传司和森林防火办公室在黑龙江省哈尔滨市联合主持召开了森林防火教学工作研讨会。参加会议的有全国各林业高等院校和部分农业院校从事森林防火教学工作的教师，以及部分省（区）森林防火办公室的同志。林业部以教宣院[1991]105号文转发了会议纪要，并明确规定：①在森林防火专业建设上，当前主要考虑专科层次和中等专业教育，还需考虑在职干部的培训，并根据森林防火工作的需要，调整各层次的比例，进行合理布点；②森林防火本科专业应根据事业发展的需要，努力创造条件，争取在适当时机，列入全国高等教育专业目录；③凡有条件的院校应尽快增设森林防火专科专业，学制二年，总学时数控制在1400—1600学时，学校可根据实际情况制订教学计划，原已开设过森林防火专科专业的东北林业大学、西南林学院，可继续招生，并积极充实必要的教学设施和设备，以保证教学质量；④各高等林业院校、系的林学、森保两个专业要设森林防火必修课。有关专业开设的林学概论课，要适当增加森林防火的内容，以适应森林防火工作发展的需要；⑤有条件的学校要积极为当地森林防火部门做好服务工作，与森防部门定期召开森林防火教学研讨会，丰富教学内容，以推动森林防火教育事业的迅速发展，加速森林防火专业人才的培养。（曾志辉）

【森林防火在职干部培训】　1991年，为了提高森防管理干部、森警基层干部和专业干部的素质，部森林防火办公室举办了森林防火新技术、森林防火微机应用和无线电通讯、航空护林观察员培训班以及森警基层政工干部集训班，共培训森防干部317名，总授课和辅导时1100个学时。在教学方法上，除了请有丰富教学经验的教授、专家讲课外，还请有实践经验的老森防干部讲实践经验，在学习方法上突出微机、电台等实际操作的训练和基础知识的学习，还根据学员程度参差不齐的实际情况，采取了分别划组和不同的授课方式进行教学，取得了较好的效果。（毕忠镇）

航　空　护　林

【综　述】　1991年，东北、内蒙古林区和西南林区航空护林共租用民航和部队等单位飞机68架，总计费时间6972小时。其中东北、内蒙古林区62架，计费时间6224小时（固定翼飞机33架，计费时间2882小时；直升机29架，计费时间3342小时）；西南林区6架，计费时间748小时（固定翼飞机4架，计费时间550小时；直升机2架，计费时间198小时）。

东北航空护林中心　原由航空护林中心直接领导的东北、内蒙古林区所有航站1990年全部下放给所在省（区）管理。随着航站的下放，航空护林中心的职能改变为对东北、内蒙古林区域的航空护林工作进行行业管理。春防期间，航空护林中心发挥“指导、协调、检查、服务”作用，派出2个工作组深入各航站工作。秋防期间，航护中心就如何搞好行业管理，如何与提供用机部门搞好协作等议题，派出3个工作组到各航站调查研究，听取意见和建议。进入秋航期，航空护林中心还租用1架固定翼飞机，并安排专门技术人员对空中火情监察区内的8个火场进行了面积勾绘和现况拍照，为国家森林防火总指挥部办公室了解东北、内蒙古林区部分区域的火情动态提供了可靠的参考依据。

西南航空护林总站　1991年有西昌、百色、思茅3个航站开航，1990年完成基建验收的成都航站1991年试航。4个航站组织的飞行中，空中发现火情212起，对22个火场实施了机降扑火，其中15个火场是机降队当天扑灭的。

1991年初，林业部和云南省林业厅党组根据工作需要，调整和充实了西南航空护林总站的领导班子。新的领导班子边加强领导成员之间的团结配合和调整各级机构，边与航站所在省、地、县政府森林防火指挥部加强联系，协商解决航护工作遇到的问题。制定了20多个岗位职责规定并开始试行，使航站的管理朝制度化、正规化方向迈进。（徐天荣　曹国良）

【航站建设】　1991年，航空护林部门共完成林业部下达的基本建设计划728.00万元，其中东北航空护林中心和各场站完成489.80万元（基本建设372.00万元，设备117.80万元）；西南航空护林总站及所属场站完成238.20万元（基本建设218.80万元，设备3.7万元，其他15.7万元）。

经过1年的建设，黑龙江省牡丹江航站已初步建成，并于当年投入使用；佳木斯航站也初具规模，已由临时站改为正式航站。云南省保山航站经过几年的努力，完成了基本建设任务，等待工程验收。全国航空护林场站概况见下表。

航空护林场站概况一览表

航站名称	建站时间	主跑道（米）			可停机架数	航期飞机配备（架）		正常航期		作业方式	巡护范围（万公顷）	
		长度	宽度	结构		固定翼	直升机	春航	秋航		总面积	有林地面积
嫩江	1965	1400	30	水泥	5	1	1	4.1—6.10	9.25—11.10	巡护、机降、化灭	246	76
黑河	1985	1500	30	水泥	5	1	1	4.1—6.15	9.25—10.25	巡护、机降	350	150
加格达奇	1966	1400	40	水泥	8	3	4	3.25—6.15	9.25—11.5	巡护、机降、化灭	448	209
塔河	1984	500	30	混凝土	7	1	1	4.10—6.30	9.20—10.30	巡护、机降、化灭	611	422
伊春		555	30	水泥	4	1	2	3.25—6.10	9.25—10.30	巡护、机降	626	397
佳木斯	1991	1500	30	沥青	3	1	1	3.27—6.5	9.25—10.31	巡护、机降	91.2	53.3
牡丹江	1991	2600	80	水泥	50	1	1	3.2—5.30	10.2—11.15	巡护、机降	282	57
根河	1965	1000	30	水泥	7	2	1	4.20—6.20	9.20—10.30	巡护、机降、索降	610	597
海拉尔	1952	1800	45	水泥	10	1	1	3.25—6.10	9.25—11.5	巡护、机降	400	360
扎兰屯	1988	550	21	水泥	3	1	1	4.1—6.5	9.25—11.5	巡护、机降、化灭	371	102
乌兰浩特	1964	550	30	砂石	4	1	1	3.27—6.5	10.2—11.10	巡护、机降		
敦化	1952	1000	100	砂石	3	2	1	3.25—6.10	9.25—11.7	巡护、机降		
成都	1985	2400	60	水泥	20	1		3.1—5.31		巡护	976	292
西昌	1985	3600	50	水泥	14	1		3.1—5.31		巡护	712	
百色	1985	1500	30	砂石	3	1	1	3.1—5.31		巡护、机降	876	231
思茅	1985	2500	45	水泥	6	1	1	3.1—5.31		巡护、机降	706	218
保山	1985	1820	45	水泥	6		1	试飞行		巡护、机降	710	260
丽江	1985	2000	40	砂石	2			尚未正式开航				

（张再力　王志高）

武装森林警察

【综　述】 1991年，武装森林警察（以下简称森警）部队在林业部、武警总部和地方各级政府和林业主管部门的领导下，认真贯彻了“两手抓，抓两头”（一手抓政治建设，一手抓以森林防火灭火为中心的各项任务；一手抓领导班子和机关建设，一手抓基层建设）的工作指导方针，圆满完成了以森林防火灭火为中心的各项任务，全面加强了部队建设。

①全年森警部队扑灭火警、火灾152起，其中火灾42起，当日扑火率达96%，实现了“打早、打小、打了”。与此同时，还积极协助地方政府和公安部门维护林区社会治安，完成一些临时性任务。在遭受特大洪涝灾害时，与当地政府和人民群众一起抗洪抢险，涌现出一大批以武警总部授予“抗洪抢险勇士”光荣称号的张东光烈士为代表的英雄模范人物，受到了林业部、当地政府和人民群众的高度赞扬。

②加强了以党的建设为重点的政治建设，确保部队在政治上永远合格。一是按照“学习、团结、廉洁、求实”的方针，加强了各级领导班子建设，不断提高领导班子的马列主义水平。加强内部团结，坚持党委集体领导下的首长分工负责制。二是认真加强了基层党支部建设。重点解决了基层党组织存在的组织不健全、制度不落实、领导不坚强等问题，使基层党支部真正发挥战斗堡垒作用。三是加强了党风建设，重点加强了廉政建设。坚持一级抓一级、一级带一级、一级包一级、实行责任制，做到赏罚严明。

③严格训练，严格要求，提高部队的军政素质，训练中突出了干部、防扑火业务和基础训练，认真抓了冬、夏两训，部队的机动能力和作战能力有了进一步提高。在行政管理工作中，认真贯彻条令条例，落实各项规章制度，在正规化建设的深度、广度上下功夫。部队的作风纪律有了明显加强，各种事故和刑事案件有所减少，保证了各项任务的完成。

④加强了后勤建设，提高后勤保障能力。认真贯彻“统筹兼顾，保证重点”的原则，狠抓了经费和物资的供应和管理，根据部队建设的轻重缓急，合理分配，保中心，保重点，面向基层，面向战士，注意解决部队中的实际困难。8月，为总结近几年森警部队后勤工作的情况，交流经验，推广先进，在黑龙江大兴安岭支队召开了后勤工作会议，进一步推动了后勤工作的开展。

目前，森警部队还存在一些问题，主要是领导关系、管理体制还不够顺，部队政治教育在一些单位不够落实，训练和管理还不够严格，部队的装备比较差，经费比较紧张。（杨瑞生）

【武装森林警察部队机构】 1991年，内蒙古森警总队赤峰大队和哲里木盟大队改为赤峰支队和哲盟支队。森警部队共有总队（师级）3个，支队（团级）16个，警校3个（团级），大队（营级）105个，中队（连级）157个。编制人数10 800人，其中干部2063人，战士8737人；实有人数10 065人，其中干部1735人，战士8330人。（杨瑞生）

【全国第四次森林警察工作会议】 1991年9月1日，林业部在北京召开了第四次森警工作会议。

这次会议主要是总结森警部队1991年上半年的工作，部署下阶段的任务，特别是对进一步加强森警部队的政治建设提出了具体要求。会上，各森警总队汇报了上半年工作情况和下阶段工作安排，蔡延松副部长对森警部队上半年工作进行了总结，对下阶段工作提出了要求。

高德占部长在会上作了讲话，指出这次森警工作会议，是根据当前形势和任务的要求召开的一次重要会议，强调森警部队在下阶段中要重点抓好四个问题：一是进一步加强政治建设，保证党对森警部队的绝对领导。二是进一步加强部队党的建设。三是要不断提高部队的战斗力，保证中心任务的完成。四是加强管理，严防事故。（杨瑞生）

【武装森林警察部队后勤工作会议】 1991年8月5—8日，由林业部武装森林警察办公室主持在黑龙江省森警总队大兴安岭（加格达奇）支队召开。参加会议的有各森警总队，支队，部分大队领导，共计83人。这次会议，总结分析了森警部队列入武警序列以来后勤工作的基本情况，研究和部署了今后森警部队后勤建设的任务。同时，3个总队、9个先进单位介绍了经验，还参观了大兴安岭支队后勤建设。（范福清）

森林资源与林政管理

【森林资源与林政管理综述】

加强采伐限额执行情况的检查监督 为了确保"八五"期间实现全国总生长量大于总消耗量的目标，林业部以林资字［1991］110号《关于加强森林采伐限额执行情况监督检查若干问题的通知》下发全国，各级主管部门重点抓了五项制度的落实：建立年森林采伐限额目标管理责任制、领导办采伐限额管理示范点、在全国范围内实行森林资源采伐消耗全额统计报告制度、严格执行年森林采伐限额监督检查制度、实行森林采伐限额通报奖惩制度。

林地管理工作 林业部与国家计委联合下发了林资字［1991］131号《关于加强国营林业局林地管理的通知》，与国家土地管理局联合下发了林资字［1991］120号《关于进一步加强林地管理的通知》，重申了加强保护林地的要求。为了切实掌握林地变化情况，1991年林业部组织了直属调查规划设计院开展了林地被占情况的典型调查，调查结果向全国作了通报，并同国家统计局协商，初步建立了征占林地统计报表制度。

向东北、内蒙古国有林区国营单位颁发林权证工作 3月下旬林业部在呼和浩特市召开了东北、内蒙古国有林区国营林业单位颁发林权证大会，徐有芳副部长在会上作了重要讲话。

全国人工造林、更新实绩核查工作 1991年在总结以往经验的基础上修订了核查的方法，改进了样本抽取的方法，从而提高了核查成果的可靠性。根据3年的核查成果，林业部在全国林业厅（局）长会议上对广东、广西、江西、福建等9个省（区、市）林业厅（局）进行表彰，分别授予造林成绩优异奖和造林质量优秀奖。

配合实施林价制度试点工作 资源和林政管理司组织了部直属各调查规划设计院开展实施林价的调查研究，颁发了《东北、内蒙古国有林区实施林价制度伐区调查设计、拨交验收管理办法（试行）》。

"三北"防护林地区森林资源清查成果汇总工作 "三北"防护林地区森林资源清查历时1年多，实地调查了110个县、505个乡（场）、10万多个小班，调查面积703万亩，抽样比占5%。

国家森林资源监测体系 经过3年的努力，初步建成了国家森林资源监测体系。经专家鉴定其技术水平及管理水平已经处于国际领先的地位。目前，体系运行稳定、可靠，达到了每年出数的要求。

与此同时还开展了1990年全国森林资源消耗量及消耗结构的调查，并编汇了《1988—1990年度全国森林资源消耗量调查结果汇编》和消耗量调查情况通报。林业部在1992年1月全国林业厅（局）长会议上对广东、江西、广西等省（区）进行了通报表彰，并分别授予了控制资源消耗成绩显著奖。

通过对1988—1990年全国森林资源生长和消耗进行统计分析，表明了我国森林资源生长量已大于消耗量。

此外，还完成了北京、河北、江西、西藏、甘肃、新疆等6个省（区、市）的森林资源连续清查复查工作，调查总面积为370万平方公里，占国土总面积的38.5%，特别是西藏自治区首次开展的清查工作，任务量大，条件极其艰苦。

经国家机构编制委员会批准，同意林业部向吉林、黑龙江、内蒙古、四川、云南、福建等省（区）和大兴安岭林业公司派驻森林资源监督专员及设立办事处。

为了进一步搞好东北、内蒙古国有林区"三总量"（采伐、运输、销售总量）控制，林业部组织了4个森林资源监督检查小组，开展了"三总量"执行情况的大检查，历时3个多月，共检查了14个国营林业局的173个基层单位。从检查的结果分析，受检单位均未突破各自的控制指标，但也存在一些应当引起注意的问题。

木材流通领域监督管理 1991年林业部与铁道部、交通部联合发布了林资字［1991］102号《关于实行木材凭证运输有关问题的通知》。文件下发后，有24个省（区、市）林业主管部门与有关部门联合转发了三部联合通知，并结合实际规定了具体实施措施。

资源和林政管理示范点工作 为加强资源和林政管理示范点建设，年初林业部专门召开了有关工作会议，高德占部长提出了"既要抓深度，又要抓广度"的严格要求。为进一步总结推广示范点各项建议成果，1991年7月在辽宁省清原县组织召开了全国资源和林政管理工作现场会 徐有芳副部长主持了会议。

（陈振杰）

森林资源监测与统计

【综　述】 1991年，在森林资源监测与统计工作方面取得新进展，主要表现在以下几方面：

①完成了“三北”防护林地区森林资源清查成果汇总工作。这次森林资源清查工作，从1990年3月至1991年3月，调查范围涉及“三北”防护林工程建设所包括的北京等13个省（区、市），总面积406.9万平方公里，占国土面积的42.4%。清查工作按规定调查10万多个小班，实地调查面积703万亩，抽样精度达5%。在质量方面，安排抽查面积30.86万亩，占总工作量的4.39%，检查结果合格率达99.2%。调查结果：1978—1988年“三北”防护林体系建设人工造林、植树、植被保存面积11 130.50万亩，占已公布造林完成数的80.16%，其中一期工程（1978—1985）为76.5%，二期工程（1986—1988）为86.92%。②北京、河北、西藏、江西、甘肃及新疆6省（区、市）开展第四次森林资源连续清查，调查面积370万平方公里，占国土面积的38.5%。1991年在西藏自治区完成了固定样地与遥感技术相结合的森林资源连续清查体系，这样，除台湾省以外，全国以省（区、市）为单位的森林资源连续清查体系已全部建立。③进行1990年度的森林资源消耗量及消耗结构调查。1990年度全国森林资源总消耗量为2.97亿立方米，基本与上年度持平。根据部领导的要求，结合1988—1990年森林资源连续清查统计，林业部颁发林资字［1991］180号文《关于1988—1990年森林资源消耗量调查情况通报》及《1988—1990年全国森林资源消耗量调查结果汇编》。④根据1988—1990年全国森林资源连续清查和消耗量调查结果，全国森林资源年均生长量3.66亿立方米，年均消耗量为3.27亿立方米。林业部高德占部长在全国林业厅（局）长会上（1992年1月）宣布：我国已实现了全国森林资源总生长量和总消耗量持平，消灭了森林资源“赤字”，扭转了长期以来森林蓄积量持续下降的局面，开始走向森林面积和蓄积量“双增长”。⑤全国森林资源监测体系基本建立，做到了“一年出一个数”。在森林资源连续清查固定样地资料基础上，结合每年进行的消耗量调查、人工造林更新实绩核查及有关林业生产信息，采用系统动力学（仿真）模型，在电子计算机上完成每年全国及各省（区、市）森林资源数据更新及预测。⑥推动地方森林资源监测体系的建设工作。根据国发［1990］66号文要求“地方资源监测体系也要尽快建立起来”的精神，林业部在广泛调查研究的基础上颁发了《关于印发〈关于建立地方森林资源监测体系有关问题的原则规定（试行）〉的通知》，以推动工作的开展。⑦森林资源建档工作取得进展。截至1991年，除云南省的森工企业局外，其他国营林业局都已建立资源档案；国营林场基本完成；集体林区建档县占应建档县数50%左右。全省完成建档的有吉林等6个省。⑧3月28—31日，林业部在四川省温江县召开全国第二届林业调查设计实用技术交流会。会议收到申报参加交流的项目173个，经专家们审议选出其中的60项作为书面交流项目，最后在森林资源调查、规划设计、专业调查、电子计算机应用及林业测绘遥感等五大门类确定31个项目技术成果作为大会推荐推广项目。（陆静娴）

【国家森林资源监测体系】 1991年国家森林资源监测体系及时准确提供了年度森林资源监测数据更新的成果。

根据国家森林资源监测1989年试生产成果，林业部资源和林政管理司组织林业部华东、中南、东北三个区域森林资源监测中心从事森林资源监测的技术骨干，着重对国家森林资源监测体系主模型（系统动力学模型）软件进行了优化。目前优化工作基本结束，软件在设计的运行环境中操作方便、提示清晰、运行稳定可靠。优化后的软件整体结构更加严谨，运行时间大大缩短。在1991年底对国家森林资源监测系统数据更新软件鉴定会上，与会专家对软件模型数据更新给予了高度赞誉。

为提高国家森林资源监测数据更新质量，林业部资源和林政管理司在加强对系统优化的同时，还注重强化国家森林资源监测人员的素质。1991年6月在林业部华东林业调查规划设计院对各区域监测中心系统操作人员、监测室主任、负责监测工作的总工程师，举办了为期15天的技术培训。系统操作人员不但能熟练地操作数据更新模型系统，而且基本掌握了国家森林资源监测系统软件结构和功能。（陆应祥）

【1990年度全国森林资源消耗量及消耗结构调查】 1990年共完成了336个县（局），1329个乡（场），40 908户城乡居民的调查任务。调查结果见表1。

1990年全国森林资源消耗量与1989年相比，基本持平，略有减少。全国各省（区、市）森林资源消耗量及消耗结构仍不均衡。黑龙江、吉林、内蒙古、云南、四川、陕西、甘肃及新疆8省（区）森林资源总消耗量为15 974.5万立方米，占全国的53.7%。其中东北、内蒙古82个国营林业局的森林资源消耗量占全国森林资源总消耗量的17.4%。南方集体林（区）森林资源消耗量为11 355.9万立方米，占全国的38.2%。11个少林省（区、市）的森林资源消耗量为2396万立方米，仅占全国的8.1%。

表1 1990年度全国森林资源消耗量及消耗结构统计

单位：万立方米

合计	商品材						农民自用材	培植业用材	烧材				灾害性消耗	其它
	计	其中：							计	其中：				
		国家上调材	销售出省材	省内销售材	企事业单位自用材	其它				农民生活烧材	城镇生活烧材	工副业烧材		
29726.4	11591.9	2595.0	2784.5	4148.1	723.1	1341.2	6398.6	652.9	9710.1	7646.7	1310.2	753.2	484.3	888.6
100	39.0	8.7	9.4	14.0	2.4	4.5	21.5	2.2	32.7	25.7	4.4	2.6	1.6	3.0

1990年森林资源消耗量在2000万立方米以上的省有：黑龙江、云南、四川和福建。4省的森林资源消耗量占全国的46.5%。1000万—2000万立方米的省（区）有：内蒙古、吉林、广西、贵州、江西和湖南，合计占全国森林资源总消耗量的29.4%。500万—1000万立方米的省有：广东、湖北、河南、浙江、安徽和陕西，合计占全国的16.5%。其他13个省（区、市）的森林资源消耗量均在500万立方米以下。

森林资源消耗结构特点：①全国商品材资源消耗量为11 591.9万立方米，主要集中在国有林较多的8个省（区），占61.9%；其中东北、内蒙古82个国营林业局占全国的36.1%。1990年商品材资源消耗量比1989年减少了280.4万立方米，下降幅度为2.4%。②1990年农民自用材的消耗量比1989年增加了592.2万立方米，增加幅度为10.2%。其中浙江、安徽、河南、四川4省增加较多。③全国烧材资源消耗量呈持续下降的趋势。但烧材消耗占森林资源总消耗的比重仍偏高，特别是南方一些省（区），如海南、云南、贵州、湖北等均在50%以上。烧材资源消耗主要是农民生活烧材。

（高富生）

【全国第二届调查设计实用技术交流会】 1985年12月广西南宁全国首届林业调查设计实用技术交流会召开之后，全国林业调查设计系统涌现出一大批林业调查设计的实用技术，特别是遥感和电子计算机应用方面，尤为突出。如遥感的信息采集处理、资料分析评价、地类判译、树种划分、蓄积量测定等技术，均有很大进展；计算机的通信、联网、档案管理、资源统计、分析预测、作业设计、经营辅助决策、工具开发等也有所突破，并编出了许多实用的应用软件。

为此，资源和林政管理司本着交流总结、提高、发展的精神，于1991年3月在四川成都温江县召开了全国第二届林业调查设计实用技术交流会，与会代表100余人。

这次技术交流会确定60个项目作为书面交流，61个项目作为会上发言交流，最后推荐出31项作为向全国推广项目。会后，资源和林政管理司将会上推荐的推广项目资料汇集成册付印，名为《全国第二届林业调查设计实用技术交流会资料汇编》，发至全国。同时还对重点推广项目如森林资源数据更新预测系统、林业制图支持与图形管理系统等项目，通过培训班的办法，培训全国各省（区、市）林业调查设计的技术干部，向全国推广。

（张美祥）

【地方森林资源监测体系建设】 地方森林资源监测是全国森林资源监测体系的重要组成部分，为做到上下统一，协调一致，以林资调［1990］40号文颁发了《关于建立地方森林资源监测体系有关问题的原则规定（试行）》，其要点如下：

地方森林资源监测一般分为三个层次，即省（区、市）、地（市）和县（局）森林资源监测。

地方森林资源监测应做到：每年提供一次全省（区、市）和各县（局、场）森林资源监测成果及资源发展预测。每3—5年提供一次全省（区、市）各主要林区县（局、场）森林资源连续清查复查成果；每10年提供一次全省（区、市）各主要林区县（局、场）二类调查成果。

1991—1993年各省（区、市）首先要完成编制采伐限额的县（局、场）资源监测体系的建立工作，其他地区力争在1995年前建成。具体要求为：1991年各省（区、市）建立省级资源监测机构并开展工作；本省（区、市）有条件的县（局、场）开展资源监测工作并由林业主管部门逐级上报监测成果；尚未开展的地方应积极准备，尽快实现省、地（市）、县（局、场）监测体系联网。

目前，已有北京、河北、山西、辽宁、吉林、黑龙江省林业厅、江苏、浙江、安徽、福建、江西、湖北、广东、四川、贵州、云南、甘肃、青海及新疆等19个省（区、市）建立了省级资源监测机构，配备一定人员、设备，其中，福建、江西、云南、青海、贵州、黑龙江省林业厅及安徽等省制定了地方资源监测体系方案或工作计划，一些省开展了试点。

（陆静娴）

【利用航天遥感技术建立西藏森林资源连续清查体系】 1991年西藏开展了森林资源连续清查工作，这是在我国除台湾省以外第29个以省（区、市）为单位建立的森林资源连续清查体系。这项工作由从林业部中南林业调查规划设计院、西藏自治区林业局、湖南省农林勘察研究院抽调的180多名科技人员组成了2个地面遥感组、30个样地实测组、3个外业调查质量检查验收组，外业从1991年4月28日至9月10日，历时136天，对全区的各类土地面积、森林类型、抽取的样地进行实测；对社会经济、人工林和森林资源消耗量进行了调查。

由于西藏森林主要分布在藏东南的雅鲁藏布江中下游和横断山脉的金沙江、澜沧江、怒江三江流域以及喜马拉雅山南麓，这些区域山势陡峻，河流湍急，山顶与谷底相对高差大，一般达2500米，山顶多为终年积雪，具有清查范围广、山高缺氧、风雪严寒、交通不便、人口少分布不均、地方技术力量薄弱等特点，是全国开展森林资源连续清查困难程度最大的省（区）。

针对西藏自治区自然和社会经济条件的特点，本次西藏连续清查是利用航天遥感技术配合地面实测调查相结合的方法进行的。既以计算机增强处理的1988年1：10万TM影像和1986年1：10万MSS影像为基本信息源，在建立目视鲜译标志的基础上，对森林类型定性，影像控制成图及其森林资源调查因子测定。地面调查主要用于森林类型的定量测定，如各类森林蓄积、胸径、树高、生长量等计算获取基础数据，并为目视解译标志的建立提供更为可靠的依据。

全区设置了3个副总体，即30个林区县、藏北高原无林区和非法麦克玛洪线以南（控制线以外）。藏北高原及荒漠矮林、灌丛、牧草地资源，控制线外森林资源数据用TM卫片目视解译方法获得；人工林及苗圃地资源现地实测调查；城乡“四旁”树资源及消耗量抽样调查估算。30个林区县副总体按4×4公里布设17 552个样地，用卫片影像目视解译，成数抽样方法计算各类型土地面积。并从布设的17 552个样地中，随机抽取717个有林地和疏林地实测样群。每个样群设置间距250米的样园，样园面积为1亩，利用实测的各样园蓄积，计算各森林类型的平均蓄积，并推算各类型和总体的蓄积量。

调查结果表明，其成果的各项技术指标达到了部颁《森林调查主要技术规定》以及有关连续清查的规定，并提供了图面资料，以连续清查的“点”和遥感资料的“面”相互补充，为航天遥感技术在边远及大面积森林资源清查提供了经济、有效的成功经验。

（黎俊华　陈雪清）

【“三北”防护林地区森林资源清查成果】 这次清查工作共组织了333名技术人员，清查工作涉及到13个省（区、市），110个县（旗），505个乡（场），共现地调绘了102 771个小班，调查面积703.76万亩。“三北”防护林体系建设工程第一期工程（1978—1985）和第二期工程前3年（1986—1988）造林、育林保存情况：

人工造林 1978—1985年第一期工程建设人工造林、植树、植灌的保存面积为6886.74万亩，占对外公布的8年人工造林完成数9002.36万亩的76.5%。在保存面积中包括：有林地4140.35万亩、灌木林地2524.77万亩、小片林地（0.1—0.9亩）53.59万亩、1—3行的林带168.03万亩。

1986—1988年第二期工程前3年人工造林、植树、植灌的保存面积为4243.79万亩，占对外公布的3年人工造林完成数4882.61万亩的86.92%。在保存面积中包括：未成林造林地2793.20万亩、灌木林地1245.22万亩、小片林地（0.1—0.9亩）102.64万亩、1—3行的林带102.73万亩。

1978—1988年，11年共保存人工造林、植树、植灌面积为11 130.53万亩，占11年人工造林累计完成数13 884.97万亩的80.16%。

飞播造林 本次调查，除青海、新疆之外的11个省（区、市）1978—1985年8年的飞播造林保存面积为87.04万亩，其中成苗率大于40%的保存面积有56.54万亩，占同期上报的飞播造林面积148.53万亩的38.07%。飞播造林在“三北”地区尚处试验阶段。

封山（沙）育林 本次调查，除吉林省外，其余12个省（区、市）均有封山（沙）育林，1978—1985年封山（沙）育林保存面积为1329.81万亩，其中有成效面积为1077.52万亩，占同期上报封山（沙）育林面积1343.88万亩的80.18%。（刘龙惠）

林　业　区　划

【综　述】 1991年3月份，国家农业区划委员会正式部署了“八五”期间的区划工作，具体布置了更新中国林业区划和开展主要经济树种区划等49个课题。

更新中国林业区划工作 林业部区划办公室1989年10月和1990年9月先后在江西景德镇与内蒙古呼和浩特市进行过座谈酝酿，1991年1月在云南允景洪市召集各省（区、市）林业区划办负责人研究了更新中国林业区划工作的基本精神和具体安排：①更新中国林业区划工作要与林业发展战略研究结合进行，更新了的《中国林业区划》要体现林业发展战略的研究成果，命名为《中国林业发展战略和林业区划》。②确定以生态经济理论做为中国林业区划总论和分区论证的主导思想。

生态经济理论的要点是：把生态环境与自然资源同社会经济发展的关系引上良性循环的道路；使构成人类生存环境的各种物质资源经常处于一种有利于人类生存的协调状态；不断地协调人同环境及构成环境的各种物质资源之间的关系，保持一种动态的平衡和向良性转化的协调与稳进状态；改善环境的措施应能发展利用有用的资源；促进自然生态系统内各种能量转换过程，充分利用自然生态系统的时间和空间，实现以较小的空间与时间和最少的投入，取得较大的经济效益与社会效益；认真研究每项措施同周围其他事物之间的关系和可解的连锁反应，通过实践检验，随时进行调整。

1991年8月初在兰州市兴隆山自然保护区召开的林业区划成果交流会期间交流了一部分分区论证样稿，经过比较，肯定了把自然及社会经济条件和发展林业直接挂钩的写法。

林业区划专题 鉴于前10年林业区划成果对林业生产建设的积极作用，根据国家农业区划委员会布置的课题，结合林业实际，化解出24个林业区划专题，由林业部印发各省（区、市）林业主管部门进行了具体安排。 （张华龄）

【开展中国林业区划更新工作】 中国林业区划自1979年4月国家科委与全国农业区划委员会部署此项工作以来，在总结建国以来全国林业生产经验教训的基础上，根据各地社会经济状况、社会经济发展对林业的要求和自然条件的可能性，采用生态经济的观点和系统工程的理论与方法，对全国和各省（区、市）以及各山系、流域、平原等的森林资源的现状、林业生产的现状、自然条件对发展林业的影响以及为建立良好的生态环境和国民经济建设需要等进行详细的分析论证和进行区划。

先是划分为50个二级林区，然后将50个林区区划为8个林业地区。同时为各林区规定了合理发展方向、提出生产布局与结构，以及应采取的关键措施。但因10年来，各地林业建设、情况发生了很大的变化。国家对林业发展的要求也提出了新的目标。所以，修订原中国林业区划势在必行。为此，林业部林业区划办公室先后两次召集各省（区、市）研究修订中国林业区划问题，修改要点是：

①原区划的8个林业地区和50个林区，除四川、甘肃部分区划线需重新调查外，原则上不再变动。②50个林区必须采用本地最新的森林资源数据。③修订时必须进一步应用战略观点、生态经济观点和系统工程的理论与方法进行详细的分析与论证。④在分析论证时尽一切可能采用定量分析方法。⑤所引用的例证要进行详细的筛选与推敲，过时的、已变化的要进行修改。⑥每个分区必须明确提出未来可达到的森林覆盖率和科学的林种比例。⑦每个分区后要提出参考文献名录和动植物的拉丁文学名。⑧分区论证时要提出本区的自然保护区情况。⑨所附的区划图，必须将赤尾屿划到台湾区内，同时修改已发现的错误地方。⑩经修改后的中国林业区划每个地区和分区必须附有位置略图。同时，每个分区附一二张反映本区地貌或森林资源特点的照片。 （王炳勳）

【毛竹区划】 由林业部区划办主持，林业部中南林业调查规划设计院负责，11省（区）参加的全国毛竹区划工作于1991年完成。毛竹区划以毛竹林群体生态原理为依据，遵循：环境—毛竹—经营—生产力的关系，利用系统分析、定性定量相结合的方法，应用近期测定的1200多块标准地、4100多株标准竹，采用环境因子与产量聚类方法，首次建立了毛竹区划系统为：分布区—平面区划（区）和垂直区划（带）—适生区（带）—适宜区（带）—生产力等级区（带），并按毛竹生长平均水平确定区划系统的数量指标体系，采用了双因子控制的立竹株数和立竹平均胸径，尤其生产力等级区的建立，首次突破了沿用多年的生长级只评价毛竹自身静态生长的方法。

毛竹区划用近期调查成果统计了各适宜区（带）、生产力等级区现有毛竹林资源，可发展毛竹的宜林地，概述各区（带）自然环境、经营水平、发展方向和潜力。

毛竹区划还按生产力等级区划分立地类型及数量化评价系统，建立了数学模型预测不同立地类型时，毛竹不同产量（竹材、竹笋）和毛竹生物结构产量。

毛竹区划还按不同适宜区可测知的生产力水平，提出丰产林指标和经营技术模式；各适宜区现有低产林形成原因和改造对策。

毛竹区划还绘制了我国毛竹各适宜区、生产力等级区分布图，首次将各适宜区、等级区包括的省、县、乡名称列出，极易查对本乡、县属于哪个区及在本区不同立地条件下、不同经营水平时，预测可达到的生产潜力。 （王永安）

【林业区域综合开发规划】 1991年4—10月，林业部区划办公室组织编制《林业区域综合开发规划》，作为《全国农业区域开发总体规划》的组成部分。

这次规划是根据国务院办公厅国办［1990］47号文和国务院国发［1991］7号文关于编制全国农业区域开发总体规划的精神，以及全国农业区划委员会办公室对编制林业区域开发规划提出的几点要求进行的。

到本世纪末，规划林业开发建设的重点是：大力建设速生丰产用材林基地，加快五大防护林体系建设，积极发展经济林、薪炭林和特用林，重点兴建以林为主的综合开发工程，并对西南高山峡谷林区的合理开发、全国治沙与封山育林等项目提出规划。为便于实施，还进一步将所规划的重点建设项目，按中国林业区划，分解到各分区、片，分片阐述基本情况、特点、潜力分析、开发与投资规模、时段安排与效益分析等。鉴于林业开发片多依山系或水系分布的特点，不便按中国农业区划要求分区划片，为便于全国农业总体规划汇总，特将林业开发片的范围及包括县、市名称，一一列出，供参考。 （李维绩）

林业调查规划设计

【综　述】

1990年人工造林、更新实绩核查　根据各年度的检查结果表明：人工造林、更新面积的核实率由1987年的91.3%提高到1990年的96.1%；面积的合格率由65.6%提高到77.5%。人工造林（不含人工更新）面积合格率由1987年的55.2%上升到1990年的75.0%，4年间约提高20个百分点。尤其是通过《1989—2000年全国造林绿化规划纲要》的实施，以及1989年全国林业厅（局）长会上，林业部对1988年的核查结果进行了通报和表彰，1990年的人工造林、更新面积核实率由1989年的92.4%上升到96.1%，合格率由68.4%上升到77.5%，一年就分别提高了3.7个百分点和9.1个百分点。

造林保存状况调查试点　1991年在开展人工造林、更新实绩核查的同时，依据1988年人工造林、更新实绩核查的图表资料，在山西、辽宁、福建、湖南4省进行了保存状况的调查试点。

印发《关于全面开展造林、人工更新和封山育林实绩核查工作的通知》　为促进各省（区、市）进一步提高造林成效和统计工作的质量，理顺核查程序，加强省（区、市）自身监督工作，林业部决定从1992年开始，每年由各省（区、市）林业厅（局）组织省林业勘察（规划）设计院，对本省（区、市）当年的造林实绩进行核查，林业部仍在各省（区、市）造林的第二年组织直属规划设计院开展核查工作。

印发《沿海防护林体系建设县级总体设计规定》　沿海防护林体系建设是我国防护林体系建设的重点工程项目之一，涉及沿海的11个省（区、市），规划工程造林5337万亩。为保证防护林体系建设前期工程的质量，搞好县级造林总体设计工作，林业部制定并印发了《沿海防护林体系建设县级造林总体设计规定》（见“特辑”栏目）。

编制与实施森林经营方案工作　国有林区的136个国营林业局，除云南、四川两省外，全部完成了编案工作（不含新建局）。国营林场（含采育场）的编案已达3155个。开展编制县级集体林经营方案的已有18个省（区），完成740个县的编制工作。为适应工作的开展，林业部资源和林政管理司还印发试行《编制集体林经营方案原则规定》。

在大量完成编案的同时，部分省极重视森林经营方案实施的管理。辽宁省林业厅曾印发了《关于认真执行国营林场森林经营方案的规定》，福建省林业厅印发了《福建省县（市、区）级森林经营方案实施办法（试行）》。

印发《东北、内蒙古国有林区实行林价制度伐区调查设计、拨交验收管理办法（试行）》　经国务院同意，在财政部、国家物价局的支持下，林业部在东北、内蒙古国有林区的9个国营林业局先行林价制度。为此，林业部颁发了《东北、内蒙古国有林区实行林价制度伐区调查设计、拨交验收管理办法（试行）》，以补充原有规程、规范的不足，并指导实施林价制度的林业局切实做好伐区资源调查工作，保证资源调查的质量，打好计价的基础。　（翁宜民）

【林业部颁发《东北、内蒙古国有林区实行林价制度伐区调查设计、拨交验收管理办法（试行）》】　根据国务院国办通［1990］32号文件精神，林业部决定从1991年1月1日起，在东北、内蒙古国有林区的带岭、苇河、穆棱、翠峦、双鸭山、三岔子、大石头、呼中、阿里河等9个林业局实行林价制度，为在整个东北、内蒙古国有林区全面建立林价制度迈出了第一步。为配合与指导林价制度的实施，林业部颁发了《东北、内蒙古国有林区实行林价制度伐区调查设计、拨交验收管理办法（试行）》（厅资字［1991］19号）（以下简称：管理办法）。

《管理办法》为原有伐区调查设计、拨交验收有关规程、规范的补充。内容分为六章：总则；组织领导与管理；伐区调查设计；伐区调查设计成果质量检查；伐区拨交与生产作业质量检查验收；附则。以准确核算林价和加强森林采伐限额计划管理为立足点，对各级林业主管部门、资源管理和监督部门以及调查设计单位在伐区调查设计、拨交验收中的职责和管理办法作了原则规定。对伐区资源调查方法及精度作了新的调整：要求皆伐伐区实行每木检尺，择伐、渐伐、抚育伐伐区实行应伐木每木检尺。小班蓄积量调查的允许偏差不得大于±5%。

《管理办法》在9个林业局通过一年的试行：①促进了伐区调查设计、拨交验收管理的制度化、规范化。各局根据《管理办法》制定了相应的实施细则和考评奖罚办法，建立了岗位责任制，初步形成了资源管理、调查设计、木材生产和财务等部门之间的相互制约关系。②加强了调查设计队伍的建设。各林业局普遍充实了调查设计队伍的技术力量，加强了领导，添置了设备，并通过多种形式对调查设计人员进行了培训，实行定期考核，发证上岗，提高了调查设计人员的政治和业务素质。③提高了伐区调查设计和伐区生产作业质量。各局对伐区调查设计质量实行了设计队伍自查、林业局复查、上级林业主管部门抽查的三级质量检查制度。对伐区生产作业质量实行了局、场、工组分层承包的三级管理制度。据各级林业主管部门的抽查结果，1991 年 9 个林业局的伐区资源调查的小班蓄积精度都达 95%以上；伐区作业质量合格率也达 95%以上，并且各局不同程度地提高了出材率。

（刘嗣上）

【全国编制森林经营方案进展情况】 根据 1991 年各省（区、市）的统计表明：国营林业局（企业）除云南、四川省外，已完成 115 个局的编制任务（不含初步方案），编制的总面积达 3600 万公顷；完成编案的国营林场（含采育场）为 3155 个，总面积 2314 万公顷。已经全部完成或接近全部完成编制工作（场数占应编场数的 90%以上）的有河北、山西、辽宁、安徽、福建、山东、广东、广西、黑龙江、江苏、浙江、江西、河南、湖北、湖南等省（区、市），以及大兴安岭林业公司。

以县为单位的集体林经营方案编制工作，尽管工作难度较大，但也有明显进展。据统计，已有河北、山西、黑龙江、江苏、浙江、福建、江西、山东、湖北、湖南、广东、广西、贵州、云南、陕西、青海、新疆和四川等省（区）开展了编制工作，完成 740 个县的编制任务。其中，江苏、山东、青海、新疆已全部完成；福建已完成的县数占应编县数的 92%、广东占 95%、江西占 78%。 （翁宜民）

【《编制集体林经营方案原则规定》试行】 为指导各省（区、市）开展编制森林经营方案的工作，林业部资源和林政管理司于 1991 年制定了《编制集体林经营方案原则规定》，并印发全国试行。

该规定共 11 章 42 条。编制的主要内容包括确定森林经营方针和经营目标；确定林种，组织森林经营类型；造林和更新规划设计；森林抚育和低产林改造规划设计；森林保护规划设计；森林采伐规划设计；木材加工及林业多资源综合利用规划；基本建设项目规划；经费估算和效益分析。根据集体林的经营特点，强调编制方案以森林经营为重点内容，其余各项视当地条件、需要与可能确定。该规定还根据各地林情、经营管理水平的不同，强调“要因地因林制宜，分类指导，突出重点，简明易行”。规定要求一般以县为编制单位。对于森林资源比较集中，林业占有一定比重的乡或规模较大的乡村林场，条件允许的，应在编制县方案的基础上单独编制。对以县为编制单位的，各项营林与采伐等指标应根据实际情况逐级分解到乡、村和乡村林场。经营措施落实到小班。 （翁宜民）

【人工造林、更新实绩核查】 林业部 1991 年对全国 27 个省（区、市）1990 年的人工造林（不含飞播、撒播）、更新实绩进行了核查（天津、上海、西藏除外），共抽查 229 个县的 1254 个乡和 18 个森工企业局的 88 个林场，核查总面积为 150.49 万亩。核查结果见表 2。

为综合评价各省（区、市）的造林实绩，林业部以 1988、1989、1990 三年的“两率”平均值（（核实率＋合格率）1/2）的高低和 3 年所测算的人工造林、更新累计合格面积（上报总面积×合格率）的多少分别排队（见表 3、表 4），并以林资字［1991］178 号、179 号文向全国各省（区、市）林业厅（局）印发了通报。与此同时，在北京召开的全国林业厅（局）长会上（1992 年 1 月），分别对人工造林、更新质量领先的湖南、福建、山西、北京、吉林、湖北六省（市）颁发了造林质量优秀奖，对造林成绩突出的广东、湖南、福建、广西、江西、四川六省（区）颁发了造林成绩优异奖。

表 2 1990 年人工造林、更新实绩核查结果

单位：万亩

项目	上报面积	核实面积	核实率	合格面积	合格率	成活率41—84%		成活率≤40%	
						面积	%	面积	%
总计	150.49	144.57	96.1	116.68	77.5	22.60	15.0	5.29	3.5
人工造林	133.15	126.68	95.1	99.84	75.0	21.63	16.2	5.21	3.9
人工更新	17.34	17.89	103.1	16.84	97.1	0.96	5.6	0.08	0.4

说明：1. 核实率＝（核实面积/上报面积）×100%。
2. 合格率＝（成活率≥85%的面积/上报面积）×100%。

表 3 各省（区、市）人工造林、更新“两率”平均值

单位：%

顺序	地区	“两率”平均值			3 年平均	顺序	地区	“两率”平均值			3 年平均	顺序	地区	“两率”平均值			3 年平均
		1988	1989	1990				1988	1989	1990				1988	1989	1990	
1	湖南	93.4	94.9	95.7	94.7	5	吉林	78.1	94.6	98.4	90.4	9	广东	90.2	82.6	87.7	86.8
2	福建	88.8	88.4	99.4	92.2	6	湖北	85.3	86.5	92.7	88.2	10	青海	81.9	81.2	84.8	82.6
3	山西	77.0	97.5	100.0	91.5	7	江西	78.9	91.3	93.6	87.9	11	山东	81.5	80.1	84.3	82.0
4	北京	91.7	80.7	100.0	90.8	8	黑龙江	91.7	82.3	87.9	87.3	12	安徽	71.6	79.0	92.7	81.1

（续）

顺序	地区	“两率”平均值			3年平均	顺序	地区	“两率”平均值			3年平均	顺序	地区	“两率”平均值			3年平均
		1988	1989	1990				1988	1989	1990				1988	1989	1990	
13	辽宁	92.4	86.3	61.1	80.1	18	四川	71.7	66.5	92.1	76.8	23	广西	58.5	71.2	89.0	72.9
14	浙江	70.1	75.7	92.0	79.3	19	江苏	72.6	86.4	70.3	76.4	24	河南	65.9	58.8	72.1	65.6
15	河北	63.2	91.1	83.5	79.3	20	云南	84.9	75.4	64.6	75.0	25	新疆	69.1	70.4	56.8	65.4
16	海南	81.7	85.2	70.3	79.1	21	宁夏	79.8	47.4	93.8	73.7	26	贵州	66.3	50.9	68.4	61.9
17	内蒙古	82.7	86.9	64.2	77.9	22	甘肃	78.4	49.3	91.6	73.1	27	陕西	44.7	49.0	86.3	60.0

说明：1. 两率平均值＝（核实率＋合格率）/2。

2. 3年平均值＝（1988＋1989＋1990）年的两率平均值/3。

表4 各省（区、市）人工造林、更新测算的合格面积

单位：万亩

顺序	地区	测算合格面积				顺序	地区	测算合格面积			
		1988年	1989年	1990年	合计			1988年	1989年	1990年	合计
1	广东	916.82	617.98	384.01	1918.81	15	山东	190.18	128.11	152.05	470.34
2	湖南	382.35	421.46	435.24	1239.05	16	辽宁	193.07	135.50	136.29	464.86
3	福建	248.51	295.83	522.62	1066.96	17	贵州	136.80	104.49	139.16	380.45
4	广西	196.08	259.03	418.89	874.00	18	甘肃	137.57	66.86	170.81	375.24
5	江西	231.93	247.29	304.32	783.54	19	安徽	78.57	92.21	160.47	331.25
6	四川	246.70	192.88	334.67	774.25	20	河南	104.87	85.02	104.37	294.26
7	山西	117.51	251.86	331.12	700.49	21	浙江	82.18	68.78	100.42	251.38
8	黑龙江	278.26	197.67	212.97	688.90	22	青海	47.93	39.25	43.72	130.90
9	河北	121.17	264.44	242.49	628.10	23	海南	58.36	27.39	17.89	103.64
10	内蒙古	256.30	232.74	131.05	620.09	24	新疆	35.06	38.30	21.42	94.78
11	云南	202.56	181.52	170.03	554.11	25	江苏	19.30	24.18	18.82	62.30
12	吉林	148.66	219.43	182.56	550.65	26	北京	19.68	7.87	19.74	47.29
13	陕西	124.42	122.05	289.03	535.50	27	宁夏	20.97	4.02	12.51	37.50
14	湖北	118.67	143.26	231.60	493.53						

说明：测算的合格面积＝上报完成面积×合格率。 （周蜀恬）

【林业部颁发《关于全面开展造林、人工更新和封山育林实绩核查工作的通知》】 《通知》要求从1992年开始，每年由各省（区、市）林业厅（局）对本省（区、市）当年的造林（包括人工造林和飞机播种造林）、人工更新和封山育林的实绩进行核查。核查的内容主要是造林面积和成活率、造林规划设计、施工设计和造林建档的开展，以及种苗、造后管理等情况。专项核查内容按有关规程、规定进行。核查总面积既要保证其不少于年度造林、人工更新和封山育林上报面积的5%，同时还要顾及非工程造林、速生丰产用材林（分世行贷款项目与地方贷款项目）和分类工程造林项目（分“三北”防护林、长江中上游防护林、沿海防护林、平原绿化工程、太行山绿化工程）核查面积都按5%的比例进行。为了保证抽取样本的广泛性和代表性，《通知》还要求抽取的被查县数不少于本省（区）造林县总数的25%，并按造林成效好、中、差三种类型造林县所占总面积比例抽取。 （刘百胜）

【人工造林、更新保存状况调查试点工作】 林业部1991年分别在南、北方的辽宁、山西、湖南和福建4省进行了人工造林、更新保存状况调查的试点工作，试点工作由负责监测工作的直属规划设计院承担。调查范围是1989年人工造林、更新实绩核查的所有小班（地块），共计25.6万多亩，涉及37个县（市）、171个乡（镇、场）、4347个小班（地块）。调查结果见表5。

从表中数字可以看出：南方的面积保存率明显高于北方，除管理因素外，水热条件较好是不能忽视的原因；工程造林的面积保存率比一般造林高得多，充分体现了工程造林的优势。

表5　4省1988年度人工造林、更新保存状况

单位：亩、%

类别 省	原核实面积部分			原成活率≥85%部分			原成活率≥41%部分			一般造林			工程造林			更　新		
	原核实面积	保存面积	面积保存率	原核实面积	保存面积	面积保存率	原核实面积	保存面积	面积保存率	原核实面积	保存面积	面积保存率	原核实面积	保存面积	面积保存率	原核实面积	保存面积	面积保存率
合　计	256572	205050	79.9	206115	185073	89.8	248886	202114	81.2	109735	78275	71.3	100134	83251	83.1	46703	43524	93.2
福　建	76636	66776	87.1	64456	61412	95.3	75894	66335	87.4	24386	16441	67.4	12939	12022	92.9	39311	38313	97.5
湖　南	83558	71559	85.6	71503	65566	91.7	82643	71124	86.1	30661	25804	84.2	48400	42297	87.4	4497	3458	76.9
辽　宁	49212	34793	70.7	43279	33325	77.0	48333	34655	71.7	33834	23024	68.0	12483	10016	80.2	2895	1753	60.6
山　西	47166	31922	67.7	26877	24770	92.2	42016	30000	71.4	20854	13006	62.4	26312	18916	71.9	—	—	—

注：1. 保存面积指单位面积保存株数达到设计株数80%以上或郁闭度大于0.3（灌木林覆盖度大于40%）的小班（地块）面积；

2. 面积保存率＝（保存面积/原核实面积）×100%。

（刘百胜）

【开展"两率一表"标准化编制试点工作】 林业部资源和林政管理司于1991年开始部署"两率一表"(森林资源生长率、林木出材率和立木材积表)标准化编制工作试点。试点工作以部直属4个调查规划院为主体进行,成立了业务组,负责具体工作。

本次试点确定:①森林生长率的编制,以省为单位,以森林资源连续清查的固定样木为基础材料,提供分别起源、树种、龄组的森林生长率表;②林木出材率编制,分别在黑龙江和甘肃省选择一个林业企业局进行,提供各主要树种二元林木出材率表;③立木材积表编制,主要确定各省(区、市)使用的一元立木材积表的适用度、准确度并分析存在问题,以为今后全面开展立木材积表标准化提供依据,为逐步更新部颁二元立木材积表(行业标准)做技术准备。（寇文正）

【全国森林火险区划等级行业标准】 全国森林火险区划等级行业标准（以下简称《标准》）已于1991年12月在北京通过部级审定。森林火险区划是森林综合防火体系的基础，而基础的前提则是"标准"。《标准》是林业部调查规划设计院受部防火办委托制定的。

理论基础和依据　森林燃烧环理论、正交向量组理论和数量化理论是《标准》制定的理论基础。全国8大林业区划地区中的7个地区，17个省（区、市）的590个县（局）资料中的森林火灾指标、森林火险因子和森林资源数量及社会效益则是《标准》制定的依据。最后经电子计算机数量化多元回归分析计算，筛选出6个火险因子组成"标准"衡量的主要素。

适用范围　适用于全国各县、国营企业局及县级的国营林场、自然保护区和森林公园的火险区划，也就是说以上单位是森林火险区划的基本单元。

主要技术规定　包括树种（组）燃烧类型的划分及其确定；防火期平均降水量、平均气温及平均风速的数据来源及其发布的时间界限；道路网密度、农业人口密度的数据来源及其时间区间；森林资源的数据来源及其时间区间等。

《标准》的构成　由《全国森林火险因子得分表》和《全国森林火险区划等级标准》构成。上表由树种（组）燃烧类型、农业人口密度、防火期平均降水量、防火期平均气温、防火期平均风速及路网密度和火险因子级距及其对应级距的得分值构成。下表由火险等级和得分值代数和乘森林资源数量及综合标准分值构成。《标准》分三级，Ⅰ级为森林火灾危险性大，Ⅱ级为中，Ⅲ级为小。

《标准》的特点　①通过数量化处理后，将森林火险因子（定量和定性的）均以定量的数据指标来表示。②资料分别从气象、统计和林业主管部门获取，所以资料易于收集，且来源可靠。③《标准》深入浅出，具有易操作性和便于掌握。④按《标准》对收集到的全国590个县（局）资料进行了使用检验，其结果为：Ⅰ火险级的县（局）数占24.1%，Ⅱ火险级占32.9%，Ⅲ火险级占43.0%。检验结果说明《标准》符合我国的实际情况，因此具有实用性。⑤《标准》不仅是全国各县（局）进行森林火险区划的依据，同时它又对各地的林火管理水平将起到检验作用，所以它又具有双重性。（刘永红）

【大兴安岭东部林区企业经营区划调整】

林区概况　本林区范围系以1965年大兴安岭林区（会战区）规划境界为基础，并以1979年中共中央、国务院《关于恢复内蒙古自治区原行政区划的通知》，以及黑龙江与内蒙古、黑龙江省地区之间的行政区划调整等有关文件为依据进行的。总面积 844.6 万公顷，其中企业经营面积 812.3 万公顷，地方经营部分 32.3 万公顷。行政区划属黑龙江与内蒙古两省（区），前者占总面积的 77.3%，后者占 22.7%。

本林区位于祖国最北部边陲，行政归黑龙江省大兴安岭地区管辖，企业为大兴安岭林业公司，为林业部直属企业，延袭 60 年代建设初确定的管理体制，实行政企合一。行政划为呼玛、塔河、漠河三个县和加格达奇、松岭、新林、呼中四个区。企业有松岭、新林、呼中、塔河、阿木尔、图强、西林吉、十八站等 8 个林业局。规划尚未开发建设的林业局有富克山、南瓮河、库伦斯。

根据林业部 1991 年 1 月林计字［1991］11 号文批复，地方林场经营面积为 32.3 万公顷，各林场面积见表 6。

表 6　地方林场经营面积

单位：公顷

单　位	林　权	总　计	林　业　用　地						非林业用地	森林覆盖率（%）
			计	有林地	疏林地	灌木林地	未成林造林地	无林地		
计	国　有	323 319	276 558	212 653	4490	328	107	58 980	46 761	65.77
金山林场	国　有	57 376	52 662	45 053	502			7107	4714	78.52
嘎拉山林场	国　有	57 301	41 972	28 977	5		6	12 984	15 329	50.57
三卡林场	国　有	79 415	70 014	50 326	276		45	19 367	9401	63.37
12站林场	国　有	56 122	43 559	30 674	417			12 468	12 563	54.66
漠河林场	国　有	36 376	34 271	27 961	2693		7	3610	2105	76.87
22站林场	国　有	36 729	34 080	29 662	597	328	49	3444	2649	80.76

表 7　企业经营面积、林木蓄积、木材年产量

单位：万公顷、万立方米

企　业　名　称	总面积	有林地面积	活立木总蓄积	规划木材年产量	森林覆盖率（%）
计	844.6	596.8	55 925		70.7
一、大兴安岭林业公司	812.3	575.5	54 171	468.4	70.8
松　岭	90.7	64.5	5974	48.7	71.1
新　林	87.9	68.8	7376	71.0	78.3
呼　中	77.0	66.1	6599	70.0	85.8
塔　河	92.7	64.8	5875	55.0	69.9
阿木尔	55.6	37.7	3624	35.0	67.8
图　强	50.6	33.1	3862	38.2	65.4
西林吉	73.2	51.2	6102	55.8	69.9
十八站	72.3	51.8	5194	48.2	71.6
韩家园	90.8	64.0	4424	36.7	70.5
加格达奇	101.7	57.8	2230	9.8	56.8
呼中自然保护区	19.8	15.7	2911		79.3
二、地　方	32.3	21.3	1781		65.9

区划调整总方案　林业部经国家计委同意于 1991 年 1 月以［1991］11 号文批复《大兴安岭东部林区企业经营区划调整总方案》。

调整方案的主要变更是：①将原区划建设的富克山林区分别交由西林吉和图强林业局开发经营，不再建富克山林业局；②将十八站林业局的双河林场和富林林场分别划给塔河和新林林业局经营；③将南瓮河林区北部那都里河、南阳河、那源、石头山和南瓮河等 5 个林场划归松岭林业局开发经营，将其南部的 5 个林场划归拟将新建的加格达奇林业局经营。不再新建南瓮河林业局；④将南瓮河林区的南五场与松岭林业局南部以营林为主的古里、达金、多布库尔、大黑山、翠峰、白银河、欧肯河等7个经营林场，以及加格达奇营林局的塔列吐、跃进、白桦、老道口、实验林场等5个经营所和科研站等合并，建立加格达奇林业局；⑤原区划库伦斯林区不变，建立库伦斯林业局，局址设在呼玛县城内。阿木尔和呼中林业局维持现状。这样调整后为10个林业局。已建和在建8个，新建2个，比原规划减少2个局址建设。

对区划调整总方案的局部修改 林业部商请国家计委同意，于1991年10月以林计批字[1991]118号文做了批复，对林计字［1991］11号文批准的调整方案做了局部修改。其主要变更为：①关于库伦斯林业局。将原十八站林业局区划范围内的韩家园和新街基两林场划归库伦斯林业局。库伦斯林业局在韩家园不再设贮木场，使用原十八站林业局在韩家园建设的贮木场。为便于经营和生产运输的衔接，库伦斯林业局局址建在韩家园。为使企业名称和铁路站名、地方名称一致，避免在运输、邮电通讯等方面产生混乱，同意将库伦斯林业局更名为韩家园林业局。②关于十八站林业局。将拟划归塔河林业局的双河林场仍划归十八站林业局，使之在经济上、技术上、管理上更为合理。其它各林业局区划均仍以［1991］11号文批复为准。

区划调整后各林业局平均经营面积79.25万公顷，平均拥有林木总蓄积5126万立方米，平均木材年产量46.8万立方米，企业木材年总产量468.4万立方米。各林业局情况见表7。（李兰田）

森林采伐限额管理

【综　述】 为严格执行“八五”期间年森林采伐限额，1991年4月与7月，林业部相继在合肥、抚顺召开了全国资源和林政管理工作座谈会和现场会。各省（区、市）也相继召开了资源和林政管理工作会议或在省林业工作会议等有关会议上进行贯彻、落实。多数省（区、市）普遍以省政府文件批转了国务院批准的“八五”期间年森林采伐限额，层层分解下达并提出了严格要求和实施措施。有10多个省（区、市）层层签订《森林采伐限额管理责任书》或包括严格执行年森林采伐限额内容在内的责任状或对超采伐限额单位实行一票否决制，并从1991年开始全国实施了森林总采伐量计划管理制度。

为使全国森林采伐限额管理规范化、制度化和进行有效的管理，全国已有半数以上省（区、市）制定与实施了全额管理办法（试行或暂行）。

为了加强年森林采伐限额执行情况的监督检查，正确评价各级人民政府和林业主管部门森林采伐限额执行情况，林业部于6月以林资字［1991］110号文印发了《关于加强森林采伐限额执行情况监督检查若干问题的通知》，并于9、10月组织了4个调查组，分赴新疆、四川、云南、江西、浙江、湖南、广西等省（区）进行深入调查了解，其余省（区、市）也按要求上报了1991年采伐限额执行情况。（薛有祝）

【资源和林政管理现场会】 于1991年7月16—19日在辽宁省抚顺市及清原满族自治县召开了全国森林资源和林政管理工作现场会。

这次现场会是建国以来首次召开的全国森林资源和林政管理工作现场会。全国各省（区、市）林业厅（局）的主管处长，部直属林业调查规划设计院院长，林业部有关司（局）及新华社等通讯、宣传部门记者参加了会议。会议听取了辽宁省副省长肖作福、辽宁省林业厅厅长许万英、辽宁省抚顺市副市长吕新久、清原县县长张德贵和县林业局局长陈海楼等关于自“五五”期间以来实现有林地面积和蓄积“双增长”的经验和情况介绍。代表们先后实地参观考察了清原县苍石乡六家子村、南口前镇王家堡村、国营城郊林场、国营大边沟林场、湾甸子镇及辽宁省湾甸子实验林场等地。

现场会结束前，徐有芳副部长作了题为《强化管理，控制消耗，促进森林资源稳定持续增长》的总结报告。（薛有祝）

【林业部颁发《关于加强森林采伐限额执行情况监督检查若干问题的通知》】 林业部于1991年6月8日颁发了《关于加强森林采伐限额执行情况监督检查若干问题的通知》。通知明确规定：建立国家、省、地（林管局）、县（局）四级监督检查制度，实行分级负责，逐级检查。

监督检查主要内容：一是对采伐限额量的监督检查，二是对采伐限额行政管理方面的监督检查。国务院批准和各级人民政府下达的“八五”期间年森林采伐限额总量及其分项限额，是年森林采伐限额执行情况监督检查量的依据。采伐限额行政管理方面的监督检查内容主要包括：森林资源林政管理机构、队伍的建设情况；森林采伐限额全额管理规定（办法）的制定与实施情况；采伐限额管理与计划管理统一情况；严格加强林木采伐管理情况；领导干部任期森林资源消耗控制目标责任制、责任书的执行情况以及森林资源采伐消耗全额统计、定期报告、定期通报、奖惩制度的执行情况等。

为正确评价各级人民政府和林业主管部门森林采

伐限额执行情况，《通知》明确规定：在各省（区、市）自查的基础上，林业部将组织有关部门对省（区、市）年森林采伐限额、年度森林总采伐量计划的执行情况进行抽查，将抽查情况进行通报并报国务院。

（薛有祝）

木 材 流 通 管 理

【综　述】 1991年5月，林业部、铁道部、交通部联合下发了林资字[1991]102号《关于实行凭证运输木材制度有关问题的通知》。

全国有24个省（区、市）下发或转发了文件，部分车站、码头实行凭证装车、装船，有些站还允许进站检查，使木材运输证制度得以严格而全面的执行。其中，黑龙江省政府和浙江省政府办公厅就贯彻林资字[1991]102号文件，加强木材运输管理工作，还专门下发了通知。四川、湖南等省，还制定了核发运输证的管理办法，加强办证人员的业务培训，注意提高办证质量，使发证、管证工作逐步规范化。各地在办证中，坚持按林业部批准下达的出省木材运输控制总量审核发证，除黑龙江、陕西两省外，其他28个省（区、市）均未突破控制总量。

加强木材检查站的建设和管理 ①层层抓紧对木材检查站执法人员的培训工作。林业部资源和林政管理司下发了关于举办第一、第二期木材检查站人员执法培训班的通知。5月，资源和林政管理司又与教育宣传司联合下发了《关于木材检查站人员培训若干问题的通知》，要求各级林业主管部门要把培训工作纳入林业职工教育或成人教育年度计划，并进一步明确培训的主要内容。林业部办的这两期培训班共培训了120名执法人员或林政管理骨干，统一颁发了岗位培训证书。并为各地办培训班准备了教材，作了示范。在此基础上，各地积极抓培训或轮训，共培训执法人员10 242人。②各地继续贯彻中发[1990]16号文件关于治理“三乱”的指示精神，按照当地省（区、市）人民政府的统一部署，狠抓了木材检查站的清理整顿工作。据统计，目前全国现有经省级人民政府批准或其授权公安或者林业部门批准的木材检查站4800多个。在清理整顿站（卡）中，有的地方进一步理顺了木材检查站的管理关系；明确了其合法地位；实行了统一站牌和检查证书。③林业部委托北京部直属规划设计院，建立了16个省（区、市）约3000个木材检查站的管理档案，绘制了站址位置图。④各地在抓木材检查站物质基础设施建设的同时，按照林业部颁发的《木材检查站管理办法》，普遍建立、健全了木材检查站有关的管理制度，明确了检查项目，规范了检查人员行为。

清理整顿木材经营、加工单位 湖南省在清理整顿中收缴了被偷漏的国家税费和林业“两金”达1100多万元。吉林省林业厅按照国发[1990]66号文件精神，在难度最大的吉林、长春两市完成了清理整顿任务。其他省（区）结合各自实际开展工作，有的已把这项工作纳入到正常的管理之中。

制定《松香产品运输管理办法》 6月，向安徽、浙江、江西、福建、湖北、湖南、广东、广西、四川、云南、贵州省（区）林业主管部门下发了厅资字[1991]58号《关于执行松香产品运输证有关问题的通知》。通知规定，各产区省（区）林业主管部门要对木材检查站执行松香产品运输检查做出书面授权，明确规定其执行检查的责、权、利。并随文下发松香产品出省（出口）运输凭证的式样。10月，林业部制定并颁发了《松香产品运输管理办法》。

召开9省（区、市）木材流通管理座谈会 11月，召集了福建、广西、湖南、湖北、江苏、安徽、四川、山西、北京等省（区、市）和部分地（市）林政部门和木材经销单位的负责同志，就木材流通特别是市场管理现状、问题和对策进行了座谈、讨论。讨论认为，从总体上看，木材市场已从疲软的低谷慢慢走出来了，木材滞销积压的局面基本结束，南方木材销售逐步回升，趋于正常。

存在问题 ①现行木材流通管理体制，特别是部门职能分工有交叉，有关主管部门分头下文，由此而对执行木材凭证运输和治理整顿木材经营（加工）单位产生了一些不利的影响。在部分地区个体户、“假集体”、“假国营”木材经营（加工）单位不择手段乱收乱购木材，木材市场仍比较混乱。②法制不健全，执法力量薄弱的状况未有根本改观，特别是对违法经营木材的处罚，无法可依；同时林业行政执法队伍“软件”加强了，“硬件”却不硬，有些基本的检查设施、通讯工具等，普遍都比较缺乏。③木材检查站的执法程序有待完善和规范化。

（王祝雄）

【1991年木材出省运输总量执行情况】 1991年部批准的全国木材出省运输控制总量为4239.61万立方米。据对23个省（区）及黑龙江省森工总局、大兴安岭林业公司、内蒙古大兴安岭林业管理局等的统计，全年共完成出省运输总量为33 238 518立方米，占批准总量的78.4%，略低于1990年的实际完成总量。其中，北京、天津、上海、江苏、西藏等省（区、市）没有申报1991年的木材出省控制总量，宁夏、新疆均没上报全年完成情况。陕西省实际完成的为批准总量的116.46%、黑江省林业厅完成100.13%，这两省均突

破了批准总量。其余各省（区）及各公司（局）都在控制总量的范围内。完成80%以上的还有黑龙江省森工总局（99.0%）、广西壮族自治区（96.53%）、内蒙古大兴安岭林业管理局（87.18%）、大兴安岭林业公司（85.81%）、甘肃省（84.63%）、湖南省（82.42%）、福建省（81.07%）等9个省（区）、局、公司。河南、四川、贵州、内蒙古自治区等省（区）完成都在70%以上。

1991年除一些受灾较重的省（区）外，大部分省（区）、局、公司出省运输完成好于1990年，尤其东北、内蒙古国有森工企业及南方集体林区的贵州、云南、广西、福建等省（区），增加的幅度比较大。另外，过去被称为少林省（区）的半产半销区的内蒙古、辽宁、河南、陕西、河北、山西等省（区）增加的幅度也很大。如陕西省1991年比1990年增加55.06%、河南省增加51.72%、河北省增加17.64%、山西省增加13.2%、内蒙古大兴安岭林管局增加23.18%、大兴安岭林业公司增加21.91%、黑龙江省森工总局增加14.3%、贵州省增加17.55%、广西壮族自治区增加7.93%、辽宁省增加10.16%、云南省增加7.65%。其原因，①全国完成清理三角债后，市场开始启动，对木材需求量增加，从而带动了全国木材市场走出低谷；②林业部、铁道部、交通部联合发出《关于凭证运输木材制度有关问题的通知》（即林资字［1991］102号文）后，包括北京、江苏等24个省（区、市）的林业、铁路、交通、航运等部门联合转发了上述文件，理顺了关系，有关方面共同配合，使木材凭证运输制度的管理得到进一步加强。③部分省（区、市）、局、公司在申报木材出省运输总量时比较接近实际情况。④1991年铁路部门运输车皮总兑现率提高。有些省（区），由于1991年水、旱、风等灾害严重而造成木材出省运输总量低于1990年，如安徽、浙江、江西、广东、海南等省（区）。也还有个别省（区）申报量较大，由于运输力量不足，使1991年实际完成量低于1990年。

（林若樱）

森林资源监督

【综　述】　1991年初，林业部制定了森林资源监督1991年工作要点；6月组织了以林业部派驻的4个监督专员办事处为主的检查组，对东北、内蒙古森工企业1990年森林采伐、木材运输和木材销售“三总量”执行情况进行了大检查；8月末在北京召开了森林资源监督工作会议，讨论了国家机构编制委员会文件的要求，落实森林资源监督专员办事处工作职责。

健全森林资源监督机构，加强监督队伍自身建设　一年来，东北、内蒙古国有林区森工系统进一步健全了监督机构，配备和充实了监督人员。据统计，黑龙江省森工系统派驻各级森林资源监督人员达773人，吉林省派驻422人，内蒙古大兴安岭林管局派驻266人。目前基本形成省、地（市、管局）、县（林业局）、林场森林资源监督网络。通过举办各类研讨班、培训班、推广典型经验等形式，加强对监督人员的培训，增强搞好森林资源监督工作的事业心和责任感，注重监督队伍廉政建设，提高监督人员的政治和业务水平。

落实国家机构编制委员会文件要求，理顺监督工作管理体制　1991年5月31日，国家机构编制委员会就林业部派驻森林资源监督人员及其职责和管理体制等问题，以机编中函［1991］30号文件正式向林业部发布了《关于森林资源监督员有关问题的通知》。林业部根据文件要求，决定将原派驻东北、内蒙古国有林区森工系统的森林资源监督机构，改为派驻黑龙江、吉林、内蒙古等省（区）的监督机构。对这些机构的管理实行林业部和驻在省（区）人民政府双重领导，以林业部为主的体制。各省（区）向下派驻的监督机构实行派出单位与林业部驻省（区）监督机构双重领导，以派出单位为主的体制。同时对下一级监督机构主要监督人员在任免和调动前应征求上一级监督机构的意见。森林资源监督在业务上实行垂直管理。

全面开展森林资源监督工作　1991年，各监督机构重点抓了对“三总量”控制和采伐限额计划管理的监督，完成了由林业部组织的对东北、内蒙古森工企业执行“三总量”情况的大检查；配合森工部门完成了大部分国营林业局定权发证工作；协助有关部门调解了有关单位之间、企业与地方之间多起林权林地纠纷；参予林价制度试行工作、国营林业局森林经营方案审核、伐区质量检查和资源审计活动；加强了主管部门对森工企业生产经营活动的监督、约束作用；另外，还积极开展了调查研究，深入基层了解情况检查指导工作，发现问题及时责成有关部门认真查处，促进了基层依法治林。

（袁运昌）

【森林资源监督工作会议】　为了进一步贯彻落实国务院国发［1990］66号文件和国家机构编制委员会机编中函［1991］30号《关于森林资源监督员有关问题的通知》精神，加强森林资源监督工作，林业部于1991年8月29日至9月2日在北京召开了森林资源监督工作会议。参加会议的有林业部派驻吉林省、黑龙江省森工总局、大兴安岭林业公司、内蒙古大兴安岭林业管理局森林资源监督专员和各专员办事处主任，以及黑龙江、吉林、内蒙古林业厅（局），黑龙江省森工总局，大兴安岭林业公司和内蒙古大兴安岭林管局领导同志。林业部有关司（局）领导也列席了会议。会议由徐有芳副部长主持，高德占部长在会议期间做了重要讲话。这次会议主要内容是：听取林业部派驻东北、内蒙古国有林区森工系统的4个森林资源监督专员办事处关于森工企业“三总量”执行情况大检查的总结汇报；讨论国家机构编制委员会机编中函[1991] 30号《关于森林资源监督员有关问题的通知》的要求，落实森林资源监督专员办事处工作职责；讨论修改林业部起草的《森林资源监督工作规定》(讨论稿)，促进森林资源监督工作实现规范化、制度化等问题。

高德占部长在讲话中对各监督办事处过去两年来的工作给予了充分肯定。高部长着重对森林资源监督的重要意义和目的要求；森林资源监督与管理的关系，监督单位与被监督单位的关系；森林资源监督工作要实现规范化、制度化；当前监督工作的重点应是监督林地、林木的消耗，认真监督其消耗的数量和结构；资源监督要建立严格责任制，以及要理顺管理体制等问题提出了具体要求。（袁运昌）

【林业部颁发《关于加强森林资源监督工作若干问题的通知》】 林业部在认真总结资源监督工作已经取得的经验的基础上，结合目前森林资源管理的状况，起草了《森林资源监督工作规定（讨论稿)》，后经部长办公会议审议，并决定以部发文《关于加强森林资源监督工作若干问题的通知》(以下简称《通知》）颁发。

《通知》首先要求各级森林资源监督机构和林业主管部门，要充分认识森林资源监督工作的重要意义。《通知》明确指出森林资源监督工作的主要任务是依据《中华人民共和国森林法》和国家有关政策、法规，对驻在地区、单位森林资源的保护、利用、更新进行监督，并承担驻在省（区）人民政府委托的与森林资源管理有关的监督任务。当前监督工作重点是集中力量，加强对林木、林地资源消耗和林政管理的监督。《通知》在关于监督职责中还分别对要进行监督并签署意见的工作；要参予并进行监督的工作；有权制止、责令限期改正和提请有关部门查处的13种违法违纪行为做了具体规定。

关于森林资源监督机构的设置和管理体制问题，林业部决定根据国家机构编制委员会文件要求，将原派驻东北、内蒙古国有林区森工系统的资源监督机构，改为派驻各省（区）的监督机构。对林业部派驻有关省（区）的监督机构的管理，实行林业部和驻在省（区）人民政府双重领导，以林业部为主。对各省（区）林业主管部门派驻地方和企业的监督机构，实行派出单位和林业部派驻省（区）监督机构双重领导，以派出单位为主的体制。森林资源监督在业务上实行垂直管理。

《通知》还对监督机构工作制度规定了五条要求，监督工作要以国家有关林业政策法规为依据，坚持高度原则性和实事求是的工作作风，注重调查研究，正确行使监督权力。要定期召开监督工作例会，要按期向林业部和省（区）人民政府报告工作，反映情况。对监督人员要提高思想政治水平和业务素质，要注重廉政建设，要依法监督、按章办事，要实行奖惩制度。《通知》对被监督单位也规定了应履行的责任。

（袁运昌）

【对东北、内蒙古国有林区国营森工企业“三总量”执行情况大检查】 林业部于1991年6、7月组织了对东北、内蒙古国有林区国营森工企业1990年的森林采伐总量、木材运输总量和木材销售总量（简称“三总量”）执行情况的大检查。这次大检查工作由林业部统一组织。4个大检查工作组以林业部驻东北、内蒙古森林资源监督专员办事处为主，4个森林资源监督专员任组长，有林业部资源和林政管理司、综合计划司和森林工业司以及部属4个调查规划设计院派人参加。这次大检查采用交叉检查的方式，对吉林省林业厅、黑龙江省森工总局、内蒙古大兴安岭林管局和大兴安岭林业公司的14个林业局，以及所属的173个基层单位进行了重点检查。为了搞好这次大检查，林业部以林资通字[1991] 5号文专门发了通知，要求有关单位做好自检自查，并对大检查的目的、依据、对象、内容、方法、形式等作了统一的、明确的规定。规定了这次大检查的重点是国有林区的国营林业局，而对林业局以上的单位只作一般性的检查。各检查组对抽检的单位，通过听取汇报、召集座谈会、核查账目报表以及现地实测（查）等方法，对其贯彻落实国务院国发[1990] 66号文件精神，“三总量”控制管理以及资源和林政管理方面的情况进行了认真细致的检查。

林业部根据大检查的结果发出了《关于东北、内蒙古国有林区森工企业开展“三总量”大检查情况的通报》(简称《通报》)，并抄报给了国务院。《通报》肯定了东北、内蒙古国营森工企业在贯彻落实国发[1990]66号文件精神，试行森林采伐限额计划管理以及“三总量”控制管理等方面取得的成绩；肯定了森林资源监督机构在治危兴林、控制森林资源过量消耗等方面所发挥的作用。《通报》还对检查中发现的六个方面的主要问题进行了点名批评。（张松舟）

林地与林木权属管理

【综　述】

全国林地被占情况　根据第三次(1981—1988)全国森林资源清查统计，全国有林地变为其它地类的面积为3.5亿亩，平均每年减少4375万亩，相当同期减少耕地面积的6倍。其中有林地变为非林地面积5730万亩，平均每年减少750万亩。据1989—1990年对11个省（区）森林资源复查结果推算，全国有林地平均每年被侵占的数量由第三次资源清查的750万亩增加到768万亩。在有林地减少的过程中，国有林地的急剧减少则更为突出。四川省近10年平均每年被征占林地70多万亩，仅据1991年统计，减少林地71万亩，其中有林地42万亩；内蒙古自治区赤峰市克什克腾旗的10个国营林场近两年来经营面积减少43.9%。据不完全统计，黑龙江省国营林业局林地面积减少了4272.9万亩；吉林省划出林地850.5万亩，均占全省国有林地面积的13.5%。

林地管理存在的问题　①管理薄弱、机构不健全。在林政管理机构中设专人管林地的省（区）仅占10%，90%的省（区）尚无人管理这项工作。1988年，林业部和国家土地管理局就加强林地管理发了101号文，要求首先由林业主管部门对征占林地进行审核。据26个省（区、市）上报的征、占林地的统计，1990年被征、占林地119.84万亩（其中有林地58.7万亩），未经林业主管部门审核的面积为95.2万亩，占征、占林地面积的79%。另外，1986年颁布的《中华人民共和国森林法实施细则》第九条规定“征、占林地补偿办法由省、自治区、直辖市人民政府制定”。国家物价局也在1989年的[1989]价费字672号文件中规定应制定森林植被恢复费和林地、林木补偿费。但时至今日，大部分省（市、区）尚未制定有关补偿办法及补偿标准。②林地管理无法可依。③管理体制不顺。建国以来，林地一直由林业部门进行管理。多年来林业主管部门在各级人民政府领导下完成了林地资源的清查、建档工作，制定了林区规划方案、完成了林地证的核发工作、调处了大批林地权属争议。1984年各级林业主管部门对林地的保护、利用、更新，实行管理和监督已列入森林法的条款，被法律确认。1988年国家机构编制委员会也在林业部制定的三定方案中明确了林业部门对全国森林资源和林地实行有效控制、监督和审计，负责林地、林权的管理。但由于各级土地管理部门的成立，土地部门统一管理土地和林业主管部门管理林地在职责、权限上产生了极大矛盾，致使林业主管部门对林地实施管理的各项措施受阻，法律法规无法出台。

为改变上述现象，必须做好以下几件事情：各级林业主管部门中应设立林地管理的专门机构或在行政管理机构中设置专人管理这一工作；迅速制定并由各级政府或人大颁布必要的法律法规使林地管理进入制度化、法律化的轨道；从中央到地方进一步理顺管理体制，协调好与各级土地管理部门的关系。目前急需进行对侵占林地的查处工作，严禁有林地特别是国有林地减少。（满家正）

【东北、内蒙古国有林区国营林业局颁发国有林权证大会】　1991年3月26—28日，林业部在呼和浩特市召开了东北、内蒙古国有林区国营林业局颁发国有林权证大会。参加会议的有：黑龙江省森工总局、吉林省林业厅、大兴安岭林业公司、内蒙古大兴安岭林管局的领导和62个受证单位的负责人。内蒙古自治区人民政府副主席阿拉坦敖其尔应邀出席了会议并讲话。

这次会议的主要内容是：按照国务院的要求，国务院授权林业部向东北、内蒙古国有林区的62个国营林业单位颁发国有林权证；交流申报发证工作和林地林权管理工作经验；布置安排下一步国营林业局发证工作。

林业部副部长徐有芳主持并在会上作了重要讲话。会议期间，黑龙江省南岔林业局、吉林省白石山林业局、吉林省松江河林业局、黑龙江省大兴安岭林业公司塔河林业局、内蒙古大兴安岭林管局的代表，在会上介绍了发证工作和林地管理工作经验。

这次大会对以下62个单位颁发了国有林权证书：

单位：公顷

编　号	局　名	现经营面积	备　注	编　号	局　名	现经营面积	备　注
国林证字第101号	山河屯林业局	206 409		国林证字第105号	桃山林业局	171 274	
国林证字第102号	汤旺河林业局	215 351	原东风林业局	国林证字第106号	金山屯林业局	184 173	原大丰林业局
国林证字第103号	翠峦林业局	155 103		国林证字第107号	双丰林业局	131 996	原田升林业局
国林证字第104号	五营林业局	120 573	原丰林林业局	国林证字第108号	朗乡林业局	264 696	

（续）

编　号	局　名	现经营面积	备　注	编　号	局　名	现经营面积	备　注
国林证字第109号	亚布力林业局	305 636		国林证字第136号	丽林实验林场	8128	
国林证字第110号	美溪林业局	225 139		国林证字第137号	江山娇实验林场	18 217	
国林证字第111号	新青林业局	289 650		国林证字第138号	丰林国家级自然保护局	18 165	
国林证字第112号	上甘岭林业局	144 840		国林证字第139号	肇东实验林场	837.6	
国林证字第113号	南岔林业局	286 426		国林证字第140号	平山野生动物实验场	3430	
国林证字第114号	马鞍山林场	3459		国林证字第141号	石河实验林场	2362	
国林证字第115号	清河林业局	143 683		国林证字第201号	露水河林业局	121 246	
国林证字第116号	带岭林业实验局	96 742		国林证字第202号	松江河林业局	158 303	
国林证字第117号	乌伊岭林业局	380 127		国林证字第203号	大兴沟林业局	109 490	
国林证字第118号	铁力林业局	204 234		国林证字第204号	白河林业局	183 246	
国林证字第119号	乌马河林业局	122 531		国林证字第205号	吉林林学院实验林场	27 689	
国林证字第120号	海林林业局	154 259		国林证字第206号	长白山自然保护局	190 781	
国林证字第121号	苇河林业局	191 417		国林证字第207号	泉阳林业局	106 077	
国林证字第122号	鹤北林业局	382 401		国林证字第208号	三岔子林业局	223 438	
国林证字第123号	友好林业局	280 888		国林证字第209号	八家子林业局	151 060	
国林证字第124号	牡丹江林业技工学校实验林场	4975		国林证字第210号	湾沟林业局	89 414	
国林证字第125号	长岗实验林场	7261		国林证字第211号	大石头林业局	257 505	
国林证字第126号	绥棱林业局	214 802		国林证字第212号	白石山林业局	131 223	
国林证字第127号	兴隆林业局	301 891	原通河林业局	国林证字第213号	红石林业局	299 171	
国林证字第128号	柴河林业局	345 801		国林证字第214号	汪清林业局	299 894	
国林证字第129号	鹤立林业局	71 316		国林证字第215号	和龙林业局	170 489	
国林证字第130号	方正林业局	203 582		国林证字第301号	满归林业局	390 557	
国林证字第131号	八面通林业局	171 845		国林证字第302号	克一河林业局	214 078	
国林证字第132号	双鸭山林业局	155 772		国林证字第303号	伊图里河林业局	145 612	
国林证字第133号	沾河林业局	751 283		国林证字第401号	呼中林业局	770 031	
国林证字第134号	林口林业局	274 490		国林证字第402号	松岭林业局	907 028	
国林证字第135号	穆棱林业局	267 530		国林证字第403号	新林林业局	879 046	

（印　红）

【全国省际林地林木权属争议调处工作座谈会】 1991年4月25—28日在福建省厦门市召开。

这是建国以来第一次召开的全国性专门研究林地林木权属争议情况和调处工作的会议，共有23个省（区）负责此项工作的同志到会。会议期间各省（区）汇报了近期林地林木权属争议调处工作情况，总结了工作经验，提出了存在的问题。同时，毗邻省（区）核对了各自提报的争议。

据各省（区）提报的省际争议数统计，省际林地林木权属争议有993起（其中包括一部分重复），涉及28个省（区、市）的44条省际界线，争议面积369.6万亩。争议主要集中在两省或三省（区）交界的边缘地带。南方省（区）提报的争议数量较多，但每起争议面积较小；而北方省情况相反，提报的争议数量较少，但每起争议涉及面积较大。而且北方省（区）提报的争议基本是涉及国有林，南方省（区）的争议基本是集体之间的争议。同时不少争议涉及省（区）的行政区域界线。

从各地汇报的处理争议工作情况看，凡是处理好的地方，主要有以下几条经验：①领导重视；②林业主管部门当好参谋；③建立了调处争议的专门机构，培养了一支懂法规、懂政策、精业务、识大体、顾大局的队伍；④深入调查，掌握真实凭证；⑤大力宣传有关法规，立足调解、协商，以解除后患。⑥制定调处政策，使处理林木林地权属争议工作有所遵循。目前已有江西、安徽、浙江、湖南、广西等省（区）制定了处理林木林地权属争议的地方法规或政策规定，并已实施。把处理林木林地权属争议工作纳入了法制建设轨道，使处理争议工作法规化、制度化，避免了处理争议的主观随意性，取得了较好的效果。

针对各省（区）反映的情况和提出的问题，会议对近期调处工作提出了几点要求：①加强宣传、扩大影响，促使各级人民政府把处理林木林地权属争议工作摆上日程，呼吁全社会共同治理。②林业部门的调处人员，应当不断提高素质，不仅要懂政策、精业务，更重要的是要识大局，顾大体。要适应法制建设的需要，学习有关的法律知识，加强自身建设，当好参谋。③加强协调、密切配合。对制造、挑起争议者，依法打击。调处林木林地权属争议，涉及多方面的问题，仅靠林业部门难以及时处理，通常由政府组织公安、司法、林业等部门共同协作，必要时可由人民法院提前介入。对违法者要提请司法机关追究法律责任。④加快林木林地权属争议调处工作的立法进程，争取将《林木林地权属争议处理条例（送审稿）》报送国务院法制局。并由林业部制定与之相配套的处理林木林地权属争议的有关实体政策规定，指导省际林木林地权属争议调处工作。⑤健全林地林木权属档案，形成有效的管理制度。（印　红）

【林业部颁发《关于进一步加强林地管理的通知》】 通知主要提出了以下要求：①各级林业主管部门，必须将这项工作列入重要议事日程，加强领导，分级负责，制定必要的规定和制度。②要设置专人，负责林地的管理工作。③建立健全林地管理的工作制度。林业用地面积的变化，要纳入每年的森林资源消耗量调查。对权属、地类、经营总面积、被征占情况要详细进行调查。④各级林业主管部门在审核征占林业用地时，必须要求用地单位出示符合国家基本建设程序规定的主管部门批准的计划任务书或其他批准文件，以及征占林地和采伐林木设计书、林地林木补偿协议书。凡未经林业主管部门同意，被征占林地单位有权抵制，拒绝划拨。⑤认真查处侵占林地的行为。对《中华人民共和国森林法》公布以来，侵占林地以及未依法经有关部门批准而变更国有林地权属的进行清理。⑥继续积极协助各级人民政府做好颁发国有林权证的工作。已发林权证的单位，要进一步完善界标，明确界线，立卷归档，并设专人管理。⑦国有林地的管理，是加强林地管理工作的重点，切实保护好国有林地，保障国营林业单位的合法经营管理权。

《通知》下发后，各级林业主管部门非常重视，进行了认真的贯彻落实，派人查处非法侵占林地的案件，设置机构和专人负责林地管理。（冯树清）

【开展征、占林地的典型调查】 林业部委托部直属4个规划院对内蒙古、广西、四川、江西4省（区）林地管理情况和国营林业单位或委托社队管理的国有林地及重点占林地工程的有林地被征、占情况进行典型调查。调查对象为内蒙古自治区朝鲁吐林场、白音敖包林场及东胜煤矿；广西壮族自治区七坡林场、桃源林场及南宁至北海二级公路工程；江西省枫树山林场、上甘山林场及东津水电站、德兴铜矿；四川省华西大理石矿、二滩水电站及盐边林业局江坭林场共7个林场、6个工程占地。调查结果表明，我国林地管理确实存在着十分严重的问题。①全国林地管理工作薄弱。大部分省（区）没有制定林地管理办法，没设专人对林地工作进行管理，整个林地管理工作尚没有走上正规化、法制化的轨道。②大部分工程占地未经林业主管部门审核。四川省华西大理石矿占林地12公顷、二滩水电站1988年第一期工程征用林地451.73公顷；江西省德兴铜矿1991年占林地208亩；广西壮族自治区南北公路占地693.8亩，均没经林业主管部门审核。江西省枫树山林场、上甘山林场，1990年被占林地2312.4亩，其中只有19.6亩有林业主管部门的审核意见。③国有林地急剧减少是当前林地管理中的突出问题。四川省近10年每年减少国有林地70多万亩，1991年统计减少林地71万亩，其中有林地42万亩。内蒙古全区1980—1988年，平均每年减少林地2130万亩。其中赤峰市克什克腾旗的10个国营林场近两年来经营面积减少43.9%；江西省国营林场1990—1991年被占1.6万亩；广西壮族自治区的79个国营林场中5.4%的有林地被占作他用。④农民非法占用林地严重。内蒙古自治区伊金霍洛林场，1985年以来，被农牧民强占私分林地3000亩；广西壮族自治区七坡林场60亩更新造林地被农民拔掉幼苗后种了甘蔗，另55亩林地被农民开垦种粮。⑤没有依法收取林地林木补偿费及森林植被恢复费。林业部规定的林地林木补偿费、森林植被恢复费经物价局审定为合法收费项目并以［1987］价费字672号文通知全国。但林业主管部门却没有依法收取这些费用，致使大面积林地白白被占用。

针对林地管理中存在的这些问题，林业部及时发出了《关于进一步加强林地管理的通知》，要求各级林业主管部门认真清理非法占用林地情况并进行严肃处理；抓紧建立健全林地管理的工作制度及有关法律法

规。 （满家正）

【全国征占林业用地情况】 征占林业用地是林地资源消耗的一个重要原因，每年都有大量的林业用地被用于水利、交通、开矿、建房等。经国家统计局批准，从1990年起，每年都统计林业用地被征占情况。表8是对全国24个省、自治区、直辖市征占林业用地数字的统计情况。

表8 1990年占林业用地统计

单位：亩

指标／权属	1985—1989年征占林业用地面积	本年征占林业用地面积						
		合计	有林地	疏林地	灌木林地	未成林造林地	宜林地	其他林业用地
全国总计	4 128 931.0	1 198 480.2	590 920.9	97 207.1	82 697.1	42 114.4	301 809.7	83 731.0
全民所有	628 966.3	471 408.8	110 629.5	50 234.1	63 474.4	18 213.5	224 953.0	3 904.3
其中：林业系统	176 109.0	227 123.9	84 348.3	28 437.7	21 744.8	3 893.9	82 820.2	5 879.0
集体所有	3 499 964.7	727 071.4	480 291.4	46 973.0	19 222.7	23 900.9	76 856.7	79 826.7

其中：未经林业主管部门审查的面积

	小计	有林地	疏林地	灌木林地	未成林造林地	宜林地	其他林业用地
全国总计	928 243.2	462 532.0	67 469.3	73 566.0	33 414.8	255 333.3	35 927.8
全民所有	371 908.7	48 940.9	37 174.3	58 236.1	16 048.0	210 066.6	1442.8
其中：林业系统	132 675.9	27 369.7	14 887.8	17 275.1	1590.0	70 729.3	822.9
集体所有	556 334.5	413 591.1	30 295.0	15 329.9	17 366.8	45 266.7	34 485.0

注：本表是全国24个省（区、市）的统计汇总数字。

（冯树清）

行业管理与建设

【综　述】 1991年资源和林政管理的行业管理与建设，主要取得了以下进展：①林业部首次举办培训班，对木材检查站执法人员、林地林权管理人员进行了业务及思想政治培训，共培训人员200余人。按照分级培训原则，各级林业主管部门也相继开展了这项工作。②继续加强基础设施建设及基础工作。③资源林政管理示范点建设稳步发展。在过去工作的基础上，始兴县围绕健全双层经营体制和发展效益型林业，全面加强了资源和林政管理的规范化、制度化建设；清原满族自治县以承办资源和林政管理现场会为契机，推出了示范成果，其经验受到了与会各省（区、市）同志的充分肯定；三明市在总结沙县、永安试点的基础上，在全市范围建立了县（市、区）长任期采伐限额管理目标责任制，并把沙县、永安试点经验在其余10个县（区）进行推广。 （蒋云安）

【林业部首次举办木材检查站执法人员培训班】 为加强行业队伍建设，提高管理水平和执法效果，林业部资源和林政管理司于5、7月首次举办了两期木材检查站执法人员培训班。

这两期培训班共有116名学员，来自26个省（区、市）省林业厅（局），地（市）、县林业局负责林业行政执法工作的同志，以及重点木材检查站站长。培训的内容，以森林法及其实施细则等林业法律、法规和有关木材生产、经营的政策规定，以及行政诉讼法为主，还介绍了木材流通管理、松香产品运输管理、野生动物保护和木竹检查等有关方面的专业知识，特别是把木材检查站和林政管理队伍的马列主义思想教育、职业道德和廉政建设作为一项重点课程，并邀请了林业部监察局阎锡明局长到培训班进行讲授。全部学员都通过了考试，取得了较好的成绩，获得了林业部颁发的岗位培训证书。 （王祝雄　杨　净）

【木材检查站管理】

建立和完善检查站的制度建设 各级林业主管部门根据部颁《木材检查站管理办法》的各项规定，结合实际，制定了切实可行的规章制度，建立健全了内部约束机制，强化了内部管理，公开了执法程序，形成了内有约束、外有监督的管理机制。贵州省建立了检查人员年度评审制度。绝大部分省（区、市）林业主管部门建立了举报制度、督办制度，开展执法大检查，奖优罚劣，定期表彰先进集体和个人，促进精神文明建设，充分调动检查人员的积极性。

清理整顿木材检查站 到1991年底，清理工作基本结束。经省（区、市）人民政府批准设立的木材检查站（公路、水上、铁路）4879个，比清理前增加了700多个，检查人员25 355人，增加了3000多人。湖南省在清理后保留了365个站，其中木材检查站304个，占保留总数的83.3%；四川省政府规定只保留了林业等三个行业的检查站；广西壮族自治区政府规定只保留林业等两个行业的检查站，其余的一律撤消。

加强队伍建设 1991年共举办培训班240期，培训木材检查人员1万多人次。湖南省林政执法人员的办案准确率达到82.5%，比1990年提高了1.8个百分点。木材检查站查处违章运输木材案件占林业行政案件的60%以上，挽回的经济损失也占70%以上。

加强基础设施建设 1991年，部、省、地、县各级林业主管部门安排了836万元的基建经费（其中部投资200万元，地方配套636万元），建设131个站，用于交通、通讯等基础设施建设。

建立档案管理 在各省建档的基础上，林业部统一了全国木材检查站档案卡片的内容、格式和要求，建立起全国档案库，1991年底已完成了13个省（区、市）木材检查站档案的存贮，绘制了全国检查站位置图。

表9 1991年全国木材检查站统计

省（区、市）	站数（个）	人数（名）	省（区、市）	站数（个）	人数（名）	省（区、市）	站数（个）	人数（名）	省（区、市）	站数（个）	人数（名）
北京	12	72	山东	86	540	广东	213	1488	新疆	7	75
河北	94	250	安徽	100	650	广西	205	1489	甘肃	33	
山西	141		浙江	221	1081	海南	107	740	青海	19	70
内蒙古	323	1179	江苏	46	230	四川	341	1600	宁夏	12	42
黑龙江	131	700	江西	325	2797	云南	262	1500	陕西	157	830
黑龙江省森工总局	348	1400	福建	132	1185	贵州	247	1300	大兴安岭林业公司	35	118
吉林	155	829	河南	134	570	湖南	440	2161	内蒙古大兴安岭林业管理局	234	990
辽宁	64	239	西藏			湖北	255	1230			

（林若樱）

【1991年林业行政案件统计说明】 据全国27个省（区、市）及黑龙江省森工总局、大兴安岭林业公司、内蒙古大兴安岭林业管理局的统计汇总，1991年林业行政案件发生近50万起，查处率为98.5%。其中由林政部门查处的占92.4%，委托、授权公安部门查处的占6.1%。这些案件的发生，使1.89万公顷的林地被毁坏，损失林木23.6万立方米，损失幼树、竹子390万株。通过对案件的查处，挽回经济损失1亿多元，其中木材变价款占35%，罚没款占24.2%，赔偿损失款占7.3%，补收的林业金费占32.6%，补种了树木487万株，3817公顷，行政处罚44万人次。

从汇总统计结果分析，案发总数略呈上升的趋势，为1990年的1.2倍，但查处率较1990年的95%提高了3个百分点。

以案件的性质来划分，木材检查站为主查处的违章运输木材案发率最高，占全部案件的65%，其中无证运输、证货不符运输较为突出。盗伐林木、滥伐林木案占21%，居第二位。

在案件的统计中，不包括违法狩猎、森林火灾、植物检疫及未完成造林更新任务的行政案件。

（杨 净）

【《中国林业地图集》】 由序图和林业专题图两大图组组成。序图有中国行政区划、中国地形、中国气候图等。林业专题全国图有：中国森林植被、中国森林土壤、中国林业用地现状图，中国林业区划、中国造林成就、中国重点林木种子基地、中国主要林副产品、中国采运工业、中国林产工业、中国森林主要病害、中国森林主要虫害、中国林业系统自然保护区、中国珍稀濒危树种、中国珍稀动物以及中国林业教育、林业科研、调查规划设计、国际经济技术合作项目等专业图。省（区、市）图还有森林分布图和林业企事业图。林业典型图包括：三北防护林体系建设工程、东北和内蒙古林区森林防火设施、包兰铁路沙坡头地段固沙造林工程、河北省塞罕坝机械林场造林成就、陕西省榆林县造林治沙、内蒙古自治区伊金霍洛旗造林治沙、四川省珙县速生丰产用材林基地、四川省凉山彝族自治州东西河飞机播种造林、河南省济源县虎岭水土保持林、陕西省淳化县东南部人工水土保持林等图，还选编25处各具特色的自然保护区图。

该图集共34个图种(其中有五分之四是新图种)，141幅彩色图，插图319个，图表、数表共26个，专题图例147个，配合图幅说明的文字有25万字，主要林区及林业建设景观照片80多幅，并附有珍稀树种和动物名录。

该图集是林业部组织各省（区、市）林业勘察（测）设计院等单位编绘，由总参测绘局1205印刷厂印刷，测绘出版社1991年出版。

该图集是我国林业史上的一部巨著，它是以林业为主体，首次编制的综合性专题地图集。它以图为主，全面地、系统地反映了建国30多年来林业建设所取得的成就。

图集的编印基本上达到了设计要求，印制精美、清淡、素雅、结构严谨，图面配置协调、新颖。在1991年北京市印刷产品评比中，该图集被评为1205印刷厂的印刷优质产品。 （陈学文 张定有）

林 业 工 作 站

【综 述】 1991年，林业工作站建设主要抓了以下几项工作：①从5月中旬到6月中旬，组织了对全国第一期建站规划任务完成情况的检查验收。经过地（市）、县全面检查，省（区、市）抽查，和这次按项目全面考核抽查验收，到1991年4月底，全国已建区、乡（镇）林业站35 537个，近3年全国新建林业工作站约1.8万个，超过了以往30多年的总和，按照部领导的要求，提前2年完成了全国第一期规划建站任务。②7月上中旬在辽宁省兴城市主持召开了全国林业工作站“双文明”建设经验交流会。会议主要推广了辽宁省抓“双文明”站建设的经验，研讨了进一步加强林业站精神文明建设的措施。徐有芳副部长参加了这次会议，并在会上做了题为《两个文明一起抓，把林业站建设推上一个新水平》的总结讲话；杨跃先副总站长代表林业部林业工作站管理总站通报了全国林业工作站建设检查验收情况，并对当前建站工作提出了安排意见和要求。同时，在这次会上还讨论修改了林业部林业工作站管理总站起草的《关于加强基层林业站廉政建设的若干规定》，会后于8月份正式印发给各地执行。③进一步加强了对林业工作站人员培训工作的指导和管理。3月份，总站和部教宣司联合印发了《关于区、乡（镇）林业工作站人员培训若干问题的意见》，对搞好培训工作的有关问题作了明确规定；7月，在兴城会议上，又对搞好林业工作站人员岗位培训的规划、试点等问题，进一步提出了要求；经过试点并广泛征求意见，8月份印发了林业站长岗位培训教学计划。同时，还组织完成了林业站营林员、林政员、资源管理员岗位规范的编制，组织草拟了林业站长岗位培训教学大纲。年内总站亲自抓了6个林业站长岗位培训试点，共培训436人。④开展了建设“规范化、标准化、制度化”林业站的试点工作。在7月兴城会议上，请与会代表讨论修改了由总站草拟的试点方案；10月下旬，总站在河南省洛阳市召开了标准站建设试点工作会议，确定了试点的范围、规模和时间，通过了试点站的建设标准，明确了部、省及地县各级主管部门的职责和分工。与此同时，在面上普遍推动了层层搞试点的工作，并明确提出，从1992年开始，在全国范围内开展建设标准化林业站的达标竞赛活动。

1991年总站还组织完成了《区、乡（镇）林业工作站工程项目建设标准》和《区、乡（镇）林业工作站工程项目建设用地指标》的编制。利用会议和《全国林业站网讯》，宣传推广了部分省（市、区）解决基层林业站人员编制的做法和经验，推动了人事部、林业部联合颁发的《农村基层林业工作站人员编制标准（试行）》文件精神的落实；和部人事司的同志一起到湘、浙两省深入调查了林业站编制的落实情况和问题，提出了进一步解决编制问题的措施和意见；全年发行《全国林业站网讯》12期，每期发行量约7000份，对推动林业站各项工作起到了促进作用。 （杨跃先）

【人员培训】 区、乡（镇）林业工作站肩负着宣传与贯彻执行林业政策法规管理与保护森林资源，指导与发展林业生产的艰巨任务。为提高林业工作站人员的思想政治素质和业务管理水平，充分发挥林业工作站的职能作用，1991年培训工作主要是以抓好区、乡（镇）林业工作站站长岗位培训为中心，重点抓了以下几项工作：①和教育宣传司共同制定了《关于区、乡（镇）林业工作站人员培训若干问题的意见》，对开展林业工作站人员培训的指导思想和要求，培训的管理和分工，岗位培训的实施，各科课程的主要内容，考核与发证等有关事项提出了明确的规定和要求。②在1990年南京林业学校举办的站长岗位培训试点班的基础上，1991年1月在镇江市召开了区、乡（镇）林业工作站站长岗位培训教学计划研讨会，邀请培训工作起步较早且有一定培训经验的福建等8省（市）林业工作站负责人和南京等9所林业学校教务负责人参加了会议，对原教学计划进行了研讨、修改。8月份，以教宣司［1991］091号文正式印发了《区、乡（镇）林业工作站站长岗位培训教学计划》，为各省（区、市）结合本地区特点开展站长岗位培训提供了教学依据。③根据林业工作站的职能、任务和目前人员编制情况，组织编制了林业工作站资源管理员、营林员、林政员岗位规范。④在辽宁、四川、陕西、山东省林业学校、江西省第一林业学校和南京林业干部学校，先

后举办了7期站长岗位培训班，有436名站长参加了岗位培训。（孙　富）

【全国林业工作站第一期建站任务完成】 1991年5月14日至6月15日，林业部林业工作站管理总站和“三北”局共同组成13个工作组对全国42个省（区、市）和计划单列市及新疆生产建设兵团的第一期规划建站任务完成情况进行了检查验收，全国区、乡（镇）林业工作站建设完成情况见附表1、附表2。此次检查共抽查了106个县（市）的735个林业站，占规划建站数的2.1%。这次检查验收工作仍采取自下而上的方式逐级进行。首先以地（市）、县为单位进行全面检查验收，尔后各省（区、市）在地（市）、县全面检查的基础上按比例抽查，最后由林业部林业工作站管理总站以《全国区、乡（镇）林业工作站建设检查验收办法和考评指标》为依据进行抽查。对1990年新建林业工作站仍按建站五条标准进行检查。对1989年底以前建成的林业工作站，在上述五条标准的基础上，着重检查站内各项规章制度、档案的建设与管理、职能发挥状况及廉政建设等，逐项进行考评。另外，对省（区、市）的建站管理，是否进行逐级检查验收，各级配套资金是否到位和第一期规划建站任务完成状况等逐项进行了考核，量化评分成绩如下：

省（区）	总分	省（区）	总分	省（区）	总分	省（区）	总分	直辖市、单列市	总分	直辖市、单列市	总分
安　徽	97.0	湖　北	94.0	内蒙古	92.2	海　南	85.0	广　州	100.6	哈尔滨	91.8
湖　南	96.7	广　西	93.5	吉　林	92.1	陕　西	78.5	大　连	97.8	长　春	90.0
河　南	96.6	广　东	93.4	辽　宁	92.0	云　南	77.3	青　岛	95.2	上　海	90.0
山　西	95.6	浙　江	93.3	宁　夏	91.7	新　疆	76.1	南　京	95.0	武　汉	90.0
福　建	95.5	四　川	93.2	青　海	91.2	甘　肃	72.4	西　安	95.0	沈　阳	80.8
河　北	95.0	黑龙江	92.9	江　西	90.0			天　津	94.8	北　京	80.0
江　苏	95.0	贵　州	92.2	山　东	86.9			宁　波	93.3	成　都	75.0
										重　庆	92.5

注：新疆生产建设兵团因1990年刚开始建站，这次只进行检查，未计分排序。

通过本次检查验收，截至1991年4月底，全国已超额完成第一期规划建站任务。区、乡（镇）林业工作站总数达35 537个，其中1988—1990年新建站18 109个，共有职工12.2万余人，其中正式职工80 483人。1988—1990年底共完成基本建设投资38 681.1万元，其中部投资5006.8万元（包括“三北”防护林工程费772万元），各级配套资金33 674.3万元。

林业部对总分在95分以上的省（区、市）除通报各省（区、市）进行表彰外，并增拨部分建站资金以资奖励。（王菊芳）

【“标准站”建设试点】 至1991年4月底，全国第一期规划建站3.5万个的任务已提前完成。“八五”期间除继续抓紧全面完成“建站设员”任务外，工作重点将转移到加强对已建站的巩固、完善、提高上来。为此，林业部在1990年11月“昌平会议”上提出，林业站建设要逐步实现“规范化、标准化、制度化”（以下简称“标准站”建设），并要求省、地（市）、县各级层层抓试点。1991年7月“兴城会议”上，林业部对“标准站”建设试点工作又作了进一步的安排和部署。林业部林业工作站管理总站根据两次会议精神，于1991年8月以林站字［1991］16号文印发了《“标准站”建设试点方案》和《标准站建设标准》，选定10个省（区、市）进行试点。《标准站建设标准》包括机构设置、人员分工、素质要求、基本建设、业务建设、多种经营五个方面，计19条。重点是加强林业工作站的职能建设，强化管理，提高人员素质，站长及主要岗位人员要做到持证上岗，并积极开展经营服务，增强自身活力。

为切实抓好林业部“标准站”建设的试点工作，林业部林业工作站管理总站于1991年10月在河南洛阳市召开了“标准站”建设试点工作会议。承担部“标准站”建设试点工作的北京、山西、辽宁、吉林、安徽、江西、河南、湖北、宁夏、长春等10个省（区、市）和14个试点县的代表及部分特邀代表参加了会议。会议研究决定在14个试点县（市、区）中的8个县（市、区）全县进行试点，其它6个县（市、区）的试点站为3—6个。会议要求各级林业主管部门要加强对试点工作的领导，并明确了各级的职责。会议确定试点工作务于1993年底以前完成，届时林业部将组织检查验收。

根据林业部的要求，1991年以来，全国已有26个省（区、市）及新疆生产建设兵团积极安排部署了“标准站”建设试点工作。他们根据部总站印发的《标准站建设标准》，结合本省（区、市）的实际情况制订了本省（区、市）的试点方案和标准。10个承担部试点任务的省（区、市）除积极安排好部试点任务外，还积极部署了本省（区、市）的试点工作。承担部试点任务的县（市、区）都成立了专门的领导小组，以保证试点工作如期完成。（伍步生）

附表1 区、乡（镇）林业工作站建设第一期规划完成情况

（截至1991年4月底）

地 区	规划建站（个）	至1991年4月底实有站（个）		有基地或多种经营项目站（个）	1988—1990年完成建站投资（万元）				
		合 计	其中：1988—1990年新建		计	部投资		地方配套	
						计	其中："三北"投资	计	其中：省（区、市）投资
全国总计	34 687	35 537	18 109	7969	38 681.1	5006.8	772	33 674.3	5417.3
北 京	272	272	272	140	351.8	107		244.8	36.8
天 津	130	130	130	85	564.6	50		514.6	48.6
河 北	1484	1677	1578	96	1457.5	247.6		1209.9	198.4
山 西	1911	1911	1911	1066	2767.9	244	106	2523.9	660
内蒙古	710	728	544	353	869.5	238	130	631.5	70
辽 宁	967	967	170	657	1128.4	195	50	933.4	65
沈阳	106	106	53	72	333	49	9	284	72
大连	125	125	125	107	293.4	37		256.4	51
吉 林	773	773		259	984.3	165	35	819.3	66.5
长春	151	151		116	168.5	10		158.5	27.5
黑龙江	1102	1102	45	101	469.7	137	30	332.7	74
哈尔滨	59	59	31	31	212	36	3	176	62
上 海	100	70	70	10	48.5	12		36.5	
江 苏	944	956	954	670	1684.6	100		1584.6	261
南京	56	56	56		66.5	10		56.5	15
浙 江	2636	2636	1491	389	1279.5	140		1139.5	193.6
宁波	111	131	102		153.8	27		126.8	26.5
安 徽	1109	1111	653	146	1601.3	190		1411.3	318.6
福 建	951	947	75	216	2803.7	196		2607.7	444.5
江 西	1000	1000	577	145	1575	172.2		1402.8	172
山 东	2272	2243	197	271	464.8	122		342.8	30
青岛	159	159	46	17	145.2	23		122.2	18
河 南	2031	2068	1675	1130	2071.5	157		1914.5	235
湖 北	1297	1299	431	325	1165.1	151		1014.1	146
武汉	94	94	43	44	171	35		136	40
湖 南	3027	3069	325	425	3588.7	163		3425.7	307
广 东	1297	1297	642	366	2545.4	175		2370.4	226.5
广州	37	37	12	22	304.1	32		272.1	62
深圳	12	12	12		30	10		20	8
广 西	1251	1235	602	80	2414.2	182		2232.2	546.5
海 南	196	230	230	6	243.3	91		152.3	24
四 川	2222	3123	2150	257	1974.3	176		1798.3	71

（续）

地区	规划建站（个）	至1991年4月底实有站（个）		有基地或多种经营项目站（个）	1988—1990年完成建站投资（万元）				
		合计	其中：1988—1990年新建		计	部投资		地方配套	
						计	其中："三北"投资	计	其中：省（区、市）投资
成都	156	70	69	11	102.3	30		72.3	10
重庆	216	225	189	36	308.9	40		268.9	45
贵州	1200	1322	734	6	441.2	161		280.2	82
云南	1563	1532	206	45	1574.9	147		1427.9	245.6
西藏					45	45			
陕西	670	689	223	85	618.7	209	81	409.7	31.4
西安	40	45	45		110	35		75	35
甘肃	800	627	504	112	432	201	120	231	139
青海	293	293	179		362.9	133	57	229.9	46
宁夏	285	292	90	62	239.2	121	71	118.2	60
新疆	700	658	658		484.9	195	80	289.9	126.3
新疆生产建设兵团	172	10	10	10	30	10		20	20

说明：1．"林业统计"栏目中，林业工作站完成总数为22 472个，指有中央投资的建站；

2．本表统计数字含地方财政投资建站；

3．因有些省的区、乡（镇）减少，所以规划数减少了。

附表2　全国区、乡（镇）林业工作站人员情况

（截至1991年4月底）

项目 / 省（区、市）	合计	林业站人员（人）						林业员（人）		
		计	正式职工				临时工	计	正式职工	临时工
			小计	财政事业费开支	育林基金及其它林业资金开支	其它渠道开支				
全国合计	141 432	122 101	80 483	49 583	23 226	7 674	41 618	19 331	4834	14 497
北京	1236	1207	636	554		82	571	29	24	5
天津	601	487	136	135		1	351	114	42	72
河北	5865	5300	3289	3057	31	201	2011	565	206	359
山西	5900	5900	4843	3887	301	655	1057			
内蒙古	2894	2303	1843	1569	254	20	460	591	480	111
辽宁	4047	4002	1685	1035	559	91	2317	45	34	11
沈阳	335	335	106	106		229				
大连	360	352	273	142	66	65	79	8	4	4
吉林	3936	3935	2840	1282	1541	17	1095	1		1
长春	522	522	494	126	355	13	28			
黑龙江	2633	2638	2498	33	2407	58	140			

（续）

省(区、市) \ 项目	合计	林业站人员(人)						林业员(人)		
		计	正式职工				临时工	计	正式职工	临时工
			小计	财政事业费开支	育林基金及其它林业资金开支	其它渠道开支				
哈尔滨	118	118	118		118					
上　海	366	226	226	226				140	140	
江　苏	4550	3657	2730	619	369	1742	927	893	598	295
南京	310	232	232	62		170		78	10	68
浙　江	6554	6080	5710	3866	1381	463	370	474	229	245
宁波	605	384	359	324	23	12	25	221	221	
安　徽	4170	3781	2285	1763	512	10	1496	389	78	311
福　建	6375	5875	3991	2988	971	32	1884	500	39	461
江　西	5229	4272	3217	397	2343	477	1055	957	325	632
山　东	5197	4628	3470	3340	71	59	1158	569	483	86
青岛	306	306	264	264			42			
河　南	8239	8175	5090	4076	773	241	3085	64	61	3
湖　北	4935	4812	3753	1729	1418	606	1059	123	104	19
武　汉	305	274	182	125	10	47	92	31	24	7
湖　南	12 350	11 596	5382	2072	2692	618	6214	754	50	704
广　东	7190	6924	5235	1186	3030	1019	1689	266	206	60
广州	255	215	156	51	48	57	59	40	31	9
深圳	62	51	10	10			41	11	11	
广　西	5839	4333	2657	1365	1092	200	1676	1506	564	942
海　南	781	696	550	232	312	6	146	85	85	
四　川	14 296	8524	2682	1298	1318	66	5842	5772	190	5582
成都	585	268	94	64	30		174	317		317
重庆	1267	596	131	100		31	465	671	27	644
贵　州	5277	4819	4208	2896	872	440	611	458	45	413
云　南	8709	7617	5302	5046	159	97	2315	1092	49	1043
陕　西	3660	2071	1408	1387	20	1	663	1589	223	1366
西安	191	139	51	51			88	52		52
甘　肃	2108	1638	1257	1168	57	32	381	470	133	337
青　海	574	453	164	164			289	121	33	88
宁　夏	688	677	460	460			217	11	10	1
新　疆	1962	1638	421	283	93	45	1217	324	75	249
新疆生产建设兵团	45	45	45	45						

注：林业员系指未建站的乡(镇)所设的林业员或林业助理。

（林业部林业工作站管理总站建设处）

森 林 培 育

【森林培育综述】 1991年，我国林业建设以增加森林资源，增强林业活力，提高林业队伍整体素质为中心，以全面实施全国造林绿化规划为重点，继续深化林业改革，推动了全民义务植树运动向纵深发展，营造林质量进一步提高，林业重点工程、国营林场、乡村集体林场和林业基础设施建设取得了新的成绩。

群众性造林绿化活动 为纪念全民义务植树运动10周年，3月12日，全国绿化委员会在北京人民大会堂主持召开了全国造林绿化表彰动员大会。表彰动员大会后，各地采取多种形式，及时传达贯彻会议精神，大多数省（区、市）召开专门会议，具体研究部署林业工作。一年来，各地进一步加强对造林绿化工作的领导，强化林业管理，增加对林业建设的投入。一年中，全国共生产林木种子2111.5万公斤，其中良种128.3万公斤，分别比1990年增长38%和163%。在南涝北旱、自然灾害严重的情况下，林木育苗仍达到342.5万亩，基本满足了造林用苗的需要。造林超额完成了计划，其中防护林1865.5万亩，经济林1004.3万亩，薪炭林467.5万亩。飞播造林1263.9万亩。完成幼林抚育13 607.3万亩。

1991年造林绿化工作的主要特点，一是各级领导真抓实干，率先垂范。各地结合表彰动员大会的传达贯彻，进一步落实了造林绿化规划，完善了目标管理，大大增强了各级领导对造林绿化的责任感、紧迫感。不少省（区、市）各级党政领导亲自抓，带头干。二是全民动员，全社会办林业的大气候开始形成。参加植树造林的人数之多，发动面之广，超过往年。三是科技兴林。围绕提高造林“两率”，狠抓营造林质量的全面管理，工程造林比重增加，技术培训、技术服务等普遍加强，科技成果转化率和营造林质量进一步提高。四是各地在完善“两工”造林制度的同时，广开资金渠道，林业投入增加。吉林省1991年共筹措造林绿化资金近1亿元。

种苗建设 为加强林木种苗建设，林业部发出了《关于进一步加强种苗工作的决定》和《关于做好种苗生产与造林任务衔接若干问题的通知》，要求各级林业部门下大力气抓种苗，超前抓种苗，一把手抓种苗，推动种苗生产出现了良好的发展势头，特别是容器育苗得到普遍重视，当年共培育容器苗29亿株，比1990年增长81%，其它苗木质量都有较大幅度的提高。

林业重点工程建设

速生丰产用材林建设 1991年，利用世界银行贷款的《国家造林项目》开始全面实施，当年完成造林390万亩。为支持丰产林基地建设，1991年，国家发放的5亿林业贴息贷款由中央解决50%的资金，不少地方也自行解决部分贷款额度。全国当年营造速生丰产用材林840.45万亩。

“三北”防护林体系建设 1991年，“三北”防护林工程造林1755.7万亩，封山育林1348.5万亩，飞播造林45万亩。为推动“三北”防护林建设，林业部召开了“三北”地区生态经济型防护林建设现场会议，确立了“三北”防护林生态经济型的发展道路。同时，林业部组织了对“三北”二期工程建设前5年的造林成果的检查、评比，表彰了116个先进单位和214名先进个人；制定颁发了《“三北”防护林建设资金管理暂行办法》，对计划编制程序、审批办法做了进一步明确。通过加强宏观调控，提高了工程造林比重，扩大了封山育林面积，加强了基层基础设施建设，确保了全年任务的完成。

长江中上游防护林体系建设 1991年以质量、效益为中心，狠抓了任务、投入、管理、科技、管护五个落实，实现了三项突破：一是建设规模有了新突破，造林、封山育林1170万亩，超计划11%完成全年任务；二是营造林质量出现了新突破，绝大多数县工程造林面积核实率和造林合格率都在90%以上；三是制定了工程管理办法和建设标准，体系建设走上了规范化、制度化轨道。一年中，林业部和部长江中上游防护林建设办公室先后召开了九省专职主任会议、辐射县现场经验交流会议和各省（区）政府领导同志参加的体系建设领导小组会议，总结交流了3年来的建设经验，研究部署了下阶段的工作。

沿海防护林建设 1991年，林业部主持召开了全国沿海防护林体系建设工作会议，总结交流了湛江会议以来体系建设的情况和经验，研究和部署了今后一个时期的工作。为加强工程管理，林业部拟定了有关的管理办法、建设标准（征求意见稿），各工程县建立了管理机构，开展了县级总体规划，使体系建设进入了按总体规划加快实施的新时期。1991年，整个工程造林335.4万亩，超额完成了全年计划任务。

平原绿化 1991年是平原绿化“七五”“达标”的

最后验收年。年初，林业部发出了关于进一步抓好平原绿化工作的通知，通报了“七五”“达标”情况，推广了河南等省平原绿化的经验，有力地推动了“七五”达标目标的落实。1991年新增达标县144个，使全国平原绿化“达标”县增加到507个，实现了平原绿化“五七九”达标规划首战告捷，其中河南、山西、北京三省（市）的平原县实现全面达标。

治沙工程 为加快治沙步伐，根治风沙危害，1991年国务院召开了全国治沙工作会议，部署安排了今后10年的治沙工作，确定了“统一规划、分工负责，因地制宜、综合治理，防治并重、治用结合，突出重点、讲求效益”的治沙工作方针。会后，国务院批准了《1991—2000年全国治沙规划要点》，批转了《关于治沙工作若干政策措施的暂行规定》，国家税务局发出了《关于对治沙和合理开发利用沙漠资源给予优惠的通知》，我国治沙工作开始进入按规划统一实施的新时期。

竹业生产 为加强竹产业的行业管理，使竹业更好地为产区社会、经济发展服务，1991年，林业部召开了全国竹业工作会议，讨论了全国竹产业发展十年规划，确定了“统一规划、合理布局，强化管理、发展资源，广开门路、加工利用，开拓市场、提高效益，依靠科技、振兴竹业”的工作方针，总结交流了建国以来我国竹业工作的成就，研究部署了今后一定时期的竹业发展的具体措施、方法。会议后，各主产区认真传达贯彻会议精神，研究制定具体办法、措施，竹业生产开始进入稳步推进的时期。

国营和乡村集体林场建设 继续落实1990年全国国营场（圃）会议精神，组织力量，编写国营林场管理办法和十年发展规划，开展贫困国营林场调查。联合召开了国营林场部省联营基地建设工作会议，总结交流了1981年以来基地建设的情况和经验，对如何进一步开创联营基地建设的新局面进行了全面部署。至1991年底，我国国营林场累计完成部省联营商品材基地造林340万亩，抚育中幼林700多万亩。在抓好资源培育的同时，重视发展多种经营和综合利用，国营林场经济活力进一步加强。结合国家“产品、质量、效益年”活动的开展，乡村集体林场开展了全面质量管理评比竞赛活动，制定了评比竞赛标准和办法，分别召开了南、北方汇报会议，通过层层筛选，评选出6个先进县、92个先进林场。

油茶低产林改造工程建设 组织有关专家对1990年的项目实施情况进行了质量检查。召开7省（区）项目负责人会议和全国油茶低产林改造现场经验交流会，对进一步搞好油茶低产林改造提出了具体的要求和对策。加强领导，严格工程管理，注重科技投入，组织工程区开展“三个一”（一县一批，一户一亩，一亩一百斤）的高产示范活动，工程的综合改造水平开始提高，建设速度加快，为第二期工程的上马打下了基础。 （祝光耀）

林木种苗生产

【林木种子生产】

林木种子采收、供需 据全国28个省（区、市）和11个计划单列市、大兴安岭林业公司林木种子管理部门统计，1991年林木种子采收量为21115吨，比1990年增加577吨，增加38%，其中国家收购16063吨，占全国总采收量的76.1%。全国27个主要造林树种共采收种子15304吨，占全国总采收量的71.2%，比1990年增加39%。

1991年有18个省（区）发生了不同程度的洪涝、干旱灾害，对林木结实和采收有不同程度的影响，由于不同地域小气候的影响，各地各类林木结实情况不一，丰欠有别，主要树种种子采收情况是：

油松 种子主要产区河北省北部和辽宁省西部、北部，结实平年偏上，共采收种子约1100吨，另一主要产区山西省晋南、晋东南种子欠收，采收量约245吨，仅为丰年产量的10%左右，全国油松种子采收量为1656.5吨，属平年偏下。

马尾松 种子结实属平年，全国采收量2006.9吨。历年采收量不多的贵州、湖北两省，由于结实好，采收工作组织得力，种子采收量创历史最高水平，分别达到295和205吨。主要产区的四川省采收量达190.7吨，是1990年采收量的2.54倍。广西壮族自治区受严重干旱的影响，马尾松结实少，全区采收马尾松种子比1990年减少101.9吨，属欠年。

湿地松 种子主要产区的广东省，因台风、干旱致使大量球果早落、球果出种率低，种子采收量为16.54吨，比1990年减少25.86吨，减少61%。广西壮族自治区湿地松结实也属欠年，种子产量较1990年减少46.6%。其它产区也都不如往年，全国共产种子49.3吨，较1990年减少35.4%。

红松 东北三省红松结实较好，可采收3000吨，但林业部门收购量仅有889.2吨。

落叶松 种子主要产区之一的内蒙古大兴安岭林区，林木结实连续7年欠收后，1991年丰收，采收种子达54.5吨，可满足该地区三四年用种。大兴安岭林业公司所辖林区，林木结实不好，仅采收1.73吨。长白落叶松、日本落叶松除少数地区结实为平年外，多数地区属欠年，全国采收量分别为19.1吨和125.5吨。

杉木、云南松 结实为平年，采收量分别为

877.42 吨和 521.3 吨。

白榆 种子主要产区河南省北部在种子成熟时，遇大风和阴雨气候，无法采收种子，产量只有 25 吨，不足正常年份采收量的 5%。

柏木 结实为欠年，采收量不足需种的一半。

经济林树种 油桐、油茶种子比 1990 年增加 117%、34.5%；核桃种子采收比 1990 年减少 9%。

灌木 为治沙工程上马，提前准备好种子，西北一些省（区）注意踏郎、酸刺、沙枣、花棒等灌木种子的采集，踏郎种子增加幅度较大，1991 年种子采收量 83 吨，是 1990 年采收量的 15.7 倍。酸刺种子采收量 17.85 吨，是 1990 年采收量的 3.3 倍。沙枣种子采收 83.6 吨、花棒种子采收 83.88 吨，分别是 1990 年采收量的 1.75 倍、1.2 倍。

其他树种 其他树种种子全国共采收 6081.2 吨，占全国总采收量的 28.8%，其中柳杉种子仍为丰年，产量与近 3 年大体相似；荷木结实属欠年；桤木种子采收中，前期因长江防护林工程用种量大，缺口约 25 吨，经过组织采集，除填补缺口外，还有大约 80 吨贮备。杜梨、棠梨、山丁子、海棠等果树砧木树种种子采收量较去年有所减少，减少幅度为 92—50%，造成海棠种价大幅度上升，由每公斤 60—80 元，上涨到 160—240 元。

良种生产 全国共产良种1 282 951.2公斤，占全国采收量的 6.07%，较 1990 年增加 163%。良种产量中，油桐、油茶、核桃、板栗等大粒种子为711 225.5 公斤，占全国良种产量的 55.4%；中、小粒种子为 571 725.7公斤，占全国良种产量的 44.6%。在中、小粒种子中增加的树种有杉木、马尾松、油松、刺槐，分别增加了 78.1%、144.8%、46.5%、352.5%。全国已建的良种基地注意了疏伐、人工辅助授粉、土壤改良和病虫害防治等管理，种子产量较 1990 年都有所增加。浙江省 180 公顷杉木种子园，产种 17 550 公斤，创平均每公顷产种子 97.5 公斤的记录。

1991 年种子供应中，湿地松、樟子松、日本落叶松、长白落叶松、侧柏、柏木、白榆、花棒、踏郎、柠条等树种种子有不同程度的缺口，其它树种种子均能满足需求。

出现缺口的主要原因：①用种量基本未增加，但因自然灾害和林木结实丰、欠规律的影响，使得种子欠收造成供应有缺口，如湿地松、日本落叶松、长白落叶松、樟子松、柏木、侧柏等；②用种量较往年增加，如花棒、踏郎、柠条、沙枣等。

林木种子生产基地建设 1991 年，林木种子生产基地建设仍然是继续控制基本建设规模，投资主要投放到续、在建基地和为世界银行贷款国家造林项目的配套。坚持按项目管理，按效益考核。为了适应造林绿化迅速发展的形势需要，适当加大新上基地的比重，主要是充分利用种源试验和子代测定的成果，建立高世代的种子园和优良无性系繁殖基地，以及采种基地。新上部省合建良种基地 34 处，面积约 4 878.2 公顷，新建部省采种基地 10 处。

为了超前准备种苗，做到以丰补欠，根据种子贮备需要和种子冷库建设布局，在河北、河南、贵州、甘肃省新建 4 座种子冷库，建设规模为 8 817 平方米，计划 1993 年完成。

1991 年部省合建良种基地建设工程到期经验收合格，续建的为 65 处，约 9 280.5 公顷，其中扩建约 1561.4 公顷。

到 1991 年底，全国共建良种基地 767 处，建设面积约 59 739 公顷，其中部省合建 242 处，面积 26 824 公顷；采种基地 276 处，约 761 092 公顷，其中部省合建 50 处，500 425 公顷。

林木种子投资使用 1991 年，林木种子计划投资 4 468 万元，完成投资 4 485 万元，其中国家投资完成 1 831 万元（林业部投资 1 456 万元，完成 1 395 万元），占完成投资总额的 41%；地方统筹投资完成 2 649.5万元，占完成投资总额的 59%。

按投资的项目分：①良种基地投资完成 3 183.11 万元，占完成投资总额的 71%（其中部省合建良种基地完成 2 221.43 万元，占完成投资总额的 70%）；②采种基地投资完成 876.71 万元，占完成投资总额的 19.5%（其中部省合建采种基地完成 384.9 万元，占完成投资总额的 44%）；③种子库建设投资完成 191 万元，占完成投资总额的 4.3%（其中部省合建种子库完成 96 万元，占完成投资总额的 50%）；④病虫害防治费完成投资 30.2 万元，占完成投资总额的 0.7%（其中部投资完成 19 万元，占完成投资总额的 90%）；⑤其它投资完成 203.88 万元，占完成投资总额的 4.5%（其中部投资完成 82 万元，占完成投资总额的 40%）。

1991 年种子投资完成较 1990 年增加 249.6 万元，增加了 6%。1991 年林业部安排用于种苗的资金共 2057.8 万元，其中，安排育苗资金 534 万元；用于种子资金安排 1523.8 万元（基建资金贷款 1456 万元，非经营性资金 67.8 万元），较 1990 年用于种子资金减少 58 万元，用于育苗资金增加 134 万元。

林木种子行业管理及机构建设 1991 年 5 月 20 日，林业部办公会议通过了《林业部关于进一步加强种苗工作的决定》，这是建国以来发布的第一个关于种苗工作的决定。

11 月 5 日，林业部与国家工商行政管理局联合下发了《关于整顿林木种子市场的紧急通知》，针对一些地方、企业、事业单位和社会闲散人员大量涌入林木种子产区哄抬种价，抢购林木种子，致使产区林木种子生产管理出现混乱局面，为保证林业生产用种作出了四条规定。①凡到林木种子产区购买红松、杉木、马尾松、华山松、云南松、侧柏、樟子松、湿地松、火炬松、水杉、黄山松、日本落叶松、长白落叶松、华北落叶松和兴安落叶松等 16 种树种种子的，均需经产地县以上林业主管部门同意，并报当地工商行政管理机关备案，在当地林业主管部门统一组织下进行。②任何单位和个人未经领取《林木种子经营许可证》和《营业执照》的，不得擅自收购或经营林木种子。③省级以上林业主管部门建立的林木种子生产基地生产的种子，由当地林业主管部门统一组织采集、收购和调拨。④经营或调运出县境的林木种子必须附有当地县级以上林业主管部门出具的《林木种子质量检验证》。没有《林木种子质量检验证》或掺杂使假、以次充好，均为违法行为。

为了搞好1992年林木种子供应工作，组织好种子的采收、调剂，于7月、9月分别在大连市和庐山林场召开了北方、南方林木种子调剂会。根据林业部的部署，种苗管理总站编写了林木种苗主要岗位规范。9月18—21日，在江西召开了全国林木种实病虫害防治工作会议，交流了“七五”期间种实病虫害防治工作的经验，落实了今后加强病虫害防治试验工作。

1991年10月25日至11月16日，林业部林木种苗管理总站委托北京林业大学成人教育学院举办了《中国林木种子区划》、《林木种子贮藏》两个国家标准实施研讨班。吉林省林业厅受林业部和人事部委托于8月7—22日，在吉林省白河林业局举办了首次种苗高级林业技术人员研讨班。此外，还举办了全国林木种质资源管理研讨班、林木良种计算机管理培训班、林木良种新技术和杉木无性系繁殖等培训班。

种苗管理体制进一步理顺与加强，四川、辽宁、甘肃、湖北，沈阳、成都、重庆等省、市，由原来的种子管理机构改建成种苗管理机构。 （许志杰）

【苗木生产】 1991年，我国部分省（区、市）遭受特大洪涝旱灾，损失严重，苗圃受冲、受淹尤为严重。为保证造林所需苗木，林业部林木种苗管理总站及时发出了《关于抓紧做好苗圃恢复生产，确保苗木供应的通知》，要求受灾苗圃因地制宜地采取秋播、秋插、容器育苗、塑料大棚育苗等补救措施，提高苗木质量和产量。经过各级领导和广大育苗单位的共同努力，全国共完成育苗面积22万公顷，总产苗量470亿株，其中可供造林用的合格苗230亿株，与1990年相比基本保持稳定，能够满足造林用苗。1991年苗木生产的主要特点：

①领导重视，加强宣传和发动工作。为确保造林所需苗木的质量和数量，各地均在春季育苗前专门研究部署育苗工作，发出加强苗木生产管理的通知，召开育苗现场经验交流会，提早落实种子、肥料、农药、薄膜等育苗前的准备工作。在育苗工作中，各地结合实际认真贯彻落实全国国营林场、苗圃工作会议上提出的各级林业局局长都要抓一个国营苗圃育苗示范点的要求，到1991年底，全国已有山西、黑龙江、河南、湖北等17个省（区、市）及计划单列市388名省、地、县林业主管部门领导抓育苗示范点。

②实行定向育苗，以造定育。各地采取签订育苗合同的方式，确保育苗生产和造林任务的紧密衔接。河南省中牟县实行“四定”育苗，即定树种、定任务、定质量、定销售。成都市县、乡两级分别实行育苗合同制，包产包销。对造林任务大而经济困难的乡、村，由林业局无偿提供种子、化肥和营养袋等，保证了造林所需的苗木。河北省对工程造林任务大的地区，采取建立工程骨干苗圃的办法，做到苗木在数量、树种、规格上与工程造林任务相配套。

③增加资金投入，落实优惠政策。各地在育苗资金短缺情况下，多方集资，扶持育苗生产，根据育苗任务完成的好坏，用资金、化肥、粮食、柴油等奖励成绩突出的单位和个人，有力地促进了育苗工作的发展。河北省采取减免农林特产税，物质奖励、包销合格苗、制定最低保护价、保证育苗收入高于种植粮、棉的收入等优惠政策，组织苗木生产。山东省仅春季各地、市用于育苗的投资达2000多万元，比1990年同期增加了50%。辽宁省拿出68万元扶持育苗生产，其中用于容器育苗的50万元，收到显著效果。

④加强技术服务，积极使用和推广育苗新技术。各地育苗工作普遍增加了科学技术的含量，大力宣传容器育苗、全光照喷雾扦插育苗、无性系繁殖育苗、地膜覆盖育苗、ABT生根粉处理等先进育苗技术。

（周景莉）

【林业部做出《关于进一步加强种苗工作的决定》】 党的十一届三中全会以来，我国林木种苗事业有了很大发展，基本保证了全国造林绿化对种苗的需求。但是，林木种苗生产的现状与全国造林绿化纲要对种苗的要求相比还有很大差距。为了进一步解决种苗生产建设问题，切实加强种苗工作，以适应造林绿化事业发展的需要，1991年5月20日，林业部做出《关于进一步加强种苗工作的决定》（以下简称《决定》），下发全国林业系统贯彻实施。

《决定》要求各级林业主管部门要统一思想，提高认识，下大力量抓种苗，超前抓种苗，一把手抓种苗；要采取有力措施，努力提高种子合格率、基地供种率、良种使用率、一级苗出圃率、自育苗率和容器苗率，并把它做为衡量各地种苗工作优劣的主要标志；要加强计划管理，层层搞好种苗生产与造林计划的衔接；要加强科学研究，推广科技成果，提高种苗生产水平；要切实抓好种苗生产基地建设和管理，充分挖掘种苗生产潜力，为造林绿化提供品种对路，数量足够，质量优良的种子和苗木；要制订扶持政策，增加种苗生产建设投入；要加强组织领导，搞好种苗行业管理以及提前一年抓好下年度种苗准备等。

《决定》公布实施后，25个省（区、市）林业厅（局）召开了种苗工作会议，贯彻《决定》，落实措施。

（王　棋）

【《关于做好种苗生产与造林任务衔接若干问题的通知》颁布】 种苗生产与造林任务衔接不紧密是我国

营林生产中长期存在，一直未能彻底解决的难题。尽管近年来，各级林业主管部门在工作中注意搞好两者的衔接，情况有所好转，但种苗生产与造林任务相脱节的现象仍然存在。为超前准备好造林绿化所需要的优良种子和苗木，搞好种苗生产与造林任务的紧密衔接，确保造林绿化规划的顺利实施，林业部于1991年11月份颁发了《关于做好种苗生产与造林任务衔接若干问题的通知》。《通知》的要点是：

①要认真搞好计划安排。各级林业主管部门应根据造林绿化规划，以县为单位，着手进行造林绿化的总体规划设计，把“八五”期间的分年任务、造林方式、林种、树种等落实到县、乡、村。省厅汇总后，作为分年实施计划的依据；根据总体规划设计的分年任务，分树种提前一二年安排种苗生产计划，并作为省（区、市）年度指令性计划下达，努力做到定点育苗，定向供应；根据总体规划设计的分年任务，在造林绿化工程实施的前一年进行年度作业施工设计，把造林任务、整地方式、树种及所需种子、苗木的质量、数量等落实到山头、地块。对种苗的需求，以县为单位进行余缺调剂，县内无法解决的，由地、省统一调剂解决。

②要切实搞好种苗基地建设，努力提高种苗的产量和质量。特别要加强优良种源区采种基地、良种基地和国营集体骨干苗圃的建设，努力提高种子合格率、良种使用率、基地供种率、自育苗率、一级苗出圃率和容器苗率，力争在二三年内达到《林业部关于进一步加强种苗工作的决定》规定的指标；凡适宜开展容器育苗的树种和地区，要采取切实可行的措施，大力推广容器育苗。

③要切实加强管理和组织领导。在安排造林、采种、育苗计划和统计造林、采种、育苗任务完成情况时，都要落实到主要造林树种上；要实行种苗否决权制度。凡种苗建设抓得不力、种苗生产任务完成不好和质量标准达不到要求的，要酌减或停止下年度的工程建设资金投入；各省（区、市）林业厅（局）要成立种苗生产与造林绿化协调小组，由厅（局）领导任组长；地、县、乡领导签订的造林绿化责任状应包括种苗生产；各级领导办造林绿化示范点，应包括种苗，也可以单独办种苗示范点。 （赵良平）

【林木采种基地建设】 1991年，林业部和部分省（区）联合建设林木采种基地9处，即吉林省梨树县樟子松采种基地，山东省枣庄市侧柏采种基地，安徽省岳西县黄山松采种基地，山西省平遥县、安泽县和陕西省黄龙县3处油松采种基地，江西省赣州地区、贵州省黔南州、陕西省汉中地区3处马尾松采种基地。基地设计总面积12.15万公顷（含母树林1000公顷），3年后，新建基地年采种量53.2万公斤，其中：油松21万公斤，马尾松13.5万公斤，樟子松0.7万公斤，侧柏15万公斤，黄山松3.0万公斤。

1991年新建采种基地建设项目除晾晒、烘干、精选、贮藏、检验和运输设备、设施之外，新增了采种母树林建设，这将会提高新建采种基地部分种子的遗传品质。

截至1991年底，我国共有省级以上林业主管部门划定的采种基地100多处，总面积152万公顷，其中部省合建采种基地46处，面积70万公顷，采种基地年采种800万公斤，基地供种率约为32%。

（欧国平）

【部省联合建设林木良种基地续（扩）建工程】 截至1991年底，全国已有136处部省联合建设林木良种基地通过验收，其中属于一次性扶持和转由地方经营建设的14处，进入续（扩）建工程建设的122处，占全国部省合建基地223处的54.7%。续（扩）建总规模为13 390公顷，其中种子园5 489公顷、母树林3 405公顷、采穗（根）圃253公顷、繁殖圃124公顷、收集区660公顷、测定林2 539公顷及各种示范林911公顷。续（扩）建这批基地的主要目的是巩固、完善现有建设项目，大力加强土壤、树体、花粉、病虫害防治及去劣疏伐等管理措施。目前，这批基地已陆续进入结实期，其中有39.3%的基地进入了盛产期，年产用材林树种优良种子8.95万公斤，优良无性系条（根）、苗木8 710万株，可供造林29.8万公顷。这批续（扩）建基地已逐渐向高世代发展，现已有南方的杉木、马尾松、湿地松和北方的樟子松、油松、华北落叶松、日本落叶松、长白落叶松、兴安落叶松等10多个主要针叶用材林树种的改良代种子园720公顷，二代种子园318公顷。其中杉木改良代种子园485公顷，二代种子园284公顷，优良无性系繁殖圃19.7公顷；平原地区的杨树、白榆、刺槐、泡桐等优良无性系采条（根）圃、繁殖圃已有350多公顷。这批林木良种繁育基地为速生丰产林提供增产效益高、质量好的高世代良种打下了基础。 （国丰富）

【容器育苗生产】 据全国31个省（区、市）及计划单列市的不完全统计，1991年共育容器苗30亿株，占全国造林用合格苗的15%，比1990年增加了13亿株。山西、辽宁、安徽、福建、江西、山东、湖南、广东、广西、四川等省（区）容器育苗生产发展较快。福建省1990年容器育苗2亿株，1991年发展到5亿株；山西省1990年1.7亿株，1991年达到3.1亿株。1991年部分省（区）遭受特大洪涝灾害后，苗木严重短缺，各地都把大力推广容器育苗作为一项重要的补救措施。

各地开展容器育苗生产所采取的主要措施：

①加强组织领导，有计划地推广容器育苗。为了使容器育苗推广工作有计划、有组织、有步骤地进行，辽宁、江西、河南、海南、云南等省林业厅均成立了以厅长或种苗站长为组长的容器育苗领导小组，并要求各地县也要层层建立领导机构，大力推广容器育苗。

各省（区、市）均制订了容器育苗生产发展计划和规划，并提前准备好资金、物资、肥料、农药等，安徽、福建、山东等省都把容器育苗计划作为指令性计划下达，并作为考核各地育苗造林实绩的一项重要指标。山东省还明确规定，“八五”期间荒山造林容器苗使用率要由20%提高到80%。

②落实优惠政策，增加资金投入。为减轻育苗单位和个人的负担，更好地促进容器育苗的发展，各省（区、市）均实行倾斜政策。湖南省要求，容器育苗中等规模的县每年拿出10万—20万元，重点县拿出20万—40万元用于容器育苗生产。各地对容器育苗普遍实行了保值包销的办法，使容器育苗的收入不低于当地经济作物及其它苗木的收入，解除了群众的后顾之忧。一般县、乡包种子供应，村户包育；县乡林业站负责包技术指导。

③加强技术服务和技术指导。辽宁、安徽、福建、江西、河南、山东、广东、广西、海南、云南等省（区）都相继举办了容器育苗技术培训班，印发了容器育苗技术要点和技术小册子。同时，各地还组织技术人员进行技术咨询和技术服务，开展技术承包和巡回检查指导。 （周景莉）

【林木种子质量抽检】 林业部林木种苗管理总站继1990年首次开展全国性林木种子质量抽检后，1991年再次部署林业部南、北方林木种子检验中心对湖南、贵州、辽宁、河南等四省部分飞播、育苗用马尾松、油松种子进行了质量抽检，共抽检131份样品。抽检结果表明，种子合格率呈上升趋势。

1990年，林业部组织抽查了五个省（区）的林木种子质量，种子质量合格率为71.6%，其中种子净度合格率只有70.9%，发芽率合格率只有72.6%。1991年的林木种子质量普遍好于1990年，林木种子质量合格率为78.5%，较1990年提高7个百分点，其中净度合格率84.4%，较1990年提高13个百分点。湖南、辽宁、河南三省的马尾松、油松飞播造林用种和育苗用种的质量较好，基本达到国家标准所规定的质量要求，种子净度的合格率分别为93.5%、94%、100%，种子发芽率合格率分别为100%、94.1%、77.5%。贵州省的飞播造林用种质量较差，未达质量要求，种子净度和发芽率的合格率仅为50%和23%。

从抽查的情况看，种子质量管理主要存在问题是：①林木种子混杂严重；②林木种子一、二级品率低；③林木种子质量检验工作薄弱，缺乏林木种子检验机构、人员，检验仪器、设施陈旧落后。针对存在的问题，林业部发了通报，要求各级林业主管部门切实加强林木种子质量监督管理工作。 （欧国平）

【林木种子调剂】 林木种子调剂自1982年中断后，1991年在全国范围内恢复开展。

1991年6月12日和8月8日，林业部林木种苗管理总站分别发函各省（区），要求做好结实调查，并与造林部门商定1992年需种量。1991年7月11—14日，林业部种苗管理总站在大连召开了北方林木种子调剂会，参加会议的有北方地区的11个省（区）及河南、湖北、四川3省林木种苗站的负责人。调剂的种子涉及我国北方造林绿化树种83个，由林业部统一调剂的有9个主要造林树种种子，调剂量为70.3万公斤。1991年9月15—18日，在江西庐山召开了南方林木种子调剂会，参加会议的有南方16个省（区）林木种苗站的负责同志。涉及南方造林绿化树种93个，由林业部统一调剂的有8个主要造林树种种子，调剂量为37.5万公斤。从总体上看，全国绝大部分树种的采收量与需种量持平或略有贮备。少数几个主要造林树种的种子缺口仍比较大，如樟子松种子缺1.37万公斤，占1992年需种量的46.8%；日本落叶松缺0.63万公斤，占1992年需种量的52.7%；长白落叶松缺1.7万公斤，占1992年需种量的28.3%；踏郎缺1.5万公斤，占1992年需种量的21.4%。

在南方和北方林木种子调剂会上，林业部采取了统一调剂和统一组织下的自由调剂相结合的方式，对全国17个主要造林树种的种子进行了统一调剂，对一些缺口较大的树种种子，提出了争取完成的任务。会后，林业部林木种苗管理总站分别印发了南方和北方主要林木种子调剂情况的通知。通知规定：经林业部统一调剂的17个主要造林树种种子的调入调出数量为指令性计划，要确保任务的完成。对统一组织下自由调剂的种子，供需双方应本着注重信誉，互相支持的原则，努力完成调剂任务。 （黄大康）

【杉木无性系造林苗木生产程序】 近年来，在速生丰产林基地建设中，我国南方应用杉木良种选育的成果开展无性系造林，面积迅速增加。但是有的地方由于缺乏科学性，苗木质量不符合要求，影响了造林效益。为了有效地保证杉木无性系造林苗木的遗传品质，防止无性繁殖过程中出现生理衰退现象，为生产提供幼化的优良苗木，使造林达到应有的增益，林业部林木种苗总站制定了《杉木无性系造林苗木生产程序》（以下简称《生产程序》）的技术规定，供各地培育杉木无性系苗木应用。《生产程序》结合我国当前杉木良种选育的水平和现状，吸收了杉木无性系选育程序、选育方法和标准，以及无性繁殖技术等方面的科研成果和先进技术，提出了确保无性繁殖材料质量、应用无性繁殖关键技术和提高无性系苗木产量等三个方面的具体做法。《生产程序》主要内容包括：

①规定了优良无性繁殖材料的选择标准。无性繁殖材料的质量是确保无性系造林质量的核心环节。为了保证杉木无性繁殖材料的质量，《生产程序》规定必须使用经过遗传测定的确有增益的优良无性系或优良家系的无性群体，同时要经过区域试验和立地试验，明确其适宜推广范围和立地条件。当前可供使用的杉木

无性繁殖材料有：经过鉴定的优良无性系，按选择标准在优良家系、种子园混系、优良种源中选出的超级苗或幼林中选择的优良单株转化的无性材料。使用后者要边使用、边测定、边选择。

②提出了通过建立原种收集圃、苗期测定圃收集、保存、利用入选无性繁殖材料的办法。

原种收集圃通过种植优良无性系苗木、入选优良单株根颈部的萌条和中选超级苗原株实现收集、保存任务，并通过繁殖提供测定和扩大繁殖用的种植材料。种植材料要求严格保证各系号的优良度和纯度。

测定圃是对选入原种圃的系号进行无性系苗期测定的场所。经测定初选的无性系，方可参加造林试验和作为生产性采穗圃的繁殖材料。

③明确了通过建立促萌采穗圃和扦插育苗圃繁殖优良无性繁殖材料与生产无性系苗木。

促萌采穗圃是扩大繁殖经过测定的优良无性系，提供大田生产性育苗使用插穗的采穗圃。其种植材料来源于原种收集圃或组织培养室。为提高穗条产量，要对母株采取浅栽高培土、压弯截顶、清除基部萌条、加强水肥管理和合理采穗等措施。

扦插育苗圃是培育无性系造林苗木的苗圃，从采穗圃采集插穗培育成营养繁殖苗用于造林。

为了防止无性繁殖过程中出现早熟老化、偏冠等生理衰退的不良效应，原种收集圃、促萌采穗圃和扦插育苗圃都只能使用母株根颈部位带有顶芽的萌条。

（游应天）

【一代改良和二代无性系种子园营建】 80年代，我国建设了一批各主要造林树种一代无性系种子园，在建园的同时对所选的大量优树开展了子代测定。子代测定林的建立和测定的成果为建设高一级的种子园打下了基础。随着选出的优良家系增加，种子园的建设逐步得到改进和提高，一些树种开始了建设一代改良和二代无性系种子园。

一代改良和二代无性系种子园的区别主要是建园所使用的繁殖材料有所不同。一代无性系种子园是使用未经遗传测定的优树营养繁殖苗木营建的种子园；而一代改良无性系种子园是用经过子代测定后，确认为遗传品质优良、开花结实习性符合要求的无性系营建的种子园，其增产效益较前者高；二代无性系种子园是由优树子代林中选择优良家系中的优良单株通过无性繁殖营建的种子园，增产效益更高。

杉木在我国南方各主要分布省（区）都已建立了一批一代改良种子园，福建、广东、广西、湖南、浙江、江西等省（区）已进入营建二代无性系种子园阶段。马尾松在福建、广西、湖南、江西等省（区），樟子松在吉林省，长白落叶松在黑龙江省，油松在辽宁省，日本落叶松在湖北省都开始营建了一代改良种子园。

湿地松、火炬松由于是引进树种，限于引种历史条件和早期引种规模，所建立的一代无性系种子园所使用的优树，存在着种源不清、遗传基因狭窄、增益不理想的缺点。但以后又从国外大量进口天然林种子推广造林，成林面积总计已超过120万公顷。针对这一现实情况，对种子园的改进和提高，在生产上使用的建园繁殖材料不拘于某个世代。即一方面保留利用经过遗传测定证实确是优异、增益高的无性系，包括一代种子园中一般配合力高、亲本间无亲缘关系、花期相遇的优良无性系，和从子代测定林优良家系中选择的优良单株；另一方面补充新鲜材料，包括从种源试验林中选择优良种源的优良单株，从大量进口天然林种子营造的大面积人工林中选择优良林分进行选优。这样做既提高了建园繁殖材料的质量，又增加了优树基因资源，拓宽了遗传基础，这种种子园处于一代改良和二代无性系种子园之间，是滚动式种子园的一种。我国广东、广西、湖南等省（区）已开始营建。

（游应天）

【良种基地种实病虫害防治工作会议】 1991年9月18—21日，由林业部林木种苗管理总站在江西省庐山林场主持召开。

会议代表有南方主要省（区）林木种苗站负责人和各试点工作的主持人。会议交流了林木种子生产基地病虫害发生情况、防治经验和做法；全面总结了南方主要树种种实病虫害防治试点工作；介绍了我国“七五”期间种实害虫科研攻关成果和国际学术动态。

会议强调：搞好病虫害防治，是提高良种基地建设质量与效益，实现稳产、丰产的重要措施，各地要提高认识，强化病虫害防治意识，贯彻好“预防为主，综合治理”的方针，认真抓好种子生产基地病虫防治工作，加强种实病虫害的研究和技术力量的培训，提高防治能力，促进良种产量的提高。 （陈恩军）

【湿地松、火炬松良种基地病虫害防治】 湿地松、火炬松是我国南方低山丘陵地区重要速生造林树种，良种基地已有相当规模，种子园及母树林总面积3 400多公顷，生产用种国内自给约50%。为了促进湿地松、火炬松产种量不断提高，各地采取了综合增产措施，比较注意了病虫害防治。目前已发现，湿地松、火炬松良种基地主要枝叶病虫害有：松针褐斑病、枯梢病、松赤枯病、松落针病、马尾松毛虫、松梢螟、松突圆蚧，严重发生时树势衰弱，影响结实。种实害虫主要是松实小卷蛾、微红梢斑螟及油松球果小卷蛾。初步统计，目前生产中球果虫害率一般在25%以上，病虫害还可造成30%左右的花或幼果早期脱落。一些地区经验表明，虫害发生与环境条件关系密切，通常东南坡比西北坡虫情严重，5—8月气候干热年份比阴湿的年份虫情严重，土地贫瘠树势差的地方比土地肥沃，树势好的地方受害严重。目前已总结出喷施溴氰菊酯、乐果乳油等化学药剂以及摘除病虫果枝、黑光灯诱捕成虫等较为有效的防治措施，经部分地区采用，对提高产种量发挥了很大作用。

湖北省荆州地区彭场林场，1 078亩湿地松、火炬松1976年开花，1984年产种451公斤，1986年发生松实小卷蛾和微红梢斑螟，仅产种子10.5公斤。该场连年采取摘除虫果枝，黑光灯诱杀，喷施化学药剂等措施，产种量从1988年不断回升，1990年产种1 550公斤；1991年，在严重自然灾害下，仍产种1 250公斤。广东省台山县红岭湿地松种子园，多年来坚持防虫治虫，种子产量始终稳定在10 000公斤以上。

（陈恩军）

【林业部南方、北方林木种子检验中心通过计量合格认证】 1991年2月27日和8月28日，由国家技术监督局委托的中国计量科学研究院，分别对林业部南方林木种子检验中心和林业部北方林木种子检验中心进行计量认证评审，并通过了计量合格认证。

计量认证的内容包括：人员业务水平、质量检验工作环境和检验仪器设备状况、各项规章制度的制定和执行情况等。通过计量认证，以确保产品质量检验结果的准确性、可靠性和公证性。（周建铭）

【林木种质资源管理研讨班】 为了进一步加强林木种质资源的管理和利用，林业部林木种苗管理总站于1991年10月25日至11月8日在中南林学院举办了全国林木种质资源管理研讨班。全国21个省（区）、计划单列市和大兴安岭林业公司从事林木种质资源管理的31名业务技术骨干学习、研讨了开展林木种质资源管理工作的理论、方法和技术。有关专家教授系统讲授了林木种质资源调查、收集、保存、利用与评价的主要方法和技术。湖南、湖北省介绍了开展林木种质资源调查的做法、经验和成果。

目前，河北、浙江、安徽、福建、山东、湖北、湖南、四川、云南、甘肃、宁夏等11个省（区）及黑龙江省森林工业总局完成了林木种质资源普查任务，其中山东、湖北、湖南、云南、甘肃、宁夏省（区），成都市及黑龙江省森林工业总局还完成了资料汇总和普查总结。（罗军民）

【营林（林木种苗）高级研讨班】 受林业部与人事部委托，吉林省林业厅和人事厅于8月7—22日在吉林省白河林业局举办了第一次营林（林木种苗）高级专业技术人员研讨班。北方12省（区、市）从事林业技术管理、教学、生产的30名高级技术人员和业务技术骨干参加了研讨班。研讨班采取了专题座谈、参观考察、咨询讨论等形式，集中研讨了我国北方地区林木种苗生产的关键技术问题——主要用材树种的良种繁育策略与技术。聘请了“七五”期间树木改良攻关项目的专题负责人、高等林业院校的有关专家教授，对我国主要造林树种当前良种繁育的研究动态、科研成果应用、先进育苗技术应用和林木引种标准等内容分别作了专题报告。

研讨班期间，学员们参观考察了露水河林业局红松母树林、种子园，白河林业局春雷标准化苗圃。

（国丰富）

【《中国林木种子区》、《林木种子贮藏》国家标准实施研讨班】 1991年10月25日至11月16日在北京林业大学成人教育学院举办。参加研讨班的有20个省（区、市）及林业科研和教学单位从事林木种苗生产、管理的领导和技术人员，共计40人。

学员学习了《中国林木种子区》和《林木种子贮藏》国家标准。两项国家标准制定协作组的有关同志，分别讲授了制定标准的目的意义，标准的主要技术规定的理论依据等。山西、辽宁、湖南等省的同志介绍了实施两项国家标准的经验。

（王维丽）

【《容器育苗技术》行业标准发布】 经林业部批准，于1992年1月1日实施。《容器育苗技术》标准对容器类型、规格、基质配制、播种和芽苗移植、施肥、灌水和病虫害防治、苗木出圃规格和质量等作了规定，它是苗木标准系列的重要组成部分，以国家标准《林木育苗技术规程》和《主要造林树种苗木》为基础，侧重于容器育苗的行业技术标准。（赵　兵）

【南、北方国营苗圃主任岗位规范培训班】 林业部教育宣传司和林木种苗管理总站于1991年下半年委托西南林学院干训部和北京林业大学成人教育学院分别举办了南、北方国营苗圃主任岗位规范培训班。培训时间两个半月，300学时。南方有16个省（区、市）的36名苗圃主任参加了培训，北方有15个省（区、市）的34名苗圃主任参加了培训。结业后由学校发给林业部统一印制的《岗位培训证书》。

（李长发）

【林木种子进出口】

进口　1991年，我国从美国、澳大利亚和古巴共进口了林木种子近3万公斤，17个树种，其中包括世界银行贷款国家造林项目所需的良种和优良种源种子8 000余公斤。1991年林木种子进口主要特点：①进口树种仍以湿地松和火炬松为主，分别为1.51万公斤和1.17万公斤，占总进口量的50.3%和39%。②由于国产湿地松种子减产，湿地松种子进口量大幅度上升，比1990年增加了91.1%。③一些产地清楚、来源于种子园和优良种源区的高质量种子占进口总量的比例有显著增加。如湿地松和火炬松，分别占进口量的36.5%和16.7%。

出口　1991年，中国林木种子公司努力巩固原有的出口渠道，抓好重点出口树种，积极开拓韩国、日本市场和开发新的树种资源，使乔、灌木种子出口仍保持上升趋势，共向美国、日本、韩国等13个国家和地区的近40家客商出口了树种130余种，近4.8万公斤，出口额比1990年增加40%，取得了较好的经济效益。

（朱伟成）

【中国林木种子公司扩大进出口经营范围】 1991年，经对外经济贸易部核定，中国林木种子公司扩大了进出口经营范围和进出口商品品种。经营范围和进出口商品品种如下：

经营范围 ①植物种、苗及加工、育苗用工具、检测仪器等商品的出口业务；②植物种、苗及加工、育苗用工具、检测仪器等商品的进口业务；③接受本系统单位的委托，代理上述进出口业务；④林木种苗技术进出口业务；⑤承办林木种苗中外合资经营，合作生产业务。

出口商品目录 乔、灌木种苗，草籽；工业用油籽；树木果仁；竹、叶、棕及制品；花卉；花卉、盆景用陶盆；林木用工农具；林木种、苗检测用仪器仪表；树木果、仁、壳、皮、枝叶、根等。

进口商品目录 乔、灌木种苗，草籽；林木用工农具；与林木种、苗、花卉有关的化工材料；林木种、苗检测用仪器仪表。 （俞 丰）

防护林建设

【综 述】 1991年，各地继续围绕实现造林绿化规划确定的防护林建设目标，实行多林种、多树种、多形式、多层次造林，全国防护林建设又有新进展。全年共计完成营造防护林1865.5万亩，占当年全国人工造林面积的22.2%。

“三北”防护林体系建设 1991年共完成造林1 755.7万亩，其中人工造林1 586.7万亩，超额155.5%完成全年任务。历时一年多的“三北”防护林建设成果核查工作，已于1991年全部结束。结果表明，1978—1988年“三北”防护林体系建设共完成造林1.38亿亩，保存面积1.1亿亩，保存率达80.15%。对此，田纪云作了批示：“‘三北’防护林建设成绩很大，经验不少，值得认真总结、提倡与推广。”

长江中上游防护林体系建设 1991年，地方配套、部门集资和群众自筹建设资金10 782.5万元，投劳2000万人次，投工1.15亿个，共完成营造林1170万亩，完成计划任务的111%。为加强分类指导，推动工程建设走上制度化、规范化的轨道，林业部制定颁发了《长江中上游防护林体系建设工程管理办法》，并组织以一期工程县为主体的200个重点县，开展了建设“达标”竞赛活动。11月，林业部在湖南省大庸市主持召开了长江中上游防护林体系建设领导小组会议，提出了进一步动员起来，使工程建设进入以质量效益为中心，全线总体推进、全面加快实施的新阶段的奋斗目标。

沿海防护林体系建设 5月下旬，林业部在福州召开了全国沿海防护林体系建设工作会议，就如何加快体系建设的实施进行了全面部署、动员。同时，林业部还拟定了《工程管理办法》、《县级总体设计规定》和《县级建设标准》（征求意见稿），开始把体系建设纳入规范化管理。在国家首次投入1 000万元专项资金的启动下，各地共筹措资金约3亿元，群众投工1.1亿个，完成造林335.4万亩。

平原农田防护林体系建设 1991年初，林业部发出了《关于进一步抓好平原绿化工作的通知》，通报了“七五”达标情况，落实了“八五”期间分年达标计划；召开了重点省（区）林业厅局长会议，推广河南等省平原绿化先进典型，及时通报了各地达标情况，狠抓了“七五”平原绿化达标的扫尾工作和检查验收。一年中，全国有144个县、12个地区达到了平原绿化标准。至此，全国平原绿化达标县累计已有507个，达标地区36个，实现了平原农田防护林体系建设“五七九”规划第一阶段的奋斗目标。

治沙工程 为促进我国治沙事业的发展，7月下旬，国务院在兰州召开了全国治沙工作会议，部署安排今后10年的治沙工作，确定了“统一规划、分工负责，因地制宜、综合治理，防治并重、治用结合，突出重点、讲求效益”的治沙工作方针。国务院还批准了《1991—2000年全国治沙规划要点》，批转了《关于治沙工作若干政策措施的暂行规定》。国家税务局发出了《关于对治沙和合理开发利用沙漠资源给予税收优惠的通知》。 （温武瑞）

【“三北”防护林体系建设】 “三北”防护林体系建设二期工程（1986—1995）已实施5年。1991年，对二期工程前5年的造林成果进行了检查、评估、评比和表彰奖励。清查结果表明，二期工程前5年人工造林核实面积6 690万亩，5年完成10年规划任务的64%；封山育林核实面积3 090万亩，其中已成林或将要成林面积2 490万亩，5年完成10年规划任务的107.2%；飞播造林核实面积465万亩，其中合格面积255万亩，5年完成10年规划任务的98%。经评比，对116个先进单位和214名先进个人给予表彰和奖励。 （王质彬）

【“三北”地区生态经济型防护林建设现场经验交流会】 1991年5月11—17日，由林业部“三北”局主持在山西省临汾地区召开。参加会议的有山西省昕水河流域6县，陕西省榆林市和永寿县，内蒙古自治区科尔沁左翼中旗，甘肃省景泰、古浪县5个生态经济型示范区的代表，以及“三北”地区各省（区、市）林业部门有关代表计138人。会议期间参观了昕水河流域6个县17个点。

会议认为，“三北”防护林建设必须走生态经济型道路。如果只注重生态效益，不讲求经济效益，只注重整体的需要，不重视农民的切身利益，农民就没有持久的积极性和承受能力，这项工程就没有后劲，没有生命力。生态经济型的建设道路就是在保证生态效益的前提下，按照社会的需要，在一切有条件的地方积极营造经济林、速生丰产用材林，开展多种经营和综合利用，同时以副养林，以工补林，力求生态效益和经济效益紧密地结合起来，不断增强自我发展的能力。（王质彬）

【“三北”防护林杨树天牛防治】 “三北”防护林现有杨树成林 576.7 万公顷（包括农田林网和“四旁”植树），保护农田 1 100 万公顷，林木蓄积量约 1.7 亿立方米。由于造林树种单一，以及管理体系还不够完善，蛀干性害虫天牛蔓延成灾，遍布在“三北”地区的陕西、甘肃、宁夏、青海、内蒙古、山西、北京、天津、河北、辽宁、吉林 11 个省（区、市）的 240 多个县（旗），虫害发生面积 23 万公顷，其中陕西、甘肃、宁夏、山西、内蒙古 5 省（区）较为严重，发生面积为 15.7 万公顷，151 个县（旗）。党中央、国务院领导对此事十分关心，林业部召集天牛防治工作紧急会议，采取措施。林业部向国务院写了专题报告，成立了以防治天牛为主的“三防”领导小组和办公室专抓这项工作，制定了陕西、甘肃、宁夏、山西、内蒙古 5 省（区）杨树天牛防治方案，安排一定资金，组织开展防治工作。（王质彬）

【长江中上游防护林建设】 1991 年，长江中上游防护林体系建设工程共完成营造林 1 170 万亩，其中重点工程 693.6 万亩，分别占计划任务的 111%和 133.9%。

主要工作 为加强分类指导，不断提高工程建设水平，1991 年，林业部制定颁发了《长江中上游防护林体系建设工程管理办法》，组织开展了试点示范县建设和以一期工程县为主体的 200 个县的“达标”竞赛活动；在湖南省主持召开了“长防林”体系建设领导小组会议，在总结 3 年来建设成绩和经验的基础上，提出了以质量效益为中心，把工程建设推向全线总体推进、全面加快实施新阶段的奋斗目标。与此同时，部长江中上游防护林建设办公室先后主持召开了工程区 9 省“长防办”专职主任会议和 27 个工程周边县自我启动建设“长防林”现场经验交流会；组织 10 个检查组，对 9 省 39 个县进行了全面工作检查和营造林实绩核查，并及时通报了检查结果。

建设情况 为切实加强对工程建设的领导，江西、湖南、湖北等省的省委、政府领导，多次主持会议或深入工程建设现场，专题研究“长防林”建设；湖南、江西、湖北、四川、甘肃、陕西等省政府的主管领导，先后分别与有关地县领导签订了工程建设“达标”责任状。同时，工程区各级领导深入基层办工程建设示范点，仅县级以上领导办点就达 2000 多个，总面积 300 多万亩。一年中，国家、集体、个人共投入工程建设资金 14 282.5 万元，其中地方配套、部门集资和群众自筹达 10 782.5 万元，是国家投资 3550 万元的 3 倍多；投劳 2000 万人次，投工 1.15 亿个。地方配套自筹资金和群众投劳、投工，分别比 1990 年增加 115.6%、81.8%和 64.3%。为提高工程建设规模效益，许多地方坚持在统一规划指导下，集中领导、劳力、时间和技术力量，组织跨村跨乡的大兵团作战，实行造、封、管、改“四管”齐下，集中连片治理。整个工程区当年连片造林万亩以上的有 39 处，5000—10 000亩的有 66 处，1000—5000 亩的有 570 处。各地在工程建设中，坚持多林种、多树种相结合，乔灌草相结合，长中短相结合，新建了 1200 多个乡村林场，大面积开展了林粮、林果、林药间作，积极鼓励农户发展庭院林业和兴办“五小园”（小茶园、果园、药园、桑园、竹园），取得了良好的生态经济效益。四川省达县地区已有 70%以上的乡、村、社兴办了绿色产业，78%的农户办了“五小园”；河南省内乡、湖北省罗田等县，在新造林地因地制宜地间种豆类、花生，造林当年每亩收入达到 80—150 元。与此同时，“长防林”一期工程县发挥辐射示范作用，带动一大批周边地县掀起了不等不靠、自我启动建设“长防林”的热潮。

存在问题 少数地方的领导对工程建设的重要性和紧迫性缺乏认识，真抓实干精神不强，工程建设速度上不去；部分地方对科技兴林重视不够，技术指导和培训工作跟不上，林种、树种比较单一，工程建设质量不高。（刘孟龙）

【长江中上游防护林体系建设“达标”竞赛】 为加快长江中上游防护林体系建设步伐，确保规划任务的如期完成，同时充分发挥工程建设的辐射作用，进一步巩固和扩大建设成果，推动整个长江中上游地区生态建设的发展，根据分类指导原则，林业部于 1991 年印发了《关于在“长防林”工程建设中组织分批“达标”实施重点突破的通知》，决定组织以一期工程县为主体的 200 个重点县（市、区）（见附录），按《长江中上游防护林体系工程建设标准》，分批“达标”。第一批 60 个县，1992 年消灭宜林荒山，1995 年“达标”；第二批 80 个左右的县，1994 年消灭宜林荒山，1997 年“达标”；第三批 60 个左右的县，1996 年消灭宜林荒山，1999 年“达标”。

为保证“达标”竞赛活动的顺利进行，江西、湖南、湖北、云南、四川、甘肃、陕西等省采取措施切实加强了“达标”竞赛活动的组织领导工作，省、地、县政府领导分别逐级签订了责任状，实行目标管理，把“达标”竞赛的任务落实到了各级领导肩上。

省、地林业主管部门利用会议、下派工作组等多种形式，加强了对竞赛活动的指导和督促，特别对第一批“达标县”1992年的作业设计、良种壮苗等准备工作进行了全面检查，及时解决了存在问题。各“达标”参赛县特别是第一批“达标县”在认真做好规划安排，制定分年度的计划，将任务逐年分解并落实到山头地块的同时，做到了规划安排、施工设计、种苗准备、造林预整地、劳动力组织、建设资金、管理措施逐项落实。尤其高度重视了种苗准备工作，为1992年“达标”准备了足够的优质苗木。

一年来，工程区各级林业部门把科技兴林列为“达标”竞赛活动的重要内容，切实加强了对参赛县的技术指导。林业部于1991年11月举办了60个第一批“达标”县的林业局长培训班；省、地、县分别因地制宜地采取短训、轮训、以会代训和现场培训等多种形式，共培训基层技术人员20多万人次，同时，各地广泛动员和组织各级林业技术人员，深入第一线，开展技术服务、技术咨询和技术承包，有效的提高了工程建设管理人员的管理水平和广大群众的营造林水平，为“达标”竞赛的顺利进行奠定了坚实的基础。

为保证第一批“达标”县按期消灭荒山，林业部要求各地在确定1992年计划时，优先安排好第一批“达标”县的种苗补助费。（李怒云）

【长江中上游防护林工程试点示范县】 为搞好长江中上游防护林体系建设的分类指导，树立样板，提供经验，以点带面，促进工程建设扎扎实实地推向前进，1991年8月，林业部正式批准在工程区建立12个工程建设试点示范县。

根据各地不同的自然经济条件和工程建设进展情况，这次确定的试点示范县，是从144个县中挑选出来的。按照县人民政府申请，省、地林业主管部门推荐，林业部审批的程序，最后确定瑞金（江西省），宜昌、谷城（湖北省），石门（湖南省），绵阳市中区、阆中（四川省），潼南（重庆市），水城（贵州省），威信、会泽（云南省），西乡（陕西省），西和（甘肃省）12个县为试点示范县。

试点示范县建设的基本目标是，结合当地实际，从发展国民经济、改善生态环境、帮助群众脱贫致富和造福子孙后代的战略高度出发，按照生态效益、经济效益和社会效益相统一的原则，在大力发挥防护林生态效益的同时，正确处理眼前利益、近期利益和长远利益之间，治理、开发与利用之间，局部利益和整体利益之间各种关系，力争把试点示范县建成生态经济型工程和当地群众的致富工程，使之成为整个体系建设的样板。

林业部要求经过一定时期的建设，试点示范县应成为科技兴林的样板，以防护林为主，多林种、多树种相结合，乔、灌、草相结合，实现三个效益相统一的样板。（黄正秋）

【林业部发布《长江中上游防护林体系建设工程管理办法》】 为了加强长江中上游防护林体系建设工程管理，提高工程建设的质量和效益，确保工程建设任务的全面完成，1991年12月6日，林业部正式发布施行《长江中上游防护林体系建设工程管理办法》(以下简称《办法》)。1990年3月31日林业部发布的试行《办法》同时废止。《办法》是我国防护林建设工程管理上的第一个部门规章。它的发布施行标志着长江防护林工程建设管理开始走上规范化、制度化的轨道。

《办法》是在原试行《办法》的基础上，总结两年来试行的情况，广泛征求工程区有关生产、技术、行政管理单位及人员意见，经长江中上游防护林体系建设领导小组会议讨论修改后发布的。

《办法》共分6章28条，内容包括：总则，计划管理，项目管理，资金管理，组织管理和附则。（李 滨）

【阆中市长江防护林建设】 阆中市地处四川省北部，嘉陵江中上游，面积1877.8平方公里，林业用地106.8万亩，1989年作为“长防林”启动县之一，开始建设“长防林”，工程总体设计规模为营造林45.6万亩，1991年被林业部确定为“长防林”建设试点示范县。3年来，全市自筹建设资金392万元，总投工日610多万个，营造“长防林”38.6万亩，造林面积核实率为98.5%，造林成活合格率为98.4%。

为建设好“长防林”，市委、市政府作出了《全党动手，全民动员，高标准建设“长防林”试点示范县的决定》，提出了在加强宣传发动、提高全民工程意识、狠抓目标管理的基础上，大胆引入竞争机制，强化质量意识，开展优质工程竞赛活动的具体措施。竞赛的方法是，在全市范围内确定参赛乡，从中选择当年立项乡和预备乡，市政府分别同其签订《工程任务责任书》和《工程意向合同书》；按照“四好”、“三达标”(加强领导、思想发动好，自筹资金好，苗木准备好，林木管护好；当年造林苗木质量达标，整地规格达标，栽植成活合格率达标）的竞赛标准展开竞赛，并根据竞赛结果决定是否补助及补助额度。参赛乡出现了“六主动”“四抓”的可喜局面。“六主动”即：主动发动群众集资，主动抓苗木培育，主动聘请技术干部，主动组织现场参观学习，主动把好质量关，主动要求上级验收。“四抓”是：一抓技术服务，基本做到乡里有一二名林业技术干部负责指导，村里配有一名专职技术员，每5—10户有一名施工员。全市共培训了林业技术骨干3.5万人。二抓良种壮苗，使造林苗木合格率达到97%，其中一级苗达到85%。三抓高标准整地和栽植，专人起苗、专人分级、专业队植树。四抓检查验收，市、区、乡、村、社层层建立质量验收队伍，边施工边验收。坚持整地不合格不发苗，苗木不合格不上山，不实行“三专”不植树，验收不合格不立项补助。1990年，全市有40个乡被选为参赛乡，其中7个乡为当年立项乡，33个乡作为预备乡，年自筹资金125万元，完成工程造林23.6万亩，超过计划19.6万

亩。 （邓 侃）

【瑞金县长江防护林建设】 瑞金县位于江西省南部。全县总人口51万，总土地面积367.2万亩，其中山地面积269万亩。1989年，全县有荒山78万亩，水土流失面积达124万亩。1990年开展"长防林"建设，1991年被林业部确定为"长防林"体系建设试点示范县。两年来，全县共完成营造林近60多万亩。

瑞金县建设"长防林"体系的基本经验，一是统一思想，科学规划，明确奋斗目标。县委、县政府先后作出了《关于确保1992年消灭荒山，实现十年绿化瑞金的决定》和《关于做好"长防林"工程建设试点示范工作的决定》，确定从1991年起，两年绿化现有荒山，三年（1993—1995）调整林分结构，提高林分质量，使阔叶树种比例达到30%以上。并要在此工程中大力发展多种经营，不断提高林业经济效益。为此，县、乡、村各级领导于1990年层层签订了工程建设责任状，明确了目标，落实了任务。二是全党动手、全民动员，掀起大规模群众植树造林高潮。县委、县政府将"长防林"建设列入了各级领导班子政绩考核内容，从县领导做起，层层办"长防林"示范点。县直属各单位1000多名干部分期分批到联系点参加造林整地。全县上山造林整地人数最多时达20.4万人。为保证建设任务的完成，县委、县政府严明奖惩，对未完成1991年任务的9个乡（镇）进行通报批评，责令其主要领导作出检讨，并交回了当年的奖金。三是高标准，严要求，把好质量关。县林业部门认真履行行业管理职能，组成了一支200多人的质量验收队伍，在营造林的关键阶段，到各乡巡回检查、指导把关，同时培训农民容器育苗技术员1000多人。四是多方集资，确保工程投入。两年来，全县共筹措资金近90万元，贷款100多万元，投工270多万个。

（邓 侃）

【沿海防护林建设】 1991年，沿海防护林体系建设工程共完成造林335.4万亩。为推动沿海防护林建设，5月下旬，林业部在福州主持召开了全国沿海防护林体系建设工作会议。

主要特点 福州会议后，广东、广西、山东、辽宁、河北、天津、上海、江苏、浙江和大连、青岛、宁波、深圳等省、市先后召开了本省、市沿海防护林体系建设工作会议、林业局长会议，认真传达贯彻福州会议精神。1991年沿海防护林建设出现了新特点：①体系建设开始走向制度化、规范化。各省、市分别调整、充实或建立、健全了海防林管理机构，有的明确专人负责管理。7月，林业部印发了《沿海防护林体系建设工程管理暂行办法》，对建设目标、指导原则、项目和资金管理以及工程质量管理等方面作了规定。随后又制定了《县级总体设计规定》和《县级建设标准》（征求意见稿）等。河北、广东、大连等省、市结合本地实际情况，制定了实施细则或实施方案，使体系建设开始走上制度化、规范化的轨道。②增加资金投入。在国家1 000万元专项投资的启动下，各地实行国家、集体、个人一起上，全年共筹措建设资金约3亿元，群众投劳1.1亿个工。筹措资金较多的广东省和山东省分别为9 600万元和5 400万元。江苏省在1991年洪涝灾害损失严重的情况下，挤出资金1 500多万元，促进了沿海防护林建设的顺利实施。③依靠科技进步。1991年完成沿海防护林体系建设总体设计的县（市、区）137个，占沿海195个县（市、区）总数的70%。各地在造林中，认真开展作业设计，积极推广应用ABT生根粉、水培苗、容器苗造林等先进科技成果，开展了科技承包，有效地促进了造林质量的提高。④抓重点、攻难点，实施分类指导。福建省云霄县、辽宁省东沟县分别解决了石头山造林和基干林带占地等难点问题。海南省针对沿海防护林建设的重点、难点，大力开展领导办点，有力地推动了沿海防护林建设的顺利实施。

存在问题 发展还不平衡，个别地方工作抓得不扎实、不系统，建设进度不快；有的地方林种布局还不够合理。 （李世东）

【太行山绿化】 1991年，太行山造林绿化试点县由1990年43个县增加到52个县。一年中，52个试点县共完成人工造林120.04万亩，为林业部下达试点任务的181.3%，同时完成飞机播种造林103.65万亩、封山育林150.64万亩。

主要特点 ①领导重视。1991年，省、地、县政府领导层层签订造林绿化目标责任状，山西省太行山区的59个县（市）有91%以上乡、村和部门与上级政府签订了责任状；壶关、平陆、潞城、榆社、襄垣、左权、应县等县，全面实行了县、乡、村三级领导干部任期绿化目标责任制，并在换届之后进行了续签。山西、河南、河北一些县实行了县和县直局委办领导包乡、乡领导包村绿化的制度。各级领导办绿化点又有新发展，河北省省级五大班子主要领导人办的绿化点由1990年6个县发展到了11个县；县、乡、村三级领导办绿化点3 934个，规划面积136.7万亩，已完成61.98万亩。②以提高造林成效为中心，狠抓造林质量管理。为提高太行山绿化的效益，一年来，北京市继续开展太行山兴林致富工程；河北省经济沟建设在1990年14个县试点的基础上基本全面铺开；山西省继续实施以应县为中心的百万亩三松基地，以壶关、黎城、平顺、潞城为主的水源涵养用材林工程和以平陆、芮城、永济为主的黄河滩涂泡桐丰产林基地建设。为提高造林成效，河北省有三分之二以上的地块采用水平沟、大果坑整地和爆破整地，山西省培育容器苗2.9亿袋造林，并推广应用了王五全干旱阳坡造林、小弓棚直播造林、ABT生根粉造林、经济林综合管理丰产和病虫害防治等适用技术。河北等省的一些县还在造林绿化区域修建了谷坊、塘坝、机井、小渠、水池、架设高压线等配套工程，实行综合治理，把生物措施和工程措施结合起来，大大提高了建设成效。③增加了对林业建设的投入。1991年，四省（市）共集资3 355.58万元（包括贷款），其中河北省集资达2 088.06万元，发动群众投入“两工”1 610.05万个。

存在问题 造林发展不平衡；造林任务与育苗生产有机衔接不够，适销对路苗木不足；一些先进适用技术推广不够普及；一些地区长期干旱缺雨，影响造林任务完成和造林“两率”的提高等。（张志秀）

平原绿化

【综　述】 1991年，是“七五”期间全国500个县（市、区）达到部颁平原绿化标准的最后一个验收年。1991年，全国又有144个县（市、区）12个地（市）达到平原绿化标准，至此，全国平原绿化达标县（市、区）达到507个、达标地（市）36个，完成了全国“五七九”平原绿化达标规划第一阶段的任务。据统计，至1991年底，全国915个平原、半平原、部分平原县，已有农田林网面积4.3亿亩，占适宜农田林网面积的73.5%，农林间作面积4 776.4万亩，占适宜间作面积的66.17%，村庄绿化4 543.38万亩，有林地面积2.9亿亩，森林覆盖率达到12.5%。

主要工作 为推动平原绿化事业的发展，年初，林业部发出了《关于进一步抓好平原绿化达标工作的通知》，通报了各地达标情况，并将当年验收任务分解到各省（区、市）。以后造林经营司印发了《关于抓紧平原绿化达标县验收和申报工作的函》，要求各地抓紧验收和申报，做到合格一批，验收一批，申报一批。与此同时，在各地推荐的基础上，确立山西省夏县、山东省成武县、河南省禹州市、湖南省沅江县、宁夏回族自治区中卫县、成都市郫县和长春市农安县等7县、市为全国高标准平原绿化试点县，要求试点县在达标基础上，通过山水田林路的综合治理，林种、树种的合理调整，带网片点科学配置，使绿化质量有新的提高，综合效益有新的突破，为全国高标准平原绿化县的建设探索出一条新路。

各地情况 为贯彻落实林业部《通知》精神，山东、湖北两省先后召开全省平原绿化工作会议，在总结近几年平原绿化工作、分析存在问题的基础上，提出了加快实现平原绿化达标的措施。河北省邢台行署成立了平原绿化达标指挥部，县、乡、村也都成立了相应的办事机构，制订了《大干一春实现全区平原绿化达标的决定》。山西省在1990年全省实现平原绿化达标后，积极探索向高标准平原绿化迈进。1991年10月，山西省林业厅在夏县召开了山西省平原绿化提高标准研讨会；检查了全省平原绿化全面达标后存在的问题，提出今后几年全省平原绿化的任务是“一抓巩固，二抓提高”，除夏县作为全国的高标准平原绿化试点县外，全省各地市还要再选一二个县作为省高标准平原绿化试点县和夏县同步试点。

存在问题 部分已达标县出现了一定程度的滑坡现象。（王晓华）

水土保持

【全国八片水土保持重点治理成果】 1983年，经国务院批准，将我国水土流失严重的八片地区列为全国水土保持重点治理地区。这八片地区是黄河流域的三川河、皇甫川、无定河、定西县，海河流域的永定河上游，辽河流域的柳河上游，长江流域的葛洲坝库区和兴国县。涉及陕西、山西、内蒙古、河北、辽宁、湖北、江西、北京、甘肃9个省（区、市）的43个县，总面积近8万平方公里，其中水土流失面积6万多平方公里，占总面积的79%。43个县都是经济比较落后的山区贫困县，其中国家重点扶持县35个。经过9年高标准综合治理，已经取得了突出的成果。

治理成绩

治理工程 9年来，共完成综合治理面积23 500平方公里。治理区内共修水平梯田、沟坝地、小片水地等基本农田近500万亩，营造水土保持林2 000万亩，栽植经济林果183万亩，种草620万亩，封禁治理170多万亩。此外，还兴修了一大批治沟工程和蓄水保土工程。已完成的综合治理面积占第一期总任务的72%。

农业总产值 通过小流域综合治理，以建设基本农田为突破口，工程、植物和保土耕作措施一齐上，把治理与开发利用结合起来，发展有当地优势的经济林果，土地生产力有了较大的提高，从而促进了水土流失地区各业生产的发展和经济的振兴。八片重点治理区，1990年与治理前的1982年相比，农业总产值增长1.46倍，9年翻了一番多。

治理区植被覆盖率 八片重点治理区的植被覆盖率由1982年前的10.8%，提高到26.8%，9年翻了一

番多，有的地区翻了三番。

农民纯收入　群众的温饱问题已基本解决，不少已走上致富之路，人均纯收入增长2.6倍，9年翻了两番多，脱贫率达80%以上。

生态环境效益

水土保持功能增强　八片水土流失区经过综合治理的小流域，已经形成了层层设防、节节拦蓄的综合防护体系，有效地发挥了蓄水保土作用，减轻了洪水对下游的威胁。如皇甫川流域的内蒙古重点治理区，经过验收的9条小流域，年均减少径流72%，减少泥沙78.5%；三川河流域经过9年治理，减沙率为58.8%，使入黄泥沙大为减少；内蒙古柳河流域的奈曼、库伦两旗平均保水率为42.18%，保土率为55.1%；兴国县水土流失程度明显下降，保水率增长31.5%，保土效益增长63.8%。

小区气候条件改善　辽宁省柳河流域重点治理区年平均风速由过去的4.3米/秒减为2.9米/秒，风沙灾害明显减少；兴国县剧烈流失区治理后比治理前的夏季地表温度平均下降8℃，冬季地温上升3.6℃，空气湿度提高了6倍；陕西无定河流域重点治理区年大风日数由22日减少为10日，最大风力由11级降为9级，沙暴次数由每年14次减少为7次。在八片重点治理区内，水源涵养能力普遍提高，地下水位上升，干涸多年的泉水又复活。

土地利用结构变化　在重点治理区内，治理前的林、草植被率一般只占20—30%，农耕地面积占30—40%，荒山荒坡面积占20%左右。治理后的农耕地面积减少5—10%，林、草面积增加10—20%，荒山荒坡面积减少10—15%。土地利用率比治理前提高20%左右。

生产条件变化　现在八片重点治理区每人有基本农田1.1亩、水土保持林4亩多、人均新增经济果木0.24亩。与治理前相比，1990年八片治理区的粮食总产增长53%，人均占有粮食增长39%。

重点治理区的辐射作用　在重点治理的示范推动下，小流域治理已在全国27个省（区、市）蓬勃开展。9年来，全国开展治理的小流域达9 800多条，流域面积达38万平方公里，其中水土流失面积22万平方公里，已竣工的小流域有3 000多条。目前正在开展治理的小流域有6 000多条，每年完成治理面积达2万平方公里左右。

主要经验　①确定建设国家重点治理工程，是治理水土流失的重大决策。在贫困的水土流失严重地区，由国家拨专款适当扶持，主要依靠地方和群众开展重点治理，仿照基本建设程序，按项目管理，根据全面规划，连续进行综合治理和规模治理。同时各地层层抓重点，由点向面扩展，一治一条小流域，一治一个县，形成了点面结合的新格局，收到了显著的效果。

②普遍推行户包治理责任制，实行户、专、群结合，它有利于充分发挥劳动积累工的优势，是治理水土流失的有效形式。做到了责、权、利结合，调动了千家万户治理千沟万壑的积极性，加快了治理进度，促进了统分结合、双层经营的发展，适应了改革的形势，使水土保持工作蓬勃发展。

③以小流域为单元，统一规划，综合治理，是治理水土流失的重要方法。这种方法有利于变分散治理为集中连片治理，做到治一条，成一条，见效一条；有利于变单一措施为多项措施的综合治理，形成具有整体功能的综合防护体系；有利于变治理型为开发型，充分挖掘资源潜力，提高经济效益和生态效益，更好地为根治江河、整治国土、脱贫致富服务。

④改革投资体制，引入竞争机制，是扩大资金渠道和提高投资效益的有效办法。在治理中实行大干大支持，小干小支持，不干不支持的投资竞争机制，同时按照项目的建设进度进行补助，加强资金的末梢管理，使行政审计、财政监督与群众监督结合，极大地提高了投资效益。

⑤建立水土保持技术服务体系，紧密为小流域的防、治、管服务。为了保证治理质量，各地都重视了技术服务体系的建设，如兴国县建立县、乡、村、组水土保持服务网络，治理一条流域，建立一个集体的水土保持服务管理站，负责整个流域的预防监督、治理和管护巩固工作。首先划给一片治理的基地，使其自身发展，这样有利于双层经营，壮大集体经济。

⑥治理与开发利用相结合，从解决群众生产、生活迫切需要的问题入手，是开展治理工作的正确指导思想。水土流失区都是贫困地区，在治理中以建设基本农田为突破口，首先稳定解决温饱问题。在能源缺乏地区，大力发展薪炭林，以及因地制宜地发展小水电、风力发电，推广节柴灶，实行多能互补。同时发展经济林果，使农民尽快得到实惠，并奔向小康。

（段　甫）

世界银行贷款国家造林项目

【综　述】　1991年，世界银行贷款国家造林项目进入了全面实施阶段。全年共完成造林26万公顷，投资4.85亿元，其中世界银行信贷3.16亿元（折合5974.4万美元），国内配套资金（不包括劳务投入）1.69亿元。

国家造林项目是一项集营林、财务、科研、环境保护于一体的系统工程，又是一项要求严格、影响深远的营林事业，不仅要营造近100万公顷高标准速生丰产林，而且要运用新的技术，引进国外先进的管理方法。为适应这些要求，从上至下已建立起项目的营林技术、资金财务、种苗供应、检查验收、科研推广、环境保护、信息监测等各大支持体系；制定出《项目管理办法》、《会计核算暂行规定》、《环境保护规程》等12项管理办法和规定。重视人员素质的提高，大力开展培训活动。一年中，部、省、县三级举办各类培训班300多期，参加者超过5.3万人次。尤其是通过对第一线技术员和施工员的培训，提高了项目造林的专业化程度。在措施的落实上，采取抓典型综合示范的方式，把成套的管理设想和技术应用推广到面上，覆盖到每一个项目造林单位。所有这些，使这一复杂的系统工程得以迅速地步入科学化、规范化轨道。

营林技术方面着力抓了立地选择、良种壮苗、检查验收几个关键环节。①在保证良种壮苗上已实行定点供种、定点育苗、定点供苗的“三定”办法，并建立了良种证和一级苗合格证的“两证”制度；②为确保造林使用Ⅰ、Ⅱ类地，各地把施工设计当作第二次立地选择的手段狠抓落实，并按照适地适树的原则，合理配置树种；③实行了施工中按工序验收和竣工后全面检查验收相结合的方法。特别值得一提的是项目造林在防止水土流失、保护原生植被和适地适树等方面，采取了有效措施，提高了营林活动中的环境保护意识。

世界银行贷款项目一个突出的特点是信贷支付采取报账制，即先施工后报账，先用配套资金后用信贷资金。1991年财务工作主要围绕信贷报账展开工作。已建立起适应项目管理的财务核算办法和制度；形成了县级和造林单位两级核算模式。特别是很好地利用了报账这一经济手段，加强质量管理，让造林质量与资金拨付真正挂上钩，促进了营林和财务两个主要环节的有效结合。

科技兴林构想在项目中得以具体体现。一年来，结合项目造林共营建各类科技示范林、科研试验林、营林技术中试林500多公顷；10个课题的研究在按计划进行。容器育苗得到了广泛的应用，松类芽苗截根移栽育苗的技术在逐步推广，桉树、杉木优良无性系造林有了较大的发展。林木施肥在项目地区迅速推开，大都取得了明显成效。（屈树业）

【国家造林项目工程技术】 1991年，各地在施工中狠抓了项目造林的工程技术管理，初步形成了一个适应项目造林的工程技术管理模式。

①通过造林总体设计和施工设计等技术文件的编制，严格有关技术要求和规程。1990年，16个项目省（区）的200多个项目县完成了项目造林总体设计，初步确定了造林单位、造林地、树种、总的技术要求和资金供给。在此基础上，1991年各造林单位按年度计划逐小班进行施工设计，根据小班立地情况对树种配置，环境保护措施进行设计，规定苗木、整地、栽植和抚育各施工环节的技术标准和施工要求。②组织多层次、多形式的技术培训。在施工前，不少地方对技术员和施工员进行培训，然后经过考核，合格者才能成为项目造林的技术指导员和质量监督员；多数造林单位还对施工民工进行现场培训后，再签定造林承包合同。这使项目造林向标准化、专业化迈出了一步。据统计，1991年项目仅施工技术培训就达3万多人（次），有效地促进了项目实施质量的提高。③实行技术承包，组织技术人员进行现场指导。各地基本上按照一定造林面积配备一名技术员和一个施工现场有一个施工员的方法，进行技术承包，依据施工质量的优劣进行奖罚，促进了造林从验收型的工程技术管理向指导型的工程技术管理的转变。（程 红）

【国家造林项目计划管理】 1991年在加强项目的计划管理方面重点开展了如下工作：①建立项目管理制度，使计划统计工作规范化、制度化。根据世界银行对项目管理的要求和我国基本建设程序，结合国家造林项目的特点，编制了项目计划管理办法。该办法就计划的审批程序、年度实施计划的制订、计划实施的检查监督等提出了明确要求，并建立了报表报告制度，对项目造林、抚育、科研推广、物资采购、国外培训工作以及资金使用实行全面的计划管理，使计划切实起到指导生产的使用。②严格审查并协助林业部计划司批复项目各省（区）项目可行性研究报告，为项目的实施提供了依据。③根据项目可行性研究报告实施进度的安排和各省（区）造林作业设计、种苗准备、配套资金的筹集等造林前期准备工作的落实情况，审批、下达1991年项目生产和投资计划，并检查监督年度计划的执行。据统计，1991年完成项目造林26万公顷，为计划任务的117.5%，完成投资4.85亿元，其中：信贷资金3.16亿元（折合5974.4万美元），国内各级配套资金1.69亿元。（刘 瑾）

【国家造林项目财务管理】 1991年，在项目财务管理方面主要开展了以下几方面的工作：①在已颁发的《项目资金管理暂行规定》、《项目会计核算办法》的基础上，绝大部分项目省（区）结合本地区的具体情况，制定了《资金管理规定》和《会计核算办法》实施细则。②部项目中心在广泛调查和征求意见的基础上，提出了项目基层会计核算的基本模式，并通过研讨会等形式加以推广。③自上至下的一整套财务管理体系已基本健全，理顺了项目财务管理各种关系，顺利开展了各项财务业务，为项目实施的资金运转提供了可靠的保障。④针对基层林业单位财务管理基础差的特点，加强基层财务核算。在建立健全基层单位的账目的基础上，着重抓了营林生产费用核算和成本管理，使项目基层实施单位在这一方面逐步走上了规范化。⑤项目造林费用的支出实行报帐制，从财务上进一步落实各项协议、合同的执行，明确债权债务关系，为还贷作好准备。（储军学）

【国家造林项目物资采购及管理】 1991年，林业部世行贷款项目管理中心采取国际竞争性招标、有限国际竞争性招标和国际与国内询价采购等采购方式，通过采购代理（中国仪器进出口总公司）共采购了四大类物资，先后与国内外厂商签订合同23个，成交金额达2700万美元，约占项目采购总金额的52%。其中：化肥121 318吨，金额为2600万美元；湿地松、火炬松、加勒比松和尾叶桉种子7900公斤，金额为52万美元；长城GW386型微机42套、磁带机、磁盘机和绘图机各一台，金额为32.2万美元；科研仪器配件17台件，金额为10万美元。除此之外，还完成了采购双排座轻型卡车的国际竞争性招标、评标以及办公设备选型、报批和签约前的准备工作。采购的物资大部分已运抵项目单位并开始投入使用。1991年采购的第一批磷酸氢二铵各地都普遍用于项目造林。据江西、广东、湖南、福建等省反映，施肥效果非常好，有效地促进了林木生长，保证了造林质量。采购的设备大部分已交货，质量验收均达到合同要求，并督促厂商搞好安装、调试和培训等售后服务。（杨柏权）

【国家造林项目种苗供应】 1991年，国家造林项目16省（区）共完成项目育苗4122公顷，可产一级苗木117 600万株，基本上能满足1992年项目造林对一级苗木的需要。1991年，国家造林项目育苗良种使用率比以前营造的速生丰产林有显著提高，湖南、江西、广西等省（区）良种使用率已达到了100%。

国家造林项目种苗管理，是严格按照部颁《速生丰产用材林标准》、《速生丰产用材林基地种苗管理暂行办法》执行的。为确保选用良种，培育壮苗，用一级苗木造林，各地全面实行定点供种、定点育苗、定点供苗的“三定”办法。首先，项目育苗使用的良种，由各级种苗管理机构专线供应。杉木、马尾松、落叶松等树种育苗的种子，均由部种苗总站和各省（区）种苗站直接安排种子园、母树林和优良种园区的种子，并附有良种调拨证；湿地松、火炬松、加勒比松、尾叶桉等树种育苗的种子，全部是进口国外种子园种子；杨树、泡桐、刺槐、白榆等树种使用优良无性系穗条（根）育苗。其次，选择国营骨干苗圃和有经验的专业户育苗，实行定点育苗、定点供苗。苗木出圃前，分级选苗，严格检查验收，建立了一级苗合格证制度。各地为加强项目种苗管理，在技术、经济等方面采取了切实可行的措施。江西省在总结前几年松芽苗移栽经验的基础上，在项目育苗中全面推广应用，并组织技术干部和育苗工人进行培训；项目造林用苗还规定“三不调”，即不是良种培育的一级苗不调，湿地松、火炬松不搞芽苗移栽的苗木不调，杉木苗不搞稀播、间苗的不调。不少地区还实行优质优价、拉大一、二级苗木价格，运用经济手段，鼓励育苗单位（户、场）多培育一级苗，收到了好的效果。1991年项目造林，一级苗使用率多数省（区）达到90%，其中浙江、江西、河南、云南等省已达到了95%以上。此外，国家造林项目育苗工作非常重视应用科研成果，推广松芽苗移栽新技术，扩大了杉木、桉树无性系苗木和松树容器苗造林的比例，为国家造林项目的顺利实施打下了良好的基础。（姜喜山）

【国家造林项目检查验收】 为高标准、高质量实施国家造林项目，确保造林、育林的施工质量，达到预期的经济、生态和社会效益目标，林业部世界银行贷款项目管理中心制定了《国家造林项目速生丰产用材林检查验收办法》（以下简称《项目检查验收办法》），并于1991年3月印发各项目省（区）执行。各省（区）不仅严格执行《项目检查验收办法》，还结合本地实际情况，制定了《实施细则》和《补充办法》。项目的检查验收，分三个层次进行。一是县级检查验收，包括造林单位自检和县项目办统检；二是省级抽查；三是纳入林业部人工造林、更新实绩核查。检查验收的主要内容，一是检查施工作业设计文件，看其是否符合项目总体规划设计要求；二是检查造林的主要作业环节（种苗、整地、栽植、抚育等）施工质量；三是核实造林地面积，抽查成活率、保存率、树高生长量、胸径生长量；四是对成林阶段的检查验收。各阶段检查验收的标准，以部颁《造林技术规程》、《速生丰产用材林标准》和《国家造林项目环保规程》为准；苗木按国家标准（GB6000—85）中规定的一级苗标准执行。1991年9—12月，河北、辽宁等16个项目省（区）分别组织工程技术人员对项目造林进行了抽查，平均抽查10%以上的造林面积。抽查结果表明，1991年项目造林26万公顷，标准高，质量好，幼林长势喜人。主要特点，一是严格按设计施工，改变了过去全垦整地的习惯做法，增强了环境保护意识；二是造林面积可靠，面积核实率达到了100%；三是造林成活率高，绝大部分省（区）达到95%以上；四是平均高生长量达标率较高。（姜喜山）

【国家造林项目科学研究和技术推广】

任务和目标 任务是要把已有的速生丰产林科研成果推广到整个项目造林，并推出在短期内见效的速生丰产技术的研究试验成果，以确保全面实现并力争超过各项造林技术指标。

重点和课题 坚持以提高生产力为中心，紧紧抓住提高种苗质量和改进栽培技术两个基本点，积极推广速生丰产林科研成果，搞好良种开发，发展无性繁殖，扩大采用优良无性系、优良种源，坚持科学选地合理用地，指导科学施肥，发展菌根育苗造林。另外，搞好科研试验林，科技示范林，优质种子林，栽培技术中试林以及无性繁殖基地的开发营建和试验研究，使其发挥技术辐射作用。为完成科研推广任务，把杉木、桉树等项目造林的7个主要树种和施肥、菌根、材性，列为国家造林项目的10个研究课题。

实施计划

①开发营建。计划营建科研试验林396公顷，科技示范林353公顷，改建优质母树林230公顷，营建栽培技术中试林270公顷，建立无性繁殖圃70公顷。总计开发营建科研试验基地1319公顷和环境保护监测点93个。

②试验研究。计划筛选推出增益15—30%的新无性系、家系和种源161个，推出杉木、湿地松等8个树种无性繁殖技术和扦插苗生产配套技术，推出提高种子园遗传增益和增加结果量的技术，推出优质采种母树林改建技术和低投入高产出栽培技术的优化模式，推出菌根、施肥，材性研究的适用成果。

③科技推广。全面推广适于国家造林项目的33项林业科技成果，大力提高科技成果的转化率和项目造林的科技覆盖率。项目造林优良树种、优良家系、优良无性系、优良种源的覆盖率，不同树种要分别达到50—100%。无性繁殖扦插造林技术的覆盖率，有条件的树种要分别达到10—40%。项目造林推广苗木分级采用一级苗的面积要达到100%，松树的芽苗移栽和容器育苗技术要分别推广到造林面积的40%和60%。全面推广速生丰产林栽培技术，科学施肥技术，有计划地推广菌根化育苗造林技术。

进展情况 1991年，林业部世界银行贷款项目管理中心建立了科研推广支持小组，由127名专家组成了10个课题组，16个项目省（区）都建立了相应的工作体系。部省县三级举办技术培训班394次，培训各级项目实施人员31 046人。1991年共营建示范林266公顷、试验林142公顷、中试林134公顷，改营建母树林138公顷，建无性繁殖圃50公顷。（秦凤翥）

【国家造林项目环境保护】 在营林活动中重视环境保护是国家造林项目的特点，也是世界银行贷款项目的基本要求。1991年在加强环境保护工作方面，首先建立健全了环保体系，使项目《环保规程》逐步得到落实。项目实施一年来，16个项目省（区）都成立了省级环保组，各县有人专门负责环保工作，从业人员达296人。各级还十分重视环保培训，据不完全统计，这一年共培训人员18 820人（次），有效地促进了项目环保工作的顺利展开。检查结果表明：大多数项目县在总体设计、作业设计中增加了环保内容，项目造林地的选择也基本符合环保要求，并设计了防火线和林道。施工中增加了水土保持措施，15°以上的坡地造林，采取带垦、穴垦代替大面积全垦，保留了陡坡地带、山顶、山腰、山脚的植被，改变了以往的“三光”（烧光、砍光、挖光）做法；还做到了沿等高线栽植、品字型排列，基本上改变了以往上下对直成行的做法。其次，对水土流失、土壤肥力、病虫害等因子进行了监测，并制定出监测方案。截至1991年底，18个部级监测样点已全部建成；75个省级监测样点已建成73个，其余2个将于1992年完成。部分样点的监测结果表明：山东、河南、广西、广东、安徽、海南等省（区）少数造林地上不同程度的发生了病虫害，应引起重视，同时监测到沿等高线带状整地保水效果最好，保水能力是全垦的228%。（于宁楼）

【世界银行检查组检查国家造林项目】 1991年4、7月间，世界银行3次派员来华检查国家造林项目的执行情况。检查组除在北京与林业部项目管理中心人员进行会谈、查阅财务帐目外，还分赴海南、广西、河北、河南、山东和辽宁省（区）进行了实地检查。通过检查，检查组对项目的执行情况给予了较高的评价，在检查过程中，检查组对个别地区未沿等高线造林，对容器育苗的容器质量、营养土的配制，桉树无性系造林，土壤肥力分析和叶片营养诊断等方面，提出了很好的改进意见。（孙书晋）

【国家造林项目技术援助】 为执行国家造林项目《开发信贷协定》技术援助计划和提高项目的技术、管理水平，1991年，林业部世界银行贷款项目管理中心组派了由广东、海南、云南、福建、浙江、安徽、湖南、湖北、河南、山东、河北、辽宁12个省（区）项目办技术负责人和中国林业科学研究院项目科研中心组成员共15人参加的4个考察组，对巴西桉树人工林栽培技术，美国火炬松、湿地松遗传改良和造林技术，意大利杨树速生丰产栽培技术和日本落叶松造林技术进行了考察。通过考察找出了我国与这些林业先进国家在丰产林栽培方面的差距，学到了先进经验。参加考察的同志，回国后都根据本省的实际情况，借鉴国外的先进经验，制定了《考察成果落实方案》，并采取措施在国家造林项目实施中试验、推广。

为提高项目科研、技术和管理水平，1991年下半年，澳大利亚桉树育种专家艾得里奇来华咨询考察，结合咨询举办了桉树良种培育培训班，帮助制定了桉树育种战略。（孙书晋）

经 济 林 生 产

【综 述】 1991年，全国经济林生产向着建立基地、规模开发、强化管理、科学经营、提高效益、增产增收的方向发展。

主要工作 为了贯彻落实全国绿化规划纲要，1991年，林业部组织各省（区、市）、计划单列市，在《1988—2000年全国经济林名特优商品生产基地建设规划》的基础上重新调整和制定了《1991—2000年全国经济林名特优商品生产基地建设规划》。与此同时，按照林业部《关于加强经济林低产林（园）改造的通知》各地积极开展低产林（园）改造，已初见成效。河北省260多万亩低产果园全部启动改造，其中已有80%摘掉了低产“帽子”，平均年增收果品9万吨，年增产值近1亿元。陕西省已改造低产油桐林20万亩，板栗700万株。最大的低产林改造工程——油茶低产林改造第一期工程已进入第二年，在1990年全面启动的基础上，1991年以综合改造为目标，重点加强了对项目的质量管理。

生产情况 1991年，全国人工营造经济林1004.3万亩，占全年人工造林面积的11.97%，比1990年增加37.5万亩。板栗、油茶分别比1990年增产19.6%和18.6%，油桐籽减产6.6%。

基本特点 ①经济林发展已深入各大林业工程之中，紧紧与造林绿化、小流域治理和扶贫开发等重大工程相结合。1991年，经济林在全国各大工程的人工造林中，都占有一定的比例。其中，太行山绿化工程为25.6%，“三北”防护林二期工程为14.1%，长江中上游防护林和沿海防护林工程为12%左右，京津地区绿化工程投资的40%用于经济林。河北、河南、山西、陕西等省山区小流域治理工程中经济林也占到30%以上。经济林在部门造林中的比例也日趋增大，全军造林面积中，经济林占到28.7%。在扶贫开发工程中，更是以经济林为先锋，河南省委提出山区人均一亩经济林的建设指标；山西省决定在吕梁山区建设中，以红枣、核桃为主的经济林400万亩。

②良种比例加大。1991年，各地开始注重以市场为导向，发展名优良种。良种培育开展得比较好的河北省，先后对板栗、枣、山杏、鸭梨、核桃等5个树种进行选优。其中板栗6个品种已推广10多万亩，同时引进苹果、葡萄、山杏、山楂、樱桃等新品种30多个，栽培面积70多万亩；山东省新发展优种苹果320万亩，占全省苹果幼树面积的50%。

③向着立体经营方向发展。为防止经济林侵入农田的现象，各地在安排经济林造林地时，执行“上山、下滩、进沟、入院、占边”的方针，并大力开展林粮间作、林果间作等立体经营型式。福建省在油茶林中间种太子参，平均每亩增收100元以上。

④基地建设向着规模经营方向发展。为利于集中连片、分类指导，各地开始逐步由分散建基地转向综合治理、规模经营发展。山西省吕梁地区1991年新发展经济林23万亩，其中5000亩以上的成片工程有12处。

⑤科技兴果，实行全程服务。一是强化管理，一些省（市）制定了有关经济林管理办法、技术规范，以指导生产。二是抓培训，提高管理人员的素质。1991年，仅山西省就培训技术人员10.5万人次，印发技术资料11.64万份。三是推广应用矮化密植、地膜（或麦秸）覆盖、喷施稀土等新技术。四是技术服务体系由单纯技术服务转向产前、产中、产后的综合服务发展，变单项技术承包为多项技术承包。目前，仅河北省就有多种技术服务组织2400余个，技术承包集团300多个，承包面积200多万亩。 （张安玲）

【油茶低产林改造项目】 1991年，油茶低产林改造以全面落实综合改造措施为中心，按工程程序施工，严格质量管理，项目建设进展顺利。截至年底，40个项目县（市）改造低产油茶林34.4万亩，其中修枝整形28.6万亩，稀林补植476万亩，挖竹节沟1600万米，施肥35.88万亩，高接换冠15万株，建良种采穗圃2400多亩。

建设特点 ①项目管理不断加强，工程质量普遍提高。40个项目县（市）都设立了项目低改办公室，建立了工程技术档案，不少地方制定了项目实施细则和具体管理办法，组织专业队施工，开展技术服务。②重视科技投入，实施综合技术改造。项目区广泛开展技术培训，湖南省培训技术骨干180人次，培训施工员1200人次。不少地方改变了过去单纯垦复油茶的习惯，开始重视修枝整形、嫁接换种、间密补稀、引蜂授粉、科学施肥等综合改造措施。

油茶低改初见成效。湖南1990年改造的9.2万亩低产林，1991年平均亩增产茶油5.9公斤，比改造前提高2倍多。在项目的带动下，以点带面，点面结合的油茶低产林改造高潮正在各地蓬勃兴起。湖南、江西、广西、福建、浙江5省（区），面上垦复油茶林985万亩，比1990年增加56.4%。

主要工作 组织检查验收。为强化工程质量和目标管理，1991年，林业部造林经营司印发了《油茶低产林改造项目检查验收办法》，组织3个检查组对7省（区）项目建设情况进行了抽查，湖南省衡东、株洲、平江三县获前三名。为总结交流项目建设经验，10月上旬，造林经营司在株洲市主持召开了项目建设现场经验交流会。为把油茶低产林改造提高到一个新水平，林业部办公厅印发了《关于开展油茶高产示范竞赛活动的意见》，在项目建设区内开展了“三个一”（每县抓一批高产户（场），每户（场）建一亩（片）高产园，每亩年产茶油力争达到100斤）竞赛活动。参加“三个一”竞赛活动的各级领导达390多人，建高产示范点1800多亩。 （陈 蓬）

薪炭林造林

【综　述】 1991年，全国营造薪炭林467.5万亩，占全国人工造林总面积的5.57%。营造薪炭林20万亩以上的省（区）有：江西、福建、辽宁、浙江、甘肃、陕西、广东、河北。"三北"、长江、沿海防护林体系建设工程营造薪炭林分别占工程造林总面积的9.5%、8.5%、11.7%。

1991年，利用财政部农村能源建设专项经费在14省（区）的17个县开展营造薪炭林试点，完成试点造林面积93 590亩，为计划的125%。试点县带动面上营造薪炭林73 131亩。自1985年开展的薪炭林试点造林，已开始采薪利用。辽宁省喀喇沁左翼蒙古族自治县采薪1 370亩，5年生刺槐薪炭林首次平茬采薪，亩产薪材（鲜重）2 066公斤，共收获薪材284万多公斤，使657户农民得益，户均得薪材4 328公斤。河南省桐柏县采薪13 100亩，收薪材589.5万公斤，生产柄把小料131万根，共计产值86.46万元，2000多农户收益。河北省行唐县完成了5 000亩的采薪计划，收获薪材250多万公斤，柄把小料16万根。经调查，每亩萌芽新株800—2 100株，当年郁闭成林。

各地加强薪炭林工作，加快薪炭林发展。云南省早在1989年就对农村能源问题明确，一改灶节柴，二发展薪炭林。在林业部安排4个薪炭林试点县的基础上，省又自办4个薪炭林试点县。1991年，全省多渠道筹集薪炭林造林资金320余万元，举办薪炭林规划设计、育苗、造林技术培训班30余次，培训人员1500余人次；营造薪炭林164 581亩，其中速生丰产薪炭林81 847亩。宁夏林业厅调整林种结构，确立薪炭林建设，1991年安排薪炭林经费86万元。辽宁省财政、新疆计委都积极安排薪炭林试点配套经费。辽宁、宁夏、青海、甘肃等省（区）林业厅（局）与薪炭林试点县政府、林业局签订协议、合同或责任状，明确各自责任，保证按要求完成试点造林任务。

存在问题是全国发展薪炭林很不平衡，四川、湖南、河北、辽宁等省1991年完成面积比1990年大幅度下降。营造薪炭林占全省人工造林总面积3%以下的省（区）有：湖南、吉林、安徽、海南、贵州、山东、山西、广西。（郭怀让）

【"八五"期间新增薪炭林试点县】 从1985年起，林业部利用财政部农村能源经费，7年间在24个省（区、市）的49个县开展营造薪炭林示范点，推动了全国薪炭林工作、薪炭林发展和营林技术进步。为加快薪炭林建设，1991年，林业部决定"八五"期间在全国新增50个薪炭林试点县（见表1）。

新增试点县，既是林业部的试点，也是省（区、市）的试点，实行部省共同扶持。"八五"期间，林业部安排每个试点县经费5万元，每年1万元，随部年度基建计划戴帽下达到省（区、市）；省（区、市）、计划单列市按1∶1经费配套，试点县也安排一定的经费。"八五"期间，每试点县造林1万亩，每年2000亩，同时，以薪炭林试点为样板，全县面上营造薪炭林万亩以上。

表1 "八五"期间全国新增50个薪炭林试点县名单

地　区	试点县	地　区	试点县
北　京	延庆	湖　北	英山、枣阳
天　津	蓟县	武　汉	黄陂
河　北	涞源、灵寿	湖　南	邵阳、麻阳
山　西	岢岚	广　东	揭阳
内蒙古	开鲁、商都	广　州	增城
辽　宁	宽甸、义县	广　西	合浦、苍梧
大　连	庄河	海　南	儋县
吉　林	永吉	四　川	三台、荣县
黑龙江	克东	重　庆	潼南
江　苏	铜山	贵　州	黔西
浙　江	德清、临海	云　南	弥渡、陆良
宁　波	余姚	西　藏	尼木
安　徽	六安	陕　西	白河、勉县
福　建	宁德、福安	西　安	兰田
江　西	都昌、上饶、兴国	甘　肃	渭源

（续）

地　区	试点县	地　区	试点县
山　东	栖霞	青　海	湟中
青　岛	莱西	宁　夏	盐池
河　南	固始、方城	新　疆	洛浦

（郭怀让）

飞机播种造林

【鸟鼠驱避剂研制与推广】 飞机播种造林自50年代末试验成功以来，一直是以播种针叶树为主。因种子未经任何处理，播撒后裸露在地面，任鸟鼠取食，种子损失率一般在30—60%，最高达80%。近十年来，我国每年飞机播种造林用种量几百万公斤，鸟鼠危害不仅造成了难以估算的经济损失，同时也大幅度降低了造林成效。

1984年，有关部门开始研制鸟鼠驱避剂。1987年，广东省林业科学研究所首先研制成功R—8复合忌食剂，用于马尾松飞机播种拌种。1988年，云南省林业科学研究院与林业厅协作研制出云林鸟鼠驱避剂，用于云南松、思茅松飞机播种拌种。1989年，辽宁省朝阳市林业局试验用天然药物制成的专门防治鼠害的HL粉剂，用于油松拌种。1990年，辽宁省林业科学研究院与北票市林业科学研究所协作研制成功适宜北方干旱地区飞播造林使用的多效复合剂，在驱避鸟鼠的同时，还具有抗旱、保水和保苗、壮苗的多种效用。

1987—1991年，先后有18个省（区、市）对各种鸟鼠驱避剂进行试验，推广面积累计150多万公顷，大多数播区均收到显著效果。广东省推广R—8复合忌食剂拌种飞机播种71万公顷，每公顷减少播量750克，共减少用种26.5万公斤，节约150万元。云南省用经药物处理的种子飞机播种，播后损失率由65%降低到16%，提高出苗率50%以上。辽宁省用多效复合剂处理的油松种子飞机播种，播量由每公顷6 000克降到3 375克，保存株数提高141.7%，幼苗高生长提高12.4%，地径生长增加18.3%。（张景春）

封山育林

【综　述】 “八五”期间，全国造林绿化规划安排新增封山育林面积1.7亿多亩，平均每年新封3 500多万亩。1991年，全国新增封山育林面积4 000万亩左右。

封山育林有了较快的发展。近年来，封山育林逐渐被人们所重视。一些地方把封山育林与人工造林放在同等重要的位置或作为加速当地绿化的主要手段来抓，进一步加强对封山育林的指导和管理，层层筹集资金扶持封山育林的开展；一些封山育林积极性较高的地方，群众集资、投劳开展封山育林；我国的各大防护林体系建设工程，也把封山育林作为一项重要的绿化方式进行规划和计划安排。目前，尽管发展还很不平衡，但已基本形成一个多层次、多渠道开展封山育林的局面。

总结推广了一批先进经验。封山育林是我国一种传统的培育森林的方法，多年来积累了丰富经验，但也有不少失败教训。为了确保封山育林成效，一些地方从总结经验教训入手，以典型引路，推动封山育林的开展。广西把封山育林与农村能源建设结合起来，推广以系统工程的办法开展封山育林，1991年全区新增封山育林1300多万亩，并进行了全面检查核实；湖南省怀化地区，针对实行家庭联产承包责任制后“一主多山，一山多主”的山林权分散的状况，总结推广“建立封山林场，实行工程管理”的经验；江西省兴国县把封山育林列入考核各级干部政绩的内容之一，实行目标管理的经验，都取得了明显的效果。

封山育林逐步纳入规范化、科学化管理轨道。自1990年封山育林项目列入林业投资计划以来，林业部要求凡国家投资扶持的封山育林项目都要按规划立项，按设计实施，按效益考核，按工程项目管理。一些地方相继制定了有关封山育林的管理、规划设计、技术档案和检查验收办法、规定和标准等，进一步强化了封山育林的管理。抓得较好的省（区），基本做到选项立项、施工作业有依据，建档管理、检查验收有制度，逐步走向规范化、科学化管理。（刘燕民）

国 营 林 场

【综　述】 1991年，国营林场系统广大干部和职工以贯彻落实南宁会议精神和林业部领导对国营林场的一系列指示为重点，紧紧围绕“增加森林资源，增强经济活力”这一根本任务，在各项改革和建设中取得新进展。

年内，林业部领导几次召集有关司局研究国营林场工作，反复强调加强国营林场工作的重要意义，指出兴办国营林场是我国林业建设的一大创举，国营林场已成为我国后备森林资源希望之所在，成为我国林业振兴希望之所在，要进一步发挥国营林场的骨干、示范和辐射作用，并提出了在林业资金和重点工程项目的安排上向国营林场倾斜；加强国营林场行业管理，做到分类指导，加快贫困国营林场脱贫步伐，加强国营林场中幼龄林抚育工作等一系列具体要求。

1991年，完成造林485.9万亩，其中速生丰产林127万亩；中幼龄林抚育574.6万亩；低产林改造119.2万亩；经营采伐　109.9万亩；生产木材797.5万立方米；林场销售总收入39.8万元。部省联营国营林场速生丰产林、商品材、中幼龄林抚育基地建设都超额完成了任务。并利用回收资金，在辽宁、广西又新建了两片基地。1991年通过开展“质量、品种、效益年”活动，在质量意识、营林生产和效益等方面有提高。

1991年，黑龙江、江苏、安徽等省的部分国营林场遭受严重的洪涝灾害，损失严重。安徽全省114个林场，有107个受灾，直接经济损失达4500多万元。在党和政府的关怀和帮助下，林场职工奋起抗灾，积极开展生产自救，使灾害减少到最低程度，妥善安排了职工生活，迅速恢复了生产。

贫困国营林场的脱贫工作列入了重要工作日程。甘肃省被列为林业部贫困林场脱贫工程试点，前期准备工作正在积极进行。广东、辽宁、陕西、四川等省已制定了具体脱贫工作计划。

为了使国营林场管理科学化、规范化，完成了《国营林场管理办法》送审稿。为提高林场职工队伍素质，委托南京、北京林业大学，中南林学院办了5期场长岗位培训和技术培训班，培训学员245名。配合中国社会科学院举办了有40多名场长参加的国营林场改革与发展研讨班。在大连召开了国营林场1986—1991年使用林业项目贷款情况汇报会。在北京召开了部省联营基地建设会。召开了部分省（区）林场公司经销经理会议。1991年，国营林场信息网络建设又有新的发展，《国营林场报》的质量有明显提高；在广州召开了全国国营林场信息委员会第四次会议，在辽宁举办了第二次全国国营林场信息网网员活动。森林公园建设有新的发展，林业部发出了《关于切实维护国家风景林场合法权益的紧急通知》，部署了国营林场森林公园发展规划。国营林场的精神文明建设进一步加强，一些省（区）开展“争先创优”活动，表彰了一批先进林场和个人。

1991年，国营林场工作虽然取得一些成绩，但改革的步子不大，内部潜力还有待进一步发掘，经营管理水平还不高，外部环境需要进一步改善，各地的工作发展也不平衡。　（高　曾）

【贯彻落实南宁会议精神】 1990年，林业部在南宁召开全国国营林场、苗圃工作会议。1991年，各省（区、市）国营林场主管部门认真贯彻执行会议精神，国营林场建设持续、稳定、协调发展。

①召开专门会议，认真总结经验。辽宁、黑龙江、新疆、青海、陕西、山西、四川、贵州、安徽、江苏、湖北、湖南、海南、福建、广西、江西、山东等17个省（区）和武汉、南京、沈阳3个计划单列市先后召开全省（区）、市国营林场工作会议，总结交流过去几年场、圃工作经验和教训，研究确定“八五”工作目标、任务和工作重点，表彰了一批先进单位。

②制定和完善“八五”规划，目标明确、重点突出。福建、四川、辽宁、陕西、山东、江西等省编制了国营林场十年规划和“八五”计划，把南宁会议的七项目标落到实处。山东省规划在“八五”期间全部绿化荒山，丰产林面积由现在的20万亩增加到25万亩；经济林由现在的15.3万亩增加到20万亩；立木蓄积由现在年净增8万立方米提高到12万立方米；“八五”末总收入达到13 400万元，47个收不抵支的贫困林场实现脱贫。

③进一步完善内部机制、加强经营管理。山西省进一步完善场长负责制，重新制定《山西省国营林场承包经营责任制方案》，实行在党组织领导监督下，以场长为中心的场务委员会集体承包经营责任制，克服过分强调场长个人作用，造成多方面失控现象。黑龙江省把全省的有林地、宜林地划为商品材、生态林、特殊用途林和多功能林四大模块，制定各自的经营方案，并落实到山头地块。

④各级林业主管部门主动向地方政府汇报南宁会议精神，用多种形式广泛向社会进行宣传，争取各级地方政府与社会对国营林场工作的支持。湖南省政府为部省联营的城步县国营林场商品材基地解决了800多人吃商品粮的问题，进一步稳定了职工队伍；省编委给林业部门下达了600多名公检法招干指标，对维护和稳定国有林区的秩序将发挥重要作用；省财政、林

业厅调整了国营林场林价基金计征和上交比例，每年可集中 300 多万元资金为林场调剂余缺。

（金正道）

【国营林场部省联营基地建设】 从 1981 年开始，林业部和省林业厅以联营的形式，开展国营林场基地建设。基地包括 1982 年开始的速生丰产林基地、1983 年开始的商品材基地和 1988 年开始的中幼林抚育基地（以下简称联营基地，见表 2、表 3）。

建设概况 联营基地涉及到 15 个省的 70 个市、县，共 28 片，136 个林场。1991 年投资 5 277.14 万元，其中林业部投资 2 157 万元，至 1991 年，累计投资 5.1 亿元，其中林业部投资 2.1 亿元。1991 年造林 37.78 万亩，其中速生丰产林 21.26 万亩，中幼林抚育 79.4 万亩。至 1991 年底，累计造林保存面积 344 万亩，其中速生丰产林 259 万亩，抚育中幼龄林 1 595 万亩，修建林区道路 3 317 公里，建筑房屋 21 万平方米，已形成木材生产能力 50 万立方米，新办综合利用、多种经营项目（包括胶合板厂、木材加工厂、纤维板厂等）96 个。

建设成效 ①森林面积大幅度增加，林分质量明显提高；林区基本建设投资增加，生产条件有了改善，经济活力大大加强；②制定和完善了技术规定和管理办法，集约经营水平明显提高，并且通过技术培训、人才教育提高了国营林场的整体素质；③基地林场充分发挥技术、管理等方面的优势，帮助群众制定规划，培训技术力量，推广先进技术，提供良种壮苗，推动了当地林业的发展，起到了示范、辐射作用。许多基地建设已经成为当地经济发展的骨干项目，基地林场的地位有了很大提高。联营基地的成效充分表明，集中资金，集中力量建设国营林场用材林基地，是一条投资少、见效快，能够妥善解决我国用材林资源危机的有效途径。

经验 1991 年 12 月 11—14 日，林业部造林经营司和中国国营林场开发公司联合在北京召开国营林场部省联营基地建设会议。会议总结 10 年来联营基地建设的经验为：一是以营林为基础，以加快培育资源、永续利用为目标；二是广辟资金渠道，用好用活建设资金；三是实行规模经营，统筹规划，合理安排，提高经济效益；四是依靠科技进步，坚持科技兴林，实行集约经营；五是依靠当地党政加强领导，强化基地建设管理。

表 2 国营林场部省联营速生丰产林基地建设情况

项目名称	1982—1991 年累计				
	投资（万元）		造林规模（万亩）		中幼龄林抚育（万亩次）
	计划	完成	计划	完成	
合　计	16331.54	20179.73	194.22	194.37	848.63
一、海南省桉树丰产林	6956.54	7051.13	79.81	79.81	96.33
二、湖北省	2044	2331	29.34	24.81	196.90
阳新县湿地松丰产林	1199	1486	19.75	16.60	172.30
嘉鱼县欧美杨丰产林	845	845	9.59	8.21	24.60
三、四川古蔺杉木丰产林	400	400	4.5	4.5	6.0
四、湖南省	2017	2363.37	26.36	25.29	185.25
金洞林场杉木丰产林	1023.70	1084.18	10	10.06	122.81
安仁大石桥杉木丰产林	612.40	612.35	10.20	9.86	43.95
攸县黄丰桥杉木丰产林	381	666.84	6.16	5.37	18.49
五、江西省	2449	3734.62	25.49	27.65	106.58
枫树山林场湿地松丰产林	1049	1346.74	8.54	7.74	30.68
德兴银山林场杉木丰产林	696	1038	8.37	9.40	29.21
婺源县杉木丰产林	674	1349.88	8.58	10.51	46.69
六、浙江省	1090	1524.71	18.26	20.75	89.51
乡村杉木丰产林		967.28		17.22	73.42
省林场公司杉木丰产林		537.43		3.53	15.73
七、辽宁省	479.4	479.4	3.75	3.78	103.33
高家屯杨树丰产林	261.9	261.9	1.97	2.06	56.39
大凌河杨树丰产林	217.5	217.5	1.78	1.72	46.94
八、沈阳新民杨树丰产林	447.1	449.1	3.51	3.48	45.82
九、吉林上营子落叶松丰产林	270	337.7	1.88	2.97	10.01
十、长春九台落叶松丰产林	178.5	161.96	1.32	1.33	8.90

表3 国营林场部省联营商品材、中幼龄林抚育基地建设情况

基地名称	1982—1991年累计											
	投资(万元)		造林更新(万亩)		中幼龄林抚育(万亩次)		林区道路(公里)		房建(平方米)		生产木材(立方米)	
	计划	完成	计划	完成	计划	完成	计划	完成	计划	完成	计划	完成
总计	28001.6	30907		149.64		703.85		3317.25		209649		2547120
一、商品材基地	23316.1	25420.35		128.73		592.46		2485.35		161044		2259624
1. 甘肃小陇山	8444.1	8171.06		50.46		200.99		849		48136		1170678
2. 福建九龙江	4720	6022.59		16.43		98.63		1112.77		49332		248464
3. 湖南城步	2124.5	2124.5		9.12		59.15		112.58		19083		—
4. 黑龙江庆安	2798	3309.20		22.74		140.05		62.3		32458		741000
5. 江西安福	2619	3182.5		11.46		68.0		97.7		3041		—
6. 四川凉山	2610.5	2610.5		18.52		25.64		251		16994		99482
二、中幼龄抚育基地	4685.5	5486.65		20.91		111.39		831.9		40605		287496
7. 陕西安康	817.5	817.5		2.60		5.81		15		10 232		61 100
8. 黑龙江萝北	807	864.8		4.54		9.45		12.6		4434		117 203
9. 黑龙江黑河	441.5	487.3		3.44		16.0		14		600		—
10. 江西五指峰	964	1675.88		7.73		59.92		91.2		13 342		48637
11. 吉林长白	577.5	577.5		0.42		0.74		35		4874		5000
12. 吉林安图	325	217.53		0.86		3.96		—		547		19361
13. 湖北宜昌	753	846.14		1.32		15.51		664.10		6576		36195

（王 锐）

【国营林场多种经营综合利用】 据23个省（区、市）的不完全统计，目前，国营林场多种经营、综合利用项目已发展到8644个，其中种植类2679个，养殖类1111个，加工类2138个，运输类429个，旅游类139个，商店、旅店、饭店等服务类1268个，小水电站67个，其它项目538个。这些项目中，经济效益好有盈利的3969个，经济收支基本持平的3346个，两项合计占多种经营、综合利用项目总数的84.6%；亏损项目1329个，占15.4%，其中没有发展前途，需要关停并转的项目401个，仅占4.6%。按产值划分：100万元以上的183个、50万—100万元的396个、10万—50万元的1344个、5万—10万元的2315个、5万元以下的4406个。10万元以上的项目数合计为1923个，占项目总数的22.2%。按利润划分：50万元以上的48个、10万—50万元以上的278个、5万—10万元的726个、1万—5万元的2140个、1万元以下的4143个。利润5万元以上的项目数合计为1052个，占项目总数的12.2%。

1990年，上述23个省（区、市）国营林场多种经营、综合利用产值达14.76亿元，占销售总收入的44.2%；利润达0.93亿元［一些省（区）弥补林场其他支出未计在内］，占利润总数的22.9%；上交税金0.93亿元，占上交税金总数的32.1%；从事多种经营、综合利用的职工达16.7万人，占林场职工总数的34.1%。1990年与1978年比较，国营林场多种经营、综合利用产品销售收入从1.57亿元上升到14.46亿元，增长8.2倍；占销售总收入的比重由占31.9%提高到45.7%，增长13.8个百分点。

多种经营、综合利用的发展和收入的增加，为国营林场培育森林资源积累了资金，同时也在改善职工生产生活条件，稳定职工队伍，安置职工子女就业等方面发挥了重要作用。多种经营、综合利用已成为国营林场发展必不可少的重要经济支柱。

国营林场资源丰富，种类繁多，发展多种经营、综合利用的潜力还很大。存在问题是：①项目小而分散、形不成规模化、商品化生产，效益发挥不出来；②信息不灵，选项准确性差，难以适应市场的变化；③起点低，技术落后，产品缺乏竞争能力；④技术人才单一，适应不了多产业发展的需要；⑤产品以生产原材料为主，多是直接销售，加工增值能力差。

（张耀恒）

【国营林场项目贷款】 据35个省、自治区、直辖市及计划单列市的不完全统计，1986—1990年，国营林场共使用林业项目贷款6.28亿元，平均每年1.256亿元，其中用于速生丰产林17 835万元，占28.38%；经济林6453万元，占10.27%；中幼林抚育9396万元，占14.95%；多种经营29 160万元，占46.40%。

林业项目贷款的使用，在很大程度上缓解了国营林场资金紧缺的状况，推动了产业结构的调整，促进了林场各业的发展。同时也转变了国营林场长期以来依赖拨款，无偿占有和使用资金的传统观念，增强了商品经济意识，更加注重了资金使用的经济效益，在一定程度上带动了林场整体管理水平的提高。

（张耀恒）

【国营林场产品经营】 1991年，中国国营林场开发公司在国营林场产品流通领域的工作，又有新的进展。汇编了部分省（区、市）主要林产品目录，为国营林场产品开拓市场创造了条件。在开拓内外贸渠道方面，为南朝鲜客商加工木椅等木制品出口；与北京国际贸易公司等10多个单位建立了联系。

1991年，中国国营林场开发公司还召开了有11省（区、市）国营林场开发公司经销经理座谈会，总结交流了经销工作的经验，探讨了如何更好地为林场服务等问题。在国营林场系统，开展小材、小料加工木片出口的宣传，并做了一些试生产工作。在辽宁、吉林等省进行柳编制品加工试点工作。为基层国营林场牵线搭桥200多次，深受基层单位欢迎。

（李聚桢）

【国营林场部省联营基地建设会议】 1991年12月11—14日，林业部造林经营司和中国国营林场开发公司联合在北京召开国营林场部省联营基地建设会议。参加会议的有15个联营基地的省、市林业厅（局）和部分联营基地的负责同志，中国人民建设银行及林业部有关司局的同志，共125人。这是国营林场部省联营基地建设的第一次会议。

会议的主要内容是：回顾、总结国营林场部省联营基地建设十年来所取得的经验；座谈联营基地建设存在的问题，探讨进一步巩固、发展联营基地建设的新路子；讨论并修改《联营基地管理办法（讨论稿）》。

会议由造林经营司司长祝光耀和中国国营林场开发公司总经理高庆有主持，刘广运副部长作了题为《认真总结经验，进一步开创国营林场用材林基地建设新局面》的讲话。刘广运副部长在讲话中，对部省联营基地建设提出了五点意见：①统一思想认识，切实加强对基地建设的领导。②坚持科技兴林，进一步提高林业基地建设的集约经营水平。③加强培训教育，努力提高基地林场职工素质。④以点带面，进一步发挥现有基地的示范、辐射作用。⑤强化基地建设管理，努力提高经济效益。

（王 锐）

【全国国营林场信息网络建设】 截至1991年底，网络网员总数已达1476个，比1990年增加了96.4%，覆盖了除西藏、青海外的28个省（区、市）。全国已有15个省（区、市）建立了分会。

为加快网络建设，制定并颁发了《全国国营林场信息网络建设奖励办法（试行）》。召开了全国国营林场信息委员会第四次会议。开展了多形式、多层次、多内容的网员活动。在辽宁举办了第二次全国性的网员活动，通过交流经验，参观现场，总结出了适合中小型国营林场开展多种经营的七条经验；协助组织南方片在安徽召开了国营林场茶叶生产座谈会；协助组织在新疆召开了北方片网员活动；部分省（区）分会也开展了本省（区）内或跨省（区）的相互学习，经验交流等方面的活动。委托南京林业大学举办了部省联营基地和网员参加的人工速生丰产林培育和管理培训班。

（罗新平）

【《国营林场报》】 《国营林场报》从1990年11月5日正式创刊到1991年底，共出版28期，发行15.4万份，总计提供信息64万字，1236条。其中，中央、地方政策及部委工作动态信息171条，林场要闻与经营管理类信息277条，林产品国内外市场信息395条，科技信息309条，其他信息84条。并与75家单位建立了报刊（含简报）交换关系和业务往来。高德占部长为该报题词："深化改革，增强活力，把国营林场、苗圃的生产建设提高到一个新水平。"刘广运副部长为该报题词："提高信息服务，开发建设国营林场，加速培育森林资源。"安徽、陕西主管国营林场业务的厅长和许多省、地、市的业务负责同志也亲自为该报撰稿。

一年多来，该报以"服务、指导"为宗旨，立足国营林场，面向林业基层，主要做了以下工作。①抓住重点内容进行宣传。积极向各地传达部领导及各地党政领导对国营林场工作的新思路、新要求，促进南宁会议精神的贯彻落实。②抓住高质量这个关键，第一手材料有较大幅度增加。内容的及时性、准确性、针对性和实用性逐渐增强；先后开辟"网员之声"、"林场百星"、"商情预测"、"经营之道"、"搞活林场之路"、"新产品新技术新工艺"等16个栏目。③建立编辑出版工作制度，明确职责，定期召开编前会，开展评报议报，基本做到准时出版和发行，初步建立起正常的工作秩序。存在的问题，一是缺乏经验，需要尽快提高编辑自我素质；二是在质量和稿源上还需要狠下功夫，尽快把通讯员队伍建立起来，发挥信息员作用，调动各方面积极因素。

（肖纪六）

乡 村 林 场

【综 述】

基本情况 1991年，围绕1990年展开的全国乡村林场全面质量管理评比竞赛活动，林业部造林经营司先后于6月和9月召开了南北方汇报会，总结交流乡村林场全面质量管理评比竞赛活动的经验。在省(区、市)评比的基础上，林业部作出了《关于表彰全国乡村林场建设先进单位和颁发全国乡村林场全面质量管理奖的决定》，对6个县92个林场进行了表彰。

据统计，全国乡村林场达到149 399万个，经营面积2.4 263亿亩，场员95.7 748万人，分别比1990年增长6.5%、10.7%、5.3%。其中联办林场2.1 039万个，比1990年增长6.9%；木材产量达452.85万立方米，比1990年增长14.1%。

各地动态 为全面提高乡村林场建设质量，各地积极帮助乡村林场抓住薄弱环节，加强领导班子建设，编制了简单的经营方案，健全规章制度，完善经营承包制。许多乡村林场内部开展了竞赛活动，设立质量管理奖，鼓励班组和个人提合理化建议，改进经营管理，利用业余时间办技术学校、培训班，提高场员的质量意识和技术水平，激发场员的责任感和参与管理的积极性，造林营林质量普遍提高，实现了无森林火灾、无生产责任事故、无破坏森林案件。与此同时，绝大多数地方把综合开发、多种经营列为竞赛活动的重要内容，要求一个林场建一个规模适度的果树或毛竹基地，有条件的要兴办小材小料加工厂、小果园、小茶园、小药园、小苗圃和养殖场等多种经营项目，发展具有地方特色的名优拳头产品，使林场的经济效益明显提高。据统计，1991年全国乡村林场总收入达到17.2 743亿元，比1990年增长10.4%，有8个省(区)收入超过亿元，有2个省(区)人均收入达到3500元以上。 (苏永荔)

【集体林中幼龄林抚育】

基本情况 全国60866万亩集体中幼龄林中，已抚育了15 388万亩，为总面积的25.28%。其中，福建、广东已抚育面积达40%以上，河北、江苏、湖南已抚育面积在30%以上。通过抚育的林分，大都提高了生长量和各方面的效益。据广西多处调查，飞播马尾松中龄林，经抚育间伐3年后，每亩蓄积量年生长量可净增0.42—0.63立方米；间伐出的小材小料，解决了群众的生产、生活用材，增加了个人与集体的收入。

主要工作 1991年，集体中幼龄林抚育工作取得一定进展。为加强中幼龄林抚育工作，5月中旬，高德占部长主持召开了第二十次部办公会议，专门研究和部署了这项工作，要求真正象抓造林那样抓抚育，摆上议事日程。6月初，根据这次会议精神，林业部印发了《关于上报中幼龄林抚育情况的通知》。经各省(区、市)认真落实，摸清了集体中幼龄林有关抚育的基本情况(见附录)。

各地做法 一是多方筹集资金。广西采取与外省签订以木换路的投资合同，从抚育间伐收入中提取20%的资金用于修建道路，发动群众投资投劳修路，利用扶贫资金和以工代赈等办法，广泛集资开展成林抚育。二是给予优惠政策。浙江、广西等每年从采伐限额指标中划出一定数量作为集体林抚育间伐专用指标；贵州省锦屏县允许间伐材自产、自销，自主经营，只缴纳原木税、工商税和特产税，提取的育林基金和更改资金，归还一部分用于集体营林事业，调动了群众抚育的积极性。三是编制森林经营方案。河北省已有85个县编制了集体林的经营方案，控制面积占集体林总面积的80%，为合理抚育提供了条件与依据。四是建立试验、试范点，开办培训班，提高抚育水平。广西从80年代初开始，在贺县、昭平、藤县等地长期坚持开展飞播中幼龄林抚育试点，并开办了相应的培训班、训练班；梧州地区对飞播林抚育实行技术承包，1981年以来，共承包60万亩，都收到了良好的效果。

存在问题 进展缓慢，欠账多，任务越来越重；政策、资金不落实；规章制度不健全；技术力量薄弱。 (傅秀文)

【乡村林场全面质量管理评比竞赛】 1990、1991年，林业部在全国乡村林场开展了全面质量管理评比竞赛活动。经自下而上的初评、复评和审核，共评出6个县为全国乡村林场建设先进单位，92个乡村林场获全国乡村林场全面质量管理奖。

从这次评比竞赛活动看，凡开展得好的省(区)、县(市)及林场，一个共同特点，就是把全面质量管理评比竞赛活动，作为巩固、发展乡村林场的重要工作来抓。一是建立乡村林场管理机构，广西林业厅成立了乡村林场管理科，15个县成立乡村林场管理站。二是结合评比竞赛，调整和充实了林场领导班子，建立和完善了各项规章制度。三是纳入目标管理。吉林省的白城子地区和延边朝鲜族自治州、河南省周口地区、甘肃省天水市北道区等，把乡村林场建设和全面质量管理纳入林业工作目标责任制，列为考核各级政府和林业部门工作实绩的一项重要内容。四是制定乡村林场标准，并按标准进行登记，填卡建档。五是采取了相应的政策措施。贵州省锦屏县规定，凡参赛林场的造林、抚育等作业设计和业务骨干培训优先安排、免收费用，林场场员在竞赛活动中成绩显著的，予以劳动保险，年老不能劳动时，享受一定数量的“养老金”。六是开展技术服务，技术指导，用科技武装林场。广东省 1991 年从生产经费中拿出 7 万元编印场长培训教材 6000 册，浙江省将林业技术规程印发到场，有力地推动了乡村林场全面质量管理评比竞赛活动的开展。

（李清玉）

附　录

全国集体中幼龄林抚育基本情况

单位：万亩

地区	总面积	已抚面积	需要抚育间伐面积						亟待抚育面积	
			计	其中：按起源分				其中：乡村林场	计	其中：乡村林场
				计	人工造林	飞播造林	封育成林			
全国总计	60866.88	15388.10	38001.24	33336.23	19736.17	3301.99	10298.07	7189.99	13608.04	2922.86
其中：省级合计	59593.24	15140.37	37210.66	32658.33	19369.95	3199.41	1088.87	6976.73	13214.53	2791.77
计划单列市合计	1273.64	247.73	790.58	678.00	366.22	102.58	209.20	213.26	393.51	131.06
北京	270.00	70.00	200.00	200.00	114.00	5.00	81.00	3.40	100.00	2.00
河北	2048.00	705.00	1337.00	865.00	546.00	117.00	202.00	25.00	403.00	9.00
山西	416.00	30.00	370.00	235.00	185.00	20.00	30.00	135.00	235.00	85.00
内蒙古	1509.00	345.36	1163.76	1163.76	1010.52	2.00	151.24	107.76	355.21	43.00
辽宁	3232.23	495.82	1647.38	1647.38	1217.37	7.00	423.01	413.29	556.26	133.01
吉林	2332.93	343.05	1173.39	918.92	524.74	—	394.18	254.47	415.95	104.20
黑龙江	1488.60	429.50	1059.10	1059.10	1002.00	—	57.00	89.70	317.00	40.20
江苏	203.50	61.80	203.50	203.50	203.50	—	—	91.00	40.00	20.00
浙江	3645.00	87.00	2286.00	2286.00	800.00	250.00	1236.00	400.00	730.00	150.00
安徽	2031.89	370.24	1411.58	1283.58	695.30	26.07	562.21	232.31	514.53	109.10
福建	4163.90	2500.00	1663.90	1663.90	1212.40	143.00	308.50	400.90	200.00	70.00
江西	1223.00	347.00	542.70	309.70	229.70	80.00	—	233.00	270.00	50.00
山东	1252.00	100.00	310.00	310.00	310.00	—	—	24.00	123.00	8.00
河南	1602.72	376.73	1153.27	895.42	503.72	127.20	264.50	280.35	815.47	200.72
湖北	3902.30	1144.50	2757.80	2757.80	1839.80	133.50	784.50	444.20	608.20	68.10
湖南	5297.40	1727.48	3569.92	3569.92	1871.37	256.61	1441.94	826.05	846.13	350.00
广东	7047.53	3038.36	4009.17	4009.17	2245.14	561.38	1202.65	721.65	1712.21	278.61
广西	3271.69	421.03	2561.46	1947.01	973.84	468.68	504.49	614.45	1184.30	253.33
海南	476.20	95.30	380.90	380.90	280.90	—	100.00	9.00	200.00	5.00
四川	4114.13	823.90	3290.23	2287.30	1298.30	571.00	418.00	514.60	1570.69	289.10
贵州	2834.40	345.00	2489.40	1237.97	544.05	165.97	517.95	270.60	769.38	131.10
云南	3025.00	675.00	1350.00	1070.00	688.00	65.00	317.00	280.00	530.00	160.00
陕西	2697.00	487.20	1400.80	1400.80	140.00	200.00	1060.80	320.00	350.00	46.00
甘肃	1054.20	116.00	521.80	521.80	489.90	—	31.90	276.30	336.90	178.20
青海	24.50	5.10	19.40	19.40	19.40	—	—	9.70	16.30	8.10
新疆	430.00	—	415.00	415.00	415.00	—	—	—	15.00	—

“三北”防护林体系二期工程建设（中期）先进单位暨先进个人

先进集体

黑龙江省

望奎县　拜泉县　兰西县　肇州县　克东县　龙江县　克山县　肇东市　省林业厅“三北”林业建设指导站

哈尔滨市

呼兰县

吉林省

前郭尔罗斯蒙古族自治县　扶余市　双辽县　四平市　白城地区林业局　省林业勘察设计院

长春市

长春市郊区　长春市　双阳县

辽宁省

昌图县　省防护林工程建设办公室　黑山县　建平县　北票市　康平县　朝阳市林业局　铁岭市林业局

沈阳市

新民县

天津市

静海县　蓟县

北京市

密云县　大兴县

河北省

围场满族蒙古族自治县　承德地区林业局　唐山市林业局　平泉县　怀安县　张家口地区首都周围绿化办　廊坊市首都周围绿化办　遵化县　卢龙县

内蒙古自治区

敖汉旗　科尔沁左翼中旗　伊金霍洛旗　临河市　清水河县　准格尔旗　赤峰市郊区　库伦旗　赤峰市红山区　奈曼旗　通辽市　乌审旗　哲里木盟林业处　赤峰市林业局　伊克昭盟林业处

山西省

隰县　左云县　省西山防护林建设局　大同县　右玉县　娄烦县　神池县　中阳县　阳高县

陕西省

韩城市　淳化县　榆林地区　长武县　榆林市　宜川县　靖边县　黄龙山林业局　麟游县　志丹县

宁夏回族自治区

盐池县　吴忠市　永宁县

甘肃省

酒泉市　酒泉地区林业处　景泰县　天祝藏族自治县　张掖市　天水市北道区　正宁县　正宁林业总场　泾川县

青海省

海东地区　湟中县　循化撒拉族自治县

新疆维吾尔自治区

和田市　于田县　策勒县　麦盖提县　新和县　且末县　乌苏县　巩留县

新疆生产建设兵团农四师六十三团场　农五师九〇团场

国家机关系统

中直机关十三陵水库造林站　航空航天工业部第一研究院

中国人民解放军

82120 部队

新闻宣传系统

黑龙江省电视台　吉林省电视台　辽宁省电视台　天津市电视台　北京市电视台　河北省电视台　内蒙古自治区电视台　山西省电视台　陕西省电视台　宁夏回族自治区电视台　甘肃省电视台　青海省电视台　新疆维吾尔自治区电视台

先进工作者

黑龙江省

刘学斌　李连清　李凤友　王维丰　刘玉祥　郑绪　赵国良　沈国强　王文超　赵家善　金喜文　刘广义　沈积坤　王金玉　王万江　王树清　杨文学

哈尔滨市

初鸿鹄　姜继志　徐万才

吉林省

阿古拉 刘植宇 林洪硕 吕鹏超 迟景权 刘凤歧
牛 仁 戴克明 顾树林 杨润田 孙业聚

长春市

刘凤歧 王华栋 郎玉林 王怀明

辽宁省

杨 波 赵春宜 陈保璞 张维国 刘廷耀 刘守新
潘庆一 肖洪昌 李 克 戴儒相 于守信 苏殿文
郑连荣 张兰江 单守田 王荣杰

沈阳市

郑朝权 路新华 李宝权

天津市

孙长虹 杨继敏 李鸿昌

北京市

朱先智 杨 光 董济世 张士俊 戴 辉 梁树明

河北省

佟 强 陈志新 戴风云 李相国 李宝金 张 铎
蔺润宝 徐合民 李永丰 杨国玉 韩 匡 吴振旺
姜宝祥 冯士清 佟继汉 马贵生 汤成林 张树仁
姚万庭

山西省

王 善 刘玉和 任俊发 张谦荣 高世才 郭兴顺
武俊健 于铁树 侯 喜 刘高仁 石衍锐 武继锁
荆胜昌 胡学文 赵德清

内蒙古自治区

乌兰其其格 黄文明 任国俊 于 成 李永昌
王云升 孙 诚 徐子敏 刘培书 张佩蓉 李会军
丛培发 高鹏程 董 敬 梁守中 王玉岭 李志平
王智德 杨乐山 于兆印 那 木 张承彬 宋振国
刘振富

陕西省

赵秉正 张德钧 杨树道 刘玉仓 刘希乾 杨蔚中
李广勋 李振文 李作舟 刘俊杰 王世昌 武士堂
张树兴 岳德荟 施怀勤 刘振南

宁夏回族自治区

唐汝田 葛生仁 刘铭儒 杜仞仟 王有德

甘肃省

张凤玺 王万忠 王思明 妥文胜 禹贵民 郑荣祖
马克宽 马 骥 周克钧 王修德 潘锦锡 付振伟
赵利华 赵显庭 周继翰 许齐科 王德惠

青海省

王林 倪庆余 陆文正 王享龄

新疆维吾尔自治区

颜富平 杜建国 宋光忠 阿不都克日木·土地
石光复 肖振忠 狄心志 艾力·达吾提 艾克来木
潘进文 吾甫尔·肉孜 焦流章 色衣提·阿洪
阿不拉·木沙

中国人民解放军

张贤春

新疆生产建设兵团

孙克昶 姜付邦 周杰民 谭秀珍

院校系统

白惠芳

新闻宣传系统

王漫仓 潘梦阳 黄传锡 李绥生 孙玉胜 谢联辉
海相涛 赵玉如

先进个人

顾焕生 袁龙喜 赵 友 王文田 刘金才 陈秀林
陈有良 郭继文 金广瑞 蔡 富 陈国才 云二万
曹扎娃 郝色登 王久富 邱彦功 周雪英 牛玉琴
王锡刚 李志远 许德才 王维民 刘永山

长江中上游防护林体系建设参加“达标”竞赛县（市、区）

江西省（15） 横峰县、进贤县、南城县、金溪县、广丰县、兴国县、于都县、赣县、瑞金县、南康县；宁都县、石城县、会昌县、信丰县、鹰潭市

湖南省（19） 慈利县、衡南县、衡阳县、衡东县、石门县、隆回县、新化县、桑植县、保靖县、大庸市永定区、花垣县、永顺县、麻阳县；凤凰县、龙山县、泸溪县、茶陵县、溆浦县、安仁县

湖北省（19） 阳新县、罗田县、巴东县、秭归县、宜昌县、宜昌市、宣恩县、鹤峰县、咸丰县、建始县、长阳县、郧西县、谷城县、恩施县；郧县、房县、丹江

口市、兴山县、利川市

四川省（80） 巫山县、奉节县、云阳县、万县、开县、忠县、丰都县、涪陵市、武胜县、岳池县、南充县、西充县、蓬安县、南部县、旺苍县、阆中市、苍溪县、剑阁县、广元市、安岳县、遂宁市中区、蓬溪县、射洪县、盐亭县、梓潼县、三台县、中江县、绵阳市中区、安县、江油县、广安县、渠县、营山县、仪陇县、大竹县、达县、开江县、宣汉县、平昌县、通江县、巴中县、隆昌县、富顺县、荣县、威远县、内江县、资中县、仁寿县、资阳县、乐至县、简阳县、金堂县、德阳市中区、茂县、金阳县、宁南县、会东县、攀枝花市仁和区、西昌市、冕宁县；巫溪县、石柱县、邻水县、梁平县、会理县、雷波县、越西县、布拖县、昭觉县、南川县、南江县、酉阳县、秀山县、黔江县、彭水县、万源县、金口河县、北川县、城口县、武隆县

重庆市（12） 江北县、北碚区、合川县、潼南县、铜梁县、大足县、长寿县、綦江县、璧山县；永川县、巴县、江津县

陕西省（12） 白河县、略阳县、安康市、石泉县、旬阳县、镇巴县、紫阳县、西乡县、宁强县；山阳县、商州县、商南县

甘肃省（8） 宕昌县、舟曲县、武都县、礼县、西和县、成县；秦城区、康县

贵州省（12） 赫章县、毕节县、大方县、纳雍县、水城县、织金县、普定县、息烽县、修文县、开阳县；瓮安县、清镇县

云南省（17） 昭通市、东川市、会泽县、鲁甸县、巧家县、绥江县、永善县、盐津县、大关县、彝良县、威信县、镇雄县、水富县、元煤县、宣威县、寻甸县、曲靖市

河南省（6） 方城县、西峡县、内乡县、淅川县、南召县、镇平县

全国乡村林场全面质量管理评比竞赛获奖单位情况调查表

单位：人、万亩、万立方米、万元

地区	林场	经营面积	有林地						场员	总收入	
			面积				蓄积			合计	其中：多种经营
			计	其中：用材林	经济林	防护林					
北京	密云县北庄乡北庄村林场	1.32	0.91	0.08	0.29	0.17			150		
	通县郎府乡林场	0.11	0.06		0.02	0.04	1.00		45	90.00	85.00
天津	蓟县洪水庄乡林场	0.90	0.90						17		1.10
	蓟县翠屏山乡一林场	0.18	0.18						70	41.71	
河北	滦平县古城川乡三八林场	1.54	1.54		0.06	1.48	2.20		15	3.78	1.49
	灵寿县北庄乡寨沟林场	0.87	0.72	0.32	0.15	0.25	0.86		6	3.50	0.30
山西	屯留县宜林乡办林场	0.54	0.39	0.29		0.10	0.188		7	1.40	0.33
	沁水县柿庄乡林场	0.39	0.16	0.135	0.005	0.02	0.121		20	4.70	4.60
内蒙古	赤峰市郊区太平地乡林业折股联营公司	3.6	3.48	0.43	0.29	2.76	11.28		35	41.00	2.80
辽宁	桓仁县大南沟村折股联营合作林场	4.1	4.1	3.50		0.60	24.5		40	42.00	38.00
	锦县右卫镇林场	0.81	0.81	0.81			3.3		22	14.30	8.10
	宽甸县青山沟乡石棉村折股联营合作林场	3.78	2.75	2.2	0.40	0.15	8.40		50	37.00	28.00
	本溪县草河掌村折股联营合作林场	7.40	6.67	5.79	0.05	0.83	23.47		54	31.00	15.00
	新金县矫屯村林场	0.22	0.22		0.02	0.20	0.15		27	7.50	6.80
吉林	通化县果松镇南岔村林场	7.91	5.52	5.51	0.01		29.96		100	31.00	10.00

（续）

地区	林场	经营面积	有林地					场员	总收入	
			面积				蓄积		合计	其中：多种经营
			计	其中：用材林	经济林	防护林				
	汪清县春阳镇镇办林场	24.98	24.10	24.10			18.00	8	30.45	9.20
	抚松县万良镇林场	18.60	4.50	1.50	0.15	0.45	3.30	51	170.00	10.00
黑龙江	五常县长山乡乡办林场	1.77	1.77	1.76	0.01		6.89	16	6.50	2.85
	望奎县恭六乡恭六村林场	0.66	0.64	0.33	0.01	0.21	1.60	13	4.00	1.00
	密山市密山镇铁西林场	1.64	1.41	1.01			2.65	55	11.30	10.10
江苏	大丰县小海镇林场	0.16	1.36	1.36			1.00	68	77.80	28.10
	高邮县张轩乡林场	0.39	0.26	0.26			2.50	25	54.00	49.20
浙江	临安县板桥乡珠西村林场	0.12	0.12	0.11	0.01			49	93.40	93.40
	庆元县黄镇乡林场	0.27	0.26	0.15	0.11		0.67	26	40.50	24.30
	肖山市双潭乡欢潭村林场	0.62	0.60	0.32	0.11	0.01	3.84	96	161.6	113.6
安徽	潜山县浩川林业开发公司	1.01	1.01	0.91	0.10		0.59	8	501.00	480.00
	铜陵县董店乡林场	1.25	1.19	1.08	0.11		2.60	132	25.90	11.20
	休宁县溪口镇和村林场	0.36	0.23	0.16	0.07		0.66	16	17.80	5.40
	广德县桃山乡桃山村林场	0.24	0.23	0.19	0.04		0.91	27	26.20	10.80
福建	将乐县万安镇林场	1.15	0.82	0.80	0.01	0.01	1.20	56	102.24	50.00
	南平县太平乡综合林场	1.06	1.00	0.94	0.06		5.20	54	63.30	28.00
	浦城县九牧乡林场	0.61	0.61	0.60			2.46	31	8.69	0.47
江西	新干县七琴乡炉村林场	0.86	0.61	0.35	0.25		1.65	15	11.00	3.00
	新建县象山乡林场	1.22	1.12	0.92	0.08	0.12	4.20	112	73.00	60.50
	全南县陂头镇茶辽栋林场	1.56	1.56	1.51	0.05		1.06	221	39.90	14.92
	信丰县大桥镇八角村林场	2.30	1.24	1.18	0.06		1.78	7	37.00	6.60
	彭泽县杨梓乡林场	3.67	3.62	3.48	0.14		5.60	145	50.00	3.00
山东	招远县玲珑乡欧家啰观里林场	0.70	0.68	0.05	0.02	0.61	0.70	20	11.40	1.50
	文登县初村镇北海林场	0.95	0.72		0.01	0.71	1.08	35	40.00	36.00
河南	光山县凉亭乡赛山林场	0.61	0.61	0.59	0.02		2.80	51	11.20	3.40
	确山县义峰乡林场	3.15	3.00	2.80	0.20		10.00	39	9.00	2.80
	淮阳县搬口乡林场	0.02	0.016	0.004	0.008	0.004	0.023	40	25.00	4.00
湖北	咸宁市甘棠乡军山村林场	0.14	0.12	0.10	0.02		0.65	11	14.00	5.90
	崇阳县港口乡塘口村八一林场	0.48	0.37	0.36			1.14	36	12.20	3.00
	大悟县二郎乡小魁山林场	0.25	0.12	0.12			0.15	17	6.20	1.90
	巴东县绿葱坡镇八一林场	0.50	0.48	0.48			1.20	6	3.00	0.60
	武穴市石佛寺镇李世英林场	0.03	0.03	0.02	0.01		1.00	16	7.50	1.30
	枝城市王畈乡松箩山林场	1.06	1.02	0.85	0.01	0.15	1.00	22	11.30	4.20
	宜城县流水镇团山林场	1.43	1.31	1.28			1.51	30	8.00	3.00
湖南	浏阳县连云山林场	3.81	3.81	3.81			1.00	14	73.00	0.32
	衡阳县白水乡林场	0.55	0.54	0.45	0.08	0.01	0.40	62	20.10	6.20
	沅江市草尾乡林场	0.11	0.09	0.03		0.06	0.84	17	9.36	1.06
	古文县高峰乡大面山林场	1.50	1.50	1.44	0.06		5.20	56	29.00	12.00
	湘潭县马家堰乡安定林场	0.21	0.20	0.20			0.96	15	8.20	6.20
	桂东县东洛乡东山林场	9.80	9.74	9.74			19.60	20	60.00	7.30
	东安县高峰乡林场	0.11	0.11	0.11			0.83	7	3.10	0.80
广东	平远县泗水乡普滩林场	0.33	0.33	0.32			1.78	5	3.10	0.30
	梅县隆文镇横庄林场	0.18	0.18	0.15	0.03		0.23	4	2.70	2.00
	揭阳县地都乡地都果林场	0.28	0.28	0.24	0.04		1.39	36	32.00	4.50

（续）

地区	林场	经营面积	有林地					场员	总收入	
			面积				蓄积		合计	其中：多种经营
			计	其中：						
				用材林	经济林	防护林				
	潮阳县田心镇农林场	0.25	0.25	0.02	0.23		0.38	60	11.00	3.25
	普宁县梅塘乡涂洋山林场	0.67	0.67	0.08	0.18	0.41	1.90	115	45.6	28.00
	郁南县东坝镇火车林场	3.19	3.19	3.04	0.05	0.10	9.60	52	42.00	12.20
	高州县镇江镇朋山林场	1.30	1.30	1.10	0.20		2.60	51	19.40	6.50
广　西	三江县丹洲林业采育场	6.10	5.67	5.45	0.08	0.14	12.00	648	135.00	3.20
	贺县桂岭镇草寺林场	3.40	3.09	3.03	0.04	0.02	16.94	375	111.00	53.28
	苍梧县共青林场	1.12	0.85	0.79	0.06		5.32	37	42.57	5.27
	贺县步头镇双程飞播林场	22.24	14.86	14.67	0.11	0.08	89.36	24	288.23	105.73
	昭平县马江镇江塘林场	1.80	1.80	1.74	0.01	0.05	31.34	20	66.70	
海　南	文昌县南阳新合林场	0.30	0.29	0.29			1.41	9	3.50	2.00
四　川	旺苍县麻英乡松林村林场	0.60	0.49	0.48	0.01		0.83	8	0.79	0.47
	富顺县毛桥乡仰天村林场	0.20	0.20	0.20			0.80	12	1.76	0.36
	大竹县朝阳乡竹园林场	1.05	1.40	1.40			4.57	73	59.50	25.20
贵　州	锦屏县敦寨区春蕾林场	4.80	3.80	3.70	0.10		12.50	186	84.30	24.20
	锦屏县偶里乡平略区联营林场格溪分场	1.30	0.84	0.53		0.31		102	20.93	3.60
	榕江县寨蒿区联户万亩林场	6.21	6.21	6.18	0.03			247	54.80	37.30
	平坝县凤凰乡林场	0.58	0.51	0.51			2.02	21	6.50	2.50
	盘县松河乡林场	3.02	3.00	2.57	0.30	0.13	3.00	36	4.41	1.20
云　南	腾冲县古永乡箐口村林场	17.00	15.00	13.90	0.10	1.00	22.51	22	53.00	1.10
	龙陵县龙新乡大坡联营林场	1.01	0.25	0.10		0.15	2.50	5		
	富源县墨红乡法土林场	5.28	4.99	4.99			20.00	93	33.66	12.00
陕　西	白河县纸坊乡反沟村林场	0.70	0.60	0.50	0.10		1.00	9	3.50	0.20
	耀县稠桑乡高山槐林场	1.30	1.12		0.02	1.10	4.50	7	4.90	0.50
	米脂县郭家砭乡林场	0.15	0.14	0.03	0.03	0.08	0.01	19	9.65	9.65
甘　肃	宁县良平乡林场	0.35	0.27	0.27			0.24	20	5.80	2.10
	灵台县西屯乡关道湾林场	0.60	0.58	0.58			0.21	8	4.00	0.30
	合水县吉岘乡乡办林场	0.30	0.11	0.04	0.07			5	0.70	0.70
宁　夏	盐池县城郊乡四尔滩柠条林场	1.15	0.78	0.04		0.74		17	5.50	4.20
	中卫县西元乡林场	1.50		0.08	0.03	0.18	0.42	25	7.67	2.79
	西吉县马建乡林场	1.11	0.64	0.04		0.60	0.19	12	3.83	0.63
青岛市	胶南县大村乡林场	0.04	0.04	0.01	0.02	0.01	0.04	24	7.00	2.50
重庆市	永川县寿永乡联办林场	0.54	0.54	0.54			0.90	26	14.67	1.95
南京市	江宁县铜井乡李村林场	0.65	0.60	0.58		0.01	1.23	40	15.60	4.20

全民义务植树与社会林业

全民义务植树10周年

【综　述】 1981年12月13日，在邓小平同志的倡议下，全国人大五届四次会议通过了《关于开展全民义务植树运动的决议》。1982年2月27日，国务院颁布了《关于开展全民义务植树运动的实施办法》。1984年9月20日颁布的《中华人民共和国森林法》中第九条规定："植树造林，保护森林，是公民应尽的义务。各级人民政府应当组织全民义务植树，开展植树造林活动。"全民义务植树运动的立法与实施，绿化祖国的全民性运动，在我国各地及各部门、行业蓬勃、健康、持续地发展，爱林植树，美化河山，保护环境已蔚然成风。

10年成绩　1982—1991年10年累计义务植树110多亿株。全国平均每年有2亿多人履行义务，植树10亿多株。1991年参加义务植树人数达5亿人次，植树23亿株。

中央国家机关义务植树，在全国起了表率作用。10年累计投工230万人次，植树1200多万株，抚育23万株，成活率92%以上，适龄公民人均64.4株，超计划任务的1倍。

城市绿化取得很大成绩。据1991年统计，城市园林绿地总面积为474 613公顷，公共绿地面积为57 863公顷，道路绿化覆盖面积为28 866公顷。绿化覆盖率为19.2%，比1981年增加4.4个百分点，超过30%的城市已达45个；绿地率为16.9%，比1981年增加2.1个百分点；人均公共绿地面积为3.9平方米，比1981年增加1.6平方米。城市绿化水平不断提高，在大规模进行植树的基础上，形成乔木、灌木、草皮、花卉配置得当，平面绿化、垂直绿化相结合的绿化格局，提高了绿化质量。全国大中城市普遍制定了造林绿化规划，按照规划要求，新建了一批各具特色的公园，完成了一大批重点绿化工程项目。许多机关、学校、工厂、街道、居住小区的环境绿化，有了较快的发展，涌现大批绿化先进城市和花园式工厂、企业。自开展全民义务植树运动以来，全国已有127个城市确定了市花，79个城市确定了市树。

部门系统绿化有了很大发展。据统计，10年来，铁道、交通、冶金、水利、轻工、煤炭、民航、石油、石化、有色金属、解放军、教育、武警、农垦等14个部门系统共有林场1438个，有苗圃528个。截至1991年底，全国新增人工草场和改良草场3000万亩，累计1.64亿亩。其中飞播牧草新增200多万亩，累计近2000多万亩。草地围栏封育1500万亩，累计9464万亩。治虫灭鼠累计5亿多亩。牧草种子田面积也有增加。人民解放军一直走在全民义务植树的前列，全军共完成成片造林1112.6万亩，其中经济林23.1万亩，"四旁"植树1.55亿株，植草坪3871万平方米。营区绿地面积大幅度增加，有效地改善了环境。部队支援地方植树已形成制度，全军共支援地方植树2.05亿株，空军飞播造林种草达4000多万亩。中国统配煤矿总公司，1982—1990年累计营造坑木林142万亩，加上原有林木累计达250万亩；石油系统10年植树5000多万株，70%的农田实现林网化；农垦系统平均每年造林120万亩，零星植树4174万株，有林地面积达3581万亩；铁路绿化2.2万公里，公路绿化达36万公里；全国77个通航民用机场，绿化面貌大有改观；其他各行业各部门的绿化也取得了显著成绩。

全民义务植树运动，不仅是绿化祖国的社会大动员，同时也是极其生动的社会主义精神文明教育。每人每年栽3—5棵树，寓教于形，把动员人民绿化环境、绿化家乡与绿化祖国联系起来，激发全体人民的爱国热情。共青团、工会、妇联等群众团体根据各自的特点，做了大量的宣传、组织工作。团中央组织发动了"绿化一河两线"和青年黄河防护林工程建设，全国妇联组织开展了全国"三八"绿色工程等活动。许多地方的群众，栽植各种富有教育意义的纪念树和纪念林，铭志于树，寄情于林。

10年主要经验

全面推行义务植树登记卡制度，建立义务植树基地　对每个单位实行义务植树登记卡制度，按适龄公民分配任务，按任务检查验收。这项制度在全国城市、人民解放军中已普遍推行，许多农村也推行了这项制度。

开展全民义务植树运动，建立义务植树基地，使义务植树运动走上规范化、制度化的轨道。中央国家机关77个部门及在京直属单位，先后在北京12个郊区、县建立88处义务植树责任区和绿化基地，实行责、权、利相结合的科学管理方法，使义务植树收到明显的经济效益、生态效益和社会效益。

实行领导任期绿化目标责任制，层层签定责任状、办绿化点 1984年，中共中央、国务院在《关于深入扎实地开展绿化祖国运动的指示》中明确指出："要把植树种草，绿化祖国的责任放在各级党委、政府和所有单位领导干部的肩上。……这要作为一项制度，成为考核干部的一个重要内容。"各地各部门普遍地建立健全了领导干部任期绿化目标责任制。实现领导任期绿化目标，领导办绿化点是重要环节，是领导干部真抓实干的具体体现。领导干部带头办绿化点，对全社会办绿化事业起到了示范作用。

多渠道筹集资金，增加对造林绿化事业的投入 1989年，全国绿化委员会、财政部、林业部联合颁发了《全民义务植树和国营企业、事业单位造林绿化资金的使用管理办法》，对绿化费的收征、使用、管理作出了明确规定。10年来，各地区、各部门都广泛开展多形式、多层次、多渠道筹集绿化资金，主要有以下几种形式：①每年从财政收入中专项提取一定数额的资金用于造林和林木管护；②从开山取石和开采其他矿产品中，提取一定数额的绿化费；③从水资源费中提取绿化费；④从耕地占用税地方留成中提取部分资金用于绿化；⑤对受益于森林的事业提取一定的生态补偿费；⑥把占用土地的补偿费全部用于造林；⑦从乡（镇）企业、林工商企业、副业收入中以及"以工补农"资金中提取一定比例用于造林绿化；⑧许多地方规定农村义务工、劳动积累工用于造林绿化；⑨对造林绿化所需化肥、农药、柴油、薄膜等物资，列入专项指标，保证供应。

建立健全全民义务植树和造林绿化的各项规章制度 10年来，各地相继制定了一些绿化工作管理制度，通过组织实施取得了良好的效果。总结各地经验，当前行之有效的基本制度有：①领导任期绿化目标责任制度；②各级政府定期研究绿化工作制度；③领导办绿化点（绿化工程）制度；④造林绿化检查验收制度；⑤全局性每年定期绿化大检查制度；⑥绿化工作评比表彰制度；⑦绿化成果管护制度；⑧绿化资金筹集和使用管理制度；⑨义务植树登记卡制度；⑩评比表彰和奖惩制度。

宣传动员是造林绿化工作的一项长期任务 造林绿化工作是一项群众性、社会性、公益性很强的事业，必须深入宣传，全民动员。各部门、各单位都要动员起来，群策群力，形成全社会办林业、全民搞绿化的局面。 （朱俊凤）

【全民义务植树10周年纪念活动】 1991年是开展全民义务植树运动10周年，经国务院批准，全国绿化委员会开展了多种形式的纪念宣传活动。

①江泽民和邓小平为纪念全民义务植树运动10周年题词。江泽民的题词是："全党动员，全民动手，植树造林，绿化祖国。"邓小平的题词是："绿化祖国，造福万代。"

②全国绿化委员会、中共中央宣传部、林业部、建设部、文化部、广播电影电视部、总政治部、全国总工会、共青团中央、全国妇联等10个单位联合发出《关于广泛开展全民义务植树运动10周年纪念宣传活动的通知》。

③3月12日在北京人民大会堂召开全国植树造林表彰动员大会。会上宣布了4个表彰决定（见附录）。

④3月12日，国务院副总理、全国绿化委员会主任田纪云发表电视广播讲话。

⑤开展全国中小学生绿化知识普及宣传教育活动。活动从1990年7月18日由全国绿化委员会、国家教育委员会、广播电影电视部、共青团中央联合发出《关于开展全国中小学生绿化知识普及宣传教育活动的通知》开始，到1991年12月12日在北京举行总结表彰颁奖大会结束，历时一年多，参加活动的中小学生达1亿人。全国绿化委员会办公室为配合这次活动，组织编写出版了《全国青少年绿化知识普及教育300问》一书。

⑥编辑出版《中华绿色明珠》大型画册。画册为8开精装本，分中文版和英文版两种。

⑦编辑出版了《绿色之光》一书。此书与1989年出版的《绿化神州》一书相衔接。

⑧新闻单位对开展全民义务植树运动10年来的成就、先进典型、模范人物进行系统报道和专题采访。

（任锡初）

【全民义务植树工作座谈会】 全国绿化委员会办公室于1991年10月22—25日在重庆市召开了全民义务植树工作座谈会。参加会议的有河北、辽宁、吉林、江苏、湖北、湖南、四川、云南、陕西、重庆10省、市主持绿化办常务工作的负责同志。

会议的主要内容：一是与会代表汇报1991年的全民义务植树工作，总结和交流开展全民义务植树10年来的经验；二是讨论修改全国绿化委员会办公室起草的《关于进一步加强全民义务植树工作的意见》和《关于加强部门造林绿化工作的意见》两个文件。与会代表还参观了重庆市的绿化和义务植树基地。

（郝燕湘）

【全国中小学生绿化知识普及宣传教育活动】 全国绿化委员会、国家教育委员会、广播电影电视部、共青团中央决定，1991年在全国中小学开展绿化知识普及宣传教育活动，并联合发出《关于开展全国中小学生绿化知识普及宣传教育活动的通知》。各省（区、市）对这次活动都很重视，有关部门都按三部委和团中央联合通知精神，联合发通知，召开会议，进行了广泛宣传发动。许多省（区、市）、地（市）、县成立了领导这项活动的领导小组，从教育人的高度来抓好这项活动。甘肃省成立了以省人大副主任为首的领导小组，并专门召开了电话会议，省顾问委员会主任李子奇亲自到会讲话，进行动员。湖北省成立了以省政府副秘书长为首的领导小组，多次召开会议研究部署活动的开展。江苏、贵州等省领导同志，在全省中小学生绿化知识竞赛决赛时，亲临现场，并为优胜者颁奖。大部分省（区、市）专为开展这次活动拨了专款。各级领导的重视，是这次活动按计划顺利开展的重要保证。

为了搞好这次活动，全国绿化委员会办公室组织编写了《全国青少年绿化知识普及教育300问》一书，全国共发行50多万册。有些省（区、市）结合本地区的特点，又编写了绿化知识补充材料。如甘肃省编写了《甘肃省绿化知识问答》；湖北省沙市市编写了《绿化知识180问》；山西省太原市编写了《绿化教育100问》；上海市教育局编写了《青少年绿化知识普及教育资料》，小学三年级以上学生每人一份。

这次活动一个突出的特点，就是把组织中小学生学习绿化知识与绿化实践活动结合起来，举行以绿化为主题的团、队活动，大搞校园绿化，校办林场，参加植树造林、种草、种花，植纪念树，造纪念林，走向社会宣传绿化，举办各种以绿化为主题的竞赛活动等等，形式多样，内容丰富，又不增加学生的学习负担，深受广大中小学生的欢迎。

12月12日，在北京举行总结表彰大会，宣告历时一年多、参加学生达1亿人的这次大型活动胜利结束。并为获奖同学、先进集体、优秀辅导员以及这次活动组织奖获奖单位的代表发了奖品和纪念证书。获先进集体奖的有704个学校和单位，其中一等奖120个，二等奖247个，三等奖337个；获先进个人奖的中小学生668名，其中一等奖114名，二等奖228名，三等奖326名；获优秀辅导员奖的243名；获组织奖的有26个省（区、市）。 （任锡初）

城　市　绿　化

【综　述】 据不完全统计，1991年，城市实际参加义务植树人数占应尽义务植树人数的90%。广东省19个城市应尽义务人数为437.42万人，实际参加义务植树人数为454.33万人。应完成植树株数为814.17万株，实际完成1237.11万株。大部分省城市实际参加义务植树人数比往年都有所增加。

在重视城市普遍绿化的同时，更多的城市，如北京、上海、天津、山东、辽宁、吉林、广东、安徽省的城市，对城郊结合的大环境绿化、生态园林以及重点工程进行专项研究和实践，获得一定成果。

1991年城市绿化工作有以下几个突出特点。

①领导更加重视，将城市绿化纳入各级政府的议事日程。北京市由陈希同市长带队一年检查两次已坚持8年。不少省、市领导都做到了亲自动员，亲临现场，检查、督促、指导城市绿化工作，并解决实际困难。甘肃省人民政府转发了省建委、省绿委关于加强全省城市园林绿化工作意见的通知，要求各级政府，各地绿委、城建、园林、林业部门共同努力，艰苦奋斗，持之以恒，狠抓落实，为提高甘肃省城市园林绿化水平而努力奋斗。广东省各级领导把绿化经费纳入计划预算，保证了较为充足的绿化资金，城市绿化程度迅速提高。济南市成立了由副省长和市长任总指挥的济南市大环境绿化指挥部，当年就完成了“三线一片”绿化工程的20%，植树20万株。大连市政府召开三次全市性大会，动员和布置1991年城市绿化工作。武汉市委、市政府颁发了关于5年绿化武汉的决定，提出10项措施；并要求各级党政一把手、分管绿化的党政领导同志和各部门的主要负责人亲自办绿化点。

②规划目标明确，并认真实施。一些城市进行了城市绿地系统规划的修订和补充。上海市在修改绿地系统规划时提出了要提高城市建设中的绿化意识，增强大环境绿化的观念，增加总体监控指标，全面衡量城市的绿化水平；近期重点抓好居住区绿化，要积极探索适合21世纪城市形象的浦东绿化规划框架。广东省各市把绿化纳入城市总体规划中实施。广州、深圳、珠海、湛江、汕头、江门等市都编制了较为详细的城市园林绿化专项规划；韶关、湛江、惠州、阳江等市根据依山绕水的有利条件，提出了建设大环境绿化的城市生态园林系统；各市在规划中都明确了新开发区和旧城改造区绿地预留的比例。沈阳市绿化规划分宏观、中观、微观三个层次。宏观规划以生态平衡理论为指导，以组团结构为特征，用绿色大环境包围城区，形成生态屏障，加上城区内的环形、带状绿地，构成绿地骨架，以完善城市的生态环境；中观规划主要包括环城防护林带、环城水系、环城道路绿带；微观规划是指在市区外围的团块和市区内部环境绿带之外的“点”的绿化规划。

③大力开展宣传活动。各省、市都十分重视绿化宣传工作，通过报刊、电视、电台等新闻媒介宣传绿化的重要性。河南省举办了首届绿色之声文艺汇演评奖活动，对促进全省城市绿化和义务植树活动的开展起了积极作用。北京市1991年对绿化工作宣传报道时

间长、形式多样、题材广泛、篇幅多、声势大均超过了以往任何一年，共发表各种稿件1500多篇。

1991年部分城市园林绿化程度表

城市名称	人均公共绿地（平方米）	绿化覆盖率（%）	绿地率（%）	城市名称	人均公共绿地（平方米）	绿化覆盖率（%）	绿地率（%）
沈阳	3.92	23.04	19.30	重庆	0.94	15.67	14.74
桂林	4.60	31.50	28.10	济南	4.16	30.12	26.90
上海		12.70	8.20	大连	3.23	32.50	
苏州	1.60	16.50	11.40	温州	1.96	11.36	6.50
吉林	4.94	28.60	28.60	郑州	2.22	35.25	19.13
南宁	4.70	33.00	30.44	石家庄	2.28	27.90	13.00
无锡	4.10	23.00	6.63	湛江	7.68	39.25	35.03
合肥	7.13	26.20	24.20	广州	11.00	32.34	32.30
成都	1.58	28.10	21.37	哈尔滨	3.24	25.62	21.46
宁波	1.55	18.96	17.49	汕头	2.10	28.90	26.90
烟台	5.38	32.04	29.80	珠海	22.05	41.60	43.85
北海	3.08	23.86	20.54	深圳	33.13	37.21	37.20
西安	1.72	27.94	8.10				

（全国绿化委员会办公室城市组）

部门、系统造林绿化

【综　述】　1991年，各部门通过召开各种座谈会、讨论会，举办绿化征文、书画展览、绿化知识竞赛，编印绿化宣传资料，摄制绿化影视片等，宣传10年来造林绿化取得的成就、绿化先进单位和先进个人的事迹和开展全民义务植树运动的重大意义和作用，普及绿化知识，进一步增强了广大干部职工的绿化意识，推动了各部门造林绿化工作向着更加深入扎实的方向发展。

在大力开展纪念宣传活动的同时，各部门努力抓好当年的造林绿化工作，并取得了显著成绩。铁路系统新增绿化里程1296公里，植树3230多万株；公路系统新增绿化里程12 000公里，植树1590万多株；煤炭系统新增坑木林基地造林面积21万多亩。据12个部门不完全统计，参加义务植树人数达1234万人，植树4150多万株。此外，各部门还营造了不少片林，种植了大量“四旁”树木、草坪、绿篱和花灌木等。

不少部门积极推行领导任期绿化目标责任制、领导办绿化点等各项制度。中国统配煤矿总公司与所属各矿务局全面签订绿化责任状，有80多位司局级领导干部办绿化点51个，造林5490亩，植树51 770株。石油天然气系统各石油管理局层层签订绿化责任状和领导办绿化点。大庆石油管理局的59个二级单位150名处级干部办绿化点146个，植树11万株；中原油田管理局21个二级单位的72名处级干部办绿化点133个，绿化面积15万平方米。

大多数部门制定或修订了“八五”或到2000年的造林绿化规划。铁道、交通、冶金、轻工、农垦、石油、石化、有色金属、统煤、东煤、武警、解放军、新疆生产建设兵团等13个部门制定了规划。全国妇联、共青团中央也制定了开展造林绿化活动规划。

（顾龙俊）

【解放军造林绿化活动】　1991年，全军共完成营区“四旁”植树1037万株，为计划的149%；成片造林15.7万亩，为计划的104%；植草坪200万平方米，植绿篱100万延长米，种花灌木320万株；出动军工220万人日、车辆43 909台次，支援地方义务植树1331万株，造林55万亩，飞播造林和种草310万亩。

全军普遍开展了全民义务植树运动10周年宣传纪念活动，通过召开各种电话会、座谈会、印发文件等形式，传达贯彻了全国植树造林表彰动员大会精神。沈阳、北京、南京、广州和兰州军区部队，分别开展了绿化征文、书画巡回展览，编辑出版绿化画册和录制电视录像片等活动。解放军报还专门制定了纪念全民义务植树运动10周年宣传计划，在全军开展“绿色尖兵”征文活动，并将50余篇优秀征文汇编成《绿色奉献者》一书。据统计，全军在省以上报刊、电台发表的部队参加义务植树的消息、专访、通讯、社论等共有250多篇。

全军各单位在总结“七五”绿化工作的基础上，学习南京军区三界林场的经验，重视抓绿化工程建设，投入大量人力物力，开展造林大会战。4月12日，北京军区召开河北省宣化县境内黄羊滩造林绿化工程万人动员大会，政委张工、司令员李来柱等亲临现场作动员，和驻地官兵一起植树劳动。这个工程全年造林3000亩，种草5000亩，成活率达85%以上。

全军围绕提高绿化质量和效益，重点抓了三项工作：一是在成都军区龙马林场召开了全军林木管护工作现场会，交流了管护工作经验；二是继续开展创建园林式营院活动，经检查验收，又有470个单位达到园林式营院标准；三是搞好林木采伐和果品采收工作。全年共收获干鲜果品2500万公斤，采伐木材2万立方米。

为了颂扬艰苦奋斗和无私奉献精神，全军绿化委员会组织录制了4集电视片《绿色战歌》。进行了评选绿化先进单位和先进个人活动，经逐级推荐，全军有34个单位、13名个人，被全国绿化委员会授予全国绿化先进单位和全国造林绿化劳动模范称号；有56个单位、62名个人，被评为全军绿化红旗单位和全军绿化劳动模范。（顾龙俊）

【全国青少年绿化祖国表彰动员大会】 共青团中央与全国绿化委员会、林业部于1991年4月6日在北京召开全国青少年绿化祖国表彰动员大会。会议表彰了甘肃省万亩青年林工程等106个优秀青年绿化工程；安徽省凤阳县凤阳乡团委等331个全国青年绿化祖国突击队；江西省铜鼓县丰田乡南溪村林业专业户谢义兴等370名全国青年绿化祖国突击手。国务委员陈俊生、团中央书记处第一书记宋德福、林业部副部长刘广运分别在会上作了讲话。

会议对共青团在“七五”期间的绿化工作进行了总结。据不完全统计，全国每年有2亿多青少年参加植树活动，共建有一定规模的青年绿化工程5500多个，工程绿化面积达2300多万亩。青少年绿化活动中出现了建设工程、义务植树、承包造林等全面发展的新局面。（顾龙俊）

【共青团造林绿化活动】 1991年，共青团积极开展了造林绿化宣传。植树节前后，通过中国青年报等宣传媒介，宣传各地涌现的青少年绿化先进单位和先进个人的先进事迹。各地基层团组织开展造林绿化“宣传月”、“宣传周”活动。海南省团委与省绿委及其他有关单位联合举办了“绿我宝岛”新闻征文大赛；辽宁省各级团组织以多种形式宣传“一〇绿火炬”工程；福建省建阳县团委在有关部门配合下，在造林绿化宣传周期间，每天广播一篇绿化稿件，每场电影放一次绿化幻灯片，每天出动一辆绿化宣传车；北京市在中小学生中开展绿色小天使活动，有数百万青少年将自己精心制作的绿化卡片、宣传卡片，送到千家万户。

全国青年绿化工程建设继续推进。青年黄河防护林二期工程建设进展顺利。河南省开展沿黄青年农业综合开发实验，取得突破性进展，一年中共完成青年防护林补植和更新10.3万亩，开发宜林荒山荒坡，发展果树基地10个，面积1.6万多亩，使黄河防护林体系工程由单纯的生态型逐步向生态经济型方向发展。长江中上游地区的青年绿化工程建设活动7月由团中央、林业部正式发文出台。8省（区）积极组织实施，有的省已把这项工作列入团的“八五”绿化规划。全国其他地区青年绿化工程建设也有新的进展，据对15个省（区、市）的不完全统计，新上青年绿化工程项目达4970个，造林面积858.3万亩。植树2.4亿株，植树成活率和质量都有所提高。（顾龙俊）

【“三八”绿色工程】 1991年是“三八”绿色工程活动的第二年。为保证这项活动的顺利开展，全国妇联、林业部联合召开会议，制定下发了《全国“三八”绿色工程规划》。全国30个省（区、市）也都根据本地区造林绿化总体布局和10年规划，制定了“三八”绿色工程活动规划，并开始付诸实施。全国60%以上的地（市、州、盟）、县（旗）也层层制定了活动规划。据不完全统计，1991年，全国各界妇女参加全民义务植树、各种防护林体系建设、小流域治理的人数达1.2亿人，植树7亿多株；建立“三八”绿色工程基地15万个，面积700多万亩。其中林权属于各级妇联的林果基地有3.4万个，创收1000多万元。

各级党政领导认识到“三八”绿色工程活动是动员亿万妇女参加造林绿化的有效形式，是发展林业的一项重要措施，从思想上、组织上、人力和物力上进一步予以重视和支持。福建省发动组织了173万名妇女投入“三八”绿色工程建设，造林170万亩，抚育幼林500多万亩，种茶种果92万亩。建立女子耕山队等各种妇女造林营林组织3600多个。

各地本着因地制宜，注重实效的原则，把工程造林与“三北”防护林等四大防护林体系工程建设相结合，与林业部门紧密配合，层层办点，一级抓一级，使“三八”绿色工程活动有了新的突破。通过承担一座山、一面坡、一条沟等任务，建立起“三八”林、“三八”果园、“三八”苗圃等，使工程在规模上、质量上都达到较高水平。在工程建设中还注重科技兴林，把普及林业知识、开展技术培训工作贯穿于活动之中。有8000万妇女接受了培训。

在“三八”绿色工程活动中，涌现出一大批先进集体和个人，有30个“三八”绿色优秀工程和100名先进个人，受到全国妇联和林业部表彰。

（顾龙俊）

【铁道部全路加速造林绿化研讨会】 铁道部绿化委员会办公室于5月28日至6月1日在南宁市召开了

加速铁路沿线造林绿化研讨会。这次研讨会是中国铁道学会工务委员会路基、林业学组中林业组成员的第一次学术会议。会上共发表论文16篇。论文的内容涉及铁路林业的新技术应用、科学研究、生产以及管理等方面。

会议指出：开展全民义务植树运动10年来，铁路绿化取得了显著成绩，不仅绿化速度加快，而且质量也有很大提高。但铁路绿化发展很不平衡，在33 000公里宜林路段中仍有5900公里需要新造林，有4700公里需要加以补植，造林更新任务还很重。

研讨会认为：各铁路局“八五”林业规划是否能实现，关键在领导。必须完善领导任期绿化目标责任制，层层签订责任状；实行领导办绿化点制度和检查验收、评比奖罚等一系列行之有效的制度；认真执行铁道部《铁路林业技术管理规则》的各项规定；在投资上、人力上给予保证，铁路造林绿化建设的目标才有可能达到。 （曹振虎）

【中国石油化工总公司第二次绿化工作会议】 4月中旬在广东茂名石化公司召开。参加会议80多人。总公司副总经理、绿化委员会主任费志融主持会议并作了《总结经验，加强领导，把石化系统的绿化建设提高到一个新水平》的报告。

会议总结交流了石化系统第一次绿化工作会议以来的经验和取得的成绩，对“八五”期间绿化工作做了安排。有10个单位在会上介绍了经验，与会各企业普遍反映，由于绿化创造了优美环境，改善了广大职工的工作和生活条件，大大增强了企业的吸引力和凝聚力。

会议表彰奖励了15个全国绿化先进单位和6个总公司绿化先进单位。

会议期间，与会代表参观了茂名石化公司的厂区绿化。该公司用20多个树种，在堆积1.57亿吨炼油废渣排土场上植树56万株，使昔日的一座“火焰山”，变成一片绿洲。 （顾龙俊）

治　沙　工　程

【综　述】 我国是世界上沙漠面积较大、分布较广、沙漠化危害严重的国家之一。全国沙漠、戈壁、沙漠化土地和风沙化土地面积约有153.3万平方公里，占国土面积的15.9%，其中沙漠、戈壁116.2万平方公里，沙漠化土地33.4万平方公里，风沙化土地3.7万平方公里。我国沙漠和沙漠化土地主要分布在北纬35°—50°、东经75°—125°间的内陆盆地和高原，形成一条西起塔里木盆地西端，东迄松嫩平原西端，横贯中国北方的西北、华北、东北地区12省（区、市），形成东西长达万里、南北宽约1200多公里的断续弧形沙漠带。除此之外，在我国湿润及半湿润地区的河流下游的砂质河床、泛淤决口的地段及海滨的海成阶地、海成河堤分布有风沙化土地。有近三分之一的国土受到风沙威胁。50—70年代，沙漠化土地平均每年扩大1560平方公里；进入80年代，则平均每年扩大2100平方公里。目前，我国土地沙漠化扩大的趋势还在继续。全国每年因风沙危害造成的直接经济损失高达45亿元。由于风沙、干旱、植被稀少，沙区生态系统十分脆弱，这里不少地方耕地面积减少，生产结构单一，农村燃料、饲料、肥料普遍短缺，对人民的生产和生活产生严重影响。全国60%以上的贫困县集中在风沙地区，有些沙漠危害严重的地方，温饱问题尚未解决。

建国以来，到1988年底，全国以治沙为主要目的的造林保存面积已达1000多万公顷，不但使10%的沙漠化土地得到治理，而且还从沙漠中新辟农田133万公顷。过去受风沙危害产量低而不稳的1100万公顷农田，由于防沙固沙条件的改善，粮食产量增加10—20%。过去因土地严重沙化、盐渍化和牧草严重退化的900万公顷荒漠和半荒漠草原，由于封沙育林育草，使草场得到保护和恢复，产草量增加20%以上。各地还结合封沙育林育草，营造了74万公顷薪炭林，再加上多能互补，约有500万农户的燃料问题基本得到解决。各地在治沙工作中，还十分重视开发利用沙漠资源，积极发展沙区种植业、养殖业、加工业以及开发利用沙区水源、风能、太阳能，既改善了沙区的生态环境，又促进了沙区经济的发展。 （王质彬）

【吉林省治沙工作】 1991年7月，在兰州市召开的全国治沙工作会上，全国绿化委员会、林业部和人事部，授予吉林省全国治沙先进省光荣称号。吉林省沙地面积363万公顷，主要分布在科尔沁沙地和松嫩沙地两大部分，包括白城、四平、长春3个地（市），18个县（市、区），409个乡（镇），19 000多个自然屯。建国初期，这里气候恶劣，植被稀少，风、沙、旱、涝、碱五大灾害严重，每年八级以上大风30—40天，风蚀现象严重，给当地人民生产、生活带来极大危害，经济贫困落后。党的十一届三中全会后，特别是进行“三北”防护林建设以来，吉林省各级党委和政府，把治沙造林纳入重要工作日程，实行山、水、林、田、路、村全面规划，综合治理。人工治沙造林完成35.9万公顷，封沙育林种草57.9万公顷，营造农田防护林带18.6万公顷，森林覆盖率由建国初期的1.5%，提高到9.6%，受风沙危害面积由原来733万公顷，减少到43万公顷，流动沙丘基本固定，特别是近些年，风沙区没有发生风剥地现象。由于生态环境改善，全省农牧业生产持续稳定发展。建国初期，吉林省产粮49.86

亿公斤，1990年全省粮食突破200亿公斤大关。大牲畜存栏数186万头，比1977年增加30万头，农民人均收入545元，比1977年增加314元。

吉林省治沙主要做法：①提高认识，统一行动，教育群众把眼前利益和长远利益结合起来。榆树市治沙前，粮食总产量一直徘徊在7.5亿公斤左右，用两年时间，实现农田林网化，林带占地13.2万亩，粮食产量上升到11.5亿公斤。②突出重点，综合治理。吉林省沙地偏远，劳力少，资金短缺，治理上采取以建设商品粮基地为重点，以植树造林为基本措施，本着“先易后难，择优扶持，保证重点，兼顾一般”的原则。③广泛发动，依靠全社会力量治沙。一是广筹资金。国家辅助，地方筹集，社会集资，群众投劳和农、林、水、畜牧各部门投入；二是发挥国营农牧场、林场和国营苗圃骨干作用。吉林省沙区有国营农牧渔场117处，林场63处。国营共造林17万公顷，开发农田6万公顷、草场20万公顷；三是实行以承包为主的各项生产责任制，发挥专业户和个体户作用；四是动员各行业各部门单位参加治沙。④依靠科技，强化管理。一是全省林业建有调查设计、质量检验、资源林政病虫管理、基础工作四支队伍；二是大力推行工程造林，使造林成活保存率由原来平均40%，提高到80%以上；三是开展科学研究，大力推广杨树新品种，采用机械造林等措施。⑤推行领导干部任期绿化目标责任制。风沙严重地区普遍增设林业副乡长，有的县还配了林业副县长，主要负责治沙造林工作。（崔云深）

附　　录

中共中央、国务院
关于表彰广东省造林绿化工作的决定

1991年3月12日

为表彰广东省委、省人民政府领导全省人民在造林绿化工作中取得突出成绩，在全国第一个实现消灭宜林荒山的目标，特授予广东省“全国荒山造林绿化第一省”光荣称号。

国家森林防火总指挥部、林业部
关于表彰吉林省护林防火工作的决定

1991年3月12日

为表彰吉林省在护林防火工作中取得突出成绩，实现连续十年无重大森林火灾，特授予吉林省“森林防火先进省”光荣称号。

全国绿化委员会、林业部关于表彰
福建省等九省（区、市）和北京军区造林绿化工作的决定

1991年3月12日

为表彰福建省等九省（区、市）和北京军区在植树造林、绿化祖国的伟大事业和林业建设中取得的优异成绩，全国绿化委员会、林业部决定：

特授予福建省“林业建设先进省”光荣称号；

特授予湖南省“造林绿化先进省”光荣称号；

特授予安徽省“造林绿化先进省”光荣称号；

特授予山西省“平原绿化先进省”光荣称号；

特授予河南省“平原绿化先进省”光荣称号；

特授予北京市“平原绿化、城市造林绿化先进市”光荣称号；

特授予辽宁省“三北防护林建设、城市造林绿化先进省”光荣称号；

特授予内蒙古自治区“三北防护林建设先进自治区”光荣称号；

特授予山东省“城市造林绿化先进省”光荣称号；

特授予北京军区“造林绿化先进军区”光荣称号。

全国绿化委员会、林业部、人事部关于表彰全国造林绿化先进单位和劳动模范的决定

1991年3月12日

开展全民义务植树运动10年来，全国城乡各族人民大力植树造林，绿化祖国，发展林业，涌现出一批成绩突出的先进单位和个人。为了表彰先进，推动全民义务植树运动和造林绿化事业更加深入持久地向前发展，全国绿化委员会、林业部、人事部决定：授予北京市东城区等524个单位为全国造林绿化先进单位；授予赵桂琴等271位同志为全国造林绿化劳动模范。

全国造林绿化先进单位

北京市

东城区　西城区　朝阳区　石景山区　昌平县　大兴县　密云县　北京市公用局　首都钢铁公司　北京大学　北京市园林局绿化处　北京市紫竹院公园　北京市西山试验林场　北京市大东流苗圃

天津市

红桥区　西郊区　蓟县　静海县　武清县　渤海石油公司　天津市公路管理处　化工部天津化工研究院　天津市干部疗养院　天津市河西医院　天津市河西区体院北街道办事处　天津铁路分局南仓车站　中国人民解放军52855部队　天津市杨柳青农场

河北省

石家庄市　迁西县　迁安县　秦皇岛市北戴河区　峰峰矿务局万年矿　邢台县　承德县　廊坊市安次区　曲周县　临西县　新乐县　望都县　沽源县　丰宁满族自治县　围场满族蒙古族自治县　定州市

山西省

雁北地区　壶关县　平陆县　夏县　吉县　隰县　左云县　偏关县　阳城县　榆社县　山西省造林局　长治市林业局　太原市（东西山绿化）　太原钢铁公司　山西省关帝山森林经营局　霍州矿务局　潞城县

内蒙古自治区

赤峰市　科尔沁左翼中旗　伊金霍洛旗　临河市　满洲里市　和林格尔县　额济纳旗　敖汉旗　库伦旗　大兴安岭林管局大杨树林业局　兴安盟五岔沟林业局　乌审旗　中国人民解放军内蒙古军区

辽宁省

大连市　抚顺市　建平县　清原满族自治县　昌图县　台安县　黑山县　大连市金州区　新民县　共青团辽宁省委员会　辽河石油勘探局　沈阳市绿化管理处　大连石油化工公司　阜新市城市建设管理局　鞍山化纤毛纺织总厂

吉林省

长春市　通化市　辽源市　长春市郊区　磐石县　吉林市龙潭区　汪清县　长白朝鲜族自治县　通化县　梨树县　扶余市　前郭尔罗斯蒙古族自治县　长春第一汽车制造厂　松江河林业局　临江林业局　敦化林业局　吉林省绿化委员会办公室

黑龙江省

绥化地区　伊春林业管理局　北安国营农场管理局　哈尔滨市动力区　尚志市　密山市　拜泉县　望奎县　集贤县　桦南县　新林林业局　苇河林业局　大庆石油管理局采油七厂　黑龙江省立新煤矿　林口林业局

上海市

杨浦区　普陀区　崇明县　上海橡胶总厂　同济大学　上海电机厂　上海照相机总厂　上海市农业科学院　上海少年管教所　黄浦区房产局　杨浦区延吉新村街道办事处　中科院上海技术物理研究所　上海市水利局　虹口区

江苏省

南京市（城市）　连云港市连云区　武进县　金湖县　张家港市　泰兴县　如东县　宝应县　苏州丝绸工学院　无锡市（城市）　丹阳市　中国人民解放军83055部队　新沂市　徐州市　大丰县

浙江省

临安县　杭州市上城区　杭州市下城区　鄞县　宁

波市镇海区 洞头县 浙江涤纶厂 湖州市 浙江省师范大学 开化县 桐乡县 遂昌县 龙泉市 仙居县 舟山市自来水公司

安徽省

阜阳地区 宿县 滁州市 庐江县 金寨县 宣城地区 东至县 合肥市 淮北市 淮南洛河发电厂 马鞍山钢铁公司 铜陵市铜官山铜矿 休宁县 安庆市 芜湖市供电局 蚌埠市西市区

福建省

共青团福建省委员会 平潭县 福州棉纺织印染厂 福建省直机关绿化委员会 厦门市绿化委员会 三明市林业委员会 永安市 沙县 仙游县 东山县 长汀县 南平地区林业委员会 顺昌县 建阳县 寿宁县 中国人民解放军福建省泉州军分区 中国人民解放军175医院

江西省

萍乡市 赣州地区林业局 吉安地区林业局 大余县 兴国县 吉安县 永丰县 高安县 修水县 德兴市 贵溪县 乐安县速生丰产林基地领导小组 景德镇市枫树山林场 江西省萍乡矿务局 江西省国营井冈山综合垦殖场 赣州市（城市）

山东省

菏泽地区 济南钢铁总厂 沂源县 济南市历城区 宁阳县 平度市 冠县 夏津县 济南市园林管理局 荣成市 烟台市芝罘区 莒县 兖州县 无棣县 山东省林业学校 临朐县

河南省

新县 济源市 登封县 嵩县 南召县 卢氏县 平舆县 商水县 滑县 原阳县 尉氏县 商丘县 南阳市 洛阳第一拖拉机制造厂 河南省平原制药厂 平顶山锦纶帘子布厂

湖北省

竹溪县 通城县 嘉鱼县 谷城县 公安县 远安县 咸丰县 红安县 沙市市 襄樊市（城区） 武汉市青山区 武汉市东西湖区 荆州地区公路总段 荆门市化工厂 宜昌师范专科学校 第二汽车制造厂 沙洋二农场

湖南省

长沙县 汨罗市 新邵县 湘潭县 攸县 娄底市 大庸市永定区 衡山县 资兴市 零陵地区金洞林场 溆浦县龙潭区 桃源县 桃江县 古丈县 广州军区南湾湖农场 南方动力机械公司 共青团湖南省怀化地委

广东省

湛江市 江门市 东莞市 珠海市香洲区 潮阳县 新会县 信宜县 始兴县 翁源县 罗定县 封开县 紫金县 平远县 连山壮族瑶族自治县 阳西县 从化县 雷州林业局

广西壮族自治区

玉林地区 梧州地区 桂林地区 陆川县 岑溪县 昭平县 资源县 博白县 金秀瑶族自治县 钦州市 凌云县 横县 天峨县 融水苗族自治县

海南省

琼山县 琼海县 临高县 白沙黎族自治县 海南港务局 海南铁矿 海南省农垦三亚医院

四川省

华蓥市 石柱土家族自治县 纳溪县 荥经县 宁南县 成都市 稻城县 重庆市北碚区 什邡县 乐山市林业局 攀枝花市建委 安岳县 宜宾地区 遂宁棉纺织厂 国营长虹机器厂 叙永县 自贡硬质合金厂 射洪县

贵州省

贵阳市 安顺地区 麻江县 榕江县 平塘县 威宁彝族回族苗族自治县 紫云苗族布依族自治县 册亨县 金沙县 盘县特区 铁道部贵阳车辆厂 中国人民解放军空军五七〇八厂 遵义董酒厂 铜仁公路养护总段

云南省

楚雄彝族自治州 曲靖地区 玉溪市 嵩明县 屏边苗族自治县 永胜县 景洪县 腾冲县 弥渡县 普洱哈尼族彝族自治县 云县 云南天然气化工厂 卫国林业局 云南牟定铜矿 西畴县

西藏自治区

江孜县 西藏自治区藏医院 武警西藏总队司令部 尼木县人民武装部 山南地区绿化委员会

陕西省

榆林地区 渭南地区 延安市 白河县 户县 陇县 山阳县 南郑县 淳化县 西安飞机工业公司 陕西彩色显像管总厂 中国人民解放军84860部队 共青团陕西省委青农部 陕西省林业勘察设计院飞播队 宁强县

甘肃省

金塔县 合水县 临泽县 泾川县 甘谷县 张掖市 庆阳地区国营华池林业总场 中国核工业总公司四〇四厂 白银有色金属公司 天水市小陇山林

业实验局　兰州市南北两山绿化指挥部　中国人民解放军 84808 部队　兰州军区怀洼山绿化专业队　中国石化总公司兰州化学工业公司　兰州市城关区绿化委员会

青海省

海东地区　湟中县　平安县　湟源县　循化撒拉族自治县　大通回族土族自治县　青海省林业局　青海省棉纺织厂

宁夏回族自治区

宁夏石炭井矿务局三矿　青铜峡市　国营黄羊滩农场　中卫县　彭阳县　固原地区六盘山国营林业局　银川市　中国有色金属工业总公司青铜峡铝厂

新疆维吾尔自治区

和田地区　和田县　洛浦县　莎车县　英吉沙县　库车县　和静县　伊宁市　石河子市　天山西部林业局巩留林场　阿克苏河流域管理处　新疆医学院　新疆涤纶纤维厂

中国人民解放军

81890 部队　黑龙江省军区黑河军分区　石家庄陆军学院　52998 部队　51361 部队黄河滩农场　84907 部队　36131 部队　54685 部队机关　第 371 医院　32417 部队　江西省军区清江基地　广西军区　54043 部队　云南省军区西双版纳军分区　56164 部队　37793 部队　37031 部队　39001 部队苹果梨基地　39435 部队　39897 部队　80306 部队　89740 部队　总后勤部沉湖基地

武警部队

广东总队一支队　浙江总队第三支队机关　山东总队枣庄支队　武警部队廊坊学院

全国妇联

北京市妇联　辽宁省妇联　福建省妇联

共青团中央

共青团江西省宜丰县委员会　共青团辽宁省岫岩满族自治县委员会　共青团山西省永济县委员会　团中央青农部

中共中央直属机关

中共中央党校　新华通讯社

中央国家机关

机械电子工业部　对外经济贸易部　中国科学院　轻工业部　北京外文印刷厂

轻工系统

吉林造纸厂　南平造纸厂　佳木斯造纸厂

铁道系统

哈尔滨铁路局双城堡林场　柳州铁路局南宁铁路分局南宁林业管理所　铁道部镇赉木材防腐厂　铁道部齐齐哈尔车辆工厂　铁道部第十二工程局湘潭技工学校

交通系统

青岛港务局　大连港务局　天津港务局　湛江港务局　交通部上海海运学院

民航系统

民航安徽省管理局骆岗机场　民航内蒙古自治区管理局白塔机场

教育系统

华中理工大学　西南师范大学

水利系统

水利部丹江口水利枢纽管理局　水利部密云绿化基地　水利部黄委会西峰水土保持科学试验站

冶金系统

上海宝山钢铁总厂　攀枝花钢铁公司　攀枝花冶金矿山公司　常州冶金机械厂　冶金部第二十冶金建设公司

机电系统

上海内燃机研究所

农垦系统

黑龙江省九三国营农场管理局　新疆生产建设兵团农二师二十九团场　北京市双桥农场　辽宁省建平县八家国营农场　新疆生产建设兵团农八师一二一团场

中宣部系统

新华通讯社国内部农村新闻编辑室　人民日报社经济部　中央人民广播电台新闻采访部　中央电视台新闻采访部

中国统配煤矿总公司

山西潞安矿务局　北京矿务局　大屯煤电公司

东北内蒙古煤炭工业联合公司

鸡西矿务局　抚顺矿务局

中国石油天然气总公司

大港石油管理局 华北石油管理局 江汉石油管理局 大庆石油管理局 胜利石油管理局

中国石油化工总公司

茂名石油工业公司 北京燕山石油化工公司 锦州石油化工公司 武汉石油化工厂

中国有色金属工业总公司

天宝山矿务局 盘古山钨矿 韶关冶炼厂 峨嵋半导体材料厂 吉林镍业公司

全国造林绿化劳动模范

北京市

赵桂琴(女) 李祖祥 孙希昌 苏焕治 汪本正 田琦 谢玉明 麻承坤 梁克森 邢凤云

天津市

于祥云 王润章 韩树珩 李金铎 韩自贵 刘连贵 张洪旺

河北省

张国川 张彦钧 蔡义川 郭喜民 王权 刘爱国 张杰 贾彦明 梁谦 孙忠礼

山西省

赵德清 任花则(女) 武俊健 张平和 孙荣杰 张明月 温昌忠 毛鸿喜 白贵荣 岳会考 金广瑞

内蒙古自治区

李文贤 马海超 曼克 刘应龙 郭巨才 邱耀良 张国华 于俊涛 李玉春

辽宁省

丁兆民 赵春宜 刘明国 娄庆祥 王宝禄 徐春仁 金志新 郭雪云 刘凤山

吉林省

孙凌志 唐存铭 徐璞 丛志 隽云阁 田洪春 崔吉祥 田占山 阿古拉 段敏达 任成林

黑龙江省

唐忠德 沈积坤 王树清 杨文学 王万江 王金玉 杨传璧(女) 苏德 李厚才 陈云亭

上海市

毛海良 张文秋 黄成祖 梁惠栋 陈基桃 梅仲秋 高伟民

江苏省

冷书法 林伯颜 芮友松 章仪山 洪宝茂 王长明 韩春生 时金宝 张节怀 赵洪兴

浙江省

黄梅珊 蔡永绍 陶德生 万云 林土荣 陈肇基 王世苗 金作旺

安徽省

庄从宪 武秀玲(女) 袁敏求 李正恩 章时和 凌天平 郭承杰 陈德志 黄有盛 官升全

福建省

陈尚荣 张寿标 余能健 兰祥元 庄志成 聂文新 曾继民 傅仰西 洪国梁 俞兆坤 黄太成

江西省

江进桥 周炳云 赵斌 丁光宗 何天士 杨昌泉 易发来 李钦武 邹满贤 梁国民

山东省

张天印 周家忠 考明金 袁永生 刘开玉 刘寅虎 徐云迁 张仁杰 葛希山 秦元德 李广英

河南省

张桂东 程广安 徐安福 郭金义 王哲理 安淑堂 张家勋 鲁祥 邢付昌 李国合

湖北省

明帮庆 张道修 黄显洲 蒋学卿(女) 余道辉 徐小山 朱智 乐发春 李传志 陈庭明 张汉基

湖南省

胡芳成 彭亮根 邓少珍 胡立云 曾年海 奉名楚 李辉雄 江代荣 胡吉主 石光华 刘步贵

广东省

张春华 张伯达 何开农 王乃锡 梁耀光 黄芝森 钟良榜 黄庆安 张银顺 何世友 郭观旺

广西壮族自治区

谭先荣(女) 张石先 张振明 韦雄英 银维江 银炳生 黄明初 毛重壁 江万海

海南省

李克雄　李华纯（女）　赖寿元　赖连枝

四川省

游明钊　李应基　张明贵　冯志刚　何世仁　涂本祥　彭树光　刘源智　杨尚奎　吴福寿　孙文启　张天友

贵州省

伍通洲　杨开忠　庞明权　刘成华　夏则善　王建林　杨通华

云南省

周应禄　盥　戛　木长城　黄太斌　瞿元喜　刘以全　王小苗　吴则核

西藏自治区

陈保前　吴全林　次仁塔杰　李纯禄

陕西省

杨吉荣　邱　军　吴守约　李补源　罗占奎　赵明礼　漆建忠　庾焕朝　孙继高

甘肃省

裴丛杰　尚三多　宋拴民　张求儿　杜生英　陈文炳　张兴武　徐汉忠　马志彬

青海省

李联元　李积福　康生刚　叶子曰

宁夏回族自治区

郭玉堂　孟克让　王文礼　陈天章　吴志胜

新疆维吾尔自治区

王效英（女）　马英武　热合曼·达吾提　王明山　艾依提·格尼　赵元龙

中国人民解放军

谭立明　王献忠　曹保荣　傅广勇　苏保友　于敦全　姜　哲

全国绿化委员会、林业部关于表彰吉林省、甘肃省治沙工作的决定

1991年7月19日

为表彰吉林省、甘肃省在组织动员沙区人民进行防沙治沙工作中所取得的优异成绩，

特授予吉林省“全国治沙先进省”光荣称号；

特授予甘肃省“全国治沙先进省”光荣称号。

全国绿化委员会、林业部、人事部关于表彰全国治沙先进单位和劳动模范的决定

1991年7月20日

多年来，沙区各族人民在各级党委和政府的领导下，为改善生态环境，发展地区经济，大力开展防沙治沙工作，并涌现出了一批成绩显著、贡献突出的先进单位和模范人物。为了表彰先进，推动治沙工作更加广泛深入地向前发展，开创全国治沙事业的新局面，全国绿化委员会、林业部、人事部决定：授予陕西省榆林地区等33个单位为全国治沙先进单位；授予朱震达等28位同志为全国治沙劳动模范。

全国治沙先进单位

陕　西　榆林地区　榆林市

河　北　大名县

山　西　右玉县

内蒙古　伊克昭盟　奈曼旗　敖汉旗　赤峰市郊区

辽　宁　阜新市　昌图县　辽宁省固沙造林研究所

吉　林　长岭县　扶余市　前郭尔罗斯蒙古族自治县

黑龙江　杜尔伯特蒙古族自治县

甘　肃　酒泉地区　民勤县　临泽县

青　海　共和县

宁　夏　盐池县

新疆维吾尔自治区　和田县　策勒县

北　京　大兴县

江　苏　丰县

安　徽　萧县

福　建　晋江县

江　西　南昌市林业局
山　东　夏津县
河　南　兰考县
广　东　电白县
新疆生产建设兵团　新疆生产建设兵团
中国科学院　新疆生物土壤沙漠研究所　兰州沙漠研究所

全国治沙劳动模范

中国科学院　朱震达
河北省　徐合民
山西省　王建贵
内蒙古自治区　赵景阳　聂生有　车炳志
辽宁省　陈保璞
吉林省　王忠山　杨景富
黑龙江省　李　才
陕西省　赵秉正　石海源
甘肃省　郭　普　石　满　谢成贵
青海省　朱　均
宁夏回族自治区　冒　广
新疆维吾尔自治区　吴成伦　陈洪轩
北京市　杨旺祖
江苏省　林光友
安徽省　李淼泉
福建省　林多默
江西省　刘思贤
山东省　刘兰盈
河南省　刘远清
广东省　关炎均
新疆生产建设兵团　袁腾飞

国务院办公厅关于全国治沙工作协调小组组成情况的函

国办函［1991］63号

全国绿化委员会、林业部：

《关于全国治沙工作协调小组组成情况的报告》收悉。经国务院领导同志批准，现函复如下：

一、国务院同意由全国绿化委员会中与治沙工作有关的林业部、国家计委、财政部、农业部、水利部、能源部、铁道部、交通部及国家科委、环保局、土地局、税务局、中科院、人民银行、国务院贫困地区经济开发办、国家农业综合开发办等部门的负责同志组成全国治沙工作协调小组。全国治沙工作协调小组建立部际联席会议制度，不定期召开，会议研究协调解决有关治沙工作中的重大问题。

二、全国治沙工作协调小组无机构、编制问题。小组由高德占同志牵头，具体工作由全国绿化委员会、林业部承担。

中华人民共和国国务院办公厅
1991年7月25日

森林生态效益

【森林生态效益综述】 在“七五”期间，国家对森林生态效益的研究非常重视，开展了大规模的试验研究工作。林业部在《林业工程技术开发》项目中，下设了《“三北”防护林营造技术》、《长江上游水源林水保林营造技术》、《太行山造林绿化技术》等3个课题的研究，在这3个课题中又分48个专题，参加的科技人员达1200多人，研究工作取得了重要进展。特别是根据不同地区的不同灾害特点及因地制宜因害设防的原则，研究提出生物措施、工程措施和耕作制度相结合的综合治理体系以及既要解决生态效益又要考虑经济效益的生态经济型防护林体系的营造技术。中国科学院主持了《黄土高原综合治理》课题，课题下又分设了15个专题，在研究中设立了11个示范样板区，提出的综合治理模式和综合配套的技术体系，对黄土高原水土流失的综合开发具有普遍指导意义。农业部在黄淮海平原区开展综合防护林体系配套技术及其生态经济效益的专题研究，经过近十年的攻关，建立了4个万亩综合防护林体系试验示范区，此项成果对全面评估综合防护林体系优化模式，生态经济效益的定量指标，以及理论依据和推动我国农田防护林体系的发展具有深远的影响。还有水利部、国家环保局等单位也组织了有关科研工作，都取得了重要的成果。

【大范围绿化工程对环境质量作用的研究】 本项研究是“七五”国家科技攻关专题，由中国林业科学研究院林业研究所主持，中国林业科学研究院沙漠实验中心参加这一研究。该成果于1990年通过鉴定，1991年获林业部科技进步一等奖。

本项研究的试验区（地点：乌兰布和沙漠东北缘，即中国林业科学研究院内蒙古磴口沙漠实验中心二分场）面积为1487.3公顷，是迄今世界上最大的荒漠开发试验区。

大范围绿化工程对气象要素的影响 ①辐射平衡的变化：夏季人工绿洲收到的短波辐射能量比未开发区多20%，而地面长波有效辐射又低于未开发区，这对人工绿洲夏季强烈的蒸散耗热具有补偿作用，使气温不致过多降低。冬季人工绿洲较未开发区多吸收10%的短波辐射是人工绿洲冬季增温效应的原因之一。②温度变化：夏季绿洲气温日平均、日最高、日最低温度均较未开发区低。冬季气温增高，其幅度多在0.5℃左右。绿洲边缘的气温介于人工绿洲中心和未开发区之间。绿洲土壤对温度变化的缓冲作用使地温季节变化相应推迟，解冻时间和冻结时间均推迟7天左右。③风的变化：人工绿洲对风的作用具有明显的季节特征。该区3—5月为强风季节，在这3个月内，1989年绿洲边缘降低风速35%，绿洲中心降低风速37%。④相对湿度和水面蒸发的变化：1989年3—10月，绿洲内和绿洲边缘的平均相对湿度分别比未开发区增加6%和3%。1989年7月，绿洲水面蒸发量较未开发区降低39%。⑤降水量的变化。从6年的观测结果看，人工绿洲比未开发区降水量增加的年份占5年，比未开发区减少的年份有1年。1984—1989年，未开发区降水量为109.2毫米，而绿洲边缘的平均降水量为116.0毫米，绿洲中心的2年平均降水量（1988—1989）为115.6毫米，约比未开发区平均降水量增加6.2%。

绿化工程对沙尘的控制作用 大范围绿化工程改变了原始风沙流结构，迫使沙尘在垂直高度（0—60厘米）上分布趋于均匀，林网内的沙尘减少80%，减少了风沙危害。降尘物质的化学性质和粘土矿物组成及其特征，证实了降尘来自远方的上风区。绿化区的降尘量比未开发的荒漠区减低40%，大气浑浊度降低35%，其上空单位截面的含尘量大大减少。春季大气浑浊度偏高，但变化幅度大，而夏秋两季较小。从试验看出，在防护林体系的作用下，风沙量逐年减少，变化非常明显。随着防护林体系的日趋完善，其防护效果越来越显著。防护林体系在已具备控制地表沙尘的条件下，或者说在防护作用显著的情况下，风速愈大，降低沙尘的作用愈明显。

地下水动态变化 试验基地地下水位的变化规律受各个时期地面灌溉、倒向渗透、植物总蒸发等诸因素的影响。地下水水质的变化，开发区地下水矿化度和pH值均比开发前降低，由开发前到1990年，矿化度由1.8克/升降至0.83克/升，pH值由8.7降至8.0。同时期未开发区地下水矿化度由1.80克/升降至0.72克/升，pH值由8.7降至8.2，且矿化度降低速度高于开发区。

资料来源：大范围绿化工程对环境质量作用的研究，高尚武等，《林业科学研究》1990第3卷增刊1。

【半干旱风沙草原区防护林体系综合效益的研究】

本项研究为“七五”国家科技攻关专题，由东北林业大学和中国科学院沈阳应用生态研究所主持，辽宁省固沙造林研究所、黑龙江省防护林研究所参加了这一研究。1991年1月通过鉴定。

农田林网综合气象效益 通过五年来的8个试验区定位观测研究，分析了林网内风速、气温、湿度分布场，找出了林网内各生态因子变化规律和其在两个梯度（1.5米高和5.0米高）的等值线，并提出“农田林网全方位防风效能”和“全方位综合气象（温度、湿度、风速）效益参数”这一新概念和参数指标，并以此来评估林网防护效益。分析研究得出农田林网防风的实质是保水。在东北半干旱风沙区生长季内林网平均综合气象效益值为21.2—30.9毫米/月，相当于每月林网内多得一场中到大雨的效益。最佳效益区（以全方位防风效能＞10%或以综合效益参数值小于平均参数值以下计算）约为全林网面积的2/3—3/5，最差的受益区（以全方位防风效能＜5%或综合气象效益参数值＜10毫米/月以下）约占全林网的5—10%。从气候资源贡献值作物产量实测，得出东北西部地区增产幅度根据灾害年份和地区差异变动在9.3—32.7%之间，平均增产19.8%。

土壤效益研究 研究了在半干旱地区无灌溉条件下，林网使农田水分增值、贮量、有效水含量、林网内水分多22—42%，有效水提高幅度5—17%，找出了林网内农田水分最佳段和低谷区，可根据这一规律进行农作物合理搭配种植，提高有效水利用率，提高产量，以实现“八五”国家的节水农业的目标。林网内有机质含量提高0.12%，提高有效氮13.7ppm，有效磷3.9ppm，有效钾18.7ppm。林网内土壤含盐量降低60—78%，并改变了土体阴离子组成。

林网的生物及生态经济效益研究 从生态环境与植物体本身生理功能的改变来研究林网内作物生理特性和产量质量特征。在与气象土壤效益同步定期观测的同时对林网内生长期内各物候期的农作物生理生态的规律和作物产量、质量进行了全面系统的研究。得出了光合、蒸腾和呼吸速率的数量指标，叶绿素含量，水分相对紧张度、饱和亏缺，光合蒸腾日进程的数量指标并研究出农田防护林可减少炎热天气作物“午睡”现象，有利于光合产物的积累。林带对土壤微生物和酶活性研究得出在林带附近微生物的数量、种群以及蛋白酶和转化酶的活性都优于旷野，以林带高的1—5倍距离范围内为最高。

草牧场防护林效益研究 经过对5个草牧场防护林试验区的定位观测研究，得出了防护林地区的草牧场各生态因子的变化规律，以及林网（带、片）对改善生态环境因子中的风、气温、湿度、蒸发、辐射、土壤养分、含水量和牧草生产量、牧草不同物候生长，以及牧草营 养成分等数量化指标。

固沙综合效益研究 在2700公顷的试验地上，固沙林人工植被种群建立之后，固定流沙，减少沙尘源，每年可减少向大气输送粉尘0.834吨/公顷，固沙林每年可吸附沉降大气粉尘0.0041吨/公顷，起到了净化空气的作用。生长期内可多吸收辐射能量30.84焦耳/厘米^2，固沙林及其附近空气湿度可增加14%，水面蒸发降低70.1%，地面最高温度变幅降低17.6℃，最高空气温差降低2.1℃。各种固沙林凋落物每年可达2.4—3.0吨/公顷。流动沙丘固定后，有机质含量增加2.12—3.63倍，固沙林促进了沙地植物、动物、昆虫和微生物区系的发展，自然演替体由脆弱的沙地生态系统发展为稳定的人工林生态系统。各生物种群数量增加，草本植物和灌木由20多种增加到200多种，昆虫由30多种增加到400多种，鸟类有60多种，林内真菌达200余种，土壤微生物总量增加0.1—1.6倍，动物由几种增加到20多种，如刺猬、鼠、兔、狼、狐狸等。另外，由于沙尘的减少，居民眼疾发生率减少了75%。

大面积宏观的防护林体系区域性综合效益研究 采用4种方法从不同角度对大面积防护林体系区域性气象微效益作了全面研究。

多林网连续累加效应研究 经野外观测和根据动能输送研究结果，得出了连续累加效应与林网间距大小有密切关系，在林带间距小于20倍树高的条件下，才具有连续累加效应，明显地反映在第一至第四林带范围内，由于垂直动能的输送，至第五、六林带时，防护效益又恢复到第一、第二带防风的效益状态。在林网主带间距超过400米时（林带15米左右高度）连续累加效应不明显，平均只增加4%左右。多林带的连续防风蚀积效应可连续到第五带。到第六、第七带以后的林网，农田内已基本上消除风蚀、风积现象，这是东北半干旱农区在林网体系建成后，基本上消除了以往春播时期因风剥、沙压而毁种的主要原因。

地面定位观测防护林体系区域性效益 在一个县的范围内（黑龙江省肇州县），经防护林体系总体效益（宏观效益）地面定位观测研究，得出防护林体系促进农业生产的农业生态经济数值为：防护林体系可提高≥10℃的积温71.0℃，增加玉米生长日（春季≥14℃，秋季≥16℃为一个生长日）4—5天。在黑龙江省，7月份玉米发出第八片叶期，如温度低于17℃时，影响雌雄花的分化，1988年无林网体系的农区＜17℃的天数有22天（最低气温），有林网体系地区只有7天。早春地温高，提前化冻，播种可提前4—5天，对北方低温农业的增产有重要的生态意义。

通过气象卫星遥感测定区域性防护林体系热效应（在辽宁省彰武县章古台及附近地区采取固沙造林、营造农防林、人工种草、综合防护林等措施，而对反照率和下垫面温度的影响）结果表明，太阳辐射短波（可见光）部分的反照率比周围流动沙丘减少5%；下垫面最低温度（早8时的值比最低温度偏高）提高1—3.5℃，最高温度降低2—7℃，温差减少5.5—9.0℃。

此外，通过系留气球及动量通量、热量通量和水气通量的野外观测，得出2倍树高以上距离范围的整个林网地区上空垅动层高度为40—100米，有时可达100米以上，在垅动层内20米处减风速10—40%，并计算出不同高度的防风效能，证明大面积林网化地区防风效果大于单条林带或小范围防护林。

资料来源："七五"国家科技攻关"三北"防护林营造技术课题执行情况总结报告。

【干旱区造林与水分平衡的关系研究】 本项研究是"七五"国家科技攻关专题，由中国科学院兰州沙漠研究所、沈阳应用生态研究所和新疆生物土壤研究所共同主持，参加单位有中国林业科学研究院林业研究所、宁夏林业科学研究所。该项研究共建立了5个试验区，地跨"三北"4个自然地理带。

防护林水量平衡各分量收支定量相关研究 林带、牧草地和裸露地水量平衡各分量的分配比例为：油松林带，降水量100%；蒸发散96.4%；坡地径流3.6%。牧草地，降水量100%；蒸发散95.7%；坡地径流4.3%。裸露地，降水量100%；蒸发散89.5%；坡地径流10.5%。油松林带径流显著地小于裸露地，也小于牧草地。可见林带对减少坡地径流的作用是相当大的，林冠蒸腾大量水分，说明本来以径流形式流失的水量中的一部分变成了蒸腾水汽。这对改善小气候环境，促进地方性降水的形成都是十分有利的。

林网内蒸发特征及保水性能最佳的防护林结构模式 通过大量的观测资料表明，林网内蒸发的分布规律与风速的变化趋势基本一致，并发现林网内蒸发的变化规律从总体上可分为减小区和增大区。减小区随距离增加蒸发强度呈线性减小。增大区随距离增加蒸发强度按二次曲线形式增加。对半干旱地区来说，当透风系数为0.4时，带距取350—400米时，林网内蒸发量比旷野减少15%左右，这种减弱蒸发作用已很明显，故营造防护林可按此规格设计带距。

主要固沙植物（油蒿、柠条）的水分平衡 多年实测数据说明：宁夏中卫沙坡头地区，湿润6.7厘米沙层需8.3毫米降水，即小于8毫米的降水为无效降水。植物固沙年代超过25年以上的地区，生物结皮的平均厚度2.0—2.4厘米，该层可持贮存降水量6.7—8.1毫米，在沙坡头地区年平均大于10毫米的降水天数仅为4.7天。生物结皮的阻带降水入渗特性，必然导致在固沙年代较长的地区，大部分降水不能有效渗入补给植物根系活动层，而在生物结皮层形成临时性的高含水的悬着水层，引起固沙植物由于水分条件变差而发生逆向变化和演替。吸湿凝结水量据实测，绝对量不大，全年约3.3毫米，作为水分供应保证因子，对灌木、半灌木意义不大，但对短命植物和微生物有一定的浸润补给作用。这说明在沙坡头地区实施植物固沙初期，原来沙体中贮存的水分，加上天然降水，可以满足植物前期正常生长。营林密度宜控制有投影覆盖度25—30%，达到固定沙丘目的。

主要沙地造林树种抗旱性能的研究 对吐鲁番植物园的13种植物（6个属）进行抗旱指标测试排序，从强到弱依次为梭梭柴＞白梭梭＞沙东青＞小沙东青＞乔木状沙拐枣＞头状沙拐枣＞山川柽柳＞东疆沙拐枣＞多枝柽柳＞灰杨＞胡杨＞沙枣。沙地含水量与头状沙拐枣和白梭梭株高生长量的关系非常密切，当沙地含水量在3.1—4.0%时，这两种植物生长量增大较迅速，4.0—5.0%增长缓慢，大于5.0%以后增长更为缓慢。夏季沙地含水量大于10%时，对萌发、成活造成危害。

资料来源：林业部科技司"七五"国家科技攻关林业成果展览。

【防风固沙林体系优化模式的选定与实验示范区建设研究】 本研究是"七五"国家科技攻关专题，由中国林业科学研究院林业研究所主持，新疆林业科学研究院、中国林业科学研究院沙漠实验中心、甘肃省治沙研究所、内蒙古林业科学院等单位参加。经过七年的协作攻关，获得以下结论：

①我国西北风沙区，营造防风固沙林是防治流沙蔓延和沙漠扩展，保护绿洲和农田免遭流沙危害，改善农业生态环境条件，促进农牧业发展的一项重要措施。但不同树种、配置类型的防风固沙林具有不同的阻沙效果，试验结果表明，梭梭窄带多带式防风固沙林，可降低风速46.2—85.3%，年积沙2.63米^3/米；沙拐枣固沙片林，降低风速60.9—73.6%，年积沙2.16米^3/米；林草结合单带式防风固沙林带，降低风速31.6—46%，年积沙3.08米^3/米。

②7年试验证明，在极端干旱荒漠区，干燥度23.5—382.8，年降水量4—30毫米，年均气温9.3—14.1℃，生长期180—220天，风沙活动强度90—1935米/秒·年的条件下，采用沙拐枣、柽柳、沙枣、胡杨、白榆和骆驼刺等是取得造林最佳效果和防护效益的关键。在干旱荒漠区，干燥度3.1—11.8，降水量55—190毫米，年均气温6—8.8℃，生长期150—180天，风沙活动强度50—2440米/秒·年的条件下，在土质沙地宜选用梭梭、沙枣；流动沙丘在沙障保护下，可选用沙拐枣、梭梭和沙蒿；在灌溉条件的丘间地选用花棒、杨柴、沙棘、柠条、蒙古柳和沙枣为宜。在干旱草原区，干燥度1.2—2.0，年降水量310—470毫米，年均温5.2—8.6℃，生长期145—175天，风沙活动强度180—1880米/秒·年的条件下，流动沙丘采用杨柴、沙柳和沙蒿为宜，丘间地可选用旱柳和播种沙打旺。这一研究成果，各生态区可根据当地具体情况，作为选用防风固沙林树种的参考。

③防沙林带的阻积沙效能，不仅与林带结构（主、副林带间距）有关，还与构成林带的其它参数——带宽、带高、疏透度、树种组成，自然因素以及沙源丰富与否有关。应用数量化理论得出的防沙林带阻积沙量、沙丘高度和沙丘宽度与上述参数之间关系的3个预测方程，可以做为设计防沙林带的依据，以便获得最佳阻积沙效能的防沙林带。当防沙林带前有灌草植

物覆盖时，可阻截风沙流中的含沙量，在这样的条件下，设置的任何结构的防沙林带均可。

④固沙片林可以削弱林内近地层风速，提高下垫面的粗糙度和起沙风速值。因此可防止林内地表风蚀，固定流沙。研究表明，固沙片林的固沙效果与植物覆盖密切相关。

⑤应用方差分析和新复极差（LSR）法，对不同结构和类型防风固沙林的阻积沙的检验表明，以窄带多带式和片林最好，次之为稀疏结构的林带，以通风结构的林带最差。

⑥在实验风洞中对 9 种不同结构和类型的防风固沙林模型的模拟实验进一步揭示了在林带影响下，近地层风速的变化与沙丘形成和发展过程的关系，获得了与野外实测一致规律性。实验结果表明，流沙的堆积分布特征，主要取决于林带的防风作用。这样，可以根据不同的自然条件和保护对象，选用不同的防风固沙优化配置类型和最适宜的透风系数，能在一定范围内使林带达到最佳保护效果。

⑦在 3 个生态区，5 个试验点，历时 7 年营造的 279.44 公顷防风固沙示范林，已具有明显的经济、生态和社会效益。不仅固定或阻止了流沙对绿洲和农田的侵害，而且改善了农业生态环境，促进了农业增产，群众的收入增加，同时还提供了大量饲料、烧柴和林木种子，促进了畜牧业的发展和群众生活的改善，所营造的试验示范林投入产出比值为 1：1.09—1：4.33。

资料来源：《防风固沙林体系优化模式的选定与实验示范区的建设》研究报告。

【黄土高原综合治理】 本项研究是“七五”国家科技攻关课题，由中国科学院主持，农业部、林业部、水利部、国家教育委员会、陕西省、宁夏回族自治区、山西省、甘肃省、内蒙古自治区等省（区）科委共同组织 80 多个单位进行联合攻关，取得重要成果。

综合治理效益 11 个综合治理示范区，农、林、牧用地比例结构由治理初期的 1：0.59：0.59 到终期 1：1.17：0.95，人工林和草地增加，植被覆盖率由 39.1%增加到 50.3%。根据治理初期和终期两次彩红外航摄资料研究分析结果表明：由于各试区实施了农林牧业结构调整和水土保持措施的优化配置，许多试区综合治理的防护体系已经初步建成，11 个试区范围内有 45%的面积得到了较好的治理，有 29%的面积也得到了基本控制，共占 74%，第一级治理（质量最好）面积增加了 80%，第二级（质量较好）面积增加了 26%，第三级（质量一般）面积增加了 18%；相反，未治理的第四、五两级面积分别减少了 46%和 43%。通过 5 年连续治理，各试区的年平均治理进度为 5.3%。11 个试区累计拦泥 150 万吨。加权平均的侵蚀模数由 1986 年的 7212 吨/平方公里降至 1990 年的 3127.4 吨/平方公里，减沙效益为 56.6%。黄土高原试区小流域土壤侵蚀和综合治理减沙效益研究表明，各项水土保持措施的减沙效益是显著的，覆盖度较高的林草地，减沙效益在 95%以上。

黄土高原人工林草地水分生态条件及生产力的研究 阐明了林草地对水分的有效利用和生产潜力，并提出易效、中效、难效水的概念、指标，以及评价土壤的供水能力。通过对黄土高原土壤物理性质和水分地带性分异研究，并突出观察分析土壤水分循环补偿特征，提出了造林水分生态分区。这对本地区林草植被宏观布局和生产技术的确定有重要意义。通过大量试验观测，对林草地土壤干层的形成及“小老树”成因等也提出了新见解。

资料来源：“黄土高原综合治理”课题执行情况总结报告．中国科学院，1991。

【长江上游（川江、乌江流域）水源林、水保林营造技术研究】 本项研究是“七五”国家科技攻关课题，由四川省林业科学研究院、贵州农学院、贵州省林业科学研究所、四川农业大学、贵州省林业勘察设计院、中国科学院成都生物研究所、水利部成都山地灾害与环境研究所、四川省油江市林业局等单位主要完成。

长江上游水源水保林体系结构布局 在大量调查研究川江、乌江流域 120 个县 24 万平方公里的自然（地质、地貌、气候、土壤、植被）和经济条件及其地域差异基础上，利用 1：100 万的卫星照片将川江、乌江流域划分为：川西平原生态经济区，川中丘陵生态经济区，川北低山生态经济区，川北缘生态经济区，岷江上游中山、高山和深谷生态经济区，乌江上游整治与建设区，乌江中游开发与建设区，乌江下游治理与建设区，乌江下游治理与开发区共 9 个生态经济区。研究了各区防护林建设的发展方向和功能作用。提出了以水源水保林为主，多林种、多树种有机结合，生态效益、经济效益兼顾的防护林体系战略实施对策。通过翔实研究低山区（旺苍）、深丘（中江）、浅丘（简阳）、玄武岩山地（织金）、石灰岩山地（德江）5 个不同类型县的土地利用方向、农业结构与林种结构，应用遥感技术和模糊聚类分析的方法，提出了各分区的合理农林结构及林种结构，利用 1：2.5 万或 1：5 万的地形图，将各林种落实到山头地块；研究并建立了水源水保林的立地分类评价指标体系，划分立地类型 300 个，编制了川江、乌江流域防护林体系的立地分类图、51 个防护林种及水源水保林的造林典型设计 186 个；从而在宏观上为长江上游水源水保林体系建设工程的总体规划和施工作业设计提供了系统的科学依据。

长江上游水源水保林营建模式 从微观方面，在川江、乌江流域的岷江上游干旱河谷区（茂县）、嘉陵江上游低山暴雨区（广元）、涪江深丘湿润区（西充）、沱江浅丘区（简阳）、乌江上游玄武岩山地（织金）、乌江下游石灰岩山地（德江）等 6 个不同类型，建立以小流域为单元的试验示范区。营建示范林 81 300 多亩。在全面调查小流域自然与社会经济条件基础上，深入研究了水源水保林体系及该体系的结构与功能、生态与经济效益，重新调整农林结构和林种结构。经3年观察，各试区森林植被覆盖率平均提高20%以上，水土流失减少20—30%；在沱江流域建立了以乔、灌、草相结合，层层截流固土的水源水保林模式，覆盖率提高217.1%，土壤流失量减少28.5%，农业产值提高191.8%，林畜产值提高268.3%。在试区和江岸防护林试验研究中，初步选出了151种抗蚀保土的乔、灌、草植物和156个桤柏混交、松栎混交、马（桑）柏混交、松茶混交等水源水保林林分结构模式。桤柏混交、松栎混交、松茶混交等模式已在生产中应用，如桤柏混交林是紫色土区（地处川中丘陵生态经济区）水保林优良林分结构，比纯柏木林高生长提高37.2%，增加土壤有机质含量124.8%、氮25.5%、土壤蓄水量30%；出材量每亩增加4.5立方米以上。

长江上游低效林改造效益 对现有低效林分中的植被、地质水文因子及土壤侵蚀状况之间的联系及相互作用机理进行了系统分析。在不同典型的低效林分中，建立了21 551亩改造试验示范林，采取封育、抚育、补植、改造等措施，使林分结构层次增加，林分的植被覆盖度提高了220%；枯枝落叶层增厚，持水量增加。土壤孔隙率提高了21.7%；林地土壤水分渗透速度加快，地表径流减少40—70%，侵蚀模数减少90%以上，增强了抗蚀保水能力。如改造后的马尾松低效水源水保林林分，提高植被覆盖率220%、生物量153.7%、有机质139.5%；减少泥沙量93.8%、径流量22.8%。改造前，马尾松林下植被稀少，水土流失严重。改造后的低效柏木林提高覆盖率132.5%、生物量109.8%、土壤有机质133.8%。

长江上游水源水保林治理成效 在营造的试验示范防护林效益研究方面，结合6个不同类型山丘的小流域治理，按不同层次（沟口、支沟、坡面、林分结构等）设置了测流堰23个，径流场95个，水量平衡场3个，林冠截流场7个，生物量固定测定样地59个及配套的气象站6个，量雨点24个，开展了治理前期及初期的定位观测。观测表明：森林覆盖率与径流系数为负相关，覆盖率分别为50%、37%和19.5%，其径流系数分别为5.2%、7.5%和17.19%；其土壤侵蚀量分别为3.71吨、49.28吨、79.14吨。不同的林分结构，其树冠截流量、入渗量差别也大。6个水源水保林示范区试验五年森林植被覆盖率提高了20%，水土流失减少了30%，径流量减少40%。以乌江上游蒙坝河小流域革娘坝村建立的水源水保林示范村为例，说明经3年多的试验，1990年与1986年相比，森林覆盖率由2.07%提高到50.2%；土壤侵蚀量由335.2吨下降为283. 1吨；土壤侵蚀模数由4393吨/平方公里·年下降到3514吨/平方公里·年；土壤流失面积由450亩下降到180亩；农业产值由16 245元增加到28 139元；粮食总产由44 893斤增加到67 392斤，取得了明显的生态经济效益。

资料来源：林业部科技司“七五”国家科技攻关林业成果展览材料。

【小流域水量平衡研究】 本项研究是“七五”国家科技攻关专题，由中国林业科学研究院林业研究所主持。

小流域位于北京市门头沟区，中国林业科学研究院九龙山试验林场四涧沟试区，东经116°6′，北纬39°42′，面积为0.265平方公里。

针对太行山区夏季降雨集中的特点，本研究以雨季流域产流期为时段，分别对水量平衡各分量进行了定量研究，提出了小流域水量平衡表。林冠是降雨进入流域后使雨水重新分配的第一个活动层。采用承接池法将透过林冠层的雨水收集并导入测桶进行自记观测，不仅可以测得林冠截持总量，还可以测得截持过程。雨水达到地表后，发生下渗和蒸发散，余量产生径流。用人工模拟降雨法测定渗透量；蒸发散量利用水量平衡方程余项法和经验公式法测算；在小流域出口处设立薄壁三角——矩形堰，测定径流量：土壤水分变化量采用前期测定推算法求得。该流域的特点是以灌丛植被为主，年降雨量多年平均为641.5毫米，且80%以上分布在6—9月份。通过观测分析表明：在降到小流域的雨水总量中，按各分量支出多少顺序排列为渗透量、蒸发散量、林冠截持量、土壤水分增加量和地表径流量，分别占34.1%、28.4%、16.9%、14.8%和5.8%。

资料来源：林业部科技司，“七五”国家科技攻关林业成果展览。

【石灰岩中山区造林绿化技术的研究】 本项研究为“七五”国家科技攻关专题，由山西省林业科学研究所主持。经过五年的努力，取得重要成果。现只对生态效益方面的有关内容作简要叙述。

灌木的生态效益 ①林冠截持降雨。测定结果：黄刺梅的截持水率为28.57%，狼牙刺32.3%，山皂角23.1%，虎榛子42.1%，红柳2.25%，连翘33.3%，抗子梢31.2%，荆条30.9%，胡枝子37.5%。②灌木林对径流和泥沙的影响。在山西省平顺县刘家试验点对荆条等三种灌木及对照荒草坡设置了径流小区，观测结果：灌木林具有明显减少径流和土壤侵蚀的效益。在天然降雨条件下降雨量为174毫米时，灌木林地平均土壤侵蚀模数为1.27吨/平方公里，荒草坡为63.44吨/平方公里，较荒草坡减少97%；径流量平均减少70%。在人工降雨条件下，虽然荒草坡降雨雨强最小，但是灌木仍减少侵蚀量80%、径流量68%。③灌木林改良土壤能力。与荒草坡相比，土壤容重0—30厘米可减少23.89%，总孔隙度大20.2%，有机质多258.6%，全氮量多133.7%，速效磷多300%，速效钾多63.5%。

森林在涵养水源调节地表径流，防止水、旱、淤积中的作用 ①森林涵养水源的作用。在华北石质山区森林覆盖率每增加1%，则流域内径流深度将增加0.4—1.1毫米。照此估算，太行山山区面积约6.6万平方公里，如果植被覆盖率达70%（乔木45%，灌木和草类25%），则整个山区径流深度将增加到28—77毫米，折合水体18—46亿立方米，取其平均值为32亿立方米，对解决太行山区水资源控制及利用率低问题有深远意义。②森林对地表径流的调节作用。太行山地表水利用率以最高年（1979年）计算，仅占全年降水量22.3%，而77.7%（约53.6亿立方米）无法控制利用（大部为汛期洪水），甚至造成洪灾严重威胁生产和人民生命安全；反之，在春季则十年九旱，严重影响农田播种，这是自然生态系统失去平衡的结果。而森林对年际、年内地表径流有良好调节作用。据山西省万年饱水文站资料表明：其上游森林覆盖率78%，在丰枯年中每公顷森林可调蓄703立方米水，于第二年释放，照此计算1422.5公顷(21 337亩)就可把100万立方米水涵蓄到第二年释放，这个数字是很可观的。③森林对土壤侵蚀和护库防淤作用。建立以森林为主体，乔灌草结合的生态系统是防止土壤侵蚀和水库淤积的一项有力的措施。例如太岳山区灵石县仁义河流域，森林覆盖率39.9%，土壤侵蚀模数1417吨/平方公里·年，而沁源县沁河上游，孔家坡水文站以上地区，森林覆盖率56%，土壤侵蚀模数只有271.5吨/平方公里·年，看来土壤侵蚀量与森林覆盖率成反比。又如临县湫水河上游阳坡水库，其上游森林覆盖率59.5%，建库18年仅淤积占总库容的13.3%，而孝义县张家庄水库库容3410立方米，上游森林覆盖率18%，15年淤积占总库容50.4%，可见水库淤积亦与森林覆盖率成反比。

牧草的水土保持效益 我们采用水平阶整地种植红豆草，行距为1.0米，径流小区面积为100平方米，坡度为15°与对照荒草坡基本一致，在同一场降雨，条田整地种植红豆草比对照荒草坡减少径流量67%，减少侵蚀量65%（详见表）。通过以上数据说明条田整地种植牧草是改良荒坡草场为人工牧场、改以荒坡放牧为主为野外放牧结合圈养的有效措施，它不仅可以提高产草量，还可以减少水土流失，起到保持水土的作用。

泥沙径流观测表

小区名称	降雨日期	降雨量(mm)	径流量(ml)	侵蚀量(g)	径流模数 m^3/ha	侵蚀模数 kg/ha
对照	1990.7.30	12.9	10 148.9	17.05	1.015	1.705
条田种植红豆草	1990.7.30	12.9	3300	5.94	0.330	0.594

资料来源："七五"国家重点科技攻关项目——"石灰岩中山区造林绿化技术的研究"专题研究报告，山西省林业科学研究所，1990.9。

【林地对降雨调蓄功能的研究】 该项研究是太行山水土保持林营造技术及效益研究专题的研究内容，由中国林业科学研究院林业研究所张理宏、杨立文于1984—1990年在北京九龙山进行连续观测的总结材料。

林冠层的调节作用 林冠对全年降雨的截持量、截持率以油松林最大，其截持率为30.16—31.63%。其他3种顺序为阳坡灌木林>侧柏林>阴坡灌木林，三者之间相差不大。以1987年资料为例，阳坡灌木林截持率为23.57%，侧柏林为23.29%，阴坡灌木林为21.53%，其间最大相差仅2.04%。阳坡灌木林截持率稍大的原因是，阳坡截持能力恢复快。在大暴雨下的林冠截持量在5.1—21.7毫米之间；暴雨截持率在4.88—12.93%之间，远低于全年平均值，约为全年平均值的35%左右。林冠的全年截持率为21.53—31.63%。

枯落物层的调蓄作用 枯落物有效调蓄仍以油松最大（24.18吨/公顷），阳坡灌木最小（4.61吨/公顷）。虽然阴坡灌木的枯落物量、最大持水量小于侧柏林，但阴坡灌木的有效调蓄量（14.90吨/公顷）大于侧柏林（8.64吨/公顷）。这是由于枯落物最大持水率和自然含水率不同所致。4种林地枯落物层的有效调蓄深为0.46—2.42毫米，对一次大暴雨的调蓄作用不大。

土壤层的调蓄作用 结果表明，林地土壤的调蓄量在103.51—141.19毫米之间，它是林地调蓄水分的主要部分。4种林地的非毛管孔隙调蓄水量为油松林>侧柏林>阴坡灌木林>阳坡灌木林。可见，乔木树种在改良土壤、提高非毛管孔隙方面的作用之大。但有效调蓄、排水能力为油松林>阴坡灌木林>阳坡灌木林>侧柏林。毛管持水量、最大持水量则为油松林>阴坡灌木>侧柏林>阳坡灌木林。另外，试区阳坡灌木林地的变化调蓄为29.66毫米占其有效调蓄的24.85%；阴坡灌木林地为46.99毫米，占其有效调蓄的33.94%；油松林为27.94毫米，占其有效调蓄的19.79%，侧柏林为51.78毫米，占其有效调蓄的50.02%。

资料来源：《太行山水土保持林营造技术及效益研究》，李昌哲主编，中国科学技术出版社。

【黄淮海平原中低产地区综合防护林体系配套技术及生态经济效益的研究】 本项研究属"七五"国家科技攻关专题，由中国林业科学研究院林业研究所主持，河南省林业科学研究所、河南农业大学，河北省林业科学研究所，山东省林业科学研究所、德州地区林业局，安徽省林业科学研究所，北京农业大学，气象科学院农业气象研究中心，中国科学院地理研究所、生态研究中心等单位参加。该成果1990年通过鉴定，1991年获林业部科技进步一等奖。

改良土壤，防止土壤次生盐渍化 林木从发芽到落叶，在长达6—7个月的生长季节里，利用根系吸收土壤深层水分，消耗于枝叶的蒸腾，从而降低地下水位。据测定，1平方米的杨、柳、桑树的叶面积，在生长旺盛季节，12小时内，平均可蒸腾4.41吨水，比在相同条件下，1平方米的自由水面24小时的蒸发量还多一倍以上。结果使在林带高5—7倍范围内，地下水位能降低20—30厘米，一般可影响到100—150米的范围内，最大可达300—500米。由于林木降低地下水位的作用，而防止了土壤次生盐渍化。

防止土壤侵蚀，提高土壤肥力 在林带保护下，可以减低农田近地面的风速，使半干旱和半湿润地区，以及有明显干旱季节的地区，表土不易吹失，可以防止土壤的风蚀，而在雨季又可减轻雨水对土壤的侵蚀，达到保土保肥的效能。林木枝叶繁茂，枯枝落叶可增加土壤的有机质，提高土壤肥力，据测定，林带保护下的农田腐殖质比无林地的农田高20—70%。

增强农田生态系统的可塑性和稳定性 黄淮海平原农业产量不稳的主要灾害性天气是干旱和干热风，危害面积约有2亿亩，占麦播面积半数以上。由于林网有降低风速，提高湿度，调节温度的作用，当遇有干热风或干旱时，林网有降低干热风气象因子值的作用，因而减轻了这个地区干热风的危害。山东省兖州县受干热风的影响，粮食产量总是处在不稳定的状况，1975年建成完整的防护林体系，从1979—1980年粮食产量连年上升。过去每年干热风出现8次左右，当林网建成后，一般减少到3次。河南省修武县，1960—1974年间，共出现干热风130天，其中1970年以前全县未实现农田林网化，共出现干热风96天，平均每年出现9.6天，而1971—1974年，全县基本实现林网化，共出现干热风24天，平均每年出现6天。

维持农田生态系统的生态平衡 生态平衡是发展农业的基础，森林是陆地生态系统的主体，每公顷森林的生物量达100—400吨干重，约为农田或草原的20—100倍。它是自然生态系最复杂的一个生态系统，不仅是植物（乔木、灌木、草本等）和环境的结合体，而且还有各种动物（鸟类、兽类、昆虫及人类）的相互作用和相互制约。在平原农区营造一定结构的林木（森林或防护林体系），可以为害虫的天敌提供栖居的生活环境，同时林木自身还能放出杀菌素，从而控制林中和农田病虫害的发生，起到生态系统平衡的作用。

建立农林结合的农田生态系统，不仅可以增强系统的稳定性和可塑性，同时由于林木自身的生物物理作用，为作物生长提供一种适宜的生态环境。据国内外观察研究结果，小麦可增产10—25%，水稻可增产5—15%，玉米可增产20%，大麦可增产6—14%。其增产的原因主要是由于林网的生态环境作用，为农作物生长创造了适宜的气候条件，增加系统内的输入，使大量直接辐射转变为散射辐射，增加了系统内的生理辐射，提高了农作物的光合效率。同时，由于林带具有提高土壤含水量的作用，减少实际蒸发蒸腾，这些都是作物增产的重要条件。据在河北省深县后屯村观测，由于农田防护林的综合作用，防护林网内风速降低率平均在40%左右。随着网内小气候条件的改变，小麦生长发育在入冬前生长期比旷野长3—4天，返青期提早4—5天，孕穗期和抽穗期晚5—7天，推迟小麦成熟期5天以上。在林带树高0.5—1倍范围内，约有8.6%的面积受林带影响而减产10—20%，约有19.7%的面积为不增不减的平产区，而增产的面积占71.7%。就整个林网看，平均增产5.5%。不仅在作物增产上显示了重要作用，而且提高了品质。以小麦为例，在产量最高的距主林带为林网树高15倍处的籽粒粗蛋白含量比对照高3.6%。小麦产量与气候因子关系的定量计算结果如下：(1) 林网削弱1米/秒风速，样方籽粒重则增加18.75克（折合亩增产约12.5千克），千粒重增加0.075克。(2) 饱和差相对减少1hpa，籽粒重则增加6.81克（折合亩增产4.6千克），千粒重增加0.17克。(3) 土壤湿度相对增加1%，样方籽粒重增加17.27克（折合亩增产11.5千克），千粒重增加0.42克。(4) 林网每削弱1米/秒风速，相当于提高土壤湿度1.2%。综上所述，林业在平原农区是一个不可缺少的组成部分，在改造农业生产限制性因素，稳定农田生态系统，保障农业稳产增产等方面，起着重要的作用。

资料来源：黄淮海平原防护林体系的建设对农业生态系统的改造和调控作用，宋兆民《黄淮海平原综合防护林体系生态经济效益的研究》，北京农业大学出版社。

【农桐间作综合效能及优化模式的研究】 本项研究为“七五”国家科技攻关专题，由中国林业科学研究院林业研究所主持。

农桐间作综合效能及优化模式的研究，是在总结黄淮海平原农区长期进行农桐间作的基础上，深入开展的一项多学科综合性研究。试验地分别建立在农业中、高、低产地区的安徽省砀山、山东省兖州和成武、河南省民权和鹿邑县。试验采用多模式、多重复设计、长期定位观测。最佳结构是在多数情况下泡桐最佳密度为5×（40—50）米，为提高中、低产田前期效益，初植密度应为5×（20—25）米，间作6—7年后进行隔行间伐，直至第10—12年。优化后的模式在保证作物产量没有降低的前提下，其净现值、成本收益率、土地期望值等多项经济指标比单纯农作物对照地分别提高58—70%，35—42%，59—70%。比5×40米的间作模式净现值提高8.5%，成本收益率提高6.4%，土地期望值提高8.5%。农田生态环境明显改善，农村经济活力明显增强，对农业、牧业的发展有明显促进作用。

环境效益 据测定，6—10年生农桐间作林，可降低风速21—52%，减少地面蒸发15—37%，提高空气相对湿度白天4—17%、夜晚2—7%，并能降低最高温度提高最低温度0.2—1℃。这对抗御干旱、干热风、早晚霜等灾害有重大作用。实践和理论研究证明，农桐间作只要群体结构合理，完全可以改善农作物生态环境，达到林茂粮丰的目的。黄淮海平原适合农桐间作面积有5000万亩，已栽植近3000万亩。

资料来源：林业部科技司“七五”国家科技攻关林业成果展览

【庄户沟小流域综合治理试点】　本项研究是由水利部海河水利委员会下达、由北京市怀柔县水土保持科学试验站承担的专题，水利部海河水利委员会、怀柔县水资源局、北京市水利局、北京林业大学、北京市水科所等参加了这项研究。1990年10月21日通过鉴定。

缓洪减沙效益　据试点后期对2座水库、10座扩坝的淤积量调查，及坡面径流小区多年观测数据和人工降雨模拟20年一遇降雨的实测资料推算，至1990年，试点间新修的各项治理措施，每年可拦泥沙81 192.29吨，保土效率为76.09%，侵蚀模数为348.12吨/平方公里·年，相当于试点前之23.9%。不同治理措施都有明显的拦蓄径流与减少土壤流失量的作用，其中阴坡的封草坡对径流的拦蓄尤为显著，这是植被增长快（覆盖率达98%）造成的。

蓄水效益　试点后，本流域在山坡上封山育林、造林种草，在坡耕地上整修梯田，在沟谷闸沟垫地，实行“封、管、造”、“拦、蓄、灌、排”相结合，涵养了水源，提高了蓄水能力。通过实测，至1990年，全流域各项治理措施的年蓄水能力为828.48万立方米，比试点前提高346.1%。在蓄水能力为828.48万立方米中，用材林（52805亩）、经济林（5489亩）的蓄水能力为466.35万立方米，占总蓄水量的56.29%；薪炭林（6785亩）、灌木林改造（7496亩）、封山育林（19194亩）的蓄水能力为261.11万立方米，占总蓄水能力的31.52%；种草（5373亩）的总蓄水能力为28.48万立方米，占3.44%；梯田（1458亩）的蓄水能力为14.43万立方米，占1.74%，其他措施占7.01%。可见林业措施的蓄水能力最强，效果最好。

资料来源：《庄户沟小流域水土保持综合治理成果汇编》，水利部海河水利委员会、北京市水利局，1990.12。

（本栏各条目均由黄鹤羽供稿）

森 林 工 业

森林采伐运输

【综　述】　1991年，全国完成木材产量5807.33万立方米，与1990年相比，上升4.2%。其中，东北、内蒙古国有林区完成2004万立方米，国家木材生产任务和原木上调量两项国家指令性计划均按计划完成。

1991年，林业部进一步加强木材生产作业质量和产品质量管理。企业结合开展“质量、品种、效益年”的活动，进一步加强了作业质量和产品质量管理。

①1990年伐区作业质量检查评比。参加检查评比的145个林业局（场），达到作业质量先进水平（95分以上）的有95个单位。

②全国贮木场竞赛活动。参加1990年贮木场检查评比的有288个单位，达到最佳贮木场水平（95分以上，库存木材盘亏率2%以下）的有73个单位。

③库存木材清点工作。在开展东北、内蒙古国有林区贮木场库存木材清点工作中，共清点180个单位，其中包括贮木场146个，江边贮木场14个，其它贮木场点20个。总盘亏率0.72‰。

④装车大赛活动。林业部和铁道部1991年8月在黑龙江省鹤北林业局，联合举办北方赛区装车大赛。参加比赛的有8个代表队。比赛结果，黑龙江省朗乡林业局代表队获第一名。　（李世贤）

【伐区管理】　国有林区林业部门结合开展“质量、品种、效益年”活动，对1990年作业质量进行了检查评比。在参加伐区作业质量检查评比的145个林业局（场）（林业局128个，林场17个）中，检查评比得分95分以上的有95个林业局（场），85—94.9分的有41个林业局（场），达到质量合格的与1990年同期相比提高1.5%；未达到质量合格有9个林业局（场），与1990年同期相比降低22%。按照林业部有关规定，有黑龙江省双丰、美溪、朗乡、东方红、大海林、苇河、兴隆、带岭、鹤立林业局，大兴安岭林业公司图强、新林林业局，吉林省松江河、八家子、白河、白石山林业局，内蒙古自治区满归、金河、阿龙山、克一河林业局，甘肃省洮河林业局，陕西省汉西林业局，四川省盐边、小金、川南林业局，云南省华坪、江边、碧泉林业局，新疆维吾尔自治区乌苏林场，共28个单位为年度伐区管理先进单位。

上述各采运企业积极采取有效措施，确保伐区作业质量。如吉林省白石山林业局一是坚持实行作业工队、林场、林业局三级检查评比制度。在资金紧张的情况下，对伐区作业质量达到98分以上的每公顷奖金5元，95—98分每公顷奖金2元，90—95分不奖不惩，90分以下每公顷罚款5元。二是实行经济责任制，与个人经济利益挂钩。伐根每超高一个，罚油锯手0.5元，每丢一根件子罚款1元，打枝不合格的罚款1元；林场的生产场长、采运技术员各按10%进行奖惩。三是充分利用伐区剩余物，促进伐区作业质量的不断提高。为调动生产枝桠材的积极性，调整枝桠材价格，由原来的每立方米到装车场22元调整到40元，为促进枝桠材收集利用，提高森林资源利用率创造良好条件。

（王亚军）

【森工生产调度】　1991年，各级森工调度部门充实机构，加强力量，完善制度，做了大量工作：

①进一步重视森工调度工作，加强了对森工调度工作的领导。1991年初，林业部在牙克石主持召开了调度生产调运工作会议，对东北、内蒙古国有林区的调度工作做了安排。各省（区）也重新建立或健全了森工调度工作机构，并且多数省（区）确定由林业厅副厅长担任调度室或调度领导小组的领导，切实加强了对森工调度工作的领导。

②森工调度职能开始向综合方向转变。随着林业生产形势的变化，迫切要求调度工作向综合方向转变。为此，林业部先后发出了林工调［1991］47号和［1991］131号文，各省（区）也普遍强调，森工生产调度不仅要掌握木材生产情况，而且要全面掌握森工营林、多种经营、林产工业、木材调运、物资分配等方面的综合情况，调度不是单纯的数字统计，还要综合分析。

③不断完善调度工作制度，使森工调度工作逐步

走上正轨。1991年5月，林业部下发了《集体林区调度工作规定》，对集体林区森工调度的任务、职责、职权和制度建设、设备的配置等做出了具体规定。同时，各省（区）多数根据林业部的规定，下发了实施细则，开展了调度工作评比竞赛，促进了森工调度工作的健康发展。

④在防洪救灾中发挥积极作用。1991年，我国南方和东北、内蒙古国有林区都遭受了不同程度的水灾，为了及时掌握灾情，各级森工调度部门都设专人昼夜值班，为防洪救灾做出了积极贡献。（贯　骞）

【全国木材运输装载技术大赛(北方赛区)】 为促进林业、铁路双方技术合作与交流，提高木材装载与运输质量，确保铁路货物运输安全，林业部、铁道部、中华全国铁路总工会、中国农林工会全国委员会于1991年8月21—23日，在黑龙江省鹤北林业局举行了全国木材运输装载技术大赛（北方赛区）。参加单位有内蒙古大兴安岭林业管理局、工会，吉林省林业厅、工会，黑龙江省森林工业总局、工会，大兴安岭林业公司、工会，哈尔滨铁路局、工会，沈阳铁路局、工会。经过初选后，8个队参加决赛。比赛项目包括实际装车表演、理论考试和展示制作车立柱、捆车器防火喷涂预热设备及工具的实物模型、图板。装车表演中，共装8车，平均装载量达61.78立方米，较常规平均装载量超出11.78立方米，8车共计多装93.74立方米，相当节约2节车皮，装车质量符合标准，装车时间平均缩短30分钟。

经过比赛，朗乡林业局代表队获得第一名，八家子林业局代表队获第二名，盘古、鹤北林业局代表队并列第三名。（赵晓琦）

国有林区营林生产

【综　述】

1991年营林生产　国有林区8省（区）完成更新造林面积为813.9万亩，其中迹地更新面积为667.5万亩，迹地更新率为100.5%。人工更新造林合格面积为395.9万亩（其中速生丰产林面积为74.0万亩，占人工更新造林的18.7%），完成计划的106%，面积合格率为98.9%，平均成活率为94.9%，三年面积保存率为96.7%。森林抚育达759.8万亩，其中透光抚育492.7万亩，占森林总抚育面积的68.4%。育苗面积4.9万亩，总产苗量50亿株，其中可提供上山苗13.5亿株，容器苗4500万株（表1、表2）。

营林工作特点　①大兴安岭火灾区资源恢复工作第一阶段任务已按计划完成。1991年，林业部派工作组验收了大兴安岭火灾区第一阶段恢复森林资源工作的成果，并于12月在北京昌平召开了大兴安岭火灾区第一阶段森林资源恢复工作总结和表彰大会。

②进一步深化营林改革。在改革中开始打破营林生产不计产值的常规造林传统观念，初步树立了营林生产成果的商品意识。吉林省对造林、抚育、改造等营林项目按工程管理，对育林基金的使用实行了“拨改买”制度。黑龙江省牡丹江林业管理局继伊春、松花江、合江林业管理局之后，恢复了半全能营林机构。这样，全省4个林业管理局全都成立了半全能营林处。东北、内蒙古1991年的林价试点工作进展顺利。

③加强了种苗基础建设。黑龙江省增加了对5处大型种子园和9处小型种子园的投资，加快了苗圃标准化建设活动，经检查认定，64处一级苗圃晋升为标准化苗圃。吉林省也狠抓了苗圃标准化建设，在17个采运企业中建成标准化苗圃13处。内蒙古在兴安落叶松种子采集上狠下了功夫，解决了连续几年来种子奇缺的问题。甘肃省白龙江林业管理局根据当地高山峡谷的地形特点，在苗圃标准化建设上也做了大量工作，使苗木质量提高，数量自给有余。

④进一步完善了营林生产标准和管理办法。大兴安岭林业公司应用最新营林科研成果，重新编制了一套包括7个规程、5个办法、5个标准的《大兴安岭林区营林技术规范》。吉林省为了满足林木生产商品化的需要，进一步完善了更新造林检查验收办法和验收程序。

⑤积极推广和应用营林科技成果。陕西省在乡土速生树种育苗实验中取得了宝贵的经验，为适地适树、大面积营造速生丰产林打下了良好的基础。黑龙江省在育苗生产中开始使用稀土材料，经测定，苗高、地径、侧根生长、成苗率等大幅度提高。黑龙江各林业局都建立了物候气象站，可以准确及时地预测空气、土壤温度变化及霜冻情况，使育苗等营林生产中的自然灾害降到了最低水平。四川省甘孜藏族自治州林业局由于推广高海拔更新造林技术，使造林面积合格率大幅度提高。

存在问题　①育林基金受经济环境的影响欠缴严重，并存在挤占挪用的现象。②病虫害防治还没有引起足够的重视。③个别林业局上山苗苗木质量不高，特别是速生丰产林用种、用苗质量还很难满足速生丰产林要求。④人工促进天然更新缺乏严格检查验收制度，有面积、质量不实的问题。⑤四川、陕西、云南的林权证尚未发放齐全，严重阻碍着企业的发展。

（刘素珍）

表1 1991年国有林区采伐更新面积统计

单位:亩

单位	上年采伐面积		迹地更新						其它地类造林	更新欠账	
				人工更新						当年	
	计	其中:皆伐	计	计	新迹地	促进更新	天然更新	更新率(%)		计	皆伐
合计	6 641 076	3 005 619.5	6 675 111.5	2 284 195.5	1 648 565	1 207 615.5	3 183 301.5	100.5	1 464 193	159 349	13 348.5
黑龙江省森林工业总局	3 436 282	1 032 916	3 768 684	1 227 701	951 412	329 512	2 211 471	99.8	759 372	6588	6588
其中:伊春林业管理局	1 163 741	369 136	1 314 167	507 996	354 951	46 689	759 482	99.8	202 098	2619	2619
牡丹江林业管理局	1 187 055	223 830	1 221 329	201 354	181 212	134 365	885 610	99.7	3 011 677	3217	3217
松花江林业管理局	854 906	304 650	976 956	361 064	294 018	133 830	482 062	100	142 983	42	42
合江林业管理局	197 610	120 105	219 949	138 779	106 036	14 628	66 542	99.6	104 734	710	710
带岭林业实验局	32 970	15 195	36 283	18 508	15 195		17 775	100	7880		
吉林省林业厅	465 407	233 505	513 954	263 677	233 505	172 050	78 227	100			
内蒙古大兴安岭林业管理局	1 020 768	317 248	1 047 921	213 310	202 488	156 511	678 100	100	467 459		
大兴安岭林业公司	1 453 584	1 274 722	1 012 180	374 168	104 827	526 894	111 119	69.6	136 106	146 000	
其中:未受灾局计	408 204	229 342	420 839	50 827	50 827	274 527	96 586	103.1	136 106		
受灾局计	1 045 380	1 045 380	591 341	323 341	54 000	268 000		56.6		146 000	
陕西省森林工业管理局	66 956	7869	63 040	6510	6510	10 830	45 700	94.2	16 707		
甘肃省林业厅	24 313.5	15 264	28 935	19 875	19 800	960	8100	118.9	53 700		
新疆维吾尔自治区林业厅	51 646	1976	71 268	22 866	33		48 402	138	4542		
四川省林业厅	79 314	79 314	119 382	118 351.5	102 615	1 030.5		130.7	1137	3019.5	3019.5
云南省林业厅	42 805.5	42 805.5	49 747.5	37 737	27 375	9828	2182.5	116.2	25 170	3741	3741

表 2　1991 年国有林区人工更新造林面积统计

单位:亩

单　位	人工更新造林完成面积									计划完成率(%)	面积合格率(%)	三年保存			育苗面积		
	成活率达 85%以上的面积						成活率41—84%的面积	成活率41%以下的面积	平均成活率(%)			当年合格面积	本年检查合格面积	面积保存率(%)	计	新　播	换　床
	计	皆伐迹地更新	火烧迹地更新	低产林改造	荒山荒地造林	水湿地改造											
合　计	3 958 553	1 981 700	309 184	1 375 138	817 798	230 981	20 869	19 271	94.9	106	98.9	1 716 063	1 659 769	96.7	48 964	11 069	20 941
黑龙江省森林工业总局	1 980 136	1 220 764	9 834	352 631	308 937	87 970	3 991	5 226	95.0	102.2	99.5			95.5	28 463	4 653	11 803
其中:伊春林业管理局	698 984	496 886		97 579	80 294	24 225	1122	610	95.3	101.9	99.8						
牡丹江林业管理局	513 023	211 346	1 993	148 024	142 129	9 531	1 281	15	93.7	102.6	99.7						
松花江林业管理局	506 201	363 218	7532	61 003	35 842	38 606			96.4	101.2	100.0						
合江林业管理局	235 704	130 970	309	43 825	45 069	15 531	738	4601	93.5	100.3	97.8						
带岭林业实验局	26 224	18 344		2200	5603	77	850		96.6	104.9	96.9						
吉林省林业厅	459 844	263 678		840 274	90 496	21 643			97.6	121.5	100.0	515 810	511 940	99.2	7275	2270	2507
内蒙古大兴安岭林业管理局	680 769	205 629	7681	111 632	271 827	84 000	100	13 789	93.9	112.2	97.2	597 202	578 609	100.0	5965	2126	2545
大兴安岭林业公司	499 913	79 207	284 600	1800	117 337	16 969	10 290	70	93.4	100.9	98.0	289 667	278 949	96.3	4116	1346	2770
其中:未受灾局计	186 732						130	70	97.5	107.8	99.8						
受灾局计	313 181						10 160		92.2	100.4	96.8						
陕西省森林工业管理局	22 610	6248		15 964	398		718		93.1	101.4	96.9	21 349	21 176	99.2	313	100	213
甘肃省林业厅	93 966	19 869	663	52 023	1012	20 398			96.4	100.5	100.0	55 296	54 209	98.0	1762	211	397
新疆维吾尔自治区林业厅	27 408	22 866	70	814	3658		2888	186	88.0	95.1	90.5	31 068	29 717	95.7			
四川省林业厅	119 488	114 190	4161		1137		1203		96.5	116.5	99.0	143 664	124 167	86.4	750	243	506
云南省林业厅	74 418	49 248	2175		22 995		1678		94.7	113.4	97.8	62 007	61 002	98.3	320	120	200

【国有林区"八五"期间营林发展规划】

国有林区营林现状 国有林区136个林业局经营面积3730.1万公顷，活立木蓄积量26.1亿立方米。其中，有林地面积2512万公顷，森林覆盖率67%，疏林地面积156万公顷，无林地面积382万公顷。截至1990年，累计采伐892万公顷；同期更新836万公顷，欠帐17.2万公顷；人工更新造林375万公顷，更新基本跟上了采伐。

国有林区现有中幼林1450万公顷，林分生长率仅为2.25%，其中，急待抚育人工林面积51万公顷，天然中幼林面积322万公顷。林木种苗基地建设初具规模，年产苗达49.6亿株，实供上山苗木13.4亿株，略可自给，但质量不高，更难适应集约经营营造林工作的需要。

"八五"期间营林发展规划（见附录）

①"八五"期间保证当年采伐更新不欠帐，同时还清历史旧帐。要因地制宜科学地确定采伐方式和作业方式，以多种更新方式一次更新达标。控制皆伐，"八五"规划皆伐比重占33%，比"七五"期间下降11%。切实加强分类指导，使东北、内蒙古森工企业于1992年前还清15万公顷更新欠帐。大兴安岭火烧迹地森林更新于1995年完成，1996年进行扫尾验收。西南、西北国有林区森工企业于1995年前还清遗留的2.2万公顷更新欠帐。

②加快用材林基地建设。"八五"期间安排宜林荒山荒地、水湿地、疏林地人工造林70.08万公顷，较"七五"期间增加78%。其中，内蒙古大兴安岭以基地造林为主，实行工程造林，"八五"期间续建造林基地9处，新建13处，造林12万公顷。黑龙江省大兴安岭地区加快岭南50万公顷用材林基地筹建，同时新建加格达奇、库伦斯2个林业局，尽快培育，力求整个大兴安岭地区达到永续作业。云南、四川省在地方政府统一部署下，加快水源涵养、水土保持林建设，"八五"期间人工造林分别达到10万公顷、5万公顷。

③集中力量，抓好速生丰产林、工业用材林基地建设。"八五"期间营造速生丰产林47.6万公顷，为"七五"期间的3.7倍，其中新造25.4万公顷，更新7万公顷，幼林培育15.3万公顷。规划中以造纸、人造板原料为定向的培育基地占30%以上，以优质珍贵树种和经济林基地的建设也纳入了计划。黑龙江省森工企业实行划分集约经营区，集中人、财、物力，定向培育短轮伐期速生丰产林占30%，同时进行林粮、林药等间作，加速向黑土地进军，巩固和发展我国最大的木材和林副产品生产基地。东北、内蒙古国有林区将大举营造丰产林40万公顷、抚育天然中幼林110万公顷的森林资源恢复工程。

④加快抚育，提高林木生长量。"八五"规划现有人工林和天然中幼林亟待抚育部分全部抚育一遍，并加大透光伐的比重。总规划森林抚育237万公顷，生产抚育间伐材1588万立方米，提高10—15%的林分生长量。内蒙古大兴安岭地区年抚育规模达10.7万公顷。黑龙江省森林工业总局对高地位级天然林和人工林，提高经营强度，达到速生丰产。吉林省森工企业搞节制主伐量，把抚育伐出材的比例提高到占木材总产量的30%，力争可采资源不断档。

⑤加强种苗基地建设。"八五"规划新建高标准种子园1.3万公顷，同时经营好13.8万公顷的现有母树林，并对30%的优质母树林实行强化培育和经营，保证"八五"期间更新造林所需苗木。黑龙江省大兴安岭地区新建古龙干苗圃，扩建松岭林业局古源、加格达奇苗圃。吉林省新建种子园6640公顷，并将12处种子园全部建成达标。内蒙古大兴安岭地区建设种子园6处，总规模400公顷，所属19个林业局的中心苗圃全部实现标准化。新疆天山西部，阿尔泰山林业局划定母树林178公顷，新建种子园99公顷，兴建苗圃34公顷。 （胡培兴）

【森工企业营林工作座谈会】 由林业部森林工业司主持，于1991年3月5—9日在四川省峨边川南林业局召开了全国国有林区森工企业营林工作座谈会；1991年3月20—25日在广东省韶关市召开了南方集体林区森工企业营林工作座谈会。

全国国有林区森工企业营林工作座谈会 参加会议的有黑龙江、吉林、内蒙古、新疆、甘肃、陕西、四川、云南8省（区）代表60多人。

对"七五"期间营林的基本估计。据统计，东北、内蒙古国有林区"七五"期间人工更新造林共计完成1840.8万亩，保存1796.7万亩，面积保存率为97.6%，计划完成率为104%；森林抚育3441.1万亩，抚育合格面积3433.6万亩，合格率99.8%，计划完成率为110.1%；人工更新造林面积和森林抚育面积比"六五"期间分别增加了29.2%和42.0%。

对"八五"期间营林工作的要求。①全面实现更新跟上采伐。要求当年不欠帐，东北、内蒙古林区1991年基本还清历史欠帐，1992年扫尾；西南、西北林区1993年基本还清历史欠帐，1995年全部还清。②全面落实造林绿化规划。人工更新造林每年500万亩。其中速生丰产林不少于15—20%。并使面积核实率100%，计划完成率100%，平均成活率85%以上，面积保存率90%以上。③加快森林抚育。要求每年突破800万亩。④加强种苗基地建设。"八五"期末，林木种子基地采种量要达到生产用种的50%以上。苗圃基础建设要巩固、发展和提高。⑤进一步开展职工技术培训。⑥依靠科技进步，开展科技兴林。

南方集体林区森工企业营林工作座谈会 参加会议的有浙江、安徽、福建、江西、湖北、湖南、广东、广西、海南、贵州等10省（区）代表60多人。

对"七五"期间营林的基本估计。①人工更新造林步伐大幅度加快，营林作业质量明显提高。1986—1990年10省（区）森工系统人工更新造林面积467万亩。②集约经营水平提高。③森林资源出现回升趋势，企业开始摆脱困境。“七五”期间10省（区）森工系统共兴办林场760多个，经营面积达450万亩。④改革中涌现出一批好经验。湖南省林业、财政两厅颁发的湘林工［1990］19号文件规定：凡林权属国家所有的森工企业林场，两金（更改基金，育林基金）留场，同时建立林价制度，林场按市场售价的25—30%提取林价，其中85%留场用于营林。

对“八五”期间营林工作的要求。切实贯彻以营林为基础的方针，深化改革，强化管理。并以提高营林质量为中心，加强基础建设为重点，加速向集约经营科学管理的方向转变，努力提高林地生产力，提高林木生长量，实现森林面积蓄积双增长。“八五”期间更新和抚育不欠帐，种子基地初具规模，速生丰产林比重达到20—30%，营林质量全部达到省标或国标。

（王邲文）

【大兴安岭火灾区第一阶段森林资源恢复更新】 1987年“五六”特大森林火灾后，大兴安岭火灾区4个林业局积极开展森林资源恢复更新工作，较好地完成了1988—1990年规划设计规定的第一阶段森林资源恢复更新任务。为了检验第一阶段森林资源恢复更新成果，大兴安岭林业公司组织队伍进行了自查，林业部组织检查组进行了抽查。

自查与抽查情况 自查结果为：人工更新造林面积保存率84.1%，人工促进天然更新有效率59.3%。抽查结果与自查结果基本一致。林业部检查组认为，大兴安岭林业公司自查结果具有可靠性，可以通过验收。

主要工作成绩

①1988—1990年共完成人工更新造林3.15万公顷，占规划设计总任务的18.3%，占第一阶段规划设计任务的103.0%，年均造林1.05万公顷，为火灾之前的15倍。经过检查验收，保存合格面积2.65万公顷，扭转了火灾之前造林不见林的局面。人工促进天然更新完成7.47万公顷，占规划设计总任务的65.0%，占第一阶段规划设计任务的141.2%，经过检查验收，有成效面积4.43万公顷。

②种苗基础建设取得突破性进展。1989年在结实平年的情况下，采取非常措施，采种达5.5万公斤，基本可以满足恢复森林期间育苗用种需要，从根本上扭转了林木种子奇缺的困难局面。苗圃改扩建工作已全面完成，苗圃面积由40公顷增加到163公顷，为灾前的4.2倍，上山苗产量由600万株增加到4500万株，为火灾前的7.5倍，基本满足了更新造林的需要。

③培养锻炼了一支营林专业队伍。在技术对口支援单位的大力支持下，3年来共举办营林技术培训班60期，培训各类营林专业人员2098人次，使火灾区营林技术人员极少、素质较差的状况有了较大程度的改变。

④先进技术与先进装备得到广泛应用。3年来，生产、科研、教学单位密切协作，大力开展了技术咨询、科学实验，成功地推广了一批科研成果，应用了一批育苗技术装备，使造林、育苗技术水平与技术装备水平有了较大程度的提高。

存在问题 由于前期种苗严重不足，不得不采取大量苗木外调等办法，经长途运输，苗木质量下降，人工更新造林保存率尚未达到90%；人工促进天然更新由于经验不足，检查指导不力，成效还不理想；个别局、场在上报面积上有虚假现象。 （姬 金）

木 材 加 工

【综 述】 木材加工（含人造板）全年生产任务完成较好，胶合板完成105.4万立方米，纤维板完成117.43万立方米，刨花板完成61.38万立方米，其他产品都有不同程度的增长。

1991年，认真开展了“质量、品种、效益年”的活动，努力完成达产达标要求，争创先进，实施生产许可证制度，坚持质检人员、操作人员持证上岗，并开展了知识更新再教育，不断提高职工素质等活动。许多企业在改革开放的方针指引下，在增加品种、提高产品质量、降低消耗等方面，在增进企业活力上下了很大功夫，取得了较突出的经济效益。如福州人造板厂全年实现利税1460.79万元，利润1070.98万元；长春胶合板厂全年销售收入5984.9万元，实现利税770.6万元，利润407.6万元。全行业实现全年无重大火灾、人身安全事故。 （刘茂泰）

【全国林产工业局、处长（经理）座谈会】 为了检查总结1990年大连全国林产工业座谈会议精神贯彻落实情况，林业部于1991年7月3—6日在北京召开了全国林产工业局、处长（经理）座谈会。出席会议的有来自全国25个省（区、市）的林产工业局、处长（经理）共34人。

会议期间，徐有芳副部长作了关于林产工业问题的报告，高德占部长多次听取了会议情况汇报。会议总结检查了1990年大连全国林产工业座谈会上提出的“提高认识、加强领导、搞好规划和治理整顿”四个方面要求的贯彻情况，主要有：

①通过认真传达和贯彻大连会议精神，认清了林产工业是林业加工增值，提高经济效益，合理利用森林资源，满足社会需求的重要产业。当前要注意克服一些同志认为完成绿化荒山任务以前没有精力去抓林产工业，行业管理是为他人做嫁衣裳等不正确认识，真

正把造林绿化和林产工业衔接好。

②大连会议后，林业部成立了林产工业办公室，强化了行业管理，各地也在加强林产工业的组织领导，加强林产工业的行业管理方面做了大量工作，取得了可喜的成绩。希望各地抓紧机构调整的机会，根据本省的具体情况，争取早日解决。

③各地认识到林产工业发展规划是造林绿化规划的继续，是上下篇，是“一条龙”规划的两大部分，两者要成为一个整体，各地抽调得力人员组成专门班子编制。同时要考虑做到林业基地与林产工业建设在建设时间、树种和工艺选择、资金筹措及布局上协调一致，以便发挥其整体效益。

④为了进一步加强林产工业的企业治理整顿，提高效益，除林业部继续抓好30个重点企业，以点带面，分类指导外，各地也应抓好自己的典型，全面贯彻执行林业部《关于林产工业开展“质量、品种、效益年”活动意见》各项要求。林业系统引进的人造板27条生产线达产达标进展缓慢，要求3年内达产达标，不达标的不上新项目，到期不达标的将予“黄牌警告”。当前的生产调度工作和手段等环节都很薄弱，应加快建立健全生产调度信息系统，建立健全必要的规章制度，充实内容，加快信息手段的现代化。

会议还就利用林区资源发展造纸，抓好新产品的开发与应用，加强林产工业政策的研究进行了讨论并提出了意见。 （刘茂泰）

【林产工业行业30个重点企业“质量、品种、效益年”活动】 为贯彻落实国务院关于开展“质量、品种、效益年”活动的要求，结合林产工业行业的具体情况，林业部提出了《关于林产工业企业开展“质量、品种、效益年”活动意见》，并于4月份分别在南宁和福州召开有关省（区、市）林业主管部门领导和重点企业厂长座谈会，落实了各项指标和要求。林业部重点抓了有代表性、对全行业有一定影响和示范作用的30个企业。木材工业企业17个，其中：刨花板企业6个，胶合板企业5个，中密度纤维板企业2个，硬质纤维板企业4个；林化企业9个，其中：松香企业6个，栲胶企业2个，樟脑企业1个；林业造纸企业4个。

通过开展“质量、品种、效益年”活动，30个重点企业普遍增强了质量意识，强化了现场管理，狠抓了提质降耗增效益工作，出现了福州人造板厂、梧州松脂厂、长春胶合板厂、德庆林产化工厂等一批质量效益型企业。各企业普遍加强了经营工作，强化了销售。如友好木材综合加工厂、塔河林业局造纸厂、德庆林产化工厂、江西樟脑厂和武鸣栲胶厂等一批企业都将1991年产品和1990年库存产品销售完。各企业也普遍根据市场需要，适时调整产品结构，限产滞销产品，增产适销产品。如所有胶合板企业都增产薄板和试产大幅面板。又如德庆林产化工厂、江西樟脑厂等一批林化企业都增加深加工产品的生产。还涌现出光华木材厂、赣州木材厂、德庆林产化工厂、广西林业造纸厂、武鸣栲胶厂、信宜县松香厂、岑溪县松香厂等一批重视依靠科技来促进企业技术进步，开发新产品，优化产品结构，跟踪市场出效益的企业，形成了“生产一代、开发一代、研制一代、构思一代”的产品格局，强化了在多变市场中的适应力。

通过开展“质量、品种、效益年”活动，30个重点企业中：1个企业晋升为国家一级企业，3个企业获、保国家二级企业称号，1个企业晋升为省级先进企业；创、保5个国家级优质产品，创、保7个林业部优质产品；有4条引进人造板生产线达到设计能力。

（张锡瀛）

【人造板质量监督检验人员持证上岗】 为进一步加强林业工业产品质量监督检验站的建设，提高产品检测工作质量，林业部根据国家有关规定，从1991年起，对林业工业产品质量监督检验人员实行持证上岗制度。林业部质量监督检验员分为A、B、C三级，质检站主要负责人应取得A级资格，独立从事检验任务的专业人员应取得B级资格，其他人员应取得C级资格。实行持证上岗制度后，有关工作人员必须持有林业部统一颁发的林业部质量监督检验员资格证书，才能行使质量监督职权。

1991年国家人造板质量监督检验测试中心和林业部南京人造板质量监督检验站两个单位率先试行了持证上岗制度。由部森林工业司、科学技术司和林产工业办公室联合组成的专家考评小组对首批申请持证上岗人员进行了考核，并对其中20名合格者颁发了林业部质量监督检验员证书。 （钱小瑜）

【刨花板与中密度纤维板在工业与民用建筑工程上应用技术高级研修班】 由林业部与人事部联合举办于1991年9月11—25日在长沙市举办，参加研修班的有专家、教授、高级工程师56人。

研修班采取讲座、论文交流、专题讨论及考察等灵活多样的方式进行。大家一致认为刨花板与中密度纤维板在建筑业的应用是大力发展林产工业，缓解“两危”，进一步发展林业生产的必然趋势；是改变建筑业传统的“秦砖汉瓦”，采用新材料、轻型材料的必然趋势；是节约能源消耗的必然趋势。

目前，全国各地不少单位对刨花板和中密度纤维板在建筑上的应用研究做了许多工作。如上海市政府新建了15栋居民住宅样板房；吉林、福建、广东等省也提出了各种不同的设计方案。 （李祥熊）

林产化学加工

【综　述】 1991年，对松香生产实行了限产措施，生产计划31.16万吨，实际生产34.3万吨；外贸出口松香22.8万吨、氢化松香80吨、歧化松香480吨，创外汇1.12亿美元；松节油实际生产4.9万吨；栲胶计划生产2.19万吨，因皮革生产下降，实际产量仅1.9万吨；紫胶计划生产650吨，实际产量为876吨。

为了保证产品质量，使生产企业必须具备必要的质量保证体系，对全国500多家松香生产企业进行了治理整顿，发放松香生产许可证281个。有松香生产许可证的企业生产总能力为72万吨，其中蒸汽法机械化生产厂108个，生产能力56万吨；滴水法手工操作（俗称土法生产）工厂173个，生产能力16万吨，其中条件好、资源多，年产能力在1000吨以上的有条件改造为蒸汽法机械化生产的有23个工厂，生产能力为6万吨。栲胶生产企业发放生产许可证25个。紫胶生产企业发放生产许可证17个。

1991年7月16—19日在桂林市召开了1991年林化优质产品行业评比会。行评会对林化行业申报1991年国优或部优复查的3个合成樟脑和天然樟脑生产厂家的产品及申报1991年部优或部优复查的28个企业的松香、松节油、马来松香、松油醇、单宁酸、活性炭、萜烯树脂、栲胶、甲基麦芽酚等34个产品进行了评审。在林业部林化产品质量监督检验站对参评产品质量的检测结果和企业质量管理工作的优劣及用户对产品的评价等有关数据、材料的基础上，对参加评比的产品逐一评定打分。根据行评结果和择优推荐的原则，1991年林化行业推荐申报国家银质奖产品一个，复查国家金质奖产品一个，部优产品18个，部优复查合格产品5个。（杭锡勤）

【全国松香工作会议】 1991年4月16—19日，林业部在南宁市召开了全国松香工作会议。参加会议的有11个省（区）的林业厅厅长，部分重点地区的林业局局长，林业部有关司局，国家林业投资公司，部分省（区）的林产工业、林政、科研、设计、部属大专院校等部门的负责同志，共计100人。

徐有芳副部长主持会议，并作了《继续贯彻治理整顿，深化改革的方针，促进松香工业再上新台阶》的报告。徐有芳副部长在讲话中明确指出：松香工业是林业的重要组成部分，是林业部门化学加工的一个重要产业。松香工业发展是林业从传统的造林、采伐木材的旧模式走上以林为主、立体开发、综合利用、全面发展新格局的一个重要标志。松香生产可变林区资源优势为经济优势，林业部门抓松香生产是加快培育，积极保护，合理利用森林资源的必需。只有加强统一管理，才有利于林业走上良性循环。目前，在松香的生产、经营管理等方面，还存在着如内、外贸分离；生产、科研脱节；经常出现抬价抢购原料及抢占货源，在抬价抢购松香的刺激下，造成松香盲目生产和建设，破坏了森林资源；以及长期以来外贸出口初级产品等等问题。

全国松香工作会议上，还公布了《松香工业发展十年规划和“八五”计划纲要》，并就《关于组建中国松香工业企业集团的设想》作了说明。同时，还交流了福建、广东、广西、江西等地经验。（杭锡勤）

【全国五倍子生产座谈会】 1991年6月11—15日在陕西省安康市召开。陕西、四川、湖北、贵州、湖南、云南、河南、安徽等主产省的林业、供销部门，五倍子加工企业和国家及省、地的科研单位的代表出席了会议。有23位代表在大会上汇报了五倍子生产、加工、科研成果，并广泛地交流了经验，主要有：

①陕西省地方政府把发展五倍子生产作为山区人民脱贫致富的重要途径，并列入了政府的议事日程。各级林业部门重视抓五倍子生产，许多地县林业技术推广站把推广五倍子人工培植技术工作列为主要工作之一，有的县还成立了五倍子技术指导站。

②陕西、四川、湖北等省由于肚倍单宁含量高，单产水平高，易于人工经营，利用当地适生肚倍的有利条件，把肚倍作为重点积极发展。

③培训人才，抓人工放养肚倍芽虫，人工种植苔藓，促进了五倍子生产的迅速发展。

④在五倍子加工方面，加强企业管理，健全责任制，改进工艺和设备，减少五倍子单耗是降低成本，提高经济效益的关键。

1990年，全国共生产五倍子5595吨，已基本恢复到建国后的最高水平。五倍子加工工业也有一定的发展，生产了大量的单宁酸系列产品，供应国内外市场，并有部分五倍子原料出口。1991年，出口五倍子2412吨，创汇1332.8万美元。

目前，我国五倍子生产虽有一定的发展，但随着工农业生产和对外贸易的发展，对五倍子的需要量越来越大，据估算，年需量1.5万吨。当前单产水平低。角倍亩产0.5—1.5公斤，肚倍亩产2.5公斤，特别是倍蚜瘿外世代成活率只有0.7%，病虫害严重，倍蚜死亡率高达99.3%，直接影响了五倍子生产的迅速发展。会议认为各级有关部门应加强五倍子科研工作，组织科技攻关，促进五倍子生产更好地发展。

（李义沣）

林业造纸与林纸结合

【林纸建设项目】 1991年，经林业部评审、批准或上报国家计划委员会的林业制浆造纸项目共20个。其中，新建的大型项目6个，总规模60万吨，总投资约50亿元；改扩建林区小纸厂14个，新增能力20万吨，总投资6.5亿元。此外，还有4个项目已开工正在建设；有3个改扩项目已基本完工，开始试生产。因此，1991年的林业造纸项目前期工作和建设工作，取得了突破性进展。

1月，国务院印发了《关于研究解决森工企业困难的会议纪要》，决定在东北、内蒙古林区新建3个大型制浆造纸厂，改扩建10个小纸浆厂，并明确了林区发展纸厂归林业部门管理。

3月，林业部邀请林业和轻工系统的制浆造纸专家、学者共20名，进行咨询和座谈。对林区发展制浆造纸的战略意义、方针政策、企业规模、产品方案、工艺技术等问题进行了研讨，并对有关项目进行技术经济咨询。

4月，在北京市昌平县召开了大兴安岭林业造纸厂（十八站厂）产品方案论证会。确定了该项目的产品方案，按可行性研究报告提出的年产5万吨水泥袋纸方案不变。

6月，在北京市召开了牙克石和牡丹江两个大型纸浆厂项目的预可行性研究报告评审会。确定牙克石林业造纸厂规模为15万吨/年，产品为漂白硫酸盐商品木浆；牡丹江林业造纸厂总规模为17万吨/年，第一期为10万吨漂白硫酸盐木浆。会后，向国家计划委员会上报了项目建议书。

7月，林业部先后召开了审查会，对吉林省松江河、汪清、图们、八家子和黑龙江省牡丹江（木材综合加工厂浆粕分厂）、金山屯、伊春、五营、红星、塔河10个小纸浆厂改扩建项目的项目建议书进行评审。以后对可行性研究报告也进行了评审和批复。

11月，在北京市召开了对江西赣州林业造纸厂预可行性报告评审会，在广州召开了对雷州桉树制浆造纸厂评审会。确定了赣州项目规模和产品为年产6.8吨漂白硫酸盐商品木浆，雷州项目为年产5万吨漂白桉木化学浆。

1991年，对方正、带岭、雒容3个在建项目的设计进行复查，对施工建设中的问题进行了协调，工程进展较顺利；桦南、柴河、顺昌3个改扩建项目，已基本完工，投入试生产。 （肖启寿）

【林业造纸优质产品评比】 1991年10月5日，在北京市召开了林业造纸优质产品评比会，对黑龙江省牡丹江木材综合加工厂生产的丹翔牌粘胶纤维木浆粕和广西壮族自治区广西林业造纸厂生产的清江牌牛皮箱板纸进行评审。评优会邀请了有关专家组成评审小组，遵照国家技术监督局和林业部的要求，根据《林业造纸优质产品评比细则》，对以上两个产品评审，认为符合部优产品要求。经推荐，被批准获林业部优质产品称号。 （许向阳）

【林纸专家技术服务】 林业部林产工业办公室组织邀请了南京林业大学、中国林业科学研究院林产化学工业研究所的教授、专家于8月22日至9月7日，对黑龙江省主要林业造纸厂进行实地技术咨询服务活动。参加技术服务的教授、专家包括制浆造纸工艺技术、环境保护、企业管理等专业。他们先后到柴河纸板厂、牡丹江木材综合加工厂、桦南林业局造纸厂以及伊春林区的各林业纸厂进行实地考察。针对企业存在的问题进行座谈、咨询和讲课，为提高这些企业的生产技术和经营管理水平，起了推动和促进作用。同时也加强了科研、教学与生产实际的结合。 （许向阳）

林业机械制造

【综　述】 1991年，林业机械企业克服市场疲软、订货不足、资金紧张带来的困难，共完成工业总产值70074万元，比1990年增长10.64%，生产稳步回升，经营状况逐步好转。

调整产品结构 近年来，由于受控制木材采伐量、压缩固定资产投资等一系列宏观调控政策的影响，用户对林业机械产品的需求发生较大变化。各企业从实际出发，确定产品结构调整方向，捕捉信息，制定产品发展具体目标。镇江、泰州、西北林业机械厂抓住国家产业政策向农业倾斜，弥雾喷粉机畅销的有利时机，调整生产计划，使弥雾喷粉机产量比1990年增长92.31%。西北林业机械厂针对风力灭火机使用范围扩大，需求急剧增加的信息，4次调整生产计划，安排畅销品生产，产量比1990年增长3.4倍。几种主要营林机械产量增加，使营林机械产量所占比重大幅度上升。另一主要结构变化是人造板设备产量比重下降，由于投资类产品需求减少，用户对人造板设备的技术性能、质量诸方面要求增多，对新型人造板设备需求迫切，造成普通人造板设备销售困难，出现产品积压，反映出人造板设备新产品开发速度慢，跟不上形势发展的需要。木材采集机械中的木材装载机、改装车等产量增加，在林业机械产品中所占比重加大。木工机械基本持平，林业工具、其它机械比重也有变化，18 家林机骨干重点企产品结构调整见表 3。

表 3 林业机械产品结构变化

产品类别	1990 年比重（%）	1991 年比重（%）	1991 年比 1990 年增减（%）
营林机械	4.47	5.35	0.88
木材采集机械	34.98	38.34	3.36
木工机械	11.54	11.48	−0.06
人造板及木质纤维加工设备	37.04	29.15	−7.89
林业工具	6.88	6.04	−0.84
其它机械	5.09	9.65	4.56

销售 各企业全力以赴促进销售工作，一是正确分析市场情况，确定销售主攻方向，充实销售队伍，落实销售承包责任制，利用订货会、展销会宣传推销产品。做好售后服务，走访用户征求意见解决各种问题。二是努力开辟新市场，在为林业服务的同时扩大为社会服务的产品，装载机、叉车打入矿山、石化行业，单层浸渍干燥线推向绝缘材料行业，扩大了产品的使用和服务范围。三是加快新产品开发步伐，扭转销售局面。苏州林业机械厂在分析了人造板设备市场需求的基础上，确立新型单板干燥机、单层卧式浸渍生产线等产品在市场营销中的主导地位。泰州林业机械厂用较短时间完成了切割锯的研制和技术评审，在公安部门的订货会上首批订货 200 多台。新产品开发增强了企业市场竞争能力。四是注意减少库存积压，做好用户欠款的清理，促进了销售工作顺利进行。

出口 1991 年，各企业采取多口岸、多渠道、多品种的外销方式，积极与外商联系扩大林业机械产品出口，18 家重点林机厂共实现出口产值 2049.5 万元，出口创汇 560.47 万美元。牡丹江木工机械厂被国务院机电设备审查办公室批准为扩大外贸自主权企业，成为继常州林业机械厂后第二家出口扩权企业。

行业管理 1991 年，中国林业机械公司安排技术改造项目 11 项，总投资 2482 万元。林业机械行业开展“质量、品种、效益年”活动，推动了企业生产经营及管理工作。1 个产品获得国优称号，3 个产品获部优称号，各检测站对优质产品进行了复查工作。完成新产品研制项目 38 项，新产品鉴定后投入小批生产的产品 13 项。有关林业机械企业参加了 5 月在德国汉诺威举行的国际木工及森林工业机械展览会和 10 月在新加坡举办的第五届亚洲国际木工机械展览会，参展企业对国外林业机械产品的发展趋势有了进一步的了解，扩大了我国林业机械对外宣传和影响，使国外有关用户对我国产品有了更多的认识。1991 年 3 月在北京举办的全国首届工业企业技术进步成就展览会森林工业馆，有 10 个林业机械企业参展。9 月，中国林业机械公司与其它单位共同主办了'91 国际林业机械技术交流展览会，25 家企业参展。 （梁扬子）

【林业机械新技术与科研成就】 1991 年，林业机械科研项目共 49 项，其中营林机械 10 项，木材采集机械 14 项，人造板及木质纤维加工机械和木工机械 25 项。获国家级科技进步三等奖 1 项，获林业部科技进步三等奖 6 项。

由泰州林业机械厂完成的 2G—2 型割灌机，适用于园林绿化、庭院除草、割灌木作业，整机重量轻，振动小，操作灵活，其多项性能指标达到国际水平。主要技术参数为：切割生产率 25 平方厘米/秒，切割耗油率 110 克/平方米，整机重量 9.5 公斤。该机已通过鉴定，并投入批量生产。由苏州林业机械厂试制的 485QN 型柴油机是载重量 1.5 吨农用运输车的配套动力，主要性能指标达到规定的优等品水平。其主要技术参数为：缸径×行程 85 毫米×100 毫米，1 小时功率 28 千瓦，最低燃油消耗率小于 265.2 克/千瓦小时，净重 230 公斤。该机已通过鉴定，并投入批量生产。由镇江林业机械厂试制的 CCCD—10 型 10 吨内燃侧面式叉车结构先进、操纵方便、使用安全可靠，主要技术参数达到了国际 80 年代水平，并填补了国内起重运输机械的一项空白。主要技术指标为：额定起升重量 10 吨，最大起升高度 3600 毫米，最大运行速度（满载）20 公里/小时。该机已通过鉴定，并投入小批量生产。由苏州林业机械厂试制的 BSG2713 四砂架双面宽带砂光机，是引进德国比松公司技术，消化吸收的新产品，其多项技术性能已接近国际先进水平。主要技术指标为：最大加工宽度 1300 毫米，砂削板厚范围 3—200 毫米，加工精度±0.1 毫米，年生产能力大于 3 万立方米。该机已通过鉴定，并投入批量生产。BSG2613 双砂架双面宽带砂光机是苏州林业机械厂根据国内中小规模人造板企业的需要，在引进德国比松公司 BWS 型砂光机制造技术的基础上，吸取瑞士斯台尼曼公司 NOVE 型砂光机的部分特点，自行改进设计试制的一种双面定厚磨削式宽带砂光机。主要技术指标：最大加工宽度 1300 毫米，砂削板厚范围 3—200 毫米，加工精度±0.1 毫米，年生产能力 1.5 万立方米。该机已通过鉴定，并投入小批量生产。由常州林业机械厂和天津工程机械研究所共同研制的 ZLM—60 轮式木材装载机，适合于林业及其它部门从事原条、原木、管材等长形构件和砂石、泥土、煤炭、矿石等散状物料的装卸、短距离运输、铲挖、起重及牵引等作业。其各项性能指标均达到国内先进水平。主要技术指标：额定斗容量 3.3 立方米，额定载重量 6 吨，最大掘起力 195 千牛，最大卸载高度 3 米，行驶速度 0—

35公里/小时。该机已通过鉴定，并投入小批量生产。

（马松山 仇淑珍）

【林业机械技术改造与技术引进】 1991年，中国林业机械公司共安排林业机械技术改造项目11项，总投资2482万元，其中专项贷款2090万元。其中，属“七五”计划应完未完技术改造项目5项，新开技术改造项目1项，即常州林业机械厂7吨装载机技术引进及改造。改造的主要内容为通过与日本小松制作所技贸结合，合作生产WA470装载机，引进该机型制造技术，同时引进焊接机器人、加工中心等关键加工设备，建立CAD工作站，提高该厂的制造水平和设计水平，缩短我国大吨位装载机与国外制造水平的差距。

苏州林业机械厂在“七五”期间进行了单板干燥机技术引进及改造，目前已基本竣工。该厂在改造中注重提高工艺水平，并对引进的制造技术认真消化吸收，生产出的第一台辊筒式单板干燥机已在黑龙江松江胶合板厂安装使用，效果良好。通过引进及改造，该厂已成为国内胶合板干燥设备的主要生产厂，网带式、辊筒式单板干燥机已达国际80年代中期水平，全部可替代进口。上海人造板机器厂热磨机、长网成型机技术改造项目已完工。该厂改造后生产的热磨机，吸取了瑞典桑斯公司同类产品的优点，其产品质量、水平均达到国内先进水平，已应用于国内小纸厂机械浆的生产。 （章 啰）

【林业机械企业“质量、品种、效益年”活动】 1991年，在开展“质量、品种、效益年”活动中，各林业机械企业成立了领导机构，明确任务，对目标进行分解层层落实，并与经济责任制挂钩，定期考核，向质量要效益，走“质量效益型”的道路。

在质量管理方面，①组织修订和颁发了《林机行业企业林业部质量管理奖评比细则》，布置推行《质量管理和质量保证》的国家标准。②各企业都认真开展了质量教育工作，分别对管理干部和工人进行质量知识教育，干部职工质量意识增强。③组织创优活动。1991年，泰州林业机械厂的BJ331手抬机动泵获国家银质奖；上海人造板机器厂的4×8/20纤维板热压机、常州林业机械厂的ZLM50装载机、昆明林业机械厂的EQ—140汽车钢板弹簧获林业部优质产品称号。④开展群众性质量管理（QC）小组活动。常州林业机械厂的定置管理QC小组荣获国家优秀QC小组称号；泰州林业机械厂的造型一组QC小组等21个QC小组荣获林业部优秀QC小组称号，还有11个QC小组被评为先进QC小组。⑤加强对质检站（中心）的指导。各站按国家规定，完善管理制度，加强培训质检人员，提高质检人员素质和检验水平。林业部便携式林机质量检验站，经国家技术监督局评审，被批准为国家级便携式林机质量监督检测中心。⑥优质产品复查。1991年，复查国优产品11种，部优产品16种，到期复查确认的3种，均保持优质产品水平。

开展“双增双节”活动，提高经济效益。各厂针对存在的问题制定了“双节”目标，定期考核，收到较好效果。生产适销对路产品，压缩库存，降低消耗，堵漏洞，挖潜力，重点抓节支节约工作，仅中国林业机械公司直属五厂就节约金额675.9万元。

（邱奇峰）

森林工业企业多种经营

【综 述】 1991年，在国家搞活大中型国营企业的形势推动下，森工企业多种经营继续向前发展，为林业产业、产品结构的调整和缓解企业“两危”做出了新的贡献。

主要产品产量 在部分省（区）遭受自然灾害的情况下，1991年生产粮豆122 883吨，比1990年增长10.4%；人参297万公斤，比1990年增长24.3%；水果40 055吨，比1990年增长334%；山野菜526万公斤，比1990年增长38.7%；蛋13 406吨，比1990年增长8.9%；水产品1836吨，比1990年增长6%；各种糕点4362吨，比1990年增长26.9%；各类罐头2518吨，比1990年增长74%；黄金776.9公斤，比1990年增长6.1%；水泥127 392吨，比1990年增长100%；砖8.8768亿块，比1990年增长76.8%；瓦6368万块，比1990年增长159.6%；发电27 884万度，比1990年增长226%。

多种经营产值和效益 1991年，森工企业多种经营实现产值及收入36.87亿元，比1990年增长12.4%，相当于森工总产值的30.4%；为国家上缴税金1.5亿元，比1990年增长10%。

从业人员 1991年，森工企业多种经营从业人员达684 047人，比1990年增加18 235人，其中全民所有制138 087人，比1990年增加21 577人。转移了富余职工，减轻了企业压力；安置了社会青年，促进了林区的安定。

多种经营贴息贷款 1991年，继续发放了3亿元森工企业多种经营专项贴息贷款，确定了542个项目，总投资6.9275亿元，当年投资5.0918亿元，新增利税3.496亿元，安置3万多人。贷款实际落实2.7898亿元，为计划的93%，比1990年增加了28个百分点，是自发放贷款以来落实最好的一年。落实项目当年新增产值1.7346亿元，新增固定资产1.4858亿元。森工企业多种经营专项贴息贷款为扩大多种经营生产规模，使生产向规模效益型发展提供了重要的资金保证。

多种经营内部产品结构 在保证原料基地建设的基础上，向深加工方向发展。1991年，多种经营工业产值实现20.3833亿元，比1990年增长8.3%，占多种经营总产值的61.3%；全民多种经营实现产值13.8028亿元，占总产值的37.4%，全民、集体、个体全面发展。

多种经营产成品销售 1991年，在把企业推向市场的深化改革进程中，企业充分认识到多种经营销售工作的重要性，从领导到销售队伍的建设都得到了加强，各省（区）逐步建立多种经营销售体系。据不完全统计，1991年多种经营实现销售收入19.5233亿元，比1990年增长20.7%。

多种经营专项承包 多种经营单位和企业根据自身的特点，实行了各种承包经营责任制，调动了广大干部和职工的积极性，为生产发展创造了较好的条件，有的省（区）承包覆盖面达90%以上。

多种经营战线职工素质 1991年，林业部在南京林业大学举办了多种经营管理培训班，培训企业领导40多人；各省（区）也分别举办了不同层次的培训班，培训1500多人，使多种经营战线干部、职工的素质得到了提高。至1991年，多种经营战线拥有专业技术人员7324人，为本战线总人数的1.1%。（盥春林）

【国有林区森工企业富余劳动力转移】 1991年，林业部认真抓了森工企业富余劳动力转移工作，年内两次调查摸底，7月在黑龙江省召开了东北、内蒙古国有林区森工企业富余劳动力转移工作座谈会。会后下发了《关于进一步做好东北、内蒙古森工企业劳动力转移工作的通知》。

森工企业劳动力转移工作的方针和原则 做好劳动力转移工作，必须坚持“以林为主，综合利用，多种经营，立体开发，全面发展”的方针。遵循山下向山上转移，非生产部门向生产部门转移，内转外转并重，转移与调整产业结构、生产规模、强化管理以及发展全民、集体、个体经济相互紧密结合的原则。调整结构与劳动力转移要相辅相成，主动转移促进结构调整；坚持转移规模与速度相适应，增加和提高经济效益，从实际出发，因地制宜，只要能增加和提高经济效益，规模应大则大，应小则小；转移速度注意既不盲目行动，又积极创造条件加快转移速度。

森工企业劳动力转移的目标及规划 国有林区森工企业“八五”期间约近50万人需转移和安置，任务相当艰巨。为此，各森工企业和企业主管部门，在摸清底数，充分考虑现有条件，预测未来发展变化的前提下，从实际出发，结合林业企业“八五”计划和十年规划，制定劳动力转移规划，到“八五”末期，使富余职工基本得到转移，新增劳力基本得到安置，符合国家待业率低于3.5%的要求目标，并实现劳动力的相对平衡。

森工企业劳动力转移的方向 根据办大林业和林业新兴相对独立产业的要求，劳动力转移和安置的主要方向是，向营林生产转移，积极发展森林资源，大力营造速生丰产林，及时进行森林抚育，加快走向集约经营；继续扩展目前各种多种经营生产，这方面范围广、门路宽，是容纳劳动力的重要方面；积极稳妥地发展林产工业，搞好现有林产工业的调整和技术改造，努力开发新产品，大力发展木浆和造纸；大搞农业开发，充分利用企业内部土地资源，主动参加“三江”平原的开发；有条件的地方要积极创办合资、合营企业、组织劳务输出等。成熟时可以跨省（区）或打破现行建制转移劳动力，切实改变“大锅饭”、“铁饭碗”、分配不公及平均主义，并加强劳动力的管理。

1991年企业劳动力转移情况 据不完全统计，到1991年底，国有林区森工企业已转移富余职工3万多人，安置青年近4万人，基本完成了年度的劳动力转移和安置。（咝春林）

林 产 品 流 通

【综 述】 1991年，木材及林产品流通工作得到加强。木材生产、运输、经营的法规和管理制度进一步完善。经过清理整顿，各地取消和取缔了一批不合格和非法的木材经营、加工单位，林业部门经营木材的主渠道得到稳固。

国有林区签订统配材供货合同1310.6万立方米，完成1127.8万立方米，兑现率为86.1%。其中，东北、内蒙古国有林区订货1222.9万立方米，在遭受了特大水灾，铁路、公路和生产设施受损的情况下，实际完成1055.5万立方米，兑现率为86.3%。原木合同兑现率达100%的企业有29个，锯材合同兑现率达100%的企业有26个。

1991年，木材需求呈上升。林业部举办的第十二届全国非统配木材交易会，成交木材近600万立方米，成交金额20多亿元。由林区省和企业举办的区域性非统配木材交易会成交木材1500多万立方米，成交金额达50多亿元。林业部门在全国已形成了比较完整的木材销售网络和流通体系。林区的经销机构和网点达6500多个，木材销区自销、联销网点1600多个。

随着统配木材逐年下调，为保证国家重点用材，林业部继续对铁道、煤炭等部门实行导向销售；对统配坑木的重点使用单位东北、内蒙古煤炭联合公司，继续组织企业签订煤木互保供应协议，使坑木的平均兑现率达到 98.6%。

木材出口配额由过去主要下达港口城市转为主要落实给木材产区。内蒙古大兴安岭林业管理局获得二类产品出口经营权，成为林业系统第一个可以经营原木出口的企业。

林区各企业针对“三角债”和木材货款被大量拖欠的实际情况，采取了很多切实有力的措施。黑龙江省亚布力林业局采取的木材销售、发运、划拨、结算统一由木材经销部门管理的方式，对收回被拖欠的木材货款，防止发生新的拖欠，效果明显。林业部已在东北、内蒙古国有林区予以推广。

基础工作得到加强。由林业部森林工业司组织编写的工具书《木材经销手册》正式出版。以此书为基础，林业部连续举办了 3 期全国木材经销人员的培训班。 （刘世勤）

【全国统配木材订货会】 林业部与物资部联合，于 1990 年 11 月 23—29 日在成都召开了 1991 年度全国统配木材预拨订货会，于 1991 年 5 月 23—29 日在西安召开了 1991 年度全国统配木材订货会。全国各省（区、市）、中央各有关部委的统配木材用户及供方各经销单位参加了大会，会内代表约 1800 人，会外代表约 2000 人。

1991 年度全国统配木材预拨订货会 提报资源 588.7 万立方米，分配资源 544.3 万立方米，余留待分资源 44.4 万立方米。

1991 年度全国统配木材订货会 提报资源 586 万立方米，其中：国拨价 524 万立方米，省定价 62 万立方米；分配资源 439.6 万立方米，其中：国拨价 398.2 万立方米，省定价 41.4 万立方米；待分资源 146.5 万立方米，其中：国拨价 125.8 万立方米，省定价 20.7 万立方米。 （刘树人）

【1992 年度全国非统配木材交易会】 1991 年 11 月 15—18 日，林业部在河北省唐山市召开了 1992 年度全国非统配木材交易会。参加会议的有国家有关部委和产、销区各省（区、市）代表 3500 多人。蔡延松副部长到会并作了讲话，监察部驻林业部监察局派工作组驻会。

参加交易会的各产材省（区）共向大会提供资源 1583.7 万立方米，其中：原木 1144.1 万立方米，锯材 146.0 万立方米，人造板 87.6 万立方米，木制成品半成品 16.1 万立方米，其它木制产品 189.9 万立方米；竹材 370 万根。交易会上，供需双方代表严格遵守国家有关政策和规定，采取灵活多样的交易形式，经过洽谈和协商，共签订合同 7000 多份，成交数量 585.9 万立方米，成交金额 23.3 亿元。此外，还达成一些意向性协议。为了保证国家重点部门用材的供应，会议期间，林业部对南方林区“三项用材”的供应进行了协调，落实了煤炭、铁道、轻工等部门 1992 年木材供应计划。

本届交易会有如下特点：一是融服务、信息、交易于一体。会议期间召开了信息发布会，沟通产销信息，促进交易。二是交易会使用了国家规定的统一合同文本。完善了合同条款，使经济合同更加规范化和法制化。三是资源数量充足，品种多样，成交数量大，成交额高。但与提报资源总量相比仍然偏低，成交量只占资源总量的 37%。四是东北、内蒙古林区的成交情况好于南方。东北、内蒙古林区提报资源为 817.7 万立方米，成交 504.9 万立方米，占提报资源总量的 61.7%；南方林区提报资源 766.0 万立方米，成交 81.0 万立方米，仅占提报资源总量的 10.6%。五是红松、白松、水曲柳等珍贵树种和大径级优质原木及中密度纤维板、名牌胶合板销路很好，成为抢手货。次、小、薪、陈材销售不畅。 （吴世峰）

【出口原木供货计划】 1991 年 6 月，国家计划委员会同林业部、对外经济贸易部、物资部共同研究、制定了木材出口原则。

①严格控制木材出口总量，稀有树种的出口要逐年减少，有一定资源潜力、创汇多的树种，可适当安排。下达计划时，要注明出口树种和供货省份等。②木材出口任务主要落实到木材主产区，重点弥补森工企业生产统配材的亏损，以林养林。不产材的口岸城市及外贸公司，原则上不安排出口。但一些老口岸及外贸公司经营出口木材已多年，有传统客户和对外信誉，可在逐年减少上述口岸及外贸公司出口数量的前提下，选定几个公司，发挥其经营优势，安排适量出口。③土畜产进出口总公司、海外贸易公司、凯利实业公司以及各省土畜产进出口公司，要按照国家及林业部收购林区木材的有关规定，收购主产林区的木材出口。④计委下达原木出口计划意见后，由经贸部统一下达出口计划，林业部下达生产供货计划，落实出口木材数量、品种和供货单位。

依据上述原则，四部委确定了 1991 年出口原木为 6.152 万立方米。安排东北、内蒙古主产林区出口 3.5 万立方米，占计划总量的 56.8%。

林业部根据［1991］外经贸计出函字第 926 号《关于今年原木出口计划安排的通知》的要求，下发了林工通字［1991］44 号《关于下达 1991 年出口原木生产计划及有关问题的通知》，要求有关省（区）的林业主管部门，切实做好出口原木供货工作。

1991 年，林区各企业已全部完成出口原木供货计划。 （郭红燕）

【木片生产和出口】 1991 年，我国木片市场出现转机。南方林区生产的木片除企业自用外，出口 167.5 万层积立方米，创汇3000多万美元。其中，广东出口95万层积立方米，广西出口15万层积立方米，海南出口57.5万层积立方米。东北、内蒙古林区生产木片302万层积立方米，其中企业自用242.3万层积立方米，内销42万层积立方米，出口17.7万层积立方米。

1991年，林业部成立了木片生产领导小组，蔡延松副部长任组长。领导小组成立以后，加强了对全国木片生产的规划、组织、协调、指导和服务工作。在调查研究的基础上，初步制定了木片生产规划方案。其主要内容是：到“八五”末期，全国木片产量达到2000万层积立方米（其中东北、内蒙古林区1000万层积立方米），可节约代用木材600万立方米；每年出口木片750万—1000万层积立方米（其中东北、内蒙古林区250万—500万层积立方米），创汇1.5亿—2亿美元。与此同时，组织了东北木片的出口试销工作，与日本、南朝鲜、香港、台湾等国家和地区木片贸易商社建立了业务联系。并同国家计划委员会、国务院生产办公室以及有关部门及时沟通了情况，初步解决了木片运输、运价、免税和出口经营权等问题。

当前，林区生产木片的条件已经具备。据不完全统计，仅东北、内蒙古林区年生产能力已达500万层积立方米，其中可供出口100万层积立方米。国际市场对木片的需求量大，但纸和纸浆的价格刚刚从低谷回升，所以木片价格回升还需要一定的时间。因此，发展木片生产要做到以销定产，防止仓促上马，盲目生产。发展木片生产要进一步解决的问题是：加强行业管理，协调木片生产和出口计划，理顺内销、外销关系，一致对外。改革运输方式和装船工艺，加快港口出口基地建设，提高木片质量。（马双彪）

【木材销售“一条龙”管理】 针对当前木材市场疲软，产品滞销，资金严重短缺的困难局面，黑龙江省亚布力林业局调整木材经销部门职能，实行木材销售、发运、划拨、结算“一条龙”的管理方式，使木材销售与木材生产，货款回收，误差处理，提高经济效益“四挂钩”，扭转了经销部门只管卖木材，不问划拨结算、货款回收和经济效益高低的问题，提高了效率和经济效益。1991年销售原木28.1万立方米，完成计划104%，每立方米售价比计划提高23.45元，比1990年同期提高58.99元；在木材产量调减4万立方米的情况下，实现利润300.8万元，比1990年增长148.2万元。

1991年，林业部在东北、内蒙古国有林区推广了亚布力林业局木材销售“一条龙”管理经验，取得较好的经济效益。东北、内蒙古林区木材库存量463.5万立方米，比1990年同期减少86.5万立方米；产成品资金占用26.5亿元，比1990年减少2.51亿元；发出商品材为25亿元，比1990年提高13亿元，抑制了拖欠木材货款增长势头。（赵晓琦）

【煤木互保】 1991年是执行东北、内蒙古国有林区与东北、内蒙古煤炭工业联合公司（以下简称东煤公司）计划内煤炭、木材互保供应协议的第三年。互保供应采取了单独调度、统计（优先安排运输），欠款不影响发运等措施，使木材和煤炭的合同兑现率分别达到98.6%和96.8%（表4）。

1991年夏季，东北部分地区遭受特大水灾，有互保供应任务的34个林业局和部分矿务局受灾，各级干部职工一面抗洪救灾、重建家园，一面坚持生产。在灾后运力紧张的情况下，调整供货单位，克服种种困难，顾全大局，使煤炭和木材的兑现率分别比互保前提高了11.2%和11.6%。合同兑现率达100%的林业企业有62个，占总数的75.6%；8个矿务局兑现率达100%，占总数的72.7%。

执行互保中突出的问题是互欠货款严重。截至年底，木材欠款8100万元，煤款拖欠14 520万元。

表4 1991年木材煤炭对应交货情况

单位＼合计	木材到货情况			单位＼合计	煤炭到货情况		
	订货量（立方米）	到货量（立方米）	到货率（%）		订货量（吨）	交货量（吨）	交货率（%）
	757 550	747 207	98.6		255 500	2 183 000	96.8
黑龙江省森林工业总局	376 225	368 484	97.9	东煤公司	1 316 700	1 283 300	97.5
大兴安岭林业公司	79 700	78 767	98.8	东煤公司	204 200	187 846	92.0
内蒙古大兴安岭林业管理局	130 300	128 631	98.7	东煤公司	372 300	347 169	93.2
吉林省林业厅	171 325	171 325	100	东煤公司	362 300	364 685	100.7

（郭红燕）

【木材装载、防火质量检查】 铁道部、林业部组织哈尔滨、沈阳铁路局和东北、内蒙古国有林区林业局，于1991年5月17、18日在吉林省四平市，就铁路运输途中木材的装载、防火质量进行了联合检查。

依据《铁路货物装载加固规则》和铁路运输木材防火办法，抽查120车，符合要求的只有66车。

（郭红燕）

【全国林产品信息网络活动】

全国林产品信息网络中心第三次理事会 1991年3月5—8日，在福建省厦门市召开。参加会议的除全国林产品信息网络理事单位外，还邀请部分申请入网的单位参加，有40多位代表参加会议。会议由全国林产品信息网络中心理事长林文绪主持。

会议内容：①座谈市场形势，交流信息，回顾1990年市场情况，预测1991年林产品市场发展趋势，研究克服市场疲软的措施和对策；②总结1990年网络工作，安排1991年网络工作；③表彰奖励1990年度网络优秀信息员；④会议决定增补、调整常务理事单位，并决定将网员单位分成南北两片，每年组织一次分片活动。

全国林产品信息网络南方片会 1991年6月9日在湖北省襄樊市召开。会议由南方片组长单位湖北省木材公司主持。会议重点交流了南方产区的生产、销售情况，分析了市场形势，对下半年木材市场进行了预测。南方市场主要产、销区木材购销普遍回升，销区木材库存普遍下降，木材价格趋于回升，木材经营效益仍没有明显好转。

全国林产品信息网络北方片会 1991年8月25—28日在甘肃省酒泉市召开。北方片12个网员单位34名代表出席了会议。会议由北方片组长单位甘肃省林化总公司主持。会议期间部分省、市间还进行了木材及林副产品交易活动。大量信息表明，北方木材及林产品市场状况与1990年同期相比，没有明显改观，疲软状况仍在继续，购销量普遍减少，库存都有程度不同增加，品种结构与社会需求矛盾仍然存在，木材价格下跌，企业效益不佳。

林产品信息发布会 结合全国第十二届非统配材交易会，1991年11月16日在河北省唐山市召开林产品信息发布会。发布会是历次非统配材交易会的第一次。会上由林文绪发布林产品市场信息，介绍第十二届全国非配材交易会资源提供情况，分析了林产品市场形势，对1992年的林产品供求、价格及市场趋势进行了预测。供需双方也各自发布了供求信息。

（刘兆全）

【木材经销管理培训班】 林业部森林工业司于1991年4月5日至5月5日在南京林业大学举办了社会主义木材商品市场与木材贸易专题研讨班；于1991年9月1—30日在东北林业大学举办了木材经销管理培训班。

社会主义木材商品市场与木材贸易研讨班学员是来自16个省（区）的县级以上木材经销企业的主要负责人。研讨班主要议题：怎样建立符合中国国情的木材市场机制，木材的产区和销区如何合理分工，木材市场应如何加强管理，新形式下如何充分发挥木材流通企业的主渠道作用，木材价格的形成机制及合理的税费负担，木材流通企业怎样开发未来市场等。

木材经销管理培训班学员是来自17个省（区）的木材经销处（局）长，木材经销科长。培训班学习的主要有社会主义经济理论，企业现代化管理，木材商品市场与预测，木材价格与木材流通管理；专题讲座有木材经销管理体制与制度，木材购销合同，木材经销财务管理，木材运输管理，世界木材资源与贸易。

（刘树人）

林业物资工作

【综　述】 1991年，各级林业物资部门在指令性计划继续减少、价格逐步并轨、资金严重短缺等困难条件下，进一步转变思想观念，调整经营战略，发展横向经济联合，坚持计划内、外两种资源一起抓、林业系统内、外两个市场一起占，通过计划、市场、协作等多条渠道组织资源，全年各类主要物资的供应水平和销售额比1990年都有较大幅度地增长，基本保证了林业生产建设和各项事业发展的需要。

物资供应 据统计，1991年全国重点林区物资部门共组织各类物资总金额41亿元，比1990年增长17%。其中，由林业部直接组织的资源总金额为12.7亿元，比1990年增长15.5%。主要物资有：原材料5亿元，比1990年增长26.3%；机电设备2.5亿元，比1990年增长22%；油脂燃料5亿元，比1990年增长8.7%。东北、内蒙古林区林业管理局以上物资部门1991年销售额4.1亿元，比1990年增长12.5%。

据有关统计资料综合分析，东北、内蒙古重点林区在各类主要物资供应总量中，市场资源占有较大的比重。其中，钢材市场资源占46.9%，煤炭为42.8%，成品油为14.3%，水泥为61.2%，平板玻璃为42.6%，各类汽车为66%。南方林区所需物资主要来源于市场。

物资协作 为弥补物资缺口，东北、内蒙古林区积极开展物资协作，全年共发出协作材25万立方米，协作调进煤炭42万吨、汽柴油1.6万吨、钢材2.2万吨、水泥5.3万吨、平板玻璃6.4万重量箱，还有部分尿素、沥青、液化气等紧俏物资，在一定程度上缓解了供求矛盾。

救灾物资 1991年夏季，我国南方和东北部分地区相继发生严重洪涝灾害，林业受灾情况相当严重。各级林业物资部门在当地党委和政府领导下，敞开仓库，全力以赴地投入救灾工作。林业部先后统一组织调拨钢材2160吨、水泥6800吨、汽油400吨、煤炭5000吨、木材870立方米、化肥3300吨、汽车5辆。各级林业物资部门在抢险救灾、恢复生产、重建家园的各项工作中都发挥了重要作用。（戴筑珏）

【物资节约】 1991年，各级林业物资部门结合开展“质量、品种、效益年”活动，与生产、建设部门紧密配合，紧紧围绕“两提高”、“四降低”（即提高质量、提高效益，降低能源和原材料消耗、降低管理费用、降低成本、降低资金周转天数）的要求，进一步修订和完善了物资消耗定额，广泛开展了节约挖潜和修旧利废活动。据东北、内蒙古林区和18个林机（药）厂的不完全统计，全年共节约煤炭10万吨、成品油9200吨、钢材2750吨、木材8.7万立方米、水泥10 000吨、焦炭75吨，上述物资按当年供应价计算，折合人民币7000多万元。另外，通过严格控制乱采滥购、调整库存结构，积极开展清库工作，林业部直属直供单位的库存比1990年有较大幅度下降，其中，钢材库存压缩14 412吨，比1990年下降17.2%；机电产品库存压缩671万元，比1990年下降1.3%。（陈崇欣）

【林业物资工作改革】 1991年，林业物资部门的各项改革有了新的进展，主要表现在：一是在机构性质上，转轨变型的步伐加快。如黑龙江省森工系统和内蒙古林区物资部门原来多属纯行政性职能部门，目前大部分已基本实行政企分开，即由原单纯的服务型转向经营服务型。二是调整了经营方针，由单一抓计划内资源转向计划内、外一起抓，坚持以经营生产资料一业为主，开展多种经营。根据物资部、国家工商行政管理局［1991］物供字241号文，包括林业部在内的国务院各部门物资供销机构，从政策上已允许对自行组织的计划外物资扩大到本系统以外经营。三是在转换内部经营机制方面进行了积极探索，并取得了初步成效。吉林省林业物资公司及大兴安岭林业公司和南方重点林区物资部门普遍实行了目标管理和多种形式的经营承包责任制，有力地调动了广大职工的积极性，推动了服务和经营业务的开展。（陈崇欣）

森林工业企业管理

【东北、内蒙古国有林区开始组建林业企业集团】 企业集团是适应我国社会主义有计划商品经济和社会化大生产的客观需要而出现的一种新的经济组织。为了促进企业集团的健康发展，国务院决定，选择一批大型企业集团分期分批进行试点。林业部对组建林业企业集团问题进行了专门研究，于1991年2月4日向国家体改委报送了《关于呈报组建森工企业集团问题的函》。

1991年6月7日，国务院第11次常务会议批准组建第一批55个试点企业集团，其中，包括黑龙江林业企业集团、吉林林业企业集团、内蒙古大兴安岭林业企业集团、黑龙江大兴安岭林业企业集团，并于1991年12月14日下发了《国务院批转国家计委、国家体改委、国务院生产办公室关于选择一批大型企业集团进行试点的通知》。强调指出，做好大型企业集团的试点工作，对于促进企业组织结构的调整，推动生产要素的合理流动，充分发挥国营大中型企业的主导作用，形成群体优势和综合功能，提高国际竞争能力，进一步增强国家宏观调控的有效性，具有重要作用。

为了落实国务院关于发展企业集团的指示，林业部先后于6月和8月在北京召开了有黑龙江、吉林和内蒙古三省（区）政府主管林业的秘书长和森工企业主要领导同志参加的林业企业集团组建工作座谈会，对制定林业企业集团实施方案等问题进行专门布置和听取关于组建工作的汇报。会后，四省（区）森工主管部门在省（区）政府的领导下，按照林业部“方向要坚持，进度要抓紧，步子要稳妥，工作要扎实”的要求，积极开展制定组建方案，征求意见，向省（区）政府汇报等具体工作。（贾　骞）

【林业企业升级工作】 在国务院生产办公室下达关于暂停对企业评优升级活动的通知以前，1991年，由企业提出申请，有关省（区）人民政府推荐，经林业部审核报国务院企业管理指导委员会批准，黑龙江省南岔木材水解厂晋升为国家一级企业；黑龙江省兴隆林业局、带岭林业实验局、鹤北林业局，大兴安岭林业公司塔河林业局，吉林省八家子林业局、湾沟林业局，内蒙古自治区甘河林业局，云南省卫国林业局，江苏省国营南京阀门厂，广东省韶关刨花板厂、罗定县林产化工厂，福建省福州人造板厂、尤溪县林产化工厂、连城县林产化工厂晋升为国家二级企业。1987—1991年已晋升为国家一、二级的林业企业总计66个。其中，国家一级企业和国家二级企业分别占1.5%、98.5%；国有林业局企业、木材加工企业、林产化工企业、林业机械企业分别占47%、20%、18%、15%；大中型企业和小型企业分别占79%、21%。

1991年在组织对申报升级的企业考评验收的同时，还对1990年以前命名为国家级的企业进行了复评。复评结果除个别企业不合格需限期达标外，都保持了国家级企业称号。

1991年，林业企业升级工作的主要特点是：

①企业升级工作与深入开展“质量、品种、效益年”活动紧密结合，把企业升级的目标纳入“质量、品种、效益年”的内容。坚持目标管理，建立责任制，严格要求，定期考核，兑现奖惩。

②企业升级与专业管理相结合，以专业管理单项升级促进企业升级，有效地提高了各项专业管理水平。

③企业升级与推进技术进步、加速技术改造相结合，坚持管理和技术一起抓，不断提高企业技术水平。

④企业升级与完善承包经营责任制，转换企业经营机制相结合。把企业升级的质量、消耗、效益、安全等目标纳入承包责任制，使企业升级达标水平直接和企业承包任务的完成情况联系起来，较好地调动了企业和职工强化管理的积极性，有效地促进了企业进档升级。

⑤坚持精神文明建设与物质文明建设同步进行，实现企业素质全面提高。企业把加强职工全员培训规划与企业升级规划、企业精神文明建设与企业发展紧密结合起来，实行以人为本的作法，从提高职工素质入手，确保职工整体素质和企业管理水平不断提高。

为了进一步贯彻《企业法》，全面落实企业经营自主权，把企业推向市场，国务院决定停止对企业的评优升级活动。（陈斯忠）

【林业企业“质量、品种、效益年”活动】 林业部在1990年开展“林业质量年”活动的基础上，1991年提出了进一步提高造林营林、木材生产、工业产品、工程施工和服务质量，大力调整产业产品结构，积极发展林产工业、多种经营、综合利用和进行产品深度加工；以增加森林资源，增强企业活力，实现“两提高”、“四降低”（提高质量、提高效益，降低能源和原材料消耗、降低管理费用、降低成本、降低资金周转天数）的奋斗目标。

主要成效 经营思想和质量意识有了新的转变和提高。“质量、品种、效益年”活动的开展增强了各级林业部门、企业的领导和广大职工群众的商品经济观念和质量意识，促进了林业由粗放经营为主向依靠科学技术、实行集约经营、科学管理转变，使以质量求生存，以品种求发展的观念逐步深入人心，初步形成了全行业抓质量、增品种、促效益的良好气候。

造林质量再创新水平，森林资源培育取得较大进展，扭转了长期以来森林蓄积量持续下降的被动局面。据造林实绩核查，1991年全国造林在建国以来质量最好的1990年的基础上再创新水平，合格率超过75%；国有林区森工企业的造林合格率、成活率均达到90%以上。在一手抓造林质量的同时还狠抓了森林资源培育，强化资源管理，严格控制森林资源消耗，实现了全国森林资源生长量与总消耗量持平，消灭了森林资源赤字；东北、内蒙古国有林区从总体来说，森林资源生长量已经大于消耗量。

产品质量有所改善和提高，增强了市场竞争力。据统计，重点森工企业的主要产品的优等品率均有一定的提高，达到了林业部提出的目标。四川省林业企业主要工业产品质量稳定提高率达100%，比1990年同期增长16.67%；广西壮族自治区松香、栲胶的特、一级品率达92.7%、99.99%。企业产品质量提高，增强了自身的市场竞争力。如福州人造板厂生产的国优产品中密度纤维板，质量达到国际先进水平，适销对路，供不应求，不仅销往全国各省（区），而且出口到日本、新加坡、台湾等10多个国家和地区；1991年产品一次合格率99.9%，优质品率99.1%，实现利税1470万元，利润1070万元，出口创汇103万美元。

推进了技术改造和技术进步，促进了产业结构调整和企业经营机制的转换。一是引进人造板生产线达产达标工作有了突破，达产达标率比1990年提高15%，达到54%，实现了林业部提出的达产达标率应达到50%以上的目标；有4条引进生产线的人造板产量达到了设计生产能力。二是通过开发高技术含量、高附加值的人造板系列产品，木、竹、林产化工深加工产品，形成了一批市场销路好，竞争力强的新产品，为企业创造了可观的效益。据内蒙古大兴安岭林管局的不完全统计，1991年开发新产品64项，产值近千万元；广东省石龙木材厂在保丽板市场竞争非常激烈的情况下，根据市场需要开发了10多个新的花色品种，又出现了产销两旺势头。三是林区产品产业结构已逐步趋于合理。许多省（区）林业企业充分利用林区的资源优势大力发展林产工业、多种经营和综合利用，特别是木片生产发展。1991年，全国林业出口木片36.7万千吨，创汇2900多万美元，其中东北、内蒙古国有林区生产302万层积立方米，除内销和自用外，首次出口17.7万层积立方米，创汇360多万美元。1991年全国森工系统多种经营产值和收入达36.87亿元，比1990年增长10%。黑龙江省有23个林业局多种经营产值超千万元，75个林场（所）多种经营产值超百万元。广东省国营乳阳林业局利用林区丰富的水利资源发展小水电，逐步形成了“以水发电，以电养林、以林蓄水”的良性循环，1991年电费收入占全局总收入的35%，使企业摆脱了困境。目前，国有林区森工企业基本上形成了木材生产、多种经营、林产工业三足并重的经济格局。

强化了企业管理，一些主要经济指标有所改善，企业扭亏增盈取得新成效。一是企业安全生产工作得到加强。1991年，安全生产实现伤亡事故连续8年下降。东北、内蒙古国有林区1991年职工因公死亡率都低于0.1‰。二是实行费用和物耗两个目标管理收到实效。据了解，吉林省松江河林业局等部分森工企业基本扭转了两级管理费可控部分增长居高不下的局面。常州林机厂1991年完成“双增双节”金额349.1万元。三是国家调减木材产量，企业经济效益仍有较大的提高。湖北、湖南、江西、广东省和内蒙古大兴安岭林管局扭转了全森工行业亏损的局面。特别东北、内蒙古国有林区在1990年亏损1.3亿元的基础上，实现利润2671.5万元。

主要做法和体会 加强领导，健全机构，完善组织保证体系。自国务院《关于开展“质量、品种、效益年”活动的通知》发出后，林业部及各级林业主管部门和企业立即行动，把开展“质量、品种、效益年”活动作为1991年经济工作的中心任务，狠抓落实。由于各单位领导重视，机构健全，使这项活动在林业系统得以开展起来。

广泛宣传，深入发动，提高对开展“质量、品种、效益年”活动重要性和必要性的认识，增强参与意识。

制定方案，确立目标，切实抓好各项措施落实。1991年初，林业部下发了林业企业开展“质量、品种、效益年”活动的通知，3月分别召开国有林区、集体林区两个企业管理工作会议进行具体部署落实。各级林业主管部门、企业都认真进行贯彻实施。如吉林省林业厅为把“质量、品种、效益年”活动的各项工作落到实处，认真贯彻落实上级的有关要求，以林业部考核森工企业的12项经济指标和省政府考核该厅的10项指标为主要指标，同时结合本省林业企业的“双增双节”、“治危兴林”等工作，共分解落实给企业50项考核指标，各企业再将这些指标在企业内部进行逐级层层分解，扎扎实实抓落实。

加强督促检查和信息反馈，努力使“质量、品种、效益年”活动取得更大成效。林业部在“质量、品种、效益年”活动中，一方面，定期召开领导小组会议，讨论研究“质量、品种、效益年”活动的重大问题，按季考核东北、内蒙古国有林区重点森工企业和定期公布30家重点林产工业企业主要经济指标完成情况，加强森林工业生产调度工作，积极与各公司、省（区）沟通情况，交流信息；另一方面，通过派工作组深入基层，调查了解“质量、品种、效益年”活动开展情况，督促、指导工作，及时召开现场经验交流会，总结推广好经验、好做法，分析研究问题，部署下步工作，力争使“质量、品种、效益年”活动取得更大成效。

存在主要问题 ①“质量、品种、效益年”活动开展不平衡，个别单位对开展“质量、品种、效益年”活动认识不足。②国家对林业的扶持和优惠政策在某些地区难以落实到位；地方对林业的摊派仍较严重；森工企业营业外支出每年以20%左右的速度急剧增加。③受宏观经济环境的影响和企业管理水平所限，森工企业仍存在着产成品积压、流动资金紧张、拖欠职工工资、“三角债”前清后欠等严重问题。企业亏损仍较严重，据初步统计，全国1268户森工企业有479户企业亏损，亏损面37.8%，亏损企业亏损额高达6.36亿元，其中国有林区255户森工企业有近107户亏损，亏损面超过40%，亏损额5.12亿元，约占全国森工企业总亏损额的80%。（王元法）

【国有林区企业管理工作座谈会】 1991年3月12—16日，林业部在北京召开了国有林区企业管理工作座谈会，共33人参加了会议。

会议认为，“七五”期间林业企业管理取得了很大成绩。一是通过推行“六包三挂钩”承包经营责任制，调动了企业和职工的积极性。二是通过开展企业晋档升级活动，使林业企业管理水平有了新的提高。三是对主要林业工业产品实施了生产许可证制度，开展了产品评优活动，林业企业产品质量有明显提高。四是广泛深入开展“双增双节”和技术革新与合理化建议活动，提高了企业效益。

关于1991年的工作，会议强调，在当前外部环境已经有了很大改善的情况下，林业企业在继续争取国家扶持的同时，必须立足于眼睛向内，挖掘潜力，深化改革，强化管理，首先把自身能办到的事办好。为此，要认真抓好以下工作：一要加快改革步伐，进一步推进和完善承包经营责任制。二要扎扎实实开展“质量、品种、效益年”活动，切实抓出成效。三要进一步推行全面质量管理。四要进一步开展企业升级活动，促进企业素质全面提高。五要继续深入开展“双增双节”、技术革新和合理化建议活动。（贯　骞）

【国有林区“质量、品种、效益年”活动座谈会】 1991年8月19—22日，林业部在吉林省松江河林业局召开了国有林区“质量、品种、效益年”活动座谈会，出席会议的有黑龙江、吉林、内蒙古、四川、云南、甘肃、新疆等省（区）代表共39人。

会议指出，对林业企业“质量、品种、效益年”活动所取得的成效不能估计过高，更不能把“质量、品种、效益年”活动当作权宜之计，而是要使其贯穿于“治危兴林”各项工作的全过程，作为一项长期的战略任务坚持不懈地抓下去，使林业企业的质量、品种、效益有一个明显的改善。

会上，吉林省松江河林业局、南岔木材水解厂等8家典型企业分别介绍了经验。会议对松江河林业局开展“质量、品种、效益年”活动目标明确，措施得力，给以高度评价。（王元法）

【林业设备管理】 1991年4月，林业部森林工业司在陕西省西安市召开了全国林业机电工作座谈会。会上总结了“七五”林业设备管理工作，提出了“八五”林业设备管理指导思想及初步意见；表彰了1990年度部级林业设备管理优秀单位和先进单位，结合林业特点提出了关于在“质量、品种、效益年”活动中，进一步做好林业企业设备管理工作的10项要求。

1991年设备管理主要工作：合理配置设备，提高设备利用率。“八五”期间实行新的森林采伐限额，木材产量相应调减，基层单位要封存多余设备。根据国务院生产办公室等7部（委、局）关于《企业闲置设备调剂利用管理办法》的文件精神，林业部发出了

《关于开展闲置设备调剂工作的通知》，并委托林业部北京林业机械研究所的全国人造板设备和木工机械技术情报中心开展闲置设备调剂利用的日常工作。

强调设备的现场管理，要求认真执行定人、定机，坚持先培训后上岗，凭证操作。要求企业现场工作人员达到“三好”（管好、用好、修好）“四会”（会使用、会保养、会检查、会排除故障）。根治跑、冒、滴、漏，改变脏、乱、差的状况，实行文明生产。积极推行现代化管理方法和手段，应用设备故障诊断和状态监测技术，掌握设备运行状态，减少设备故障，提高设备使用寿命。

建立设备微机管理网络，逐步扩大林业设备微机管理软件应用面。加强设备管理统计工作，做到规章制度、原始记录、数据管理、档案资料、检修定额等齐全。

进一步重视人员培训，提高设备的使用管理水平。随着多种经营、综合利用的较快发展及合资企业的出现，使林业设备的构成有了较大的变化，设备的技术水平有了一定的提高，给林业设备管理工作者提出了更高的要求。为此，各级林业主管部门和企业非常重视人员的培训工作，制定了切实可行的培训计划，采用各种办法，多渠道地开展人员培训，提高了广大林业设备管理和维修人员的技术水平。

管理使用好大修理和折旧基金。按规定提足大修理基金和折旧基金，各级设备管理部门重视了加强两金的使用管理，保证专款专用，保证设备的安全运行和状态良好。

深化设备管理评优工作。有16个省（区）林业厅（局）及黑龙江省森林工业总局、大兴安岭林业公司和中国林业机械公司在自检基础上，向部推荐54个企业作为1990年度部级林业设备管理优秀（先进）单位评选的候选企业。经过审核，评出呼中、松岭、新林、十八站、库都尔、绰尔、金河、满归、松江河、大石头、临江、天桥岭、和龙、美溪、大海林、东京城、带岭、桃山、山河屯、朗乡林业局，常州、泰州、昆明林业机械厂，赣州木材二厂，雅砻江木材水运局25家企业为部级设备管理优秀单位；评出白河、克一河、绥阳林业局，虎林县、富裕县林业局，迭部林业局，镇江、苏州林业机械厂，赣州木材厂，福州人造板厂，武平林化厂，杭州木材总厂，衢州木材厂，胶南市纤维板厂14家企业为部级设备管理先进单位。

（温继贤　李铁男）

【机电设备进口管理】　1991年，林业企业及部属单位申请进口机电设备总用汇额2000多万美元，与1990年基本持平。其中，大多数由林业部转报国务院管理部门及有关部门终审，主要包括：利用世界银行紧急贷款项目进口微波通信、雷电定位系统等，用汇近900万美元；绥化木材综合加工厂利用德国政府贷款年产3万立方米复合板项目，用汇727万美元；中国林业物资供销总公司，使用中央机电仪外汇，进口木工机械等设备与零部件，用汇近400万美元。经林业部审批的限下机电设备进口用汇65万美元，比1990年下降。

近几年，林业部终审进口的机电设备表现出：①引进方式单一，基本采用一般贸易进口；②用汇结构单调，主要依靠调剂外汇；③进口国家集中在德国、日本和美国；④整机引进少，零部件较多。

（李青文）

【首届工业企业技术进步展览会】　为宣传改革开放以来我国工业企业技术进步巨大成就，进一步推动工业企业的技术进步，1991年3月21—27日国家计划委员会在北京举办了全国首届工业企业技术进步成就展览会。为反映我国森林工业的技术水平、先进企业和新产品、新成果、新技术、新装备，森林工业馆应邀展出。

森工馆分4部分5个展区，主要通过图片、文字、录像、模型和实物重点展示了木材生产、林产工业、多种经营和林业机械各条战线的成就。森林工业馆具有林业特色，受到了大会的表扬，获得大会最佳组织奖和最佳设计奖。

展览期间，江泽民、李鹏、乔石、李瑞环等中央领导同志参观了森林工业馆。（温继贤　李铁男）

【木材生产及木材加工主要产品能源消耗统计】　能源消耗统计工作是林业能源管理的基础工作。在林业能源主管部门和各林业企业的共同努力下，林业能源消耗统计工作已走上规范化、制度化的轨道。1991年，林业部节能办公室按国家主管部门要求，对东北、内蒙古国有林区82个林业局和全国48个木材加工骨干企业的木材生产，锯材、胶合板、刨花板、纤维板生产的能源消耗情况进行了统计（表5）。

表5　林业行业木材生产及木材加工主要产品单位产量综合能耗

单位：kg标准煤/m^3

	木材	锯材	纤维板	胶合板	刨花板
单位产量综合能耗	17.10	10.23	715.75	690.40	443.37

（李　鹏）

【林业企业节能升级工作】　自1987年开展企业节约能源管理升级（节能升级）工作以来，这项工作得到各林业企业的充分重视，把它当作促进节能降耗、提高企业能源管理水平的重要手段。各企业普遍增加节能资金投入，建立健全各项规章制度，调整充实机构和人员，开展企业能量平衡测试。通过升级达标活动，大幅度地降低了林业企业的能源消耗，促进了节能工作的深入开展。1991年，国家又批准黑龙江省南岔木材水解厂晋升为国家节能一级企业；福建省福州人造板厂，吉林省八家子林业局，广东省韶关刨花板厂、德庆县林产化工厂、信宜县松香厂，黑龙江省鹤北林业局、方正林业局、兴隆林业局、汤旺河林业局、乌伊岭林业局、红星林业局、金山屯林业局，大兴安岭地区塔河林业局、十八站林业局，内蒙古自治区阿龙山林业局、金河林业局晋升为国家节能二级企业。至此，林业行业已有国家节能一级企业3个，国家节能二级企业53个。

按照国家统一部署，企业节能升级工作已告一段落。（李 鹏）

【林业能源标准制订与实施】 截至1991年，林业部已颁布和正在制订中的林业行业能源标准有7项。其中，《东北、内蒙古国有林区木材生产能耗》、《湿法硬质纤维板生产综合能耗》、《刨花板生产综合能耗》、《胶合板生产综合能耗》、《东北、内蒙古国有林区林业企业能量平衡测试通则》5项标准已颁布实施，《锯材生产综合能耗》已通过审定，《松香生产综合能耗》正在制订中。

林业部教育宣传司、科学技术司、节能办公室委托黑龙江省木材采运研究所，于1991年9月5—19日在哈尔滨举办了为期15天的林业能源标准宣传贯彻班，对已颁布的5项林业能源标准进行宣传贯彻。来自东北国有林区和木材加工企业的能源管理人员和统计人员共73人参加了培训并获得结业证书。（李 鹏）

【林业企业开展节能宣传周活动】 1991年10月7—12日，国家计划委员会、能源部、广播电影电视部、全国总工会、共青团中央、中国科学技术协会联合举办了1991年全国节能宣传周活动。江泽民、李鹏为全国节能宣传周活动题了词，邹家华发表了讲话。这一活动得到各级林业能源主管部门和林业企业的普遍响应。宣传周期间，中国林业报发表了社论和节能宣传文章。各级林业管理部门和林业企业在全面开展表彰节能先进企业、先进集体、先进工作者的同时，利用各种宣传媒介开展了丰富多彩的节能宣传活动，提高广大林业职工的节能意识，取得很好的成效。

10月12日，国家计划委员会在北京召开了全国节能先进企业、集体和先进工作者表彰大会。林业行业受表彰的单位和个人是，全国节能先进企业：林业部常州林业机械厂；全国节能先进集体：吉林省松江河林业局能源科；全国节能先进工作者：姚文砚（黑龙江省森林工业总局），沙海民（吉林省林业厅），董殿发（大兴安岭林业公司呼中林业局），盛大德（林业部泰州林业机械厂），齐电力（内蒙古自治区莫尔道嘎林业局）；全国节能工作纪念奖：傅春培（林业部常州林业机械厂）。（李 鹏）

【木质压缩成型燃料试点】 木质压缩成型燃料是利用林业“三剩”生产的一种高热值新型生物质燃料。1991年1月，蔡延松副部长主持召开了有关部门参加的研究木质压缩成型燃料生产会议。会议决定成立林业部木质压缩成型燃料领导小组，确定部节能办公室为具体承办单位，开展试点工作。3月，经过实地考察，选定黑龙江省山河屯林业局、内蒙古自治区牙克石木材加工栲胶联合厂作为试点单位，分别建设木质压缩成型燃料生产车间，总生产规模为年产2400吨。为此，林业部核准两个项目的工程投资分别为68万元和64万元，并决定从森工经营性基本建设资金中为两个项目各贷款50万元。到1991年底，试点的前期准备工作已基本完成，贷款资金已落实到位，山河屯林业局从意大利引进木质压缩成型燃料主机一台，各项基本建设也正在进行中。（李 鹏）

【森林工业劳动保护】 1991年，据13个省（区）和大兴安岭林业公司、中国林业机械公司统计，林业企业职工因工死亡和重伤人数比1990年下降12.5%和21.5%，千人死亡率和千人重伤率比上年下降12.8%和29.1%。职工因工伤亡人数和事故频率均为历史最低水平。

林业安全生产工作会议 4月，林业部在福建省三明市召开了全国林业安全生产工作会议。17个省（区）林业厅（局）、大兴安岭林业公司、中国林业机械公司、机电设备安装公司主管安全生产工作的50名负责同志参加了会议。会议总结了“七五”期间林业安全生产工作，研究了“八五”期间林业安全生产工作的原则意见，部署了1991年安全生产工作任务。

林业安全生产“八五”工作规划 为保证林业改革和经济建设事业持续稳定发展，实现安全生产、文明生产，按照林业发展十年规划的总体要求，6月，林业部下发了《林业安全生产“八五”工作规划》。规划的总体目标是：继续深化改革，依靠政策引导和科技进步，大力改善林业安全生产条件；建立科学化的安全管理体系和多层次的安全教育体系；完善安全技术装备和监控手段；进一步减少因工伤亡事故、职业中毒和职业病，基本上控制重大恶性事故的发生；初步建成与林业经济发展相同步，与林区人民生活水平相适应的安全生产环境和秩序。主要工作指标是：企业职工千人死亡率控制在0.15‰以下，千人重伤率控制在0.30‰以下；企业安全技术措施经费提取使用比例≥10%；尘毒作业点合格率≥80%；职业病发病率比“七五”期间下降30%；特种作业人员安全技术培训考核率100%；企业安全性评价达标率30%。

安全生产宣传教育 10月，经林业部和黑龙江省新闻出版局批准，《林业劳动安全》正式创刊。该刊是有关林业劳动安全和职业卫生的综合性内部期刊，面向全国林业系统发行。8月，为实施全国总工会和国际劳工组织、丹麦国际开发署安全教育合作计划，林业部森林工业司、中国农林工会和中国职工电教中心合编了《林业工作环境与安全健康》一书及辅助教学录像片。8月，林业部森林工业司委托东北林业大学举办了林业安全管理人员培训班，来自重点林区的35名安全管理干部学习了现代安全管理知识和管理方法。

劳动安全法规、标准建设 8月，林业部颁发《林业企业安全技术措施计划编制和实施办法》，要求企业根据安全生产实际，编制和实施安全技术措施计划，结合技术改造和技术进步，有计划地改善企业劳动条件。9月，林业部哈尔滨林业机械研究所劳动保护研究室承担的《木材采伐运输安全通则》国家标准和《林业劳动安全标准体系表》行业标准分别通过了劳动部和林业部组织的鉴定。 （董新民 刘跃辉）

质 量 监 督

【优质产品评选与管理】 根据国家技术监督局评优计划和林业部评优方案，1991年在各企业报送的15项申请国优、102项申请部优的产品中，经初审确定9项产品参加国优行评、65项产品参加部优行评。据此，林业部分别在北京和桂林召开了行业评比会，按行评细则根据抽检结果对参评产品打分评定选出拟推荐的国、部优产品。

经林业部部办公会议审定、国家质量奖审定委员会核准，福建福州人造板厂福人牌中密度纤维板、黑龙江省南岔木材水解厂龙牌中密度纤维板、林业部泰州林业机械厂林花牌BJ331手抬机动泵和江西樟脑厂雪松牌合成樟脑4项产品荣获国家质量银质奖。另外，由林业部行评审定、主管部门推荐，广东湛江模压木制品厂碧丽华牌模压木制家具系列获国家质量银质奖。

经部办公会议审定，48项产品获1991年林业部优质产品称号（表6）。其中，林化产品18项、木材加工产品21项、林业机械产品3项、多种经营产品4项、林业造纸产品2项，有效期5年。

国务院生产办公室规定，凡1986年获国、部优称号的产品，优质产品有效期延长，称号继续有效，1991年不复查确认，据此，林业部2项国优、10项部优产品继续生效。

表6 1991年林业部优质产品名单

产品名称	生产企业	产品名称	生产企业
1. 森工牌85—772型药用活性炭	浙江省杭州木材总厂	13. 古羊牌优级松节油	福建省永定县林产化工厂
2. 晶洁牌767型针剂用活性炭	四川省地方国营天全县活性炭厂	14. 天桥牌松节油	广西壮族自治
3. 石林牌杨梅栲胶	云南省开远林业综合加工厂	15. 华林牌松节油	广东省封开县林产工业公司
4. 珍源牌工业单宁酸	湖北省竹山县林产化工厂	16. 玉石牌优级松节油	广西壮族自治区玉林松脂厂
5. 卡山牌脂松香	广西壮族自治区宁明县松香厂	17. 泷帆牌松醇油（2号浮选油）	广东省罗定县林产化工厂
6. 三环牌脂松香	广西壮族自治区藤县太平松脂厂	18. 芙乐尔牌甲基麦芽酚	安徽省合肥软木厂
7. 松山牌脂松香	广西壮族自治区昭平县松脂厂	19. 飞人牌工业甲醛	安徽省芜湖木材厂
8. 戴云牌脂松香	福建省德化县林产化工厂	20. 飞泉牌桦木胶合板	黑龙江省金山屯林业局
9. 玉石牌103马来松香	广西壮族自治区玉林松脂厂	21. 争雄牌椴木胶合板	吉林省敦化林业局细木工板厂
10. 容州牌松节油	广西壮族自治区容县松脂厂	22. 松乡牌椴木胶合板	黑龙江省朗乡林业局
11. 德林牌松节油	广东省德庆县林产化工厂	23. 飞鸟牌椴木胶合板	吉林省白河林业局胶合板厂
12. 双峰牌优级松节油	福建省尤溪林产化工厂	24. 汪清牌椴木胶合板	吉林省汪清林业局

（续）

产品名称	生产企业	产品名称	生产企业
25. 华叶牌混凝土模板用胶合板	福建省邵武贮木场	37. 芙云牌实木弯曲系列家具	湖北省荆门市白云家具厂区昭平县松脂厂
26. 针叶牌混凝土模板用胶合板	四川省成都木材综合工厂	38. 蜀都牌弹簧软床垫	四川省成都木材综合工厂
27. 品乐牌竹编胶合板	四川省泸州长江化工厂	39. 新潮牌组合沙发	吉林省和龙林业局综合厂
28. 古城牌竹编胶合板	四川省广汉市胶合板厂	40. 桃山牌地板块	黑龙江省桃山林业局
29. 林羊牌Ⅱ类胶合板	江西省吉安县人造板厂	41. 金森牌地板块	吉林省黄泥河林业局
30. 鱼珠牌刨花板	广东省鱼珠木材厂	42. 金象牌地板块	黑龙江省八面通林业局
31. 珠江牌蔗渣微粒板	广东省珠江甘蔗化工总厂	43. 丰塔牌白桦木筷	黑龙江省五营林业局
32. 石花牌保丽板	广东省石龙木材厂	44. 清江牌挂面牛皮箱板纸	广西壮族自治区雒容林业化工厂
33. 华威牌双贴面刨花板	湖南省人造板厂	45. 东方牌粘胶纤维木浆粕	黑龙江省国营牡丹江木材综合加工厂
34. 俊鹰牌刨切薄木	黑龙江省兴隆林业局	46. 春鹰牌东风 EQ—140 汽车钢板弹簧	云南省昆明林业机械厂
35. 雪花牌刨切薄木	黑龙江省苇河林业局	47. 长龄牌 ZLM—50 轮式装载机	林业部常州林业机械厂
36. 铁树牌层积材	上海杨浦木材厂	48. 上人牌 4×8—20 纤维板热压机	上海人造板机器厂

（李凤波）

【发放生产许可证】 根据国务院发布的《工业产品生产许可证试行条例》和原国家经济委员会发布的《工业产品生产许可证管理办法》的要求，林业部继续对脂松香、胶合板、刨花板、热固性树脂装饰层压板、紫胶和栲胶产品实施生产许可证管理制度。

根据已颁布的各项产品生产许可证实施细则，林业部工业产品生产许可证办公室对 225 个刨花板生产企业、40 个热固性树脂装饰层压板生产企业、27 个栲胶生产企业和 18 个紫胶生产企业进行了审查。结果有 126 个刨花板生产企业、28 个热固性树脂装饰层压板生产企业、25 个栲胶生产企业和 17 个紫胶生产企业获得产品生产许可证。获证企业许可证有效期自 1991 年 7 月 1 日始至 1996 年 6 月 30 日止。至此，上述产品生产许可证发放工作全部结束。未取得上述产品生产许可证的企业，将按细则要求申办补证。

林业部工业产品许可证办公室还对胶合板、脂松香等已结束发证产品办理了补证审查工作。结果有 38 家脂松香生产企业、9 家胶合板生产企业获生产许可证。至此，获胶合板和脂松香产品生产许可证的生产单位已分别达到 357 家和 283 家。（李凤波）

【全面质量管理】 1991 年，为配合林业“质量、品种、效益年”活动的开展，林业部森林工业司颁发了《关于加强林业企业全面质量管理工作的通知》，对建立汇报制度，质量管理小组（QC 小组）的管理，评选先进企业等问题做了明确规定。在年初质量工作会议上，各省（区）代表广泛研讨林业企业开展质量管理工作的基础上，又颁发了《关于重新颁发林业企业全面质量管理验收评审细则的通知》，同时将森工采运企业全面质量管理验收评审细则、林产工业企业全面质量管理验收评审细则和林业部质量管理奖林机行业企业评审办法（试行）颁发执行。

按国务院生产办公室通知，1991 年停止了评优活动。

为了推动全面质量管理的深入发展，根据黑龙江省东京城、鹤北林业局的申请，由林业部森林工业司组织了咨询小组，进行全面质量管理的咨询活动，这是林业系统正式对企业进行咨询活动的第一次尝试。

为了总结一年来开展 QC 小组活动的情况，林业部森林工业司负责组织各行业评委于 7 月对各地推荐上来的 QC 小组进行了评审，经反复评定，评选出 64 个 QC 小组为 1991 年度林业部优秀 QC 小组（附录），43 个 QC 小组为先进 QC 小组，2 个 QC 小组为受表扬 QC 小组。在产生林业部优秀 QC 小组的基础上，经向中国质量管理协会推荐，吉林省黄泥河林业局神农参加工厂 QC 小组、内蒙古大兴安岭林业建工局第二建筑工程公司消除工程质量通病QC小组、福建省武平县林产化工厂生产管理QC小组、广东省韶关市刨花板厂制板QC小组、林业部常州林业机械厂定置管理QC小组等5个QC小组被评为1991年度国家优秀QC小组。

在这一年中，林业部常州林业机械厂被国家评为"质量效益型"先进企业和为用户服务先进集体，并出席了全国第十次用户座谈会。

林业系统的质量管理工作朝着更扎实更实际更深入方向发展，主要表现是：①抓紧宣贯GB/T10300系列《标准》，引导企业质量体系的建立以《标准》的要求为依据，努力做好贯彻《标准》的各项基础工作。抓住已确定的贯标试点企业——常州林业机械厂和福州人造板厂，力争早出经验，以进一步推广。②做好评聘"质量评审员"的准备工作。为了适应各项质量管理工作的需求，满足对质量体系检查工作的要求，林业部决定，在原质量管理诊断师的基础上，进一步扩大这支队伍的人员和职责，改为"质量评审员"。截至1991年底，经各地推荐上来参加考评的人员达129人，其中，林机行业33人，森工采运行业30人，木材加工行业38人，林产化工行业18人。

（郭辅卿）

附　　录

1991年下半年部分城市木材、胶合板批发价格表

单位：元/立方米、元/张

地　区	杉原木 长4—5.8m 径14—18cm	云冷杉原木 长4—5.8m 径30—38cm	马尾松原木 长2—3.8m 径20—28cm	落叶松原木 长4m 径18—28cm	红松原木 长6m 径26cm以上	白松原木 长4m 径18—28cm	进口胶合板 4′×8′×3mm
北　京				550	850—900	600	28.5
天　津				550	700	600	28
上　海	740	650	500—520	600	865	627	27.6—27.8
哈尔滨				460	750	520	30
长　春				600	800	650	25
沈　阳				535	827	600	28
石家庄				500	850	600	28
郑　州		700	500—550	540	830	510	27.3
太　原		700		650	870	710	27.5
西　安		720—732	680		750	720	27.5
济　南				450—510	870—950	600—660	27.5
合　肥	870		540	490	1057	857	28.7
南　昌	850		450—460				28
杭　州	760		470	600	940	750	28.3
福　州	800		413				27.3
武　汉	680	680	410	520	960	630	27.5—28
广　州	1130			610		613	26.8
成　都		600—620					27.7
长　沙	820		540	920	1020		26.9
南　宁	800—850		360				26—26.5

注：此表为国营木材经营企业批发价格，供参考。

（全国林产品信息网络中心）

1991年林业部优秀质量管理（QC）小组名单

黑龙江省

鹤北林业局更新造林QC小组
苇河林业局提高原条出材率QC小组
东京城林业局工程公司实施2381砌砖法新工艺QC小组
牡丹江木材综合加工厂刨花板QC小组
松江胶合板厂三车间选配QC小组
金山屯林业局人造板厂联合攻关QC小组
佳木斯木材综合加工厂装饰分厂提质降耗QC小组
富裕林业机械厂一车间镁合金压铸QC小组
沾河林业局森铁管理处汽门阀改造QC小组
牡丹江木工机械厂提高机床装饰质量QC小组
牡丹江林业机械厂减少不良产品损失QC小组

吉林省

露水河林业局更新造林QC小组
大石头林业局贮木场合理造材QC小组
黄泥河林业局神农参加工厂QC小组
和龙林业局木材综合加工厂制材QC小组
长春胶合板厂三车间地板工段QC小组
辉南猎枪厂一车间精密铸件QC小组
三岔子林业局人造板工业公司细木工板厂芯条加工QC小组

大兴安岭林业公司

图强林业局贮木场二段造材QC小组
建筑工程公司第二工程处抹灰三结合QC小组

内蒙古大兴安岭林业管理局

乌尔旗汗林业局贮木场地拨组QC小组
阿里河林业局森铁处红升工区QC小组
森林调查规划院提高二类调查数据输入QC小组
库都尔林业局营林更新股QC小组
乌尔旗汗林业局造林质量QC小组
林业建工局第二建筑工程公司消除工程质量通病QC小组

四川省

天全县木材综合厂胶合板车间降低废次品率QC小组
成都木材综合工厂家具分厂床垫QC小组
重庆木材综合工厂89018号QC小组
天全县活性炭厂节能降耗QC小组

福建省

林业工程公司南平钢窗厂用户服务QC小组
福州人造板厂制胶车间QC小组
邵武贮木场纤维板厂循环使用污水QC小组
永安林化厂胶料车间QC小组
武平县林产化工厂生产管理QC小组
建阳县胶合板厂低毒卫生脲醛树脂研制QC小组
沙县林业汽车保修厂车身油漆工程QC小组

广东省

韶关市刨花板厂制板QC小组
德庆县林产化工厂树脂车间QC小组
封开县林产化工厂连续化车间提高松香特级品率QC小组

北京市

光华木材厂电气车间技术组QC小组
北京市木材厂刨花板分厂QC小组

江西省

赣州第二木材厂细木工板车间QC小组
江西樟脑厂厂部QC小组

广西壮族自治区

梧州松脂厂厂部QC小组
藤县太平松香厂提高松香特级品率QC小组
岑溪县松香厂提高松脂回收率QC小组
桂林林业机械厂一机加车间QC小组

江苏省

常州林业工程机械实业公司液压件一厂缸体垂直度QC小组
镇江市电工器材厂五金班QC小组

陕西省

大荔县纤维板厂改造用汽管道降低能源消耗保证热压质量QC小组

上海市

上海人造板厂单板旋切QC小组
上海市人造板机器厂平面度QC小组

云南省

昆明林业机械厂三车间金工QC小组

辽宁省

丹东工具厂锻造QC小组

中国林业机械公司

泰州林业机械厂造型一组QC小组
常州林业机械厂定置管理QC小组
镇江林业机械厂叉车设计室QC小组
苏州林业机械厂BF1626圆饰焊接QC小组
泰州林业机械厂提高连杆可靠性QC小组
常州林业机械厂机加工一车间部装QC小组
泰州林业机械厂油锯车间钳工一组QC小组

河南省

安阳林药厂苏脲车间QC小组
西峡猎枪厂枪管工艺装备QC小组

（林业部森林工业司企业管理处）

国有林区森工企业"八五"期间营林生产规划表

单位:千公顷、万立方米

年度单位	采伐面积		迹地更新面积		人工造林面积					人工更新造林合计	森林抚育		速生丰产林面积				林木种苗(公顷)				
	计	其中:皆伐	计	其中:人工更新	计	荒山荒地造林	水湿地造林	疏林地造林	其他造林		面积	出材量	计	新造	更新	幼培	新育苗面积	产苗量(万株)	母树林面积 计	母树林面积 人工	种子园面积
国有林区计																					
"七五"完成	2199.5	981.4	1975.1	904.8	408.8	249.7	56.7	86.1	16.4	1313.6	2292.0	1913.6	127.7	27.5	76.4	23.6	21 866	1 758 172	138 722	24 225	3 875
"八五"规划	1573.8	518.4	2326.1	729.6	710.6	611.9	29.3	59.6	9.8	1440.1	2374.0	1588.7	476.7	254.1	69.8	152.9	25 802	2 084 784	128 580	15 623	13 449
1991 年	341.2	114.4	501.8	167.0	88.8	73.4	5.7	8.2	1.6	255.8	455.4	307.7	70.9	45.1	14.6	50.1	4 816	398 120	25 273	3 041	2 540
1992 年	294.3	96.4	461.3	165.7	104.4	87.9	5.4	9.0	2.0	270.1	473.0	314.9	72.6	44.9	14.4	24.7	5 034	409 450	25 590	3 153	2 891
1993 年	306.2	100.6	449.5	134.8	150.1	128.0	6.0	13.2	2.8	284.9	478.1	318.4	80.8	54.9	12.3	29.8	5 235	420 910	25 011	3 164	3 167
1994 年	313.0	102.5	454.5	132.0	179.4	157.9	5.5	14.1	1.9	311.3	492.0	322.3	82.6	54.8	13.7	30.0	5 340	426 075	25 642	3 164	2 680
1995 年	318.8	103.4	459.1	130.1	187.9	165.1	6.7	15.1	1.5	318.0	485.6	325.3	82.9	54.3	14.6	34.6	13 396	429 029	26 281	3 164	2 851
"九五"规划	1628.2	542.7	1879.8	578.1	938.7	825.8	32.1	75.4	5.4	1516.8	1595.8	1709.0	428.0	275.6	73.0	79.6	26 016	2 132 020	89 618	14 062	3 685
东北、内蒙古计																					
"七五"完成	2126.3	929.2	1865.4	814.2	403.8	244.7	56.7	86.1	16.4	1218.1	2256.9	1893.1	127.1	27.0	76.4	23.6	21 186	1 726 157	138 076	24 148	3 695
"八五"规划	1497.7	466.0	2226.1	658.9	559.0	460.9	29.3	58.9	9.8	1217.8	2303.3	1537.6	440.4	224.0	65.3	151.1	24 955	2 022 718	127 000	15 590	13 205
1991 年	327.2	103.8	483.2	153.0	86.7	71.4	5.7	8.1	1.6	239.7	444.9	300.5	70.7	45.0	14.6	50.1	4 714	390 839	25 120	3 038	2 416
1992 年	279.3	85.9	441.9	151.1	93.7	77.4	5.4	8.9	2.0	244.8	460.4	305.9	70.6	44.0	13.7	24.4	4863	398000	25460	3 138	2 720
1993 年	290.6	89.9	428.8	120.1	124.9	103.1	6.0	13.1	2.8	245.0	463.6	307.9	70.2	45.9	11.1	29.4	5 035	406 421	24 860	3 138	2 973
1994 年	297.5	91.9	434.1	118.0	124.6	103.3	5.5	13.9	1.9	242.5	476.1	311.3	70.8	44.8	12.5	29.5	5 152	411 915	25 460	3 138	2 473
1995 年	303.1	93.4	438.2	116.7	129.0	106.4	6.7	14.9	1.5	245.7	468.2	312.5	71.1	44.3	13.3	34.2	5 210	415 243	26 100	3 138	2 643
"九五"规划	1542.4	483.1	1790.9	518.0	669.9	563.8	32.1	68.7	5.4	1187.9	1505.1	1643.0	371.5	224.7	70.7	76.3	25 742	2 096 620	89 313	14 036	2 445

(林业部森林工业司营林处)

1990、1991年全国木材、胶合板进出口表

年度	木材（万立方米）		胶合板（吨）
	进口量	出口量	进口量
1990	415	26	89.4
1991	397	17	95

1987—1990年每亿元基建投资消耗三大材料表

年度	每亿元投资消耗量		
	钢材（万吨/亿元）	木材（万立方米/亿元）	水泥（万吨/亿元）
1987	0.98	0.72	3.97
1988	0.86	0.59	3.65
1989	0.76	0.50	3.32
1990	0.68	0.42	3.06
“七五”时期平均	0.85	0.60	3.59

1989、1990年全国木材消费构成表

单位：万立方米

年度	合计	生产用消费		基建用消费		农村用消费	
		数量	占合计（%）	数量	占合计（%）	数量	占合计（%）
1989	8007	3655	45.7	860	10.7	948	11.8
1990	8064	3698	45.8	779	9.7	1259	15.6

（全国林产品信息网络中心）

林　业　教　育

【《全国林业教育“八五”计划和十年规划》编制工作】 林业部根据党的十三届七中全会和七届全国人大四次会议精神，继续贯彻“一个中心两个基本点”的基本路线，以及治理整顿和深化改革的方针，统一认识，整顿秩序，创造良好的育人环境，推动林业教育改革和发展，以提高教育质量和办学效益；按照“八五”期间和本世纪末发展的战略目标，实现依靠科学技术发展林业，使林业各级各类学校持续、稳定、协调发展，尽快主动适应我国林业经济建设发展的要求，制定了《全国林业教育“八五”计划和十年规划》。同时，在编制过程中，回顾和总结了前十年林业教育发展情况，这期间林区基础教育、林业职业技术教育、林业高等教育和林业成人教育在办学规模上有了较大发展，办学条件大大改善，办学质量得到提高。十年林业教育事业取得很大成绩，为“八五”期间和今后十年林业教育的深化改革和稳步发展进一步奠定了基础。但我国林业教育在改革和发展过程中仍然存在不少问题和困难，还不能完全适应林业改革和发展的要求。为此，编制十年规划和“八五”计划，要本着实事求是的精神，坚持全国一盘棋的原则。在指导思想上强调林业建设必须依靠教育，林业教育必须为林业建设服务，为林区的社会和经济发展服务，走林科教相结合，三教统筹的发展道路。在工作方针上，坚持社会主义办学方向，坚持深化教育改革，推动林业教育持续、稳定协调发展。在规模的确定上，不仅根据林业系统专门人才状况及预测情况，还要了解外系统其他部门对林业专门人才的需求情况，根据国家经济实力和学校培养能力，确定高、中等林业院校规模大小、层次高低、专业布点及服务方向，避免小而全、互相攀比。

在编制“八五”计划和十年规划的过程中，注意了规划的科学性和可行性。根据国家教委教计[1990] 47 号文《关于教育事业“八五”计划和十年规划工作有关问题的通知》要求，及时布置，采取自上而下，自下而上结合进行的办法。林业部由教宣司反复分析当前林业教育现状，研究林业经济发展趋势和社会要求，充分考虑经过争取可能实现的办学条件，提出《全国林业教育十年规划和“八五”计划要点》征求意见稿，印发部内有关司（局）和省、自治区、直辖市林业厅（局）征求意见，并于1990年底召开部属院校、部分企事业单位和部内有关司（局）会议，专门对规划要点征求意见，在指导思想、目标、措施上取得共识：各校都要创造良好的育人环境，把主要精力集中到学校内部改革上，调整学校层次结构、专业结构，整顿秩序，加强管理，把有限资金用在刀刃上，改善办学条件。各校对规划工作也非常重视，详细地编制了各自的规划。经过调整、修改后所提出的招生指标与国家教委经综合平衡后给我们的控制指标距离不大，基本做到一致，增加了科学性和可行性。在编制规划时还运用《中国林业教育规划研究》课题研究成果，使规划编制工作节省了时间，指标较科学，措施比较得当，也增加了整个规划的科学性和可行性。

为做好林科本科专业布点的调整工作，组织专门小组，结合对高等林业教育专业结构调整改革课题的研究，进行了比较全面的调查研究。就林科本科专业布点现状、人才供求情况及专业布点调整意见等问题，重点调整了 7 所高校，11 个专业指导委员会和各有关部委，召开各专题座谈会，广泛听取专家教授意见进行认真分析、整理对林科本科专业布点如何进行调整意见的实施建议，为“八五”期间专业调整的落实打下良好的基础。与此同时，还组织院校进行毕业生跟踪调查，进行了认真总结和分析。

林业教育规划描绘了林业教育未来 10 年发展蓝图，已纳入我国林业发展规划中，成为有机组成部分。

（李葆珍）

【林业部直属院校招生工作】

招生计划执行情况　1991 年，林业部直属高校计划招生 3390 人（含与内蒙古林学院沙漠治理专业联合办学 30 人），其中国家任务 3021 人，委托培养 323 人，自费生 46 人。实际录取 3392 人（本科 2169 人、专科 1223 人），其中国家任务 3016 人，委托培养 292 人，自费生 84 人（见表 1）。

林业部直属成人高等教育 1991 年计划招生 1312 人，实际录取 1223 人，完成计划 93.2%，其中管理干部学院 73 人，干部专修科 47 人，函授 902 人（本科 53 人、专科 849 人），夜大学专科 201 人（见表 2）。

林业部直属普通中等专业学校计划招生 1060 人（含大兴安岭林业公司所属 4 所学校招 290 人），其中国家任务 824 人，委托培养 26 人，干部职工中专班 210 人，实际录取 1016 人（含大兴安岭林业公司所属

4所学校招291人），完成计划95.8%（见表3）。

招生工作的特点 ①以招生计划为导向，推动专业结构调整。1991年暂停招生的本科专业有：北京林业大学专门用途英语（科技），东北林业大学园林、自然保护区资源管理，中南林学院森林保护，西南林学院森林采运工程等5个专业点；暂停招生的专科专业有：中南林学院林业经济管理、物理，西南林学院园林，西北林学院经济林等4个专业点。专业的办学效益有所提高，招收2个班的专业点占当年招生专业点总数的37.6%，比1990年提高了8%，专科实际招生比例由1990年的32.2%提高到36.0%。同时，利用内蒙古林学院沙漠治理本科专业的优势，为“三北”地区培养治沙人才30人，以联合办学形式，列入林业部招生计划和招生来源计划。

②积极做好招生宣传工作，充分利用国家给予的优惠政策，努力提高生源质量。国家教委教学[1991]12号《关于1991年普通高等学校招生工作的通知》明确规定：“继续采取有效措施，改善农业、林业、师范院校生源状况，提高新生质量。为了有利于学生毕业后走上国家需要的岗位，有利于高等学校录取到各方面素质较好的学生，凡第一志愿报考农业、林业、师范院校的考生，统考成绩达到最低控制分数线以上，录取时可将档案材料一次提供给高等学校审查，择优录取；第一志愿不满额时，招生部门要及时将第二、第三志愿考生的档案，提供给有关学校择优录取；如在控制分数线上有志愿考生不足时，可适当降低分数（不超过20分）录取第一志愿考生。”为此，我们通过报纸、招生宣传广告，大力宣传国家给予林业高校招生录取的优惠政策。同时，部属普通高校1991年首次由东北林业大学牵头，统一编制印发招生简章。部属普通高等林业院校录取新生3392人，第一志愿录取率73.0%，比1990年提高了4%。新生中党员17人，团员3045人，地市级以上三好学生、优秀学生干部80人。东北林业大学第一志愿录取率达89.8%，比1990年提高了15.8%，来自农村的新生占新生总数43%。生源结构的优化，使新生入学后专业思想稳定，学习刻苦，为培养热爱林业事业的优秀人才奠定了良好的基础。

③努力贯彻按需招生原则，逐步使招生计划趋于合理。1991年，部属南京、宁波林业学校在编制招生计划前，将本校拟招生专业通告有关省林业厅，由林业厅提出需求计划，学校汇总平衡后编制来源计划，增强了招生来源计划的可靠性。部属3所林业学校1991年在15个省计划招收定向生225人，占国家任务的27.3%，在录取中均按计划落实，录取的新生70%来自农村，这为艰苦地区培养急需人才，充实林业基层单位将起到积极作用。部属高校的定向招生，根据20个省林业厅主动提出的建议性计划，下达定向招生计划488名，占国家任务16.2%，绝大多数省林业厅按要求划定了定向生源，及时报送有关院校，使定向计划落到实处，录取定向生439人，完成计划90%，计划完成率比1990年提高8%，在录取中绝大多数省降分幅度不超过20分。

④坚决贯彻治理整顿精神，努力完成成人高教招生计划。1991年，部属成人高教招生工作坚决贯彻成人高教治理整顿精神，刹住了办超前班、函授不函等歪风。为保证生源质量，我们在了解各地考生上线情况基础上，统筹调整了部属成人高教招生来源计划，使招生计划完成率达93.2%。

表1 林业部直属普通高校1991年招生计划执行情况 单位：人

	计划数							实际录取数							录取第一志愿考生		新生中			备注
	合计	国家任务		委托培养		自费生		合计	国家任务		委托培养		自费生		数量	比例(%)	党员	团员	地市级以上三好生、优秀学生干部	
		本科	专科	本科	专科	本科	专科		本科	专科	本科	专科	本科	专科						
合计	3390	2122	899	63	260	19	27	3392	2096	920	60	232	13	71	2477	73.0	17	3045	80	
北京林业大学	480	352	113			8	7	478	349	113			6	10	392	82.0		453	17	
东北林业大学	1000	532	173	63	224	4	4	1000	525	179	59	198	4	35	898	89.8		966	9	
南京林业大学	630	452	168		2	3	5	631	447	168		2	3	11	445	70.5	4	582	23	
中南林学院	620	336	267		4	4	9	620	330	274	1	2		13	343	55.3		476	14	
西南林学院	270	180	58		30		2	273	177	64		30		2	156	57.1	11	205	10	
西北林学院	360	240	120					360	238	122					227	63.1	2	336	6	
内蒙古林学院	30	30						30	30						16	53.3		27	1	联合办学

表 2 林业部部属成人高等教育 1991 年招生计划执行情况 单位：人

	计划数						实际录取数					
	合计	管理干部院	干部专修科	函授		夜大学专科	合计	管理干部院	干部专修科	函授		夜大学专科
				本科	专科					本科	专科	
合计	1312	120	50	202	790	150	1223	73	47	53	849	201
北京林业管理干部学院	120	120					73	73				
北京林业大学	160			107	53		81			16	65	
东北林业大学	390				360	30	453				423	30
南京林业大学	120			35	85		82			23	59	
中南林学院	400			60	220	120	435			14	250	171
西南林学院	50		50				47		47			
西北林学院	72				72		52				52	

表 3 林业部直属中等专业学校 1991 年招生计划执行情况 单位：人

	计划数				实际录取数			
	合计	国家任务	委托培养	干部职工中专班	合计	国家任务	委托培养	干部职工中专班
合计	1060	824	26	210	1016	846	3	167
一、部属林校	770	632	18	120	725	646	3	76
白城林业学校	360	240		120	321	245		76
南京林业学校	240	240			236	236		
宁波林业学校	170	152	18		168	165	3	
二、大兴安岭林业公司	290	192	8	90	291	200		91
大兴安岭林业师范学校	40	32	8		40	40		
大兴安岭林业卫生学校	80	40		40	80	40		40
大兴安岭林业学校	120	120			120	120		
大兴安岭林业职工中专	50			50	51			51

（黄桂荣）

高等林业教育

【林业部直属普通高等学校招收有实践经验人员试点工作】 1991年是林业部部分直属普通高等学校招收有实践经验人员试点工作的第二年，国家教委和林业部在总结1990年试点工作的基础上，于2月印发《林业部直属普通高等学校招收有实践经验人员的暂行办法》的通知（以下简称《暂行办法》），进一步明确了招生对象的条件以及试点地区林业部门、招生办公室、院校之间的职责分工，使招生试点工作顺利进行。

1991年，经国家教委和林业部审定，同意北京、东北、南京林业大学和中南林学院，面向黑龙江、湖南、四川、甘肃4省的15个地区和两个林业企业计划招收210人。报考1843人，实际录取210人。录取的学员中，年龄最大的28岁，最小的18岁。其中干部5人，正式职工63人，合同工20人，临时工67人，季节工32人，乡村林场和林业专业户中的优秀青年23人。考生参加全国普通高校统一考试，外语成绩不记入总分。

北京林业大学林学、木材加工专科专业，东北林业大学林业经济管理专科专业，在黑龙江省大兴安岭、伊春、松花江、牡丹江地区计划招收90人，报考1112人，实际录取91人。南京林业大学在四川省阿坝、甘孜、凉山、黔江、宜宾等6个地区，林学专科专业计划招20人，木材加工专科专业计划招10人，报考64人，实际录取29人；在甘肃小陇山林业试验局、白龙江林管局林学专科专业计划招10人，木材加工专科专业计划招20人，报考69人，实际录取30人。中南林学院在湖南省怀化、郴州、零陵、湘西、邵阳等5个地区，林学、经济林专科专业计划各招30人，报考598人，实际录取60人（见表4）。

表4 招收有实践经验人员录取情况

	黑龙江	湖南*	四川	甘肃	合计
计划数	90	60	30	30	210
报考人数	1112	598	64	69	1843
实际录取数	91	60	29	30	210
录取最高分	416	388	471	356	
录取最低分	342	274	208	181	
录取平均分	379.75	327	282.29	268.5	
年龄最大	25	25	26	28	
年龄最小	20	18	19	19	

* 湖南省是高考科目设置改革试点省。 （黄桂荣）

【林业部直属普通高校本科专业清理审核结果】 自1990年7月开始，根据国家教委的部署，林业部直属6所林业大学、林学院对本科专业设置进行自查清理，林业部负责审查，国家教委核批，目前普通高等学校本科专业清理工作已经完成（见表5—10）。

经国家教委教高［1991］115号《关于印发〈普通高等学校本科专业设置清理审核结果〉的通知》以及教高厅［1992］1号《关于印发〈本科专业设置清理工作遗留问题处理意见〉的通知》批准，林业部6所林业大学、林学院截至1991年底，共设置工科、林科、文科、师范、财经类本科专业30种，布点65个。

表5 北京林业大学专业清理结果

序号	专业编码	专业名称	科类	学制	序号	专业编码	专业名称	科类	学制	序号	专业编码	专业名称	科类	学制
1	1103	风景园林	工科	4年	6	0403	林业机械	林科	4年	11	1144	专门用途英语（科技）	林科	4年
2	0201	林学	林科	4年	7	0501	木材加工	林科	4年	12	1004	统计学	财经	4年
3	0202	森林保护	林科	4年	8	0502	林产化工	林科	4年	13	1010	会计学	财经	4年
4	0301	水土保持	林科	4年	9	0601	林业经济管理	林科	4年					
5	0303	园林	林科	4年	10	试0602	林业信息管理	林科	4年					

表 6　东北林业大学专业清理结果

序号	专业编码	专业名称	科类	学制	序号	专业编码	专业名称	科类	学制	序号	专业编码	专业名称	科类	学制
1	0807	工业电气自动化	工科	4年	8	0401	森林采运工程	林科	4年	15	0009	思想品德和政治教育	师范	4年
2	1104	工业与民用建筑工程	工科	4年	9	0402	森林道路与桥梁工程	林科	4年	16	0011	英语教育	师范	4年
3	1806	汽车运用工程	工科	4年	10	0403	林业机械	林科	4年	17	0014	数学教育	师范	4年
4	0201	林学	林科	4年	11	0501	木材加工	林科	4年	18	0016	物理教育	师范	4年
5	0202	森林保护	林科	4年	12	0502	林产化工	林科	4年	19	0017	化学教育	师范	4年
6	0303	园林	林科	4年	13	0601	林业经济管理	林科	4年	20	1010	会计学	财经	4年
7	0304	野生动物保护与利用	林科	4年	14	试0301	自然保护区资源管理	林科	4年					

表 7　南京林业大学专业清理结果

序号	专业编码	专业名称	科类	学制	序号	专业编码	专业名称	科类	学制	序号	专业编码	专业名称	科类	学制
1	1603	制浆造纸工程	工科	4年	5	0303	园林	林科	4年	9	0502	林产化工	林科	4年
2	1806	汽车运用工程	工科	4年	6	0401	森林采运工程	林科	4年	10	0601	林业经济管理	林科	4年
3	0201	林学	林科	4年	7	0403	林业机械	林科	4年	11	试0501	家具设计与制造	林科	4年
4	0202	森林保护	林科	4年	8	0501	木材加工	林科	4年					

表 8　中南林学院专业清理结果

序号	专业编码	专业名称	科类	学制	序号	专业编码	专业名称	科类	学制	序号	专业编码	专业名称	科类	学制
1	0201	林学	林科	4年	4	0303	园林	林科	4年	7	0501	木材加工	林科	4年
2	0202	森林保护	林科	4年	5	0401	森林采运工程	林科	4年	8	0502	林产化工	林科	4年
3	0203	经济林	林科	4年	6	0403	林业机械	林科	4年	9	试0501	家具设计与制造	林科	4年

表 9　西南林学院专业清理结果

序号	专业编号	专业名称	科类	学制
1	1806	汽车运用工程	工科	4年
2	0201	林学	林科	4年
3	0202	森林保护	林科	4年
4	0203	经济林	林科	4年
5	0304	野生动物保护与利用	林科	4年
6	0401	森林采运工程	林科	4年

表 10　西北林学院专业清理结果

序号	专业编号	专业名称	科类	学制
1	0201	林学	林科	4年
2	0202	森林保护	林科	4年
3	0203	经济林	林科	4年
4	0301	水土保持	林科	4年
5	0302	*沙漠治理	林科	4年
6	0501	木材加工	林科	4年

*1991年同意备案的专业，批准文号为国家教委教高司［1991］148号。

（黄桂荣）

【高等林业教育办学经济效益研讨班】 1990年12月，林业部教育宣传司、财务司决定组织部属院校开展加强高等林业院校资金管理、提高办学经济效益的课题研究，并于1991年3月委托北京林业大学在北京举办了高等林业教育办学经济效益研讨班。来自全国高等林业院校财务处和高等教育研究室的负责同志，部属中等林业学校财务负责人及课题组全体成员，林业部教育宣传司、财务司负责同志参加了研讨班。

（安丰杰）

【高等林业院校科学研究工作】 1991年，高等林业院校的科学研究工作坚持贯彻“科学技术必须为经济建设服务，经济建设必须依靠科学技术”的方针，取得了可喜的成绩。

科研成果 1991年，全国各高等林业院校（系）主持或参加完成的科研成果有4项获1991年国家科学技术进步奖，占林业获奖项目总数的28.6%，其中二等奖1项，三等奖3项，分别占获奖数的25%，30%；有1项获1991年国家发明奖三等奖，占林业获奖总数的25%；有52项获得了1991年林业部科学技术进步奖，占获奖总数的37.7%，其中一等奖3项，二等奖17项，三等奖32项，分别占获奖数的30%，70.8%，30.8%。

科研活动 1991年，全国高等林业院校获得国家自然科学基金资助项目38项（见表11），比1990年增加15.2%，其中自由申请项目28项，青年科学基金项目8项，地区科学基金项目2项，分别比1990年增加了3.7%，166.7%，—33.3%；北京林业大学获国家教育委员会博士学科点专项科研基金项目6项（见表12）。

高等林业教育研究 1991年，全国林业教育系统获全国教育科学“八五”规划课题8项，其中部委重点课题4项、自管课题（一般课题）4项（见表13）。由高等林业院校承担的课题6项，占总项目数的75%，其中部委重点课题3项，自管课题3项。

表11 高等林业院校获得国家自然科学基金资助项目一览

序号	项目名称	主持人	职称	学校名称	合作人数	备注
01	生长素细胞分裂在植物组培增殖分化中的作业机理	王沙生	教授	北京林业大学	6	
02	兴安落叶松种群的年龄结构和空间格局的研究	徐化成	教授	北京林业大学	8	
03	栽培菊花起源的研究	陈俊愉	教授	北京林业大学	6	
04	C类植物显示光泽的机制	吴涤新	副教授	北京林业大学	4	
05	森林资源管理的宏观决策理论研究	董乃钧	教授	北京林业大学	12	
06	竹材塑料复合材料的界面及表面处理理论的研究	赵　立	教授	北京林业大学	5	
07	油松针叶精油的萜烯组成与速生和抗虫性关系的研究	金幼菊	副教授	北京林业大学	6	
08	发根农杆菌对山杨的转化及转化植株发根特性的研究	费厚满	讲师	北京林业大学	8	
09	我国蜜环菌的分类学研究	贺　伟	讲师	北京林业大学	4	
10	我国北方主要造林树种耐旱机理及其分类模型的研究	李吉跃	讲师	北京林业大学	4	青年科学基金项目
11	稀土元素的吸收、价态及对杨树苗木生长促进作用的研究	李　齐	讲师	北京林业大学	6	青年科学基金项目
12	长白落叶松速生丰产林增产机理的研究	王文章	副教授	东北林业大学	8	
13	胡桃楸种群的种子库和幼苗构筑模式的研究	王凤友	副教授	东北林业大学	6	青年科学基金项目
14	山杨体表界面生态学的研究	韩世杰	讲师	东北林业大学	7	青年科学基金项目
15	区域高火险时段的演变规律及多灾耦合形成机理的研究	王述洋	讲师	东北林业大学	4	青年科学基金项目
16	自然因子及营林措施对大青叶蝉控制力的研究	李成德	讲师	东北林业大学	4	青年科学基金项目
17	纤维素酶吸附、脱附机理及回收复用技术	余世袁	副教授	南京林业大学	10	
18	白腐菌纤维分解酶类特性及其应用潜力的研究	马传槐	教授	南京林业大学	6	
19	器官生态边界层结构特征和变化规律的研究	熊文愈	教授	南京林业大学	8	
20	林农复合系统种群结构及其动态调控的研究	黄宝龙	教授	南京林业大学	9	
21	地方级森林资源监测系统的研究	林昌庚	教授	南京林业大学	17	
22	新型植物生长物质对林木生长发育的调控及作用机理	汪安琳	教授	南京林业大学	5	

（续）

序号	项目名称	主持人	职称	学校名称	合作人数	备注
23	竹材复合人造板最佳结构的研究	张齐生	副教授	南京林业大学	3	
24	人造板无损检测的物理基础	史伯章	教授	南京林业大学	8	
25	抗（耐）盐杨树新无性系的筛选	吕士行	教授	南京林业大学	8	
26	杉木萌芽更新机理的研究与应用	叶镜中	教授	南京林业大学	7	
27	性信息素加病毒诱芯技术防治森林虫害的原理	赵博光	副教授	南京林业大学	3	
28	中国固氮豆科树种和豆科树种根瘤菌资源、分类的研究	韩素芬	讲师	南京林业大学	4	
29	森林土壤中锌、铜、锰、镉吸附理论模型探讨	吴晓芙	讲师	中南林学院	4	
30	中国油桐林地土壤类型及立地分类与评价的研究	何　方	教授	中南林学院	3	
31	油桐林分最佳光分布模式的研究	吴章文	副教授	中南林学院	3	
32	甜柿种质资源研究	谢碧霞	副教授	中南林学院	13	
33	亚热带常绿阔叶林生态系统水分循环的研究	谌小勇	讲师	中南林学院	4	青年科学基金项目
34	中国小蠹虫寄生蜂的调查及分类研究	杨忠岐	讲师	西北林学院	5	
35	大兴安岭地区一万年来森林生态环境演变及林业发展预测	徐树林	副教授	内蒙古林学院	10	地区科学基金项目
36	几种沙生饲用灌木种质资源及染色体核型带研究	安守芹	副教授	内蒙古林学院	5	地区科学基金项目
37	黄山松群体遗传结构的研究	范义荣	讲师	浙江林学院	6	
38	杉木和啰树及其混交林根际生物化学性质的研究	蒋秋怡	讲师	浙江林学院	5	青年科学基金项目

表 12　国家教委博士学科点专项科研基金项目

序号	项目名称	负责人	专业技术职务	单位	序号	项目名称	负责人	专业技术职务	单位
1	低温贮藏对苗木生命力的影响及作用	沈国舫	教授	北京林业大学	4	土体水分动态监测二次性仪表的研究	关君蔚	教授	北京林业大学
2	大兴安岭森林斑块镶嵌结构特征	徐化成	教授	北京林业大学	5	梅花抗寒冻育种研究	陈俊愉	教授	北京林业大学
3	木材资源结构变化中的材性与材质问题	申宗圻	教授	北京林业大学	6	异龄林经营的多目标决策系统	刘建国	教授	北京林业大学

表 13　林业教育系统承担的全国教育科学"八五"规划课题

序号	课题名称	负责人	单位	备注	序号	课题名称	负责人	单位	备注
1	我国林业职业技术教育办学基本经验研究	姚庆渭	林业部中等林业教育研究中心	部委重点课题	5	林业专业技术人员继续教育的研究	罗又青	林业部成人教育研究中心	一般课题
2	关于建立和完善县、乡两级"林科教"中心的研究	王周	中南林学院	部委重点课题、青年课题	6	中国林业教育发展战略研究	由昌富	东北林业大学	一般课题
3	高等院校教师教学质量综合评价方法的研究	姚东和	中南林学院	部委重点课题、青年课题	7	提高高等学校公共思想政治教育课程实效途径研究	李正杰	东北林业大学	一般课题
4	我国西南地区林业高等教育的环境与对策	孙冶	西南林学院	部委重点课题、青年课题	8	建立高等农林院校"教学、科研、生产"三结合体制的研究	陈存根	西北林学院	一般课题

（陈　建）

【西南林学院搬迁】 1991年寒假期间，部属西南林学院正式从昆明安宁县迁至昆明市白龙寺办学。西南林学院原校址在安宁县温泉楸木园，由于地处偏僻、交通不便、信息不灵，办学条件较差，1985年林业部批准该校在昆明市郊白龙寺选址建校。新校址占地面积470亩，第一期工程概算2976万元，建筑面积68 700平方米。从1986年开工，至1991年底已经完成基本建设投资3000余万元，竣工建筑面积52 992平方米，其中教学主楼21 250平方米，住宅18 024平方米，学生宿舍8400平方米。 （蓝增寿）

【林业院校办公室工作会议】 于1991年11月12—15日在西北林学院首次召开。出席这次会议的有北京、南京、东北林业大学，中南、西北林学院，北京林业管理干部学院的领导，以及全国各高等林业院校和部属中等林业学校的办公室主任计30人。教育宣传司张启副司长参加了会议并做了重要讲话。

会议交流了近年来各校办公室工作的经验，并就办公室工作的重要地位和作用，在新形势下如何进一步加强办公室工作的规范化建设，充分发挥办公室的职能作用等问题进行了认真而热烈的讨论，对办公室工作规范化问题从理论上进行探讨。会议共收到论文、交流材料13篇。

会议认为，随着教育改革的不断深入发展，对院（校）办公室工作提出了新的更高的要求，必须尽快地把办公室工作规范化问题提到议事日程，建立高效、科学的办公管理运行机制，使办公室工作逐步走上科学化、制度化的轨道。同时，稳定办公室工作队伍是当前一项紧迫的任务，必须尽快切实予以解决。

会议通过了《林业院校办公室工作暂行规则》、《林业院校办公室工作研究会章程》，并正式成立林业院（校）办公室工作研究会。首届研究会理事长为张观礼，副理事长王性炎、伍聚奎，秘书长陈润生，副秘书长李栓斌、和宏。 （潘文琴）

【北京林业大学1986—1991年基本情况简介】 1986—1991年是学校恢复发展的重要时期。本期间，学校教学的指导思想是：稳定教学秩序，加强学科建设，注重教学管理，深化教育改革，把教书与育人结合起来，为林业现代化建设培养合格人才。为此，在原有学科的基础上以老专业带动新开专业，同时修订教学计划，进行课程评估，增加实践教学环节，落实德育首位，制定健全各项管理制度，交流教学经验，使教学质量逐步提高。教材编写及师资建设工作取得很大进展，学校编著的教材有11次共9种获全国、部级优秀教材奖励。截至1991年底，学校共有教师599人，其中教授49人，副教授158人，讲师188人，助教194人。1986—1991年，学校有40多人次获得全国及部、市级优秀教师及教育工作者称号，100多人次获校级表彰。1990年确定了学校造林学、森林经理学、水土保持学为全国重点学科。目前，学校设有7个博士学位授予点，14个硕士学位授予学科，13个本科专业，4个普通专修科，1个干部专修科，在校生人数近2000人。

学校的科研工作以面向经济建设为主，采取教学、科研、生产三结合的方式。1986—1990年，承担“七五”国家攻关课题14项，林业部重点课题8项，各类基金项目38项，横向协作课题9个，校级课题69项。1991年还争取到“八五”国家攻关三级课题11项，四级课题3项，各类基金项目16个。在广大教师及科技人员积极努力下，科研硕果累累。1986—1991年间共获国家科技进步二等奖6项，三等奖5项；部、市级科技进步一等奖4项，二等奖11项，三等奖30项；获厅（局）校级科技奖12项；其它奖励7项。获奖共达166人次。同时，沈国舫、王九龄、刘文蔚、陈陆圻、孙时轩、孙筱祥、梁永基等人分别获得国家科委、计委、经委联合授予的国家12个重要领域技术政策研究有突出贡献者、重要贡献者、积极贡献者称号；汪振儒等10位工作40年的老教授受到国家教委的表彰；陈俊愉、关君蔚等11位教授享受政府特殊津贴；王礼先、高志义等4人获国家有突出贡献的中青年科学家称号；董乃钧、王沙生等10人获部级有突出贡献的中青年科学家称号等；共获奖达50人次。1990年初，利用外资建成的治山培训中心投入使用。另外，学校还在宁夏、山东、山西、河北等地建立了9个教学科研基地，为科技兴林发挥了积极作用。

本着为教学、科研工作提供更好服务的宗旨，学校图书、编辑工作也有了很大起色。至1991年底，图书馆累计藏书69万多册；学报在质量逐步提高的同时，英文版也将正式发行。

对外学术交流活动在近几年间发展较快。目前，学校已与美、日、法、德、加等12个国家的27所院校（科研机构）建立了科技交流合作关系，校际间交往也逐年上升。截至1991年，学校共派出304人次出国进修、攻读学位、考察、工作、参加国际会议；聘请外籍专家158人次来校讲学和工作。

后勤管理工作在贯彻执行“三服务、两育人”的基础上，总务、设备、财务等部门围绕关系师生员工学习生活的热点问题深入细致地开展工作。总务处由多科多项承包过渡到任务、经费、人员、管理四位一体的全面经济承包，调动了职工的积极性，提高了经济效益和社会效益。学校伙食工作一直处于北京市高校之首，连续被评为全国林业高校及北京市先进单位；设备处在管好仪器设备的同时，核查了学校的固定资产状况；财务处在合理调配各项经费的基础上，逐年增加教学经费的比例，保证了教学工作的正常开展。由于工作的不断改进，后勤各部门增强了基础和后劲，为提高办学效益增添了活力。后勤部门也多次被评为各级先进单位，许多个人受到了表扬。

1986—1991年，学校的基本建设取得极大进展。

继外语楼、外招楼、专家公寓、图书馆、教室楼建成投入使用后，1990 年建筑面积达 25 600 平方米的教学主楼动工，预计 1992 年底投入使用。

1986—1991 年，学校领导机制恢复了党委领导下的校长负责制，执行党政分开的机制。随着我国高等教育的发展，为适应教学、科研及后勤管理的需要，学校在原有的基础上先后成立了学生工作部、社科系、财务处、林业资源学院、经济管理学院、风景园林系、国际交流服务中心、京伊科技开发公司、成人教育学院等单位。截至 1991 年底，学校设有 3 个学院、6 个系、3 个部，全校共有教研室、研究室、实验室 91 个。

（北京林业大学办公室）

林业成人教育

【综　述】　党的十一届三中全会以来，林业成人教育得到了迅速的恢复和发展。经过不断努力，全国林业系统成人教育网络已经初步形成。开展了各级各类干部培训，青壮年职工政治、文化技术培训和多种形式的林农实用技术培训。据不完全统计，仅“七五”期间林业行业教育培训累计达 468 万人次。其中：短期培训为 4 516 900 人次，专业证书教育为 14 900 人次；高中等成人学历教育为 148 200 人次。

1991 年，林业成人教育重点抓了以下几项工作：

①1 月 20 日召开了林业部成人教育领导小组第三次工作会议。会议由徐有芳副部长主持，教育宣传司、林业管理干部学院和成人教育研究中心分别汇报了 1990 年成人教育工作情况和 1991 年工作计划、关于举办省、地级领导干部林业发展战略研究试点班的方案和加快制定林业行业岗位规范编制方案等问题。

②岗位规范编制工作。根据成人教育领导小组第三次工作会议要加快编制林业行业岗位规范的步伐的要求，林业部教育宣传司即进行研究部署，由成人教育研究中心具体负责，召开了 9 个司（局）、站、室的制定岗位规范工作联络员会议，4 月初又在京召开了有联络员和编写人员参加的编制岗位规范研讨会，后由 9 个司（局）组织了约 160 余人，采取集中与分散相结合的方法，于 8 月上旬提出了规范初稿，经专家审定，初选出 482 个岗位的岗位规范作为第一批颁布实行。

③组织举办林业岗位培训研讨班。6 月初在京举办了由 19 个省（区）林业厅、管理局、部属院校和有关直属单位成人教育处长参加的研讨班共 45 人。研讨班上讨论修改了《林业全行业培训十年规划和“八五”计划要点》和《关于进一步广泛深入开展全行业培训若干问题的意见》。通过修改，《要点》已于 8 月印发各省林业厅。

④加强对《专业证书》班的管理。4 月转发了国家教委、人事部《关于成人高等教育〈专业证书〉教学班复查清理工作的通知》，要求各委托办班单位和学校按文件要求自查自 1988 年以来由部审批的《专业证书》班，并写出自检工作报告。11 月，林业部教育宣传司重点对东北林业大学进行了复查验收。复查清理的结果是：1988—1991 年，林业部教育宣传司共审批了跨地区《专业证书》班 46 个，计划招生 2971 人，实际录取 2603 人，现已结业发证 2083 人，尚有在校学员 156 人。经复查，合格的为 40 个班，2239 人（其中审批后没有举办的有 6 个班）。

⑤推荐评选全国职工教育先进单位。根据劳动部等 7 个部委（协会）《关于评选全国职工教育先进单位的通知》要求，林业部及时部署并进行推荐评选。经过评选，南京林业大学、北京林业管理干部学院、常州林业机械厂、松江河林业局、南岔水解厂、广东德庆县林化厂和广西梧州松脂厂等 7 个单位被评为全国职工教育先进单位。

⑥加强了对部办短期培训班的管理。各司（局）、公司共 17 个单位申报 99 期培训班，需培训 5300 多人，经与各单位协商，安排落实 80 期，计划培训 3800 多人次。实际完成 76 期，培训 3357 人。其中：

岗位培训试点班 11 期。为了把全行业培训工作的重点转移到岗位培训上来，林业部教育宣传司配合有关司（局），开展了国营林场场长、国营苗圃主任、省森防站站长、林业工作站站长、木材检查站站长和公安政工干部等 6 种岗位的 11 期培训班，培训 1017 人。

县级领导干部专题建设研究班 3 期，培训 96 人，

同人事部联合举办 2 期高级技术研修班，培训 96 人。

抓了部属院校成人教育部门的工作。在 5 所部属院校安排了 19 期培训班，实际完成 17 期，共培训 700 余人。

为了总结交流培训工作经验，于 12 月召开了部属干部培训工作会议。在总结 1991 年工作的基础上，对 1992 年工作做了部署和相应的改革。要求各校成人教育统一归口，林业部全年培训任务分别下达到各成人教育部门，以便实行统一管理。

⑦继续做好中央农业广播学校林业专业工作。3 月在京召开了林业专业教材编写会议，决定对现行农业广播学校林业专业 6 门专业课教材进行改编，删除原教材中交叉、重复、繁琐及适用性不强的内容，使之更适合农业广播学校培养中等应用型林业技术人才的实际需要。5 月印发了关于开展表彰中央农业广播学校林业专业先进集体和先进个人活动的通知。10 月在陕西省召开了中央农业广播学校林业专业第四次工

作会议，会议在总结交流各地办学经验的基础上，研究了理顺管理体制和提高教学质量等有关问题，提出了今后工作的安排意见，并表彰了27个先进集体、44名先进工作者及26名优秀学员。

⑧成人教育学会及其研究工作。1991年，学会在组织建设与发展、学术研究与交流、林业行业岗位规范研讨与编制、学会刊物、简报的编辑与出版、课题研究的开题与立项、资料情报信息的收集与交换、团体会员间的联系与合作等方面做了大量的工作，取得了较明显的成绩。

原有团体会员72个中，已有54个履行了重新登记手续，又吸收7名新会员，使团体会员总数达79个。4月组织"编制林业行业岗位规范研讨会"，6月组织"林业行业岗位培训工作研讨班"，并参与主持编制林业行业岗位规范。

出版刊物：编制、出版、发行《中国林业成人教育》共4期，发表各类文章83篇共31万字；编辑、印发《林业成人教育信息与动态》18期，登载各类信息动态182条计10万字；在《中国林业报》发表介绍、宣传全行业培训事例文章7篇。

承担林业成人教育课题的理论研究活动：接受"全国经济管理干部研究会"委托，开展了"管理类专业人才需求情况及培养方式"的调查研究，并草拟了经济管理类人才改革教学模式研究的课题计划。《对编制林业岗位序列几个问题的初探》及《林业行业岗位序列》已收入国家教委成人教育司主编的《岗位培训探索与实践》一书中，选报了三篇论文，参加"七五"职工教育研究成果评议，其中一篇获鼓励奖。

（张俊玲）

【中央农业广播电视学校林业专业】 自1986年10月农牧渔业部、林业部下达《关于在中央农业广播学校开办林业专业的通知》以来，全国已有26个省（区、市）开办了林业广播电视教育，现有独立的省办林业广播电视学校2所、省属林业分校1所，其他均为省农业广播电视学校内设立的林业分校或教学班。林业广播电视学校和林业教学班现有管理人员和专兼职教师共4000余人，在校学员5万多人，基本上形成了具有一定规模的林业广播电视教育网络。

成就 ①为林业培养了大批初、中级技术人才。1987、1989两级共招收学员7万多人（其中果树和财会专业学员约2万人），到1990年，1987级已有2万余人毕业。黑龙江省林业广播电视学校4年中共招收学员1万余人，1987级已毕业5000人，相当于同期国家分配的中专生的4.2倍。

②加强了教材建设工作。完成了7门林业专业基础理论课和专业课的教材编写任务，并承担了录音讲稿的编写、审定和印发工作。为使林业专业教材更能体现林业专业特点，更具有针对性和适用性，林业部与中央农业广播电视学校3月在京联合召开了林业专业教材改编会议，决定对现行农业广播学校林业专业树木学、森林测算技术、森林经营与利用、森林病虫害防治学、造林学及林业经济管理等6门专业课进行修改。

经林业部教育宣传司与中央农业广播电视学校商定，特聘请龙新城、钱德盛、马存生、蒋学良、于尔循、陈芳景、邹德靖、付必明、雷开寿、缪美琴、邱俊齐等11位教师为农业广播学校林业专业主讲教师。

此外，在中央农业广播电视学校的支持与指导下，还完成了《造林学》、《森林病虫害防治学》和《森林调查规划》等3门课程共16集480分钟的实习、实验教学辅导录象片的摄制任务。还请北京林业大学制作了《林木育种》课教学辅导幻灯片80幅，以形象、生动、直观的电化教育手段，弥补了广播教育的不足，有效地提高了教学效果和教学质量。

中央农业广播电视学校林业专业第四次工作会议于10月21—23日在陕西省宝鸡市召开。20个省（区）林业厅科教处、林业广播学校、部分农业广播学校负责同志和先进集体、个人及优秀学员代表共64人参加了会议。原农业部副部长、中央农业广播学校原校长刘锡庚到会向先进集体和个人颁奖并作了重要讲话。陕西省林业厅邹年根副厅长和宝鸡市副市长陈继荣到会讲话。会议由中央农业广播电视学校鲍年松副校长主持，并作了总结发言；林业部教育宣传司副司长张启同志作了题为《总结经验，开拓前进，进一步办好林业广播电视教育》的工作报告。会上还表彰了27个先进集体、44名先进工作者和26名优秀学员（名单附后），同时还请陕西等9个单位代表在会上做了典型经验介绍，参观、观摩宝鸡林业分校、太白教学班办班情况展览。

中央农业广播电视学校林业专业
先进集体名单

辽宁省铁岭市林业局
辽宁省康平县农业广播学校林业教学班
吉林省农业广播学校省林业厅分校
吉林省农业广播学校湾沟林业局工作站
吉林省农业广播学校天桥岭林业局工作站
黑龙江省林业厅宣传教育处
黑龙江省林业广播电视学校
黑龙江省森林工业广播电视学校
黑龙江省齐齐哈尔市林业分校
黑龙江省林业广播学校五常县工作站
浙江省开化县林业局
安徽省省直林业分校
福建省农业广播学校林业分校厦门市林业局教学班
福建省农业广播学校林业分校顺昌教学班
江西省农业广播学校林业教育办公室
江西省农业广播学校云山垦殖场林业教学班
山东省农业广播学校莱芜市林业学校教学班

湖南省农业广播学校湘西自治州分校州林业局林业教学班

湖南省农业广播学校新化县分校县林业局林业教学班

中央农业广播电视学校广东省林业办公室

广东省蕉岭县林业局

贵州省黔东南苗族侗族自治州林业局

贵州省黎平县林业局

陕西省农业广播学校林业分校

陕西省农业广播学校宝鸡林业分校

甘肃省天祝藏族自治县林业局

宁夏回族自治区青铜峡市农业广播学校林业教学班

中央农业广播电视学校林业专业先进工作者名单

辽宁省 王玉香（女） 于希江 朱春之
吉林省 杨占先 朴善东 宫长山
黑龙江省 贾 颖 乔庆绵 杨树桐 奚晓岗 于正武 张庆山 杨志书 姜龙锡
浙江省 童献南 胡一鸣
安徽省 罗太平 朱家龙
福建省 陆国昌 蔡春英（女） 范云谈
江西省 潘结文 谢年馈
山东省 邵爱华（女） 王圣海
湖南省 章美英（女） 邓冀斌 刘继保
广东省 高德明 张志铭 曾培椿
海南省 梁居正
贵州省 黄有泽 王吉秀（女） 龚河全 雷禄君（女）
陕西省 牛济群 代树先（女） 张宁刚 王新栋
甘肃省 卞国翔 贾春泰
宁夏回族自治区 雍凤岐
新疆维吾尔自治区 张小平

中央农业广播电视学校1987级林业专业优秀学员名单

辽宁省 朱广铎
吉林省 姚佩东 徐秀云（女） 尹振杰
黑龙江省 李孟山 于新柱 贾英才 王玉彬 王建华
浙江省 胡元富
安徽省 高隆玲（女）
福建省 金其祥 周维亮
江西省 温胜芳
山东省 朱立恩 陈爱博（女）
湖南省 阳 灿 谭泽奇
广东省 高启雄 杨建生
贵州省 周永进
陕西省 解怀德 蔡拴让 徐小平
甘肃省 李金成
宁夏回族自治区 陈月英

（张俊玲）

【领导干部培训与专业技术人员继续教育】 根据林业部的要求，截至1991年底，已有北京、河北、山西、内蒙古（大兴安岭林管局）、辽宁、吉林、黑龙江、浙江、福建、湖北、湖南、广东、陕西等13个省、自治区、直辖市制定了本地区林业全行业培训“八五”计划和十年规划（或规划草案）。湖北省除了制定全行业培训“八五”计划和十年规划外，还将教育和培训作为一项重要内容，纳入《1990—2000年湖北省科技兴林纲要》，并制定了湖北省林业教育“八五”计划、林业系统专业技术人员继续教育“八五”计划，形成了配套的、多层次的培训计划和规划体系。1991年，黑龙江省森工总局和福建省林业厅还组织了本省“七五”期间林业职工教育检查评估活动。

与此同时，林业部有关司（局）（总站）也加强了对培训工作的行业管理。根据林业部《关于开展林业全行业培训的通知》精神，1991年3月和5月，林业部林业工作站管理总站、资源和林政管理司分别与部教育宣传司联合印发了《关于区、乡（镇）林业站人员培训若干问题的意见》（林站［1991］5号）及《关于木材检查站人员培训若干问题的意见》（林资通字［1991］37号），林业部林产工业办公室印发了《木材加工行业工人持证上岗的规定》，对本行业（系统）的从业人员培训工作作了具体部署。林业部森林工业司还将人员培训作为一项内容，列入《林业企业设备管理考核标准》。

除基础工作和培训管理得到加强外，1991年，林业专业技术人员与领导干部的培训工作也有较为明显的进展。仅以林业部机关及部分直属公司为例，1991年全年共有17个司（局、公司）开展了培训工作，列入林业部干部培训年度计划并已举办的各类培训班有76期，实际培训3357人。另有林业工作站管理总站在辽宁、江西、山东、四川、陕西5省设立的培训点举办的区、乡（镇）林业站长培训班5期，272名学员。

（吴友苗）

【县级领导干部林业建设专题研究班】 为加快我国林业建设步伐，经商中共中央组织部同意，林业部于1991年2月27日以林教字［1991］49号发出《关于举办县级领导干部林业建设专题研究班的通知》，委托北京林业管理干部学院举办4期县级领导干部林业建设专题研究班。培训对象为“三北”防护林二期工程、长江中上游防护林工程建设地区及林业重点县的正副县委书记、县长。除“长江中上游防护林建设”班因故推迟举办外，实际举办3期，学员96人，分别来自全国14个省（区）。其中，两期“‘三北’防护林建设”县长班59人，林业重点县县长班37人。

“三北”防护林二期工程建设地区县级领导干部林业建设专题研究班 在“三北”防护林体系一期工程

超额完成任务、二期工程进入后5年之际，1991年5—10月间，林业部首次举办了2期“三北”防护林二期工程建设地区县级领导干部林业建设专题研究班。第一期自5月6日至6月8日，历时34天；第二期自10月4—26日，历时23天。两期计划调训120名学员，实到59人。其中：河北10人、山西16人、内蒙古20人、陕西12人、宁夏1人，分别完成分配名额的38.5％、53.3％、58.8％、42.9％和16.7％，甘肃、青海两省因故未派学员参加学习。研究班第一期分四个阶段、第二期分三个阶段进行。

学员们用10天时间实地考察了辽宁省沈阳、铁岭、阜新、朝阳4市和河北省承德市以及上述5个市所辖的有关县的“三北”防护林建设情况。

林业部原副部长刘琨，“三北”防护林建设局局长李建树，造林经营司副司长朱俊凤，“三北”局高级工程师窦芳、王质彬，北京林业大学教授关君蔚、高志义，北京林业管理干部学院副教授穆天民等领导、专家、学者先后为学员开设了我国林业当前形势和任务，“三北”防护林体系建设成就、面临问题及对策、典型案例介绍、主要技术措施，关于“三北”防护林二期工程建设的几点建议，林业政策法规，社会主义商品经济与林区商品经济开发等讲座。

两期研究班学员先后听取了山西大同县、内蒙古和林格尔县、陕西榆林市、河北迁西县和迁安县的经验介绍。

林业重点县县级领导干部林业建设专题研究班

1991年举办的为第7期，自6月27日至7月28日，历时28天，计划调训60人，实到37人。其中，福建5人、江西9人、湖北4人、湖南8人、广东1人、海南5人、四川2人、贵州1人、云南2人，分别完成原计划的62.5％、90％、100％、90％、25％、62.5％、50％、25％和50％。浙江省因故未派学员参加学习。研究班分三个阶段进行：

学员们用10天的时间参观了广东韶关地区已绿化达标的始兴县及准备在1992年达标的曲江县和南雄县，学习了他们不断完善领导责任制，实行三长办点；依靠科学技术兴林治林，以及折股经营，以场代队，实现“以林涵水、以水发电、以电促工、以工养林”的良性循环，建立“山顶种树、山腰栽果种茶、山脚养鱼”的立体经营模式等方面的经验。

林业部原副部长刘琨、造林经营司副司长李式樵、中国林业科学研究院林业经济研究所副所长王幼臣、中国人民大学教授张象枢等领导、专家、学者为学员开设了我国林业当前形势和任务、森林资源现状及其对策、森林集约经营、林区多种经营、森林法和林业政策法规、法策论原理和宏观决策基本知识等讲座。

这期研究班得到了林业部各级领导的重视。高德占部长多次询问研究班的进展情况，徐有芳副部长到学院与学员们进行座谈。（吴友苗）

【专业技术人员高级研修班】 简称“高研班”，是对高层次专业技术人员进行继续教育的一种有效形式。根据国家继续教育主管部门的有关规定，高研班学员主要是具有高级专业技术职务（或职称）的在职专业技术人员和管理人员，也可吸收部分荣获国家三等奖、部省二等奖以上的其他专业技术人员。其研修活动一般采用讲座、自学、研讨、考察、咨询等多种形式进行。研修活动结束时，一般需提交个人论文或集体研修成果（论文、专题报告及专项建议等），为政府有关部门制定政策、推广先进技术等活动提供咨询服务。

林业行业举办高研班始于1988年，由当时的国家科委科技干部局与林业部教育司联合举办。随后，山东等省林业部门也陆续与当地人事部门联合举办面向本地区的高研班。

1991年4月，人事部在河北石家庄主持召开了“七五”期间全国高研班工作总结会议，并在会上落实了联合举办全国性高研班的有关事宜。同年8月和9月，林业部教育宣传司和人事部培训与人事司分别联合委托吉林、湖南两省的林业、人事部门在吉林省安图县、湖南省长沙市举办“全国营林（林木种苗）”及“刨花板与中密度纤维板在工业与民用建筑工程上应用技术”等两期高研班，共有正式学员96名。

（吴友苗）

【全国职工教育先进单位评选表彰】 劳动部、国务院生产委员会、国家教育委员会、人事部、全国总工会、中国职工教育和职业培训协会、中国成人教育协会决定于1991年上半年联合开展一次全国职工教育先进单位评选表彰活动。根据劳动部等7部委（协会）有关文件精神，林业部教育宣传司及时向部属企业和教育实体部署了评选全国职工教育先进单位的工作。根据所掌握的情况及各地上报的材料，经研究，林业部教育宣传司推荐南京林业大学、北京林业管理干部学院、常州林业机械厂为全国职工教育先进单位。经评审委员会审定，上述3个单位与其他300个单位一起，被劳动部等授予“全国职工教育先进单位”称号，并获7部委联合颁发的证书和奖牌。林业部教育宣传司及部分部属获奖单位代表参加了1991年6月20日下午在人民大会堂小礼堂召开的全国职工教育先进单位表彰会。林业系统获此光荣称号的单位还有：吉林省松江河林业局、黑龙江省南岔木材水解厂、广东省德庆县林产化工厂和广西梧州松脂厂。

南京林业大学 曾于50年代和60年代初举办规模较小的成人教育。学校于1979年设立干部训练班（后改为干部培训部），1991年成立成人教育学院，承担了林业领导干部、林业技术干部的培训工作，先后举办林业行政、企业、事业单位领导干部培训班45期，培训近1700人次；举办林业工程师进修班及其他专业技术人员培训班200多期，培训3000余人。各类成人学历教育培养学员（包括函授、夜大学、普通专科班、干部专修科）近1000人。

北京林业管理干部学院 自1979年以来，共举办主管林业的县委书记、县长林业研究班、培训班13期，培训1175名县级领导干部；举办了各类林业企、事业领导干部培训班31期，培训1953人；举办各类林业专业技术人员培训班16期，培训523人；举办干部专修科7期，培训393人。学院现有专职教师68人，兼职教师60人，职工教育专用教学房屋面积11 754平方米，以及相当数量的培训教学设备。

常州林业机械厂 是林业部直属定点生产集装机械和工程机械的专业工厂，是全国大中型骨干企业之一。多年来，工厂领导十分重视职工教育，建立健全了厂职工教育委员会，定期研究职工教育工作中的重大问题，将职工教育纳入工厂《企业管理标准》，坚持不懈地开展多形式、多层次的培训活动。"七五"期间，全厂围绕企业升等升级，争创国家质量管理奖，深入开展质量管理教育，对全体职工进行普及性TQC教育，对QC小组成员、控制点操作人员、检验人员等进行分层教育；对中层干部、QC骨干、技术人员进行深层次质量教育。中层以上干部参加质量管理深化教育人均93学时，至1990年，全厂厂级和中层干部全部参加了江苏省全面质量管理电视讲座统考。

在抓质量管理教育的同时，面对机电产品市场疲软的严峻局势，工厂为扩大外贸出口，狠抓营销人员的业务培训，使之成为一支合格的营销队伍。

工厂重视青工素质的提高，坚持不懈地开展岗位练兵、技术竞赛活动。1986年组织开展了18个工种的青工技术比武，76.6%的青工参加了比武；1987年工厂17个工种技术竞赛考核，参赛率达93%，有3名青工分获全省百万青工技术精英比赛有关工种的第一、第二和第九名；1988年有289名一线工人参加了工艺守则学习的书面考试和现场考核。

"七五"期间，全厂95.4%的专业技术人员接受了继续教育，100%班组长参加了规范化培训，累计全员培训率达95%。

"七五"期间，工厂连续五年被评为常州市职工教育先进单位，1990年荣获国家质量管理奖金奖；工业总产值、全员劳动生产率、实现利税在10年间均翻了两番多。

（吴友苗）

附 录

1991—1992学年初普通高中等林业院校（系）基本情况

单位：人

	学校数（所、个）	毕业生数	招生数	在校学生数	毕业班学生数	教职工数	
						计	其中：专任教师
总　计	102	16 458	18 997	59 873	16 789	20 949	8861
其中：部属高中等林业院校	9	4141	4293	13 553	4084	8373	3195
一、研究生		315	183	535	166		
其中：部属林业院校	6	277	153	440	136		
1. 高等林业院校		283	161	467	145		
国家任务		273	159	460	144		
委托培养		10	2	7	1		
2. 其他高等学校林科研究生		18	17	55	18		
国家任务		18	17	55	18		
3. 科研单位培养研究生	2	14	5	13	3		
国家任务		14	5	13	3		
二、普通本专科		6832	7411	24 027	6916	11 815	5125
其中：部属林业院校	6	3225	3392	11040	3331	7684	2887
1. 高等林业院校	11	4949	5206	17 240	5028	10 911	4221
国家任务		4358	4782	4821	4498		
委托培养		464	340	342	445		
自 费 生		127	84	84	85		
2. 其他高等学校（林科）	31	1749	2205	6747	1848	904	904
其中：农业院校（林科）	25	1516	1993	6205	1658	836	836
国家任务		1638	2040	6438	1748		
委托培养		31	153	241	52		
自 费 生		80	12	68	48		
3. 林业中等专业学校大专班		134		40	40		

（续）

	学校数（所、个）	毕业生数	招生数	在校学生数	毕业班学生数	教职工数	
						计	其中：专任教师
三、林业中等专业学校	58	9311	11 403	35 311	9707	9134	3736
1. 中等林业学校	51	7525	9582	29 589	7851	8397	3395
其中：部属林业学校	3	639	748	2073	617	689	308
2. 其他中等专业学校（林科）		1013	1013	3214	1045		
3. 中等林业师范学校	4	541	383	1371	479	427	198
4. 中等林业卫生学校	3	232	425	1137	332	310	143

1991—1992学年初普通高等林业院校（系）分专业学生情况

单位：人

专业名称	毕业生数			招生数			在校学生数			毕业班学生数		
	合计	本科	专科	合计	本科	专科	合计	本科	专科	合计	本科	专科
总计	6832	4493	2339	7411	4428	2983	24 027	17 521	6506	6916	4589	2327
林学	1987	1499	488	2355	1585	770	7544	5791	1753	1979	1403	576
森林保护	301	265	36	336	229	107	1403	1163	240	465	381	84
护林防火	19	0	19	62	0	62	62	0	62	0	0	0
经济林	246	182	64	275	186	89	879	670	209	315	198	117
园林	600	333	267	578	270	308	1806	1141	665	570	295	275
水土保持	338	196	142	421	268	153	1208	874	334	255	158	97
沙漠治理	98	67	31	93	63	30	219	189	30	62	62	0
野生动物保护与利用	25	25	0	28	28	0	116	116	0	34	34	0
自然保护区资源管理	0	0	0	0	0	0	90	90	0	31	31	0
森林采运工程	282	233	49	306	211	95	1078	820	258	371	245	126
林业机械	35	35	0	31	31	0	117	117	0	31	31	0
森林道路与桥梁工程	65	5	60	150	26	124	415	142	273	136	33	103
木材加工	621	465	156	587	363	224	1972	1520	452	487	392	95
林产化工	123	123	0	191	161	30	660	601	59	155	155	0
家具设计与制造	89	34	55	100	48	52	419	219	200	169	65	104
室内设计	32	0	32	33	0	33	33	0	33	0	0	0
林业信息管理	38	30	8	63	30	33	150	117	33	33	33	0
木材贸易	32	0	32	31	0	31	65	0	65	34	0	34
林业经济管理	491	263	228	430	207	223	1450	1002	448	407	262	145
制浆造纸	116	55	61	112	84	28	405	324	81	120	67	53
工业电气自动化	31	31	0	28	28	0	121	121	0	29	29	0
汽车运用工程	155	90	65	157	94	63	468	314	154	151	98	53
工业与民用建筑	37	37	0	58	31	27	155	128	27	35	35	0
土木工程	27	0	27	0	0	0	28	0	28	28	0	28
风景园林	29	29	0	27	27	0	110	110	0	23	23	0

（续）

专业名称	毕业生数			招生数			在校学生数			毕业班学生数		
	合计	本科	专科	合计	本科	专科	合计	本科	专科	合计	本科	专科
野生植物资源	51	0	51	65	0	65	174	0	174	68	0	68
会计学	122	93	29	140	68	72	396	294	102	143	114	29
统计学	35	0	35	61	30	31	117	49	68	37	0	37
其他专业	807	403	404	693	360	333	2367	1609	758	748	445	303

1991—1992 学年初普通高等林业院校（系）分学校学生情况

单位：人

学校名称	研究生				本专科学生											
	毕业生数	招生数	在校生数	毕业班学生数	毕业生数			招生数			在校学生数			毕业班学生数		
					合计	本科	专科	合计	本科	专科	合计	本科	专科	合计	本科	专科
总　计	315	183	535	166	6832	4493	2339	7411	4428	2983	24 027	17 521	6506	6916	4589	2327
一、普通高等林业院校	283	161	467	145	4949	3496	1453	5206	3264	1942	17 240	13 202	4038	5028	3569	1459
北京林业大学	50	55	137	38	441	407	34	478	355	123	1761	1571	190	449	448	1
东北林业大学	69	46	138	41	1107	782	325	1000	588	412	3450	2685	765	1108	757	351
南京林业大学	122	29	96	33	588	443	145	631	450	181	2168	1800	368	626	465	161
中南林学院	27	15	37	10	560	352	208	620	331	289	1879	1276	603	539	354	185
西南林学院	4	3	13	5	177	177	0	273	177	96	583	460	123	217	190	27
西北林学院	5	5	19	9	352	224	128	390	268	122	1199	934	265	392	249	143
河北林学院	0	0	0	0	270	150	120	281	90	191	877	507	370	325	146	179
内蒙古林学院	1	3	9	2	468	362	106	503	350	153	1625	1345	280	375	319	56
吉林林学院	0	0	0	0	314	201	113	370	210	160	1406	923	483	380	244	136
浙江林学院	0	0	0	0	356	208	148	250	140	110	847	563	284	244	120	124
福建林学院	5	5	18	7	316	190	126	410	305	105	1445	1138	307	373	277	96
二、其他高等学校（林科）	18	17	55	18	1749	997	752	2205	1164	1041	6747	4319	2428	1848	1020	828
其中：农业院校（林科）	18	15	53	18	1516	967	549	1993	1164	829	6205	4283	1922	1658	984	674
三、科研单位	14	5	13	3	0	0	0	0	0	0	0	0	0	0	0	0
中国林业科学研究院	12	4	10	3	0	0	0	0	0	0	0	0	0	0	0	0
中国农业科学研究院（林科）	2	1	3	0	0	0	0	0	0	0	0	0	0	0	0	0
四、林业中等专业学校大专班	0	0	0	0	134	0	134	0	0	0	40	0	40	40	0	40
内蒙古大兴安岭林业师范学校	0	0	0	0	58	0	58	0	0	0	0	0	0	0	0	0
黑龙江大兴安岭林业师范学校	0	0	0	0	36	0	36	0	0	0	0	0	0	0	0	0
黑龙江大兴安岭林业卫生学校	0	0	0	0	40	0	40	0	0	0	40	0	40	40	0	40

1991—1992学年初普通高等林业院校（系）分学校函授、夜大学学生情况

单位：人

学校名称	毕业生数			招生数			在校学生数			毕业班学生数		
	合计	本科	专科	合计	本科	专科	合计	本科	专科	合计	本科	专科
总计	1992	105	1887	1673	53	1620	5208	497	4711	1723	102	1621
一、函授教育	1415	105	1310	1363	53	1310	4493	497	3996	1370	102	1268
1. 普通高等林业院校	1042	105	937	1011	53	958	3482	453	3029	1094	102	992
北京林业大学	306	77	229	81	16	65	285	92	193	139	76	63
东北林业大学	300	0	300	423	0	423	1217	16	1201	356	0	356
南京林业大学	65	28	37	82	23	59	289	157	132	55	26	29
中南林学院	268	0	268	264	14	250	1309	188	1121	479	0	479
西北林学院	0	0	0	52	0	52	123	0	123	6	0	6
河北林学院	28	0	28	0	0	0	0	0	0	0	0	0
浙江林学院	32	0	32	39	0	39	83	0	83	15	0	15
福建林学院	43	0	43	70	0	70	176	0	176	44	0	44
2. 其他高等院校（林科）	373	0	373	352	0	352	1011	44	967	276	0	276
二、夜大学	519	0	519	263	0	263	668	0	668	353	0	353
1. 普通高等林业院校	459	0	459	201	0	201	564	0	564	311	0	311
东北林业大学	62	0	62	30	0	30	127	0	127	45	0	45
中南林学院	397	0	397	171	0	171	437	0	437	266	0	266
2. 其他高等院校（林科）	60	0	60	62	0	62	104	0	104	42	0	42
三、干部专修科	58	0	58	47	0	47	47	0	47	0	0	0
北京林业大学	10	0	10	0	0	0	0	0	0	0	0	0
西南林学院	48	0	48	47	0	47	47	0	47	0	0	0

1991—1992学年初普通高等林业院校教职工基本情况

单位：人

学校名称	总计	校本部教职工数										科研机构人员数	校办工厂、林场职工数	附设机构人员数
		计	专任教师						教辅人员	行政人员	工勤人员			
			计	教授	副教授	讲师	教员	助教						
总计	11 815	9375	5125	202	1159	1855	1705	204	1114	1658	1478	347	1069	1024
一、普通高等林业院校	10 911	8471	4221	161	946	1563	1404	147	1114	1658	1478	347	1069	1024
北京林业大学	1503	1060	525	42	149	162	162	10	192	214	129	121	105	217
东北林业大学	2278	1644	844	49	222	297	264	12	175	337	288	33	356	245
南京林业大学	1591	1130	583	27	160	220	162	14	188	227	132	140	138	183
中南林学院	1083	953	393	9	84	184	116	0	117	206	237	14	28	88
西南林学院	605	512	258	3	33	110	72	40	76	113	65	0	0	93
西北林学院	624	532	284	8	36	93	147	0	61	86	101	13	49	30
河北林学院	484	410	170	4	29	78	57	2	59	104	77	0	47	27
内蒙古林学院	724	670	426	7	87	149	151	32	58	46	140	13	14	27
吉林林学院	826	542	248	2	57	78	106	5	75	108	111	5	260	19
浙江林学院	497	436	208	2	32	90	74	10	52	94	82	0	44	17
福建林学院	696	582	282	8	57	102	93	22	61	123	116	8	28	78
二、其他高等学校（林科）	904	904	904	41	213	292	301	57	0	0	0	0	0	0
其中：农业院校（林科）	836	836	836	38	203	275	270	50	0	0	0	0	0	0

1991—1992学年初普通林业中等专业学校分专业学生数

单位：人

专业名称	毕业生数	招生数			在校生数	毕业班学生数	专业名称	毕业生数	招生数			在校生数	毕业班学生数
		计	招高中毕业生数	招初中毕业生数					计	招高中毕业生数	招初中毕业生数		
总　计	9311	11 403	1668	9735	35 311	9707	财务会计	853	1082	346	736	2609	616
林业	4516	5269	885	4384	16 684	4538	计划统计	125	122	0	122	562	127
森林保护	225	341	40	301	1388	512	物资管理	138	73	0	73	226	137
经济林	276	722	40	682	2277	459	土木工程	153	224	0	224	614	127
森林调查规划	124	79	0	79	335	128	林业审计	0	46	0	46	46	0
水土保持	79	0	0	0	196	83	医士	0	266	0	266	656	214
沙漠治理	50	71	0	71	192	42	护士	232	159	0	159	481	118
园林	0	89	0	89	89	0	普通师范	505	423	40	383	1405	463
园林绿化	659	725	0	725	2214	629	体育	36	40	0	40	120	20
园林规划设计	41	37	37	0	37	0	音乐	0	0	0	0	144	54
木材采伐运输	367	323	120	203	1021	282	美术	0	40	0	40	61	21
林业机械	71	75	0	75	155	40	农田水利	81	80	0	80	207	42
木材加工	198	241	34	207	1047	387	林果	135	133	0	133	244	42
林业经济管理	211	470	46	424	1347	380	果树	40	0	0	0	120	40
自然保护区资源管理	40	40	0	40	164	45	野生植物资源	0	40	0	40	149	35
森林综合利用	0	0	0	0	52	0	其他专业	68	113	0	113	309	46
多种经营	88	80	80	0	160	80							

1991—1992学年初普通林业中等专业学校基本情况

单位：人

省（区）及学校名称	学校数（所）	毕业生数	招生数			在校学生数	毕业班学生数	教职工数											
			计	招高中毕业生数	招初中毕业生数			合计	校本部教职工									校办工厂、林场职工	附设机构人员
									计	专任教师					教辅人员	行政人员	工勤人员		
										计	高级讲师	讲师	助理讲师	教员					
总　计	58	9311	11 403	1668	9735	35 311	9707	9134	8084	3736	395	1052	1616	673	784	1648	1916	930	120
一、中等林业学校	51	7525	9582	1374	8208	29 589	7851	8397	7357	3395	368	939	1469	619	729	1508	1725	921	119
北京市	1	121	122	0	122	362	122	105	102	38	4	18	16	0	18	26	20	0	3
北京市园林学校		121	122	0	122	362	122	105	102	38	4	18	16	0	18	26	20	0	3
天津市	1	102	114	37	77	217	31	144	144	67	4	23	26	14	5	24	48	0	0
天津市园林学校		102	114	37	77	217	31	144	144	67	4	23	26	14	5	24	48	0	0
河北省	1	0	182	0	182	526	26	135	132	78	2	11	35	30	13	21	20	3	0
河北林业学校		0	182	0	182	526	26	135	132	78	2	11	35	30	13	21	20	3	0
山西省	1	174	210	0	210	862	190	178	148	74	17	14	38	5	12	37	25	30	0
山西省林业学校		174	210	0	210	862	190	178	148	74	17	14	38	5	12	37	25	30	0
内蒙古自治区	2	313	347	0	347	1207	410	348	348	154	23	40	75	16	14	80	100	0	0
内蒙古大兴安岭林业学校		115	108	0	108	463	170	177	177	76	8	20	37	11	2	31	68	0	0
内蒙古扎兰屯林业学校		198	239	0	239	744	240	171	171	78	15	20	38	5	12	49	32	0	0

（续）

省（区）及学校名称	学校数（所）	毕业生数	招生数			在校学生数	毕业班学生数	教职工数										校办工厂、林场职工	附设机构人员
			计	招高中毕业生数	招初中毕业生数			合计	校本部教职工										
									计	专任教师					教辅人员	行政人员	工勤人员		
										计	高级讲师	讲师	助理讲师	教员					
辽宁省	1	162	208	0	208	731	201	247	242	120	17	36	58	9	24	44	54	0	5
辽宁省林业学校		162	208	0	208	731	201	247	242	120	17	36	58	9	24	44	54	0	5
吉林省	3	565	742	0	742	2173	656	645	620	315	43	124	129	19	72	93	140	16	9
白城林业学校*		358	342	0	342	802	298	284	269	130	12	57	56	5	23	39	77	6	9
吉林省林业学校		160	200	0	200	771	198	222	212	104	17	46	38	3	23	44	41	10	0
延边林业学校		47	200	0	200	600	160	139	139	81	14	21	35	11	26	10	22	0	0
黑龙江省	5	1270	1230	240	990	3519	950	850	818	354	36	94	159	65	86	199	179	32	0
伊春林业学校		260	200	0	200	826	257	211	191	74	3	14	47	10	19	52	46	20	0
牡丹江林业学校		457	409	240	169	1136	336	265	257	118	25	30	54	9	32	58	49	8	0
齐齐哈尔林业学校		264	161	0	161	708	189	150	150	70	6	36	28	0	14	41	25	0	0
黑龙江农垦林业学校		289	280	0	280	620	168	118	114	56	2	5	14	35	16	22	20	4	0
黑龙江省大兴安岭林业学校		0	180	0	180	229	0	106	106	36	0	9	16	11	5	26	39	0	0
上海市	1	78	90	0	90	203	39	140	130	48	2	23	17	6	15	39	28	10	0
上海市园林学校		78	90	0	90	203	39	140	130	48	2	23	17	6	15	39	28	10	0
江苏省	1	122	239	0	239	632	158	269	250	93	20	35	32	6	36	48	73	5	14
南京林业学校*		122	239	0	239	632	158	269	250	93	20	35	32	6	36	48	73	5	14
浙江省	2	313	317	0	317	1248	357	277	271	160	26	39	59	36	26	31	54	4	2
宁波林业学校*		159	167	0	167	639	161	136	136	85	15	10	34	26	7	19	25	0	0
浙江省林业学校		154	150	0	150	609	196	141	135	75	11	29	25	10	19	12	29	4	2
安徽省	2	236	287	0	287	1007	243	251	239	121	10	24	37	50	14	63	41	0	12
黄山林业学校		156	167	0	167	570	163	117	114	53	2	12	19	20	4	40	17	0	3
合肥林业学校		80	120	0	120	437	80	134	125	68	8	12	18	30	10	23	24	0	9
福建省	2	365	360	0	360	1403	381	297	259	135	6	39	71	19	26	44	54	38	0
福建省林业学校		284	240	0	240	888	260	210	172	87	5	34	37	11	22	28	35	38	0
三明林业学校		81	120	0	120	515	121	87	87	48	1	5	34	8	4	16	19	0	0
江西省	2	357	408	305	103	931	362	787	258	108	10	30	44	24	26	63	61	529	0
江西省第一林业学校		152	206	103	103	521	154	162	134	61	6	17	22	16	13	21	39	28	0
江西省第二林业学校		205	202	202	0	410	208	625	124	47	4	13	22	8	13	42	22	501	0
山东省	1	192	267	0	267	789	38	366	271	111	18	29	39	25	32	67	61	73	22
山东省林业学校		192	267	0	267	789	38	366	271	111	18	29	39	25	32	67	61	73	22
河南省	3	308	370	0	370	1317	292	346	332	166	14	47	68	37	25	44	97	6	8
河南省洛阳林业学校		159	206	0	206	710	164	161	152	83	11	25	24	23	6	19	44	6	3
河南省汝南园林学校		68	82	0	82	278	46	89	89	38	0	13	17	8	9	14	28	0	0

（续）

省（区）及学校名称	学校数（所）	毕业生数	招生数			在校学生数	毕业班学生数	教职工数											
			计	招高中毕业生数	招初中毕业生数			合计	校本部教职工									校办工厂、林场职工	附设机构人员
									计	专任教师					教辅人员	行政人员	工勤人员		
										计	高级讲师	讲师	助理讲师	教员					
河南省信阳林业学校		81	82	0	82	329	82	96	91	45	3	9	27	6	10	11	25	0	5
湖北省	5	582	986	160	826	2714	731	468	448	216	13	39	91	73	36	77	119	19	1
湖北省林业学校		185	187	160	27	377	167	175	158	52	3	11	30	8	15	34	57	17	0
湖北省宜昌地区林业学校		123	225	0	225	583	92	83	83	47	3	11	14	19	9	19	8	0	0
湖北省咸宁地区林业学校		78	235	0	235	547	105	69	69	36	4	4	28	0	5	8	20	0	0
湖北省黄冈地区林业学校		81	174	0	174	689	209	63	62	35	1	4	5	25	3	6	18	0	1
鄂西自治州林业学校		89	140	0	140	423	116	58	58	30	2	4	10	14	4	8	16	0	0
湖北省新州县李集职工中专班＊＊		26	25	0	25	95	42	20	18	16	0	5	4	7	0	2	0	2	0
湖南省	1	385	423	38	385	1220	314	257	248	117	19	40	50	8	19	49	63	9	0
湖南省林业学校＊＊＊		385	423	38	385	1220	314	257	248	117	19	40	50	8	19	49	63	9	0
广东省	2	351	465	205	260	1062	266	200	195	90	8	21	40	21	30	39	36	0	5
广州林业学校		351	430	205	225	910	226	172	167	77	7	15	36	19	26	32	32	0	5
广州市园林学校		0	35	0	35	152	40	28	28	13	1	6	4	2	4	7	4	0	0
广西壮族自治区	3	363	512	186	326	1316	323	419	336	154	22	36	81	15	30	59	93	64	19
广西林业学校		240	346	100	246	970	235	308	225	100	17	27	56	0	16	42	67	64	19
桂林地区林业学校		45	80	0	80	217	45	57	57	30	3	6	14	7	8	8	11	0	0
梧州地区林业学校		78	86	86	0	129	43	54	54	24	2	3	11	8	6	9	15	0	0
四川省	1	249	343	0	343	1405	442	376	300	122	13	41	54	14	28	85	65	71	5
四川省林业学校		249	343	0	343	1405	442	376	300	122	13	41	54	14	28	85	65	71	5
贵州省	2	129	319	0	319	1013	206	202	199	84	6	18	45	15	18	50	47	0	3
贵州省林业学校		129	199	0	199	603	120	132	129	38	3	10	24	1	13	36	42	0	3
贵州黔东南民族林业学校		0	120	0	120	410	86	70	70	46	3	8	21	14	5	14	5	0	0
云南省	1	286	284	123	161	819	289	206	199	99	11	29	37	22	22	33	45	0	7
云南省林业学校		286	284	123	161	819	289	206	199	99	11	29	37	22	22	33	45	0	7
陕西省	3	69	240	0	240	1007	295	358	345	141	12	40	56	33	37	78	89	11	2
陕西省林业学校		69	120	0	120	556	176	180	174	74	10	21	31	12	21	38	41	4	2
陕西省榆林林业学校		0	80	0	80	278	78	117	110	41	1	13	14	13	13	27	29	7	0
陕西省延安林业学校		0	40	0	40	173	41	61	61	26	1	6	11	8	3	13	19	0	0
甘肃省	2	212	249	0	249	1059	241	225	222	110	1	26	45	38	29	44	39	1	2
甘肃省林业学校		121	159	0	159	769	201	154	153	79	1	17	40	21	19	30	25	1	0

（续）

省（区）及学校名称	学校数（所）	毕业生数	招生数			在校学生数	毕业班学生数	教职工数											
			计	招高中毕业生数	招初中毕业生数			合计	校本部教职工									校办工厂、林场职工	附设机构人员
									计	专任教师					教辅人员	行政人员	工勤人员		
										计	高级讲师	讲师	助理讲师	教员					
甘肃省庆阳林业学校		91	90	0	90	290	40	71	69	31	0	9	5	17	10	14	14	0	2
宁夏回族自治区	1	145	108	0	108	387	158	82	82	34	1	5	16	12	12	17	19	0	0
宁夏回族自治区林业学校		145	108	0	108	387	158	82	82	34	1	5	16	12	12	17	19	0	0
新疆维吾尔自治区	1	76	160	80	80	460	130	219	219	86	10	18	51	7	24	54	55	0	0
新疆维吾尔自治区林业学校		76	160	80	80	460	130	219	219	86	10	18	51	7	24	54	55	0	0
二、其他中等专业学校（林科）		1013	1013	254	759	3214	1045	0	0	0	0	0	0	0	0	0	0	0	0
三、中等林业师范学校	4	541	383	40	343	1371	479	427	418	198	18	73	83	24	22	83	115	9	0
内蒙古自治区	1	113	103	0	103	325	184	143	140	60	6	21	25	8	7	27	46	3	0
内蒙古大兴安岭林业师范学校		113	103	0	103	325	184	143	140	60	6	21	25	8	7	27	46	3	0
黑龙江省	3	428	280	40	240	1046	295	284	278	138	12	52	58	16	15	56	69	6	0
伊春林业师范学校		181	120	0	120	419	109	75	69	30	3	13	14	0	3	20	16	6	0
牡丹江林业师范学校		119	120	40	80	406	125	121	121	67	8	24	32	3	7	21	26	0	0
黑龙江省大兴安岭林业师范学校		128	40	0	40	221	61	88	88	41	1	15	12	13	5	15	27	0	0
四、中等林业卫生学校	3	232	425	0	425	1137	332	310	309	143	9	40	64	30	33	57	76	0	1
内蒙古自治区	1	41	80	0	80	286	126	94	93	44	4	8	23	9	3	23	23	0	1
内蒙古大兴安岭林业卫生学校		41	80	0	80	286	126	94	93	44	4	8	23	9	3	23	23	0	1
黑龙江省	2	191	345	0	345	851	206	216	216	99	5	32	41	21	30	34	53	0	0
黑龙江省林业卫生学校		115	265	0	265	553	132	88	88	43	1	14	20	8	9	16	20	0	0
黑龙江省大兴安岭林业卫生学校		76	80	0	80	298	74	128	128	56	4	18	21	13	21	18	33	0	0

* 林业部所属学校。

** 根据国家教委统一口径统计。

*** 湖南省林业学校毕业班学生数应为 314 人，该校上报国家教委表中漏报。

部属林业院校“七五”期间基本建设投资完成情况

单位：万元

学校名称	合计		1986 年		1987 年		1988 年		1989 年		1990 年	
	计	其中：设备	计	其中：设备	计	其中：设备	计	其中：设备	计	其中：设备	计	其中：设备
总计	16 508.0	1718.0	2923.9	321.5	3141.0	370.0	3016.5	301.4	3706.1	350.0	3720.5	375.1
一、普通高等院校	12 422.2	1274.6	2254.5	249.9	2304.0	274.0	2207.9	271.5	2871.3	259.1	2784.5	220.1
北京林业大学	2750.0	193.4	349.0	13.1	568.0	48.0	460.5	70.3	727.5	24.5	645.0	37.5
东北林业大学	2471.8	433.3	537.5	152.0	482.0	73.0	475.2	65.2	474.1	90.1	503.0	53.0
南京林业大学	1259.4	67.4	272.0	10.0	191.0	10.0	173.9	20.0	315.4	0.0	307.1	27.4

（续）

学校名称	合计		1986年		1987年		1988年		1989年		1990年	
	计	其中：设备	计	其中：设备	计	其中：设备	计	其中：设备	计	其中：设备	计	其中：设备
中南林学院	1356.4	322.2	296.0	16.8	320.0	84.0	288.3	74.0	217.1	87.4	235.0	60.0
西南林学院	2665.6	109.0	540.0	32.0	385.0	39.0	400.0	19.0	661.2	14.1	679.4	4.9
西北林学院	1919.0	149.3	260.0	26.0	358.0	20.0	410.0	23.0	476.0	43.0	415.0	37.3
二、普通中等林业学校	2134.3	235.1	350.4	65.1	421.0	51.0	469.6	27.1	407.3	35.9	486.0	56.0
白城林业学校	575.8	94.9	86.6	19.0	85.0	15.0	110.0	16.8	132.0	13.4	162.2	30.7
南京林业学校	1015.2	91.5	217.3	39.2	263.0	26.0	249.9	10.3	122.0	9.5	163.0	6.5
宁波林业学校	543.3	48.7	46.5	6.9	73.0	10.0	109.7	0.0	153.3	13.0	160.8	18.8
三、成人高等院校	1951.5	208.3	319.0	6.5	416.0	45.0	339.0	2.8	427.5	55.0	450.0	99.0
北京林业管理干部学院	1951.5	208.3	319.0	6.5	416.0	45.0	339.0	2.8	427.5	55.0	450.0	99.0

注：此表为财务决算的实际支出数。

部属林业院校“七五”期间教育事业经费完成情况

单位：万元

学校名称	合计		1986年		1987年		1988年		1989年		1990年	
	计	其中：设备	计	其中：设备	计	其中：设备	计	其中：设备	计	其中：设备	计	其中：设备
总计	21 953.1	1568.5	3536.6	309.6	3951.9	332.3	4548.5	300.5	4595.1	271.3	5321.0	354.8
一、普通高等院校	19 168.6	1354.7	3105.7	273.5	3488.9	295.0	4005.6	279.8	4031.4	249.9	4537.0	256.5
北京林业大学	3785.2	221.6	584.0	31.8	675.4	56.4	825.9	47.2	796.1	50.7	903.8	35.5
东北林业大学	5790.5	371.9	995.9	89.8	1069.2	71.7	1161.3	65.7	1189.8	54.3	1374.3	90.4
南京林业大学	3783.8	329.2	620.7	82.0	740.7	57.4	782.2	65.1	781.9	72.1	858.3	52.6
中南林学院	2578.7	198.7	409.2	38.5	442.3	49.1	539.9	55.6	569.6	27.9	617.7	27.6
西南林学院	1602.8	96.9	268.8	11.8	270.2	12.7	355.4	18.6	332.6	25.3	375.8	28.5
西北林学院	1627.6	136.4	227.1	19.6	291.1	47.7	340.9	27.6	361.4	19.6	407.1	21.9
二、普通中等林业学校	2190.1	176.0	323.7	25.4	361.3	30.2	424.3	15.0	439.1	17.4	641.7	88.0
白城林业学校	938.6	44.3	147.9	9.6	157.7	10.0	181.9	7.0	179.5	5.2	271.6	12.5
南京林业学校	762.3	72.3	137.0	10.1	146.1	9.5	68.3	0.0	172.1	7.6	238.8	45.1
宁波林业学校	489.2	59.4	38.8	5.7	57.5	10.7	174.1	8.0	87.5	4.6	131.3	30.4
三、成人高等院校	594.4	37.8	107.2	10.7	101.7	7.1	118.6	5.7	124.6	4.0	142.3	10.3
北京林业管理干部学院	594.4	37.8	107.2	10.7	101.7	7.1	118.6	5.7	124.6	4.0	142.3	10.3

注：此表为财务决算的实际支出数。

林业科学技术

林业科研计划管理

【“七五”国家科技攻关成果及有突出贡献科技人员及管理人员表彰】 1991年，经国家“七五”科技攻关成果奖励评审委员会审定，国家计划委员会、国家科学技术委员会、财政部对“七五”国家科技攻关中所取得的重大科技成果和有突出贡献的科技人员、管理人员进行了表彰奖励。

奖励范围是从已鉴定验收的课题、专题成果中，评选出最佳成果453项，约占成果的10%左右；评选出在攻关中做出优异成绩的科技人员和管理人员共206名，约占承担攻关任务科技人员总数的0.1%。获奖成果均按计划全面完成任务、合同要求，技术难度大，有重要创新，技术经济指标达到国际先进水平或国内领先水平，并已在国民经济生产建设中应用或具有很好的推广应用前景。

获得奖励的林业成果有17项（见【“七五”国家科技攻关林业获奖成果】），林业系统有突出贡献的科技人员和管理人员是：陈昌洁、洪菊生、陈文龙、盛炜彤、蒋世泽、杨林梅。

在国家表彰奖励的同时，林业部对以下12项重大成果进行了部级奖励：红松、樟子松、兴安落叶松、长白落叶松地理种源试验，主要完成单位：东北林业大学、辽宁省固沙造林研究所；侧柏地理变异和种源区区划，主要完成单位：北京林业大学、中国林业科学研究院林业研究所；马尾松第一代无性系种子园建立技术，主要完成单位：南京林业大学、中国林业科学研究院亚热带林业研究所、福建省林木种子公司；兴安、长白落叶松第一代种子园建立及经营技术，主要完成单位：黑龙江省林业科学研究所、吉林省林业科学研究所；系列化纸容器制作设备及纸容器工厂化生产工艺的研究，主要完成单位：广西壮族自治区林业科学研究所；红松、樟子松、落叶松速生丰产技术的研究，主要完成单位：黑龙江省林业科学研究所、东北林业大学、辽宁省林业科学研究院、吉林省林业科学研究所、黑龙江省带岭林业科学研究所；3—4代类型区马尾松毛虫综合管理技术的研究，主要完成单位：广西壮族自治区林业科学研究所、广东省林业科学研究所、福建省林业科学研究所；中原地区以光肩星天牛为主的杨树害虫综合防治技术，主要完成单位：安徽省林业科学研究所、河南省林业科学研究所；纳雍、余庆县低效林分改造技术，主要完成单位：贵州省林业勘察设计院、贵州省林业科学研究所；农田防护林永续利用与更新方式，主要完成单位：中国科学院沈阳应用生态研究所；太行山片麻岩低山丘陵区爆破整地建山地果园技术，主要完成单位：河北农业大学、河北林学院；黄土高原立地类型划分及适地适树中间试验，主要完成单位：北京林业大学。 （杨百瑾）

【“七五”国家科技攻关林业获奖成果】 1991年，以下17项“七五”国家科技攻关林业成果受到国家计划委员会、国家科学技术委员会、财政部的表彰奖励。

中林46号等12个杨树新品种杂交育种

完成单位 中国林业科学研究院林业研究所，河南、山东省林业科学研究所

在利用欧亚黑杨、小叶杨及其杂种遗传变异的基础上，按育种目标和育种地区选择亲本，从国内外大量收存花枝、花粉开展杂交，从十几万株杂种苗中逐步筛选出200多个无性系，分别在江淮亚热带、黄淮海暖温带和“三北”温带等不同气候区进行定向选育，选育出适应不同气候带的中林46号、28号，中汉17号，中驻8号等12个杨树新品种。

新品种在肥水较好的立地上，速生期内年均树高为1.5—3.5米，年均胸径为2—5厘米，材积生长较世界公认的速生杨树无性系（I—69、I—72、I—214、沙兰杨）提高30—50%，木材密度提高0.008—0.1克/米^3，树干形数提高0.04—0.08，育苗造林成活率提高10—30%，对病虫、寒、旱等抗逆性状较好，对主要病害抗病株率提高50—100%，其综合指标超过国外杨树优良品种。

新品种适于工业造纸、火柴、胶合板等工业用材和农用材以及城乡绿化等。全国已推广新品种造林

120万亩，预期将推广0.35亿亩。

美洲黑杨新品种选育

完成单位 南京林业大学

该研究严格按照育种程序，应用现代先进科学技术和分析手段，对美洲黑杨及其杂种的生长、抗性、干形、材性和适应性等多性状进行系统而深入的研究，共选育出杨树新品种7个。

从美洲黑杨×小叶杨 F_1 中选育出NL—80105、NL—80106、NL—80121三个新品种。新品种6年生材积生长超亲优势率达11—27.3%，材质优良，干形通直，生根能力强，造林成活率在96%以上，对褐斑病和水泡型溃疡病表现出高抗和中抗，抗旱和抗寒性强。

从美洲黑杨×欧洲黑杨 F_1 中选育出NL—80205和NL—80213两个欧美杨新品种。新品种6年生长量与I—214杨相比，分别超56.95%和59.88%，且抗褐斑病能力强，窄冠，分枝细，分枝角小，具有较高的群体生产能力，适宜作农田林网树种。

从美洲黑杨种内杂交 F_1 中选育出NL—80303和NL—80351两个新品种，其4年生材积生长超亲优势率为6.27—7.67%。

7个品种适宜在长江中下游地区推广。

16个早实核桃新品种选育

完成单位 中国林业科学研究院林业研究所、山东省果树研究所、辽宁省经济林研究所

该研究通过调查实生树50多万株和人工杂交以及多世代筛选，开展对优系的测定和多点区试，选育出香玲、辽核1号、辽核4号、鲁光、西林2号等16个早实核桃无性系新品种。

新品种高接3年，平均株产核桃2—8.8公斤，每平方米冠幅投影面积产核桃仁188—426克，出仁率50—62%，核仁浅色，易取仁，单个仁重5.92克，水肥条件好时可达8—12克，壳薄不露仁，对霜害、干旱、果实黑斑病、炭疽病表现了较好的抗性。这些品种的坚果品质及早期丰产性能已达到或超过美国主栽品种的水平。

已在山西、河南、陕西等11个省（区）扩大栽种3万亩，取得直接经济效益200多万元。

华南地区年产100万株林木组培苗工厂化生产技术

完成单位 广西壮族自治区林业科学研究所、钦州地区林业科学研究所

该项成果突出了生物技术与环境工程技术相结合的特点。在组培技术研究中，突破了传统的愈伤组织分化成苗和胚状体成苗的方法，保证了优良单株的遗传增益特性；在试管苗生根工艺中，采用了试管幼态苗常规扦插生根新工艺，简化了组培苗常规生根工艺流程。根据造林生产的需要，选择了特优速生丰产树种巨尾桉为组培快繁对象。该树种国内种源缺乏，实生苗造林变异大，只有通过组培方法，才能快速大批量繁殖推广，保持原来的遗传特性。该项研究，结合南方的气候条件，创造性地设计建成了八角塔形车间。该车间采用玻璃帷幕墙体，可充分利用自然光照和温度，节省了大量能源，适于南方全天候育苗生产。“七、五”期间，营造巨尾桉组培苗试验林6000多亩，林木生长旺盛，林相十分整齐，经测定其材积增益比普通桉树提高50—100%。该项成果已在我国华南地区进行了5家技术转让，经济效益和社会效益显著。经专家鉴定，该项成果居国际水平。

系列化蜂窝状塑料薄膜容器制作技术及设备

完成单位 山西省林业科学研究所

该技术是将两层普通塑料薄膜自动送入机器，中间经过分切、贴合、叠加等成形工艺，最后形成88个单筒，并按蜂窝状六角形排列成容器群体。该容器能在育苗15天后自动脱胶，分离成单个容器，便于分杯移栽。为保证容器成形精度，研制成功了多片平行牵引红外线自动控制装置，解决了柔软、光滑、变形量大的塑料薄膜平行位移及准确定位技术关键。研究成功了以国产松香为原料的高固含量和高粘度的水溶性塑料薄膜胶粘剂，并解决了单片薄膜裁断、叠合、表面处理、胶料控温加热及胶辊施胶法等技术难题。该设备每小时可生产容器杯50 000个。“七五”期间，产品已销往广西、山西、河北、黑龙江等8个省（区）近百个单位推广应用。应用此容器进行育苗，其装播效率比单个杯提高30倍以上，在太行山和西北干旱地区造林，成活率比裸根苗提高40%以上，经济效益和生态效益十分显著。经专家鉴定，该项成果为国内外首创，已获国家发明专利。

用材林基地立地分类、评价及适地适树的研究

完成单位 中国林业科学研究院林业研究所、贵州农学院、黑龙江省林业科学研究所、林业部调查规划设计院

该项研究涉及到我国东部季风区域的14个有代表性的重点用材林林区和9个重点用材树种，调查范围达20个省、市，计200多平方公里，共完成调查样地9855块，解析木9209株，土壤样品4985个，土壤植株分析数据57 844项次，设固定观测点10处，固地样地105块，进行长期定位动态观测。建立了全国森林立地区域、立地带、立地区（亚区）、立地类型区（亚区）及立地类型5级森林立地分类系统；建立了地位指数和数量化地位指数模型、标准收获量模型及立地类型与立地质量树种代换评价系统；建立了森林立地数据库、立地分类与评价方法库、立地评价模型库、数据库管理等应用技术系统。此项研究，对我国林业建设的宏观决策和用材林基地大面积选地，提高造林经营技术水平具有重要的意义。这一成果在研究规模、学科跨度及理论、应用深度上均具有新特色。经专家鉴定，该成果在国内居领先地位，并达国际先进水平。

马尾松用材林速生丰产适用技术体系的研究

完成单位 贵州农学院、华中农业大学、浙江省林业科学研究所

针对我国南方14省（区）大面积马尾松成林慢生低产的现状，开展了以下5项研究：①对400多个县、市的4000多块标准地和3400株解析木进行了调查分析，首次完成了按生产力指标为主要依据的马尾松产区区划；②解决了马尾松集约栽培过程中选用优良种源、选择适宜立地类型、适时进行幼林抚育和成林密度调控等关键技术；③采用国际先进编表理论和技术，编制了马尾松多形曲线及数量化地位指数表、速生丰产林生长过程表、林分密度管理图和标准蓄积量模型等经济数表；④首次对马尾松速生丰产林进行了技术经济效果分析；⑤较为全面深入地对马尾松树种进行了应用基础理论研究，首次在定量水平上揭示了马尾松树种生物学生态学特征。形成了马尾松用材林速生丰产适用技术体系，从宏观上提出了我国马尾松用材林基地的合理布局，保证了速生丰产林的最佳经营效果，为各种经营措施的制定提供了科学依据。应用该技术体系，马尾松年生长量可达到0.7—0.8米^3/亩，经济效益显著。经专家鉴定，该项成果达国际先进水平。

农桐间作综合效能及优化模式的研究

完成单位　中国林业科学研究院林业研究所

该项研究，首次从时空动态角度分析了泡桐生长特点、树冠透光特性、根系分布规律及与农作物根系的相互关系；研究了农桐间作条件下，农田小气候的变化规律，光、热、水变化规律，能量和物质运动规律，以及对动物、土壤微生物的影响；进行了农桐间作投入产出的效益分析，建立了农桐间作经济评价数学模型，确定了农桐间作的最佳结构和配套技术。优化后的农桐间作模式，在保证农作物稳产高产的前提下，其净现值、成本收益率、土地期望值和单纯种植农作物对照地相比，分别提高8.5%、6.4%、8.5%，农田生态环境明显改善，农村经济活力显著增强。实践和理论研究均证明，农桐间作只要群体结构合理，完全可以改善农作物生态环境，达到林茂粮丰的目的。经专家鉴定，该项成果居国内领先地位，达国际先进水平。

二、三代类型区马尾松毛虫综合管理技术

完成单位　中国林业科学研究院林业研究所

首先将安徽省安庆地区567万亩松林划分为常灾区、偶灾区和安全区。根据对偶灾区林相、植被、昆虫群落结构、气候等因子分析，偶灾的发生是由常灾区波及的结果，只要作好常灾区的控制，即可控制松毛虫灾害。在类型区划分的基础上，研究了地面快速虫情监测方法，在低虫口下，以有虫株率估计松毛虫种群，是一种简便、快速而准确的调查方法。又在松毛虫生物学、生态学大量研究的基础上，建立了松毛虫种群动态模型，以及相应的计算机软件系统。在输入初始虫情信息后，可计算松毛虫发生期、发生量的变化，又在此基础上建立马尾松毛虫综合管理的优化决策模型，从松林对松毛虫危害后的忍受水平、松毛虫迁移扩散的可能性、松林生态系统对松毛虫种群的自身调控能力等，以松林材积增长和针叶损失为目标，确立管理的优化模式。经模拟，以防治3条/株为最优。此模型在我国松毛虫综合防治上尚属首次。还深入研究了细菌、真菌、病毒及溴氢菊酯和灭幼脲对松毛虫的持续控制效果。5年来，使安庆地区松毛虫的发生面积减少了71%，取得了明显的经济效益、社会效益和生态效益。

国外松褐斑病防治技术

完成单位　南京林业大学

褐斑病是美国湿地松的严重病害，导致生长停滞，成为我国发展湿地松的限制因子。“七五”期间通过营林措施及化学防治等技术，用5—10%甲基托布津或3—5%的多菌灵泥浆处理松苗根系随即定植，其当年防治效果可达90%，第二年可达40%，方法简单，易推广应用。在湿地松重病林分中，选出抗病优树表现型37株，在江西奉新、福建官庄共建采穗圃41亩，筛选出抗病湿地松无性系62个。用抗病湿地松无性系建立起种子园100亩，其中60亩基本成林。初步比较了我国松针褐斑病发生各省（区）褐斑病病菌菌株的培养性状和致病性，结果表明，除广西桐棉松菌株较为特殊，其它菌株基本属同一类型，为抗病育种和检疫提供了依据。进一步研究了松针褐斑病在江西丘陵地区的流行规律，同时又调查了福建、江西、广东和广西各省（区）松针褐斑病的情况，将褐斑病流行地区分为三类，即主要流行区、偶然流行区和无害区，并根据主要气候因素建立了流行区区划预测方程。同时，研究证明松树种子间夹杂的带有松针褐斑病病菌的针叶碎片不能成为苗木褐斑病的侵染源，排除了过去认为松树种子传播松针褐斑病的可能性，为进一步发展国外松造林和制定松针褐斑病检疫规程提供了依据。

荒漠胡杨、梭梭林更新复壮技术

完成单位　新疆林业科学研究院　内蒙古自治区阿拉善盟林业处　中国林业科学研究院林业研究所

从胡杨、梭梭林的生物、生理、生态学特性出发，对荒漠胡杨林和梭梭林的更新、复壮技术进行了系统的研究，揭示了荒漠胡杨、梭梭林衰退的原因、更新特性及规律，研究总结出一套更新复壮的技术措施。胡杨林包括：引洪灌溉技术，人工促进天然落种更新技术，挖桩、伐桩、开沟断根更新技术及封滩育林、抚育管理、密度调控等技术；梭梭林包括：围栏封禁、萌芽更新、植苗造林、冬春雪播及夏季雨播、飞播造林技术，系统地解决了荒漠林恢复发展的技术关键。“七五”期间，推广更新复壮胡杨林、梭梭林500万亩，社会效益和生态效益显著。经专家鉴定，该成果达到国内领先及国际先进水平，为我国西北干旱区荒漠植被的恢复和发展开拓了新的途径。

大范围绿化工程对环境质量作用的研究

完成单位　中国林业科学研究院林业研究所、中国林业科学研究院磴口实验局该项研究，以荒漠中开发建设形成的2.23万亩绿洲为试验基地，对人工绿洲与荒漠间的环境以及荒漠土地资源开发过程中的经济、社会效益，进行了长期深入的综合研究。表明大范围绿化工程对环境质量有明显的改善作用，沙荒土地经济效益由4.29元/公顷·年，上升到1359.28元/公顷·年，提高300多倍。研究成果给出了以防护林为主体的绿色工程，在荒漠土地资源开发中，改善区域环境的数量化指标和经济效益，为实现以林为主的荒漠土地资源的开发，提供了理论依据，并为评定我国"三北"防护林建设效益提供了标准。该项成果的突破点在于揭示了荒漠条件下以防护林体系为主体的区域性绿洲人工生态系统的综合效益，全面系统地阐明了大范围绿化工程与荒漠环境特性之间的关系。通过文献检索及专家鉴定，该项研究在国内外属首创，所获成果处于国际领先水平。

半干旱风沙草原区防护林体系综合效益研究

完成单位　东北林业大学、中国科学院沈阳应用生态研究所、辽宁省固沙造林研究所

该项研究，根据我国东北西部和内蒙古东部地区的不同立地类型区和防护林类型，分别设立了15个试验区，研究覆盖面达2亿多亩，包括52.6万个林网。研究内容从单一林网内多因子综合效益到大面积防护林体系的宏观总体效益，内容全面系统，这在我国属首次。科研人员根据统一的方案和方法，采用先进的仪器和设备，在林网内进行全方位多学科同步同位观测研究，创造了棋盘式和对角线布点的气象，水文，土壤，作物生理、生态的多因子同位连续观测法，进行了过去从未进行过的林网湍流和脉动风速的野外测试，取得各种观测数据287万个。该项研究为防护林体系建设的规划设计、营造、改造和优化措施提供了科学依据。据观测，每月在林网内可减少水分蒸散21.2—30.9毫米，林网保护下的农田每亩年增产粮食60—90公斤。经调查研究，在东北西部地区，防护林保护下的农田平均增产率为19.8%，经济效益和生态效益显著。经专家鉴定，该项成果居国际同类研究先进水平，其中全方位综合气象效益研究、林带附近湍流随机特征与光谱分析以及大面积防护林体系区域性效益研究居国际领先水平。

简阳县清水河小流域水土保持林体系布局结构研究

完成单位　四川省林业科学研究院

该研究以四川省简阳县清水河小流域为研究对象。将小流域42平方公里范围内的土地资源划分为17个小区，4386个地块，对每个地块调查了27项立地因子，建立了有21万个信息的土地资源综合因子信息库。利用信息库的多种信息，研究了小流域土壤的形成、发生、发展规律及空间结构特点，对土地利用现状及特点进行了重点研究。

该研究采用主导因素法，对小流域的土地资源进行了评价；通过调查和定位观测摸清了流域内各种土地类型、土壤侵蚀类型、现状、潜在危险性及时空分布规律。进一步证实了川中紫色丘陵区土壤流失的主要来源是坡耕地，揭示出植被、坡度、造林方式、耕作方式等与水土流失的关系，在此基础上应用系统工程原理和线性规划对小流域土地利用结构、林种结构进行了优化，农林用地由4：1调整到2.6：1，增加了林业用地面积，在林种比例中突出了防护林面积，占80%。对防护林布局，采取因害设防原则，在丘顶造水土保持林，丘坡造水土保持林带，丘边营造固土保埂经济林带，河川、平坝、沟谷造农田防护林网，形成了片带网结合，农林镶嵌的布局结构，具有浅丘特点的综合防护林体系。

小流域共营造了各类试验林485公顷，修蓄水池、沉沙池1054个，改土140公顷，改造低产田131公顷。该小流域5年来水土流失量减少47%。1990年增产粮食971吨、各类水果106吨，直接经济效益200万元。该成果已通过鉴定，居国内领先水平。

长江上游（嘉陵江、涪江、沱江）水源林、水保林立地分类与评价

完成单位　四川省林业勘察研究设计院

该研究根据国内外立地分类新观点，针对研究区的具体情况，提出了以自然属性为依据，以生态学原理为基础的自然生态立地分类方法。

该研究调查了嘉陵江、涪江、沱江流域5000余块样地，采用定性与定量相结合的方法，划分出2个立地区，7个立地亚区，47个立地组，152个立地类型。建立了以土壤蓄水能力、抗冲能力、林木生产力等评价指标，以立地保水能力、立地侵蚀潜在危险、立地生产力等综合评价等级，构成了以涵水保土为主的多用途立地评价系统。

水源林、水保林的立地分类，在方法分类上既突出了水源林、水保林的特点，又注意到满足多林种多效益的防护林体系建设的需要。

该成果经专家鉴定，居国内领先水平，其中以涵水保土为主的多用途立地评价属国内外首创。

长江上游生态环境和社会经济条件研究与评价

完成单位　中国科学院、水利部成都山地灾害与环境研究所

该研究在调查川江、乌江流域24万平方公里的有关地质、地貌、土壤、植被、气候、社会经济条件等背景资料的基础上，根据地理要素、经济条件、地域差异划分出9个生态经济区。在研究中把防护林建设置于自然环境和社会经济这一大系统中，围绕人口—资源—环境协调发展这一主线，提出了该地区人多、地少、农林经济落后是造成森林减少、水土流失、加重生态恶化的关键所在。提出该地区防护林建设必须按照生态学原理，把合理利用资源，改善环境，促进经济发展三者结合起来，建成生态经济型防护林体系。

该研究涉及的学科多，在研究中应用了不少新观点和新方法。在地质岩性研究中，提出了生态地质环

境观点，对乌江流域地层作出了生态型的划分；在地貌研究中应用生态地貌的思想，进行了川江流域林业生态地貌定量分区；在气候分区研究中采用生物生产力和水保系数作为林业的定量指标；在水文研究中把目前国际上的概念性确定性模型运用于岷江上游径流效应的分析；在生态经济分区研究中，广泛研究国内外现有方法，提出防护林体系建设生态经济分区方法体系。同时，还开展了生态经济系统与防护林体系建设关系的探讨，提出了防护林体系生态经济位、森林发展潜力度，并计算出相应的定量数值，对防护林体系作出科学评价。

该成果已通过鉴定，整体居国际先进水平，其中资源时空开发配置模型和长江上游防护林体系建设生态经济指标达国际领先水平。

太行山低山水土保持林营造技术

完成单位　中国林业科学研究院林业研究所

通过对气象、植被、土壤、母岩母质的深入调查研究得出，在太行山低山水土流失区应营造疏林结构的水土保持林，打破了过去营造高密度（333—666株/亩）用材林的传统做法，在营林观念上取得了新的进展。同时，提出在太行山低山区营造隔坡行（乔木树种）带（天然植被）混交模式，形成人工（乔木）—天然（草灌木）复合植被类型。这样，不仅促进植被朝良性演替，同时也提高了造林初期的水土保持效益。使林分形成疏林（乔木）复层（灌木层和草本层）结构。这样营造的水土保持林可以由恢复人工植被，到恢复人工—天然复合植被，取得了新的进展。

过去，太行山造林林种单一、树种单一、技术落后，长期以来造林成活率、保存率在20—30%左右，林木生长量低，经研究，提出了在太行山低山区选取抗旱性、稳定性强的侧柏、栓皮栎、黄栌、元宝枫、火炬树等树种造林，采用侧柏大苗带土雨季造林和阔叶树秋季造林等技术，使一次造林成活率、保存率能达到90%以上，造林初期林木生长量为传统造林的3倍，效果较好。

（杨百瑾　林升寿　何力春　李二波　杨林梅）

【“七五”国家科技攻关成果展览】　由国家计划委员会、国家科学技术委员会、财政部联合举办，1991年8月21日至9月2日在北京展览馆展出。林业展区展出的主要内容是“七五”期间由林业部主持的国家重点科技攻关的两个项目，即主要用材树种速生丰产技术和林业工程技术开发，共8个课题，156个专题，取得267项成果，效益达14亿元。

展出期间，每天参观人数达万余人，13个国家的40名外宾也参观了林业展区。共印70多个专题的成果简介万余份，发出完整资料1300套。

林业展区，受到中央领导同志的称赞。江泽民说：林业展区布置得很漂亮，采用对比手法，形象直观，宣传科技，效果很好。在全国重点林业建设示意图前，江泽民详细地询问了淮河、太湖流域植树造林情况，并指示大灾之后进行综合治理，特别要搞好林业建设。当高德占部长介绍我国林业重点建设的“一个基地，四个体系，一个工程”时，江泽民说：这个很好，要送一套材料给我。李鹏参观时详细询问了林业“七五”科技成果，赞扬所取得的成果。乔石、李瑞环参观林业展区时，对林业“七五”科技攻关取得的突出成果给予了很高评价。

林业展区由于设计新颖，形象直观，展出效果好，获得大会颁发的最佳组织奖和最佳设计奖。

（何力春）

【“八五”国家科技攻关林业项目论证和立项】　1991年，经国务院协调，林业项目由国家计划委员会管理，改为国家科学技术委员会管理。经国家科学技术委员会平衡，列入“八五”国家科技攻关计划的林业项目有短周期工业用材林定向培育技术研究和生态林业工程技术体系研究两个项目。其中，共设置8个课题，分解为93个专题（见附录）。至1991年12月底，已签订90个专题合同。

（王淑元）

【森林防火灭火研究开发基金项目】　1991年新上课题投入研究：①波液式森林灭火弹研制。采用卤液灭火剂、低密度聚乙烯、固态发热剂等进行配方，不用雷管、TNT炸药，采用冲击波与灭火剂叠加效应爆破的原理，可有效地扑灭林火、截阻火头。②森草净生产工艺及应用技术研究。该项研究，立足化学除草剂国产化，通过配方、筛选、生产工艺及除草、灭灌技术的研究试验，研制出高效、广谱、低价的化学除草剂，并形成批量生产能力。该除草剂用于开设防火隔离带。③高速气流灭火机理及其能量研究。建立与火场边界条件相似的物理模型，在系统测试、计算、试验的基础上，找出气流诸因子对火的量值关系，建立起数学计算公式，确定扑灭各类林火所需要的气流能量，用于指导我国风力灭火机的研究和制造工作。④扑救森林火灾战略战术的研究。进行扑救森林火灾战略原则与理论的研究分析，探讨与扑火战术相关的要素与工艺，研究扑救高强度森林大火的战略与战术，提出扑救不同强度火灾的对策，并实现森林防火灭火指挥的计算机管理。⑤余火火源探测设备的研究。改进光学系统设计，采用一维扫描技术，用室温碲镉汞作敏感元件，保证对隐燃火的响应率，避免高温地表的虚警，视场角从8°提高到40°，对烟头大小的余火可发现距离不小于20米。⑥航空护林机载广播设备的研制。在运—5飞机上，设计安装低频大功率广播设备，送话装置具有话筒送话和录音送话双重功能，用于在800米高空，进行宣传、指挥和通讯作业。⑦提高气象卫星探测森林火灾准确率及软件包的开发研究。提出用气象卫星探测森林小火以及用不同的数据处理方法，对林火目标进行准确鉴别，提高对森林火灾的监测和定位精度，减少虚警。建立正常的火源点数据库，为林业部设置的气象卫星接收系统提供完整、先进的软件包，最小火灾发现面积达1公顷，可以提供火灾地点的经纬度及县、局名称，并提出火场面积的估算方法。⑧轮式越野森林消防车的研制。该车以J—5集运机为底盘，车体为3段、绞接、6轮驱动，折腰转向结构，能通过塔头地，转弯半径小，爬坡能力可达30°，并设计安装有水箱、药箱、吸水、喷水等设备，越野速度可达30—40公里/小时。 （李二波）

林业科技成果管理与推广

【林业科技开发与推广】 1991年是林业部实施“科技兴林”的第二年，继1990年林业部推广100项科技成果之后，又从各省（区、市）及林业部直属单位申报的推广项目和“七五”国家科技攻关项目已鉴定的成果中，筛选出100项先进、成熟、适用的新成果、新技术，确定为1991年林业部推广的科技成果（见附录）。1990年和1991年林业部推广的200项科技成果，是“八五”期间林业部成果推广的主体，今后每年对新申报的成果，经筛选审定后，再逐年补充、调整。1991年按照《林业部推广100项科技成果实施方案》的要求，对推广成果进行分级分类实施。选择其中分布范围广、推广潜力大、经济效益好的16大项包括30个科技成果，列为1991年林业部推广的重点项目（见附录），分别与23个省（区、市）签定30个合同共同组织实施。总投资550万元，其中林业部投入173.5万元，共建各种示范林、苗圃310多万亩。项目完成后，可增加产值2.5亿元。 （何淑筠）

【林业星火计划项目】 经国家科学技术委员会批准，1991年，林业部组织实施了12个国家级林业星火计划项目（见表1）。项目总计需要投资1469万元，其中国家科学技术委员会安排贷款指标225万元，林业部安排配套投资165万元，地方和项目承担单位自筹资金1079万元。预计项目全部投产后年新增产值4569万元，新增利税1025万元，出口创汇110万美元。

表1 1991年国家级林业星火计划项目

项目名称	项目内容	承担单位	起止年限
桉树工厂化育苗技术开发	在广西壮族自治区钦州地区建设年产600万株桉树组培苗生产基地	钦州地区林业科学研究所	1991—1995年
桦树液开发利用技术推广	在黑龙江省带岭林业实验局建设年产500吨鲜桦树汁采汁基地	带岭林业科学研究所	1991—1994年
可拆装式木质拼花地板生产技术推广	在成都木材综合工厂建设年产10万平方米地板块生产线	成都木材综合工厂	1991—1994年
山野菜软包装罐头加工技术开发	在黑龙江省林副特产研究所建设年产500吨山野菜软包装罐头生产线	黑龙江省林副特产研究所	1991—1994年
利用松节油合成新型香料	在广东省国营阳江林场建设合成香料加工厂，年合成香料50吨，品种包括乙酸长叶酯，异长叶烷酮，乙酸甲基异长叶烯酯和柑青醛	广东省国营阳江林场	1991—1994年
合成革用增粘剂制备和应用技术开发	在中国林业科学研究院林产化学工业研究所建设年产合成革用增粘剂100吨的生产线	中国林业科学研究院林产化学工业研究所	1991—1993年
低毒复合脲醛树脂胶在刨花板生产中的应用	在湖南省双牌县刨花板厂建设年产1500吨低毒复合脲醛树脂胶生产车间，年加工刨花板5000立方米	中南林学院、双牌县刨花板厂	1991—1992年
饰面竹基材混凝土模板生产技术开发	在湖北省崇阳县建设年产5000立方米饰面竹基材混凝土模板加工厂	中南林学院、崇阳县竹胶板厂	1991—1992年
模压木制品生产技术开发	在福建省大洲贮木场建设年产1300立方米（合97 800件桌面）的刨花模压制品加工厂	中国林业科学研究院木材工业研究所、大洲贮木场	1991—1992年
脐橙丰产栽培技术推广	在四川省金堂县推广罗伯逊脐橙，建设1000亩丰产示范园	金堂县林业科技推广中心	1991—1999年
松香增塑剂生产技术开发	在广东省始兴县林产化工厂建设年产600吨松香增塑剂生产线	始兴县林产化工厂	1991—1993年
杞柳优良无性系及柳编加工技术推广	推广杞柳优良无性系JW9—6和JW8—26，在湖北潜江市国营东荆林场建设杞柳丰产栽培基地1万亩	潜江市国营东荆林场	1991—1993年

（李 兴）

【"七五"全国星火计划先进工作者表彰】 1991年，国家科学技术委员会对"七五"期间为实施星火计划做出突出贡献的星火科技和星火管理先进工作者进行了表彰。中国林业科学研究院张宗和、南京林业大学张齐生、林业部李兴受到表彰。 （李 兴）

【林业科技推广服务体系建设】 1991年，根据林业发展"八五"计划所确定的部省合建660个推广站、地方自建340个推广站任务，林业部科学技术司会同综合计划司制定了《林业科技推广站（中心）"八五"期间分省区分年度建设具体方案》，并在7、8月赴河北、山西、陕西、山东、河南等地对林业科技推广站（中心）建设等工作进行了初步调查研究。综合各地情况表明，建立健全林业科技推广服务体系，是林业生产力发展的需要，适应了县级经济管理部门转轨变型，各地建站积极性高涨。但也存在一些问题，主要是缺乏宏观指导，关系没有理顺，从建站条件、建站审批到建设竣工无明确统一的要求；建设资金紧缺，投资很难争取到；编制难落实，干部调配不受重视；已建好的站不能正常启动。还有极个别地方建设推广站仅把林业科学研究所、林业工作站等原林业事业单位换块牌子而已，没有认真研究落实科技推广工作。针对这些问题，1991年11月，林业部在北京召开了全国林业科技工作会议，制定并发布了《关于进一步加强林业科技成果推广工作的决定》等文件。高德占部长在会议总结报告中强调指出：要加快建设强有力的林业科技推广体系，科技推广工作是一个工作量很大、涉及面很广的重点工程，必须建立体系，形成网络，省、地、县、乡都要抓科技推广工作。各级林业科技推广站都要边建设，边启动工作。县级推广站重点抓推广，省级推广总站（中心）也要抓关键性推广项目。各地县级林业科技推广站的建设要根据本地实际而定，不搞"一刀切"；乡（镇）一级不再建林业科技推广站，乡（镇）林业工作站就是乡（镇）林业科技推广站，要抓好科技推广工作。

1991年，林业部共安排了部省合建林业科技推广站（中心）75个（见表2），林业部投资1152万元，加上地方配套投资总投资额达4100余万元。与1990年相比，部省合建站多建22个；林业部投资增加约260万元，增长率29.3%；总投资额增加1000万元左右，增长率约35%。

表2 1991年部省合建林业科技推广站（中心）

省(区、市)	数目	名称	省(区、市)	数目	名称
北京	3	密云县、顺义县、平谷县林业科技推广站	河南	3	省林业科技推广总站，信阳地区、西平县林业科技推广站
天津	1	武清县林业科技推广站	湖北	2	京山县、黄冈地区林业科技推广站
河北	4	平泉县、承德县、兴隆县、迁西县林业科技推广站	湖南	4	湘潭市、株洲市、衡南县、长沙县林业科技推广站
山西	2	省林业科技推广总站、晋中地区林业科技推广站	广东	3	潮州市、普宁县、茂名市林业科技推广站
内蒙古	2	赤峰市、锡林郭勒盟林业科技推广站	广西	3	横县、桂林地区、河池地区林业科技推广站
辽宁	5	抚顺市林业科技推广中心，台安县、庄河县、锦西市、开原县林业科技推广站	海南	1	省林业科技推广中心
吉林	3	长白县、长岭县、榆树市林业科技推广站	四川	5	省林业科技推广总站，巴中县、重庆市、成都市龙泉驿区、宜宾市林业科技推广站
黑龙江	2	省林业厅林业科技推广总站、桦南县林业科技推广站	贵州	3	普定县、三都县、从江县林业科技推广站
上海	1	市林业科技推广总站	云南	1	保山地区林业科技推广站
江苏	4	句容县、泰县、扬州市、江宁县林业科技推广站	西藏		
浙江	2	湖州市、温州市林业科技推广站	陕西	2	富县、合阳县林业科技推广站
安徽	3	广德县、淮南市、金寨县林业科技推广站	甘肃	3	高台县、合水县、康县林业科技推广站
福建	3	泉州市、福安县、厦门市林业科技推广站	青海	3	循化县、民和县、海南藏族自治州林业科技推广站
江西	1	省林业科技推广总站	宁夏	2	平罗县、彭阳县林业科技推广站
山东	3	聊城地区、荣成市、平度市林业科技推广站	新疆	1	喀什地区林业科技推广站

（金旻）

林业科技奖励

【1991年度国家发明奖林业获奖项目】 1991年度国家发明奖获奖项目共209项（一等奖1项，二等奖12项，三等奖92项，四等奖104项）。其中，林业行业获奖项目有三等奖3项，四等奖1项。

新杂交种北京杨

完成单位及主要人员 中国林业科学研究院林业研究所 徐纬英、马常耕、佟永昌、林静芳、梁彦、胡长龄

获奖等级 三等

自1954年，选择我国早期引种的中亚细亚钻天杨为母本，我国乡土种青杨为父本，进行属派间及地理远缘杂交，采用了切枝离体水培养方法，人工控制授粉，两年共得杂种种子1038粒，苗木506株，经过3次选择，获得了具有杂种优势较强的后代，形成13个无性系。通过性状测定，以较大的选择强度，以5个优良无性系（003、0018、0092、0567、8000）形成多系品种。北京杨系早期速生品种，造林成活率高、速生、材质优良、树形美观，适于冷凉气候，在水肥条件良好的情况下，其优势更为明显，适于河滩地造林及营造农田防护林。它的材积生长速度超过了原有广为栽用的加杨、小青杨、青杨、小叶杨等。经过近30年的试验推广，在山西、青海、甘肃、河北、西藏、内蒙古、新疆、辽宁、黑龙江等省（区）推广应用，据不完全统计，已造林99.34万亩，“四旁”植树1978.74万株，纯木材增益4603.19万立方米。为上述地区绿化、提供用材、改善生态环境起到了巨大作用。

泡桐新品种豫杂1号选育

完成单位及主要人员 河南农业大学、河南省林业科学研究所、中国林业科学研究院林业研究所、河南省许昌地区林业科学研究所 蒋建平、李荣幸、刘廷志、陶栋伟、熊耀国、王槐堂

获奖等级 三等

该品种是以毛泡桐为母本，白花泡桐为父本，通过杂交育种培育出来的，由16个无性系组成的混系品种。形态上介于两亲本之间，表现出毛泡桐与白花泡桐的中间性状，各无性系之间形态差异较小。它生长迅速，树势旺盛，比同龄父母本平均树高大14.9%，胸径大33.0%，单株材积大93.0%，表现出明显的杂种优势。其生长量超过生产上栽植的兰考泡桐，10年生平均树高比兰考泡桐大5—10%，胸径大15—20%，单株材积大20—30%，具有较强的速生性能。对丛枝病有较强的抗性，5年生幼树发病率和感病指数比同龄兰考泡桐低30%左右。根系发达，新栽幼树缓苗期短，对气候、土壤条件有较强的适应力。可用于华北、中原地区的“四旁”绿化、农桐间作和营造速生丰产林。自1980年以来，在全国10多个省（区）推广应用，仅河南省10年来已推广2亿株以上。对促进泡桐生产发展和平原农区绿化起到重要作用。

黑颈鹤人工授精繁育新技术

完成单位及主要人员 北京动物园 甘声芸、郑锦璋、陈淑勤

获奖等级 三等

黑颈鹤是珍稀濒危物种，在饲养条件下采用自然交配法繁殖存在雌雄鸟成对不交配，交配后雌鸟产卵仍不授精，雄鸟因伤残、断翅不能交配，产卵数少及繁殖率不高等问题。采用人工授精繁育新技术可解决以上问题，而获得繁育成功。1987—1990年，北京动物园应用该技术繁殖出濒危鹤类4种，其中有黑颈鹤18只、白鹤5只、丹顶鹤13只、白枕鹤3只、冕鹤20只。沈阳动物园与天津动物园应用该技术繁殖成活丹顶鹤39只。该技术对繁衍和保护珍稀濒危鹤类，维持生态平衡具有重大社会与生态意义。

柳窿杂种桉的培育技术

完成单位及主要人员 广西壮族自治区林业科学研究所 苏兴仁、吴世明、韦民

获奖等级 四等

选用广西桉树的优良单株为杂交的父母本，并采用人工药物杀雄和药物促进开花等系列措施，解决了双亲本花期先后差异难题，提高了授粉率。经过30多个组合杂交和连续3个重复年杂交子代造林对比试验，培育成功柳桉与窿缘桉的杂交品种——柳窿杂种桉。通过对比试验和生产应用验证，该品种性状稳定、生长快、抗性强、适应性广，且产量高，木材纤维理化性能宜于用作制浆原料。已在广西、广东等省（区）推广，共造林1265.6公顷，普遍生长良好，比一般桉树丰产林增产43%。 （杨健君）

【1991年度国家科学技术进步奖林业获奖项目】 1991年度国家级科技进步奖获奖项目为502项（特等奖1项，一等奖32项，二等奖140项，三等奖329项）。其中，林业行业获奖项目有二等奖3项，三等奖12项。

北方早实核桃16个新品种的选育

完成单位及主要人员 中国林业科学研究院林业研究所、山东省果树研究所、河南省林业科学研究所、辽宁省经济林研究所、山西省林业科学研究所、陕西省果树研究所、新疆维吾尔自治区林业科学研究院 奚声珂、王钧毅、刘万生、罗秀钧、杨卫昌、刘文德、张树信、高绍棠、张宏潮

获奖等级 二等

该研究在各地实生树中选出优树1000多株，建立基因库6个，在不同优良单株、地理型间进行了50多个杂交组合，获得人工杂交子代苗2000多株，筛选优株100多株。选出最有希望的单株在全国建立了1500多亩无性系鉴定试验园，参试株系达600多个，并初选出一批优良无性系。最后，采用高接鉴定方法将经无性系测定的36个最优无性系在河南、山西、陕西、辽宁4省进行了区域试验，并同时在10个省（市）进行扩试，总面积近4万亩，并根据连续3年的试验结果，将符合育种目标规定的经济技术指标的16个优系定为北方早实核桃新品种。

木麻黄速生抗病无性系筛选及小枝水培繁殖技术研究与应用

完成单位及主要人员　华南农业大学林学院、湛江市坡头区南三林场、海南省林业局　梁子超、郭权、陈小华、陈其生、陈柏铨、李昌美、韩士贞、李万年

获奖等级　二等

木麻黄青枯病的病原系木麻黄青枯菌，经鉴定属于青枯菌生理小种Ⅰ，生化型Ⅲ和Ⅳ，有3个菌系，为选育抗病无性系打下基础。木麻黄抗青枯病无性系的筛选方法，是把3个月左右生的苗木拔起，修剪根部，洗净，浸菌液，再种植，使苗木生长不受影响，而又全接上足够的菌量。从严重病区收集残余健株及其后代，筛选出13个速生抗病无性系。经4年试验，速生抗病无性系树高年增长可达三四米，胸径年增长可达三四厘米，立木材积增长比实生林大1倍；发病死亡率在20%以下，而对照（生产种）的发病死亡率达50%以上。木麻黄小枝水培繁殖法简易可行，具有出根快、生根率高、抗干旱酷热的特点，成活率达90%以上，改进了木麻黄育苗方法。

竹山县肚倍资源综合开发利用研究

完成单位及主要人员　中国林业科学研究院林产化学工业研究所、湖北省竹山县林产化工厂　张宗和、吴在嵩、肖尊琰、陈笳鸿、孙先玉、汪永梅、肖乾勇、邓庆安、吴江

获奖等级　二等

主要研究成果：①单宁酸生产新工艺。包括五倍子原料连续净化新技术、连续浸提新工艺、降膜蒸发新技术及二级回收干燥新技术。应用新工艺设计建成年产500吨单宁酸车间，吨产品原料单耗降低到1.4吨五倍子，产品质量优于国际一级品的要求。②没食子酸生产新工艺。采用加压酸水解法生产，新工艺包括一步结晶脱色制纯，活性炭的品种筛选，废炭再生利用。应用新工艺建成年产200吨没食子酸车间，缩短生产周期30%，回收率提高4—6%，节省基建投资10—15%。③甲氧苯氨嘧啶中间体制备新工艺。包括五倍子粉直接制备三甲氧基苯甲酸甲脂和复合电解氧化法制备三甲氧基苯甲醛。试验表明可降低成本，消除环境污染。④以五倍子单宁及其衍生物为原料的新产品开发。包括食用油脂抗氧化剂——没食子酸甘油脂的研制、试制单宁酸及高纯单宁酸的研制，为进行工厂规模的生产提供了技术依据。

山东淡竹林丰产栽培技术及益鸟招引生态效益研究与推广

完成单位及主要人员　山东省泰安市林业科学研究所、山东省日照市林业局、山东省泰安市林业局森林保护站　卢秀新、刘静、王克庆、孙启温、刘德珍

获奖等级　三等

通过7年调查、观测、统计、分析，首次对山东淡竹进行了系统研究，基本摸清了其生长发育规律，摸清了其土壤临界含水率为6%的指标。并对其物理力学性质进行了测定。编制了叶面积表，求出了淡竹林最适叶面积指数。确定了合理经营密度及采伐年龄，用数量化分析法，求出各项因子与淡竹林蓄积量的关系，对淡竹林地上部分结构规律进行了分析研究，编制出直径、树高、枝下高与杆重之间相互关系表。提出了淡竹林丰产经营管理综合措施，经7年老淡竹林复壮，取得了示范林每亩1500公斤产量的显著效果。通过山东淡竹林周围不同生境在招引鸟类效益的调查表明，淡竹林招引鸟类的种类比针叶纯林多1.3倍，比针阔叶混交林多0.5倍；招引鸟的数量比针叶纯林多3.9倍，比针阔叶混交林多2.4倍。由于淡竹林长期聚集多种鸟类活动，有效地控制了淡竹林周围大片林分免遭松毛虫及其它害虫的危害，在一定程度上起到了控制害虫和维护生态平衡的作用。

“三北”防护林公共实验区遥感综合调查技术研究

完成单位及主要人员　中国林业科学研究院资源信息研究所、中国科学院沈阳应用生态研究所、中国科学院地理研究所、北京大学计算机科学技术系、中国科学院兰州沙漠研究所　徐冠华、徐吉炎、赵宪文、虞献平、潭征祥

获奖等级　三等

“三北”防护林共公共实验区设在河北省平泉县。该研究以新一代卫星影象为基本信息源，完成了具有较高精度的、多学科、多专业的遥感综合调查，建立了资源与环境信息系统，实现了资源的动态监测与预测分析，达到了为“三北”全区遥感综合调查提供理论依据和制定技术方案、促进航天遥感技术实用化、提高我国遥感应用研究水平的目标。主要技术成果及创新点有：①在新一代卫星遥感影象的处理和评价技术方面，提出了如多维比值图象优化指标因子等多种先进的图象处理技术；设计了遥感图象多因子技术经济综合评价模式和综合指数表征目视解译总体效果的综合评价方法。②制定了再生资源遥感综合调查技术规范，提出具有航天遥感特色和“三北”地区特点的分类系统、成图比例尺和面积量测方法；应用TM影象编制1：10万森林动态图、土地资源评价图等图件，开拓了应用航天遥感技术进行林地更新和生态效益研究新领域。③平泉微机资源与环境信息系统，实现了矢量和栅格数据转换与ORACLE关系数据库连接，使图

象处理、空间数据管理和资源分析预测等功能融为一体。④建立了遥感图象判读和资源动态监测专家系统，发展了多种数学模拟和分析模型。⑤制定了"三北"防护林遥感综合调查技术规程并已应用。

梵净山自然保护区森林生态系统本底调查研究

完成单位及主要人员　贵州省梵净山国家级自然保护区管理处、贵州农学院森林生态研究室、贵州省地矿局、贵州省科学院生物研究所、遵义医学院生物教研室　周政贤、杨业勤、孙敦渊、周茂基、杨传东

获奖等级　三等

通过8年的系统研究，采集制作标本2万余份，分析样品千余件，撰写专题论文31篇，全面深入揭示了梵净山森林生态系统本底。①研究和论述了梵净山的各种地质现象，山体的形成与自然环境的关系，提出该区属裂谷环境，阐述了梵净山的隆起和成陆过程。②全面研究了梵净山的土壤类型、分布规律及特征。③基本完成对保护区内高等植物和脊椎动物的种类、区系调查。并对大型真菌、昆虫、陆栖寡毛类作了系统调查，共查明生物种类2600余种。④通过对250个实测样方按群落排序等定量分析手段，对梵净山森林植被首次进行了符合实际的垂直分带及群落类型划分，并对亚热带森林中针叶林的稳定性和地位，珍稀孑遗群落的脆弱性和亚热带山顶矮林的性质，提出了一些新的观点和结论。⑤对梵净山的社会经济现状进行了细致的调查并结合保护区的需要进行了区划，提出了全面保护、合理开发、永续利用、科学管理的方向。

珠江三角洲农田林网营造技术推广

完成单位及主要人员　广东省新会县林业局、广东省斗门县林业局、广东省林业厅科技处、广东省林业科学研究所　梁荣华、欧阳均浩、陈远生、刘集汉、梁保余

获奖等级　三等

运用已取得的营造农田林网的技术，根据当地的自然地貌条件及气候条件，因地制宜地予以推广。林带按现有河渠道路走向设置，规划为自然式林网，林带树木1—3行，网格大小为40—100亩。林带树种配置，按林果结合，速生与慢生树种相结合，长期效益与短期效益相结合的原则，并作到因地制宜、适地适树。除选择落羽杉、池杉、水松等抗性强的湿生树种外，还选择竹子、苦楝、桉树、石榴、荔枝、沙梨、蒲葵为辅助树种，使农田林网每年获得直接经济效益，并起到保障农田稳产、高产的防护作用。经过3年推广，共营造林网11.245万亩（其中新会县4.2万亩、斗门县7.045万亩），植树202.3万株，推动了珠江三角洲地区农田林网建设。

广东省飞机播种造林技术应用与推广

完成单位及主要人员　广东省林业厅营林处、广东省林业勘测设计院、中国民航广州管理局专业处、广东省英德县林业局、广东省阳春县林业局　谢泳松、林书宁、王成立、孙淑友、黄艺平

获奖等级　三等

1956—1987年，全省51个县、3个市、2个国营林场进行飞播造林，占全省115个县的51%，累计作业面积5382.2万亩，其中成效面积1898万亩，成效面积占作业面积35.4%，为全省造林绿化作出较大贡献。在飞播过程中总结出符合实际的一整套完整的技术措施。这些措施包括：①选择播区。如飞播马尾松，一般要求在海拔800米以下低山丘陵地区。②选择马尾松、台湾相思、荷木、思茅松、黑松为飞播造林树种。③适时播种。雨季开始时为最佳飞播季节，北部1月中旬前后，南部2月中旬前后，近海3月为宜。④确定合理最小播量。在保证种子质量合格的前提下播种量要适宜。⑤种子处理。马尾松种子经R—8驱避剂处理，以防鼠鸟取食，用种量可减少20—25%；台湾相思播前用沸水烫种催芽。⑥播前因地制宜地处理播区植被。播区植被以高40厘米、覆盖度20—70%为宜，否则，在播前二三个月进行炼山。⑦航高、播幅要合适。如运五飞机播种作业航高80—150米为宜，播幅40—50米。⑧播后全面封山5年以上，播后6—8年，对过密林分适当间伐。

辽宁省石质山地飞机播种造林技术研究

完成单位及主要人员　辽宁省防护林工程建设办公室、中国民航沈阳管理局专用航空处、辽宁省锦西市连山区林业局、辽宁省北票市林业科学研究所、辽宁省义县林业局　陈保璞、龙锦芬、于海涛、王尚武、吴家治

获奖等级　三等

1981—1988年，在辽宁省内5个市、17个县、219个播区、318万亩面积上，开展了多点试验，摸清了在石质山区飞播油松造林的基本规律，飞播有苗面积率达49.38%，对加速石质山区绿化造林作出了贡献。主要技术方面：①探索出在辽宁省飞播造林成苗面积率达到45%以上的降水量保证线为：全年降水量为429.4毫米，6—9月降水量为285.5毫米，播后1个月降水量为81.5毫米，保证机率为62—80%。②播区以阴坡为主，阴坡、半阴坡面积占宜播面积的70%以上，宜播面积占播区面积70%。③对播区内干旱阳坡，播前适当进行地面处理，增加粗糙度，使成苗率提高到84%。④采用福美双、HL粉剂拌种，防止鸟鼠害效果明显，可提高成苗率和成效率1倍和6.5倍。⑤采用地物标导航，便于播区选择，具机动性，适于小播区作业，可节省用工75%。

中国山地森林研究

完成单位及主要人员　林业部调查规划设计院造林室　刘寿坡、汪祥森、蒋有绪、陈舜礼、徐孝庆

获奖等级　三等

根据1954—1966年对我国主要山地林区进行的森林综合调查所获得的资料，于1974、1975年进行了分析研究，根据自然地理特点和森林分布规律，对全国森林进行了区划，并选择全国有代表性的17个林

区，即大小兴安岭、长白山、晋冀山地、秦岭、神农架、赣西北山地、桂北南岭山地、闽西北山地、滇南金平、海南岛山地、甘南山地、大小金川山地、金沙江中游山地、藏东南山地、天山和阿尔泰山地，分区阐述了自然地理条件、森林植被、森林土壤垂直与水平分布规律，并以生物地理群落学的观点，对森林植被进行了系统分类，阐明了各主要森林类型的立地条件特点、土壤特征、森林植被演替规律及森林更新特点等内容。

中国梅花品种研究——中国梅花品种图志

完成单位及主要人员　北京林业大学、武汉市东湖风景区管理局磨山植物园、无锡市园林技工学校、武汉市园林科学研究所、四川省成都市园林管理局　陈俊愉、赵守边、刘敦娴、王其超、李泽雏

获奖等级　三等

用统一、合理的记载标准与方法，对137个梅花品种进行调查记载，在中心品种圃内栽培、比较，进行复核鉴定，并创制了中国梅花品种分类修正新系统。该系统以品种演化趋势为依据，并适当参照形态差异，联系生产实际，创立了一个全新的分类系统，概括为3个系，5个类，16个型的二元（品种演化为主，形态差异为辅）、三级（第一级种型，第二级枝姿，第三级花型、花色、萼色）分类系统。该项研究基本上摸清了中国梅花品种种质资源。

海南岛尖峰岭热带树木园研建

完成单位及主要人员　中国林业科学研究院热带林业研究所　王德祯、符史深、邓心秋

获奖等级　三等

1973—1988年，根据树木经济价值、遗传变异与气候相似性和植物区系发生法的引种理论，以及动态的研究方法和集约经营管理措施，初步将热带非洲、中美洲、大洋洲、热带亚洲及我国滇南、桂西南和粤西南的森林树种引入该园，并已获成功。引种栽培国内外热带树种1061种，其中属工业原材料树种422种，供造林用材树种124种，城镇园林绿化树种277种，国外树种327种，海南特产79种。在1061种中，32%是首次进行人工栽培，有353种已开花结果。该园除重点引种世界热带地区主要经济树种外，专设有桉树专属引种区和海南特有种收集区。按常规技术和观察内容，于旱季末、雨季终，对241个树种的生长量和每5天对园内85个树种的物候进行了10年以上的观察，掌握了这些树种的生长发育规律和大量观察资料。该园的建成，为我国引种和树木园布局填补了一个南缘之点，奠定了我国热带南缘引种基地。

木质湿法超薄型硬质纤维板生产技术研究

完成单位及主要人员　天津市木材工业研究所、天津市木材五厂　贾广盈、胡新龙、王春生、刘毅、刘宝平

获奖等级　三等

该成果系利用国内现有湿法硬质纤维板生产线，经独特的设备改造并采用新工艺，利用木材加工剩余物经磨浆、成型、热压等工艺处理制成。主要技术指标：厚度小于等于2.0毫米，容重不小于0.8克/厘米^3，静曲强度不小于20牛顿/毫米^2，含水率为5—12%。产品经质量检测，达到国外同类产品的主要质量指标，得到国际上的认可和验证。该产品主要用于汽车、船舶、建筑等内部装饰。

木材间歇真空干燥技术研究

完成单位及主要人员　南京林业大学木工系、西安市化工通用机械厂　梁世镇、赵寿岳、庄寿增、冯军洲、刘纪洪

获奖等级　三等

由于木材树种繁多、厚度不一，在干燥过程中，为保证干燥质量，缩短干燥时间，降低能量消耗，需随时了解木材内部温度变化情况，确定最佳加热时间及最佳抽真空时间。该研究通过在木材样板中埋置热电偶的方法，实现了按木材心层温度变化对干燥过程的优化控制。探索出表面冷却新工艺，较好地解决了部分难干树种在真空干燥时存在的开裂问题。

年产3万立方米刨花板成套设备主机引进与研制

完成单位及主要人员　中国林业机械公司、林业部林产工业设计院、林业部北京林业机械研究所、林业部信阳木工机械厂、林业部镇江林业机械厂　金钰民、马铨瑛、韩师休、仲斯选、史可政

获奖等级　三等

1981—1986年，在引进国外80年代刨花板成套设备主机的基础上，设计试制了鼓式削片机、环式刨片机、打磨机、筛选机、气流风选机、拌胶机、施胶机、施胶定量装置、移动式气流铺装机、钢带运输机、单层热压机、齐边锯等24种主机，加上国内配套设备组成了具有先进水平和中等规模的刨花板成套设备，在此基础上又发展了多种主机的系列产品。在主机和自动控制的设计中，做了大量的国产化工作，使设备和生产线的工作性能达到了国外同类样机的水平，刨花板质量达到了国家标准。　（杨健君）

林 业 标 准 化

【综　述】　1991年，林业部下达了57项林业国家标准项目计划，颁布了26项国家标准及59项行业标

准，完成了23项国家标准的审查和报批工作。至1991年底，林业标准已达677项，其中，国家标准338项，行业标准339项（见附录）。

根据国家技术监督局的统一部署，完成了林业国家标准的清理整顿工作，并提出推荐性标准与强制性标准的划分原则。

林业标准的贯彻实施带来了较好的经济效益、社会效益和生态效益。1991年《杨树人工速生丰产林》等4项国家标准和行业标准获林业部科学技术进步三等奖，《中密度纤维板》国家标准获国家技术监督局科学技术进步三等奖。

为了搞好我国林业生产节能工作，举办了林业能源标准宣贯班。此外，还举办了木材标准、纤维板标准和人造板标准的学习班。另有51人毕业于中国木材标准化技术委员会与东北林业大学联合举办的木材检验大专证书班。通过专业培训，有效地提高了林业行业标准化工作水平。

1991年，出版发行了《林业标准汇编（三）》。内部发行了4期《中国木材标准化通讯》，14期《林机标准通讯》和10期《标准化通讯》等刊物。

加强了与国际标准化组织的联系，积极参加国际标准化活动。出席了10月份在日本东京召开的便携式林业机械第十四次会议，并参观了在日本静冈县举办的林业机械展览会。

中国木材标准化技术委员会于8月和10月在哈尔滨和都江堰市分别举行南、北方单位委员会议。全国林业机械标准化技术委员会于4月在湖南省大庸市举行了二届三次年会，会议对57项林业机械标准进行了清理。全国人造板机械标准化技术委员会于10月在北京召开二届三次年会，会议对《鼓式削片机通用技术条件》等5项标准进行了审议。（黎云昆）

林　业　专　利

【全国专利系统先进表彰】 1991年10月，在北京召开的全国第四次专利工作会议上，中国专利局、人事部表彰了81个先进集体、12名先进工作者；中国专利局表彰了138名先进个人。北京林业大学专利事务所荣获全国专利系统先进集体称号，中国林业科学研究院林珍玉荣获全国专利系统先进个人称号。

（龙三群）

【中国专利奖】 中国专利奖是中国专利局为鼓励发明创造、促进专利技术推广应用而设立的。1991年，中国专利局组织评选了第二届中国专利奖。评选出中国专利金奖10项、中国专利优秀奖76项。中国林业科学研究院林业研究所、山东省胶南县林业科学研究所（共同专利权人）王涛、董以则、冯丽娟、薛宝均、张建国、刘振海（发明人）发明的植物扦插生根培养装置荣获中国专利优秀奖。（龙三群）

附　　录

“八五”国家科技攻关林业项目

一、短周期工业用材林定向培育技术研究

（一）短周期工业用材树种良种选育研究

1. 杉木多世代遗传改良和建筑材优良无性系选育
2. 马尾松短周期工业用材良种选育
3. 湿地松、火炬松建筑材、纸浆材良种选育
4. 落叶松建筑材、纸浆材良种选育
5. 云南松胶合板材、纸浆材种源选择
6. 桉树纸浆材新品种选育
7. 欧美杨胶合板材、纸浆材新品种选育
8. 美洲黑杨胶合板材、纸浆材新品种选育
9. 毛白杨短周期工业用材新品种选育
10. 山杨纸浆材无性系选育
11. 刺槐建筑材、矿柱材无性系选育
12. 泡桐胶合板材无性系选育
13. 桦木（白桦、光皮桦）胶合板材、纸浆材育种
14. 相思类树种纸浆材育种
15. 国内外重要工业用材树种引种驯化研究
16. 重要针阔叶工业用材树种种质资源库建立技术

（二）短周期工业用材林集约栽培模式研究

17. 桉树、马尾松、杨树、泡桐优良单株组培苗工厂化生产技术研究
18. 桉树、国外松、马尾松、落叶松容器苗工厂化生产技术研究
19. 主要工业用材林施肥技术与维护地力措施研究
20. 湿地松、火炬松、马尾松、桉树菌根应用技术研究
21. 杉木建筑材优化栽培模式研究

22. 北方地区杨树纸浆材与胶合板材优化栽培模式研究

23. 南方地区杨树纸浆材与胶合板材优化栽培模式研究

24. 湿地松、火炬松纸浆材与建筑材优化栽培模式研究

25. 马尾松纸浆材优化栽培模式研究

26. 桉树纸浆材优化栽培模式研究

27. 泡桐胶合板材优化栽培模式研究

28. 落叶松纸浆材与建筑材栽培模式研究

29. 刺槐建筑材、矿柱材优化栽培模式研究

30. 纸浆竹林丰产栽培模式研究

（三）短周期工业用材林病虫害综合防治技术研究

31. 松毛虫虫情监测、预测预报及系统管理技术研究

32. 微生物杀虫剂的研制及应用技术研究

33. 杨树光肩星天牛、桑天牛、云斑天牛综合防治技术研究

34. 西北地区杨树蛀干害虫综合防治技术研究

35. 杨树介壳虫、溃疡病防治技术

36. 桉树短周期工业用材林病虫害综合防治技术研究

37. 竹子病虫害综合防治技术研究

38. 松突圆蚧综合防治技术研究

39. 松材线虫病防治技术研究

40. 泡洞丛枝病防治技术研究

41. 落叶松枯梢病防治技术研究

42. 松叶蜂生物学、生态学及防治方法研究

43. 松小蠹防治技术研究

44. 火炬松、落叶松种实害虫防治技术研究

（四）短周期工业用材加工利用技术的研究

45. 短周期工业材木材性质研究

46. 短周期工业材木材干燥技术研究

47. 短周期工业材胶合板制造技术研究

48. 短周期工业材制材及胶合木技术研究

49. 短周期工业材刨花板制造技术研究

50. 短周期工业材制高得率浆工艺技术研究

51. 短周期工业用材制化学浆工艺技术研究

二、生态林业工程技术体系研究

（一）长江中上游防护林体系建设工程技术研究

52. 云贵高原西部金沙江流域生态经济型防护林体系建设技术研究

53. 云贵高原东部乌江流域生态经济型防护林体系建设技术研究

54. 岷江上游半干旱山地生态经济型防护林体系建设技术研究

55. 四川盆地嘉陵江、涪江、沱江流域生态经济型防护林体系建设技术研究

56. 鄂西山地长江上干流生态经济型防护林体系建设技术研究

57. 湘中丘陵、洞庭湖水系生态经济型防护林体系建设技术研究

58. 长江中上游护岸、护堤林发展潜力、结构模式与功能作用研究

59. 长江中上游造林困难地段植被恢复与造林技术研究

60. 长江中上游现有防护林经营技术研究

61. 长江中上游典型流域防护林体系与水土流失水文动态效应信息系统研究

62. 长江中上游防护林体系生态经济效益评价技术研究

（二）“三北”生态经济型防护林体系建设工程技术研究

63. 黄土高原昕水河流域生态经济型防护林体系建设模式研究

64. 黄土高原渭北生态经济型防护林体系建设模式研究

65. 东北农田林网区生态经济型防护林体系建设模式研究

66. 荒漠绿洲防护林体系优化模式研究

67. 乌兰布和荒漠沙地新开发绿洲生态经济型防护林体系建设模式研究

68. 科尔沁沙地生态经济型防护林体系建设模式研究

69. 毛乌素沙地生态经济型防护林体系建设模式研究

70. 黄土高原径流林业合理配套技术措施研究

71. “三北”地区盐碱化土地造林技术研究

72. 草牧场防护林营建技术研究

73. 现有防护林合理经营与改造技术研究

74. 干旱、半干旱地区防护林建设与水分平衡研究

75. “三北”防护林体系区域性生态效益评价技术研究

76. “三北”防护林体系和植被资源动态监测及信息管理系统研究

77. “三北”地区林地鼠害综合防治技术研究

（三）沿海防护林体系建设工程技术研究

78. 沿海泥质海岸防护林体系建设技术研究

79. 沿海沙质海岸防护林体系建设技术研究

80. 沿海基岩海岸防护林体系建设技术研究

81. 红树林主要树种造林及经营技术研究

82. 海岸带农林复合生态经济系统研究

83. 沿海防护林体系生态经济效益及其评价技术

84. 沿海防护林更新改造技术研究

85. 沿海防护林木麻黄病虫害综合控制技术研究

（四）太行山生态林业建设工程技术研究

86. 太行山干瘠立地条件造林技术研究

87. 太行山石质山区水土保持林结构模式研究

88. 太行山石灰岩区生态林业工程模式研究
89. 太行山花岗片麻岩区生态林业工程模式研究
90. 太行山天然次生林经营改造技术研究
91. 太行山现有人工林经营技术研究
92. 太行山区经济林栽培技术研究
93. 太行山生态林业工程生态效益及评价研究

（林业部科学技术司计划处）

1989 年全国林业研究与开发机构人员、经费情况

隶属关系	机构数（个）	职工总人数（人）				其中：行政管理人员			从事科技活动人员			从事科技活动按工作性质分：科技管理人员			课题活动人员			科技服务人员			经费总支出（千元）
		计	甲	乙	女性	计	甲	乙	计	甲	乙	计	甲	乙	计	甲	乙	计	甲	乙	
合计	253	22465	6016	4592	8134	8608	401	1217	13857	5615	3375	2161	958	783	6374	4000	1625	5322	657	967	140608
部属	16	4742	1391	640	1610	2727	129	245	2015	1262	395	282	152	86	1175	951	154	558	159	155	37233
省属	45	9575	2623	2069	3576	3637	184	792	5938	2439	1277	724	357	272	2510	1723	560	2704	359	445	58623
地（市）属	192	8148	2002	1883	2948	2244	88	180	5904	1914	1703	1155	449	425	2689	1326	911	2060	139	367	44752

注：甲指大学本科以上学历和其他具有高、中级技术职称人员，乙指大、中专学历和其他具有初级技术职称人员，下同。

（林业部科学技术司综合处）

1989 年部属林业研究与开发机构人员、经费情况

机构名称	职工总人数（人）				其中：行政管理人员			从事科技活动人员			从事科技活动按工作性质分：科技管理人员			课题活动人员			科技服务人员			经费总支出（千元）
	计	甲	乙	女性	计	甲	乙	计	甲	乙	计	甲	乙	计	甲	乙	计	甲	乙	
合计	4742	1391	640	1610	2727	129	245	2015	1262	395	282	152	86	1175	951	154	558	159	155	37233
中国林业科学研究院林业研究所	427	225	68	165	16		5	411	225	63	35	13	13	248	206	27	128	6	23	6376
中国林业科学研究院木材工业研究所	246	156	47	94	46		3	200	156	44	17	11	6	146	120	26	37	25	12	2014
中国林业科学研究院科技情报研究所	145	64	48	69	145	64	48													1094
中国林业科学研究院资源信息研究所	77	51	19	28			3	77	51	16	11	7	1	61	44	13	5		2	663
中国林业科学研究院分析中心	27	14	9	12				27	14	9	3	2	1				24	12	8	138
中国林业科学研究院林业经济研究所	54	37	9	27	12	4	3	42	33	6	8	4	4	24	23	1	10	6	1	407
中国林业科学研究院林产化学工业研究所	365	255	37	145	87	10	4	278	245	33	52	42	10	205	184	21	21	19	2	3538
中国林业科学研究院热带林业研究所	171	72	36	57	62	9	16	109	63	20	30	9	9	65	46	11	14	8		1074

（续）

机构名称	职工总人数（人）				其中：行政管理人员			从事科技活动人员			从事科技活动按工作性质分：科技管理人员			课题活动人员			科技服务人员			经费总支出（千元）
	计	甲	乙	女性	计	甲	乙	计	甲	乙	计	甲	乙	计	甲	乙	计	甲	乙	
中国林业科学研究院亚热带林业研究所	203	117	35	62	37	4	6	166	113	29	18	14	4	100	82	15	48	17	10	1431
中国林业科学研究院资源昆虫研究所	112	57	35	42	38	3	15	74	54	20	15	10	5	54	42	12	5	2	3	872
中国林业科学研究院江西大岗山实验局	1020	28	104	211	907		51	113	28	53	22	6	10	31	10	13	60	12	30	5684
中国林业科学研究院广西大青山实验局	1166	54	105	447	989	19	80	177	35	25	29	8	8	63	24	7	85	3	10	9352
中国林业科学研究院内蒙古磴口实验局	399	34	44	139	321			78	34	44	11	8	3	16	9	7	51	17	34	814
林业部北京林业机械研究所	39	35	3	17	2	2		37	33	3	5	3	2	30	30		2		1	636
林业部哈尔滨林业机械研究所	237	151	36	82	61	14	11	176	137	25	20	11	8	97	97		59	29	17	2915
林业部泡桐研究开发中心	54	41	5	13	4			50	41	5	6	4	2	35	34	1	9	3	2	225

（林业部科学技术司综合处）

1989年各省（区）林业研究与开发机构人员、经费情况

省（区）名称	机构数（个）	职工总人数（人）				其中：行政管理人员			从事科技活动人员			从事科技活动按工作性质分：科技管理人员			课题活动人员			科技服务人员			经费总支出（千元）
		计	甲	乙	女性	计	甲	乙	计	甲	乙	计	甲	乙	计	甲	乙	计	甲	乙	
合计	237	17723	4625	3952	6524	5881	272	972	11842	4353	2980	1879	806	697	5199	3049	1471	4764	498	812	103375
河北	6	362	133	79	105	51	4	14	311	129	65	37	19	14	115	74	40	159	36	11	2075
山西	9	254	103	68	99	23		1	231	103	67	52	18	23	126	69	32	53	16	12	1697
内蒙古	13	1092	379	269	422	233	37	29	859	342	240	141	64	61	408	249	108	310	29	71	5143
辽宁	16	819	289	250	249	231	7	20	588	282	230	154	74	60	281	174	107	153	34	63	6210
吉林	6	459	210	112	143	122	10	36	337	200	76	73	40	16	177	131	37	87	29	23	2982
黑龙江	13	1018	426	267	341	210	11	32	808	415	235	155	71	58	413	294	106	240	50	71	8362
江苏	1	106	47	20	28	31	1	2	75	46	18	20	11	6	43	30	10	12	5	2	833
浙江	6	255	119	60	90	62	3	10	193	116	50	23	12	9	132	95	30	38	9	11	1641
安徽	7	262	85	68	94	29	1	1	233	84	67	35	14	15	104	60	39	94	10	13	1376

（续）

省（区）名称	机构数（个）	职工总人数（人）				其中：															经费总支出（千元）
						行政管理人员			从事科技活动人员			从事科技活动按工作性质分									
												科技管理人员			课题活动人员			科技服务人员			
		计	甲	乙	女性	计	甲	乙	计	甲	乙	计	甲	乙	计	甲	乙	计	甲	乙	
福建	2	150	101	25	42	4	11		146	90	25	22	8	6	80	63	8	44	19	11	1445
江西	10	1189	238	190	487	722	25	48	467	213	142	85	32	25	230	147	73	152	34	44	5037
山东	10	382	175	113	136	74	6	22	308	169	91	58	34	19	172	119	39	78	16	33	2351
河南	9	673	186	111	241	157	5	7	516	181	104	89	32	28	188	129	49	239	20	27	3133
湖北	10	678	92	151	251	268	2	39	410	90	112	55	21	27	109	63	43	246	6	42	2083
湖南	15	973	284	187	350	321	21	45	652	263	142	128	56	57	284	185	54	240	22	31	4573
广东	18	1016	227	181	397	331	15	23	685	212	158	111	44	32	293	138	90	281	30	36	8612
广西	11	889	218	201	287	202	3	27	687	215	174	129	45	48	432	160	110	126	10	16	5153
海南	4	2563	70	362	1032	1256	35	295	1307	35	67	15	6	7	156	21	41	1136	8	19	9152
四川	15	1058	317	447	342	294	48	186	764	269	261	103	47	42	348	201	99	313	21	120	6322
贵州	10	564	176	92	255	53	3	9	511	173	83	73	26	25	174	132	37	264	15	21	3274
云南	12	575	199	135	225	157	5	16	418	194	119	76	34	36	260	148	71	82	12	12	3420
西藏	2	78	22	24	13	32			46	22	24	6	4	2	34	15	19	6	3	3	676
陕西	9	414	137	119	129	60	1	14	354	136	105	61	24	17	150	85	62	143	27	26	2330
甘肃	12	618	142	196	152	178	6	14	440	136	182	98	38	32	226	89	123	116	9	27	3398
青海	1	28	5	2	10	3			25	5	2	4	2	2	3	3		18			165
宁夏	3	834	71	114	443	681	11	70	153	60	44	29	9	11	86	45	13	38	6	20	8380
新疆	7	414	174	109	161	96	1	12	318	173	97	47	21	19	175	130	31	96	22	47	3552

（林业部科学技术司综合处）

1990年全国林业研究与开发机构人员、经费情况

隶属关系	机构数（个）	职工总人数（人）				其中：															经费总支出（千元）
						行政管理人员			从事科技活动人员			从事科技活动人员按工作性质分									
												科技管理人员			课题活动人员			科技服务人员			
		计	甲	乙	女性	计	甲	乙	计	甲	乙	计	甲	乙	计	甲	乙	计	甲	乙	
合计	257	22798	6395	4304	8259	8591	551	798	14207	5844	3506	2161	960	816	6550	4148	1628	5496	736	1062	162701
部属	17	4721	1467	564	1594	2678	219	185	2043	1248	379	270	141	93	1137	908	145	636	199	141	45691
省属	45	9590	2759	1802	3616	3826	234	463	5764	2525	1339	690	360	245	2620	1779	551	2454	386	543	64824
地（市）属	195	8487	2169	1938	3049	2087	98	150	6400	2071	1788	1201	459	478	2793	1461	932	2406	151	378	52186

（林业部科学技术司综合处）

1990年部属林业研究与开发机构人员、经费情况

机构名称	职工总人数（人）				其中：行政管理人员			从事科技活动人员			从事科技活动按工作性质分：科技管理人员			课题活动人员			科技服务人员			经费总支出（千元）
	计	甲	乙	女性	计	甲	乙	计	甲	乙	计	甲	乙	计	甲	乙	计	甲	乙	
合计	4721	1467	564	1594	2678	219	185	2043	1248	379	270	141	93	1137	908	145	636	199	141	45691
中国林业科学研究院林业研究所	425	237	71	167	5	10	1	420	227	70	35	13	13	251	208	28	134	6	29	8729
中国林业科学研究院木材工业研究所	262	180	44	101	47	32	3	215	148	41	15	12	3	148	111	22	52	25	16	2641
中国林业科学研究院科技情报研究所	142	86	23	67	142	86	23													1259
中国林业科学研究院资源信息研究所	74	52	14	25				74	52	14	10	6	3	54	46	8	10		3	1058
中国林业科学研究院分析中心	28	17	6	12			2	28	17	4	4	3	1				24	14	3	194
中国林业科学研究院林业经济研究所	54	34	6	27	12			42	34	6	8	3	5	24	24		10	7	1	457
中国林业科学研究院林产化学工业研究所	349	216	43	135	78	25	10	271	191	33	30	19	11	180	158	19	61	14	3	2962
中国林业科学研究院热带林业研究所	169	70	42	59	62	5	13	107	65	29	29	12	12	64	45	12	14	8	5	1086
中国林业科学研究院亚热带林业研究所	203	118	37	61	37	4	7	166	114	30	18	12	5	101	83	15	47	19	10	2059
中国林业科学研究院资源昆虫研究所	110	58	30	40	38	7	9	72	51	21	14	8	6	52	40	12	6	3	3	970
中国林业科学研究院江西大岗山实验局	1015	45	100	211	892	7	42	123	38	58	22	6	10	41	20	18	60	12	30	6383
中国林业科学研究院广西大青山实验局	1136	58	88	433	954	23	65	182	35	23	30	9	8	62	23	5	90	3	10	12780
中国林业科学研究院内蒙古磴口实验局	399	39	21	139	330			69	39	21	11	8	3	16	15	1	42	16	17	991
林业部北京林业机械研究所	40	35	4	17	1			39	35	4	5	3	2	25	25		9	7	2	785
林业部哈尔滨林业机械研究所	235	168	23	80	71	20	10	164	148	13	24	18	5	76	72	2	64	58	6	2582
林业部泡桐研究开发中心	57	43	5	13	4			53	43	5	8	6	2	32	30		13	7	3	314
林业部桉树研究开发中心	23	11	7	7	5			18	11	7	7	3	4	11	8	3				441

（林业部科学技术司综合处）

1990年各省（区）林业研究与开发机构人员、经费情况

省（区）名称	机构数（个）	职工总人数（人）				其中：行政管理人员			从事科技活动人员			从事科技活动按工作性质分：科技管理人员			课题活动人员			科技服务人员			经费总支出（千元）
		计	甲	乙	女性	计	甲	乙	计	甲	乙	计	甲	乙	计	甲	乙	计	甲	乙	
合计	240	18077	4928	3740	6665	5913	332	613	12164	4596	3127	1891	819	723	5413	3240	1483	4860	537	921	176492
河北	6	342	125	78	96	111	5	3	231	120	75	52	21	19	118	71	47	61	28	9	1596
山西	9	232	103	62	84	20	4		212	99	62	50	16	20	109	70	24	53	13	18	11376
内蒙古	13	1121	391	284	436	248	11	6	873	380	278	154	65	66	442	276	123	277	39	89	15834
辽宁	16	799	315	233	246	239	23	26	560	292	207	137	74	50	280	182	92	143	36	65	16241
吉林	6	468	218	132	152	122	6	37	346	212	95	67	39	24	199	142	53	80	31	18	3049
黑龙江	13	1031	441	258	344	288	24	35	743	417	223	138	76	58	426	300	114	179	41	51	11115
江苏	1	104	53	16	27	29	1	3	75	52	13	13	8	4	49	39	6	13	5	3	1016
浙江	6	251	121	59	88	62	3	7	189	118	52	20	10	8	133	97	28	36	11	16	4673
安徽	7	258	80	68	92	26		1	232	80	67	34	10	16	88	54	34	110	16	17	4697
福建	2	164	110	35	41		1		164	109	35	28	12	6	118	90	27	18	7	2	2336
江西	12	1426	329	188	570	798	44	30	628	285	158	113	60	39	335	189	82	180	36	37	2640
山东	10	385	188	86	116	86	14	10	299	174	76	56	30	20	171	129	35	72	15	21	10465
河南	9	641	183	115	224	112	12	2	529	171	113	79	28	31	190	129	44	260	14	38	2727
湖北	10	718	108	150	267	196	7	25	522	101	125	77	19	46	125	65	56	320	17	23	1690
湖南	15	1023	277	198	381	267	8	41	756	269	157	135	55	53	309	193	68	312	21	36	1680
广东	18	1002	226	182	383	334	37	30	668	189	152	120	45	39	265	127	71	283	17	42	2807
广西	11	883	276	151	293	162	39	11	721	237	140	101	42	32	420	165	88	200	30	20	5170
海南	4	2587	54	281	1139	1209	22	141	1378	32	140	21	5	9	209	20	69	1148	7	62	4664
四川	16	1122	389	429	393	254	13	73	868	376	356	123	57	50	369	278	75	376	41	231	2396
贵州	10	569	187	90	227	112	8	10	457	179	80	75	27	25	164	122	36	218	30	19	1400
云南	12	563	192	144	224	173	4	12	390	188	132	83	39	38	225	136	78	82	13	16	34968
西藏	2	60	24	13	14	5			55	24	13	7	4	1	33	20	12	15			1070
陕西	9	417	158	110	131	97	16	7	320	142	103	54	23	15	146	83	59	120	36	29	16596
甘肃	11	516	107	159	138	105	8	6	411	99	153	70	18	30	196	76	109	145	5	14	1738
青海	1	35	8	5	10	9	5	3	26	3	2	4		2	3	3		19			142
宁夏	3	906	77	120	376	744	10	83	162	67	37	31	13	9	84	51	13	47	3	15	270
新疆	8	454	188	94	173	105	7	11	349	181	83	49	23	13	207	133	40	93	25	30	14136

（林业部科学技术司综合处）

林业部直属单位林业科技期刊名录

序号	刊名	刊期	发行范围	主办单位	通讯地址	邮政编码	联系电话	刊号	负责人
1	林业科学研究	双月	公开	中国林业科学研究院	北京市海淀区万寿山后	100091	2582211—680	CN11—1221	刘于鹤
2	木材工业	季刊	公开	中国林业科学研究院	北京市海淀区万寿山后	100091	2582211—416	CN11—2726	王恺
3	国外林业文摘	双月	公开	中国林业科学研究院	北京市海淀区万寿山后	100091	2582211—721	CN11—2077	刘开玲
4	国外森林工业文摘	双月	公开	中国林业科学研究院	北京市海淀区万寿山后	100091	2582211—721	CN11—2079	郑玉华
5	中国林业文摘	双月	内部	中国林业科学研究院	北京市海淀区万寿山后	100091	2582211—721	CN11—2076/S	韩有钧
6	中国林业文摘(英文版)	季刊	公开	中国林业科学研究院	北京市海淀区万寿山后	100091	2582211—721	CN11—3011/S	施昆山
7	世界林业研究	季刊	公开	林业部科学技术委员会、林业部科技情报中心	北京市海淀区万寿山后	100091	2582211—721	CN11—2080	魏宝麟
8	林业科技通讯	月刊	公开	中国林业科学研究院	北京市海淀区万寿山后	100091	2582211—702	CN11—2078	张作芳
9	竹类文摘	半年	公开	中国林业科学研究院情报研究所竹类中心	北京市海淀区万寿山后	100091	2582211—702	CN11—2633	张作芳
10	竹类文摘(英文版)	半年	公开	中国林业科学研究院情报研究所竹类中心	北京市海淀区万寿山后	100091	2582211—702	CN11—2634	朱石麟
11	林业科学	双月	公开	中国林学会	北京市海淀区万寿山后	100091	2582211—820	CN11—1908	栾学纯
12	森林与人类	双月	公开	中国林学会	北京市海淀区万寿山后	100091	2582211—821	CN11—1234/S	王左军
13	林产工业	双月	公开	林业部林产工业设计院、中国林产工业协会	北京市朝内大街130号	100010	5135577—303	CN11—1874/S	诸葛俊鸿 宗子刚
14	林业资源管理	双月	公开	林业部资源和林政管理司、林业部调查规划设计院	北京市和平里林业部院内	100013	4229944—3533	CN11—2108	施斌祥
15	木材加工机械	季刊	公开	林业部北京林业机械研究所	北京市和平里七区25楼	100013	4215203	CN11—2680/S	朱宁武
16	北京林业大学学报	季刊	公开	北京林业大学	北京市海淀区肖庄	100083	2568811—574	CN11—1932	关玉秀
17	北京林业大学学报(英文版)	半年	公开	北京林业大学	北京市海淀区肖庄	100083	2568811—574	CN11—2968	沈国舫
18	林产化学与工业	季刊	公开	中国林学会林产化学化工学会、中国林业科学研究院林产化学工业研究所	南京市龙蟠路锁金北路25号	210037	645131	CN32—1149/S	贺近恪
19	林产化工通讯	双月	内部	中国林化科技情报中心、中国林业科学研究院林产化学工业研究所	南京市龙蟠路锁金北路25号	210037	645131	CN32—1328/S	张宗和
20	南京林业大学学报	季刊	公开	南京林业大学	南京市龙蟠路新庄	210037	505231—617	CN32—1161/S	姚家熹

（续）

序号	刊　　名	刊期	发行范围	主　办　单　位	通　讯　地　址	邮政编码	联系电话	刊　号	负责人
21	林业科技开发	季刊	公开	南京林业大学	南京市龙蟠路新庄	210037	505231—617	CN32—1160	姚家熹
22	室内设计与装修	季刊	公开	南京林业大学	南京市龙蟠路新庄	210037	505231—529	CN32—1197	姚家熹 吴滁荣
23	西北林学院学报	季刊	公开	西北林学院	陕西省杨陵镇车站	712100	712112	CN61—1202	范升才
24	西南林学院学报	半年	公开	西南林学院	昆明市温泉	650307	57240	CN53—1047	伍聚奎
25	中南林学院学报	半年	公开	中南林学院	湖南省株洲市田龙路	412006	31631—712	CN43—1116/S	李均如
26	经济林研究	半年	公开	全国林业院校经济林专业指导委员会、林业部造林经营司	湖南省株洲市田龙路	412006	31631—611	CN43—1117/S	何　方
27	中南林业调查规划	季刊	公开	林业部中南林业调查规划设计院	湖南省长沙市奎塘	410014	31311	CN43—1095/S	粟显才
28	东北林业大学学报	双月	公开	东北林业大学	哈尔滨市和兴路8号	150040	223443—695	CN23—1268/S	潘德禄
29	东北林业大学学报（英文版）	半年	公开	东北林业大学	哈尔滨市和兴路8号	150040	223443—695	CN23—1317	朱国玺
30	森林采运科学	季刊	内部	东北林业大学	哈尔滨市和兴路8号	150040	223443—511	CN23—1248/S	王忠行
31	木本植物研究	季刊	公开	东北林业大学	哈尔滨市和兴路8号	150040	223443—782	CN23—1245	聂绍荃
32	森林防火	季刊	内部	林业部森林防火办公室	哈尔滨市和兴路8号	150040	223443—872	CN23—1273	郑焕能
33	野生动物	双月	公开	林业部野生动物和森林植物保护司	哈尔滨市和兴路8号	150040	223443—763	CN23—1271	马建章
34	林业机械	双月	公开	林业部哈尔滨林业机械研究所	哈尔滨市学府路62号	150086	61136、61137	CN23—1242/S	李克尧
35	森林病虫通讯	季刊	公开	林业部森林病虫防治总站	沈阳市河北大街58号	110031	600330—251	CN23—1161	马驹如
36	桉树科技	季刊	内部	林业部桉树研究开发中心	广东省湛江市人民大道中30号	524022	380674	CN44—1266/S	祁述雄

注：1. 此表所列科技期刊均为正式期刊。

2. 此材料截止1992年2月底。

（林业部科学技术司综合处）

1991年林业部科技成果目录

编号	成　果　名　称	主要完成单位	编号	成　果　名　称	主要完成单位
91001	半干旱风沙草原区防护林体系综合效益研究	东北林业大学、中国科学院沈阳应用生态研究所	91004	沙棘油提取新工艺扩试	中国林业科学研究院林产化学工业研究所
91002	农田防护林优化及现有防护林更新改造的研究	东北林业大学	91005	木质压缩成型燃料技术设备的引进和开发	中国林业科学研究院林产化学工业研究所
91003	半干旱风沙草原区造林立地类型划分评价及适地适树研究	东北林业大学	91006	林业机械系统的研究	北京林业大学

（续）

编号	成果名称	主要完成单位	编号	成果名称	主要完成单位
91007	国外松褐斑病防治技术研究	南京林业大学	91029	赤(油)松毛虫综合管理技术研究	北京林业大学
91008	BJL5、BJL4 消防泵的研制	北京林业大学、泰州林业机械厂	91030	太行山花岗片麻岩低山丘陵区造林绿化技术	河北省林业科学研究所
91009	林木菌根及应用技术	中国林业科学研究院林业研究所	91031	太行山石灰岩低山丘陵区抗旱造林及经济林营造技术	河南省林业科学研究所
91010	ROE 液态松香酯树脂的研制及其应用	广东省林业科学研究所	91032	油松种实害虫防治技术	陕西省林业科学研究所
91011	农田防护林永续利用与更新方式	中国科学院沈阳应用生态研究所	91033	固化单宁的制备及其应用性能研究	四川省林业科学研究院
91012	宁夏西吉黄家二岔小流域综合治理试验示范区研究	北京林业大学	91034	植物单宁组分、结构测定与应用研究	四川省林业科学研究院
91013	便携式风力灭火机系列产品的研制(MAH37 多用灭火机)	泰州林业机械厂	91035	两种抗生细菌应用技术研究	贵州省林业科学研究所
91014	便携式风力灭火机系列产品的研制(1E56FL 汽油机)	泰州林业机械厂	91036	板栗良种选育研究	山东省果树研究所
91015	落叶松种实害虫防治技术研究	林业部森林植物检疫防治所	91037	板栗早实丰产技术研究	山东省果树研究所
91016	红松、樟子松、落叶松速生丰产技术的研究	黑龙江省林业科学研究所	91038	红松、樟子松、落叶松中幼龄林抚育间伐技术研究	辽宁省森林经营研究所、固沙造林研究所
91017	用材林基地立地分类、评价及适地适树的研究	中国林业科学研究院林业研究所等	91039	乌江流域典型县合理农林结构林种结构与配置技术	贵州农学院
91018	小径间伐材干接工艺的研究	黑龙江省林产工业研究所	91040	乌江流域水源林水保林布局结构	贵州农学院
91019	80 克/米轻型装饰纸新产品生产性试验研究	南京林业大学、山东潍坊造纸总厂	91041	乌江流域水源林水保林立地分类评价技术	贵州农学院
91020	美洲黑杨新无性系 NL-80303 和 NL-80351 的选育	南京林业大学	91042	乌江流域低效林分及其改造技术	贵州省林业勘察设计院、林业科学研究所
91021	阻燃刨花板工艺试验研究	中国林业科学研究院木材工业研究所	91043	石膏刨花板工艺技术	中国林业科学研究院木材工业研究所
91022	杉木速生丰产林优化密度控制技术	中国林业科学研究院林业研究所	91044	中国林业发展道路	中国林业科学研究院林业经济研究所
91023	YGJ-4 型移动式轻型钢架杆集材机的研究	黑龙江省木材采运研究所	91045	林木抗旱性生理指标及其在干旱造林中应用的研究	内蒙古林学院
91024	低效林分及其改造技术研究	四川农业大学	91046	扬子鳄生殖生物学的研究	安徽省扬子鳄繁殖研究中心
91025	太行山立地类型分类、评价及适地适树	中国林业科学研究院林业研究所	91047	薄木贴面改性乳胶的研制	中国林业科学研究院木材工业研究所
91026	祁连山水源涵养林效益研究	甘肃省张掖祁连山水源林研究所	91048	林上择、间伐索道及索网式缆索起重机	中南林学院
91027	辽宁盘锦湿地鸟类区系调查及综合利用研究	辽宁省鸟类研究中心	91049	红松天然优良林分改建母树林和促进结实技术	黑龙江省林业科学研究所
91028	银杉、天目铁木、普陀鹅耳枥的保存与繁殖技术的研究	湖南省林业科学研究所	91050	樟子松天然优良林分改建母树林和促进结实技术	黑龙江省林业科学研究所

（续）

编号	成 果 名 称	主要完成单位	编号	成 果 名 称	主要完成单位
91051	落叶松天然优良林分改建母树林和促进结实技术	黑龙江省林业科学研究所	91064	核桃早实丰产优化技术系列	中国林业科学研究院林业研究所
91052	云南松天然优良林分改建母树林和促进结实技术	云南林业科学研究院、西南林学院	91065	水曲柳、黄波罗、胡桃楸、紫椴人工林营造技术研究	东北林业大学
91053	中长期科学技术发展纲要	中国林业科学研究院	91066	东北林区林木鼠害生态控制技术	黑龙江省带岭林业科学研究所
91054	大鸨种群现状及人工饲养技术的研究	黑龙江省野生动物研究所	91067	毛乌素沙地立地分类评价和适地适树的研究	中国林业科学研究院林业研究所
91055	东北地区东北白鹳的种群现状及人工繁育的研究	黑龙江省野生动物研究所	91068	防风固沙林体系优化模式的选定与试验示范区的建设	中国林业科学研究院林业研究所
91056	樟子松种实害虫防治技术	东北林业大学	91069	盐渍化沙地适生树种选择及抗逆性造林试验	中国林业科学研究院林业研究所
91057	杨干象综合防治技术	东北林业大学	91070	“三北”地区主要野生灌木资源综合利用的研究	中国林业科学研究院林业研究所
91058	杨树烂皮病综合防治技术	东北林业大学	91071	国内外茶花品种收集及其利用方法研究	中国林业科学研究院亚热带林业研究所
91059	马尾松与几种梼树混交林的研究	广西壮族自治区林业科学研究所	91072	杨树叶生产蛋白饲料工艺技术和应用研究	南京林业大学
91060	松栎混交林研究	安徽农学院	91073	国产油锯振动模态分析及其应用	林业部哈尔滨林业机械研究所
91061	杉木柳杉混交林营造技术研究	福建省林业科学研究所	91074	森林防火地面喷洒设备的研究	黑龙江省森林保护研究所
91062	改造利用野生倍林提高角倍产量技术	中国林业科学研究院资源昆虫研究所	91075	3WG-400 型拖拉机悬挂式风送高射程喷雾机	中国林业科学研究院木材工业研究所
91063	孟加拉国紫胶虫与泰国紫胶虫区域性试验研究	中国林业科学研究院资源昆虫研究所			

（林业部科学技术司计划处）

1991 年林业部推广 100 项科技成果项目

序号	项 目 名 称	成果主要完成单位	序号	项 目 名 称	成果主要完成单位
一	林木良种及丰产栽培技术		1	鲁毛 73009 毛白杨优良无性系	山东省林业技术推广站（技术依托单位）
（一）	优良种源		2	皖 1、皖 2 等 8 个刺槐优良无性系	安徽省林业科学研究所
1	华山松优良种源	中国林业科学研究院	3	杞柳良种及加工技术	江苏省林业科学研究所、湖北省潜江市林业局
2	长白落叶松优良种源	东北林业大学	4	油茶无性系早实丰产技术	中国林业科学研究院
3	樟子松优良种源	东北林业大学	（三）	优良品种	
4	马尾松优良种源及速生丰产综合技术	中国林业科学研究院、贵州农学院	1	尾叶桉等桉树良种及速生丰产技术	林业部桉树研究开发中心
（二）	优良无性系		2	中林 28 等 11 个杨树新品种	中国林业科学研究院

（续）

序号	项 目 名 称	成果主要完成单位	序号	项 目 名 称	成果主要完成单位
3	55号、2KEN8号、74号等杨树良种及丰产栽培技术	中国林业科学研究院、安徽省林业科学研究所	（九）	容器苗栽植机	哈尔滨林业机械研究所
4	文县杨良种	甘肃农业大学林学院、甘肃文县科学技术委员会	三	工程造林技术	
5	长序榆等珍稀优良树种	南京林业大学	（一）	农田防护林	
6	楸树8611等5个优良品种	安徽省林业科学研究所	1	农田防护林永续利用与更新方式	中国科学院沈阳应用生态研究所
7	1、2、9、18号巴旦杏良种	新疆维吾尔自治区林业技术推广站（技术依托单位）	2	农田防护林优化及现有防护林更新改造技术	东北林业大学
（四）	林木速生丰产栽培技术		3	优化水田林网营造技术	吉林省梨树县林业科学研究所
1	红松、樟子松、落叶松速生丰产栽培技术	黑龙江省林业科学研究所	4	水田防护林网营造技术	江西省丰城市林业局
2	兴安落叶松人工林群落合理结构配置丰产技术	东北林业大学	（二）	“三北”防护林	
3	南方型杨树速生丰产栽培技术	南京林业大学	1	荒漠胡杨林、梭梭林更新复壮技术及沙化土地封沙育苗技术	新疆林业科学研究院、内蒙古林学院
4	用材林基地立地分类、评价及适地适树技术	中国林业科学研究院	2	沙地经济林高效开发技术	中国科学院兰州沙漠研究所
5	枣树早实丰产技术	中国林业科学研究院、河北农业大学、河南省林业科学研究所	3	干旱黄土丘陵区抗旱造林技术	甘肃省干旱造林研究中心
6	板栗高产模式栽培技术	山东省临沂地区费县科学技术委员会	（三）	太行山绿化工程造林技术	
二	容器苗、组培苗、无性系苗等育苗新技术		1	太行山石质山地两次整地技术	河北省林业科学研究所
（一）	蜂窝状筒式育苗纸容器	广西壮族自治区林业科学研究所	2	太行山低山丘陵地区林草结合种植技术	河北省林业科学研究所
（二）	桉树组培苗技术	广西壮族自治区林业科学研究所、钦州地区林业科学研究所	3	石灰岩中山区塑料袋纸容器苗造林技术	山西省林业科学研究所
（三）	全光喷雾扦插育苗技术	中国林业科学研究院（技术依托单位）	4	山地造林爆破整地技术	河北林学院
（四）	楸树育苗技术	河南省林业科学研究所	5	太行山花岗片麻岩低山丘陵区综合造林技术	河北省林业科学研究所
（五）	圆铃大枣绿枝扦插技术	北京林业大学	四	病虫害防治及防火技术	
（六）	沙棘扦插育苗技术	北京林业大学	（一）	病虫害防治技术	
（七）	容器育苗塑料大棚成套设备	中国科学院石家庄农业现代化研究所	1	2—3代类型区马尾松毛虫综合管理技术	中国林业科学研究院
（八）	容器苗集装化运输成套设备	哈尔滨林业机械研究所	2	3—4代类型区马尾松毛虫综合防治技术	广西林业科学研究所

（续）

序号	项目名称	成果主要完成单位	序号	项目名称	成果主要完成单位
3	封山育林控制松毛虫虫灾技术	湖南省林业科学研究所	五	高新技术在林业上的应用	
4	合理使用化学杀虫剂防治松毛虫技术	北京林业大学	（一）	森林资源信息处理自动化系统	中南林学院
5	赤松毛虫预测、经济臧值及防治决策方法	河北省森林病虫害防治检疫站	（二）	直接用卫星资料进行森林面积估测	中国林业科学研究院
6	载体半固体砖式开放培养白僵菌纯孢子粉工业化生产工艺	福建省林业科学研究所	（三）	微机远程通讯系统	中国林业科学研究院
7	黄斑星天牛预测预报及综合防治技术	西北林学院	（四）	微机在贮木场管理中的应用	中国林业科学研究院
8	栽植隔离带和诱饵树提高杨树林分自然控制能力防治光肩星天牛技术	安徽省林业科学研究所、河南省林业科学研究所	（五）	森林采伐调查设计软件	中国林业科学研究院
9	灭幼脲防治杨树天牛等害虫技术	安徽省林业科学研究所	（六）	稀土在林业上的应用技术	中国林业科学研究院、黑龙江省防护林研究所
10	泰山1号线虫防治天牛技术	安徽省林业科学研究所	（七）	林木菌根及应用技术	中国林业科学研究院
11	落叶松枯梢病防治技术	黑龙江省森林保护研究所	（八）	棒状被膜长效树肥	北京市园林研究所
12	国外松褐斑病防治技术	南京林业大学	六	其它	
13	国外松种实害虫防治技术	广东省林业科学研究所	（一）	林副特产综合利用技术	
14	林木种实害虫检疫技术	林业部森林病虫害防治总站	1	食用竹笋全年供应技术	浙江省永嘉县林业局
15	杨苗检疫技术	林业部森林病虫害防治总站	2	美味菇9号新菌种	吉林林学院
16	木材检疫检验及处理技术	林业部森林病虫害防治总站	3	桦树液开发利用技术	黑龙江省带岭林业科学研究所
17	滁县地区综合防治松毛虫技术	安徽省森林病虫害防治检疫总站	4	山野菜软罐头生产技术	黑龙江省林副特产研究所
（二）	防火技术及设备		5	林果魔芋立体经营技术	陕西省林业科学研究所
1	82-3森林灭火剂	东北航空护林局	（二）	木材综合利用技术	
2	化学除莠开设森林防火道及造林地清理技术	福建省森林防火办公室、福建省顺昌县曲村采育场	1	炉气间接加热高效干燥木材技术	南京林业大学
3	便携式森林火险自动报警器	黑龙江省森林保护研究所	2	高效节能刨花干燥机及其供热系统	南京林业大学
4	余火探测仪	黑龙江省森林保护研究所	3	LK-1型微机木材干燥过程控制系统	中国林业科学研究院
5	便携式六马力高效风力灭火机	泰州林业机械厂	4	RCG-15型热泵除湿干燥机	北京林业大学
6	CHP-1型灭火手泵	黑龙江省森林保护研究所	5	轻型装饰纸的开发利用	南京林业大学

（续）

序号	项 目 名 称	成果主要完成单位	序号	项 目 名 称	成果主要完成单位
6	湿强剂 PAE-LT 的开发利用	南京林业大学	4	合成革用增粘剂（木浆纤维素粉）开发技术	中国林业科学研究院
7	带锯跑车可控硅无极调速系统	吉林林学院	5	松香增塑剂生产技术	中国林业科学研究院
8	饰面竹基材混凝土模板生产技术	中南林学院	（四）	林业机械产品	
9	可拆装式木质拼花地板生产技术	四川成都市木材综合工厂	1	林木种子介电式精选机	辽中县林业机械厂
（三）	林化产品加工技术		2	1G3CL-110 型旋耕作床机等苗圃机具	黑龙江省牡丹江林业管理局林业科学研究所
1	02#板栗涂料的应用技术	中国林业科学研究院	3	1GYB-800 型林木种子自动裹衣机及裹衣配方与工艺	南京林业大学
2	角倍人工培养技术	中国林业科学研究院、湖北省林业科学研究所	4	手提式挖坑机	北京林业大学
3	利用松节油合成新型香料技术	广东省国营阳江林场			

（林业部科学技术司成果推广处）

1991年林业部科技推广重点项目

序号	项 目 名 称	开发推广内容及主要指标	社会经济效益	主持部门	起止年限	推广经费（万元）
一	杨树良种及丰产栽培技术推广					
1	55 号、2KEN8 号、74 号、NE222 号杨树良种推广	在安徽省东至县胜利乡营造 55 号和 2KEN8 号杨树丰产示范林 700 亩，在淮北市任圩镇营造 74 号和 NE222 号杨树丰产示范林 300 亩，并在两地辐射推广 8000 亩。要求丰产示范林到 10 年主伐时，亩产木材 12 立方米	产木材 1.2 万立方米，产值 300 万元	安徽省林业厅科技中心、中国林业科学研究院林业研究所	1991—2000	11(6)
2	中汉 17 号等杨树优良无性系推广	在洞庭湖区华容、益阳推广中汉 17、22、578、592 杨树优良无性系和杨树丰产林栽培技术，采取宽行窄株，切根深栽等方法，营造丰产示范林 1000 亩，10 年主伐时达到或超过 12 立方米/亩	产木材 1.2 万立方米，产值 420 万元	湖南省林业厅	1991—2001	20(6)
3	中嘉 2 号等 12 个杨树新品系推广	在湖北省蕲春推广中嘉 2 号等 12 个杨树新品系，建丰产示范林 300 亩，通过采用农林间作、加强抚育管理、防治病虫害等集约技术措施，促进杨树丰产，10 年主伐时每亩活立木蓄积达 15 立方米	产商品材 2700 立方米，产值 81 万元	湖北省林业厅林业科技推广中心	1991—2001	4(2)
4	陕林 3、4 号杨新品种推广	在陕西省蒲城、潼关的洛河、黄河沿岸，采用陕林 3、4 号杨树新品种及丰产栽培技术，营造速生丰产示范林 1000 亩，10 年主伐时每亩活立木蓄积量达 10 立方米	产材 7000 立方米，产值 210 万元	陕西省林业厅	1991—2000	13(9)

（续）

序号	项目名称	开发推广内容及主要指标	社会经济效益	主持部门	起止年限	推广经费（万元）
5	杨树新品种文县杨推广	在甘肃省文县推广1700亩、17万株文县杨，15年后单株立木材积达1立方米	10年后抚育间伐，可解决群众用材和燃料问题。15年后主伐，可提供商品材4.7万立方米，产值476万元	甘肃省林业厅技术推广总站	1991—1995	10(5)
6	毛白杨杂交种741杨繁育技术推广	在河北推广毛白杨杂交种741杨，采用嫩枝扦插技术育苗400亩，每亩产合格苗1500株，采用丰产栽培技术营造丰产示范林3万亩，20年后主伐，亩产木材17立方米	育苗收入32万元。20年主伐时产木材51万立方米，产值1.02亿元	河北省林业厅	1992—1997	13(8)
7	毛白杨38、39、9803、001号优良无性系推广	在山西省永济、曲沃县国营苗圃和林场，推广该优良无性系多圃系列育苗技术，建2亩采穗圃，共育苗100亩，营造丰产林600亩，新建和更新农田林网4万亩，栽植20万株。多圃系列育苗，亩产合格苗2000株。丰产示范林栽植后10年，单株材积0.35立方米，总蓄积7万立方米	项目完成后，育合格苗20万株，产值20万元；栽植20万株，10年后总蓄积7万立方米，产木材4.9万立方米，产值1020万元。通过示范推广，可使晋中、南地区普及毛白杨多圃系列育苗技术和造林技术	山西林业厅林业技术推广站	1992—1996	10(5)
8	毛白杨39等4个无性系推广	在天津市武清县、蓟县、宝坻县推广毛白杨39、90、9803、001号4个无性系，到1993年底建良种采穗圃30亩，利用嫁接、埋条等繁殖方法繁育苗木300万—350万株(育苗面积1700亩)	育良种苗300万—350万株，经济效益750万元，可造林8万亩(平均每亩按41株计)。8—10年平均材积增益按22—30%计，可增加材积7.76万—10.64万立方米，折合经济效益1552万—2126万元	天津市农林局、中国林业科学研究院	1991—1993	66.1(6)
二	杉木优良无性繁殖技术推广	(一)在江西省宜黄县林场推广该技术。营建杉木优良无性系采穗圃5亩，繁殖圃5亩，示范林1000亩	1000亩示范林一个轮伐期后，可产木材2100立方米，产值84万元，利税25.2万元	江西省林业厅	1991—1995	16(8)
		(二)以福建省优良种源为繁殖材料，选择适生区，利用4年时间，建采穗圃5亩，繁殖圃20亩，示范林2000亩，到1995年示范林保存率达95%，每亩生长量达1.4立方米	2000亩示范林到2001年总蓄积量达24000立方米，比一般杉木材增加立木材积6000立方米，折合木材4200立方米，产值168万元，利税50.4万元	福建省林业厅林业科技推广中心	1991—1995	48.2(7)

（续）

序号	项目名称	开发推广内容及主要指标	社会经济效益	主持部门	起止年限	推广经费（万元）
三	巨尾桉等无性系及其丰产技术推广	在广东省高要、电白、遂溪县共营造1000亩桉树无性系高产示范林，其中：巨尾桉700亩，尾叶桉、刚果12桉各150亩。采用丰产栽培技术，使其6年轮伐，平均每亩生长量达3立方米	6年后亩产木材12立方米，可加工木片7.4吨。1000亩示范林共产木材1.2万立方米，产值446万元，税利308万元，木片出口创汇83万美元	广东省林业厅、林业部桉树研究开发中心	1991—1998	30（10）
四	桐选二号泡桐优良无性系推广	（一）在河南省鹿邑、商丘营造5米×40米农桐间作林8000亩；植树26490株；在商丘县国营林场营造丰产林500亩，植树6600株。10年生桐选二号泡桐每株比兰考泡桐增加材积0.2立方米	产木材23100立方米，产值924万元。较兰考泡桐增收木材6618立方米，增值约265万元。由于该无性系优质速生，耐瘠薄，抗丛枝病，可以较早地发挥其防护效益	林业部泡桐研究开发中心、河南省林业技术推广站	1991—2001	21（11）
		（二）采用种根营养杯温床催芽育苗技术，在临汾市翼城县国营苗圃繁育桐选二号合格苗300亩，每亩产苗木450株。造丰产示范林400亩，6000株；桐粮间作和农桐林网4万亩，16万株。10年后丰产示范林每亩材积8立方米，农桐间作林每亩材积2立方米	3年苗木总产值30万元。10年生示范林和农桐间作林总蓄积8.32万立方米，产木材5.82万立方米，产值2600万元。通过重点示范推广，可提高农田林网质量，促进平原绿化建设	山西省林业厅林业技术推广站	1992—1996	10（5）
五	马尾松良种及丰产栽培技术推广	采用广西古蓬松、桐棉松及贵州都匀等优良种源，选择适宜立地类型，适时幼林抚育和密度调控等丰产栽培技术措施，保持林分不同生长期相适应的合理群体结构。在贵州省台江县营造示范林800亩，5年生林分平均生长高3米以上，胸径3.4厘米以上；20年生林分平均生长量0.70米^3/年·亩	20年后，示范林每亩可产材9.8立方米，800亩产材7840立方米，产值156万元	贵州省林业厅	1991—1997	10（5）
六	刺槐8048等6个优良无性系推广	（一）采用刺槐8048等6个优良无性系及丰产栽培技术，在河南省三门峡市营造丰产示范林1200亩，株行距2米×3米，每亩111株。计15年轮伐，平均每亩可产材10立方米	产木材12000立方米，产值达360万元。与一般刺槐林每亩材积相比，提高经济效益45%。	河南省林业厅技术推广站	1991—2006	15（5）
		（二）采用刺槐8048等6个刺槐优良无性系，在北京大东流苗圃育苗50亩，造林100亩。15年主伐时，每亩蓄积10立方米，产材5.5立方米	产合格苗6万株，产值6万元；产材550立方米，产值16.5万元	北京市林业局	1991—2000	7.2（3）

（续）

序号	项 目 名 称	开发推广内容及主要指标	社会经济效益	主持部门	起止年限	推广经费（万元）
七	柳树良种及丰产栽培技术					
1	垂爆109柳丰产栽培技术	采用垂爆109柳及丰产技术，在营口市、辽阳市建丰产示范林各500亩，15年后采伐，每亩年均产木材0.6立方米，产薪材180公斤	产木材9000立方米，产薪柴280万公斤，总产值239万元	辽宁省林业技术推广站	1991—2006	15（5）
2	杞柳良种栽培及加工技术	引进杞柳良种，在北京林业管理干部学院廊坊实验林场建示范林20亩。栽植2年后，要求每亩产干白条400—500公斤	栽植2年后可收入2.4万—3万元，同时可带动该地区扩大栽植5000亩，产值可达300万—375万元。柳条加工后，产值可达600万—750万元	北京林业管理干部学院	1991—1993	2.5（2.5）
3	红皮柳9—4等柳树良种推广	采用红皮柳及其丰产栽培技术，在山东省博兴县营建丰产示范林250亩，并设柳编工艺品收购点一处，形成生产、加工、销售"一条龙"生产线。要求2年后亩产干白条400—500公斤，比老品种增产36.1—53.2%，亩收入达800—1000元	年产干白条20万—25万公斤，产值20万—25万元，加工后增值40万—50万元	山东省林业厅	1991—1995	15（5）
八	板栗良种及丰产栽培技术					
1	板栗良种处署红推广	采用处署红板栗良种，对实生栗树进行高接换头改造，共在锦西市绥中县、辽阳市辽阳县造1000亩，通过嫁接株成活率达100%，改造后第三年结果率达90%，亩产栗子75公斤，第五年产100公斤	嫁接后第五年亩产栗子100公斤，是嫁接前的21倍。5年后产栗子10万公斤，产值40万元，加工后每吨可创汇2000美元	辽宁省林业技术推广站	1991—1995	10（5）
2	板栗良种燕山奎等及丰产栽培技术	在北京市昌平县黑山寨乡用普通板栗苗与板栗良种燕山红、燕吕栗及河北省的燕山奎、燕山早丰等嫁接，结合丰产栽培技术，共建板栗丰产园200亩。改接后第二年见果，第三年亩产25公斤，第四年75公斤。5年内总产1.7万公斤	到1995年累计产果1.7万公斤，产值8万元。到1999年进入盛果期，年产栗果达3万公斤，产值13.8万元	北京市林业局	1991—1995	11（5）
3	板栗优良品种红毛早等及丰产栽培技术推广	在湖北红安县推广红毛早、青毛早、桂花香、羊毛栗等良种，营造示范园200亩。采用集约经营管理及降低空苞率、增雌减雄、防治栗实象等综合丰产技术，建园后第三年亩产达50公斤、第六年达125公斤、第八年达300—500公斤，年总产6万—10万公斤	示范园1993年建成后，第三年开始受益，到第十年累计产栗29万公斤，产值87万元	湖北省林业厅科技推广中心	1991—1998	10（5）

（续）

序号	项目名称	开发推广内容及主要指标	社会经济效益	主持部门	起止年限	推广经费（万元）
九	食用竹笋全年供应技术推广	在浙江省永嘉县四海林场，沙头、罗浮和永林等地营造食用竹笋全年供应丰产示范林1000亩。将不同出笋时期的优良散生竹和丛生竹种雷竹、角竹、毛竹、绿竹、吊丝单进行合理搭配，采取相应的栽培技术，达到一年四季都有新鲜竹笋上市	1997年示范林建成后，每年可提供鲜竹笋18.5万公斤，产值43万元。该项目建成后将为浙南及其他相类似地区的"菜篮子"工程建设提供示范和技术指导	浙江省林业厅	1992—1997	15（5）
十	五倍子丰产栽培技术推广	在云南省水富县采取营造优良寄主树、藓圃植藓养蚜、挂放性蚜、保证冬夏寄主，使其信蚜不断繁衍等五倍子丰产措施，营建示范园3000亩。1994年亩产角倍10—30公斤，比原产量提高2—3倍。待计划全面完成后，亩产可达30—45公斤	项目实施3年后年产角倍1万—3万公斤，产值达130万元；5年后产值可达270万元	云南省林业厅中国林业科学研究院资源昆虫研究所	1991—1995	16（6）
十一	金沙江干热河谷树种选择及造林技术推广	在四川省宁南县金沙江干热河谷营造示范林2000亩。其中：新银合欢1300亩、山毛豆600亩、赤桉100亩。新银合欢、赤桉采用大穴整地，容器育苗，植苗造林；山毛豆采用水平阶整地和直播造林。并采用抚育、施肥等集约经营技术措施，促进林木生长。新银合欢、赤桉年高生长达1米、胸径1厘米，山毛豆3年郁闭	示范林郁闭后，可降低水土流失70%，显著提高土壤肥力，并为社会提供急需的中、小径材和部分薪材。各种树种纯经济效益为：新银合欢60元/亩·年，赤桉70元/亩·年，山毛豆60元/亩·年，推广期内总经济效益为260万元	四川省林业厅	1991—1997	16（8）
十二	低质低产林改造技术推广	在吉林省延边朝鲜族自治州、通化市、浑江市、吉林市和省（州）属森工企业采用更新树种、补植造林，伐造结合等科学经营管理方法，对灌丛、疏林地、多代萌生、受灾害、非目的树种等低质低产林分进行多类型技术改造，面积20万公顷。改造后20年生新林蓄积量为每公顷135立方米，是改造前9倍。改造当年成活率为85%，三年保存率为90%	20万公顷低质低产林改造后，20年新林蓄积量达2700万立方米，比未改造林增加蓄积2400万立方米	吉林省林业厅	1991—2010	100（8）

（续）

序号	项　目　名　称	开发推广内容及主要指标	社会经济效益	主持部门	起止年限	推广经费（万元）
十三	长序榆良种的推广	1992—1994年在福建省来舟林业试验场培育出长序榆优良无性系苗50万株。1995—1997年在来舟和邵武四都林场各营造长序榆杉木混交林100亩，共200亩。技术指标为：3年生幼苗每亩240株，榆杉混交比例为1∶1，平均高2—3米，胸径3—4厘米。预计10年生每亩保留120株，平均高5—8米，胸径7—10厘米	10年生榆杉混交林每亩产值1800元，总产值36万元，20年生将增值120万元	福建省林业厅	1992—1997	6（3）
十四	河套苹果梨丰产栽培技术推广	推广河套苹果梨，采取大坑整地、综合施肥、矮化密植，多头高位嫁接，按株管理、以耕代抚等技术措施，在内蒙古抗锦后旗、临河市、乌拉特前旗、五原县建立河套苹果梨丰产示范园800亩。要求造林保存率达95%以上，造林后第七年进入初果期，亩产量达到200公斤，15年后进入盛果期亩产量达到1500公斤	进入盛果期后年产量120万公斤，产值120万元。通过示范园的技术扩散，使河套地区20万亩苹果梨由目前亩产不足100公斤，提高到300公斤，年平均增产4000万公斤，年增产值4000万元	内蒙古自治区林业局	1991—1998	15（5）
十五	巴旦杏良种繁育及果粮间作技术推广	采用巴旦杏1、2、9、18四个优良品种，在喀什地区沙车县建立采穗圃10亩，混农示范样板1000亩。5年后进入盛果初期，单株干果量为2公斤	混农1000亩，定植1.6万株，5年后产干果3.2万公斤，产值为32万元	新疆维吾尔自治区林业厅	1991—1995	25（5）
十六	稀土在林木上的应用	在兴安落叶松、长白落叶松、樟子松、红松、杨树、水曲柳等主要造林树种上施用稀土，浸种可提高发芽率5—9.5%、提高发芽势10—14%，发芽速快1.43天。落叶松幼苗施用稀土提高苗高18.1%，地径增粗9.9%，根容量增大13.3—29.8%，产苗量平均提高14.8%，成苗率平均提高5.4%，每亩可增产苗木17100株	小粒种子浸种每亩可节约种子0.45公斤，提高产量，平均每亩可以多创产值60—200元	黑龙江省林业厅技术推广站	1991—1993	15.2（5）

注：推广经费括号内数字为国家投资，其余为地方投资。　　（林业部科学技术司成果推广处）

1991年度林业部科学技术进步奖获奖项目

一等奖10项

项目名称	主要完成单位	主要完成人	申报部门
中林46等12个杨树新品种杂交良种研究	中国林业科学研究院林业研究所 河北省保定地区林业科学研究所 河南省林业科学研究所 湖北省林业厅 安徽省林业科学研究所 湖南汉寿林业科学研究所 黑龙江省牡丹江林管局 山东省林业科学研究所 山西省林业科学研究所 内蒙古自治区赤峰林业科学研究所	黄东森 朱湘渝 王瑞玲 向玉英 梁彦 倪鸿玉 安学惠 王治全 霍璞 肖华方 彭自主 于光明 孟昭和 贺贤林 鹿学程	中国林业科学研究院
加勒比松、马占相思等8个树种的引种研究	中国林业科学研究院林业研究所 林业部林木种苗管理总站 中国林业科学研究院亚热带林业研究所 中国林业科学研究院热带林业研究所 江苏省林业科学研究所 四川省林业科学研究院 云南省林业科学研究院 广东省林业科学研究所 辽宁省林业科学研究院 吉林省林业科学研究院	潘志刚 游应天 刘昭息 傅紫芰 张谨扬 徐广田 杨民权 汪企明 张立功 时英 孙光新 李昌明 来家学 阎洪 吕鹏信	中国林业科学研究院
长白落叶松种源试验研究	东北林业大学 帽儿山实验林场 凉水实验林场 辽宁省森林经营研究所 龙江县错海林场 大兴安岭林业科学研究所 海林林业局石河实验林场 东方红林业局 林口林业局 抚顺市林业局	张培杲 杨书文 杨传平 夏德安 王会仁 张维 庞志慧 赵文 刘新田 刘国刚 陈如明 孙国文 胡尔贤 亓连肇 王大名	东北林业大学
黄淮海平原中低产地区综合防护林体系配套技术及生态经济效益研究	中国林业科学研究院林业研究所 安徽省林业科学研究所 河北省林业科学研究所 山东省林业科学研究所 北京农业大学 中国气象科学研究院 山东省德州地区林业局 河南农业大学	宋兆民 崔连山 孟平 王广钦 刘德胜 刘亚民 龚洪柱 朱惠民 陆光明 高素华 翟书德 王孟卓 樊魏 贝军 马玉贞	中国林业科学研究院
杉木人工林生态系统结构、功能及生物生产力的研究	中南林学院	潘维俦 田大伦 康文星 文仕知 谌小勇 雷志星 盛利元 韦先明 朱小年 高跃明 蔡宝玉 廖家翔 张昌剑 周国逸 赵坤	中南林学院
马尾松用材林速生丰产适用技术体系的研究	贵州农学院林学系 广西派阳山林场 福建省明溪县林委 华中农业大学林学系 湖南省林业科学研究所 江西农业大学林学系 河南省信阳地区林业科学研究所 贵州省龙里林场 贵州麻江县林业局 贵州台江县林业局	周政贤 杨世逸 朱守谦 张明 徐英宝 简根源 余能健 曾传骏 高方彬 许军 韦元荣 高智慧 梁瑞龙 丁贵杰 谢双喜	贵州省林业厅

项目名称	主要完成单位	主要完成人	申报部门
大范围绿化工程对荒漠环境质量作用的研究	中国林业科学研究院林业研究所　中国林业科学研究院内　蒙古磴口沙漠林业实验中心	高尚武　程致力　郭利选　王志刚　纪广斌　王玉魁　王庆国　党景中　贾玉奎	中国林业科学研究院
东北平原农田林网区遥感调查研究	林业部调查规划设计院　中国科学院沈阳应用生态研究所　中国科学院长春地理研究所　东北师范大学地理系　吉林省林业勘察设计院　黑龙江省农科院遥感中心　黑龙江省林业勘察设计院　辽宁省铁岭师专生物系	蔡登遴　常兴武　周卫东　刘兴汉　周占鳌　谭征祥　徐文铎　曹旭峰　王志臣　张养贞　赵广德　张秀茵　刘振国　孙业聚　孙淑芬	林业部调查规划设计院
华北石质山风沙防护林区遥感综合调查研究	中国林业科学研究院资源信息研究所　北京农业大学畜牧系　北京大学分校城市与环境科学系　中国科学院植物研究所　河北农业科学研究院土肥研究所　北京大学地理系　河北省测绘局	赵宪文　刘富渊　张妙弟　王绍庆　高广惠　张玉贵　虞献平　吴月照　包盈智　李继泉　刘典圭　张德宏　刘　闽　李增元　鞠洪波	中国林业科学研究院
可靠度理论在林区公路桥梁设计中的应用研究	黑龙江省林业设计研究院	潘思远　房兴太　齐宏图　周沪生　徐日昶　徐光治　陈福昌　高连金　郭洪瑞　赵桂琴　吴月涛　李文芳　王道雄　齐怀恩　于建亚	黑龙江省森林工业总局

二等奖 24 项

项目名称	主要完成单位	主要完成人	申报部门
马尾松第一代无性系种子园的研建	南京林业大学　中国林业科学研究院亚热带林业研究所　福建省林业种苗站　四川省林业科学研究院　贵州省林业科学研究所　湖南省林业科学研究所　广西壮族自治区林业科学研究所	王章荣　秦国峰　陈天华　李玉科　赵世远　刘凡第　韦元荣　伍家荣　张广炎	南京林业大学
侧柏地理变异和种源区区划的研究	北京林业大学　中国林业科学研究院林业研究所　山西省林木种苗站　河南省林业科学研究所　陕西省林业科学研究所　内蒙古自治区林木种苗管理站　甘肃省林业科学研究所	沈熙环　陈晓阳　施行博　石文玉　张雪敏　梁一池　李书靖　赵秉伦　孙仲序	北京林业大学
刺槐优良无性系和次生种源研究	山东省林业科学研究所　中国林业科学研究院林业研究所　安徽省林业科学研究所　辽宁省林业科学研究院　北京市农林科学院　林果研究所　河南省林业科学研究所　江苏省射阳县林业科学研究所	张敦论　顾万春　王廷敞　田志和　赵毓桂　朱延林　朱一龙　曹子安　张振芬	山东省林业厅
华北、西伯利亚、日本落叶松种子园建立及经营管理技术的研究	中国科学院沈阳应用生态研究所　河北省林业科学研究所　辽宁省森林经营研究所　山西省林业科学研究所　新疆维吾尔自治区林业科学研究院　北京林业大学	张颂云　赵士杰　王翠华　王景章　富裕华　陶　宏　沈熙环　王力华　王青林	中国科学院生物科学与技术局

项目名称	主要完成单位	主要完成人	申报部门
白榆优良无性系选择研究	河南省林业科学研究所 山东省林业科学研究所 河北省林业科学研究所 宁夏农林科学院林业科学研究所 辽宁省铁岭市林业科学研究所 新疆维吾尔自治区林业科学研究院林业科学研究所	王铁章 张敦论 林新福 马国骅 黄健秋 王娴贞 朱延林 张振芬 曹子安	河南省林业厅
杨树杂交胚胎学的研究	中国林业科学研究院林业研究所	李文钿 洪 涛 朱 彤 李江山 徐 涵 张 杰 姜景民 马丰山 李建文	中国林业科学研究院
南方型杨树速生丰产技术的研究	南京林业大学	吕士行 徐锡增 黄敏仁 王明庥 曹福亮 包新民 刘志清 王法堂 许 农	南京林业大学
三江平原天然次生林栽针保阔改造配套技术的研究	东北林业大学 佳木斯市林业局林业科学研究所 依兰县先峰林场	丁宝永 郭 江 石家琛 石福臣 郭安湘 陈祥伟 朱庭栋 张志强 张彦东	东北林业大学
主要针叶树种性状早期测定技术研究	中国科学院沈阳应用生态研究所 北京林业大学 南京林业大学 中国林业科学研究院亚热带林业研究所 中国科学院上海植物生理研究所	张颂云 吕 航 沈熙环 黄敏仁 周国璋 王力华 徐福余 李培芝 王翠华	中国科学院生物科学与技术局
石河子城市绿化建设及其对改善环境作用的研究	石河子市城市建设局 新疆维吾尔自治区林业科学研究院 石河子市环境保护局	王效英 刘钰华 李竞生 赵铁民 周仲清	新疆维吾尔自治区林业厅
农桐间作综合效能及优化模式的研究	中国林业科学研究院林业研究所 安徽省砀山县林业局泡桐试验站 河南省民权县林业局 山东省兖州县林业局 河南省鹿邑县林业局 中国林业科学研究院林业经济研究所 南京气象学院农业气象系	竺肇华 陆新育 熊耀国 曹效珍 陈恩亮 刘乃壮 张维栋 韩元玉 侯知正	中国林业科学研究院
杉木林抚育间伐体系研究	南京林业大学 洋口林场	姜志林 阮益初 叶镜中 叶长青 周本琳 陈世元 吴力立 吴光权 徐凤翔	南京林业大学
渤海斑海豹的分布、资源现状和管理的研究	辽宁省海洋水产研究所 辽宁省林业厅森林经营处 青岛海产博物馆	王丕烈 邱英杰 王者茂 项福椿 柳 魁	辽宁省林业厅
森林随机生长模拟系统的研建	东北林业大学林学系森林经理室	郎奎健 蒋伊尹 郝文康 刘宪国 李凤日 李长胜 白云庆	东北林业大学
沿海防护林地区立地调查与评价的遥感方法研究	南京林业大学	浦瑞良 王晓辉 曾小明 丁应祥 张金池 王永昌	南京林业大学

项目名称	主要完成单位	主要完成人	申报部门
多元统计分析方法在林业中的应用及IBM—PC系列程序集的研究	中国林业科学研究院资源信息研究所	唐守正 郎奎健 刘继红 李希菲 洪玲霞 张淑娟 蔡力平	中国林业科学研究院
马尾松经营体系模拟系统的研究	中南林学院	成子纯 陈 礼 王广兴 曾思齐 方守范 佘济云 吕 勇 杨洪国 唐代生	中南林学院
湖南省2000年林业发展规划研究	湖南省林业厅	彭秋成 李正柯 谢正卓 郑健杰 欧阳硕龙 徐国祯 黄山如 丁惠珍	湖南省林业厅
二、三代类型区马尾松毛虫综合管理技术研究	中国林业科学研究院林业研究所 安徽省森林病虫害防治总站 北京大学环境科学中心 南京林业大学林学系	陈昌洁 李天生 周健生 叶文虎 吴 坚 马小明 江 年 李周直 楚国忠	中国林业科学研究院
板式家具结构强度的研究	东北林业大学	余松宝 蔡力平 柳万千 董玉库 徐大凡 郭西强 严劲松 韩春雷 吕文新	东北林业大学
紫胶原胶生产配套技术的推广	中国林业科学研究院资源昆虫研究所 云南省林业厅 福建省林业厅 广西壮族自治区林业厅 广东省林业厅 四川省林业厅 江西省林业厅	侯开卫 段 学 陈玉培 高学琴 李普雄 陈仲达 寇治洲 石秉聪 刘竹贵	中国林业科学研究院
从甜菜渣中提取果胶工艺研究	西北林学院	王姝清 孙润仓 刘建朝 汪玉秀 程义杰	陕西省林业厅
PBT—1型程控气制动传动装置测试系统的研制	东北林业大学	朱国玺 向富林 周子俊 雷雨成 李松龄 关 强	东北林业大学
奈曼旗复合生态经济系统分析与调控研究	内蒙古林学院 奈曼旗人民政府 内蒙古师范大学数学系	奈民夫（那顺） 王怀安 高永俊 何满喜 宗义芳 孙 成 刘占卜拉 吴振廷 张殿阁	内蒙古自治区林业局

三等奖103项

项目名称	主要完成单位	主要完成人	申报部门
二氧化碳气肥提高苗木光合生产率效益与机理研究	北京农学院 哈尔滨工业大学	马世超 李树蓉 赵新民 冷平生 赵文华	北京市林业局
樟子松种源试验研究	东北林业大学 内蒙古大兴安岭林管局 东北林业大学凉水实验林场 龙江县错海林场 东北林业大学帽儿山实验林场	张培杲 杨书文 刘桂丰 杨传平 张翰杰	东北林业大学

项目名称	主要完成单位	主要完成人	申报部门
红松地理变异和种源区划研究	东北林业大学 帽儿山实验林场 吉林省露水河林业局 辽宁省森林经营研究所 黑龙江省铁力林业局	张培杲 杨书文 夏德安 吕清友 彭宏梅	东北林业大学
杨树水分生理及其应用研究	中国林业科学研究院林业研究所	刘奉觉 王世绩 刘雅荣 郑世锴 臧道群	中国林业科学研究院
毛白杨、河北杨多代循环繁殖方法及机理研究	西北林学院	张康健 孙长忠 董三孝 薛德自 邱俊奎	西北林学院
华南年产100万株容器苗工厂化生产技术研究	广西壮族自治区林业科学研究所 广西横县林业局	韦 民 陈建丽 李文付 莫泽莲 黄付平	广西壮族自治区林业厅
青钩栲、米槠、楠木等10树种驯化栽培实验研究	福建林学院莘口教学林场	邱道生 廖函宗 张春能 陈作智 郑燕明	福建省林业厅
黄甜竹引种研究	浙江省林业科学研究所	薛贵山	浙江省林业厅
白榆优良种源选择	中国林业科学研究院林业科学研究所 甘肃省林业科学研究所 青海省林业科学研究所 山东省林业科学研究所 河南省焦作林业科学研究所	马常耕 田志和 王思恭 马国骅 刘建成	中国林业科学研究院
楸树基因资源收集保存利用的研究	洛阳林业科学研究所 安徽省林业科学研究所 山东省林业科学研究所 南阳地区林业科学研究所 周口地区科学技术委员会	潘庆凯 王廷敞 张振芬 杨建学 王连卿	河南省林业厅
毛白杨优良无性系38、39、90、9803、001号的选育	中国林业科学研究院林业研究所 河北省邯郸地区漳河林场 河北省秦皇岛市林业事业管理局 北京市农林科学院林业果树研究所	顾万春 周泗万 张英脱 张继华 金万庆	中国林业科学研究院
油松短枝（针叶束）嫁接技术的研究	北京林业大学 河北省山海关林场 河南省辉县林场	沈熙环 梁荣纳 祖国诚 李锡纯 张廷硕	北京林业大学
稀土在林业育苗上施用技术与效应研究	带岭林业实验局 东北林业大学	李继承 刘永春 佘 华 焦森林 高瑶琴	黑龙江省森林工业总局
杨树人工速生丰产用材林行标的制定	中国林业科学研究院林业研究所 山东省林业科学研究所 内蒙古自治区赤峰市林业科学研究所 西北林学院林学系 河南农业大学林学系	赵天锡 陈章水 王 彦 鹿学程 王国礼	中国林业科学研究院

项目名称	主要完成单位	主要完成人	申报部门
长江上游水土流失生态经济区划及综合治理研究	四川省林业学校	陈 瑁 陈东立 范继才 刘育贤	四川省林业厅
黄山松研究	河南省林业厅 商城黄柏山林场 河南省林业勘察设计院 河南农业大学	史作宪 张培从 赵体顺 赵天榜 秦世俊	河南省林业厅
杨树速成丰产技术研究与推广	河北省林业技术推广总站	孟春波 冯随林 傅锡儒 孙宏彦 张万秋	河北省林业厅
华北树种资源的研究——《华北树木志》	中国林业科学研究院林业研究所 河南农业大学 北京林业大学 北京医科大学 河北林学院	宋朝枢 苌哲新 张剑樵 马 骥 李 森	中国林业科学研究院
黄土高原林木根系固土作用的研究	北京林业大学水土保持系	杨维西 赵廷宁 朱金兆 李生智	北京林业大学
湖南省竹种调查研究	湖南师范大学生物系 湖南省林业厅科教处	杨保民 彭德纯 张秀清 姚贤清	湖南省林业厅
杨树速生丰产技术推广	临沂地区林业局 莒县林业局 临沂市林业局 郯城县林业局	武玉年 林 仁 程广秀 江登显 田宗富	山东省林业厅
黑龙江省勃利天然柞林分类经营定向培育技术研究	勃利县林业局	李景春 孙晶波 池光一 吴文彪 周建平	黑龙江省林业厅
大青杨速生丰产林经营技术研究	黑龙江省林业科学研究所	邓琢人 闻殿墀 殷喜华 刘宝林 黄宗文	黑龙江省森林工业总局
长白、兴安落叶松速生丰产林行标的制定	黑龙江省林业科学研究所 吉林省林业科学研究院 辽宁省林业科学研究院 内蒙古大兴安岭地区林业科学研究所	陈效群 仲崇淇 周轸世 戚维江 于雅文	黑龙江省森林工业总局
林业化学除草实用技术体系研究	黑龙江省林业科学院 黑龙江省森工总局营林局 带岭林业试验局	许恩光 黄恒增 贾琪功 李继承 郝世君	黑龙江省森林工业总局
西北黄土高原种草种树综合技术推广	甘肃省平凉市林业局 甘肃省平凉地区林业科学研究所 甘肃省平凉地区林业技术推广站	杨明德 张汉清 程仁俊 王祝魁 李清平	甘肃省林业厅
河南省平原农区立体林业开发技术推广	河南省林业技术推广站 滑县林业局 河南省林业厅 滑县四间房乡人民政府	刘玉礼 曹运旺 翟瑞玺 段艳芳 谢一民	河南省林业厅
福建省阔叶林人工促进天然更新技术的推广应用	顺昌县林业委员会 顺昌县林业技术承包公司	李元红 郭启廉 黄木森 钟幼铿 张华泉	福建省林业厅

项目名称	主要完成单位	主要完成人	申报部门
山西省隔坡水平沟及其效益的研究	山西省林业科学研究所　山西省造林局　大宁县林业局	杨春和　杨艾青　张成梁　于铁树　胡晋明	山西省林业厅
浙、湘、赣毛竹低产林改造技术推广	中国林业科学研究院亚热带林业研究所　湖南省林业科学研究所　江西奉新县林业局　浙江龙游县林业局　湖南南岳区林业局	萧江华　张康民　宜本康　金树森　聂建国	中国林业科学研究院
温州蜜柑北移伏牛引种驯化丰产栽培技术研究	西峡县油桐柑桔试验推广站　西峡县林业局	段聪仁　李淑媛　王中奎　段保灵　陈秀玉	河南省林业厅
河南省杜仲无性繁殖技术研究	洛阳林业科学研究所　河南省洛阳林业学校　洛阳市农村工作委员会　洛阳市林业局　河南省南阳地区林业科学研究所	杜红岩　王惠文　张再元　方　艾　杜兰英	河南省林业厅
湖南省山茶属植物种质资源调查收集利用的研究	中南林学院　广州师范学院	漆龙霖　吕芳德　李克瑞　陈如梅　孙嘉燕	中南林学院
蕨类山野菜开发利用研究	黑龙江省林副特产研究所	张　虎　李钟福　韩秀云　张学义　韩联生	黑龙江省森林工业总局
江西黄毛楤木资源综合开发利用研究	江西省宜春地区医学科学研究所　江西赣中天然营养补剂厂　江西省林业科学研究所	陈　武　黄凤柏　李开泉　熊筱娟　方乍浦	江西省林业厅
山西省枣树引种及区试研究	山西省林业科学研究所　山西省造林局　黎城县林业局　运城市林业局　稷山县苗圃	何祥生　陈美玉　徐树文　杨建华　李　勇	山西省林业厅
河北省沙地成龄苹果、梨树丰产优质管理技术指标的研究与推广	河北省新乐县果树技术站	范国宣　苏明禄　牛彦欣　张　燕　牛国平	河北省林业厅
河北省遵化县板栗商品基地点技术开发	遵化县林业局	徐福山　陈述庭　李海立　韩晓明	河北省林业厅
河北省沧州金丝小枣密植速生丰产技术的研究	沧州地区林业科学研究所　南皮县常庄乡人民政府　青县林业局	张秀梅　纪清巨　林树合　赵志善　施茂利	河北省林业厅
大兴安岭火烧区野生动物资源动态研究	东北林业大学野生动物系	马建章　高中信　金　鑫　陈化鹏　赵泽斌	东北林业大学
黑颈鹤的迁徙和种群结构研究	贵州省生物研究所　中国科学院西北高原生物研究所	吴至康　李德浩　李筑眉　王有辉　周志军	贵州省林业厅

项目名称	主要完成单位	主要完成人	申报部门
莫莫格自然保护区鸟类资源考察	吉林省林业科学研究院	吴志刚 王 里 郑振河 李晓颖 韩晓东	吉林省林业厅
黑龙江省驼鹿饲养及生态特征的研究	黑龙江省野生动物研究所 哈尔滨市动物园	朴仁株 李 枝 金 煜 宋振洲 李 林	中国野生动物保护协会
森林资源信息处理自动化系统的研建	中南林学院 江华采育场	曹世恩 莫宏建 肖传刚 邓庆林 钟雄斌	中南林学院
计算机"系统病毒"解毒、免疫软件研究	东北林业大学	关 强 王 屹 单茂琪	东北林业大学
应用 LANDSAT——5TM 数据磁带进行太行山森林立地分类的研究	河北省林业勘察设计院 核工业航测遥感中心	董新猷 魏孝勇 瞿建文 高林波 葛俊色	河北省林业厅
福建省集体林森林经营方案编制技术与实施	福建省森林资源管理总站	蔡元晃 兰思仁 高兆蔚 张顺恒 林德根	福建省林业厅
带图像的微机辅助国产木材识别系统的研制	中国林业科学研究院木材工业研究所	杨家驹 程 放 卢鸿俊 刘 鹏	中国林业科学研究院
广州市经济林航空遥感综合调查	华南农业大学林学院	谭曦光 刘庆良 何志浩 陆显祥 罗富和	广东省林业厅
森林年伐量分期平衡法的研究	福建省森林资源管理总站	王文斌 江正铨 李宝银	福建省林业厅
用 WS 文本文件进行刊物编辑建库和 SAB 微机通用数据库管理系统的研建	中国林业科学研究院科技情报研究所	王忠明 洪宝亮	林业部科技情报中心
朗乡林业局林业综合调查	黑龙江省林业区划办公室 黑龙江省森林资源调查管理局综合调查大队 黑龙江省朗乡林业局	杜成贤 何 瑞 张振德 戴希龙 王伟光	黑龙江省森林工业总局
浙江省马尾松产区区划及其生产力评价	浙江省林业科学研究所 林业部华东林业调查规划设计院	高智慧 柴锡周 周 琪 邱尧荣 张志宏	浙江省林业厅
微机 CAD 系统在森林经营管理中应用的研究	黑龙江省林业科学研究所	王承义 韦淑英 李 晶	黑龙江省森林工业总局

项目名称	主要完成单位	主要完成人	申报部门
高等植物数码管理应用系统的研建	中南林学院　黄冈师范专科学校	孙华藻　李希孟　张修如　黄家明　樊忠良	中南林学院
1987年春季大兴安岭特大森林火灾火行为调研	黑龙江省林业科学院　东北林业大学　中国科学技术大学　中国科学院力学研究所	翁道史　居恩德　金晓钟　黄东林　刘宪德	黑龙江省森林工业总局
江西省森林资源利用发展战略研究	江西农业大学林学系	丁思统　李启明　黄　建　谢金生	江西省林业厅
紫金山系区域系统开发综合治理发展规划	中南林学院　双牌县人民政府	吴东元　徐国桢　李先争　李镇通　赵清茂	中南林学院
东台市沿海防护林体系建设规划设计	江苏省林业勘察设计院　东台市林业技术指导站　江苏省沿海防风林试验站	吕忠义　陈竹君　胡筱敏　陈万章　赵洪武	江苏省农林厅
张家界国家森林公园森林经营方案	林业部中南林业调查规划设计院　张家界国家森林公园管理处	王永安　王耀连　杨一波　宋进春　黄成才	资源和林政管理司
马尾松抗松毛虫植株的抗性机制分析研究	广西农学院　玉林地区林业科学研究所	胡少波　刘志文　冯远斌　韦成礼　梁有祥	广西壮族自治区林业厅
杨树云斑天牛防治研究	湖北省林业学校　公安县林业局　汉川县林业局　孝感地区林业局	吕昌仁　薛　柱　任绍富　孙昌裕　毛义成	湖北省林业厅
大袋蛾生物学特性及防治方法研究	河南省商丘地区国营民权林场　河南省商丘地区森林病虫防治检疫站	王　彬　刘安民　王桂荣　佟红波　王海生	河南省林业厅
枣树锈壁虱发生危害及防治研究	山东省林业科学研究所	仝德全　季延平　刘爱兴　刘玉霞　刘丙宝	山东省林业厅
苏云金杆菌62菌株的研究	中南林学院	黄健屏　胥耀平　杨婵君　周国英　周德明	中南林学院
马尾松疱锈病的研究	西北林学院	景　耀　王培新	西北林学院
陕西省泡桐丛枝病综合防治技术研究	陕西省林业科学研究所　陕西省森林病虫害防治检疫总站　蒲城县林业局森防站	郑文锋　奥恒毅　宋晓斌　任锁堂　东志亭	陕西省林业厅
竹杆锈病防治技术研究	南京林业大学林学系　安徽省天长县林业局森防检疫站　江苏省如皋县多管局森防检疫站　南京市老山林场	朱熙樵　张九能　崇　鑫　王佩兰　康宏兴	南京林业大学
广东省国外松种实害虫防治技术	广东省林业科学研究所　广东省汕头市林业科学技术研究推广中心	陈泽藩　杨肇兴　徐家雄　李徐益　蔡选光	广东省林业厅

项目名称	主要完成单位	主要完成人	申报部门
西洋参种子带菌种群危害性及防治研究	黑龙江省森林植物园	邵正辉 王长海 杜守宪	黑龙江省林业厅
河南省泡桐两种烂皮病的病原发病规律及防治技术研究	河南农业大学 河南省林业技术推广站 漯河市林业局 临颍县林业技术推广站 舞阳县林业局	李秀生 李学陆 杨根全 刘建华 李纪汴	河南省林业厅
内蒙古樟子松梢小卷蛾的研究	内蒙古自治区呼伦贝尔盟林业科学研究所	敖同成 孟根 侯德海 郭宏郁	内蒙古自治区林业局
东北落叶松毛虫发生基地的调查与防治对策研究	黑龙江省林业厅 牡丹江市林业局 牡丹江市园林处	李克政 于永址 孙安	黑龙江省林业厅
福建省马尾松毛虫综合治理工程	福建省林业厅森林病虫害防治站 福建省福清县林业局	林际朗 林庆源 王礼金 刘秀荣 叶存茂	福建省林业厅
落叶松鞘蛾种群动态预测预报及防治指标研究	黑龙江省森林病虫防治检疫站 尚志市森林病虫防治检疫站 五常县森林病虫防治检疫站 尚志市林业局一面坡林场	李克政 刘铉基 王辉 徐树辉 黄敬林	黑龙江省林业厅
高频介质加热弯曲胶合成套技术	南京林业大学木材工业系	刘忠传 张彬渊 吴智慧	南京林业大学
定向刨花板中间试验	南京林业大学木材工业系	陈桂升 华毓坤 张勤丽 承国义 洪中立	南京林业大学
微电子控制制材生产线成套设备的研制	信阳木工机械厂	张自艾 史可政 计浩华 褚达夫 李新民	河南省林业厅
间苯二酚苯酚甲醛树脂的研制及其在胶合木梁上的应用	中国林业科学研究院木材工业研究所	罗文士 朱悦祥 朱焕明 李华 牛丽平	中国林业科学研究院
BG183A 三层喷气网带式单板干燥机与 ZHMD—1 型氧化锆高温湿度仪的研制	林业部苏州林业机械厂	王铭芳 郭浩 须小宇 陈德琛 徐在峰	中国林业机械公司
热固性树脂装饰层压板国标的制订	上海联合木材工业公司 上海木材工业研究所 中国林业科学研究院木材工业研究所 光华木材厂 杨子木材厂	胡元培 刘承礼 杨惠荣 韩桐恩 关键	科学技术司
饰面竹基材混凝土模板的研制	中南林学院 湖北省崇阳县林业局	唐永裕 石皇瑞 王家丽 李爱平 何林根	中南林学院

项目名称	主要完成单位	主要完成人	申报部门
食品添加剂松香甘油酯和氢化松香甘油酯国标的制订	中国林业科学研究院林产化学工业研究所 南京市卫生防疫站	宋湛谦 李云霄 韩康 唐元达	中国林业科学研究院
栲胶生产节能新工艺	林业部林产工业设计院 广西壮族自治区武鸣栲胶厂 岳阳石油化工总厂设计院	蒋国兴 孟广升 阎尔平 邓海畴 孙宗海	林业部林产工业设计院
桐材变色预防技术研究	河南省许昌林业科学研究所 河南省许昌市林业局 中国河南省土产进出口集团许昌桐木加工厂 河南省许昌师范专科学校	王燕军 陈建业 杨爱华	河南省林业厅
泡桐板脱色工艺研究	河南省科学院化学研究所 河南省鹿邑县桐木加工厂 河南省鹿邑县林业局	赵永德 陈荣峰 杨传中	河南省林业厅
高剪切多用途丙烯酸系列乳液压敏胶的研究	中国林业科学研究院林产化学工业研究所	赵临五 王体明 裘梅琴 孙廷珂 王静	中国林业科学研究院
MJY 型木捆重量检尺仪的研制	东北林业大学 黑龙江省电子研究所 塔河林业局 红石林业局	邹云盛 王积久 原桂刚 李文君 朱绍周	东北林业大学
NLQ—1 型电动搬运车调速器的研制	南京林业大学 泰州求精电器厂	严椿绥 付秀珍 王志浩 张建平 吴佳其	南京林业大学
4BQD—40 型气力喷播机的研制	内蒙古林学院	闻长复 綦厚春 张云 赵文厚 潘石峰	内蒙古自治区林业局
3MF—2B 型背负式多用喷雾机的研制	中国林业科学研究院木材工业研究所 林业部镇江林业机械厂	张世田 陈仁忠 周新坤 李德 朴成汉	中国林业科学研究院
1HTS—60 马尾松球果处理设备的研制	湖南省林业工业研究所	刘少山 方勤敏	湖南省林业厅
BJ50 手提泵的研制	林业部泰州林业机械厂	仲倜之 李琦 王三太 陈文龙 严正太	中国林业机械公司
BBP123Q 小径原木剥皮机的研制	林业部哈尔滨林业机械研究所	赵立岗 刘全林 王平 韩智敏 洪亮	中国林业机械公司
CJ—40 营林集材机的研制	林业部哈尔滨林业机械研究所 黑龙江省绥化林业机械厂	王忠 栾柯 赵世忠 王运太 耿守元	中国林业机械公司
ZJ—50 枝丫收集机的研制	黑龙江省木材采运研究所	李朝维 李滨生 曹均 朱兴业 杨振国	黑龙江省森林工业总局
BY9、BY13 型液压起重臂的研制	林业部哈尔滨林业机械研究所 林业部常州林业机械厂	宋景禄 宋义林 鞠天祥 叶耀明 葛安华	中国林业机械公司

项目名称	主要完成单位	主要完成人	申报部门
便携式森林火险自动报警器的研制	黑龙江省森林保护研究所	胡明臣 段秀英 张景忠 周 微 陈振智	黑龙江省森林工业总局
轻型配套灭火点火工具的研制	黑龙江省森林保护研究所	徐振我 翟淑清 宋广林 王立夫 赵庆林	黑龙江省森林工业总局
中国林业科技实力评价与发展战略研究	中国林业科学研究院科技情报研究所 黑龙江省林业科学研究院	魏宝麟 李智勇 林凤鸣 任少英 关百钧	林业部科技情报中心
林业生产事故分析	内蒙古自治区劳动保护科学研究所 内蒙古大兴安岭林业管理局安全监察处	葛 亮 马贵乾	内蒙古自治区林业局
林业生产中劳动科学与人类工效学问题研究	东北林业大学林业机电工程系	郭建平 黄仁楚 杨 肃 罗玉梅 刘志昌	东北林业大学
森工企业三段式经营方式的研究与实施	吉林省三岔子林业局	马辉晋 陈 良 杨树春 孙玉贵 赵燕飞	吉林省林业厅
世界林业事实数据库的研建	中国林业科学研究院科技情报研究所	朱石麟 李卫东 王忠明 李智勇 洪宝亮	林业部科技情报中心

（林业部科学技术进步奖评审委员会）

1991年林业标准统计

专 业	国家标准		行业标准		专业标准	部标准	合 计	专 业	国家标准		行业标准		专业标准	部标准	合 计
	当年	累计	当年	累计	累计	累计			当年	累计	当年	累计	累计	累计	
木 材	19	64	1	1	16	1	82	林业机械		24	22	22	73	29	148
人造板	4	69	2	2	30	15	116	林 业		89	2	2	40	1	132
林产化工	3	64			13	3	80	生产能耗			1	1	11		12
人造板机械		28	31	31	47	1	107	合 计	26	338	59	59	230	50	677

（林业部科学技术司标准处）

1991年林业标准目录

序号	标准编号	标 准 名 称	实施日期	代替编号	代 替 标 准 名 称
一国家标准					
1	GB 1927—91	木材物理力学试材采集方法	1992—01—01	GB 1927—80	木材物理力学试材采集方法
2	GB 1928—91	木材物理力学试验方法总则	1992—01—01	GB 1928—80	木材物理力学试验方法总则
3	GB 1929—91	木材物理力学试材锯解及试样截取方法	1992—01—01	GB 1929—80	木材物理力学试材锯解及试样截取方法
4	GB 1930—91	木材年轮宽度和晚材率测定方法	1992—01—01	GB 1930—80	木材年轮宽度和晚材率测定方法
5	GB 1931—91	木材含水率测定方法	1992—01—01	GB 1931—80	木材含水率测定方法

（续）

序号	标准编号	标 准 名 称	实施日期	代替编号	代 替 标 准 名 称
6	GB 1932—91	木材干缩性测定方法	1992—01—01	GB 1932—80	木材干缩性测定方法
7	GB 1933—91	木材密度测定方法	1992—01—01	GB 1933—80	木材密度测定方法
8	GB 1934.1—91	木材吸水性测定方法	1992—01—01	GB 1934—80	木材吸水性和湿胀性测定方法
9	GB 1934.2—91	木材湿涨性测定方法	1992—01—01	GB 1934—80	木材吸水性和湿胀性测定方法
10	GB 1935—91	木材顺纹抗压强度试验方法	1992—01—01	GB 1935—80	木材顺纹抗压强度试验方法
11	GB 1936.1—91	木材抗弯强度试验方法	1992—01—01	GB 1936—80	木材抗弯强度及弹性模量试验方法
12	GB 1936.2—91	木材抗弯弹性模量测定方法	1992—01—01	GB 1936—80	木材抗弯强度及弹性模量测定方法
13	GB 1937—91	木材顺纹抗剪强度试验方法	1992—01—01	GB 1937—80	木材顺纹抗剪强度试验方法
14	GB 1938—91	木材顺纹抗拉强度试验方法	1992—01—01	GB 1938—80	木材顺纹抗拉强度试验方法
15	GB 1939—91	木材横纹抗压试验方法	1992—01—01	GB 1939—80	木材横纹抗压试验方法
16	GB 1940—91	木材冲击韧性试验方法	1992—01—01	GB 1940—80	木材冲击韧性试验方法
17	GB 1941—91	木材硬度试验方法	1992—01—01	GB 1941—80	木材硬度试验方法
18	GB 1942—91	木材抗劈力试验方法	1992—01—01	GB 1942—80	木材抗劈力试验方法
19	GB 1943—91	木材横纹抗压弹性模量测定方法	1992—01—01	GB 1943—80	木材横纹抗压弹性模量测定方法
20	GB 13009—91	热带阔叶树材普通胶合板	1992—01—01		
21	GB 13010—91	刨切单板	1992—01—01		
22	GB/T 12901—91	脂松节油	1992—01—01	LY 205—74	松节油
23	GB/T 12902—91	松节油分析方法	1992—01—01	LY 205—74	松节油
24	GB/T 4895—91	合成樟脑	1992—01—01	GB 4895—85	合成樟脑
25	GB 13123—91	竹编胶合板	1992—04—01		
26	GB 13124—91	竹编胶合板试验方法	1992—04—01		
二行业标准					
1	LY 1000—91	容器育苗技术	1992—01—01		
2	LY 1001—91	西南、西北国有林区木材生产能耗	1992—01—01		

（续）

序号	标准编号	标 准 名 称	实施日期	代替编号	代 替 标 准 名 称
3	LY/T 1002—91	车立柱	1992—01—01	LY 114—62	车立柱
4	LY 1003—91	森林铁路线路和信号标志	1992—01—01		
5	LY 1004—91	热压机热压板技术条件	1992—01—01		
6	LY 1005—91	热磨机磨室体技术条件	1992—01—01		
7	LY 1006—91	无垫板卸机精度	1992—01—01		
8	LY 1007—91	无垫板卸机制造与验收技术条件	1992—01—01		
9	LY 1008—91	横向刨切机参数	1992—01—01		
10	LY 1009—91	横向刨切机精度	1992—01—01		
11	LY 1010—91	横向刨切机制造与验收技术条件	1992—01—01		
12	LY 1011—91	圆形摆动筛参数	1992—01—01		
13	LY 1012—91	圆形摆动筛精度	1992—01—01		
14	LY 1013—91	圆形摆动筛制造与验收技术条件	1992—01—01		
15	LY 1014—91	锯片往复裁板机参数	1992—01—01		
16	LY 1015—91	锯片往复裁板机精度	1992—01—01		
17	LY 1016—91	锯片往复裁板机制造与验收技术条件	1992—01—01		
18	LY 1017—91	长网成型机参数	1992—01—01		
19	LY 1018—91	长网成型机精度	1992—01—01		
20	LY 1019—91	长网成型机制造与验收技术条件	1992—01—01		
21	LY 1020—91	纤维板生产用镀锌钢丝垫网术语	1992—01—01		
22	LY 1021—91	纤维板生产用镀锌钢丝垫网参数	1992—01—01		
23	LY 1022—91	纤维板生产用镀锌钢丝垫网制造与验收技术条件	1992—01—01		
24	LY 1023—91	纤维板生产用镀锌钢丝垫网力学性能试验方法	1992—01—01		
25	LY 1024—91	纤维板生产用镀锌钢丝垫网耐腐蚀性试验方法	1992—01—01		
26	LY 1025—91	封边带涂胶机精度	1992—01—01		

（续）

序号	标准编号	标 准 名 称	实施日期	代替编号	代 替 标 准 名 称
27	LY 1026—91	封边带涂胶机精度	1992—01—01		
28	LY 1027—91	封边带涂胶机制造与验收技术条件	1992—01—01		
29	LY 1028—91	链式横截机参数	1992—01—01		
30	LY 1029—91	链式横截机精度	1992—01—01		
31	LY 1030—91	链式横截机制造与验收技术条件	1992—01—01		
32	LY 1031—91	螺旋输送机	1992—01—01		
33	LY/T 1032—91	人造板机械产品标准编写规定	1992—01—01		
34	LY 1033—91	人造板制胶设备钢制焊接容器参数	1992—01—01		
35	LY 1034—91	人造板制胶设备钢制焊接容器技术条件	1992—01—01		
36	LY 1035—91	割灌机圆锯片	1992—01—01		
37	LY/T 1036—91	割灌机圆锯片防护罩尺寸	1992—01—01		
38	LY/T 1037—91	运材挂车型式和基本参数	1992—01—01		
39	LY 1038—91	运材挂车通用技术条件	1992—01—01		
40	LY 1039—91	运材挂车试验方法	1992—01—01		
41	LY 1040—91	运材挂车车轴	1992—01—01		
42	LY 1041—91	筑床机名词术语	1992—01—01		
43	LY 1042—91	筑床机技术条件	1992—01—01		
44	LY 1043—91	筑床机试验方法	1992—01—01		
45	LY 1044—91	筑床机型式及基本参数	1992—01—01		
46	LY 1045—91	营林机械产品命名及型号编制方法	1992—01—01		
47	LY/T 1046—91	林业机械产品鉴定规程	1992—01—01		
48	LY 1047—91	轮胎式木材装载机	1992—01—01		
49	LY 1048—91	木材侧面式叉车产品质量分等质量指标	1992—01—01		
50	LY 1049—91	木材侧面式叉车产品质量分等试验方法	1992—01—01		

(续)

序号	标准编号	标 准 名 称	实施日期	代替编号	代 替 标 准 名 称
51	LY 1050—91	木材侧面式叉车产品质量分等检验规则	1992—01—01		
52	LY/T 1051—91	便携式林业机械排气污染物测试方法	1992—01—01		
53	LY 1052—91	升降式喷洒器技术条件	1992—01—01		
54	LY 1053—91	升降式喷洒器试验方法	1992—01—01		
55	LY/T 1054—91	猎枪压底火器	1992—01—01		
56	LY 1055—91	汽车车厢底板用竹材胶合板	1992—03—01		
57	LY 1056—91	林业架空索道设计规范	1992—03—01		
58	LY 1057—91	船用贴面刨花板	1992—03—01		
59	LY 1058—91	日本落叶松速生丰产林	1992—03—01		

(林业部科学技术司标准处)

1991年林业计量标准检定规程

编 号	名 称	实 施 日 期
JJG(林业)001—91	松香颜色分级标准检定规程	1992—01—01

(林业部科学技术司标准处)

林业专利项目(1990.8—1991.8)

专利项目名称	专利权人	发明人(设计人)	专利代理机构及代理人	申请日期	专利号	授权日期	国际专利主分类号	类型
用于木质拼板机的双向液压系统	重庆科力森电子木工机械联合厂	袁铁生	重庆市专利事务所 陈立荣	1989.10.21	89213258.2	1990.9.5	F15B 11/00	实用新型
带锯机气压高张紧装置	上海市木材应用技术研究所	林森良、陈伟、沈毅	上海科技情报所专利事务所	1989.12.14	89221185.7	1990.10.10	B27B 13/08	
一种树条剥皮装置	赵德厚(辽宁省盘锦市林业局)	赵德厚、李显生		1989.6.22	89210666.2	1990.9.26	B27L 1/00	
带风扇安全帽	张秀(黑龙江省伊春市友好区双子河东卡林场)	张秀	辽宁省科技情报所专利代理部	1989.8.24	89209436.2	1990.9.12	A42B 3/00 F04D 25/08	
竹木复合板	成都木材综合工厂	蒋国士、孔庆柏	四川工学院专利事务室 陈克贤	1989.12.12	89213375.9	1990.10.10	B27D 1/04 B32B 21/00	

（续）

专利项目名称	专利权人	发明人（设计人）	专利代理机构及代理人	申请日期	专利号	授权日期	国际专利主分类号	类型
快速行走器	叶德顺（黑龙江省绥化木材加工厂）	叶德顺		1989.1.10	89200492.4	1990.9.19	B62M 1/00	实用新型
木质与金属材料组合保安门	杭州木材总厂	周加安、李培德等	杭州市专利事务所 翁霁明	1989.11.8	89219579.7	1990.10.10	E06B 9/02	
针叶树球果采摘刀盘	北京林业大学	沈瑞珍、俞国胜等	北京林业大学专利事务所 陈福江	1989.11.30	89220216.5	1990.11.21	A01D 46/00	
金属抓人力攀登装具	李仁田（黑龙江省佳木斯市木材综合加工厂）	李仁田		1988.3.12	88201486.2	1990.10.10	A63B 27/00	
长材运输车承载装置开闭器	黑龙江省木材采运研究所	刘胜谟、王任道等	黑龙江省专利服务中心 王广厚	1990.1.19	90200921.4	1990.11.14	B60P 3/40	
带锯条位移振幅仪	黑龙江省林产工业研究所	王宏棣、王矛棣等	黑龙江省专利服务中心 庞秀娟	1989.7.29	89214598.6	1990.5.16	G01B 7/02	
多功能林木种子枝条播插机	巴吐尔达尼（新疆林业学校）	巴吐尔达尼	新疆专利服务中心 塔西甫拉提	1989.7.2	89213750.9	1991.1.23	A01C 7/00	
回转式多刀剪板机刀轴驱动装置	林业部北京林业机械研究所	王晓军		1990.2.24	90201847.7	1991.1.23	B23D 15/06	
便携式森林火险自动报警器	黑龙江省森林保护研究所	胡明臣、张景忠等	黑龙江省专利服务中心 王广厚	1990.3.21	90203403.0	1991.1.16	G06F 15/74	
挖坑机挖坑整地钻头装置	北京林业大学	王乃康、茅也冰等	北京林业大学专利事务所 陈福江	1990.3.24	90203343.3	1991.1.16	E21B 10/32	
木材真空干燥机	辽宁省林业科学研究院	陈日新、张俊信等	辽宁省专利事务所 侯景明	1990.4.25	90210434.9	1991.1.23	F26B 5/04	
空气干燥室冷空气双箱预热器	田赞成（北京林业大学）	田赞成	北京林业大学专利事务所 陈福江	1989.10.16	89217916.3	1991.2.6	F26B 3/02	
组合式自动转动餐桌	中南林学院	邓背阶	上海交通大学专利事务所 罗习群	1987.6.3	87207130.8	1991.3.6	A47B 11/00	
折叠式木珠健身椅	黑龙江省东京城林业机械厂集体企业公司	杨运海	牡丹江市专利事务所 张传祥	1989.12.29	89221905.X	1991.3.27	A47C 7/02	

（续）

专利项目名称	专利权人	发明人（设计人）	专利代理机构及代理人	申请日期	专利号	授权日期	国际专利主分类号	类型
热泵除湿干燥机	北京林业大学森林工业系	赵忠信、崔文魁等	北京林业大学专利事务所 陈福江	1989.10.16	89217917.1	1991.5.15	F26B 21/02	实用新型
木珠加工机	黑龙江省东京城林业机械厂	王正剑等	牡丹江市专利事务所 张传祥	1990.7.19	90216394.9	1991.4.17	B27C 5/08	
多用高效电子定时节电器	杨文栋（北京林业大学）	杨文栋、宗小平	北京林业大学专利事务所 陈福江	1990.4.12	90204112.6	1991.4.3	H03K 17/28	
超低量喷头	中国林业科学研究院木材工业研究所	张世田		1990.4.18	90204656.X	1991.2.20	A01M 7/00	
手动枪式灭火器	黑龙江省森林保护研究所	徐振我、翟淑清	黑龙江省专利服务中心 林素珍	1990.5.18	90206739.7	1991.5.22	A62C 13/00	
横切面木材冲压金属模具	吉林省临江林业局	王祥、张学礼等	吉林省专利服务中心 贾丽杰	1988.12.14	88221223.0	1990.9.26	B30B 15/02	
气浮木质地板	成都木材综合工厂	蒋国士、孔庆柏等	四川工学院专利事务室 陈克贤	1989.12.12	89213376.7	1991.5.15	E04F 15/04	
苗木换床补植器	宋建军（黑龙江省铁力市桃山林业局）	宋建军、田洪录	三友专利事务所 穆魁良	1990.5.12	90206045.7	1991.6.19	A01C 11/00	
介电式林木种子分选机	辽中县林业机械厂	邵玉金、杨家树	辽宁省专利事务所 尤巨勋	1990.8.17	90213707.7	1991.6.19	B07C 5/344	
菱形插接式地板块	田质芳（吉林省桦甸市红石林业局）	田质芳	吉林省专利服务中心 单兆全	1990.5.29	90207757.0	1991.7.3	E04F 15/022	
沙地树苗深栽器	杨承庄（成都市莲花村西三巷35号）	杨承庄		1990.5.29	90212697.0	1991.8.7	A01C 11/04	
木材装车安全保护器	黑龙江省呼中林业局林机修配厂	黄长生、林野等	黑龙江省大兴安岭专利事务所 刘忠民	1990.5.5	90205935.1	1991.7.3	A62B 35/00	
农药配比定量器	滕鸿儒（河北省黄骅市农林局）	滕鸿儒		1990.7.10	90216201.2	1991.7.3	B01L 3/02	
立木装饰块机床	黑龙江省东京城林业机械厂	杨运海、徐成万等	牡丹江市专利事务所 张传祥	1990.7.19	90216120.2	1991.7.3	B27M 3/00	

（续）

专利项目名称	专利权人	发明人（设计人）	专利代理机构及代理人	申请日期	专利号	授权日期	国际专利主分类号	类型
飞机投掷森林灭火弹	湖南省消防器材总厂	刘洪志	长沙市专利事务所 李卫平	1989.8.8	89209836.8	1990.7.25	A62C 3/02	
一种木刨	何云侠（青海省矿区福利街办事处）	何云侠	青海省专利服务中心 陈文福	1989.7.19	89214356.8	1990.7.18	B27G 17/02	
活动组合式木质地板	李光（辽宁省阜新市海州区西铁二会533号）	李光	辽宁省科技情报所专利代理部	1989.9.13	89209503.2	1990.8.8	E04F 15/04	
薄木纸衬地板拼块	林志德（上海市梧桐路99弄2号）	林志德	上海第二专利事务所 何文欣	1989.9.2	89216583.9	1990.7.11	E04F 15/04	
往复切削式木工安全平刨床	朱跃辉（湖南省郴州柴油机厂）	朱跃辉		1989.8.19	89209873.2	1990.9.12	B27C 1/14	
多功能幼苗嫁接器	武明山（河南省信阳市新华西路119号）	武明山	1989.10.9	89217971.6	1990.10.3	A01G 1/06		
塑料大棚骨架	易国增（北京市海淀区甘家口八号院皮楼）	易国增	北京市科技专利事务所 王德桢	1989.10.30	89218509.0	1990.7.11	A01G 9/14	实用新型
卫生筷子	曹明龙（黑龙江省黑河地区气象局）	曹明龙		1987.10.5	87214177.2	1990.8.22	A47G 21/10	
组合式圆桌面	李书香（北京市海淀区永定路52号）	李书香	小松专利事务所 陈祚龄	1989.9.11	89216516.2	1990.10.3	A47B 3/12	
儿童多用组合式家具	徐宁（南京市凤凰西街247号4栋402室）	徐宁	东南大学专利事务所 王睿	1989.9.27	89205396.8	1990.7.25	A47D 11/00	
快速组装地板块	何德裕（湖南省郴州地区物资局宿舍二栋）	何德裕、何小波		1988.4.28	88205013.3	1990.9.12	E04F 15/04	
木质地板块	徐文和（沈阳市沈河区千德子区4号楼）	徐文和	沈阳市专利事务所 王欣	1989.4.5	89210330.2	1990.9.26	E04F 15/04	
木工圆棒自动送料机	张智贤（台湾）	张智贤	永新专利代理有限公司 寿宁	1990.2.6	90201239.8	1990.11.7	B27B 25/08	
自动铣刨压光木工机床	何成海（黑龙江省计量所）	何成海	哈尔滨市专利事务所 郭宏	1989.11.10	89219556.8	1990.11.21	B27C 9/00	

（续）

专利项目名称	专利权人	发明人（设计人）	专利代理机构及代理人	申请日期	专利号	授权日期	国际专利主分类号	类型
木工万能角度尺	卢占山（沈阳市新城子区沈阳抗生素厂）	卢占山	沈阳市专利事务所 杜春荣	1990.1.24	90210112.9	1990.11.21	B27B 27/06	实用新型
积木装饰板	孙宝华（北京市宣武区南菜园西里67号）	孙宝华	北京市科技专利事务所 秦子耕	1989.12.7	89220550.4	1990.12.26	B44C 3/12	
木工成型组合铣刀	张荣（哈尔滨市太平区新一街十四号）	张荣		1989.6.2	89208205.4	1990.5.30	B27C 5/00	
组合木工机床	刘海烈（辽宁省营口县大石桥乡后碰山村）	刘海烈		1989.11.23	89209745.0	1990.10.17	B27C 9/00	
全功能轻型农林点播器	徐庭中（南京市珠江路605号204室）	徐庭中		1989.10.25	89205462.X	1990.12.26	A01C 7/02	
树木育苗杯及移植器	杨承庄（成都市莲花村西三巷35号）	杨承庄		1989.3.13	89212815.1	1990.12.26	A01G 9/10	
简易木工规格刨配件	阳子波（广西苍梧汽车站）	阳子波		1989.11.30	89220664.0	1990.12.26	B27C 1/14	
手动式树干注液机	天津市国营农场管理局	张哲	天津市专利事务所 潘冠雄	1989.12.16	89220961.5	1991.1.30	A01G 7/06	
便携式授粉器	罗玉祥（重庆市綦江县北渡乡蟠龙村）	罗玉祥	重庆市专利事务所 田正伟	1989.12.2	89213359.7	1990.12.19	A01H 1/02	
高枝摘果器	谭必奎（湖北宜昌市广播电台）	谭必奎		1989.8.10	89215031.9	1991.2.6	A01D 46/24	
全功能轻型木工机床	刘振兴（江苏张家港市港区镇）	刘振兴、刘建明	江苏省专利服务中心 牛莉莉	1990.2.26	90211644.4	1991.2.27	B27C 9/00	
木工平刨安全装置	吉林省劳动保护科学研究所	周毓鹏	吉林省专利服务中心 单兆全	1989.9.29	89217456.0	1991.2.13	B27G 21/00	
森林灭火钢刷	张延林（福建省顺昌县贵岭水电站）	张延林	福建省专利服务中心 付契克	1989.12.11	89221133.4	1991.5.1	A62C 8/04	
电动林木采种机	杨承庄（成都市莲花村西三巷）	杨承庄		1989.3.13	89212814.3	1991.3.6	A01D 45/30	

（续）

专利项目名称	专利权人	发明人（设计人）	专利代理机构及代理人	申请日期	专利号	授权日期	国际专利主分类号	类型
小型木工刨专用双值电容单相异步电动机	天津市微特电机技术开发实验厂	张传论	天津市专利事务所 王肖武	1989.8.19	89215070.X	1991.5.1	H02K 17/08	实用新型
可折叠木质活动地板	济南建筑木材厂	杨贤、陆兴道	山东省专利服务处 牟海峰	1990.6.13	90213941.X	1991.6.26	E04F 15/04	
木工多用组合机床	浙江金华县木工机床厂	姚培德	金华市专利事务所 金根叶	1989.8.1	89214913.2	1991.7.6	B27C 9/00	
裁口用组合木工刨	李永平（大连市中山区七一街11号）	李永平	大连市西岗专利事务所 高文成	1990.8.29	90218788.0	1991.7.17	B27G 17/02	
纤维板直施蜡液装置	云南省建筑木材厂	朱建勇	云南省专利事务所 金耀生	1990.6.8	90208534.4	1991.7.17	B27K 3/12	
木工机械送料装置	郑敏正（台湾省高雄市三民区立人街19巷）	郑敏正	三友专利事务所 朱黎光	1990.8.9	90217498.3	1991.8.28	B27C 1/12	
木质装饰片	崔木兰（贵阳市二戈寨富源南路386号）	崔木兰、陈光华		1989.3.10	89202760.6	1991.7.10	B44C 1/10	
多功能容器苗包装机	候源亮（山西省方山县下昔乡真武山）	候源亮		1990.9.8	90220195.6	1991.7.17	A01G 9/10	
平行四边形升降装置木工平压刨床	陈相贤（广西容县容城新北街310号）	陈相贤	广西玉林地区专利事务所 邱振泉	1990.4.14	90205025.7	1991.7.24	B27C 1/06	
木材干燥微机控制系统	吉林省数控技术服务中心	王仁康、史云祥等	吉林省专利服务中心 纪尚	1990.5.31	90207999.9	1991.8.28	F26B 21/06	
热风、蒸汽混合式旋风燃烧炉	南京林业大学	顾炼百	江苏省专利服务中心 唐建清	1990.9.18	90214543.6	1991.7.31	F23B 7/00	
高强度压敏胶捆扎带	张昌荣（中南林学院）	张昌荣	湖南省专利事务所 程桂兰	1987.3.26	87102007.6	1990.9.12	C09J193/04	发明
萜烯酚醛树脂制造方法	福建省龙岩地区林产工业公司	林捷、马成章	福建省专利服务中心 姚建川	1988.3.25	88101794.9	1990.8.22	C08G 8/30	
微机编码遥控升降式地下保险柜	黑龙江省柴河林业局贮木加工厂	刘尚清、朱传明等		1988.1.13	88100036.1	1990.7.11	E05G 1/00	
X射线法测定刀具工作温度	昆明人造板机器厂	李德砬、左永强等	云南省专利事务所 程韵波	1988.8.18	88106203.0	1990.8.29	G01K 11/00	

（续）

专利项目名称	专利权人	发明人（设计人）	专利代理机构及代理人	申请日期	专利号	授权日期	国际专利主分类号	类型
建筑用转移型压敏胶粘带	张昌荣（中南林学院）	张昌荣	湖南省专利服务中心 程桂兰	1987.3.26	87102005.X	1990.9.12	C09J193/04	发明
粮食木材贮藏气体制取装置	董正书（山东省临沂地区林业科学研究所）	董正书、陈树良等		1988.7.2	88105299.X	1990.11.21	A01F 25/14	发明
木材胶粘剂及其生产方法	中国林业科学研究院木材工业研究所	王正	北京市专利事务所 林珍玉	1988.11.5	88107485.3	1990.8.1	C09J191/00	发明
沙棘油提炼方法	西北林学院	张付舜、王国礼等	陕西省发明专利服务中心 徐秦中	1986.12.29	86108906.5	1990.12.5	C11B 3/00	发明
木工平刨防护装置	黑龙江省木材采运研究所	程光义、周勇等	黑龙江省专利服务中心 单淑梅	1988.7.20	88104570.5	1991.7.3	B27G 21/00	发明
嫁接砧木插穗和接穗方法	葡萄香槟开发集团（法国）	乔治·韦塞勒等	上海专利事务所 全永留	1988.4.7	88102063.X	1991.7.24	A01G 1/06	发明
人参高效生物复合肥	中国科学院林业土壤研究所	李世昌、何随成等	中国科学院沈阳专利事务所 朱光林	1987.11.4	87105115.X	1991.6.19	C05F 11/10	发明
三尖杉杜仲茶制备方法	毛克翕（贵州省雷山县雷山饮料食品厂）	毛克翕、毛晓会	轻工部专利代理部 孙家蔚	1989.8.25	89106478.8	1991.6.19	A23F 3/00	发明
竹荪超净制种方法	刘克均（四川省泸州市纳溪县科协）	刘克均	泸州市专利事务所 孙卫	1989.5.9	89103237.1	1991.7.17	A01G 1/04	发明
连续生产无接头木屑板条设备	威尔海姆、曼德有限公司（德国）	曼夫里德·申茨	贸促会专利代理部 许宾	1986.3.21	86101826.5	1991.7.10	B27N 3/26	发明
原木预处理及剥皮方法及设备	贝洛特公司（美国）	尤金·库蒂林	中国专利代理有限公司 张东明	1988.11.11	88107854.9	1991.7.17	B27L 1/00	发明
转动树干设备	考科劳图（芬兰）	考科劳图	中国专利代理有限公司 陶增炜	1985.6.21	85104810.2	1990.12.12	B27B 31/00	发明

（续）

专利项目名称	专利权人	发明人（设计人）	专利代理机构及代理人	申请日期	专利号	授权日期	国际专利主分类号	类型
植物茎叶分离法	刘彦成（北京国际关系学院14楼）	刘彦成	机电部专利服务中心 徐晓琴	1988.3.17	88101101.0	1990.12.26	A23N 17/00	发明
以杜仲叶为原料制取杜仲叶茶	贵州省桐梓茶厂	樊英寿、竺安荣等	遵义市专利事务所 陈祖菱	1986.7.19	86105719.8	1991.1.16	A23F 3/34	发明
绞股蓝总皂甙制取方法	安康地区科委	徐世民、姚力等	安康地区专利事务所 陈虎	1986.6.25	86104409.6	1990.11.7	C07J 9/00	发明
装饰板制造方法	三菱电机株式会社（日本）	太田和年、武本健一等	上海专利事务所 颜承根	1985.11.12	85108350.1	1991.4.3	B44D 5/00	发明
木质纤维垫	窒素公司（日本）	高田实、大堀英孝等	中国专利代理有限公司 杨丽琴	1987.2.18	87100798.3	1991.2.20	B27N 3/02	发明
木质烫刻工艺	宋培伦（贵阳市成都路23号）	宋培伦	贵州省专利服务中心 周素霞	1988.5.26	88103266.2	1991.4.3	B44C 3/06	发明
竹子制造纸浆方法	过程评估及发展公司（美国）	爱德华多	中国专利代理有限公司 杨丽琴	1987.11.20	87107973.9	1991.3.27	D21B 1/04	发明
含有麦草畏新盐的除草剂产品及其制备方法	山道士有限公司（瑞士）	丽塔·S·琼斯等	中国专利代理有限公司 罗宏	1985.11.25	85108616.0	1991.4.17	C07C 65/21	发明
微薄木装饰室内墙面及地面工艺	杨亚林（牡丹江市广播电视大学服务公司）	杨亚林	牡丹江市专利事务所	1988.3.13	88101308.0	1991.4.24	E04F 13/00	发明
植物根系长度测试仪	东南大学（南京市）	刘顺康、陈福朝等	东南大学专利事务所 楼高潮	1989.1.26	89105389.1	1991.5.29	G01B 11/04	发明
切花保鲜剂	首都钢铁公司	熊佑清	首钢专利代理事务所 宋宝和	1988.5.6	88102335.3	1991.6.19	A01N 3/02	发明
木屑板及纤维板压制机	赫曼伯特斯·托福机械制造公司（德国）	鲁道夫·基斯博克等	贸促会专利代理部 孙蜀宗	1988.12.1	88108261.9	1991.6.12	B27N 3/26	发明

（续）

专利项目名称	专利权人	发明人（设计人）	专利代理机构及代理人	申请日期	专利号	授权日期	国际专利主分类号	类型
食用菌立体栽培方法	黄若愚（河北省保定市新华村）	黄若愚		1988.9.16	88106550.1	1991.6.19	A01G 1/04	发明
松香改性法	金华市工业科学研究所	赵章贤、毕镇云	浙江省金华市专利事务所 牛子成	1988.11.14	88107962.6	1991.5.29	C09F 1/04	发明
木材防腐改进方法	莫尼化学公司	理查德·海茵等	贸促会专利代理部 全菁	1986.7.7	86104657.9	1990.8.1	B27K 3/08	发明
制造刨花板和类似板材的方法和设备	埃塔德·克斯特斯机械公司	卡尔·汉斯·阿维德等	贸促会专利代理部 刘文志	1988.2.15	88100765.X	1990.8.8	B27N 3/24	发明
植物生长调节组合物	伯索迪·维吉·科姆比纳特（匈牙利）		贸促会专利代理部 陈季壮等	1985.10.16	85107617.3	1990.12.26	A01N 57/12	发明
制造复合木材制品板的方法和设备	库特·赫尔德·法布里肯特（德国）	（同左）	贸促会专利代理部 郑松宇	1987.10.23	87107124.X	1990.12.26	B27N 3/08	发明
纤维木素原料制取合成物方法	沈国镇（加拿大）	沈国镇	贸促会专利代理部 辛敏忠等	1985.8.6	85105958.9	1990.9.26	B27N 3/04	发明
木材防腐浸渍油及其应用	煤焦油产品出售有限公司（德国）	阿诺尔德·阿尔舍尔等	上海专利事务所 全永留	1986.4.23	86102924.0	1990.10.3	B27K 3/50	发明
原木检验尺	窦国军（吉林省桦甸市白石山林业局）	窦国军	吉林市专利事务所 杨天休	1989.6.29	89301357.9		19-06-R0302	外观设计
竹木立体贴画	尤金良（浙江省宁海县深圳镇）	尤金良、吴常琳	宁波市专利事务所 刘赛云	1989.10.6	89302072.9	1990.11.28	11-02-W0016	外观设计

（林业部科学技术司专利处）

林业系统非林业专利项目

(1990.8—1991.8)

专利项目名称	专利权人	发明人(设计人)	专利代理机构及代理人	申请日期	专利号	授权日期	国际专利主分类号	类型
颅骨缺损修复用镍钛合金铆钉及板	内蒙古大兴安岭林业中心医院	刘兆生、杨建华、孙呈祥等	哈尔滨工业大学专利事务所 黄锦阳	1989.10.10	89217939.2	90.8.29	A61B 17/58	实用新型
家用厕所水箱直提控水节水装置	陈华盛(北京林业大学)	陈华盛	北京林业大学专利事务所 陈福江	1989.2.22	89201808.9	90.10.17	E03D 1/14	
阴道药粉喷撒器	尚庆英(黑龙江省林业总医院)	尚庆英		1989.4.19	89206087.5	91.1.30	A61M 31/00	
电控汽车怠速节油装置	肖树文(吉林省浑江市露水河林业局)	肖树文	吉林省专利服务中心 单兆全	1990.7.11	90216179.2	91.6.12	F02M 3/045	
地球仪式世界时区钟	赖比星(中南林学院)	赖比星		1990.7.23	90213204.0	91.5.22	G04B 19/22	
安全胸腔穿刺针	李明文(黑龙江省南岔林业局职工医院)	李明文	黑龙江省专利服务中心 李云霞	1990.8.29	90218787.2	91.8.7	A61M 1/00	
全自动电气设备防烧器	钟立君(吉林省桦甸市红石林业局)	钟立君		1990.8.30	90218867.4	91.7.31	H02H 5/04	
印刷誊写油墨	中国林科院木材工业研究所	王勋、王正	北京市专利事务所 朱敏慧	1988.11.5	88107486.1	91.6.12	C09D 11/02	发明

(林业部科学技术司专利处)

林业宣传与出版

林 业 宣 传

【林业新闻报道】 1991年是全民义务植树运动十周年，林业新闻报道紧紧围绕纪念义务植树运动这一中心和林业工作重点，开展宣传报道活动，在下列方面取得了新的突破：一是中央宣传部出面部署林业宣传，高德占部长到会作重要讲话，为大规模宣传林业疏通了渠道；二是组织了一些影响大、份量重的重头文章，仅人民日报在头版发表的报道就达20余篇，其中头版头条4篇；三是林业新闻图片宣传有新的起色，刊登林业照片100余幅，并刊发了林业彩色专版；四是集中突出宣传林业战线的英雄模范人物；五是抓住重要事件组织配发社论、评论、短评，增强了林业宣传报道的指导性，1991年各报、电台发表的评论达30多篇；六是由往年季节性宣传转向经常性、连续性组织宣传战役。据统计，一年来共组织较大的宣传战役10次，组织开展了65项新闻宣传活动，中央新闻单位编发林业专版、专栏、系列报道40个，发表各类稿件、图片1300篇（幅），出现了十年来少有的林业宣传热。

①全力配合宣传江泽民总书记、邓小平同志为全民义务植树十周年的题词。中央人民广播电台、中央电视台、新华社录制播发了田纪云副总理在植树节前夕的广播电视讲话。新华社、人民日报记者撰写《邓小平十年树木》一文，全国上百家报纸刊发，产生了很大影响。植树节这一天，首都各报几乎都以整版的篇幅刊发林业文章，人民日报、经济日报、光明日报、农民日报、解放军报、经济参考报、科技日报、中国环境报、法制日报、工人日报、中国青年报11家报纸同时从不同角度配发社论、评论，形成了较大的宣传声势。

②系统宣传全民义务植树和林业建设十年的成就。各报在一、二版显著位置刊发了一系列有份量的报道。如：《全民十年义务植树一百多亿株》、《全民义务植树为精神文明建设添光增彩》、《4.6亿亩耕地实现林网化》、《21省区落实领导任期绿化目标责任制》、《人民解放军人均植树十株》、《国营林场成为我国林业“第二梯队”》、《城市人均绿地十年增六成》《18省区消灭森林赤字》、《长江中上游防护林一年造1000万亩》、《书写绿色的生命》等等。

③组织宣传报道了广东、北京、安徽、河南、吉林、湖南、山西等12个林业先进省（区、市）林业建设成就及经验的报道。如：《造林绿化第一省》、《广东五年消灭荒山的足迹》、《河南平原绿化全国称冠》、《北京绿化一年比一年好》、《湖南造林质量又上一层楼》、《山西造林质量跃上新台阶》、《安徽“五八”造林首战告捷》、《吉林义务植树名列前茅》等，林业部教育宣传司和北京市林业局联合举办首都新闻发布会，十几家新闻单位到会采访，发表各种报道30多篇。

④配合中央人民广播电台编发林业系列报道。有计划地组织采写15篇重要消息，植树节前后在“新闻和报纸摘要”节目中播出。这次活动从2月4日开始，历时一个多月，加上地方来稿几乎每天播发一篇，再加以其他节目发表的林业消息、通讯，发稿量达70多篇。

⑤集中突出宣传治沙工作。7月底8月初为配合全国治沙工作会议，组织新闻单位进行了较大规模的宣传，发表治沙造林的报道50多篇。人民日报、经济日报、光明日报、经济参考报、中国环境报都在一版发表了我国将大规模治理沙漠的消息，同时组织撰写配发评论。评论的题目是《向沙漠进军》、《开创治沙事业的新局面》、《科学治沙 兴利除害》、《治沙——一项宏伟的生态工程》、《治理沙漠 造福人类》。同时，我们还约请人民日报国际部向驻外记者约稿，共发表介绍国外治沙情况的报道7篇。国际广播电台较为系统地对外介绍了我国治沙的成就和经验。8月中旬又组织人民日报、中央人民广播电台、经济日报、中国环境报、国际广播电台的记者深入沙区采访，报道了甘肃、宁夏治沙造林的典型经验。

⑥以“森林与农业”为主题宣传林业对保障农业稳产高产的重要作用。1991年植树节中央人民广播电台播发长篇通讯《农业的屏障》，引起了较大反响。10月16日为“世界粮食日”，今年的主题是“植树造林，

造福人类”。林业新闻报道紧紧抓住了森林对保障农业稳产高产的重要作用，开展大规模的宣传。一是约请人民日报、农民日报、经济日报、中国环境报、经济参考报发表林业促进农业丰收的综合消息，并组织撰写5篇评论。中央人民广播电台还播发了题为《多造林子多打粮》的述评。这些评论主题突出鲜明，发表后中央人民广播电台连续两天摘要播发，形成了一定影响。二是配合林业部、全国绿化委员会、农业部在京联合举行的植树纪念活动和“世界粮食日”纪念大会组织报道。三是组织新华社、经济日报、农民日报、中国环境报记者赴河北省采访，发表了《大树底下说丰收》等通讯。纪念“世界粮食日”的宣传活动共发表稿件80多篇。

⑦以“森林与水患”为主题开展了宣传活动。人民日报一版编发了《贯彻兴修水利同时搞好林业建设的精神，林业部部署淮河、太湖流域造林绿化》的消息。重点组织中央人民广播电台记者撰写《大灾之后看兴林》述评。这篇报道有理有据，有说服力，充分论述了林与水的密切关系、大修水利必须大力兴林的观点，播出后产生了较大影响。林业部教育宣传司与政策法规司、中国林学会等单位联合举办“森林与水患”专家座谈会，邀请十几位记者到会采访，各报发表了论述森林对防治水灾重要作用的文章。

⑧开展林业新闻图片宣传，组织发表林业新闻图片100多幅，其中配合人民日报、经济日报、光明日报、经济参考报、中国环境报编发了林业图片专版，发表照片52幅。人民日报以“全民植树　绿我中华”为栏题编发了彩色专版。经济日报以“十年植树造林山河披绿增彩”为栏题，光明日报以“绿化神州　福荫后人”为栏题，发表13幅照片。中国环境报以两个整版的篇幅刊发林业图片，版面突出醒目。此外，各报陆续刊登林业新闻照片，形象生动，收到良好的宣传效果。

⑨以“全民植树、绿我中华”为主题与人民日报联合举办征文活动。征文从1月21日起到6月2日结束，不定期发表稿件21篇。征文结束后从中评出一、二、三等奖。

⑩举办“三北”防护林建设成果新闻发布会。首都十几家新闻单位对内对外报道了“三北”防护林工程11年造林保存的成果。为深入宣传“三北”防护林工程十几年的建设成就、先进典型及先进人物的事迹，林业部教育宣传司与“三北”防护林建设局、新华社、经济参考报、经济日报、中国林业报联合举办“绿色长城”征文，这项活动从6月3日到12月底结束，历时半年，共发表稿件110多篇。中央人民广播电台午间半小时节目还采访录制“三北”防护林建设的八集系列报道，每集6—7分钟。

除组织这10次较大的宣传活动外，还组织了全国林业厅（局）长会议、全国沿海防护林工作会议、全国竹业工作会议等重要林业会议的报道。

（封加平）

【林业宣传】　全国绿化委员会、中共中央宣传部、林业部、建设部、文化部、广播电影电视部、总政治部、全国总工会、共青团中央、全国妇联等中央10部门联合发出《关于广泛开展全民义务植树运动十周年纪念宣传活动的通知》。在全国林业厅（局）长会议上高德占部长强调，要下大力量抓好林业宣传工作，摆上日程，加强力量，作为林业建设的“第一道工序”来抓，切实抓出成效。林业部又专门发出《关于加强林业宣传工作的意见》，并决定1991年开展林业宣传工作评比活动。新华社、人民日报、中央电视台、中央人民广播电台等中央新闻单位相继播发、刊登了社论、评论和大量的林业报道、电视新闻。

为贯彻中央10部门的《通知》和林业部的《意见》，北京市特批成立林业宣传中心；辽宁省省委书记岳岐峰亲自担任纪念宣传领导小组组长，全省开展“林业宣传月”活动；安徽省将1991年定为“林业宣传年”；宁夏回族自治区党委书记黄璜提出：要像抓农业那样抓林业，声势要大、范围要大；河南省长李长春指示有关部门，要抓住时机，认真做好林业宣传；浙江省委副书记沈祖伦强调林业宣传要有一个大的声势，利用多种宣传工具大造舆论；山西省提出要依靠各级地方党政领导，把林业宣传的重点放在基层；广东省全年安排了20多个宣传项目，做到人员、任务、经费三落实，全面完成了任务。3月12日植树节和12月13日十周年前后，四川省省长张皓若、黑龙江省副省长孙魁文、湖北省委书记关广富、河北省省长程维高、广西壮族自治区副主席龙川、青海省省委书记尹克升等许多省（区、市）的党政领导纷纷发表文章或广播、电视讲话，林业宣传高潮迭起，把全国造林绿化和义务植树运动推上了新的台阶。

多形式、多层次、多渠道，广泛组织新闻、宣传部门和各行各业，使林业宣传社会化，是1991年林业宣传的一个特点。在各大中城市，充分利用报刊、电台、电视台，开辟林业宣传专版、专栏、专题，举办各种征文、知识竞赛；不少地方利用宣传月、宣传周、植树节、植树月，在广场、街头、车站设立各种宣传站、咨询点，有的邀请领导、专家、劳模举办各种报告会、座谈会、电视讲座、广播讲话；不少单位还举办书、画、摄影展览，组织文艺演出，出版发行各种纪念性的书刊、画册、宣传画、邮票、首日封、纪念币、宣传卡等。

广泛开展基层林业宣传，是1991年林业宣传的又一特点。湖南省开展“保护森林造福人类”百万人签名活动，涉及各级党政领导、各行各业，深入到山区乡村、厂矿学校，签名者达160多万人。宁夏组织300名专业文艺工作者，分赴大街小巷宣传林业。广西永福县14个乡镇利用集市开展宣传，3万多人参加林业山歌比赛。山西省村村见林业宣传标语，数量之多，种类之多列全国之首。四川省林业宣传覆盖面达70%，洪雅等县利用群众喜闻乐见的民族传统节日开展林业宣传。

为搞好1991年的林业宣传工作，各地普遍强化了宣传的行业管理，调整健全宣传机构，培训宣传队伍，增添宣传设备，加强指导督促，组织经验交流，开展评比表彰。湖南省创办了《林业宣传动态》，辽宁、山东等省设立了"林业宣传奖"，山西开展基层林业宣传工作交叉检查，四川提出了林业宣传行业管理六项内容，北京将林业宣传工作纳入检查基层林业工作的一条重要指标。为交流各地经验，林业部教育宣传司，于8、9月份分别在山西大同和安徽休宁，召开了北、南方林业宣传工作经验交流会。在1992年1月6日召开的全国林业厅（局）长会议上，林业部领导对1991年全国的林业宣传工作给予了充分的肯定，并对在1991年林业宣传工作中做出突出成绩的北京市林业局，山西、安徽、湖南、广东、四川、云南省林业厅等7个单位授予"全国林业宣传工作先进单位"的称号。

（庄义国）

【林业音像宣传工作】 1991年林业音像宣传工作主要抓了组织林业电视新闻、专题片的摄制和播放。对植树节、开展野生动物保护等全国性的重大活动，以及"三北"防护林、沿海防护林、平原绿化等重大林业建设工程体系的新闻，通过中央电视台适时播放。为了促进全社会了解和关心林业，提高对林业重要性的认识，还与有关部门协作，组织摄制林业专题片，如《黄土披绿》、《银杉和金花茶》、《白唇鹿》、《人类救救你自己》等，分别在中央电视台的"神州风采"、"社会经纬"、"法制天地"等专栏中播出，《绿染中华》专题片在世界林业大会上播放，取得了良好的效果。

林业摄影展览 为纪念全民义务植树运动开展十周年，在北京先后组织举办了《绿色万里海疆摄影艺术展览》、《纪念全民义务植树运动十周年摄影展览》和《中国古稀树木摄影艺术展览》。

对各省、自治区、直辖市的业务指导 近几年来，全国林业系统的电视宣传工作发展较快，拥有不同档次的摄录像设备近百套。为了更好地发挥电视的宣传作用，进一步提高全国林业系统电视宣传工作的效率和水平，在全国林业音像宣传工作会议上，组织建立林业电视宣传联络网，把林业系统的电视宣传力量组织起来，分工协作，互相配合，有计划的摄制林业电视新闻及电视专题片。同时，结合工作实际，在浙江省组织部分省（区）开展技术培训，提高了摄录像人员的业务技术水平。

（施光孚）

【全国第二届农林科教电影汇映】 农业部、林业部、广播电影电视部、文化部、国家科委、中国科协等单位，于1991年8月1日至12月底，在全国农村联合举办第二届农林科教电影汇映和农林科教影片"丰收奖"评选活动。8月30日，举办单位在北京中国电影放映发行公司举行汇映活动的首映式。参加本届农林科教电影汇映活动的影片达220多部，其中林业科教影片近40部。9月份，除灾区外各地区都已开展汇映活动。受水灾影响的安徽、江苏等地边抗灾、边组织筹备汇映活动。各地区结合本地的实际情况，注重实效，选有针对性的影片，反复放映，让广大农民看懂，学会技术。在放映时间上，利用冬季农闲季节，大搞"科技之冬"汇映活动。有的配合当地农业技术培训放映有关的科教影片。通过本届农林科教电影汇映，进一步将"科学技术是第一生产力"的观念灌输到广大农民的意识中去。这次汇映活动表明，要进一步推广林业科学技术，应当组织摄制一批技术推广容易、适用性强的林业科教影片。

（施光孚）

【纪念全民义务植树运动十周年摄影展览】 林业部、全国绿化委员会办公室于1991年12月13—27日在北京自然博物馆举办了纪念全民义务植树运动十周年摄影展览。

10年来，全国参加义务植树的人数累计达20亿人次，植树110多亿株，近两年每年参加义务植树的人数都在3亿人以上，植树17亿株以上。这次展览精选出的105幅照片，比较全面地反映了全国各地开展义务植树活动的情况。

（方　仁）

【中国古稀树木摄影艺术展览】 为了弘扬中华民族珍爱古树的美德，丰富群众的精神文化生活，激发人们的民族自豪感和爱国主义精神，在全国开展全民义务植树运动十周年之际，中国林学会、林业部教育宣传司和北京自然博物馆联合举办了这个展览。从全国应征的2000多幅摄影艺术作品中，评选出近百幅比较有代表性的作品，既有黄陵古柏、商周古银杏、唐梅、宋楸、元杉、林芝巨柏、天目大柳杉等古老树木，又有自然造型奇特的各种松树、柏树、榕树、旋柳、紫薇及珍贵稀有的蚬木、四数木、望天树、樟树、秃杉。

（方　仁）

【绿色万里海疆摄影艺术展览】 为了宣传沿海防护林的建设情况，促使人们了解这场宏伟生态工程的重要性和迫切性，林业部教育宣传司、人民日报社海外版、人民画报社、林业部华东调查设计院联合举办了绿色万里海疆摄影艺术展览。从采访活动拍摄的大量照片中精选、评审的130多幅作品，形象生动地表现了沿海人民在改善自然生态环境，为黄金海岸建造绿色屏障过程中，所付出的艰辛劳动和取得的可喜成果，进而激发了人们的绿化意识，对绿色万里海疆的建设事业给予更多的关怀和支持。

（方　仁）

【"绿染的风彩"人物宣传】 为纪念党的诞生日和全民义务植树运动10周年，林业部教育宣传司与中国环境报联合举办了"绿染的风彩"人物系列报道，将一批为党、为祖国奉献绿色的先进人物介绍给广大读者。

"绿染的风彩"专栏以宣传为林业建设做出突出贡

献的共产党员的模范事迹为主题，反映他们艰苦奋斗、无私奉献的精神。“绿染的风彩”系列报道从6月初开始到年底结束，在半年多时间里，向读者介绍了20余位奋战在林业生产第一线的共产党员：有人称无脚造林英雄的残废军人邓承东，坚持义务植树40年的感人事迹；有为办好林场操心劳累大半辈子的“造林功臣”罗中旭；有躬身林业科技，把香甜的苹果奉献给人们的高级园艺师林秉厚；还有普普通通的护林员、全国绿化奖章获得者、村支书、林业局长……，他们的精神给读者以榜样的力量，他们在林业生产中取得的经验，也给读者带来了有益的启迪。（陈 威）

【“绿色长城”征文活动】 被誉为世界生态之最的“三北”防护林体系工程，十三年来取得了举世瞩目的成就。为了使人们了解这项宏伟生态工程的发展历程、建设成就及其产生的效益、进一步推动“三北”防护林建设，“三北”防护林建设局、新华社国内部、经济日报社、经济参考报社、中国林业报社联合兴办了“绿色长城”征文活动。

征文以反映“三北”防护林体系工程建设所取得的成就及其产生的生态效益、经济效益和社会效益为主题，从一个侧面、一个地区的突出成绩或一个典型人物反映了在工程建设中所取得的经验、方法及先进事迹，如通讯《纵横交错织绿网》从绥化大地13年来的变迁，林网带来的巨大效益，突出地反映了工程建设带来的可喜变化；人物报道《永定河畔播绿人》，以林业战线的“劳动模范”——普通女共产党员郭如琦，把全部爱心献给绿色事业的先进事迹，歌颂了防护林工程建设中那些默默耕耘的开拓者；《只要树立林业观念，平原也能承担木材生产》从林业产业这一新的角度，为工程建设献计献策等。征文体裁多种多样，自6月1日开始到年底共发各类稿件116篇，其中经济参考报发稿36篇，新华社国内部发稿81篇。

（陈 威）

【“三北”防护林建设成果新闻发布会】 1991年9月18日上午，林业部召开新闻发布会，高德占部长亲自主持并向新闻界就“三北”防护林工程建设11年(1978—1988)造林保存1.1亿亩的最新调查结果和工程建设主要经验及效益作了通报。

来自新华社、人民日报、中央人民广播电台、中央电视台、经济日报、中国日报等首都19家新闻单位的20多名记者出席了这次新闻发布会。

会后，新华社、人民日报、中央人民广播电台、中央电视台、人民日报（海外版)、光明日报、经济日报、经济参考报、中国环境报、中国国际广播电台、中国新闻社、瞭望杂志等均对“三北”防护林体系的人工造林面积、保存面积、造林存活率等最新资源数据向国内外发了消息。经济参考报还以《“三北”开创中国特色的林业建设道路》为题作为“国庆专稿”在头版头条刊出。（吴 焰）

【“世界粮食日”纪念宣传活动】 10月16日是“世界粮食日”。联合国粮农组织确定以“植树造林，造福人类”作为1991年第11届“世界粮食日”纪念活动的主题。10月15—16日，林业部、农业部、全国绿化委员会联合在京举行了植树纪念活动和“世界粮食日”纪念大会。

为在“世界粮食日”前后加强森林与农业关系的宣传报道，林业部专门给各新闻单位发了函，约请人民日报、经济日报、农民日报、中国环境报、经济参考报发表林业促进农业丰收的综合消息，同时配发评论，评论的题目是：《种树就是种粮》、《建设生态屏障造林保田增粮》、《筑起生态屏障》、《造林就是造粮食》。这些评论发表后，中央人民广播电台连续两天摘要播发，形成一定影响。同时，首都十几家对内对外新闻单位发表了关于纪念活动、大会和林业部获联合国粮农组织银质奖的消息，有的消息被香港报纸转发。

另外，还组织新华社、经济日报、农民日报、中国环境报记者赴河北采访，发表了《大树底下话丰收》等通讯。

本次“世界粮食日”纪念活动，新闻单位共发各类文章80余篇。（吴 焰）

【林业文学工作】 年内，中国林业文学工作者协会先后召开两次常务理事会和理事长办公会议，研究、部置全年的协会工作。

①确定中国林业文协秘书处设在北京林业管理干部学院，同时增补副理事长和常务理事，从而加强和充实了林业文协的领导力量。这一年共发展新会员62名。

②加强了与中央宣传部文艺局、中国文联、中国作协以及其他部委的产业文协、文联的联系。参加了中央宣传部文艺局举办的文艺处长读书班、产业文协座谈会、联席会，中国文联召开的座谈会、茶话会，汇报林业文协工作，争取对林业文协工作的指导与支持。

③编辑出版了4期《林业文坛》，共40余万字；编辑出版了中国林业文学丛书（1）——《“绿叶”征文获奖作品集》，23万字；出版了“中国林业企事业文艺丛书·吉林分卷”——《美人松》，22万字。

④与林业部教育宣传司联合举办“林业题材演唱作品”征集活动。共征集到戏剧、相声、说唱、歌词等200多篇作品。（陈 凤）

【林业美术活动】 3月13—29日为纪念全民义务植树运动10周年，林业部教育宣传司、“三北”防护林建设局、中国美协会工部、宁夏回族自治区、陕西省林业厅在北京德胜门城楼东方油画艺术厅，举办了“三北”防护林写生画展（宁夏、陕西部分），展出了靳尚谊、王铁城等13人的国画、油画、版画等90幅。由中国美协常务书记雷正民同志撰写前言，中国美协副主席古元同志为展览会写了标题。

6月，陕西省林业厅、中国林业美协在陕西省淳化县举办了陕西省林业美术培训班，参加学习的学员达40多人，聘请中国美协、陕西省美协、西安画院、美院等专业画家讲课并外出写生作画。于9月15—22日在陕西省美术家画廊举办了绿染淳化美术作品展，展出中国画、油画、水粉画等60余幅。

7月中旬至8月中旬由林业部教育宣传司、“三北”局、中国林业美协、中国美协会员工作部、山西省林业厅邀请雷正民等7名林业系统及专业画家，赴山西“三北”防护林建设地区进行写生采访并于8月23—29日在太原市工人文化宫举办了“三北”防护林写生画展（山西部分）共展出国画、油画、速写等80幅。

9月中旬到10月下旬，全国林业美协、四川省林业厅、美协，邀请了潘世勋等林业系统及专业画家13人到汶川、茂县、九寨沟、洪雅、乐志等长江中上游防护林建设地区，进行写生采访并于12月23日在四川省展览馆举办了“长江中上游防护林写生习作展”共展出国画、油画、水彩画、水粉画145件。

（王铁城）

【全国农业综合开发成果展览暨林业成果展区】 经国家农业综合开发领导小组批准于1991年10月28日至11月7日在北京农业展览馆举办了“全国农业综合开发成果展览”。参展单位有黄淮海及三江平原等地区的18个省（区、市）以及农牧渔业部、林业部、水利电力部共21个单位，分别展示3年来农业综合开发的成果及经验。林业部承担“林业成果展区”分三大部分展示：①林业的综合效益包括“防风固沙　保护农田”、“保持水土　涵养水源”、“固堤护岸　防淤防塌”、“改善农田气候　促进稳产高产”、“森林生态效益”、“山上多种树等于修水库”、“林果生产是农村经济的支柱”等7个内容（包括3个图表），重点显示林业在农业综合开发中所发挥的“林业是农业和水利的生态屏障”重要作用。②长江中上游防护林体系建设工程。主要展示长江中上游9个省145个重点县建设工程的重大意义、规模和山、水、林、田、路综合治理的措施及已取得的成效。③油茶低产林改造。主要展示我国南方15个省的油茶资源丰富、由低产林改造成高产林已取得的成就，以及科技兴油、综合改造、大力推广油茶丰产技术的措施。整个展区除用简要的文字说明外还配有内容丰富的彩色图片；同时展出已经收到效益的产品实物。总结了3年来在各省（区、市）对林业建设的重视和支持下，安排了相应的林业建设资金，营造了农田防护林、防风固沙林、水土保持林、水源涵养林、用材林、薪炭林、经济林1515万亩，林业在农业综合开发中已经并越来越显示出对农业和水利的生态屏障作用。

展出结束后，经大会组委会聘请有关专家组成评委会对各展区进行评比，林业部“林业成果展区”荣获展览组织一等奖及展览设计一等奖。

中央领导非常重视这次展览，开幕式由国务院副总理田纪云剪彩。展出期间，江泽民总书记、李鹏总理以及宋平、邹家华、倪志福、王汉斌、陈俊生、洪学智、马文瑞等党和国家领导人观看了展览。

（李培桐）

【举办森林法和野生动物保护法电视讲座】 为配合中共中央宣传部、司法部《关于在公民中开展法制宣传教育第二个五年规划》的实施，1991年林业部教育宣传司与中央电视台联合举办了《中华人民共和国森林法》和《中华人民共和国野生动物保护法》电视讲座，由中央电视台录制，于1991年5月份开始在中央电视台第一套节目教育节目栏播出。（李培桐）

【第二届中国林业出版社特约顾问、特约编审会议】

中国林业出版社受林业部委托，于1991年10月15—18日在京召开了第二届中国林业出版社特约顾问、特约编审会议，这是继1984年全国林业出版工作会议的又一次重要会议。这一次林业部为中国林业出版社重聘、新聘特约顾问、特约编审共67位，其中特约顾问8位，特约编审59位。参加会议的特约顾问5位，特约编审33位。林业部副部长沈茂成代表林业部在会上作了重要讲话；特邀请中国出版工作者协会科技出版工作委员会、新闻出版报、中国林业报、中国林学会的领导和同志到会讲话；林业部副部长徐有芳为专家、学者颁发了特约顾问、特约编审聘书。会上，中国林业出版社原代社长高明寿代表出版社作工作汇报；副社长、总编辑钱彧境汇报了中国林业出版社1984—1990年选题规划执行情况及对1991—1995年选题规划设想。

会议期间，与会代表认真学习、讨论了沈茂成副部长的报告，审议了中国林业出版社1991—1995年选题规划。代表们集思广益，出谋献策，为进一步修改、完善“八五”选题规划提出了宝贵意见，并对特约顾问、特约编审工作条例进行了讨论。会上针对林业科技专著出书经费短缺的问题反映强烈，专家们一致呼吁建立林业出版基金，从上到下，方方面面筹集资金，以扶持林业科学技术事业的飞跃发展。

最后，由中国林业出版社社长刘永龙作大会总结。

（牛玉莲）

林业图书介绍

【《松毛虫综合管理》】 陈昌杰主编，中国林业出版社出版，(精) 19.00元。

本书是在国家“六五”、“七五”“松毛虫综合管理研究”的基础上，汲取了前人的经验教训，运用集体的智慧编写而成。此书将系统科学的思想和方法运用到松毛虫综合管理中，这在我国尚属首次。

全书共分十章。第一章简述了我国松毛虫发生、防治历史及现状；第二章简单介绍了我国的松毛虫种类、地理分布及生物学特性；第三章讲述了松毛虫种群动态与环境的关系。环境因子包括气候因子、天敌因子、立地类型、林分结构、海拔高度、林业措施等；第四章较详细地论述了松毛虫种群的空间格局，松毛虫种群密度的抽样估计，松毛虫种群监测方法，松毛虫种群动态模型；第五章探讨了失叶对松树生长的影响。该章分别从松树生长模型，松树失叶后的差异性检验及其生长模型，人工模拟失叶对松树部分生理指标影响的探讨，松树失叶率与松毛虫种群密度的关系等几个方面分别论述；第六章从松毛虫天敌资源及其评价、天敌保护利用几个方面，讲述了松毛虫综合管理中天敌昆虫及鸟类的保护和利用，在本章还给出了中国的松毛虫天敌名录；第七章分别从真菌杀虫剂、细菌杀虫剂及松毛虫细胞质多角体病毒的应用几个方面论述松毛虫综合管理中微生物杀虫剂的应用；第八章讲述了化学杀虫剂在松毛虫综合管理中的应用，还讲述了松毛虫抗药性的监测和化学杀虫剂对松林生态系统的影响；第九章是本书的核心，分别阐述了害虫综合管理的概念，系统分析的思想、方法在害虫综合管理中的应用，松毛虫综合管理系统模型，松毛虫综合管理计算机系统及福建省漳浦地区马尾松毛虫综合管理系统模型；第十章是松毛虫综合防治的实践。

本书可作为农林院校师生及从事森保工作人员的参考书，亦可作为森林资源管理人员的参考书。

(温　晋)

【《森林生态采运学》】 陈陆圻主编，中国林业出版社出版，(精) 10.50元。

“本书是考虑森林的生态效益和经济效益相结合的第一次尝试”，这是本书的开篇语，也是本书全部内容的高度概括。本书是以森林生态经济理论为基础和森林永续利用为原则，并根据集约经营与多种目的利用的要求，从采伐方式、采运工艺、作业技术、工程设施等各个方面阐述了培育型森林采运的理论观点，明确提出：要按森林采运在国民经济中的地位与任务，采用不同采伐更新方式、木材运输和贮木场作业方式及劳动组织，为更有效地生产商品材，充分发挥森林的生态效益和经济效益。全书内容有：中国森林采运简史、森林采伐与森林生态（森林生态效益与经济效益、森林采伐与生态环境、森林采伐与森林培育)、森林资源的合理开发利用（我国森林资源、森林集约经营、森林永续利用、森林采运技术政策)、森林采运工艺设计、森林采运技术（采伐、集材、陆运、水运、贮木场、竹林采伐、采运机械选型)、森林采运产品（产品结构、产品管理、产品供应与调运)。据此可以得出这样的结论：我们必须从传统的采伐型林业的概念中解脱出来，按森林的自然规律和经济规律，以森林生态系统为对象，在森林采运生产全过程中，对森林资源加强集约经营，提高森林生产力，并遵循永续利用的原则，使森林生态效益与经济效益密切结合。

(曹　靖)

【《中国兰花》】 吴应祥编著，中国林业出版社出版，(平) 15.00元。

《中国兰花》一书，是迄今为止，我国已出版的各种兰花书中，内容最丰富，层次最深，集学术性、实用性、欣赏性为一体的中高档专著书籍。它不但对从事研究兰花育种、引种、分类工作的专业人员有指导意义，对兰花业余养植、爱好者，养兰专业户如何种植、栽培、选择兰花也有帮助，同时也为喜爱、欣赏兰花的文学、艺术工作者提供良好、丰富的创作素材。

该书由中国科学院北京植物园研究员、我国著名的、造诣精深的兰花专家吴应祥先生撰著。内容包括：中国栽兰历史，兰花品种资源、产地及分布，兰花的形态特征，兰花品种分类，兰花生物学特性，兰花的繁殖，兰花的栽培管理，兰花的引种和育种，兰花病虫害及其防除，兰花的应用，兰花诗词欣赏等，并有百余幅彩色兰花品种照片，其中不乏珍品，如有曾于1987年香港兰展时以30万港元之巨出售的墨兰“大屯麒麟”，有被日本人称为“四大天王”的“宋梅”、“万字”、“集圆”、“龙字”等。

我国兰花与梅、竹、菊并列为“四君子”，与水仙、菖蒲、菊花列为“花草四雅”。中国兰花被尊为“国香”、“香祖”，其俊秀的花姿、脱俗的风韵，吸引了广大兰花爱好者。

(陈英君)

【《野生生物宝库——四川自然保护区》】 四川省林业厅、中国科学院成都生物研究所编，中国林业出版社出版，(精) 65.00元。

本书是介绍四川自然保护区的一本画册，共收集了236幅彩色照片，以丰富的内容、精美的画面、优雅的文字，全面系统地把保护区内的主要珍贵野生动、植物和巍峨秀丽的自然景观充分地展现于读者面前。

目前四川省已建立了17个，拟建15个自然保护区，分布在海拔600—6250米，且地形复杂，囊括寒、温、热三个气候带的气候特征。因此动植物资源极其丰富，共有兽类201种，鸟类615种，爬行类72种，两栖类83种和10000余种高等植物。

本画册按主次分别介绍了大熊猫、金丝猴、扭角羚、四川梅花鹿、藏马鸡、红腹锦鸡、绿尾虹雉等80多种珍稀动物的各种丰姿和水杉、银杉、桫椤、珙桐、鹅掌楸、飘拂黄精、叶上珠以及各种奇花异卉和菌类等170余种珍稀植物，其间并穿插编排了各自然保护区的各种类型的奇异美妙的自然景观。

本画册书名请著名书法家吴作人先生题字。画册分中、英文两种版本同时出版；在香港制版，深圳印刷、装订，豪华精美，集艺术与科学于一体，具有较高的阅读、欣赏和收藏价值。 （郑铁志）

【《日汉环境科学词典》】 李视歧主编，中国林业出版社出版，（精）65.00元。

环境科学是本世纪60年代兴起的一门独立学科，也是一门综合性学科，它涉及自然科学的若干领域，诸如环境化学、环境物理、环境气象、环境地质、环境生物、环境工程、环境医学、环境管理、环境经济、环境监测等。

本词典收编了上述各领域的词汇近30000条，其中特别收编了最近几年，尤其是1989—1990年在日本出现的新词和关键词汇，并给这些词汇加了详细释义，同时对日本的著名公害及其有关的事件，也加以较详细的说明，以供有关人员阅读和翻译日文文献之用。

我国近几年来，在环境科学的研究、环境治理、环境保护、环境立法等方面都取得了显著成绩，并与日本有关环境部门进行广泛的文化技术和工作经验交流。根据各专业的具体需要，本词典又编制了一系列附件，以备查阅。附件包括：1. 常用西文缩写词；2. 汉日英世界地名；3. 日本地名读法；4. 中国地名日语读法；5. 日本通用度量衡；6. 数学符号日语读法；7. 日本主要环境保护团体；8. 中国环境保护工作大事记等15个。

本词典内容丰富，是环境部门、科研部门、高等院校和各图书馆必备的工具书。 （郑铁志）

【《英汉果树词汇》】 曲泽洲、张建光、韩其谦编，李树仁审，中国林业出版社出版，8.50元。

该书作者和审稿人不但是我国著名的果树专家，而且在英语翻译方面颇有造诣，他们在多年从事果树专业资料翻译、研究生专业英语教学的基础上，参阅了60多本中外词典、果树专著以及有关期刊编写而成。书中收集了果树专业常用词汇2万余条，包括果树栽培、果树育种、果树生理、果品贮藏加工、果树病虫害及果树研究法。此外，还收集了35个树种的常见品种名称2000余条及果树专业文献常用缩写词250余条，动、植物种类皆附有拉丁学名，并对拉丁学名进行了严格审订，对我国文献尚未刊载过的生物拉丁学名（主要是国外的一些生物种类）仍以原引用书刊为准。关于果树品种名称的确定，一部分按照我国已正式确定的译名，其余则采用国内正式出版书刊上的译名或通用名。

该书的词条全面新颖、词义确切简括，明白易懂，使用方便，是果树专业技术人员、翻译人员、科研工作者必备的工具书。 （张宏潮）

【《实用林业词典》】 姚庆渭主编，中国林业出版社出版，（精）25.50元。

本词典是一部以营林内容为重点，具有科学、实用、简明、通俗特点的面向生产、面向社会的中型林业工具书。选收词目的内容包括森林气象、森林土壤及肥料、树木、树木生理、树木遗传、森林生态、林木种子、苗圃、造林、防护林、桑茶果栽培、林木育种、园林绿化、营林机械、森林昆虫、森林病理、森林病虫害防治、森林鸟兽、森林防火、环境保护、自然保护区、森林测量、数理统计、测树、森林经营、森林经理、森林采运、森林利用、林业经济、林业遗产等30门学科，重点是营林方面的名词术语和名称。全书共选收主词目5012条，副词目3095条，总计8107条。每个词目的释文主要介绍该词目的基本概念、主要内容和其在科学实践两方面的价值和作用，并注意联系生产实际。对行之有效的技术方法和最新科学成就，亦尽可能地给予了反映，同时附了必要的插图，适应了我国林业建设事业的蓬勃发展，满足了广大林业职工和各行各业学习林业知识的迫切需求。

（孟庆武）

【《绿色之光》】 全国绿化委员会办公室，中国林业出版社，（精）胶版纸本25.00元，（精）凸版纸本19.00元。

本书是为纪念开展全民义务植树运动10周年而出版的，与1989年出版的总结建国40年以来全国绿化工作情况的《绿化神州》一书相衔接，重点介绍了1989—1991年全民义务植树和造林绿化的发展情况，特别是将全国造林规划和各地绿化本省（区）大地的奋斗目标、战略布局和措施，作为重要内容编入书中。全书共分四章20节140个专题，并有附录。

第一章：绿色之声。汇编了专门为此书征集的50位部分省、自治区、直辖市领导和有关部门领导的文章，谈对造林绿化工作的认识、决心和发展林业事业的基本思路及采取的对策。

第二章：重要决策。摘编了全国造林绿化规划纲要和21个省、自治区绿化本省（区）大地的决定。

第三章：绿色丰碑。介绍了国家6个重点造林绿化工程和各地25个城乡造林绿化工程。

第四章：经验借鉴。阐述了全民义务植树运动10周年所取得的成就和经验，总结了各地35个造林绿化的先进典型和经验。

附录：收录了国家和有关部门以及部分省（区、市）关于造林绿化的法律、法规和规章；全国绿化委员会的决定、规定；全国绿化委员会第九次全体（扩大）会议和全国治沙工作会议上的领导讲话。

本书题材新颖，内容丰富，具有较高的科学性、政策性和实用性，是各级领导、造林绿化工作者和广大群众的很好教材，是从事教学、科研和生产人员的很好参考文献，是宣传普及绿化知识和政策的重要图书。

本书开本大32，4页13幅彩照，632千字。

（哈都尔）

【**《全国普通高中等林业教育统计资料》**（1949—1988）】 本资料是建国后第一部较为客观地、完整地反映40年来我国普通高、中等林业教育发展历史的统计资料。本资料共分8个部分：综合部分，普通高等林业教育，普通中等林业教育，普通高、中等林业院校分布情况，普通高、中等林业院校教育经费和基本建设投资，普通高、中等林业院校部分专业教学计划，普通高、中等林业教育大事年表，附录。汇总统计的范围是：全国普通全日制高等林业院校、其他普通高等学校设立的林学（园林）系以及部分林业中等专业学校办的大专班；普通全日制中等林业学校（含园林学校和农垦林业学校、中等林业师范学校、中等林业卫生学校以及其他中等学校的林科学生。

本书由东北林业大学出版社出版。（蓝增寿）

附　　录

中国林业出版社1991年部分林业新书目录

书名	编著者	定价
绿色之光	全国绿化委员会办公室编	（胶版纸）25元
		（凸版纸）19元
宁夏森林	《宁夏森林》编辑委员会编著	15.50元
黑荆树及其利用	贺近恪等主编	22.50元
红松人工林	齐鸿儒主编	4.90元
择伐	曹新孙编著	3.70元
香樟栽培	江西省林业厅造林处编著	2.20元
北方中药材病虫害防治	山东省中药材病虫害调查研究组编著	5.00元
林用杀虫烟剂和油剂	霍士操等编著	3.00元
植物生长调节剂在果树生产中的应用	王涌清等编著	2.60元
旱地葡萄栽培及技术改造	张国宝编著	2.00元
中国兰花	吴应祥编著	15.00元
图解盆栽入门	苏志新编译	6.00元
观赏植物组织培养技术	谭文澄等主编	10.00元
森林生态采运学	陈陆圻主编	10.50元
森林抚育机械	黄仁楚主编	3.00元
国营林场与苗圃财务管理	权光男等编著	2.40元
林价理论与实践	王瑞芳等主编	3.00元
森林植物检疫	焦守武等编著	5.80元
林业工作经验汇编	中华人民共和国林业部办公厅编	3.10元
林业标准汇编（二）	中华人民共和国林业部科技司编	21.00元
林业标准汇编（三）	中华人民共和国林业部科技司编	26.00元
全国林业统计资料（1989）	中华人民共和国林业部编	14.50元
全国林业统计资料（1990）	中华人民共和国林业部编	15.50元
中国林业人名词典	中国林业人名词典编辑委员会编	10.00元
实用林业词典	姚庆渭主编	25.50元
日汉环境科学词典	李视歧主编	65.00元
英汉果树词汇	曲泽洲等编	8.50元
昆虫病毒病名录	于在林等编	2.50元
云南两栖类志	杨大同主编	13.00元
中国雉类——褐马鸡	刘焕金等著	5.80元

中国鳄蜥	张玉霞著	5.50元

科技兴林丛书

林业部推广100项科技成果项目指南(1990)	林业部科技司主编	2.80元

全国“星火计划”丛书

林蛙养殖	马常夫编著	5.00元
蝎的人工饲养	吕锡岫等编著	1.85元
五倍子丰产技术	赖永祺编著	1.70元
五倍子加工及利用	张宗和编著	5.50元
紫胶加工及应用	吴统芳编著	2.60元

全国高等林业院校教材

水土保持工程学	王礼先主编	7.90元
干旱区造林	孙洪祥主编	6.85元
干旱区草场经营学	孙洪祥主编	3.60元
园林建筑设计	卢仁等主编	13.00元
森林采伐机械与工具（第2版）	马龙滨主编	4.00元
林产工业微生物学	南京林业大学主编	4.35元
木材防腐	周慧明主编	4.95元
大学物理	刘德祖编	7.65元
物理实验	吴又可主编	3.90元
家具制图	周雅南编	4.50元

全国中等林业学校教材

森林调查知识	马继文等编	2.80元
园林植物栽培学	南京林业学校主编	3.80元

木材加工工人技术理论教材

木制品生产工艺	王晓纯等编	8.00元
人造板表面装饰	雷隆和编	8.50元
木工机床	赵焕甲编	5.00元

（中国林业出版社总编室）

东北林业大学出版社1991年部分林业书目

森林资源经济学	蒋敏元等著	4.90元
森林资源学	和海云主编	10.80元
防护林学	向开馥编	2.90元
森林生态学	叶镜中主编	2.90元
林病研究法	项存悌编著	3.00元
大兴安岭西伯利亚红松研究	赵光仪著	5.00元
高寒地区育苗技术	迟文彬等著	3.95元
东北地区杨干象综合治理技术研究	胡隐月主编	14.20元
森林生态系统定位研究（第一集）	周晓峰主编	38.50元
国家重点保护野生动物图谱	中国野生动物保护协会等编	14.00元
木材科学新篇	李坚主编	4.00元

（东北林业大学出版社总编室）

其他出版社 1990、1991 年部分林业新书目录

科学出版社

书名	作者	定价
木本药用植物栽培与加工	常自立　彭德纯主编	5.30 元
中国的森林	周以良等编	33.20 元
落叶松真菌病害	苑健羽编著	（精）23.50 元
害虫防治——策略与方法	张宗炳　曹骥主编	（精）35.80 元 （平）33.60 元

农业出版社

书名	作者	定价
南方果树修剪技术	刘权主编	7.80 元
苹果病虫害防治技术	龙兴桂等编著	5.60 元
红富士苹果栽培技术	邱毓斌等编著	1.60 元
苹果、梨、桃、葡萄栽培管理十二个月	董启凤等编	2.90 元
柑桔栽培二百题	何天富编著	3.10 元
乔砧苹果矮化栽培技术	张友功　齐志琴编著	1.80 元
英汉植物病理学词汇	《英汉植物病理学词汇》编辑委员会编	（精）45.60 元

气象出版社

书名	作者	定价
树木年轮与气候变化	吴祥定等著	8.80 元
实用葡萄技术问答	施献举　吴　湛编著	2.00 元

科学技术文献出版社

书名	作者	定价
果品贮藏保鲜实用技术	王仲田　王兰竹编著	1.20 元

北京出版社

书名	作者	定价
北京果树志	曲泽洲主编	（精）35.00 元

中国旅游出版社

书名	作者	定价
爱鸟与养鸟	王德兴等编著	3.30 元

上海科学技术出版社

书名	作者	定价
嫁接的原理与应用	李继华编著	3.10 元
养花技术问答（续集）	蔡顺清等编著	2.30 元
花卉植物病毒及病毒病	张健如　沈淑琳主编	5.00 元

上海科技教育出版社

书名	作者	定价
盆景入门	孙耀良等编	1.60 元

上海教育出版社

书名	作者	定价
常见植物 400 种（彩色观察图册）	欧善华　高瑾南编　刘筱蕴　王　羊绘	5.40 元

湖南科学技术出版社

书名	作者	定价
中华古树大观	谢凤阳著	5.50 元
无核蜜柑栽培技术	邵阳地区农业局编	2.30 元
柑桔保花保果实用新技术	黄明福等编著	2.00 元
柑桔病虫防治彩色图册	肖建民主编　尹健强绘图	3.70 元

湖南教育出版社

书名	作者	定价
林木良种壮苗	何家伟编	2.60 元

安徽科学技术出版社

书名	作者	定价
阳台养花	陶有法等编著	3.25 元
桃	钟家煌　徐忠传编著	2.00 元

广西科学技术出版社

书名	作者	定价
林业科技成果推广图解（一）	黄应钦等编　黄应钦　张汝欧绘图	2.25 元

甘肃科学技术出版社

书名	作者	定价
经济林木栽培与利用	刘中汉编著	6.50 元

江西科学技术出版社

书名	作者	定价
庭院致富手册	丁长奎等编写	3.00 元

辽宁科学技术出版社

果树栽培实用技术	张殿高编著	9.60元
福建科学技术出版社		
图解柑桔栽培技术	福建省农业厅经济作物处主编	3.40元
山西科学教育出版社		
果树四季管理	赵印立　王长命编著	5.00元
西北大学出版社		
水土保持林草	雷明德等编	3.00元
西南交通大学出版社		
中国十大名花	李祖清编著	4.45元
湖北少年儿童出版社		
珍稀植物大观	鲁　星等编著	3.10元

（谢亚美）

林 业 统 计

【林业统计综述】

林业系统国营林场普查工作 为了摸清全国林业系统国营林场的基本情况，林业部于1991年4月15日发出了林计字［1991］79号《关于对全国林业系统国营林场进行普查的通知》，并布置了普查方案与普查卡片，普查截止时间为1990年12月31日。普查结果见附表。

全国林业统计干部培训班 根据全国林业厅（局）长会议及全国统计工作会议关于加强专业培训的精神，为了提高在职林业统计干部的业务素质和专业水平，林业部综合计划司委托北京林业管理干部学院举办了全国林业统计干部培训班。27个省、自治区、直辖市、地区以上林业统计干部，共91人参加了培训。在培训班期间，学员们系统地学习了社会经济统计学原理和林业专业统计课，还为学员举办了统计法规、人工造林面积核查、计算机在林业统计中的应用等讲座。

林业系统计算机网络建设 为了实现林业部与各省、自治区、直辖市林业厅（局）计划统计手段的现代化，根据林计统便字［1991］12号《关于配备微型计算机的函》的要求，采取部与省（区、市）林业厅（局）分别负担资金由林业部统一购买微型计算机的办法，于1991年12月由林业部统一购置了微型计算机，并于12月4—13日在京举办了培训班，学员共有54名。在培训班期间，学员们系统地学习了微机安装测试及维修、操作系统、DBASE、林业统计年报汇总软件、OFFICE软件（AST版）和微机远程通讯等课程。

林业统计社会服务 为了满足国内外各有关方面的需要，林业部及时地汇编并由中国林业出版社出版了《全国林业统计资料（1990）》；中国林产品产量数字还与联合国粮农组织作了交流。 （吕永来）

【林业生产建设统计分析】 1991年，林业部门社会总产值644亿元，其中，林业部门全民所有制企、事业单位社会总产值252亿元。

营林生产分析 ①1991年全国造林面积完成8391.7万亩，比1990年增长7.4%。人工造林7127.7万亩，比上年增长9.2%；飞机播种造林1264万亩，比上年减少1.5%。在造林面积中，国营造林800.3万亩，比上年增长6.6%；集体造林5000.3万亩，比上年增长18.1%；国社合作造林461.2万亩，个人造林2129.9万亩，分别比上年减少6.9%和8.7%；在造林面积中，全年营造用材林5015.5万亩，比上年增长5.9%；营造速生丰产林840.5万亩，比上年增长24.4%；利用世界银行贷款的“国家造林项目”开始全面实施，全年完成造林面积390万亩，占总规模的29.4%。营造经济林面积1004.3万亩，比上年增长3.9%。全年营造防护林面积1865.5万亩，比上年增长20.8%，防护林建设呈现加速发展的势头。“三北”防护林体系建设工程完成造林面积1755.7万亩，比上年增长19%；长江中上游防护林体系建设工程完成造林面积693.6万亩，比上年增长42.7%；沿海防护林体系建设工程完成造林面积335.4万亩；太行山绿化工程完成造林面积338.6万亩，比上年增长105.7%；全国已有507个县和36个地（市）达到平原绿化标准，实现了平原绿化规划规定的第一阶段目标。

②1991年，全国完成工程造林面积3395.2万亩，比上年增长18.5%；占人工造林面积的47.6%，比上年提高近3.7个百分点。据人工造林实绩核查，1990年全国人工造林面积合格率为75%。

③全年完成迹地更新面积996.1万亩，比上年减少1.1%；人工更新面积809.4万亩，与上年基本持平；人工更新面积占迹地更新面积的比重为81.3%，比上年提高1.2个百分点。

④1991年末，全国封山育林面积43 955.4万亩，其中，本年新封面积9330.7万亩，比上年增长26.7%；零星（四旁）植树36.2亿株，比上年增长7.2%。

⑤林木种子采集量大幅度上升，全年采集量33 538吨，比上年增长40.1%；育苗面积342.5万亩，其中，本年新育面积230.7万亩，分别比上年增长6.9%和12.4%。种子园年末实有面积达到50.2万亩，比上年增长26.8%；母树林年末实有面积373.9万亩，比上年减少6.9%。

⑥全年幼林抚育面积13607.3万亩，成林抚育面积6652.1万亩，其中，中、幼龄林抚育面积3934万亩，低产林改造面积754.9万亩，分别比上年增长7.2%、8.4%、4.4%和9.1%。

⑦11种主要林产品产量，有7种呈增长趋势，其中有5种增长幅度较大，4种林产品产量呈下降趋势。生漆2945吨，油茶籽620 727吨，棕片42 137吨，板

栗 137 747 吨，竹笋干 87 242 吨，分别比上年增长 9.8%、18.6%、5.7%、19.6%和 4.4%；松脂 440 431 吨，核桃 151 644 吨，分别比上年增长 1.2%和 1.4%；由于受价格和市场的影响，部分产品继续下滑，油桐籽 327 544 吨，乌桕籽 45 477 吨，紫胶（原胶）1280 吨，分别比上年下降 9.9%、12.5%和 9.9%；五倍子受资源的影响，产量出现下降，年产 5595 吨，下降 3.3%。

⑧农村木材采伐量增长较快，结构发生变化。全年木材采伐量 4906.5 万立方米，比上年增长 19.7%；其中，木材生产性采伐量 2916 万立方米，增长 8.4%，占总采伐量的 59.4%，比上年下降 6.1 个百分点；能源性消耗采伐量 1642.6 万立方米，增长 33.1%，所占比重由上年的 30.1%增至 33.5%，提高 3.4 个百分点。

⑨森林灾害日趋严重，形势严峻。森林火灾次数和受害森林面积增加，出现回升势头。全年发生森林火灾 5019 次，受害森林面积 47.5 万亩，其中，成灾面积 29.2 万亩，分别比上年增长 7.9%、9.2%和 43.1%。全年森林病虫鼠害发生总面积 17 529.2 万亩，其中，森林病害发生面积 3096.9 万亩，森林虫害发生 13 356.4 万亩，森林鼠害发生面积 1075.9 万亩，分别比上年增长 11%、16%、10.7%和 1.5%；森林病虫鼠害防治总面积 9247 万亩，其中，防治森林病害 1632.4 万亩，防治森林虫害 6957.8 万亩，防治森林鼠害 656.8 万亩，分别比上年增长 20%、34.8%、13.5%和 79.6%，防治率为 52.8%、52.7%、52.1%和 61%，分别比上年提高 4、7.3、1.3 和 26.5 个百分点。

⑩国营林场全年工农业总产值达到 51.9 亿元，按可比价格计算，比上年增长 7.4%，再创新水平；其中，营林产值 10.3 亿元，木材产值 23.9 亿元，按可比价格计算，分别比上年增长 5.3%、6.5%；营林产值和木材产值占总产值的比重有所下降，分别由 20.4%、48.1%降到 19.9%、46.1%，下降 0.5 和 2 个百分点。全年总收入为 38.8 亿元。

工业生产分析 ①工业生产呈低速增长趋势。林业系统全年工业总产值 182 亿元（按现行价格计算，下同），全民所有制工业总产值 166.4 亿元，按可比价格计算，比上年增长 1.6%。独立核算工业企业生产继续回落，降速趋缓，全年工业总产值 125.1 亿元，下降 2.2%；非独立核算单位工业生产持续增长，增速趋快，全年工业总产值 41.3 亿元，增长 15.2%。木材采运企业和林产化学企业生产由于受资源和市场的影响，生产继续下滑，全年工业总产值为 87.9 亿元和 6.1 亿元，分别比上年下降 3.9%和 1.7%；木材加工企业生产逐步回升，全年工业总产值 21.7 亿元，比上年增长 1.4%。

②工业产业结构在治理整顿中得到调整。木材加工产值 40.9 亿元，占全部工业总产值的比重由上年的 20.7%上升到 22.5%，提高 1.8 个百分点；木材采运产值 66.6 亿元，占全部工业总产值的比重由上年的 36.8%降到 36.7%，降低 0.1 个百分点；林产化学产值 6.6 亿元，占全部工业总产值的比重由上年的 4.1%下降到 3.6%，降低 0.5 个百分点。

③木材生产出现回升。1991 年全部木材产量 5807.33 万立方米，比上年增长 4.2%。其中，原木 5289.59 万立方米，薪材 517.74 万立方米，分别增长 3.5%和 12.1%。木材增长是由于林业系统内营林事业单位、村及村以下各种经济组织和农民个人采伐木材增长所致。在全部木材产量中，国家任务和等内原木上调量继续调减，分别为 1676.68 万立方米和 1204.61 万立方米，比上年减少 9.8%和 6%，竹材产量增长较快，年产量达到 29173.28 万根，增长 55.9%；木片生产取得重要进展，全年产量 132.05 万立方米，比上年增长 35.4%；人造板产量持续增长，结构有所调整。全年总产量 296.01 万立方米，增长 21%。其中，胶合板 105.40 万立方米，刨花板 61.38 万立方米，分别增长 38.9%和 43.4%，纤维板 117.43 万立方米，与 1990 年基本持平；锯材产量受市场影响继续下降，年产量为 1141.53 万立方米，减少 11.2%；松香产量基本持平，年产量 343 300 吨；松节油和紫胶产量开始回升，年产量分别为 49 461 吨和 876 吨，增长 5.2%和 5.7%；栲胶产量继续下滑，降速趋缓，年产量 19 325 吨，下降 5.3%。

④主要经济技术指标有增有减。主要工业产品质量有所提高，部分产品质量仍有波动。木质纤维板一、二等品率、刨花板一等品率和松香优级品率分别为 80%、61.3%和 92.8%，提高 1.8、3.7 和 2.6 个百分点；针、阔叶树锯材特等、一等品率，胶合板一、二等品率和栲胶一、二等品率分别为 60.3%、75.8%和 96.1%，下降 2.6、1.1 和 0.6 个百分点。原材料消耗继续上升，部分产品有所下降。锯材出材率 64.9%、贮木场原条出材率 90.3%、森林资源采伐利用率 65.5%、松香收得率 75.9%、栲胶收得率 26.2%，分别提高 1.8、0.2、0.8、2.5 和 1.6 个百分点；胶合板材利用率 37.6%、紫胶收得率 65.9%，分别下降 0.6 和 1.2 个百分点。受调减木材产量的影响，主要生产设备利用率继续下降。拖拉机、运材汽车和绞盘机利用率分别为 47.9%、56.1%和 55.9%，下降 9.3、1.6 和 2.5 个百分点；森铁机车和起重机利用率有所提高，分别为 66.7%和 57.4%，提高 1.4 和 5.8 个百分点。主要设备效率大幅度下降。集材拖拉机集材量、运材汽车运材量、贮木场绞盘机装、卸、归工作量，起重机装车量分别比上年下降 7.8%、13%、15%和 15.7%；动力架空索道集材量和运材森铁机车运材量分别比上年提高 3.6%和 2.2%。

⑤木材生产成本继续上升。1991 年东北、内蒙古国有林区森工企业木材单位成本 138.35 元/立方米，比上年提高 21.3%。

劳动工资分析 ①治理整顿取得成效，林业基层组织建设进一步加强，社会化服务体系进一步完善。林业系统全民所有制企、事业单位个数达到43 751个，比上年增长15.1%。其中，林业事业单位35 341个，比上年增长19%；工业和建筑业单位个数分别为2074个和348个，分别比上年减少1.7%和2.2%，一些高耗低效产品不能适应市场需要，并且经营管理不善的小企业，在治理整顿中关、停、并、转，有效地促进了经济效益的提高。以基层林业工作站为主体的林业社会化服务体系建设进一步发展。基层林业工作站达到22 472个，比上年增长29.4%，呈快速增长的势头。林业科技推广站1991年末已达232个。全国林业系统自然保护区已达245个，比上年增长5.6%。

②职工队伍不断发展壮大，行业结构有所变化。全国林业系统全部职工年末人数为254万人，比上年增长2.2%。营林职工增长较快，年末人数为83万人，比上年增长5.6%，快于全部职工增长速度。国营林场职工年末人数达到56万人，比上年增长3.4%。工业企业职工队伍低速增长，全部职工年末人数为130万人，比上年增长1.3%。其中，木材采运企业职工年末人数为108万人，增长1%，变化不大；木材加工企业职工年末人数13万人，比上年增长1.7%。随着投资规模得到有效控制，建筑业职工队伍进一步缩小，降幅逐步趋小，全部职工年末人数已降至11.2万人，比上年减少3.4%。国家机关、政党机关和社会团体职工队伍继续增加，年末人数已近10万人。

③劳动用工制度改革进一步深化，用工格局发生明显变化。固定职工年末人数182万人，与上年持平。合同制职工增长较快，年末职工人数达到37万人，比上年增长22.5%，呈现方兴未艾的发展势头。临时职工年末人数约15万人，比上年增长5.2%，计划外用工明显减少，年末人数20万人，比上年减少8.5%，表明治理整顿成效显著。

④工资总额增长幅度较大，职工收入明显增加。全年职工工资总额52亿元，比上年增长13.9%。其中，林业事业单位14.8亿元，工业和建筑业企业为28.2亿元和2.8亿元，分别比上年增长12.8%、16.9%和10.8%。各种津贴增长较快，全年各种津贴13亿元，比上年增长20.2%，占工资总额的比例由23.7%上升到25%。计时工资和各种奖金在工资总额中的比例呈下降趋势，全年计时工资23亿元，各种奖金4.4亿元，占工资总额的比例为44.1%和8.4%，分别下降2和0.8个百分点。职工平均工资增长较快，全年职工平均工资为2086元，比上年增长10.9%。其中，营林事业单位为1818元，工业企业为2220元，分别比上年增长7.3%和14.1%。

⑤劳动生产率持续下降。工业企业全员价值劳动生产率10 434元，按可比价格计算，比1990年下降5.2%。其中，木材采运企业8787元，木材加工企业17602元，分别下降8.4%和2.6%。林产化学企业25620元，提高3.9%。主要产品实物劳动生产率全面下降，木材107立方米/人·年，锯材96立方米/人·年，木质纤维板29立方米/人·年，分别下降6.1%、11.1%和3.3%。胶合板劳动生产率与上年持平。

⑥安全生产进一步加强，职工伤亡人数继续下降。林业系统全年轻伤、重伤和死亡人数分别比上年下降1.8%、1.5%和0.8%，再创新水平；其中，工业企业受伤人数下降，轻、重伤人数分别下降2%和10.2%，但死亡人数有所增加，比上年上升6.8%，这表明安全生产意识还需要进一步加强。

固定资产投资 ①固定资产投资规模有所扩大。全年林业系统固定资产投资完成总额27.22亿元，比上年增长10.6%，呈加速增长的态势。其中，营林固定资产投资完成额10.95亿元，增长8.4%，保持持续增长的势头；森工固定资产投资完成额16.28亿元，增长12.1%，增长速度明显回升。全年新增固定资产17.38亿元，比上年增长12.3%，增速明显加快。

②固定资产投资结构有所调整，基本建设投资比重略有上升。全年基本建设投资完成额21.2亿元，比上年增长14.6%，占固定资产投资完成总额的比重由75.2%上升到77.9%，提高2.7个百分点。更新改造投资完成额2.91亿元，全民其他固定资产投资完成额3.11亿元，与上年基本持平。营林基本建设投资持续增长，全年投资完成额10.76亿元，增长7.6%；森工基本建设投资增速加快，全年投资完成额10.44亿元，增长22.8%。

营林基本建设生产性投资平稳增长，比重略有下降。全年完成投资额72 655万元，增长4.9%，所占比重由上年的69.2%下降到67.5%；非生产性投资增长幅度较大，全年完成投资额34 984万元，增长13.6%，所占比重由上年的30.8%上升到32.5%。其原因是住宅投资增长过猛，全年住宅投资完成额12 503万元，增长51.1%。投资向造林绿化、林木良种、自然保护区建设方面倾斜。在投资完成额中，造林、林木良种和自然保护区分别为34 772、2924和2218万元，增长9%、19.2%和30.5%，所占比重分别比上年提高0.4、0.2和0.4个百分点；森林防火和林业工作站建设投资分别为9723和7153万元，比上年下降15.9%和9%，所占比重分别降低2.6和1.3个百分点。

在森工基本建设投资完成额中，新建和扩建项目投资完成额分别为59 057和31 743万元，比上年分别增长28.7%和27.7%，所占比重上升2.6和1.1个百分点；改建项目投资完成额8150万元，比上年减少3.1%，所占比重下降2.1个百分点。建筑工程和安装工程投资完成额为64 409万元和5 704万元，分别增长25.9%和68.3%，所占比重提高1.5和1.4个百分点；设备、工具、器具购置投资完成额24 879万元，比上年增长1.6%，所占比重下降5个百分点。生产性投资66 770万元，增长15.4%，投资比重由上年的68.1%降至64%；非生产性投资完成额37 589万元，比1990年增长38.8%，投资比重由上年的31.9%上升到36%。住宅投资进一步增长，完成投资额19 843万元，增长76.7%，占非生产性投资比重由上年的41.5%升至52.8%，提高11.3个百分点。木材采运和林业机械制造投资大幅度增长，分别为26 994万元和1497万元，增长35%和34.7%，投资比重提高2.1和0.1个百分点；木材加工和林产化学投资完成额为25 216万元和1306万元，分别比上年减少3.8%和5.1%，投资比重降低8.6和0.4个百分点。

（周亚非）

营 林 生 产

全国造林、迹地更新面积

单位：万亩

年 别	造林面积		迹地更新面积		
	合 计	其中：国营	合 计	其中：国营	其中：人工更新
1949—1952年	2 561.0	206.2	33.8	33.8	33.7
1953—1957年	21 102.0	977.1	366.7	366.7	255.8
1958—1962年	27 498.5	3 592.3	2547.9	1 599.6	1 540.9
1963—1965年	11 800.2	2 181.8	942.7	743.3	791.9
1966—1970年	28 821.0	4 485.3	2133.0	1 449.3	1 770.2
1971—1975年	36 179.9	6 964.0	2 650.9	1 797.0	2 236.3
1976—1980年	34 884.9	5 962.1	3 190.3	2 240.7	2 789.4
1981—1985年	47 280.8	4 851.8	3 870.7	2 428.2	3 286.5
1986—1990年	39 679.9	3 717.3	4 962.6	2 933.7	4 085.3
1991年	8 391.7	800.3	996.1	639.2	809.4
1949—1991年	258 199.9	33 738.2	21 694.7	14 231.5	17 599.4

全国主要林产品产量

单位：万吨

年 别	油茶籽	油桐籽	乌桕籽	生 漆	核 桃
1949—1952年	28.2	44.7	11.8	0.4	0.0
1953—1957年	178.1	235.0	63.8	0.8	27.4
1958—1962年	208.7	185.3	44.6	0.8	24.6
1963—1965年	86.9	81.6	26.6	0.5	13.6
1966—1970年	180.6	170.8	41.0	0.8	22.1
1971—1975年	242.3	163.6	39.3	1.2	36.8
1976—1980年	220.3	166.1	41.8	1.3	47.0
1981—1985年	273.8	180.8	41.7	1.3	57.9
1986—1990年	260.9	173.2	30.8	1.5	77.0
1991年	62.1	32.8	4.5	0.3	15.2
1949—1991年	1 741.9	1 433.9	345.9	8.9	321.6

各地区营林产值及其占农业总产值比重

（1990年）

单位：亿元

地 区	营林产值	农业总产值	营林产值占农业总产值比重(%)	地 区	营林产值	农业总产值	营林产值占农业总产值比重(%)
全国总计	330.27	7 662.09	4.31	河 南	20.77	502.01	4.14
北 京	0.91	70.18	1.30	湖 北	14.15	402.21	3.52
天 津	0.45	54.86	0.82	湖 南	21.89	397.42	5.51
河 北	9.58	357.63	2.68	广 东	28.46	600.71	4.74
山 西	7.83	124.78	6.28	广 西	18.05	252.22	7.16
内蒙古	6.23	156.92	3.97	海 南	16.81	68.72	24.46
辽 宁	6.56	273.75	2.40	四 川	24.08	637.07	3.78
吉 林	4.19	189.09	2.22	贵 州	7.94	145.49	5.46
黑龙江	7.62	245.38	3.11	云 南	18.26	211.72	8.62
上 海	0.37	68.16	0.54	西 藏	0.29	17.23	1.68
江 苏	7.94	580.53	1.37	陕 西	9.02	169.96	5.31
浙 江	14.81	336.77	4.40	甘 肃	3.26	103.05	3.16
安 徽	16.97	370.94	4.57	青 海	0.69	24.53	2.81
福 建	21.54	228.69	9.42	宁 夏	1.32	24.69	5.35
江 西	16.01	255.24	6.27	新 疆	3.82	144.65	2.64
山 东	20.45	647.49	3.16				

注：产值是按当年价计算的。

各地区按林种分的造林面积

（1991年）

单位:万亩

地区	造林面积		用材林	经济林	防护林	薪炭林	特种用途林
	合计	其中：国营					
全国总计	8 391.7	800.3	5 015.5	1 004.3	1 865.5	467.5	38.9
北京	62.6	1.0	3.9	4.0	51.3	2.2	1.2
天津	8.2	—	0.4	1.3	6.5	—	—
河北	418.3	15.5	196.5	43.6	157.9	20.2	0.1
山西	311.0	21.9	161.8	65.7	81.9	1.1	0.5
内蒙古	502.5	116.6	133.9	40.4	309.9	16.1	2.2
辽宁	274.4	11.0	113.6	27.7	87.0	44.8	1.3
吉林	204.1	48.1	102.3	9.9	87.6	4.3	—
黑龙江	278.5	156.4	198.9	18.1	43.5	10.8	7.2
上海	1.4	0.1	—	1.1	0.3	—	—
江苏	25.7	3.5	16.7	2.1	6.8	—	0.1
浙江	136.1	2.2	97.6	9.6	3.2	25.5	0.2
安徽	192.3	6.5	162.1	17.8	8.3	3.5	0.6
福建	433.1	34.6	307.7	31.1	41.7	51.3	1.3
江西	759.0	60.3	496.4	30.9	102.9	128.3	0.5
山东	250.8	4.8	42.2	100.0	105.3	1.1	2.2
河南	206.3	6.4	113.9	46.5	40.0	5.7	0.2
湖北	462.5	34.5	321.2	72.1	55.9	12.3	1.0
湖南	567.0	29.4	447.6	54.3	51.0	11.1	3.0
广东	376.4	9.7	294.6	30.1	31.0	20.5	0.2
广西	705.3	48.7	638.4	59.2	5.6	0.7	1.4
海南	40.7	9.8	25.8	0.8	13.3	0.7	0.1
四川	527.9	22.2	284.0	64.9	162.1	15.6	1.3
贵州	377.7	13.4	297.8	51.1	25.9	2.3	0.6
云南	442.7	36.9	299.1	47.8	78.6	15.8	1.4
西藏	3.1	0.0	0.5	0.1	2.4	0.1	—
陕西	460.7	18.2	143.5	126.8	168.0	21.6	0.8
甘肃	221.3	50.1	80.2	40.5	67.3	22.6	10.7
青海	41.6	3.7	8.0	0.5	19.4	13.7	—
宁夏	23.2	4.9	4.7	0.4	13.1	5.0	—
新疆	64.2	16.8	9.1	5.9	37.8	10.6	0.8
大兴安岭	13.1	13.1	13.1	—	—	—	—

各地区工程造林面积和迹地更新面积

(1991 年)

单位：万亩

地区	工程造林面积		迹地更新面积			地区	工程造林面积		迹地更新面积		
	合计	其中：速生丰产林	合计	其中			合计	其中：速生丰产林	合计	其中	
				国营	人工更新					国营	人工更新
全国总计	3 395.2	840.5	996.1	639.2	809.4	河南	50.2	13.0	18.1	2.0	10.7
北京	11.3	1.2	0.4	0.1	0.4	湖北	129.8	61.2	22.7	3.0	16.2
天津	5.9	0.1	—	—	—	湖南	198.2	108.4	48.3	8.4	46.2
河北	223.2	22.7	26.8	4.2	25.0	广东	106.2	30.3	89.3	27.8	86.4
山西	144.7	6.0	0.5	0.2	0.4	广西	187.5	92.3	41.7	16.1	38.1
内蒙古	291.0	27.8	53.8	53.2	35.7	海南	29.2	19.5	1.9	1.9	1.4
辽宁	134.7	34.2	20.1	5.6	17.9	四川	250.1	112.6	27.4	24.6	26.0
吉林	87.5	5.3	69.9	68.8	42.5	贵州	96.1	60.8	7.1	0.6	5.5
黑龙江	91.5	22.8	231.9	228.0	185.9	云南	261.2	36.7	30.7	21.8	24.7
上海	—	—	—	—	—	西藏	2.5	—	0.9	—	0.5
江苏	9.3	6.2	1.7	0.7	1.7	陕西	111.7	4.8	27.3	16.6	24.7
浙江	49.7	21.7	14.7	2.1	14.5	甘肃	73.7	2.5	2.8	2.8	2.7
安徽	54.2	24.2	6.1	2.2	5.8	青海	21.0	0.5	1.4	1.4	1.4
福建	263.9	30.5	89.3	23.5	88.5	宁夏	20.0	0.1	0.2	0.1	0.2
江西	381.0	80.0	50.4	26.1	50.2	新疆	15.0	1.6	6.9	5.7	6.8
山东	81.8	11.9	13.3	1.2	11.9	大兴安岭	13.1	1.6	90.5	90.5	37.5

各地区育苗面积和幼林抚育面积

(1991 年)

单位：万亩

地区	育苗面积		幼林抚育面积		地区	育苗面积		幼林抚育面积	
	合计	其中：国营	合计	其中：国营		合计	其中：国营	合计	其中：国营
全国总计	342.5	52.5	13 607.3	3 633.1	河南	28.5	1.2	413.2	15.8
北京	6.0	1.0	40.0	4.9	湖北	12.1	2.6	240.8	56.5
天津	2.9	0.2	17.3	0.1	湖南	7.1	1.1	1 016.3	77.6
河北	29.5	3.4	436.2	29.7	广东	9.6	0.4	1 015.5	94.1
山西	26.4	2.7	257.6	48.7	广西	5.0	1.1	492.7	119.3
内蒙古	11.9	5.0	687.2	346.7	海南	1.2	0.2	47.1	24.2
辽宁	17.9	2.0	305.4	57.1	四川	16.3	0.9	768.4	177.3
吉林	6.5	2.6	960.5	431.5	贵州	4.5	0.6	289.4	25.5
黑龙江	19.8	6.6	1 630.4	1 053.6	云南	3.2	0.5	132.6	46.7
上海	0.9	0.5	2.3	0.6	西藏	0.2	—	0.6	—
江苏	12.6	1.8	90.9	14.1	陕西	18.2	1.7	437.7	51.2
浙江	2.0	0.2	290.4	13.6	甘肃	12.4	3.9	214.6	103.5
安徽	12.7	2.2	498.5	27.6	青海	4.5	1.0	89.6	4.3
福建	2.3	0.4	831.3	159.8	宁夏	1.8	0.8	113.8	26.8
江西	4.9	1.6	1 360.9	414.7	新疆	11.1	2.5	341.3	67.0
山东	50.1	3.4	454.2	10.0	大兴安岭	0.4	0.4	130.6	130.6

各地区主要林产品产量

（1991 年）

单位:吨

地区	生漆	油桐籽	油茶籽	乌桕籽	核桃	板栗	五倍子	棕片	松脂	竹笋干	紫胶（原胶）
全国合计	**2 945**	**327 544**	**620 727**	**45 477**	**151 644**	**137 747**	**5 595**	**42 137**	**440 431**	**87 242**	**1 280**
北京	—	—	—	—	5 551	6 480	—	—	—	—	—
天津	—	—	—	—	489	99	—	—	—	—	—
河北	—	—	—	—	12 446	31 330	—	—	—	—	—
山西	—	—	—	—	17 002	63	—	—	—	—	—
内蒙古	—	—	—	—	—	—	—	—	—	—	—
辽宁	—	—	—	—	465	10 406	—	—	—	—	—
吉林	—	—	—	—	—	30	—	—	—	—	—
黑龙江	—	—	—	—	—	—	—	—	—	—	—
上海	—	—	—	—	—	—	—	—	—	—	—
江苏	—	40	26	—	3	2 909	—	—	—	471	—
浙江	21	1 826	31 984	3 627	6 247	5 274	—	1 534	3 388	26 866	—
安徽	38	2 365	4 921	850	117	6 956	28	293	3 554	2 202	—
福建	133	6 180	35 580	417	1	2 443	—	5 179	84 151	31 621	91
江西	19	7 091	159 351	552	—	2 729	13	2 865	38 447	7 497	58
山东	—	—	—	—	3 571	17 785	—	—	—	—	—
河南	67	12 334	3 480	1 561	7 292	9 569	84	—	—	55	—
湖北	422	21 492	9 141	18 601	1 354	10 318	831	2 496	678	226	—
湖南	50	36 868	235 021	1 969	1 241	5 263	505	5 817	6 175	4 114	—
广东	—	3 396	26 075	83	5	2 245	0	160	91 994	2 734	245
广西	3	33 856	99 335	11	130	7 144	42	926	188 269	2 308	22
海南	—	—	13	—	—	—	—	—	2 847	130	—
四川	540	93 021	2 987	9 914	13 731	2 346	1 315	5 693	4 712	3 963	211
贵州	727	71 602	9 117	6 534	5 225	3 265	873	4 145	635	1 018	176
云南	102	17 225	3 302	1 068	39 108	5 707	129	10 617	15 510	3 671	477
西藏	—	—	—	—	507	—	—	—	44	—	—
陕西	803	19 971	394	290	18 153	5 253	1 415	2 364	27	362	—
甘肃	20	277	—	—	13 863	133	360	48	—	4	—
青海	—	—	—	—	59	—	—	—	—	—	—
宁夏	—	—	—	—	19	—	—	—	—	—	—
新疆	—	—	—	—	5 065	—	—	—	—	—	—

重点防护林工程造林面积

(1991年)

单位:万亩

地区	"三北"防护林二期工程 造林总面积	"三北"防护林二期工程 其中:国营	"长江中上游"防护林工程 造林总面积	"长江中上游"防护林工程 其中:国营	"太行山"绿化工程 造林总面积	"太行山"绿化工程 其中:国营	"沿海"防护林工程 造林总面积	"沿海"防护林工程 其中:国营
全国总计	**1 755.7**	**211.8**	**693.6**	**23.0**	**338.6**	**10.8**	**335.4**	**13.2**
北京	62.6	1.0	—	—	22.0	0.7	—	—
天津	8.2	—	—	—	—	—	—	—
河北	293.3	14.8	—	—	115.7	0.5	6.8	0.2
山西	120.7	5.8	—	—	175.2	9.1	—	—
内蒙古	449.5	71.0	—	—	—	—	—	—
辽宁	113.9	5.2	—	—	—	—	70.0	2.7
吉林	131.9	22.4	—	—	—	—	—	—
黑龙江	71.1	15.0	—	—	—	—	—	—
上海	—	—	—	—	—	—	0.2	0.1
江苏	—	—	—	—	—	—	2.3	0.3
浙江	—	—	—	—	—	—	28.6	0.4
安徽	—	—	—	—	—	—	—	—
福建	—	—	—	—	—	—	32.3	0.3
江西	—	—	169.4	5.8	—	—	—	—
山东	—	—	—	—	—	—	14.2	—
河南	—	—	12.7	—	25.7	0.5	—	—
湖北	—	—	90.2	2.6	—	—	—	—
湖南	—	—	53.8	0.4	—	—	—	—
广东	—	—	—	—	—	—	100.7	4.9
广西	—	—	—	—	—	—	49.5	1.1
海南	—	—	—	—	—	—	30.8	3.2
四川	—	—	127.9	2.2	—	—	—	—
贵州	—	—	23.6	0.9	—	—	—	—
云南	—	—	59.3	2.5	—	—	—	—
西藏	—	—	—	—	—	—	—	—
陕西	230.1	13.3	107.7	0.7	—	—	—	—
甘肃	147.7	38.9	48.4	7.8	—	—	—	—
青海	39.3	2.7	0.6	0.1	—	—	—	—
宁夏	23.2	4.9	—	—	—	—	—	—
新疆	64.2	16.8	—	—	—	—	—	—

各地区森林火灾情况

(1991年)

地区	火灾次数(次) 合计	其中 重大火灾	其中 特大火灾	受害森林面积(亩) 合计	其中:成灾森林面积	扑火经费(万元)	动员扑火人工(工日)
全国总计	**5 091**	**23**	—	**475 231**	**291 536**	**1 709.3**	**1 051 051**
北京	—	—	—	—	—	—	—
天津	—	—	—	—	—	—	—
河北	13	—	—	2 155	92	1.0	4 465
山西	19	1	—	4 900	2 000	332.0	9 557
内蒙古	72	2	—	16 533	16 515	118.0	19 347
辽宁	17	—	—	325	325	5.8	5 146
吉林	30	—	—	435	435	3.0	3 403
黑龙江	13	—	—	6 304	4 916	251.9	85 352
上海	—	—	—	—	—	—	—
江苏	55	—	—	861	321	7.0	4 448
浙江	734	—	—	22 838	15 556	37.0	57 429
安徽	190	—	—	3 921	1 782	3.4	8 737
福建	330	—	—	35 082	27 776	37.0	62 674
江西	229	1	—	22 211	18 563	30.0	71 761
山东	27	—	—	1 606	1 044	6.0	6 150
河南	34	1	—	5 981	5 981	7.0	21 602
湖北	218	6	—	35 945	12 572	36.0	21 226
湖南	326	1	—	34 426	28 790	36.0	66 368
广东	323	7	—	53 227	50 448	316.0	150 505
广西	660	1	—	73 607	41 852	88.0	129 336
湖南	454	—	—	36 647	23 175	9.0	9 987
四川	181	—	—	3 925	2 336	40.0	77 171
贵州	473	—	—	49 855	14 461	15.0	54 022
云南	513	—	—	17 110	3 655	61.0	110 736
西藏	5	2	—	33 013	14 450	14.0	6 504
陕西	54	—	—	3 898	1 247	11.0	13 807
甘肃	7	—	—	199	106	0.2	199
青海	6	—	—	836	836	—	462
宁夏	1	—	—	8	8	—	214
新疆	31	1	—	9 288	2 204	37.0	12 067
大兴安岭	4	—	—	95	90	207.0	38 376

各地区森林病虫鼠害情况

(1991年)

单位:万亩

地区	合计		森林病害		森林虫害		森林鼠害	
	发生面积	防治面积	发生面积	防治面积	发生面积	防治面积	发生面积	防治面积
全国总计	17 529.2	9 247.0	3 096.9	1 632.4	13 356.4	6 957.8	1 075.9	656.8
北京	47.2	37.1	3.9	2.2	42.5	34.3	0.8	0.6
天津	25.8	17.7	5.8	2.2	19.9	15.5	0.1	—
河北	487.7	257.1	72.6	70.9	399.4	183.9	15.7	2.3
山西	656.5	350.3	145.2	94.9	465.3	239.9	46.0	15.5
内蒙古	939.8	534.7	111.6	36.7	746.4	432.4	81.8	65.6
辽宁	688.8	386.4	83.7	28.1	597.7	357.1	7.4	1.2
吉林	229.7	174.4	102.9	73.3	100.9	74.8	25.9	26.3
黑龙江	1 228.9	712.7	74.3	49.5	740.2	381.8	414.4	281.4
上海	10.5	10.0	4.3	4.2	6.2	5.8	—	—
江苏	67.4	44.0	15.6	8.6	51.7	35.4	0.1	—
浙江	372.7	101.2	30.5	7.2	342.2	94.0	—	—
安徽	472.2	296.8	100.6	43.3	371.6	253.5	—	—
福建	456.7	418.7	329.5	295.5	127.2	123.2	—	—
江西	164.0	119.0	31.0	18.0	133.0	101.0	—	—
山东	1 331.4	971.7	513.0	313.3	818.4	658.4	—	—
河南	1 812.9	1 058.6	568.0	323.3	1 234.8	725.4	10.1	9.9
湖北	427.3	281.1	73.6	55.8	347.5	225.2	6.2	0.1
湖南	560.2	287.2	80.5	12.1	479.7	275.1	—	—
广东	2 223.5	1 102.0	80.5	15.8	2 143.0	1 086.2	—	—
广西	220.0	208.3	1.5	1.5	218.5	206.8	—	—
海南	3.9	1.6	1.5	0.5	2.4	1.1	—	—
四川	1 042.9	498.2	168.0	51.5	829.1	432.7	45.8	14.0
贵州	55.8	38.1	31.3	17.5	22.8	19.0	1.7	1.6
云南	363.8	187.2	24.9	16.8	328.5	162.7	10.4	7.7
西藏	23.9	—	23.7	—	0.2	—	—	
陕西	489.2	109.0	76.0	15.7	387.0	80.2	26.2	13.1
甘肃	813.2	240.0	231.3	44.2	456.4	147.2	125.5	48.6
青海	232.1	48.1	44.5	6.3	122.2	20.9	65.4	20.9
宁夏	193.6	108.0	21.5	8.6	143.8	78.7	28.3	20.7
新疆	328.2	116.0	40.8	10.2	286.8	105.6	0.6	0.2
大兴安岭	1 559.4	531.8	4.8	4.7	1 391.1	400.0	163.5	127.1

各地区国营林场基本情况

（1991 年）

地 区	本年造林面积（万亩）			本年育苗面积（万亩）	本年成林抚育面积（万亩）		年末实有主要机械设备			年末实有大牲畜头数（头）	年末实有主要经营保护设施				
	合 计	其中			合 计	其中：中幼龄林	拖拉机（台）		汽车（辆）		公路（公里）	林道（公里）	防火线（公里）	瞭望台（座）	通讯线路（公里）
		人工造林	飞机播种				大中型	小型							
全国总计	485.9	453.1	32.8	15.6	807.2	574.6	2 991	3 029	10 111	65 741	46 576	110 225	119 317	2 822	50 046.0
北 京	0.7	0.7	—	0.1	2.1	1.3	9	23	97	5	37	220	162	24	120.0
天 津	—	—	—	—	—	—	2	5	4	5	0	210	30	3	82.0
河 北	10.3	10.1	0.2	0.5	30.5	30.5	52	110	218	1 060	966	2 971	1 528	29	1 792.0
山 西	15.6	15.6	0.0	0.6	59.3	56.1	74	49	392	345	1 259	5 658	647	23	1 067.0
内蒙古	66.9	65.2	1.7	2.2	106.7	59.8	770	264	1 037	21 598	2 962	4 967	12 061	108	4 875.0
辽 宁	8.5	5.7	2.8	0.8	14.1	12.3	173	63	303	1 126	1 228	3 103	1 992	80	1 305.0
吉 林	32.8	32.8	—	1.1	84.6	75.1	438	177	753	1 105	2 477	2 909	1 277	195	1 685.0
黑龙江	95.0	95.0	—	1.0	123.3	69.5	469	135	564	3 552	4 502	2 743	12 569	225	3 333.0
上 海	—	—	—	0.4	1.2	1.2	2	11	20	390	5	31	10	4	17.0
江 苏	2.0	2.0	—	0.3	9.2	6.3	27	423	259	2 010	344	1 227	447	35	696.0
浙 江	1.8	1.7	0.1	0.2	15.4	11.7	15	98	218	224	783	852	7 119	49	2 740.0
安 徽	5.6	5.6	—	0.5	12.8	9.7	64	46	262	98	763	3 009	4 460	123	906.0
福 建	11.1	11.1	—	0.1	16.6	11.1	28	50	270	365	2 156	9 475	11 184	25	1 718.0
江 西	34.9	33.9	1.0	0.5	32.2	28.0	14	224	542	3 075	2 532	6 438	6 799	174	1 943.0
山 东	2.9	2.9	—	0.7	18.2	14.5	90	82	255	230	638	1 742	1 201	125	924.0
河 南	5.8	5.6	0.2	0.5	13.1	10.6	32	34	200	72	1 586	2 442	1 847	108	860.0
湖 北	16.8	16.8	—	1.1	22.9	14.2	93	78	350	1 473	2 573	5 074	6 674	159	1 886.0
湖 南	22.5	13.5	9.0	0.3	28.0	22.0	—	49	520	6 738	3 428	9 808	9 153	279	3 719.0
广 东	6.2	6.2	—	0.2	36.5	31.6	64	233	746	1 465	4 860	15 255	12 367	292	6 780.0
广 西	42.1	25.4	16.7	0.5	37.7	24.4	99	282	1 023	197	1 975	12 451	12 295	286	5 005.0
海 南	2.9	2.9	—	0.1	0.1	0.1	15	48	41	3 476	372	1 420	1 341	5	71.0
四 川	16.0	15.5	0.5	0.2	39.2	25.7	8	9	558	551	2 701	4 667	5 526	148	3 099.0
贵 州	7.4	6.8	0.6	0.4	5.9	4.2	14	13	160	59	800	1 203	1 950	55	680.0
云 南	16.8	16.8	—	0.2	17.4	15.1	50	31	287	1 246	2 102	2 661	5 061	67	892.0
西 藏	—	—	—	—	—	—	—	—	—	—	—	—	—	—	—
陕 西	18.0	18.0	—	0.9	28.4	17.8	41	100	315	139	2 591	3 807	1 130	98	1 450.0
甘 肃	34.6	34.6	—	1.6	11.4	7.6	159	205	431	2 304	1 827	3 356	375	64	1 050.5
青 海	3.4	3.4	—	0.3	2.6	2.6	55	48	95	1 352	691	619	47	26	292.0
宁 夏	4.6	4.6	—	0.1	6.5	4.2	36	76	84	—	152	293	—	4	109.0
新 疆	0.7	0.7	—	0.2	31.3	7.4	98	63	107	11 481	266	1 614	65	9	950.0
大兴安岭	—	—	—	—	—	—	—	—	—	—	—	—	—	—	—

工业生产

全国木材、锯材、竹材产量

年别	木材产量（万立方米）	锯材产量（万立方米）	竹材产量（万根）	年别	木材产量（万立方米）	锯材产量（万立方米）	竹材产量（万根）
1949—1952年	3 229.0	1 151.4	2 710.0	1976—1980年	25 500.5	5 871.9	52 547.00
1953—1957年	10 959.5	3 817.0	35 404.0	1981—1985年	27 924.1	7 155.9	43 198.00
1958—1962年	16 794.5	5 716.7	50 358.0	1986—1990年	30 500.7	7 123.7	79 734.00
1963—1965年	11 028.2	3 050.4	20 610.0	1991年	5 807.3	1 141.5	29 173.28
1966—1970年	17 298.3	5 289.4	34 394.0	1949—1991年	171 139.6	45 451.8	393 819.28
1971—1975年	22 097.5	5 133.9	45 691.0				

全国胶合板、纤维板、刨花板产量

单位:立方米

年别	胶合板产量	纤维板产量	刨花板产量	年别	胶合板产量	纤维板产量	刨花板产量
1949—1952年	44 539	—	—	1976—1980年	1 267 363	1 655 790	230 030
1953—1957年	259 917	—	—	1981—1985年	2 228 400	3 603 600	653 700
1958—1962年	574 906	108 280	5 413	1986—1990年	3 700 500	6 332 700	1 941 200
1963—1965年	362 833	96 778	65 862	1991年	1 054 000	1 174 300	613 800
1966—1970年	695 955	219 372	65 492	1949—1991年	11 099 700	13 805 913	3 710 114
1971—1975年	911 287	615 093	134 617				

全国松香、栲胶、紫胶产量

单位:吨

年别	松香	栲胶	紫胶	年别	松香	栲胶	紫胶
1949—1952年	78 056	88	180	1976—1980年	1 403 267	143 300	7 342
1953—1957年	375 054	3 753	559	1981—1985年	1 617 643	183 688	7 128
1958—1962年	329 011	40 056	1 264	1986—1990年	1 836 264	181 040	6 714
1963—1965年	428 068	28 418	840	1991年	343 300	19 325	876
1966—1970年	920 419	84 276	5 740	1949—1991年	8 588 545	785 530	37 371
1971—1975年	1 257 463	101 586	6 728				

各地区主要工业产品产量

(1991年)

单位:万立方米

地区	木材			竹材(万根)	锯材	人造板合计	其中			松香(吨)	松节油(吨)	栲胶(吨)	紫胶(吨)
	合计	原木	薪材				胶合板	纤维板	刨花板				
全国总计	**5 807.33**	**5 289.59**	**517.74**	**29 173.28**	**1 141.53**	**296.01**	**105.40**	**117.43**	**61.38**	**343 300**	**49 461**	**19 325**	**876**
北京	5.98	5.76	0.22	—	22.08	3.84	1.11	1.12	1.61	—	—	—	—
天津	—	—	—	—	5.60	4.64	3.52	1.12	0.00	—	—	—	—
河北	50.23	44.87	5.36	—	20.10	8.12	1.26	5.11	1.53	—	—	774	—
山西	21.90	21.38	0.52	—	2.16	1.78	0.20	1.40	0.17	538	—	—	—
内蒙古	483.87	456.23	27.64	—	66.55	6.67	2.43	2.05	2.01	—	—	3 175	—
辽宁	91.12	80.39	10.73	—	75.04	6.58	0.47	5.20	0.90	—	—	203	—
吉林	563.15	509.13	54.02	—	135.70	30.17	11.77	6.59	9.24	—	—	—	—
黑龙江	1 357.64	1 226.69	130.95	—	291.15	36.62	15.15	12.87	6.09	—	—	—	—
上海	—	—	—	—	30.87	12.00	4.49	4.86	1.57	—	—	—	—
江苏	44.32	31.59	12.73	461.95	47.15	9.15	5.11	3.89	0.13	139	25	—	—
浙江	189.39	145.15	44.24	7 057.10	47.12	11.50	1.81	7.99	1.70	3 821	442	—	—
安徽	53.98	46.16	7.82	595.53	18.75	4.15	0.67	2.39	1.09	2 808	365	86	—
福建	487.95	438.21	49.74	4 916.69	50.33	25.04	11.57	10.14	2.94	65 534	11 959	293	—
江西	247.34	243.50	3.84	2 911.20	9.35	15.02	10.47	3.74	0.77	27 946	4 482	—	—
山东	146.48	135.97	10.51	—	40.70	13.99	2.32	5.95	2.82	—	—	407	—
河南	190.40	182.03	8.37	33.24	27.96	4.04	0.91	1.68	1.14	23	—	333	—
湖北	135.09	94.24	40.85	736.69	18.02	10.87	0.88	8.07	1.76	762	120	1 775	—
湖南	264.33	240.09	24.24	3 274.75	16.59	15.04	4.20	5.77	5.07	8 008	1 066	32	—
广东	233.62	207.72	25.90	5 407.69	44.09	37.23	15.81	9.14	12.15	75 152	10 034	1 113	266
广西	237.96	235.64	2.32	1 167.81	15.42	6.51	1.82	2.15	2.54	134 445	15 529	7 204	18
海南	37.09	30.14	6.95	—	1.85	2.31	1.33	—	0.98	523	153	—	—
四川	430.81	421.70	9.11	224.71	50.70	10.86	2.48	5.47	2.07	4 569	1 027	62	30
贵州	64.33	61.57	2.76	234.39	7.52	1.57	0.66	0.50	0.34	518	42	68	—
云南	262.21	229.42	32.79	1 540.71	41.40	8.56	4.32	2.59	1.63	18 466	4 217	2 355	562
西藏	20.57	20.57	—	—	12.97	—	—	—	—	—	—	—	—
陕西	72.20	69.56	2.64	610.82	9.35	5.23	0.52	4.21	0.50	10	—	1 445	—
甘肃	42.21	40.29	1.92	—	11.20	1.14	0.05	0.68	0.07	—	—	—	—
青海	7.47	7.28	0.19	—	1.42	0.35	—	0.35	—	—	—	—	—
宁夏	29.97	29.43	0.54	—	2.27	0.79	—	0.58	0.21	—	—	—	—
新疆	35.72	34.88	0.84	—	18.12	2.24	0.07	1.82	0.35	38	—	—	—

林业系统各地区工业总产值

(1991年)

单位:万元

地区	总计	独立核算工业企业						非独立核算工业生产单位
		合计	木材采运企业	木材加工企业	林产化学企业	机械制造及修理企业	其它工业企业	
全国总计	1 714 848	1 289 380	918 581	223 524	68 300	50 764	28 211	425 468
北京	2 347	2 182	—	85	—	273	1 824	165
天津	—	—	—	—	—	—	—	—
河北	3 369	1 018	—	773	—	—	245	2 351
山西	7 490	1 433	—	797	543	93	—	6 057
内蒙古	170 281	147 922	133 541	—	10 412	933	3 036	22 359
辽宁	12 132	—	—	—	—	—	—	12 132
吉林	222 319	164 852	147 212	13 211	2 515	1 914	—	57 467
黑龙江	400 550	373 166	284 229	72 390	3 776	5 235	7 536	27 384
上海	1 202	—	—	—	—	—	—	1 202
江苏	29 538	—	—	—	—	—	—	29 538
浙江	26 831	11 599	—	8 986	2 594	19	—	15 232
安徽	12 441	2 641	96	1 710	403	—	432	9 800
福建	106 396	89 144	26 442	32 605	19 907	8 359	1 831	17 252
江西	62 079	39 451	30 385	5 142	2 239	982	703	22 628
山东	7 044	4 212	—	1 334	—	55	2 823	2 832
河南	3 433	—	—	—	—	—	—	3 433
湖北	25 631	11 982	1 477	5 389	3 107	225	1 784	13 649
湖南	37 942	16 255	4 361	8 824	1 422	443	1 205	21 687
广东	80 460	36 397	4 552	29 682	1 048	666	449	44 063
广西	82 328	42 163	25 838	5 927	10 008	380	10	40 165
海南	6 439	3 910	3 827	—	—	44	39	2 529
四川	132 839	97 563	71 445	17 723	3 606	2 292	2 497	35 276
贵州	12 588	10 118	9 370	530	218	—	—	2 470
云南	53 552	37 639	20 135	9 251	5 655	2 431	167	15 913
西藏	6 379	6 379	6 285	94	—	—	—	—
陕西	23 419	12 694	8 229	885	847	2 606	127	10 725
甘肃	16 848	12 589	11 813	776	—	—	—	4 259
青海	1 804	547	529	18	—	—	—	1 257
宁夏	756	104	—	—	—	—	104	652
新疆	16 168	13 177	8 925	4 252	—	—	—	2 991
大兴安岭	126 429	126 429	119 890	3 140	—	—	3 399	—
林机公司	23 814	23 814	—	—	—	23 814	—	—

注:工业总产值按1990年不变价格计算。

林业系统各地区工业总产值

(1991 年)

单位:万元

地区	总计	独立核算工业企业						非独立核算工业生产单位
		合计	木材采运企业	木材加工企业	林产化学企业	机械制造及修理企业	其它工业企业	
全国总计	**1 664 138**	**1 251 086**	**879 453**	**216 813**	**60 659**	**52 166**	**41 995**	**413 052**
北京	2 280	2 115	—	85	—	205	1 825	165
天津	—	—	—	—	—	—	—	—
河北	4 200	996	—	472	—	—	524	3 204
山西	7 633	1 354	—	645	614	95	—	6 279
内蒙古	155 327	135 768	119 478	—	8 362	947	6 981	19 559
辽宁	10 563	—	—	—	—	—	—	10 563
吉林	212 358	160 821	145 264	11 580	1 933	2 044	—	51 537
黑龙江	387 315	359 279	268 562	69 914	3 127	5 350	12 326	28 036
上海	1 327	—	—	—	—	—	—	1 327
江苏	29 390	—	—	—	—	—	—	29 390
浙江	26 404	10 511	—	7 781	2 707	23	—	15 893
安徽	12 333	2 533	88	1 703	344	—	398	9 800
福建	114 350	92 331	34 019	30 201	17 842	8 502	1 767	22 019
江西	56 803	36 857	28 366	4 923	1 838	1 014	716	19 946
山东	7 355	4 282	—	1 328	—	58	2 896	3 073
河南	3 771	—	—	—	—	—	—	3 771
湖北	23 963	11 076	1 286	4 808	2 887	294	1 801	12 887
湖南	39 705	17 139	4 311	9 604	1 439	445	1 340	22 566
广东	83 989	40 127	5 362	32 587	1 024	670	484	43 862
广西	93 479	51 454	34 215	7 003	9 839	387	10	42 025
海南	7 236	4 756	4 670	—	—	47	39	2 480
四川	116 166	83 910	58 851	16 361	3 396	3 014	2 288	32 256
贵州	19 815	16 777	15 478	1 109	190	—	—	3 038
云南	44 376	31 720	17 434	7 296	4 235	2 558	197	12 656
西藏	2 107	2 107	2 053	54	—	—	—	—
陕西	19 933	11 485	6 951	799	882	2 726	127	8 448
甘肃	15 688	12 708	12 019	689	—	—	—	2 980
青海	1 981	451	431	20	—	—	—	1 530
宁夏	574	107	—	—	—	—	107	467
新疆	15 856	12 561	7 534	5 027	—	—	—	3 295
大兴安岭	124 074	124 074	113 081	2 824	—	—	8 169	—
林机公司	23 787	23 787	—	—	—	23 787	—	—

注:工业总产值按当年价格计算。

林业系统各地区独立核算工业企业净产值

（1991年）

单位：万元

地区	总计	木材采运企业	木材加工企业	林产化学企业	机械制造及修理企业	其它工业企业	应得产品销售利润和应缴纳的产品	工资	提取的职工福利基金	利息支出	其它
全国总计	**588 859**	**510 668**	**38 892**	**14 485**	**13 412**	**11 402**	**213 238**	**166 228**	**16 831**	**35 006**	**157 556**
北京	—	—	—	—	—	—	—	—	—	—	—
天津	—	—	—	—	—	—	—	—	—	—	—
河北	—	—	—	—	—	—	—	—	—	—	—
山西	322	—	182	93	47	—	8	229	19	49	17
内蒙古	84 996	82 026	—	660	38	2 272	54 059	18 474	1 718	2 420	8 325
辽宁	—	—	—	—	—	—	—	—	—	—	—
吉林	80 204	77 514	1 683	493	514	—	17 918	24 296	2 326	2 560	33 104
黑龙江	162 053	149 780	7 457	952	1 222	2 642	24 445	59 499	6 472	17 208	54 429
上海	—	—	—	—	—	—	—	—	—	—	—
江苏	—	—	—	—	—	—	—	—	—	—	—
浙江	2 490	—	1 878	611	1	—	871	866	58	312	383
安徽	567	30	252	103	—	182	−38	325	27	85	168
福建	34 096	19 837	6 842	5 059	1 854	504	13 919	8 121	704	1 316	10 036
江西	16 564	14 518	1 021	439	351	235	5 548	5 669	547	752	4 048
山东	1 237	—	414	—	20	803	445	294	23	231	244
河南	—	—	—	—	—	—	—	—	—	—	—
湖北	3 416	817	1 333	551	117	598	326	1 318	132	688	952
湖南	5 535	2 534	2 332	236	132	301	1 471	1 936	165	761	1 202
广东	10 041	2 786	6 421	262	417	155	4 017	3 301	297	905	1 521
广西	3 726	248	874	2 508	93	3	1 331	1 133	92	626	544
海南	3 144	3 113	—	—	12	19	747	1 838	203	145	211
四川	50 866	44 371	3 877	757	670	1 191	21 715	11 713	1 205	865	15 368
贵州	9 313	8 603	632	78	—	—	4 204	1 450	165	85	3 409
云南	15 539	11 186	2 364	1 401	548	40	9 602	2 808	271	446	2 412
西藏	1 088	1 073	15	—	—	—	199	516	57	18	298
陕西	6 100	4 363	93	282	1 325	37	1 463	2 771	298	274	1 294
甘肃	9 642	9 440	202	—	—	—	3 594	1 398	146	27	4 477
青海	357	351	6	—	—	—	106	107	12	—	132
宁夏	28	—	—	—	—	28	7	10	1	9	1
新疆	5 994	5 206	788	—	—	—	2 755	1 125	112	83	1 919
大兴安岭	75 490	72 872	226	—	—	2 392	41 457	15 925	1 674	4 306	12 128
林机公司	6 051	—	—	—	6 051	—	3 069	1 106	107	835	934

注：工业企业净产值按分配法计算。

林业系统各地区工业企业主要专业设备数量

（1991年）

单位：台

地 区	汽车（辆）		汽车拖车（台）	拖拉机（台）		油 锯	电 锯	森铁机车	森铁车辆	绞盘机	起重机
	合 计	其中：运材汽车		合 计	其中：集材用拖拉机						
全国总计	31 634	13 639	7 040	9 721	6 566	9 645	1 951	596	15 070	8 618	902
北 京	—	—	—	—	—	—	—	—	—	—	—
天 津	—	—	—	—	—	—	—	—	—	—	—
河 北	—	—	—	—	—	—	—	—	—	—	—
山 西	39	7	4	3	—	1	5	—	—	—	5
内蒙古	2 805	1 194	1 354	1 569	1 109	1 457	298	49	2 050	1 136	128
辽 宁	—	—	—	—	—	—	—	—	—	—	—
吉 林	3 239	821	874	1 458	1 078	1 089	247	198	3 928	1 320	147
黑龙江	7 598	2 260	2 252	3 944	2 812	3 255	793	335	8 856	3 130	143
上 海	—	—	—	—	—	—	—	—	—	—	—
江 苏	—	—	—	—	—	—	—	—	—	—	—
浙 江	77	22	9	14	—	1	6	—	—	5	14
安 徽	270	104	31	7	—	17	—	—	—	9	8
福 建	2 608	1 587	371	140	7	817	80	4	80	201	49
江 西	1 490	878	101	81	14	71	48	5	156	42	6
山 东	10	—	3	—	—	—	—	—	—	—	—
河 南	—	—	—	—	—	—	—	—	—	—	—
湖 北	645	329	97	28	3	94	56	—	—	—	—
湖 南	1 506	998	76	69	1	60	21	5	—	107	20
广 东	352	136	4	47	4	36	32	—	—	31	45
广 西	740	502	87	22	1	56	49	—	—	65	9
海 南	194	116	—	145	71	144	3	—	—	19	4
四 川	2 614	1 096	63	420	194	1 118	—	—	—	1 322	76
贵 州	414	253	—	1	1	56	21	—	—	15	6
云 南	2 151	1 433	282	165	117	281	16	—	—	66	49
西 藏	78	76	—	47	10	98	—	—	—	—	—
陕 西	511	315	19	106	56	73	26	—	—	146	24
甘 肃	271	186	6	96	64	146	4	—	—	36	1
青 海	26	5	—	3	—	10	—	—	—	7	1
宁 夏	—	—	—	—	—	—	—	—	—	—	—
新 疆	275	179	97	57	29	88	—	—	—	5	4
大兴安岭	3 676	1 142	1 310	1 299	995	677	246	—	—	956	51
林机公司	45	—	—	—	—	—	—	—	—	—	112

林业系统各地区工业企业林区道路年末实有量

(1991 年)　　　　单位:公里

地区	大铁专用线	森林铁路		公路		
		合计	其中:干线	合计	其中:正规公路	运材公路
全国总计	554.08	7 403	2 725	124 341	71 736	110 267
北京	—	—	—	—	—	—
天津	—	—	—	—	—	—
河北	—	—	—	—	—	—
山西	—	—	—	—	—	—
内蒙古	93.28	1 042	315	10 176	8 856	9 150
辽宁	—	—	—	—	—	—
吉林	76.15	2 227	941	11 133	8 112	9 342
黑龙江	212.10	4 022	1 382	22 388	18 265	18 866
上海	—	—	—	—	—	—
江苏	—	—	—	—	—	—
浙江	—	—	—	2	2	2
安徽	6.51	—	—	993	248	610
福建	15.87	29	22	5 254	4 204	4 895
江西	7.26	83	65	5591	1 422	4 759
山东	—	—	—	—	—	—
河南	—	—	—	—	—	—
湖北	—	—	—	6 223	3 025	6 024
湖南	10.26	—	—	11 768	3 856	10 517
广东	3.82	—	—	1 852	675	1 787
广西	12.45	—	—	4 750	1 802	4 419
海南	—	—	—	1 141	506	1 039
四川	13.35	—	—	11 123	3 335	9 877
贵州	5.64	—	—	4 992	1 124	4 484
云南	2.70	—	—	5 099	1 524	4 750
西藏	—	—	—	420	4	416
陕西	4.00	—	—	1 594	649	1 594
甘肃	—	—	—	1 533	1 138	1 533
青海	—	—	—	252	137	144
宁夏	—	—	—	—	—	—
新疆	—	—	—	5 925	1 290	5 032
大兴安岭	90.69	—	—	12 132	11 562	11 027

东北、内蒙古国有林区工业企业主要产品产量(1991 年)

指标名称	计算单位	总计	吉林	黑龙江	大兴安岭林业公司	内蒙古大兴安岭林管局
木材产量	万立方米	2 001.59	391.73	840.86	365.00	404.00
其中:国家任务	万立方米	1 583.11	328.10	713.01	239.00	303.00
等内原木上调量	万立方米	1 126.34	227.07	470.27	198.00	231.00
木材产量按材种分:						
1.原木	万立方米	1 830.61	348.01	742.87	357.31	382.42
2.薪材	万立方米	170.98	43.72	97.99	7.69	21.58
锯材产量	万立方米	293.91	76.55	166.71	13.14	37.51
人造板产量	万立方米	49.80	20.34	25.59	0.18	3.69
其中:胶合板	万立方米	17.62	7.30	9.45	0.03	0.84
纤维板	万立方米	15.55	4.10	10.17	0.15	1.13
刨花板	万立方米	15.72	8.41	5.63		1.68

东北、内蒙古国有林区工业企业主要技术经济指标(1991 年)

指标名称	计算单位	总计	吉林	黑龙江	大兴安岭林业公司	内蒙古大兴安岭林管局
每台集材拖拉机集材量	立方米/台	3 350	3 029	2 981	4 743	3 476
每辆运材汽车运材量	立方米/辆	3 802	4 343	3 519	4 320	3 579
每台运材森铁机车运材量	立方米/台	19 854	21 449	19 479	—	18 349
贮木场原条出材率	%	90.3	94.3	89.1	90.8	88.7
锯材出材率	%	64.3	69.2	62.0	65.9	65.9
针、阔叶树锯材特等、一等品率	%	57.6	53.7	55.9	74.6	66.9
胶合板一、二等品率	%	76.6	81.5	75.3	66.7	49.2
纤维板一、二等品率	%	90.1	97.0	87.5	86.4	88.1
刨花板一等品率	%	48.0	43.0	58.9	—	31.3
全员价值劳动生产率						
按总产值计算(1990 年不变价)	%	8 974	9 152	7 510	14 150	10 693
按净产值计算(现价)	%	4 451	4 453	3 261	8 489	6 144
木材生产工人实物劳动生产率	立方米/人·年	115	102	100	201	124
锯材生产工人实物劳动生产率	立方米/人·年	102	115	91	160	125
胶合板生产工人实物劳动生产率	立方米/人·年	10	13	9	2	11
纤维板生产工人实物劳动生产率	立方米/人·年	24	20	29	12	16
刨花板生产工人实物劳动生产率	立方米/人·年	46	43	55	—	39

劳 动 工 资

林业系统各地区按行业分企、事业及机关单位个数

(1991 年)

单位:个

地 区	各行业合计	(一)农林牧渔水利业						(二)工业				(三)建筑业	(四)教育文化艺术和广播电视事业	(五)科学研究和综合技术服务业	(六)其他行业
		计	其中:农业	林业	其中:国营林场	苗圃	林业工作站	合计	其中:木材采运企业	木材加工企业	林产化学企业				
全国总计	43 751	35 450	109	35 341	4 190	2 129	22 472	2 074	1 402	351	129	348	209	645	5 025
北 京	104	83	6	77	28	10	10	—	—	—	—	—	—	—	21
天 津	183	166	—	166	2	10	151	—	—	—	—	—	—	—	17
河 北	1 565	1 273	26	1 247	122	158	749	7	—	2	—	—	3	10	272
山 西	2 795	2 508	—	2 508	217	128	2 007	7	—	4	2	21	5	18	236
内 蒙 古	1 499	1 262	—	1 262	296	102	622	24	17	—	1	29	16	15	153
辽 宁	2 044	1 814	—	1 814	164	52	1 084	—	—	—	—	16	6	24	184
吉 林	1 588	1 456	—	1 456	294	53	780	24	17	4	1	21	5	3	79
黑 龙 江	2 825	2 228	—	2 228	360	80	1 241	105	40	35	1	73	37	16	366
上 海	25	25	—	25	6	6	11	—	—	—	—	—	—	—	—
江 苏	310	288	—	288	67	37	147	—	—	—	—	—	—	5	17
浙 江	970	752	—	752	102	20	370	22	—	15	6	7	2	16	171
安 徽	1 661	1 417	—	1 417	119	79	858	16	2	12	1	1	2	19	206
福 建	2 030	1 230	—	1 230	110	73	813	564	410	92	42	12	23	5	196
江 西	1 539	1 180	—	1 180	198	79	610	142	118	9	2	12	8	32	165
山 东	3 320	3 063	—	3 063	150	158	2 458	41	—	8	—	6	4	10	196
河 南	2 002	1 686	—	1 686	87	88	1 370	—	—	—	—	5	4	63	244
湖 北	2 035	1 414	6	1 408	242	49	877	250	186	40	6	17	14	82	258
湖 南	2 263	1 814	—	1 814	177	102	1 266	215	177	12	10	21	11	64	138
广 东	2 017	1 385	—	1 385	193	78	965	64	22	19	11	4	3	67	494
广 西	1 254	934	—	934	148	89	534	125	110	7	5	9	5	43	138
海 南	521	439	—	439	28	14	235	26	25	—	—	—	—	10	46
四 川	3 062	2 403	—	2 403	283	183	1 604	127	69	37	13	18	9	16	489
贵 州	1 139	893	—	893	87	43	623	138	123	11	4	4	5	11	88
云 南	2 293	1 853	—	1 853	103	71	1 412	95	44	26	21	17	6	32	290
西 藏	34	24	—	24	—	7	9	7	6	1	—	—	—	1	2
陕 西	1 632	1 376	34	1 342	230	117	516	22	8	6	3	19	6	31	178
甘 肃	1 261	1 096	—	1 096	217	124	437	6	4	2	—	6	6	18	129
青 海	412	372	—	372	59	22	243	2	1	1	—	1	—	1	36
宁 夏	484	449	35	414	39	26	309	1	—	—	—	2	1	3	28
新 疆	730	548	—	548	62	71	161	21	15	6	—	4	4	8	145
部 直 属	154	19	2	17	—	—	—	23	8	2	—	23	24	22	43
其中:															
大兴安岭	73	7	2	5	—	—	—	18	8	2	—	15	10	3	20
林机公司	12	—	—	—	—	—	—	5	—	—	—	—	—	2	5

林业系统各地区按行业分全部职工年末人数

（1991年）

单位：人

地区	各行业合计	(一)农林牧渔水利业						(二)工业				(三)建筑业	(四)教育文化艺术和广播电视事业	(五)科学研究和综合技术服务业	(六)其他行业
		计	其中：					合计	其中：						
			农业	林业	国营林场	苗圃	林业工作站		木材采运企业	木材加工企业	林产化学企业				
全国总计	2 544 892	843 074	8 898	834 176	557 325	56 245	102 741	1 298 448	1 081 834	130 646	27 128	112 338	27 733	29 411	233 88
北京	7 217	4 749	410	4 339	1 996	1 481	280	—	—	—	—	—	—	—	2 46
天津	1 322	828	—	828	59	157	565	—	—	—	—	—	—	—	49
河北	26 759	18 776	2 091	16 685	7 809	2 397	2 917	482	—	294	—	—	234	408	6 85
山西	28 186	21 088	—	21 088	10 070	2 770	5 698	1 478	—	725	513	424	314	367	4 51
内蒙古	253 218	73 457	—	73 457	55 155	3 743	3 832	147 844	133 944	—	5 646	21 968	1 949	992	7 00
辽宁	36 187	28 591	—	28 591	18 821	1 844	3 690	—	—	—	—	348	335	999	5 91
吉林	279 743	84 112	—	84 112	51 484	3 729	3 446	175 883	166 441	6 056	822	12 413	1 899	282	5 15
黑龙江	641 641	67 803	—	67 803	55 207	2 486	3 010	515 842	442 416	53 068	3 065	36 084	3 559	2 013	16 34
上海	1 562	1 562	—	1 562	939	297	164	—	—	—	—	—	—	—	—
江苏	34 248	33 511	—	33 511	27 020	4 663	1 267	—	—	—	—	—	—	424	31
浙江	37 061	22 335	—	22 335	14 221	446	1 668	5 367	—	4 430	917	185	177	434	8 56
安徽	41 355	24 768	—	24 768	15 087	3 852	2 930	2 900	179	2 135	93	116	286	512	12 77
福建	97 315	22 702	—	22 702	13 752	1 069	4 533	57 771	37 172	11 168	5 237	4 742	1 254	186	10 66
江西	129 650	56 998	—	56 998	47 156	3 505	2 661	60 658	53 794	4 068	1 013	1 493	1 043	1 625	7 8
山东	28 456	22 196	—	22 196	8 257	3 387	7 791	2 308	—	716	—	161	337	321	3 1
河南	29 169	20 707	—	20 707	10 420	2 635	5 998	—	—	—	—	172	395	1 476	6 4
湖北	63 448	28 401	959	27 442	19 552	1 236	4 265	16 314	9 188	4 693	1 379	1 038	796	2 412	14 4
湖南	99 085	50 544	—	50 544	35 138	3 032	7 660	36 388	28 859	5 116	1 148	1 909	754	2 076	7 4
广东	90 441	48 907	—	48 907	39 549	2 207	4 560	12 859	4 011	6 923	1 090	442	275	2 124	25 8
广西	81 819	56 375	—	56 375	47 045	1 321	3 352	15 463	9 486	3 314	2 298	1 031	455	1 499	6 9
海南	14 006	4 587	—	4 587	3 411	250	334	7 225	7 070	—	—	—	—	202	1 9
四川	145 869	34 299	—	34 299	19 193	2 041	6 836	61 581	44 949	12 922	1 199	5 182	861	1 106	42 8
贵州	29 557	14 600	—	14 600	8 091	647	3 305	9 957	7 590	2 001	366	373	331	574	3 7
云南	79 018	24 876	—	24 876	8 157	644	10 981	34 956	24 741	7 717	1 812	4 124	407	747	13 9
西藏	1 912	334	—	334	—	64	45	1 460	1 420	40	—	—	—	87	
陕西	43 473	21 329	595	20 734	10 597	1 308	4 423	15 312	11 936	1 190	530	1 565	416	842	4
甘肃	41 508	24 232	—	24 232	16 134	1 696	1 953	11 834	11 101	733	—	698	515	847	3
青海	4 589	3 986	—	3 986	2 058	308	1 217	317	296	21	—	44	—	23	[illegible]
宁夏	9 433	8 788	2 811	5 977	2 952	1 342	1 165	103	—	—	—	59	113	70	[illegible]
新疆	24 477	13 825	—	13 825	7 995	1 688	2 195	5 710	4 243	1 467	—	916	383	478	3
部直属	143 168	3 808	2 032	1 776	—	—	—	98 436	82 998	1 849	—	16 851	10 645	6 285	7
其中：															
大兴安岭	117 188	2 491	2 032	459	—	—	—	92 992	82 998	1 849	—	14 620	1 035	376	5
林机公司	5 891	—	—	—	—	—	—	5 444	—	—	—	—	—	296	

林业系统各地区按行业分全部职工年平均人数

（1991 年）

单位：人

地区	各行业总计	(一)农林牧渔水利业			(二)工业				(三)建筑业	(四)教育文化艺术和广播电视事业	(五)科学研究和综合技术服务业	(六)其他行业
		计	其中：林业	其中：国营林场	计	其中：木材采运企业	木材加工企业	林产化学企业				
全国总计	**2 499 280**	**822 314**	**813 833**	**541 136**	**1 270 670**	**1 054 810**	**129 433**	**29 374**	**118 901**	**27 654**	**29 027**	**230 714**
北京	6 531	4 080	3 687	1 486	—	—	—	—	—	—	—	2 451
天津	1 220	726	726	59	—	—	—	—	—	—	—	494
河北	26 208	18 475	16 381	7 778	446	—	275	—	—	227	410	6 650
山西	27 815	20 822	20 822	9 854	1 446	—	698	508	422	301	360	4 464
内蒙古	240 378	71 305	71 305	53 373	138 335	124 874	—	5 470	20 920	1 939	998	6 881
辽宁	34 921	27 466	27 466	18 658	—	—	—	—	346	335	1 044	5 730
吉林	283 741	80 950	80 950	49 229	180 122	170 802	6 002	785	15 553	1 839	279	4 998
黑龙江	616 063	65 796	65 796	52 995	489 748	417 642	52 475	3 067	38 791	3 531	2 053	16 144
上海	1 548	1 548	1 548	931	—	—	—	—	—	—	—	—
江苏	34 353	33 649	33 649	27 112		—	—	—	—	—	394	310
浙江	36 898	22 309	22 309	14 294	5 269	—	4 341	907	189	171	437	8 523
安徽	40 275	23 864	23 864	14 407	2 779	176	2 020	92	117	284	502	12 729
福建	96 088	22 289	22 289	13 454	57 159	36 821	11 048	5 164	4 685	1 241	188	10 526
江西	127 723	55 948	55 948	44 575	60 313	53 532	4 054	990	1 327	1 046	1 618	7 471
山东	28 129	21 917	21 917	8 207	2 311	—	716	—	159	335	322	3 085
河南	28 779	20 407	20 407	10 286	—	—	—	—	172	395	1 471	6 334
湖北	62 521	27 913	26 959	19 247	16 138	9 102	4 652	1 387	1 104	776	2 275	14 315
湖南	97 851	49 633	49 633	34 524	36 570	28 951	5 060	1 138	1 636	746	2 044	7 222
广东	90 406	49 038	49 038	39 768	12 928	4 040	7 015	1 041	415	274	2 104	25 647
广西	78 182	53 582	53 582	44 563	15 098	9 355	3 371	2 010	955	449	1 477	6 621
海南	14 032	4 592	4 592	3 423	7 254	7 099	—	—	—	—	202	1 984
四川	152 397	33 803	33 803	18 954	68 882	49 584	12 766	4 133	5 425	851	1 095	42 341
贵州	29 170	14 379	14 379	7 970	9 967	7 529	2 096	342	370	346	551	3 557
云南	77 044	24 366	24 366	8 147	34 033	23 975	7 579	1 790	3 807	402	729	13 707
西藏	1 916	339	339	—	1 456	1 414	42	—	—	—	90	31
陕西	44 406	20 936	20 372	10 442	16 094	12 815	1 152	550	2 196	416	832	3 932
甘肃	40 733	22 919	22 919	14 968	11 892	11 166	726	—	712	508	835	3 867
青海	4 105	3 504	3 504	1 691	304	287	17	—	53	—	23	221
宁夏	9 252	8 594	5 850	2 855	119	—	—	—	58	112	71	298
新疆	24 501	13 664	13 664	7 886	5 787	4 312	1 475	—	1 045	390	488	3 127
部直属	142 094	3 501	1 769	—	96 220	81 334	1 853	—	18 444	10 740	6 135	7 054
其中：												
大兴安岭	116 256	2 183	451	—	90 881	81 334	1 853	—	16 220	1 019	370	5 583
林机公司	5 785	—	—	—	5 339	—	—	—	—	—	296	150

林业系统各地区按行业分全部职工工资总额

(1991年)

单位:万元

地区	各行业总计	(一)农林牧渔水利业			(二)工业				(三)建筑业	(四)教育文化艺术和广播电视事业	(五)科学研究和综合技术服务业	(六)其他行业
		计	其中:林业	其中:国营林场	计	其中:木材采运企业	木材加工企业	林产化学企业				
全国总计	521 414.4	149 338.7	147 964.7	97 977.5	282 113.9	238 375.5	26 195.7	5 242.5	27 587.5	6 295.1	6 146.3	49 932.9
北京	1 872.9	1 127.3	1 041.4	503.3	—	—	—	—	—	—	—	745.6
天津	257.8	151.6	151.6	8.3	—	—	—	—	—	—	—	106.2
河北	4 505.5	3 063.5	2 709.1	1 306.3	57.4	—	34.8	—	—	43.0	90.3	1 251.3
山西	4 477.7	3 248.5	3 248.5	1 636.2	234.4	—	121.3	73.5	82.2	63.8	66.0	782.8
内蒙古	53 334.3	11 592.7	11 592.7	8 164.0	34 343.7	31 492.3	—	1 038.1	5 361.4	405.4	188.9	1 442.2
辽宁	6 365.5	4 908.9	4 908.9	2 992.9	—	—	—	—	74.6	78.2	245.4	1 058.4
吉林	62 202.0	14 196.5	14 196.5	7 232.9	42 663.3	40 804.9	1 228.7	191.4	3 762.4	418.1	56.8	1 104.9
黑龙江	115 397.4	11 696.8	11 696.8	9 259.6	91 617.6	77 874.7	10 326.3	499.9	7 190.3	770.0	503.2	3 619.5
上海	378.8	378.8	378.8	212.1	—	—	—	—	—	—	—	—
江苏	5 562.5	5 422.1	5 422.1	4 376.5	—	—	—	—	—	—	71.3	69.1
浙江	8 102.9	4 805.7	4 805.7	3 227.9	1 104.8	—	918.1	183.1	45.1	39.1	95.1	2 013.1
安徽	6 359.5	3 785.4	3 785.4	2 325.4	454.2	33.0	323.3	19.7	20.7	57.1	86.7	1 955.4
福建	22 333.2	5 108.1	5 108.1	3 235.3	13 324.9	8 836.3	2 310.9	1 206.6	1 059.6	311.1	50.2	2 479.3
江西	20 404.1	7 902.7	7 902.7	6 105.1	10 255.9	8 983.1	736.3	140.0	218.6	144.7	238.7	1 643.5
山东	5 073.1	3 921.9	3 921.9	1 457.8	345.1	—	132.7	—	30.3	74.2	67.0	634.6
河南	4 352.8	2 977.8	2 977.8	1 544.0	—	—	—	—	31.5	73.7	229.0	1 040.8
湖北	9 922.9	4 162.7	4 062.1	2 803.8	2 542.8	1 485.8	707.9	208.4	166.4	165.9	370.7	2 514.4
湖南	19 046.5	8 992.1	8 992.1	6 283.7	7 476.0	6 031.9	953.5	233.6	424.4	172.0	402.5	1 579.5
广东	23 713.3	13 076.9	13 076.9	10 978.5	3 723.8	1 180.5	2 142.4	181.6	127.8	84.1	541.0	6 159.7
广西	17 316.4	11 693.9	11 693.9	9 941.8	3 524.3	2 209.0	740.5	491.1	224.3	123.0	335.4	1 415.5
海南	3 567.5	942.0	942.0	718.3	2 004.7	1 969.1	—	—	—	—	73.3	547.5
四川	34 518.4	5 519.3	5 519.3	3 598.1	17 736.7	14 309.1	2 616.4	236.1	1 376.3	214.2	223.5	9 448.4
贵州	4 723.4	2 263.0	2 263.0	1 296.8	1 564.7	1 203.1	312.0	49.6	62.2	63.4	118.2	651.9
云南	16 015.5	4 112.1	4 112.1	1 438.1	7 581.7	5 483.7	1 527.7	368.2	893.5	97.5	164.1	3 166.6
西藏	620.5	66.0	66.0	—	516.3	506.2	10.1	—	—	—	27.0	11.2
陕西	9 429.9	3 973.9	3 884.5	2 021.0	3 992.5	3 324.5	182.7	121.6	388.0	87.5	186.8	801.2
甘肃	8 883.1	4 359.7	4 359.7	2 700.3	3 147.1	2 983.1	164.0	—	166.0	129.2	186.7	894.4
青海	970.1	763.8	763.8	371.6	107.2	103.6	3.6	—	15.8	—	5.2	78.1
宁夏	1 628.5	1 494.4	1 052.7	509.3	15.5	—	—	—	13.8	23.0	12.8	69.0
新疆	5 712.8	2 922.7	2 922.7	1 728.6	1 459.1	1 125.3	333.8	—	316.2	106.7	121.4	786.7
部直属	44 365.6	707.9	405.9	—	32 320.2	28 436.3	368.7	—	5 536.1	2 550.2	1 389.1	1 862.1
其中:												
大兴安岭	38 066.6	426.7	124.7	—	30 836.4	28 436.3	368.7	—	4 911.7	303.6	96.3	1 491.9
林机公司	1 601.6	—	—	—	1 483.8	—	—	—	—	—	75.1	42.7

林业系统各地区全部职工工资构成
（1991年）

单位：万元

地 区	工资总额	计时工资	计件工资	奖 金	津贴和补贴	加班加点工资	其 它
全国总计	521 414.4	230 278.4	89 351.1	44 491.8	130 366.0	4 757.3	22 169.8
北 京	1 872.9	795.9	370.6	239.0	320.5	44.8	102.1
天 津	257.8	137.1	0.0	59.8	51.5	1.7	7.7
河 北	4 505.5	2 761.1	92.2	548.0	781.4	21.2	301.6
山 西	4 477.7	2 780.2	339.8	437.8	772.4	28.2	119.3
内蒙古	53 334.3	21 257.8	10 628.7	4 257.1	15 977.0	524.0	689.7
辽 宁	6 365.5	3 702.6	373.8	557.0	1 632.6	24.8	74.7
吉 林	62 202.0	25 590.8	16 401.0	3 694.5	15 460.6	762.2	292.9
黑龙江	115 397.4	45 915.3	24 484.0	2 129.7	27 106.9	694.8	15 066.7
上 海	378.8	131.0	34.1	79.7	78.0	3.6	52.4
江 苏	5 562.5	2 796.4	1 169.1	523.7	803.4	68.3	201.6
浙 江	8 102.9	4 288.4	189.6	1 360.8	2 090.5	100.6	73.0
安 徽	6 359.5	3 808.2	587.6	770.6	978.3	63.7	151.1
福 建	22 333.2	9 599.3	2 732.8	3 635.2	5 936.2	268.3	161.4
江 西	20 404.1	9 930.2	4 203.4	2 011.4	3 583.7	244.6	430.8
山 东	5 073.1	2 985.4	76.9	828.5	943.5	25.0	213.8
河 南	4 352.8	2 872.3	87.7	480.5	785.5	17.8	109.0
湖 北	9 922.9	5 747.1	960.6	991.7	1 922.3	76.9	224.3
湖 南	19 046.5	9 345.7	2 132.6	2 673.2	4 479.4	192.9	222.7
广 东	23 713.3	7 998.2	5 493.1	2 917.7	6 911.8	177.1	215.4
广 西	17 316.4	6 951.1	2 692.9	2 083.2	5 162.7	195.7	230.8
海 南	3 567.5	1 469.8	658.9	166.9	1 204.6	16.4	50.9
四 川	34 518.4	17 582.1	2 896.2	4 073.4	8 272.8	224.2	1 469.7
贵 州	4 723.4	2 848.0	107.7	637.9	992.9	16.9	120.0
云 南	16 015.5	7 923.1	1 321.6	2 185.2	4 227.6	89.4	268.6
西 藏	620.5	283.6	192.7	47.4	49.5	4.3	43.0
陕 西	9 429.9	4 331.9	1 871.8	1 068.9	1 903.3	51.3	202.7
甘 肃	8 883.1	4 532.0	951.9	915.5	2 255.8	26.5	201.4
青 海	970.1	606.7	74.7	93.1	195.6	—	—
宁 夏	1 628.5	975.4	23.4	219.7	392.3	1.1	16.6
新 疆	5 712.8	3 358.7	544.7	618.7	1 059.5	8.1	123.1
部直属	44 365.6	16 973.0	7 657.0	4 186.0	14 033.9	782.9	732.8
其中：							
大兴安岭	38 066.6	13 653.6	7 336.0	3 065.3	12 721.7	645.0	645.0
林机公司	1 601.6	913.7	—	315.6	259.2	109.4	3.7

林业系统各地区按行业分全部职工年平均工资

(1991年)

单位:元

地区	各部门总计	(一)农林牧渔水利业			(二)工业				(三)建筑业	(四)教育文化艺术和广播电视事业	(五)科学研究和综合技术服务业	(六)其他行业
		计	其中:林业	其中:国营林场	计	其中:木材采运企业	木材加工企业	林产化学企业				
全国总计	2 086.3	1 816.1	1 818.1	1 810.6	2 220.2	2 259.9	2 023.9	1 784.7	2 320.2	2 276.4	2 117.4	2 164.3
北京	2 867.7	2 763.0	2 824.5	3 386.9	—	—	—	—	—	—	—	3 042.0
天津	2 113.1	2 088.2	2 088.2	1 406.8	—	—	—	—	—	—	—	2 149.8
河北	1 719.1	1 658.2	1 653.8	1 679.5	1 287.0	—	1 265.5	—	—	1 894.3	2 202.4	1 881.7
山西	1 609.8	1 560.1	1 560.1	1 660.4	1 621.0	—	1 737.8	1 446.9	1 947.9	2 119.6	1 833.3	1 753.6
内蒙古	2 218.8	1 625.8	1 625.8	1 529.6	2 482.6	2 521.9	—	1 897.8	2 562.8	2 090.8	1 892.8	2 095.9
辽宁	1 822.8	1 787.3	1 787.3	1 604.1	—	—	—	—	2 156.1	2 334.3	2 350.6	1 847.1
吉林	2 192.2	1 753.7	1 753.7	1 469.2	2 368.6	2 389.0	2 047.2	2 438.2	2 419.1	2 273.5	2 035.8	2 210.7
黑龙江	1 873.1	1 777.7	1 777.7	1 747.3	1 870.7	1 864.6	1 967.9	1 629.9	1 853.6	2 180.7	2 451.0	2 242.0
上海	2 447.0	2 447.0	2 447.0	2 278.2	—	—	—	—	—	—	—	—
江苏	1 619.2	1 611.4	1 611.4	1 614.2	—	—	—	—	—	—	1 809.6	2 229.0
浙江	2 196.0	2 154.2	2 154.2	2 258.2	2 096.8	—	2 115.0	2 018.7	2 386.2	2 286.5	2 176.2	2 362.0
安徽	1 579.0	1 586.2	1 586.2	1 614.1	1 634.4	1 875.0	1 600.5	2 141.3	1 769.2	2 010.6	1 727.1	1 536.2
福建	2 324.2	2 291.8	2 291.8	2 404.7	2 331.2	2 399.8	2 091.7	2 336.6	2 261.7	2 506.8	2 670.2	2 355.4
江西	1 597.5	1 412.5	1 412.5	1 369.6	1 700.4	1 678.1	1 816.2	1 414.1	1 647.3	1 383.4	1 475.3	2 199.8
山东	1 803.5	1 789.4	1 789.4	1 776.3	1 493.3	—	1 853.4	—	1 905.7	2 214.9	2 080.7	2 057.1
河南	1 512.5	1 459.2	1 459.2	1 501.1	—	—	—	—	1 831.4	1 865.8	1 556.8	1 643.2
湖北	1 587.1	1 491.3	1 506.8	1 456.7	1 575.7	1 632.4	1 521.7	1 502.5	1 507.2	2 137.9	1 629.5	1 756.5
湖南	1 946.5	1 811.7	1 811.7	1 820.1	2 044.3	2 083.5	1 884.4	2 052.7	2 594.1	2 305.6	1 969.2	2 187.1
广东	2 623.0	2 666.7	2 666.7	2 760.6	2 880.4	2 922.0	3 054.0	1 744.5	3 079.5	3 069.3	2 571.3	2 401.7
广西	2 214.9	2 182.4	2 182.4	2 231.0	2 334.3	2 361.3	2 196.7	2 443.3	2 348.7	2 739.4	2 270.8	2 137.9
海南	2 542.4	2 051.4	2 051.4	2 098.5	2 763.6	2 773.8	—	—	—	—	3 628.7	2 759.6
四川	2 265.0	1 632.8	1 632.8	1 898.3	2 574.9	2 885.8	2 049.5	571.3	2 537.0	2 517.0	2 041.1	2 231.5
贵州	1 619.3	1 573.8	1 573.8	1 627.1	1 569.9	1 598.0	1 488.5	1 450.3	1 681.1	1 832.4	2 145.2	1 832.7
云南	2 078.7	1 687.6	1 687.6	1 765.2	2 227.7	2 287.3	2 015.7	2 057.0	2 347.0	2 425.4	2 251.0	2 310.2
西藏	3 238.5	1 946.9	1 946.9	—	3 546.0	3 579.9	2 404.8	—	—	—	3 000.0	3 612.9
陕西	2 123.6	1 898.1	1 906.8	1 935.5	2 480.7	2 594.2	1 585.9	2 210.9	1 766.8	2 103.4	2 245.2	2 037.6
甘肃	2 180.8	1 902.2	1 902.2	1 804.0	2 646.4	2 671.6	2 259.0	—	2 331.5	2 543.3	2 235.9	2 312.9
青海	2 363.2	2 179.8	2 179.8	2 197.5	3 526.3	3 609.8	2 117.6	—	2 981.1	—	2 260.9	3 533.9
宁夏	1 760.2	1 738.9	1 799.5	1 783.9	1 302.5	—	—	—	2 379.3	2 053.6	1 802.8	2 315.4
新疆	2 331.7	2 139.0	2 139.0	2 192.0	2 521.3	2 609.7	2 263.1	—	3 025.8	2 735.9	2 487.7	2 515.8
部直属	3 122.3	2 022.0	2 294.5	—	3 359.0	3 496.2	1 989.7	—	3 001.6	2 374.5	2 264.2	1 969.2
其中:												
大兴安岭	3 274.4	1 954.6	2 765.0	—	3 393.1	3 496.2	1 989.7	—	3 028.2	2 979.4	2 602.7	2 672.2
林机公司	2 768.5	—	—	—	2 779.2	—	—	—	—	—	2 537.2	5 006.7

林业系统各地区工业企业全部职工分类情况

(1991年)

单位:人

地区	合计	工人	学徒	工程技术人员	管理人员	服务人员		其他人员	
						计	其中:社会性服务机构人员	计	其中:农副业生产人员
全国总计	1 298 448	733 154	4 376	60 179	161 214	270 033	172 441	69 492	13 951
北京	—	—	—	—	—	—	—	—	—
天津	—	—	—	—	—	—	—	—	—
河北	482	342	29	38	46	17	17	10	—
山西	1 478	983	35	60	216	82	27	102	—
内蒙古	147 844	78 416	19	6 466	19 373	35 654	21 643	7 916	1 137
辽宁	—	—	—	—	—	—	—	—	—
吉林	175 883	98 783	183	12 928	15 279	41 150	26 827	7 560	293
黑龙江	515 842	277 646	80	19 890	56 716	126 459	86 388	35 051	10 337
上海	—	—	—	—	—	—	—	—	—
江苏	—	—	—	—	—	—	—	—	—
浙江	5 367	3 646	55	174	790	492	62	210	—
安徽	2 900	2 105	114	135	359	177	31	10	—
福建	57 771	37 524	406	2 417	9 563	4 661	1 058	3 200	391
江西	60 658	41 355	525	2 185	9 613	4 822	2 845	2 158	247
山东	2 308	1 562	87	96	260	21	21	282	—
河南	—	—	—	—	—	—	—	—	—
湖北	16 314	10 541	420	711	2 780	1 632	687	230	4
湖南	36 388	23 370	942	2 126	5 691	3 340	1 770	919	19
广东	12 859	9 078	206	615	1 678	1 018	738	264	108
广西	15 463	9 552	137	1 652	2 746	1 139	883	237	—
海南	7 225	5 021	—	194	779	1 063	712	168	—
四川	61 581	39 255	396	2 564	8 515	8 729	3 829	2 122	295
贵州	9 957	5 894	85	864	2 054	583	431	477	3
云南	34 956	21 809	43	1 399	4 832	5 497	3 009	1 376	281
西藏	1 460	774	147	11	123	356	246	49	—
陕西	15 312	9 121	203	733	1 946	1 810	681	1 499	5
甘肃	11 834	7 126	16	704	1 384	2 115	1 074	489	90
青海	317	215	—	40	35	27	27	—	—
宁夏	103	63	—	7	17	16	12	—	—
新疆	5 710	3 549	140	345	750	697	377	229	58
部直属	98 436	45 424	108	3 825	15 669	28 476	19 046	4 934	683
其中:									
大兴安岭	92 992	42 148	—	3 230	14 908	28 051	18 933	4 655	683
林机公司	5 444	3 276	108	595	761	425	113	279	—

林业系统工业企业全部职工分类情况

(1991年)

单位:人

	工业企业年末人数							
	合计	1.木材采运企业	2.木材加工企业	3.林产化学企业	4.机械制造及修理企业	5.建筑材料企业	6.电力工业企业	7.其它工业企业
合 计	1 298 448	1 081 834	130 646	27 128	27 912	5 167	10 746	15 015
1.工人	733 154	590 406	87 476	17 534	17 933	3 298	6 315	10 192
2.学徒	4 376	2 105	1 304	256	508	73	6	124
3.工程技术人员	60 179	50 023	5 339	1 618	1 821	187	514	677
4.管理人员	161 214	132 776	16 251	4 106	3 615	809	1 404	2 253
5.服务人员	270 033	247 560	14 585	2 459	2 696	594	1 098	1 041
其中:社会性服务机构人员	172 441	160 628	7 840	1 213	1 104	500	573	583
(1)企业办中、小学人员	74 822	71 354	2 251	462	337	204	176	38
(2)企业办大学人员	316	277	39	—	—	—	—	—
(3)企业办医院人员	30 133	27 734	1 700	227	250	69	81	72
(4)企业办商店人员	19 335	18 245	746	67	181	4	—	92
(5)林区公、检、法人员	24 827	23 828	609	183	27	18	25	137
(6)其它	23 008	19 190	2 495	274	309	205	291	244
6.其它人员	69 492	58 964	5 691	1 155	1 339	206	1 409	728
其中:农副业生产人员	13 951	12 785	553	503	33	65	—	2

林业系统按行业分全部职工工资构成

(1991年)

单位:万元

行 业	工资总额	计时工资	计件工资	各种奖金	各种津贴	加班加点工资	其 它
各部门合计	521 414.4	230 278.4	89 351.1	44 491.8	130 366.0	4 757.3	22 169.8
一、农林牧渔水利业	149 338.7	71 794.2	24 253.0	15 596.6	34 054.7	720.2	2 920.0
其中:林业	147 964.7	71 076.2	24 147.5	15 449.3	33 690.6	705.8	2 895.3
其中:国营林场	97 977.5	44 145.7	19 996.0	9 322.2	22 137.9	500.4	1 875.3
二、工业	282 113.9	113 851.3	55 400.9	18 621.5	73 658.6	3 268.5	17 313.1
其中:1.木材采运企业	238 375.5	92 257.5	50 205.2	14 130.5	63 052.3	2 415.5	16 314.5
2.木材加工企业	26 195.7	12 803.7	3 907.8	2 379.9	6 217.2	476.7	410.4
3.林产化学企业	5 242.5	2 578.3	269.2	740.3	1 346.5	103.8	204.4
三、建筑业	27 587.5	10 023.4	7 990.5	1 504.0	6 894.0	315.7	859.9
四、教育文化艺术和广播电视事业	6 295.1	3 568.5	38.0	1 019.2	1 522.1	30.5	116.8
五、科学研究和综合技术服务业	6 146.3	3 298.0	425.3	815.9	1 491.4	19.0	96.7
六、其他行业	49 932.9	27 743.0	1 243.4	6 934.6	12 745.2	403.4	863.3

林业系统各地区工业企业全员价值劳动生产率

(1991 年)

单位:元/人·年

地区	工业总产值		工业净产值		地区	工业总产值		工业净产值	
	全员	生产工人	全员	生产工人		全员	生产工人	全员	生产工人
全国总计	**10 434**	**18 762**	**4 611**	**8 291**	湖北	17 018	24 436	4 210	6 046
北京	—	—	—	—	湖南	15 681	23 534	3 956	5 938
天津	—	—	—	—	广东	35 048	50 134	7 985	11 422
河北	—	—	—	—	广西	28 426	46 103	6 056	9 822
山西	9 910	13 953	2 199	3 096	海南	—	—	—	—
内蒙古	10 693	20 267	6 144	11 645	四川	14 347	24 611	4 134	7 092
辽宁	—	—	—	—	贵州	3 090	4 681	2 929	4 437
吉林	9 152	15 832	4 453	7 703	云南	11 389	18 096	4 702	7 471
黑龙江	7 510	13 786	3 261	5 987	西藏	—	—	—	—
上海	—	—	—	—	陕西	7 836	12 514	3 824	6 108
江苏	—	—	—	—	甘肃	10 586	17 509	8 108	13 410
浙江	22 014	32 408	4 762	6 957	青海	17 993	25 924	11 743	16 919
安徽	11 084	16 272	2 339	3 434	宁夏	10 097	14 648	2 718	3 944
福建	30 900	45 093	7 027	10 255	新疆	22 971	36 079	10 450	16 413
江西	13 208	20 755	2 982	4 686	部直属	15 871	33 906	8 643	18 465
山东	22 087	32 301	6 487	9 486	大兴安岭	14 150	30 598	8 489	18 357
河南	—	—	—	—	林机公司	44 027	78 361	11 187	19 911

注:工业总产值按 1990 年不变价格计算。

林业系统工业企业按行业分全员价值劳动生产率

(1991 年)

单位:元/人·年

工业企业	工业总产值		工业净产值		工业企业	工业总产值		工业净产值	
	全员	生产工人	全员	生产工人		全员	生产工人	全员	生产工人
总计	**10 434**	**18 762**	**4 611**	**8 291**	机械制造及修理企业	23 081	36 336	5 024	7 909
木材采运企业	8 787	16 460	4 812	9 014	建筑材料企业	8 248	12 242	2 743	4 071
木材加工企业	17 602	26 477	2 937	4 418	电力工业企业	7 733	12 824	4 655	7 720
林产化学企业	25 620	40 637	5 436	8 622	其它工业企业	16 865	23 661	3 755	5 268

林业系统各地区工业企业主要产品生产工人实物劳动生产率

(1991 年)

单位:立方米/人·年

地区	木材	锯材	胶合板	木质纤维板	刨花板	地区	木材	锯材	胶合板	木质纤维板	刨花板
全国总计	**107**	**96**	**13**	**29**	**54**	河南	—	—	—	—	—
北京	—	—	—	—	—	湖北	—	206	5	28	—
天津	—	—	—	—	—	湖南	—	53	25	9	89
河北	—	—	—	—	—	广东	—	89	25	25	118
山西	—	—	5	16	—	广西	—	82	26	41	94
内蒙古	124	125	11	16	39	海南	—	—	—	—	—
辽宁	—	—	—	—	—	四川	82	64	4	36	35
吉林	102	115	13	20	43	贵州	—	106	13	11	31
黑龙江	100	91	9	29	55	云南	67	56	11	20	44
上海	—	—	—	—	—	西藏	—	—	—	—	—
江苏	—	—	—	—	—	陕西	33	37	9	17	11
浙江	—	119	4	67	40	甘肃	63	23	2	33	—
安徽	—	84	17	14	—	青海	108	58	—	—	—
福建	—	70	17	68	61	宁夏	—	—	—	—	—
江西	—	31	30	37	14	新疆	155	116	—	27	—
山东	—	—	5	23	—	大兴安岭	201	160	2	12	—

固定资产投资

全国基本建设投资完成额中营林、森林工业所占比重

年别	全国基本建设投资完成额(亿元)			营林、森林工业投资占全国投资%			营林投资占农业投资%	森林工业投资占工业投资%
	总计	其中		合计	营林	森林工业		
		农业	工业					
1953—1957年	588.47	42.99	288.11	1.31	0.21	1.10	2.90	2.24
1958—1962年	1 206.09	146.40	727.84	2.09	0.40	1.69	3.26	2.80
1963—1965年	421.89	75.95	217.00	5.35	1.45	3.90	8.07	7.58
1966—1970年	976.03	107.59	562.12	3.13	0.86	2.27	7.77	3.95
1971—1975年	1 763.95	189.91	1 010.96	2.60	0.75	1.85	7.00	3.21
1976—1980年	2 342.17	267.95	1 311.62	2.00	0.86	1.14	7.53	2.03
1981—1985年	3 410.09	178.86	1 561.56	1.88	0.78	1.10	14.95	2.40
1986—1990年	7 300.55	241.21	3 785.60	1.12	0.55	0.57	16.63	1.07
1953—1990年	18 009.24	1 250.86	9 464.81	1.80	0.67	1.13	9.66	2.14

林业系统按主要行业分的森林工业基本建设投资完成额

单位:万元

年别	木材采运	木材加工	林产化学	机械制造和修理	电力
1950—1952年	7 159.1	19.0	397.3	365.9	—
1953—1957年	49 171.0	4 101.2	455.4	1 283.7	—
1958—1962年	143 862.7	23 641.1	10 600.8	9 475.0	1 742.5
1963—1965年	107 386.0	9 521.3	5 252.3	7 104.7	4 402.7
1966—1970年	152 812.0	16 878.0	5 841.3	7 480.7	8 157.7
1971—1975年	179 799.3	17 779.1	12 759.2	20 717.0	9 088.2
1976—1980年	147 687.0	24 059.3	5 186.7	14 357.1	8 519.6
1981—1985年	169 382.3	62 871.9	12 911.7	7 830.9	16 929.9
1986—1990年	129 309.0	117 835.0	7 603.0	6 087.0	16 422.0
1991年	26 994.0	25 216.0	1 306.0	1 492.0	8 714.0
1950—1991年	1 113 562.4	301 921.9	62 313.7	76 194.0	73 976.6

林业系统营林、森林工业基本建设投资完成额

单位:万元

年别	合计	其中:国家投资	营林		森林工业	
			计	其中:国家投资	计	其中:国家投资
1950—1952年	8 199.2	8 199.2	—	—	8 199.2	8 199.2
1953—1957年	76 897.4	76 897.4	12 499.6	12 499.6	64 397.8	64 397.8
1958—1962年	251 652.3	218 734.6	47 709.4	38 797.5	203 942.9	179 937.1
1963—1965年	225 680.3	191 238.8	61 279.5	49 738.2	164 400.8	141 500.6
1966—1970年	305 680.6	223 601.3	83 579.2	60 072.8	222 101.4	163 528.5
1971—1975年	457 821.0	291 401.6	132 990.8	70 860.6	324 830.2	220 541.0
1976—1980年	467 827.5	320 274.2	201 662.1	109 133.9	266 165.4	211 140.3
1981—1985年	642 441.2	363 527.6	267 410.5	132 977.4	375 030.7	230 550.2
1986—1990年	807 381.0	468 455.0	401 091.0	181 620.0	406 290.0	286 835.0
1991年	211 998.0	134 816.0	107 639.0	53 691.0	104 359.0	81 125.0
1950—1991年	3 455 578.5	2 297 145.7	1 315 861.1	709 391.0	2 139 717.4	1 587 754.7

林业系统营林基本建设投资完成的实物工程量

年别	公路(公里)	林道(公里)	防火线(公里)	通讯线路(公里)	望台(台)	房屋竣工面积(万平方米)
1963—1965年	3 226.4	25 386.9	39 056.1	28 401.0	345.0	156.03
1966—1970年	1 291.0	7 722.0	—	4 867.0	—	28.28
1971—1975年	8 418.8	68 834.2	124 307.3	22 833.7	2 865.0	330.45
1976—1980年	13 475.2	71 551.3	120 172.2	21 620.3	781.0	399.90
1981—1985年	6 853.5	34 115.0	74 192.9	10 814.4	779.0	517.02
1986—1990年	6 040.1	18 005.1	44 011.5	4 960.2	1 533.0	465.73
1991年	864.1	2 798.7	10 254.1	672.3	533.0	97.39
1961—1991年	40 169.1	228 413.2	411 994.1	94 168.9	6 836.0	1 994.80

林业系统各地区固定资产投资完成总额

(1991年)

单位:万元

地区	固定资产投资完成总额	营林			森工			
		固定资产投资完成额	基本建设	更新改造	固定资产投资完成额	基本建设	更新改造	其它
全国总计	**272 236**	**109 462**	**107 639**	**1 823**	**162 774**	**104 359**	**27 322**	**31 093**
北京	4 353	4 353	4 353	—	—	—	—	—
天津	1 667	1 667	1 667	—	—	—	—	—
河北	3 444	3 394	3 394	—	50	50	—	—
山西	4 680	4 496	3 936	560	184	—	184	—
内蒙古	22 878	3 163	3 163	—	19 715	15 868	616	3 231
辽宁	3 727	3 727	2 690	1 037	—	—	—	—
吉林	33 041	7 125	7 125	—	25 916	10 981	2 528	12 407
黑龙江	37 196	4 110	4 110	—	33 086	24 182	2 519	6 385
上海	449	449	449	—	—	—	—	—
江苏	2 204	940	897	43	1 264	1 264	—	—
浙江	4 437	2 525	2 525	—	1 912	507	1 405	—
安徽	3 035	1 977	1 977	—	1 058	402	656	—
福建	11 662	6 468	6 468	—	5 194	3 187	1 961	46
江西	11 281	3 524	3 524	—	7 757	5 950	492	1 315
山东	3 981	2 796	2 796	—	1 185	950	235	—
河南	8 578	2 081	2 081	—	6 497	6 497	—	—
湖北	7 974	5 144	5 144	—	2 830	2 719	15	96
湖南	4 061	3 808	3 663	145	253	133	120	—
广东	9 211	6 038	6 038	—	3 173	1 464	1 557	152
广西	21 293	14 080	14 070	10	7 213	3 696	2 853	664
海南	1 856	1 576	1 576	—	280	164	116	—
四川	14 976	5 545	5 545	—	9 431	6 814	505	2 112
贵州	2 016	2 016	2 016	—	—	—	—	—
云南	10 468	3 913	3 887	26	6 555	3 160	2 152	1 243
西藏	390	390	390	—	—	—	—	—
陕西	4 521	3 702	3 700	2	819	537	242	40
甘肃	3 908	2 733	2 733	—	1 175	616	259	300
青海	1 028	1 028	1 028	—	—	—	—	—
宁夏	1 009	1 009	1 009	—	—	—	—	—
新疆	4 325	1 317	1 317	—	3 008	2 004	601	403
部直属单位	28 587	4 368	4 368	—	24 219	13 214	8 306	2 699
其中:								
大兴安岭	16 555	106	106	—	16 449	8 534	5 216	2 699

林业系统各地区新增固定资产

（1991 年）

单位：万元

地区	新增固定资产合计	营林			森工			
		计	基本建设	更新改造	计	基本建设	更新改造	其它
全国总计	**173 843**	**42 365**	**41 499**	**866**	**131 478**	**78 860**	**24 229**	**28 389**
北京	802	802	802	—	—	—	—	—
天津	556	556	556	—	—	—	—	—
河北	502	452	452	—	50	50	—	—
山西	463	463	463	—	—	—	—	—
内蒙古	14 867	1 035	1 035	—	13 832	10 459	550	2 823
辽宁	1 829	1 829	1 039	790	—	—	—	—
吉林	32 802	3 095	3 095	—	29 707	15 340	2 488	11 879
黑龙江	28 001	2 976	2 976	—	25 025	15 079	3 454	6 492
上海	180	180	180	—	—	—	—	—
江苏	1 426	305	305	—	1 121	1 121	—	—
浙江	2 900	1 246	1 246	—	1 654	507	1 147	—
安徽	1 919	1 289	1 289	—	630	371	259	—
福建	11 998	4 981	4 981	—	7 017	5 442	1 529	46
江西	3 217	1 024	1 024	—	2 193	853	202	1 138
山东	903	474	474	—	429	429	—	—
河南	1 544	1 297	1 297	—	247	247	—	—
湖北	2 390	1 005	1 005	—	1 385	1 274	15	96
湖南	1 639	1 576	1 531	45	63	63	—	—
广东	4 926	2 317	2 317	—	2 609	1 186	1 402	21
广西	6 232	3 818	3 818	—	2 414	480	1 570	364
海南	420	92	92	—	328	144	184	—
四川	9 092	3 024	3 024	—	6 068	3 714	—	2 354
贵州	604	604	604	—	—	—	—	—
云南	8 904	2 417	2 386	31	6 487	3 221	2 409	857
西藏	245	245	245	—	—	—	—	—
陕西	1 603	1 380	1 380	—	223	153	30	40
甘肃	1 665	808	808	—	857	312	251	294
青海	412	412	412	—	—	—	—	—
宁夏	360	360	360	—	—	—	—	—
新疆	4 168	630	630	—	3 538	1 519	1 625	394
部直属单位	27 274	1 673	1 673	—	25 601	16 896	7 114	1 591
其中：								
大兴安岭	19 981	98	98	—	19 883	13 128	5 164	1 591

林业系统各地区固定资产投资施工、竣工房屋建筑面积及竣工房屋价值和造价

（1991年）

地区	施工房屋建筑面积（万平方米）		竣工房屋建筑面积（万平方米）		竣工房屋价值（万元）		竣工房屋造价（元/平方米）	
	合计	其中:住宅	合计	其中:住宅	合计	其中:住宅	合计	其中:住宅
全国总计	**372.97**	**163.21**	**233.67**	**109.87**	**66 765**	**34 088**	**286**	**310**
北京	2.50	0.80	1.50	0.80	786	395	524	494
天津	0.26	—	0.06	—	17	—	283	—
河北	1.58	0.12	0.84	—	256	—	305	—
山西	4.04	1.43	1.23	0.40	245	95	199	238
内蒙古	22.19	9.57	15.06	8.21	5 882	3 156	391	384
辽宁	4.06	0.97	3.43	0.97	1 037	297	302	306
吉林	27.48	14.00	21.04	11.95	8 342	4 545	396	380
黑龙江	66.68	21.17	45.21	13.64	6 352	3 636	140	267
上海	0.38	0.09	0.26	0.04	89	18	342	450
江苏	1.87	0.15	1.76	0.15	534	60	303	400
浙江	7.90	1.53	5.02	1.13	1 463	276	291	244
安徽	6.53	2.38	5.33	2.26	1 267	453	238	200
福建	19.92	9.31	11.76	5.70	3 919	1 604	333	281
江西	18.72	7.75	9.37	5.14	1 735	1 016	185	198
山东	3.54	0.17	1.40	0.17	274	21	196	124
河南	8.60	2.47	3.48	1.63	946	442	272	271
湖北	11.35	4.77	6.25	2.66	1 221	522	195	196
湖南	6.04	2.54	5.24	2.02	1 414	571	270	283
广东	18.19	10.16	11.45	6.77	3 688	2 227	322	329
广西	26.27	15.72	15.08	9.58	4 131	2 271	274	237
海南	0.68	0.28	0.64	0.26	210	95	328	365
四川	20.54	7.73	13.29	6.10	3 008	1 429	226	234
贵州	2.03	0.15	1.54	0.15	297	27	193	180
云南	19.42	11.93	12.82	7.84	3 680	2 093	287	267
西藏	—	—	—	—	—	—	—	—
陕西	5.70	2.79	3.61	1.62	880	431	244	266
甘肃	5.39	1.97	2.72	0.62	615	157	226	253
青海	1.20	0.41	1.20	0.41	348	121	290	295
宁夏	1.03	0.09	0.77	0.09	180	20	234	222
新疆	6.61	4.07	3.15	1.65	1 011	548	321	332
部直属单位	52.27	28.69	29.16	17.91	12 938	7 562	444	422
其中:								
大兴安岭	18.26	10.62	17.63	10.41	7 374	3 941	418	379

林业系统各地区按构成、用途分的营林基本建设投资完成额和新增固定资产

（1991 年）

单位：万元

地 区	投资完成额		一、按构成分				二、按用途分			新增固定资产	
	合 计	其中：国家投资	建筑工程	安装工程	设备、工具、器具购置	其它费用	生产性建设	非生产性建设	其中：住宅	计	其中：生产性
全国总计	107 639	53 691	36 148	2 246	12 087	57 158	72 655	34 984	12 503	41 499	16 856
北 京	4 353	3 091	670	—	11	3 672	3 473	880	395	802	—
天 津	1 667	428	148	3	152	1 364	1 667	—	—	556	556
河 北	3 394	3 175	330	35	120	2 909	2 511	883	31	452	132
山 西	3 936	916	531	43	136	3 226	3 214	722	258	463	135
内蒙古	3 163	2 423	1 024	188	745	1 206	2 153	1 010	87	1 035	632
辽 宁	2 690	1 962	1 125	—	188	1 377	1 629	1 061	789	1 039	156
吉 林	7 125	1 863	2 015	102	1 464	3 544	5 413	1 712	499	3 095	1 760
黑龙江	4 110	2 382	1 227	210	1 712	961	2 623	1 487	285	2 976	1 590
上 海	449	400	98	—	12	339	394	55	38	180	138
江 苏	897	770	161	10	135	591	637	260	10	305	189
浙 江	2 525	1 294	1 384	49	264	828	1 474	1 051	397	1 246	310
安 徽	1 977	1 236	1 350	18	200	409	678	1 299	227	1 289	233
福 建	6 468	1 944	2 812	177	628	2 851	4 128	2 340	1 130	4 981	3 097
江 西	3 524	2 092	1 188	10	80	2 246	2 667	857	411	1 024	384
山 东	2 796	2 796	562	30	300	1 904	2 618	178	29	474	310
河 南	2 081	1 496	590	267	323	901	888	1 193	186	1 297	309
湖 北	5 144	2 257	849	26	200	4 069	4 206	938	364	1 005	199
湖 南	3 663	1 675	1 528	115	142	1 878	2 478	1 185	611	1 531	596
广 东	6 038	2 116	2 431	127	551	2 929	4 267	1 771	886	2 317	831
广 西	14 070	2 155	3 895	288	1 249	8 638	10 063	4 007	1 962	3 818	1 239
海 南	1 576	715	173	5	38	1 360	1 414	162	48	92	23
四 川	5 545	1 961	2 896	41	501	2 107	3 880	1 665	991	3 024	1 367
贵 州	2 016	1 105	582	6	246	1 182	1 263	753	92	604	61
云 南	3 887	1 829	2 217	50	417	1 203	1 746	2 141	1 236	2 386	608
西 藏	390	190	40	150	90	110	240	150	50	245	195
陕 西	3 700	2 673	1 268	23	558	1 851	2 395	1 305	505	1 380	546
甘 肃	2 733	1 815	1 198	22	86	1 427	1 789	944	66	808	397
青 海	1 028	691	370	9	136	513	766	262	99	412	238
宁 夏	1 009	787	239	2	130	638	733	276	33	360	111
新 疆	1 317	1 091	722	0	193	402	990	327	158	630	417
部直属单位	4 368	4 363	2 525	240	1 080	523	258	4 110	630	1 673	97
其 中：											
大兴安岭	106	106	41	15	50	—	—	106	—	98	—

林业系统各地区按事业分的
(19

地区	造林				中、幼龄林抚育	低产林改造	林木良种			护林防火
	合计	其中					合计	其中		
		国营造林	飞播造林	速生丰产林				母树林	种子园	
全国总计	34 772	12 916	2 773	5 822	5 072	1 368	2 924	576	1 097	9 723
北京	1 997	22	280	—	20	3	45	—	—	196
天津	1 364	—	—	—	19	—	109	—	—	37
河北	1 985	368	198	76	30	—	104	25	34	104
山西	2 136	784	60	185	224	228	90	21	31	60
内蒙古	790	311	62	52	—	—	208	132	40	1 377
辽宁	934	278	—	199	144	14	82	4	56	151
吉林	1 414	1 114	—	110	1 433	236	119	18	94	540
黑龙江	441	77	—	62	98	30	254	14	27	787
上海	135	12	—	—	45	4	34	—	—	25
江苏	213	54	—	84	5	10	17	3	—	42
浙江	342	178	—	83	76	—	112	10	53	314
安徽	52	31	—	31	12	—	101	43	48	283
福建	2 861	1 930	—	—	10	—	307	120	87	729
江西	1 000	600	—	365	99	142	90	2	43	211
山东	1 096	110	—	48	29	8	94	10	17	163
河南	353	110	—	5	21	1	87	2	17	66
湖北	3 034	831	158	473	453	19	111	3	33	387
湖南	1 311	40	300	259	16	5	119	22	97	367
广东	2 012	1 057	—	1 545	312	117	139	4	116	322
广西	4 045	2 630	911	761	1 514	147	227	66	97	1 128
海南	1 316	360	—	1 161	—	—	10	—	10	50
四川	1 167	159	340	35	96	1	44	9	23	501
贵州	766	60	390	25	—	—	76	7	69	356
云南	1 146	385	—	22	80	—	112	20	32	319
西藏	40	40	—	—	—	—	—	—	—	160
陕西	954	350	74	42	123	353	68	18	26	182
甘肃	699	550	—	35	169	50	46	10	15	299
青海	221	179	—	—	6	—	16	13	3	113
宁夏	404	222	—	2	38	—	65	—	—	39
新疆	544	74	—	162	—	—	38	—	29	150
部直属单位	—	—	—	—	—	—	—	—	—	265
其中：										
大兴安岭	—	—	—	—	—	—	—	—	—	106

营林基本建设投资完成额

91 年)

单位:万元

森林病虫害防治	林业工作站	自然保护区	森林公园	林野调查、规划设计	文化教育卫生	科学实验研究	营林机械制造与修理	林业水利设施	其它
1 668	**7 153**	**2 218**	**758**	**1 395**	**4 129**	**3 315**	**265**	**747**	**32 132**
110	114	81	80	35	—	—	—	33	1 639
65	44	—	—	7	—	7	—	—	15
3	124	126	—	55	185	44	—	30	604
51	238	5	—	2	—	45	—	84	773
26	89	—	—	16	20	14	—	42	581
62	227	97	15	12	16	333	—	—	603
126	189	73	—	15	75	49	163	14	2 679
62	107	59	10	10	89	25	57	128	1 953
11	52	—	20	—	—	—	—	—	123
41	87	27	30	10	—	2	—	50	363
61	341	10	75	5	48	14	—	54	1 073
31	376	11	179	60	156	57	4	50	605
62	723	51	3	47	79	200	—	—	1 396
64	220	—	22	27	110	48	—	47	1 444
115	156	—	—	—	45	—	—	—	1 090
41	118	75	300	102	105	41	—	65	706
47	154	45	10	48	108	43	—	21	664
82	552	91	10	35	60	156	—	24	835
40	446	52	—	25	43	156	—	3	2 371
48	569	86	—	55	500	94	—	19	5 638
—	20	90	—	5	—	30	—	—	55
74	494	23	—	8	41	142	—	8	2 946
49	163	120	—	—	43	40	—	—	403
63	552	467	4	23	131	52	—	4	934
—	90	—	—	—	100	—	—	—	—
52	229	118	—	176	197	147	41	38	1 022
40	263	265	—	21	122	50	—	—	709
41	245	40	—	15	—	—	—	12	319
33	—	45	—	15	31	—	—	21	318
95	171	42	—	—	115	70	—	—	92
73	—	119	—	566	1 710	1 456	—	—	179
—	—	—	—	—	—	—	—	—	—

林业系统各地区国营林场和造林基本建设投资完成额

（1991 年）

单位:万元

地区	国营林场基本建设投资完成额		造林基本建设投资完成额		地区	国营林场基本建设投资完成额		造林基本建设投资完成额	
	合计	其中:国家投资	合计	其中:国营林场		合计	其中:国家投资	合计	其中:国营林场
全国总计	**35 518**	**11 074**	**32 590**	**10 656**	湖北	1 982	670	2 340	772
北京	586	311	1 442	22	湖南	187	110	1 311	40
天津	9	9	1 364	—	广东	3 214	1 020	2 225	1 169
河北	388	388	1 985	228	广西	8 979	800	4 204	2 296
山西	1 530	31	2 136	779	海南	267	183	1 316	239
内蒙古	726	713	776	312	四川	1 036	197	1 180	74
辽宁	1 140	574	834	411	贵州	107	23	766	60
吉林	4 403	777	1 486	1 265	云南	707	192	851	230
黑龙江	861	290	385	56	西藏	—	—	40	—
上海	155	153	161	8	陕西	1 272	511	913	318
江苏	249	212	211	37	甘肃	1 351	579	659	496
浙江	1 186	554	274	108	青海	350	179	222	132
安徽	229	101	52	31	宁夏	347	252	355	196
福建	2 058	655	1 915	561	新疆	105	105	259	44
江西	1 351	992	1 000	554	部直属	—	—	—	—
山东	193	193	1 575	108	其中:				
河南	550	300	353	110	大兴安岭	—	—	—	—

重点防护林工程基本建设投资完成情况

（1991 年）

单位:万元

地区	"三北"防护林二期工程		"长江中上游"防护林工程		"太行山"绿化工程		"沿海"防护林工程	
	投资完成额合计	其中:国投	投资完成额合计	其中:国投	投资完成额合计	其中:国投	投资完成额合计	其中:国投
全国总计	**19 750**	**14 315**	**7 747**	**3 205**	**2 238**	**744**	**5 214**	**1 983**
北京	3 713	3 091	—	—	254	150	—	—
天津	1 577	408	—	—	—	—	90	20
河北	2 216	2 121	—	—	305	198	135	45
山西	1 012	438	—	—	1 581	298	—	—
内蒙古	1 933	1 919	—	—	—	—	—	—
辽宁	747	694	—	—	—	—	397	395
吉林	1 860	716	—	—	—	—	—	—
黑龙江	488	440	—	—	—	—	—	—
上海	—	—	—	—	—	—	83	83
江苏	—	—	—	—	—	—	352	89
浙江	—	—	—	—	—	—	456	301
安徽	—	—	—	—	—	—	—	—
福建	—	—	—	—	—	—	1 285	145
江西	—	—	345	345	—	—	—	—
山东	—	—	—	—	—	—	390	210
河南	—	—	73	73	98	98	—	—
湖北	—	—	807	300	—	—	—	—
湖南	—	—	680	340	—	—	—	—
广东	—	—	—	—	—	—	570	140
广西	—	—	—	—	—	—	442	134
海南	—	—	—	—	—	—	1 014	421
四川	—	—	4 031	1 223	—	—	—	—
贵州	—	—	354	247	—	—	—	—
云南	—	—	1 024	363	—	—	—	—
西藏	—	—	—	—	—	—	—	—
陕西	1 863	1 188	133	127	—	—	—	—
甘肃	1 380	1 003	229	117	—	—	—	—
青海	635	419	71	70	—	—	—	—
宁夏	1 009	787	—	—	—	—	—	—
新疆	1 317	1 091	—	—	—	—	—	—

林业系统各地区营林基本建设投资完成的实物工程量

(1991年)

单位:万亩

地区	造林		中、幼龄林抚育面积	低产林改造面积	林木良种		森林病虫害防治面积	公路(公里)	林道(公里)	通讯线路(公里)	输变电线路(公里)	防火线(公里)	哪望台(座)
	合计	国营造林			母树林	种子园							
全国总计	2 452.0	280.0	494.8	68.5	11.9	9.3	473.5	864.1	2 798.7	672.3	284.5	10 254.1	533
北京	62.6	1.0	17.6	0.1	0.1	—	36.5	—	—	0.6	—	1 763.0	1
天津	6.0	6.0	20.1	—	—	—	10.0	—	—	—	—	50.0	2
河北	259.3	9.4	3.5	—	0.9	0.3	0.1	—	56.0	52.0	—	33.0	1
山西	118.9	15.4	47.9	5.0	0.3	0.1	11.4	17.0	237.0	—	—	—	2
内蒙古	143.6	15.7	1.3	—	0.7	0.2	19.0	52.6	—	65.0	100.0	1 330.0	15
辽宁	99.4	6.8	7.0	1.4	0.4	0.5	10.0	2.0	15.0	—	—	—	7
吉林	142.6	33.1	81.1	16.8	2.9	0.6	80.6	56.0	193.0	3.0	4.0	70.0	19
黑龙江	36.7	4.4	0.1	—	1.2	—	6.4	25.0	17.0	5.0	31.0	88.0	16
上海	0.6	0.1	2.4	—	—	—	1.7	2.0	8.0	—	—	3.5	2
江苏	3.5	0.6	1.2	0.2	—	0.1	20.5	24.0	41.0	100.0	—	50.0	12
浙江	30.0	0.4	2.2	—	0.2	0.5	—	13.7	35.0	5.0	20.0	55.0	3
安徽	—	—	6.4	—	0.2	—	—	—	35.0	10.0	—	150.0	26
福建	23.5	4.9	10.6	0.1	1.4	1.7	0.6	11.9	40.7	38.0	—	500.5	18
江西	191.0	23.0	99.0	5.0	1.0	0.5	7.0	55.0	56.0	90.0	26.0	150.0	63
山东	0.2	0.2	5.6	0.2	—	0.1	6.5	6.0	44.0	—	1.0	—	—
河南	26.3	3.0	8.0	0.1	—	—	0.1	—	—	—	10.0	5.1	5
湖北	195.5	15.0	40.4	26.1	0.4	0.1	48.1	74.0	496.0	32.0	38.0	1 092.0	42
湖南	202.4	12.9	4.1	2.4	0.4	0.4	32.1	123.0	498.0	170.0	10.0	2 553.0	38
广东	24.4	7.2	2.2	1.5	—	0.7	27.9	41.0	68.0	10.0	16.0	151.0	40
广西	221.0	37.7	25.4	2.5	0.8	0.1	48.2	180.0	493.0	47.0	18.0	434.0	53
海南	19.9	9.4	—	—	—	—	—	2.0	—	—	—	27.0	7
四川	198.7	4.3	49.0	0.1	0.1	0.1	10.9	56.9	25.0	—	1.5	61.0	43
贵州	99.9	2.2	1.5	—	0.1	0.9	0.1	—	—	—	—	85.0	38
云南	41.6	13.2	3.3	—	0.1	0.1	6.6	21.0	39.0	32.0	9.0	1 408.0	40
西藏	—	—	—	—	—	—	—	—	—	—	—	—	—
陕西	189.4	17.2	50.0	4.9	0.4	2.1	9.2	55.0	322.0	10.0	—	195.0	7
甘肃	65.5	27.5	3.5	2.1	0.1	0.1	—	14.0	65.0	2.7	—	—	26
青海	4.2	3.7	—	—	0.2	—	—	10.0	5.0	—	—	—	1
宁夏	14.6	4.5	1.4	—	—	—	80.0	22.0	10.0	—	—	—	6
新疆	30.7	1.2	—	—	—	0.1	—	—	—	—	—	—	—
部直属单位	—	—	—	—	—	—	—	—	—	—	—	—	—
其中:													
大兴安岭	—	—	—	—	—	—	—	—	—	—	—	—	—

林业系统各地区营林基本建设施工、竣工房屋建筑面积、竣工房屋价值和造价

(1991年)

地区	施工房屋建筑面积(万平方米)		竣工房屋建筑面积(万平方米)		竣工房屋价值(万元)		竣工房屋造价(元/平方米)	
	合计	其中:住宅	合计	其中:住宅	合计	其中:住宅	合计	其中:住宅
全国总计	147.38	58.41	97.39	39.94	25 580	10 430	263	261
北京	2.50	0.80	1.50	0.80	786	395	524	494
天津	0.26	—	0.06	—	17	—	283	—
河北	1.58	0.12	0.84	—	256	—	305	—
山西	2.77	1.43	1.23	0.40	245	95	199	238
内蒙古	3.18	0.91	2.43	0.41	954	162	393	395
辽宁	3.89	0.97	3.26	0.97	900	297	276	306
吉林	4.01	1.61	3.51	1.56	1 333	637	380	408
黑龙江	6.14	1.74	5.18	0.95	1 227	190	237	200
上海	0.38	0.09	0.26	0.04	89	18	342	450
江苏	0.91	—	0.91	—	198	—	218	—
浙江	6.96	1.53	4.20	1.13	1 150	276	274	244
安徽	5.02	1.49	4.12	1.40	978	252	237	180
福建	8.87	5.15	6.60	4.05	1 942	1 149	294	284
江西	5.26	1.68	4.18	1.54	742	320	178	208
山东	2.23	0.17	1.40	0.17	274	21	196	124
河南	2.57	0.72	2.57	0.72	699	195	272	271
湖北	7.73	3.04	3.85	1.52	733	203	190	134
湖南	5.37	1.94	5.02	1.84	1 304	491	260	267
广东	10.66	5.60	6.72	3.97	1 903	1 049	283	264
广西	16.42	11.23	9.68	6.57	2 169	1 504	224	229
海南	0.31	0.13	0.27	0.11	94	40	348	364
四川	14.39	3.48	9.62	3.26	2 089	774	217	237
贵州	2.03	0.15	1.54	0.15	297	27	193	180
云南	8.42	5.24	6.57	4.15	1 747	1 087	266	262
西藏	—	—	—	—	—	—	—	—
陕西	5.30	2.49	3.21	1.32	782	356	244	270
甘肃	3.47	0.78	2.04	0.16	417	28	204	175
青海	1.20	0.41	1.20	0.41	348	121	290	295
宁夏	1.03	0.09	0.77	0.09	180	20	234	222
新疆	2.46	0.99	0.98	0.41	312	150	318	366
部直属单位	12.06	4.43	3.67	1.84	1 415	573	386	311
其中:								
大兴安岭	0.10	—	0.10	—	28	—	280	—

林业系统各地区按构成、用途、建设性质分的森林工业基本建设投资完成额

（1991 年）

单位:万元

地区	投资完成额		一、按构成分				二、按用途分			三、按建设性质分:其中		
	合计	其中:国家投资	建筑工程	安装工程	设备、工具、器具购置	其它费用	生产性建设	非生产性建设	其中:住宅	新建	扩建	改建
全国总计	**104 359**	**81 125**	**64 409**	**5 704**	**24 879**	**9 367**	**66 770**	**37 589**	**19 843**	**59 057**	**31 743**	**8 150**
北京	—	—	—	—	—	—	—	—	—	—	—	—
天津	—	—	—	—	—	—	—	—	—	—	—	—
河北	50	50	28	—	22	—	50	—	—	—	50	—
山西	—	—	—	—	—	—	—	—	—	—	—	—
内蒙古	15 868	15 868	10 195	1 634	2 955	1 084	10 591	5 277	3 256	—	15 868	—
辽宁	—	—	—	—	—	—	—	—	—	—	—	—
吉林	10 981	10 981	7 895	446	1 810	830	5 862	5 119	3 011	9 141	591	1 249
黑龙江	24 182	24 182	15 742	529	5 600	2 311	14 376	9 806	3 632	16 489	573	3 729
上海	—	—	—	—	—	—	—	—	—	—	—	—
江苏	1 264	655	371	221	547	125	1 102	162	68	—	—	—
浙江	507	295	299	10	198	—	439	68	—	—	507	—
安徽	402	—	303	7	90	2	134	268	221	172	140	90
福建	3 187	62	1 634	159	389	1 005	2 094	1 093	669	48	3 139	—
江西	5 950	3 132	2 623	580	1 448	1 299	5 376	574	440	3 781	2 016	153
山东	950	950	274	147	429	100	950	—	—	700	250	—
河南	6 497	760	1 609	646	4 175	67	4 997	1 500	560	6 497	—	—
湖北	2 719	516	1 539	171	687	322	2 201	518	347	2 521	70	128
湖南	133	—	89	—	—	44	27	106	80	—	97	36
广东	1 464	303	832	80	177	375	1 112	352	205	1 173	166	125
广西	3 696	116	948	56	2 482	210	3 337	359	337	3 118	367	211
海南	164	100	120	—	44	—	155	9	—	—	144	—
四川	6 814	6 640	4 452	405	1 265	692	5 267	1 547	859	4 437	1 034	1 343
贵州	—	—	—	—	—	—	—	—	—	—	—	—
云南	3 160	1 567	2 296	12	649	203	1 725	1 435	962	1 323	1 370	295
西藏	—	—	—	—	—	—	—	—	—	—	—	—
陕西	537	405	537	—	—	—	481	56	56	537	—	—
甘肃	616	350	593	—	13	10	333	283	177	586	30	—
青海	—	—	—	—	—	—	—	—	—	—	—	—
宁夏	—	—	—	—	—	—	—	—	—	—	—	—
新疆	2 004	1 303	1 824	13	123	44	1 220	784	596	—	1 597	343
部直属单位	13 214	12 890	10 206	588	1 776	644	4 941	8 273	4 367	8 534	3 734	448
其中:												
大兴安岭	8 534	8 210	6 572	227	1 348	387	4 510	4 024	2 156	8 534	—	—

林业系统各地区按建设项目分的森林工业基本建设投资完成额

(1991 年)

单位:万元

地区	工业项目	建筑安装项目	勘察设计项目	文化教育项目	科学研究项目	卫生福利项目	其它建设项目	在工业项目中:(一)木材采运企业	(二)木材加工企业	(三)林产化学企业	(四)机械制造及修理企业	(五)电力工业企业	(六)其它工业企业
全国总计	89 602	1 668	868	4 679	340	442	6 760	54 796	16 832	595	1 390	6 143	9 846
北京	—	—	—	—	—	—	—	—	—	—	—	—	—
天津	—	—	—	—	—	—	—	—	—	—	—	—	—
河北	50	—	—	—	—	—	—	—	—	—	—	—	50
山西	—	—	—	—	—	—	—	—	—	—	—	—	—
内蒙古	14 837	30	143	348	—	187	323	10 762	—	50	—	4 000	25
辽宁	—	—	—	—	—	—	—	—	—	—	—	—	—
吉林	9 831	—	24	495	90	20	521	9 570	115	—	146	—	—
黑龙江	21 123	885	218	618	102	156	1 080	14 303	1 639	—	100	—	5 081
上海	—	—	—	—	—	—	—	—	—	—	—	—	—
江苏	914	—	—	—	—	—	350	—	914	—	—	—	—
浙江	289	—	—	—	10	—	208	289	—	—	—	—	—
安徽	124	—	—	—	—	12	266	90	34	—	—	—	—
福建	2 367	31	—	57	24	6	702	757	1 315	295	—	—	—
江西	5 910	40	—	—	—	—	—	3 345	18	—	163	—	2 384
山东	950	—	—	—	—	—	—	—	800	—	—	—	150
河南	6 497	—	—	—	—	—	—	—	6 497	—	—	—	—
湖北	2 502	35	3	—	29	6	144	849	650	12	—	—	991
湖南	113	—	—	—	—	—	20	63	—	—	50	—	—
广东	1 444	—	—	—	—	—	20	922	392	30	—	—	100
广西	3 696	—	—	—	—	—	—	654	2 912	130	—	—	—
海南	164	—	—	—	—	—	—	164	—	—	—	—	—
四川	6 026	200	66	75	—	55	392	3 010	1 326	5	20	600	1 065
贵州	—	—	—	—	—	—	—	—	—	—	—	—	—
云南	2 658	140	185	15	50	—	112	2 440	145	73	—	—	—
西藏	—	—	—	—	—	—	—	—	—	—	—	—	—
陕西	467	—	—	—	—	—	70	467	—	—	—	—	—
甘肃	511	—	—	—	—	—	105	511	—	—	—	—	—
青海	—	—	—	—	—	—	—	—	—	—	—	—	—
宁夏	—	—	—	—	—	—	—	—	—	—	—	—	—
新疆	1 766	132	—	—	—	—	106	1 691	75	—	—	—	—
部直属单位	7 363	175	229	3 071	35	—	2 341	4 909	—	—	911	1 543	—
其中:													
大兴安岭	6 452	85	3	730	—	—	1 264	4 909	—	—	—	1 543	—

林业系统各地区按主要行业分的森林工业基本建设投资完成额

(1991年)

单位:万元

地区	木材采运	木材加工	林产化学	机械制造和修理	电力	其它	地区	木材采运	木材加工	林产化学	机械制造和修理	电力	其它
全国总计	26 994	25 216	1 306	1 492	8 714	25 880	湖北	287	978	12	—	230	995
北京	—	—	—	—	—	—	湖南	63	—	—	50	—	—
天津	—	—	—	—	—	—	广东	171	392	30	—	690	161
河北	—	—	—	—	—	50	广西	527	2 912	130	—	—	127
山西	—	—	—	—	—	—	海南	120	—	—	—	—	44
内蒙古	4 507	789	50	36	5 000	4 455	四川	2 402	1 364	5	70	980	1 205
辽宁	—	—	—	—	—	—	贵州	—	—	—	—	—	—
吉林	4 902	1 870	—	146	45	2 868	云南	2 115	215	82	8	—	238
黑龙江	4 213	4 915	652	108	226	11 009	西藏	—	—	—	—	—	—
上海	—	—	—	—	—	—	陕西	435	—	—	—	—	32
江苏	—	914	—	—	—	—	甘肃	215	—	—	—	—	296
浙江	289	—	—	—	—	—	青海	—	—	—	—	—	—
安徽	90	34	—	—	—	—	宁夏	—	—	—	—	—	—
福建	672	1 315	295	—	—	85	新疆	1 455	75	—	—	—	236
江西	267	2 146	50	163	—	3 284	部直属单位	4 264	—	—	911	1 543	645
山东	—	800	—	—	—	150	其中:						
河南	—	6 497	—	—	—	—	大兴安岭	4 264	—	—	—	1 543	645

林业系统各地区森林工业基本建设新增固定资产和新增生产能力

(1991年)

地区	新增固定资产(万元)		新增生产能力(万立方米/年)					地区	新增固定资产(万元)		新增生产能力(万立方米/年)				
	计	其中:生产性	木材	胶合板	纤维板	刨花板	锯材		计	其中:生产性	木材	胶合板	纤维板	刨花板	锯材
全国总计	78 860	51 649	22.2	1.0	0.5	13.01	5	湖北	1 274	947	—	1	—	—	—
北京	—	—	—	—	—	—	—	湖南	63	27	—	—	—	—	—
天津	—	—	—	—	—	—	—	广东	1 186	630	—	—	—	—	—
河北	50	50	—	—	—	—	—	广西	480	271	—	—	—	—	—
山西	—	—	—	—	—	—	—	海南	144	135	—	—	—	—	—
内蒙古	10 459	7 091	9.0	—	—	—	5	四川	3 714	2 981	2.0	—	—	3	—
辽宁	—	—	—	—	—	—	—	贵州	—	—	—	—	—	—	—
吉林	15 340	11 649	2.0	—	—	5	—	云南	3 221	2 058	—	—	0.5	0.01	—
黑龙江	15 079	8 110	2.0	—	—	5	—	西藏	—	—	—	—	—	—	—
上海	—	—	—	—	—	—	—	陕西	153	138	—	—	—	—	—
江苏	1 121	1 121	—	—	—	—	—	甘肃	312	180	—	—	—	—	—
浙江	507	439	—	—	—	—	—	青海	—	—	—	—	—	—	—
安徽	371	101	—	—	—	—	—	宁夏	—	—	—	—	—	—	—
福建	5 442	4 220	—	—	—	—	—	新疆	1 519	1 017	—	—	—	—	—
江西	853	616	—	—	—	—	—	部直属单位	16 896	9 439	7.2	—	—	—	—
山东	429	429	—	—	—	—	—	其中:							
河南	247	—	—	—	—	—	—	大兴安岭	13 128	8 787	7.2	—	—	—	—

林业系统各地区森林工业基本建设施工、竣工房屋建筑面积、竣工房屋价值和造价

(1991年)

地区	施工房屋建筑面积(万平方米)		竣工房屋建筑面积(万平方米)		竣工房屋价值(万元)		竣工房屋造价(元/平方米)	
	合计	其中:住宅	合计	其中:住宅	合计	其中:住宅	合计	其中:住宅
全国总计	**159.47**	**83.90**	**83.57**	**54.09**	**31 211**	**18 885**	**373**	**349**
北京	—	—	—	—	—	—	—	—
天津	—	—	—	—	—	—	—	—
河北	—	—	—	—	—	—	—	—
山西	—	—	—	—	—	—	—	—
内蒙古	18.43	8.66	12.05	7.80	4 784	2 994	397	384
辽宁	—	—	—	—	—	—	—	—
吉林	14.54	9.16	9.21	7.16	3 820	2 771	415	387
黑龙江	37.13	19.43	17.38	12.69	5 054	3 446	291	272
上海	—	—	—	—	—	—	—	—
江苏	0.96	0.15	0.85	0.15	336	60	395	400
浙江	0.16	—	0.04	—	10	—	250	—
安徽	1.26	0.89	1.21	0.86	289	201	239	234
福建	8.98	4.02	4.64	1.65	1 849	455	398	276
江西	9.03	2.87	2.08	1.37	412	297	198	217
山东	1.31	—	—	—	—	—	—	—
河南	6.03	1.75	0.91	0.91	247	247	271	271
湖北	3.52	1.65	2.30	1.06	472	304	205	287
湖南	0.67	0.60	0.22	0.18	110	80	500	444
广东	4.29	2.54	1.98	1.15	986	700	498	609
广西	3.92	1.75	2.79	1.26	1 266	322	454	256
海南	—	—	—	—	—	—	—	—
四川	5.26	3.37	3.06	2.23	846	582	276	261
贵州	—	—	—	—	—	—	—	—
云南	7.73	4.83	3.97	2.63	1 287	767	324	292
西藏	—	—	—	—	—	—	—	—
陕西	0.16	0.06	0.16	0.06	38	15	238	250
甘肃	1.35	0.76	0.34	0.26	104	82	306	315
青海	—	—	—	—	—	—	—	—
宁夏	—	—	—	—	—	—	—	—
新疆	3.82	2.90	1.87	1.06	623	352	333	332
部直属单位	30.92	18.51	18.51	11.61	8 678	5 210	469	449
其中:								
大兴安岭	13.38	7.73	12.90	7.67	5 469	2 816	424	367

计划单列市林业

计划单列市林业生产建设主要指标完成情况
(1991年)

指标名称	单位	总计	沈阳	大连	长春	哈尔滨	南京	宁波	厦门
一、营林									
1.造林面积	万亩	166.2	14.7	20.1	10.9	23.0	1.4	4.4	4.5
其中:国营造林面积	万亩	28.0	2.0	1.1	—	9.1	0.3	0.1	0.2
工程造林面积	万亩	77.7	11.5	12.3	—	5.3	0.4	3.3	3.5
2.迹地更新面积	万亩	20.0	0.1	0.1	0.5	3.8	0.1	0.3	0.2
其中:人工更新面积	万亩	19.7	0.1	0.1	0.5	3.5	0.1	0.3	0.2
3.育苗面积	万亩	14.8	1.7	2.2	1.2	2.2	0.7	0.1	—
4.幼林抚育面积	万亩	393.9	22.2	17.7	47.9	67.7	10.8	11.6	6.5
5.成林抚育面积	万亩	232.2	6.9	3.8	8.4	2.6	13.8	42.1	0.6
二、工业									
1.工业总产值(1990年不变价)	万元	32 190.14	580.00	—	679.00	7 373.00	8 757.00	3 660.00	454.14
2.工业总产值(现行价)	万元	31 722.60	570.00	851.00	866.00	4 527.00	8 967.00	4 519.00	460.60
3.木材产量	万立方米	71.21	3.05	0.69	4.96	17.59	3.20	9.63	1.10
其中:原木	万立方米	62.26	2.97	0.42	4.86	14.59	2.27	6.86	0.95
4.锯材产量	万立方米	15.25	—	0.62	—	1.31	—	3.56	0.43
5.人造板产量	万立方米	19.01	—	—	—	0.08	0.48	0.92	0.19
其中:胶合板	万立方米	10.64	—	—	—	0.08	—	—	—
纤维板	万立方米	5.99	—	—	—	—	0.48	0.92	0.19
刨花板	万立方米	2.38	—	—	—	—	—	—	—
三、劳动工资									
1.职工年末人数	人	52 750	2 160	1 736	4 118	9 547	8 493	3 490	1 009
2.职工年平均人数	人	51 761	1 858	1 728	4 149	8 829	8 625	3 459	1 036
3.职工工资总额	万元	9 456.6	374.0	375.5	614.0	1 527.0	1 477.9	751.9	322.4
四、固定资产投资									
1.固定资产投资完成额	万元	4 332.4	265.0	236.0	407.0	103.0	117.0	319.0	165.4
其中:营林	万元	4 201.4	265.0	236.0	407.0	103.0	117.0	319.0	165.4
森工	万元	131.0	—	—	—	—	—	—	—
2.本年新增固定资产	万元	4 013.5	35.0	28.0	260.0	—	30.0	77.0	88.5
其中:营林	万元	1 323.5	35.0	28.0	260.0	—	30.0	77.0	88.5
森工	万元	2 690.0	—	—	—	—	—	—	—

（续）

指标名称	单位	青岛	武汉	广州	深圳	成都	重庆	西安	新疆生产建设兵团
一、营林									
1.造林面积	万亩	4.5	9.9	5.5	1.1	9.9	33.9	10.0	12.4
其中:国营造林面积	万亩	—	0.6	0.4	—	0.6	0.9	0.4	12.3
工程造林面积	万亩	—	2.0	2.8	0.9	4.8	20.5	0.6	9.8
2.迹地更新面积	万亩	0.4	0.4	2.8	8.6	—	0.5	0.1	2.1
其中:人工更新面积	万亩	0.4	0.4	2.8	8.6	—	0.5	0.1	2.1
3.育苗面积	万亩	1.9	0.8	0.2	0.1	0.4	1.4	0.7	1.2
4.幼林抚育面积	万亩	24.0	12.5	76.7	11.3	12.7	31.1	8.2	33.0
5.成林抚育面积	万亩	30.0	16.3	1.0	—	2.8	17.0	2.2	84.7
二、工业									
1.工业总产值(1990年不变价)	万元	606.00	1 296.00	2 492.00	11.00	552.00	4 743.00	987.00	—
2.工业总产值(现行价)	万元	608.00	1 275.00	2 689.00	17.00	636.00	4 830.00	907.00	—
3.木材产量	万立方米	3.00	1.59	3.86	3.59	5.20	8.77	4.98	—
其中:原木	万立方米	2.80	1.13	3.58	3.59	5.17	8.10	4.97	—
4.锯材产量	万立方米	—	4.45	0.51	0.47	0.05	3.85	—	—
5.人造板产量	万立方米	0.36	1.35	8.93	5.46	—	1.14	0.10	—
其中:胶合板	万立方米	—	0.57	5.04	4.92	—	0.03	—	—
纤维板	万立方米	0.36	0.25	3.27	—	—	0.42	0.10	—
刨花板	万立方米	—	0.53	0.62	0.54	—	0.69	—	—
三、劳动工资									
1.职工年末人数	人	1 675	3 923	3 431	141	1 858	9 063	2 106	—
2.职工年平均人数	人	1 666	3 895	3 417	86	1 867	9 074	2 072	—
3.职工工资总额	万元	310.2	525.6	777.9	45.8	336.9	1 646.8	370.7	—
四、固定资产投资									
1.固定资产投资完成额	万元	398.0	325.0	451.0	203.0	395.0	386.0	267.0	295.0
其中:营林	万元	398.0	325.0	451.0	203.0	395.0	255.0	267.0	295.0
森工	万元	—	—	—	—	—	131.0	—	—
2.本年新增固定资产	万元	—	74.0	272.0	17.0	170.0	2 799.0	163.0	—
其中:营林	万元	—	74.0	272.0	17.0	170.0	109.0	163.0	—
森工	万元	—	—	—	—	—	2 690.0	—	—

国营林场普查

国营林场基本情况

地区	林场个数(个)							在林场个数中:				总人口(人)	经营总面积(万亩)	房屋建筑总面积(万平方米)	其中:住宅面积
	合计	1.用材林林场	2.经济林林场	3.防护林林场	4.风景林林场	5.科研、教学林场	6.其它林场	50年代建场	60年代建场	70年代建场	80年代建场				
全国总计	**4 186**	**3 022**	**74**	**945**	**44**	**43**	**58**	**1 914**	**1 192**	**664**	**311**	**1 079 395**	**83 911.7**	**2 317.0**	**1 202.1**
北京	29	—	1	18	8	—	2	6	16	3	3	1 570	60.2	12.3	2.6
天津	2	—	—	1	—	1	—	1	—	—	1	121	3.8	0.4	—
河北	122	80	—	41	—	—	1	90	27	3	1	11 279	960.0	46.7	16.8
山西	217	209	—	6	1	1	—	64	125	16	8	12 042	3 074.8	39.1	15.4
内蒙古	296	105	2	183	—	1	5	118	84	84	8	121 843	18 984.2	162.2	74.8
辽宁	162	134	1	25	—	1	1	72	40	34	16	40 515	1 069.6	76.8	31.6
吉林	295	246	—	44	1	3	1	98	84	85	27	131 639	6 032.9	169.7	83.2
黑龙江	358	347	—	2	—	1	8	112	169	66	6	133 360	10 567.3	149.7	80.4
上海	6	1	—	—	—	—	5	4	2	—	—	890	1.4	4.8	1.2
江苏	67	44	1	12	5	1	4	31	16	10	3	44 309	144.9	112.2	56.0
浙江	102	90	3	1	5	3	—	69	24	6	—	23 436	338.5	89.9	31.3
安徽	119	110	3	4	1	1	—	76	28	9	4	26 301	388.7	67.0	39.8
福建	110	94	2	10	—	3	1	74	20	14	1	25 939	538.3	84.0	45.7
江西	197	178	9	1	1	5	3	47	47	34	56	93 315	1 029.1	200.0	108.1
山东	150	33	1	110	2	4	—	89	22	4	2	13 660	249.6	45.1	20.4
河南	87	71	—	15	—	1	—	64	19	2	—	13 867	569.1	37.9	19.3
湖北	237	215	9	2	5	4	2	79	78	44	22	48 165	625.4	121.3	68.9
湖南	177	167	3	—	5	1	1	137	26	9	2	67 014	952.0	150.7	82.5
广东	193	165	13	10	3	1	1	98	55	23	14	70 929	1 035.8	215.6	140.6
广西	150	132	1	12	1	3	1	99	28	19	4	71 603	1 642.1	182.5	108.7
海南	28	26	—	—	—	1	1	12	14	2	—	6 756	102.3	11.9	7.8
四川	287	244	7	22	2	1	11	163	86	27	10	23 936	6 148.1	109.2	46.4
贵州	87	75	3	6	—	1	2	59	18	8	—	17 060	336.5	31.7	18.2
云南	103	73	5	18	—	3	4	38	35	6	21	11 035	1 260.5	40.1	20.9
陕西	228	99	6	118	4	1	—	74	47	72	34	12 383	4 876.9	52.1	23.0
甘肃	215	63	1	147	—	1	3	95	54	43	22	26 594	8 267.3	53.8	24.9
青海	59	5	—	54	—	—	—	24	10	13	11	3 484	3 432.6	9.8	5.1
宁夏	39	2	—	36	—	—	1	9	7	12	11	6 485	303.5	11.6	8.9
新疆	64	14	3	47	—	—	—	12	11	16	24	19 865	10 916.3	28.9	19.6

注:本资料为1990年全国林业系统国营林场普查资料(下同)。

表全国国营林场森林资源情况(一)

全国国营林场

地区	林业用地面积(万亩)	1.有林地面积	2.未成林造林地	3.灌木林地	4.疏林地	5.苗圃地	6.无林地		非林业用地面积(万亩)		活立木总蓄积(万立方米)	其中:	
							计	其中:宜林荒山荒地	计	其中:耕地		有林地蓄积	成过熟林蓄积
全国总计	66 364.1	34 011.9	2 247.5	7 579.6	3 553.1	33.1	18 938.9	13 501.3	17 547.6	3 020.2	161 350.1	154 353.7	52 606.9
北京	55.4	32.2	4.6	8.7	4.2	0.1	5.6	4.4	4.7	0.2	51.3	48.6	6.4
天津	3.0	3.0	—	—	—	—	—	—	0.8	0.1	9.3	9.3	—
河北	795.6	517.1	51.5	36.7	28.2	1.1	161.0	141.3	164.3	9.3	1 436.7	1 399.2	143.9
山西	2 668.4	1 425.2	138.6	297.0	281.0	1.4	525.2	420.3	406.3	4.9	4 639.9	4 338.9	120.6
内蒙古	14 948.8	7 326.1	283.8	1 192.8	494.5	7.7	5 643.9	4 933.9	4 035.5	796.4	22 962.8	21 749.1	6 106.6
辽宁	1 027.1	852.1	55.0	9.1	20.0	2.0	88.9	78.7	42.5	1.9	3 527.5	3 442.5	925.1
吉林	4 785.2	4 027.1	191.4	44.7	163.7	2.3	356.0	216.6	1 247.6	861.4	26 919.2	26 413.3	4 136.8
黑龙江	8 590.9	6 208.3	534.2	51.2	339.1	3.8	1 454.3	1 141.3	1 976.4	496.9	28 675.0	27 375.8	9 991.3
上海	1.2	1.0	—	—	—	0.1	0.1	0.1	0.2	—	3.4	3.2	0.1
江苏	127.2	97.3	8.3	1.3	4.6	1.6	14.1	13.5	17.7	1.6	214.6	205.1	51.7
浙江	314.6	258.0	8.6	15.7	15.5	0.2	16.6	12.0	23.9	0.5	996.7	952.1	98.6
安徽	354.1	265.0	19.4	19.2	6.2	1.0	43.3	28.0	34.6	2.7	1 027.6	1 011.5	225.7
福建	523.6	411.1	29.7	16.3	9.2	0.2	57.1	34.0	14.8	0.5	2 088.8	2 067.9	1 011.5
江西	997.4	518.7	164.8	27.2	60.2	0.6	225.9	204.5	31.8	4.8	1 829.7	1 672.1	569.9
山东	205.3	150.9	3.9	7.0	10.2	0.7	32.6	15.8	44.3	2.4	299.1	292.1	48.1
河南	512.2	351.8	12.8	29.0	15.4	0.7	102.5	88.9	56.9	6.5	1 081.1	1 058.8	315.9
湖北	560.0	348.6	42.7	61.3	9.6	1.3	96.5	80.6	65.4	15.6	1 193.9	1 153.4	493.9
湖南	908.8	617.3	69.1	105.6	20.4	0.3	96.1	59.9	43.2	4.8	2 298.2	2 229.2	1 178.3
广东	918.7	685.7	103.7	58.2	32.9	0.2	38.0	12.5	117.1	9.4	2 464.6	2 318.8	1 004.9
广西	1 497.5	901.7	85.3	77.1	59.7	0.3	373.4	292.9	144.6	5.5	4 811.9	4 676.7	2 036.5
海南	86.9	52.0	6.6	1.1	2.4	0.1	24.7	20.6	15.5	0.5	217.9	208.4	82.2
四川	4 468.3	2 609.6	61.2	1 105.9	197.0	0.6	494.0	278.6	1 679.8	28.5	24 867.8	23 816.4	12 060.1
贵州	313.6	147.7	18.9	18.3	27.1	0.4	101.2	78.9	22.9	11.6	614.4	587.2	179.3
云南	1 148.9	662.9	52.6	140.2	65.0	0.3	227.9	182.1	111.6	34.1	3 877.5	3 648.4	2 193.5
陕西	4 511.8	2 657.5	73.8	568.5	201.6	1.3	1 009.1	827.5	365.1	194.4	11 587.8	11 191.3	5 446.3
甘肃	3 913.1	1 631.6	194.3	932.2	295.8	3.4	855.8	769.9	4 354.2	409.2	10 175.2	9 401.5	2 796.6
青海	1 100.0	305.7	6.9	581.0	89.0	0.5	116.9	104.9	2 332.6	94.7	2 429.4	2 174.7	997.6
宁夏	276.4	64.7	24.3	36.0	10.5	0.6	140.3	125.8	27.1	12.4	167.5	158.2	52.1
新疆	10 750.1	882.0	1.5	2 138.3	1 090.1	0.3	6 637.9	3 333.8	166.2	9.4	881.3	750.0	333.4

森林资源情况

单位：面积：万亩；蓄积：万立方米

在活立木总蓄积中：人工林蓄积	竹林蓄积（万根）	建国（建场）以来累计造林面积	现有人工造林保存面积	累计已采伐的人工林面积	占林业用地面积比重(%)		有林地单位面积蓄积量（立方米/亩）	人工林蓄积占活立木总蓄积比重(%)	人工造林平均保存率(%)	按平均职工计算	
					有林地	无林地				人均有林地面积（亩/人）	人均林木蓄积量（立方米/人）
24 757.8	**273 598.2**	**23 001.0**	**9 119.7**	**920.7**	**51.3**	**20.3**	**4.54**	**15.34**	**43.65**	**597.04**	**2 832.33**
27.8	16.5	58.0	20.5	5.9	58.1	8.0	1.51	54.25	45.54	205.33	326.89
3.6	—	1.6	1.3	—	98.6	—	3.12	39.03	78.40	288.23	898.48
627.0	—	636.8	310.1	10.6	65.0	17.8	2.71	43.64	50.37	652.72	1 813.56
626.2	—	1 252.0	526.6	14.3	53.4	15.8	3.04	13.50	43.20	1 251.99	4 076.15
825.5	—	2 219.8	1 067.2	29.6	49.0	33.0	2.97	3.59	49.41	1 465.90	4 594.67
1 744.2	—	976.3	473.5	20.4	83.0	7.7	4.04	49.45	50.59	449.09	1 859.12
2 355.4	—	1 779.8	848.9	43.6	84.2	4.5	6.56	8.75	50.15	735.99	4 919.71
2 599.8	—	3 505.8	1 000.9	48.1	72.3	13.3	4.41	9.07	29.92	1 164.48	5 378.51
1.6	44.0	2.9	0.9	0.2	85.2	5.9	3.21	46.29	39.01	13.67	46.35
193.0	15 043.6	167.8	101.2	15.2	76.0	10.6	2.11	89.92	69.35	18.46	40.71
588.9	1 190.6	274.3	169.8	15.2	82.0	3.8	3.69	59.08	67.44	187.94	726.00
867.7	733.4	400.8	228.7	24.5	74.8	7.9	3.82	84.44	63.18	183.82	712.83
1 598.0	1 229.4	393.3	323.0	34.4	78.5	6.5	5.03	76.50	90.88	313.74	1 594.14
1 062.7	16 903.0	2 488.1	397.5	22.4	52.0	20.5	3.22	58.08	16.87	118.13	416.69
286.0	—	254.4	149.1	24.2	73.5	7.7	1.94	95.63	68.14	163.34	323.78
432.3	100.9	458.4	196.1	27.6	68.7	17.4	3.01	39.99	48.81	346.37	1 064.51
786.6	6 722.9	476.5	242.1	14.2	62.3	14.4	3.31	65.89	53.78	185.64	635.70
1 502.7	4 854.6	580.6	386.2	66.9	67.9	6.6	3.61	65.39	78.04	175.18	652.22
1 707.9	6 615.4	740.2	350.4	236.9	74.6	1.4	3.38	69.30	79.35	170.13	611.50
3 365.5	12 209.9	1 566.7	548.4	196.9	60.2	19.6	5.19	69.94	47.57	201.42	1 074.81
108.0	14.0	99.4	41.3	15.8	59.9	23.7	4.01	49.57	57.43	153.42	642.83
1 350.8	32 586.2	1 533.3	428.6	10.1	58.4	6.2	9.13	5.43	28.61	1 455.18	13 867.08
473.0	623.9	556.8	129.3	5.4	47.1	25.1	3.98	76.99	24.19	179.47	746.78
907.7	172 548.1	827.2	293.1	22.0	57.7	15.8	5.50	23.41	38.08	856.93	5 012.29
466.4	36.9	923.9	500.6	8.0	58.9	18.3	4.21	4.02	55.04	2 452.04	10 691.79
179.4	2 124.9	659.1	284.1	2.8	41.7	19.7	5.76	1.76	43.53	1 025.88	6 397.87
10.2	—	39.2	25.1	0.1	27.8	9.5	7.11	0.42	64.29	1 314.78	10 449.24
31.1	—	100.8	61.7	2.1	23.4	45.5	2.45	18.54	63.34	227.81	589.74
28.8	—	27.2	13.5	3.2	8.2	31.0	0.85	3.27	61.26	1 624.61	1 623.42

国营林场职工人数及工资

单位：人

地区	全部职工年末人数	其中：		在固定职工中：按文化程度分				在固定职工中：有技术职称的人数				全部职工年平均人数	全年工资总额（万元）	职工年平均工资（元/人年）
		固定职工	合同制职工	大专以上学历	中专和高中	初中及小学	文盲	合计	高级职称	中级职称	初级职称			
全国总计	555 891	416 490	42 584	9 379	89 820	295 105	22 186	41 244	367	6 661	34 216	569 782	93 765.4	1 646
北京	1 570	1 120	105	118	284	711	7	150	3	31	116	1 569	338.0	2 154
天津	103	24	62	2	8	13	1	7	—	3	4	103	13.5	1 311
河北	7 917	5 870	1 166	245	1 380	4 060	185	824	17	217	590	7 922	1 212.0	1 530
山西	10 525	6 805	1 621	137	1 764	4 645	259	1 178	6	256	916	11 383	1 754.9	1 542
内蒙古	52 153	43 581	2 326	804	7 666	34 441	670	4 596	46	695	3 855	49 977	8 087.5	1 618
辽宁	19 055	14 336	1 088	317	2 765	10 996	258	1 720	16	357	1 347	18 974	2 831.7	1 492
吉林	57 456	48 620	759	1 159	13 889	32 936	636	5 858	55	966	4 837	54 717	8 941.0	1 634
黑龙江	55 371	36 091	5 050	638	9 645	25 133	675	3 792	1	438	3 353	53 314	9 089.6	1 705
上海	747	580	32	18	113	429	20	31	1	6	24	733	186.0	2 538
江苏	27 535	20 494	3 772	392	3 866	13 005	3 231	1 470	10	237	1 223	52 716	4 281.3	812
浙江	13 573	9 346	2 322	332	1 654	6 708	652	1 018	8	134	876	13 728	2 589.9	1 887
安徽	14 573	12 136	165	253	1 921	8 816	1 146	1 218	27	230	961	14 487	2 111.6	1 458
福建	13 312	9 171	1 520	363	1 950	6 296	562	908	9	177	722	13 103	2 858.9	2 182
江西	44 853	38 643	981	481	7 596	28 770	1 796	2 501	14	260	2 227	43 910	5 197.0	1 184
山东	9 439	6 447	1 866	183	1 450	4 637	177	891	23	158	710	9 259	1 566.9	1 692
河南	10 161	7 222	1 721	169	1 800	4 815	438	766	18	156	592	10 156	1 382.3	1 361
湖北	19 180	14 841	881	339	3 290	10 250	962	1 449	12	146	1 291	18 783	2 726.2	1 451
湖南	35 803	30 266	1 629	634	6 667	21 086	1 879	2 049	19	400	1 630	35 236	5 922.6	1 681
广东	40 163	24 263	6 957	599	4 757	17 015	1 892	1 854	11	258	1 585	40 304	10 466.6	2 597
广西	47 588	35 674	543	1 048	7 803	25 292	1 531	3 837	44	684	3 109	44 770	9 195.5	2 054
海南	3 388	2 364	432	40	774	1 281	269	177	1	24	152	3 390	657.0	1 938
四川	18 113	12 347	2 008	231	2 173	9 163	780	1 356	4	180	1 172	17 933	3 039.4	1 695
贵州	8 334	7 671	381	148	992	5 761	770	507	6	78	423	8 227	1 234.0	1 500
云南	8 087	4 958	767	127	804	3 389	638	570	1	80	489	7 736	1 322.9	1 710
陕西	10 420	6 614	1 659	158	1 741	4 309	406	1 324	5	223	1 096	10 838	1 793.4	1 655
甘肃	16 112	8 992	2 196	226	1 650	5 521	1 595	701	2	177	522	15 904	3 134.7	1 971
青海	2 093	1 088	100	61	306	643	78	133	6	24	103	2 332	403.7	1 731
宁夏	2 862	2 416	132	71	406	1 675	264	178	1	26	151	2 840	476.8	1 679
新疆	5 405	4 510	343	86	706	3 309	409	181	1	40	140	5 438	950.5	1 748

国营林场主要生产设备及设施

地　区	汽车（辆）	其中：载重汽车	大中型拖拉机（台）	小　型拖拉机（台）	油　锯（台）	大带锯（台）	小带锯（台）	公　路（公里）	林　道（公里）	防火线（公里）	通讯线路（公里）	嘹望台（座）
全国总计	**10 206**	**5 211**	**2 707**	**2 764**	**3 010**	**675**	**1 168**	**51 584**	**103 169**	**118 018**	**53 019**	**2 455**
北　京	102	52	6	18	31	—	2	103	134	101	179	24
天　津	4	2	2	5	4	—	—	4	53	50	154	7
河　北	213	104	45	108	103	3	10	1 008	3 271	1 055	1 952	26
山　西	398	283	70	48	109	13	22	1 135	5 319	731	1 033	21
内蒙古	967	559	725	239	336	27	64	2 827	3 833	9 654	4 869	98
辽　宁	338	165	168	70	280	51	69	948	3 128	2 024	1 464	60
吉　林	918	629	416	136	378	109	123	2 544	2 657	2 008	1 777	189
黑龙江	580	303	429	141	386	40	56	3 988	2 553	12 232	3 813	213
上　海	20	14	3	12	—	—	—	5	30	7	16	3
江　苏	268	152	38	425	41	29	37	237	1 516	671	598	21
浙　江	219	124	13	80	38	28	136	728	1 303	6 889	2 566	32
安　徽	258	133	48	38	45	55	83	763	2 780	4 581	810	102
福　建	286	126	26	53	51	13	12	2 168	7 314	10 365	1 830	22
江　西	497	224	27	89	30	46	59	2 470	6 087	10 377	1 999	171
山　东	240	109	66	77	75	9	16	577	1 691	1 180	1 003	97
河　南	225	102	34	44	54	28	40	1 522	2 302	1 516	1 053	102
湖　北	359	176	88	114	44	22	42	2 491	4 767	6 742	1 805	146
湖　南	541	224	5	33	74	30	52	3 458	10 017	8 349	3 825	153
广　东	774	333	61	220	228	42	66	4 706	15 015	12 292	6 682	298
广　西	993	513	102	281	225	27	118	7 442	9 508	12 851	4 988	271
海　南	42	16	10	41	10	6	5	413	1 516	1 532	100	4
四　川	532	120	10	16	77	13	19	2 692	4 068	4 105	3 029	116
贵　州	170	96	15	7	46	12	18	786	1 185	1 974	591	52
云　南	294	144	8	27	50	13	25	2 661	3 087	5 139	1 132	63
陕　西	307	160	46	98	149	24	47	2 497	3 524	1 091	1 532	94
甘　肃	389	198	101	174	112	16	31	2 247	3 906	381	2 857	39
青　海	88	51	14	42	10	7	10	786	657	56	305	19
宁　夏	77	54	33	65	1	2	1	112	334	—	107	3
新　疆	107	45	98	63	23	10	5	266	1 614	65	950	9

国营林场生产情况

地区	造林面积（万亩）	其中：用材林	迹地更新面积（万亩）	育苗面积（万亩）	成林抚育面积（万亩）	其中：中幼龄林抚育面积	森林采伐面积（万亩）	其中：皆伐	木材产量（万立方米）	其中：抚育改造出材量	锯材（万立方米）	胶合板（立方米）
全国总计	451.0	363.2	163.2	17.32	848.3	594.6	150.95	86.69	837.82	370.41	22.30	17 382
北京	0.6	—	—	0.15	2.0	0.7	0.01	0.01	0.17	0.09	—	—
天津	—	—	—	0.03	0.2	0.1	—	—	—	—	—	—
河北	10.7	8.0	4.1	0.57	23.5	23.4	0.75	0.48	10.37	8.61	—	—
山西	17.1	16.8	0.2	0.59	53.6	48.0	0.10	0.03	14.46	13.22	0.06	—
内蒙古	63.8	34.9	15.2	2.72	133.8	86.9	—	—	73.11	71.86	0.97	440
辽宁	9.4	8.0	4.6	0.88	17.1	12.8	4.63	3.27	27.64	11.13	1.53	—
吉林	28.9	18.9	15.6	0.86	75.7	65.7	21.04	5.70	138.14	78.65	5.47	1 074
黑龙江	58.8	57.0	35.6	1.06	84.2	67.0	36.14	21.94	125.65	31.81	4.70	168
上海	0.1	—	—	0.04	0.7	0.5	0.17	0.04	0.04	0.04	0.04	—
江苏	2.3	1.8	0.3	0.94	10.0	7.5	0.80	0.43	4.17	1.98	0.10	—
浙江	2.1	1.9	1.6	0.12	15.1	11.0	5.72	1.46	10.67	4.44	0.87	165
安徽	7.7	7.0	1.2	0.50	12.8	9.7	1.58	0.70	16.66	9.53	0.31	586
福建	11.2	10.4	7.5	0.16	14.0	9.6	9.41	4.90	42.18	10.37	0.44	—
江西	54.4	53.6	7.0	0.68	36.7	28.3	9.71	3.82	31.16	11.85	1.75	11 183
山东	2.6	1.7	1.2	0.52	15.9	12.0	1.17	1.08	3.85	0.81	0.08	—
河南	4.9	4.1	1.3	0.60	15.1	12.4	1.49	1.04	7.62	3.96	0.17	2 166
湖北	19.1	17.2	1.8	1.50	27.9	22.3	4.10	2.18	18.83	6.18	0.92	—
湖南	18.5	18.0	7.4	0.23	25.6	17.9	9.76	7.11	38.71	2.11	0.15	1 200
广东	4.3	3.7	16.9	0.33	26.8	23.1	13.84	11.42	62.13	14.03	0.63	—
广西	20.8	19.4	13.9	0.42	40.1	25.7	17.93	14.24	99.48	23.82	0.60	—
海南	1.0	0.9	1.5	0.06	6.2	0.5	1.71	1.71	4.62	0.15	0.06	—
四川	15.9	14.3	1.7	0.37	42.7	30.4	2.67	0.77	26.96	11.90	0.57	—
贵州	10.3	10.2	0.4	0.38	6.6	5.5	0.25	0.23	5.82	2.43	0.01	—
云南	15.4	12.3	4.4	0.17	14.9	9.8	3.41	2.03	18.92	9.04	0.47	—
陕西	24.9	11.2	16.7	1.10	25.6	17.4	1.67	1.09	26.10	21.75	1.70	400
甘肃	38.1	27.7	1.4	1.65	21.6	9.4	1.42	0.77	24.63	17.21	0.22	—
青海	3.5	1.7	1.6	0.31	3.2	2.0	0.18	0.05	4.04	2.57	0.39	—
宁夏	3.8	2.2	—	0.22	4.6	2.5	0.02	—	0.12	0.06	—	—
新疆	0.8	0.3	0.1	0.16	92.1	32.5	1.27	0.19	1.57	0.81	0.09	—

及主要产品产量

纤维板（立方米）	刨花板（立方米）	松香（吨）	纸浆（吨）	家具		油茶籽（吨）	油桐籽（吨）	松脂（吨）	竹笋干（吨）	板栗（吨）	核桃（吨）	水果（吨）	茶叶（吨）	粮食（含豆类）（吨）
				价值（万元）	数量（件）									
37 476	3 054	15 919	1 162	2 096.0	404 469	4 034	434	18 482	336	415	221	60 932	3 492	98 701
—	—	—	—	59.4	2 272	—	—	—	—	—	2	254	—	12
—	—	—	—	—	—	—	—	—	—	—	—	13	—	256
4 115	—	—	800	4.7	1 100	—	—	—	—	3	—	733	—	1 242
—	—	—	—	11.4	2 650	—	—	—	—	—	2	48	—	227
2 800	—	—	—	187.5	21 568	—	—	—	—	—	—	585	—	23 458
5 570	—	—	—	8.4	374	—	—	—	—	—	9	779	—	2 558
—	2 664	—	—	233.3	15 012	—	—	—	—	—	—	169	—	8 335
—	85	—	—	7.1	16 460	—	—	—	—	—	—	2	—	8 680
—	—	—	—	—	—	—	—	—	—	—	—	251	—	10
7 779	—	—	—	162.6	29 071	6	1	—	84	41	5	3 044	556	4 503
—	—	258	—	117.2	18 877	426	9	384	135	27	—	5 758	1 840	1 321
—	—	76	—	98.0	27 500	174	37	113	10	12	40	34	83	3 414
—	—	349	—	—	—	952	10	569	4	—	—	4 217	177	2 128
2 578	—	3 736	320	53.2	18 125	1 418	44	2 893	7	43	—	3 264	272	13 592
5 709	—	—	—	66.3	53 957	—	—	—	—	208	30	6 536	1	1 461
388	305	—	—	51.3	6 280	5	5	—	—	7	8	1 528	2	616
—	—	5	—	131.2	72 666	295	104	75	3	5	1	1 250	102	12 152
3 068	—	—	42	22.4	2 813	98	10	99	16	14	—	2 767	123	2 158
1 300	—	5 983	—	43.3	1 911	135	—	7 634	—	4	—	17 393	207	2 434
3 318	—	5 413	—	11.8	787	384	112	6 450	—	37	—	5 312	35	11
—	—	90	—	—	—	—	—	143	—	—	—	95	—	137
—	—	—	—	153.7	15 367	9	—	—	77	1	—	195	11	99
—	—	9	—	18.4	4 427	—	—	122	—	—	—	29	1	79
—	—	—	—	30.4	5 578	132	2	—	—	13	—	493	79	43
851	—	—	—	498.2	48 282	—	100	—	—	—	3	150	1	499
—	—	—	—	47.1	9 054	—	—	—	—	—	74	2 326	2	3 340
—	—	—	—	43.4	5 888	—	—	—	—	—	—	44	—	707
—	—	—	—	—	—	—	—	—	—	—	—	1 338	—	1 238
—	—	—	—	35.7	24 450	—	—	—	—	—	47	2 325	—	3 991

国营林场基本建设投资完成情况

地区	基本建设投资累计完成额（万元）	其中：国家投资	1990年基本建设投资完成额（万元）					在1990年投资（万元）			
			合计	1.国家投资	2.国内贷款	3.自筹资金	4.其它	1）生产性投资	其中：造林费	2）非生产性投资	其中：住宅
全国总计	**851 341**	**379 416**	**49 379**	**12 532**	**2 989**	**27 095**	**6 763**	**38 312**	**12 916**	**11 067**	**5 312**
北京	9 122	8 113	693	511	58	119	5	447	101	246	47
天津	163	136	6	6	—	—	—	6	1	—	—
河北	20 772	14 818	414	324	—	90	—	335	203	79	1
山西	24 128	12 223	1 456	112	—	1 344	—	1 387	774	69	69
内蒙古	50 239	25 293	1 097	646	114	231	106	818	263	279	113
辽宁	19 718	15 303	1 048	413	150	394	91	869	380	179	72
吉林	75 565	5 025	3 624	614	26	964	2 020	3 127	1 320	497	227
黑龙江	33 537	11 708	2 517	546	368	390	1 213	2 203	1 072	314	15
上海	1 002	583	313	71	230	5	7	109	22	204	—
江苏	15 597	9 192	459	81	6	356	16	343	92	116	2
浙江	21 287	13 832	1 465	530	179	728	28	1 102	106	363	158
安徽	20 565	14 406	406	79	23	280	24	304	94	102	19
福建	48 326	25 594	2 353	441	106	1 751	55	1 191	301	1 162	804
江西	40 089	12 592	2 391	1 214	67	925	185	1 641	606	750	404
山东	13 769	9 561	1 028	298	86	631	13	959	220	69	30
河南	17 933	15 136	423	371	—	52	—	261	179	162	—
湖北	46 448	21 841	4 136	927	428	2 330	451	3 685	1 536	451	136
湖南	48 611	24 108	2 021	511	143	1 323	44	1 524	612	497	261
广东	112 192	33 681	6 169	1 452	199	3 514	1 004	4 093	1 066	2 076	1 593
广西	78 085	29 311	8 353	609	73	7 565	106	6 462	1 750	1 891	650
海南	10 790	3 692	528	243	42	211	32	480	288	48	22
四川	41 243	10 818	2 686	226	118	1 550	792	1 969	211	717	302
贵州	11 972	11 182	230	149	—	81	—	215	137	15	7
云南	18 203	6 038	663	217	133	310	3	563	229	100	38
陕西	24 585	14 276	1 625	542	30	598	455	1 335	440	290	96
甘肃	29 621	17 300	1 802	626	68	1 053	55	1 649	638	153	115
青海	3 816	2 011	429	239	5	129	56	370	70	59	37
宁夏	5 290	4 823	340	207	125	8	—	292	72	48	48
新疆	8 673	6 820	704	327	212	163	2	573	133	131	46

国营林场社会总产值

单位:万元

地区	社会总产值(现价)	1.农业总产值	其中:营林产值	2.工业总产值	其中:木材产值	木材加工产值	其它加工产值	3.建筑业产值	4.运输业产值	5.商业、饮食业产值	工农业总产值(1980不变价)	其中:木材产值	木材加工产值	营林产值
全国总计	**452 736**	**126 778**	**88 498**	**306 577**	**222 117**	**26 384**	**26 615**	**3 410**	**4 730**	**11 241**	**196 772**	**71 140**	**14 478**	**123 253**
北京	1 236	502	458	352	105	—	185	185	17	180	709	80	—	845
天津	382	382	328	—	—	—	—	—	—	—	232	—	—	328
河北	6 256	2 586	2 123	3 277	2 311	377	533	—	107	286	3 252	865	212	2 763
山西	8 780	2 774	2 652	5 856	3 898	39	1 400	—	111	39	4 205	1 231	20	4 163
内蒙古	31 664	10 760	6 797	19 681	17 211	1 347	606	318	405	500	15 440	6 113	793	8 126
辽宁	15 170	4 170	2 646	9 887	6 187	1 223	1 052	—	260	853	7 061	2 400	828	3 958
吉林	46 102	8 440	4 548	37 167	29 139	5 543	2 059	63	105	327	24 964	12 055	3 205	6 775
黑龙江	38 753	9 589	7 298	28 906	25 765	1 392	534	—	98	160	21 292	11 973	873	7 930
上海	2 353	453	167	1 238	—	18	1 220	602	1	59	1 209	—	18	1 990
江苏	27 776	6 127	1 665	19 652	1 520	1 175	587	548	135	1 314	16 863	402	884	2 935
浙江	14 964	5 084	2 539	8 541	3 910	1 813	2 266	53	180	1 106	5 942	779	1 302	5 038
安徽	10 644	2 695	2 176	7 639	6 364	762	364	115	42	153	3 784	1 436	483	2 697
福建	19 769	3 984	2 973	15 696	14 868	461	309	18	47	24	5 114	3 101	150	3 347
江西	33 539	12 136	8 642	19 692	9 581	3 444	3 735	979	381	351	15 783	3 151	2 055	13 737
山东	10 299	3 561	1 727	4 572	1 305	681	1 881	294	83	1 789	4 444	397	381	3 985
河南	4 729	1 800	1 583	2 701	2 232	51	205	—	57	171	1 850	657	31	1 845
湖北	14 109	5 574	2 907	7 894	5 054	1 028	990	28	251	362	6 207	1 827	633	4 176
湖南	24 489	4 779	3 626	18 261	15 919	695	1 499	32	501	916	6 436	2 709	336	5 658
广东	42 757	9 974	6 756	31 095	20 032	4 528	2 768	127	352	1 209	13 300	4 634	1 036	10 003
广西	42 716	8 832	8 215	32 566	28 783	530	2 247	—	644	674	13 218	7 456	286	11 106
海南	1 491	541	471	938	746	3	190	3	3	6	760	302	1	667
四川	13 983	4 143	3 967	9 104	8 027	201	489	—	432	304	5 649	2 486	127	4 888
贵州	3 225	1 291	1 157	1 865	1 804	20	40	—	67	2	1 157	494	19	1 264
云南	6 783	1 777	1 515	4 743	4 337	121	283	—	185	78	2 863	1 550	78	1 983
陕西	12 674	5 132	4 406	7 136	6 130	520	469	15	116	275	6 678	2 572	502	5 006
甘肃	10 032	4 337	3 132	5 541	5 035	169	311	11	103	40	4 881	1 892	81	3 557
青海	2 452	911	799	1 540	1 399	121	19	—	1	—	919	477	43	819
宁夏	1 068	927	671	87	23	10	1	19	20	15	511	7	5	711
新疆	4 541	3 517	2 554	950	432	112	373	—	26	48	2 049	94	96	2 953

国营林场主要财务指标

地区	全场总收入（万元）	其中：产品销售收入					人均产品销售收入（元/人年）	利税总额（万元）	其中：		人均创利润（元/人年）	固定资产年末数（万元）	
		合计	木材收入	其它林产品收入	加工产品收入	其它收入			利润总额	产品销售利润		原值	净值
全国总计	374 332	326 555	212 547	23 120	37 295	53 593	5 731	88 047	49 426	61 516	868	336 431	271 815
北京	1 536	632	46	96	398	92	4 027	350	311	56	1 981	1 881	1 513
天津	52	26	—	—	—	26	2 510	11	9	6	828	143	136
河北	5 870	5 159	2 950	548	573	1 088	6 512	1 143	689	970	870	5 512	4 836
山西	6 534	6 153	5 222	275	379	277	5 406	2 671	2 104	2 200	1 848	4 433	3 927
内蒙古	20 145	17 262	13 695	388	1 238	1 941	3 454	2 927	1 321	3 533	264	39 220	36 738
辽宁	12 184	10 499	5 481	1 092	1 101	2 825	5 533	1 508	449	1 784	237	10 038	8 419
吉林	39 015	36 579	25 740	3 106	4 878	2 855	6 685	6 698	1 171	2 339	214	34 373	20 924
黑龙江	39 259	27 133	22 666	1 455	1 644	1 368	5 089	4 702	1 955	4 206	367	23 504	17 538
上海	2 420	2 305	—	115	1 403	787	31 451	1 195	112	144	1 534	1 118	847
江苏	25 892	20 965	1 167	2 225	1 105	16 468	3 977	1 545	579	1 121	110	13 513	9 286
浙江	13 018	11 184	4 226	827	2 331	3 800	8 147	1 932	759	1 230	553	14 760	11 402
安徽	6 576	6 309	3 962	459	803	1 085	4 376	1 648	650	1 212	451	8 009	6 450
福建	17 693	17 504	16 242	180	591	491	13 358	4 446	1 365	1 693	1 042	8 545	6 956
江西	23 163	21 482	12 376	992	4 253	3 861	4 892	4 118	1 962	2 822	447	17 165	13 667
山东	8 175	5 922	929	778	1 614	2 601	6 409	985	804	838	870	7 924	5 347
河南	3 094	2 932	1 822	79	216	815	2 887	750	489	429	482	5 479	4 318
湖北	9 985	9 029	5 196	928	1 586	1 319	4 807	2 211	1 343	1 665	715	10 950	8 754
湖南	22 189	19 873	17 218	786	617	1 252	5 640	5 138	2 763	4 477	784	16 372	12 871
广东	40 643	36 353	20 989	3 768	6 787	4 809	9 020	10 858	6 929	7 681	1 719	35 049	29 976
广西	36 775	34 126	26 986	2 459	2 994	1 687	7 623	19 821	14 301	14 238	3 194	29 675	28 077
海南	1 156	975	659	37	198	81	2 876	465	405	353	1 194	1 306	1 228
四川	11 125	10 201	7 526	788	707	1 180	5 688	3 968	2 854	2 468	1 591	15 217	12 711
贵州	2 973	2 860	2 445	114	59	242	3 476	827	470	516	572	3 486	2 859
云南	5 619	5 115	4 223	265	83	544	6 612	2 136	1 525	1 401	1 972	6 654	5 625
陕西	8 330	7 308	5 350	396	916	646	6 743	2 494	1 468	1 369	1 355	7 149	6 533
甘肃	6 713	5 564	4 039	622	222	681	3 499	2 870	2 240	2 118	1 408	7 550	6 033
青海	1 441	1 376	998	25	205	148	5 920	540	347	343	1 492	1 731	1 300
宁夏	596	545	34	115	15	381	1 919	122	107	174	375	2 305	1 034
新疆	2 161	1 184	360	202	379	243	2 180	—32	—55	130	—101	3 370	2 510

国营林场联营、产品出口创汇情况

地区	联营项目个数（个）	其中：合资	其中：合营	联营累计投入资金（万元）	其中：1990年	联营累计收入金额（万元）	其中：1990年	累计出口创汇（折人民币）（万元）	其中：1990年
全国总计	**734**	**214**	**520**	**22 472**	**4 673**	**4 250**	**1 538**	**26 603**	**9 027**
北京	2	—	2	38	18	5	2	—	—
天津	—	—	—	—	—	—	—	—	—
河北	34	2	32	250	54	64	30	—	—
山西	6	—	6	93	6	50	22	—	—
内蒙古	19	2	17	657	76	157	48	2 188	821
辽宁	1	1	—	135	110	596	258	—	—
吉林	2	—	2	56	14	12	12	3 254	981
黑龙江	2	1	1	36	12	101	41	357	42
上海	1	1	—	16	16	5	3	—	—
江苏	8	6	2	340	14	240	96	4 241	1 130
浙江	60	46	14	3 625	767	39	17	952	259
安徽	22	2	20	580	42	58	6	29	13
福建	82	42	40	621	90	13	3	4	—
江西	46	11	35	2 281	695	212	183	2 732	406
山东	6	1	5	477	144	316	119	—	—
河南	4	1	3	12	6	2	1	—	—
湖北	46	1	45	323	160	68	30	424	239
湖南	58	13	45	2 393	335	1 272	158	98	14
广东	57	15	42	3 340	638	567	370	10 376	4 395
广西	127	50	77	5 775	1 299	100	40	705	—
海南	4	1	3	52	27	42	16	1 034	627
四川	18	13	5	674	57	181	49	1	—
贵州	7	1	6	78	24	3	3	—	—
云南	88	3	85	321	40	88	2	—	—
陕西	34	1	33	299	29	59	29	9	9
甘肃	—	—	—	—	—	—	—	—	—
青海	—	—	—	—	—	—	—	—	—
宁夏	—	—	—	—	—	—	—	—	—
新疆	—	—	—	—	—	—	—	199	91

林业计划与基本建设

林 业 规 划

【全国造林绿化规划】 全国已经完成其制订工作，其要点是：

加强种苗基地建设 今后十年要重点抓好林木种子基地建设和中心苗圃建设：新建种子园0.75万公顷，新建母树林3.83万公顷，年育苗面积稳定在26万公顷左右。其中，“八五”期间安排新建种子园0.4万公顷，新建母树林2万公顷，建中心苗圃350个，新建采种基地66.7万公顷，年产种子250万公斤。

加快用材林基地建设 十年规划中：迹地更新1046.7万公顷，其中，“八五”期间安排533.3万公顷；抚育中幼龄林3266.7万公顷，其中，“八五”期间安排1666.7万公顷；营造速生丰产用材林466.7万公顷，其中，“八五”期间安排260万公顷。

加快防护林工程建设 ①“三北”防护林体系二期工程建设十年规划造林860万公顷，其中，“八五”期间安排380万公顷。京津绿化工程是“三北”防护林体系建设的重点工程，十年规划造林192万公顷，其中，“八五”安排100万公顷。②长江中上游防护林体系一期工程在“八五”期间重点抓好50个提前达标县和10个重点示范县的防护林工程建设，十年规划造林618.7万公顷，其中，“八五”期间安排320万公顷。③沿海防护林工程建设的重点是：以治理风、沙、潮和水土流失危害为主要目的的沙质海岸丘陵区；以防风护田等为主要目的的淤泥质海岸平原区；以控制水土流失等为主要目的的基岩海岸山地丘陵区。十年规划造林206.7万公顷，其中，“八五”期间安排110万公顷。④太行山绿化工程十年规划造林面积120万公顷，其中，“八五”期间安排50万公顷。⑤继续抓紧平原绿化工程建设，到本世纪末918个平原县全部达到平原绿化标准，其中，“八五”期末有700个县达到平原绿化标准。

全面完成十年治沙规划目标 在切实保护好现有植被的基础上，十年综合治理开发沙漠化土地和风沙化土地666.7万公顷。其中，治沙造林133.3万公顷，封沙育林育草266.7万公顷，飞机播种造林种草66.7万公顷，治沙造田及改造低产田40万公顷，人工种草及改良草场133.3万公顷，发展药材及经济作物13.3万公顷，开发利用水面13.3万公顷。

因地制宜发展经济林和薪炭林 到2000年，重点建设以木本粮油为主的八大名特优商品生产基地500个。其中，建设以油茶、核桃、仁用杏、油橄榄等为重点的木本食用油料基地150个县，以油桐、生漆、乌桕、五倍子、紫胶为重点的工业原料基地100个县，以八角、玉桂、桂花、山苍子为重点的木本香料基地20个县，以棕榈、青檀、雪花皮为重点的木本纤维基地10个县，以板栗、枣、柿、银杏为重点的木本粮食生产基地120个县，以苹果、柑桔等为重点的果品基地70个县，以杜仲、黄柏、厚朴等为重点的木本药材基地20个县，其它名特优基地10个县。规划发展经济林450万公顷，其中，“八五”期间安排250万公顷。

到2000年规划发展薪炭林440万公顷。其中，“八五”期间安排250万公顷，并完成100个试点县的计划任务。 （杨 超）

【森林工业发展规划】 目标是：“八五”期间，要加快森林资源恢复和培育，控制资源消耗，做到合理定产，实现森林资源总生长量大于消耗量；要切实抓好森林工业产业结构、产品结构的调整，提高经济效益。积极稳妥地发展人造板工业、林产化工、林区造纸，加速发展多种经营；到本世纪末，形成营林造林、木材生产、林产工业、多种经营四位一体的森林工业产业体系。

木材采运 ①“八五”期间计划续建东北、内蒙古、西南和西北国有林区的19个大中型木材采运企业，新增木材生产能力160万立方米。其中东北、内蒙古的15个在建局，要争取大部分建成。②调整老林业局的生产布局，加强老局的后期林场建设，增加木材生产更替能力。③适当加快新林区的开发建设，“八五”期间增加木材生产能力100万立方米，“九五”期间将开发建设国有林区剩余的未开发局。④加快能源电力建设，“八五”计划新增煤炭生产能力60万吨，新增电力11.2千瓦。

林产工业 ①“八五”期间要在继续抓好在建项目的同时，根据市场需求，新上一定数量的新建项目，增加人造板生产能力59.2万立方米。②稳步发展林化工业产品，加快松香生产的技术改造、产品的深度加工和新产品开发，增强市场竞争能力和出口创汇能力。③“八五”期间计划新增木浆、纸及纸板生产能力30.7万吨。同时，大力发展木片生产，木片生产能力达到200万层积立米。

林业机械制造 “八五”期间，林机工业不上新厂，有重点地进行改扩建和技术改造，调整和优化企业结构、组织结构和经济规模，不断加强引进设备的消化吸收能力，发展林机新产品，加速更新换代和填补林机产品空白。到2000年，林机产品的技术水平普遍达到世界发达国家的90年代初期水平。

加强森林工业基础设施建设 “八五”期间建设的重点是：老森工企业住宅危房改造，林区中小学校舍建设和必要的教学仪器设备的购置；医院房舍改造和建设以及医疗设备补充；饮水工程改造；居民区油库搬迁等，同时加强调查、勘察、设计等部门的建设。

多种经营 “八五”期间多种经营产值每年递增10%，可安置转移近7万人。“九五”期间将有更大的发展，到2000年多种经营将成为林业产业的四大支柱之一。 （钱万涌）

【全国林业基础建设规划】 目标及建设重点是：

加快森林保护设施建设，提高林业“三防”工作水平 ①加强森林防火体系建设。到本世纪末，森林防火设施建设的目标是基本实现“四网两化”，提高预防和扑救火灾的综合能力。“八五”期间，重点火险区基本实现“四网两化”。建设重点是火险预测预报工程、火情监测嘹望工程、森林防火无线通讯工程、林火阻隔工程、航空护林场站工程。②加强森林病虫害防治。到本世纪末在全国基本形成测报、检疫和防治3个网络体系，森林病虫害防治率达到70%。“八五”期间，在主要林区和重灾区初步建成病虫害防治体系，森林病虫害防治率达到50%。“八五”期间的防治重点是“三北”地区的杨树病虫害，东北、西南国有林区、南方集体林区和华北国营林场群的松毛虫害，沿海地区的危险性森林虫害（日本松干蚧、美国白蛾、松突圆蚧、松材线虫）及中原地区大袋蛾虫害及鼠害。③提高对乱砍滥伐和乱捕滥猎的防范控制和打击能力，提高林业公、检、法的机动作战、快速反应和侦查破案能力。到本世纪末基本实现三项装备（业务用车、通讯和刑事鉴定技术等）标准。“八五”期间重点建设东北、内蒙古、西南、西北国有林区和南方重点林业县，同时加强林业公、检、法教育工作，巩固完善吉林省、黑龙江省林业警校，不断提高教学质量。

加强森林资源管理，完善森林资源监测体系 十年规划期间，要建成一个自上而下的技术先进、方法科学、标准统一、程序合理、组织机构健全、稳定协调的森林资源监测系统。“八五”期间，要进一步武装各省（区、市）林业勘察设计院、森林调查规划院（队）的森林资源监测手段，巩固和完善东北、西北、中南、华东4个区域的国家森林资源监测中心。重点建设省际间及重点林区的木材检查站。

加强基层林业工作站建设 “八五”期间新建林业站5000个，巩固完善15 000个。“八五”期末林业工作站达到总数40 000个。

加强野生动植物保护体系建设 ①自然保护区建设。“八五”期间重点52处国家级自然保护区建设，并拟增加国家级保护区8处，同时争取开始建设保护大熊猫及其栖息地工程。②今后10年要重点抓好中国濒危珍稀动物物种基因库工程建设、中国珍贵经济野生动物驯养繁殖基地建设、中国鸟类环志技术工程、国际狩猎场和野生动物园建设。

抓好科技兴林 “八五”期末使科技进步在林业发展中的作用从现在的10%提高到20%，本世纪末达到25%；使科技成果转化率由现在的30%提高到50%，到本世纪末达到70%；科技成果在适应地区覆盖面由现在的20%提高到30%，本世纪末达到50%；使30%的重点林产品的品种、质量达到发达国家80年代初水平，本世纪末达到50%。“八五”期间要选择100项技术先进、投资少、见效快的科技成果在全国推广；要组织实施短周期用材林定向培育技术研究和“三北”、长江中上游、沿海、太行山防护林体系和治沙工程技术研究的国家攻关项目；要在全国不同气候带选定12个森林生态定位站，开展森林生态系统生产力、系统结构、系统功能和综合效益的研究；要建立健全林业科技推广服务体系。“八五”期间建设技术推广站660个。要继续建设好中国林业科学研究院以及泡桐、桉树、竹子研究中心。

加强林业教育工作 ①“八五”期间，力争主要的国有林区普及初等义务教育，部分基础教育条件较好的地区普及初中阶段的义务教育。到本世纪末，力争国有林区普及初等义务教育，主要国有林区普及九年义务教育。②“八五”期末林业职业高中在校生要达到4万人，本世纪末达到4.3万人；普通林业中等专业学校在校生达到3.5万人，本世纪末达到4万人。③高等林业教育的重点是深化教育改革，优化层次和专业结构，在全面提高教育质量的基础上稳步发展，使林业高级人才的培养适应林业事业发展需要。“八五”期末普通高等林业教育在校生达到2.5万人，其中，研究生700人。到本世纪末将达到3万人，其中研究生1000人。④积极发展林业成人教育，坚持多种形式、多种力量、多种途径的办学路子，大力开展以岗位培训为重点，以林业从业人员为对象的整体配套的全行业培训，重视后备干部的培养，进一步提高林业从业人员整体素质。 （杨 超）

【西藏“一江两河”中部流域林业发展总体规划】 “一江两河”中部流域地区含拉萨市和山南、日喀则两地区的共18个县（市、区），总面积6.57万平方公里，森林覆盖率2.4%。该区农村生活能源紧缺，自然灾害严重，水土流失、滑坡和泥石流给农牧业生产造成很大威胁。

十年规划总任务 在保护好现有森林资源的同时，共造林93.46万亩，其中人工造林69.6万亩，工程封山封滩育林13.1万亩，营造林卡和义务植树2083.3万株（折合面积10.7万亩），建设农田草场及护路护渠防护林12.4万亩。

建设重点

防护林 有拉萨河防护林体系；山南雅江段防护林体系；日喀则雅江段防护林体系；年楚河防护林体系。

薪炭林 有县乡薪炭林基地（群）建设，面积19.98万亩；速生高产薪炭林基地（群）建设，面积8.508万亩。

规划完成后，人工林总面积将由现有的12.8万亩扩大到72.5万亩，人工林的蓄积量将由现在的5.27万立方米增加到72.38万立方米，人工薪材产量将达到18 797.31万公斤，完全替代目前天然林薪材，提供农村生活能源的36.7%，总森林覆盖率达到3.13%。 （张佩昌 郝学峰）

【山东省沂蒙山区防护林体系造林工程】 沂蒙山区位于山东省中部，包括临沂等7个地（市）的23个县（市、区）。土地总面积5336.6万亩，宜林地467万亩。经济贫困，水土流失严重。

1991年6月，国家计委批复了《山东省沂蒙山区防护林体系造林工程项目建议书》。

项目要求以营造水土保持、水源涵养林为重点，加快造林绿化步伐，把生态效益和经济效益结合起来。新造防护林317万亩，封山育林50万亩，经济林80万亩，速生丰产林20万亩，合计467万亩。

工程完成后，连同原有林地，总面积可达到1150.7万亩，可基本控制鲁中南山丘地区的水土流失，有效地改善该地区的生态环境和山区农牧业的生产条件，每年增加产值126 000万元。

（张佩昌 郝学峰）

【“八五”期间湖区五省“兴林灭螺”造林绿化规划】 为贯彻落实《国务院关于加强血吸虫病防治工作的决定》，林业部决定从1992年起在湖区五省（湖南、湖北、江苏、安徽、江西）血吸虫流行区实施“兴林灭螺”造林绿化工程，并组织编制了《“八五”期间湖区五省“兴林灭螺”造林绿化规划》。

规划的指导思想 充分利用疫区自然资源，大力植树造林，林副结合，改善生态环境，遏制钉螺孳生繁衍，保障人民健康，发展疫区经济。

规划的原则 ①实行综合治理，科学防治、大力植树造林，开展多种经营，最终达到灭螺防病、繁荣经济的目的；②坚持积极稳妥和因地制宜，适地适树，良种壮苗，精心管护，确保造林成功和综合治理成效；③坚持先易后难，突出重点，由点到面，逐步推开，实行工程造林，尽快发挥效益；④注重质量，讲求实效，推行集约经营、规模经营，采用先进技术和科研成果；⑤以农民投工投劳、地方筹集资金为主，中央适当辅助的原则，广筹资金多造林，开展多种形式的造林活动。

规划的总目标 通过毁芦（草）整地、机械翻耕、开沟沥水、植树造林、林农间作、多种经营和林地管护等综合配套措施，在发展水网垸（圩）区林业专业化、商品化生产同时，彻底改变钉螺孳生繁衍环境，缩小钉螺面积，达到灭螺防病，实现社会、经济、生态多种效益的协调发展，综合开发三滩（江滩、湖滩、洲滩）资源，推动经济发展。

具体目标是三滩规划造林60万亩；森林覆盖率由现在的11.2%提高到12%；压缩有螺面积20—30%；木材产品及多种经营等林副业产值占工农业总产值的比重由0.6%提高到1.9%。

实现规划的主要措施 加强组织领导，加强宣传工作；建立专业化生产组织；严格生产管理；加强横向联系；以法兴林，健全“三防”体系。

（杨 超）

【全国农业综合开发区的林业建设】 1991年度农业综合开发用于发展林业的资金为35 800万元（含长江中上游防护林体系建设和油茶低产林改造）。3年来，在农业综合开发中（截至1991年6月底统计），共营造农田防护林、防风固沙林、水土保持林、水源涵养林、用材林、薪炭林、各种经济林1515万亩。

1991年10月28日至11月7日，国家农业综合开发领导小组举办了全国农业综合开发成果展览。林业部参加了展览。林业馆展现了农业综合开发区林业建设发挥防风固沙、保护农田、护滩固堤、保持水土、涵养水源、改善农田气候、促进农业稳产高产和林果生产成为农村重要经济支柱的综合效益；同时展出了长江中上游防护林体系工程建设和油茶低产林改造项目的成效和工程进展情况。通过林业馆的展出，总结了农业综合开发中林业建设的经验。农、林、水协调发展，才能确保农业实现稳产高产。

展出期间，江泽民总书记、李鹏总理以及宋平、田纪云、邹家华、倪志福、王丙乾、宋健、陈俊生、洪学智、王汉斌、马文瑞等党和国家领导人观看了展览，并对林业几年来取得的成就给予了肯定。江泽民总书记以亲自调查的情况，介绍了福建林业的新气象，并赞扬林业工作做得好。数万名各界人士参观了展览。

林业部的展览，经国家农业综合开发领导小组办公室聘请专家进行评议和组织评委会进行评定，分别获得组织一等奖和设计一等奖。 （穆信芳）

林 业 计 划

【综 述】

指导思想 以深化林业改革、增加森林资源、增强林业活力、提高林业的整体素质为中心，进一步加快森林培育，加强森林保护，强化林业管理，调整产品和产业结构，提高经济效益，促进林业的全面发展。

原则 ①进一步贯彻落实治理整顿和深化改革的方针，严格控制固定资产投资规模、新批项目和新开工项目、社会集团购买力。对已确定停、缓建的项目，一律不得借故复工，坚决不搞楼、堂、馆、所。要保重点、保在建、保收尾、保投产、保配套、保引进。②认真贯彻执行国务院颁布的产业政策，围绕林业发展的总体目标，进一步调整投资结构，努力用好世界银行贷款、农业和工商行贴息贷款、农业发展基金、扶贫资金等，在加快培育资源和发展多种经营的同时，国家预算内投资重点安排种苗基地建设、生态林业工程建设、森林保护体系建设、科技、教育和林业基础建设。③坚持“以营林为基础”的方针，造林、封山育林、更新和抚育的计划安排必须和造林绿化规划相衔接，提高造林质量，提高林木生长量，提高森林质量。④严格执行森林采伐限额。安排木材生产任务必须和森林采伐限额相衔接。东北、内蒙古国有林区木材生产任务必须按照国家批准的采伐限额和森林经营方案进行安排，并要求1992年到位。⑤要加强项目管理，严格按基本建设程序办事。林业建设要按规划立项，按项目实施，按效益考核。项目要择优安排。今后凡没有立项审批手续的，不予安排投资，并要加强检查考核和监督审计。⑥继续实行植树造林以群众投工投劳为主，国家补助为辅，不断完善劳动积累工制度。坚持多渠道、多层次、多形式筹集林业资金，实行中央投资和地方投入同步安排的原则。⑦加强资金管理，实行投资与任务挂钩，提高资金使用效益。新增投资，要有新增任务和效益。⑧对各种资金要合理搭配，综合平衡，最大限度地发挥各项资金的使用效益。⑨为避免林业基础设施重复建设、设备仪器重复购置，对林业基础建设要尊重地方意见，做到各项设施统一安排建设，设备仪器统一购置和使用。⑩坚持抓好科技兴林，依靠科技进步，促进传统林业向现代化林业的转变。凡能采用先进适用的科技成果而不采用的项目，不予安排投资。加强企业经营管理，提高产品质量，提高经济效益。坚持以内涵扩大再生产为主，用先进技术和装备改造企业，充分发挥现有生产潜力。

营林生产计划 营林部分1991年全国共安排造林面积计划7944.3万亩，其中工程造林面积计划3211.4万亩；安排封山育林当年新封面积计划5648.0万亩（详见表1）。

表1 1991年营林生产计划

指标名称	指标性质	计量单位	数量	指标名称	指标性质	计量单位	数量
一、国家计委管理指标				（2）国营林场造林		万亩	515.6
1. 造林面积	指导性	万亩	7944.3	（3）非林业部门造林		万亩	105.2
二、林业部管理指标				2. 集体造林	指导性	万亩	4817.9
（一）造林面积按方式分			7944.3	其中：集体林场造林	指导性	万亩	1180.2
1. 人工造林	指导性	万亩	6448.1	3. 个人造林	指导性	万亩	2344.0
工程造林	指令性	万亩	3211.4	（三）造林面积按林种分			7944.3
其中：速生丰产林	指令性	万亩	892.9	1. 用材林	指导性	万亩	4058.2
其中：世行贷款丰产林	指令性	万亩	310.5	2. 经济林	指导性	万亩	1002.9
2. 飞机播种造林	指导性	万亩	1496.2	3. 防护林	指导性	万亩	2175.6
（二）造林面积按所有制性质分			7944.3	4. 薪炭林	指导性	万亩	637.7
1. 国营造林	指令性	万亩	782.4	5. 特用林	指导性	万亩	69.9
其中：（1）国营森工企业造林		万亩	161.6	（四）四旁植树	指导性	万株	280 561.2

（续）

指标名称	指标性质	计量单位	数量	指标名称	指标性质	计量单位	数量
（五）采伐迹地更新	指导性	万亩	917.6	3. 可供下年造林苗木	指导性	万株	2 634 600.0
其中：人工更新	指令性	万亩	717.2	（八）新造林抚育	指导性	万亩	
（六）封山育林	指导性	万亩	36 134.9	1. 幼林抚育作业面积	指导性	万亩·次	19 714.7
其中：本年新封	指导性	万亩	5648.0	2. 幼林抚育实际面积	指导性	万亩	12 435.9
（七）种苗生产				（九）森林抚育			
1. 育苗面积	指导性	万亩	364.7	中幼龄林抚育面积	指导性	万亩	6042.6
其中：本年新育	指导性	万亩	222.5	其中：中龄林抚育面积	指导性	万亩	2930.3
2. 良种基地面积	指导性	万亩	166.23	（十）低产林改造面积	指导性	万亩	870.7
其中：新增面积	指导性	万亩	10.07				

表2 1991年森工生产计划

指标名称	指标性质	计量单位	数量	指标名称	指标性质	计量单位	数量
一、国家计委管理指标				其中：上调量	指令性	万立方米	150.00
1. 木材产量	指导性	万立方米	5595.00	2. 按省定价由国家分配	指令性	万立方米	
其中：国家任务	指令性	万立方米	1725.50	二、林业部管理指标			
等内原木上调量	指令性	万立方米	1313.50	1. 森林总采伐(蓄积)量计划	指导性	万立方米	23 120.40
2. 人造板	指导性	万立方米	208.00	2. 木材生产按主伐、抚育伐分列计划	指导性	万立方米	5595.00
3. 森工采伐企业经济效益				其中：（1）主伐 面积	指导性	万亩	1015.96
				出材量	指导性	万立方米	3745.49
森林资源采伐利用率	指导性	%	64.00	（2）抚育伐 面积	指导性	万亩	2798.96
				出材量	指导性	万立方米	1302.73
可比产品成本降低率	指导性	%	—12.2	（3）其它 面积	指导性	万亩	492.35
				出材量	指导性	万立方米	532.08
在国家管理指标中：				3. 东北、内蒙古森工企业木材生产按主伐、抚育伐分列计划	指导性	万立方米	2004.00
〈一〉东北、内蒙古国有林区森工企业木材产量	指导性	万立方米	2004.00	其中：（1）主伐 面积	指导性	万亩	549.15
				出材量	指导性	万立方米	1567.90
（一）国家任务	指令性	万立方米	1613.50	（2）抚育伐 面积	指导性	万亩	803.44
				出材量	指导性	万立方米	406.45
1. 等内原木上调量	指令性	万立方米	1201.50	（3）其它 面积	指导性	万亩	36.31
				出材量	指导性	万立方米	29.65
其中：火烧木	指令性	万立方米		4. 胶合板	指导性	万立方米	51.33
次、小、薪造纸材	指令性	万立方米	141.00	5. 纤维板	指导性	万立方米	98.09
按省定价由国家分配	指令性	万立方米	62.00	6. 刨花板	指导性	万立方米	58.09
2. 煤代油材	指令性	万立方米	8.50	7. 松香	指令性	吨	311 600
3. 核定企业自用材	指令性	万立方米	75.00	8. 栲胶	指导性	吨	21 900
4. 核定地方用材	指令性	万立方米	5.00	9. 紫胶	指导性	吨	650
5. 新林区开发专项材	指导性	万立方米	40.00	10. 商品纸浆	指导性	吨	13 000
（二）其它生产木材	指导性	万立方米	390.5	11. 纸	指导性	吨	36 700
〈二〉压库存木材			150.00	12. 纸板	指导性	吨	51 000
1. 大兴安岭林业公司火烧木			150.00				

森工生产计划 1991年全国共安排木材产量计划5595万立方米，其中原木上调量1313.5万立方米；安排人造板生产计划208万立方米；松香产品产量计划311 600吨（详见表2）。

基本建设计划 1991年国家安排营林、森工基本建设投资计划13.62亿元（营林4.76亿元，森工8.86亿元）。其中：营林预算内基金43 400万元；森工预算内基金54 800万元；建行贷款37 000万元；自筹资金1000万元。

其它资金投放计划 1991年由林业部直接管理的用于营林、森工生产建设方面的其它资金共146 561万元。其中：农业综合开发基金投入林业资金3.8亿元；技术改造中国农业银行贷款0.4亿元；技术改造中国工商银行贷款0.7亿元；中国农业银行林业贴息贷款5亿元；中国工商银行森工贴息贷款3亿元；世界银行国家造林项目贷款1.59亿元；国外援款1661万元。

森林总采伐（蓄积）量计划 1991年全国共安排森林总采伐量计划23 120.4万立方米，比国务院批准的"八五"期间年森林采伐限额24 359.5万立方米少安排1239.1万立方米，其中安排商品材采伐量9055.5万立方米；农民自用材计划4337万立方米；培殖业用材621.7万立方米；工副业烧材570.4万立方米；生活烧材6173.2万立方米，其它用材2318.3万立方米；由地方控制材44.3万立方米。另外还安排毛竹采伐计划35 424.5万根。 （张周忙）

【林业计划改革】 ①1991年在总结对东北、内蒙古国有林区森工企业和福建省三明林业综合改革试验区及各省（区、市）试点县试点经验的基础上，全面实行木材生产按主伐、抚育伐分列计划，并正式纳入部管计划指标进行管理。②为了加快新林区开发建设速度，从1991年起在国家计划中专门列入了新林区开发建设专项用材。③为切实加强部直属单位基本建设计划管理，从1991年起在部直属单位计划安排中实行了"六不安排"和"六挂钩"。"六不安排"，即没有经部批准设计任务书（可行性研究报告）和扩初设计的及单项工程有变动未报部重新审批的；工程项目投资超概（预）算10%，但未办理调整概（预）算手续的；计划外工程项目；擅自超过扩初设计批准的建设规模、提高建筑标准的单项工程；未经批准的楼堂馆所项目；未经控制社会集团购买力办公室批准，擅自购买控购商品的。"六挂钩"，即要同建设单位领导对基本建设工作重视程度挂钩；要同建设单位基本建设管理机构、各种岗位责任制是否建立健全挂钩；要同建设单位基本建设管理水平高低挂钩；要同建设单位工程质量好坏挂钩；要同建设单位投资使用效益挂钩；要同建设单位基本建设工作信息反馈挂钩。④为加强国家造林项目计划管理，从1991年起将由世界银行贷款安排的速生丰产林正式列入了部管林业生产计划。⑤为加强林业全行业造纸工作的管理，1991年将商品纸浆、纸及纸板正式列入年度计划，加强计划管理。 （张周忙）

【外资计划工作】

编制对前苏联林业经济合作项目前期工作文件 1991年，部计划司以林计外（91）45号文件发送了《关于〈对苏林业经济合作项目前期工作文件编制内容〉的通知》，明确了对前苏联承包工程、出口劳务、举办合营企业需要编制的前期工作文件是：项目意向书（协议书、会谈纪要），项目建议书，可行性研究报告，合同；规定了上述文件的分项编制内容、深度及必需的附件；指出了文件编制单位需要具备的资格及各文件之间的关系等。

东方红刨花板厂、绥化复合板厂已获承诺使用德国政府贷款 黑龙江省年产10万立方米的东方红刨花板厂和3万立方米的绥化复合板厂于1988年分别获国家计委、林业部批准立项。由林业部林产工业设计院编制可行性研究报告，林业部、中国国际工程咨询公司组织评估，并获批准。经贸部、项目单位及各级林业主管部门等为其引进先进技术和设备，争取利用外资做了大量工作，于1988年获德国政府承诺，承诺使用金额分别是5020万德国马克和750万德国马克。目前，两个项目均已进入贷款转贷及招标采购工作阶段。

第二期林业系统外资工作研讨班 1991年9月，林业部综合计划司在北京举办了第二期林业系统外资工作研讨班。参加人员共40人，来自各省（区、市）林业计划部门。该班聘请国家计委、经贸部、财政部及林业部有关业务负责人讲授，重点介绍有关外资工作实务知识。主要内容是：国家利用外资和对外经济合作的方针、政策、法律、规定，林业行业在该领域的战略重点及有关规定；各种外资和对外经济合作项目的来源、特点、洽谈内容、编报文件、对外窗口单位、申报及审批程序；林产品进出口管理现状、发展趋势、配额及许可证管理制度；举办中外合营企业及开展"三来一补"（来料加工、来样加工、来件装配、补偿贸易）业务应注意的有关事项。综合计划司宋会川副司长作了总结，强调指出：①认真贯彻林业产业政策，选好贮备项目；②积极探索，艰苦工作，搞好项目前期工作；③注重实效，进一步提高林业外资工作水平。 （许 庆）

林业基本建设

【综　述】　①为贯彻国务院国阅［1988］15号文《关于林纸结合问题的会议纪要》精神，重点抓了东北、内蒙古林区3个大纸厂和10个小纸厂改扩建的前期工作并取得了突破性进展，审查并上报国家计委大兴安岭林业纸厂产品方案及牙克石林业纸浆厂和牡丹江林业纸厂项目建议书，审查并批复了黑龙江省和吉林省10个小纸厂改扩建的项目建议书和可行性研究报告。②为搞好国营大中型骨干企业的技术改造工作，重点进行了人造板厂的达产达标、松香等林化生产企业的提高产品质量和发展新产品、林业机械制造企业的引进技术消化吸收和国产化工作，新批技术改造项目建议书和可行性研究报告18个。③为缓解国有森工企业"两危"局面，尽快实现国有森工企业逐步实现木材采伐、林产工业、多种经营"三足鼎立"的经营格局，审查批复了18个林产工业项目、4个林业局扩建新开发区项目和27个后期林场、6个多种经营和6个能源建设项目。④积极利用外资，加速速生丰产林建设，加强森林和野生动物保护，新批营林项目19项和国家级自然保护区建设项目9项。⑤为贯彻保在建、保收尾、保投产的指导思想，重点抓了部管项目的竣工验收工作，对吉林省露水河刨花板厂、黑龙江省牡丹江刨花板厂、内蒙古自治区绰源林业局3个大中型项目开展竣工验收工作。⑥围绕治危兴林、改善林区职工的生活条件以及加强部直属单位的基本建设管理，新批非经营性项目33项。⑦加强林业基本建设管理，整顿林区建筑市场、压缩大量的外委工程、清理不正常在建项目。⑧广泛开展质量品种效益年活动，开展工程质量大检查，组织优秀勘察设计及优质工程评选，开展质量管理奖评选活动。⑨积极推进林业勘察设计单位全面质量管理达标验收后的巩固深化工作。⑩推进林业施工企业完善承包责任制，转换经营机制。⑪加快林业工程建设决策阶段所需标准、定额、指标的编制工作，以适应改革需要。（于建亚　戴慎交）

【立项概况】　1991年，林业部批准立项的基本建设和技术改造项目共109个，其中：基本建设项目91个，技术改造项目18个；经林业部审查后报请国家计委审批立项的大中型项目6个。1991年，林业建设项目立项工作紧紧围绕林业发展的总体目标和"治危兴林"的战略部署，调整产品和产业结构，提高投资效益。林业造纸是调整林区产业结构的重要内容，全年共审批立项林业小纸厂建设项目11个，审查后报请国家计委审批立项大中型纸厂2个；为了减轻老林业局"两危"压力，批准立项了后期林场27个，使木材生产布局失衡的局面有所扭转；审批立项了林产工业项目18个，多种经营和能源建设项目各6个，为国有林区逐步形成木材生产、林产工业、多种经营"三足鼎立"的生产格局创造了条件。（颜世正）

【项目管理】　1991年，林业项目管理工作一是加快产品结构调整，林业造纸项目的前期工作有了突破性进展，结束了林纸结合工作数年停滞不前的局面。国务院国阅［1991］7号文件《关于研究解决森工企业困难问题的会议纪要》印发后，已完成大兴安岭林业造纸厂产品方案论证审查，牙克石、牡丹江两个林业纸厂预可行性研究报告和项目建议书已通过林业部的审查，并报送国家计委待批。吉林、黑龙江、大兴安岭林业公司的10个小纸浆厂和南方几个小纸浆厂改扩建项目建议书已经过林业部审查批准，正在进行可行性研究；二是林业技术改造项目得到了国家有关部门的肯定和大力支持，技改投入比1990年增加77%，为林业技术改造工作创造了较宽松的经济环境；三是围绕"治危兴林"的总体部署，加强了东北、内蒙古国有林区建设项目的调查研究工作。（颜世正）

【林业造纸】　1991年，在国务院《关于研究解决森工企业困难问题的会议纪要》下发后，林业部决定加快林区大中型纸厂和东北、内蒙古国有林区10个小纸厂改扩建前期工作的进度，成立了林业造纸项目前期工作领导小组及办公室，造纸项目的前期工作有了突破性进展。审查上报国家计委大兴安岭林业纸厂产品方案及牙克石、牡丹江两个林业纸厂的项目建议书；批准了黑龙江省的牡丹江、伊春木材综合加工厂造纸分厂和红星、五营、金山屯林业局造纸厂，吉林图们制材厂造纸分厂和汪清、八家子林业局造纸厂的项目建议书及可行性研究报告。东北、内蒙古国有林区10个需要改扩建的小纸厂立项工作已经全部完成。江西安福、江苏宝应、河北广平3个小纸厂的改扩建完成了项目建议书的审批，并审批了安福纸厂的可行性研究报告。

已陆续开工的黑龙江方正、桦南，福建顺昌，广西雒容等林业纸厂建设工作正顺利进行。

广东雷州林业纸厂可行性研究报告已通过省内审查评估，正办理报批手续。广东韶关、江西赣州等纸厂的预可行性研究报告也进行了评估论证。四川与云南合建的金江林业纸厂和云南战河林业纸厂已经国家计委批准立项。（颜世正）

【营林基本建设】　1991年由林业部管理的营林基本建设项目主要有316项（处）。

国家重点建设项目 ①“三北”防护林体系建设二期工程，到1991年底累计完成人工造林保存面积7649万亩，占总任务的80.1%；飞播造林400万亩，占总任务的155.6%；封山育林5000万亩，占总任务的215.7%；累计完成投资16.5亿元，占总投资的68%。②制订了“长防林”建设工程管理办法、检查验收办法和工程县建设标准。③沿海防护林体系建设工程（1988—2010年）是一个多林种、多层次、多功能的防护林体系。造林总任务为5337万亩，总投资为32.2亿元。1991年沿海防护林建设进入全面推进新阶段。各地在沿海防护林工程建设中一是认真进行县级总体设计，截至1991年末完成县级沿海防护林体系建设总体设计的县（市、区）137个，占总数的70%；二是推广应用ABT生根粉、水培苗、容器苗造林等先进科技成果，提高造林成效。三是认真开展造林作业设计。四是开展科技承包，严把质量关。1991年累计完成造林471万亩，占总造林任务的8.8%；累计完成投资1.12亿元，占总投资的3.5%。④全国治沙建设工程，包括北京、华北三省（区）、东北三省、西北五省（区）、华东六省、河南、广东、广西、海南、四川、西藏、云南等25个省（区、市）。1991—2000年规划治理开发沙漠1亿亩。其中：造林种草9000万亩、治沙造田600万亩、种植经济作物200万亩、开发利用水面200万亩。总投资为78亿元。

中外合资项目 ①中德合作建设陕西省西部恢复生态环境造林工程，包括咸阳、宝鸡两市所辖的千阳、麟游、永寿等7个县。造林总面积为35万亩。建设期为3年。②利用世界银行贷款国家造林项目一期建设工程，1991年完成营造速生丰产林面积390万亩，占总任务的26.4%，并准备上二期工程。

其它项目 林木良种、采种基地200项（处），其中竣工验收10处，续建188处，新建贵州省的从江县、三都县种苗基地2处；新建河北、河南、甘肃、贵州低温种子库4项；继续建设太行山、京津周围地区绿化工程、飞播造林、封山育林；续建速生丰产林、商品材基地、中幼林抚育41项；国家级自然保护区37项，其中建成5项（竣工验收1项），新建安徽省牯牛降、安徽省扬子鳄、河南省宝天曼、山东省长岛、内蒙古大青山、辽宁省白石盟子、云南省白马雪山、甘肃省兴隆山、青海省隆宝自然保护区等9项；野生动物保护、森林病虫害测报、检疫及防治等8项，其中新建吉林省延边朝鲜族自治州森林病虫防治检疫中心站1处；科技推广中心、林业工作站，科研、教育、林业勘察设计和规划设计单位建设等20项。

1991年营林基本建设完成国家投资53 691万元，完成主要实物工程量有：造林面积2452万亩，飞播造林772万亩，国营造林280万亩，“三北”防护林二期工程造林1756万亩，长江中上游防护林工程造林693万亩，沿海防护林工程造林335万亩，新修公路864公里，林道2799公里，防火线10 254公里，哕望台533座。

（张淑欣）

【森工基本建设】

木材采运项目建设 1991年，木材采运项目完成总投资43 710.0万元，新增木材生产能力21.7万立方米。其中：在建大中型林业局21个（见表3），1991年完成投资23 233.0万元，新增木材生产能力21.7万立方米。21个在建大中型林业局1991年实际完成工程量：公路整体工程522.7公里；房屋建筑面积324 400平方米（其中住宅127 500平方米）。

内蒙古自治区绰源林业局总体已建成通过验收，并正式投产，完成概算总投资7574.2万元。

表3 21个大中型森工企业局1991年新增木材生产能力及完成投资情况

局别	新增木材生产能力（万立方米）	完成投资（万元）	局别	新增木材生产能力（万立方米）	完成投资（万元）
内蒙古大兴安岭林业管理局	9.0	9200.0	白河林业局		1588.0
绰尔林业局		1000.0	黑龙江省森工总局	2.0	3500.0
绰源林业局		1090.0	沾河林业局	2.0	1500.0
乌尔旗汗林业局	2.0	1310.0	兴隆林业局		1000.0
吉文林业局	1.5	1000.0	东方红林业局		1000.0
莫尔道嘎林业局	2.5	2000.0	新疆维吾尔自治区林业厅		1183.0
阿龙山林业局		400.0	天西林业局		1183.0
满归林业局		400.0	四川省林业厅	1.5	1560.0
金河林业局	2.0	1200.0	新龙林业局	0.5	330.0
阿里河林业局	1.0	800.0	木里林业局	0.5	420.0
大兴安岭林业公司	7.2	3716.0	道孚林业局		215.0
十八站林业局	7.2	3716.0	炉霍林业局		195.0
吉林省林业厅	2.0	4074.0	南平林业局	0.5	400.0
红石林业局	2.0	2486.0			

后期林场建设 1991 年完成总投资 1795.5 万元，完成公路整体工程 62.2 公里，完成房屋建筑面积 14 406 平方米（其中住宅 8350 平方米）。

（杨　冬）

【林产工业基本建设】 1991 年，林产工业大中型建设项目共 10 个，其中：新开工 4 个，在建 4 个，竣工验收投产 2 个。

新开工项目 ①黑龙江省汤旺河刨花板厂，年产刨花板 5 万立方米，总建筑面积 30 932 平方米，总投资 8600 万元，是我国与德国比松公司合作制造 10 套 5 万立方米刨花板设备中的第 5 套，于 1991 年 5 月开工。②四川省广元市刨花板厂，年产刨花板 5 万立方米，总建筑面积 34 333 平方米，总投资 7896 万元，是我国与德国比松公司合作制造刨花板设备中的第 6 套，于 1991 年 10 月开工。③山东省菏泽刨花板厂，年产棉杆刨花板 3 万立方米，总建筑面积 25 528 平方米，总投资 8982 万元，设备由德国辛培尔坎普公司引进，是我国第一套以棉杆为原料的刨花板设备，于 1991 年 5 月开工。④江西省宜春纸厂，年产胶印书刊纸 4.5 万吨，总投资 1.57 亿元，于 1991 年 5 月开工。

在建项目 ①吉林省白河刨花板厂，年产刨花板 5 万立方米，总建筑面积 34 516 平方米，总投资 7620 万元，是我国与德国比松公司合作制造刨花板设备中的第 4 套，于 1989 年 4 月开工。②河南省商丘桐木加工厂，年产刨花板 3 万立方米、胶合板 1 万立方米、拼板 0.8 万平方米、单板 200 万平方米，总建筑面积 2.4 万平方米，总投资 1.4 亿元，于 1990 年 8 月开工，设备由德国辛培尔坎普公司引进。③黑龙江省方正纸厂，年产牛皮箱板纸 3 万吨，总建筑面积 7564 平方米，总投资 2.78 亿元，设备由加拿大引进，于 1990 年 7 月开工。④广西梧州木材厂刨花板车间，年产刨花板 4.5 万立方米，总建筑面积 14 876 平方米，总投资 5589.5 万元，引进瑞典桑托公司设备，于 1989 年 12 月开工。

竣工验收投产项目 ①吉林省露水河刨花板厂，年产刨花板 5 万立方米、二次加工 180 万平方米，总建筑面积 42 766 平方米，总投资 9038.2 万元，是我国与德国比松公司合作制造刨花板设备中的第 2 套，于 1986 年 9 月开工，1991 年 10 月正式竣工验收投产。②黑龙江省牡丹江木材加工厂刨花板车间，年产刨花板 5 万立方米、二次加工 180 万平方米，总投资 7890 万元，是我国与德国比松公司合作制造刨花板设备中的第 3 套，于 1987 年 7 月动工，1991 年 10 月竣工验收投产。

（窦作贤）

【重点科研教育及其它非经营性建设】

科研建设 ①桉树中心建设 1991 年底已基本完成建设任务，工程质量较好。②中国林科院亚林所基建项目大部分完工，因材料、经费因素将其概算值调增为 628.8 万元。另为解决职工住房困难，苗圃配套新批复其建筑面积 2000 平方米，新增投资 209.6 万元。③中国林业科学研究院院部（大中型项目），在不扩大原批建设规模的基础上对其概算进行了调整，调整后的概算值为 7434.1 万元。

教育建设 ①北京林业大学教学主楼工程主体结构 1991 年末完工。②西南林学院新校址一期工程建设接近尾声。③中南林学院建设项目完成大半，新批调整概算值为 5288.55 万元。④1991 年对东北林业大学三个实验林场初步设计、中南林学院大围山实验林场设计任务书及鱼珠木材厂教学实习基地设计任务书进行了批复。

国有林区管理局以上行政事业单位非经营性建设 1991 年投资规模 5600 万元，已按年计划全部完成。按省（区）划分：内蒙古大兴安岭林业管理局完成投资 1000 万元，其中：文教卫生 535 万元，占 53.5%；勘察设计 140 万元，占 14.0%；行政 135 万元，占 13.5%；公检法 30 万元，占 3%；其它 160 万元，占 16.0%。大兴安岭林业公司完成 900 万元，其中：文教卫生 630 万元，占 70.0%；行政 218 万元，占 24.2%；其它 52 万元，占 5.8%。吉林省林业厅完成 1150 万元，其中：科研 90 万元，占 7.8%；文教卫生 515 万元，占 44.8%；勘察设计 55 万元，占 4.8%；行政 315 万元，占 27.4%；公检法 95 万元，占 8.3%；其它 80 万元，占 6.9%。黑龙江省森工总局完成 1900 万元，其中：科研 97 万元，占 5.1%；文教卫生 780.7 万元，占 41.1%；勘察设计 267.2 万元，占 14.1%；行政 533.6 万元，占 28.1%；公检法 188.5 万元，占 9.9%；其它 33 万元，占 1.7%。四川省林业厅完成 400 万元，其中：文教卫生 130 万元，占 32.5%；勘察设计 66 万元，占 16.5%；行政 134 万元，占 33.5%；公检法 20 万元，占 5%；其它 50 万元，占 12.5%。云南省林业厅完成 250 万元，其中：科研 25 万元，占 10%；文教卫生 35 万元，占 14%；勘察设计 148 万元，占 59.2%；公检法 20 万元，占 8%；行政 22 万元，占 8.8%。

直属单位完成 7268 万元，其中：科研 1341 万元，占 18.5%；教育 3039.5 万元，占 41.8%；野生动物保护和森林病虫害防治 156.0 万元，占 2.1%；森林防火 189.0 万元，占 2.6%；调查规划 441.0 万元，占 6.1%；勘察设计 220.0 万元，占 3%；其它 1881.5 万元，占 25.9%。

（宁春林　冯国师）

【林业勘察设计任务完成情况】

勘察任务完成情况 1991 年勘察人员 2858 人，完成勘察任务：①工程测量 4295 平方公里；②工程地质勘探 103 105 标准米；③水文地质勘探 5810 标准米；④物理勘探 972 标准米。

设计任务完成情况 1991 年设计人员 4212 人，完成设计任务：①初步设计 236 项，施工图 584 项；②完成设计项目投资数：初步设计 150 276 万元，施工图 154 007 万元；③完成建筑面积：初步设计 376 353

平方米，施工图 832 153 平方米；④折合 1 号图纸张数：初步设计 1914 张，施工图 15 216 张。

（张素英）

【林业勘察设计队伍建设】 林业系统全民所有制勘察设计院 37 个，全部职工 9095 人。其中：甲级勘察设计院 11 个，拥有职工 5925 人。

表 4 甲级勘察设计院人员情况

单位名称	年末职工人数				
	合计	其中：			
		高级工程师	工程师	助理工程师	技术员
合 计	5925	551	1462	1285	680
林产工业设计院	432	68	196	87	19
西南林业勘察设计院	314	24	107	90	1
林业调查规划设计院	294	39	109	98	21
吉林省林业勘察设计院	553	51	123	150	98
内蒙古大兴安岭林业勘察设计院	1070	107	104	152	193
陕西省林业勘察设计院	314	17	48	80	70
四川省林业勘察设计院	943	54	206	201	176
福建省林业勘察设计院	345	34	102	91	31
江西省林业勘察设计院	202	29	53	43	15
湖南省农林工业勘察设计院	513	44	132	138	34
黑龙江省林业设计研究院	945	84	282	155	22

（张素英）

【林业系统建筑安装企业队伍情况】 林业系统现有专业施工企业 20 个，共有职工 34 546 人。其中：工程技术人员 2157 人，工人 21 516 人。在工程技术人员中有高级工程师 110 人，工程师 376 人，助理工程师 753 人，技术员 841 人。

表 5 一级资质等级施工企业人员情况

单位名称	年末职工人数				
	合计	其中：			
		高级工程师	工程师	助理工程师	技术员
林业机电设备安装公司	481	9	5	19	12
大兴安岭林业工程公司	3542	5	35	49	101
大兴安岭林业机械筑路局	4676	16	68	71	85
牡丹江林业工程公司	2758	8	21	48	62
内蒙古大兴安岭建筑工程局	5659	18	64	176	91
吉林省林业工程公司	2852	23	30	76	87

（张素英）

【林业系统建筑安装企业生产及装备情况】

完成任务情况 1991 年完成施工面积 476 601 平方米，完成竣工面积 147 242 平方米，完成公路整体 337 公里，路基 265 公里，路面 163 公里，土石方 763 万立方米，完成总产值 39 821 万元，全员劳动生产率 11 175 元/人·年。

企业技术装备 1991 年拥有主要施工机械设备：单斗挖掘机 16 台，轮胎式起重机 6 台，汽车式起重机 34 台，塔式起重机 28 台，履带式起重机 6 台，装载机 118 台，拖车车组 9 台，压路机 137 台，载重机 354 台，自卸汽车 515 台，铲运机 10 台，混凝土搅拌机 348 台，推土机 416 台，混凝土运输车 3 台，打桩机 3 台，卷扬机 287 台。

（张素英）

【林业勘察设计单位全面质量管理】 ①对已通过验收的林业甲级勘察设计院，主要针对巩固、深化、提高工作进行了复查；②对已通过复查的单位进行了抽查，并颁发了合格证书；③配合清理整顿，对直属乙级院推行全面质量管理工作进行中间检查。截至 1991 年底，乙级院中间检查工作已全部结束，其中中南调查规划设计院已通过验收。

1991 年，部组织开展了林业勘察设计单位部级优秀 QC 小组评选活动。共评出部级优秀 QC 小组 31 个，其中一等奖 3 个，二等奖 9 个，三等奖 19 个。

为深入推行全面质量管理工作，部于 1991 年 7 月举办了甲级院全质办研讨会，研究制定了《林业勘察设计单位部级质量管理奖评选细则》、《勘察设计单位优秀 QC 小组评分标准》、《目标管理实施办法》、《工序管理实施办法》等规定。 （赵莲桂）

【优秀工程勘察设计奖评选】 1991 年，林业部组织了两年一度的优秀工程勘察设计奖评选活动。为全面推动创优工作，这次评选范围增加了优秀工程标准规范和优秀计算机设计软件内容。共评出部级优秀工程勘察、设计（含计算机软件、标准规范）奖 45 项。其中一等奖 2 项；二等奖 9 项，三等奖 34 项。此次评选与优质工程奖评选同时进行，9 项优质工程获部级奖励。

经林业部评选委员会推荐，4 项优秀设计参加国家级评选，全部被评为国家级优秀设计，其中：四川省林业勘察设计研究院的四川省沐川县速生丰产用材林基地造林总体设计获国家级金质奖；吉林省林业勘察设计院的吉林省农安县防护林工程设计获国家级银质奖；内蒙古牙克石林业设计院的莫尔道嘎—激流河公路设计和林业部调查规划设计院的江西省乐安县速生丰产用材林总体设计获国家级铜质奖。

林业工程勘察、设计项目荣获国家级金奖是林业行业的第一次，实现了零的突破，标志着我国林业工程勘察、设计工作达到了新的水平。 （赵莲桂）

【林业工程施工安装】

整顿建设市场，开展“质量、品种、效益年”活动 林业部以林计字［1991］96号文下发了《关于加强林业基本建设管理，认真开展“质量、品种、效益年”活动的若干意见》，在基本建设管理和施工企业管理方面取得了明显成效。①东北、内蒙古林区在整顿林区建筑市场中，先后制定了建筑市场管理办法，使东北、内蒙古林区大量外委、外包工程明显得到遏制，林业系统建筑队伍承担工程比例有所回升。②林业部组织东北3家一级施工企业和南方部分林业施工企业打入广州、珠海、东莞、湖北、河南等地承包地方建设项目，缓解了林业系统内任务不足的困难。③1991年，林业部对所属3家一级林业施工企业，大兴安岭林业公司对所属自营施工企业进行了企业资质年检，对条件不具备，施工能力、技术力量及工程质量较差的队伍进行了降级或不予审批、取消资格等不同处理，控制了施工队伍的盲目发展。④1991年3月，林业部组织评选了1991年度林业优质工程项目。共评出9项优质工程，其中：一等奖1项，二等奖1项，三等奖7项。⑤经建设部评议批准；授予内蒙古大兴安岭林业建工局为全国优秀先进施工企业，吉林省林业工程公司郑仁获“全国优秀项目经理”称号。

林业工程质量监督 根据（90）建设部151号《建设工程质量监督管理规定》，1991年，林业部举办了3期质监员培训班，共培训286人；一期自营施工队主任、经理培训班，共培训57人。

1991年，林业部林业工程质量监督管理总站，重新对各级林业工程质量监督站进行了考核发证工作。26个站通过考核发证，480名质监员持证上岗，健全了林业工程质量监督体系。1991年，重点林业省（区）组织了两次（上、下半年）工程质量大检查，据初步统计，受监工程覆盖率达90%以上（重点工程受监率100%）、工程质量合格率95—100%，优良品率10—35%以上。1991年，林业部组织了重庆、牡丹江、露水河刨花板厂3项重点项目的竣工验收工作，其工程质量均达到合格，一次交付使用，产品质量合格。

（林孝镇）

【林业工程建设标准化】

“七五”编制计划收尾工作 截至1991年底，完成发布1项，完成报批稿9项。1989—1991年林业部批准发布的标准规范6项。根据建设部要求，《“八五”期间林业工程建设标准规范定额编制修订工作计划》已编竣上报。

项目决策阶段标准定额编制 1991年林业工程建设标准定额工作，重点放在为适应投资体制改革需要，编制项目决策阶段服务的标准定额上。①项目建设标准及建设用地指标：1991年3月，区、乡（镇）林业工作站建设标准及用地指标通过审查，年底完成报批稿；林产工业（包括人造板、木材加工、林产化工3部分14个单项工程）项目建设标准及用地指标于1991年7月通过审查，12月又组织进行了专家论证；林业局总体工程及其中单项年底前已完成征求意见稿，下发征求意见。②投资估算指标：《林产工业工程建设投资估算指标》于1991年9月经林业部批准发布实施；林业局总体工程、国营林场及护林机场工程投资估算指标已于1991年9月通过林业部审查。③《林产工业设备安装工程概算指标》已于1991年7月通过审查，年底前完成报批稿待发布。

林业工程建设行业标准管理范围 根据《中华人民共和国标准化法》和建设部要求，根据林业工程建设特点，申报了林业工程建设行业标准管理范围：①林业工程建设基础标准。包括林业工程建设名词、术语、符号、制图标准等。②林业工程建设规划、勘察、设计、施工标准。包括森林工业企业总体工程，木材采伐运输工程，木材加工、人造板、木竹纤维制浆、纸及纸板、林产化工、林业机械、营造林工程等标准。③林业工程施工、验收与质量评定标准。④林业工程安全、卫生、环保标准。包括林业工程施工安全与卫生，林区开发建设环保与卫生标准等。

表6 1989—1991年林业部批准发布的标准规范

序号	标准代号	标准规范名称	管理单位
1	LYJ117—89	制材工程设计规范	林业部林产工业设计院
2	LYJ118—89	木材干燥工程设计规范	林业部林产工业设计院
3	LYJ119—89	刨花板工程设计规范	林业部林产工业设计院
4	LYJ120—89	胶合板工程设计规范	林业部林产工业设计院
5	LYJ106—90	林区公路桥涵设计规范	黑龙江省林业工程标准化所
6	LYJ205—91	贮木场工程施工及验收规范	内蒙古大兴安岭林业设计院

（康海军）

【林业技术改造】

1991年重点 ①人造板及其深加工生产企业达产达标，降低能源及原材料消耗，发展深加工产品，提高产品档次和质量，开发人造板新品种。②松香生产企业在不扩大产品规模的基础上，开发新产品和深度加工，提高松香深加工产品比例，增强出口创汇的能力。③根据林产工业的发展，搞好林业机械制造企业的引进技术、消化吸收和国产化工作，提高引进设备和配件的国产化率，加快国产林机产品的更新换代，扩大出口和顶替进口。④加快竹类资源的综合开发和利用，发展竹材人造板及其深加工产品，在现有木材加工企业的基础上，利用部分厂房和设备，采用新工艺、配置专用设备，提高竹材利用率及产品档次和质量。⑤为保证木材加工老企业安全正常生产，进行必要的改造。

在技术改造投资安排上，首先保证了续建、收尾、投产达标项目，重点对国营大中型骨干企业倾斜及扶持。

1991年，林业部在北京召开了林业技术改造计划座谈会，检查了1991年计划执行情况，研究了1992年林业技术改造专项贷款计划及技术引进项目计划，在此基础上，上报了技改年度计划，并在全国技术进步会议上，与有关部门协调，确定了1992年林业技术改造专项贷款计划及技术引进项目计划。

年度计划 1991年，国家下达技术改造专项贷款计划（包括工商银行和农业银行）总投资规模15 833万元，其中专项贷款10 520万元（包括农行贴息贷款1145万元），共安排技改项目82项。截至1991年底，落实技术改造项目78项，专项贷款10 220万元，为计划的97%。

表7 林业技术改造贷款完成情况

单位：万元

	总 计	工商银行贷款	农业银行贷款
计划总投资规模	15 833	9540	6293
计划专项贷款	10 520	7050	3470（包括贴息贷款1145万元）
计划项目数	82	51	31
完成项目数	78	48	30
完成专项贷款	10 220	6800	3420
完成专项贷款占计划的%	97	96	99

1991年，林业技术改造专项贷款总额比1990年增加了4580万元，增长77%。专项贷款增加的主要原因：一是各级林业主管部门加强了对技术改造工作的管理，项目决策科学，前期工作扎实，项目管理措施得力，投资效益较好，得到了各级银行部门的好评；二是林业部严格按照国家产业政策和林业技术改造“八五”专项规划，根据择优选择、合理选择项目原则，符合国家提出的技术改造重点，得到了国家有关部门的理解和支持。

1991年，林业技术改造计划主要安排了木材加工企业、林产化工企业、林业机械制造企业、多种经营和小纸厂改造项目。

表8 技术改造项目分类情况

项目分类	项目数	安排专项贷款（万元）	占专项贷款总额（%）
人造板及木材加工	33	3765	36
林产化工	17	1705	16
林机制造	14	2640	25
多种经营	17	1860	18
小纸厂改造	1	550	5
计	82	10 520	100

项目管理 1991年，林业部审查并批准了江西省赣州木材厂等18项技术改造工程的项目建议书或设计任务书。在项目管理中，严格项目审批程序，提高项目决策水平，加强项目组织实施，充分发挥技改项目投资少、见效快的优势。项目选择严格按照国家产业政策和技术改造重点，以产品为龙头，以市场为导向，以提高经济效益为目的，优先推广、应用成熟的科技成果。 （张艳红）

林业财务与物价

【国阅7号文件规定的有关林业税收政策落实情况】 1991年初，国务院以国阅［1991］7号颁发了《关于研究解决森工企业困难问题的会议纪要》(以下简称《纪要》)。在各级财政、税务部门的大力支持下，《纪要》中提出的有关减免林业税费的政策，基本得到落实。

减免产品税、增值税、土地使用税 1991年1月和7月林业部会同国家税务局联合组成调查组两次深入东北林区调查研究。在此基础上，国家税务局先后颁发3个减免税文件：

①国税发［1991］027号《关于东北、内蒙古林区原木减税问题的通知》。《通知》中规定，自1991年1月1日起至1995年12月31日止，对东北、内蒙古国有林区的森工企业生产的原木暂按5%的税率征收产品税。

②国税发［1991］100号《关于东北、内蒙古国有林区森工企业综合利用等产品免征产品税、增值税的通知》。《通知》中规定，自1991年1月1日至1993年12月31日，东北、内蒙古国有林区森工企业生产的综合利用产品，可享受如下优惠税收政策：

独立核算的森工企业，利用本企业自产的“三剩物”生产加工的纤维板、刨花板、细木工板、木片、栲胶以及长度2米（不含2米）以下的板方材（仅指从造材截头及板皮中加工的板方材）等14种产品，免征产品税、增值税；

独立核算的森工企业生产销售的小径材（指长度2米以下或径级8厘米以下的）免征产品税；生产销售发生亏损的薪材、次加工材报经省（区、市）税务局批准后，免征产品税。

③国税函发［1991］1404号《关于林业系统免征土地使用税问题的通知》。《通知》中规定，全国林业系统使用如下土地可享受减免使用税政策：

林区的有林地、运材道、防火道、防火设施用地，免征土地使用税。林业系统的森林公园、自然保护区，可比照公园免征土地使用税。

林业系统的林区贮木场、水运码头用地，在1991年12月31日前，暂予免征土地使用税。

能源交通重点建设基金、预算调节基金按基数上缴 部分省（区）落实了《纪要》中规定的东北、内蒙古国有林区森工企业的能源交通重点建设基金、预算调节基金分别以1985、1990年为基数，增收免交的政策，截至1991年末，吉林、内蒙古大兴安岭林业管理局、大兴安岭林业公司落实了能源交通重点建设基金增收免缴政策。大兴安岭林业公司落实预算调节基金增收免缴政策。

教育费附加自提自用和减征养路费 部分省（区）落实了《纪要》中规定的教育费附加由林业部门自提自用和向林区征收的养路费减征60%用于林区公路建设的政策。到1991年末，落实教育费附加自提自用政策的有吉林省、内蒙古自治区和黑龙江省森工总局；落实减征养路费政策的有吉林省。

（帅宗和）

【林价制度实施】 1991年东北、内蒙古国有林区实施林价制度先行试点工作。在带岭、苇河、穆棱、翠峦、双鸭山、三岔子、大石头、呼中、阿里河9个林业局全面展开。年初，各级林业主管部门和先行试点林业局，按照1990年底召开的东北、内蒙古国有林区部分林业局实施林价制度工作座谈会的要求，及时成立了以主要领导负责的实施林价制度领导小组，设立了具体办事机构，制定了实施林价制度的具体方案和有关伐区调查设计、伐区拨交验收管理、财务核算等实施细则和管理办法，明确了工作任务和责任目标，调整补充了有关统计报表，在较短的时间内，初步形成了一套基本上能够满足林价实施运转的制度办法和操作体系。同时，利用各种形式，大力宣传实施林价制度的重要意义，培训技术骨干，调整充实队伍。5月，林业部在哈尔滨市召开了实施林价制度工作汇报会，在着重分析研究前一阶段实施林价制度工作中存在的问题的基础上，提出了“闯路子、找办法、摸经验”的工作指导方针，初步明确了对先行试点林业局的几项调整政策，要求各先行试点林业局尽快投入林价制度的实际运转。到6月份，各先行试点林业局已全部在伐区拨交环节，按照立木蓄积量计提林价并计入木材生产成本。5月和8月，林业部先后发出了《关于进一步做好实施林价制度先行试点工作的通知》和《关于重申林价制度实施中伐区资源调查和林价计提有关问题的通知》，对前一阶段工作中反映出来的需要解决的问题，做了进一步的明确规定。9月，林业部在带岭林业实验局召开了“实施林价制度先行试点工作经验交流会”，9个先行试点林业局介绍了各自的具体做法和经验。11月，林业部发出了《关于认真做好1991年实施林价制度先行试点工作总结的通知》和《实施林价制度先行试点工作总结内容提纲》，各先行试点林业局按照这两个文件的要求，对全年实施林价制度工作进行了全面总结，对工作成绩突出的单位和个人进行了表彰和奖励。

林业部为帮助、指导9个先行试点林业局的工作，根据实施林价制度不同阶段的工作内容和要求，分别于3、6、8、11月组织了4批7个组次70多人次的工作组，在省级林业主管部门的配合下，分赴各先行试点林业局蹲点调查、督促指导。

1991年实施林价制度先行试点工作，取得了比较显著的成绩，主要表现在：①森林有价、采伐有偿的观念开始形成；②有效地探索了在我国实行林价制度的路子和模式，初步建立了一套适合我国林业实际、可操作性强、基本成龙配套的实施林价制度的具体办法；③资源管理、森林经营、森林采伐利用和财务核算4个方面的管理水平有了明显提高。9个先行试点林业局，1991年伐区调查设计精度平均为96.3%，伐区作业质量合格率达到了95%以上，木材生产过程中对资源的各种损失浪费明显减少，资源商品材出材率平均提高1.66个百分点，节约林木蓄积量9万立方米。林价成本核算和内部模拟利润包干等财务管理水平有了明显提高；④有力地推动了林业企业其他方面的深化改革。实施林价制度，通过实行资源有偿使用，在理顺各方面经济关系的基础上，以转换企业内部经营机制为重点，推动了营林生产纳入商品化轨道的进程，强化了营林生产的基础地位，带动了能够体现国有森林所有权与经营权适当分离原则，科学合理地经营森林资源的新的资源管理体制的建立。进一步完善了森工企业的“六包三挂钩”承包经营责任制，使企业和职工的利益同营林成果挂起钩来，从而促进了企业管理水平的提高。 （曹效军）

【林业项目贷款和森工企业多种经营专项贴息贷款】

“八五”期间继续发放两项贴息贷款 经林业部商财政部、中国农业银行、中国工商银行同意，在“八五”期间继续按1990年的贷款规模发放林业项目贷款和森工企业多种经营专项贴息贷款，贴息办法仍按林业部、财政部、中国农业银行、中国工商银行林财字［1990］105号文件的规定办理。在银行贷款年利率已降低到8.64%的情况下，中央和地方两级财政仍各按3.17%的年利率进行贴息，林业贷款单位实际承担的利息有了大幅度下降，这充分体现了国家对林业发展的支持。目前，这两项贴息贷款已成为我国林业发展的重要资金来源。

“七五”期间林业项目贷款的计划执行情况 “七五”期间，中国农业银行共安排林业项目贷款规模18.2亿元，各林业单位实际借款16.92亿元，完成贷款计划的93%。利用此项贷款，营造速生丰产林2568万亩，经检查验收，成活率普遍在85%以上；抚育中幼林1320万亩，改造了低产林分，有力地促进了中幼龄林的生长；发展经济林669万亩；建成多种经营项目2000多个，使不少林场打破了单一的营林生产格局，走上了以林为主、多种经营、以短养长、全面发展的新路子。5年来，林业部门已归还贷款本金1.1亿元，财政部门累计贴息1.8亿元。

调整贷款结构 林业部在1991年首次下达贷款的建议项目计划。考虑到营造速生丰产林的资金渠道增加了世界银行贷款，为巩固现有的造林成果，在贷款计划中，加大了中幼林抚育的比重，鼓励林业单位像抓造林那样抓抚育。

森工企业多种经营专项贴息贷款管理 11月，林业部财务司与中国工商银行工交信贷部联合召开了部分省（区）森工企业多种经营专项贴息贷款工作座谈会，有9个省（区）的森工主管部门和中国工商银行分行的同志参加。会议总结了“七五”期间此项贷款的发放、管理、回归和效益情况：“七五”期间，共安排森工企业多种经营专项贴息贷款9亿元，实际发放70 765万元，占计划的78.63%。森工企业利用此项贷款共建设和发展多种经营项目1700多个，建成项目累计实现产值7亿多元，创利税超亿元。有30多个产品被评为省（区）优质产品。安置企业富余职工和待业青年7万多人。到1990年末，共归还贷款17 427万元，占贷款发放额的25%。

会议还明确了以下几个重要问题：①每年10月底前，林业部门要将下年度的多种经营项目，经与同级工商银行、财政部门协商后，上报到林业部。林业部经过认真筛选、平衡，与中国工商银行总行协商后，于12月将下年度森工多种经营项目以正式计划下达。②各级工商银行在林业部正式下达的项目计划中选项评估，超出项目计划范围的不予评估。评估时间一般放在一、二季度。对上报项目前已经银行评估过的项目，计划下达后，可列入贷款计划，原则上不再进行评估。③森工企业多种经营专项贴息贷款的使用范围，除原规定的种植、养殖、采掘、加工和第三产业外，从1992年起，增加木片加工、竹材加工以及和森工企业多种经营相配套的运输业等。④考虑到近几年物价上涨的因素，决定从1992年起，森工企业多种经营专项贴息贷款的每一项目贷款总额，一般控制在100万元以内，个别经济效益确实好的项目，可以扩大到200万元左右。对于超过限额、项目效益显著的，要报请林业部和中国工商银行总行审批。⑤从1992年起，在工商银行总行信贷计划下达前，各行可按上年本省（区）森工企业多种经营专项贴息贷款余额的10%掌握发放。总行对各省（区）分行按季检查放款进度，三季度前要求完成年计划60--70%。 （蔡巽玮）

【东北、内蒙古国有林区统配木材调价增加收入的分配】 林业部、财政部以林财字［1991］74号文件发出了《关于东北、内蒙古国有林区统配木材调价增收的处理和林价（育林基金）的计提等财务问题的通知》，对 1990 年 11 月 10 日起提高东北、内蒙古国有林区统配木材价格而增加的收入做了如下的规定：①为了支持林区的发展，这次统配木材调价后，1991 年及以后年度增加的收入，中央和地方财政均不因此增加林业企业上交财政利润包干数；②为缓解当前林业企业的经济危困，调价增加的收入，除按规定缴纳产品税和适当提高林价（育林基金）的提取比例外，其余部分主要用于弥补林业企业亏损或包干结余不足；③为缓解当前林业企业的资源危机和增加对营林的资金投入，原按木材销售收入 21%提取的林价（育林基金），从 1991 年 1 月 1 日起，改按 26%计提；④从 1991 年 1 月 1 日起，将东北、内蒙古国有林区森工企业自提自用的林价（育林基金）部分纳入国家财政预算管理，集中比例为企业当年林价（育林基金）提取总额的 20%（大兴安岭林业公司为 30%）。这部分资金在中央财政预算上列收列支，作为中央级林业基金，核拨给林业部，用于东北、内蒙古国有林区营林、造林。为了做好具体实施工作，财政部以（91）财农字第 333 号文件，颁发了《中央财政集中东北、内蒙古国有林区林价（育林基金）收入的财务管理办法》，对资金集中上缴的渠道和程序、资金使用的范围和方法以及国家预算科目的设置做了明确规定，并决定将实施时间推迟到 1992 年 1 月 1 日，以做好充分的准备工作。

（曹效军）

【国家制定北方非统配木材指导价格】 国家物价局、林业部于 1991 年 5 月 27 日联合下达了《关于东北、内蒙古国有林区非统配木材指导价格及有关问题的通知》，制定了北方非统配加工原木、坑木指导价格。这是国家第一次对国有林区非统配木材实行统一指导价格管理，主要内容有：①在木材品种上实行统一领导、分级管理，国家只制定非统配木材主要品种的指导价格，其他树种和材种的非统配木材指导价格，由省（区）物价、林业部门在不超过当时省定木材指导价格总水平的前提下，参照国家统一指导价格水平，本着合理比价的原则确定；②在统一指导价格水平的基础上，为了适应木材市场供求变化情况的需要，实行中准价格控制，允许企业在国家制定的统一价格水平基础上，根据市场变化情况上下浮动，但上浮幅度最高不超过 5%，下浮幅度不限。

按照这一规定，1991 年在东北、内蒙古国有林区销售的非统配木材价格均未突破国家制定的最高限价水平，不少非统配木材品种的实际销售价格水平还略低于指导价格水平。这次国家对北方国有林区非统配木材实行统一指导价格管理，是在深化木材价格改革过程中，为进一步加强对非统配木材价格管理采取的一项重要措施，为今后逐步理顺国有林区木材价格，实现计划内外木材价格“双轨”并“单轨”打下了基础。

（苏宗海）

【林业部直属单位会计达标工作】 1991 年上半年，30 户部直属企业中，经过检查验收，1 户达标，4 户升三级，达标、升级率为 16.7%；8 户申请达标，2 户申请升二级，申请达标、升级率为 43.3%。

1991 年林业部先后两次召开了直属事业单位财务工作会议，与此同时成立了直属企事业单位会计工作达标升级考评委员会和考核验收小组，对各单位会计达标升级工作给予指导和帮助。一年来，东北林业大学、南京林业学校、西南林业勘察设计院、白水江自然保护区管理局 4 个单位已向部报送《会计工作达标升级申报表》。林业部直属事业单位会计达标工作达标升级考核验收小组于 11 月对南京林业学校会计工作进行了验收，考核验收小组已将该单位的会计工作达标意见报部待批。

（丁立新　顾南鑫）

人　物

享受政府特殊津贴人员

侯治溥　男，74岁，河北高阳人，中共党员，中国林业科学研究院研究员。1939年毕业于北京大学农学院森林系。建国以来多次组织制定了林业科技发展规划，提出过不少对林业发展有指导意义的建设性意见，对发展和推动我国林业科技事业作出了突出的贡献。曾参加西藏昌都地区、海南岛等边远地区的森林考察；对华北石质山荒山造林，长白山林区森林植物条件及落叶松的更新，云南松林的采伐方式及更新，油桐、油茶的选种及丰产林栽培等进行了大量科学研究，取得了一批成果，为我国在不同立地条件下，从造林、经营到采伐、更新做了大量开拓性工作。近十年来，他组织指导了南方十四省（区）杉木生长与立地因子的关系、杉木树种的选种栽培、杉木地理种源与耐寒性等研究项目，为发展南方杉木作出了贡献。他主持的我国林业发展问题的综合研究，获1987年林业部科技进步三等奖。发表了《长白山林区森林植物条件及森林更新》、《浙江省开化县低山丘陵立地评价及杉木生长的预测》、《杉木种源与耐寒》等几十篇具有较高学术水平和实用价值的科学论文，在理论和实践上对指导林业科研和生产建设起了重要作用。著有《林木育种田间试验统计方法》一书。1991年被国务院批准，享受政府特殊津贴。

高尚武　男，70岁，北京人，中国林业科学研究院研究员。毕业于齐齐哈尔农业学校。长期从事水土保持和治沙造林方面的研究，两次较长时间参加中国科学院黄河中游水土保持综合考察队，做了大量的考察研究工作，积累了丰富的科学数据和实践经验，在考察的基础上，开展了定位科学研究，为我国西北地区沙漠治理作出开拓性贡献。近十年来，他利用治沙造林理论为创建内蒙古磴口沙漠林业实验中心作出了重要贡献。"七五"期间，负责主持国家"三北"防护林营造林技术攻关项目研究，并主持大范围绿化工程对环境质量作用的研究，通过部级鉴定，达到国际领先水平。主持"七五"攻关项目薪炭林区划和技术政策的研究也已通过鉴定，达国内领先水平。多年来发表了许多有学术和经济价值的论文，如《黄河中游森林植物条件分区和推荐绿化用的植物种》、《平原林业发展问题》等，著有《黄河中游造林类型》，主编《治沙造林学》。1991年被国务院批准，享受政府特殊津贴。

成俊卿　主持编写的《木材学》一书，1987年获中国林学会首届梁希奖，1988年获新闻出版署第四届全国优秀图书一等奖。主持撰写的《中国热带及亚热带木材》专著，对我国南方13省90科28属470种木材的名称、分布、构造、物理力学及加工性质、用途等作了系统的记述，获1980年林业部科技进步一等奖。主持的泡桐属植物种类分布及其综合特性研究，获1989年林业部科技进步二等奖。1991年被国务院批准，享受政府特殊津贴，同年10月病故。其他参见《中国林业年鉴1949—1986》第574页。

徐纬英　女，75岁，江苏金坛人，中共党员，中国林业科学研究院研究员。1940年毕业于金陵大学植物系，长期从事林木遗传育种学研究。主持研究的新杂交种群众杨具有耐盐、高光效、耐旱、抗腐烂病及溃疡病、速生、材质优良等特性，其木材增益较其亲本增加2.5倍，在不同地区增加2—6倍，栽培面积达150万亩，"四旁"植树0.5亿多株，育种技术在国内尚属首创，1990年获国家发明二等奖。主持完成的新杂交种北京杨，经过30年试验、推广，充分表现了具有耐寒等特性，是我国首次应用切枝杂交技术及应用无性系选育形成的新品种，造林面积100万亩，"四旁"植树2000万株，纯木材增益0.46亿立方米，100多亿元。编著有《杨树》、《杨树选种学》等著作，发表论文20多篇。1991年被国务院批准，享受政府特殊津贴。

洪菊生　1991年被国务院批准，享受政府特殊津贴。其他参见《中国林业年鉴1989》第407页。

张万儒 男，65岁，浙江嵊县人，中共党员，中国林业科学研究院研究员。1953年沈阳农业大学土壤农化专业本科毕业，1958年赴苏联科学院森林研究所进修2年。长期从事森林土壤学研究，在森林土壤研究方面做了系统、开创性的研究工作，取得了突出成就。主持完成的中国森林土壤的研究，揭示了森林与土壤相互关系的规律性，提出了保护和合理利用、改良森林土壤的措施与途径，并在潜心研究的基础上，主持编著《中国森林土壤》，该书是我国第一部森林土壤方面的专著，达到国际先进水平，此项成果获1990年林业部科技进步一等奖。主持完成的“七五”国家攻关项目用材林基地立地分类、评价及适地适树研究，经国家鉴定，认为该成果对于我国林业建设的宏观决策和用材林基地的规划布局，提高造林经营技术水平具有重大的现实意义和长远意义，有很高的理论水平和实用价值，并在理论上和方法上都有新发展，达到国际先进水平，一些领域居国际领先水平，在我国东北、华北、南方丘陵山区等广大地区已广泛推广。主编《森林土壤分析方法》、《森林土壤标准物质》和《森林与土壤》等专著，发表文章50多篇。主持制订《森林土壤分析方法》国家标准，1989年获国家技术监督局科技进步三等奖。1991年被国务院批准，享受政府特殊津贴。

蒋有绪 男，59岁，上海人，中共党员，中国林业科学研究院研究员。1954年北京大学植物生态与地植物学专业毕业后，一直从事森林生态学、植被学方面的研究工作，在森林生态研究方面作出了突出成绩。他最早建站，倡导和发展我国森林生态定位研究，先后在川西米亚罗、海南岛尖峰岭、江西大岗山等地对亚高山林、热带林、亚热带人工林进行了大量的科学研究。主持完成的海南岛尖峰岭热带林生态系统的研究，从生态系统角度，全面地研究了热带森林的生态系统特性、生态功能和经营方法，揭示了热带林生态系统和生态梯度分布系列，协同进化理论和生态脆弱性，对我国热带森林系统的保护、利用和发展起了重要作用，获林业部1989年科技进步一等奖；主持的中国二〇〇〇年森林发展与环境效益预测的研究，获1988年林业部科技进步二等奖。参加编写了《中国山地森林》一书，该书获1989年林业部科技进步一等奖。先后发表了文章40余篇。1991年被国务院批准，享受政府特殊津贴。

黄东森 1991年被国务院批准，享受政府特殊津贴。其他参见《中国林业年鉴1988》第244页。

刘寿坡 男，62岁，河北献县人，中国林业科学研究院研究员。1954年沈阳农学院土壤农化专业毕业。长期从事森林调查和森林土壤科学研究，作出了显著的成绩，主持编写的《中国山地森林》一书，1989年获林业部科技进步一等奖。作为第一副主编，参加了《中国森林土壤》编写，1990年获林业部科技进步一等奖。参加编写的《中国农业地理系列专著》，1987年获中国科学院科技进步一等奖。参加国家“七五”攻关项目用材林基地森林立地分类及质量评价研究，通过国家鉴定，达国际先进水平，部分达国际领先水平。1991年被国务院批准，享受政府特殊津贴。

卢俊培 女，59岁，贵州贵阳人，中共党员，中国林业科学研究院研究员。1955年毕业于西南农学院土化系。长期从事热带森林土壤，杉木、柚木栽培技术的研究工作，承担阿尔泰山、天山、洮河、白龙江、庐山等林区的森林土壤调查分析，积累了大量的野外调查资料，为确定合理的森林水土保持效果、采伐方式、更新方法、人工林适地适树、林木生长与土壤条件的关系提供了依据。从1972年开始在海南岛尖峰岭、临高、定安等地开展珍贵树种速生丰产栽培技术的研究与调查工作，1979年主持负责尖峰岭半落叶季雨林刀耕火种生态后果的研究，对半落叶季雨林及刀耕地的小气候、水土流失、土壤理化性状、凋落物等的变化规律进行长期定位观测，1982年此项研究扩大内容纳入海南岛尖峰岭热带林生态系统研究，该研究达到国际同类研究先进水平，获1989年林业部科技进步一等奖。参加的中国森林土壤研究，获1990年林业部科技进步一等奖；参加的柚木培育技术研究，获1986年林业部科技进步二等奖。1991年被国务院批准，享受政府特殊津贴。

奚声珂 女，55岁，上海南汇人，中国林业科学研究院研究员。1959年于北京林学院造林专业毕业。长期从事核桃的栽培和选种科学研究，在核桃良种选育方面进行了大量的研究，取得突出的成绩。通过对我国核桃种源资源的系统、广泛的调查研究，建立了来源广、遗传性多样的核桃种质库，为我国核桃育种和资源分类提供了科学依据。并在调查的基础上，通过嫁接繁殖，保存国内外核桃优良品种新类型近200个。“六五”期间，主持了北方早实核桃16个新品种的选育研究，其成果达国内领先水平，所选的16个早实新品种，为实现我国核桃生产的品种化、良种化奠定了基础，其中，香玲、辽核4号、辽核1号等10个品种的坚果品质及早期丰产性达到了国际核桃优良品种水平，该成果获1990年林业部科技进步一等奖，并被列入林业部“科技兴林”推广项目。1991年被国务院批准，享受政府特殊津贴。

徐冠华 1991年被国务院批准，享受政府特殊津贴。同年被中国科学院批准为地学部学部委员。其他参见《中国林业年鉴1987》第228页和本书第361页。

刘耀麟 男，53岁，四川高县人，中国林业科学研究院研究员。1961年四川大学物理系毕业后，一直从事木材工业自动控制工作。主持完成微电子技术在木材干燥中的应用研究，节省能源约18%，提高生产率近40%，保证了干燥质量，减轻了劳动强度，扩大了干燥材种，制造成本只及进口的40%，达到国际先进水平，获中国发明专利权，并在东北、湖南、江苏和海南等省市推广应用，效果显著，1990年获林业部科技进步一等奖。研制的汉字生产管理曲线图软件和电阻式刨花含水率测定器及容重测定器，已被多家企事业单位采用，效益明显。主编《微型电子计算机在木材工业中的应用》一书。1989年被英国剑桥国际传记中心载入《远东和亚澳地区名人录》。1991年被国务院批准，享受政府特殊津贴。

王定选 1991年被国务院批准，享受政府特殊津贴。其他参见《中国林业年鉴1987》第227页。

张宗和 1991年被国务院批准，享受政府特殊津贴。其他参见《中国林业年鉴1989》第407页。

宋湛谦 1991年被国务院批准，享受政府特殊津贴。其他参见《中国林业年鉴1987》第227页。

刘建华 男，61岁，湖南洞口人，中共党员，中国林业科学研究院副研究员。1956年南京林学院造林专业毕业，一直从事固沙造林研究工作，为我国干旱、半干旱地区治沙造林作出了突出贡献。主持研究的榆林流动沙地飞机播种造林种草试验成果，共筛选出踏郎等5种飞播植物种，当年播种苗高15—20厘米，飞播成效比国外高4—9倍，解决了飞播植物风蚀、流动沙地飞播种子位移和防虫防农药等国内尚未解决的难题，达国际先进水平，为治理西北黄土高原流沙作出了重大贡献，该成果1986年获陕西省科技进步二等奖，1988年分别获水利电力部和国家科技进步一等奖和二等奖。主持的伊盟毛乌素沙地区飞播造林种草治沙试验，经济和社会效益显著，1985年获内蒙古自治区科技进步二等奖。1991年被国务院批准，享受政府特殊津贴。

宋兆民 1991年被国务院批准，享受政府特殊津贴。其他参见《中国林业年鉴1988》第243页。

沈国舫 男，58岁，浙江嘉善人，中共党员，北京林业大学校长、教授。1956年毕业于苏联列宁格勒林业技术学院，长期从事造林生态学教学及研究工作。主持的北京西山地区适地适树的研究，1981年获林业部科技进步三等奖。主持的北京市西山油松人工混交林的研究，获北京市科技进步三等奖。参加的《大兴安岭特大火灾后恢复森林资源考察报告》，1989年获林业部科技进步二等奖。主编的《造林学》全国通用教材，获国家级优秀教材奖。参加撰写的《中国主要树种造林技术》，获林业部科技成果一等奖。在国内外发表了有价值的论文50多篇，专著4本。1991年被国务院批准，享受政府特殊津贴。

申宗圻 主编的《木材学》教材，1987年获全国高等林业院校部级优秀教材二等奖。参加编写的《木材学》，获中国林学会一九八七年首届梁希奖。1991年被国务院批准，享受政府特殊津贴。其他参见《中国林业年鉴1949—1986》第576页。

关毓秀 男，67岁，河北山海关人，北京林业大学教授。1947年毕业于北京大学农学院森林系。长期从事森林调查，测树学的教学和科研工作。他主编了全国林业高等院校统编教材《测树学》。还主编出版了两本专著，发表论文多篇。长期致力于提高森林生产力的研究，对我国油松人工林，大兴安岭林区天然落叶松的生产规律和营林措施进行多年的观察和测定。与他人合作的北京西山立地条件的研究获林业部科技进步三等奖。1987、1988年被评为北京市教书育人先进工作者，1989年被评为北京市劳动模范。1991年被国务院批准，享受政府特殊津贴。

高志义 1991年被国务院批准，享受政府特殊津贴。其他参见《中国林业年鉴1988》第407页。

朱之悌 男，62岁，湖南长沙人，中共党员，北京林业大学教授。1954年毕业于北京林学院林业系，1957年在莫斯科林学院攻读林木遗传育种学，获生物学副博士学位。长期从事林木遗传育种学科的教学和研究工作。主持的“七五”攻关课题毛白杨基因资源的收集和保存的研究，1990年获林业部科技进步一等奖。主持的毛白杨优树快速繁殖方法的研究，1987年获林业部科技进步二等奖。主持的油橄榄选优和结实测定研究，获1978年云南省科技成果三等奖。1988年被评为二级黄淮海平原农业开发优秀科技人员。编写了《林木遗传学基础》全国林业院校通用教材。在国内外刊物上发表了有价值的论文25篇，译著两本。1991年被国务院批准，享受政府特殊津贴。

董乃钧 1991年被国务院批准，享受政府特殊津贴。其他参见《中国林业年鉴1990》第344页。

王礼先 1991年被国务院批准，享受政府特殊津贴。其他参见《中国林业年鉴1987》第238页。

程金水 男，56岁，浙江永康人，中共党员，北京林业大学教授。1958年毕业于南京林学院林学系，1963年北京林学院绿化系研究生毕业。长期从事园林植物育种学教学和科研工作。任主要负责人的林业部重点课题金花茶基因库建立和繁殖技术研究，1989年获林业部科技进步一等奖，1990年获国家科技进步二等奖。作为主要参加者培育出了适应北京地区开花时间长的地被菊新品种选育及栽植示范研究，在北京街道两旁种植7万多株，1989年通过鉴定，并获得中国第二届花卉博览会科技进步二等奖。主持研究的云南大叶茶优株试管快繁新工艺，已开始中试推广。编写了《园林植物育种学》教材。撰写发表了十余篇科研论文。1991年被国务院批准，享受政府特殊津贴。

周以良 男，69岁，安徽东至人，中共党员，东北林业大学教授。1949年毕业于清华大学生物系，从事森林植物学与生态学研究40多年。先后主编或合编《小兴安岭木本植物》、《黑龙江树木志》及《中国植物志》(20卷2分册)、《中国植被》等20部专著。发表论文40余篇。主持完成国家和省、部级重大科研项目10项，先后获得国家、林业部和黑龙江省人民政府科技成果奖。在植物群体生态学研究中，提出“在区域综合开发治理中，合理调控主体生态结构”的学术见解；在植物分类研究中，先后发现72种新植物，引起学术界的重视，在国内外享有很高的声誉。先后被入选美、英等国家出版的多种国际名人录。1991年被国务院批准，享受政府特殊津贴。

周晓峰 男，58岁，浙江诸暨人，中共党员，东北林业大学教授。1956年毕业于东北林学院，一直从事森林生态学、森林经营学的教学和科研工作。合作主持的天然次生林经营技术的研究项目，1985年被评为林业部科技进步二等奖，1987年获国家科技进步二等奖。由他负责组建的帽儿山生态定位站，受到国内外同行专家的高度评价，公认为是国内一流站，已主持和参加十余项科研和生产试验课题，现由林业部列为重点定位站。他运用生态林业的理论和方法，解决林业“两危”问题，受到黑龙江省有关领导的重视。1990年被评为黑龙江省有突出贡献的中青年专家。1991年被国务院批准，享受政府特殊津贴。

马建章 男，54岁，辽宁阜新人，中共党员，东北林业大学教授。长期从事野生动物的教学和科研工作。结合国际野生动物的管理的最新理论和方法，针对中国野生动物的管理现状，编写了我国第一部《野生动物管理学》专著，提出“护、养、猎并举”的辨证观点，被我国野生动物管理部门在制定中国野生动物管理方针时采用，并收入《中国野生动物保护法》的有关条文中。主持完成的科研项目已有8项获奖或通过省级鉴定，其中1项获国家科技进步二等奖，3项获林业部科技进步三等奖，1项获黑龙江省教学优秀成果一等奖。1991年被国务院批准，享受政府特殊津贴。

祖元刚 1991年被国务院批准，享受政府特殊津贴。其他参见本书第360页。

熊文愈 他3次主持国际林联竹子会议，现任竹子专业组组长，主编《BAMBOO NEWSLETTER》。近期提出并发展生态系统工程，为农林生产、环境保护和社会服务，提供理论和方法论。创造生态界面理论，认为生物与环境间存在界面层，是物能流动、信息传递必经通道，它的结构、功能和运动，反映生物与环境的本质关系，是生态学研究中理论和方法论的突破。1990年获国际林业研究组织联合会优异贡献奖。先后被列入英国龙门公司编的《世界科学家名人录》，英国国际传记中心编的《澳洲及远东科学家名人录》、《国际知识分子名人录》，美国传记研究所编的《国际名人录》。1991年被国务院批准，享受政府特殊津贴。其他参见《中国林业年鉴1949—1986》第574页。

吕士行 1991年被国务院批准，享受政府特殊津贴。其他参见《中国林业年鉴1988》第243页。

张齐生 他负责的课题竹材胶合板研究、开发、推广良性循环体系的建立，已获3项专利，推广建成12家工厂，到1990年底已累计生产新产品1.5万立方米，产值4000多万元。主持的意大利杨制造胶合板研究，为意大利杨的工业化利用提供了科学依据。与南京汽车研究所等单位合作进行的竹材胶合板在汽车厢上的应用研究成果获1987年南京市科技进步一等奖及江苏省科技进步三等奖。1991年被国务院批准，享受政府特殊津贴。其他参见《中国林业年鉴1987》第229页。

顾炼百 1991年被国务院批准，享受政府特殊津贴。其他参见《中国林业年鉴1988》第407页。

施季森 1991年被国务院批准，享受政府特殊津贴。其他参见本书第361页。

胡芳名 1991年被国务院批准，享受政府特殊津贴。其他参见《中国林业年鉴1990》第345页。

祁承经 男，61岁，湖北武汉人，中南林学院教授。1953年大学毕业后，长期从事林业教学和科研工作。主持的湖南省五十万分之一植被类型图及植被区划研究，对湖南森林植物分布进行了全面、系统的分析，从而为湖南的农林业区划，提供了科学的依据，该成果1985年获湖南省区划成果一等奖，1986年获林业部科技成果二等奖。对湖南树木新种及新变种的研究成果，1986年获湖南省科技进步三等奖，湖南省林业科技进步二等奖。著有《湖南植物名录》等多部专著。1988年被批准为林业部有突出贡献中青年专家，是第七届全国人大代表。1991 年被国务院批准，享受政府特殊津贴。

吴楚材 1991 年被国务院批准，享受政府特殊津贴。其他参见《中国林业年鉴 1987》第 228 页。

任 玮 男，73 岁，江苏兴化人，中共党员，西南林学院教授。1941 年毕业于中央大学森林系，获农学学士学位，1946 年获农学硕士学位，一直从事林木病害防治方面的教学和科研工作。主编过《森林植物病理学》，参加编写了《油橄榄栽培》、《林木病理学》、《中国森林病害》等教材及专著，发表论文多篇。1982 年以来，主持的油杉寄生生物特性、发生发展规律及防治技术的研究课题，1990 年获云南省科技进步二等奖。教学过程中，他十分注意标本的制作和管理。据统计，经鉴定订名的标本累计达 6000 多号，包括病原 150 多个属，共计 420 种，寄生植物包括 72 个科 154 个属，共 320 多种，为教学质量的提高和科研工作的开展，创造了良好的条件。1991 年被国务院批准，享受政府特殊津贴。

李留榆 男，62 岁，河北献县人，中共党员，林业部调查规划设计院高级工程师。1954 年毕业于北京林学院，一直从事林业资源调查工作。曾先后承担和组织领导多项大型林业调查和航空遥感在林业调查中的应用工作，为我国林业调查规划事业作出了突出贡献。60 年代，为了改进林业调查技术，他应用数理统计原理和航空照片判读技术进行森林分层抽样调查研究，在一定范围内进行了实验，并获得成功。1972 年在总结我国林业调查工作的基础上，提出并论证了我国森林调查应分三类，即国家资源清查、规划设计调查、作业设计调查，被编入林业部颁布的森林调查技术规程中，在全国应用。参与主持的全国森林连续清查技术体系的研建项目，获 1989 年林业部科技进步一等奖；腾冲区域航空遥感应用技术项目，获 1985 年中国科学院一等奖和国家科技进步二等奖。主持的国家“六五”重点攻关项目遥感技术在森林资源动态监测中的应用，获 1987 年林业部科技进步二等奖。1991 年被国务院批准，享受政府特殊津贴。

劳可道 男，61 岁，广东广州人，中共党员，林业部中南林业调查规划设计院高级工程师。1954 年毕业于北京林学院林业专业，一直从事林业调查规划设计工作。先后在大小兴安岭、长白山、金沙江以及华东、中南等地参与或主持森林经理调查，结合调查编制森林经营方案和总体设计等工作，为我国新林区的开发建设，为查清我国的森林资源，完成了大量的工作。1991 年被国务院批准，享受政府特殊津贴。

李世祥 男，59 岁，广东澄海人，中共党员，林业部天津林业工具厂高级工程师。长期在林业机械生产第一线从事厂长、设计和管理工作，取得了创造性的成果，获得了显著的社会、经济效益。连续 3 年被评为天津市机械系统的先进工作者，优秀党员，1990 年被评为天津市机械系统优秀领导干部，获天津市劳动模范称号。1991 年被国务院批准，享受政府特殊津贴。

作出突出贡献的中国博士、硕士学位获得者

唐守正 男，50 岁，湖南邵东人。1963 年毕业于北京林学院林学系，在森林调查队从事多年森林调查设计工作，1985 年于北京师范大学概率统计专业研究生毕业，获理学博士学位。同年赴加拿大新布伦瑞克大学森林工程系从事博士后研究，1986 年底回国。现任中国林业科学研究院资源信息所研究员，森林经理研究室主任，并担任中国林学会计算机学会常务理事，中国林学会森林经理学会理事。主要从事概率统计及数学模型在林业中应用的研究，多年来在林业系统引进并推广多元统计分析方法，并指导研究生。他主持航空照片数量化回归森林蓄积调查方法的研究，提出直接利用航空照片估测小班蓄积量的数量化回归方法，被广泛用于有近期航空照片地区的森林调查；主持我国用材林资源发展趋势的研究，提出广林龄转移方程式，被广泛用于大规模森林资源预测，并首次进行了我国用材林资源发展趋势的预测；主持林分动态模型及模拟技术的研究，提出全林整体生长模型的概念及模型相容性原理，首次探讨了第一类模型和第二类模型的关系及相容性，用全林整体生长模型推导出的第一类经营模型都是相容的模型。编著有《多元统计分析方法》、《IBM－PC 系列程序集》。参加完成的用于森林资源调查的卫星图象处理系统，1988 年获得林业部科技进步二等奖，1989 年获国家科技进步三等奖；主持完成的多元统计分析方法在林业中应用及 IBM－PC 程序集的研究，1991 年获林业部科技

进步二等奖。1991年被国家教委、国务院学位委员会授予作出突出贡献的中国博士、硕士学位获得者称号。

崔 鹏 男，34岁，陕西长安人。1982年毕业于西北大学地理系，同年考入中国科学院成都地理研究所（现成都山地灾害与环境研究所）研究生，1985年毕业，获理学硕士学位，1987年进入北京林业大学攻读博士学位，1990年毕业，获农学博士学位。现任中国科学院成都山地灾害与环境研究所助理研究员，主要从事泥石流等山地灾害的研究与防治工作。他的博士论文《泥石流起动机理的研究》提出了准泥石流体和泥石流的准备、起动、流动、停积四个过程的新概念和观点，建立了以底床坡度、水分饱和度和细粒含量为坐标表征起动条件的空间曲线和起动条件的数学模型，实现了泥石流灾害防治防患于未然的新途径。他在阿坝洲泥石流及其防治对策研究中，首次将灰色系统理论引入泥石流预测预报中，预测准确，防治规划切实可行；在青藏高原综合科学考察（横断山地区泥石流）研究中，纠正了“沟网密度越大，泥石流越活跃”的传统认识，提出流域侵蚀指标和侵蚀临界值的概念，弥补了“堆积扇调查法”依赖泥石流遗迹的不足。在国内率先开展了树木根系固土力学机制的研究，首次对树木稳坡固土功能做出定量评价，为泥石流治理中生物措施的设计及其效益评价提供了定量依据和指标。他参加完成的青藏高原隆起及其对自然环境和人类活动影响的综合研究，1986年获中国科学院科技进步特等奖。1991年被国家教委、国务院学位委员会授予作出突出贡献的中国博士、硕士学位获得者称号。

李 坚 男，48岁，辽宁阜新人。1967年毕业于东北林学院林产工业系，1978年考入该校木材学专业研究生，1981年毕业，获工学硕士学位，1985年在职攻读博士学位，1987年毕业，获农学博士学位。现任东北林业大学教授、副校长，并担任中国林学会木材科学学会常务副理事长，哈尔滨市信息协会干事长。主要从事木材学、木材改性等方面的教学与科研工作。他的博士论文《木质材料界面特性与无胶胶合的研究》，探明了木质材料的界面特性和无胶胶合机理，采用有效的活化方法和较经济的新型添加剂，在人造板厂现行设备和工艺条件下制成了无胶胶合板，其强度指标达到或接近质量标准。他完成的加热法制造木塑复合材的研究，采用加热法使乙烯基单体与木材分子接枝共聚产生一种兼有聚合物和木材双重优良特性的新型材料，从而提高了低劣木材的使用价值；与他人合作完成的木质材料改性与制造优质人造板的研究，采取最新处理药剂改性实体木材和纤维材料，制得拒水性高的优质纤维板。主编或主要参加编著的专业著作有《木材资源与对外贸易》、《木材涂饰原理》、《木材化学加工》等6部，先后发表研究论文近50篇。他参加完成的马尾松木材改性综合处理技术，1984年获广西壮族自治区科技进步二等奖。1991年被国家教委、国务院学位委员会授予作出突出贡献的中国博士、硕士学位获得者称号。

祖元刚 男，37岁，辽宁铁岭人。1975年毕业于东北师范大学生物系，后考入该系研究生，1984年毕业，获理学硕士学位，进入东北林学院林学系攻读博士学位，1987年毕业，获农学博士学位。现任东北林业大学教授，并担任黑龙江省植物学会常务理事、副秘书长，中国生态学会青年研究会理事。主要从事植物分类、草原学、植物生态学等方面的教学与科研工作。主编了《草原学》、《植物产品加工学》等教材。他的博士论文《羊草群落能量学的研究》阐明了能流运行的全过程，理论有所创见，方法有所创新，在草原群落能量研究的完整性，定量化程度及模型建造方面填补了国内空白，具有国际同类研究的先进水平；他自行设计并组装了我国第一套野外条件下同时测定植物群体光合、呼吸及蒸腾作用的装置，为植物群落能量学及生理生态学的研究提供了有效的测试手段，其中WSA型温湿自动记录仪，1986年获国家专利。著有《能量生态学引论》，与他人合作译著有《系统生态学引论》。1988年获中国科协首届青年科技奖，1989年

获霍英东教育基金会青年教师奖（研究类），1990年被评为林业部有突出贡献的中青年专家，1991年被国家教委、国务院学位委员会授予作出突出贡献的中国博士、硕士学位获得者称号。

施季森 男，39岁，江苏启东人。1977年毕业于南京林产工业学院林学系，后考入该系研究生，1981年毕业，获农学硕士学位。1989、1990年赴美国奥本大学学习林木遗传育种学。现任南京林业大学副教授。主要从事林木遗传育种的教学与科研工作。与他人合作完成的杉木第一代种子园研究成果的推广应用，1987年获国家科技进步一等奖；参加完成的杉木第一代种子园建立技术研究，1982年获林业部科技成果一等奖；主持完成的杉木育种程序和优良家系选择研究及其利用，1987年获林业部科技进步二等奖。与他人合作编译《实用树木改良》。1987年被评为林业部有突出贡献的中青年科技专家，1991年被国家教委、国务院学位委员会授予作出突出贡献的中国博士、硕士学位获得者称号。

在工作中作出突出贡献的回国留学人员

郭建平 男，35岁，湖南衡阳人。1982年毕业于东北林学院林业机械系，1985—1987年赴英国伦敦大学学习人类工效学，获工学硕士学位。现任东北林业大学副教授，机电工程系副主任，并担任中国人类工效学会常务理事、副秘书长。主要从事人类工效学及其在林业生产中应用方面的教学与科研工作。与国内同行专家共同发起并组织创建了中国人类工效学学会，在校内创办了劳动安全工程专业。他主持完成的国家教委资助优秀年轻教师基金项目林业生产中劳动科学与人类工效学问题的研究，1991年获林业部科技进步三等奖；主持完成了振动条件下摆动式座椅对拖拉机驾驶员操作舒适性的影响课题研究。与他人合作著有《林业劳动学》，主编《人类工效学》统编教材和《采运生产中的人类工效学》试用教材。1991年被国家教委、人事部授予在工作中作出突出贡献的回国留学人员称号。

张启翔 男，35岁，湖北黄陂人。1982年毕业于北京林学院园林系，后考入该校研究生，1985年毕业，获农学硕士学位，1987年起攻读博士学位，1990年获农学博士学位。攻读博士学位期间，赴波兰果树花卉研究所学习植物抗冻生理，并进行合作研究。现任北京林业大学副教授，并担任中国梅花协会常务理事、副秘书长。主要从事花卉与园林植物方面的教学与科研工作。他参加完成的中国梅花品种的研究——《中国梅花品种图志》，1990年获林业部科技进步一等奖、全国第二届花卉博览会一等奖；参加完成的地被菊新品种群的选育及示范获全国第二届花卉博览会二等奖。与他人合作著有《中国作物资源》、《中国花卉品种分类学》、《中国花经》等著作。1989年获霍英东教育基金会青年教师奖（科研类），1991年被国家教委、人事部授予在工作中作出突出贡献的回国留学人员称号。

徐冠华 主要事迹参见《中国林业年鉴1987》第228页。他主持完成的用于森林资源调查的数字图象处理系统，1988年获林业部科技进步二等奖，1989年获国家科技进步三等奖；主持完成的“三北”防护林遥感综合调查公共实验区研究，1989年获林业部科技进步一等奖，1990年获国家科技进步二等奖。1990年被评为国家级有突出贡献的中青年专家，1991年被国家教委、人事部授予在工作中作出突出贡献的回国留学人员称号。

全国优秀大学毕业生

俞孔坚 男，28 岁，中共党员。1984 年毕业于北京林业大学园林系，1987 年同系研究生毕业，留校任教。1987 年，他率先提出了中国自然景观资源管理系统的理论，并且在国家级风景区划（广东丹霞风景区规划）中全面应用，取得了良好的效益，在建设部、国家旅游局召集的全国 60 余名著名专家参加的评价会上获一致好评。他研究出的景观评价 BIB—LOI 法，填补了国内空白，有关论文获得了全国首届青年城市规划优秀论文奖，并应邀在国际环境冲击学术会议上作学术报告。他在大量调查和实验工作基础上，发表了《中国人的理想环境模式及其生态史观》专论。他还主要参加和专项负责了多项区域发展的景观规划工作。他已发表学术论文 20 余篇，20 余万字，译作近 20 万字，并参加了《中国花经》等书的编写工作。1990 年获霍英东教育基金会第二次高等院校青年教师奖，1991 年被中宣部、国家教委授予全国优秀大学毕业生称号。

王　正 男，37 岁。1976 年毕业于天津轻工业学院食品工业系，1982 年获中国林业科学研究院硕士学位。研究生毕业后，在木材所一直从事纤维板废水治理及废水中有害物质的综合利用研究工作。1982—1984 年，他参加纤维板废水封闭循环回用课题后，针对纤维板热压废水回用引起粘板的工艺难题，具体研究了不可回用热压水与可回用长网水的化学成分、各化学物质的物理及化学性质间的差异。接着又承担了解决纤维板热压废水回用问题的超过滤技术处理纤维板热压废水工艺的研究课题，1985 年完成小型试验，1986 年完成生产性试验，1987—1989 年先后在山东、湖北、辽宁、广东、河北、吉林等省 6 家纤维板厂推广应用，共创合同值 7 万元，该项技术已获得国家专利权。后又完成了超过滤处理废液制誊写油墨的研究、纤维板废水制造木工粘合剂的研究，两项研究均已申报国家专利。已在国内有关刊物上发表论文、研究报告 11 篇。1991 年被中宣部、国家教委授予全国优秀大学毕业生称号。

顾黑郎 男，44 岁，江苏江阴人，中共党员，1982 年毕业于东北重型机械学院，分配到常州林业机械厂后，历任车间技术员、生产计划科科长、副厂长、厂长。

1986 年，装载机市场销售出现了困难，当时担任代理厂长的顾黑郎详细研究了国内工程机械的发展道路和我国工程机械市场的发展状况，明确提出“立足林业，面向全国，以开拓两个市场为方向，以满足用户需要为目标，瞄准国际水平，大力发展品种，不断提高质量，坚定不移地走品种质量效益型道路”的企业发展战略。通过几年的艰苦探索，形成了一套切实可行的管理方法和管理体系，提高了产品质量，打开了产品销路。产品不仅在国内各省（区）畅销，还销往 14 个国家和地区。1988 年创汇 100 万美元，1989 年达 200.24 万美元，成为我国装载机行业唯一的外贸扩权企业。工业总产值由 1985 年的 3363 万元增长到 1989 年的 9024.6 万元，年平均递增 28%，人均创利税高达 11 936 元，年平均递增 16.2%。工厂先后荣获国家二级企业、国家一级节能企业、国家质量管理奖等荣誉称号。1989 年，被评为常州市优秀企业家和全国质量管理先进工作者。1991 年被中宣部、国家教委授予全国优秀大学毕业生称号。

抗洪抢险先进个人

张东光 （1972 年 10 月 4 日至 1991 年 7 月 30 日）男，黑龙江海伦人，高中文化。1990 年 12 月加入中国人民武装警察部队吉林省森警总队敦化市航空机降灭火大队服役。

1991 年 7 月，敦化市遭受 30 多年来的特大洪水灾害，驻敦化市森警部队奉命组成抢险突击队参加抗洪抢险。张东光作为新兵本不在名册，经再三要求才被允许加入突击队。7 月 30 日，他与同志们一起冒着大雨在齐腰深的急流中加固堤坝。当一同抢险的一位老同志不慎被重物撞倒卷入急流时，张东光等几名战士立刻跳入水中奋力抢救，老同志得救了，张东光却英勇牺牲，年仅 19 岁。为表彰张东光，武警总部批准他为革命烈士，追认为中共党员。林业部、敦化市、海伦市、吉林森警总队分别做出向张东光烈士学习的决定。吉林省委、省政府给予张东光烈士通令嘉奖。1991 年 8 月，武警总部授予张东光抗洪抢险勇士称号。

史建国 男，37岁，安徽金寨人，中共党员，中专文化。1975年参加工作，现任金寨县公安局林业公安股副股长。

1991年7月，安徽省遭受特大洪涝灾害，水库以超大水量泄洪淹没了金寨县城的许多房屋，威胁着广大群众的生命财产安全。史建国担任了县林业局抢险队队长，带领抢险队员在不断上涨的洪流中多次闯入危险房屋，营救被围困的群众，抢运财物，连续奋战七天七夜，安全转移群众1000多人，营救150多人，抢救财物上百万元，为全县人民作出了突出贡献。1991年，史建国被公安部授予全国公安战线抗洪抢险救灾先进个人称号。

李子晶 男，35岁，黑龙江明水人，中共党员，中专文化。1974年参加工作，现任双鸭山林业公安局岭东派出所所长。

1991年夏季，双鸭山林区遭受有史以来罕见的特大洪水。8月2日，流经林区的安邦河水位猛涨，堤岸剥落，随时都有决堤的危险。正在堤岸巡逻的李子晶发现险情后毅然决定靠筑人墙护住堤坝，并率先跳入激流，带领广大干警手挽手、肩并肩筑起一道人墙。一根原木将他撞倒，洪水把他卷出二三十米，当他被救起后，仍忍着剧痛坚持到最后。抗洪抢险期间，他带领广大干警职工冒着生命危险炸毁堤坝，修改河道，奋战十几个小时，昼夜在堤坝上巡护。1991年，公安部授予他全国公安战线抗洪抢险救灾先进个人称号。

（本栏目材料均由林业部人事劳动司提供）

林业法制建设与林业政策

林业立法与法规管理

【林业立法】 在林业行政法规方面，林业部协助国务院法制局对《陆生野生动物保护实施条例（送审稿）》进行了审查修改；会同公安部对《猎枪弹具管理条例（草案）》进行了修改。在部门规章方面，林业部制定发布或林业部与有关部（委、局）联合制定发布的部门规章共10件。其中，林业部发布了《国家重点保护野生动物驯养繁殖许可证管理办法》、《林业部直属高等学校招收有实践经验人员的暂行规定》、《林业部〈会计证管理办法（试行）〉实施细则》、《"三北"防护林体系建设资金管理暂行办法》、《林业部对外国专家奖励实施细则》、《林业企业安全技术措施计划编制和实施办法》、《林业系统内部审计实施办法》和《长江中上游防护林体系建设工程管理办法》；林业部与国家保密局联合发布了《林业工作中国家秘密及其密级具体范围的规定》，林业部与国家工商行政管理局联合发布了《松香产品运输管理办法》。以上规章均已按规定分别报送国务院备案。另外，林业部还对全国人大常委会和国务院有关部门征求林业部意见的70多件法律、法规、规章草案提出了修改意见。

（文海中）

【编辑《现行林业法规选编》】 为适应林业行政执法、贯彻行政诉讼法和普及林业法律常识的需要，根据国务院发布的《法规汇编编辑出版管理规定》，经国务院法制局法规编纂室审查同意，林业部编辑了《现行林业法规选编》一书，并已交中国林业出版社出版。该书选收的林业法规共52件，计21万字。该书是现行有效的林业法规选编的正式版本，具有权威性、实用性。

（文海中）

【地方林业法制建设】 地方各级林业主管部门按照"一手抓建设和改革开放，一手抓法制"的方针，在林业立法、执法、法制机构和队伍建设等方面又有新的进展：

①加强林业立法工作。各地围绕林业建设和改革的中心工作，结合实际情况，根据需要和可能，突出立法重点，抓紧起草制定与森林法、野生动物保护法和林业行政法规相配套的地方性林业法规、规章。如江西省发布了《森林采伐限额管理办法》，河南省起草了《〈中华人民共和国森林法〉实施办法》等。为了加快林业立法步伐，各地积极主动争取各方面的支持，采取加强宣传，及时向领导机关和有关部门汇报林业工作；做好横向协调，请有关部门参加林业活动，视察林业工作等办法，使一些立法项目能尽快通过发布。

②结合贯彻执行行政诉讼法、《行政复议条例》和《林业行政处罚程序规定》等，培训林业行政执法人员，进一步规范林业行政执法活动。为了纠正在林业行政执法活动中存在的随意处罚、以罚代刑、越权或者滥用权力等违法现象，提高执法人员的执法水平，各地普遍加强了对林业行政执法人员的管理。通过培训等形式，组织执法人员学习有关法律、法规，分析典型案例，如湖南省仅1991年上半年就培训执法人员2万多人次；重庆市对执法人员普遍进行了集中培训；山西省对林业执法证件的发放范围、林业行政执法证件的格式和使用等作出了明确的规定；河南省结合实际情况，印制了15种林业行政执法文书，发放给各执法单位使用；北京市还制定了《行政案件复议程序规定》等，为依法行政打下了良好的基础。

③加强法制机构建设，进一步明确职责范围。为了理顺各方面关系，使法规管理工作规范化，一些地方制定了法规管理工作规定，明确了省级林业主管部门法制机构的职责。其主要职责有：起草立法规划和立法计划草案；督促实施立法计划；审查法规草案并办理上报手续；负责与人大和政府法制机构的工作联系；组织办理外部门征求意见的法规文件；负责法规清理和法规汇编；会同有关单位检查法规执行情况；负责依法解释法规；会同有关单位开展法制宣传和法制干部培训等。

（文海中）

【林业法规体系总体规划】 为了加快林业法制建设的步伐，实现依法治林，使林业立法有计划、有步骤地进行，林业部政策法规司在广泛调查研究的基础上，于1990年4月起草了《林业法规体系总体规划》，并征求了各省、自治区、直辖市林业主管部门及林业部有关司局的意见，于1991年3月报国务院法制局。

指导思想 ①从全局出发，从我国的国情、林情出发。林业法规体系要服从我国法律体系的要求，适应我国现行立法体制和林业工作的实际需要，正确处理林业法规在国家法律体系的地位和作用。②林业法规体系要做到全面、完整、科学、系统，要覆盖整个林业工作，使林业的各项主要工作有法可依，依法管理。③相互协调、相互补充。林业法规体系总体规划中所列的各项林业法规都有其特定的立法目的和内容，力求避免重复交叉、相互矛盾。其调整的范围和法律效力都必须符合国家法律的规定。④借鉴国外林业立法的经验，吸收符合我国国情和法律规定的一些规定。

主要内容 在《林业法规体系总体规划》中，森林法是核心，其他法律、行政法规和部门规章都是由其派生出来的或者是保证其实施的。因此，林业法规体系是以森林法为塔尖，由其他法律—行政法规—部门规章—地方性法规和地方政府规章共同组成的一个“金字塔”形的法规体系框架结构来覆盖整个林业工作。《林业法规体系总体规划》中共有法律5件，其中《中华人民共和国森林法》、《中华人民共和国野生动物保护法》、《关于开展全民义务植树运动的决议》和《关于惩治捕杀国家重点保护的珍贵、濒危野生动物犯罪的补充规定》已经公布实施，种子法规已有国务院通过的种子管理条例，待条件成熟时，再制定种子法。行政法规26件，其中森林法实施细则、森林防火条例、森林病虫害防治条例、陆生野生动物保护实施等8件已制定实施；部门规章已公布实施50多件。

《林业法规体系总体规划》是根据林业的特点而编制的，分为7个方面，即保护森林资源、培育森林资源、合理利用森林资源、林业企事业管理、野生动物资源保护、林业立法与林业行政执法、林业科技教育。

《林业法规体系总体规划》的实施，是通过制定年度立法计划来实现的。年度立法计划依照国家有关政策和林业工作重点，区别轻重缓急制定并实施。年度立法计划实行“滚动式”，当年不能完成的，可延至下一年度完成。地方林业法规体系的规划编制和实施由地方有关部门根据实际情况确定。（巴连柱）

【林业部法律事务处成立】 林业部法律事务处，对外也称林业部行政复议办公室，设在林业部政策法规司，1991年下半年正式挂牌工作。其职责是：①归口管理林业行政复议应诉工作；②归口管理林业行业的法律顾问工作；③参与部门规章和依法由林业部解释的法律、行政法规解释；④参与林业法制研究工作；⑤配合有关司（局）开展法制宣传和法制干部培训工作；⑥提供法律咨询和服务。（张　蕾）

【林业行政复议培训班】 林业部于10月16日至11月4日在中国政法大学举办了林业行政复议培训班。学员主要来自省（区、市）及地区（市、州、盟）林业主管部门和干部，共81名。培训班邀请了国务院法制局和政法大学有关的专家、教授讲授了行政复议、行政法、行政执法、行政诉讼法、司法文书写作、证据学、行政应诉技巧、林业行政处罚程序、林业法制、林业政策等有关课程和内容。（张　蕾）

【林业行政复议与应诉工作】 林业部1991年10月在牡丹江召开的全国林业政策法规体改工作会议上，对林业系统的行政复议和应诉工作提出了以下具体要求：①要确立复议机构，配备专职复议人员。②抓紧做好人员培训工作。③加强复议工作制度建设。④切实做好复议案件的受理和审理工作。⑤认真对待应诉工作。

行政诉讼法实施后，行政机关的行政管理活动要接受司法监督。应诉是行政诉讼法赋予行政机关的一项权利，也是行政机关应尽的义务。通过人民法院对具体行政行为的开庭审理，能够使正确的得以维护，错误的得以改正，有利于林业主管部门依法行政，提高行政执法水平。（江机生）

【林业系统“二五”普法工作】 根据全国人大常委会《关于深入开展法制宣传教育的决议》和中共中央、国务院《关于批转〈中央宣传部、司法部关于在公民中开展法制宣传教育的第二个五年规划〉的通知》要求，林业部发出了林策字［1991］144号文件，即《林业系统法制宣传教育第二个五年规划》（以下简称《二五规划》）。林业部与农业部、司法部联合发出了林策字［1991］141号文件，即《关于学习宣传野生动物保护法的通知》，并成立了林业部普法领导小组。

根据《二五规划》要求，1991年是林业系统“二五”普法的准备阶段，各级林业主管部门和有关单位①制定了规划和具体计划。据统计，截至1991年底，已有15个省（区、市）林业厅（局）及4个部直属企事业单位根据《二五规划》的要求，制定了本部门（单位）普法规划和年度计划。②建立健全普法组织，培训普法宣传骨干，建立普法队伍。③组织编写了普法宣传材料。林业部编写了《中华人民共和国森林法》、《中华人民共和国野生动物保护法讲话》，作为林业系统“二五”普法宣传教材。④选择湖南省、大兴安岭林业公司作为林业系统“二五”普法的试点单位。（江机生）

【林业法律解释和咨询工作】 随着行政诉讼法、行政复议条例的施行，地方各级林业主管部门及群众来函来电要求林业部进行法律解释和咨询的任务越来越重。1991年林业部政策法规司共收到各类请示函65件，已经办理答复52件。

该项工作1991年的特点：①咨询数量多。以往每年答复一般在20件左右，而1991年上升到65件；②请示者面广。省、市、县级林业主管部门及群众要求法律解释和咨询的均有；③涉及的内容面广。几乎涉及所有的林业法规和所有林业立法、执法中的问题。

1991年该项工作明确了以下问题：盗伐、滥伐森林和其他林木的违法所得如何确定；授权、委托的形式、内容是什么；地区林业局是否是一级林业主管部门，能否行使林业行政处罚权；如何看待法律、法规和规章之外的其他规范性文件，其能否作为林业行政处罚的依据等。

目前林业法律解释和咨询还有不少问题难以解决，主要表现在：①野生动物保护法中的一些问题。如捕杀、杀害、猎捕、捕捉、捕捞的含义。②对非法收购、经营、加工木材的如何处罚问题。由于森林法中对此没有明确规定，现在的答复只能是按照林业部与国家工商行政管理局的几个联合通知的精神答复。③林地管理中的一些问题。如审批手续、补偿标准、处罚等。④木材运输中如何确定“正当理由”的问题。⑤毁林开荒与滥伐森林和林木的界限问题等。

（江机生）

【重大林业政策调查研究】 1991年5月7日林业部办公厅以厅策字［1991］41号文发出《关于就征收森林生态效益补偿费进行调查研究的通知》。部政策法规司根据各地调查研究情况，于10月24日和11月26日分别召开了东北片和南方片的研讨会，集中听取了各省研究情况的汇报。各地的意见和反映是：

①各地对征收森林生态效益补偿费的认识基本一致。认为这项征费可以增强林业的经济实力，提高人们对林业的认识，提高林业在国民经济中的地位，有利于理顺林业与其他各部门的经济关系。

②征收的理论依据。我国不可采伐利用的防护林面积相当大，经营这部分森林的单位和个人长期不能从经营中获得较大的直接收入，往往靠从事其它经营获取收入来支撑，这不利于防护林建设事业的巩固与发展。森林的生态和社会效益在国民经济中愈来愈占有重要的不可替代的作用。为持续、长久地发挥森林的生态功能，必须由社会来提供因森林在生长、发育、更新过程中的消耗而必须获得的经济补偿。在1989年召开的“三北”防护林工作会议上，宋平和陈俊生同志就提出了征收森林生态效益补偿费的问题。各地列举大量事例说明了森林生态效益在国民经济生产发展上显示的重要作用和人们对它的需求。

③森林生态效益补偿费的性质。森林生态效益补偿费是一种生态服务收费，它决不是行政收费。它应由三部分构成：一是森林经营者的收入，只有保证经营者收入不低于其它产业和林种的效益，才会有积极性；二是培育森林的育林费，三是为扩大森林资源而需要资金积累。

④征收的法律依据。森林法第六条规定：“征收育林费，专门用于造林育林”，“建立林业基金制度”。森林法实施细则第四条规定：“征收育林费和建立林业基金制度的具体办法，由林业部和财政部制定”。用材林的育林费目前主要来源之一是已征收多年的育林基金，生态林的育林费主要来源应是森林生态效益补偿费。其它可参考的法律规定有：《中华人民共和国水法》第三十四条，《中华人民共和国土地管理法》第二十七条，《中华人民共和国矿产资源法》第五条，《中华人民共和国渔业法》第十九条等。

⑤征收的范围。各地认为，征收森林生态补偿费的范围：一是依靠森林生态效益从事生产经营活动有直接收入的项目，考虑到可操作性，目前应从如下几个方面着手：已征收水费的水库、水力发电站、城市自来水、风景旅游区的门票和营业单位、依靠大型防护林的受益农田、经济作物及农村提灌站、水产养殖业等；二是由于开发建设，使森林遭到破坏，生态效益丧失的，如开矿、采油、采煤、大型基建工程等，征收的费用用于恢复植被，补偿资源破坏所造成的生态效益的损失。

⑥征收的办法。可采取在利用森林生态效益从事生产经营活动的单位的现收费的基础上附加，如水利部门现有水费上的附加，电力部门电费上的附加，旅游部门的门票附加，煤炭、石油部门吨煤、吨油价格上的附加等等；也可以与经营单位对现收费比例分成或每年划出一定数额给提供森林服务的经营单位；还可以采用其它一些适合当地情况、行之有效的办法。

⑦征收标准。因征收对象情况各异，经济状况差别较大，很难确定一个统一的征收标准，要充分考虑征收对象的承受能力，不同对象分别对待。

⑧分配使用。各地认为，征收的森林生态效益补偿费，大部分给提供森林生态服务的经营单位作为收入。相当木材价格的育林基金部分作为育林费，按育林基金分配办法由省、地县比例分成，也可给征收单位财政部门一定比例，做为林业积累。林区和大江大河上游省（区）收取的森林生态效益补偿费的大部分应当留给当地使用，下游省（区）和大中城市收取的森林生态效益补偿费，应大部分上交，由林业和财政分成。

（张健民）

【林业部及国家有关部门新出台的一些主要政策】

税收 根据国务院决定，为了切实解决东北、内蒙古国有林区森林资源危机和企业经济危困问题，国家税务局1991年2月1日以国税发［1991］027号发出了《关于东北、内蒙古林区原木减税问题的通知》，文件规定：自1991年1月1日起至1995年12月31日止，对东北、内蒙古国有林区的森工企业生产的原木暂减按5%的税率征收产品税。

根据国务院关于解决东北、内蒙古国有林区森工企业困难的指示精神，国家税务局1991年6月7日以国税发［1991］100号发出了《关于东北、内蒙古国有林区森工企业综合利用等产品免征产品税、增值税的通知》，文件规定：自1991年1月至1993年12月，对东北、内蒙古国有林区森工企业以“三剩物”为原料生产加工的综合利用产品和部分原木产品免征产品税、增值税。

①对黑龙江省森工总局、吉林省林业厅、大兴安岭林业公司和内蒙古大兴安岭林业管理局所属的独立核算企业，利用本企业自产的“三剩物”生产加工的综合利用产品，免征产品税、增值税。

②对东北、内蒙古国有林区的森工企业生产销售的小径材（长度在2米以下或径级8厘米以下）免征产品税。

③对东北、内蒙古国有林区的森工企业生产销售的发生亏损的薪材、次加工材报经省（区、市）税务局批准后，免征产品税。

④对于既使用本企业“三剩物”又外购其他企业的“三剩物”生产综合利用产品的，税务机关可按使用本企业“三剩物”的比例给予免税。

材价 为使实施林价制度工作顺利进行，林业部决定对9个先行试点的林业局（以下简称先行局）给予支持和扶持，并于1991年5月30日以林财通字［1991］14号发出了《关于进一步做好实施林价制度先行试点工作的通知》，文件规定：

①为避免先行局因实施林价制度而在经济效益和营林投入上产生过大的波动，凡按立木提取林价高于按木材销价的26%提取林价（育林基金）的，其差额部分，可由企业主管部门相应调减企业上交利润包干基数；按立木提取林价水平过低的，可在企业包干结余中的生产发展基金中相应增加用于营林投入的份额，或者由企业主管部门从集中的林价（育林基金）中调剂解决，适当增加对先行局的营林资金投入。

②对林价（育林基金）实行统收统支管理体制的，省级林业主管部门（或管理局）要按照营林资金与营林生产任务挂钩的原则，对所属的先行局在营林投入上给予必要的支持，保证其营林的资金需要，以解除其后顾之忧。

③各先行局在不突破森林采伐限额、不扩大伐区和增加年度采伐量计划，保证伐区资源数据准确、可靠的前提下，经过上级主管部门的检查认定，确实属于通过加强管理、提高伐区作业质量、减少资源损失浪费而增加的效益产量，1991年可以不受木材产量计划和销售量的控制，允许企业作为非统配材按指导价格自销。

林地占用费 为了更有效地加强对林地的管理，运用法律、经济等手段控制林地的减少，林业部于1991年12月28日以林策字［1991］177号发出了《关于按照法律、法规规定收取征占用林地四项费用有关问题的通知》，文件规定：

①对依法批准征用、占用林地的，必须收取征、占用林地的林地、林木补偿费，安置补助费和森林植被恢复费。

②征用、占用林地的林地、林木补偿费和安置补助费，除被征用林地上属于个人的附着物和青苗、林木的补偿费付给个人外，由原林地、林木所有权或使用权单位用于造林，发展林业生产和安置补助，不得移作他用。

③森林植被恢复费，由县级以上林业主管部门或其委托单位收取，专款用于森林植被的恢复和管护。

防沙治沙 国务院办公厅1991年8月29日以国办发［1991］54号批转了全国绿化委员会、林业部《关于治沙工作若干政策措施的意见》，对防沙治沙的有关政策作了明确规定：

①防沙治沙资金实行多渠道筹集，以群众投工投劳为主、国家扶持为辅。地方各级人民政府除组织群众投工投劳外，还应按规划的要求，每年投入一定数量的资金。各有关部门和有关行业每年应筹集一定的资金，用于防沙治沙。国家基建投资每年也安排一定资金予以扶持。

②全国治沙工程列为国家计划的重点建设项目，按年度安排基建拨款，按项目进行管理。

③国家每年发放贴息贷款。

④国家每年安排一定的治沙事业费，主要用于防沙治沙的技术推广、人员培训、宣传等。此项事业费必须专款专用。

⑤国家对治沙和合理开发利用沙区资源，在税收等方面给予优惠照顾。

⑥新占用、征用经保护或治理的沙地，用地单位应按规定缴纳土地占用补偿费，此项费用专项用于治沙。

⑦防沙、治沙所需的化肥、农药、汽油、柴油、农膜、木材、水泥、钢材等主要生产资料，优先纳入国家物资供应计划。

⑧治理沙漠及开发利用沙区资源的科技研究项目，应纳入科技项目计划，经有关领导机关批准后拨给专项经费。各级人民政府和有关部门应实行优惠政策，吸引和鼓励科技人员到沙区进行科学研究和技术推广。 （王宏祥）

【稳定和完善农村林业生产责任制】

提出完善的指导思想 完善林业生产责任制，必须结合林业生产的特点，从林业的发展规律出发，以发展林业生产力为标准，在稳定中求完善。本着这个精神，有的地方提出了按照“宜统则统、宜分则分、统分结合”的原则，因地制宜地稳定和完善集体林场、股份经营、合作经营、专业承包等多种形式的林业生产责任制。有的地方提出了“稳定、完善、发展”的指导方针，认为稳定是完善的目的，强调在涉及农民的林木所有权和经营自主权的问题上宜于稳定，绝不能把已经分下去的承包山、自留山随便收回来，而主要是对林业新的经营体制进行完善、补充、配套，做到缺什么补什么。有的地方提出，完善林业生产责任制，必须以稳定为前提，本着“大稳定、小调整”的原则进行。凡是经营管理比较好、群众基本满意的山林，不要轻易变动，从整体上保持政策的稳定性和连续性，以取信于民，稳定民心。对无人负责或经营管理比较差的责任山和山界林权不清，有山无人耕、无法耕的山林，要继续贯彻“谁造谁管、谁投入谁得益”的政策，根据群众的意愿因势利导，因地制宜地作适当调整，坚持“自愿合作、平等互利”的原则。对集体所有集中成片的用材林，各地在完善责任制中，主要围绕中共中央、国务院［1987］20号文件关于“集体所有集中成片的用材林，凡没有分到户的不得再分。已经分到户的，要以乡或村为单位组织专人统一护林，积极引导农民实行多种形式的联合采伐，联合更新、造林”的精神进行完善。一般是，从服务入手，在稳定的基础上，按照自愿互利的原则，逐步引导联合，不搞简单归大堆，走回头路。

明确自留山、责任山的概念 自留山与责任山概念混淆，界限不清，是完善林业生产责任制过程中碰到的第一个问题。为此，许多地方都对“两山”的责权利作出了明确的规定。自留山的山权属于集体，农户有发展林果业的经营自主权和林木所有权、产品处理权、中途转让权。自留山划分以后，一般限期绿化，对逾期未造林绿化者则征收其荒芜费；对农户无力经营或不愿经营的，山权所有者可将其收回另行安排。

集体为农户划分的责任山，山权以及山上原有的林木所有权均属集体，由农户承包经营管护，按合同规定收益分成。可以统一规划，集中治理，分户经营，也可以统一规划，分户造林，或由集体统一规划，统一组织造林，兴办合作林场，收益按山权、投工、投资数量比例分成。

选择适宜的责任制形式 ①对集中成片的用材林、防护林和特种用途林，以及偏远、大面积的宜林荒山荒地、疏林地和采伐迹地，一般是组建林场，实行规模经营，林场内部实行各种形式的责任制，或者由现在的乡村林场、林业专业队承包经营，明确责权利。已经分到户的，按照自愿互利的原则，引导农户以乡、村、组为单位组织专人统一护林，单项承包，实行多种形式的联合采伐和更新，有些地方采用折股联营的办法联合办林场。②对零星分散的林木，小面积的宜林荒山荒地，以及阶段性的生产作业，一般由家庭（个人）承包经营。③对经济林、薪炭林、竹林一般采取联产承包或定产定缴的大包干形式。有的地方进一步规定，农果间作型经济林可以树随地走，由责任田承包者经营，收入归己，承包前集体栽植的果树，树权属集体所有；承包后新栽的果树，谁栽谁有。土地调整时，一般是组成由干部群众参加的评议小组，先对土地上的果树进行价值评议，然后再调整土地。集体所有的油桐、油茶、板栗、山茱萸等经济林木，可以以株定产、承包到户，收益定额上交，超产归己。果园、茶园、桑园、竹园等则依据树龄、树势等状况确定承包基数，定额上交，超产归己；幼龄果树合理确定逐年增产指标和上交递增比例，承包年限不少于15年，以防止经营者的短期行为。④对集体所有的采种基地、良种基地和骨干苗圃，一般实行专业承包，统一经营。

完善承包合同 ①核查承包的基础材料，全面核对山、证、册，明确承包农户每一块山地的具体地点、面积、山界“四至”及山价（即原有林木材积折价款）。原基础资料已经散失的，通过取证补证，实地踏勘，重新核实。②补订或修订山林承包合同书，对原先没有办过承包手续的责任山，重新补订好合同；对原承包合同条款不全、责权利不清、手续不齐的，按照规范化要求，进行修订或补充，对原承包指标未定或定的过低、明显不合理的，由村民大会讨论，重新确定承包金数额或收益分成的比例；对原承包期过短的，适当予以延长。如对用材林一般以一个林木轮伐期为期限，以保障承包者和发包方的利益；经济林大都实行专业承包，采取公开招标、风险抵押等承包办法。③收缴兑现山林承包金。对历年来拖欠的承包金进行全面清理，制订收缴拖欠承包金的办法、收缴期限及兑现奖罚政策。

完善林业生产责任制的工作，在各级政府和广大干部群众的共同努力下，已经取得了显著成效。据浙江省对丽水等41个县（市）的不完全统计，在这次完善工作中，共埋设永久性界标226.5万处，补（换）发自留山证201 017份，处理山林纠纷53 608起，共收回自留山集体林木折价款1466.6万元，收缴责任山承包金9484.5万元，其中收缴1989—1990年承包金6313.98万元，承包金兑现率达96.5%。巩固和新办了乡村集体林场3955个，经营面积403.01万亩，其中创办各类联合林场56个，经营面积5.44万亩；清理和建立林业档案54 360卷，其中县级7715卷，乡级19 578卷，村级27 067卷，这些档案分别由县乡村分级保管。 （王宏祥 张健民）

【国家对东北、内蒙古国有林区森工企业实行重大经济扶持政策】 1991年1月17日，国务院下发国阅［1991］7号文件，即《关于研究解决森工企业困难问题的会议纪要》，对森工企业主要在增加投入、调整政策、理顺体制三个方面扶持。

在增加投入方面，除维持原有国家对森工的投资外，《纪要》明确，“八五”期间需要每年安排林区社会性建设预算内拨款1.2亿元，改造、扩建林区小纸厂需国家解决投资4.2亿元及在林区新建、扩建纸浆厂需预算内专项投资8.5亿元问题，请国家计划委员会在安排“八五”计划时统筹考虑，予以支持。同意中国农业银行和中国工商银行在“八五”期间继续按照1990年的贷款规模，给予林业项目贴息贷款每年5亿元，给予森工多种经营贴息贷款每年3亿元，中央和地方财政继续给予贴息。

在调整经济政策方面，《纪要》做出了一些原则规定。按照《纪要》精神，国家税务局相继发出国税发[1991]27号文，减征东北、内蒙古国有林区森工企业木材产品税50%；发出国税发[1991]100号文，免征以林区“三剩物”为主要原料的14种产品和销售亏损的次、小、薪材的产品税；发出国税函发[1991]1404号文，减免林区部分城镇土地使用税。《纪要》同时还决定对东北、内蒙古国有林区的能源交通基金和预算调节基金分别按1985年和1990年的基数征收，向林区征收的养路费减征60%，教育费附加由森工企业自提自用。

《纪要》同意“八五”期间加快调整木材价格的步伐，逐步将北方统配木材价格调到南方木材和进口木材的价格水平。同时，相应提高林价标准。

在理顺管理体制方面，强调林业部和国家林业投资公司对公司投资计划要共同商量，一起制定，一起下达。同意今后在林区新建的纸浆厂和造纸厂由林业部直接管理，轻工业部负责行业管理。对于林产品的进口计划及木材和木片的出口计划，明确由国家计划委员会牵头、林业、物资、对外经济贸易等部门一起研究，综合平衡，共同审定，林业部负责具体审定出口供货单位和品种数量。

对于组建东北、内蒙古国有林区林业企业集团并在国家计划中单列户头、财政对中央包干问题，《纪要》明确，请国家体制改革委员会牵头会同林业部等有关部门进一步研究论证，并与有关省（区）认真协商，提出具体方案报国务院审定。

为使《纪要》中各项扶持政策尽快、全部落实到位，林业部2月份召开了有黑龙江省、吉林省、内蒙古自治区政府副秘书长和东北、内蒙古国有林区森工主管部门主要领导参加的会议，进行了全面具体部署。

（贾　骞）

林业改革试验区

【1991年林业体制改革】 根据国务院批准的“八五”期间采伐限额，林业部1991年资源和林政管理的重大改革即对森林资源采伐限额实行全额管理。各地对各类采伐消耗分别制定具体管理办法，分类指导，分项控制，实行编制采伐量计划制度，开始做到采伐限额管理和计划管理协调统一。

1991年林业部发出了《关于进一步加强林地管理的通知》，与国家计划委员会联合发出了《关于加强国营林业局林地管理的通知》，到1991年8月底国有林权证面积已达8.9亿亩，占应发证面积的87.5%。

为加强木材和松香的运输管理，林业部与铁道部、交通部联合发出了《关于实行凭证运输木材制度有关问题的通知》，与国家工商行政管理局联合发出了《关于颁发松香产品运输管理办法的通知》。

至1991年，全国指令性计划分配木材只占木材总产量21.8%。在东北、内蒙古、西南、西北及南方产材地区，有省级林业部门主管的木材公司18个，掌握全国商品材批发总量的90%以上。地、县级林业主管部门经销机构和收购网点2500多个，林区在木材销区设立的自销、联销点近1600个（包括销区林业部门的网点）；4000多个国营林场自产自销，一体化经营。

1991年林业部根据国务院办公厅国办通[1990]32号文件精神，分别在东北、内蒙古国有林区9个林业局先行林价制度这项林业发展根本性的改革。先后以林财通字[1991]14号和厅资字[1991]77号，分别发出了《关于进一步做好实施林价制度先行试点工作的通知》和《关于重申林价实施中伐区资源调查和林价计提有关问题的通知》。

通过由林业局上一级主管部门向企业派驻资源监督机构，同时实行企业资源管理机构上管一级，实现了森林资源所有权与使用权的适当分离，初步形成国家对企业资源管理的体制约束。

由计划部门负责编制生产计划，森调部门负责伐区调查设计，资源管理部门负责伐区拨交验收，生产部门负责组织采伐，财务部门进行林价成本及效益核算，管理林价资金。初步建立起了国家对企业、企业对个人以及企业内部各部门之间互相监督、互相制约的运行机制。充分利用林价经济调控手段，实行林价成本指标层层分解，9个先行局普遍对木材生产实行了“林价成本包干、节约备用、超支自补、等比例奖罚”的承包管理办法，进一步完善了企业“六包三挂钩”承包经营责任制，在全面提高资源管理、森林经营、森林采伐利用以及财务管理等“四个管理水平”上初见成效。初步统计：1991年9个先行局木材生产节约林木蓄积量9万立方米，节约率2.4%；资源商品材出材率比设计出材率提高了1.66%；每生产1立方米木材实际消耗林木资源数量比设计量降低0.04立方米，相当于不增加伐区资源消耗增产木材61 700立方米，为设计总产量的2.5%。林价成本比计划成本降低了2.4%，而林木平均售价却比1990年初预计提高了8.6%。吉林省林业厅在全省范围内进一步推出了实行“资源有偿拨交”，育林基金“拨改买”，建立资源管理新体制的“三位一体”的配套改革，形成了国家对企业“上卖青山，下买青苗”的林木商品化经营运行体制。林价制度的确立及其实施，形成了一条具有中国特色的营林生产商品化的环环紧扣的良性循环的经济链条。全省1991年育林基金直接营林生产的比重提高了10%以上。

在计划管理方面，1991年林业部提出对林业建设项目和资金实行大计划管理，对各种渠道的资金综合平衡，合理调整投资结构，做到综合管理与分工负责相结合，计划部门综合平衡与业务部门专业管理相结合，提高投资效益。1991年技术改造投资比上年增长82.7%。

在科技兴林方面，1991年林业部提出建立科技、生产、计划、财务“四位一体”促进科技成果转化的运行机制，抓了100项林业科技成果的推广。一个以县市科技推广站为中心，以乡（镇）林业站为桥梁，以乡村集体林场和农村科技示范户为基础，以专业科技人员为骨干，以乡村林业技术员为辅助的科技推广服务网络正在逐步形成，有力地推进了林业生产力的发展。

加强林业法制建设，实现依法治林是林业改革的又一重要工作。1985年《中华人民共和国森林法》颁布实施以来，人大常委会又颁布了《中华人民共和国野生动物保护法》。国务院发布了6件行政法规。林业部制定了50多件部门规章。各省（区、市）制定的地方性林业法规和规章200多件。各地根据中央的部署和林业部的通知，正在组织实施《林业系统法制宣传教育第二个五年规划》。林业部1991年在健全组织、人才培训、普法宣传等方面做了大量工作，使林业法律顾问为各级领导决策服务，为加强林政资源管理、保护和发展森林资源服务，为维护林业企事业单位合法权益服务的职能逐步得到各级林业主管部门领导的高度重视，开始确立机构。

林业改革试验区以典型示范作用带动林业全面发展。自1987年初创布局，至1991年已经形成较为完整的林业改革试验区体系，改革试验项目取得了实质性的进展。

在全国，县、乡、村三级林业社会化服务体系已形成基本框架。以乡（镇）林业工作站为依托，上面是县林业科技推广站、种苗站、森林病虫害防疫站、林产品购销四大专业事业型（除林产品购销站外）服务组织；下面是实体型服务组织，如乡村林副产品加工厂、技术推广服务队和病虫害防治组织、苗圃、种籽园、林场及乡村合作经济组织等等。林业站作为中间层次，衔接上级四站的服务内容，通过实体对乡村林业进行产前、产中、产后综合配套服务。同时作为中间纽带，使乡、村与县级服务组织三级联网。林业基层事业单位办实体，强化管理和扩大其经营、服务功能，规范服务、经营行为，建立健全各项规章制度，已成为改革的重要着力点。（汪　绚）

【林业社会化服务体系建设】

服务组织　林业社会化服务体系主要包括五个方面，一是林业部门兴办的服务组织，二是为林业提供服务的乡村经济组织和区域性合作经济组织，三是为林业提供服务的供销合作社、物资、金融、保险、外贸服务组织，四是林农自发兴办的各类专业协会，五是提供服务的林业专业户。在这些服务组织中，林业部门兴办的服务组织数量最多、影响最大、服务范围最广。

林业部门兴办的服务组织主要有：区乡（镇）林业工作站、种苗站、木材购销站（木材公司）、病虫害防治检疫站、科技推广站、各类林业资金服务组织等。特别是林业工作站，集组织、管理、指导、服务于一身，是林业社会化服务体系的依托。到1991年，全国已建立基层林业工作站35 537个，有职工12.2万多人，加上未建站的乡镇设的林业员，总人数近15万人；全国600多个县成立了种苗管理机构，有2129个国营苗圃、700多处良种基地、100多处采种基地；建立了省、地、县三级森林病虫害防治检疫站1898个、测报站（点）4930个，职工1.1万多人，初步形成了森林病虫害测报、检疫和防治三个服务网络；全国有县级以上的林业科技推广机构1335个，职工1.95万人，其中科技人员1.2万人；全国林区县基本都建立了林产品购销服务组织（购销站、木材公司、经销服务公司等）。此外，还有12.5万个乡村林场在种苗、技术等方面为林农提供服务。

服务范围　既包括资金、技术、种苗、推销等“硬件服务”，也包括政策引导、组织协调、经营管理、信息传递等“软件服务”。从林业再生产过程来看，主要有产前、产中、产后服务，以及贯穿于各个环节的资金、技术、物资服务。

①产前服务。主要是造林调查设计、种苗提供、生产资料供应等。现在，造林基本上都进行了设计，特别是工程造林，调查设计更为全面。同时，种苗服务也不断增强。种苗服务部门不仅投资建设种苗生产基地，试验和推广优良品种、科研新成果、新技术，而且提供种苗生产信息，调剂种苗供应余缺，供应种苗生产资料及优质种苗，从事种苗生产技术培训、咨询、示范、技术指导等。对种苗还提供检疫服务，以防止病虫害传播。

②产中服务。主要是护林、防火、防治森林病虫害、防止乱砍滥伐等。对森林病虫害防治检疫，由林业服务组织检验员、测报员及时进行虫情调查，提供防治方法，供应机械、药剂。

③产后服务。主要是产品储运、加工、销售服务等。现在，许多木材购销服务组织不但上门收购，方便林农，为林农提供市场信息，而且还牵线搭桥，使广大林农与造纸、煤矿等用材大户、经济发达地区联合造林、联合抚育，既密切了产销关系，又为林区吸纳了大量资金、技术、设备等。此外，还建立了区域

性的林产品贸易服务中心、经销网络。目前已初步形成了分别以东北、内蒙古、广东、福建、四川、湖南为中心，与1000多个点、站相联的购销网络。

④科技服务。近两年，林业部每年抓了100项林业科技成果的推广。一个以县市科技推广站为中心，以乡（镇）林业站为桥梁，以乡村集体林场和农村科技示范户为基础，以专业科技人员为骨干，以乡村林业技术员为辅助的科技服务网络正在逐步形成。现在，各地已探索出了一些深受林农欢迎的科技服务形式。如单项承包、双向承包、全程服务、科技扶贫和办科技示范乡、示范村、示范户，以及科研、教育单位深入农村对林农进行技术指导、人员培训等。

⑤资金服务。改革开放以来，林业资金由无偿划拨改为有偿使用与无偿投放相结合，集资渠道和方式不断增多。近年来，林业资金服务组织不断出现，如各地成立的林业资金管理站、投资开发中心、林业基金站、营林投资公司等。

存在问题 ①“软件服务”不足；②队伍素质不高；③服务功能不强；④林农自我服务发展缓慢；⑤村级服务能力弱；⑥经费困难。（李近如）

【苇河林业局试行林价制度】 1991年，苇河林业局被林业部确定为林价制度试点局之一。该局本着“边试验、边运行”的原则，探索建立了森林资源监督管理、培育、财务核算等一系列林价制度的运行体系，实行森林资源有偿采伐。一是成立了森林资源经营局，其主要职能是：对全局森林资源实行垂直管理，负责森林资源的培育、保护、管理，林价的核算、收缴、使用，伐区拨交、验收，林政管理等。森林资源经营局与采运部门都是独立核算单位，互相制约，这就从管理体制上为林价制度的实施提供了保证。二是改革财务核算制度，打破多年形成的木材生产只计采运成本，不计营林成本的传统做法，将林价计入木材生产成本，为从根本上理顺木材价格构成、增加营林投入创造了前提条件。三是建立林价结算办法。林业局实行内部林价流通券，作为企业的内部货币，通过内部银行运转流通，是森林资源有偿拨交和林价结算的凭证。实行林价流通券既提高了营林和采运部门的林价意识，又解决了实行林价之初缺乏启动资金的问题。

林价制度实施后，一是合理调整了采伐方式，减少皆伐面积，加大抚育采伐和择伐面积。1991年全局皆伐面积占全局采伐总面积的21%，比1987年的42%下降了21个百分点。二是加强了采伐管理，实行限径级采伐。采伐木径级严格限制在胸径24厘米以上，在原木生产伐区杜绝拖拉机集材，全部实行畜力集材，有效地保护了中幼龄林。据估算，采取这项措施1991年至少保护了13万株幼树，相当于增加造林面积500亩。由于加强了伐区作业管理，1991年每公顷伐区丢失的木材比上年下降80%，森林资源利用率和出材率分别提高了2.4%和1%。三是强化了森林资源管理，加快了资源培育。森林资源经营局成立后，建立健全了伐区拨交、资源消耗控制等一系列管理办法和审批制度，强化了森林资源约束机制。另外，1991年全局林价水平比上年提高了62%，增加营林投入76.5万元，完成更新造林5.7万亩，其中速生丰产林1.5万亩，比上年提高了35%。（李近如）

【宜宾大林业开发试验区】 四川省宜宾地区大林业开发试验区，是经林业部、国务院贫困地区经济开发领导小组同意，由四川省人民政府批准，于1990年12月建立的。

试验期限 1991—2000年。“八五”期间（1991—1995年）为打基础阶段，重点进行大林业各类生产基地建设，加快森林资源培育。“九五”期间（1996—2000年）为全面振兴阶段，在继续进行基地建设的同时，重点抓好林产品的综合利用和加工增值。

试验目标 1995年消灭荒山，实现全地区基本绿化；本世纪末，把宜宾建成商品化、专业化、社会化的大林业基地，大林业经济成为全地区国民经济的重要组成部分和支柱产业。

试验主要内容 ①建立健全适应大林业发展的管理新体制；②巩固和发展乡村合作林业；③组建大林业企业集团；④建立林业基金制度，进一步拓展集资渠道，发挥融资功能，保证各方面林业资金的合理投向和使用，提高使用效果；⑤理顺林业收入分配关系；⑥实行森林资源定向培育，集约经营；⑦强化森林资源管理和保护；⑧探索盆地周边地区林农复合经营的途径；⑨试行活立木有偿转让；⑩建立各级领导干部发展和保护森林资源的任期目标责任制和任期终审制度。

主要政策措施 ①谁开发，谁投资，谁经营，谁受益；②进一步稳定完善家庭联产承包责任制和各项林业政策；③妥善解决林粮协调发展问题，做到相互促进；④“内聚外引”多渠道筹集大林业开发资金；⑤搞好资源综合平衡，合理布局加工企业；⑥大搞科技兴林，走林科教结合的道路；⑦坚持以市场为导向，开放促进开发；⑧大力推进精神文明建设，弘扬“绿色文化”。

遵循原则 和山区扶贫开发结合，和改善区域生态环境结合，和攀西—六盘水地区资源综合开发结合，和国际、国内市场需要结合，和建大林业基地和办加工企业结合，以短养长、长短结合。

1991年，是宜宾大林业开发试验区启动运行的第一年。一年来，他们着重抓了①宣传发动工作。②建立组织领导体系。③制定总体规划和鼓励大林业开发的优惠政策。地区行署规定：对非耕地上新开发的产品免征特产税3—5年；对贷款开发非耕地的，允许税前还贷；不进入市场交换的调拨木材，一律免交市场管理费；“三剩”物不交产品税；对各县市农林特产税的60%、机动材生产资金的20%、地区农业发展基金中来自林业的部分，均由地县市财政统一管理，专门用于大林业开发。④多渠道集资，增加投入。⑤加强和完善了制度建设。⑥狠抓科技进步。（李近如）

【全国林业改革试验区工作座谈会】 1991年4月3—6日，林业部在北京市昌平县召开了首次全国林业改革试验区工作座谈会，来自10个省（区）林业厅，9个林业改革试验区及林业部有关司（局）、在京林业科研单位和大专院校的52名代表参加了座谈会。会议的主要内容是：传达国务院召开的经济体制改革会议的精神，总结前几年林业改革试验的成果，交流工作经验，研讨林业改革试验区近期、中期改革试验的选题方向。林业部副部长刘广运主持会议，并在会议结束时作了题为《扎扎实实稳步推进把林业改革试验工作提高到一个新水平》的讲话。

关于试验区近、中期选题方向，刘副部长指出，林业改革试验区应继续在抓好巩固、深化、提高和配套的基础上，适当开设新的试验项目。试验项目的选题方向，要着重于以下几个方面，一是落实各级党政领导造林绿化责任制；二是建立长期稳定的国家、集体投资及农民投工、投劳的投入机制；三是理顺林业管理体制；四是强化资源和林政管理，健全“三防”体系；五是建立林价制度，实行森林资源有偿采伐利用；六是稳定山林权属，积极引导联合，完善林业生产责任制；七是大力发展国营林场、乡村林场和股份合作林场；八是林业产业、产品结构调整。（李近如）

【《林区改革探索》出版】 福建省三明集体林区改革试验区自1988年4月经国务院批准建立以来，从初创布局转入稳步发展阶段，形成了比较完整的试验体系，取得了一批阶段性成果。为了总结经验，巩固成果，进一步搞好改革试验工作，福建省经济研究中心、省林业厅和三明市林业委员会对三明集体林区的改革试验进行了调查研究和阶段性的评估分析。将综合调研报告、10个专题报告、改革试验区在制度建设方面的13项成果和24篇典型经验，汇编了《林区改革探索》一书，总计35万字，由中国林业出版社于1991年9月出版。发行5100册。林业部副部长刘广运为该书写了《序》。（李近如）

对外科技交流、经济合作与贸易

【对外科技交流、经济合作与贸易综述】 1991年，林业部派遣出国考察、进修、合作研究和出席国际会议等599人次，接待来访576人次。另外，部属各公司派出639人次，接待107人次。

重大外事往来 高德占部长率团访问新西兰，双方签署了1991—1992年林业合作计划。徐有芳副部长率团赴法国出席第十届世界林业大会，宣传了我国林业建设成就，扩大了对外影响。为纪念以“植树造林、造福人类”为主题的世界粮食日活动，林业部、农业部和全国绿化委员会在北京召开纪念大会，联合国粮食及农业组织向林业部颁发了银质奖章和证书。为配合我国的外交工作，林业部恢复向美国出展大熊猫、金丝猴，同哥伦布市签订借展大熊猫协议；应英国前首相希思请求，向伦敦动物园出借1只雌熊猫配对繁殖；同意在1992年巴塞罗那奥运会期间，向西班牙借展一对大熊猫。积极参加我国的环境外交活动，国务院批准了由林业部归口参加国际湿地公约组织。此外，林业部多次派人参加涉及森林与环境的国际会议。中加林业工作组、中日政府间第五次候鸟会议、中澳候鸟协定工作组召开了例会。林业部还派人出席了农业部归口的中美和中日工作组会议。

举办和参加国际会议 1991年，在中国召开了第二届东亚熊类学术会议、第二届国际林业机械技术交流展览会、国际林业研究组织联盟林木种子学术会议、第四届国际林业研究组织联盟林木果实和种子害虫学术会议、亚太区域柚木研究及发展研讨会等。林业部派代表团出席了第十届世界林业大会、国际热带木材组织第十一届理事会会议、国际林业研究组织联盟第二十六届执行局会议、非政府组织与乡村林业政策研讨会、联合国粮食及农业组织项目主任会议、国际标准化组织便携式林业机械分技术委员会第十四次会议、林业部与世界自然基金会1991年工作年会等49个国际会议。

对外科技交流 为了学习国外先进技术和管理经验，派出了治沙、造林、人工林集约经营、红树林、森林资源管理与保护、红松种源、森林病虫害防治、林业多种经营、杨木利用、造纸工艺、林业机械等48个专业技术考察组赴国外考察学习。为配合治沙工程，派赴澳大利亚考察组建议我国治沙工作应重视生物治理，以防为主，依法治沙，改革传统农牧业生产方式，为全国治沙工程提供了借鉴。为利用速生丰产林木材，派赴加拿大杨木利用考察组提出借鉴加方的加工技术，在山东省建立杨木华夫板式中密度纤维板厂的建议，以解决我国杨树木材的利用问题。为配合沿海防护林工程建设，派赴泰国红树林考察组借鉴泰国保护、经营、利用红树林的作法，提出到本世纪末新发展人工红树林70万亩的计划。赴日林业多种经营考察组通过考察，了解了日本在野山菜的采集加工、食用菌的栽培利用，特别是利用黄连和扁柏进行林药间作的技术，开辟了我国林业多种经营的新路。信阳木工机械厂通过与日本富士制作所开展制材机械生产技术的交流，引进了日方生产跑车大带锯的关键技术，解决了该厂生产中的难题，提高了产品质量和经济效益。现该厂产品已批量出口东南亚，创汇100多万美元。

1991年，林业部所属高等院校共邀请美国、德国、法国等国的文教、科技专家128人次来华任教、短期讲学和合作研究，涉及的专业有林木育种、治沙造林、森林生态、木材加工、外语等。通过各种渠道出国进修、培训、合作研究、出国讲学人员共35批，55人次。

经济合作 在执行经济合作项目方面进展顺利。有的已经接受终期检查，并取得了较明显的经济、社会和生态效益。联合国粮食及农业组织援助木麻黄固氮项目已接受终期检查，对方满意，表示了继续合作的意向。联合国粮食及农业组织/比利时援助的“三北”机械化造林项目接受了准备阶段终期评价，并正式开始实施第一期工程。世界粮食计划署援助贵州项目顺利通过中期检查，粮食计划署援助的山东/四川项目、辽宁项目和河北项目先后接受终期检查。加拿大援助朗乡集约经营项目第二期工程正式开始，此项目一期被加方认为是其援外项目中最为成功的项目之一。加拿大援助加格达奇防火中心项目，在大兴安岭林区建立一个符合中国国情的森林防火灭火系统，使该地区森林防火工作提高到一个新水平，并为其他林区的防火管理工作起到示范作用。日本援助黑龙江木材综合利用项目，中日双方专家在制材、刨花板、木材材性、复合材、木材干燥、胶合剂（包括涂料）等

6个领域的16个课题进行了合作研究，其研究成果已逐步推广到生产部门，取得较好的经济效益和社会效益。这两个项目均已结束。

配合中国林业工作重点和四大生态工程建设，争取到10个无偿援助项目，受援总额1836万美元，其中包括德国政府援助的陕西、新疆生态项目、大兴安岭森林恢复研究项目、追加山西杨树示范林项目、中国受害人工林施肥试验项目，加拿大政府援助的农用林项目，澳大利亚政府援助的湛江桉树中心项目、利用外生菌根接种和施肥提高中国桉树人工林生产力项目，国际热带木材组织援助的中国以竹材代替热带材作为原材料的研究项目，亚太经社会援助的亚太区域柚木研究及其发展研讨班，世界自然基金会援助的一批小项目等。

对外贸易　1991年，中国林业部门对外贸易的重点是消化、吸收已引进的先进技术和设备，为已投产的人造板企业进口备品备件，为其生产达产达标创造条件，充分发挥进口项目的效益。积极开展合资、合作项目，1991年完成地板块合资生产和补偿贸易各一项，装饰板、实木家具合资一项，引进外资约80万美元。

（刘洪存）

重大外事往来

【中国林业代表团出访】

4月5—15日　以高德占部长为团长的中国林业代表团一行5人，应新西兰林业部的邀请，对新西兰进行了友好访问和专业考察。

中国林业代表团在新西兰期间，对新西兰的林业情况，特别是新西兰发展人工林的情况进行了考察，新西兰在良种培育方面的成功经验为我国开展种苗培育工作提供了借鉴。代表团在访问期间还向新西兰方面介绍了我国林业的发展情况，促进了中新林业经济合作的开展。

7月1—5日　以蔡延松副部长为团长的中国林业代表团一行5人，应苏联国家林业委员会的邀请，出席了在苏联布拉戈维申斯克举行的第二次中苏林业合作洽谈会，同以苏联国家林业委员会副主席谢苗诺夫为团长的苏联林业代表团举行了会谈，双方总结了第一次洽谈会后合作项目的进展情况，就双方合作企业间存在的问题交换了意见，落实了18个切实可行的合作项目，商签了30个新的合作项目，并签署了《第二次中苏林业合作洽谈会会议纪要》。中国林业代表团在苏期间，还考察了阿穆尔州的林业情况。

（金普春）

出席重要国际会议

【联合国粮食及农业组织第十界世界林业大会】
1991年9月17—26日在法国巴黎举行。出席会议的有130多个国家和地区的2500名代表，会议规模超过以往各届。徐有芳副部长率中国林业代表团一行14人出席了会议。

本届大会的主题是“森林，未来的遗产”。分为6个部分：①森林，保护性遗产；②森林遗产的保护；③国土规划中的树木与森林；④森林遗产的管理；⑤森林，经济性遗产；⑥制度与政策。为便于交流和讨论，大会组委会还进一步把这6个部分分为25个议题和97个专题，并提前两年向各国征集了论文。我国共提交论文27篇（含台湾省1篇），是提供论文较多的国家之一。

会议共分4个阶段进行。第一阶段是开幕式。法国总统密特朗出席了9月17日的开幕式并讲了话。在开幕式上讲话的还有联合国粮食及农业组织总干事萨乌马，法国农林部长梅马兹，法国前农林部长、欧洲共同体委员会前主席毕萨尼，欧洲共同体委员会主席戴洛斯，世界自然基金会副主席、荷兰亲王本哈德，联合国1992年环境与发展大会秘书长斯特朗等。他们分别从不同角度就当代林业问题发表了自己的意见。第二阶段是专业讨论，就上述各个专题同期分别进行小组发言和讨论。第三阶段是圆桌会议，就专业讨论中产生的热点问题进行更大范围的集体讨论。第四阶段是闭幕式。在于9月26日举行的大会闭幕式上，通过了《巴黎宣言》。塞内加尔、智利和土耳其3国代表也上台发言，就承办第十一届世界林业大会提出了申请。

大会还安排了一天电影日，播放了各国送展的林业影片。我国提供的《绿染中华》录像片播映效果良好，得到好评。配合大会，组委会还筹办了林业展览，共有19个国家参展。我国也派展团参展。我国展区内容丰富，标题醒目，紧扣大会主题，宣传了我国林业建设与发展成就。

本届大会的组织机构设大会主席1名，副主席18名。徐有芳当选为大会副主席，参与了各重要事项的决策和对大会的领导工作。

（范晓杰）

【第十届世界林业大会展览】 第十届世界林业大会于1991年9月17—26日在法国巴黎召开，同时举办了林业展览。参展国家有美国、加拿大、瑞典、芬兰、法国、中国等20个国家。中国展出了12块版面，内容是根据大会主题：森林——未来的遗产，宣传了建国后林业的新发展；介绍了我国在今后10年内（1991—2000）在保护好现有植被的基础上，治理沙漠667万公顷、控制风沙危害1800万公顷的计划。

展出期间，观众络绎不绝。130多个国家的代表、国际林联的前两任主席：德国汉堡大学的李斯教授（Lisse）、美国俄勒冈大学巴科曼教授（Buckman）和现任主席马来西亚萨利和国际粮食及农业组织等30个国际组织的代表参观了展览。

观众普遍对中国林业发展道路感兴趣。称赞中国在历史上建设了万里长城；现在又在建设“绿色万里长城”，这是中国人对世界的又一新贡献。

（夏修昌）

【国际林业研究组织联盟第二十六届执行局会议】 1991年4月7—13日在澳大利亚召开。会议由联盟主席萨利（Mohd Nor Salleh，马来西亚人）主持。参加会议的有执行局成员及扩大成员共40人。执行局成员、中国林业科学研究院副院长洪菊生出席了会议。

会议的主要内容：1991—1995年各工作委员会、小组委员会及其相应的五年工作计划；讨论发展中国家特别项目及要加强的研究领域；研究联盟成立百周年纪念活动问题；批准了一批新申请参加联盟的组织。

（周国林）

【国际热带木材组织第十一届理事会会议】 国际热带木材组织第十一届理事会会议及下属的造林、森工和市场3个常设委员会第九次会议于1991年11月28日至12月4日在日本横滨召开。该组织的48个成员国中，有36个国家派代表出席了会议。以林业部外事司李禄康副司长为代表的2人代表团参加了本届会议。此外，30多个国际机构和非政府组织的代表也列席了会议。

本届理事会的主题是回顾国际热带木材组织的工作，审议和批准合作项目和磋商讨论将于1992年期满的《国际热带木材协定》。本届会议共通过10项决定，同时批准了该组织的1992年财政预算。

在本届会议上，森工委员会批准了中国林业科学研究院研究人员进行技术培训的申请。并决定在下届会议上优先审议中国海南岛热带森林分类永续利用示范和中国进口热带木材识别、性质和用途（非洲部分）两个项目。

（张忠田）

【非政府组织与乡村林业政策研讨会】 由联合国粮食及农业组织驻亚太办事处主办，于1991年6月11—14日在泰国曼谷举行。亚太地区近10个国家的代表出席了研讨会。中国绿化基金会副秘书长白泰雪应邀出席了研讨会。研讨会就什么是乡村林业，非政府组织在乡村林业中的作用及非政府组织在制定乡村林业政策所产生的影响等问题进行了深入讨论。在研讨会上，中国代表充分参与讨论并积极发言，较全面地介绍了中国各级政府和林业部门如何对乡村林业在政策上放宽，经济上扶持，技术上帮助的做法及我国乡村林业发展的形势。

（张忠田）

对外科技交流

【综　述】 1991年，林业部通过政府间、部门间和民间的科技交流渠道，向亚洲、欧洲、美洲和大洋洲的23个国家派出各类出国人员93批、231人次。其中专业考察组23批、92人次，赴12个国家进行专业考察；15批、26人次赴9个国家和地区出席国际专业学术会议；13批、16人次赴8个国家和地区进行合作研究；19批、31人次赴10个国家进修或接受培训；3批、8人次，赴日本、苏联进行讲学；3批、17人次，赴加拿大、英国、新加坡参加展览会。其它出国进行交流活动的17批，31人次。

1991年，林业部共接待来自日本、美国、奥地利、加拿大、苏联、丹麦、新西兰、澳大利亚、泰国、朝鲜、法国、德国、比利时、西班牙、南朝鲜等15个国家的来访者72批、304人次。其中专业考察组20个、83人次；来华进行短期讲学的24批、103人次；来华参加专业会议的3批、54人次；聘请外籍专家、教师13批、18人次；来华进行合作研究的7批、7人次。其它来华进行交流活动人员5批、39人次。

1991年，对外科技交流工作的特点：一是紧紧围绕“八五”林业攻关计划和林业重点工程建设，如赴泰国红树林考察组，赴澳大利亚治沙技术考察组，赴加拿大杨树利用考察组，赴日本多种经营考察组和赴苏联森林病虫害考察组所了解到的情况和学习到的经验、技术，为我国沿海防护林工程建设、治沙工程建设、速生丰产林基地建设、发展林业多种经营和防治森林病虫害等提供了借鉴。二是积极为争取经济合作项目创造条件，如林业部接待的日本治沙造林考察组、日本飞播造林考察组和德国造林专家考察组都分别表示愿意同我国在治沙造林、飞播造林和营造长江中上游防护林方面进行合作。三是积极配合我国重大外交活动的需要。1991年，我国恢复向美国借展大熊猫、金丝猴，林业部同美国哥伦布市签订了借展大熊猫协议；应英国前首相希思请求，林业部向英国伦敦动物园出借1只雌性大熊猫同英国大熊猫配对繁殖；林业部在

1992 年巴塞罗那奥运之际向西班牙出展一对大熊猫；林业部向泰国政府赠送杨树树苗等，这些活动，为发展同上述国家的友好关系，增进两国人民的友谊起到了积极作用。 (金普春)

【组派专业考察组出国考察】 1991 年，林业部通过政府间、部门间和民间的科技交流渠道，向亚洲、欧洲、美洲和大洋洲的 12 个国家派出 23 个专业考察组，92 人次（表 1）。通过考察，学习和引进了国外先进的经验和技术，促进了林业对外科技交流与合作的开展，为我国沿海防护林工程建设、治沙工程建设、速生丰产林基地建设、发展林业多种经营和防治森林病虫害等提供了借鉴。

表 1 1991 年出国专业考察组

序号	名称	人数	出访时间	序号	名称	人数	出访时间
1	赴美国黑杨研究考察组	4	2.1—21	13	赴奥地利林业考察组	6	8.18—9.8
2	赴日本木工机械考察组	3	3.5—26	14	赴泰国红树林考察组	4	9.4—14
3	赴美国林业机械考察组	2	3.14—28	15	赴西班牙公务员制度考察组	1	9.10—17
4	赴巴西栲胶考察组	4	3.15—30	16	赴日本森林资源管理保护考察组	6	10.14—26
5	赴挪威林业考察组	4	4.9—19	17	赴新西兰人工林集约经营考察组	5	10.11—25
6	赴苏联林业机械考察组	4	6.3—13	18	赴美国森林防火考察组	1	11.15—30
7	赴加拿大防护林考察组	1	6.10—24	19	赴美国木材有效利用考察组	4	11.25—12.10
8	赴苏联采脂资源利用考察组	6	7.4—27	20	赴加拿大杨树利用考察组	4	11.10—23
9	赴朝鲜文冠果考察组	6	8.5—19	21	赴日本造纸工艺考察组	1	12.15—30
10	赴苏联红松树种源与生态考察组	5	8.5—26	22	赴泰国校际交流组	5	12.4—19
11	赴苏联森林病虫害考察组	4	8.12—26	23	赴日本多种经营考察组	7	12.9—23
12	赴澳大利亚治沙考察组	5	8.17—31				

(金普春)

【出席国际标准化组织便携式林业机械分技术委员会第十四次会议】 1991 年 10 月 14—18 日在日本东京召开，11 个国家的 27 名代表出席了会议。会议由该分技术委员会主席主持。林业部派代表出席了会议。

本次会议修订了 5 项国际标准，即 ISO6532 链锯的技术数据，ISO6533 链锯前手把护罩尺寸，ISO7914 链锯手把的空隙和尺寸，ISO7918 割灌机圆锯片护罩尺寸和 ISO3830 割灌机圆锯片护罩强度；讨论了正在制定的 4 项标准，即链锯锯链润滑油，林业机械符号标志，排放系统排放颗粒和温度的测定方法以及割灌机声功率级的测定；评议了 3 项新的工作项目，即灌木切割工具和草坪割草机技术术语，便携式修枝机安全要求和试验，便携式动力杆式锯、背负式灌木切割工具和草坪割草机；讨论了该分技术委员会与欧洲标准化委员会的协作问题。 (周国林)

【北美林业造纸考察】 应加拿大桑斯公司和美国惠好公司邀请，由国家林业投资公司组团，并包括国家计划委员会、林业部林产工业公司、黑龙江省森林工业总局的有关负责同志和专家一行 7 人，从 3 月 10—30 日，访问了加拿大和美国桑斯公司、美国惠好公司和彼劳伊特公司，实地考察了制浆造纸厂、制浆设备厂、包装纸箱厂、制材厂、削片加工厂、采伐场、苗圃及研究院等 16 个单位。考察组在北美期间，除落实了黑龙江方正林业造纸项目和设备供货等问题外，主要考察了北美制浆造纸工业经济技术现状及发展趋势。根据考察结果，考察组对我国发展林区制浆造纸工业提出了一些建议。 (肖启寿)

【接待外国专业考察组】 1991 年，林业部共接待来自亚洲、欧洲、美洲和大洋洲的 8 个国家的 20 个专业考察组，83 人次（表 2）。考察的专业涉及林业机械、治沙造林、森林病虫害防治、野生动物保护和木材加工等。

表 2 1991 年来访外国专业考察组

序号	名称	人数	来访时间	序号	名称	人数	来访时间
1	苏联林业机械考察组	3	1.3—12	6	日本生根粉考察组	2	3.3—12
2	日本飞播造林组	3	1.15—24	7	苏联林业科技考察组	6	3.15—30
3	苏联森林工业考察组	5	1.25—2.10	8	美国福拉尔姆公司考察组	4	3.22—4.7
4	日本林业基因资源信息组	6	1.31—2.13	9	丹麦狩猎组	2	3.29—4.17
5	日本松材线虫考察组	3	2.27—3.10	10	美国森林病虫害考察组	4	5.27—6.15

（续）

序号	名　称	人数	来访时间	序号	名　称	人数	来访时间
11	美国候鸟考察组	3	6.17—7.7	16	朝鲜文冠果考察组	5	9.9—23
12	新西兰泡桐考察组	2	6.24—7.10	17	美国濒危野生动物考察组	4	9.14—28
13	泰国制材考察组	3	7.25—8.22	18	苏联森林利用考察组	5	10.3—17
14	澳大利亚森林病虫害防治组	2	8.5—16	19	泰国竹子考察组	4	10.24—11.10
15	日本治沙造林考察组	4	8.27—9.17	20	日本静冈县农林考察组	13	11.8—18

（金普春）

【智力引进】 1991年，恢复、健全了林业部引进国外智力领导小组及办公室，明确了部内各有关司局智力引进工作的职责分工，理顺了各方面的关系。颁发了《林业部对外国专家奖励实施细则》。

引进国外智力项目包括引进国外技术、管理人才和派出中、高级技术管理人员出国培训两个部分。1991年，林业部经国务院引进国外智力领导小组办公室批准的项目共8项。内容包括派出23名企业技术、管理人员出国培训和聘请两名法国专家来华进行合作研究。其中，派出部分的项目有7个："高白度漂白硫酸盐木浆技术"、"高得率制浆及纸板生产技术"及"碱回收和废水处理技术"3个项目由林业部林产工业公司负责协同有关单位执行。计划派出14人，培训地点为瑞典、芬兰和美国，时间是一年。"硬质合金锯片刃磨技术"、"浸渍干燥贴压生产线"、"便携式林业动力机器的设计和调试"以及"研修轮式装载机设计技术"等4个项目分别由林业部天津林业工具厂、林业部苏州林业机械厂、林业部泰州林业机械厂和林业部常州林业机械厂实施。共派出9人，分别赴德国、意大利和日本培训1—6个月。具体协调工作由林业部林业机械公司承担。引进项目为一个，由中国林业科学研究院木材工业研究所执行，配合中法科技合作项目"速生材的加工和利用"，于1991年5月25日至6月9日和1991年10月12日至26日聘请了法国热带林业研究中心的让·杰拉德(Jean Gerard)和法国木材和家具技术中心克里斯琴·德拉丰（Christian De Lafond)分别赴广东雷州和山东莒县，对速生树种桉树和杨树进行树龄排序取样试验、立木测试试验、锯解试验及生材重量和体积的试验。目的在于根据样地情况对不同树种、不同树龄之间的生长应力、加工处理方法、优化营林措施等进行比较研究，挑选适宜栽种的树种，研究生长应变的周向变化，提高材质，并寻找提高材质的内应释放锯解方法。

此外，林业部还申请到联合国开发计划署的资助邀请了新西兰营林专家罗宾·特里温(A. R. D. Trewin)于7月27日至8月5日来华在陕西省林业科学研究所和广东省林业科学研究所进行讲学和技术指导。（李　青）

【派遣人员出国进修培训】 1991年，林业部通过各种渠道派往菲律宾、英国、日本、奥地利、美国、瑞典、泰国、荷兰、法国进修培训人员19批、31人次，涉及的专业有农用林业、林木育种、木材加工、林产化学、野生动物保护和计算机软件分析等。

（金普春）

【聘请外国专家来华任教、讲学、合作研究】 1991年，林业部通过各种交流渠道邀请来华任教、讲学和合作研究的外国专家44批，128人次。其中：聘请外籍专家、教师13批，18人次；来华进行短期讲学的24批，103人次；从事合作研究的7批，7人次。涉及的专业有林木育种、木材加工、林产化学、水土保持、治沙造林、林业信息处理、森林生态和外语等。

（金普春）

【举办国际林业研究组织联盟林木种子学会议】 由南京林业大学承办于1991年10月14—17日在南京举行。南京林业大学校长王明庥受刘广运副部长委托致开幕词。来自瑞典、泰国、马来西亚、加拿大、布基纳法索、美国、丹麦、英国、德国和中国的51位专家出席了会议。

会议期间，专家们就种子加工，种子预处理，种子活力，种子生物学，种子检验，种子贮藏，种子射线检验和种子区域研究共8个专题进行了探讨，共有41篇论文在会上宣读。（周国林）

【举办第二届东亚熊类会议】 由中国野生动物保护协会等四家单位协助东北林业大学举办的第二届东亚熊类会议于1991年8月4—7日在哈尔滨东北林业大学召开。来自日本、南朝鲜、美国及中国的80余名代表参加了会议。会议的宗旨是，交流亚洲各国在熊类保护和研究方面的经验，增进亚洲各国在熊类保护方面的合作和对熊类资源的合理开发利用。会议共收到论文110多篇，内容主要是研究和论述熊类的生态管理、生理疾病、饲养繁殖、分类和对活熊取胆的实验研究方面的文章。当今世界熊类有7种，由于对森林的大肆砍伐，破坏了熊类的栖息环境，加之乱捕滥猎，使世界熊类的数量不断减少。国际上十分重视熊类保护工作，一些国家成立了保护组织，熊类也被列为《濒危野生动植物种国际贸易公约》附录I物种。我国有熊类3种10个亚种，已把熊类列入国家重点保护野生动物，并以改善栖息环境和实行人工饲养等方法来保护和恢复熊类的数量。

第二届东亚熊类学术研讨会得到世界野生生物基金会、世界熊类专家组、日本熊类研究会的支持。会议期间，与会代表参观了黑龙江省山河养熊实验场、平山狩猎场。（孟宪林）

【举办第二届国际林业机械技术交流展览会】 1991年9月17—21日由中国林业机械协会、中国林业机械公司、中国林业物资供销总公司、中国林学会森林防火专业委员会、香港国际展览咨询公司在北京共同举办。参加这次展出的外商主要来自意大利、德国、日本、美国、香港和台湾省等国家和地区。常州林业机械厂等25家中国林业机械协会会员企业也参加了展出。全部展出面积为1790平方米，其中外商占地840平方米，中国厂商占950平方米。2800多人次参观了展览会。（王素云）

【举办林纸国际技术经济交流会】 1991年7月22—23日，林业部林产工业公司和美国彼劳伊特（Beloit）公司，在北京联合举办了RDH间隙蒸煮技术交流会。参加会议有造纸建设项目单位及科研、教学、设计等单位30多人。彼劳伊特公司的专家在交流会上介绍了快速置换加热间隙蒸煮（RDH）技术的原理和特点；会议还针对牙克石、牡丹江两个大型林业造纸项目利用西班牙政府贷款的可行性进行了座谈，并达成了为这两个项目的原料做试验的协议。

11月9—12日，林业部和国家林业投资公司，在北京联合举办了林业制浆造纸国际技术交流会。参加交流会的有制浆造纸生产企业、林纸项目建设单位、教学、设计和科研单位代表107人。参加的外国公司有奥地利斯波特·鲍尔（Sprout—Bauer）公司、瑞典桑斯（Sunds）公司和塞尔克姆（Cellchem）公司、美国威尔逊（Wilson）公司、加拿大克麦迪（Chemetics）公司以及芬兰海康（Hicon）公司。这些公司的专家在会上分别介绍了有关M&D斜管蒸煮、双网脱水、TMP和CTMP的制浆工艺、二氧化氯制备及其漂白、碱回收工艺等先进技术和设备。同时林业造纸有关主管部门和公司与参加会议的外国公司就技术经济合作问题进行了探讨，建立了友好关系，促进了林业造纸对外开放工作。（许向阳　薛雨京）

对外经济技术合作

【中国与日本国际协力事业团合作项目】

黑龙江木材综合利用研究项目 项目执行期7年，于1991年10月14日顺利结束。7年中，经过中日双方专家的共同努力，各项研究课题都达到了预期的目标。如GDN—1高效低毒脲醛树脂胶新工艺已研制成功，用它制造的胶合板强度优于GB738—75的要求；通过对落叶松货车材应力分等的研究，制造了我国第一台MQY72—3型锯材应力分等机，填补了国内空白；利用加工剩余物拼成集成板材的加工方法，制造出的集成化面材料，外观美丽、材质均匀，并克服了木材易变形、开裂的缺点，是制造家具、室内装饰的理想材料。

7年中，双方专家共完成研究课题13项，日方派遣62人次长短期专家来华工作，中方派出25名专业人员赴日进修。日方无偿提供价值6.17亿日元的仪器设备。

中国黄土高原治山技术培训项目 该项目已执行两年，主要做了以下工作：①培训中方技术人员78名；②日方派遣7名长期专家、8名短期专家来华工作；③试验器材全部到货，绝大部分已安装完毕，投入运行；④完成了三个阶段的研究课题；⑤派出的两批研修生已结业回国；⑥造林项目完成75%，成活率在95%以上；⑦完成示范小流域工程量的75%。（沈素华）

【中国与澳大利亚技术合作桉树研究项目】 中澳桉树中心技术合作项目第一期谅解备忘录于1991年12月19日在北京签字。项目期为1年，澳大利亚政府为此项合作提供71.9万澳元的无偿援助。第一期包括准备项目执行文件及一系列技术咨询、培训和管理工作。项目已进入实施阶段，澳大利亚长期专家已到桉树中心开始工作。（王世魁）

【中国与德国政府合作项目】

沈阳森林病虫害生物防治中心项目第二期 1991年3月14日，经中德两国政府确定，进行项目的第二期。德国政府无偿援助400万马克。根据项目第二期实施计划，德国技术合作公司先后派出小蠹虫防治、落叶松鞘蛾天敌输引、仪器设备及电子显微镜4名专家来华工作。专家在项目工作期间分别就各自的专业举办了培训班、讲座及进行了专题报告会，为项目的顺利进行起到了促进作用。除此之外，生物防治中心有3名专业人员分别赴德国、瑞典、美国、加拿大进修，在昆虫信息素的应用研究、苗圃地下害虫的生物防治及落叶松鞘蛾的天敌输引等方面了解、掌握了新的技术与研究手段。1991年，德方无偿提供各种项目所需的仪器、设备共17批，计34.4万多马克。

山西杨树育种项目第二期 根据项目第二期实施计划，1991年，德方派专家来华11人次，接受中方3名进修生赴德国学习有关组织培养、杨树无性系及杨树育种等方面的技术。中德双方专家对项目基因库的改造进行了规划。现有基因库已收集各类杨树品种1000多个。德方无偿提供的杂交房设备已安装并将投入使用。

大兴安岭林区火烧迹地更新及树木改良项目 1991年9月15日，中德发展政策混合委员会第九次会议确定了大兴安岭林区火烧迹地更新及树木改良项目，德国政府无偿援助200万马克。中德双方将研究适合于大兴安岭林区立地条件的针、阔叶树种资源。利用扦插育苗、容器育苗、组织培养等先进技术，扩大良种材料的繁殖，为黑龙江大兴安岭林区提供大量的品质优良的造林苗木。

陕西、新疆造林恢复森林生态环境工程项目 1990年12月4日，中德发展政策混合委员会第八次会议正式确定了陕西、新疆通过造林恢复森林生态环境工程项目。德国政府通过KFW银行提供赠款2400万马克。

德国KFW银行已派项目预可行性考察组赴陕西考察，对在陕西西部通过造林恢复森林生态环境工程项目的可行性予以了肯定。认为陕西无论在领导能力、技术力量还是群众积极性和造林经验方面都为执行项目创造了良好的条件。 （章红燕）

【中国与加拿大国际开发署合作项目】

朗乡林业综合集约经营项目第二期 1991年项目第二期正式实施。2月4—6日在加拿大召开项目指导委员会第一次会议，批准了项目启动报告和项目实施计划。1991年年内根据项目实施计划请进各类专家29人（46人月），派出各类培训人员7人（25人月），木材加工、培训协调、森林土壤、营林和采运等5个专业考察组共23人（36人月），促进了对项目技术内容的了解。在项目现场计有31名中方工程技术人员陪同专家工作，技术吸收能力较好。在技术引进方面，森林抚育、容器苗生产、重型机械、刨花板等专业效果较好，苗圃机械化部分试验效果和引种造林保存率不理想。项目一期计划的种苗冷库已安装调试完毕。项目二期计划制材厂、种子加工厂的设计准备工作进展顺利。黑龙江省森林工业总局主持中加专家通过了项目朗乡林区土壤和植被科研成果鉴定。12月13、14日在朗乡林业局召开第二次项目指导委员会会议，确定了1992年度项目实施计划。

加格达奇森林防火中心项目 1991年是项目实施的最后一年。经过中加双方的努力，所有项目计划均按协议完成。1991年10月在加格达奇森林防火中心召开项目指导委员会会议，对项目进行最终评估和总结。中加双方对合作的成功和项目产生的良好社会、经济和环境效益表示满意。并希望在项目结束以后继续以适当的方式开展合作与交流。

甘肃陇南工厂化育苗项目 1990年中加两国政府签订谅解备忘录以后，至1991年10月，加拿大遴选加方项目执行机构招标工作结束，并于1991年10月向甘肃陇南派出项目启动团。启动团在陇南实地勘察了项目地区森林资源与环境，中加双方初步拟定了项目实施计划。项目区派赴加拿大人员培训已经开始。 （黄晓光）

【中国与新西兰政府合作项目】

福建寿宁林业项目 中国和新西兰政府间第一个林业合作项目。受援金额预计60万美元，项目执行期为3年。项目的目的是通过林业基地建设，探求福建贫困山区综合发展林业的方式，促进贫困地区的经济发展。1991年6月，新西兰政府派遣项目认定组来华，对福建寿宁进行了实地考察，初步提出了项目实施方案。项目实施单位福建省林业厅已经进行了项目机构筹建工作。中新双方将以换文方式确认项目协议。 （黄晓光）

【中国与加拿大国际发展研究中心合作项目】 加拿大国际发展研究中心援助中国林业科学研究院的综合农用林业研究项目已执行两年。两年中，中方做了如下工作：①在北京大兴县建立农用林业模式147公顷；②营造了7.5公顷无性系区域性试验林；③建成4.6米×4.6米的保鲜池，可保鲜笋4吨，4个月不变质；④营造了10公顷五倍子试验林，使产量提高15—20倍；⑤举办了3期国际农用林业培训班，培训人员120人次。

1991年12月4—8日，中国林业科学研究院院长刘于鹤率项目组访问了新加坡，并向加拿大国际发展研究中心驻新加坡办事处汇报工作。加方对项目的执行情况表示满意。 （沈素华）

【中国与联合国粮食及农业组织合作项目】 联合国粮农组织和比利时政府援助的“三北”地区造林、林业研究、规划与开发项目分准备期和第一期工程两个阶段，准备期为1年，援助金额为35.1万美元。1991年已接受准备阶段终期评价，并正式开始第一期工程。第一期工程总期限为5年，援助金额为450万美元。项目实施1年来，按照签字文本的要求，在引种、育苗和造林等方面共进行了21项试验研究，完成造林任务3166公顷，业务及外语培训40多人次，接待外国咨询专家4批。 （范晓杰）

【中国与联合国开发计划署合作项目】

中国东部暖温带和半干旱地区杨树丰产林项目 规定的造林任务已基本完成，并开始转向对研究内容的观测和探索阶段。1991年在安徽省怀宁县建立了1.6公顷的基因库和40公顷的评估试验林，并沿长江营造了400公顷人工林。在辽宁省建平县建立了40公顷造林试验区和90公顷引种材料试验区，并在不同立地上营造了100公顷防护林。在中国林业科学研究院林业研究所苗圃建立了1个基因库，装备了1个生物技术实验室。年内聘请了7名外国专家来华工作，派出1个5人考察组和4名专业人员出国考察和进修。

人造板工业开发和推广服务项目 聘请了1名外国专家来华工作，派出了1个5人考察组和2名专业人员出国考察和培训。（马元玫）

【中国与世界粮食计划署合作项目】

在山东、四川省通过林业发展保护土地和进行木材生产项目 1982年11月15日开工，经过前后两期的实施于1989年10月9日结束，1991年底通过终期验收，项目成果得到了世界粮食计划署官员的高度评价。

世界粮食计划署为项目无偿援助小麦113457.5吨，其他食品1771.8吨，总价值为2905万美元。根据项目实施计划，四川省珙县、古蔺县和山东省莘县、冠县共完成造林33250公顷。

经过建设，项目取得了明显的社会、经济和生态效益。项目区的森林覆盖率得到提高，珙县由12.3%提高到27%，古蔺县由16.2%提高到23.4%，莘县由4.3%提高到12.2%，冠县由14%提高到21%，经济效益可观，如四川省分项目可累计产间伐材48375立方米，产值达7256万元，累计产主伐材322.5万立方米，产值达96750万元；农田得到了有效保护；提高了造林水平，起到了良好的示范作用。

辽宁省水土保持项目 1986年4月1日开工，1991年3月31日结束，11月通过终期检查，世界粮食计划署驻华代表处官员对项目的实施十分满意，称该项目是一个特别成功的项目。

世界粮食计划署为项目无偿援助小麦78000吨，其他食品10吨，总价值为1780.5万美元。根据项目协议，辽宁省建平、北票县共完成造林47590公顷，种草22950公顷。

项目已初见成效，项目区面貌发生了显著的变化，如林草植被覆盖率由27.6%增加到41.3%；水土流失显著减少，林草地土壤侵蚀模数由496.2吨/年·平方公里减少到190.84吨/年·平方公里，径流由原来的58587.23立方米/年·平方公里减少到19356.09立方米/年·平方公里；人均年收入由50元增加到200元；社会效益非常显著，项目直接受益人口达413193人。

贵州省织金、纳雍县通过林业发展和其它途径防治侵蚀项目 1988年12月1日开工，实施已3年，项目进展顺利，已完成总施工任务（造林34300公顷，种草3000公顷，建谷坊坝132.84万立方米）的75%，世界粮食计划署已向项目区提供了40985.61吨小麦，为总援助的42%。1991年5月，世界粮食计划署高级官员对项目进行了中期评价，对项目的实施十分满意。（周国林）

【中国与国际热带木材组织合作项目】 1991年5月，在厄瓜多尔基多召开的国际热带木材组织第十届理事会批准了中国林业科学研究院申请的中国以竹材代替热带材作为原材料的研究项目并立即执行，援助金额为191300美元。6月，国际热带木材组织执行主任弗雷赞拉应邀来中国参观访问。在华期间，弗雷赞拉访问了海南省并到尖峰岭热带原始森林自然保护区进行了实地考察，对林业部拟向国际热带木材组织申请的中国海南岛热带森林分类经营永续利用示范项目提出了建设性意见。（张忠田）

【中国与世界自然基金会合作项目】 1991年完成的主要合作项目有：①在大熊猫保护项目中，基金会选派的专家梅卡女士已开始在卧龙自然保护区工作，与研究中心人员进行合作研究并提供指导；联合国志愿人员继续在四川大熊猫保护区从事巡护工作。②在热带雨林项目中，双方合作在西双版纳进行了亚洲象分布活动情况调查，完成了西双版纳农用林发展咨询，开展了蝴蝶饲养项目第三阶段的工作，进行了盐渍地大型哺乳动物摄影检测，举办了西双版纳区域土地利用研讨会。③湿地保护项目中，完成了辽宁双台子河口自然保护区水禽资源特别是黑嘴鸥资源及繁殖栖息环境的考察，为制定今后的管理计划打下了基础；在吉林向海自然保护区进行了合作研究和培训；完成了江西省《鄱阳湖自然保护区管理计划》的定稿；为海南省东寨港和青龙岗保护区举办了鸟类识别和种群清查培训班；另外，基金会还为我国15个省湿地保护区人员在香港分别举办了湿地综合管理培训班和鸟类环志培训班。④在濒危物种调查项目中，双方合作在四川省若尔盖县进行了联合调查，研究了建立辖曼湿地保护区的可行性。⑤在培训、宣传和教育方面，江西野生生物宣传教育中心的基建已经完工，双方对基金会将提供的设备进行了商讨。

林业部与世界自然基金会1991年年会3月2—7日在香港举行。以林业部野生动物和森林植物保护司副司长马驹如为团长的林业部代表团出席了会议。会上双方商定了1991—1992年度的合作，并签订了年会备忘录。年会所签订合作项目仍以双方1990年签署的《五年合作框架》所确定的5个合作领域为基础，即：①保护大熊猫及其栖息地项目；②热带雨林项目；③湿地项目；④濒危物种调查项目；⑤培训、教育和宣传项目。在此基础上，热带雨林项目将从云南西双版纳扩大到海南省；湿地保护项目从江西鄱阳湖保护区和吉林向海保护区扩大到辽宁双台子河口保护区。另外，双方还商定合作举行中国自然保护优先领域研讨会。会议期间中方代表还应邀参观了香港唯一的自然保护区——米埔自然保护区。（刘 元）

浙江省
国营开化县林场

场党委书记过金大、场长周启康在研究工作

该场创建于 1954 年，经营山林面积 18.4 万亩，其中有林地面积 15.1 万亩，现有森林总蓄积 80 万立方米，森林覆盖率 81%。建场 37 年来，累计造林 20 万亩，其中杉木速丰林面积 3.2 万亩；生产木材 19.8 万立方米；累计销售总产值 7174 万元，创税利 2459 万元，提取林价金 1079 万元。1989 年开发成功的“开化龙顶”名茶已连续 3 次被评为省优质名茶，现在有名茶基地 1250 亩（已投产），年产名茶 5500 公斤。该场主持的杉木无性系选育和繁育技术的研究成果，获得 1987 年省科技进步一等奖，1989 年国家发明三等奖，这项技术已先后在 16 个省（市）的 714 个县进行推广。

1986 年该场被林业部命名为全国示范林场，1978 年—1990 年，先后 6 次被林业部和省人民政府授予全国先进国营林场、全国企业整顿先进单位、省林业科技先进单位、省林业先进集体等称号。

场部

杉木速生丰产林基地

林场生产的名茶——开化龙顶及基地一角

古城保定

上　省造林绿化劳动模范、保定市绿化委员会办公室主任刘建国
中　古城墙
下　绿色掩映高楼

保定市党政军领导参加植树节活动。左一为市长周

绿意浓

保定，是座具有光荣革命传统的历史名城。建国后，特别是近十年来，全市军民同心协力绿化美化城区，园林绿地增加到462.5公顷，人均10.28平方米，植被覆盖率达14.02%，结束了“天晴三尺土，有雨一街泥”的历史，使古城焕发了青春，被授予河北省造林绿化先进单位称号。

上　市政府院内秀色浓

中　银装素裹的人民公园

下　保定螺旋桨厂厂区绿化

撰稿：王兴芬

摄影：马志新

市林业局长:张志民

河北省定州市是全国造林绿化先进单位。1980年以来,126万亩耕地全部实现林网化,绿化沙荒地13.8万亩,全市林木覆盖率达16.25%,立木蓄积量89.2万立方米,年育苗5000亩。累计更新采伐

渠岸绿化

农田林网

毛白杨片林

定州

撰稿：张恩满
摄影：王振一
冷士文

林粮间作

木材18.7万立方米，生产果品3.5亿公斤，林业总收入3亿元，不仅改善了农业生产条件，增加了农民收入，而且带动了其他各项事业的发展，全市打机井、修公路、建校舍等投资的39%来自林业收入。

成材的道路树木

速生丰产林

撰稿：陈英洲

河北省平原绿化典型

大树之下丰收田

县政协主席（原副县长）李洪喜（右三）在现场指导修树

河北农业大学教授郑均宝（右一）指导专业户育苗

元宝杏

望都县

农田林网

速生丰产林(林粮间作)

以林促牧

望都是河北省首批实现平原绿化达标的先进县。20多年来，全县人民大搞植树造林，达标不停步，继续狠抓巩固、发展、提高工作，更新改造了总长720多公里的路渠树木。目前，全县现有树木750万株，人均34株，立木蓄积量54.7万立方米，人均2.49立方米，果园2.5万亩，速生丰产林7000亩，紫穗槐600万墩，农田林网控制面积占总耕地的99.7%，粮食亩产由100多公斤增加到800多公斤。被评为全国造林绿化先进单位。

全国造林绿化

——峰峰矿

坐落在邯郸市西部的峰峰矿务局万年矿，绿荫如盖，繁花似锦，被誉为绿色明珠。

该矿是全局唯一生产无烟煤的矿，地下煤源丰富，地上荒山乱石。1987年以来，全矿职工在矿长带动下，捐款1万元，出义务工24万多个，绿化美化矿区，还在矿区周围绿化道路10公里、荒坡200亩。如今全矿人均绿地53.48平方米，植被覆盖率达38.69%，实现了广场花园化、道路林荫化、生活区无污染化。该矿已建成特级质量标准化矿井和现代化矿井，晋升为煤炭工业二级企业，并获得国家、部、省、市授予的90多个荣誉称号。

先进单位

务局万年矿

地　　址：河北省武安市磁山镇峰峰矿务局万年矿
邮政编码：056302
电　　话：03280—3241
电报挂号：8001

①全国造林绿化劳动模范、全国能源工业劳动模范、中国煤炭工业优秀企业家、矿长孙忠礼
②矿领导研究绿化规划
③绿柏黄花唤春来
④万绿丛中一点红
⑤青石板上打硬仗
⑥厂区林荫道

花园式工厂

邯郸第四棉纺

邯郸第四棉纺织厂是我国大型的纺织和纱、布出口骨干企业，也是闻名遐迩的花园式工厂。这里楼群间浓荫蔽日，绿地内草碧花红，“职工乐园”里景色秀丽，整个工厂如同坐落在大花园中。优美的环境，陶冶了职工的情操，更给工厂注入了勃勃生机。目前，该厂拥有 13.47 万枚纱锭，主要纺纱设备均达 90 年代国际先进水平，有英国的梳棉机和配有自调匀整装置的头道并条机，日本的末道并条机、全自动络筒机和德国的粗、细纱机。生产的各种规格的红宝石棉纱、银凤牌棉布等产品，远销欧洲、亚洲、美洲、大洋洲等 20 多个国家和地区，年创汇 2500 万美元以上。

厂区小游园占地 1000 多平方米，处处美景似江南

获河北省造林绿化先进单位称号

织厂

全国纺织企业劳动模范、河北省
劳动模范、优秀企业家、厂长韩炳灼

红宝石牌棉纱获国家质量奖

国家二级企业牌匾

从德国引进的细纱机

地址：河北邯郸市联纺路 24 号
邮政编码：056026
电报挂号：4000
电话：310906
电传：274019
传真：315546

湖南省怀化地区林

怀化地区辖 12 个县、市，总面
4150 万亩，其中山地面积 3000 万亩，
村人均 8 亩，现有林地 2000 万亩，森
蓄积 4500 万立方米，年产商品材 60
至 70 万立方米，油茶林 370 万亩，竹
69 万亩，近年林业年产值 4.52 亿元，
林业产值 8 亿元。

1990 年 11 月 23 日，国务院批准
化地区为全国农村改革试验区。1991
4 月 2 日，列入全国林业改革试验区。

业改革试验区掠影

①林业部部长高德占(左一)视察怀化试验区，图
正在听取汇报，中间为怀化地区行署专员刘永寿
(向祖枚　摄影)

②地区林业局机关大楼　(丁建国　摄影)

③碧波浩渺的人工林海　(龙兴吾　供稿)

④1988年，地区成立林业基金会、林业开发公司
来，筹集资金700万元，实行有偿投资造林6.4万亩

⑤地区林业局局长兼林业改革试验区办公室主任
宗松

⑥靖城刨花板厂建于1984年，年产刨花板3万吨

⑦地区林业局经济实体林果试验示范场

⑧封山育林

⑨专家评审会

地址：怀化市人民东路19号
邮政编码：418000
电话：232810
撰稿、编辑：陶恒威

全国造林绿化先进县 湖

全国绿化奖章获得者、林业局局长 谭杨生

攸县位于湖南省南部，是一个半山区半丘陵县，总面积 399.4 万亩，林业用地 249.5 万亩，占总面积 64.4%。近 6 年，县委、县政府把植树造林、绿化荒山作为振兴经济的战略措施来抓，共完成造林 52.1 万亩，封山育林 50 万亩，成为湖南省 28 个荒山大户县第一个摘掉荒山大户“帽子”的县，全县活立木蓄积 159 万立方米，恢复到了建国初期水平，森林覆盖率 54.1%，比 1985 年提高 14.2%，年创林业总产值 9407 万元。1991 年 3 月被评为全国造林绿化先进县。

省攸县

①1986年，发动国营、集体、个人开展联营、股份合作制造林，共造林12.5万亩。图为森工企业联营基地一角

②1987年来，投资500多万元，完成7项工程建设。图为林业局劳动服务公司经营大楼

③新造林生机勃勃、青翠欲滴

④全县国营、集体林场380多个，经营森林79.5万亩。图为全国先进乡村林场——湖南坳乡林场主伐更新林一角

⑤攸县实施油茶低产林改造第一期工程（1万亩），平均亩产由原来亩产3.5公斤上升为5.4公斤，最高达到25公斤，1991年被列为全国油茶低改现场会参观现场。图为新市万亩油茶场一角

⑥攸县年向社会提供木材2.4万立方米。图为木材外运

⑦“治水先治山”。酒埠江水库系1958年谭震林同志倡导修建。现库蓄水量2亿立方米，总灌溉面积50.5万亩，在上游造林21万亩

和田地区
防护林体系建设

和田地区地县领导签定造林绿化责任状

核桃树护路林带

葡萄和棉花

新疆南部的和田地区位于塔克拉玛干大沙漠南缘，生态环境十分恶劣。1978 年和田地区被列入“三北”防护林体系建设工程重点地区，到 1985 年和田地区超额 3.1 倍完成了一期建设工程任务，1986 年全地区七县一市全面实现了农田林网化，跨入全国农田防护林建设的先进行列。1987 年开始调整林种结构，发展经济林，开展混农林业，取得了明显的经济效益。1991 年该地区和田县、洛浦县、墨玉县、和田市在新疆率先实现了平原绿化达标。到目前，全地区人工林面积 7.6 万公顷，实现了农村人口人均一亩人工林的近期发展目标。农田防护林 2.2 万公顷，林网有效保护耕地面积 16 万公顷，占耕地总面积的 98.5%。有防风沙基干林带 896.36 公里。绿洲内有薪炭林 2.3 万公顷，经济林 1.2 万公顷，用材林 0.7 万公顷。恢复发展天然胡杨林 133.53 万亩，红柳灌木林 55.83 万亩。绿洲森林覆盖率达到 20%。以农田防护林为主体，绿洲外围的灌草带，绿洲边缘的基干防风防沙林带和绿洲内薪炭林、经济林、用材林构成的乔灌草和网片带相结合的防护林体系有效地发挥了防风固沙、抵御自然灾害的作用，改善了生态环境，促进了农业牧业生产的发展。

利用机耕道架设葡萄长廊 1304 公里

United Nations Environment Programme
Programme des Nations Unies pour l'environnement
Programa de las Naciones Unidas para el Medio Ambiente

This is to certify that

Hetian County Government

has been elected to the Global 500 Honour Roll of the United Nations Environment Programme in recognition of outstanding practical achievements in the protection and improvement of the environment.

Dr. Mostafa K. Tolba
Executive Director
United Nations Environment Programme

World Environment Day

1989 和田县被联合国环境规划署评为“全球 500 佳”，图为证书及奖章

在改革大潮中迅猛崛起的

淄博市原山林场

全国林业企事业改革家、场长尚玉文

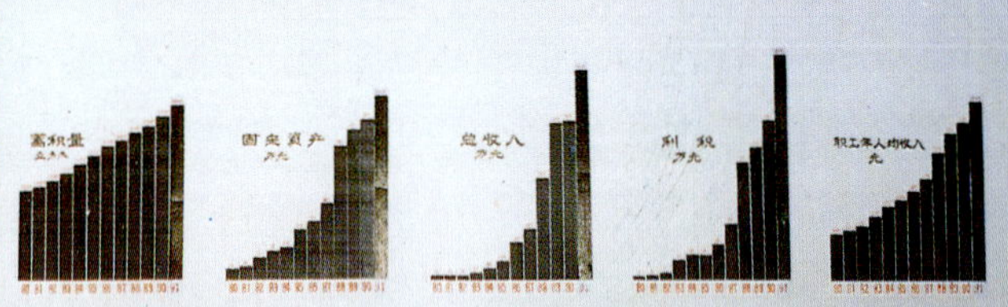

淄博市原山林场始建于 1957 年，场部坐落在山东省博山城郊，总面积 40588 亩，蓄积量 55000 立方米，森林覆盖率 80.3%，是一防护型国营林场。党的十一届三中全会以来，林场认真贯彻“以林为主，多种经营”的办场方针，充分利用本场和本地优势，发展起了奶牛场、奶制品厂、冰糕厂、木工厂、印刷厂、林工商公司、陶瓷批发公司、汽车配件门市部、园林建筑服务部等项目，实现了林工商牧综合经营，以副养林，以副促林的目的。使断了“皇粮”的林场焕发出勃勃生机。1981—1991 年，全场销售收入、利润、税金分别以年均 43.7%、44.5%、72.6%的速度递增，1991 年固定资产达到 560 万元，实现销售收入 1820.1 万元，利润 177.3 万元，上交税金 53.6 万元，人均创利税 9100 元。1990 年被林业部授予全国国营林场先进单位称号，1989—1991 年连续 3 年被省农业银行评为特级信用企业。

林区一角

坐落在陶瓷琉璃大观园的原山瓷苑门市部

原山林场办公楼

原山陶瓷批发公司大楼

奶牛场一角

印刷厂制箱车间一角

闽北林区 欣欣向荣

福建省南平地区林业委员会

南平地区地处福建省北部武夷山脉，山地占全区土地总面积的81.62%。境内层峦叠翠，林海茫茫，素有“杉木中心产区”和“毛竹之乡”之称。建国以来，累计生产商品材5300万立方米，上缴木材税利12亿多元，是我国南方的重点林区。

全区森林覆盖率66.4%，林木蓄积量1.14亿立方米。1989年地委、行署提出：“三年消灭荒山，五年绿化闽北，重振林业雄风”。至1991年底，共营造人工林19.9万公顷，造林面积核实率和成活合格率连续三年达100%，提前一年消灭宜林荒山。1991年，全区全面完成各项林业经济指标，森工产值4.71亿元，实现税利1.017亿元。

全区有乡村集体林场1267个，经营面积62.38万公顷。图为建瓯县东游乡村林场丰产林

全区有竹林面积26.1万公顷，毛竹蓄积量4.42亿根。消灭宜林荒山后，地区决定加快竹业开发步伐，促进山区农民奔小康。图为毛竹外运

近几年来，全区大搞山地综合开发，促进林、竹、果、茶、药、香等全面发展。图为邵武市国营槎溪农林场一隅

全区建成地、县、乡、村四级林业科技推广网络，并与中国林业科学研究院合作，建立现代化林业科技试验区。图为顺昌县林业科技推广中心

近三年全区森林火灾过火率在0.35‰以下，受害率在0.24‰以下，受到国家森林防火指挥部的表彰。图为武夷山防火瞭望塔

在改革开放中，大力发展林产工业，使资源优势转化为商品优势。图为邵武刨花板厂引进德国薄型刨花板生产线

明溪县

三明市明溪县是福建省重点林区县之一，土地总面积 17.1 万公顷，森林覆盖率达 73.5%，活立木蓄积量 1231.8 万立方米。近几年来，明溪县林委积极推行林业体制改革，致力于科技兴林，取得一定成效。全县共营造了杉木、马尾松丰产林 1.91 万公顷，采用工程造林建立了 53 片千亩以上

▲工程造林中结合营造防火林带，全县建有木荷林防火带 1044.4 公里

▶外国林业专家在明溪考察

▼县制材厂引进先进技术生产的仿古家具

▶县林业工艺厂与日商合资成立峰日竹木工艺品有限公司，生产的木漆碗、茶具、花瓶等产品全部销往日本

林业委员会

的速生丰产商品材基地。经部、省检查，该县造林面积准确率和成活合格率均达到98%以上。1990年提前一年消灭宜林荒山。

县林委下属企事业单位42个，职工1060人。全县森工总产值2000多万元。木、竹加工产品近百种。有松香、木漆碗、木珠帘、木香扇等10多种产品出口创汇。

▼马尾松扦插育苗造林技术研究填补了国内马尾松扦插育苗的空白

▶县苗圃在培育良种壮苗的同时，大力发展多种经营，1991年总产值达56万元

“运五”飞机进行洒水灭火试验

“W6”微型飞机防火巡护飞行

现代化林火管理体系——

大兴安岭林业公司防火体系

黑龙江大兴安岭林业公司自“五六”火灾后，一直把森林防火作为林区的头等大事来抓。在加拿大森林防火专家的帮助下，结合林区实际，初步建立了宣传教育、火源管理、预测预报、林火探测、林火阻隔、通讯指挥、林火扑救和后勤保障等系统组成的现代化林火管理体系，对提高林区森林防火水平起到了积极的促进作用。1991 年大兴安岭林业公司林地过火率仅为 0.01‰。

在机场整装待命的武装森林警察

摄影：李全

防火中心计算机主机房

大兴安岭林业公司防火中心大楼

大兴安岭中国、加拿大森林防火合作项目会议

林业公司防火副总指挥张举（左二）、专职防火副总指挥刘文汉（右二）在听取防火办主任葛学林（左一）介绍扑火方案

江西省吉安县

“以林为主，多种

素有“金庐陵”之称的吉安县，坚持以营林为基础的方针，实行国家、集体、个人一起上，开展多层次、多形式的造林，全县已基本消灭荒山，人工林保存面积169万亩，其中湿地松76万亩。林木蓄积量310万立方米，森林覆盖率46.3%。1991年获全国造林绿化先进单位光荣称号。

湿地松是吉安县的一大优势，面积多，长势好，江泽民总书记、李鹏总理和省委、省政府、林业部及省林业厅等领导多次亲临视察

营，全面发展”

和考察，并给予了高度赞扬。

该县在发展湿地松、杉树林基地的同时，以建设长防林为龙头，还建立了樟树矮林、笋竹两用林、果业、油茶等林业基地。林业单位坚持“以林为主，多种经营，种养加一齐上，林工贸一齐办”的方针，先后办起了羊毛衫厂、火柴厂、丝绸厂、皮鞋厂、白僵菌厂、地毯厂、竹筷厂、木材加工厂、松香厂等十多个林办工业企业。

世界屋脊——珠穆

佩枯错风光

红景天(海拔 4800 米)

雪莲(海拔 4700 米)

杜鹃花

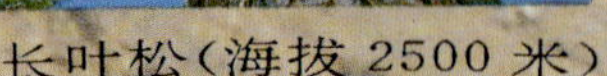

长叶松(海拔 2500 米)

撰稿:尹秉高
摄影:尹秉高　李亮明

上的明珠

朗玛峰自然保护区

珠穆朗玛峰，海拔8848.13米，屹立在中国和尼泊尔的边界上，被誉为地球上的第三极。

1988年11月3日，经西藏自治区人民政府批准，正式建立了以珠峰为中心的珠穆朗玛峰自然保护区，地理坐标为东经 85°11′—87°25′，北纬 27°51′—28°36′之间，在行政区划上隶属于日喀则地区的定日、吉隆、聂拉木和定结县的一部分，总面积约3.38万平方公里，人口7.6万余人。

1991年8月，中美专家在日喀则举行关于发展珠峰自然保护区研讨会

据初步调查，珠峰自然保护区内有高等植物2348种，其中被子植物2106种、裸子植物20种、蕨类植物222种；有哺乳动物53种，鸟类206种，两栖类8种，爬行类6种，鱼类5种。因此，保护区不仅具有极为重要的保护、研究和观赏价值，而且是地质学、气象学、古生物学、现代生物和林学研究的天然博物馆。此外，这里还比较完好地保存着反映这一地区，乃至对整个西藏都有影响的后藏宗教文化遗址。

珠峰保护区的建立，将会使该地区独特的极高山与相邻高原的自然生态系统、丰富多采的物种资源、重要的地史学遗迹等得到较好的保护；保护区的社会经济和当地人民的物质文化生活，也将随之得到相当的发展和提高。

1990年11月，珠穆朗玛峰自然保护区工作委员会与美国高山研究所签订了为期12年的关于发展珠峰自然保护区的合作协议书。图为美方代表苏君玮（左）和中方代表、自治区政府副秘书长樊万斌在协议书上签字，自治区政府副主席毛如柏（后排右五）出席了签字仪式

▲ 渠路林综合配套

敦煌市位于甘肃河西走廊最西端。戈壁沙漠占全市总面积90%。近年来，该市坚持沙、水、林、田、路综合治理，大抓绿化造林和封滩育林，全市累计封育成林80.3万亩，营造周边防护林15条、54公里、4.2万亩，农田防护林带240条、420公里，使91.7%的耕地控制在林网内。共定植各种经济林3.8万亩，1991年水果总产1109万公斤，比1980年增长4.5倍。全市森林覆盖率达到18.6%，1991年被林业部授予平原绿化先进县，为开展旅游增添了新的风采。

▲ 葡萄熟了

瀚海绿洲——敦煌

◀封滩育林一角

▲建成葡萄基地 6800 亩，年产鲜果 360 万公斤，晾制葡萄干 500 吨

全国造林绿化先进单位

——张掖市

开荒造田建园，发展经济林业

党寨乡投资 47 万元，开荒造林办林场，
6 年营造杨树速生用材林 3200 亩

渠路农田防护林

张掖市地处甘肃河西走廊中部风沙线上。历年来，坚持年年植树造林治理风沙，人工林保存面积47.1万亩，占林业用地的74.7%，“四旁”植树846万株，90%以上农田实现林网化，形成了带片网相结合的防护林体系。全市活立木蓄积87.6万立方米，森林覆盖率14.9%，村屯绿化覆盖率32.5%。1989年成为甘肃省平原绿化达标第一市，跨入全国平原绿化达标县（市）行列，1991年被全国绿化委员会、林业部、人事部命名为全国造林绿化先进单位。

灌木造林，固定流沙

衢州市林业

市委书记、市长郭学焕

衢州市位于浙江西部，下辖6个县(市、区)。全市林业用地932.6万亩，占土地总面积的70%，其中有林地712.4万亩，森林总蓄积1068.4万立方米，森林覆盖率55.6%，是浙江省的主要林区之一。

1985年衢州建市以来，在林业改革方针指引下，市委、市政府把振兴林业作为全市经济和社会发展的战略措施来抓，围绕建设生态经济型林业的总体目标，加快造林育林步伐，强化林政资源管理，合理开发资源，林业建设取得显著成效。1989年与1984年相比，有林地年均增加2.2%，蓄积量年均增加3.86%，森林覆盖率年均提高1个百分点，无林地面积减少了35.4%。1986—1991年，全市造林更新110.3万亩，其中营造商品用材林44.7万亩，经济果木林23万亩。至1991年末，全市已建成以杉木为主的重点用材林基地150万亩，名特优经济林基地50万亩，毛竹笋竹两用林基地12万亩。以人造板为主的林产工业初具规模，年产木材15万立方米、纤维板2.3万立方米、装饰板300万平方米、星火计划产品竹胶汽车厢板9万条、名特优干水果15万吨以上。1991年该市获全省绿化造林责任状考评一等奖。

杉木商品材基地

毛竹林基地

衢州特产桔碰柑

衢州名果常山胡柚

衢州木材厂人造板车间一角及主要产品

基地

“长防林”工程建设动员大会

屹立在赣闽交界处的大型“长防林”宣传牌

江西省瑞金县
长江防

凌角山中轻度水土流失区飞播造林试验一举成功

日阿亢岽一片不毛之地，今日阿亢岽国外松生机旺盛。

叶坪人工营造针阔叶混交林示范基地

“长防林”中心苗圃培育的酸枣大田苗

水土流失区营造的刺槐林郁郁葱葱

壬田镇凤岗连片1400亩的综合效益林示范基地

户林建设

红色故都——瑞金，地处赣闽两省边际。全县现有总人口51万，土地总面积367.2万亩，其中林业用地269万亩，占总面积的73.4%。全县有大小河流20多条，为长江流域赣江上游贡水源头。

瑞金曾经山青水秀、森林资源丰富。但在较长的一段时间里由于森林过伐，资源锐减，荒山面积不断增大，水土流失日益严重，至1990年，全县有荒山面积78万亩，水土流失面积124万亩，占总面积的33.8%，其中中强度水土流失面积55.74万亩，占总面积的15.2%，导致田地贫瘠，江河渠道、水库淤塞，河床升高，生态失衡，水旱灾害频繁。

1990年瑞金县被列为国家“长防林”体系建设第一期工程重点县和试点示范县。县委、县政府把“长防林”工程建设当作瑞金经济建设的重要战略任务来抓，3年来高质量、高标准、高效益地完成了“长防林”植树造林62.6万亩（重点工程57.2万亩），其中人工植树造林38.5万亩（重点工程33.1万亩）；飞播造林24.1万亩，基本上消灭了全县的宜林荒山，实现了“长防林”建设的前期目标。

昔日“江南沙漠” 今

——江西省兴国县造林

治理前的光山秃岭、基岩裸露、沟壑纵横的兴国山地

近几年基地造林取得突破性的
展。图为雄冈国乡合作林场营造的速
杉木林一角

高兴通天岩飞播造林

县乡村三级干部做长防林建设的表率。高兴老营盘县级干部绿化点已发展到11000多亩。图为干部群众在搞幼林抚育

经过造林绿化和“长防林”建设，充分发挥了森林的屏障作用，全县增加4万多亩二季晚稻复种面积，有2.5万亩坑田抗旱能力提高15天以上。图为城冈岐下坑田一角

朗披上绿装

和长江防护林建设

摄影:黄家腾

撰文:梁　田

兴国县地处赣江上游的丘陵山区。1980年综合区划调查,全县水土流失面积达284.8万亩,其中中强度流失面积达141.1万亩。全县有荒山155.8万亩,森林覆盖率33.8%。当时,许多山地光山秃岭,沟壑纵横,曾被称为"江南沙漠"。

党的十一届三中全会以来,兴国县各级党政和广大干部群众,坚持把治山造林、封山育林与治穷致富、振兴经济结合起来,开展广泛持久的群众性造林绿化和"长防林"建设,十年来共完成植树造林173.6万亩,其中完成长防林建设任务67.4万亩。

经过造林绿化和"长防林"建设,全县水土流失面积减少152.8万亩,基本消灭了宜林荒山,森林覆盖率上升到54.6%。森林活立木蓄积量增加到200.7万立方米,增长了73%。生态环境开始向良性循环转化,为增强农业生产后劲,促进全县国民经济稳定协调发展奠定了基础。

在搞好造林绿化的同时,狠抓老林改造。图为国营均福山林场抚育改造后的老竹林,呈现勃勃生机

均福山林场榻榻咪竹凉席加工车间一角

在改革开放中,国营林场加快了发展步伐。图为国营均福山林场高产、密植茶园

湖北省谷城县长江防护林建设

谷城县地处鄂西北，在汉江的中游西岸，属秦巴山地汉水流域。全县总面积 382 万亩，其中平原占 11%，丘陵山地占 89%，总人口 54 万，有耕地 46.5 万亩，林业用地 239 万亩。建国以来，全县的林业生产有了很大发展，平均每年造林 4.37 万亩，"四旁"植树 130.15 万株。但由于森林资源破坏严重，1985 年底全县有林地仍只有 155 万亩，森林覆盖率为 38%，活立木蓄积 154 万立方米，还有 52.4 万亩为宜林荒山荒地。森林植被的破坏导致了生态平衡失调，水土流失严重，旱涝灾害频繁。1985 年全县水土流失面积达 290 万亩，占总面积的 76%。年泥砂流失量 798.11 万吨，不仅使耕地减少，地力退化，同时河库淤积，经济贫困。1988 年全县工农业总产值 5.5 亿元，在襄樊市新辖 8 县(市)中名列第六位，属全省 37 个贫困县之一。

1987 年林业部确定谷城县为长江中上游防护林建设第一期工程的 14 个重点县之一。县委、县政府认为大力营造防护林和发展绿色企业基地，对发展谷城县农业生产和振兴农村经济有极其重要的意义。因此，坚持以长防林工程建设为龙头，以荒山、荒滩为主战场，大力开展植树造林，4 年来共完成人工造林 47.18 万亩，其中"长防林"工程 18.3 万亩，封山育林 132 万亩，1992 年完成了消灭荒山任务。

五山乡堂房沟水土保持林基地

①为了加强对长防林工程建设的领导，县政府固定了专职林业副县长，全县19个乡镇(场)和409个自然村均配齐了林业副乡镇(场)长和分管林业副主任，并层层签订责任状，强化领导职责。县委、县政府每年均多次召开“长防林”工作会议，针对工程建设的阶段情况进行任务安排。图为县长朱有学、县委副书记程仁发在主持召开“长防林”工作会议

②为了使“长防林”建设保质保量完成，全县狠抓了苗木培育，并大力引用优良树种，每年育苗面积由1700亩增加到2000多亩，其中育苗基地53块计1100亩。与其同时，还大搞容器育苗，从1989年秋开始每年春秋播育二次，已共产容器苗3620万株，使工程造林用苗达到容器苗普及率60%以上。图为庙岗林场的湿地松容器苗

③为了确保“长防林”工程任务的完成，全县除了冬春集中大部分农村劳力上山整地和造林外，从1989年起，每年夏秋利用小农闲开展整地和容器苗造林，使工程造林的整地和返土回填任务均在春节前全部完成。图为庙滩镇白虎山夏闲整地造林

④五山乡凤凰寨刺槐水土保持林，采取截干造林，不仅使造林成活率达到100%，同时当年萌条高均在2米以上

⑤1989年，参加全国“长防林”建设研讨班、全国“长防林”建议会议和湖北省“长防林”工作会议的各级领导都先后到谷城县进行现场检查指导。图为高德占部长率领参加全国“长防林”建设会议的各级领导冒雨到冷集镇进行检查

⑥襄樊市市委书记杨斌庆(右)、副书记伍荣显(左)、市长贾天增(中)到五山乡检查“长防林”工作

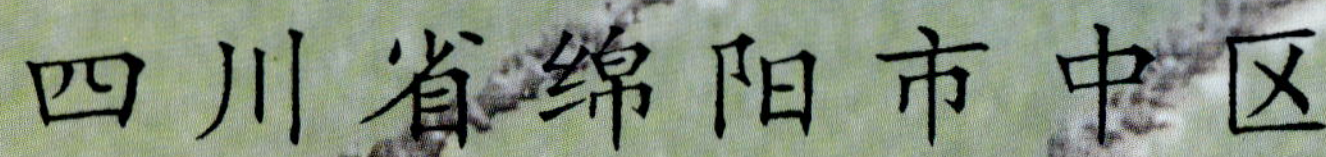

长江防护

在“长防林”工程建设中，大搞容器育苗，除办起了全省林业行业首家容器袋加工厂外，还开展了多树种的容器苗培育，总数达到 4300 万袋，使重点工程容器苗造林达 100%，面上造林达 80%以上

林建设

驻四川省绵阳的56018部队，积极参加"长防林"工程建设，图为他们在市中区白蝉乡一字山栽植墨西哥柏木

被林业部列为全国长防建设试点示范县的四川省阳市中区，实行行政和技"双线"目标管理，每季度开一次由各单位负责人和呈区第一责任人参加的协会，解决工程建设中的具问题

1992年6月29日至7月1日，美国福特基金会项目官员一行三人，到四川省绵阳市中区考察"长防林"建设。图为他们在参观林间蓑草人工栽培时，向当地农民了解收益情况

在"长防林"工程中，大办绿色产业，实行乔灌、林草、林桑、林果、林药、林粮六个结合，真正把造林绿化与群众脱贫致富结合起来。图为作业区内陡坎地边人工种植的造纸原料蓑草，1992年可达到3万亩，收入1200万元

四大班子领导分别以四乡为"长防林"工程建设示乡，带动各级干部层层搞点示范，形成以白蝉乡一山为中心的万亩示范片。为区政府领导在示范乡和众一道打坑植树

摄影、撰文　黄森木

全县各族人民将“长防林”建设作为改善生态环境，促进经济发展的大事来对待，积极踊跃地投入工程建设

全国长防林工程试点示范县建设座谈会于1992年5月在会泽县召开

阔混交林

县委、县政府领导身先士卒，积极参加“长防林”建设

矿山镇马蹄踏3.2万亩“长防林”基地

云南省会泽县
长江防护林建设

供稿　杜勇

①

②

前进中

①省林业厅领导极为重视、关心林业公安建设，经常深入到林业公安处和干警一起研究、分析全省护林形势。图为厅长李育才等正在公安处部署任务

②全省林业公安的基层基础建设正在按革命化、现代化、正规化的要求不断加强

③被誉为“绿色卫士”的林业公安干警正在深山密林中护林巡逻

④百倍警惕的林业公安干警日夜坚守在护林防火瞭望塔上

⑤广大林业公安干警把保护野生动物资源当成重要任务之一。图为干警们正在向游人进行爱鸟护鸟宣传

⑥全省各重点林区和风景旅游区的交通要道都设有护林和防火宣传、检查哨卡。图为干警正在对进山游人进行保护林木资源的宣传

的山东省林业公安

山东省林业公安队伍建于1979年，是全省公安队伍的组成部分，担负着打击和制止乱砍滥伐、乱捕滥猎等毁林犯罪活动，维护林业机关和林区的治安秩序，监督管理全省的森林消防工作，保护和支持护林人员、林政人员、森林植物检疫人员以及野生动物人员依法执行公务。到目前，已有处局科股所190个，公安干警800多名。

13年来，林业公安干警常年战斗在保护林木资源安全的第一线，以高度的政治觉悟和无私的奉献精神保护了和维护着林区的治安和林业生产秩序，成为山东省保护林业建设的一支中坚力量。

先进单位史·绩宣传
企业优质产品广告
须　知

一、广告刊登

1. 刊登广告应严格遵守国务院 1987 年发布的《广告管理条例》，并提供有关证明。

2. 彩色图片广告 16 开跨页（单双页，彩色照片限 4 张）收费 5000 元，全页和半页（彩色照片限 2 张）分别收费 3000 元和 2000 元，跨页、全页广告可增加一至二幅彩色照片，每幅需另收费 200 元。增加一幅企业领导人照片不收费。

3. 黑白广告 16 开全页收费 2000 元，半页收费 1000 元。

二、先进单位史、绩宣传

1. 先进单位，为曾获林业部、省（区、市）或地（市）级以上政府部门表彰的林业单位，并有推广和借鉴意义的方可刊登。

2. 图片宣传收费，按广告收费标准的八折收费。

三、凡需作宣传介绍和刊登广告的客户请将广告稿（图及文字说明）和广告费同时寄中国林业年鉴编辑部。

出版后，赠送该书一册。

四、办理刊登广告业务联系

单位名称：《中国林业年鉴》编辑部

地　　址：北京西城区刘海胡同 7 号

联系人：刘慧

银行帐号：中国工商银行北京分行新街口分理处 890068—97

邮政编码：100009

电　　话：6014477—38

电报挂号：1010 北京

广告许可证号：京西工商广字 231 号

广告业务范围：国内外与林业有关的工商产品广告

《中国林业年鉴》定价与订购

定　价：

第一卷，即《中国林业年鉴 1949～1986》35 元

第二卷，即《中国林业年鉴 1987》37 元

第三卷，即《中国林业年鉴 1988》28 元

第四卷，即《中国林业年鉴 1989》28 元

第五卷，即《中国林业年鉴 1990》30 元

订购办法：

①通过各新华书店订购；

②直接与中国林业出版社发行部联系订购；

发行部地址：北京市和平里胜古西庄

邮政编码：100029

开户银行：中国工商银行北京和平里分理处

帐　　号：891316—28

电　　话：426　6776

利 用 外 资

【世界银行贷款林业发展项目 A】 1991年是林业发展项目执行最后一年，至年底，已顺利完成了项目终止前各项扫尾工作。

项目进度 1991年，按照1989年12月5日和1990年12月19日二次修改后的信贷协定规定，全面完成了项目工作：①完成各类投资2721万元，占项目总投资的5.7%。其中：林区设施和木材加工厂后续工程等555.49万元；支付1990年签订合同采购的物资、设备、仪器款414.39万美元，折合人民币2165.51万元，占设备信贷总额2237.11万美元的19%。②完成四川省南江基地年产2000吨纤维 板厂的设备安装、调试工作，1992年将投入生产。③国内培训208.5人月，占总计划任务的14.3% 。

世界银行检查 世界银行官员艾略特女士于4月26、27日在北京检查项目执行进度，对（A）项完成大部分项目工程表示满意，并于5月8日向林业部项目办提交《林业发展项目工作检查备忘录》，针对贷款截至日期延长至1991年12月31日需要进行的工作，提出了有益的建议。

设备运营 由林业部项目办公室组织黑龙江、四川、广东三省项目办主管机械设备有关人员，于9月12日至10月24日对三省项目单位自项目执行6年以来引进的全部机械设备的运营状况进行检查：①三省共使用机械设备采购信贷2237.11万美元，折合人民币10674万元，占信贷总额的48.3%，共购进机械设备1556台（套）（其中各类汽车803辆，工程、林业专用机械753台、套）和8处木材加工厂、车间设备及2处土壤化验室仪器等。②加强对各类车辆的运营管理，以项目基地或林场为单位，成立专门机构，集中统一管理，制订行之有效的规章制度，坚持按章办事，经济上执行单机成本核算，做到有奖有罚，调动职工积极性，取得了较好经济效益。1987年和1989年两次国际招标引进的224辆各类汽车中有157辆车，采取以上措施进行管理，截至1991年6月平均运营42个月，共创纯收入1196.6万元，收回全部投资外还有盈余。其中广东省42辆创纯收入556.9万元，年均每辆行驶里程23.3万公里，纯收入13.26万元。③购进设备质量好，技术性能均满足生产工艺要求，已经发挥或将要发挥较好经济效益的各类设备占设备采购总金额的88.51%；设备质量较差，影响经济效益的占11.06%；设备型号不对路，不适用于项目林场生产的占0.43%。

项目竣工报告 按照世界银行项目执行程序和1991年度部署要求，10月20日至11月30日由部项目办公室组织三省项目单位有关人员，按时完成了编制《中国林业发展项目（A）竣工报告》工作。

偿贷工作 根据1986年《财政部、林业部关于使用国际开发协会信贷进行林业发展项目的协议书》和1991年财政部关于及时偿还世界银行信贷的要求，10月31日以林造项字（91）12号函通知三省项目办公室按要求做好信贷偿还准备工作。 （承正女）

【世界银行贷款林业发展项目 B】 1991年为执行世界银行贷款林业发展项目B最后一年。各单位基本建设已经结束，共完成3442万元。设备采购已在1990年结束，1991年进行扫尾工作。除个别设备尚在安装外，99%的仪器、设备已经安装调试完毕，陆续投入使用。国外培训工作是1991年的工作重点，全年共派出31人174人月赴澳大利亚、新西兰、英国、法国、瑞典、美国和香港进修林业有关专业及仪器维修。还派出2个团分赴瑞典与泰国考察林业推广与乡村林业。

贷款的偿还，通过努力，一些单位已经落实了还款付息。 （方 堪）

【世界银行贷款恢复森林资源项目】 1987—1991年底，已接待世界银行营林咨询专家3次，并在塔河林业局举办了一期森林病虫害防治培训班。技术咨询内容包括种子采集与加工贮存、育苗、机械整地、直播造林等。我方受培训的人员达80多人次。

通过国际公开招标从奥地利陶保尔工程公司购进了4套大田育苗设备和2套种子加工设备。大田育苗设备分布在塔河、阿木尔、图强、西林吉4个中心苗圃，用于加强火灾区北四局的育苗生产能力；种子加工设备分布在塔河中心苗圃和加格达奇林木种子科研站。

这次引进大田育苗设备是我国林业第一次成套引进的国外先进设备，其技术代表了当今世界机械育苗的先进水平。设备包括超低速拖拉机、装卸机、自走底盘、筑床机、厩肥撒播机、拣石机、播种机、换床机、切根机、起苗机、打药机、钉齿中耕机等12种设备。这批设备已于1990年9月运抵大兴安岭。种子加工设备包括球果脱粒机、去翅机、清选机及附属机械，与其配套的立式球果烘干机由我国四川省林业科学研究所研制。整套设备采用连续作业法，每天可以加工球果2000公斤以上。这2套设备均已于1991年安装调试完毕，并投入了试生产。 （熊 炼）

各省、自治区、直辖市林业

北京市林业

【概　述】 完成人工造林超计划60%，其中密云怀柔水库上游水源保护林12.8万亩，防风固沙林2.9万亩，沟谷造林和经济沟开发4.4万亩，前山脸绿化造林2万亩；飞播造林52万亩，超计划4%；封山育林25.6万亩，超计划28%；农田林网和"四旁"植树1502万株，超计划50.2%；中央、市、县属各单位完成植树707万株，超计划78%；育苗6万亩，超计划9.8%；果品生产战胜特大自然灾害，产量超过历史最高水平，达到2.89亿公斤，超计划3%；蚕茧产量5.25万公斤，超计划5%；蜂蜜产量150.7万公斤，超计划58.6%；局直属单位收入达1.2亿元，超年计划指标14%，利润1152.3万元，超计划13.4%。1991年，北京市获林业部授予的全国林业宣传工作先进单位称号和造林质量优秀奖。

重点造林工程 平原以路、河、沙、网、庄绿化为重点，以平原乡（镇）绿化达标为主攻目标，突出抓了61项重点工程。市和区（县）90名领导分别担任各项工程指挥，全市193个平原半平原乡（镇）已有180个达到绿化标准。

山区继续采用飞播造林、封山育林、人工造林多种手段加快绿化步伐，完成造林数量是近几年来最多的一年。工程造林面积占90%以上。其中在前山脸半月形沿山地带，全面推开爆破整地、客土造林工程，当年完成4623亩，植树45.3万株。

义务植树和部门绿化 经过充实、调整，1991年，中央、市、县赴郊区参加义务植树人数增加到150万人。农民义务植树人员达到177万人。共青团组织继续开展了争夺绿化杯活动，妇联组织广泛开展"三八"绿色工程活动，绿化工程总面积达8000多亩。公路两侧绿化240公里，植树62万株；铁路两侧绿化23公里，植树22万株；突出抓了937个乡（镇）企业、养殖场、敬老院、中小学等企事业单位绿化，又有一批单位进入绿化美化先进单位行列。

种苗繁育基地建设 加强了种苗管理和基地建设。成立了林木种苗管理总站，组建了种苗信息联络网。确定了一批具有一定规模和管理水平较好的骨干苗圃，总面积2.6万亩，初步形成自繁自育，林、果、桑品种齐全的生产体系。引进培育优良品种20多个，建立林木良种基地900亩。

科技工作 科技兴林意识进一步增强。制定了《北京市"八五"林业科技发展规划》、《科技项目管理暂行办法》、《关于加强科技情报工作的意见》等规范性文件。举办林业高级研讨班、绿色证书系列培训班等各种培训班33期，培训1445人次。

林木管护 护林防火工作继续抓好组织领导、思想发动，重点防范和设施建设，严格火源管理，实现第二个无山林火灾年。全年仅发生山林火警4起。

病虫害防治工作普遍开展达标竞赛活动。病虫监测覆盖率和防治效果都有一定提高。重点地区飞机防治面积达20万亩。 （李永芳）

【密云水库水源保护林工程】 密云水库是华北地区最大的水库，占地33万亩，最大库容43亿立方米，是北京城市生活用水的主要水源，涉及本市密云、怀柔、延庆、昌平4个县。密云县河流流域面积196.6万亩，占密云县总面积的60%。其中规划林业用地160万亩。该流域范围属于干旱瘠薄石质山区。常年降水量700毫米左右。建国初期，仅在边远山区残存少量天然次生林，生态环境逆向演变，自然灾害频繁，每逢暴雨，洪水暴涨暴落。特别是泥石流的发生，多次给人民的生命财产造成重大损失。水库建成后，由于上游保土能力差，雨水携带大量泥沙入库。平均每年水库淤沙572万吨，多年平均土壤侵蚀模数为1950吨/平方公里·年，对水库构成威胁。

为加快这一地区的治理，保护好这盆清水，在1959年建库的同时，就开展绿化造林。1982年被列入国家"三北"防护林工程，1986年又列入京津周围地区绿化工程，1987年，市人大常委会八届四十次会议专门作出决议，加速密云水库水源保护林建设。

主要成就：①初步形成防护体系。密云水库水源保护林工程，坚持因地制宜、因害设防，逐步推行工程造林和综合治理。据1990年清查，规划范围有林地面积已达81.5万亩，其中经济林19.8万亩，薪炭林13万亩，未成林造林地19.2万亩，灌木林19.6万亩。林木覆盖率达到52%，造林面积已完成规划任务的75%。森林植被的增长，对保持水土、涵养水源、净化水质起到明显作用。水库上游的蛇鱼川、黄峪口小流域在1959年、1969年和1989年的7、8月间都各发生了一次强暴雨。前两次发生较大泥石流，造成重大损失。而1989年的一次，暴雨强度比前两次都大，按百年一遇洪水流量应为190立方米/秒；但由于林木覆盖率的大幅度增长（达到64%），洪水流量实际仅为76立方米/秒，减洪错峰60%，有效地防止了泥石流和洪水危害。据测定，最近15年入库河水含沙量比前15年减少60%。几年来，密云水库水体质量连续保持国家地面水环境质量二级标准。②产生了比较显著的经济效益。水源保护林现有林业社会总财富达到32亿元以上。其中拥有果树资源近20万亩，初步形成苹果、鸭梨、红果、板栗等7个果品基地，年产干鲜果品近2500万公斤，产值3312万元，占农业总产值的17.5%。据1990年调查，该区域林木蓄积量40万立方米，每年可提供木材1200立方米，近10年累计生产木材1.5万立方米。水保林建设为山区经济带来了繁荣。

主要作法和体会：

①突出重点，加强组织领导。近10年来，建设密云水库水源保护林工程一直被列为全市重点造林工程。密云县组成专门领导班子，重点乡镇成立领导小组，由党政主要领导牵头，把林、农、水、环保等有关部门统一组织协调起来，较好地发挥了整体力量。在制定规划和实施规划的过程中，市政府林业顾问团和市林学会的专家、教授进行了两次论证，并组织有关专家到现场考察，保证了水源保护林技术措施的科学性和有效性。

②统一规划，综合治理。以营造水源保护林为主体，山水林田路综合治理，生物措施等工程措施相结合，农林牧果相结合。

③实行工程造林，提高造林质量。从1980年起，密云县改革造林管理办法，按照区划搞规划，按照规划搞设计，按照设计造林，造林后进行检查验收入档。几年来，先后治理20个小流域，“七五”期间造林31万亩，平均保存率提高到81%。

④推广适用先进技术。松柏营养钵苗繁育近1亿株，造林17.4万亩，成活保存率达80%左右。繁育赤眼蜂60亿头，防治农林果虫害面积20万亩，减少了化学农药的污染。刺槐薪炭林营造技术，果树综合管理技术，松毛虫综合防治技术等先进适用技术都得到广泛应用。（侯宝昆　裴国良）

【北京市干线公路绿化】　京张、京密、京津、京开、京周路是北京市通往外埠的主要干线公路，境内总长近400公里，涉及13个区（县）。不仅交通流量大，而且是通往八达岭长城、明十三陵、周口店猿人遗址等重要名胜古迹的必经之路，绿化美化水平直接影响首都声誉。

在市委、市政府和首都绿化委员会的直接领导下，市林业部门把干线公路绿化列为北京市“七五”林业建设重点工程。从首都大环境生态建设着眼，作为城乡绿化一体化的连接纽带和平原防护林体系的骨架，对干线公路绿化提出了较高的标准和设计要求。京开路穿越京郊最大的风沙危害区，植树注重防护效益，因此在树种选择上，栽植以阔叶树为主的防护林带。林带镶嵌着许多果林、片林。京周路以针叶树为主。京津路要求林带设计上采用多树种、多林种、多形式配置。京张路通往八达岭、明十三陵，按照风景林带设计，栽植了大量火炬树、针叶树和灌木。

从1986年开始，市委、市政府下决心拆除公路两旁的违建临建和构筑物，并占部分耕地进行绿色走廊建设。市委书记、常委和市长、副市长分路负责实施。李锡铭、王宪负责京张路，陈希同、黄超负责京密路等。截至1990年底，在公路两侧30—50米范围内栽植林木450万株，灌木70万株；建成15个绿色环岛和数十个花亭公园。

在干线公路两侧绿化带建设同时，加强了沿线乡（镇）、村庄绿化和公路两侧各500米范围农田林网建设。沿线所有乡（镇）和大部分村庄达到了绿化标准；500米范围内农田全部实现林网化。干线公路绿化初步达到观形、观色、观花、观果和谐统一的效果。绿色走廊在十一届亚运会期间，发挥了重大的社会效益，受到中外宾客和社会各界的好评。（裴国良）

【北京市古树名木保护管理】　1991年10月，古树名木资源普查工作结束。全市19个区（县）共有古树名木26科、50种、41 706株，其中城区23 527株，郊区18179株。树龄300年以上的一级古树6213株，百年以上的古树及具有教育和纪念意义的名木35 493株。如树龄超过千年的侧柏、银杏，罕见的油松变异树种“盘龙松”和“凤凰松”、“酸枣王”；稀有树种云杉、杜仲、流苏树、黄波罗、七叶松、青檀等；长势奇特的树上树如柏抱榆、柏抱桑、槐抱榆、槐抱楸、槐抱椿等。还有周恩来、李先念、邓小平、叶剑英、胡耀邦、李鹏、田纪云等党和国家领导人和金日成、田中角荣、西哈努克等外国元首栽植的纪念树和友谊树。

古树名木遍布京郊226个乡（镇），883个单位。其中大部分生长在古寺庙遗址和古坟陵苑遗址，分别占郊区古树名木总数的41%和38%。郊区古树大部分呈群状分布，形成大小20个古树群，占郊区古树名木总数的83%。

古树名木保护管理：

①加强领导，狠抓宣传。1987年以来，北京市林

业局一直把保护古树名木资源列为考核区（县）林业局工作的一项重要内容。抓住3个林业宣传月及西瓜节、百果节、庙会等地方特色节日活动，大力开展宣传。1991年，林业系统利用市级以上宣传媒介发表保护古树名木的宣传稿件60余篇。1991年3月8日，市政府常务会公开严肃处理东城区新大路六号院古槐树死亡的责任单位和责任人，在社会上引起极大反响。市林业局在林业系统内部进行“四知道”宣传，即知道古树名木的标准、资源概数、危害行为和有关法规。同时，市林业局组成6个检查组逐县进行检查。市林业局还给郊区区（县）长发出了致郊区区（县）长的一封信，进一步阐述了保护古树名木的重要意义和保护意见，收到一定效果。据统计，当年全市郊区清除垃圾土1285车次15 650立方米，拆除影响古树生长的建筑70间1456平方米。

②采取措施，狠抓养护。在对古树名木生存环境和生长状况详细调查的基础上，采取了养护管理技术措施。对200株有特殊保护价值的古树逐棵研究保护方案，采取复壮措施。截至1991年底，郊区已对5150株古树名木采取了建围栏、修树盘，铺设透气装置，打药、施肥等措施的养护。

③建立监督网。1990年实行了以确定保护古树名木责任人养护人为核心的责任制度。郊区共落实责任人和养护人2095人，初步形成了市、区（县）、乡（镇）、村各级有人抓，分工明确、责任落实的管理制度。大部分区（县）还成立了以主管区（县）长为组长，林业、园林、文物、规划、工商等部门负责人组成的保护古树名木领导小组。全市所有古树名木已建立了档案，一级古树名木有图片档案，所有古树名木均挂上了明显标志。（施　海）

【北京市林业局加强行业思想政治工作】

①提高认识，加强领导。自林业部提出加强行业思想政治工作后，林业局多次召开政治思想工作研讨会和理论务虚会，统一思想认识，研讨行业政工的特点和方法。在认识不断提高的基础上，林业局提出行业政工要树立“三个第一”的思想，即在林业建设中把思想政治工作作为第一道工序来抓，各单位一把手必须亲自抓，对行业政工要从各方面给予第一位的保证。林业局着重从三个方面抓行业政工。一是大力开展社会宣传，提高绿化意识。据不完全统计，1991年市级以上报刊、电台、电视台共播发北京造林绿化宣传稿件800余篇，县级播发2500余篇。二是搞好思想发动，促进林业发展。全市围绕“深化林业改革、振兴首都林业”等内容，开展了几次大讨论，统一了思想认识。三是弘扬行业精神，建设林业队伍。首先是抓好领导骨干政治素质的提高。同时大力开展了学先进、树标兵，弘扬行业精神的活动。1991年召开全市林业系统基层先进单位先进个人表彰大会，表彰了88个先进单位，11名先进生产者，52名先进工作者。

②健全组织，形成体系。市县两级林业局成立了以党政主要领导为组长的行业政工领导小组，在林业系统初步建立了三支队伍，一是抓行业政工的领导队伍，二是行业政工的专职骨干队伍，三是通讯员队伍，三支队伍共有210人，初步形成了市、县、乡三级行业政工网络。市林业局建立了宣传中心，加强了林业宣传的组织领导。市建立了行业政工研究会，吸收会员160多名。

③建立制度，狠抓落实。一是“四同时”制度，即思想政治工作要与生产业务工作同计划、同部署、同检查、同总结。二是培训制度。每年对政工科长、通讯员进行一二次培训。三是研讨制度，每年召开两次行业政工研讨会和理论务虚会。四是考核评比制度。从1990年开始，把行业政工列入对区（县）林业局工作考核内容，年终进行评比奖励。

另外，采取多种办法增加宣传和行业政工方面的投入。1991年上半年解决政工经费100万元以上。4个区（县）办了林业展室。（北京市林业局办公室）

天 津 市 林 业

【概　述】

成　就

林业生产　全市郊区、县营造用材林266.7公顷，防护林4333公顷，经济林846.7公顷。“四旁”植树663.9万株。当年新育苗面积833.3公顷。幼林抚育面积11 533.3公顷，成林抚育面积19 880公顷，采集树种18 100公斤。当年林木采伐量21 818立方米。全市果品产量126 262吨，其中干果产量792吨，比1990年增加41.4%；水果产量125 470吨，比1990年增加24.2%。

市级绿化重点工程　①京津公路拓宽段两侧绿化带，挖土方45 800立方米，栽树植果3.925万株；②新建农田林网林带4614.4公里，植树425.33万株，增加防护面积53 866.7公顷；③杨柳青绿化工程新建农田林网林带15.3公里，建设合资果园100公顷，营造片林10公顷，植树6.87万株；④蓟县大绿工程的盘山、长城、翠屏湖三大风景区造林1600公顷；⑤武清港北森林公园，改造沙荒植树种果60公顷；⑥蓟宝（蓟县宝坻县）果品基地新建果园665.3公顷，津西水果基地新建园84.9公顷。

改革与林政实施

林业宣传　植树节前，播发了市农林局陈钟槐局长《把全民义务植树运动推向一个崭新阶段》的电视讲话；《天津日报》开辟了林业技术专版；《天津农林科技》杂志出版纪念义务植树10周年专刊。植树季节，市、县林业主管部门与新闻单位密切配合，播发植树绿化稿件2374篇次。设置绿化专栏、橱窗94处，出动宣传车24辆次。市绿化委员会办公室举办全市绿化知识竞赛活动。各区（县）在中小学生中开展普及绿化知识教育。编印大型画册《中华绿色明珠——天津分册》，出版发行《绿漫津沽》彩色图片。义务植树参加人数达188.23万人次，植树819.01万株。

育苗工作 为扭转苗木紧缺、品种混杂、管理粗放的状况，采取如下措施：①把育苗工作列入领导绿化责任状与林业生产百分竞赛的内容，并制定《天津市国营苗圃育苗管理考评办法》，年终进行评比。②强化苗木生产繁育体系建设，在武清县建一处良种繁育基地，确定蓟县、宝坻县、西青区3个国营苗圃为中心苗圃，为形成良种繁育和生产体系奠定了基础。③实行定向与合同育苗，并给予资金扶持，每公顷补助1200—1500元。静海县对群众育苗采取两级扶持、三级筹资办法，新育苗每公顷县补助750元，乡补助1500元。

森林资源管理 完成全市森林资源二类清查。制定《天津市郊区县工程造林管理办法》、《林业生产百分竞赛办法》，强化宏观管理。编制《林业执法手册》，认真查处毁林案件。1991年，全市发生毁林案件91起，查处89起，其中5起为刑事案件。在西青区召开打击滥伐、盗伐林木公开处理大会，震慑毁林犯罪分子，狠刹了乱砍滥伐林木歪风。为执行采伐限额，市政府发出《关于严格控制林木采伐的通知》，规定砍伐林木，一律由市政府审批，使木材采伐量比1990年下降49.2%。

森林保护 全市防治林木病虫鼠害面积1.37万公顷，占当年发生面积的63%。市树白蜡发生严重的梣小吉丁虫为害，市森林检疫站及时组织园林局、农场局、市政工程局等所属11个苗圃进行苗木检疫，严禁38万株带虫苗木出圃，制止虫害蔓延；市政府拨款40万元防治经费，及时除治，有效地控制了该虫的发生发展。开展“爱鸟周”十周年纪念活动，市农林局与市公安、工商部门联合检查了天津机场货运站、8个鸟类市场，查获国家二级保护鸟类和市级保护鸟类100多只，当场放飞。森林防火，全市仅发生4起火警，燎荒面积4公顷，有林面积0.03公顷，比1990年分别下降66.7%和50%，实现第二个无森林火灾年。

乡（镇）林业站建设 1991年，全市有乡（镇）林业站150个，其中新建20个，经市编委核定增编476人，完成招工任务，平均每个乡站设编3.2人。以部颁“五条标准”认真抓好乡林业站的完善与提高，多数做到“三图上墙”、“八项制度完善”。为增强林业站自我发展能力，提倡要有一定数量的基地用于育苗和多种经营。宁河县21个乡站有基地93.3公顷，每个站平均4.4公顷。创利润19.2万元。

林业科技推广体系 1991年，筹建了静海县、武清县林业技术推广中心。全市推广应用二十余项科技成果。毛白杨优良无性系繁育被列入林业部推广项目，当年建立采穗圃1.89公顷，嫁接繁育优良种苗230万株；低产低质果园改造列为本市农业示范工程项目，完成果园改造面积1431.47公顷。采用生根粉、容器育苗等综合造林措施，解决了山区干旱阳坡造林成活率低的难题；12个郊区（县）在造林、育苗上应用ABT生根粉，效果显著，被选为植物生长调节剂国际培训班（由国家科学技术委员会合作司与中国林业科学研究院ABT研究中心联合举办）的参观现场。再获1991年全国ABT生根粉推广工作特等奖。

存在问题 ①苗木紧缺尚未完全缓解，育苗生产从品种结构、质量和管理上仍存在不少问题。②立地条件较差的造林用地，成本较高，资金相对不足。③基层技术力量薄弱，应加强林业教育工作。

（天津市农林局）

【蓟县荒山造林】 蓟县山区地处燕山南麓，是冀东北山地和华北平原的结合部，面积有75 466.67公顷，占全县总面积的51.3%。成土母质以石灰岩为主，其次有少量的花岗岩和片麻岩。坡陡土薄，水土流失严重，尚有6666.7公顷荒山没有绿化，其中干旱阳坡和薄土层地段占70%。由于立地条件较差，加上气候是十年九旱，年均降水量697毫米，多集中在7、8两个月，春季干旱，造林难以成活。

在县委、县政府的领导下，林业主管部门积极采取措施，动员和组织广大科技人员和群众共同攻关，依靠先进的科学技术，攻克了干旱阳坡荒山造林的难关。仅1991年就完成荒山造林和缓坡开发达2573.33公顷，成活率达90%以上，实现了干旱阳坡大面积造林一次成功的突破。具体措施是：

①确定攻关项目。以万亩干旱阳坡造林技术示范工程、山水林田路综合治理、建设生态经济型林业和缓坡开发项目为重点，按照高标准、严要求，搞好项目的规划与设计，以项目促工程建设。

②采取组合技术，实行科学造林。因地制宜，根据不同项目分别采取深坑深沟整地，蓄水保土，ABT生根粉浸种、浸苗根，营养袋容器育苗、移苗等一系列措施，确保荒山造林的成活，成活率高达98%，创该县历史最高水平。

③抓典型，树样板。先后在青山岭缓坡开发、龙前村林果综合发展、盘山柿子基地和生态经济型林业建设等示范项目中，树立10个工程样板，总结、推广典型经验，推动了全县荒山造林的进展。

④精心组织施工。行政领导亲自抓项目，组织发动群众搞大会战，进行义务工整地。技术干部负责技术培训，组织专业队栽植，严把质量关。

（天津市农林局）

【天津市野生动植物进出口管理工作】 天津是我国

重要的贸易口岸之一，出口辐射面很广。野生动植物进出口工作频繁，除本市有些野生动物资源外，另有六省（区）的野生动植物及其产品，集中到天津进行加工、交换和对外贸易。中华人民共和国濒危物种进出口管理办公室（以下简称国家濒管办）天津办事处自1989年建立以来，承办国家濒管办审批的野生动植物在天津进出口的签证手续，认真执行有关法规，严格把关，核发签证275份，共接待来信来访等500人次，审核出口野生动植物及其产品338.36吨，其中：中成药139.097吨，野味肉类198.9吨，动物尾毛369.7公斤，活动物14 002只，皮张5230张，总价值4500.8万元人民币，收取手续费和管理费达37万余元，上交国家濒管办。

具体作法是：

①认真宣传贯彻《濒危野生动植物种国际贸易公约》、《中华人民共和国野生动物保护法》和国家濒管办的有关规定。对经营利用野生动植物及其产品的外贸、文物、文化、药材等系统的有关公司、中外合资企业和外省区驻津单位，还有工商、海关、铁路、民航等部门，分别召开座谈会，讲解《公约》和《保护法》，以及有关规定和办理手续，发放文件，使大家有法可依，有章可循。

②严格执行野生动植物及其产品审核审批制度。对有国家濒管办审批的许可证者，及时办理审核签证手续；凡没有许可证或手续不完备的，请他们依法、照章补办手续，否则一律不予办理签证。

③会同有关部门共同执法把关。主动与海关、民航、商检、动检、铁路检疫和工商、公安等部门联系，得到这些部门的通力协作。在其执勤和业务中遇到非法贩卖、运输、报关、报检的野生动植物和产品时，能及时通报情况，密切配合，共同把关，制止了许多违法事件的发生。

④加强流通领域的管理。调查了解经营、利用野生动植物及其产品的情况，全市从事野生动植物及其产品经营的公司和单位有1119个，其中对外贸易的有20个。通过调查做到心中有数，工作有的放矢。1990年起草《野生动植物及其产品出市审批制度》，由市政府批转各有关单位执行。（天津市农林局）

【天津市乡村林场建设】　天津乡村林场都分布在蓟县山区。山区乡（镇）占全县的51.2%，面积75 466.7公顷，占全县总面积的51.3%，其中荒山面积42 933.3公顷，占山区总面积的56.9%。现有乡村林场144个，人员789人，经营山场总面积15 653.3公顷，已绿化面积14 453.3公顷，占经营面积的92.3%。活立木蓄积量为21.5万立方米，占山区林木总蓄积量的64.9%。经济林面积2300公顷，134.6万株果树。各场坚持以林为主开展多种经营，养鸡3.1万只，养猪1600余头。96个林场自给有余，占全县乡村林场的74.4%。

其主要经验是：

①认真贯彻落实林业部《关于加强乡村林场建设若干问题的通知》精神，加强领导，把乡村林场建设摆到重要位置。市、县、乡都设专人抓，不断巩固和发展现有乡村林场，并结合工程造林，发动群众采取投工、投物、投资入股等多种形式兴办新场，1991年，新建场15个。

②选好带头人，抓好职工队伍建设。采取群众推荐、民主协商，选拔政治思想好、锐意改革、懂技术、善管理的人担任场长。开展爱场、爱林教育，使职工牢固树立艰苦奋斗、扎根荒山，以场为家的思想，稳定职工队伍。加强技术培训，提高职工的业务素质。

③开展质量管理评比竞赛，提高营林质量。制订《蓟县关于在乡村林场开展质量管理评比竞赛意见》，严格执行造林技术操作规程，坚持提前整地，采用优质苗木，一二级苗占造林用苗的96%，并推广应用先进技术，有效地提高造林质量，成活率达95%。制定森林经营规划，建立中幼林抚育样板，推广其经验，完成中幼林抚育2133.3公顷，占计划的106.7%，合格率为94.1%。

④开展多种经营，增加经济效益。各林场因地制宜发展种植业、养殖业、加工业，实现林果牧相结合，达到以牧养果、以果养林。充分利用林区资源，采蘑菇，割荆条，搞编织加工等副业，使全县乡村林场总收入达到138万元，比1989年提高314%。增强了乡村林场自我发展能力，提高了职工劳保福利待遇。

⑤建立健全岗位责任制。实行以增加森林资源和增强经济活力的“四包三挂钩”的承包责任制。一包完成生产任务，二包森林资源消耗不超采伐限额，三包多种经营产值和效益的增长，四包护林防火和安全生产。生产者的经济利益要与森林资源消长、与多种经营的产值和效益、与林场固定资金增值三挂钩。坚持统一管理，多劳多得的原则。将任务层层分解，落实到班、组和个人，做到责任明确、奖罚分明。

（天津市农林局）

【天津市科技成果推广】　在林业和果树生产上积极推广先进技术，加速科技成果转化为现实生产力，取得显著成效。具体项目是：

①ABT生根粉已在全市造林、育苗生产上广泛应用。育苗达2009.5万株，提高出苗率10—35%，并促进幼苗生长，提高苗木质量和等级，有的可提前一年出圃；用于荒山造林面积达3813.3公顷，与其他造林措施结合，干旱阳坡造林成活率由过去的20—30%提高到90%以上；飞播造林3133.3公顷，比不用ABT生根粉处理的提高出苗数40%；经济林定植应用达67.5万株，成活率平均提高15—20%。经济效益显著，投入产出比为1∶8.5—79。

②推广容器育苗，仅1991年就达500万袋。此外还用于移苗，将往年直播或飞播造林过密的3、4年生大苗起出，用ABT生根粉处理苗根移入营养袋内培

育，然后带袋造林，成活率可高达98%，并能延长造林季节。

③引进和推广林业和果树优良品种。到1991年，建立毛白杨5个优良无性系采穗圃1.89公顷，嫁接繁殖出80万株苗木，为天津市发展优种杨树奠定了基础。推广新红星、红富士等苹果新品种面积达5266.67公顷，占全市苹果栽培总面积的46.47%。

④采取综合措施改造低产低质果园。组织科技人员调查分析低产原因，制定10项技术实施方案，1991年改造1431.47公顷，平均亩产600公斤，超计划指标20%，好果率为90%，经济效益显著。

⑤化学疏花疏果推广面积6666.67公顷，果树种类由过去单一的苹果，扩展到梨、红果。多效唑在桃树上应用，减免人工夏季修剪，效果良好，又推广应用到苹果上，面积达2000公顷。

⑥推广果园覆草6666.67公顷，对没有水源的旱地果园，起到保水保湿、增加土壤有机质的作用，并减少了病虫害的发生，促进了增产。

⑦继续开展丰收杯竞赛活动，这是提高中高产果园生产水平的有效措施。参赛的有61个乡（镇），面积达1933.47公顷，品种有苹果、葡萄和桃。其中苹果参赛面积1066.67公顷，与1990年比较达标面积增加的总产量为531.1万公斤，已通过专家鉴定。

（天津市农林局）

【天津市1991年林业大事】

①1月22日，中华人民共和国濒危物种进出口管理办公室授权天津办事处办理黑龙江、吉林、辽宁、山西、内蒙古、山东、天津等7省（区、市）的野生动植物及其产品进出口业务的核发签证。

②2月26日，聂璧初市长主持召开市政府第61次常务会议，对“八五”期间天津平原绿化达标和1991年林业任务做出具体部署。

③3月7日，天津市绿化委员会召开第11次全体（扩大）会议，提出完成造林绿化任务的8项措施。

④4月10日，市政府在西青区召开造林现场会。

⑤10月21—22日，市人大常委会领导视察天津城乡绿化，指出还要强化“科技”和“效益”观念。

（天津市农林局）

【附　表】

天津市1991年林业科技干部队伍统计

单位：人

系统＼职称	高级		中级		初级	
	自然科学	社会科学	自然科学	社会科学	自然科学	社会科学
行政系统	1		10		25	4
事业单位	21	1	79	7	188	23
学校	8		10		8	
国营林场			1		2	
国营苗圃			2		23	2
区（县）林业工作站						
乡（镇）林业工作站			3		120	
其它			1		10	

（天津市农林局）

河 北 省 林 业

【概　述】

发展与成就

林业生产　林果生产主要指标均超额完成任务。年内造林完成计划106.2%。其中人工造林396.1万亩，比1990年增加11.7万亩；飞播造林有效面积82万亩。育苗29.5万亩，是年计划的105%，其中新育17.8万亩。“四旁”植树1.6亿株，是年计划的123.1%。干鲜果品总产量20.3亿公斤，比1990年增加2.26亿公斤。生产木材50.2万立方米（包括自用材和商品材），蚕茧82.45万公斤。

目标管理　省政府下达的三项目标管理指标均超额完成。①工程造林。完成223.2万亩，为计划的111.6%。其中首都周围绿化工程、沿坝用材林基地造林38.2万亩，林水工程和围山转造林60万亩。②平原绿化。年内18个县实现平原绿化达标，超计划6个。全省平原绿化达标县累计达到82个，占平原县总数的87%，达标率在全国名列第四。③名特稀优果品基地面积增加60.2万亩，超计划50.5%。

经济沟建设　在太行山区的8个地（市）23个县全面铺开，完成造林20.02万亩，其中木本粮油基地5.13万亩。造林整地32.77万亩。

改革与林政实施

林业政策　①抓了自留山、责任山和林业生产责任制复核验证试点工作，解决了“两山”四至不清，证地不符，责任制合同不完善，以及没有发证、没有签合同等问题。②对自留山、责任山经营管理情况进行了调查研究。③推广了赞皇县在家庭联产承包基础上建立统分结合的双层经营体制的经验，进一步完善了林业生产责任制。

科教兴林　①推广常规技术。围绕重点工程和林果基地建设，推广常规技术304项，推广面积1000万亩，覆盖率达50%。②建立科技示范点。省、地、县三级建立科技示范点170个，示范面积73万亩，辐射面积450万亩。其中省林业厅建示范点20个，示范面积13万亩，辐射面积50万亩。③推行“绿色证书”制度。全省培训林农、果农和乡村技术骨干82万人次。④完善技术推广体系。年内新建地（市）、县级技术推广机构59个，全省累计达190个。省厅对1677个基层林业站进行了充实、完善和提高，在全国林业站检查评比中名列第六。⑤林业科研。年内，获省林业厅科技进步奖的科研成果33项，其中6项获省级科技进步奖，5项获部级奖。⑥林业教育。为探索培养基层技术骨干的新途径，河北林业学校在办好普通班、职工班的同时，还试招了40名有实践经验的社会青年入学。

资源管护 ①森林防火。以实现“四网两化”为目标，重点抓了19个国家级火险重点县的防火工作，编制了“八五”计划和十年规划；添置了部分通讯、瞭望、交通设备和灭火器械；重点时期和地段实行专人负责，并组织了联查。年内共发生火灾13起，受害面积2155亩。②依法治林。一是结合普法教育，培训乡以上干部和林业执法人员1200多人。二是清理整顿了林业公安机构，严厉打击毁林犯罪。共查处各类毁林案件1800多起，挽回经济损失141.5万元。③限额采伐。全省试行了分级管理、分类控制的林木采伐限额管理办法，调整了“八五”后4年的采伐限额，颁发了《河北省林木采伐管理办法》，制定了《河北省采伐限额管理暂行办法》，开展了建设营林示范村和发放林木采伐许可证工作。

病虫害防治 一是对全省94个平原县杨树蛀干害虫的发生及危害情况进行了调查，制定了防治方案并已全面实施。二是成立了由28个县组成的干果病虫害防治协作组，重点抓了板栗、核桃、柿子、枣等干果病虫防治和检疫工作。

果树管理 ①推广了鸭梨套袋等7项综合技术，一二级商品果率达85%以上。②良种繁育体系建设。建苹果原种圃2处、采穗圃3处；建板栗良种采穗圃500亩。良种嫁接面积164.6万亩。③果树选优。鸭梨选出了22个优良单株，核桃进入决选阶段。④果品鉴评。评出省优品种晚熟杏3个、苹果18个。⑤果园升级达标。制定了《中级果园达标县标准》、《果园达标验收办法》、《“八五”期间果园达标规划》。重点抓了赵县、遵化两个试点县的果园升级达标。

国营场圃管理 ①开展了调研工作。一是对平原、山区、沿海、坝上四个不同类型区的16个林场进行了调查研究，提出了“八五”期间全省国营林场建设的6项基本目标和5项工作重点，明确了分类指导、分类经营的方向。二是对全省苗木生产情况进行了调查摸底，开展了国营苗圃升级达标活动，推广了良种并调整了苗木生产结构。②举办了以46个经济困难林场场长为主的场长研讨班，着重探讨林场经济危困的原因及摆脱困境的途径。③起草并由省政府批转了《关于进一步加强国营林场管理意见的报告》，维护了国营林场应有的权益。

存在问题 ①苗木生产数量不足，质量不高，特别是良种繁育工作仍很薄弱，需在调整结构、提高效益上下功夫。②宏观指导、政策服务、技术服务等方面距生产实际需要还有一定差距。③行业管理和行业结构调整不力，一定程度上制约了林业经济效益的提高。④国营林场、苗圃的改革步伐迈得不够大，竞争机制尚未形成。 （张恩满 杜红梅）

【赞皇大枣】 河北省赞皇县地处太行山东麓，总面积125.11万亩，其中浅山丘陵占全县总面积的80%，是赞皇大枣的主产区。到1991年底，全县枣树发展到11.5万亩、800多万株，年产大枣750万公斤，好果率达80%以上，年收入2250万元，大枣生产已成为赞皇县的支柱产业。

赞皇大枣又称赞皇金丝大枣，它品质优良，个大，核小，皮薄，肉厚，拉丝长，含糖量高，有36对染色体，是目前枣品种中唯一的自然三倍体，为我国传统出口商品之一。这个县有海拔60—500米的宜林荒山38万多亩，岗坡旱地14万亩，都适宜栽植大枣；野生酸枣2500万株，均可嫁接大枣。为尽快把资源优势转化为经济优势和商品优势，这个县采取了一系列措施。

①加强领导。1982年，县委、县政府根据山多地少适宜发展大枣的县情，调整了农村产业结构，将发展大枣作为全县脱贫致富的突破口，县政府发了《关于加强酸枣管理的决定》。1985年，县人大作出发展大枣的决定，并把枣树定为县树。县里确定一名副县长主抓大枣生产，由县林业局、科学技术委员会、山区建设办公室组成专门班子统一指挥，并将栽植大枣的任务层层落实到各乡村，实行目标管理责任制。

②落实政策。1985年，县政府发布文件，下放了岗坡次地，并实行了承包经营，明确了谁栽谁有，地随树走，儿孙有继承权等政策。县政府还作出了岗坡次旱地退耕还枣的决定，及时为果农颁发了林地证，稳定了民心，调动了群众的积极性。

③抓点促面。县领导通过深入乡村调查研究，及时总结了发展大枣致富的典型经验，推动了全县大枣生产。大河道村人均1亩耕地10亩荒山，到1984年村民还吃国家救济粮。1986年开始发展枣树，到1991年建成枣园5000亩，枣树20万株，年产鲜枣30万公斤，仅此一项人均收入300元，占总收入的50%。枣树的发展促进了农业发展，1991年这个村粮食总产75万公斤，相当于10年前的5倍，实现了林茂粮丰。南赵峪村1978年只有1.5万株枣树，现在已发展到23万株，户均大枣收入1000元，最多的户达5000元。

④综合服务。聘请大专院校和科研单位的枣树专家作技术指导。县成立了林果技术推广站、枣树研究会和大枣技术承包集团，各乡（镇）建立了林业站，全县形成了综合服务体系，有130名林果科技人员常年在枣区从事技术服务。带动、培养了400个科技示范户，有农民果树技术员1000多名。 （陈英洲）

【阜城县林业站建设】 河北省阜城县把基层林业站建设列入议事日程，作为一项基础工作来抓，从1990年到1991年，经过两年努力，不仅在城关、古城、王集、霞口、崔庙5个区片建起林业工作站，全县22个乡（镇）也都实现了一乡一站。经省、地林业主管部门检查验收，各基层站全部达到了林业部颁发的标准。

阜城县地处黑龙港流域，是个平原县，全县有用材林750万株，各种果树8.9万亩。1990年，县政府召开县长办公会，专门研究了林业问题，批转了县林业局《关于建立基层林业站的报告》，规定基层林业站要做到“六有”（有县政府正式批文，有专职工作人员，有固定办公用房和库房，有牌子、公章和财务帐户，有开展正常工作的经费和条件，有一定的经营能力和服务场所）“三落实”（落实班子、房产权、财务制度）、“四上墙”（规章制度、林业规划图、人员组成名单、工作职责范围上墙）。到1991年底，全县林业站干部职工已达154人，其他各项要求也都全部落实。

基层林业站建立后，强化了林木管护和科学管理。各林业站都建立了“三队一处一团”服务组织，即送药打药队、修剪服务队、巡回医疗队，技术咨询处和果园技术承包集团。5个片站对2400亩果园实行了技术承包。片站下设护林队，负责各乡级站护林员的组织培训工作。各护林队把护林责任落实到人，路口竖责任牌，护林员上岗佩戴统一制做的标志。全县已形成了一个完整的林果管护和技术服务网络。

为解决林业站的经费问题，增强林果技术服务的后劲，县政府批准林业站经营农业生产资料，鼓励林业站把经营活动与技术服务相结合。各林业站采取了便民措施，允许农民赊帐，并结合林果生产季节，把化肥、农药送到田间果园，现场进行技术指导。林业站的经营范围不断扩大，除经营化肥、农药外，还经营修剪工具、林果科技书刊、种子苗木等。两年来，林业站总经营额250万元，创收8万元，除满足各项开支外，还购置了一部分运输、通讯和技术设备，增强了各站的综合服务能力。 （陈英洲）

【塞罕坝机械林场森林防火】 塞罕坝机械林场1962年由林业部投资建立，现为河北省林业厅直属林场。该场位于河北省最北部的围场县境内，总经营面积93 932公顷。从建场到1991年底，森林面积由21 444公顷增加到53 207公顷，立木蓄积量由45万立方米增加到254万立方米，森林覆盖率由19.6%提高到56.8%，成为华北地区最大的人工林基地。先后荣获全省和全国森林防火先进单位称号。

针对当地干旱少雨，大风日数多的气候特点，这个场在森林防火工作中采取了一系列配套措施。

①加强领导。场党委把森林防火工作摆在一切工作的首位，常抓不懈。对所属6个分场实行场长负责制，并把防火工作列入考核分场经营管理的内容。

②宣传动员。每年春秋防火季节，林场都出动宣传车，派出工作组，深入分场、营林区以及林区各乡、村、组，利用宣讲、培训、电影、幻灯等形式广泛宣传森林防火，年均受教育群众达6万多人次。

③科学管理。制订了《防火工作百分制考核办法》、《森林防火工作实施细则》和《森林火灾扑救预案》，以及火源管理、检查、巡山、瞭望、通讯联络、宣传教育、联查联防、奖惩等8种规章制度。

④队伍建设。总场成立了护林防火指挥部和办公室，统管全场森林防火工作。建义务扑火队30个，1340人；半专业化扑火队7个，290人。配备专职护林员82人，专职防火瞭望员48人，形成了专业和群众相结合的森林防火网络。

⑤设施建设。开设防火隔离带655公里，架设电话专用线576公里，添置专用电台16部、直拨程控电话1部、传真机1台、专用机动车21辆、风力灭火机183台、二号扑火工具1700把，建望火楼9座、检查站15处、小型飞机场一处。

⑥量化管理。护林防火人员划定责任区，分片包干，工作实绩与工资、奖金挂钩；全场各单位普遍实行防火工作达标验收制度。在春秋防火戒严期，对全场17处重点火险区采取特殊措施，派专职人员死看死守，彻底清山清林，禁止野外违法用火，杜绝火灾隐患。

⑦联查联防。林场同毗邻单位和乡村建立防火联防组织31个，扑火队员7000余人，在地方政府统一领导下搞联查联防。 （陈英洲）

【献县枣粮间作】 河北省献县位于冀中平原东部，是沧州金丝小枣主产地。1991年底，全县枣粮间作面积达28万亩，其中盛果期枣树10万亩，年产干枣1200万公斤，年创收3500万元。金丝小枣品质优良，皮薄、肉厚、核小，含糖量高，在国内国际市场上声誉很高。近几年小枣加工业发展迅速，全县有各类小枣加工厂500多家，年加工鲜枣900万公斤，产品畅销英、法、美、日、东南亚及港澳等几十个国家和地区。

献县具有发展枣粮间作的优势。一是土地资源丰富。全县耕地107万亩，其中50万亩为轻、中壤质粘土和粘质壤土，适宜栽植小枣。二是气候条件适宜。枣树喜光、喜温、喜干燥，献县年平均日照时数2851.1小时，日照百分率65%，光辐射能为132.3千卡/平方厘米，具有充足的光照和太阳辐射能量。献县年平均降雨量560毫米，5、6月降雨量占全年的14.9%，7、8月占63.2%，9月占7%，全年降雨呈旱、涝、旱趋势，对枣树的开花座果、生长发育、果实成熟十分有利。三是苗木资源充足。全县10万亩盛果期枣树每年可滋生根蘖苗500万株，有二级枣树育苗2000亩，年产枣苗100万株，可满足本县发展枣粮间作的需要。四是内外环境优越。广大农民有栽培枣树的传统和经验；金丝小枣在国内国际市场上竞争力强。

献县为发展枣粮间作采取了一系列措施。

①把发展枣粮间作作为振兴经济的突破口。献县是一个农业县，树木稀少，粮食产量低，1986年被国

务院定为二级贫困县。1986年县委、县政府作出《关于动员全党全民大力发展枣粮间作的决定》，计划到“八五”末期，枣粮间作面积达到50万亩。县人大通过了《关于定枣树为县树，农历八月初五为小枣节的决议》。县委和县政府还树立了李尚庄、后孟村、后厂村等一批新老典型。李尚庄村1万多亩耕地全部实现了枣粮间作，1991年产小枣40万公斤，粮食总产50万公斤，枣粮总收入160万元。其中，小枣收入120万元。

②实行倾斜政策。县政府制定了《关于发展林业生产的几项具体规定》，对现有枣树一律承包到户，发放林权证；新栽植的枣树谁栽谁有，允许继承或折价转让。县政府还决定，枣树二级育苗3年内免征农林特产税，免征水资源费，免交提留；每育一亩枣树苗扶持贴息贷款300元，奖售平价化肥、柴油各20公斤。1991年，全县育枣苗1180亩，新增枣粮间作面积5.1万亩。

③制订了《献县枣粮间作发展规划》。组织科技人员对枣粮间作不同行距进行对比试验，确定了枣树行距为15米的最佳模式，并在全县推广。

④建立健全技术推广体系。县建立了小枣研究中心，枣区乡、村建立了小枣技术站和示范基地，形成了县、乡、村三级科技推广体系。先后推广了老枣树更新、土肥水综合管理、枣树整形修剪、病虫害防治、激素提高座果率、密植丰产栽培等新技术，并完成了商品基地建设、枣粮间作优质高产园建设等6个省级科研项目。几年来共举办长期培训班48期，短期培训班420期，有5.8万人次接受技术培训，其中2100人达到了农民技术员水平，为发展枣粮间作奠定了基础。

（陈英洲）

山西省林业

【概　述】

发展与成就

林业生产　造林完成年计划任务的103.7%，其中成活率在85%以上的面积为20.736万公顷，比1990年增长8.48%。在造林面积中，工程造林9.65万公顷，飞播造林0.32万公顷。按所有制分，国营造林1.46万公顷，集体造林17.04万公顷，合作造林0.076万公顷，个人造林2.16万公顷。按林种分，用材林10.79万公顷，经济林4.38万公顷，防护林5.46万公顷，薪炭林和特种用途林0.106万公顷。预整造林地7.3万公顷。“四旁”植树1.98亿株，其中义务植树7640万株。育苗1.763万公顷，其中新育0.782万公顷，比1990年增加0.062万公顷。完成容器育苗3.5亿袋，比1990年增长113.4%。新增农田林网18.1万公顷，年末农田林网面积133.6万公顷。封山育林58.2万公顷，其中当年新封15.76万公顷。成林抚育8.66万公顷，幼林抚育17.17万公顷。采集林木种子116.5万公斤，其中油松种子45.1万公斤。国营林场生产木材13.8万立方米，纤维板0.8万立方米，胶合板244立方米，软木砖560立方米，软木纸348立方米，木炭1569吨。经济林干果品产量2.5亿公斤，和1990年基本持平。

资源保护和管理　森林火灾发生率和受害面积均低于国家下达的指标，出现了96个无森林火灾县。乱砍滥伐基本制止，没有发生滥捕滥杀珍贵野生动物的问题。森林病虫害防治面积22.32万公顷，危害猖獗的太行山系油松松毛虫和运城、临汾地区的泡桐大袋蛾基本控制。经省政府批准，全省设立木材检查站141个，配备检查人员300多人。国家一类珍稀动物，山西省鸟褐马鸡发展到4000多只，比建立保护区前增加4.7倍。严格执行森林采伐限额，全省资源消耗比上年下降10%，并建立了偏关、天镇、右玉、左云、灵丘、阳高、吉县等7个县级森林资源档案。

林业科技　制定了山西省林业科技“八五”发展规划纲要，对6项“七五”攻关课题进行了鉴定评审验收。省林业科学研究所承担的国家“七五”攻关课题，系列化蜂窝状塑料薄膜育苗容器制造工艺研究，经专家鉴定，达到国际先进水平。全省共有8项林业科技成果获林业部和省科技进步奖。其中二等奖2项，三等奖6项。中德林业技术合作项目二期工程，新建基因库42.6亩，繁殖园26.5亩，营造各种试验林170亩，新育苗40亩，培育组织培养苗0.6万株，各种嫩枝扦插2.2万株。全省重点推广了王五全干旱阳坡造林技术、容器育苗造林技术、ABT生根粉应用等系列抗旱造林技术以及毛白杨、泡桐优良品种引育推广、红枣、核桃综合丰产管理技术等6个省级林业技术推广项目，创造直接经济效益4020万元，推广点上的造林平均成活率达到86.1%。

乡村林场建设　1991年5月，省林业厅在晋城市召开了全省乡村林场工作会议，提出“因势利导，因地制宜，一抓巩固，二抓发展”的办场方针，制定了全省乡村林场发展规划。到年底，全省各类集体林场发展到6858个，其中乡村林场3568个，比1990年增加737个；校办林场3100个；煤矿办林场190个。

乡（镇）林业站建设　全省乡（镇）林业站发展到1911个，比1990年增加179个，配备人员5900多名，占应建站乡（镇）总数的100%。全省培训乡（镇）林业站人员3500多名，办经济实体1077个。

造林质量优秀奖　林业部对全国1988—1990年人工造林、更新质量核查，山西省三年人工造林核实率与合格率的平均值为91.5%，获林业部授予的造林质量优秀奖。

改革与林政实施

完善造林绿化责任制 全省有102个县落实了林业规划，其中67个县的林业规划经同级人大审议通过；有30%的县作出了提前实现基本绿化的决定；领导变动的县重新签订了任期目标责任状。省、地（市）、县三级党政主要领导和分管林业的领导，共办林业示范点349个，规划面积6.67万公顷，已造林3.3万公顷。

宣传发动 深入广泛开展全民义务植树运动10周年纪念宣传活动。确定3月份为全省林业宣传月，期间，全省各地共出动林业宣传车600多辆，印发林业宣传材料150多万份，刷写林业标语16万多条，省、地（市）、县三级报刊和电台、电视台共发林业稿件1500多篇。12月，在太原举办了绿色明珠书画摄影展览。全省各地广泛开展了林业夺杯竞赛活动。

实行规模经营 深化工程造林，向规模经营、基地化发展。1991年，全省新建万亩以上的林业基地250多处，新建千亩以上的林业工程900多处。全年完成规模造林14万公顷，占全省造林面积的67.5%。

加强林业集约经营 以科技为龙头，以质量为目标，突出四个优化。一是整地优化。全省80%的造林是经过预整地的，山区造林普遍实行水平阶整地。二是苗木优化。造林使用的合格苗木占80%以上。三是栽植优化。实行以工程定专业队，包栽保活，层层确定营林指导员和质量检查验收员，严格栽植技术，严把造林质量关。四是管理优化。普遍加强了对新造林和栽植树木的管理，特别是对经济林的管理。

社会办林业 全省有1200多万人参加了义务植树造林活动，占适龄公民的70%以上，各级各部门共建立义务植树基地2.6万多处，规划面积22.75万公顷。有20%的县级机关在义务植树基地建起了果园、经济林园，办成“绿色企业”。黄河沿岸19个县的青少年开展了青年黄河林带二期工程造林，全省妇女开展了“三八”绿色工程建设，各地营造各种纪念林2万多公顷。

增加林业投入 推广平陆县“两工”（造林劳动积累工、义务工）造林经验。1991年，全省投入林业“两工”3900万个，完成造林16万公顷，占全年完成造林的77%。通过各种渠道，全省共筹集林业资金9000多万元，其中县、乡、村三级筹资在百万元以上的县有34个。

存在问题 ①由于全省持续干旱，新造林死亡现象比较严重，加大了补植任务。②苗木仍然不足，特别是优种壮苗、乡土树种苗木不足。③林木病虫害比较严重。五台山、恒山一带落叶松红腹叶蜂危害成灾，发生面积2万多公顷。平原地区杨树天牛危害扩展到92个县，雁北、大同一带成重灾。④乡（镇）林业站人员素质比较差，需加强培训。（山西省林业厅）

【山西省林业科技工作会议】 1991年12月26—28日，在太原召开。会议认真贯彻了部、省科技工作会议精神，总结交流了“七五”期间，特别是近几年来科技兴林的成绩和经验，研究部署了“八五”期间全省科技兴林的目标、任务和重点。会议要求：要进一步增强科技意识，大力加强科学技术推广工作，建立“四位一体”促成果转化的新运行机制。“八五”期间，全省重点推广32项适用林业技术，到1995年，要求全省造林保存率达到85%；中幼龄林生长率相对提高10%；主要干果品产量比“七五”期间提高30—40%；木材综合利用率，针叶材由现在的50%提高到60%，阔叶材由现在的40%提高到50%。

会上，表彰奖励了在科技兴林中作出突出贡献的40个先进单位和61名个人。省人大主任王庭栋为先进单位和个人发了奖。（山西省林业厅）

【昕水河流域生态经济型防护林体系建设】 昕水河是黄河中游的一条一级支流，流域包括吉县、乡宁、蒲县、大宁、隰县、永和等6县的76个乡（镇）、695个村，52.6万人，总面积89.1万公顷，是山西省西山防护林建设重点之一。1988年，经过规划和专家论证，被林业部“三北”局确定为黄土高原生态经济型防护林建设示范区。

按照生态经济型防护林建设规划，工程建设期为7年（1989—1995），完成造林面积9.7万公顷，其中防护林5.38万公顷，占55.5%；经济林2.54万公顷，占26.2%；用材林1.78万公顷，占18.3%。规划完成后，林地面积将由1988年的24.7万公顷增加到37.9万公顷，森林覆盖率由27.7%提高到42.5%，防护林、经济林和用材林的面积比约为5：3：2。1989—1991年的3年间，昕水河流域6县共完成造林4.3万公顷，占规划任务的44.3%，其中经济林1.3万公顷。

工程建设的主要作法是：①因地制宜搞好综合规划。沿昕水河谷，建成0.7万公顷以仁用杏为主的山桃山杏基地；黄河沿岸重点发展0.7万公顷红枣基地和0.2万公顷花椒基地；东部高寒土石山区，新建以油松为主的3.3万公顷用材林基地；中间地带的残垣沟壑区实行沟、坡、垣综合治理，立体开发，发展2万公顷商品果基地。总体规划完成后，实现人均10亩林、1亩果、2亩基本农田、5亩草，人均千斤粮、千斤果、千元收入的目标。②省、地、县三级领导办林业点，共19处，造林1.3万公顷。并逐级签定了任期目标责任书。领导干部的点上都立了责任碑，让干部群众监督。③组织造林专业队，按山系，按流域集中连片治理。6县现有县办专业队9个、1284人，拥有推土机23台，固定资产达到440万元；乡（镇）办专业队31个，2270人。④强化林业基础建设。积极兴办小林场、小果园，现已发展到1942个，面积达1.1万公顷。76个乡（镇）全部建立了乡（镇）林业站，配备人员230人，6县按规划发展苗圃1.8万亩。⑤实行规模经营。3年来，昕水河流域6县共建成10万亩以上工程林2处、万亩以上工程林21处，千亩以上工程林36处，造林成活率平均在85%以上。⑥正确处理农林牧关系。一是抓人均2亩基本农田的建设，从根本上保证粮食生产；二是在坡地上采取挖深壕、高筑埂，果树镶边，实行林粮间作，有计划退耕还林；三是对残垣沟坡采取路绕圈，树锁边，中间建农田，路边种草灌；四是把发展畜牧业逐步转到圈养上来，充分利用大量的秸秆，发展饲草加工。（山西省造林局）

【高平县林业集团承包育苗造林】　1989年，高平县委、县政府作出了“五年消灭荒山，七年绿化高平”的决定。为了实现这个目标，决定在营林生产上实行林业集团承包。大体经历了三个发展阶段：

第一阶段积极试验，大胆实践。1989年先由县林业局的11名技术人员组成承包集团，对7个乡（镇）的容器育苗和造林示范点进行技术承包。承包集团和县政府签订合同。实行承包的120万袋容器育苗，出苗率达90.4%，造林2761亩，成活率达91.5%，实现了当年育苗、造林双达标。

第二阶段总结经验，全面推广。1990年在总结经验的基础上，县政府决定在全县全面推广集团承包。将全县各乡(镇)的46名林业技术人员吸收入承包集团。承包集团分11个承包小组，承包全县23个乡（镇）、94个行政村的820万袋容器育苗和造林任务。年终检查，820万袋容器育苗，平均出苗率达91.3%，造林1.84万亩，平均成活率达93.3%。

第三阶段扩大完善。1991年初，县委、县政府决定将承包集团由单一的技术承包完善为行政服务和技术承包的双承包、双考核。承包队伍扩大到县、乡、村三级，654人。其中，县、乡、村行政领导干部265人，县、乡林业技术人员69人，村级管护人员320人。行政领导干部包组织、包发动、包任务、包投入；技术人员包指导、包培训、包质量；村级管护人员实行承包管理。1991年，全县完成容器育苗2400万袋，平均出苗率达94.7%，雨季上山造林3.26万亩，在大旱之年造林成活率达到90%以上。高平县1991年3月在省科学技术协会大会上获山西省农村技术集团承包二等奖。（山西省林业厅）

【吕梁地区经济林建设】　吕梁地区地处晋西黄土丘陵沟壑区，农业生产力低，经济贫困，但土地广阔，海拔高度和气候条件适中，有着发展红枣、核桃、仁用杏、苹果等经济林的优势。党的十一届三中全会之后，吕梁地委、行署认准优势，把发展经济林建设作为致富吕梁、振兴吕梁经济的一项基础产业来抓。到1991年底，全区经济林面积达到124.5万亩，人均0.4亩；果品产量1.5亿斤，经济收入2.04亿元，占到全区农业总收入的23%。经济林建设已成为吕梁地区重要经济支柱。

吕梁地区经济林建设的基本经验是：①合理规划，加强领导。地委、行署制定了建设以红枣、核桃、仁用杏为主的320万亩干果经济林基地和以苹果、梨、葡萄为主的30万亩水果树基地的总体规划。采取并制定了“一年抓三次（春、雨、秋三季造林），每次三集中（领导、劳力、时间），连续抓五年，七年见成效”的措施和一年检查三次的检查验收制度。全区地、县、乡三级领导共办林业点125个。地区财政每年拿出5万元奖励基金。②落实政策，完善承包责任制。对全区的经济林（树）发了林权证和树权证。集体果园承包经营完善了承包合同；新发展的经济林，实行统一规划，谁地谁栽，谁栽谁管，收益比例分成的办法。同时规定，红枣在7年内，核桃在10年内不上交提留，收益全部归农民所有。③依靠科学，提高质量。一抓技术培训。地区每年从北京农业大学、山西农业大学等单位聘请专家讲学，近3年来举办培训班1850多次，印发科技书籍10万多册，培训人员7万多人次。二抓经济林研究机构和推广服务体系。全区现有经济林研究机构4所，农民技术研究协会37个，地、县、乡技术推广站247个，有5813个自然村建立了科技服务站。三抓经济林山地农田林网营造技术和综合丰产技术推广。全区大面积推广了枣树复壮、核桃去雄、嫁接等综合丰产管理技术。④综合加工，发展商品经济。全区已兴建果品加工厂161个，年加工转化量2270万公斤，加工增值1.1亿元。1990年，柳林、兴县、石楼加工的250万公斤熏枣全部出口，创汇500万美元。（山西省林业厅）

【祁县丰泽村农田林网】　祁县丰泽村位于晋中盆地的昌源河南岸，全村934户，3538口人，总面积8000多亩，其中耕地5098亩。1964年前，缺林少树，风、沙、旱、涝、碱等自然灾害频繁，粮食总产只有50多万公斤，亩产只有130多公斤。

1964年，在党的领导下，以植树造林为突破口，首先在昌源河畔营造护岸林350多亩，到1991年，全村共有各种树木26.5万株，人均75株，活立木蓄积达1.7万立方米，人均4.8立方米，林木覆盖率达到28.5%，基本形成了带、网、片、点相结合的农田防护林体系。

丰泽村农田林网发挥了明显的生态效益和经济效益。据观测，林网内风速比空旷地降低30—40%，相对湿度提高15%左右，土壤蒸发量减少20%左右，耕作层土壤含水量提高4—6%，干热风季节温度降低1—4℃。无霜期比过去延长了15天，基本不发生霜冻，土壤盐碱化基本消除。自1974年以来，林网树木已进行了3次更新间伐，累计木材收入96万元。1985年以来，全村粮食产量一直稳定在250万公斤左右，比1964年增长4倍，亩产稳定在600公斤左右，比1964年增长3.6倍。1991年，遭受百年不遇的特大干旱，全县粮食减产13.4%，丰泽村粮食总产量仍保持250万公斤。

由于林业的发展，促进了农、牧、工、副各业发展，巩固和壮大了集体经济，全村总收入由1964年的22.6万元提高到1991年的1492万元，人均收入由71元提高到700多元。（温普德 赵虎敏）

【太岳山森林经营局车队】 山西省太岳山森林经营局汽车队，1988年实行招标承包，承包经营4年，成为省直林区车队的榜样。

4年时间，车队利润翻了近三番，由1987年的4.5万元增加到1991年的30.1万元；运力翻了一番多，由1987年的运输车辆12部增加到1991年的27部，吨位由106个增加到260个；固定资产由1987年的60万元增加到1991年的164万元；总盈利109.7万元，上交利税90万元，年人均实现利税5000元，是1987年的4.9倍。

主要管理经验是：①对车辆实行"统一管理、单车核算、定额上交、超盈分成、亏损受罚"的管理办法。②全队实行计划、调拨、油料和材料供给的"三统一"管理体系。③有一个好领班、好队风。队长王茂珍一心一意扑在车队上，承包4年少领奖金6000多元，将这笔钱全部用在添置固定资产上。副队长薛保龙常年在外联系业务，4年拒收礼5000多元。在他们的影响带动下，全队职工树立"队兴我荣，队衰我耻"的队风。（郭玉寿 杨 真）

【山西省核桃举肢蛾综合防治】 核桃是山西省出口创汇的拳头产品，出口量居全国之首。太行山区是山西省核桃的主要生产基地之一。近些年来，该区核桃举肢蛾严重发生，受害株数400多万株，平均被害果率46.7%，严重者达90%以上，每年造成核桃减产500万公斤。

从1987年开始，省森林病虫害防治检疫站在省农业科学研究院植保所的配合下，连续5年在雁北、忻州、晋中、阳泉、临汾、长治、晋城等7个地（市）的13个县、54个乡（镇）、638个行政村，开展了大规模的核桃举肢蛾综合防治，成效显著。到1991年底，共动用喷药机械2900台，累计投工69万个，使用农药60吨，防治核桃树295万株，870万株次，防治区好果率平均提高到90.7%，净增产核桃430万公斤，增收1300万元。

综合防治技术主要是：①从7月下旬开始，及时摘检、处理（深埋或烧毁）虫果和落果，清除残枝落叶，防止幼虫转移入土，减少越冬虫源。②秋末冬初深刨树盘（20厘米以上），使一部分幼虫被翻到地表冻死、被鸟吃掉或受机械损伤致死。③5月中下旬，结合浅刨树盘，在树冠投影下喷施32%辛硫磷微胶囊剂500倍液或撒施30%甲拌磷颗粒剂毒土，每株50克（先施药，后浅刨），以毒杀幼虫或蛹。④成虫羽化始盛期（6月20日前后），树冠喷洒5%高效氯氰菊酯3000—4000倍液、敌杀死3000倍液、50%辛硫磷乳剂1000倍液或40%氧化乐果1000倍液等。第一次喷药后10—15天再喷一次，消灭羽化较晚的成虫。

在实施过程中，还采取了层层落实责任制、培训骨干、建立专业队伍、广泛宣传防治技术和典型引路，召开现场会议等行政措施。（王立忠）

【长治市塑膜容器育苗造林】 长治市位于山西省东南部，太行山的西侧。所辖13个县（区），总面积2096万亩。其中山地、丘陵面积1326万亩，占总面积的63.3%。到1988年底，林地面积达到403.99万亩，占林业用地面积735.24万亩的54.9%，森林覆盖率达到19.4%；荒山宜林面积300万亩，其中80%左右为裸岩面积大，土壤瘠薄干旱的阳坡、半阳坡。在这种宜林地造林，难度大，成活保存率低，用裸根苗造林，往往要重复4—5次以上，保存率还不一定能达到国家85%的验收标准。

1984—1988年，山西省林业科学研究所在本市平顺县进行了"石灰岩中山区塑膜容器育苗造林技术"的研究，用油松、侧柏容器苗造林1.2万亩，平均成活率93%，保存率87.1%。为此，从1989年开始，市林业局在全市13个县（区）开展了塑膜容器育苗造林技术的推广工作。到1991年，全市共育容器苗2.5亿袋，造林39.63万亩，补植造林63.7万亩。全市235个乡（镇）中，适宜推广该项技术的有192个，其中173个乡（镇）都推广了该项技术，推广的乡（镇）覆盖面为92.7%，容器苗造林作业面积占到同期造林总面积的33.4%。经随机抽样调查，阳坡造林的平均成活率：容器苗造林为85.7%；裸根苗造林为48.3%。1990年的容器苗造林，虽在雨季遇到了百年未有的大旱，经1991年检查平均成活率高达89.6%。1991年市林业局被全国绿化委员会授予全国造林绿化先进单位称号。

塑膜容器育苗造林

经济效益。经测算，裸根苗阳坡造林一般需1次造林、2次补植，亩造林成本为29.96元；而容器苗阳坡造林一次成功，亩造林成本为18.42元。1989—1991年由于采用容器苗，全市造林补植净增造林面积为71.48万亩，共节省投资824.9万元。

塑膜容器育苗技术

①低床育苗。低床的规格为：床宽1米，步道宽40厘米，床面低于步道15厘米左右。与高床比较低床不仅保墒性能好，可以减少育苗期间的喷水次数，从而节约用水和投工，而且苗木通风透光好，又可防止雨水淤埋。

②播种前用1%的生石灰水处理种子。播种以前种子用1%的生石灰水浸泡1天，再用清水浸泡1天，摊放在室内晾到不沾手时播种。播种后7—10天即可发芽出土。

③改土壤，床面消毒。先备营养土，播种后覆土；用1%的硫酸亚铁溶液，按每平方米15公斤喷洒床

面。

④量化苗木管理。苗木出土后，原则上每隔10天喷水一次，每次每平方米喷水7公斤左右。具体可看天气及土壤干旱程度适当增减，为预防和控制猝倒病的发生与蔓延，每次喷水后的第二天再喷一次200倍的波尔多液，每次每平方米0.25公斤，喷后不用洗苗。

⑤雨季容器育苗。1990年在长治县进行了雨季育苗500万袋的尝试获得成功。雨季容器育苗，当在7月下旬至8月上旬，当旬均气温为22℃左右时为好。可使出土苗木避开高温危害，减免病害发生。

（杨相唐　林文琮）

内蒙古自治区林业

【概　述】

发展与成就

森林培育　营林生产全面超额完成任务。全区完成造林合格面积为年计划的120.2%，其中工程造林19.42万公顷，飞机播种造林1.42万公顷；“四旁”植树5246.64万株；全民义务植树5482.5万株；封山（沙）育林当年新封14.47万公顷，超额104.7%完成计划任务；当年新育苗0.53万公顷，超额20.5%完成计划任务；成林抚育23.2万公顷；低价林改造1.5万公顷；抚育改造出材量85.6万立方米；幼林抚育作业面积75.7万公顷。采集林木种子64.64万公斤，超额44%完成计划任务。

森林保护　①森林防火：全区共发生森林火灾火警89起，过火森林面积1100公顷，森林受害率为0.069‰。②森林病虫害防治。共发生森林病虫害59.7万公顷，有效防治面积31.2万公顷。③森林案件。全年发生森林案件482起，毁林1224亩，损失林木蓄积1013立方米。分别比1990年减少40%、25%、83%。

基层建设　林业基层组织建设和服务体系建设有新的发展，基层林业站已达到871处，森林病虫害防治检疫站达到114处，林木种子站达到45处，林产品经销公司达到66处，林业公安处、局、队、科、所达到242处，干警4000人。

多种经营　国营林场多种经营综合利用就业人数达17 342人，占职工总数的34.2%，经营项目885个，总产值1.15亿元，利税2600万元，比1990年分别增长27.8%和36.8%。

改革与林政实施

资源管理　制定了自治区《森林资源调查规程》和《森林资源建档技术标准》，严格执行森林采伐限额，配合林业部中南林业调查规划设计院清查了全区“三北”防护林建设地区的森林资源，完成了“七五”期间5个平原绿化达标旗（县）的检查验收和1991年人工造林核查工作，完成了11个旗（县）的二类调查。

林政管理　继续开展了林政大检查，重点解决了放牧毁林问题。在农区和半农半牧区，旗（县）政府制定了相应的规章制度，采取大畜圈养、小畜组群跟人放牧等措施，放牧毁林基本上得到了控制。又有11个旗（县）、12个国营林业单位、39.6万公顷完成了定权发证工作；内蒙古大兴安岭林区有10个林业局完成了自治区的审核工作，并由自治区、林业部分别进行了抽查。进一步改进和加强了木材流通和运输管理工作，严格控制了木材运输量，迅速落实了《木材运输检查监督办法》和《木材检查站管理办法》，当年发出区木材运输总量为91.2万立方米，大大低于125万立方米的控制总量。

法制建设　制定并由人大常委会通过颁发了《内蒙古自治区实施〈野生动物保护法〉办法》，制定并由自治区人民政府发布了《内蒙古自治区森林草原防火办法》、《内蒙古自治区全民义务植树实施细则》，制定了《内蒙古自治区林业局法规管理工作的规定》，完善了林业行政处罚规定，发放了409个林业执法检查证。

深化改革　坚持了统分结合的双层经营体制，集体和国家与乡村合作社合作造林13.38万公顷，占总造林面积的比例由1990年的33%提高到41.7%，个体造林12.3万公顷，占38.5%。营造经济林2.7万公顷，超额计划15.7%。乡村林场、苗圃、果园有新的发展，壮大了集体经济。国营林场、苗圃通过普查，经营管理水平进一步提高，承包经营责任制更趋完善。

林业宣传　围绕纪念全民义务植树10周年，自治区林业局上街设9个宣传站，用2天时间出动300多人进行了绿化宣传活动；举办了绿色之声歌舞晚会；播发了自治区阿拉坦敖其尔副主席的电视讲话；与电台联合举办了“三北”防护林建设成就系列报道；与报社联合举办了绿化内蒙古专栏，发稿300多篇；在内蒙古博物馆举办了绿化内蒙古林业建设成就摄影展览；由《内蒙古林业》杂志社出版了《科技兴林》专刊5000多册。同时，还摄制了推广机械开沟深栽抗旱造林技术电视专题片；评选出第二届绿化内蒙古征文好新闻30篇；培训了30多名林业通讯员；在《中国林业报》上组稿刊发了清水河县专版。

造林大会战　群众造林多数地区采取了“五统一，四集中”的办法，即统一规划，统一供种苗，统一技术规格，统一指挥施工，统一检查验收；集中领导，集中劳力，集中机具，集中时间，组织造林大会战，加快了步伐，提高了质量。经自治区林业勘察设计院对24个旗（县）上报的6306.1公顷造林地抽查，面积核实率为107.3%，面积合格率为102.4%，造林“两

率”创历史最高水平。出现了一批高标准整地，使用良种壮苗，乔灌混交、针阔混交、精心栽植、规格整齐、集中连片大规模的优质造林工程。

严格奖惩 继续执行了经过修改完善的《内蒙古自治区林业生产建设主要指标年度考核标准和验收办法》，采取给先进地区以奖金、奖杯奖励，对后进地区给以亮黄牌和扣减造林任务、投资的办法。造林先进地区赤峰市、哲里木盟、伊克昭盟超额完成全年造林任务，年造林合格面积均在5.3—6万公顷以上。

科技兴林 林业科研成果有20项获自治区林业局科技进步奖，15项推荐到林业部，7项获自治区科技进步奖，3项推广成果获自治区丰收奖。适用技术推广工作有新的突破。全区普及推广了抗旱造林系列技术，樟子松育苗造林技术、飞机播种造林治沙技术、果树经济林营造技术、速生丰产技术、速生丰产用材防护兼用型农防林营造技术、薪炭林营造技术，以及护林防火、防治病虫害、培育良种壮苗等方面的先进适用技术。仅抗旱造林系列技术一项，全区共推广8万公顷，成活率比一般造林提高10—15%。

林业教育 扎兰屯林业学校、林业职工中专和林业技工学校当年共毕业学生617人，新招生759人。举办各级各类培训班培训职工、农牧民技术员13.7万多人次。

增加投入 多方集资和群众投工投劳有新突破。除林业部、自治区计划委员会、财政厅投入外，各部门、盟（市）、旗（县）、乡（镇、苏木）和群众集资投入达3000多万元，群众投工达2000万个以上。

考核评比 依据内林办字〔1991〕145号文件要求，逐条逐项全面考核了各盟（市）、旗（县）1991年的林业工作，有赤峰等6个盟（市），敖汉等28个旗(县)和内蒙古大兴安岭林业管理局等3个单位分别受到了全优、多项或单项的表彰奖励。

自治区党委书记王群同志，副书记张丁华、千奋勇同志，都十分关心林业。王群同志先后四次在自治区党委五届四次全委（扩大）会、全区治沙工作会、全区盟（市）委书记会和在化德县调查研究时，反复强调了发展林业，改善生态环境的重要性、紧迫性，提出必须横下一条心，坚持不懈地治山、治沙、治水、治土、种树种草，搞好绿化，不断改善生态环境。林业建设要和治穷致富，发展集体经济紧密结合起来，依靠人民群众，作为一场硬仗打好。自治区政府主席布赫同志、副主席阿拉坦敖其尔同志不仅经常关心林业，而且经常深入治沙造林、护林防火和森工生产第一线，调查研究、现场办公，解决实际问题。出现了各级领导讲林业的多了，对林业真抓实干的多了，党政一把手亲自抓林业的多了，领导干部办绿化点的多了。1991年，旗（县）以上领导办绿化点达1280个，比1990年增加230个。

存在问题 一是林业发展不平衡，各地区间差距较大，存在不少薄弱环节和落后面；二是林业内部的结构和比例关系尚未完全理顺；三是管理水平低、经营粗放、质量不高、效益不高等问题还较普遍；四是林业还没有真正得到全社会的共识和重视；五是林业建设任务更重、难度更大，投入有限，工作更加困难；六是国营林场仍未摆脱“一穷二死”的困境；七是森林防火、防病虫、防乱砍盗伐，防放牧毁林仍需进一步加强，特别是突发性的杨树害虫光肩星天牛，急需防治。

（夏玉田）

【奈曼旗治沙致富】 奈曼旗位于科尔沁沙地腹地，全旗总土地面积8159平方公里，沙地和沙化土地占60.15%，达4908万平方公里，固定、半固定和流动沙丘为3：4：3，全旗31个乡（苏木）有27个在沙带沙洼地上。10多年来，特别是1978年以来，旗委、政府制定了“两种三治”的方针，发动全旗人民种树、种草，治沙、治山、治碱，以综合治理、开发利用为重点，改善生产条件和生态环境。全旗从1980年到1990年，有5.3万公顷沙地变成了林海，8.67万公顷沙滩成为牧场，3.3万公顷流沙、半流沙转为固定沙丘。全旗现有林地20.79万公顷，森林覆盖率由1978年的12.7%增加到20.14%，现有可利用草场40.76万公顷，林草覆盖率达30%以上。其中沙区林地达17.42万公顷，覆盖率达23.26%，林草覆被率达30.68%。有效控制沙害面积23.33万公顷。全旗粮食产量比1978年增加70%，达历史最高水平，牲畜64.6万头(只)，比1978年纯增13.25%。1991年初，旗政府又制定了《关于加强沙区建设纲要》；在工作上抓了农田防护林、杨树速生丰产林、牧防林、草田林网建设、经济林、封山育林（草）、水库区封育、铁路公路治沙、用沙吃沙的工业企业治沙、农牧林结合的小生物圈和科技治沙扶贫等10个方面的治沙典型；政策上坚持“谁治理谁受益”的原则，实行灵活多样的承包治理。

主要经验 ①坚持综合治理。两条沙带营造防风固沙林；平原沙地相间区造农防林、用材林；沙洼、坨地区造牧防林；沙化漫岗区建草田林网。大面积种树种草，乔灌草、带网片结合。有自然恢复林草条件的搞封沙育林（草），辅以人工种植，已建成围栏草库伦1000多处，3.85万公顷。固定流沙、半流沙，埋设植物沙障，辅以工程措施，共设沙障3333万公顷。恢复生态平衡采取“改、压、疏、调”办法，即节柴改灶16 000多个，节柴1500万公斤；压缩牲畜头数，控制山羊，恢复合理草场载荷；合理疏散过于集中的人口，全面治沙，发展沙区经济；调整产业结构，建立粮食、经济作物和草的三元结构，低产田退耕还林还草。严格营护，建5个林业派出所，各乡、村有专业护林队，共1240名。②依靠科技开发沙区。奈曼旗以国营林场为中坚力量，配备相应的人、财、物力，充分发挥113名高、中、初级科技人员作用，培训乡村林业技术员；完成了沙漠化土地整治规划；利用联合国粮食及农业组织、“三北”防护林建设局、林业院校、科研单位等在该旗办点的优势，引进国内外机械开沟造林、气力喷播机等治沙科技成果；以建设林、粮、草、机五配套，融经济、生态、社会效益为一体的“小生物圈”，实现了沙区综合开发，全旗达1442处，5000公顷，从而扩大林草3333公顷，控制沙化土地6000公顷，增加水浇地2000公顷，人均增加粮食500斤，增收200元。③发动全民治沙。1982年组成书记、旗长、农、牧、林、水、科委、农机、石油、商业等各行各业参加的治沙领导小组；各乡（苏木）坚持“为官一任，绿化一片，班子换届，计划不变”的原则。（夏玉田）

【胡日哈苏木草牧场防护林建设】 胡日哈苏木是巴林右旗的一个牧业乡，地处科尔沁草原。该苏木按照“以水引路，以林护草，以草促牧，综合治理”的原则，经过5年的努力，营建防护林带62条，51 400米，面积287.5公顷，形成24个网格，庇护草场2000公顷；防风固沙林1133公顷，庇护草场2万亩；营造用材林173公顷、科学试验林24公顷；林、水、草、路、料五配套的草场2000公顷；围封沙丘2700公顷。植被覆盖提高到16.6%。同时，兴修干、支、斗渠48条，97 650米，动用土石方97.9万立方米。初步完成9330公顷的草牧场综合建设。5年来，国家和自筹资金共投入278.7万元，产粮食、饲草及林木折款计348.44万元，为投入的1.25倍。

营造牧防林，使生态环境发生了明显的改善。533公顷5年生杨树郁闭成林，平均胸径12厘米，树高10米；草原豆科和禾本科植物所占比例上升到34.2%，菊蒿类由90%降到65%；亩产干草110公斤，是建设前的15—20倍，原来每年外购饲草100万公斤，现每年打饲草500万公斤，牲畜由3.3万头（只）增到5.7万头（只），1988、1989连续两年大旱，其它苏木牲畜死亡率超过7%，该苏木仅为0.69%，还支援外地饲草75万公斤；粮料产量大幅度增加，林网内333.3公顷饲料基地，每年稳定产粮50万公斤左右，成为全苏木重要粮料饲草基地。

旗委和政府把牧场防护林建设列入全旗综合治理的项目，成立了专门领导班子，实行领导、技术力量、资金三集中；坚持与科研、技术部门协同一致，推广和实行抗旱造林技术，坚持科学造林，合格率达92.3%；坚持业务人员的岗位培训，建成1个林业站和10个林业分站；配备大中型拖拉机5台，小拖拉机4台，开沟犁、饲料粉碎机等机具7台；实行造林、育苗、科研一条龙服务；坚持以法治林，订立乡规民约，建立了四级护林组织。（夏玉田）

【乌兰坝林场以副养林】 赤峰市国营乌兰坝林场1965年建场，现有天然次生林2.87万公顷，落叶松人工林3333公顷，森林覆盖率54%。现有职工347人。下设种子园、养鹿场、分场、学校等大小26个单位。固定资产750多万元。

建场以来，乌兰坝林场始终坚持“以林为主，多种经营，以副养主，以短养长”的经营方针，特别是1978年以来，改革、开放政策给该场带来了生机，加大了副业和当前经济利益的分量。发挥地处次生林区、野生兴安马鹿资源丰富的优势，捕捉种鹿，经驯化、繁殖，成为林场多种经营的骨干项目。对此，场领导亲自分管，专门研究，制定了饲养管理、疫病防治、鹿茸加工、产品销售等一系列技术规程；对本场土质、草质进行化验营养成分分析，筛选最佳饲料配方，抓住催茸、交配、保胎、越冬四个环节，加强对母鹿、仔鹿的饲养管理，并与科研所合作，开展人工授精、改良鹿种、提高茸质等研究。至目前，全场存栏马鹿已发展到780多头，1991年产鹿茸700公斤，纯利润150多万元。累计盈利1240多万元。

除养鹿以外，乌兰坝林场广开多种经营门路，针对地处偏远，生活条件差的实际，发展了以牛、马、羊为主的养殖业，以粮食、油料为主的种殖业，以粮食、饲料、木材为原料的加工业，以拖拉机、汽车为主的运输业，以商店、饭店、旅店、药店加诊治为内容的服务业，以锡、铅、锌、水晶为主的采矿业，均实行承包责任制，现不仅全部收回投资，而且年年创利。此外，在横向联合上，联办了糖果厂、灯泡厂、饮料厂。

由于多种经营增强了林场的造血功能，使林业生产有了长足的发展，至1991年，累计抚育中幼龄次生林2万多公顷次，人工造林保存3333公顷，改造低价林2000多公顷；建成落叶松母树林93公顷；建成种子园1处，投入61万元；架设输电线路40公里，59万元；架设防火电话线200公里，16万元；开设防火道路50公里，15万元；防治森林病虫害1.3万多公顷，50多万元。累计由多种经营收入直接用于林业生产的有600多万元。此外，还建设了学校、办公室、浴池、食堂、电影院、电视差转台等，全场250多名子女全部得到妥善安置。为此，被巴林左旗人民政府授予文明单位称号，被自治区人民政府授予林业建设先进单位称号。（夏玉田）

【赤峰市郊区当铺地苗圃改革】 赤峰市郊区国营当铺地苗圃建于1957年。现有职工46人，其中技术干部5人。苗圃面积492亩，育苗地400亩，年产苗1000万株左右。长期以来为郊区的造林绿化做出了重要的贡献。党的十一届三中全会以来，苗圃结合实际，全面改革，大胆开放，走出了一条以林业为主体，广开财源，大搞多种经营之路，被自治区人民政府命名为全区林业建设先进单位，林业部授予全国先进苗圃称号。

苗圃坚持以党支部为核心，以管委会为主体，积极开展党、政、工、青、妇活动，实行主任负责制的原则，宜统则统，宜包则包，统包结合的改革措施。对管理体制、人事制度、分配方式等方面进行一系列的改革。在管理体制上，取消作业队，改办联户苗圃，组建了工副专业户，形成7个经营网点，然后层层分解，承包到班组、联户和个人。在人事制度上，改为竞争发标招聘制，主任聘技术管理人员，聘期一年，环节干部聘职工，聘期半年。各项目定产值、定任务、定质量，选能人；采用双文明百分制合同，促进两个文明一起抓；引进风险机制，根据情况定标准，有险共担，有益同受。在分配制度上承包盈利80%交苗圃，20%归承包集体或个人。在资金使用上，凡动用苗圃资金均按银行贷款利率交息。在育苗方式上，改垅作为床作，改条播为撒播，土地利用率提高40%。根据用户要求，科学培育达标当年落叶松苗。在育苗树种上，采取跟踪服务，以销定育，压缩阔叶树种，增加针叶、经济、防风固沙和城市绿化树种及花卉育苗，销往7个省（区）、22个旗（县、区）。在多种经营上，从当地实际出发，建温室840平方米，冷库1800立方米，购制冷库设备1套，开展淀粉加工、养猪等项目。1985年以来，人均年产值突破万元，1991年尽管遇到洪涝、干旱，仍夺得丰收，产苗4212万株，总产值101万元，实现利税17.2万元，苗圃积累达到150万元。

（夏玉田）

【内蒙古自治区1991年治沙工作会议】 内蒙古自治区人民政府于1991年9月8日在赤峰市召开全区治沙工作会议，9月15日于通辽结束。12个盟（市）的领导和林业处、局长，74个旗（县、市）领导或林业局长，自治区政府、调研室，自治区党委政研室，自治区农委、科委、计委、财政厅、农行、畜牧、水利局等直属单位的领导和代表160多人出席了会议。林业部“三北”局、中国水文地质勘察设计院的代表应邀到会指导。会议传达贯彻了全国治沙会议精神，参观了治沙造林和平原绿化典型，总结交流了治沙工作经验，讨论制定了全区治沙规划和政策措施。自治区政府阿拉坦敖其尔副主席主持会议，并作了题为《提高认识，加强领导，把我区治沙事业推向一个新阶段》的讲话；自治区党委书记王群、政府副主席陈奎元到会看望代表，王群同志做了重要讲话。

（夏玉田）

内蒙古大兴安岭林业管理局

【概　述】

发展与成就

森林培育　1991年更新造林完成74万亩，超过年计划的10.4%，其中造林完成36.8万亩，比上年增长30.2%，采伐迹地更新首次还清了历史欠帐。低价林改造完成11.23万亩，超过计划的17%。成林抚育完成138万亩，超过年计划的2%，采集兴安落叶松球果480万斤，超过计划32%，创历史最高纪录。

木材生产　全年木材一本帐完成404万立方米（其中国家任务303万立方米），比上年减少39万立方米。共销售林木产品449万立方米，完成年计划的98.4%。国家木材上调量和签约合同户数兑现率分别达到98%和96.8%。

林产工业　全年生产锯材37.5万立方米，为年计划的100%。生产纤维板1.13万立方米，为计划的125.8%。生产胶合板8332立方米，为计划的129%。生产刨花板1.68万立方米，为计划的105%。生产栲胶3000吨，为计划的100.1%。生产木片10.8万立方米。

多种经营　实现销售收入总额3.086亿元，比上年增长2471万元。实现利润329.6万元，比上年增长437.6万元。新安置就业人员10 119人。

基本建设　完成固定资产基本建设投资总额2.96亿元，为计划的98%，其中国家预算内基本建设完成1.58亿元，为计划的100%。

森林保护　防火工作取得了连续4年无重大森林火灾的好成绩。森林火灾受害率为0.004‰。森林火警火灾次数和过火面积分别比1990年下降了15%和84%。森林病虫鼠害防治面积160万亩，超过计划的31.2%，占病虫鼠害实际发生面积的60.1%。林政管理进一步加强，全年各类森林案件侦破率达99.7%，发案比1990年下降了40.2%。

经济效益　国营工业企业全年完成工业总产值14.9亿元，超过年计划11.5%，比1990年降低4.6%。全年实现总额7552万元，比1990年增加1.2亿元。上缴产品销售税金7132.4万元，上缴自治区财务包干2000万元，上交育林基金1000万元。

存在问题　①投资不足影响产业结构调整速度；②资金紧张，年末外欠林区货款达8.06亿元；③部分林产品（纤维板、刨花板、栲胶）严重积压。

（崔志博　胡明华）

【大兴安岭林业管理局商品销售、资金管理工作】 针对部分木材、林产品大量积压、外欠货款过大、资金严重不足的状况，林区各企业全力抓销售、积极催欠款，严格掌握资金使用。切实加强了林木产品销售管理，形成了贮木管理、产品销售、运输、统计、调度、划拨、结算、货款回收为一体的一条龙管理体系，把综合利用、多种经营产品 纳入统一管理，转变经营思想，改变经营方式，积极开拓市场，增强了产品的竞争力。各企业成立了清欠领导小组和专门机构，制定了清欠工作制度和奖惩办法，派出专人催要货款，林区全年货款回笼总额为10.5亿元，其中清欠款为2.55亿元，清回货款5800万元。在财政困难、贷款规模紧缩的情况下，采取集中借贷、内部拆借的办法保证重点支出，保证了生产建设的正常运行。林区各企业顾全大局，内部挖潜，千方百计提高资金使用效益，实现了各项财务计划指标。 （崔志博 胡明华）

【大兴安岭林业管理局“质量、品种、效益年”活动】 林区各企业结合实际积极开展这项活动，产品、作业质量明显提高，造林当年成活率、三年面积保存率和原木合格率都达到了历史最高水平。锯材规格合格率和各种人造板的外观质量都普遍提高。锯材已有相当部分实现按需加工，并开始生产干燥成材。胶合板生产按市场需要调整层数，进行贴面加工。刨花板按用户需求调整厚度。为满足层压木和竹材胶合板生产需要，开发生产了单宁树脂胶。这项活动在一定程度上促进了产品销售和经济效益的提高。

（崔志博 胡明华）

【大兴安岭林业管理局多种经营生产】 1991 年，林区多种经营在林农结合、林矿结合上成绩显著，形成规模效益的新厂点增多。开荒熟化土地 10 万多亩，已有农业耕种土地 26 万亩，农牧业产值近 1500 万元。采金采煤又有新发展，林地合资兴建的得耳布尔铅锌矿已投产。采用先进实用技术开发新产品初见成效，如新型保健药物、山野菜绿色食品、一次性输液管产品相继问世，新产品的技术含量和附加值提高。年计划使用贴息贷款 2900 万元，实际到位 2930 万元。落实项目 77 个。多种经营行业实现扭亏为盈。

（崔志博 胡明华）

【绰尔林业局森林资源保护培育】 绰尔林业局经营面积 42.7 万公顷，林木总蓄积量 2756.6 万立方米，森林覆盖率为 65.5%。为解决老局“两危”，增强企业发展后劲，绰尔林业局在“七五”期间一手抓降低资源消耗，一手抓后备资源培育，缓解了资源消长矛盾。

主要作法：①克服短期行为，积极调减木材产量。1988—1991 年 4 年间，木材年产量已从 30.6 万立方米降低到 22.9 万立方米，减少了 25.1%。与此同时，积极开展“双增双节”、提高产品质量、发展多种经营和综合利用，内部挖潜增收。②加强采伐、销售、运输“三总量”管理，严控资源消耗。落实“六包三挂钩”承包责任制，把资源消长列为主要指标。③建立健全森林资源管理监督体系。每月召开一次例会，每季进行一次联合检查，在限额审定、调查设计、伐区审批、检查验收等环节上严格把关。④加大营林投入，发展后备资源。“七五”期间投入 100 万元建成标准化苗圃，累计更新造林 14.3 万亩、人工防治病虫害 61 万亩。 （崔志博 胡明华）

【安全摇车器获国家产品专利】 1979 年参加工作的吕国忠，是内蒙古大兴安岭林业管理局所属牙克石木材加工栲胶联合厂汽车驾驶员。多年来，他先后驾驶过各种机动车辆，有较丰富的实际工作经验。他为防止手摇车发动机逆转伤人，研制新型安全摇车器，1990 年 5 月获得国家专利。新型安全摇车器是在各型号汽车旧式摇车器的基础上加以改进而成。其优点是：能防止因手摇启动车辆时，发动机出现逆转伤人的现象，使用时安全、省力，操作方法简便。

（崔志博 胡明华）

【库都尔林业局加快发展替代产业】 库都尔林业局是个资源危困严重、社会负担大的“老穷局”。全局职工 10 150 人、大集体职工 7300 人，有林地面积 34.33 万公顷，森林总蓄积 2457.4 万立方米，经营面积 50.26 万公顷。为了早日走出低谷，缓解“两危”，“七五”期间，库都尔林业局认真贯彻“以林为主、综合利用、多种经营、全面发展”的方针，通过调整林业产业结构和产品结构，大搞综合利用和多种经营，取得了明显的经济效益和社会效益。5 年共积累资金 1500 多万元，完成固定资产投资 970 万元。到 1991 年末，全局多种经营和综合利用项目已发展到 35 个，其中有 4 种产品初具创汇能力。形成了以“两板”为龙头的综合板方、细木家具、地板块、卫生筷子、木旋、牙签等八大类近 200 种产品，年均从业人员 7280 人，年创产值 2003 万元，实现销售收入 1766 万元，利税 120 万元，知识青年就业率达到 95%以上，人均工资 1238 元。主要作法如下：

①认清林情，制定符合实际的经营发展战略。确立了“以保护、培育和发展森林资源求生存，以多种经营和综合利用求发展，向经营管理和科技进步要效益”的企业经营战略，制定了符合局情的治危兴林的近、长期奋斗目标和具体的实施方案，加快了调整产业产品结构的步伐。

②深化改革、加强领导、完善经营管理机制。在全局范围内实行集体所有制和全民所有制“一局两制”的管理体制。以劳动服务公司为系统的集体企业和以全民办的集体企业并存。林业局劳动服务公司和多种经营科是两个牌子一个机构，负责管理集体经济和全局的多种经营工作，认真实施《关于集体经营若干问题的决定》。企业对集体经济“扶而不包”在资金、场地、设备、人才、技术、物资、信息、供销等方面给予扶持，在经营方向和作风上加强领导，在遵纪守法上加强指导和监督。

③广开生产门路，努力安置青年就业。在资金不足的情况下，首先挖掘企业内部潜力，减少非生产性建设，提高生产经营性的投入。其次，引进技术设备联合办厂。林场多年来知识青年就业难，1989 年，他们与海拉尔松源公司联合办卫生筷子厂，对方投入设备、技术，产品包销；林场投入厂房、劳务和原料，实行利润分成。投产后产品远销香港和日本。第三，实行补偿贸易。原林业综合厂是个有职工、知识青年 400 余人的以生产木器家具、木材综合加工为主业的生产经营单位，1986 年以来，进行地板块生产，但资金不足。1990 年，通过一家公司用补偿贸易的形式引进一套台湾产的地板块生产线。目前，年生产能力达 1500

立方米，年创产值375万元。第四，实行集资办厂。为了把胶合板生产后的废弃原料充分利用起来，在有关部门的指导下，采取职工集资的办法购进一套层压木设备，投产后创造了可观的经济效益。

由于广开生产门路，近几年来，库都尔林业局实现了集体经济青工“职业稳定、岗位稳定、收入稳定”，年年待业青年安置率为100%，人年均收入超过千元。

库都尔林业局1991年被林业部、呼伦贝尔盟、林业管理局评为多种经营、劳动就业先进单位。

（崔志博　胡明华）

【附　表】

内蒙古大兴安岭林区1991年专业技术人员统计

单位：人

项目 人数	全林区按资格档次分组					企业单位					事业单位				
	总计	高级	中级	初级		合计	其中：				合计	其中：			
				助理级	员级		高级	中级	助理级	员级		高级	中级	助理级	员级
合计	27039	1119	5526	10168	10226	25029	781	4786	9638	9824	2110	338	740	530	420

（内蒙古大兴安岭林业管理局）

内蒙古大兴安岭林业管理局所属企业一览

企　业	所在地	建设时间	投产年份	主要经营项目	年生产能力
内蒙古阿尔山林业局	兴安盟科尔沁右翼前旗伊尔施镇	1946	1946	木材　栲胶　发电　造林	22.6万立方米　470吨　1.2万千度　3.4万亩
内蒙古绰尔林业局	牙克石市塔尔气镇	1958	1959	木材　造林　锯材　发电	25.7万立方米　1.4万亩　0.5万立方米　0.4万千度
内蒙古绰源林业局	牙克石市绰尔镇	1972	1973	木材　造林	10万立方米　1万亩
内蒙古乌尔旗汉林业局	牙克石市乌尔旗汉镇	1958	1958	木材　锯材　造林	38.7万立方米　3万立方米　4.9万亩
内蒙古库都尔林业局	牙克石市库都尔镇	1953	1953	木材　锯材　纤维板　造林	43.5万立方米　0.6万立方米　500立方米　5.1万亩
内蒙古图里河林业局	牙克石市图里河镇	1952	1953	木材　锯材　纤维板　胶合板　造林	28.5万立方米　1.5万立方米　2915立方米　1350立方米　2.6万亩
内蒙古伊图里河林业局	牙克石市伊图里河镇	1953	1954	木材　造林	9万立方米　0.5万亩
内蒙古克一河林业局	鄂伦春自治旗克一河镇	1958	1958	木材　锯材　造林	29.9万立方米　2.3万立方米　3.4万亩
内蒙古甘河林业公司	鄂伦春自治旗甘河镇	1957	1957	木材　锯材　纤维板　造林	33.3万立方米　8万立方米　1.6万立方米　3万亩
内蒙古吉文林业局	鄂伦春自治旗吉文镇	1958	1958	木材　锯材　造林	17.9万立方米　1.3万立方米　3.1万亩
内蒙古阿里河林业局	鄂伦春自治旗阿里河镇	1958	1959	木材　锯材　造林	38.4万立方米　0.8万立方米　4.7万亩
内蒙古根河林业局	额尔古纳左旗根河镇	1953	1954	木材　锯材　造林　刨花板	55.9万立方米　4.5万立方米　2.8万亩　5万立方米
内蒙古金河林业局	额尔古纳左旗金河镇	1958	1958	木材　锯材　造林	40.1万立方米　0.6万立方米　1万亩

（续）

企　业	所　在　地	建设时间	投产年份	主要经营项目	年生产能力
内蒙古阿龙山林业局	额尔古纳左旗阿龙山镇	1965	1965	木材　锯材　造林	37.4 万立方米　0.2 万立方米　0.5 万亩
内蒙古满归林业局	额尔古纳左旗满归镇	1964	1966	木材　锯材　造林	38.9 万立方米　0.6 万立方米　0.5 万亩
内蒙古得耳布尔林业局	额尔古纳左旗得耳布尔镇	1958	1958	木材　锯材　造林	32.8 万立方米　0.1 万立方米　2.5 万亩
内蒙古莫尔道嘎林业局	额尔古纳右旗莫尔道嘎镇	1967	1970	木材　造林	32.4 万立方米　1.5 万亩
内蒙古吉文林业水泥厂	鄂伦春自治旗吉文镇	1978	1981	水泥	3.7 万吨
内蒙古大兴安岭林业建筑材料厂	牙克石市	1959	1959	红砖	8000 万块
内蒙古大兴安岭林业建筑工程局	牙克石市	1953	1953	筑路　安装	300 公里　500 万元
内蒙古牙克石木材加工栲胶联合厂	牙克石市	1958	1959	锯材　栲胶	15.5 万立方米　8152 吨
内蒙古牙克石林业机械厂	牙克石市	1958	1960	修造　制氧	575 万元　2.78 万瓶
内蒙古伊图里河林业机械厂	牙克石市伊图里河镇	1956		修造　板簧　锅炉	398 万元　1200 吨　4700 万大卡
内蒙古根河林业局	额尔古纳左旗根河镇	1967	1973	发供电	114 228 千度
内蒙古兴安岭林业进出口公司	牙克石市	1989	1989	经营林区生产的出口产品、进口业务，开展劳务输出	

（内蒙古大兴安岭林业管理局）

辽 宁 省 林 业

【概　述】

发展与成就

造林绿化　完成人工造林合格面积为计划的116%，造林合格率为81%，造林平均成活率为86%。其中，完成工程造林134.7万亩，占人工造林的58%。“三北”造林合格面积为85.6万亩，被全国绿化委员会和林业部授予“三北”防护林体系建设和城市绿化先进省称号。飞播造林有效面积41.5万亩。封山育林新封236.7万亩。义务植树1.7亿株，按应参加植树人数计算人均植树7.2株。育苗17.9万亩，其中容器育苗5654万株。

森林经营　完成幼龄林抚育57.1万亩；低产林改造25.5万亩；人工落叶松经营采伐试验4850亩。又有11个县（区）开展了集体林二类资源调查，其中有3个县（区）完成了外业调查面积410万亩。有1个县完成了集体林森林经营方案的编制工作。

木材生产　生产木材91.12万立方米。

林业科技　落实国家、部、省、厅科研项目48项，完成了12项。推广科技成果13项，推广累计辐射面积130多万亩。县级以上技术培训受训人数1.5万人次。

森林保护　发生森林火灾17次，受害面积325亩。有4个市实现了无森林火灾。发生毁林案件2716起，比1990年下降16%。查处毁林案件2712起，查破率为99.8%，比1990年提高2.4%。收缴木材1415立方米，收缴罚没款158万元。森林病虫鼠害防治面积386.4万亩，防治率为56%。

改革与林政实施

办绿化点　各级领导参加办绿化点人数4148人，办点4008处，造林56万亩。

林业宣传　从3月12日开始，在全省开展了林业宣传月活动。省和多数市召开了新闻发布会，各级领导写文章、发表讲话进行宣传、动员。3月31日这一天，仅市、县城区就有46.3万人走上街头宣传，散发林业宣传材料12.7万份。省、市报社、电台、电视台、宣传刊物通过办专栏，发表稿件7842件。省绿化委员会和林业厅还出版了《纪念义务植树十周年专辑》。有些地区还采取绿化知识问答、报告会、讲演会、林业

宣传大集和书画、摄影展及秧歌等多种方式进行宣传活动。

高标准整地 共完成302.6万亩，比1990年增长10.5%。锦西市集中连片整地5000亩以上的有50多处，万亩以上的有15处。朝阳市集中治理千亩以上小流域96条，整地44万亩。

资源管理 省政府正式下达了"八五"期间年森林采伐限额为182.2万立方米。年初，省林业厅下发了征占用林地的管理规定，还在朝阳市召开了林地管理工作现场会，会后各地都组织力量进行了清理。本溪市对1988年以来16件由县（区）审批征占用的林地，进行了复查，收补交征占费12万元。1991年1—10月林业厅审批的30件征占用林地，收林业开发基金和育林费919万元。

法制建设 由省人大常委会讨论通过了《辽宁省实施〈中华人民共和国野生动物保护法〉办法》。省政府下发了《辽宁省森林病虫害防治实施办法》和《辽宁省柞蚕场管理暂行办法》。

办绿色产业 国营林场建立国家级森林公园9处。乡村林场多种经营收入，占乡村林场总收入的30%。乡（镇）林业站有近70%的站兴办了多种经营项目或经济实体，年产值达4000万元，利润1000万元。新造经济林41.8万亩，经济林低产改造2.7万亩。板栗、山杏仁、大扁杏仁、大枣产量1493.5万公斤，其中板栗1049.9万公斤，比1990年增产14.4%。省林业厅和有关市、县林业部门，抓了锦西连山区红螺山林场水泥厂、辽阳市山楂综合利用加工厂和辽河羽绒服厂等3项技术改造，投资1600万元。

乡（镇）林业站建设 省编委、人事厅、财政厅和林业厅联合下发（辽编发〔91〕117号）文件，确定为林业站增编4300个。初步建成"毛甸子"式林业站59个。配合林业部在兴城市召开了全国林业站双文明建设现场经验交流会。

行业思想政治工作 年初，林业厅对加强行业思想政治工作提出了具体要求。9月又召开了林业双文明建设现场经验交流会。

存在问题 有些地方造林质量不高；中幼龄林抚育欠账较多；森林资源消耗在管全管严上还需加强。

（马学海 谭吉昌 张洪生）

【辽宁省世界银行贷款国家造林项目】 建设任务为105万亩。总投资17066.7万元。其中世界银行贷款10 301万元，省、市、县三级配套资金6765.7万元。从1990年下半年开始，建设期6年。

项目区包括铁岭市西丰、开原、铁岭县；抚顺市抚顺、清原、新宾县；本溪市本溪、桓仁县、南芬区；丹东市凤城、宽甸、岫岩县；大连市庄河县、普兰店市；辽阳市辽阳县等6个市15个县（区），176个乡（镇）和35处国营林场。项目区总面积8065.5万亩，有林地面积4198.5万亩，占全省的60%；森林蓄积量10 431万立方米，占全省的80%；有宜林荒山荒地498万亩。项目区以低山丘陵为主，海拔一般在200—1300米之间，地处北温带季风气候区，年均气温5—10℃，无霜期130—215天，年降水量600—1200毫米，年蒸发量1100—1500毫米。土壤主要为暗棕壤和棕壤，有机质含量1—4%。

辽宁省成立了项目领导小组和项目办公室，有项目的市、县（区）也成立了相应机构。省与市、市与县（区）、县（区）与乡（镇）层层签订了贷款协议，并签订了以林抵押还贷合同。

1991年完成造林24万亩，经对2070块造林地检查，合格率达84.3%。整地39万亩。完成试验林165亩，环保监测样地两处，示范林705亩，中试林整地900亩，母树林疏伐改造450亩，扦插育苗试验等科研项目。

（刘长年 张洪生）

【宽甸县乡村林场管理】 宽甸县总面积为929万亩，其中林业用地为703万亩。森林面积430万亩，其中集体林398万亩；活立木总蓄积1832.8万立方米，其中集体林木蓄积1595万立方米。全县有乡村林场249处，经营森林面积368万亩，林木蓄积1472万立方米，分别占集体林的92%。党的十一届三中全会以来，该县对乡村林场坚持深化改革，1989年以来，又在乡村林场开展了质量管理活动，全县营林设计和采伐作业质量，平均合格率达98%。林场经营人工林面积超过5000亩的达41个。1991年，乡村林场总产值达2012万元。该县的作法是：

①坚持整顿，完善内部管理。1986年以来，一是整顿领导班子。领导班子人选坚持群众评议、选举产生。二是整顿承包形式。普遍建立了以场长负责制为基础的任期目标责任制和经营承包责任制，实行了"责权共担，利润分成"的作法。三是整顿财务。县林业局举办了2期会计培训班，召开了3次记账经验交流会。建立了"一四一五"财务制度即：固定专职会计，统一账本、科目、记账格式、核算制度；县林业局年末对林场进行内审，有现金银行账、总账、销售明细账、费用明细账、产成品账。

②引入竞争机制，开展竞赛活动。1989年开始，开展了创明星林场活动。1990年评出县级明星林场1个（青山沟乡石棉林场）、先进林场21个，3月县政府召开了表彰奖励大会。

③调整单一形式，办多种形式林场。1988年以后，进入了以合作林场为主，多种办场形式并存的时期。现有合作林场116个、联办林场61个、乡办林场2个、村办林场9个、组办林场60个、户办林场1个。

④实行立体开发，发展多种经营。1987年在大川头乡新丰林场搞了立体开发，发展多种经营试点，年获利3万余元。1988年召开了现场会，在全县推广。1989年，县林业局成立了多种经营股，各乡（镇）配备了专人抓林场多种经营。1990年，林场办木材加工厂157处，其他多种经营项目12种。1991年争取到上

级投资24万元、自筹400多万元，发展多种经营。1991年，木材加工创利润200万元，占乡村林场总利润的29%，其他多种经营项目创利润310万元，占乡村林场总利润的45%。 （张洪生）

【东沟县林场多种经营】 国营东沟县林场，经营总面积为4.2万亩，其中有林地3.5万亩，蓄积7万立方米。有职工213人，固定资产300万元。1983年后，该场调整了林业产业结构，陆续办起了木材加工厂、木器加工厂、电器厂、商店等11个多种经营项目。1991年，林场销售收入达895万元，其中多种经营收入为867万元；实现利税81万元，其中多种经营利税74万元。他们的作法是：

①利用本地资源优势。1984年调整了鹿群雌雄比例，当年盈利3000元。1985年办了木材加工厂和木器厂，年产值20万元，占木材收入的66%。实现利税6万元。

②坚持投资、建厂和效益“三当年”。1989年办了1个电器厂，厂房利用3间会议室和2间职工宿舍，投资4000元，购置设备和生产工具，当年获利10万元。现有的11个多种经营项目，除1处木材加工厂外，全部当年投资，当年盈利。

③在人才少、资金严重不足的情况下，从1989年开始，先后从社会上聘用了12名人才，并筹集了100多万元的流动资金，投入生产。林场成立了多种经营管理机构，对承包单位的供、产、销实行统一协调。对流动资金实行“定额投入，有偿使用，限期收回”的制度。 （张洪生）

【兴城市造林】 兴城市总面积310万亩，其中林业用地101万亩，现有林地55万亩，森林覆盖率17.7%。有宜林荒山46万亩，市委、市政府决定在“八五”期间全部实现绿化。1991年，全市完成造林15.13万亩，其中人工造林11.13万亩。平均成活率在95%以上。他们的主要作法是：

①发动群众，进行大规模整地。1990年3月，市委书记毕玉田，提出要加快荒山绿化。市委、市政府决定，把全市造林整地工作分为春播后、铲趟期间、雨季、秋收前4个阶段。全部实行大会战形式。郭家、华山镇、旧门、药王、碱厂、红崖子乡等大会战整地时间都在2个月以上，面积都在5000亩以上，标准高、质量好。全市用人工36.49万个，完成高标准整地10万亩，其中水平槽整地占8万亩。动用土方量945.56万立方米。他们整地用工全部使用农民义务工。

②落实责任，确保造林质量。全市推广了旧门乡的经验，实行统一规划、统一标准、统一栽植、统一验收，定地点、定人员、定数量、定成活率，乡给村挂牌、村给组挂牌、组给村民挂牌，并根据次年7月检查成活率情况实行奖惩的责任制作法。

③林水结合，加快造林治山速度。他们坚持林业发展规划和水利的小流域治理规划相结合；造林整地和治山治水相结合；造林栽果和综合治理相结合；生物措施和工程措施相结合。整地后及时回填，蓄水保墒，为造林提供了良好的土壤条件，每个水平槽植树3株。同时，水平槽的蓄水可达24小时降雨150毫米水不下山，符合水土保持的要求。

④因地制宜，发展生态经济型林业。在山上部栽营养杯松苗；山中部栽刺槐、紫穗槐、大扁杏等；山下部土层较厚的地段，栽水果等经济林。1991年栽植经济林1.8万亩。还在水平槽沿上种草和小杂粮，全市林草间作2.4万亩，林粮间作5000多亩。

⑤加强管护。一是集体会战整地，专业队造林的林权归乡林业站，由林业站负责经营管护。二是乡村两级联合管护，签订管护合同，由所在村负责经营管护。栽上树的地块，全部配备了护林员和技术员。

（张洪生）

【沈阳市林业建设】 沈阳市林业用地面积175万亩，有林地面积92万亩，森林覆盖率7.4%，林木覆盖率9.26%，森林蓄积量为220万立方米。主要成就有：1990年完成造林10.3万亩，首次突破10万亩大关。1991年完成造林合格面积14.7万亩。两年造林成活率平均达88.4%。东部山区开发和西部柳绕地区农业综合开发林业项目初战完成。1990年，“三北”防护林二期工程总规模任务超额完成。1990—1991年营造速生丰产林3万亩，新栽果树5万亩，进行苹果梨低产树科学改造1.7万亩。1990年，市编委对已完成基建任务的乡（镇）林业站正式批准为乡（镇）事业单位，每站配了2—5人编制，批准成立市林业工作总站，新配5人编制。1991年，市编委又批准了20个乡（镇）林业站的机构和编制。1990年实现了无森林火灾，1991年实现了无森林火警。1990年完成秋季整地9.4万亩，1991年完成13万亩。他们的主要作法是：

①提高认识，增强大城市林业建设的紧迫感。全市每年召开4次到乡（镇）的林业大会。市主要领导亲自动员、部署和大张旗鼓的表彰林业先进单位和个人。市人大和市林业局召开座谈会和新闻发布会。电台、电视台开展了大型林业专题节目和专题采访，沈阳日报对东部山区林果开发进行纪实连续报道，在全市振动很大。市五大班子主要领导两年来先后5次视察林业，并大办绿化点。

②落实规划。市政府在1990年做出了《关于实施“3—5—8”造林绿化工程的决定》，1991年全市开展了绿化达标竞赛和山区开发项目评比，当年底有28个乡镇向市林业局申请达标验收。

③东部山区和西部农区的开发、“三北”防护林、速生丰产林、合资林、低产林改造等投资项目，都按标准检查质量，按质量实行奖罚。经抽查，1991年平原区造林和栽果成活率为92%和93%，山区为90%和95%。

④推广科技成果，增加林果生产的科技含量。推

广3000亩生态示范园、生态经济示范沟、林果优良品种、果树生产幼树地膜覆盖、苹果梨低产树改造等试验成果。

⑤多方筹集，增加林业投入。市、县、乡三级合计筹集林业资金，两年均超过1000万元，农民累计出义务工1000万人次。 （张洪生）

【辽宁省1991年林业大事】

①1月25日，省政府以辽政传〔91〕1号文，下发了《转发国务院关于加强野生动物保护，严厉打击违法犯罪活动的紧急通知》，决定从1991年2月1日起全省继续禁猎3年。

②3月20日，省政府在沈阳召开了辽宁省植树造林表彰动员大会，授予本溪、铁岭、丹东、抚顺4个市全面完成1989、1990年造林绿化、保护森林责任状目标先进市称号，各发给以奖代补资金10万元；省长岳岐峰做了重要讲话；副省长肖作福代表省政府与14个市政府领导，签订了“八五”期间造林绿化、森林防火责任状。 （辛 心 张洪生）

【附 表】

辽宁省1991年林业科技干部队伍统计

单位：人

	合计	高级	中级	助工级	技术员级	有中专以上学历无技术职称
全 省	7257	262	1864	2086	2242	803
其中行政	756	14	271	226	109	136

（辽宁省林业厅）

吉 林 省 林 业

【概 述】

发展与成就 1991年，吉林省坚持以深化改革，扩大开放，增强林业活力为中心，紧紧围绕十年绿化吉林大地，增加森林资源和力争第二个十年无重大森林火灾，深入开展治危兴林活动，促进全省林业建设的发展。

造林绿化 植树造林有突破性进展。①全面超额完成各项任务。全省造林完成年计划的129.9%。迹地更新69.9万亩，完成计划的113.5%；“三北”地区造林122.6万亩；义务植树完成11 860.7万株。②通化市和辽源市，两个地市消灭宜林荒山荒地，提前6年完成省规划的造林任务。通化市又有4个县达到全国平原绿化先进县标准。③白城地区完成三年造林欠账。④治沙造林。吉林省获全国治沙先进省称号。⑤造林绿化质量，从1988年开始连续4年“两率”平均值达90.4%，居全国第五位，获林业部颁发造林质量优秀奖。

木材生产 全省完成木材生产563万立方米，为计划的96.2%，比1990年减少5.9%，其中，森工企业完成392万立方米，地方林业171万立方米。锯材完成77万立方米，胶合板11.77万立方米，纤维板4.1万立方米，刨花板8.4万立方米。森工企业在木材减产30万立方米情况下，仍实现利润3200万元，上缴财政1450万元。1991年清回欠款6000万元，欠发职工的工资比1990年同期减少2000万元，当年应拨补中西部的造林资金基本到位。1991年有湾沟和八家子两个林业局，进入国家二级企业；大兴沟林业局晋升为省先进企业。

森林防火 全省认真总结十年无重大森林火灾经验，省政府发布森林防火命令，省领导亲自检查森林防火工作。在全省普遍强化防火措施同时，省召开重点火险区会议。全省确定6处重点火险区，实现全省连续11年无重大森林火灾，各项指标好于前十年平均水平。

科技教育 坚持科学技术是第一生产力的指导思想，把林业建设转移到依靠科技进步和提高劳动者素质轨道上来。1991年，林业获得省级科技进步奖7项；通过省级鉴定的新产品有17项，其中，国内首创2项，填补国内空白6项；全省建起10处林业科技推广示范基地。林业初级教育全部达标，学校加强德育教育，高考录取率有很大提高。松江河林业局职业高中，被省政府确定为全省13所重点职业高中之一。吉林林学院有3名教师被林业部命名为高校思想政治工作先进工作者。

改革与林政实施 强化思想政治工作，加强廉政建设和党风建设，通过“两危”形势教育，振奋全行业精神。三岔子林业局和大石头林业局，被林业部定为实施林价制度先行点；白石山林业局，由林业部和国家林业投资公司，定为治危兴林试点单位。省里召开3个具有改革意义大会：林业多种经营会议，林木生产商品化改革会议，林产品出口工作会议。省林业厅下发搞活林业企业17条意见，林木生产商品化实行配套改革，包括育林基金“拨改买”，实施林价制度，建立资源管理和培育新体制。还制定了资金管理办法，签订上缴款项责任书，修定固定资产投资管理规定，以及统配材转非统配材有关规定。1991年，森林资源监督，实行全额管理，重点解决以消耗资源为代价换取虚假利润问题。森工企业资源总生长量，大于总消耗量14万立方米，用材林总生长量小于总消耗量，赤字4万立方米，全省第一次实现资源消长平衡。省林业厅积极推行烧柴立法，禁止烧好材，并采取了改灶节燃和发展薪炭林等措施。积极防治森林病虫害。1991 年病虫鼠害发生面积 229.7 万亩，防治率达 80%。总结“七五”林业计划和基建管理工作经验教训。积极开展全行业、全方位的审计工作，并编制普法教育规划。

存在问题 ①造林绿化工作发展不平衡。②一些困难较大的单位，自我解危意识不强，存在畏难情绪和等、靠、要的依赖思想。（崔云深）

扶余市军民造林治沙工程纪念碑

（杨文魁摄）

【吉林省林业工作会议】 吉林省人民政府 3 月 11—13 日，在长春市召开全省林业工作会议，这是继 1987 年以来，全省林业一次重要会议。会议中心议题：贯彻落实中央和省委会议以及全国林业厅局长会议精神，围绕加速绿化吉林大地、强化森林资源管理、森工企业治危兴林三大任务，确定吉林省林业“八五”期间奋斗目标，明确 1991 年林业生产任务。省委书记何竹康到会讲话，强调各级党委要重视林业工作，并把是否重视林业，是否真抓实干，作为考核各级领导干部的一项重要内容。省委常委、副省长吴亦侠作了《全民动手，齐心协力，夺取林业工作新胜利》的报告。明确了“八五”林业奋斗目标：①加快造林绿化步伐，力争提前两年（“八五”期间）完成《十年绿化吉林大地规划》任务。②争取到本世纪末全省实现第二个十年无重大森林火灾。③森工企业“治危兴林”要初见成效，实现资源消长、财务收支、劳力安置三个基本平衡。会议表彰奖励了 21 个造林绿化模范单位，39 个先进单位，44 名造林绿化模范和 110 名先进工作者；还表彰了森林防火 49 个模范单位，59 个先进单位和森林防火 65 名模范，420 名先进工作者。会议期间，吴亦侠副省长代表省政府与 8 个市（地、州）长，以及森警总队负责同志，签订了森林防火责任书和森林采伐限额责任书。（崔云深）

【松江河林业局节能工作】 吉林省松江河林业局，是一个集木材生产、林产工业、木材加工、综合利用、多种经营为一体的大型综合森工企业。下设 13 个主伐林场，有 25 个生产部门，企业年综合能耗折标准煤 5 万吨左右，工业生产能耗费用约占企业生产总成本的 11%，为吉林省林业耗能大户。

近十年来，该局强化能源管理与监督，致力于节能降耗，充分挖掘管理潜力，在上段采集、汽车运材，下段贮木、锯材生产、纤维板生产综合能耗等，均达到国家二级能耗标准，1982—1991 年 10 年节能合标准煤 23 452 吨。1989 年经林业部验收，晋升为国家二级节约能源企业。1991 年 10 月，国家计委授予松江河林业局全国节能先进集体称号。

具体作法是：①健全各项规章制度，制定节能升级规划。根据企业升级总体规划要求，建立局、厂（场）、车间三级节能管理组织机构，广泛宣传国务院和省政府有关节能要求，部署制订本局的节能管理升级规划任务和节能管理升级实施办法，使节能工作综合评价和主要产品能耗，有指标、有考核。②强化能源计量管理工作，取得了国家二级计量合格证书和能源计量合格证书；强化能源标准化管理。制定了能源工作标准、能源管理标准、能源技术标准、能源节奖超罚办法等 8 项标准和规程。③严格能源消耗定额管理，使能耗定额更加科学合理；严格统计报表管理制度，发挥能源统计工作的监督检查作用；严格节能奖罚管理及时兑现，调动节能积极性。④加强节能技术改造管理；加强节能管理人员业务素质建设；加强现代化管理工作，统一定做现代化管理图板，通过图板

及时反映指标完成情况和能源管理横纵向关系；加强行业竞赛管理。（崔云深）

【长岭县沙地绿化】 长岭县位于吉林省西部，科尔沁沙地东缘，沙荒面积265.5万亩。这里风多雨少，年降水量420—476毫米，八级以上大风年均19次，风沙干旱是当地农业生产主要自然灾害。在党和政府领导下，为改变恶劣自然环境，从50年代开始大搞封山育林，植树种草，根治沙荒。到1990年末，沙荒地全部实现绿化，收到明显的生态、经济和社会效益。横贯全县7条大沙带和559个沙丘（坨）被封住，沙荒人工种草6万多亩，植树造林200万亩，沙荒地区林草覆盖率达82.5%，建起速生丰产林、经济林、育苗、樟子松大苗、义务植树五大基地。营造农防林网眼6300个，庇护农田225万亩，保护草原90多万亩，草原沙化和风蚀得到有效控制，特别是粮食生产1990年突破8亿公斤大关，比建国初期总产量翻三番。林木蓄积量达201.8万立方米。仅林业一项每年可多收入750万元。1991年被全国绿化委员会、林业部、人事部授予全国治沙先进单位称号。该县沙地绿化主要经验：

①深化认识，逐届治理。林草不兴，农业不稳，长岭县把根治沙荒，改善生态环境，视为夺取农业丰收保障。建国40多年换15届县领导班子，每届都以治沙为己任，带领全县人民造林种草，综合治沙。②全面规划，因害设防。对流动沙丘治理，采取前挡后拉，平岗造带，陡坡全封，工程与生物措施相结合；对一般沙荒，实行带、片、网，乔、灌、草相结合办法。③全党动员，全民动手。每到造林季节，县里几大班子领导亲临治沙第一线，分片包干。④落实政策，增加投入。沙地绿化，采取国家、集体、个人一起上的方针。鼓励国营造林；依靠集体造林，在苗木、机械、技术上给予扶持；对个体造林，实行“谁造林、谁投资、谁管护、谁受益”的林业政策，并承认权属，发放执照。在投入上，实行以地、以林、以工集资办法。⑤科学造林，以法保护。（崔云深）

【农安县防护林建设工程】 1991年12月，农安县防护林建设工程被国家工程建设质量奖审定委员会评为国家优质工程金质奖。该县防护林建设工程，是吉林省林业勘察设计院在1979年设计的。当年10月开始，由农安县林业总站组织各乡实施，全县广泛开展义务植树，每年春秋组织8万多名干部群众参加工程建设，1988年末竣工，并通过验收。历经10年，工程总投资1542万元。全县林地面积达97.4万亩，占林业用地面积的95.4%，比1978年增加57.4万亩。营造农田防护林带36.1万亩，全县林带总长12 759公里，构成14 052个网眼，保护农田面积526万亩，占耕地面积的98.3%。该县防护林建设工程总体设计，采取“农林牧统一规划，水田林路综合治理，因地制宜，因害设防，适地适树”的原则。根据地貌特点和自然灾害程度，划分不同设计类型，西北风沙干旱区；中南部低洼易涝区；东部平原区。路、带、村相结合，林路兼顾。全县形成以农田防护林为主体，带、片、网相结合，林网、路网、水网为一体的综合防护林体系。实现道路林荫化，村屯方城化，农田林网化，大地园林化。森林覆盖率由工程前的3.9%提高到11.1%，造林成活率达95%，保存率达90%。工程防护作用：将原来的10.7万亩风剥地，变成了高产稳产田；134万亩低洼易涝地，得到有效治理，全县春播时间比1978年提早5—7天；改变农田小气候，促进粮食逐年增产，全县粮食总产量由1979年52万吨，提高到1990年的157万吨，一跃进入国家粮食总产全国十佳行列。（董经纬 崔云深）

【长春市大环境“森林城”建设】 1988年4月，中共长春市第七次代表大会通过建设森林城决议。12月下发建设森林城规划。1991年按照建设大生态环境的要求，对森林城规划再次修改和完善。长春市建设森林城，属于城乡大范围内的生态工程，辖3县2市5个区，幅员面积18.8万平方公里，有610万人，其中市区有121平方公里，人口168万。国家绿化委员会和林业部将森林城建设，列入林业“八五”建设重点项目。森林城建设规划，从1989年开始，到本世纪末完成。1991年修改后的森林城规划，共分市区、郊区、外县（市）三个绿化层次，以及市区公共绿化、专用生产防护绿化、农村绿色走廊、卫星城镇、风景区、村屯绿化、边界防护林等十大绿化工程。整个规划完成后，长春市区绿化覆盖率将达41%，郊区可达25%，市辖各县（市）可达16%。

森林城建设的主要作法是：①全面制订规划，逐级分解绿化任务。②健全系统的组织实施指挥机构。③增加森林城建设的投入。市政府的绿化经费，由原来每年150万元，增加到500万元。再加上各行业系统，各部门单位，多方面筹集，全市每年绿化经费达3000多万元。三年来，全市涌现一批绿化水平较高，一次成型到位的街道、广场、游园和单位庭院。市区共植树218万株，栽花种草280万平方米，新植树街路74条，建小游园60处，公园3处，绿化庭院620个，开辟绿地48块，拓宽公路和铁路出口绿化带10条，环区路营造绿化带100公里。市区扩大绿化面积518公里，绿化覆盖率三年提高4.6个百分点。长春市1990年被授予全国平原绿化先进单位称号，1991年又被全国绿化委员会、林业部、人事部授予全国造林绿化先进单位称号。（王汝川 崔云深）

【吉林省发展多种经营】 为缓解林业“两危”，省林业厅5月下旬在四平市召开多种经营会议，直属林业企事业的120多人参加了会议。会议上，省林业厅长刘墨林强调指出：搞多种经营是发展林业一项长远的战略思想，要坚持全民、集体、个人一起上的原则。会议明确了全省林业多种经营“八五”目标：①产值以1990年为基数，年增长率10%以上，到1995年多种经营要占总产值25%；②多种经营利润年增长率要达到2%以上；③从事多种经营人数“八五”末期要占总人数50%；④“八五”末期农业种植面积达25万亩，实现蔬菜、饲料基本自给。家庭经济户占企业总户数20%以上。会上，还宣布了发展多种经营10项政策和开放搞活18条意见。

至1985年，吉林省形成了木材生产、林产加工、多种经营齐发展的局面。其中，多种经营产值达11 132.5万元。1990年产值上升到29 746.5万元，5年产值增长1.67倍，其中，全民多种经营1985年产值692.5万元，1990年产值达到12 616.3万元，5年间产值增长17.2倍。多种经营产品有500多种，从事多种经营人数有94 000多人。1991年，全省林业多种经营产值达30 998.3万元，其中，集体多种经营产值完成17 271.9万元，占集体经济总产值的48.3%。有17种优质新产品打入国际市场，收入941万元。

（崔云深）

【吉林省森林防火钟楼落成】 1990年，吉林省成为全国第一个实现十年无重大森林火灾省。1991年3月，吉林省被国家授予森林防火先进省称号。国家森林防火总指挥部和林业部，为纪念和表彰吉林省森林防火功绩，决定在长春市净月潭林场望月峰上，修建一座森林防火钟楼。钟楼高17米，顶层悬挂一口由合金铸成的重3300公斤大警钟。钟身高2.5米，直径1.8米，钟上刻有森林防火、警钟长鸣8个大字。钟下黑色玄武岩地面上，镌有吉林省地图。1991年7月20日，在长春市净月潭林场举行了钟楼落成仪式。林业部副部长徐有芳代表国家森林防火总指挥部和林业部参加了钟楼落成仪式，并讲了话。省委书记何竹康和省长王忠禹，第一次共同撞响森林防火警钟。

（崔云深）

【治危兴林演讲大赛】 省林业厅10月中旬在红石林业局举办全省林业企业治危兴林演讲大赛。各企业局共推荐出46名赛手，评出一等奖1名，二等奖3名，三等奖6名。赛后，选出8名优秀选手，组成吉林省林业治危兴林再创业演讲团，到全省林业企事业单位巡回演讲。从11月3日至12月28日，共进行25场演讲，直接观众2万多人，间接观众近20万人，职工受教育面达50%以上，收到良好效果。

（王志新　崔云深）

【附　表】

吉林省1991年林业科技干部队伍统计

单位：人

系列统计 \ 职称类别			高级职称	中级职称	初级职称	未聘任的专业人员
	总计	39244	1276	8209	24680	5079
企、事业单位	工程技术人员	10352	588	1972	7549	
	农业技术人员	289	13	71	193	
	科学研究人员	222	38	53	127	
	卫生技术人员	3504	67	858	2541	
	教学人员	9238	274	1995	6817	
	其他	15047	191	2933	7293	
机关	专业技术人员	592	105	327	160	

（吉林省林业厅）

黑龙江省林业

【概　述】 1991年是治危兴林全面启动、深入发展的一年。这一年，虽然遭受重大水灾，但经过全省林业广大职工努力，全面完成了各项生产任务。

成就　植树造林为年计划的104.5%，平均成活率达85%以上。全民义务植树9000万株，人均4.5株，尽责率超过80%。全省共完成育苗19.8万亩。森林培育：完成天然、人工林抚育87.3万亩，抚育天然次生林132.73万亩，出材188.45万立方米。其中，国营林场抚育101.71万亩，出材139.84万立方米。封山育林80万亩。森林保护：全省共发生森林火警、火灾34起，过火林地面积525公顷，分别比1990年降低39.29%和3.5%。全省共检疫苗木7.5亿株，防治病虫害814.5万亩。依法处理各种毁林案件2985起，处罚3008人，收回侵占林地11.6万亩，结案率达95%以上。清理整顿取缔了314个非法木材加工厂（点），整顿了156个木材检查站。进一步巩固完善了庆安等9个县（市）的森林资源监测体系，基本完成了35万公顷的二类资源调查和部分市、县的资源建档工作。全省多种经营厂（点）发展到301处，木材综合利用厂（点）212处，产品20类150多种。木材综合利用和多种经营产值达1.3亿元，林粮、林草、林药间作15万亩。

改革与林政实施 第一，保证造林面积，注重造林质量。进一步落实了省委、省政府十二年绿化黑龙江大地的决定，动员全社会方方面面的力量，参加植树造林。在经济困难的情况下，深入落实省委、省政府的8条集资政策，多层次、多渠道筹集资金，增加对造林绿化的投入。建立和完善了各级领导任期目标责任制、层层签订责任状、领导办造林绿化点、检查验收、规划执行情况通报和评比奖惩6项制度。在“三北”地区“绿色长城杯”竞赛的基础上，开展了全省造林绿化竞赛活动，评出了3个先进地（市）和13个县（市），有效地推动了全省造林绿化工作的开展。

第二，实行科学经营，加快后备森林资源培育。1991年突出抓了制定“两个规划”、“两个方案”，保证了“两个重点”。两个规划：一是“八五”期间国营林场发展规划；二是以商品林、丰产林建设、珍贵天然林、人工中幼龄林为重点的森林培育规划。两个方案：一是森林经营方案；二是编制森林定向培育、分类指导、科学管理、集约经营的实施方案。两个重点，即人工林、天然中幼龄林抚育和营造速生丰产林。1991年虽然资金紧张，但还挤出571万元资金专门用于天然、人工中幼龄林的抚育和速生丰产林营造，同时，对部分条件较好的，具备天然更新能力的疏林地实行封山育林。

第三，以森林防火为重点，加强森林保护。在森林防火上，进一步完善了“四个四长”负责制，完善阻隔系统，搞好设施建设，把5月定为“五六”大火“反思月”，在全省开展了“五六”大火反思教育。初步拿出了全省森林防火的“三区”规划。在气候不利的条件下，经全省上下一致努力，实现了历史上森林防火第四个好年份。加强了森林病虫鼠害的“三网”（预测预报、检疫、防治）体系建设。特别是保证了大兴安岭地区松毛虫飞防、烟剂防治用药。以制止乱砍滥伐、毁林开荒、开垦蚕食林地为重点，加强林政工作。全省抽调4000多人，组成600多个检查组，开展林政大检查。摸清问题及原因，向省人大提出了加强林业法制建设的意见。加强了“爱鸟周”宣传，并把1991年11月定为“野生动物宣传月”。坚决打击了非法猎杀、经营、倒卖、走私国家重点保护野生动物的犯罪活动。

第四，认真执行新的采伐限额，严格控制森林资源消耗。按照国务院批准的黑龙江省“八五”期间森林采伐限额，省林业厅系统和各行业年采伐限额总量808.6万立方米，为保证实施。省政府以文件的形式下达各市县政府和省直有关部门，各地严格按采伐限额，安排木材生产计划，并做为一项硬指标纳入与各地市县签订的森林资源消长目标责任制，做为干部任期内政绩考核的重要指标。

第五，依靠科技进步，注重抓了科技兴林。经省政府批准，林业厅系统科技兴林方案从1991年开始实施。从已鉴定的成果中筛选出50项周期短、见效快、效益好的科技新成果在全省推广应用。重点抓了良种培育、容器育苗、病虫害防治技术的研究和重点课题攻关。全省28个重点市、县筹建了科技推广站，逐步形成全省林业科技推广体系。

第六，认真抓治危兴林工作。治危兴林是1991年的工作中心，坚持治理当前的经济危困和林业的长远建设相结合，侧重抓了深化林业改革，完善林业承包责任制；加快产品产业结构调整，大力发展多种经营和木材综合利用生产；强化经营管理，深入开展“双增双节”运动；加强产品销售和货款回收工作，用好用足各级政府已经出台的各项优惠政策措施、总结推广肇源、虎林县林业局等10个治危兴林典型等项工作。

第七，经济工作和思想政治工作相结合，坚持“两手抓”。11月召开全省林业思想政治工作座谈会，研究部署加强思想政治工作。 （贯 颖）

【黑龙江省利用外资建设商品材基地】 黑龙江省林业厅根据国家计委、林业部长远规划安排，于1985年9月5日签订了《中国林业发展项目协定》，世界银行贷款1403.8万个特别提款权，国家配套投资5162万元，地方林业自筹资金4299.5万元，总投资13 352.2万元，建设尚志、方正、宾县、依兰、汤原、宝清6县（市）的52处国营林场6大片商品材基地。经过6年，到1991年顺利地完成了项目建设任务，实现了预期目标。

利用外资开发林业包含借、用、还三个过程，其中“用”是关键。省林业厅紧紧抓住“用好”这个重要环节，坚持三个先上，即奠定还款能力的基础项目先上、提高新增生产能力的项目先上、有利于提高经济效益的项目先上；做到两个控制，即严格控制项目投资规模、严格控制非生产性建设。

①营造人工林98.5万亩，为评估任务的138.3%。世界银行和林业部派专家抽样检查，造林成活率和保存率均达到和超过部颁标准。

②新建林区道路387公里，为评估任务的102.3%。

③幼林抚育376.5万亩次，为评估任务的

102.3%；抚育间伐65.4万亩次，为评估任务的119.8%，促进了幼树成长，改善了林内的卫生状况，提高了林分质量。

④架设输电、通讯线路774公里，为评估任务的81.1%（无线电话取代了部分架线通讯），满足了各国营林场生产、生活用电和防火、急救等需要。

⑤建筑房屋92 602平方米，为评估任务的71.3%。

⑥购置各类汽车305部，林业机械、仪器和木材加工设备426台（套、件）。

⑦建成纺织木梭厂1处，土壤分析化验室1处，扩建贮木场6处，建成1处木材转运站，安装了2套苗圃喷灌设备，修建了铁路专用线、防火瞭望台、机井等设施，进一步改善了林区生产、生活条件，提高木材生产能力。 （张福卿）

【黑龙江省林政管理10条措施】 黑龙江省林业厅1991年确定全省林政管理工作要坚持一个方针（保护森林、发展林业的方针），围绕提高“两率”（提高各种案件发现率和结案率），切实制止“三乱”（乱砍滥伐森林、林木资源，乱垦滥占林业用地，乱经营、乱加工和运输木材），做到“四个稳定”（稳定森林、林木权属；稳定林业用地经营权、使用权；稳定林木产品产供销渠道；稳定林木产品商品市场）。并采取10项措施加强林政管理。

①认真落实责任制。加强林政管理，实行领导干部任期目标责任制。

②坚持依法治林。深入宣传贯彻《森林法》等林业法律、法规。

③坚决制止和打击违法毁林行为和犯罪活动。会同工商、公安和司法机关，集中领导，集中力量，集中时间，部署和开展制止、打击违法毁林行为和犯罪活动。

④加强林地管理，清理非法侵占林地。一是认真执行省政府办公厅《转发省林业厅关于制止乱砍滥伐林木意见的报告的通知》和林业部下发的《关于进一步加强林地管理的通知》。二是要清理非法侵占林地。各地要集中力量，分片包干，深入山场，对国营林场和乡（镇）、村林业用地进行全面调查，并按规定严肃处理。三是严格占（征）用林地补偿费管理。四是抓紧结束稳权发证工作。

⑤严格依法办事，做到依法行政。认真执行国家颁布实施的《行政诉讼法》、《行政复议条例》和林业部下发的《林业行政处罚程序规定》。

⑥进一步加强木材经营、加工和运输管理。首先要坚持木材凭证运输制度。二是不要轻易没收违章运输的木材，或对违章运输木材罚款。对违章运输，要按省林业厅规定在5—10天的期限内补办有效证件。三是要把住木材经营、加工单位的审批关。第四，加强木材检查站建设。

⑦严格统计、报告制度和做好群众信访工作。

⑧加强护林队伍建设。要加强思想政治教育，加强制度建设。

⑨总结、推广先进典型经验。

⑩积极开展新闻舆论监督工作。

（黑龙江省林业厅林政处）

【桦南县林业局推行经营承包责任制】 1990年全省推广鹤岗市林业局推行的以“七包七保、双基数、四挂钩、兑现奖惩”为内容的经营承包责任制经验后，桦南县林业局于1991年初在全县10个国营林场全面推行，1991年在销售收入大幅度减少，各种税收、工资政策出台等增支因素不断增加的情况下，仍然实现利润54.3万元，比1990年增加49%，在一定程度上缓解了经济危困，出现了新的转机。

桦南县林业局主要作法是：①层层落实承包合同。林场各项生产和岗位，都进行了承包和建立岗位责任制。②抓好经营承包基础工作。林场的各项生产都实行定额定员。③对不同林场进行分类指导。对严重亏损的3个林场核定亏损指标，限期减亏；对利润持平和微利林场鼓励他们多实现利润；对效益好的林场，鼓励他们多超利润。④全县推行孟家岗林场经验。⑤建立专门管理机构。成立了由书记、局长、主管局长、工会主席和有关职能部门的人员组成的经营承包领导小组。⑥抓好承包合同兑现。 （张福卿）

【海林县林业局治理整顿】 海林县林业局调整新领导班子后，从1989年1月起就着手治理整顿，发扬“三自”精神，治危兴林，增强林业活力。经过二年奋斗，经济形势有了转机，效益明显提高。1990年在新增开支因素40万元、木材产量下降789立方米的情况下，实现利润23.1万元；1991年在市场疲软、遭受历史不遇的洪水灾害的情况下，仍实现利润32.3万元。

他们的主要经验是：①整顿调整领导班子。基层共压缩非生产人员37名充实生产第一线。②整顿经济秩序。1989年开始，组织14个人的检查组，共清理违纪金额13万元。违纪80余项都做了公开处理。解体汽车队，撤销木材贸易公司，关停海南砖厂。对贪污受贿、失职渎职情节严重的人进行严肃处理。原海林林场党支部书记兼场长受贿1万元，撤销职务、留党查看2年，工资降一级，退还了受贿款1万元。原贸易公司经理贪污4000元，撤销了职务，留党查看一年，工资降一级。③整顿企业管理秩序，制定规章制度。制定了《海林县林业局机关目标管理责任制》、《海林县林业局企业管理章程》和《海林县林业系统思想政治工作暂行规定》等。 （张福卿）

【勃利县落叶松商品材基地建设】 1986年，县林业局决定建设落叶松商品材基地，设计总面积为91 491亩，占全县国营林地经营总面积的7.6%。其中，新建55 970亩，改建35 521亩。1988—1997年十年完成。

商品材林建设从1988年开始实施到1991年，共完成新建30 692亩，平均造林成活率96%以上，保存率90.5%，保存面积98.7%，现已成林16.3%。改建完成17 500亩。新建与改建48 192亩，占总体设计量的42.7%，成活率、保存率、生长率都高于常规造林。

在商品材林建设中主要作法是：一是强化组织领导，成立办公室有专人抓；二是按工程项目管理，有施工设计和验收制度；三是抓种苗基础，严把树种种源关，实行一级壮苗上山；四是科学抚育管理，因地制宜采取措施；五是开展科学试验，搞好示范林。

（李春民）

【五常县林业局实行林农间作】 五常县林业局自1989年以来，利用采伐迹地更新地块进行林瓜、林豆间作，实现以耕代抚，以管代防，以副促林，以短养长，开辟了一条迹地更新、促进林木速生丰产的新途径。林瓜、林豆间作技术1991年8月通过了省林业厅组织的技术鉴定。

五常县林业局开展的林农间作是在新皆伐迹地地块，在植树的同时间种西瓜，次年和第三年间种黄豆。

迹地更新，对间作地块实行全面清理，把采伐剩余物和杂物全部清除，按更新落叶松要求进行穴状整地，株行距为1米×2米，亩植落叶松333株，比常规更新造林每亩多植50株。间种西瓜是在植树的当年进行的。间作方法是，在新植落叶松行间进行条状或穴状整地，条宽60—80厘米，深25厘米；穴面直径60厘米，深25厘米。西瓜株距60厘米，亩种西瓜1110株。第二年间种黄豆是在第一年种植西瓜的基础上进行的，在西瓜整地的地块上间种二三行黄豆，行距30—40厘米。第三年种黄豆只能间作一行，以保证良好通风和光照。

田间管理，栽种瓜豆施用的化肥有二氨、尿素等；在不同的生长时期要喷洒白菌清、代森锌、甲托、禾果等杀菌灭虫药剂，同时铲除杂草，及时抚育，起到以耕代抚，以管代防的作用。

林农间作要求适地适树，用暗棕土壤，中性，土层深厚、肥沃、湿润；选择坡度平缓的阳坡、半阳坡。

（张福卿）

黑龙江省森林工业

【概 述】

建设成就 黑龙江省森林工业1991年全民工业总产值，在全国第四季度实行压贷挂钩的情况下，完成了367 992万元，占计划的89.3%；集体工业总产值完成61 553万元，占计划的85.1%；多种经营产值完成8.62亿元，比1990年增长8.3%；全系统自行消化水灾损失4998万元后，实现减亏4901万元。

改革与林政实施

实施治危兴林方案 治危兴林方案年度目标，突出了五个工作环节：①运用各种宣传工具广泛进行治危兴林基本思路、奋斗目标宣传。②按照分工负责，分类指导的原则，逐级审定治危兴林方案，4个林管局、62户企业的方案多数通过审定并全面实施。③把治危兴林的阶段性任务与“八五”计划、十年发展规划有机结合，纳入承包经营责任制和局（厂）长任期目标责任制。④努力用好用足国家和省对森工的扶持政策。⑤加强了各级领导班子建设。

完善以“六包三挂钩”为主的企业经营机制改革 全省森工62户工业企业分别实行“六包三挂钩”或“四包两挂钩”经营承包责任制，以及实现利润（亏损）基数包干、超收（减亏）分成、欠收自补的承包制。在一些企业实行“三个模拟”、建立“四个机制”，即在企业内部实行“模拟法人、模拟利润、模拟银行”，建立“风险机制、竞争机制、动力机制、约束机制”，使企业、基层领导和职工既有压力又有动力，推进加速形成责权利相统一的企业经营机制。林场（所）实行“五五”工作制，林业局实行“三个三分之一”工作制，全系统转移劳动力21 560人，占年计划的103%。

调整企业组织结构 为改变“大而全”、“小而全”旧的经济格局，使大、中、小企业以及林场（所）规模的组织结构趋于合理，制订了柴河地区组建林纸一体化集团方案；成立了跨地区、跨行业的家具联合集团筹备机构；调整了林场（所）的组织结构，总数由原规划的634个调整到586个，并提出林管局之间经营规模与区划调整方案；按国务院和林业部要求，做了大量组建黑龙江森工企业集团的前期工作。

发展林产工业、多种经营 在治危兴林中，把大力发展林产工业、多种经营作为调整产业产品结构，实施战略转移的突破口，使产业结构向科学合理方向发展。

①林产工业。1991年11月召开了林产工业工作会议，制订下发了《关于大力发展林产工业若干问题的决定》。全年“三剩”综合利用率达到49%，初步建立了木片生产、运输、销售体系，完成木片生产240万层积立方米，国内销售40万层积立方米，出口103层积立方米，创汇190万美元，受到林业部的表彰奖励。同时狠抓林产工业达产达标，组织专家对未达标项目进行“会诊”，提出达标的时间、措施。南岔木材水解厂中密度纤维板分厂全年产量5.1万立方米，超过设计能力6%，产品合格率达到99.5%。方正纸厂、汤旺河刨花板厂建设项目的土建工程均达到优良。牡丹

表1 黑龙江省森林工业1991年各项计划指标完成情况

项目	计算单位	实际完成	占计划(%)	比1990年增、减(%)	项目	计算单位	实际完成	占计划(%)	比1990年增、减(%)
更新造林	万亩	245	102	+25	刨花板	立方米	56209	49.3	
①速生丰产林 ②抚育	万亩 万亩	46.5 226.8	104 101.4	+20.2					
木材生产	万立方米	840	100		纸和纸系列产品	万吨	2.5		
锯材生产	万立方米	159	88.8		家具	万件	48		
胶合板	立方米	43 398	73.6		基建投资 其中： ①大中型项目 ②企业技术改造	万元 万元 万元	49 946 10 629 2 018	97.8 100	
纤维板	立方米	51 680	67.1		对外贸易 ①对资出口创汇 ②对苏易贸进出口	 万美元 万瑞士法郎	 2849 1632	 124 148	
中密度纤维板	立方米	50 063	100.1						

江木材加工厂刨花板车间、东方红林业局刨切单板厂按计划验收发挥效益。柴河年产7万吨纸厂项目已完成前期工作。

②多种经营。1991年，全系统已建成多种经营点1443处，产品16类416种，形成种植、养殖、采集、采掘、加工等产业。全年熟化速生丰产林用地21万亩，开采黄金14000两，生产煤炭3107万吨，出口石材6400立方米。合江林管局多种经营产值达1.2亿元，超过总产值的三分之一，人均耕地达到1.8亩，所属4个林业局有3个局多种经营产值突破1000万元大关，鹤北林业局连续两年黄金产量超万两，受到林业部和省政府的表彰。全系统多种经营产值超千万元的林业局由1990年的17个增加到23个，超百万元的林场（所）由1990年的55个增加到75个。

企业升级 1991年紧紧围绕“质量、品种、效益年”活动，把企业升级与对标达标结合起来，全系统62户工业企业中有22户被评为省级先进企业，12户进入国家二级企业，1户进入国家一级企业。累计获计量奖54个，全面质量管理奖43个，节能奖34个。

森林培育和保护 黑龙江森工国有林区按着“两论”、“三划分”的要求，对现有森林资源划分为保护经营区、集约经营区、常规经营区，采取不同措施，促进资源增长。松花江林管局已全部区划完毕，开始取得效果，推广大面积、低强度择伐经验，皆伐比重控制在30%以下，个别林业局达到25%；森林过火率和病虫害分别控制在0.026‰和0.3‰以内，杜绝重大森林火灾；加强了林地资源管理，征收土地费174.8万元；发放林权证42户，占总数的85.7%；认真贯彻《森林法》，侦破处理林政案件1057起，收缴木材4111.7立方米，挽回经济损失49.9万元。

科技与教育 ①科技成果转化。全年推广213项科技成果，创经济效益7000多万元。应用科技手段研制开发总局级新产品73项，省级新产品26项。获部、省级科研成果一等奖1项、二等奖2项、三等奖12项、四等奖9项。苇河林业局开发生产的电工层压木填补了国内空白，被评为国家新产品。②创建科技进步先进企业。制订下发了《黑龙江省森工总局创建科技进步先进企业暂行规定》，确定了考核指标体系、实施办法，全省确定11户试点企业取得较好的技术经济效益，兴隆林业局被评为科技进步先进企业。③加强多种形式教育。以“燎原教育”为主进行适用技术培训，受训人数达10万多人；普通教育中有22户企业被省评为办学条件先进集体，占全省表彰总数的60%；普通教育和成人教育投入经费1.14亿元，有效地提高了劳动者的素质。

存在问题 森工经济继续向谷底下滑，截止年末，职工福利费支出和政策性亏损挂帐已达10亿元，每年需支付银行利息1亿元。外欠货款11亿元、系统内企业间拖欠7亿元，企业资金周转高达330天左右。

（黑龙江省森林工业总局）

【黑龙江省森工企业治危兴林】 国有林区经过两年治危兴林的实践，出现了如下变化：

①治危兴林的基本思路和战略措施在森工系统从上到下取得共识，全省森工经济建设开始步入稳定调整、逐步回升的良性循环轨道。

②国有林区发生了历史性转折，森林资源在总量上实现长消平衡。从1987年开始有计划地大幅度调减木材产量，实行木材生产量、运输量、销售量“三总量”控制，加速资源培育，使国有林区森林资源总量第一次出现长消平衡。经过森林资源连续清查测定：1990年森林资源生长量为1878.7万立方米，实际消耗1855万立方米，长大于消23.7万立方米。1991年林业部批准下达的采伐限额为1597万立方米，人工林保存面积由2037万亩增加到2939万亩，增加了902万亩；

人工林蓄积由2769.3万立方米增长到现在的3877.9万立方米，增加了1108.6万立方米，有林地面积由662.3公顷，增加到683.5万公顷，增加了21.2万公顷。

③产业结构调整有了突破性进展，战略转移的步子正在加快，森工企业的经营活力有所增强。把产业结构调整作为治危兴林的重点，作为扭转“两危”的主攻方向。明确提出了要形成营林生产，木材采运销，林产工业和综合利用，多种经营和替代产业四大支柱产业。并且把发展多种经营和林产工业作为战略转移的突破口。

④科技兴林战略在治危兴林中发挥了有效的作用。一批科技成果逐渐转化为生产力。全系统创省级以上优质产品35项，获国优银牌1块，部优8项，省优26项。

⑤治危兴林变成了政府的责任和全社会的行为。近两年，国务院、林业部、国家林业投资公司和省委、省政府对森工的扶持政策相继出台。地方财政在比较困难的情况下，全部免掉了5000万元上缴利润。国务院在两年之内下发了两个关于给森工扶持政策的会议纪要，调整了木材价格，原木产品税减半，以“三剩”为原料的综合利用产品全部免税，森工投资、多种经营贷款逐年增加，批准组建森工企业集团试点等等，从政策上、投入上、体制上等多方面给予了有力的扶持。

（黑龙江省森林工业总局）

【黑龙江省森工企业解决拖欠职工工资问题】 黑龙江省森林工业由于受“两危”影响，产量大幅度调减，木材市场疲软，再加上企业间“三角债”，拖欠职工工资的矛盾十分尖锐。1991年初达3.98亿元，平均拖欠3.5个月，多者达七八个月，已到了企业和职工承受能力的极限，影响了林区的社会稳定。对此，总局党委、总局把千方百计解决职工工资作为森工系统各级党政组织全部工作的急中之急，并作为全年工作的综合性指标进行考核。经过努力，截至1991年末，很多林业局没有发展新欠，个别林业局还上陈欠。主要采取以下措施：

催收贷款 各林管局、林业局（厂）积极组织强有力的班子，专门负责清欠，公、检、法、司密切配合，截至1991年末，清回3.8亿元。

搞活销售 增强市场观念，改革销售方式，实行一条龙销售。对积压产品实行有奖销售，资金进入销售成本。除此之外，对于统配材销售依据国家有关政策坚持三条原则：第一，首先保证完成国家计划；第二，先付款后发货；第三，对过一个月不付款的用户，停止继续供货，产品自销，视完成国家计划。

用足用好政策 年初总局依据国务院、林业部和省委、省政府给予森工的优惠政策，制订了全系统解决危困的30条政策，强调特别要用好用足国家木材调价、优质产品优惠、新产品试销、出口产品创汇、搞活销售的一系列政策，千方百计提高效益，增加企业收入。

发动群众增收节支 把“双增双节”指标落到实处，积极开展以节约煤、电、油和费用为重点的群众性的“双增双节”活动，全年封存车辆1556台，节油9738吨。同时有组织有计划地搞好劳动力转移21 560人。以科技攻关和技术革新为重点开展群众性的合理化建议活动，把物资能源消耗和各项费用降到最低程度。

严肃财经纪律，加强资金管理 对计划外基建项目及不合理的资金支出不予批准，对发生的计划外工程没收建设资金，并追究领导者的责任；为严肃财经纪律，总局组织100多人的工作组，分赴各地清理各种违纪资金；审计战线对1700个大小生产经营单位进行审查，累计查出违纪资金3853万元；严格外委外包的审批手续，采取扣减当年企业职工奖励工资指标等措施，认真控制外委工程及外委用工。1991年经批准必须外包工程量为2000万元，本系统施工队伍累计承担外系统的工程量为4000万元，相当于为企业增加2000万元的收入。

（王保田　王宏波）

【黑龙江省森工企业林产工业】 黑龙江省森工系统经过林区广大干部职工的艰苦努力，林产工业有了较大发展，初步建成了锯材、人造板、制浆造纸、木制品和林产化工5大类15个系列产品所组成的比较完整的林产工业体系，现有林产工业厂点315处，机械设备1.5万台（套），从业人员150 780人（其中全民所有制81 141人）。已成为森工四大支柱产业之一，是构成复合型林区经济的重要组成部分，是全国最大的林产工业基地之一，从1946年起累计生产锯材8742万立方米，胶合板161.6万立方米，纤维板164万立方米，纸及纸板23万吨，实现利润23.9亿元。40年来，林产工业经过六个发展阶段。

第一阶段：1946—1952年，主要是接收工厂，民主改革，恢复建设，支援解放战争和抗美援朝战争。第二阶段：1953—1957年，是国民经济第一个五年计划期间。主要是由东北制材工业管理局集中领导，实行供产销、人财物统一管理。第三阶段：1958—1962年，是发展木材综合利用的萌芽时期，但由于“左”的思想居统治地位，盲目上马，急躁冒进，以后又大多下马，损失和教训很大。第四阶段：1963—1965年，是国民经济“调整、巩固、充实、提高”时期，锯材回升到正常生产水平，胶合板、纤维板生产创历史最高水平。第五阶段：1966—1976年，现有工厂正常的生产秩序遭到严重破坏，主要产品产量、质量大幅度下降；另一方面，又盲目地大上木材综合利用项目，因产品质次价高滞销，大多数厂点又偃旗息鼓。第六阶段：1977年至1991年。党的十一届三中全会以来，认真贯彻党的改革开放方针，调整、整顿林产工业结构，投资9.6亿元，从国外引进和建设了49个项目，使林产工业技术装备水平有了很大提高，人造板与木制品生产能力有了长足的发展。

在森工“两危”的困境中，黑龙江省森工总局党委、总局把大力发展林产工业摆在治危兴林战略中突出的重要位置，1991 年召开了全省森工系统林产工业工作会议，制订下发了《大力发展林产工业若干问题的决定》，千方百计调整林产工业产业产品结构，合理利用森林资源，提高产品加工深度，出现了生产回升、质量稳定、品种增加、消耗降低、经营好转的局面。

①1991 年，人造板与制浆造纸产品产量比 1990 年有较大幅度增长。其中：胶合板增长 10.7%；中密度纤维板增长 35.3%；刨花板增长 1.2 倍；纸板增长 15.3%；纸浆增长 80.6%；纸增长 4.3 倍。

②产品质量在稳定的基础上有所提高。锯材规格合格率达到 90.2%，胶合板优等品率达到 80.8%。

③开发了组合家具、防水刨花板、出口干燥刨花板、锯材等一批新产品。

④引进生产线项目达到设计能力。南岔木材水解厂从瑞典引进的年产 5 万立方米的中密度纤维板项目达标。

⑤新厂验收投产。合林家具有限公司、东方红林业局等一批建设项目通过验收投产。

⑥创造了经济效益。1991 年，全省森工系统林产工业实现销售利税 6131 万元。

（王保田　杨玉潜　王宏波）

【朗乡林业局科技进步】　朗乡林业局地处小兴安岭南麓、铁力市境内。该局坚持以科技进步为先导，建设独具特色的现代化大林业。他们的经验是：

抓好技术改造　坚持更新与改造相结合，对胶合板、细木工板、锯材、贮木场的陈旧生产线工艺进行改造。仅 1985 年以来完成技术改造项目 156 个，为企业增值累计达 864 万元。

抓引进　利用机遇吸引国外先进技术。1985 年与加拿大政府合作实施为期五年森林资源监测、信息管理、营林、木材采运、木材加工的林业综合集约经营项目一期工程，吸收新技术、新工艺、新方法 84 项。1991 年又实施中加二期工程，重点解决木材加工技术改造问题。结合实际从国外引进了刨花板、刨花板贴面、刨切单板生产线，生产人造板系列产品，提高了产品在市场上的竞争能力。从台湾引进的地板块生产线生产的产品售价比以前提高了 1.5 倍；同时搞好国内实用技术的引进。

抓科研　结合企业经营活动，一方面鼓励科技人员自选课题；另一方面对科技人员的每年工作制定目标，并以此作为晋升职务、职称和工资的主要依据。对重点项目，组织科技骨干进行重点攻关。1988 年以来，累计取得科研成果 43 项，其中人工植苗器获得国家专利权，防鼠驱避剂受到国内外同行专家的好评。

抓培养，壮大企业科技力量　“七五”期间，该局投资 504 万元，加快人才的开发与培养。①抓好定向培养。与大专院校挂钩，培养企业管理、外语、营林、木材采运与加工、多种经营、电子计算机、机械运用与修理等几十个专业的各类人才 906 人，还与北京林业大学建立教学、科研联合体。②采取走出去，请进来的办法培养人才。近几年有 25 个团组 146 人次赴加拿大、德国、瑞典、芬兰等 9 个国家考察学习；有 6 人次参加国际采运讨论会和国际森林土壤学术讨论会。向加拿大派出留学生 32 名，同时还多次聘请大学教授、专家讲课。③把尊重人才和培养人才结合起来。1985 年以来，累计投资 1.9 亿元，改善全局的教学设备设施。

（王保田　王宏波　刘振环　王　平）

【柴河林业局清收欠款】　柴河林业局地处长白山系老爷岭山脉张广才岭东坡、海林县境内。1947 年建局，总经营面积 36 万公顷，活立木总蓄积 2300 万立方米，可采资源 398 万立方米。40 多年来，为国家提供商品木材 1929 万立方米，上缴利税总额 3.2 亿元。近年由于受“三角债”制约，资金日趋紧张，企业货款长期收不回来，截至 1991 年初，欠款总额高达 6766.9 万元，其中系统外 3878.7 万元，系统内 640.3 万元，企业内部 2247.9 万元，长期困扰和束缚着企业的正常经营和发展。该局抓住全国清欠的机遇，采取内清与外清结合、清欠与防欠同步、清欠与推销并举等措施，运用行政、经济、法律手段，全方位开展清欠，全年共清回外欠款总额 3044.9 万元，其中系统外 1894 万元，系统内 479.2 万元，企业内 671.7 万元，保证了生产和生活的正常进行。他们的作法是：

一是提高认识，加强组织领导。①从领导班子抓起，分析资金形势，研究清欠对策，制订《清收欠款活化资金实施方案》，提出“六十天大会战，年底清回 2000 万”的口号。局长任清欠领导小组组长，主管副局长、总会计师担任副组长，由财务科、木材科、供应科等部门组成清欠办公室。②健全制度，纳入管理轨道，实行月总结、旬分析的例会制度。每月 25 日前召开全局清欠会议，按战线和系统进行分析、检查、总结情况，布置工作。并实行清欠承包奖惩制，充分调动清欠人员的积极性。

二是抓好队伍，发动全员参战。①组成 190 多人的清欠队伍，由 12 名副处级干部带领 5 个工作组，分赴 25 个省（市）清欠；②把木材科作为对外清欠的主力，配属 14 名专业人员，定期培训，出动 49 人次，收回货款 2226 万元，滞纳金 7.1 万元；③组建了公、检、法、司清欠队伍，发挥攻坚作用。依法立案 35 件，采取诉讼保金、以物顶债措施，结案 28 件，收回金额 56 万元。

三是讲策略，手段灵活多样。①主动求得金融部门的协助，通过全国清欠网络收回款 634 万元；②利用木材订货会、产品交易会集中清欠；③以物顶帐。

四是注意实效。①执行合同，分清责任；②严密手续，把住关口；③加强管理，堵住内欠；④产销结合，减少积压。　（王保田　王宏波　陈延宝）

【双鸭山林业局实行“以场自产、以户自立”经营】

双鸭山林业局地处完达山脉北坡、双鸭山市境内。1963

年建局，施业区总面积155 772公顷，其中有林地108 275公顷，活立木总蓄积596万立方米（内含成过熟林153万立方米）。近30年来，为国家提供木材近500万立方米，锯材20万立方米，更新造林保存面积48 246公顷，上缴利税5704.0万元，固定资产净值4897.4万元，全民工业总产值38 798万元。

近几年，该局可采森林资源濒临枯竭，企业拖欠税款、物资款和职工工资总金额达1243.8万元。1991年在全局普遍推行“以场自产、以户自立”（简称“两自立”)。一是以场自立，就是在放开经营、自主搞活、独立核算、自负盈亏的条件下，因地制宜，实现自我积累，自我发展。具体分为三种类型进档达标：即①初步自立。企业只拨给指令性生产计划的直接费用、福利费、子弟校经费、劳保工资。场（所）自行解决车间经费和定额定员以外剩余人员安置及工资。②全部自立。企业只拨给指令性生产计划的直接费用，其余费用一律自行解决。③自立有余。在实现全部自立基础上，进一步提高壮大场（所）经济实力，定额向企业上缴利润。二是以户自立，即以职工家庭为单位，利用各自优势，发展家庭经济，并根据经济收入，每年按一定比例向林场（所）缴纳管理、福利、劳动保险金等项费用。以户自立分为温饱型、富裕型和富强型。1991年末，“两自立”单位开荒12396亩，产原煤14.3万吨，多种经营产值超百万元场（所）9个，安置富余劳力884人，占全局职工总数的12.6%，节约工资176.8万元，自保工资、节约车间经费78.8万元。全局减少亏损410.3万元，多种经营产值及收入在遭受严重水灾后仍达2821.9万元。三种类型自立户达到4314户，占自立户总户数的76.5%。

他们的作法是：①核算论证。林业局成立核算小组，一场一策，一户一议，进行调查核算，制定具有可行性和操作性的局场两自立实施方案，规定对全局28个基层单位，除5个单位实行费用包干，节约支出，创收补缺外，其他23个单位，按五年规划分期分批实现“两自立”。②加强领导。局场两级党政一把手亲自抓“两自立”，实行目标、责任、措施一次到位，自力更生办好自己的事。局各职能部门围绕“两自立”，转变工作方式，全方位服务。③政策扶持。根据上级对森工的扶持政策，林业局对“两自立”单位实行二级法人管理，划小核算单位，允许在银行另立帐户；实行经营销售两放开，人员机构“两自立”；资金投放、有功奖励两优先。④突出重点。林业局把建立多种经营支柱产业，发展家庭经济，做为产业结构调整的重点和“两自立”的主攻方向，宜农则农，宜矿则矿，宜商则商，不搞一刀切，实行分类指导。（王保田　王宏波　赵宝林）

【绥棱林业局输出劳务】 绥棱林业局位于小兴安岭诺敏河畔、绥棱县境内。1948年建局，施业区总面积217 805公顷，现有全民职工11 754人，集体职工2021人，合同制工人1187人。自1938年开始至今已有50余年的采伐历史，截至1988年，可采资源仅有167.1万立方米。由于资源锐减，生产任务下调，造成企业经济危困，劳动力闲置。为了缓解“两危”和转移富余劳动力，把从木材生产战线分离的劳动力向营林战线转移，营造百万亩人工林的同时，坚持眼睛向外，积极寻求国际市场，向前苏联输出劳动技术人才，经过三年的运行，收到效果。

1989年，这个局通过黑龙江省国际经济技术合作公司龙兴分公司与前苏联赤塔洲消费合作社签订了采伐10万立方米过火木的合同。为了打好劳务输出的第一仗，由局主要领导挂帅，成立了赴前苏木材生产指挥部、办公室、驻满洲里办事处，筹措570万元资金，抽调19辆汽车、15台拖拉机、8台绞盘机、54台油锯，并购置了大量的生产、生活物资，组成507人的劳务队伍，于同年3月分6批赴前苏采伐。截至到1991年9月，已全面完成10万立方米的采伐任务，赢利310万元。其伐区质量、造林质量、装车质量都达到或超过对方的规定标准，在前苏联赤塔洲组织检查的13个劳务单位中，被评为第一名，获得了荣誉证书。1990年，这个局通过逊克县外贸公司承担了前苏联阿穆尔洲加里宁农庄2012平方米俱乐部的建设任务，26人的施工队仅用6个月就圆满完成任务，获利12万元。1991年，这个局承建了前苏方4016平方米的吉姆农庄学校，创产值200万元人民币，利润25万元，获得前苏方颁发的36枚列宁奖章和资金。

（王保田　王宏波　王静波）

【金山屯林业局连续四十年无森林火灾】 金山屯林业局位于小兴安岭、伊春市境内。1952年建局，施业区总面积18 494.9公顷，其中有林地126 600公顷，森林覆盖率69.5%。截至1991年末，全局仅发生森林火警48起，累计过火林地面积1.72公顷，占林地总面积的万分之0.2，年均发火1.22次，年均过火林地面积0.044公顷，占林地总面积的万分之0.002，实现了连续40年无森林火灾，创历史最好成绩。多次受到国家和黑龙江省、伊春市政府的表彰奖励，被国家授予全国森林防火先进林业局的光荣称号。

他们的作法是：①这个局12届领导班子都重视森林防火工作，坚持做到“三个不变”，即坚持主要领导亲自抓，层层落实责任制不变；坚持人、财、物投入“三舍得”不变；坚持从难从严要求，一抓到底抓出成效的劲头不变。②认真贯彻“预防为主，积极消灭”的方针，采取多种宣传形式，狠抓对职工群众的防火宣传教育。③在经济危困，资金短缺的情况下，坚持按省政府从每公顷有林地提取1—1.5元防火经费的规定，加速“四网两化”建设。④建设一支过硬的防火、灭火队伍，“以专为主，专群结合”，全面落实森防责任制，对火情做到早发现，早报告、早出动和打早、打小、打了。⑤依靠科技总结探索出一整套适合本地情况的灭火方法。⑥严格执行各项法规，见烟就查，违章就罚，犯罪就抓。

（王保田　王宏波　白林洲）

【黑龙江省1991年森工大事】

①1991年9月28日，停刊23年的《东北林业报》复刊，更名为《黑龙江林业报》。

②1991年10月，国家企业管理指导委员会经过严格考核，批准黑龙江省南岔木材水解厂为国家一级企业。

③1991年10月8日，朗乡林业地区公安局侦破建国以来黑龙江省最大的一起种植、制造、贩卖毒品案件，抓获以当地农民张树军为首的11名犯罪分子，缴获鸦片21 420克，其中纯大烟2070克、烟膏19 350克、罂粟粒1500克。

④1991年12月6日，国务院副总理朱镕基在黑龙江省 副省长丛福奎关于请求国家帮助解决黑龙江省森工系统"三角债"的信上批示，先后从拖欠货款大户的吉林、石岘两个造纸厂和开山屯化纤厂清回欠款5600万元。同月12日，朱副总理再次批示有关部门对森工货款拖欠严重问题进行调查，并提出1992年清欠意见。

⑤1991年12月12日至14日，黑龙江省森林资源监督工作会议在哈尔滨召开。会上，林业部驻省资源监督专员刘培相传达了全国森林资源监督工作会议和林业部《关于进一步加强森林资源监督工作若干问题的通知》精神，交流了各地的工作经验，林业部副部长徐有芳、黑龙江省副省长孙魁文分别做了重要讲话。

⑥1991年12月18日，黑龙江省中法合资合林家具有限公司在北京举行验收仪式。法国工业外贸部部长斯特劳斯·坎、黑龙江省副省长周铁农、林业部副部长蔡延松和国家经贸部、国家计委、林业投资公司、法国驻华大使及新闻界、商业界共110多人出席。

（黑龙江省森林工业总局）

【附　表】

黑龙江省森工系统1991年科技干部队伍统计

系统＼职称	高级	中级	初级
事　业	742	2538	2828
企　业	1415	12000	32429
合　计	2157	14538	35257

注：科研单位、大中专院校含在事业单位中。中小学校含在企业中。　（黑龙江省森林工业总局）

大兴安岭林业公司

【概　述】

发展与成就

木材生产　截至12月21日，提前10天完成365万立方米木材生产任务。2月初召开了合理造材经验交流会，各林业局努力提高经济材比重，以增加经济效益，通过合理造材增创效益3193万元。原木产品质量综合合格率达到99.3%，比1990年提高1.1%。

经济效益　全部工业总产值实现172 316万元，完成年计划的102.1%，其中采运产值实现11.2亿元。实现利润6892万元。木材单位成本116.46元/立方米，比计划提高2.40元。成本提高主要原因是利息支出增加1454万元，影响立方米成本3.98元。8个林业局平均劳动生产率15 867元/人·年；百元固定资产的产值45.55元，利税5.50元。

森林培育　全区共完成更新造林面积103.6万亩，完成计划的102.6%。人工更新造林成活率达到93.4%，保存率达到92.7%。天然中幼林抚育完成94.4万亩，是计划的100.5%，比1990年增长31.2%。

林产工业　实现工业总产值25 071万元，其中全民8167万元，集体16 904万元。锯材完成143 620立方米，纤维板完成1480吨，胶合板完成889吨，箱纸板完成1005吨，卫生筷子完成199 237箱，综合利用产品完成404 088立方米。图强林业局地板块获省优产品；塔河林业局的地板块和卫生筷子获省优产品，儿童玩具获省轻工系统"百花奖"，仿古家具获国家星火计划进步银质奖。

多种经营　实现产值16 862万元，利税1308万元。种植业总播种面积11.3万亩，粮豆总产量858万公斤，蔬菜1496万公斤；养殖业共有生猪37 138头，大牲畜2876头，家禽34.8万只，产肉130万公斤，产蛋78.4万公斤，产鹿茸15公斤；采集（掘）业已投产5条采金船和15套溜槽，林业年采金已超过万两，采煤31.6万吨，采集野生浆果14.6万公斤，山野菜120吨；第三产业有服务网点490处，从业人员5287人。共有多种经营企业289处，从业人员25688人，固定资产9500万元。

企业升级　至1991年5月，8个林业局中，呼中、新林、塔河林业局获国家二级企业称号，松岭、十八站、图强林业局获黑龙江省省级先进企业称号。

森林防火　全年共发生火警4起，火灾1起，林地过火61.3公顷，过火率仅为0.01‰。林火次数和过火率都低于省下达指标。全区共设防火检查站109处、防火外站62处，有防火瞭望塔140处，铁路及险段巡护组19个、巡逻小队68个、"三清"小分队169个。3月下旬，全国森林防火现场会在加格达奇召开，推动了各企业森林防火工作的深入开展。十八站林业局连续18年未发生森林火灾，被国务院森林防火总指挥部

授予全国森林防火先进单位称号。

改革与林政实施

搞活企业政策　为了贯彻党中央国务院和黑龙江省政府关于搞活大中型企业的政策，结合大兴安岭实际，制定并下发了《关于贯彻中央及省搞活国营大中型企业政策规定的实施意见》，共有26条。其中规定：对统配材，如用户超过承付结算期30天，仍不按合同付款的，企业有权停止发货，将合同额内的统配木材变为非统配材销售；当年调拨剩余的木材，经批准，可视为企业库存积压产品，转为非统配材由企业自销；固定资产综合折旧率经批准可提高1—3个百分点，增提部分免征“两金”；有条件的企业，允许提取年销售额1%补充企业流动资金；企业按销售收入的1%提取技术开发基金，允许企业按技术开发基金的3%奖励科技开发有功人员。　（周锡智）

【大兴安岭林业公司特大洪灾与救灾复建】　全地区由于受异常气候因素的影响，6月28、29日普降120—160毫米的大到暴雨，降雨量超过正常年份同期的4倍，致使山洪宣泄，境内的甘河、多布库尔河、塔哈河、呼玛河、盘古河、额木尔河、大林河等7条主要河流全部泛滥，造成了开发建设以来所未有的大面积洪水灾害。

汛情和灾情　6月30日18时30分，呼中林业局碧水林场的防洪堤坝被大水冲毁，呼玛河碧水段流量达3500立方米/秒，最高水位达到101.60米，2585户民宅被淹，3000多人由于来不及撤离被洪水逼上房顶。呼中林业局局址呼中镇经上万人奋战二天一夜，全力保护堤坝，从而使呼中镇免于全部被淹。新林林业局局址新林镇铁路东面由于地势低洼，一片汪洋。塔河林业局局址塔河镇7月1日19时河水上涨速度达1.78米/小时，总流量达6600—7000立方米/秒，最高水位达到106.26米，塔河镇防洪堤坝溃决，13115户、56 229人受灾，129户民宅被大水冲得片瓦皆无，镇内平均水深2.5米。松岭林业局局址小扬气镇干部群众挑灯夜战加高河堤50厘米，洪峰到来时，差10厘米没有漫堤。阿木尔、图强林业局5000余人连续在河堤上奋战四天四夜，加格达奇区动员全城力量昼夜护堤，从而使加格达奇区、松岭、阿木尔、图强、西林吉这些地方免遭洪水进城的危害。这次大面积洪水灾害使国家和人民的生命财产蒙受了严重损失。据统计，全地区共有2县、4区、5局、38个乡（镇）林场、3.5万户居民、13万人受灾，死亡29人，失踪7人，被淹住宅113.4万平方米，冲毁公路1280公里，桥梁306座，涵洞1134个，堤坝85.58公里，输变电线路739公里，照明线路63公里，通讯线路365.4公里，大铁专用线3.2公里，苗圃13处，损失苗木1.9亿株。共造成直接经济损失5亿多元。

抗洪救灾　在抗洪抢险中，全区共出动机动车辆2万余台次，人员8万余人次，动用110余万个防汛袋，205吨铁丝，2398立方米木材，抢修防洪堤坝95公里，解除重大险情55处，完成土石方250多万立方米，疏散受灾群众11万余人，抢救被水围困群众2万余人，抢出各类物资价值1亿多元。水灾发生后，黑龙江省委、省政府和林业部非常重视，省委书记孙维本和省长邵奇惠亲自在省防汛指挥部坐台指挥。省政府成立了大兴安岭救灾协调小组，林业部成立了大兴安岭救灾领导小组。省政府和林业部都派来了工作组。陈云林副省长、蔡延松副部长亲临灾区视察和慰问。中央防汛指挥部和省防汛指挥部也派来了工作组，并亲临一线指导抗洪抢险。

复建工作　地区成立了复建指挥部，各受灾区局也成立了复建指挥部和办事机构。1991年主要解决应急工程，基本做到保灾民住宅、保防汛、保秋防、保冬运，恢复正常的生活、生产秩序，恢复生产能力。救灾复建计划动用资金共计7000万元。其中：林业部捐献救灾款150万元；省各有关部门援建款200万元；保险公司理赔国营企事业固定资产损失1500万元。全区共维修住宅4300栋，新建住宅938栋，新建住宅竣工面积130 912平方米，公共设施完成1480平方米，受灾的13万人的越冬住宅问题得到妥善解决。修复道路1162公里，桥梁291座，涵洞1089个，大铁专用线12.6公里，输变电线路591公里，通讯线路246公里，检修各类机械设备1100余台（件）。　（周锡智）

【松毛虫灾害与防治】　黑龙江省大兴安岭林区自1990年6月至1991年9月，暴发落叶松毛虫灾害，成灾和严重危害面积达900万亩，来势之猛、危害之重、面积之大、虫口密度之高在国内外十分罕见。经过大面积多手段综合防治，使松毛虫发生区内的虫口密度大幅度下降，减少了危害和造成的损失。

松毛虫发生　在全区范围内共设立虫情监测标准地1200块，每块设20—30个标准株，每株挂牌并编号，定期进行检查，配备监测人员602人。通过调查获得虫情资料。①虫源主要分布于十八站、库伦斯、塔河林业局和呼玛县林业局施业区黑龙江沿岸，阿木尔、新林、松岭等林业局也有发生，并呈现向内地扩散蔓延的趋势。②按林业部颁布的统计标准统计，有虫面积750万亩，成灾面积795万亩，严重危害面积105万亩，合计达1650万亩。在严重危害的面积中，平均虫口密度283.5条/株，单株最高虫口达2000条以上。③大兴安岭林区发生的落叶松毛虫为2年一代，世代不整齐，大小幼虫同时存在，完成一个生活周期需2年，跨3个年度，分别以3.4龄和6.7龄幼虫完成2个越冬期。越冬期死亡率很低，只有0.8%，该种类与一年一代相比，有很大不同。④落叶松和樟子松的纯林虫口密度高于落樟、针阔混交林；郁闭度低的林分虫口密度高于郁闭度高的林分；经过抚育的天然中幼龄林受害最重，虫口密度最高。

综合防治　为了加强对落叶松毛虫防治工作的领

导，成立了防虫领导小组，并成立办公室；为了使整个防虫工作在技术上有保障，邀请了东北林业大学、南京林业大学的防虫专家协助调查和防治，使全区的防治体系得到了加强。整个落叶松毛虫防治工作可分为三个阶段。①1990年秋季防治期间，主要是在危害严重的虫源地控制落叶松毛虫的扩散源，采用敌敌畏林丹插管烟剂防治，参加放烟作业11 000人次，完成防治面积45万亩，防治效果93.07%。②1991年春季采取多种防治办法，飞机撒化学药剂防治155.9万亩，防治效果96.9%；飞机撒生物制剂试验防治0.15万亩，防治效果95%以上（该项防治办法在很长一段时间内都会有效）；采用塑料环阻隔防治4.5万亩，阻隔率91%；火烧抚育伐剩余物11.5万亩，破坏松毛虫越冬场所；利用高压电网诱杀成虫防治15万亩。通过春季防治，有效地降低了松毛虫虫口密度。③1991年秋季综合防治，采用烟剂防治144.7万亩，防治效果91.9%；飞机化学药剂超低量防治85.9万亩，防治效果97%；水剂超低量防治试验1.95万亩，效果欠佳；飞机生物低量防治0.54万亩，防治效果76%以上；化学药剂低量防治3.4万亩，效果为95%。经过一年半防治，完成落叶松毛虫防治面积468.5万亩，占应防治面积的52%，使虫情的发生发展在很大程度上得到控制。（周锡智）

【中加林火管理合作项目】 1982年3月，林业部为了加强黑龙江省大兴安岭林区的森林防火工作，通过经贸部与加拿大国际开发署达成在加格达奇建立森林防火中心的协议。双方政府代表于1984年5月4日在北京正式签订《加格达奇林火管理样板项目谅解备忘录》。此项目是加拿大国际开发署无偿援助大兴安岭林业公司的。项目执行时间从1984年5月4日起至1991年12月31日止。加方项目执行者为加拿大安大略省自然资源部，项目的受援单位为大兴安岭林业公司，中方政府监督审核机关为林业部和经贸部。加方总投资为555.5万加元，中方林业部投资为320万元人民币，大兴安岭林业公司共配套投资8500万元人民币。加方计划通过人才培训、技术指导和提供必要的森林防火灭火设备，在大兴安岭林区建立一个符合中国国情的森林防火系统，以期成为中国其它林区森林防火的模式。7年间，大兴安岭林业公司先后选派54人次的防火技术和管理人员赴加拿大学习和考察。项目执行期间，加方向中方项目区派指导专家20余人次，向中方提供544部超短波电台，组建了防火通讯网；提供气象站观测设备16套，由16个林区气象站组成了林火气象观测网；提供林火定位仪和大口径望远镜各40部，协助安装在防火瞭望塔上，建成了地面探测网；提供微机一台及部分软件，建成林火预测预报系统；还提供越野车3辆、油锯12台、水泵60台、水龙带1357根、水枪2350支等。目前已初步形成由宣传教育系统、火源管理系统、预测预报系统、林火阻隔系统、后勤保障系统、信息传递系统、组织指挥系统、林火扑救系统所组成的现代化林火管理体系。（周锡智）

【大兴安岭林业公司科技兴林】 为了深入贯彻落实黑龙江省科技兴省的战略方针，使科学技术是第一生产力的科学思想深入人心，地委、行署、林业公司制定了“科技兴林、科技兴边”的战略，以“避危兴林”为龙头，以抓技术改造、提质降耗、开发新产品、强化科学管理，提高经济效益为重点。首先采取多种形式，开展舆论宣传工作。大兴安岭日报开辟了“科技之光”，电视台开辟了“科普之花”、广播电台开辟了“绿色世界”等专栏，全公司开展了“稳定经济大讨论”、“科技是第一生产力”专题学习讨论及知识竞赛、“科技双兴”好新闻征文活动。召开5次公司领导办公会研究“科技兴林”及科技工作，还召开了“科技双兴”工作会议，总结部署“科技双兴”工作。其次，注意抓好组织体系建设，成立了“科技双兴”办公室，并编发了15期《科技双兴简报》，17个企事业单位也相应地成立了“科技双兴”办公室。制定了“科技双兴”规划。为保证“科技双兴”规划的实施，制定和重申了《关于放活科技人员管理的若干政策规定》，《关于促进工业生产回升提高经济效益的若干规定》，《关于贯彻中央及省搞活国营大中型企业政策规定的实施意见》等一系列政策规定。至年末，采取停薪留职、在职承包、咨询服务等多种形式进入经济建设主战场的科技人员共有265名。共安排科研、星火推广计划、新产品开发计划241项，投入415万元，推广了短周期工业用材定向培育、可拆链选材输送机等124项科研成果，创经济效益5225万元。已开发出25种新产品，其中北芪茶、木珠系列产品、多烯脂肪酸高级保健食品、钢球钢丸、草苁蓉补酒、书写保健笔、泥炭复合材料等23项新产品已进入市场，新增产值1918万元，利税492万元。在国家、省召开的新产品、新技术和星火计划博览会上，荣获金奖2个、银奖7个，北芪茶被评为省名牌产品，获国家科技星火二等奖、省星火一等奖。有68项科研成果得到了技术鉴定或验收，44项达到省内以上先进水平，获省部级科技进步奖8项。（周锡智）

上海市林业

【概　述】

发展与成就

林业生产　1991年，郊区各县围绕造林绿化规划，实行多林种、多树种造林绿化，全年完成沿海防护林200公顷；营造经济林733公顷；"四旁"植树773万株，新增农田林网化村70个；完成幼龄林抚育1533公顷。蚕桑生产得到较大发展，桑园面积由1990年的840公顷增加到1630公顷，1991年蚕茧总产量60万公斤，产值630万元，分别比1990年增加30万公斤和300万元。果树生产虽遭自然灾害，造成柑桔、桃的减产，但由于投产面积的增加，总产量仍可达到1990年的1亿公斤，产值有所增加。

国营场圃　在抓好主业生产的同时，积极发展多种经营，调整产业和产品结构，自我发展的经济活力进一步增强。1991年，郊区国营场圃的总收入达3570万元，利润350万元，分别比1990年增加500万元和130万元。

森林保护　森林防火工作抓得早，抓得紧，严格加强火源管理，1991年又一次实现了无森林火灾、火警的好成绩；同时，森林防火的基础设施建设也得到了进一步的改善。

野生动物保护　在认真贯彻国务院《关于加强野生动物保护严厉打击违法犯罪活动的紧急通知》的同时，协助有关部门侦破流通领域里非法倒卖属国家保护的野生动物案件10余起，并组织有关单位对野生动物资源开展了调查工作和对驯养繁殖国家保护的野生动物的单位和个人进行调查，为核发许可证掌握第一手材料。

林业立法　1987年1月8日市八届人大25次常委会通过的《上海市植树造林绿化管理条例》，对推动植树造林和林政管理工作起了重要作用。但是，在执行过程中还存在一些不足，根据市人大九届四次会议上人大代表提出的议案，决定对《条例》存在的突出问题进行修改补充，并已经1991年12月19日召开的市九届人大30次常务会审议通过。修改后的《条例》从1992年1月1日起正式施行。

为了贯彻《中华人民共和国野生动物保护法》，1991年，市农业局起草了上海市的实施办法和上海地区野生动物保护名录，上报送审。

国家濒危物种进出口管理办公室上海办事处开展了正常工作。根据国家濒危物种进出口办公室的决定，上海办事处从市二轻局改设在市农业局后，经过近半年的准备工作，于1991年4月1日起正式对外办公，已办理签发进出口证书322份，收费58万元。在做好签发证书的同时，还加强了有关单位动物交换的管理工作。

存在问题　1991年对林业的地位和作用仍未得到全社会应有的认识和重视高度；一些政策上、投入上急需解决的问题还未解决；林业的管理水平低、经营粗放，经济效益差的问题还较普遍。（陈希侠）

【乡（镇）林业工作站建设】　上海全市有210个乡（镇），基层乡（镇）林业工作站规划建站148个，至1991年底，已累计完成100个。在抓好建站的基础上，又重点抓了两项工作。一是抓基地建设，增强自身活力。在搞好主业的前提下，许多乡（镇）林业站根据当地的条件和优势开展以林为主的基地建设和多种经营，通过建立苗圃、技术咨询、技术培训、技术承包以及与林果生产有关资料的供应，为广大农民提供服务，既增加农民收入，又提高自身积累和自我发展的能力。二是抓岗位培训。根据乡（镇）林业站人员素质普遍较低的情况，制定了《上海市1991年至1994年乡（镇）林业工作站人员岗位培训规划》和《上海市乡（镇）林业工作站站长培训教学大纲与教学计划》。在市农委的支持下，委托上海农学院开展培训。1991年办了两期站长培训班，共培训学员65名，培训的方式与内容完全符合林业部林业工作管理总站的要求。参加培训的站长以优异成绩取得林业部颁发的结业证书。

（陈希侠）

江苏省林业

【概　述】

发展与成就

森林培育　1991年，江苏省各级人民政府和林业部门对造林绿化工作实行了四个转变，即宣传发动工作由单纯林业部门转向党委、政府、部门一齐抓；育苗工作从常规育苗转向良种化、标准化和定向培育；造林绿化重点工程从城镇转向农村荒山荒地；领导办绿化示范点从挂帅转向真抓实干。以"两增"（森林资源、林业效益）为目标，以建设农田林网为突破口，抓好“三个基地”（林木良种、速生丰产用材林、干果林）建设，扎扎实实地开展了平原绿化达标活动。成片造林作业面积超计划的16.6%；“四旁”植树1.47亿株；育苗0.84万公顷。虽遭受百年未遇的特大洪涝灾害，由于及时抗灾保林、保苗，使林业损失减少到最低限度。经验收，成片造林合格面积为计划数的90.6%，封山育林0.93万公顷，完成新造林、幼林抚育8.55万公顷次。林产品年产量：白果157.8万公斤，板栗290.9万公斤，木材产量44.3万立方米，其中国营林业场圃4万立方米。新增平原绿化达标县（市、郊区）10个，累计达标县45个。

苗圃建设　主要抓了四项工作：①移栽苗扩大面积300多公顷，年产大苗1500万株，缓和了平原绿化、农田林网所需大规格苗木的供需矛盾；②抓苗圃基础设施建设，投资120多万元用于18个重点苗圃的水利、田间配套工程建设，提高抗灾能力，增强苗木生产后劲；③继续开展了江苏省《主要造林树种苗木标准》和《林木育苗技术规程》的达标活动，达标苗圃从原来的9个增加到30个，强化了经营管理，把科学育苗，集约经营落到实处；④积极引进推广新林木良种，1991年引种推广的良种有：南京林业大学的WL—80105、WL—80106、WL—80121、WL—80205、WL—80213和中国林业科学研究院的中林46等杨树新品种；江苏省林业科学研究所的74、35杨树新品种，苏桐70、19泡桐；江苏省植物研究所中山杉302、401等树木新品种。

森林病虫害防治　森林病虫害发生率稳中有降，防治率有较大幅度提高。其特征表现为两个集中：一是发生的区域集中在徐州、连云港、淮阴、南京市，占发生总面积的78.8%；二是病虫害种类集中在“两病”（松材线虫病、松枯梢病）和“三虫”（松毛虫、桑天牛、赤柏毒蛾），占发生总面积的63.04%，对此，集中力量进行了重点防治。全年防治面积2.93万公顷，防治率为65.2%，比1990年提高了1.1%。其中防治病害0.57万公顷，虫害2.36万公顷。

森林防火　1991年12月14日，省政府第24号令发布施行了《江苏省〈森林防火条例〉实施办法》，使森林防火工作做到有法可依，有章可循。

抗洪与救灾

林业损失　1991年6、7月，江苏省遭受了百年未遇的特大洪涝灾害，部分地区林业遭受了较大损失，主要有五个方面：①有林地（包括新造林地）过水受淹面积1万余公顷，其中新造林地受损0.33万公顷，灾后检查实际死亡0.25万公顷，需要重新造林。②苗圃过水受淹面积0.67万公顷，占全省苗圃总面积的75%，其中损失面积0.26万公顷。一些丘陵山区的苗圃因山洪冲走了大量的在田苗木。③林区冲毁林道730公里，桥梁70余座，涵、坝300多处。国营林业场圃倒塌房屋500多间，裂缝、倾斜危房3200多间。④林业场圃的工副业和多种经营生产损失惨重，冲垮养殖鱼池，冲走家禽家畜，车间被迫停产，仓库贮存的产品和原材料报废等，共约损失近亿元。⑤白果、板栗等干果产量较年初测算减收五六成。林业系统的直接经济损失达2.98亿元。

抗洪抢险　林业系统在抗洪抢险斗争中主要做了四项工作：①抗洪抢险需要采伐林木的，一律免于报批和申请采伐许可证，事后将采伐数量及情况向县林业主管部门备案。共采伐林木630万株，折合消耗活立木蓄积量30多万立方米，采伐毛竹3万余根。金湖县横桥乡17.1公里圩堤发生险情后，就地采伐林木15万株用于抢险打桩固堤，保住了3个自然村、4000人、4.7万公顷农田和鱼池等生命财产的安全。宜兴市国营林场，服从市政府统一调度，砍伐毛竹3000根，支援湖区抗洪抢险。②林业部门的森林防火、林业公安等专用车辆、无线电通讯设备，在当地政府统一指挥和调度下，支援了抗洪救灾斗争。③各地木竹检查站对运输木竹等抗洪抢险物资的过往车船，一律免检放行，以免延误抢险。④林业职工、公安干警组成突击队，参加抗洪抢险达1.7万人次。

生产自救　7月中旬召开了全省林业工作会议，部置了生产恢复和自救工作。受灾林区着重抓了三个方面：①突击抢排抢降林地和苗圃积水，对新造林组织劳力进行扶正、压实和培土，提高成活率和保存率。对苗圃采取洗叶、移栽、并床、补插等补救措施，并加强松土、除草、追肥等田间管理，使苗木尽快恢复生机。林粮间作失收的林地，补种绿豆、瓜菜等晚秋作物，使集体和林农尽量减少损失。②寻找门路，开展副业生产，解决灾后经济困难。洪泽县国营林柴场因地制宜，采取六项措施（樵柴40万斤，织芦席1.28万张，鱼塘加罾设网养鱼，及时恢复酒厂生产实现年增白酒50吨，兴办鱼饲料加工厂和发动全场职工开展增收节支活动），争得了全年收支基本平衡的成效，减轻了国家救灾负担。③抢修危房，确保林业职工安全过冬。仅国营林场统计，共修理危房1900多间，新建职工住房250多间。

林业规划　1991年的特大洪涝灾害，使人们进一步提高了对林业的认识，“农业是基础，水利是命脉，林业是屏障”，发展农业，兴修水利，必须实行流域综合治理。为此，江苏省政府要求省农林厅尽快编制了淮河、太湖流域和长江沿岸综合治理的林业规划，以分年组织实施。其规划项目及要点如下：

项目	单位	淮河流域	太湖流域	长江兴林灭螺工程
流域面积	万平方公里	6.52	1.93	—
占全省总面积	%	65.2	18.8	

（续）

项目	单位	淮河流域	太湖流域	长江兴林灭螺工程
规划林种		丘陵山区水源涵养林、河道护堤林、防浪林	水土保持林、大中型河道护堤林	用材林
造林规模	万公顷	8.0	7.5	2.1
其中 "八五"期间	万公顷	5.6	5	1.5
其中 "九五"期间	万公顷	2.4	2.5	0.6
计划投资	亿元	1.58	2.1	0.42
林业效益（年产值）	亿元	1.65	1.2	0.28

改革与林政实施

绿化责任制　主要抓了绿化责任制的完善工作：领导任期绿化目标责任状，从原来上级政府与下级政府签订，扩大到政府与同级部门和单位签订；绿化目标责任状，由过去单纯植树造林延伸到育苗、植树造林和"三防"等内容；管理部门与实施单位签订造林、营林承包合同，实行年终考核，同奖同赔制度；林业生产责任制强化"统"的功能，统一规划，统一规格标准，统一组织实施，林业以集体或联户经营为主，增加了集体调节控制能力。上述制度的完善，有力地推动了平原绿化达标活动的深入发展。

乡（镇）林业工作站　1988年，开始重视基层的机构建设工作，近几年乡（镇）林业工作站发展较快，现已建成1012个，占全省乡（镇）总数的50%，其中1991年新建490个。现配备林业职工3889人，其中正式职工2962人。建站总投资2064.36万元，其中林业部投资165万元，省补助301.3万元，市、县配套328.97万元，乡（镇）筹集1269.09万元。拥有站房8.6万平方米，仪器设备等固定资产186.7万元。林业工作站兴办经济实体670多项，年产值6200多万元，建立苗圃1000公顷，年产合格苗7500万株。基层站在乡（镇）政府和县林业主管部门领导下，在贯彻林业政策，实施资源和林政管理，组织造林绿化，推广林业技术，开展技术服务等方面发挥了应有的作用。

建立水路木竹检查站　1989年，江苏省建立了34个公路木竹检查站。因省内水路交通发达，从长江、京杭运河、太湖、洪泽湖运入、运出木竹及林产品的流通管理处于失控状态。为保障凭证运输管理制度的贯彻实施，1991年在省农林厅、交通厅、上海和济南铁路局苏农林［1991］45号文联合转发林业部、铁道部、交通部《关于实行凭证运输木材制度有关问题的通知》中，明确在12处港航监督站，配备人员，设立木竹检查站，依法实施对运输木竹及林产品的过往船只进行监督和检查。

颁发林权证书　全省共有国营林场67个，苗圃37个，经营总面积9.7万公顷，已发证面积9.12万公顷，占应发证面积的94%，进入立卷归档阶段。

存在问题　一是从总体上看，绿化造林步伐不快，12万公顷"三荒"宜林地要到1995年才能基本实现绿化；二是洪涝灾害带来大规格苗木损失较多，1992年计划完成13个绿化达标县（市、郊区）所需苗木缺口较大，需要在全省范围内调剂解决；三是林道、水利、防火等水毁工程设施较多，因资金不足，短期内难以全部修复；四是木材收购、加工、经营单位的管理工作十分薄弱，给年森林采伐限额和木材流通领域的管理造成了许多困难。（郦振平）

【连云港赤松毛虫危害及成因】　赤松毛虫主要分布在河北省渤海湾沿岸，分布南缘是江苏省连云港市云台山。赤松毛虫在云台山大发生有4次，即1964—1965年，1972—1975年，1982—1983年，具有明显的周期性，7—10年为一个周期。第四次发生在1990—1991年，其主要特征：①发生范围广面积大。除连片丘陵山区外，海湾孤岛也有发生。赤松林面积1.2万公顷，虫害发生面积0.9万公顷，占75.4%。黑松、湿地松、火炬松等树种也遭到危害；②虫口密度较高，单株平均虫口密度危害面积分别为：20条以下的0.44万公顷，20—50条的0.21万公顷，50—100条的0.14万公顷，100条以上的0.11万公顷，单株最高密度达1020条，有虫株率达100%；③受害严重，针叶吃光树木濒临死亡面积326公顷，其中已经死亡200公顷，损失活立木蓄积量1.5万立方米，直接经济损失375万元。

虫害大面积发生后，当地政府和林业部门采取了紧急防治措施，控制了蔓延。赤松毛虫危害成灾的原因：①气候因素。该地正常年份赤松毛虫为一年一代。因1990年夏秋高温，二代分化比例约占30%，冬季气温又较常年偏高，有利于赤松毛虫越冬；②长期使用化学农药防治，抑制了寄生蜂、寄生蝇和螳螂等昆虫及鸟类的生存和繁衍，生态环境呈恶性循环状态，卵寄生率仅为20—30%；③发生地林分多为25—30年生纯赤松林。立地条件较差，林木长势衰退，林内卫生状况不佳，有利于虫害的发生、繁衍和蔓延；④虫情测报不准，延误了防治最佳时机；⑤林地陡崖峭壁，地势复杂，施药防治有一定困难，林地漏喷农药现象比较严重；⑥3%敌百虫粉剂药效试验为87%，实际应用药效不足80%，且每天喷药不能掌握在清晨至上午10点，往往拖延到下午2点，防治效果受到影响，残存虫口依然很高。（许文力）

【丰县红富士苹果基地】　丰县历史上曾称丰邑，是汉高祖刘邦的故里。该县位于江苏西北隅，苏鲁豫皖四省交界处，属黄泛平原农区。

建国后，全县人民治沙改土，植树造林，成绩十分显著。1979年，荣获全国平原绿化先进县称号，1991年，被评为全国治沙先进县。

1957年开始，丰县大力发展用材林、经济林，并建立了国营大沙河果园和林场，现有成片林30余万亩，其中果园23万亩。年产果品6000万公斤，林产品成为农村主要经济支柱。为提高果品质量，增强市场竞争力，自1972年起对境内黄河故道、大沙河沿岸实行综合治理开发，积极引种推广红富士苹果。经研究示范、推广和精心栽培，现已形成12万亩独具特色的丰县红富士苹果商品基地，1991年产量400万公斤。

丰县红富士苹果，单果重250克以上，大果达500克左右，色泽鲜艳浓红，肉质爽脆，汁液丰富，香味浓郁，甜酸适口，糖酸比高达70：1。鲜果在常温下贮藏至翌年4月仍保持脆而多汁，实为苹果中之上品。1985年来蝉联全国优质水果称号，1991年又荣获国家星火计划科研成果二等奖。每年11月中国丰县红富士苹果节期间，海内外宾客云集，共品佳果，丰县获得了“江苏果都”之美誉。（黄德伦）

浙江省林业

【概　述】

造林绿化　1991年是实施省委、省政府提出的“五年消灭荒山，十年绿化浙江”规划的第一年。省政府于2月初召开电话会议，进一步动员落实，并决定3月份为全省绿化造林月。为配合纪念全民义务植树运动10周年，省林业厅举行了新闻发布会，与省绿委、下城区及浙江科技报联合举办了绿化杯绿化知识和《森林法》知识竞赛，还与省绿化委员会、杭州市绿化委员会联合在武林广场开展了造林咨询活动，并组织13所学校的800多名中小学生进行绿化文艺演出。各地也都根据省政府的要求，结合当地实际作出部署，采取各种形式进行宣传发动。在绿化造林月期间，全省每天有10多万人参加植树造林。整个春季全省有700多万人次参加义务植树，种植各类树木2500万株。1991年，全省人工造林超计划45.7%，其中荒山造林71.5万亩，超计划19.2%；建设商品材基地35.87万亩，超计划3.8%；世界银行贷款造林21万亩，超计划40%；飞播造林39.7万亩，超计划13.4%；第四期沿海防护林工程造林1.29万亩，计247.5万株；“四旁”植树4779.5万株，超计划25.8%。新封山育林281万亩，超计划30.2%；成林抚育523.5万亩，超计划19%；幼林抚育290.4万亩，超计划7.6%；新育苗1.5万亩，超计划3.4%；采种14.7万公斤；建成一座年产6—8万株组织培养苗的中试厂，组织培养技术通过了部、省级鉴定；完成国家第一期油茶低产改造工程面积4.38万亩，油茶垦复抚育面积超过60万亩；新建名特优“三高（产量、品质、效益）”试验林3030亩。

飞播造林　全省30年累计飞播造林400万亩，保存率（成苗率）为66%。省绿委、省林业厅通报表彰了为飞播造林作出贡献的37510部队航运处、37794部队司令部、永嘉县林业局等26个先进集体和张金成等71名先进个人。

林产工业　林产工业在“质量、品种、效益年”活动的推动下，企业经济效益明显回升。全年木材产量189.4万立方米，毛竹产量7057.1万根；胶合板、纤维板、刨花板产量分别为18 118立方米、79 903立方米和17 035立方米；活性炭产量8919吨，创历史最高水平；松香产量3800吨，完成计划126.7%。主要产品总合格率达81%，比1990年提高13.3个百分点。6个产品获部优、省优产品称号；18个产品获省工业精品奖。开发省级新产品6个，企业可减免缴税100余万元。企业获省、部设备管理奖3个，质量管理先进小组奖3个，先进节能奖2个。全省83家国营木材公司购进木材144万立方米，销售139万立方米，销售收入12.8亿元，实现利润4688万元，分别比1990年增长32.5%、12%、6.7%和41.6%；亏损面从33.7%降到21.7%，亏损额从1259万元减到269万元。

资源保护和林政管理　①制订了《浙江省集体林森林资源档案管理办法（试行）》和《浙江省国营林场森林经营方案编制规程》。全省有17个县陆续开展了森林资源建档工作。到1991年底，遂昌、松阳、景宁、临安、淳安、江山等6县（市）完成了县、乡两级森林资源建档工作。全省101个国营林场全部完成了森林经营方案的编制工作。②1990年，全省共建林业工作站2636个，提前两年完成林业部下达的建站任务。③市（地）、县林地管理网络形成。④清理整顿国家和省级公路线上的木材检查站，经省政府批准，保留93个。全年出省木材32.6万立方米（包括2次起运），控制在林业部规定指标之内。⑤新办乡村集体林场408个，全省总数达到3754个；国营林场森林蓄积量净增47万立方米；制订《林业“两金”、“两费”征缴管理规定》，全年共收缴“两金”773万元，使林业补助资金得到全面兑现。⑥全年共发生森林火灾（火警）734次，受害面积22 838亩，其中成灾面积15 556亩，受害率0.25‰，死亡1人，受害率和受害面积均控制在国家控制指标以内。⑦各级林业公安机关查处各类破坏森林的案件2093起，其中刑事案件196起，治安案件403起，林业行政案件1498起，各类案件的查处率为94.8%；依法逮捕罪犯171人，处理违法人员5293人，追回林业经济损失200万元，毁林案件发生数比

1991年下降16%。⑧全年共调处山林纠纷944起，落实山林权属面积14.37万亩。⑨全省森林植物检疫部门共检疫林木种子84.5万公斤、苗木6581多万株，木材145万立方米，签发检疫证书12.2万多份，收取检疫费161.86万元，处理违章事件2884起，罚款13.56万元。

科技兴林工作 1991年制订并全面开始实施“八五”科技兴林规划，落实“八五”期间科研、推广项目54项。其中列入林业部科研项目2项、推广项目8项；列入省科委13项；列入林业厅31项。申报、评审科技进步奖63项，其中获林业部奖的6项、省政府奖16项、林业厅奖41项。浙江林校通过了省教委组织的教育合格性评估，落实了4万亩教学实习基地。省林干校举办了11期培训班，培训科技人员842人次。

森林公园建设 1991年，林业部又批准兴建溪口、南溪、瑞岩寺、富春江、九龙山、双龙洞、华顶、梁希、石门洞、花岩、龙湾潭、大鹿山、玉苍山等13个森林公园。1991年，千岛湖国家森林公园经第一期工程建设，已初步形成吃、住、游“一条龙”的服务体系，接待境外游客2.8万人次。

存在问题 一是平原、沿海的绿化难度很大；各地绿化发展不平衡。二是森林资源的消耗量还没有得到有效控制，实行全额管理的难度比较大。三是林种、树种、品种结构急待调整、优化，森林质量比较差，综合效益不高。四是科技、教育投入不足；科技成果的转化率和在适宜地区推广的覆盖率比较低。五是“三防”体系建设还相当薄弱；林地管理刚起步；省、地、县的山林纠纷还有1500多起未调处。六是林产工业还很脆弱，森林资源综合利用率还很低。

（浙江省林业厅）

【浙江省“绿化造林责任状”考评】 1991年是实施浙江省绿化造林责任状规定的第一年。在对11个市（地）42个县的11.67万亩造林现场实测检查的基础上，省政府于年底组织省农村政策研究室、省林业厅，邀请省人大常委会、省政协和省委组织部，对各市（地）按“绿化造林责任状”规定的指标进行了综合考评。考评结果：衢州市获一等奖，丽水地区、杭州市获二等奖，舟山市、绍兴市、湖州市获三等奖。省政府对获奖的6个市（地）给予通报表彰，并发给奖状和奖金（一等奖2万元，二等奖各1万元，三等奖各5000元）。

（浙江省林业厅）

【衢州市获省绿化造林责任状考评一等奖】 1991年度，衢州市完成荒山人工造林7.56万亩，完成计划的102.1%，造林质量全部合格；当年封山育林21万亩，完成计划的105%；完成中幼龄林抚育18.38万亩，完成计划的100.4%；完善林业生产责任制工作基本结束，达到自留山、责任山、统管山“三山”界线清楚，合同签订率95%，历史遗留的县内山林纠纷基本得到调处；森林采伐控制在限额之内，实际采伐量57.8万立方米，占年采伐限额的85.65%；森林火灾受害率为0.1‰；破坏森林案件的“三案”查处率为85.7%。全面完成绿化造林责任状规定的6项指标，经省政府考评，获得全省一等奖。其主要经验是：

①层层建立领导干部林业目标管理责任制。市委、市政府在1989年全省林业工作会议后，即制订了“五年消灭荒山、十年绿化衢州”的具体规划、实施措施和考核奖惩办法，市、县、区、乡层层签订绿化造林责任状；从市到乡各级党政领导都办了绿化点，1991年，178个绿化点造林5万亩。

②稳定、完善林业生产责任制。从1987年下半年开始，采取组织专业工作队的形式，开展完善工作，先试点后铺开，逐乡逐村进行。通过完善，发展了多种形式的合作造林，乡村林场从完善前的200多个增加到558个，村级经济得到巩固和发展。

③实行经济扶持与政策措施相结合的规章制度。多年来，对山区坚持实行林粮挂钩，造林与采伐挂钩，造林与建房挂钩，造林与计划生育开小口挂钩，把林业工作纳入乡（镇）干部考评范围并与奖金挂钩的措施。同时，加强对林业的经济扶持，国家、地方、集体、个人多渠道筹集资金，逐步走上全社会办林业的新路子，对林业基地、多种经营、重点荒山乡（镇）及贫困地区，实行经济倾斜政策。

④依靠科技进步提高营林生产水平。积极稳妥地推广应用杉木无性繁育、毛竹低产林改造、容器育苗、在苗圃大面积使用化学除草剂等林业科技成果；积极调整林种、树种结构和林业产业结构，把绿化造林同农业综合开发结合起来，大力发展常山胡柚、板栗、椪柑、甜柿等适生高产的名特优经济果木林，经济林种植面积每年占造林总面积的20%以上；每年做到造林计划早落实，劈山整地早行动，苗木生产早安排；林业部门重视加强技术培训和服务，组织造林质量竞赛活动；推行村级林业施工员制度，严把整地、苗木、栽植和检查验收“四关”。

⑤坚持依法治林，强化资源林政管理。1991年，林业刑事案件查处率100%，行政案件查处率96.3%。

（姜金泉 卢苗海）

【龙泉市木材检查站】 位于丽浦公路线上的浙江省龙泉市木材检查站建于1985年5月，现有木材检查员12人。1988年9月，该站根据省里规定，参加了由公安、工商、税务等部门组成的联合检查站。木材检查站成立至今，共检查装运木材的车辆115 496车次，被查木材达1 385 952立方米；查处违章车辆20274辆，没收木材7 425立方米。收取罚没款、木材变价款及补缴育林基金共达3 295 538元。该站1989年被省政府授予省级林业先进单位称号。其主要经验和作法是：

①抓经常性的学习，全面提高木检员的政治素质、业务素质和执法水平。在政治上，着重抓好形势教育、意识教育（廉政意识、服务意识）和法规教育。在业务上，注重学习关于检查站工作的基础理论、有关木

材检查规定和《森林法》。

②抓制度建设，实行规范化管理。该站已先后制订了《检查木材"七查八不"》、《检查员守则》、《木竹检查廉政工作规定》，并建立了学习制度、值班记录交接制度、考勤制度等。站里规定，处理违章案件时必须有两人以上在现场，同时开具国家规定的正式票据和《违章处理决定书》。年终总结评比时，把遵守各项制度的情况作为考评每个职工的主要依据。

③抓廉政建设，过好"三关"。该站对木检员经常进行廉政教育，使每个职工都能做到：打不还手，骂不还口，谢绝吃请，拒收礼品，以理服人，秉公办事，过好人情关、金钱关、威胁关。1990年以来，全站共拒收礼物100多次，折合人民币7000多元。

（浙江省林业厅）

【庆元营林公司】 创办于1982年3月。是全国第一家营林专业公司，是一个实行企业化管理的事业单位，下设行政、财务、科教、用材林、经济林5个科和一个实验林场（11个林区），担负着组织实施国、社合作造林及生产、管理、示范、推广的任务。现有国有山林771.67公顷，经营管理总面积6373.13公顷。公司创办10年来，职工从13人增加到66人，开设林道7条22公里、防火线207.11公里，建设办公、生产、生活用房5621.11平方米，使公司成为财产上亿元的绿色企业，曾受到省、县的多次表彰。公司经理余太明在1987年被评为全国绿化劳模，1989年获得全国绿化奖章。公司成功的主要经验是：

①积极开展国、乡合作造林。公司采取"租集体山、公司造管、山权不变、林权国有、收益分成"的办法，进行合作造林，到1991年，已累计造林5601.46公顷，平均每年560.15公顷。

②推行工程造林技术，提高造林质量。由于实行"三早一严"（早规划、早审批、早栽，严把检查验收关）措施，该县用材林基地合格率达到96.3%，世界银行贷款造林面积核实率和小班质量达标率均为100%，平均成活率98.1%。1988—1991年连续4年获得丽水地区速生丰产林竞赛冠军。造林速度由1972—1982年的年均643.8公顷跃增到1983—1991年的年均1818.97公顷。

③合理调整林种结构，开展多种经营。公司成立以来，不仅营造了大批用材林，而且积极发展果园、茶园、竹园。目前公司有竹林10.73公顷，以柑桔为主的经济林31.47公顷。1990—1991年，共产柑桔、桃、李、枇杷、杨梅、山楂、枣等15万公斤，创收近10万元。

④提高资金扶持标准，调动林农积极性。对集体（林农）合作造林补助，从原来4—5元/亩提高到20—75元/亩，并采取分等级、分年付款的办法进行，有偿和无偿相结合，规定凡营造杉木速丰林基地连片面积在30亩以上的，每亩扶持75元，林木采伐时偿还木材1立方米；营造杉木商品材基地连片15亩以上的，每亩扶持60元，采伐时还木材0.7立方米；一般杉木基地造林，户（片）面积1—14.9亩的，每亩无偿扶持20元。

（浙江省林业厅）

【浙江省林木良种繁育体系建设】 浙江省林木良种繁育体系建设始于1973年。18年来，共选育出优良种源26个，优良家系240个，优良无性系139个；引种树种成功80多个。初步建成林木良种基地和繁殖点28个，计面积1.8万亩，累计生产优良树种种子48万公斤（其中杉木良种76 434公斤，历年单产居全国之首）、穗条1685万根、良种苗763万株。良种推广到国内16省（区、市）、省内70多个县（市），累计造林480万亩。省内杉木、桉树、油茶、油桐、乌桕、柏木等树种的造林实现了良种化。据对已推广的杉木、乌桕等7个主要造林树种良种的测算，截至1991年，累计增加产值1.39亿元，预计到用材林轮伐期满和经济树种盛果期，可增加产值24.69亿元，为18年来良种基地建设总投入的165倍。目前，全省一个以良种科研为先导，基地建设为中心，良种管理为保证，应用推广为手段，实现造林良种化为目的的林木良种繁育体系已基本形成。主要经验和作法是：

①科学规划，合理布局。按照造林绿化需种量和就近供种的原则、立地条件、树种分布等，对全省林木良种繁育基地进行科学规划，将现有28个基地分布在9个市（地）的20个县。在树种搭配上，采用用材树种与经济树种、主要造林树种与一般造林树种相结合，并以主要造林树种的良种繁育为主。

②选、引、育、繁相结合，有性繁育和无性繁育相结合。一方面，有计划地开展引种驯化和种源试验工作，选择优良树种和优良种源，建立母树林；另一方面，采取边选优、边建园、边测定的方针，建立种子园和无性系采穗圃。同时抓好子代测定和无性系测定工作。

③建立良种选育协作组，实行科研、生产、管理三结合。

④积极推广科研成果。到1991年，共鉴定良种选育科研成果46项，其中44项得到推广和应用，成果转化率达95.7%。这些科研成果，有17项获部、省级科技进步奖，16项获市、县科技进步奖，1项分别获省科技进步一等奖、国家发明三等奖。

⑤加强管理，促进种子园稳产高产。在杉木初级种子园建设初期，加强补接、扶正工作，降低偏冠率，扩大母树结实面积，每年进行两次抚育和施肥，促进母树生长和花芽分化，人工辅助授粉，提高结实率。

⑥开展多种经营。一是发展种植业，开展林下套种，建立立体经营结构；二是发展养殖业。

（浙江省林业厅）

【浙江省1991年林业大事】

①1991年9月在象山县发现松材线虫病，确认发生面积3266亩。其中危害严重的1150亩，中度1191

亩，轻度925亩。

②余杭县、嘉兴城区平原绿化达到部颁标准，林业部授予两县（区）全国平原绿化先进单位称号；省政府发给奖金各1万元，并发给奖牌和证书。

③省林业厅首次召开全省林业行业思想政治工作会议，成立了抓行业思想政治工作的办公室。

④排岭林场的“千岛玉叶”、临海市林场的“临海蟠毫”和新安江开发公司的“千岛玉叶”3种绿茶，连续3年被评为浙江省名茶。（浙江省林业厅）

安徽省林业

【概 述】

发展与成就

营林生产 1991年，安徽省遭受严重洪涝灾害，完成人工造林占年计划的88%，其中省级工程造林2万公顷，是年计划的146.3%，飞播造林1.1万公顷，占年计划的49%，人工造林中，经济林1.1万公顷，防护林0.55万公顷，薪炭林0.23万公顷，特用林400公顷。“四旁”植树2.1亿株，超额完成年计划的36%。封山育林总面积58.6万公顷，当年新封25.6万公顷，占年计划的141%。迹地更新0.41万公顷，占年计划的23%。幼林抚育33.2万公顷，成林抚育0.85万公顷。营建农田林网2708.4万株，林网面积27.6万公顷。国营林场低产林改造0.23万公顷。采集林木种子618吨。育苗0.85万公顷，当年新育0.55万公顷。容器育苗3406万株，容器苗造林0.67万公顷，补植造林1.33万公顷。新建种子园6.67公顷，母树林33.3公顷，采穗圃12公顷，采种基地0.15万公顷。全民义务植树1亿株，县以上领导办绿化点763个，比1990年增加218个，造林2.39万公顷，营造青年绿色工程林4000多处，“三八”林1600多处，营造面积2万多公顷。淮南市和7个县（区）实现平原绿化达标。

国家项目造林 开始在皖南3个地（市）17个县全面实施，年度计划分解到36个国营林场、采育场和252个乡（镇）722个乡村林场。共完成国家项目造林1.63万公顷，占计划的116.1%，其中杉木1.3万公顷。项目区共配置水土保持带6040条，修筑作业道1606公里，营造防火林带535公里。完成幼林抚育1.8万公顷。经验收，造林成活率、幼林生长量、水保带、作业道、幼林抚育五项指标达标面积1.63万公顷，综合达标率为89.5%。

森工生产 1991年，全省木材采伐量53.98万立方米，采伐竹材595.53万根。全省21个重点产材县收购木材36.24万立方米，销售38.94万立方米，分别比1990年增长5.5%和7.8%。收购毛竹543万根，销售551万根，分别比1990年增长41.8%和43.8%。全省木材系统完成国家调配木材7.6万立方米。1991年，全省木材行业亏损约1800万元，亏损面达70%以上。林产工业方面，全年生产胶合板0.67万立方米，刨花板1.09万立方米，纤维板2.39万立方米，锯材18.75万立方米，松香2808吨，甲醛8301吨，栲胶86吨，软木砖566.9立方米，活性炭55.6吨。实现工业产值（1990年不变价）12 441万元。1991年，林产工业技术改造投入资金410万元；森工贴息贷款安排800万元，兴建和续建多种经营项目28个。

林业产值 1991年(按现价计算)林业产值24.38亿元，林业部门社会总产值（按现行价计算）15.1亿元。

森林保护 ①开展打击毁林犯罪专项斗争。全省受理森林案件2808起，比1990年下降11.6%。林业公安机关查处森林案件2674起，其中森林刑事案件108起，治安案件470起，林业行政处罚案件2096起。破获犯罪团伙12个，成员145个。处理各类违法犯罪人员9539人次，逮捕140人。挽回直接经济损失166.9万元。②森林防火。1991年发生森林火灾190起，损失活立木蓄积1931立方米，比1990年上升358%。全省有6个地（市）、18个重点森林火险县（区、场）实现了无森林火灾。③森林病虫害防治。全省森林发生病虫害31.48万公顷，防治面积19.8万公顷，防治率为62.8%。马尾松毛虫发生面积减少0.47万公顷，大袋蛾发生面积减少1.3万公顷。检疫种子64.6吨，苗木1.7亿株，木材79万立方米，竹材85万株。经济林防治1.57万公顷。组织各种防治专业队（或机组）1500多个。

科技推广 继续实施“1463”林业开发工程，新完成示范造林0.67万公顷，建设新型农田林网1.67万公顷，建科技示范点41个，重点推广杉木无性系繁育、松类芽苗移栽和容器育苗等61项林业先进技术，培训农民10万人次。扬子鳄快速生长饲养法等8项科技成果通过省级技术鉴定。12项科技成果获得省1991年度科学技术进步奖。其中《安徽森林》、黄淮海平原砂姜黑土类型区综合防护林体系配套技术及生态经济效益研究获省科技进步二等奖。

改革与林政实施

森林资源管理 在取得试点经验基础上，1991年，全省启动实行森林采伐全额管理。20个山区县（区）和国营林场重点实行全额管理。下达了“八五”期间全省森林采伐限额，层层分解落实。推广了金寨、潜山县加强森林资源管理和黟县全额管理试点的经验。开展了乡村林场编制森林经营方案试点。国营林场森林经营方案编制完成33.7万公顷，占应编的

98.4%。水灾过后各地狠抓森林资源管理。黄山市采取“两不准一打击”措施，即不准在25度以上山坡乱开乱挖，不准任何形式超伐木材；打击趁灾害盗伐乱砍林木的犯罪行为。六安地区开展“护林月”活动，逐县进行资源林政管理检查。金寨县开展制止“六乱”（乱批、乱收、乱砍、乱烧、乱运、乱卖）活动，清理乱砍滥伐案件15起，盗伐案件9起，无照纸厂67个，窑厂274座，木材加工厂93个，查处违法贩运木材14起，木材731立方米。1991年，全省活立木消耗量800万立方米。森林资源消耗量和生长量基本持平。

林业宣传　省政府确定1991年为全省“林业宣传年”，省林业厅成立林业宣传办公室，厅长、副厅长分别担任正副主任，开展20多个宣传活动，从省林业厅事业费中拨10万元林业宣传经费，添置宣传设备4万元。1月4日，举行了省暨合肥市党政领导和各界人士参加的植树造林动员大会。12月13日在合肥市举办全民义务植树运动10周年纪念大会。省电视台元霄节晚会上专门安排歌颂森林文艺组歌，省林业厅、省绿化委员会举办安徽省林业系统第二届职工书画、摄影、集邮展览。省林业厅团委组织开展合肥市街头造林绿化宣传咨询活动。林业厅组织新闻采访团，对各级领导造林绿化点进行跟踪报道。省电视台、电台、《安徽日报》、《安徽科技报》开辟开展全民义务植树运动专版，省林业厅和省绿委等四家联合举办了全省中小学生绿化知识竞赛。省政府确定每年10月为省“野生动物保护宣传月”，省林业厅等四个单位联合在合肥市逍遥津公园组织125名少年儿童进行爱鸟护鸟书画表演，在合肥市街头举办爱鸟护鸟图片展、张挂宣传标语。全省1991年在中央和省级报刊、电台、电视台发表林业报道1200多篇。

抗洪救灾　安徽省遭受特大洪涝灾害，5月中旬至7月中旬，梅雨总量和降雨量强度超过1954年。全省最大洪涝面积281万公顷，占耕地总面积的64%，绝收面积180万公顷。受灾人口4315万，倒塌民房278万间。直接经济损失达275.3亿元。灾害中林业遭受严重损失。水毁造林1.86万公顷，苗圃报废0.37万公顷，损失苗木5亿株，毁坏农田林网51.9万公顷，淹死树木2300万株，“四旁”植树损失10 770万株。全省受害国营林场、苗圃、林业站、森工站、林业局等808个，倒塌房屋4232间，冲毁林区道路1925公里，桥梁368座，机械337部。直接经济损失8550万元。灾害发生后，全省林业系统组织各种形式抗洪抢险队，突击队等，在当地党政统一领导下，投入抗洪抢险第一线。洪水围困金寨县城，省林业厅立即组织价值4000元药品和150公斤饼干送到县政府。省林业厅及直属单位的干部职工先后五次为灾区捐款捐物。省林业厅压缩机关开支，挤出41万元支持林业系统受灾单位，及时下拨林业部支持救灾经费150万元。各级林业部门和单位还积极为救灾组织和调运急需物资。省林业厅和省木材公司专门制定救灾毛竹调运方案，从产区组织落实毛竹100万根。霍山县林业局得知沿淮重灾区急需毛竹防汛物资，顾不上自家被淹，往返百里从产区组织毛竹3305根，日夜兼程及时送到凤台县。歙县、休宁、祁门等县林业部门无偿援助灾区防汛木材50立方米，毛竹2.5万根。滁县地区沙河集、管店林业总场在灾后紧急调运5吨松桠到灾区，解决灾民烧柴困难。全省28个国营林场无偿捐献毛竹15 700根，并按时抢运到指定灾区。全省竹农每户向灾区捐献了3—5根毛竹。金寨县林业公安股和史建国同志被公安部授予抗洪抢险先进集体和先进个人称号。金寨县林业局等60个单位和119位个人被省林业厅授予1991年全省林业系统抗洪救灾先进集体和先进个人称号。全省林业系统干部职工一边抗洪抢险，一边进行生产救灾和恢复家园。主要措施：①妥善安置重灾区林业职工生活，保证其居住、过冬和穿衣吃饭等基本生活条件。组织职工开展生产自救，抓好木材、苗木生产和多种经营，增加收入。②抓好林业水毁工程修复，抢修被毁的苗圃、林场、森林防火设施和林区道路、桥梁等，迅速恢复了生产。③抗灾保苗，加强田间管理。各国营苗圃及时组织排涝防渍、清淤圃地、松土除草、追施肥料、防治病虫害。④抓好幼林抚育，及时补救水毁幼林。6—8月，全省完成幼林抚育30多万公顷，容器苗补植500万株，雨季造林0.45万公顷。

国营林场迹地更新　1991年二三季度，全省对国营林场1988年以来采伐迹地更新进行全面检查。检查结果：1988—1990年采伐森林0.8万公顷，采伐后更新造林0.77万公顷，更新率94.8%。国营林场坚持采伐一片、更新一片。更新办法：①人工更新占94.7%，人工促进天然更新和天然更新占5.3%。②统一规划，编制作业方案、设计后进行施工，适地适树，多选用经济价值高，防护效率大的乡土树种，或试种成功的引进树种，营造混交林。③严格技术操作，把好整地关、种苗关、栽植关、抚育关和验收关。④建立承包责任制，实行目标管理。

青年绿化工程　在实施“八五”造林绿化规划中，全省有1000多万青少年参加造林绿化活动，组建青年突击队4000多支，成片营建青年绿色工程1000多处，造林面积0.67万公顷。团省委重点抓了金寨小王寨青年林场、泾县潘村青年林基地、肥西县防虎共青绿色工程3个绿化示范工程建设，总规划面积333.3公顷，已造林233.3公顷，均通过省级工程造林检查验收。全省团组织已营建县级以上青年绿色工程37个。巢湖地区、合肥市沿巢湖的四县团组织，沿湖岸造林133.3公顷，主体工程绵延10多公里。阜阳、蚌埠的团组织和团员青年艰苦奋战，造林333.3公顷，绿化了茨淮新河的百里长堤。各地依托青年绿色工程，创办乡村青年林场，挂牌建碑、建章立制，建立青年护林组织。舒城县建百亩以上乡村青年林场20个，百亩以下青年林场164个，分别采取团建团管、共建联营、他建团管、团建他管等形式，共造林营林 344 公顷。1991 年有 4 个青年绿色工程被授予全国优秀青年绿色工程称号，18 支青年突击队被授予全国青年绿化祖国突击队称号，13 名团员青年被授予全国青年绿化祖国突击手称号。

存在问题 ①造林绿化发展不平衡，全省有 9 个地（市）、52 个县（市、区）未完成造林绿化任务。②沿淮和江淮之间平原县农田林网受洪涝灾害，损失较大。③重点林区森林资源消耗量大于生长量，森林采伐全额管理制度还没深入落实。（安徽省林业厅）

【亳州市平原绿化】 亳州市位于淮北平原，历史上是个缺林少柴地区，从 70 年代开始植树造林。党的十一届三中全会以来，这个市大力发展林业，建设农田林网，1983、1986 年荣获全国平原绿化先进县（市）称号。

主要作法和经验：①强化领导，层层签订绿化目标责任书。把林业工作作为考核各级干部政绩的主要内容，按照规划设计，市、区、乡、村层层签订绿化目标责任书，严格考评。市委、市政府等六大班子主要负责人都有各自的绿化点。②广造舆论，提高对林业的认识。利用广播、电视、会议、绿化知识大奖赛等宣传工具或宣传手段，在全市范围内普及绿化知识，增强绿化意识。③动员全社会各行各业投身造林绿化。组织工、青、妇、教、民兵等营造形式多样的纪念林。④拓宽渠道，广筹资金。采取群众集一点，区、乡拿一点，部门出一点的资金筹集办法，市财政每年拿出 30 万元左右用于林业生产，以奖代补。⑤落实政策，从严治林。全市林权落实，认真执行“树随地走，谁栽谁有，长期不变，允许继承”的林业政策。加强林木资源保护，严格林木采伐审批手续，严肃查处毁林案件，制订林木保护乡规民约。⑥科学营林，注重效益。因地制宜地制订科学规划，坚持适地适树和使用良种壮苗，在加强抚育管理的同时，开展林下间种，以短养长，以耕代抚，促进林木生长。

成就和效益：到 1991 年，全市有各种树木 5200 万株，林地面积 79 万亩，林木覆盖率上升到 23.6%，活立木蓄积量 204 万立方米，年生长量 20 万立方米，年采伐量 10 万立方米。全市建成一至四级防护林带 3.5 万条，总长 9100 公里，全市 2226 平方公里被各种林带划成 1.22 万个小方格，实现了农田林网化。全市 4164 个自然村，村村营造了片林，成为一个个小林场，仅村片林，全市达 50 万亩，蓄积量 150 万立方米。现在亳州市初步形成了以“四旁”植树为基础，农田林网为骨架，村庄片林为主体，点、线、网、片结合的生态经济型农田防护林体系。全县以泡桐为主要栽植树种，每年泡桐材生长量达 8 万立方米，其中约 1 万立方米优质泡桐出口日本及东南亚各国。全市年木材产值达 4000 多万元。泡桐林下间种，发展立体林业，林粮间种 5 万亩、林菜间种 10 万亩，林药间种 15 万亩。间种作物每亩年收入达 200 元，全市年间种收入 6000 万元。林业的发展在带来经济效益的同时，还产生了生态和社会效益。（胡世平）

【萧县沙碱治理】 萧县位于安徽省北部，总面积 279.15 万亩。在故黄河区域形成一个飞沙、盐碱区域，该区域涉及 9 个区（镇）、26 个乡（镇），人口 38.4 万人，土地面积为 103.38 万亩，占全县总土地面积的 38%。

该区域历史上是个灾害频繁的地区，建国后开始进行治理。80 年代以来，县委、县政府为加快扭转落后状况，促进全县经济发展，把治理沙碱作为一项重要措施，加快治理步伐，效果显著。

主要作法是：①确立治沙指导思想，认真搞好规划。把 100 万亩沙荒盐碱地规划成 5648 个方块，补植扩建一、二、三、四级林网道路 2265 公里。②强化组织领导，确保规划实施。层层成立了由主要负责人担任组长的治沙领导小组，县六套班子的主要负责人都实行工程验收负责制，在治沙区域联系一个乡，承包一个绿化片。③备足苗木。在办好骨干苗圃的同时，发动群众育苗。近几年来，育苗 3500 多亩，培育出各类苗木 950 万多株，保证了治沙用苗。④筹集资金。1983 年以来，采取多渠道筹措资金达 1261.9 万元，群众投入了大量的劳力。仅育苗就投入 650 万元，劳动用工 850 万个。

成效：①到 1991 年，治理区域内建成农田防护林网 100 万亩，成片造林 8.4 万亩，发展村片林 15 万亩，占村庄面积的 70%，营建果园 10 万亩，栽植条类 1.2 万亩，基本完成了治沙规划任务。②改善了生态环境，促进了农业丰收和经济发展。（吴 莹）

【金寨县林业局抗洪抢险】 1991 年 7 月，安徽遭受连日暴雨袭击，为确保淮河大堤、两淮煤矿和京浦铁路安全渡汛，金寨县境内梅山、响洪甸两大水库强行蓄洪，9 天后，以超大流量泄洪，位于水库下游的金寨县城梅山镇陷入一片汪洋。在人民生命财产受到严重威胁的关头，金寨县林业局的干部职工积极投入抗洪抢险。

精心组织，超前准备。林业局成立了抗洪抢险指挥部，组织了抗洪抢险突击队，并把抢险队分成四路，做到领导干部包片，党员、一般干部包到责任区，联系到户；做到领导人人在岗，党员、干部、职工人人在位，任务明确到人。洪水到来时，全体队员兵分四路，急速奔赴抢险地区，转移职工家属和机关财物。转移 600 余名群众，解救落水群众 50 余人。

顾全大局，支援灾区。在洪水泛滥之际，林业局成立了 20 余人的抢粮队，奋战两天一夜，帮助梅山粮站装车十余次，运粮 60 余吨。成立救灾毛竹采调指挥部，组织区、乡林业干部 100 余人，调运救灾毛竹 26 万根，支援霍邱、凤阳、寿县等重灾区。

在抢险救灾过程中，抢险队员们四天四夜没合眼，七天七夜没回家。他们之中有的路过家门而不入；有的上有老、下有小却顾不上家人和财物，一心扑在抢险上；有的为饥饿的灾民运送食品，翻山越岭忍饥挨饿却舍不得吃一口。

不等不靠，重建家园。无情的洪水给林业局带来十分惨重的损失。357户被淹，855间住房倒塌，116户317人无处栖身。林业局干部职工广筹资金，调动人力物力，在短短20多天里修复房屋600多间、机器设备320多台（件），修复林区水毁公路22公里、森林防火电台5部，整造水毁林地1500多亩。

洪水过后，林业局被县委、县政府授予抗洪抢险先进集体光荣称号，林业公安股被公安部授予抗洪抢险先进集体光荣称号。（王小明）

【全椒县国营林场】 全椒县地处皖东丘陵，50年代末和60年代初在大片荒山上创办5个国营林场，经营总面积20.4万亩，林业用地20.2万亩，占全县林业用地面积的52.1%。80年代以来，全椒县深化国营林场改革，国营林场营林生产和经济效益取得显著成绩。现拥有立木蓄积量72.7万立方米，占全县总蓄积量的64.5%，林木总价值达1.05亿元，为国家累计投资的13.1倍。全县森林覆盖率也由建国初期的0.44%上升到20.4%，为农业丰收提供了良好的生态屏障。目前，国营林场每年完成销售收入300余万元，创利税110万元，分别比1985年增长2倍和1倍多，此外，每年还为社会提供3万立方米小径材，解决了全县五分之一人口的燃料供应。国营林场不仅是全县林业的主体，也成为该县经济支柱之一。

主要作法是：①加强对国营林场的领导。县委、县政府始终坚持“巩固国营林场，发展林业经济”的方针，从多方面支持国营林场工作。注意把懂技术、会管理、有事业心的林业技术干部选拔到领导岗位，并保持相对稳定。②重视资源培育，提高森林资源质量。增加营林投入，加快黑松低产林更新改造步伐，营造经济林，发展高标准、高效益的松、杉丰产林和工业原料林，逐步改善林种结构。近5年来，林场共拿出225万元自有资金，造林2万亩，抚育中幼林16万亩次，还配备完善了森林防火和病虫害防治设施。与此同时，严格控制资源消耗量。整个“七五”期间国有林采伐量为75 600立方米，仅占林木生长量的25.7%。③因地制宜地开展多种经营和综合利用。“七五”期间开发了木材加工、家具制造、饲料添加剂、林化产品采制、商业、服务业等多种经营项目20多个，每年增加收入100万元，解决了半数职工的就业门路，提高了经济效益和林场实力。孤山林场现拥有35万元的加工机械设备，年加工小径材3200立方米，间伐、低改剩余物综合利用率由20%提高到40%。④全面推行经济承包责任制。自1985年起，林场推行多层次经济承包责任制，各场领导班子向林业局集体承包生产计划和经济指标，再分解到作业队、车间和工人，做到定任务、质量、时间、报酬，超则奖，减则赔。⑤保护国营林场合法权益。60年代以来，国营林场受到砍树风和分山风的数次冲击，县委、县政府都及时采取果断措施，稳住了国营林场。林场与乡村采取多种形式的护林联防，加强依法治林，林场权益得到有效保护。（余遵本）

【安徽省1991年林业大事】

①3月12—18日，省绿化委员会、林业厅主办的安徽省林业系统第二届职工书画摄影集邮展览在合肥省农展馆举行，参展书画105幅，摄影作品84件，邮集23部。

②3月18日，傅锡寿省长签署1991年第21号安徽省人民政府令，发布《安徽省乡村林场管理办法》。

③11月9日，中美合资营建木浆原料林项目意向书在马鞍山市签字。总规模24万公顷。傅锡寿省长参加签字仪式。（安徽省林业厅）

福建省林业

【概　述】

发展与成就

森林培育　1991年，全省完成造林更新总面积34.8287万公顷，为年计划的91.7%。其中：荒山造林28.8767万公顷，迹地更新5.952万公顷；工程造林17.59万公顷；飞播造林2.5667万公顷；沿海防护林体系工程2.15万公顷。荒山造林面积按林种分：用材林占71%，经济林占7.2%，防护林占9.6%，薪炭林占11.8%，特用林占0.3%。薪炭林和特用林分别比上年增长55%和32%。全省封山育林面积114.56万公顷（其中本年新封面积16.3667万公顷）。“四旁”（零星）植树5090.5万株。完成幼林抚育55.42万公顷，成林抚育12.26万公顷。完成大田育苗1506.67公顷（其中本年新育1446.6公顷），容器育苗5.37亿株，为年计划的230.5%。培育油茶良种230.62万株，建成“三保山”3万多亩，被林业部评为全国油茶低改第二名。全省又有南平、龙岩、厦门3地（市）及所属的南平、建瓯、建阳、邵武、松溪、政和、浦城、光泽、武夷山、龙岩、永定、上杭、武平、长汀、漳平、连城、同安、集美和永泰、福清、长乐、马尾、福州郊区、石狮、芗城25个县（市、区）基本完成宜林荒山造林任务。

森工生产　全省木材总产量完成487.95万立方米，为年计划的69.7%，比上年增长4.9%。其中林业部门生产383.41万立方米，比上年增长10.6%。木材总销售量为470.18万立方米，其中林业部门销售409.6万立方米，比上年增长5%。年产人造板25.04万立方米，其中：胶合板11.57万立方米、纤维板10.14万立方米、刨花板2.94万立方米、细木工板0.39万立方米；林业系统人造板产量16.72万立方米，占总产量的67.8%。年产松香6.55万吨、栲胶293吨。全省林业部门完成森工总产值按1990年不变价格计算，为15.73亿元，比1990年增长10.7%。其中：全民所有制产值占91%，集体所有制产值占9%。有福州人造板厂、尤溪县林产化工厂、连城县林产化工厂获得国家二级企业称号。永安市林业委员会、邵武市林业委员会等林业单位跻身福建省'91贡献排名前300家工业企业行列。

森林管护　全省发生森林火灾330起，受害面积2338.8公顷，大大低于国家森林防火总指挥部下达到省的"双控"指标。森林火灾受害率为0.46‰。病虫害发生面积12.448万公顷，防治面积10.175万公顷。全省检疫覆盖面达90%。各级林业公安部门共受理各类森林案件7607起，查处7494起，综合查处率为98.51%。全省共处理林业行政案件10412起。木竹检查站查处木竹违章运输56 984起。共调处各类山林纠纷357起，面积1.5693万公顷。其中省际8起，面积300.7公顷。全省已建立乡（镇）林业工作站809个，配备正式人员4533人。1990年，全省森林资源消耗量2783.8万立方米，生长量2878.8万立方米，消长率1：1.03，已实现了长大于消。

经林业部核查认定：全省1988—1990年完成人工造林更新合格面积71.1307万公顷，居全国第三位；造林质量的主要指标面积核实率和成活合格率的平均值为92.2%，居全国第二位。获林业部授予的1988—1990年造林成绩优异奖和造林质量优秀奖。被全国绿委会、林业部评为林业建设先进省。

改革与林政实施

抗旱保苗　1991年，全省各地普遇特大旱灾。持续高温干旱使造林成活率普遍下降30—40%。6月29日，省林业厅召开全省林业局长紧急会议，部署抗旱救灾工作。厅机关增派两批共120多名干部长驻基层。各地努力扩大培育容器苗，实行多季节造林，及时补植补种。

对外开放吸引外资　与台商合资兴办年产10万立方米胶合板企业已正式签约，总投资2000万美元。1991年世界银行贷款国家造林项目完成2.2833万公顷，超过年计划的8.7%。福清、晋口等沿海县（市、区）利用侨资，建设沿海防护林，创办林果场。厦门坂头林场、福州树木园、古田水库防护林场列入鼓励外商投资农业综合开发区。与日本、台湾、香港及东南亚等国家和地区的十几家厂商建立了贸易往来。

科技兴林　已建立省、地、县科技推广机构61个，编制518人，已配备350人。逐步形成省、地、县三级林业科技推广网络。三明市和南平地区基本形成地、县、乡、村四级林业科技推广网络。与日本合作的林业技术发展研究中心项目正式实施。引进广西巨尾桉组培苗技术，建立100公顷丰产示范林。在杉木优良无性系繁育、竹类开发和综合利用、黑荆树等工业原料林基地建设、微机改造传统林业产业、林业香料和枝桠材综合利用、引进设备的技术消化等方面研究，都取得进展。1991年，全省有6项科研成果获林业部科技进步三等奖。

存在问题　①新造林地和中幼林管护抚育工作尚有待于进一步加强。②资金短缺，林业投入不足。③林种、树种和林业产业的结构调整尚须引起各地重视。④国营林业大中型企业经营机制的转移问题还没有得到根本解决。　　（陈玉华　连能辉）

【福建省沿海防护林体系建设】　福建省沿海防护林体系建设总体规划从1988年开始实施，至1991年底，沿海28个县（市、区）新造人工林27.06万公顷。现沿海地区有林地面积已达121.4万公顷，绿化程度79%，森林覆盖率38.6%。3300公里海岸线，基干林带已基本建成。1990年，东山、晋江、平潭三县达到部颁平原绿化标准，1991年，福清、石狮、芗城、集美、涵江、城厢6个县（市、区）实现达标。东山县被林业部授予全国治沙先进单位称号。

沿海防护林体系建设工程的特点：①速度快、质量高。平均每年造林6.67万公顷，相当于过去每年造林的3倍。工程林占造林总面积的60%。②林种、树种结构合理。防护林造林比重从过去的15%提高到50%。与群众生活密切相关的薪炭林面积达29.4万公顷。名特优果树基地达11.3万公顷。③"带、网、片"结合。厦门市区和东山、晋江、平潭县以及60个乡（镇）初步建成海岸林成带，农田林成网，荒山、荒滩林成片的防护林体系。④发展乡村集体经济。沿海地区创办集体林场1500多个，经营面积45万公顷，安排专业劳力近万人。

建设沿海防护林的主要经验：①党政领导重视，落实目标责任制。1988年4月，省政府成立了沿海防护林体系建设工程指挥部，下设办公室。1989年5月，省委、省政府领导与各地、市、县签订了造林绿化任期目标责任制。②因地制宜，搞好规划。1987年，根据林业部统一部署，组织力量进行总体规划。合理布局，因害设防。③广筹资金，增加投入。各地采取多渠道、多层次的集资措施。省里规定外调木材征收森林资源补偿费，并每年划出20万立方米专项木材生产指标，实行减免退让税金费利，作为防护林建设资金。还从农业发展基金中划出一定比例；从以木材为原料的工矿企业所得利润中提取以工补林资金；征收未履行植树义务公民的绿化费；从水土保持费中划出营造水土保持林专项资金；提取动用林业用地建厂、盖房、开矿等林地占用费；争取林业专项优惠贷款。发动群众承包造林种果，大力推广股份合作造林。在资金管理上，实行与成果挂钩。④严格管理，保证质量。大力推广容器苗造林。对重盐碱地造林，推行开深沟排水，起高垄和回填客土的办法。治理沙荒风口采取设沙障，种老鼠刺、沙杆草等工程措施和生物措施，推广优良树种、适地适树。 （陈玉华）

【福建省自然保护区建设】 全省建有自然保护区15个。总面积10.49万公顷，占全省土地面积的0.87%。其中，属森林生态类型10个，珍贵树种类型4个，珍贵野生动物类型1个。武夷山、梅花山列为国家级自然保护区。武夷山保护区于1987年被联合国教科文组织人与生物圈计划纳入国际生物圈保护区网。

管理措施 各保护区均建立了管理机构，现在编人员223人，还配有上百个护林员。武夷山和梅花山保护区设立了林业公安分局。省政府批准颁发了《武夷山国家级自然保护区管理办法》。

基本建设 “七五”期间累计投资500多万元。各保护区都建有管理用房、职工宿舍、护林哨卡。有的还建立了防火瞭望台、标本室、实验室，修建林区道路，配备通讯设备等。武夷山保护区建有接待小区。国家投资近200万元建成的武夷山保护区自然博物馆于1990年底正式展出。

科研工作 各保护区进行了专题考察调查，完成了经营方案的编制。武夷山保护区由省科委筹资100多万元，从1979年开始，经过10年综合科考，采集了110万份标本，发现国内、省内新记录物种1000多种。梅花山保护区由省、地共同集资100多万元，基本查明区内动植物种类、地质地貌、水文气候、社会经济等情况。1990年11月，世界野生生物基金会和省内专业人员在梅花山发现已绝迹多年的华南虎近期活动痕迹。在保护区，进行华南虎、猕猴专项资源调查，开展了珍贵动物的驯养繁殖和珍稀树种的栽培、驯化等试验。

学术交往 几年来，接待全国各地专家、教授、学者及科技人员6万多人次。世界野生生物基金会，香港野生生物基金会、观鸟学会，台湾观光学会、观鸟学会以及美国、英国、法国、荷兰、日本、澳大利亚等国家的专家、学者到保护区进行参观考察。武夷山保护区还同荷兰ITC组织进行应用地理信息系统研究以用于保护区管理的科技合作。

多种经营 武夷山保护区进行毛竹低产林改造，毛竹深度加工和茶叶精制加工。龙栖山保护区办有11个厂、场。年纯收入达100万元。 （陈炳芳）

【南平地区造林】 1991年，福建省南平地区提前一年完成宜林荒山造林任务，造林面积7.2507万公顷，面积核实率和成活合格率均达100%。自1989年以来，这个地区已连续三年保持造林更新面积核实率和成活合格率达到100%。

南平地区造林绿化工作有以下特点：

①自1989年以来，地委、行署每年召开一次由地、县、乡三级领导和部、委、办、局负责同志参加的全区林业工作会议，层层落实造林绿化责任状。地、县、乡成立了造林绿化指挥部，设立专门办公室。地区配备专管林业的副专员，乡（镇）配备专管林业的副乡（镇）长。各级党政领导深入到造林任务重、难度大的乡、村挂点，办示范片。地区每年拿出10万元，设立完成任务奖和绿色丰碑奖。

②全区各地运用各种宣传工具，采取多种形式，开展造林绿化宣传活动。每年植树节，许多县（市）领导亲自上街宣传林业。每年春季造林，全区日平均上场劳力达10万人左右，最多时达12万人。平均每年造林6.67万公顷以上。

③南平地区充分发挥林业基金管理站的作用，收足、管好、用活育林基金和从林价中提取的造林更新费，融通内部闲散资金共4000万元。采取多种形式向社会筹集资金。1990年，全区造林绿化总投入1.75亿元，其中社会、集体、个人投入达5500万元，占总投入的31.4%。3年来，全区共用林业贴息贷款3360万元，引进世界银行造林项目资金736万元，由地区林委贴息向金融部门贷款9500万元。

④1990年和1991年，行署先后开展了以成活率为中心，以林木生长达标为目的的林业质量年和以质量为中心，以消灭荒山为标准的造林年活动。狠抓造林的规划设计、种苗供应、技术培训、检查监督等环节。3年来，全区采用良种15.985万公斤，大田育苗1360公顷，提供合格苗10.49亿株，培育容器苗1.31亿株。地区还与中国林业科学研究院合作，建立科技兴林试验区，签订合作项目22项，其中已组织实施14项。 （黄镇华）

【漳州市黑荆基地建设】 漳州市位于福建省南部，属南亚热带海洋性季风气候，阳光充足，雨量充沛，土层深厚，适宜于黑荆树生长。至1991年底止，已建成黑荆树基地4388公顷。

1988年，黑荆树的栽培和利用被列入国家星火计划。林业部和省林业厅将其定为福建省林业重点开发项目，委托中国林业科学研究院，对漳州地区大面积种植黑荆树进行了可行性研究。成立了福建省闽南工业原料林联合开发中心。在华安、南靖、长泰、平和、漳浦、龙海6县，分别建立工业原料林林场，具体负责实施。实行省、市、县林业部门联合经营。联合开发中心对林场进行规范化质量过程控制，统一管理。黑荆基地所需山地实行租赁。所需建设资金，70%由国家专项贴息贷款和国家林业投资安排，30%由省林业开发总公司筹集解决。计划总投资3000万元，其中2000万元用于营造6666.7公顷黑荆丰产林基地，

1000万元用于林化厂建设。黑荆基地全部实行工程造林。1989—1991年，3年累计造林4388公顷。其中：华安县1240.5公顷；南靖县142公顷；长泰县461.9公顷；平和县818.6公顷；漳浦县1078公顷；龙海县646.8公顷。经省林业勘察设计院验收，1989和1990两年的造林面积准确率、成活率和保存率均超过了省定技术标准。平均生长量达到每年每株胸径增粗2厘米，树长高2米。

1988年底，省林业厅投资20万元，在南靖永丰榜胶林场，进行黑荆枝桠材切片、粉碎，袋栽食用菌的实验与生产，现已获得成功并开始推广。1991年，省林业开发总公司和中闽林业投资公司联合对南靖林化厂实行内联式合资经营。（纪超美）

【厦门市区绿化】 厦门市1981年创办经济特区以来，城市建成区面积迅速扩大，1991年达42.5平方公里。园林绿化建设也相应有很大的发展，10年来，全民义务植树共完成2119万株；绿化覆盖率由19.4%提高到29.3%；新增公共绿地87.45公顷，人均公共绿地由1.68平方米，提高到5.62平方米。1991年，全市完成省定造林绿化责任状任务，基本消灭了宜林荒山。厦门市绿化委员会被评为全国造林绿化先进单位。

厦门市区绿化的主要特点：

①公路绿化。完成了福厦、厦隘公路厦门段两大干线的补植改造任务。共植树120万株。城区新建、扩建23条主次干道，已全部种上树木花草。

②公园、风景点。市区建成了10多个风格各异的公园、绿地。

③单位庭院和居住区绿化。现已建成138个花园式单位。

措施和作法：

①领导重视。确定领导分管，列入议事日程，层层签订责任状。市五套班子和驻厦部队领导，坚持每年参加义务植树，办绿化示范点。

②加强技术指导。建立一支较强的园林绿化规划设计、施工技术队伍，实行科技承包责任制。坚持推广容器苗工程造林，严格规划、精心施工。做到图表册完整，技术档案健全。

③多渠道筹集资金。除省、市、县都拿出一定资金外，各乡（镇）和承包组、承包户分别集资和投工投劳。工业原料林和经济林的投资为有偿使用。市政府把公共绿地建设列入为民办实事项目，拨出一定资金。配合公用事业局把新建道路的绿化工程费用纳入道路建设工程的总投资计划。

④健全法规。1986年，市人大八届十八次会议通过了《关于保护风景名胜和海滩、岩石资源的决议》。市政府先后颁发《厦门市城市园林绿化管理暂行规定》、《厦门市园林绿化管理实施细则》。建立健全园林、林业公安组织机构。（厦门市绿化办）

【三明市岩前乡林业工作站】 福建省三明市三元区岩前乡林业工作站建立于1963年，现有职工7人。业务工作涉及12个行政村。岩前乡于1990年基本完成宜林荒山造林任务。全乡现有森林面积2.44万公顷，立木蓄积量260万立方米，森林覆盖率达72%，连续5年无森林火灾事故。

岩前乡林业站在站长、林业工程师王源楠带领下，从1966年开始营造站有林，面积达733公顷，立木蓄积量12万多立方米。1984年以来，部分人工林相继进入间伐和主伐，共生产木材4050立方米，收入130多万元。先后建起10公顷苗圃和5.3公顷花圃，共培育用材林苗木3200多万株，绿化苗、花卉24万株。发展果园10公顷，目前部分柑桔开始挂果，年产水果2万多公斤。林业站每年收入达二三十万元，拥有固定资产200多万元。

岩前乡林业站十分重视林业科技工作。建立科技实验室，购置先进仪器设备，积累科技档案资料。采集树木标本200多种，收集林木种子标本600多种。目前，林业站建立有林木良种基地1333公顷，累计采收优良杉木种子2.5万公斤。杉木春播改秋播实验项目获得成功，1986年获省政府科技进步三等奖，在建宁、泰宁、宁化等闽西北林区广为推广。为丰富物种资源，1987年从台湾引进优良高山用材树种——峦大杉种子，经过4年育苗造林试验，通过了省林业厅组织的鉴定。先后还进行了紫胶虫北移驯养试验、白蜡虫引种试验、稀土元素育苗试验、水湿地引种四川桤木试验及苗圃、果园微灌试验和林地套种绿肥、养兔试验等，均取得一定成果。（郑联明）

【福建省1991年林业大事】

①4月12日，中日技术合作建设福建省林业技术发展研究中心项目，在福州正式签署使用协议和纪要。该项目计划日方无偿援助5亿日元，发展以营林为主的林业科学技术。基建总规模达3100平方米。

②永安市人大审议通过每年农历九月初六为永安市“森林日”。10月13日，首次开展“森林日”活动。

③12月19日，省人民政府批准成立漳州黑荆林场，隶属省林业厅领导。

④12月21日，省人民政府作出决定，表彰1990年度提前完成“三五七”造林绿化责任状任务的三明市、厦门市杏林区、三明市梅列区和三元区、顺昌、沙县、永安、明溪、尤溪、建宁、将乐、宁化、清流、泰宁、大田、东山、晋江、平潭县（市）人民政府、武夷山国家级自然保护区管理局等19个单位。

⑤福州人造板厂全员劳动生产率达10.11万元/人年，人均创利税2.69万元，实现利税1460.79万元，还贷1271.58万元。被评为国家二级企业，中密度纤维板产品获国家银质奖。（陈玉华）

江西省林业

【概　述】

发展与成就

1991年，全省林业系统开展“质量、品种、效益年”活动，促进了林业生产建设的发展。

造林营林　围绕质量第一的宗旨，推进以国营林场为依托的联合造林和以乡村林场为依托的合作造林，国营（含联营）工程造林完成8.13万公顷，乡村林场工程造林完成16.7万公顷，分别占全省人工荒山造林的20.3%和40%。飞机播种造林有效面积10.46万公顷，为年计划的196.3%。迹地更新完成3.04万公顷，为年计划的152%。育苗完成3267公顷。幼林抚育完成90.67万公顷，比1990年增加31.1万公顷。中幼龄林抚育间伐完成29.06万公顷。新增封山育林面积33.3万公顷，超过历史任何一年。

工程建设　长江中上游防护林体系建设的10个重点县和5个辐射县市，共完成营造林面积11.29万公顷，为年计划的277.2%。速生丰产林基地造林面积达5.97万公顷，其中世界银行贷款国家造林项目完成3.02万公顷。列入国家农业综合开发项目的油茶低产林改造工程进入第2年，共实施1.17万公顷，为项目3年计划的70%。果业工程完成5867公顷，使全省林业系统果树面积达到3.2万公顷。

森工生产　全省森工企业生产锯材9.35万立方米、胶合板10.47万立方米、纤维板3.74万立方米、刨花板0.77万立方米、松香2.79万吨，产值39 451万元（按1980年不变价），实现利润810万元，上交利税8106万元，扭转了全省森工行业亏损的局面。多种经营完成产值1.77亿元，与1990年基本持平。森工企业经营木材123.6万立方米，占全省木材销售总量247.34万立方米的50%。

林业产值　全省林业部门创产值33.4亿元，比1990年增长20%。按构成分，农业产值25.2亿元，比1990年增长25%；林业产值24.2亿元，比1990年增长24%；工业产值5.9亿元，比1990年增长11%；运输业产值0.4亿元，建筑业产值0.2亿元，商业产值1.7亿元，均保持1990年的水平。

国营、集体林场　国营营林林场198个，比1990年增加5个；经营面积76万公顷，比1990年增加9.7万公顷；林木蓄积1957万立方米、毛竹2025万株。当年造林5.51万公顷，占全省人工造林面积的13%，比1990年增长49%。创社会总产值36 513万元，保持去年水平。全年总收入25 811万元，比1990年增长9%。乡村集体林场兴办3634个，总数达到12 156个；经营面积179.2万公顷，比1990年增加57.7万公顷。当年造林14.05万公顷，占全省人工造林面积的35%，比1990年增长89%。现有林业专业劳动力74 642人，比1990年增加11 891人。

科技培训　1991年获省科技进步奖9项，其中《江西古树》获二等奖，其余8项获三等奖。容器育苗、松苗切根移栽、杉木优良无性系繁育、ABT生根粉等先进林业实用技术在林业生产中得到广泛的推广应用。全省林业系统采取多种形式培训职工4500多人。

职工人数　全省林业系统现有职工12.96万人，其中固定职工10万人，合同制职工1.1万人，分别比1990年增长1%、2%和13%。

改革与林政实施

资源管理　在全省遭受严重旱灾的情况下，森林火灾受害率只有0.247‰。森林病虫害发生面积13.37万公顷。省林业厅成立了林业工作总站，新建和完善乡（镇）林业工作站170个。全面实行采伐限额全额管理，全省出县出省木材放行总量为206.3万立方米，比商品木材限额减少62.7万立方米。

法制建设　省林业厅增设了法制处，省、地（市）和部分县林业主管部门成立了行政复议应诉机构，加强林业法制工作。省人民政府颁布和实施《江西省山林权属争议调解处理办法》、《江西省森林采伐限额管理暂行办法》和《江西省林业行政处罚程序规定》三个法规。省人大常委会牵头组织为期4个半月的全省性《中华人民共和国森林法》执法大检查，共查处各类林业违法案件3万余件，调处山林权属纠纷1000余起。

行业精神文明建设　着重抓了四个方面的工作：一是在全行业开展坚持党的“一个中心，两个基本点”的基本路线教育，确保林业建设的正确方向。二是提倡和培育“团结奋进、积极实干、献身林业、造福人民”的林业行业精神，发挥全林业系统的整体效应。三是大力纠正行业不正之风，制定下发了《江西省林业基层站所廉政建设若干规定》。四是转变机关作风，组织干部深入基层，调查研究，搞好服务。

存在问题　①林业投入严重不足，资金缺口越来越大，影响了造林绿化和林业建设的顺利进行。②森工企业经济仍未根本好转，全省117户独立核算的企业中还有38户亏损，省、地（市）两级森工企业亏损额达2800万元。③平原绿化和农田防护林建设落后于荒山造林。④科学技术和经营管理水平较低，经济效益不够理想。

（吴少华）

【江西省人大检查《森林法》执行情况】　江西省人大常委会于1991年5月部署《中华人民共和国森林法》执行情况检查工作。全省各级在党委领导下，由人大牵头，政府组织实施，有关方面配合，各地共派出工作组5277个，人员达39 326人，参加自查、互查、督查。11月，省人大常委会派出11个工作组、72人，进行抽查，并于12月8日召开会议，作出了《关于进一步贯彻实施〈中华人民共和国森林法〉的决定》。检查工作收到了实际成效。

①广泛宣传，增强全民法制观念。全省采取多种形式，宣传《森林法》及林业法规。召开宣传动员会议36 267次，参加人数163.6万人；印发法规文件35.98万册、简报和宣传材料94.6万份，书写标语15.39万条，出墙报26 832期；派出宣传车3257辆次，举办学习班4419期。城乡成人受教育面达85%以上。

②注重实效，及时处理违法案件。在《森林法》执法检查中，查处了违法案件11 989起，没收木材5042立方米，补交林业税费137万元，取缔无证经营和加工木材单位1360个。同时调处山林纠纷500余起，调处面积3626公顷。从而打击了违法犯罪行为，教育了广大干部群众。

③边查边改，建立和完善规章制度。加强木竹限额采伐审批和凭证采伐、运输管理；实行林业部门一家进山收购和统一管理；控制农村耗材砖瓦窑、石灰窑、木炭窑和城镇居民烧木柴，推广农户节柴灶和城镇居民烧煤；加强野生动物保护管理以及林业经费征收、使用的监督管理制度。萍乡市还建立了林业行政处罚案件登记上报、处理审批和统计制度。

④整顿队伍，强化林政资源管理。执行《中华人民共和国森林法》以来，全省林业公安、木材检查、林业工作站、森林防火、森林病虫害防治和检疫等林业执法队伍基本形成网络。这次执法检查中，各地组织他们学习《森林法》、《刑法》、《民法》、《治安管理处罚条例》、《行政诉讼法》、《行政复议条例》和江西省颁布的林业法规，提高了执法意识，明确了法律程序。对个别不称职人员，查清问题后调离岗位。

（吴少华　王建仁）

【江西省林业资金审计调查】　江西省林业厅于1988年成立审计处。至1991年底，全省有7个地（市）、70个县的林业局成立审计科、股，内审人员达127人，基本形成林业内审网络。1991年3月，江西省林业厅召开全省林业内审会议，部署开展林业资金审计调查工作，重点调查1990年、1991年育林基金、更改资金和林政管理费（简称“两金一费”）的征收、使用、管理情况。方法以单位自查为主，与省、地（市）抽查相结合。参加审计调查的人员有452人，审计了林业系统内外共1160个单位。自查结束后，省林业厅派出12人，进行重点抽查。审计调查中，发现了种种违纪问题。在征收方面，一是基层单位财务报表以多报少，以收列支，截留省、地（市）“两金一费”分成额。二是把查征补交的“两金一费”列作“还林金”，隐瞒这笔专项资金。三是县内销售木材计征基价偏低，造成“两金一费”少征少收。四是“两金一费”挂往来帐，减少上交额。五是销售木材少报多运，偷漏“两金一费”。在使用和管理上，有些地方和单位欠缴“两金一费”；有些林业部门用“两金一费”弥补行政、事业经费的不足。有些地方政府借调、挤占、摊派“两金一费”。少数林区县则超前使用这笔专项资金。除上述情况外，在审计调查中还发现三个问题：①有些县没有按中央文件规定精神核定森工企业利润定额上交基数，有利润要超交，没有利润也要交，迫使企业贷款上交。②有些地方政府在国家规定的税费种类外，增设不少收费项目，克扣林农收入，增加企业负担。③有些县切块分配年度采伐限额指标，规定森工企业只能经营外销指标的木材，县内用材由有关部门和企业收购经营，偷漏流失了大量“两金一费”，随之转移了森工经营利润。

这次全省性的林业资金审计调查，共审计金额2.47亿元，查出违纪金额1385.2万元，其中少提漏提394.3万元，少交欠交678.9万元，截留转移39.7万元，外借139.7万元，挪用、摊派46.4万元，其他违纪行为91.8万元。通过审计调查，发挥了有效的监督作用，纠正违纪金额894.3万元，其中帐务调整金额127.7万元，收缴金额765.5万元，已入库金额451.2万元。江西省林业厅根据审计调查出来的问题，修订了林业资金管理办法，加强了对“两金一费”征收、使用和管理工作的领导。（吴少华　郭玲玉）

【高安县低产林改造】　高安县已在1988年基本完成荒山造林任务，有林地面积达8.2万公顷，森林覆盖率为35.4%，比1982年增长6.7%。但是，现有森林的质量不高，有4.7万公顷马尾松人工林生长较差，其中一半面积松毛虫为害较为严重；有8000公顷的杉木人工林需要间伐抚育，有7667公顷新造幼林需要抚育成林。同时林种树种结构比较单一，阔叶树和果木林比较少，平原地区的农田林网没有完全形成。根据现状，高安县把林业工作的重点转移到调整结构，分类实施，科学经营，提高林地效益上来。具体抓7项工作：①封山育林。对2.7万公顷马尾松人工林实行封山育林，其中全封1万公顷，半封1.7万公顷，做到了有规划设计，有护林禁牌，有乡规民约，有护林队伍，有检查验收。②杉木人工林抚育间伐。由国营林场和乡（镇）进行作业设计，经县林业局批准后，按照“间劣留优，间小留大，间密留稀”的原则组织实施。最近几年，每年抚育间伐1000公顷，至1991年已间伐5330公顷，促进了林木生长。③新造幼林抚育。现有7667公顷新造林每年抚育一次或二次，幼林陆续郁闭。④补植。在马尾松疏林中补植木荷、枫香、银荆、胡枝子等阔叶树，并施泥塘土或垃圾肥。补植后立即封山，经过2—3年，林相大有改善。⑤发展果树。“八五”期间规划发展2666公顷，现已完成1433公顷，主要种植板栗、方柿，适当种植柑桔、朱砂李、胡柚等。⑥平原绿化。全县有12个平原、半平原乡（镇），现已完成7000公顷农田林网，主要种植水杉、池杉、欧美杨、枫杨等树种。农户庭院种植方柿、枣、竹子等，已栽果树18 500株。⑦马尾松毛虫综合防治。对2万公顷松毛虫为害严重的松林，实行以生物防治为主的综合防治措施，基本控制了虫源，实现有虫不成灾。高安县的基本作法和经验，江西省林业厅已在全省推广。（吴少华 何礼桥）

【崇义县森工系统多种经营】 南方林区重点林业县之一的崇义县，1984年以来，森工系统大力开展多种经营，促进了林业经济的发展。主要作法是：

①加强对多种经营工作的领导。县委、县政府重视多种经营工作，把它作为调整林业产业结构，振兴林业经济的重要措施来抓。县政府成立了由主管林业的副县长为组长的多种经营领导小组，下设办公室，统筹安排项目，协调各方关系，确保多种经营生产顺利进行。全县森工系统1991年经销木材81 105立方米，虽比1984年减少55 600立方米，但上交利税232.23万元，比1984年的180.8万元增长28%。1991年多种经营产值（按1990年不变价计算）达1836.8万元，实现利税总额达251.96万元，其中上交利税119.06万元。

②因地制宜，开展种植业、采矿业和旅游业。县属森工企业根据条件，开辟果园、茶园，利用新造林地间种农作物，现有经济果木林12 400公顷，每年收入90多万元。这几年还开采钨矿、萤光石矿和煤矿，1991年相继投产，生产钨砂4.8吨，萤矿粉87吨。同时投资15万元，与县旅游局联合开发仙鹤岩旅游区。

③注重质量，办好木竹加工业。对现有林产工业、林化工业企业进行技术改造，挖潜创优，开发新产品。全县森工系统1991年生产胶合板4468立方米，纤维板1336立方米，竹胶合板204立方米，松香7450吨，松节油140吨，质量上优。最近几年，集资1500万元，办起了年产2000立方米设计能力的胶合板厂、年产5000吨设计能力的刨花板厂、年产2000立方米设计能力的竹编胶合板厂和中外合资的竹木制品有限公司，现已部分投产。由于狠抓新老企业的产品质量，崇义县木材公司生产的竹饰面胶合板获省经委1991年9月组织的全省行业评比总分第一名，木材厂生产的牛角牌杂木胶合板获全省行业评比总分第二名、创优评比第一名，同时被评为省优产品。1991年1月，木材公司生产的竹编胶合板，在全国首届工业企业技术进步成就博览会上，获国家计委颁发的荣誉奖；林业部林产工业司也发给了荣誉证书。同年11月，江西省林业工业公司授予崇义县木材公司江西省森工企业多种经营先进企业单位称号。（刘经明 吴少华）

【鹰潭市马尾松毛虫综合防治试验通过验收】 鹰潭市有马尾松林9.2万公顷，占有林地面积的72.5%。1986年前，松毛虫为害严重，常灾区占松林面积的61.7%，偶灾区占25.8%，自控区占12.5%。大发生年间隔期只有3年。1986年，林业部下达该市马尾松毛虫综合防治试验任务，要求到1990年松毛虫三级以上发生面积不超过松林面积的5%，化学防治面积不超过累计发生面积的25%。鹰潭市的具体作法是：

①市、县（区）成立综防领导小组，由分管林业的副市长、副县（区）长任组长。市、县（区）林业局设森防站。乡（镇）场配兼职森防干部46人。全市固定专职科技干部18人，其中工程师9人，形成了一支森防队伍。

②1986年组织全面调查，提出综合防治的各项技术指标。在常灾区，按1000公顷聘用1名农民测报员，并对他们进行培训。目前能够掌握松毛虫的发生规律，能够测报为害程度和迁移趋势。虫情测报体系形成，测报准确率由1986年的51.8%提高到1990年的85%。

③按照“谁受益，谁防治”的原则，依靠农民投劳为主，5年共投14.2万个工日。同时按承包面积向林权者每年每公顷收取1.5元，从育林基金中每年提留10%，用于综合防治开支。

④开展天敌调查，收集寄生虫天敌8科25种，捕食性天敌8科26种，研制了生命表；发现常灾区食虫鸟类13科24种；实现了以生物防治为主的宗旨。推行封山育林，5年封育6.13万公顷，阔叶下木覆盖度由20%提高到35%，控制了松毛虫蔓延。建节柴灶8.4万个，沼气池3814个，封柴窑412座，改善了松林林相。

经过5年生产性综防试验，松毛松发生率、化学防治率、虫情控制率、松林郁闭度等主要指标都达到总体设计方案的目标，消灭了大发生年，实现了有虫不成灾。并挽回直接经济损失2874万元，为直接防治开支的28倍。1991年7月上旬，林业部组织有关专家进行鉴定，评分93.97分，一致通过了验收。

（吴少华 周森发）

【定南县三年无森林火灾】 定南县有林地达76 561公顷，占全县总土地面积的58.2%。该县连续三年没有发生森林火灾，先后受到湘、粤、赣、闽第一、第二联防区的表彰和奖励，1989年、1990年，荣获江西省人民政府森林防火总指挥部授予的森林防火先进单位称号，1991年又荣获无森林火灾单位称号。他们的主要作法有4点：

①抓宣传教育，落实一个“细”字。江西省定于每年10月1日至翌年4月30日为森林防火期。在防火期间，定南县利用广播、电影、幻灯、墙报、标语、宣传栏等形式，广泛宣传《森林法》和《森林防火条例》，每年印发的宣传品达3万多份。同时组织60辆（次）宣传车，深入学校、厂矿等单位进行宣传。在中小学校增开防火课，对入山人员在路口宣传防火知识。从而增强了全民森林防火意识。

②抓机构组建，落实一个“实”字。县政府把县

森林防火指挥部办公室定为一级局建制，定编8人，全员上岗。各乡（镇）配备专职护林员220人，兼职护林员699人。县防火办工作人员实行统一着装，佩戴警察标志，享受公安人员待遇。并在防火期坚持值班、报告、检查等制度，配备短波电台1台、对讲机17台、电话机1部，购置风力灭火机3台，在林区修建防火线944公里、防火林道575公里、防火林带25公里、瞭望台6座，有效地控制山火的发生和蔓延。

③抓扑火队伍，落实一个"早"字。县防火办组建以基干民兵为骨干的森林消防大队50人，各乡（镇）建立扑火队伍15支、565人，分别由党政一把手担任指导员和分队长，并配置运输车8辆。这支队伍在防火期内经常值班和巡逻。平时，县防火办组织队伍培训，进行扑火知识教育，以提高素质。

④抓依法治火，落实一个"严"字。县人民政府规定，凡见火不救者，是公职人员一律开除公职，非公职人员一律处予经济重罚或依据《治安管理条例》予以行政拘留，是领导干部一律撤职。

（黄祖常　吴少华）

【宜春地区林业系统精神文明建设】 宜春地区林业局近几年来，加强思想政治工作，坚持精神文明建设。具体作法是：

①在组织措施上做到"三健全"。一是健全机构。林业局成立精神文明建设委员会，党组书记亲自抓，工会、共青团配合抓，形成了党政工团齐抓共管的局面。全区健全了精神文明建设网络，并把它列为目标管理和政绩考核的内容。二是健全基础设施。地区林业局和多数县林业局都建起了图书室、阅览室、游艺室、老干部活动室（场），节假日开展有益的文体活动。地区林业局大院还新建绿地面积3538平方米。三是健全制度，如政治理论学习制度、"两公开一监督"办事制度、领导干部民主生活会制度、请示报告制度、廉政建设制度，定期检查执行效果。局党组对违法违纪问题敢抓敢管，1991年共查处案件12起，追缴赃款赃物价值7万多元。

②在内容上坚持四项教育一齐抓。一抓基本路线教育。在职工中开展马克思主义理论教育、革命传统教育和坚持四项基本原则的教育；在党员中开展"当初入党为什么，如今在党图什么，今后为党干什么"的讨论，提高了党员和干部的觉悟。二抓林业行业精神教育，把省林业厅提倡的"团结奋进，积极实干，献身林业，造福人民"的行业精神落实到基层单位。三抓职业道德教育。1986—1991年共举办培训班393期，培训职工17 913人次。四抓法制教育。1991年为宣传《森林法》，张贴布告4万份，出动宣传车963辆次，发放林业法规手册4万余册，书写永久性标语6622条，成人受教育面达85%。

③在活动上做到"三经常"。近几年，经常开展学习雷锋活动，组织职工义务植树，全区共营造共青林、"三八"林700公顷。开展学先进活动，1991年组织全区林业系统6名模范人物到各县巡回报告。开展查问题，找差距，抓整改活动，1991年集中3个月发动群众，对照检查，改进机关作风。

由于宜春地区林业局物质文明建设和精神文明建设一起抓，全区率先基本完成荒山造林任务，被省政府评为造林绿化先进单位，被省林业厅评为先进集体，并得到宜春地委、行署多次奖励。

（李苏荣　姜　华　吴少华）

【徐京发获世界优秀林农称号】 世界粮农组织于1991年10月16日在泰国曼谷召开的"世界粮食日"会议上，授予江西省永修县三溪桥乡河桥村农民徐京发世界优秀林农称号。徐京发从1981年开始带领4户农民承包集体荒山造林，至今已扩大到142户农民，承包造林620公顷，并成立了京发林业合作社。1990年，林地间种人均收入为293元，加上农业和其他收入，人均总收入达783元，比1981年增长2.4倍。10年来，他连任两届全国人民代表大会代表，荣获全国劳动模范、全国造林绿化劳动模范称号。

（吴少华　严　成）

【江西省森林资源清查结果】 1991年，由林业部组织的江西省森林资源连续清查体系第三次复查，结果是：全省有林地面积为6 727 700公顷，比1988年第二次复查增加735 300公顷；按有林地计算的森林覆盖率为40.3%，比1988年增加4.4%，跃居我国大陆第二位；活立木蓄积量为245 909 900立方米，比1988年增加3 718 000立方米，摘掉了长期"赤字"的帽子；人工林面积为1 146 500公顷，比1988年增加316 500公顷；人工林蓄积量为33 525 100立方米，比1988年增加9 811 200立方米；全省林分净生长率为5.97%，比1988年增长0.82%。

（吴少华　李拔旗）

【江西省举办义务植树10周年征文竞赛】 江西日报社、江西省林业厅于1991年5月举办绿化江西大地青岗杯征文竞赛，以纪念开展义务植树活动10周年。至10月，征集全省社会各界稿件1000多篇，刊登江西日报的有31篇，评选其中的10篇获奖，一等奖1篇，二等奖3篇，三等奖6篇。并召开会议，进行总结，副省长舒惠国到会讲话，为作者颁发奖状。

（吴少华）

【江西省遭受旱灾】 江西省从1991年4月开始，出现连续5个月的旱情。4月至8月，降水量只有981毫米，比正常年景减少310毫米；日平均气温增高1—2℃。7月份降水量只有74.9毫米，比正常年景减少43%；日平均气温为27.8—32.2℃，比正常年景增高2℃。林业遭受严重旱灾，全省当年人工造林平均死亡率达30%，成活率在85%以下的面积占一半，需要次年补植的面积为12万公顷；飞机播种造林失效面积占80%；育苗死苗率达50%的面积为1630公顷，占育苗面积的50%，死苗率100%的面积达489公顷，占15%。造成直接经济损失13 245万元。（吴少华）

山东省林业

【概　述】

发展与成就

造林绿化　1991年造林完成了计划任务。其中工程造林5.45万公顷，新增林网58.17万公顷，新增林粮间作8.19万公顷。育苗完成3.34万公顷，“四旁”植树完成18 035万株。封山育林13.2万公顷。

森林保护　1991年，全省森林病虫害防治面积64.78万公顷，占发生面积的73%。病虫检疫和测报加强，调运检疫率和产地检疫率分别达到55%和70%，病虫测报率达80%以上。

林业科技　1991年有15项科技成果获省科委科技进步奖，3项成果获林业部科技进步奖。为加快科技成果推广应用，省林业厅制订50项科技成果推广方案，并开展多层次的技术培训，省地（市）培训业务骨干2000人。

平原绿化　1991年，全省又有泰安、济宁、枣庄、淄博、潍坊5个地（市）和夏津、昌乐等29个县（市、区）达到林业部颁布的平原绿化标准。至此，全省已有7个地（市）72个县（市、区）达标，占全省平原县、半平原县（市、区）92个县（市、区）的78.2%。

重点工程　山东重点工程有沂蒙山区造林绿化工程、沿海防护林工程、治沙造林工程和济南大环境绿化工程，总面积60万公顷。1991年，省林业厅专门成立了林业重点工程建设管理办公室和专家咨询组，拨扶持资金共1000多万元，对工程范围内乡镇长和林业技术员进行培训。

林政实施

加强领导　1991年，山东省委、省政府、省人大常委会先后下达5个林业文件：4月23日，省委、省政府印发了《关于学习广东，奋战10年，绿化山东的决定》；5月23日，省委、省政府又印发了《山东省“八五”绿化标准和验收奖惩办法》；6月22日省七届人大常委会第22次常委会通过了《奋战10年，绿化山东的决议》；8月27日，省政府又发出了《关于切实搞好封山育林的通知》；10月4日，省政府印发《山东省育林费征收使用管理办法》。

资金投入　1991年，省以上各种投资共10 790万元，其中预算内投资5559.1万元，总投资比1990年增长111.6%。有的市、地区把农林特产税固定一定比例，青岛市政府决定，市财政在“八五”期间的前3年内拿出400万元用于林业投资。

县级林业规划　为“10年绿化全省”，1991年，全省统一步伐，统一标准，全面开展了县级林业规划。以前搞过的又按“八五”规划进行调整。全省5月开始，年底全部结束。根据省委5年栽完树，10年绿化全省的要求，重新查清了资源，制订了县乡林业发展规划方案，将林业生产任务落实到山头、地块。

绿化责任状检查　1991年12月，省政府对省长专员（市长）绿化责任状前3年执行情况和1991年造林实绩进行了大检查。全省抽调干部206人，对全省125个农业县（市、区）进行检查，共检查乡（镇）479个。检查后，以省政府名义向全省发出通报：潍坊、烟台全面完成任务；淄博、枣庄、济宁、泰安、济南、潍坊6市3年完成5年造林和农田林网签状任务；枣庄市中区、高青县、高密县提前一年平原绿化达标。

（李继华）

【奋战10年绿化山东】　1991年4月，山东省委、省政府作出《关于学习广东，奋战10年，绿化山东的决定》。明确规定绿化山东的总目标：“八五”栽上树，“九五”完善提高，10年绿化全省。全省10年要完成造林2500万亩，其中前5年完成荒山荒滩工程造林1000万亩，到本世纪末，全省林地总面积达到5760万亩，林木蓄积量达到9020万立方米，林木覆盖率达到25%。造林绿化的重点是建设“四个体系”、“两个基地”。四个体系是：山区绿化体系、平原农田防护林体系、沿海防护林体系和城镇绿化体系。两个基地是：500万亩速生丰产林基地和300万亩名特优经济林基地。

为完成《决定》所规定的任务，省委、省政府提出，一要稳定、完善林业政策，调动广大群众植树造林的积极性。继续推行“谁造谁有，合造共有”的政策，坚持国家、集体、个人、各行各业一起上。进一步深化林业改革，在稳定和完善多种形式的林业生产责任制的基础上，逐步健全和完善统分结合的双层经营体制。二要多层次多渠道增加林业投入。要坚持自力更生为主，国家支持为辅的原则，多层次，多渠道筹集林业资金，努力增加林业投入。今明两年省财政每年增拨相应的造林绿化专款，直接用于每年200万亩的荒山荒滩工程造林，平原地区，农业发展基金和黄淮海平原农业开发资金、黄河三角洲农业开发资金，用于林业的部分不少于10%。山丘地区农业发展基金和贫困山区经济开发资金，用于林业的部分应占30%左右。进入市场的木材、果品等要按比例交纳育林基金。煤炭、轻工、造纸等部门按规定提取的育林资金，要专款专用。铁路、交通、城建、水利、冶金、农垦、教育、石油以及地方驻军等部门和单位都要按照规划，自筹专款，用于所辖范围荒山、荒地和“四旁”绿化。三要依靠科技进步发展林业，要围绕林业技术关键问题，组织技术攻关，建立健全科技推广体系，使科学技术尽快转化为生产力。四要加强林木资源保护管理，加强林木采伐限额管理，打击毁林犯罪活动。五要切实加强领导，层层落实绿化目标责任制，把10年绿化山东的重任落实到各级党政第一把手肩上。

（李继华）

【山东省银杏开发】 1991年10月25日，在全省平原绿化暨银杏开发会议上，省人大常委会副主任李晔就开发银杏生产作了专题报告。副省长王建功也对银杏开发提出要求：全省人民每人栽植一株银杏。全省市、地的市长、专员，分管林业的副市长、副专员，要抓银杏开发，广泛发动群众，建设银杏村、银杏乡。

山东开发银杏有一定基础，全省有60多个县（市、区）有古银杏树，有3万余株树龄在百年以上。1990年冬中共山东省委、省政府倡导发展银杏以来，1991年全省新栽银杏百万株。（李继华）

【枣庄市育苗】 枣庄市辖县级5区一市，是山东的重点山区市，截至1991年，全市还有3.4万公顷荒山。为提前实现省委、省政府"八五"期间栽上树的要求，枣庄市委、市政府作了1991年育足苗，1992年造完林的总体部署。把1991年的林业工作重点放在育苗上。一年完成了侧柏育苗273.3公顷，加上原有侧柏、刺槐留床苗55.1公顷，共有苗木328.4公顷。

为抓好育苗工作，市委首先下达了《关于一年备足荒山绿化种苗的通知》，将育苗作为一项指令性任务下达到各乡（镇），把一年育足苗的责任放在各区、市和乡（镇）主要负责人和农委主任、林业局长肩上，纳入了市"八五"绿化标准奖惩之中。滕州市从市财政中拿出100万元育苗专款，全市市、区、乡（镇）三级都制订育苗资金优惠政策。市政府规定，凡合育苗标准的，每亩侧柏苗、火炬树苗补助500元，每亩刺槐苗补助200元。各区、乡补助100—150元，使育苗收入不低于种植粮、棉、油作物，调动农民育苗积极性。为加强对育苗的督促检查和技术指导，枣庄市林业局组织32名干部，在30处荒山面积大的村建立"五年消灭荒山"联系点。局从领导到一般干部，一人包一乡，从采种，到种子处理、播种管理，每个环节都严格把关，保证了育苗的数量和质量。

（李继华）

【日照市保护鸟类资源】 日照市地处胶东沿海，海岸线长95公里，鸟类资源丰富。近海岛是旅鸟中转栖息之地，1982年划为省级鸟类自然保护区。近年来，市政府又在境内建立各种鸟类保护分区14个。据调查，全市共有鸟类250余种，其中珍禽有丹顶鹤、大天鹅、黑叉尾海燕、扁嘴海雀、黄嘴白鹭、海鸬鹚、黑嘴潜鸟等。

日照市保护鸟类的主要措施：一是领导重视，坚持依法护鸟。在深入宣传《野生动物保护法》的同时，制订下发了《日照市鸟类保护管理条例》，市公安局、林业局联合发出《关于大力保护和合理利用野生动物资源的通告》、《保护鸟类通告》，并制定了《鸟类自然保护区管理办法》和《日照市禁猎鸟类名录》。二是广泛深入宣传《野生动物保护法》，宣传爱鸟护鸟知识，使爱鸟护鸟成为人们自觉行动。三是在重点林区增设7个驯鸟护鸟治虫点。在灰喜鹊分布集中地带，发动群众制订爱鸟、护鸟的乡规民约。（李继华）

【惠民地区造林绿化奖惩兑现】 1988年，惠民地区行署专员和山东省省长签订了5年的绿化责任状后，专员又和各县、市分管林业市长、县长、林业局长、有绿化任务的公路等有关部门签订1988—1990年3年的绿化责任状，同时公布了奖惩办法。1990年底、1991年初进行了全面检查验收，并于1991年3月10日召开了全区7个县、市的县长、市长、林业局长及有关部门的奖惩兑现会议。

无棣县、滨州市、地区交通局全面超额完成了3年绿化目标任务，其中无棣县各项指标超额完成20%，行署决定发给奖金5万元，对原县长冯梦令、原分管林业副县长王玉璞、县林业局长李天杰通令嘉奖，并晋升一级工资。给滨州市长张荣民、原任分管副市长任广胜、原林业局长吕文、地区公路段副段长张锦才各记大功一次。对5个没有完成绿化任务的县和3个地直单位，进行通报批评，并令其写出检讨，限期完成任务。对负有主要责任的14名县长、副县长、林业局长及地直有关单位负责人，其中包括已不担任现职的分别视责任大小给予降薪处罚。（李继华）

【乐陵市枣粮间作】 山东乐陵市是我国金丝小枣的中心产区，枣粮间作有悠久的历史，全市有枣树385万株，枣粮间作2万公顷。

提高枣粮间作的综合效益。在种植方式上，改传统的枣树东西行为南北行，以减少树木的遮荫；对各种农作物与枣树共生的相互作用进行了研究，改粗放经营为集约经营，改过去只种矮杆作物为配合多层次，多品种的农作物。在密度上加密株距，增加枣树株数。

枣粮间作改善了田间小气候。据测试：间作区比不间作区地表水分增加10%，空气相对湿度增加10%以上，自然风速降低20—30%。特别有效地抵御干热风，正常年份小麦可增产15%左右。

1991年，小枣重点产区7个乡（镇），粮食平均亩产675公斤，干枣150公斤，亩收入千元以上。

（李继华）

【山东省1991年林业大事】 11月10日，山东省人民政府规定每年11月为山东野生动物保护月。

（李继华）

河南省林业

【概　述】

发展与成就

林业生产　1991年在全省普遍干旱、豫南地区遭受严重水灾的情况下，各项林业生产任务均超额完成。全省大面积造林257万亩，其中工程造林50.2万亩，飞播造林44.7万亩，国营林场造林5.8万亩；“四旁”植树1.5亿株；林业育苗28.5万亩；抚育中幼林330万亩。

林产工业　全省生产胶合板0.91万立方米，刨花板1.14万立方米，纤维板1.68万立方米，栲胶333吨，软木制品6882立方米。

平原绿化　经验收，1991年有潢川、固始、新蔡、上蔡、正阳、确山、唐河、镇平、社旗县，邓州市、平顶山市郊区等11个县（市、区）达到平原绿化标准。全省94个平原、半平原县全部实现绿化达标。已达标的县开展晋级活动，向平原绿化高级标准迈进。

森林保护　①全省发生森林火灾34起，受害森林面积5981亩，受害率0.2‰，分别为国家下达控制指标的68%和79%；②防治森林病虫害1048.7万亩，筹集防治资金2517万元。对大袋蛾害虫，各地采取人工摘袋，药物、生物防治，飞防等多种措施，摘袋58万公斤，药物防治290.5万亩，抑制了害虫蔓延；③林业公安机关查处各种林业案件3029起，处理违法犯罪分子5258人，挽回经济损失159.7万元。

科技教育　全省林业科研单位落实国家、林业部和省科委下达的科技攻关项目15项。林业系统有13项科研成果通过省林业厅鉴定，34项成果获省林业厅、林业部及省政府奖励。重点推广先进适用科研成果11项。全省共培训林业职工和农民技术员10万人次。林业学校围绕本省林业工作重点增设了经济林和林果专业。

重点工程　①长江中上游防护林工程，涉及河南6个重点县，已完成造林52.5万亩；②淮河中上游防护林工程，已完成总体规划，并开始启动；③太行山绿化试点工程，推广了容器育苗，科学造林，1991年完成造林25.7万亩；④世界银行贷款造林项目，造林11.1万亩，保质保量完成了林业部下达的年度造林任务；⑤豫北黄河故道防护林工程，经过10年努力，已基本竣工；⑥沿黄综合开发林果项目，1991年新建果园2.7万亩，打井882眼。

改革与林政实施

狠抓造林质量　①科学育苗，推广了容器育苗等新技术；②改革资金投放办法，造林投资和造林成效挂钩；③把提高造林“两率”作为年终考核评比的重要条件；④坚持因地制宜，做到造林有规划，施工有方案，不少地方还组织了造林专业队伍；⑤严格检查验收，实行人工造林实绩核查制度和通报制度。1991年全省人工造林面积核实率达94.7%，合格率69.3%，较1990年度均有提高。

全省乡村林场开展全面质量管理评比竞赛活动。光山县凉亭乡赛山林场、确山县蚁蜂林场、淮阳县搬口乡林场获得林业部颁发的全国乡村林场全面质量管理奖。

调整产业结构　一是调整林种结构，大力发展经济林。省政府批转了《河南省经济林发展十年规划》，并召开了山区经济林现场会，把经济林工作纳入省红旗渠精神杯竞赛内容。1991年，全省新造经济林46.5万亩。二是调整产业结构，大力发展林产工业和多种经营，制定了《河南省林产工业发展规划》和《河南省林业系统多种经营、综合利用十年规划》。全省国营林场、苗圃立足当地资源，开展多种经营200多个项目，增收2000多万元。

加强服务体系建设　全省完善乡级林业工作站100个，新建4个林业技术推广站。全省2130个乡中有2068个建立了林业工作站。部分站建立了自己的生产基地，兴办服务实体，年收入2000多万元，受到林业部奖励。

科技兴林　全面实施了省“211”科技兴林示范工程。

存在问题　①造林绿化发展不平衡，部分山区县造林质量较差，一些平原绿化达标县出现滑坡现象；②国有林地权得不到保障，侵占国有林地、财产等现象时有发生；③林业单位产业结构仍很单一，经济危困，自我发展能力差；④林业育苗面积不足，影响造林绿化进度；⑤林业投入严重不足。　（雷跃平）

【河南省实现平原绿化达标】　河南省共有94个平原、半平原县，面积9.3万平方公里。1991年，全部达到部颁平原绿化标准。营造片林335万亩，其中速生丰产林42万亩；农田林网、农林间作6500万亩，所有村庄及主要河流、各级公路、铁路全部绿化，同时补建和营建起豫东、豫北等8条大型骨干防护林带，林木覆盖率达到14%，全省平原地区已初步形成点、片、网、带相结合的综合农田防护林体系。

随着平原绿化的迅速发展，开始在传统的农业耕作区崛起一项多功能“绿色产业”，给农村带来了显著的生态、经济和社会效益。①改善了生态环境，促进农业稳步增产。周口地区有340万亩种不保收的泡沙地和60万亩盐碱地，造林绿化后，变成了良田，粮食产量逐年增长。②调整了木材生产布局，在缺林少材的平原地区形成了一批产量可观的木材生产基地。全省平原地区活立木蓄积量达 3424 万立方米，有近 50 个平原县活立木蓄积量超过 50 万立方米，有 40 个平原县林业年产值超过 1000 万元。③平原绿化不仅缓解了全省木材供需矛盾，也为农区解决了饲料、燃料、肥料来源，为加工业等多种经营提供了大量原料，有力地促进了农村产业结构的调整。主要作法是：

①领导重视，始终把造林绿化摆到重要位置。省委、省政府把造林绿化作为调整农村产业结构，改善农业生产条件，振兴河南经济的一项基础建设来抓。各级政府把平原绿化工作列入目标管理，层层立下“责任状”。推广禹县党政干部包任务，技术干部包技术指导的“双包”责任制，在工作安排上，做到春抓育苗，夏抓规划，秋冬抓造林，常年抓管护。

②落实林业政策，调动广大农民造林绿化的积极性。对新栽农桐间作和农田林网，采取“统一规划，树随地走，苗木自筹，谁栽谁有”的政策；对农田林网原有的树木则实行“大树作价保本，增值比例分成”的政策。规定了树木调整和树木胁地的补偿办法。

③科学规划，科学造林，不断提高绿化水平。按照因地制宜，水、田、林、路综合治理的原则，省林业厅组织科研、教学、生产部门就全省平原林业发展战略、农田林网和农林间作的最佳结构及效益、平原林业的永续利用、林木良种繁育、病虫害防治、速生丰产技术、育苗技术等重大课题开展协作攻关，取得了大批成果，并及时在全省推广应用，提高了绿化质量。

④依靠农民，广泛集资，增加林业投入。主要依靠农民投资和社会各行各业集资发展林业。1984 年仅商丘地区就为平原绿化筹集资金 4000 多万元，其中农民集资占 70%以上。

⑤建立健全林木管护队伍，加强林政管理。全省推广“造管并举，管护先行”的经验，造林前先建立管护队伍，让护林员参加造林规划和检查验收，增强了护林员的责任心和自觉性。商水县把护林与护路、护桥、护渠、护电结合起来，村村设立“五护员”。宝丰县建立县、乡、村三级护林队伍。由于护林工作抓得紧，抓得狠，全省平原地区林木保存率普遍较高。

根据林业部和省政府的要求，全省实现平原绿化达标后，林业厅又及时组织平原县（市）开展绿化达标晋级活动，使全省逐步达到高级绿化标准。

（雷跃平）

【河南省“211”科技兴林示范工程】 根据河南省“完善平原，主攻山区”的林业建设方针，省林业厅选择两个山区县作为科技兴林试点县，每个市（地）抓一个科技兴林示范乡，每个县抓一个科技兴林示范村（即“211”科技兴林示范工程）。目的是在示范区结合林业生产实际，大力推广、应用先进适用科技成果，普及常规实用技术，研究解决生产技术难题，树立样板，提高全省林业生产技术和科学管理整体水平。省林业厅确定桐柏、鲁山县为科技兴林示范县，分别由河南农大林学系和省林业科学研究所组织实施兼技术依托单位。各市（地）、县抓的科技兴林示范乡、村也得到落实，相继启动。1991 年，“211”工程实施顺利，鲁山县建立了高山封山育林，低山丘陵综合开发和高标准平原绿化等 4 个万亩试验示范区，在示范区内营造了 2000 多亩的高标准丰产示范林，应用了 51 个优良品种 24 项新技术。桐柏县开展了试验示范推广工程建设，已建立 7 个树种的百亩丰产试验区，4 个树种的千亩示范区 6 处。试验示范基地采用了优良品种、先进造林技术和科学管理措施，造林成活率、保存率均达 95%以上。

（谭运德）

【南阳地区长江中上游防护林建设】 南阳地委、行署根据国家建设长江中上游防护林工程的重大决策，通过科学规划，决定以淅川、西峡、南召、内乡、方城、镇平 6 个县为重点，建设南阳地区长江中上游防护林体系，计划完成植树造林 564.2 万亩，使防护林总面积达到 1005 万亩，建成“两松”、苹果、柑桔、猕猴桃、山茱萸、板栗等十大林业基地，全区森林覆盖率提高到 29%，6 个重点县森林覆盖率提高到 50.5%，从根本上改善农业生产条件，促进全区经济的振兴。1990、1991 年，南阳地区在尚未正式列入国家“长防林”建设一期工程的情况下，自力更生，不等不靠，主动启动，完成人工造林 52.5 万亩，封山育林 90 万亩，飞播造林 24.9 万亩。1991 年 9 月，林业部在南阳召开了自我启动建设长防林经验交流会，推广他们的作法。为了搞好长防林体系建设，南阳地区主要抓了以下四项工作：①深入发动，强化意识。把宣传发动作为工程建设的第一道工序，利用广播、电视、报纸、宣传车等多种形式，大造社会舆论，并树立 200 多块永久固定标志，在全区形成了浓厚的营造“长防林”气氛。②自力更生，自我启动。依靠农民投入积累工和多方筹集资金，按照国家“长防林”工程建设标准，主动启动，自发建设。在投工上，农民每年投入劳动积累工 60 个，也可按每个工 5 元以资代劳；在资金上，国家、集体、个人一起上，两年来共筹集资金 3291.7 万元。③突出重点，连片治理。④抓住关键，打好基础。一是抓苗木培育；二是抓技术培训，全区确定 2 万名农民技术员，经过培训已有 62 人晋升为农民林业技师，414 人晋升为助理技师。

（雷跃平）

【河南省利用世界银行贷款国家造林项目】 根据国家造林项目总体安排，河南省利用世界银行贷款国家造林项目营造速生丰产用材林 3 万公顷，其中泡桐 0.8 万公顷，毛白杨 0.5 万公顷，沙兰杨 0.8 万公顷，刺槐 0.2 万公顷，火炬松 0.7 万公顷。建设期 5 年，前 3 年完成造林，后 2 年抚育。项目总投资为 5849.6 万元，其中林业部转贷 575 个特别提款权，折合人民币 3540.6 万元，占总投资 60%，省、县两级配套 2309 万元。该项目建成后，林木总蓄积量达到588.1万立方米，累计生产木材395.7万立方米，总收入可达10.87亿元，扣除贷款本息、经营成本和各种税费，纯收入可达2.5亿元。该项目分布于8个市（地），涉及15个县（区）。1991年是实施造林项目的第一年，经省级检查验收，实际完成项目造林面积7407.9公顷，其中泡桐1738.8公顷，沙兰杨2335.7公顷，毛白杨362.9公顷，刺槐691公顷，火炬松2275.5公顷。1991年报回国际信贷543万元人民币，省级拨入配套资金228万元，县级配套资金373.6万元（含造林单位劳务折抵）。 （赵北林）

【博爱县平原绿化】 博爱县平原地区历史上盐碱泛滥、风沙肆虐、旱涝灾害频繁。为了从根本上改变生产条件，为农业创造良好的生态环境，自70年代初以来，他们坚持科研、设计与林业生产相结合，实行科学规划，综合治理，建成了以农田林网为主体，网、带、点、片相结合的农田防护林体系。全县林木覆盖率22.4%，其中平原17.9%；平原32万亩耕地全部实现林网化，田、林、水、路配套面积100%；山区林业用地17.1万亩，已造林绿化12.9万亩，占76%；林种、树种、林龄结构合理；县乡村三级林业服务体系健全，管护措施得力，林木管护完整。

平原绿化改善了生态环境和农业生产条件，产生了巨大的生态、经济、社会效益。据观测，1985—1987年林网内空气温度30.8°C、湿度22.8毫巴、风速0.92米/秒；林网外空气温度31.7°C、湿度20.2毫巴、风速1.10米/秒；林网内比林网外土壤微生物总量高29.17%，有机质提高19.17%，全氮提高8.3%，速效磷提高16.28%，粮食和棉花亩产由实现林网化前的328公斤和53.5公斤，提高到目前的840公斤和82公斤。平原区有林木405万株，蓄积量21万立方米，年生长量近4万立方米，年增值1800万元。在1983年10月召开的全国第五次平原绿化会议上被林业部授予全国平原绿化先进单位称号，1986年被林业部授予全国平原绿化先进县称号，1991年底经检查验收，达到了省政府颁布的平原绿化高级标准。

（李华堂）

【灵宝县林果业生产】 灵宝县立足本地资源优势，大力调整农业生产结构，截至1991年，全县发展果林54.6万亩，其中苹果42万亩，大枣2.5万亩，山楂2万亩，核桃、柿子1.3万亩，李、桃、杏等小杂果6.8万亩。果品年总产量达到1.5亿公斤，产值占农业总产值的34.9%，果品生产已成为带动和发展农村经济的一项支柱产业。随着林果业的发展，灵宝县农村集体经济也不断壮大，农民生活水平普遍提高。寺河乡过去环境恶劣，粮食产量低，人均收入只有79元。1980年以后，坚持"以果为主，粮食自给，农、林、果、牧全面发展"的山区建设方针，栽植果树2.14万亩，1990年已有1.2万亩结果，产量达到760万公斤，产值1064万元，占全乡农业总产值的90%以上，农民人均纯收入达到1470元，成为全省农业战线十面红旗之一，并进入全国乡（镇）百颗星之列。据调查，全县每年有6700农户果品收入超万元。灵宝县在发展林果生产中，正确处理了四个方面的关系：①坚持因地制宜的原则，处理好总体规划与区域实施的关系；②坚持稳粮促果的指导思想，处理好果品发展与粮食生产的关系；③坚持科技是第一生产力的观点，处理好扩大面积与科学管理的关系；④坚持以服务促生产的作法，处理好果品生产与配套服务的关系。目前，全县果树进入盛果期的有36.6%，初果期34.1%，幼树22%，老果园7.3%，树龄结构合理。 （雷跃平）

湖北省林业

【概　述】

发展与成就

植树造林　全省完成造林面积比1990年增加40%，其中人工造林面积23.32万公顷，飞播造林有效面积7.51万公顷。按林种分：用材林27.41万公顷，经济林4.81万公顷，防护林3.73万公顷，薪炭林0.82万公顷，其他林0.06万公顷。完成迹地更新1.51万公顷，"四旁"植树21454万株，林业育苗8067公顷，累计封山育林面积137.09万公顷，其中本年新封面积40.09万公顷。在全省造林中，国营林场完成造林1.12万公顷，成林抚育1.53万公顷；全民义务植树完成片林1.894万公顷，零星植树9336万株。全省参加义务植树的人数为2405万人，占应履行义务植树人数的88%。

森工生产　全省生产木材完成135.09万立方米，占限额计划的87.5%；锯材完成18.02万立方米；人造板生产完成10.87万立方米，其中纤维板8.07万立方米，刨花板1.76万立方米，胶合板0.88万立方米；主要林化产品松香完成762吨，栲胶1775吨，松节油120吨，五倍子单宁酸303吨，软木砖16 361立方米。

森林保护　①护林防火。全省发生森林火灾218起，过火总面积2396公顷，其中成灾面积838公顷，火灾受害率为17.5‰。②森林病虫害防治。全省森林病虫害发生面积28万公顷，实际防治面积18.73万公顷．防治率为66.9%。③查处森林案件。全省共发生森林案件4442起，其中刑事案件441起，治安案件788起，林业行政案件3213起；毁林1111.5公顷，损失幼树40.68万株，损失林木材积13 422立方米。全

省林业公安机关共查处森林各类案件3980起，综合案件查处率为89.6%。

改革与林政实施

省委重视 ①抓调研。3月23—26日，由省委书记关广富、副书记钱运录、副省长张怀念主持，省委以调查研究、现场办公的形式，在咸宁地区召开了各地（市、州）委书记、分管农业的副书记和林业局长、省直有关部门负责人参加的全省林业工作调研会议。会议作出了“从1991年起，全省三年实现平原绿化达标，五年基本消灭宜林荒山，如期绿化湖北”的决策，明确提出“五年大干就是五年消灭荒山”。为确保这一目标实现，会议提出了七项具体措施。

②抓典型。6月上旬，关广富专程到郧阳地区，特别是竹溪县考察林业。他充分肯定了荒山大户地区兴山造林的五条经验，并号召全省向郧阳地区，特别是竹溪县学习。省林业厅把“竹溪人精神”树为全省林业系统的行业精神。

③抓检查。11月5—10日，由关广富和省委常委、副省长李大强，副省长韩南鹏率领，各地（市、州）委书记和林业局长、省直有关部门负责人参加，省委在郧阳地区组织开展了全省林业检查。关广富就林业认识、政策、领导问题发表了重要讲话。

开展宜林荒山普查 按照省政府办公厅鄂政电(1991)27号传真电报要求，省林业厅成立了全省荒山普查办公室，并于5月上旬在兴山县召开宜林荒山普查现场会，部署全省普查工作。据统计，全省65个山区、丘陵县（市）共组成外业调查组659个，调查人员1669人。到9月中旬完成外业调查，12月底完成普查资料汇总和工作报告。普查结果是，全省现有宜林地12 260 186亩，比1985年二类调查时宜林地减少16 377 583亩，减少57.1%。这次普查工作的特点是：各级党政领导重视；各级业务部门积极配合；荒山普查经费落实较好；注重荒山普查质量。这次普查，为各级党政领导制订消灭荒山计划、发展林业生产提供了科学依据。

荒山大户造林 全省15个县（市）的荒山面积占全省荒山总面积的40%以上，是造林绿化工作的重点和难点。为加快这些县（市）荒山造林步伐，9月上旬，省人大财经委员会和省林业厅在郧县联合召开15个县（市）荒山绿化座谈会，研究了进一步加快荒山绿化的措施。省人大副主任李海忠主持会议并讲话。会议代表向全省发出了《关于确保五年消灭荒山的倡议书》。15个县（市）共完成人工造林162.56万亩，比1990年增长25%，其中有9个县（市）造林超过10万亩。

林业抗灾救灾 入夏以来，全省经历了四次较大的降雨过程，严重的暴雨洪涝灾害，给林业生产造成重大损失。据统计，全省林业苗圃受灾54 547亩，占育苗总面积的43.9%，冲毁、沙毁容器育苗1470万袋；新造幼林受灾80.84万亩，占人工造林总面积的20.8%；冰雹打折及用于防汛抗洪的成材树木139.4万株；冲毁林区、国营林场公路、林道2412处，1126.5公里；倒塌房屋3218间64 261平方米，毁坏桥梁191座，全省林业直接经济损失20 102.3万元。灾情发生后，全省林业系统干部职工奋力抗灾救灾，省林业厅发出了《关于认真抓好林业生产救灾工作的通知》，厅机关及直属单位干部职工1916人，共为灾区捐款32 247.25元、捐粮票20 706公斤。通过上下努力，灾区林业生产得到恢复发展。

森工企业扭亏增盈 全省林产工业企业完成总产值20 521.8万元，比1990年增长24.4%；完成销售收入26 404万元，比1990年增长一倍多；上交税金868.5万元，比1990年增长一倍以上，企业亏损面比1990年同期下降6.4%。全省木材经营企业共购进木材822 817立方米，销售802 021立方米，库存209 932立方米，销售收入4.73亿元，上缴税金1289.98万元；盈亏相抵后实现利润464万元，企业亏损面由1990年62%下降到57%。省林业厅于年底对32个森工企业扭亏增盈先进单位进行了表彰。

森工企业办基地 据6月份在来凤县召开的全省木材生产经营管理会议上统计，全省森工企业共投放资金904.8万元，办基地66处，经营面积393 869亩，基地内森林蓄积量480 560立方米。

林业“三资”企业 9月份，省白沙洲贮木场与香港大福木业有限公司合资，建立湖北福汉木业有限公司，成为全省林产工业第一家合资企业，投资规模为350万美元。至年底，全省共建合资企业三家，总投资600万美元。

存在问题 ①各地抓造林绿化的行动不平衡，少数地方发展步伐不快；②有的地方种苗跟不上造林绿化形势的发展；③有关发展林业的优惠政策没有完全落实，资金投入不足；④林业社会化服务体系不健全，科技人才缺乏。 （陈遵发）

【湖北省绿化合格学校活动】 湖北省教育委员会为了在全系统贯彻落实中共湖北省委、省政府《关于十年绿化湖北的决定》，组织领导全省各类学校开展绿化合格学校活动，并纳入学校规范化建设的轨道。

自1989年以来，省教育委员会先后发了8个文件，以指导开展绿化合格学校活动。绿化合格学校的标准是：普通高校和中专学校要求绿化覆盖率达到60%；中小学校绿化覆盖率在40%以上，占地面积少的老城区和山区学校绿化覆盖率不得低于20%。一般中小学校都要建小生物园，种植校史树；有条件的学校要办“五小园”，即菜园、果园、药园、林场、苗圃，开展勤工俭学。1990年11月，由省教委主任孙德华、副主任李辉轩主持，以潜江市和京山县为现场，召开了全省中小学校绿化工作现场会议，邀请省绿化委员会常务副主任、省林业厅厅长韩永参加会议并讲话。全省有41 000所学校，在校学生900多万人，1991年末，达到绿化合格的中小学校达5000余所；省、部属中等学校40%达标；普通高校63所除少数新建院校外，绝大多数达标。开展绿化合格学校活动的主要措施是：

①省教委根据造林绿化责任状规定任务，作出总体规划和年度安排，逐级分解到各级教委和学校负责人肩上。

②领导办点。省教委抓荆州地区；各地（市、州）各抓一个县；各县（市）抓3—5所样板学校。以点带面，促进平衡。

③广筹资金。主要办法是：争取地方财政补助；社会各界资助；事业费、勤工俭学补助；师生自愿集资等。据不完全统计，1991年，全省筹措绿化经费达2500多万元。

④建立管理体系。各级教委一把手亲自抓，分工一名副主任具体管，层层有机构和人员负责。省教委是后勤处，地（市、州）、县教委计财处（科）主管。

⑤严格检查验收发证。按省教委制定的标准，分级验收，分级发证，一年一次。省教委负责全省第一批达标学校、大中专学校、县（市）一中、实验小学。其他学校原则上哪一级管理，由哪一级验收发证。各级所发合格证牌由省教委统一制作。（张倚仁）

【通山县部门、企业办林业基地】 1989年以来，通山县制定优惠政策，鼓励县乡（镇）各部门、企业办林业基地。到1991年，全县已有19个部门、企业共投资620多万元，办各类林特生产基地74处，经营面积6866公顷，已造林2533公顷。其主要方式是：

联合经营。即部门投资，集体投山，群众投劳，联合造林，利益分成。全县已有6个部门、企业采取这种方式联合造林面积270公顷。

参股经营。按照“风险共担，利益均占”的原则，村、组、户以山场林木、劳力为股份，部门、企业以资金、技术、种苗、实物为股份，结成经济共同体，兴办股份林场。全县已有3个部门、企业参股兴办了股份林场5个，经营面积5266公顷。

租赁经营。由部门、企业采取一次性或分期付款的办法，取得乡村荒山的经营权，进行自主开发。全县已有9个部门、企业采取这种办法租赁经营面积657公顷。

补偿经营。主要由木材加工企业与残次林面积较大的林区村、组联合，利用企业的资金，对现有灌木林、残次林实行有计划的更新改造，建立原料基地。现企业与乡村已签订了1133公顷的山林补偿经营合同。

（湖北省林业厅）

【潜江市水乡园林】 潜江市是60年代全国平原绿化的先进典型之一。党的十一届三中全会以来，市委、市政府为进一步建设好“水乡园林”，坚持以科技为先导，大力发展林业。全市绿化面积由1978年的1.42万公顷发展到2.1万公顷，活立木蓄积量由34万立方米增加到84万立方米，有计划更新间伐木材13.2万立方米，森林覆盖率由7.1%提高到11.9%。曾三次被评为全国平原绿化先进县（市）。联合国粮农组织、国际杨树委员会先后组织19个国家的林业官员、专家来潜江市参观考察。

①建立科技机构。全市先后建立了林科所、林业病虫防治站、林业学校、林业技术推广中心，逐步形成了站、所、校三位一体，科研、教学、生产三结合的林业科研体系。共进行149个科研项目的研究，取得科技成果126项，具有国内和省内先进水平的18项，普及推广71项。

②开展科研试验。一是树种选优。对全市乡土树种进行普查，并进行各树种的小块林对比试验，选定了一部分优良速生的乡土树种为当家树种。全市乡土树的活立木蓄积量占林木总蓄积量的48%。二是引种推广。先后从外地引进树种285种，引种成功150多种，其中水杉、池杉、杉木、杨树等20多个优良树种已成为主要造林树种，繁育推广面积达50%以上。三是病虫防治。开展病虫害防治技术研究，摸清了全市30多种林木主要病虫害的生活史和发生发展规律，并及时预测预报，开展群防群治，基本控制了林木病虫害的大发生。四是低产林改造。全市改造低产林2000多公顷，抚育施肥5300多公顷，使亩平均蓄积由1.76立方米提高到3.08立方米。

③普及科技知识。全市共组织林业广播技术讲座170多次；印发各类林业技术资料近万份；对近几年回乡务农的1.5万名中学生进行林业技术知识培训，普及率达90%以上。全市普遍开展了科技承包，林业科技人员分别到各乡（镇）场签订了8330多公顷的杨树、水杉、果树等技术承包合同。

④注重培养、关心科技人员。全市有林业科技人员86人，各级党组织注重对他们的培养和关心，先后有22人入党，有2人当选为市人大代表，1人当选为市党代表，3人当选为市政协委员。还提拔26人担任林业局、股、站、校等单位的领导。同时解决科技人员夫妻分居16人，解决家属商品粮户口15户45人，安排子女就业32人，帮助50户科技人员解决了住房困难。此外，在业务上帮助科技人员提高。市林业局与华中农业大学联合举办了林学大专潜江班，共培训中初级技术员48人。（湖北省林业厅）

【远安县绿化达标】 远安县地处鄂西山区，山地面积13.4万公顷，占全县总面积的76%，其中宜林面积11.6万公顷。党的十一届三中全会以后，县委、县政府把发展林业作为振兴山区经济的支柱产业来抓，加快了造林绿化的步伐。1991年6月19日至7月10日，湖北省林业勘察设计院组成专家组，按《湖北省消灭宜林荒山达标验收实施细则》的技术标准，对远安县造林绿化进行了全面检查验收。结果表明：全县宜林荒山面积占林业用地的0.014%；林业用地绿化率95.57%。全县森林覆盖率65.41%。省级和县乡级公路绿化率分别是93.44%和85.44%；城镇平均绿化率38.02%，人均绿地面积50.5平方米。各项指标均超过《实施细则》所规定的标准，成为湖北省消灭荒山绿化达标第一县。他们的主要经验是：

①抓组织领导。首先县与乡镇、乡镇与村层层签订林业生产责任状，将造林绿化的任务、时间、要求落实到人头；县林业局与林业站、林业站与林政员签订承包责任制，将绿化任务落实到山头。对有千亩以上荒山任务的14个村实行六包，即包设计、包培训、包优质种苗供应、包示范、包技术管理、包期限完成。林业局对承包者分季检查验收，奖惩兑现。全县先后与农户签订659份造林合同，造林和中幼林抚育达2.54万公顷。其次坚持每年冬春把造林绿化作为一个时期的工作中心，县委、县政府统一动员部署，集中领导、集中劳力、集中时间，大打消灭荒山的歼灭战，机关干部、师生员工、各行各业，都比照农民一样定地点、定任务、定时间、定质量，全力投入造林绿化战役。

②抓政策落实。县委、县政府明确规定，山林权属要长期稳定，坚持"谁投资、谁开发、谁栽树、谁受益"的原则，允许转让，允许继承；对新开发的林特基地，在主产品未收益前免交特产税，集体不提留；鼓励各行各业向山上投资造林，建立基地，其林间套种作物免税，收益后的头几年税收从宽，林特收入可用于单位职工福利。全县已有30多个单位兴办绿色企业，建林特基地1.33万公顷。

③抓科学造管。对全县荒山绿化进行科学规划，实行用材林、经济林、薪炭林一起上，乔、灌、草相结合的造林方针。根据地形地貌确定了三大基地带、六大生产区的林业布局。严把造林关，做到"不对路的品种不发展，没有达到国标的种子不育苗，三类苗木不上山"。对新造的林地及时按责任制落实管理人员，全县配专、兼职护林员764人，并统一发护林员证。对采伐林木实行"发证、采伐、交售、结帐、清理更新"五统一的制度。同时加强封山育林，划分了25片封山育林区，定界立标，管护到人。

（湖北省林业厅）

【京山县杨集乡林业工作站】 京山县杨集乡林业工作站现有干部职工48人。该站自1988年以来，充分发挥"管理、组织、指挥、服务"的职能作用，推动了全乡林业的发展，同时也加强了林业站自身建设，1990年被湖北省林业厅授予全省先进林业工作站称号。

①做好规划指导。林业站根据乡党委、政府提出的全乡五年消灭荒山的奋斗目标，认真进行规划布局，制订了"近抓种（林粮、林油间作）、养（香菇、木耳）、加（木材加工），中抓栗（板栗）、药（杜仲）、茶（茶叶），长抓松、柏、杉，村村建基地，家家建庭院"的林业发展规划，绘制了分年度、分林种、分树种的绿化蓝图，并切实组织实施。近3年来，全乡恢复、新办集体林场35个，固定场员205人；嫁接栽植板栗18.5万株，建庭院经济的农户达到2818户，新增造林面积7066公顷。

②加强技术服务。林业站于1986年创办了林业职业中学，已为全乡培养合格的农民林业技术员142人。同时出资聘请华中农业大学的教授来乡讲授林果技术，培训林农3000多人次，还协助有关村、组选派了15名林农到大专院校学习。林业站自办苗圃，为全乡造林提供优质苗木210多万株，组织调剂各种苗木800多株，采购杉木、板栗种子10多万斤。

③强化林政管理。组织全乡基层干部学习林业法规，培训骨干1500人次。还经常召开群众大会，利用宣传车，印发学习资料，向广大群众进行林业法规教育，增强爱林护林意识。木材采伐由林业站负责执行"五统一"的制度，即统一下达采伐计划，统一组织采伐队伍，统一采伐时间，统一采伐地点，统一交售结账。对木材市场加强监督管理，每年进行一次清理整顿。全乡森林资源年消耗量比1987年前减少2/3，活立木蓄积量增加4万多立方米。15年没发生山林火灾。

④搞活自身建设。该站投资25.3万元与乡村联办林场，经营面积433公顷，已营造杉木、板栗、杜仲林共172公顷。还先后办起了商店、旅社、餐馆、木制品加工厂、林副产品经营部等第三产业，1991年多种经营产值达188.5万元，获纯利10万元，上交国家税收9.8万元。

（湖北省林业厅）

【郧县荒山绿化】 郧县是位于鄂西北的一个贫困山区县，总面积38.3万公顷，其中林业用地面积25.3万公顷。近年来，县委、县政府从本县山地面积大的县情出发，把造林绿化作为振兴郧县经济的战略重点，动员和组织全县人民向荒山进军，大搞治山造林。1989—1991年3年中，一年一大步，累计治山整地2.93万公顷，造林1.78万公顷，为五年消灭荒山，十年绿化郧县奠定了基础。他们的作法是：

①科学规划布局。县林业局抽调20多名林业工程技术人员对全县荒山进行逐块调查摸底，按照科学造林和适地适树的原则，制作了造林绿化规划图和《郧县荒山绿化实施细则》，明确了造林绿化的目标、重点、方法和步骤。乡、村、组三级办基地，每治理一片山造上林都建立林场，并落实管理责任制。

②提早整地时间。以往造林整地是与冬季农田水利基本建设同时进行，往往顾此失彼。为保证完成造林规划任务，他们充分利用夏季小农闲组织群众开展治山整地。1991年全县夏季小农闲整地完成1.6万公顷，占年治山整地计划的80%。

③领导真抓实干。县委书记李明贵、县长郭筱鹏率领县四大领导班子和县直、城关3万多名干部和群众参加治山整地。同时召开乡（镇）党委书记参加的

现场会进行部署安排，集中劳力，集中时间，连片开发治理，全县以乡（镇）和管理区为作战单位的有23个，连片整地面积在66公顷以上的就有48处。

④部门积极配合。治山整地一开始，各有关部门都积极投入到治山整地中去，协同作战，搞好服务。卫生部门派医生日夜守护在山上，供销部门在山上设销售点，公安派出所组织干警在工地维护治安。据统计，全县各部门和乡（镇）干部参加治山整地的达3500多人。由于各方积极支持配合，从而加快了荒山造林绿化的速度。（湖北省林业厅）

【罗田县板栗基地建设】 罗田县总面积21.4万公顷，其中林业用地面积14.7万公顷。全县板栗种植面积1.33万公顷，是我国南方最大的板栗生产基地。从1985年以来，板栗产量持续上升，由原来319万公斤增加到1991年的600万公斤，年产量居湖北省各县之首，年产值占全县农业总产值的5%。板栗生产已成为罗田县山区经济振兴，农民脱贫致富的支柱产业。主要措施是：

①技术推广服务。县、乡及重点村都成立了板栗生产领导小组，下设技术推广站、推广组。全县林业技术干部对重点乡、村的成片栗园分片包干，分类指导，并实行技术承包。1987—1991年，全县共办板栗科技示范点141个，办板栗技术培训班79期，累计培训2万多人，还在县广播电台举办板栗综合丰产技术讲座，普及板栗生产技术，提高栗农的技术水平。

②攻关解难。针对板栗空苞多、雌花少、产量低、病虫害严重等生产中的技术难题，积极与省内有关科研单位大专院校密切配合，先后组织了11项科技攻关，成功地探明了其原因，解决了板栗花而不实、空苞严重、产量低的技术难题。

③政策优惠。县政府制订了两项优惠政策。一是资金扶持。对全县板栗重点乡、村及农户优先拨款、贷款、安排周转金进行扶持。“七五”期间，全县扶持发展板栗的资金达150多万元；二是物资保障供应。县物资部门上门服务，为栗农平价提供所需的化肥、农药、药械等物质，激发了栗农发展板栗生产的积极性。（湖北省林业厅）

【鄂西土家族苗族自治州林业车队】 鄂西自治州林业车队是湖北省林业系统至今保留下来的一个比较完整的专业运输车队。前几年，由于内部管理混乱，企业效益低下，处境艰难。自1988年实行经营承包后，经济效益明显提高，产值、利润、税收、上交财政都逐年上升。3年来共完成产值1415.3万元，利润107万元，分别超过承包指标的56%和150%；完成税收46.8万元，上交财政77.8万元，分别比承包前三年增长92.6%和113%。3年来，他们在强化企业内部管理，完善经营承包责任制的基础上重点抓了两个方面的工作：一是增加积累。他们在资金分配方面不搞分光吃光，而是严格执行财务管理制度，按比例留足发展基金，增加积累，用于扩大再生产。3年来，他们除填补原来的亏空外，积累资金186万元。二是抓技术改造。车队有64辆车，还有不少制造汽车配件的机械设备。他们坚持不断地对车辆、设备进行技术改造，3年共更新车辆27辆。车队修理厂在技术改造中，注重添置新设备，开发新工艺，已从单一的修理型发展到制造多种汽车零部件的综合型修理厂。业务范围扩大到川、陕、湘及本省荆州、沙市平原地区，经济效益不断提高。（湖北省林业厅）

湖南省林业

【概　述】

发展与成就

森林培育　造林比1990年增长1%。其中：飞播造林8.3万公顷，工程造林13.2万公顷。迹地更新3.2万公顷。“四旁”植树18 837万株。有2773万人参加义务植树，占适龄人数68%，植树20 802万株，种绿篱162万米，种草48万平方米，种花334万盆。林业采种847吨，育苗4203公顷。封山育林340.9万公顷，其中当年新封64.7万公顷，逐步向工程化管理发展。幼林抚育67.7万公顷，成林抚育20.3万公顷。低产林改造2万公顷。消灭宜林荒山的县（市）增至40个，实现平原绿化的县（市）增至9个，全省实现平原绿化达标。林业部授予湖南省造林绿化先进省光荣称号。国营林场造林1.5万公顷，木材生产41.7万立方米。乡村林场22 392个，其中当年新增1990个，经营面积132万公顷，林木蓄积3471万立方米。茶油产量1.13万担，桐油产量9954吨。

资源保护　森林资源消耗量得到有效控制，采伐量1000万立方米，占生长量的70%，森林蓄积从消长平衡逐步转向长大于消。森林火灾326次，受害森林2295公顷，投入扑火66 368个工日。森林病虫害发生37.3万公顷，防治19.1万公顷，占51%。

森林工业　木材全部产量264万立方米，比1990年增长6.7%，其中商品材213.4万立方米，由林业部门经营的占81.9%。生产竹材3274万根，比1990年增长37%。生产锯材16.59万立方米，胶合板4.2万立方米，刨花板5万立方米，贴面板106万平方米，松香8008吨，松节油1066吨，氢化松香963吨，均比1990年有所增长。生产纤维板5.7万立方米，比1990年减少。

改革与林政实施

加强领导　2月2日，省人大常委会听取林业汇报，要求全省在“八五”期间把林业作为一项基础产业来抓。3月2日，省七届人大常委会第二十一次会议通过《关于深入开展全民义务植树运动的决议》，并要求各级人大常委会定期听取本级人民政府贯彻执行决议的汇报，监督决议的执行。3月11日，江泽民总书记在广州军区司令员朱敦法、省委书记熊清泉、省长陈邦柱陪同下，在韶山毛泽东故居植树，充分肯定湖南省造林绿化成绩，要求全党动员，全民动手，锲而不舍，坚持下去。4月4日，省委、省政府召开全省植树造林表彰动员大会，省委副书记孙文盛、副省长卓康宁发表重要讲话。11月8—11日，省政府在大庸市举办’91中国湖南张家界国际森林保护节。11月17—23日，王克英副省长到慈利、桑植现场办公，要求加重领导责任，确保限期消灭荒山。12月11—17日，省委书记熊清泉、副书记孙文盛到株洲、郴州、零陵3个地（市）考察林业，提出山区要以林为主，多种经营，优质高效，建设绿色银行，实现生态、经济、社会效益的统一，走发展高效林业的路子。

突出重点　全省把消灭宜林荒山作为攻坚仗来打，以长江中上游防护林体系建设、利用世界银行贷款造林、油茶低产林改造和以工代赈造林等重点工程为龙头，推动全省造林绿化。这四项工程涉及60个县（市），大部分是荒山大户或贫困县，绿化资金紧缺，又是紫色页岩、钙质页岩和石灰岩主要分布地区，绿化难度大。省、地、县、乡都成立了办事机构，层层签订了工程实施责任状，落实了配套资金，严格按技术规程操作，努力把好质量关。长江中上游防护林工程造林3.59万公顷，面积核实率和合格率分别达到98.1%和87.4%。11月全国长江中上游防护林工程建设领导小组成员会在大庸市召开。利用世界银行贷款造林2.2万公顷，完成项目投资3766.6万元，先后检查3次，平均成活率95.7%。油茶低产林改造工程，完成6266公顷。经林业部1990年抽查验收，达标面积6433公顷，为任务的104%，6项技术措施达标率97.2%，名列全国第一，全国抽查11个县中，衡东、株洲、平江名列前三名。10月，全国油茶低产林改造现场会在株洲市召开。以工代赈项目，省委、省政府决定从1991年起，每年从以工代赈总额中安排林业10%的份额，帮助贫困山区发展林业生产，当年安排29个县，粮食400万公斤，配套资金382万元，造水土保持林1.5万公顷。

强化管理　年初在绥宁县召开了全省森林资源管理会议，在全省实行采伐限额全额管理，制定了《湖南省森林采伐限额全额管理办法》和一系列配套措施，省林业厅与地（州、市）林业局签订了全额管理责任状。针对边界林区乱砍滥伐比较严重的状况，全省以林业公安为主，开展边界治理年活动，开展了专项斗争和边界联防，建立省际边界联防区44个，县际边界联防区254个。与1990年比较，森林刑事案件下降24.4%，森林治安案件下降13%。在全省林区开展了无森林火灾竞赛活动，37个县（市）被定为全国重大森林火险县级单位。森林病虫害防治，建立了领导岗位责任制，以防治面积占发生面积52%以上，测报准确率72%以上，产地检疫90%，调运检疫100%，作为考核指标，经检查验收，全省14个地（州、市）中有10个已达标。

搞活企业　采取六项重大措施：一是改善外部经营环境。政府和林业主管部门对森工企业加强领导。制定优惠政策。清理木材交易市场689个，关闭401个。清理木材经营加工单位2769个，取缔638个，补交“两金一费”1200万元。清理整顿木材检查站，全省除23个联合检查站外，保留专业木材检查站300个。二是转换企业经营机制。普遍推行经济责任制和干部聘任制。三是开展“质量、品种、效益年”活动。当年开发新产品3个。四是开展多种经营和基地造林。发放贴息贷款1180万元，支持新建27个新产品项目。基地造林4095公顷。五是加强行业管理。六是强化思想政治工作。全省森林工业企业有了明显好转，完成总产值1.6255亿元，比1990年增加41%。161户预算内森工企业，其中盈利和持平的95户，盈利3419万元，分别比1990年增加35户，增长58.3%；亏损66户，亏损总额2847万元，比1990年减少36户，减亏56%。

科技兴林　重点抓了新品种、新技术的推广。省举办了首期科技推广训练班。综合组装22项成果为8项成熟适用技术推广到32个县。湿地松、火炬松已推广33万公顷，墨西哥柏已推广6000公顷。容器育苗已推广到90个县（市），由1990年4000万株增到1.5亿株。推广ABT生根粉，荣获国家科委颁发的ABT生根粉系列产品与推广省级特等奖。先进技术的推广，使造林质量显著提高，1988—1990年全省人工造林面积的核实率和合格率3年平均值分别为94.7%，名列全国第一，3年合格面积82.6万公顷，名列全国第二，被林业部授予造林质量优秀奖和造林成绩优异奖。“八五”期间科研立项工作，共安排13项91个课题，其中7项为国家攻关课题。全年鉴定科研成果34项，获奖47项。制订林业地方标准增加至31项。

存在问题　遭受严重自然灾害，受水灾的38个县（市），受严重旱灾的31个县（市）。全省林业系统倒塌房屋4万平方米，冲失木材5500立方米，冲毁林区公路、林道1000多公里，新造幼林旱死20%以上的2万公顷，苗床旱死苗木5.5亿株，总共直接经济损失0.7亿元以上。

（廖亚杰）

【’91中国湖南张家界国际森林保护节】　湖南省人民政府主办的“’91中国湖南张家界国际森林保护节”暨’92中国友好观光年“中国奇山异水游”首游式于11月8—11日在大庸市举行，3万多中外宾客参加了这一盛大节日活动。全国人大常委会副委员长廖汉生，林业部部长高德占、副部长刘广运，国家体改委副主任贺光辉，建设部副部长周干峙，国家旅游局副局长程文栋，中国林学会理事长董志勇和长江中上游九省的副省长共44名部、省以上领导干部，以及日本、奥地利等8国驻华大使和参赞莅临观光。来宾们普遍认为，这次“森保节”主题鲜明，民族地方特色浓厚，集森林学术研讨、旅游、科技、文化、经贸、环保于一体。通过“森保节”活动，增强了人们的绿化意识，提高了张家界的知名度，激发了旅游观光者和投资者的极大兴趣。节日期间，经贸展销会成交总额3.6亿元，外经、外贸签订合资合同34个，利用外资2785万美元。 （廖亚杰）

【湖南省林业宣传】 1991年，湖南省林业宣传有突破性进展，省林业厅被林业部授予全国林业宣传工作先进单位称号。全省林业宣传以“五年消灭宜林荒山，十年绿化湖南”为中心，以社会新闻为阵地，全面宣传林业改革开放的新成果、新经验、新典型，多层次、多形式、全方位开展各项林业宣传活动。全省用于林业宣传的经费480万元，并开展了一系列活动：①开展“保护森林，造福人类”百万人签名活动。10月6日，省委书记熊清泉，省长陈邦柱签名并题了词。全省签名人数163万人。②开展“五绿”活动。即《湖南日报》开的“绿播三湘”，《湖南农村报》开的“绿色天地”，湖南电视台开的“绿色园地”，湖南人民广播电台开的“绿色之声”，《湖南科技报》、《湖南林业》和省电台联合举办的“绿色科普征文”等专栏，持续一年，加上在其它报刊上发表湖南林业的稿件，全年共计11 385篇。③开展“双百评优”活动。全省评选100个优秀林业员和100个优秀护林员，把他们的先进事迹分别在《湖南农村报》上发表。④组织森林生态知识巡回报告活动。由省科协、省绿委和林业厅联合组团，到14个地（州、市）举行报告会，各县按省教材举行报告会，全省共举行757场，听众23.8万人。⑤开展中、小学生绿化知识普及宣传活动。全省有99个县（市）的4.2万所学校、780万中小学生参加。8月下旬，省林业厅、绿委、教委、团省委、广播电视厅联合举办了全省中、小学生绿化知识电视大奖赛，有12个地（州、市）的代表队参赛。⑥举办林业画展。湖南林业画展11月在张家界举行，展出100多幅作品。⑦举办湖南林业建设成就展览。11月8—15日，在张家界展出。共展出300多幅照片，如实反映了湖南40年林业建设成就。参观者1000多人次。⑧开展了林业好新闻评选活动。⑨召开林业宣传表彰大会。有34个单位和73位同志被省林业厅授予林业宣传工作先进单位和先进个人的称号。⑩编写大批宣传资料。编写《绿色奉献者之歌》，以31个省以上林业劳模的事迹为题材，共25万字。编辑出版5种林业画册。编印各种宣传资料简报230万份。全省共悬挂张贴大型宣传标语91.5万条。修建固定宣传标语牌26.7万块，出动宣传车3.98万台次。

（高柏华　廖亚杰）

【湖南省林业审判工作】 近十年来，全省已在县以上人民法院建立林业审判庭72个，在大型国营林场建立林业法庭20个，共416人。累计受理案件33 651件，审结28 376件。年结案数由1982年的456件，增到1991年的7591件，增长15倍。结案率由79.6%提高到91%。收到了显著效果，受到林业部好评。①严厉打击了各种毁林犯罪活动，基本做到从重从快，露头就打。1987—1991年审理犯罪案2412件，判处人犯4106人，其中死刑10人，死缓和无期徒刑4人。为国家、集体和林农挽回直接经济损失5000余万元。使38个乱砍滥伐比较严重的县（市）得到了整治。②及时处理了大批山林纠纷，稳定了山林权属和社会秩序。处理山林纠纷案件8928件，解决争执山林104万亩，使500万立方米森林资源免受侵害。③审理了各种林业经济案件。共15 411件，诉讼标的1亿元以上，为林业经营单位和个人挽回直接经济损失2700万元。④进行大量以案释法教育。采取就地公审公判、出专题布告、巡回定点办案，做到办一案，教育一片，安定一区。全省已有32个县（市）基本实现了无乱砍滥伐林木等毁林犯罪，无山林权属纠纷，无森林火灾。⑤提高了林业审判干警队伍政治和业务素质。有51个庭和297人被各级党政、主管部门记功或授予先进集体、先进个人、优秀共产党员、办案能手、执法标兵等称号。

（曾纪生）

【资兴市深化林业改革】 资兴市是湖南省的重点林业市。1986年以来，围绕林业改革，发展林区经济进行了一系列的探索，取得了显著成效。1991，年全市森林覆盖率达到59.5%，森林蓄积量487万立方米，分别比1985年增长10%和7.7%；基本消灭了宜林荒山；先后两次被评为全国造林绿化先进单位，并被授予全国森林防火先进单位称号。林业的振兴带动了经济的全面发展。1991年，农业总产值比1985年增长103%，其中林业产值占22%；农民人均纯收入575元，其中180元来自林业。

改革林业经营形式 改革初期，60%的林地分到户作了自留山，出现超限额砍伐；集体林场受到冲击；山林火灾频繁。通过在黄草乡试点，探索出适应全市林业发展的四种主要形式：①林业股份公司。在重点林区，以村为单位，对用材林采取“折价计股，按人分股；统一经营，按股分红；分股不分山，分利不分林”的办法，使村民和林业股份公司结成利益共同体。全市建立林业股份公司62个，经营4.2万公顷，占用材林的60.6%。②村、组办林场，集体和农户联合经营。全市已发展到484个，比1985年增加304个，经营9.3万公顷，占全市有林地43.9%，年均造林2600公顷，占全市人工造林57%。林场实行“集体统一经营，农户承包管理，统一采伐更新，收入比例分成”。

③村办飞播管护林场。飞播造林25 333公顷，已建25个飞播林场，实行“原有山权不变，现有林木折价保本，联合管护经营，村、组、农户分利”。④以专业大户为主的家庭承包经营。全市有88个林业专业户，造林1066公顷；育苗专业户45户，育苗333公顷。采取稳定政策，完善合同的办法给予保护。

调整林业生产结构 ①因地制宜，合理布局。从整体上重新规划，建立速生丰产林、楠竹林、优质果木林、油茶林和工业原料林五大基地共8.3万公顷，已改造建成4.1万公顷。②调整林种结构，实行科学营林。发展用材林，适地适树，杉、松、杂全面发展，重点发展速生丰产林，近5年已造速生丰产林1.1万公顷，每年发展果、茶333公顷，为前5年年发展量的5倍。引进新品种50多个，银杉由原有356株，发展到40公顷。③发展多种经营，搞好综合利用。1991年，全市有324户农民从事香菇、木耳生产，产量32万公斤。以纤维板、刨花板为主的森工企业20多家，年木材加工能力3万立方米。木、竹、藤、棕、果制品加工，年产值740多万元。

强化管理服务体系 ①建立起一个有权威的林业管理机构，形成“精干、高能、高效”的管理网络。成立了市林业委员会，直属市政府领导，在27个乡（镇）设立了林业站和林业办。②建立健全服务体系，积极开展林业产前、产中、产后服务。

（资兴市林业局）

【双牌县林业科技教育三结合】 1987年以来，双牌县与中南林学院实行全面经济技术合作，把林、科、教有机地结合起来，收到了“兴院富县”的好效果。通过推广新技术、新成果，开发新项目，共创造产值1739万元，创利税200多万元。主要作法是：

①按照优势互补的原则，双方签订了长期合作的协议书；设立了林科教工程领导小组和办公室；建立了合作联席会议制度，宣传、信息网络制度和接待办事制度；设立了林科教基金，每年双方各安排4万—5万元。

②五年来，双方落实开发项目27个。如紫金山系区域系统开发项目，目前已种植猕猴桃66公顷，1991年产量30多吨。林学院也因此获得又一重大科研成果，被林业部列为专家深入基层的八大科研课题之一。林学院已在双牌县获得科研成果近20项。共推广应用新技术、新成果11项，创产值1000多万元。1991年8月，双牌县举办的首届阳明山经贸会，成交额1.262亿元。林学院展出21项新技术、新产品，双牌县推出了52个名特优新产品。双方都步入了大市场。

③林学院开辟了双牌县基地后，科技成果转化率大大提高，林木种苗、病虫防治、刨花板、薄竹贴面、果酒等10余项技术在双牌县的应用都得到了可观效益。另一方面促进了人才培养与实践的结合。几年来，有20多名青年教师到双牌县授课，开展技术培训，进行课题研究，200多名学生到双牌县生产实习。林学院在双牌县办了3个林业大专班，并且帮助发展林业职业中等教育，共培养大专学生231名，中专生570人，还指导开展实用技术培训13.5万人次。

④双牌县利用林学院的科学技术和人才，一改过去卖原料的状况，形成了以果酒、刨花板等50多个产品为龙头，以林产工业、食品加工、造纸包装三大工业为主体，以8大林业商品基地为依托的经济格局。同时提高了决策水平。林学院派出11位专家教授成立了高层次的专家顾问组，全面帮助指导双牌的科技兴县，为全县的经济发展决策提供了科学依据。

（肖济民 徐耀祥 廖亚杰）

【攸县消灭宜林荒山】 近6年来，攸县大力开展植树造林，投工520万个，投资2010万元，造林3.4万公顷，迹地更新、改造残次林0.4万公顷，封山育林3.6万公顷。全县消灭宜林荒山2.9万公顷，在全省28个荒山大户县中第一个消灭荒山。主要从三个方面深化了改革：

①以基地为龙头，以国营、集体林场为骨干，因地制宜，统一规划，统一经营，连片开发。国营和乡村林场发展到380个，经营5.3万公顷，蓄积117万立方米，占全县的73%，林场成为全县经济的主要支柱之一。同时，大力开展自留山、责任山造林和庭院绿化活动，有15万农户在自留山、责任山造林1.4万公顷，庭院植树4100万株。

②在管理上推行承包责任制。1988年，县委、县政府作出“三年消灭宜林荒山，八年绿化攸县”的决定后，先后与30个乡（镇）的党委书记、乡（镇）长签订了责任书，对限期内完成任务的领导给予了奖励，对完不成任务的领导给予了行政、经济处罚，做到任务到点，责任到人，各级党政一把手办样板山52处，造林1533公顷。在经营上推行股份合作制。在少资金、缺技术的荒山大户乡、村，广泛推行“自愿互利，合股经营，统造统管，按股分红”的办法，发展股份制林业，共集股16 450份，集资520万元，投工入股397万个，造林8600公顷。在投入上推行积累工、义务工制。规定城乡11岁以上公民，每年每人义务植树5—8株，全县共投入义务工325万个，义务植树4380万株。每个农村劳力每年投积累工3个，共投积累工465万个，造林1万公顷。

③县委、县政府充分发挥林业部门的职能作用，搞好技术、资金、种苗服务。每年组织乡村林场骨干、育苗专业户、造林施工员进行二三次技术培训，共培训1708人次。1990年组织17人专业队，历时3个月，对全县16.6万公顷山地进行了荒山调查，逐块落实了权属、面积和树种。1991年造林整地期间，组织131位技术骨干深入村组，荒山在13公顷以上的村都有一名技术骨干，责任到人，任务到山头，保证了质量。

（皮卓青）

【衡南县长江中上游防护林建设】 近3年来，衡南县开展了以湘江为主线，以小流域治理为单元，以恢复和增加森林植被为中心，以遏制水土流失为重点的长江中上游防护林体系建设，完成人工造林 1.3 万公顷，封山育林 6400 公顷。主要作法是：

①县委、县政府组织在全县上下开展了“分析县情，寻找差距，深化认识，加快造林步伐”的大讨论。形成了全党重视长防林工程，全民大办长防林工程，全社会支持长防林工程的大气候。

②确定从 1989 年到 1993 年人工造林 3 万公顷，封山育林 0.3 万公顷，完成长防林工程、消灭宜林荒山的任务。并将任务逐年逐级分解到村组，各村组按农业人口分配到户到人。县委、县政府规定，各区乡(镇)除党政一把手抓林业外，还配一个副职专抓林业。层层签订责任状。县政府划定了县直机关义务植树基地，按单位总人数将 4 年的义务植树任务一次性核定落实到单位，实行包苗木经费，包整地植树，包协同管理，包限期绿化。同时坚持验收制度，验收整地面积，验收造林面积，验收成活率。以成活面积作为奖惩依据，以奖代补，奖励资金用作下年度育苗经费。

③各级领导做到宣传发动、规划设计、挖山整地、解决具体问题、落实管护措施“五到现场”，两年办点 195 处，面积 2666 公顷。县财政每年挤出 10 万—15 万元，各乡财政挤出 55 万元，群众每人每年集资 1 元，作荒山绿化费，统一上交当地政府；每个农村劳动力每年完成林业积累工 5—10 个、义务工 3 个；城镇人口完成义务工 3 个。并根据不同情况建立不同的管理制度。荒山面积大的村和组由全乡、全村组织劳力开发，新建或扩建为乡村林场，山主、投劳和林场按一、二、七或一、三、六比例分成，并通过村组干部、群众代表协商后，签订合同。荒山面积少而且比较分散的村组，由村组统一规划，分户作业，联合造林，统一管护，收益按投山、投资、投劳比例分成。自留山、责任山由村组统一规划，限期绿化，自筹资金，谁造谁有。对紫色页岩区，实行禁伐、禁垦、禁牧。推广省煤灶，全县以煤代柴的农户占 60%。

④优化服务。1991 年，县机关抽出 52 名干部下乡搞长防林管理；县粮食局拿出 12 万公斤粮食用于稻田育苗补助；农委和农机部门安排化肥和柴油。

（石海生）

【沅江市林业站两个文明建设】 沅江市有林业站 45 个，近几年通过加强林业行业思想政治工作，促进了两个文明建设。全市森林覆盖率 17.89%，活立木蓄积量 8 万立方米，年林业产值 2450 万元。3 次荣获全国平原绿化先进县称号，并被林业部列为全国高标准平原绿化建设试点县。主要措施是：

①抓领导班子建设，把党支部建在站上。每个站都建立了党支部，从村级党支部中挑选 50 多位得力的支部书记担任乡林业站的正副支部书记。支部主要精力和时间抓党的建设和精神文明建设。近两年有 40 个站党支部被市委、乡党委评为先进党支部或思想政治工作先进单位，有 156 人次被评为市或乡的优秀党员。

②抓队伍建设，全面提高职工素质。主要抓好思想政治教育，文化、技术知识教育，普法教育等“三个教育”，不定期地检查督促。近 3 年办培训班 13 期，受训的 671 人次。现林业站人员都达初中以上文化水平。有 41 个林业站被评为基层两个文明建设先进单位。有 97 人被评为全市先进工作者。

③抓制度建设，树立廉政勤政新风。林业站都建立了各项规章制度，每个职工都制定了岗位责任制，每年定期对照规章制度和个人岗位责任制进行检查和考评。近几年表彰和奖励 65 名成绩突出的，对表现差的 11 名作了处罚，其中辞退 5 人。

④抓基地建设，不断增强经济活力。建立林业生产基地，全市林业站生产基地 6000 多公顷。利用基地从事造林、育苗、养鱼、喂猪、种水果、种经济作物，开展自产材经营、加工，办小工厂和商店，年多种经营收入 90 多万元。

近两年利用自身基地为乡（镇）场提供苗木 600 多万株，培训造林技术骨干 1700 人次，现场指导群众造林 3 万多亩，为乡（镇）推销间伐和主伐木材 1 万多立方米。

（沅江市林业局）

【宁乡县老战士林场】 1983 年，原湖南省政协副主席姜亚勋、全国政协委员刘立青等一批宁乡籍的老地下党员和老游击队员，从全国各地回到宁乡，见大片荒山，感慨万千，决心再发动和带领群众来一次绿色革命。他们多次调查，多方发动，于 1984 年采取联营造林，比例分益的办法，创建了老战士林场，以“自带钱粮，不要报酬，振兴林业，造福人民”为办场宗旨，借一间旧土房作为场部，正门写了一副对联：织锦绣河山富民富国，续峥嵘岁月树木树人。消息传开后，本县一些老地下党员纷纷响应。他们过着清廉的生活，保持着艰苦奋斗的本色。缺办场资金每人自拿 600—2000 元，到 1988 年后才实行在场工作 25 天以上，每人每月补助生活费 25 元。并发动宁乡籍老干部投资入股 1.3 万元，有关部门投资和支农周转金 39.2 万元。8 年来在 4 个乡的 18 个村与山主签定造林合同 1162 份，造林 369 公顷。固定 15 名老游击队员专门护林。1989—1991 年该场获省、县 5 次荣誉称号。

（宁乡县林业局）

【怀化林业改革试验区】 1988 年 8 月，中共湖南省委、省人民政府批准怀化地区为山区开放开发试验区。1990 年 11 月，国务院批准怀化地区为全国农村改革试验区，重点探索山区综合开发与改革的路子。1991 年 4 月，林业部正式将怀化试验区纳入全国林业改革试验区管理。据此，怀化行署成立了林业试验区办公室，制订了《林业开发与改革试验总体方案》。

初步改革实践 地委、行署总结“失误在山”的教训，提出“八亩山地奔小康”的目标，发动群众，大搞山地开发：①开发主体多元化。56 个县属以上党政机关和近百个乡（镇）政府带头搞示范性林业开发

8000公顷；林业基金会、林业开发公司、楠竹开发公司、柑桔开发公司等集团开发林果和工业原料基地1万公顷；国营企业与农民联营开发，仅林业系统有34家企业投资1031万元，建林果基地9106公顷。能人为主体的承包开发造林12万公顷。乡村组集体为主体的统一开发2万公顷。农户为主体的合作开发联合体400多个，面积9333公顷。大户为主体的请工开发，规模在6.7公顷以上的有2333户，面积7.3万公顷。②林业规模经营。除发展国营、集体林场的规模经营形式外，还出现了户办林场、合作林场、专业工程队、专业开发公司、股份联合企业等形式。③山地经营权和林权的有偿流转。全区山地流转7.2万公顷，流转形式有入股、抵押、租赁、兑换，流转金额1000多万元。④林业自我积累的投资机制。一是林业专用资金实行有偿投放。新造林收益主伐时，每100元投资偿还0.7—1立方米木材；二是建立林业基金制度，已建5个林业发展基金会和5个林业开发公司，近3年引进区外资金5066万元，社会集资1100万元，行业自筹资金近亿元；三是以木集资造林，仅1989年以木集资800多万元，造林3333公顷。⑤强化林业政策、法律。制定激励群众从事山地开发的政策；连续4年组织4次大的打击毁林犯罪的专项斗争，整顿了林区秩序。

当前启动改革的试验项目 一是山地制度建设试验。期望在坚持社会主义山地公有制和山地所有权与使用权相分离的原则下，进一步明确和实现山地的集体所有权，稳定和搞活农民山地使用权，通过建立起干预而又有开放的、规范而又灵活的山地使用权流转市场，积极引导山地使用权有偿流转，达到山地合理配置与有偿使用。二是工程封山育林试验。把封山育林作为一个系统工程，集中一定规模的山地，建立封山育林林场，进行经常性培育管理，对山地产权、分配、组织形式、经营方式、内部管理，加以规范。三是发展林业多种开发形式的试验。通过制定多元主体进入山地开发的政策规定，对多种开发形式进行规范、完善和总结，包括界定企业产权，理顺利益分配关系，健全企业组织，完善管理制度，制定有关地方性的保障法规和逐步发展生产要素等试验。 （陶恒威）

广 东 省 林 业

【概 述】

发展与成就

森林培育 1991年，全省林业工作的重点由大面积灭荒造林转向以绿化达标为中心，提高林分质量，培育森林资源，提高经济效益，增强林业活力上来，并取得新进展。全省消灭荒山，被中共中央、国务院授予全国荒山造林绿化第一省的光荣称号。1991年，全省工程造林106.2万亩，占人工造林的31.9%，速生丰产林30.3万亩，占工程造林的33.2%。完成幼林抚育1015.5万亩，有信宜等33个县（区）幼林抚育工作抓得紧，完成任务多。其中紫金、龙川、台山、从化、增城等20个县（区）完成10万亩以上的幼林抚育，最多的完成30万亩以上。飞播造林43.5万亩。重造和补植造林267.1万亩。“四旁”植树11 000万株，义务植树14 078万株，迹地更新89.3万亩，育苗完成9.6万亩。以上均完成年计划任务。

森林资源和林政管理 实行采伐限额全额管理和林木综合管护责任制，有76个县（区）编制了森林经营方案并进行实施试点，抓好森林防火、林业公安、森林病虫害测报防治、乡（镇）林业站等四支基础队伍的建设，配备和改善设备，对发展和保护森林资源发挥了重要作用，全省森林资源继续朝着良性循环方向发展。有林面积增加到12 718万亩；森林年总生长量增至1565万立方米；森林消耗量继续控制在800万立方米以下，森林总蓄积量增加到22 058万立方米；森林覆盖率由1990年的48.4%增加至51.5%。

森工生产 全省木材产量为233.62万立方米，其中因森林病虫害而砍伐木材6.22万立方米。木材总产量中，由林业部门收购经营的木材为188.81万立方米，占80.8%。1991年，全省生产竹材5408万根，其中毛竹2270万根，篙竹3138万根。人造板产量37.23万立方米，其中纤维板9.14万立方米，刨花板12.15万立方米，胶合板15.81万立方米，细木工板0.14万立方米。以上均超额完成年度计划。完成松香产量7.52万吨；松香再加工产量0.31万吨，比1990年下降59.7%。主要原因是松香价格偏低等影响。栲胶产量1113吨，紫胶产量266吨。

林业总产值 1991年，全省按现行价格计算，林业营林产值为29.63万元，占农业总产值的4.5%，比1990年增长4.1%；全行业森林工业总产值为16.56亿元，其中林业系统森林工业总产值83 989万元。林业部门社会总产值为34.69亿元，其中，农业产值为227 506万元；工业产值83 989万元；建筑业产值866万元；运输业产值1767万元；商业、饮食业产值32 817万元。林业部门社会总产值按所有制性质分，全民所有制单位总产值占38%；集体所有制单位总产值占62%。

科技兴林 1991年6月，省林业厅在电白县召开全省科技推广工作会议，提出了50项科技成果作为“八五”期间林业科技推广项目和配套措施。其中12大项为重点推广项目，由省组织实施。它们是：桉树优良无性系，杉木良种，南洋楹工业专用林培育技术，马

尾松、国外松良种，林木速生丰产施肥技术试验，木麻黄优良无性系，残次林改造技术，油茶低产林改造技术，优良乡土阔叶树造林技术，主要森林病虫害防治技术和新型药剂，微电脑在森林资源管理中的应用，以木材和松脂为主要原料的新产品新技术的开发和推广等。1991年度获广东省林业厅科学技术进步奖的科研成果有24项，其中一等奖3项，二等奖6项，三等奖15项。

基本建设　全省营林基建投资完成6166万元，比1990年减少394万元，其中国家投资2177万元。森工基建投资完成1464万元，比1990年减少37万元，其中国家投资303万元。森工更新改造投资1557万元，比1990年减少7万元。森工开拓延伸工程投资完成152万元。

劳动工资　1991年末，林业系统全民所有制职工人数为90 441人。其中固定职工54 353人；合同制职工18 454人；临时职工6788人；计划外用工10 846人。工资总额23 713万元。森工企业全员劳动生产率按总产值（1990年不变价格）计算为35 048元/人·年；按净产值计算为7985元/人·年。森工企业生产工人劳动生产率按总产值（1990年不变价格）计算为50134元/人·年；按净产值计算为11 422元/人·年。

绿化达标　5月8日，省七届人大常委会20次会议专门听取了省人民政府《关于造林绿化工作的汇报》，并于5月10日通过了广东省人大常委会《关于继续奋战绿化广东大地的决议》。1991年，全省有39个县（区）和两个厅级单位经验收，被省委、省政府批准为绿化达标单位。它们是：遂溪、廉江、徐闻、海康、湛江郊区、霞山、赤坎、信宜、鼎湖、端州、东莞、始兴、北江、武江、浈江、茂南、平远、蕉岭、台山、电白、封开、揭阳、石湾、恩平、江门城区、鹤山、化州、高州、达濠、澄海、南海、三水、顺德、花县、白云、芳村、番禺、香洲、阳西县（区）、茂名石油工业公司、湛江港务局。加上前2年已达标的6个县（区）和1个单位，全省已有45个县（区）和3个单位实现绿化达标。在全省18个市中有湛江、东莞、江门、茂名等4个市全面实现绿化达标。

部门绿化　承担有绿化达标任务的城建、交通、铁路、公路、农垦、林业等部门在当地党委、政府领导下，签订部门管辖范围内限期绿化达标责任制，包干负责。

筹集资金，增加投入　1991年，全省共投入造林绿化资金3.15亿元，其中中央、省投贷4215万元，市投贷2578万元，县以下几个一点自筹2.5亿元。群众投工投劳7000万工日。

实施世界银行贷款国家造林项目　1991年，各项目县（区）认真履行省与林业部、县与省签订的国家造林项目执行协议，全省共完成项目造林34.63万亩，完成项目投资3846.5万元，其中世界银行贷款1928.4万元，省、县配套资金1622.5万元，群众自筹295.6万元。

外向型经济　1991年，各级林业部门发挥自身资源等优势，瞄准国外市场，改善投资环境，引进外资，积极发展外向型经济，呈现了好势头。全省林业企业出口创汇2803万美元，比1990年增长30%，其中桉树木片出口191 572绝干吨，创汇2087万美元，比1990年增长36%；“三资”企业出口创汇500万美元；自营进出口企业出口创汇316万美元。

存在问题　山火严重。全省共发生山火323起，过火面积7.4万亩，其中受害森林面积5.3万亩，超过了国家下达的控制指标，有3个市15个县（区）的森林火灾受害率超过省下达的控制指标。森林病虫害受害面积大。全省共发生森林病虫害2323.5万亩，防治面积1102万亩，仅占发生面积的47.4%。

（曾培贤）

【广东省鱼珠木材厂】　1991年，广东省鱼珠木材厂紧紧围绕以经济效益为中心，突出抓好质量和品种两个重点，加强质量、物耗、生产技术等三项管理和抓好组织机构调整、落实经济责任制、技术改造、外引内联等四项工作，使1991年工业总产值、产品销售收入、实现利税、劳动生产率等四项指标超历史最高水平。全厂完成工业总产值11 377.89万元，比历史最高水平的1988年的9782.23万元增长10.3%；产品销售收入15 218.9万元，比历史最高水平的1990年的14 782.9万元增长3%；实现利税1647.147万元，比历史最高水平的1988年的1382.66万元，增长19.1%；全员劳动生产率61 803元/人·年，比历史最高水平的1990年的47 118元/人·年增长31.17%。

广东省鱼珠木材厂始建于1952年，原是一个单一的贮木转运场。随着我国木材工业的发展，特别是改革开放以来，该厂已逐步发展成为木材加工的多产品的企业。目前，全厂有11个分厂、25个科室、一个国内合资企业、两个集体单位、三个中外合资（合作）企业，还有技工学校、职工子弟学校、幼儿园、卫生所等机构。全厂现有职工干部2000多人，其中专业技术人才355人，具有高级专业技术职称的14人，中级专业技术职称的62人。1988年被评为省级先进企业，1989年被评为国家二级先进企业。广东省鱼珠木材厂的主要作法：

①深化改革，强化管理。该厂自1985年就把原来的车间改为分厂，把产、供、销权下放给分厂，实行分厂制，使每个分厂形成自主经营，自负盈亏，相对独立的生产经营单位。同时，厂部对分厂，分厂与分厂之间实行以销售利润为主的全分配制度，使经营利润与分厂、职工收入挂钩，从而促使分厂降低成本，增加利润，把分厂推向市场，在市场竞争中求发展。其次是在厂内实行经济承包责任制。实行分厂对厂部，班组对分厂经济承包。即把全厂的利润目标层层分解落

实下去，按完成利润基数后，超额部分给予嘉奖。为配合经济承包，厂还根据各个时期管理工作的需要，进行机构调整、聘任干部、优化劳动组合和实行工资总额和经济效益挂钩浮动等配套改革。

②调整产品结构，推进科技进步。注意国内外市场变化，不断调整产品结构，依靠科技进步，开发新产品。目前，该厂形成以胶合板、刨花板、纤维板、塑料贴面板及其二次加工产品，制材、家具、藤竹木工艺制品、万能胶、树脂胶系列等上百个品种。

③一业为主，多种经营。坚持以木材加工产品为主，积极发展多种经营。如发展胶粘剂系列产品，有的分厂既搞加工，又搞木材经营。厂部还设有供销经理部、进出口部、劳动服务公司，与外商联办合资厂等，既广开了就业门路，又搞活了企业。

（广东省鱼珠木材厂）

【湛江市实现绿化达标】 1991年8月，广东省委、省政府批准湛江市9个县（区）和市辖范围内的南油、港务局等11个单位全面实现绿化达标，成为广东省第一个全面实现绿化达标市。

湛江市位于粤西雷州半岛，下辖5县4区，全市总面积12 471平方公里，其中林业用地502.71万亩，总人口546.8万人。1985年冬季以来，湛江市和各县（区）、单位认真贯彻实施广东省委、省政府《关于加快造林步伐，尽快绿化全省的决定》。市委、市政府作出“三年荒山种上树，五年绿化湛江”的决定，把造林绿化纳入以水产、水果、畜牧业为重点的开发性农业的重要部分，大力开展植树造林运动。全市共营造沿海防护林带20万亩，荒山造林40万亩。全市林业用地，沿海防护林带、农田防护林网、县（市）城建城区、道路、村庄等植树和造林绿化均达到或超过省委、省政府规定的指标，实现绿化达标。他们的主要作法：

①加强领导，提高认识。湛江市把造林绿化列入重要议事日程，实行统一领导、统一规划、统一部署。全市各级领导干部共1200多人办造林绿化点965个，面积49.6万亩。同时，市、县（区）、乡（镇）各级成立绿化达标领导小组和办公室，并从机关抽调1663名领导干部和技术人员具体负责绿化达标规划和检查督促，开展自查等工作。各县（区）、乡（镇）和林业、交通、公路、城建、政法部门都建立岗位责任制，签订实现绿化达标责任状。

②落实林业政策，办绿色企业。全市各级政府认真贯彻落实林业政策。市委、市政府采取延长承包期和给予贷款及减免部分特产税等优惠造林种果的政策。并组织力量，调处山林纠纷。1986年以来，全市共调处山林纠纷4539宗，面积56.86万亩。目前，全市有各种林业联合体396个，林业专业户490户，营林面积12.9万亩，成为造林绿化和绿色产业的主力军。

③筹集资金，增加林业投入。全市普遍采用国家拿一点、集体筹一点、群众出一点的多渠道筹集造林绿化所需资金。同时，广泛发动群众投工投劳，扩大劳动积累。1985年以来，全市共投入造林绿化资金1.5亿元，其中市拨1027.3万元，县（区）级9000万元，乡（镇）和群众自筹5010万元。另投入种果，搞开发性生产资金达34 448.5万元。

④科技兴林，加速绿化达标步伐。首先是科学规划，因地制宜。至目前止，全市共营造工程林210万亩，其中果树54万亩，占26.8%。廉江县有林面积152.44万亩，种植水果30.6万亩，其中柑橙16.6万亩，成为广东省最大的红橙基地。徐闻县有一半多的农户发展庭院经济，全县庭院经济收入占农业总收入的23%。其次是积极推广荒山造林的优良先锋树种，加速绿化。几年来，共推广种植加勒比松10多万亩，湿地松50万亩，尾叶桉上万亩。与此同时，还全面推广了容器育苗法和工程造林管理办法。做到植树一片，成活一片，成林一片。 （湛江市林业局）

【电白县发展商品林业】 电白县依靠科技，加快造林绿化步伐和商品林业经济发展。1991年，该县被省委、省政府批准为实现绿化达标县。目前，该县已形成以桉树为主的速生丰产林基地，以湿地松、马尾松为主的松脂基地和以荔枝为主的水果基地等，并以基地为依托，创办了年产3万吨的桉树木片厂和年产近千吨的林化厂以及拓展荔枝等水果的出口业务。1990、1991年林产品出口创汇达200多万美元。其中桉树木片出口创汇120万美元，林化产品出口创汇10多万美元，荔枝出口创汇100多万美元。

电白县位于粤西南部，面临南海。全县总面积318万亩，其中林业用地132万亩。建国前，该县只有森林5万亩。建国后，在党和政府领导下，全县人民植树造林，特别是自1985年以来，县委、县政府认真贯彻省委、省政府关于五年种上树，十年绿化广东的决策，采取强有力措施，加快林业发展，取得显著成绩。目前全县有林面积120多万亩，森林总蓄积量165万立方米，森林覆盖率由建国初期的1.5%提高到现在的40.18%。1991年，省林业厅在电白县召开全省林业科技推广工作会议，推广他们的作法。他们的主要作法：一是领导重视、办科技示范点。县委、县政府和林业部门领导把科技兴林摆上重要位置，纳入县财政预算盘子。县主要领导还亲自到沙院、小良等镇办科技兴林示范点，推广速生丰产桉树良种和优质荔枝等。全县种下速生丰产桉3.2万亩，发展荔枝11.2万亩。二是建立和健全科研和推广网络。发挥县林科所、林木良种场作用。并与乡（镇）林业站推广示范紧密结合，发挥科技兴林作用。三是根据生产发展中提出的重大科技问题，组织科技攻关，安排应用推广，促进生产发展。进行桉树、木麻黄等无性系育苗法，每年可产苗30—50万株，供3000—4000亩造林用苗。还有沿海木麻黄防护林体系营造技术、在亚热带推广橡

胶栽培技术都曾获全国科学大会奖。林木良种选育，生物防治林木病虫害等10多项获省、市、县科技进步奖。 （电白县林业局）

【封开县提前四年实现绿化达标】 广东省封开县位于粤西北山区。总面积408万亩，其中山地331万亩。总人口40万。自贯彻1985年冬省委、省政府作出十年绿化广东大地的决定以来，全县共完成造林作业面积69.83万亩。有林面积由1985年的246万亩增加到283万亩，活立木蓄积由685万立方米增加到879万立方米，森林覆盖率达到71.5%。林业用地、公路、城镇、村庄等绿化指标均达到省定绿化标准。1991年被省委、省政府批准为绿化达标县。在此之前，该县曾两次被全国绿化委员会、林业部、人事部授予全国造林绿化先进单位称号，连续4年受到省委、省政府的通报表扬，县长和县委书记分别受到晋升一级工资奖励。封开县的主要作法：

一是强化绿化意识，落实造林绿化责任制。县委、县政府分别于1986年和1990年作出"三年消灭荒山，五年绿化封开"及"全党动员、全民动手，奋战一年，实现绿化达标县"的决定。并通过召开各种会议，利用广播、电视、标语、宣传画报、宣传车等形式，强化造林绿化和绿化达标意识。与此同时，县、乡（镇）、管理区分别成立绿化达标领导小组。县向市，乡（镇）向县，级级签订限期绿化达标责任状。县领导实行包乡（镇），乡（镇）干部包管理区，管理区干部包村，农户包山头，级级包干。二是多渠道筹集资金，增加造林绿化投入。1985年以来，全县共筹集2011万元投入造林绿化，其中，中央、省、市投贷145万元，县财政202万元，县部门708万元，银行贷款411万元，乡（镇）376万元，群众自筹169万元。仅1991年就投入绿化达标资金550万元。三是各职能部门分工合作，紧密配合。县分别成立山上绿化、公路绿化、城镇绿化、村庄绿化等4个专业组，按职责分工，做好规划设计，苗木培育、技术指导、检查验收，把工作落到了实处。四是狠抓造林质量。全县推广容器育苗和优势树种及速生丰产林造林技术。凡连片100亩以上的荒山造林一律实行工程造林，由专业队承包。近6年，该县共营造工程林15.5万亩，占造林面积的24%，保证造林成效。 （封开县林业局）

【佛冈县加强林政和森林资源管理】 佛冈县位于粤北山区，全县总面积194.28万亩，林业用地138.8万亩，总人口26万多人。自1985年以来，该县在大力开展荒山造林的同时，不断加强林政和森林资源管理，使全县有林地面积达到123.75万亩，森林总蓄积量296.93万立方米，森林覆盖率65.03%。他们的主要作法：

一是推广小面积皆伐采伐方式，将采伐点落实到林班、小班，对符合条件的，划定采伐范围，确定采伐量，发给采伐证。既可防止采伐指标滥分配，又保证了有可伐资源就会有指标，也减少拔大毛造成的疏残林现象，做到砍一块，造一块，恢复更新一块。二是实行全额管理。以严格控制森林总采伐量为总目标，把木材和木柴、炭及火灾、病虫为害损失等纳入总采伐量，实行全额管理。1991年，该县实行全额管理后，全县总采伐量为6.61万立方米，占全县森林总采伐量计划指标8.03万立方米的82.3%。三是加强林政管理。在继续实行凭证采伐、凭证运输、凭证放行等"三凭证"和加强木材检查站建设的基础上，重点加强乡（镇），林业站等基层组织建设，配备好林业站主管林政工作的人员，把林政管理工作落实到基层，从而保证森林资源的良性循环。 （广东省林业厅）

【江门市林业局发展企业，搞活经济】 江门市林业局是1983年新成立市后成立的。建市以来，江门市林业局在抓好造林绿化工作的同时，注重发展企业、搞活经济。到1991年底，市林业局已拥有各类型企业22个，固定资产3000多万元，企业职工干部800人。1991年，企业贸易营业额达到8000万元，产值2000万元。1991年，江门市被评为全国造林绿化先进单位。同时，全市五县两区经省验收，被省委、省政府批准为全面实现绿化达标市。江门市林业局发展、搞活经济主要作法是：首先是统一认识，加强领导。局领导针对市林业局刚成立，经济比较困难，业务难开展情况，在全局上下进行统一思想，并分工一位领导专抓经济工作，加强领导。同时，成立企业管理科，具体负责经济工作。其次是以林产加工和经营为突破口，发展多行业经济。成立江门市林工贸贸易公司、木材公司、林化产品公司、林业物资公司、家具厂、筷子厂等企业。并在此基础上，逐步向其他行业扩展经营业务。第三是加强企业管理。市林业局注意抓好企业领导班子建设，选配好企业的厂长和经理。并注重吸收和引进其它部门的经营管理人才。在企业内外实行承包经营责任制，对市林业局承担一定的上缴基数。林业局除在方针、政策上给予指导外，一般不过多干预企业的生产经营，使企业真正做到灵活自主经营。1991年还成立林业经济发展总公司，统筹负责局属企业的管理工作，由总公司对市林业局进行总承包。在企业内部又层层实行承包经营责任制和进行分配制度改革，把企业利益与职工收益挂起钩来，调动企业职工的积极性。第四是积极筹集企业发展资金。通过中外合资、联营和上级有偿投资、银行贷款等形式，切实解决企业发展资金，为企业发展提供基础。 （广东省林业厅）

广西壮族自治区林业

【概　述】

发展与成就

林业生产　1991年，继续深化林业改革，森林资源培育速度加快，森林资源的保护和管理得到了加强，森林资源的消耗继续呈下降趋势，森林资源的开发利用得到了重视，广西林业向良性循环的方向发展。经检查验收，1991年，全区荒山造林质量提高，其中完成工程林12.5万公顷，比1990年增长12.1%（含速生丰产林6.2万公顷）；厂矿、铁路、公路、驻军、机关、学校等义务及"四旁"植树4064.6万株，比1990年增长13.1%；荒山飞机播种造林成效面积12.62万公顷；工程封山育林95.47万公顷；幼林抚育32.85万公顷；木材生产237.96万立方米；松香13.4万吨；松节油1.55万吨；栲胶7204吨；生产机制纸、纸板23 244吨；生产三板（胶合板、纤维板、刨花板）6.51万立方米。

改革与林政实施

加强领导　1991年，广西区党委书记赵富林先后听取了区林业厅主要领导的汇报，指出一定要树立大林业的思想，切实办好各种形式的联合林场和对领导造林绿化要继续实行目标管理责任制。区人民政府在1990年冬召开了全区林业工作会议，总结经验，表彰先进，部署1991年林业工作，坚持以营林为基础，以造林灭荒为中心，实行造、封、管、节并重。各地、市、县（市、自治县）、乡领导班子明确指定一位领导同志专抓林业工作，实行党政机关与林业部门分工负责。党政部门负责宣传，组织广大群众和各行各业投工投劳，筹集资金。林业部门负责造林规划设计、培育良种壮苗和技术指导。

推行工程封山育林和改燃节柴相结合　工程封山育林要求做到有规划图纸、有设计书、有表格、有档案、有村规民约、树立封山牌和有专人管护。自治区对工程封山育林实行经费补助，每公顷补助15元。规定333.3公顷配备一名护林员。为了搞好工程封山育林工作，使封山育林与改燃节柴更紧密地结合，区人民政府已把原隶属农业部门的区农村能源机构划归区林业部门管理。全区1991年工程封山育林95.47万公顷，经检查验收和评比，合格率达97%。

巩固和发展乡村集体林场　自治区对乡村林场采取扶助政策，造林每公顷补助180—220元，同时鼓励集体林场与农民联合造林。1991年，乡村集体林场有乡办、村办和联办等多种形式，有林场9620个，有林面积93万公顷，从业人员5万多人。1991年，自治区表彰了先进乡村集体林场40个。

科技兴林　1990年，区林业厅编制《"八五"广西林业科技计划和2000年广西林业科技发展规划》，1991年召开了全区林业科技工作会议，又通过了《广西科技兴林方案》，提出推广杉、松、桉、竹、油茶、油桐、柚木、薪炭林以及马尾松毛虫综合防治技术等24项，投资50万元。推广良种壮苗。

中共广西壮族自治区委员会、区人民政府决定从1986年起15年基本绿化广西和1989年实行各级领导任期造林绿化承包责任制后，促进了森林保护和造林绿化持续、稳定、协调的发展。林业部资源和林政管理司组织力量于1991年6—8月，对陆川等9个县上报的1990年度国营、国合、集体、个体人工造林、更新面积0.71万公顷，进行了抽样核查，合格面积0.58万公顷，合格率82.9%；广西1988—1990年人工造林、更新质量三年合格率平均值72.9%；广西1988—1990森林资源消耗量调查结果表明，1990年消耗量1428.2万立方米，比1985年消耗量2425.5万立方米，下降997.3万立方米。林业部授予广西造林成绩优异奖和控制森林资源消耗成绩显著奖。1991年，经检查验收，陆川、容县为造林灭荒达标县，自治区各奖给人民币10万元。

存在问题　①实行各级领导任期造林绿化目标责任制和办绿化点，发展不平衡。有的绿化点，造林规模小，质量差，甚至领导只挂帅不出征，起不到示范推动作用；②森林火灾受害森林面积虽然控制在国家规定指标内，但高于全国平均数；③自治区提出于1996年前消灭宜林荒山，实行高速度造林，但资金不足；④有些地、县造林质量差，只有造林面积，成效少；⑤新造林侧重于针叶纯林，混交、阔叶林较少。

（广西壮族自治区林业厅）

【广西壮族自治区森林资源消耗】　1991年12月30日，林业部发出《关于1988—1990年森林资源消耗量调查情况通报》。通报指出，1990年实现森林资源生长量大于消耗量的有21个省（区、市），其中广西壮族自治区1990年森林年平均生长量1853.9万立方米，当年消耗量1428.2万立方米。1990年与最高年消耗量的1985年相比，下降997.2万立方米。森林资源年消耗量下降幅度较大，仅次于广东省，列为第二位。林业部决定授予广西壮族自治区控制森林资源消耗成绩显著奖奖杯。（广西壮族自治区林业厅）

【广西壮族自治区检查验收造林绿化项目】　1991年9—11月，自治区林业厅组织近700人，在全区开展对工程林、领导绿化点示范林、飞机播种造林、国营林场人工造林、沿海防护林和封山育林等项目检查验收。全区工程林、绿化点列项面积完成10.58万公顷，占列项面积 60.54%，面积核实率为 93.6%，合格率为 82.9%。其中成活率在 84%以上的合格面积 8.77 万公顷，占列项任务的 50.19%；成活率 41—83%，面积 1.45 万公顷，占列项任务的 8.29%；成活率在 40%以下的面积 0.36 万公顷，占列项任务的 2.06%。未施工的列项任务 39.46%。全区国营林场人工造林列项的完成 100.43%，其中合格率 75.8%。飞机播种造林面积 16 万公顷，有效面积 12.92 万公顷，其中检查验收有效面积 12.25 万公顷，面积核实率 94.8%，成苗面积 5.56 万公顷，占有效面积的 45.4%，失败面积 6.69 万公顷，占有效面积 54.6%。沿海防护林列项任务完成 666.7 公顷，核实率为 99.3%，造林合格率为 98.2%。封山育林列项任务经检查完成良好。　　（广西壮族自治区林业厅）

【陆川、容县造林达标】 自治区绿化委员会、林业厅组织力量，对陆川县、容县两县人民政府申请造林绿化达标县检查验收。检查验收结果：陆川、容县两县的林业用地栽植率分别达到 95.33%、97.75%，主要公路两旁宜林地栽植率达 97.52%、94.36%，主要河流两旁宜林地栽植率达 98.15%、91.54%，城镇村庄居民占有宜林地栽植率达 96.49%、93.6%。陆川县还有铁路两旁占有宜林地栽植率达 92%。陆川县现有森林面积 80.4 万亩，森林覆盖率 34.5%。容县现有森林面积 175.3 万亩，森林覆盖率 51.6%。1991 年 6 月 13 日，自治区人民政府批准，确认陆川县、容县为造林灭荒达标县，各奖给 10 万元，以资鼓励。

（广西壮族自治区林业厅）

【广西壮族自治区森林火险县】 1991 年 4 月 12 日，国家森林防火总指挥部批准，广西第一批重点森林火险县级单位有横县、宾阳县、宁明县、武鸣县、邕宁县、国营高峰林场、国营派阳山林场、融水苗族自治县、金秀瑶族自治县、鹿寨县、三江侗族自治县、国营黄冕林场、兴安县、永福县、恭城瑶族自治县、灵川县、龙胜各族自治县、贺县、昭平县、岑溪县、蒙山县、藤县、梧州市郊区、苍梧县、国营大桂山林场、平南县、桂平县、博白县、上思县、灵山县、钦州市、百色市、乐业县、田林县、田阳县、田东县、西林县、隆林各族自治县、国营雅长林场等 39 个。占全自治区 87 个县（市）、市郊区的 44.8%。

（广西壮族自治区林业厅）

【林木育苗工厂化】 “七五”期间，林业部和中国科学院主持并组织广西壮族自治区林业科学研究所、中国科学院石家庄农业现代化研究所等 10 个单位的 120 名科技人员进行多学科联合攻关，在全国建成年产 100 万株林木组培苗、容器苗试验工厂五座，育苗容器制作车间两个。同时研究成功与工厂化育苗配套设备和设施 31 项。其中，广西主要有：

①华南地区年产 100 万株组培苗试验工厂。由广西壮族自治区林科所和钦州地区林科所在南宁研制建成。建成自然采光面大的培养组培苗车间，采用巨尾桉的腋生株丛成苗和试管幼态苗常规扦插生根新技术，生根成苗率达 90—95%，繁殖系数提高到 2×10^{6} 以上。组培苗成本降低 15—40%。

②华南地区年产 100 万株容器苗试验工厂。由广西林科所和横县林业技术推广中心研究建成。从种子处理、育苗到运输实现了集约化管理和机械化生产，达到了林木容器育苗技术与设备配套，形成年产 130 万株容器苗工厂化生产。

③蜂窝育苗纸容器制作车间。广西林科所研究建成。可生产筒式、隔膜式、横格式 3 种类型 10 多种规格的蜂窝育苗纸容器，适用于农、林、园艺、花卉、蔬菜等育苗生产，易分苗，不窝根，机械装播和手工装播皆宜。年产容器 5 亿—10 亿个。

④容器育苗装播作业线。广西林科所研制。可一次完成填土、压实、冲穴、播种覆土等多道工序，生产效率为 1 万杯/时。

⑤GMJ—3 型滚动式育苗床。广西林科所研究成功。该活动育苗床，可灵活轻便地进行苗盘移动，提高有效育苗面积 25%，节约床内苗盘搬运工时 80%。

（广西壮族自治区林业科学研究所）

【马山县弄拉屯科技兴林致富】 广西马山县古零乡弄拉屯地处大石山区，全屯有 23 户 120 人；总面积 2555 亩，其中裸露石山面积 2497 亩，25 个山头海拔高 490—730 米，耕地面积 58 亩。

弄拉屯把脱贫致富的基点根植于林果业上，封、造、管、节、用并举，不断探索石山立体农业的路子。1961 年，他们从封山育林起步，定死封山界线，制定严格的村规民约，坚持年年种树种果，补空补缺，以增强封山育林的郁密度，还家家建省柴灶，户户办沼气池，增加了封山育林的后劲。1974—1982 年，围绕“以果为主，林果结合，综合经营，增收保粮”的发展宗旨，根据立地条件，宜林则林，宜果则果，宜药则药，初步形成了林、果、药、粮的立体经济格局和生态环境。1983 年以后，他们以科技为先导，变“零、乱、杂”为连片开发和规模经营，变低劣品种为特优品种，逐步向科技兴林的广度和深度进军。经有关部门的专家测定：弄拉屯有林、果、药面积 1862 亩，占总面积的 73%，其中有用材林、水源林 1072 亩；有 10 多个品种的果树 570 亩，总量为 43 000 株，人均 358 株；有 250 多种中草药材 220 亩；全屯绿化率 100%。每年林、果、药收入占总收入的 96%以上。1991 年，全屯林、果、药、粮以及其他收入达 95 600 元，人均 796.7 元。封山育林，植树种果，不仅使弄拉屯山青水秀，鸟语花香，还使弄拉人走上了致富的道路。

（南宁地区林业局　马山县林业局）

【广西壮族自治区林产化学工业】 ①林产化学工业产量。1991 年，广西林化行业认真贯彻治理整顿、深化改革的方针，深入开展“质量、品种、效益年”活动，较好地完成了各项任务。全年生产松香 115 761

吨，松节油 15 404 吨，松香、松节油二次加工产品 9696 吨，栲胶 7204 吨，机制纸、纸板 19 713 吨。销售松香 121 969 吨，松节油 12 053 吨，松香、松节油二次加工产品 8390 吨，栲胶 8516 吨，机制纸、纸板 19 656 吨。完成工业总产值 39 790 万元，比 1990 年增长 37.1%；实现税利 5500 万元，比 1990 年增长 55.3%。

②政策措施。1991 年，自治区林业部门抓林化工业的主要措施是：一是认真贯彻林业部、铁道部、交通部《关于贯彻执行国务院办公厅〈关于保护森林资源，加强松香运输管理的复函〉的联合通知》的通知，把生产计划与归口放行挂起钩来，并在执行中严格掌握。二是加强销售工作，增强力量，改变方式，适应市场经济的需要。三是注重产品的深加工和新产品的开发。四是对骨干企业实行倾斜政策。五是加强行业管理。提高企业内部管理素质；开展劳动竞赛和产品创优活动；狠抓节能降耗，挖掘企业内部潜力。

③治理整顿。1991 年，全行业进一步贯彻林业部提出的“限产整顿”方针，重点抓了整顿小松香厂工作。全区松香厂 1990 年从原来的 200 多家减少到 147 家，1991 年又减少到 111 家。其中已取得生产许可证的厂 51 家，无证小厂泛滥的情况初步得到扭转。

④全面质量管理。1991 年，主要产品松香的优级品率达到 91.5%。在全国林化产品评比中，有 8 个产品获部优产品称号，有 7 个产品获区优产品称号。据自治区技术监督局调查，产品合格率为 94.7%。在自治区林业系统 QC 成果发表会上，评出林化行业的先进 QC 成果 23 个。1991 年，除已有的 3 个国家二级企业和 7 个自治区先进企业之外，又有宁明县松香厂、邕宁县松香厂跨入了自治区先进企业的行列。

⑤新产品开发和技术改造。1991 年，广西林化企业申报新产品开发计划 5 项。完成 1 项。桂林化工厂七层圆卷边闭口钢桶项目获自治区新产品开发成果三等奖。申报技改项目 10 项，计划投资 74 985 万元，落实 1653 万元。完成技改项目 4 项。林业部批准的两个重点技改项目：桂林化工厂的年产 4000 吨聚合松香技改项目 9 月份完成安装，并进行试车。实际投资 878 万元；广西林业造纸厂 1 万吨人造板贴面底层纸改扩建工程，因增加项目内容，计划投资增加到 4922.5 万元，年末，完成了 90%的土建工程。

⑥广西松脂产业综合开发。国家科委把广西松脂产业综合开发列入国家重点项目。1991 年，在国家科委，林业部的支持、帮助下，搞了松脂产业开发工程。年内，先后 3 次在北京、南宁举行了有全国 10 多个有关专家参加的专家工作会，进行了实地考察和论证。在此基础上，制定了《广西松脂产业综合开发总体方案》和《广西松脂产业近期开发方案》。自治区林业部门配合自治区党委政策研究室完成了配套的《广西应该成为林化产业的大省（区）——广西林化工业的现状、前景及对策的初步调查》报告。

⑦大中型企业管理。全行业几个主要骨干企业消灭了亏损。桂林化工厂 1990 年亏损 148.8 万元，1991 年盈利 5.4 万元。经济效益好的广西林业造纸厂又有大幅度进步。1991 年产值 3233 万元，比 1990 年增长 36.7%；税利 615.7 万元，比 1990 年增长 47.4%；实现利润 300 万元，比 1990 年增长 31.8%。

（广西壮族自治区林化工业公司）

【广西壮族自治区 1991 年林业大事】

①1 月 6—8 日，自治区水源林自然保护区工作会议在南宁召开。会议传达了全国南方 17 省（区）、市野生动物管理工作汇报会精神。

②3 月 8—14 日，自治区团委、区林业厅、区绿委联合在陆川县召开全区青年绿化工程经验交流暨表彰大会。参加会议的有各地、市、县团委书记及林业局长 150 人。会议表彰了全区造林绿化工程建设“绿色银行”竞赛活动中涌现出来的 20 个先进集体、13 个先进青年绿化工程和 52 名先进个人。

③3 月 19—21 日，自治区林业厅在永福县召开全区林业宣传工作表彰动员会。会议表彰奖励了全区林业宣传工作的先进集体 45 个、先进个人 72 名。

④5 月 2 日，自治区林业厅颁发 1988—1990 年度广西林业科技进步奖：一等奖 5 项，二等奖 15 项，三等奖 9 项。

⑤6 月 18 日，林业部外事司批复同意中澳热带、亚热带地区桉树人工林病虫害研究。8 月，澳大利亚高级昆虫学家洛斯·怀利博士，高级科学家（森林病理）布鲁恩·布朗博士前来广西考察，发现广西桉树病虫害种类多，其中比较严重的有白蚁、油桐尺蠖、桉小卷蛾、金龟子、蟋蟀、苗期基腐病、林梢病、青枯病、叶枯病等。

⑥8 月 15 日，自治区政府在北海市召开沿海防护林体系建设工作会议。沿海地、市、县的领导，林业局长，沿海乡（镇）长参加了会议。

⑦8 月 28 日，自治区政府批转区林业厅《关于“八五”期间年采伐限额分解和执行意见的报告》。对“八五”期间年森林采伐限额总量控制在 995 万立方米以下（蓄积量），分解下达按此编制采伐计划，其中商品材 478 万立方米，农民用材 143 万立方米，培殖用材 34 万立方米，生活烧柴 295 万立方米，其他用材 45 万立方米。

⑧10 月 26 日，自治区政府副主席龙川，在区林业厅厅长刘万福的陪同下，视察武鸣县、大明山水源林管理森林防火工作。同月 29 日，再到自治区林科所视察。

⑨11 月 18 日，梧州木材厂举行刨花板车间试产仪式。该车间是引进瑞典桑斯公司成套刨花板设备，总投资 5590 万元。

⑩12 月 14—16 日，自治区林业厅在柳州市召开区直森林工业会议。

⑪12 月 30 日，林业部发出《关于 1988—1990 年

全国人工造林、更新质量核查情况的通报》。其中广西壮族自治区1988—1990年三年人工造林、更新实绩核实率与合格率的平均值：1988年为58.5%，1989年为71.2%，1990年为89.0%。三年的平均值为72.9%。林业部授予广西壮族自治区造林成绩优异奖奖杯。

（广西壮族自治区林业厅）

海 南 省 林 业

【概　述】

发展与成就　1991年，全省林业工作认真贯彻治理整顿、深化改革的方针，围绕林业发展十年规划和“八五”计划的奋斗目标，狠抓植树造林，加快森林培育，强化林业管理。1991年，全省超额完成了年度造林计划任务。到1991年末，全省森林面积达到137.85万公顷，森林覆盖率达40%。

造林绿化　1991年，是各市（县）向省政府签订三年造林绿化责任状的第二年，年初省政府召开全省林业工作会议，总结部署全省林业工作。1991年，人工造林完成或超额完成任务的有三亚、文昌、琼山、陵水、通什等15个市（县）和尖峰岭、吊罗山、黎母山3个林区。全省工程造林完成1.94万公顷，其中：世界银行贷款项目造林完成0.5万公顷，占全部造林面积的18.7%；中央丰产林完成0.42万公顷，占全部造林面积的15.5%；农业综合开发林完成0.47万公顷，占全部造林面积的17.4%；海防林完成0.22万公顷，占全部造林面积的8.1%。1991年，全省已有文昌、琼山、三亚、海口四个市（县）提前一年完成了三年造林绿化责任状任务。

林政和资源管理　各市（县）结合治理整顿，采取有效措施，加强林政管理工作。一是严格执行限额采伐林木制度和凭证运输木材制度，年度内，全省木材生长量336.7万立方米，采伐量150.2万立方米，继续保持着全省林木生长量高于消耗量的良好势头。二是扩大封山育林面积，全省封山育林面积达10.13万公顷，落实承包管理面积8.27万公顷。三是基本完成国有林权发证工作，全省应发证单位95个，已完成发证单位91个，发证面积达50万公顷。建立林地林权档案，进一步完善林权林地管理制度。四是进行森林资源调查，1991年，全省在完成了国营企业单位森林资源二类调查的基础上，开展了农垦系统的森林资源二类调查，部分单位建立了森林资源档案及编制森林经营方案。

林业“三防”工作　森林防火工作，主要是狠抓火源管理，控制和减少森林火灾所造成的损失。1991年，全省发生森林火灾233起，受害森林面积0.17万公顷。森林病虫害防治工作，认真执行《森林病虫害防治条例》和《植物检疫条例》，使全省森林病虫害发生面积得到控制。1991年，全省森林病虫害发生面积0.26万公顷，防治面积0.10万公顷，占41%。办理木材检疫23 481立方米。坚决贯彻执行《森林法》和《野生动物保护法》，严格查处违法案件，1991年全省共发生毁林案件678宗，已查处591宗，占87%，处理各类违法犯罪分子1145名，没收并放生国家重点保护的野生动物9647只（条），严厉打击了破坏森林违法犯罪分子。

科技兴林　科技兴林主要是继续推广优树无性系扦插苗、水培育苗造林新技术。为了解决造林苗木问题，到1991年，全省已建立起桉树扦插苗生产线51条，年育苗能力600万株，年实际育苗210万株；建立木麻黄水培苗工厂20家，年育苗能力600万株，年实际育苗140万株。1991年，全省推广桉树无性系造林701公顷，比1990年增长50%。木麻黄水培苗造林465公顷，比1990年增长一倍多。木麻黄速生抗病无性系筛选及小枝水培繁殖技术研究与应用获1991年度国家级科学技术进步二等奖。世界银行贷款项目造林工程的桉树示范林科研基地在定安永丰建成。岛东林场自筹资金45万元，兴建海南首家较大规模的组织培养育苗工厂，于1991年6月竣工投产。

木材出口创汇　1991年，木材（木片）出口工作坚决贯彻执行省政府（1990）10号文件，人工林木材出口归林业部门统一经营，实现了造、管、护、产、供、销统筹安排，计划采伐，按采伐限额签订出口合同，这样既控制乱砍滥伐现象，保护生态环境，增长林农收入，又促进了速生丰产林生产和木材出口创汇的发展。1991年，全省共出口木片14万绝干吨、木条3000吨，创汇1469万美元。

国营森工企业　1991年，全省森工采伐企业造林超额完成任务，产销基本持平，经济有所好转。全省森工采伐企业全年完成人工造林0.21万公顷，占年度计划0.15万公顷的137.7%，是1990年人工造林面积的2.88倍，完成商品材生产7.08万立方米，占年度计划7.95万立方米的89%，未出现超限额采伐现象，并已销售完毕，做到没有积压。胶合板产量达5148立方米，产值达600多万元，比1990年增加2202立方米。松香和松节油生产基本上与1990年持平，分别为316吨和92.5吨。全省森工企业年总产值达3394.6万元，比1990年增长11.1%。

国营林场　1991年，全省国营林场主要是抓好以各项生产责任制为中心的经营管理工作，经济活力明显增强。省属国营林场造林完成0.15万公顷，是近几年造林最多、质量最好的一年。全年全省国营林场完成产值1500万元，比1990年增加311万元，出口木

材（木片）3.6万绝干吨，创汇300万美元，比1990年增加219万美元。

乡（镇）林业基础建设 1991年，全省已完成乡（镇）林业工作站建站235个，覆盖面积达76.5%，超额完成了建站任务。初步改进了基层工作没人抓的落后局面。

全民义务植树 据统计，全省义务植树756.7万株，比1990年增长24.5%，成活率达85%以上，参加人数120.1万人（次），比1990年增加18.9%。

尖峰岭热带雨林林区的保护与发展 尖峰岭热带雨林林区木材蓄积量居海南省各林区之首。林区总面积4.73万公顷，珍贵树木70多种，珍贵野生动物有40多种。1991年初，国家科委把该林区列为国家重点科技开发项目，投入贴息贷款1亿元，分5年实施，在加强保护的同时，进行林、农、工、贸、旅、药等全面开发。到1991年底，林区内的开发项目正在进行可行性研究和立项工作。

存在问题 全省还有13.3万多公顷宜林荒山尚未造林绿化，6.67万公顷疏林地还未得到改造，许多宝贵的林地资源没有真正被开发。许多地方现有林质量差，结构不合理，大大削弱了森林生态系统的整体功能。森工企业的管理体制还有待于进一步改革。

（海南省林业局）

【海南省1991年台风灾害】 1991年7、8月间，海南省林业连续遭受（90）6、11号强台风的袭击。这两次台风具有风速快、风力强、持续时间长、带来的雨量大的特点，尖峰岭林区两天内降雨量达890毫米。据统计，林业系统房屋倒塌1.2万平方米，风折风倒林木1.13万公顷，冲坏冲垮桥梁涵洞126座，林区公路路面损坏376公里，公路塌方41万立方米，吹断电话线路1265公里，吹断橡胶等经济作物8779株，受重伤3人，死亡2人，直接经济损失2400万元。灾后，省林业局及时派工作组到各灾区组织干部职工抗灾救灾，广大林业职工发扬自力更生，艰苦创业精神，只用20多天，受灾林区的生产与生活就恢复正常。

（海南省林业局）

【海南省1991年林业大事】 经省政府同意，并于1991年10月21日以琼编（1991）163号文批准省林业局增加处室和编制。在原来两处一室的基础上增加到九个处室，即办公室、政治处、营林处（绿委办）、林政处、计财处、科教处、经贸处、森工林场处、森林防火办，将原来的37名编制增加到115名。至此，省林业局的机构得到进一步的加强和理顺，工作逐步走上正轨。

（海南省林业局）

四川省林业

【概 述】

发展与成就

营林生产 全省成片造林完成年计划的108.3%，其中飞机播种造林6.32万公顷，速生丰产林基地造林7.51万公顷（含世界银行贷款国家造林2.06万公顷），长江中上游防护林重点工程造林8.53万公顷，迹地更新1.8万公顷；“四旁”植树7.04亿株，为年计划的105.1%；育苗16.3万亩。据18个市（地、州）统计，参加全民义务植树3235.9万人次，义务植树1.8亿株，成片造林17.1万亩。封山育林313.05万亩，新造各类经济林64.9万亩，超额完成计划任务。

林产工业 木材产量完成430.81万立方米，为年计划的68.2%，其中森工企业上调交材103.9万立方米，上调到材101.4万立方米。生产锯材50.70万立方米，胶合板2.48万立方米，纤维板5.47万立方米，刨花板2.07万立方米；松香4569吨，松节油1027吨，分别比1990年增长14%、20.2%。

森工基本建设 森工基本建设经营性投资计划6320万元，其中经营性基金4250万元，建设银行贷款2070万元，除广元刨花板厂建行贷款840万元未落实计划外，全部完成国家计划。主要实物工程量：林区公路197.31公里，房屋竣工面积3万多平方米，新增固定资产5401万元。

技改和多种经营 技术改造投资640万元，完成新建项目5个，续建项目2个；多种经营贷款3340万元，其中农业银行贷款1800万元，工商银行贷款1540万元，全部落实信贷资金，上项目44个，其中新建29个，续建15个。

林业科技及推广应用 验收和鉴定科研课题58项，其中国家攻关的长江上游水源林、水保林营造技术研究课题，有16项成果获部、省科学技术进步奖。推广应用科技成果12项，其中马边彝族自治县和峨眉县推广五倍子丰产技术栽植2万亩；攀枝花市、凉山彝族自治州推广直杆桉等良种桉树5万亩；全省推广意大利杨10万亩。长江中上游防护林营造技术有10多个子技术已在生产上应用。现已建地、县级林业科技推广站86个，其中部、省投资建设40个。

改革与林政实施

森林资源培育 根据省委、省政府《关于加快植树造林“绿化全川”的决定》，继续建设西部林业基地、盆周山区商品材基地、长江中上游防护林体系、盆中农田林网体系及城镇绿化五大绿色系统工程。省政府以川府发［1991］137号文件发出《关于建设第二期速

生丰产林基地的通知》，要求在全省100个县，从1991年至2000年再建1000万亩速生丰产林基地。按照《决定》要求，重点抓了造林绿化达标。盆中地区106个县已基本完成绿化栽植任务，其中已有19个县检查验收，实现基本绿化达标；全省20个平原县，有17个县检查验收合格，实现绿化达标；盆周山区48个县，已有8个县完成绿化栽植任务。

引资造林 世界银行贷款国家造林项目引进资金1298万元；世界银行贷款商品材基地建设购置设备580万元；美国福特基金会资助长江中上游防护林18.9万元；德国艾伯特基金会资助长江中上游防护林试点和培训40万元，以上共计引资1937.6万元，造林31.51万亩。完成世界银行贷款农业开发项目林业子项目的评估，拟引入资金2915万元，造林31.95万亩；完成万县地区5县以长江中上游防护林为主的农业综合项目申请的联合国粮食计划署援助项目，粮援1.1亿多元，造林40万亩。

森林保护 全省共发生森林火警、火灾436次，烧林面积4678.5亩，森林火灾损失率为0.029‰，与历史最好的1990年相比，森林火灾次数下降27%，烧林面积下降14%。森林病虫害有效防治面积达386.47万亩，为年计划的110.4%，森林病虫害得到初步控制，除桤木叶甲外，其它食叶害虫成灾面积仅为21 390亩，占发生面积的3.5‰，大大低于规定5‰的指标。松毛虫防治连续五年达标。

林业开发 宜宾地区抓大林业开发，筹集资金5559.3万元，已投入4300万元，造林27.6万亩，栽竹7.4万亩，栽桑10.1亿株，新栽果树338.4万株，改造低产果园8000亩，新建和改建茶园3.5万亩，发展“三木”药材1.16万亩。达县地区由地委、行署作出大办“绿色工厂”，发展庭园经济的决定，现有70%的乡村办起“绿色工厂”，达到28 215个，经营面积185.4万亩；有182万户（占全区农户的78%）办起了庭园经济，建园面积320万亩，办厂建园投资达8600多万元，投劳5000多万个。

林业质量年 全省连续两年开展林业质量年活动，造林质量有较大提高，获林业部颁发1989—1990年造林绿化成绩优异奖。省林业设计院承担的沐川县速生丰产林造林总体设计在全国林业系统中首获国家级优秀工程设计金奖。旺苍县松林村林场、富顺县仰天村林场、大竹县竹园村合作林场获全国乡村林场全面质量管理奖。全省主要林产工业产品质量的稳定提高率和优质产品率均达到和超过省下达的计划指标，有5个产品获部优质产品称号、9个通过省优质产品评审，有4个企业获省级先进企业称号。8个QC小组获部优秀质量管理和先进质量管理小组称号。

森工转产安置 继续实施省政府[1990]134号文确定重点森工转产安置方案，开发新产业。新开工转产项目5个，正在进行前期准备工作的6个；在全省范围内，带资安置森工富余人员6027人，其中干部1048人，工人4979人。

种苗工作 加强了种子基地和苗圃建设，新建良种基地930亩，完成杉木、马尾松种子园嫁接1545亩。有2657亩种子园投产，产种3400公斤；有3429亩母树林投产，产种2000公斤。苗木培育向工程化发展，全省营养袋育苗达1亿个。

区乡林业站 省林业厅会同省人事厅、省编委联合下达林业站的编制标准。据15个市（地、州）统计，有107个县定编，编制人数12 603人。人事部门安排林业站招干指标1374名（含成都市200名，重庆市189名）。

依法治林 全省发生林业行政案件30 920件，比1990年下降24.4%，已查处30 069件，占总件数的97.25%，收缴木材14 769立方米，挽回各种经济损失710.1万元。由林业公安受理的各类森林案件6396起，破获6133起，综合破案率为95.89%，其中森林刑事案件569起，破获525起，森林治安案件1258起，破获1198起，依法打击违法犯罪分子11 804名，其中逮捕322名，劳教11名，收缴木材9019立方米，挽回各种经济损失399.34万元。

存在问题 林业生产建设发展不平衡。①造林绿化，种苗是个薄弱环节，良种供应率低，少数地方仍使用三级苗；②森林保护，防火设施和交通还不适应，火源管理有漏洞；防治森林病虫经费不落实，森林病虫有蔓延的趋势；③林政管理，边界地区的林权纠纷时有发生，仍存在林地占用情况，森林低值消耗没有解决；④企业管理，重点森工企业亏损面大，国营林场、苗圃脱贫步伐不大；⑤基层建设，主要是林业站经费没有很好地解决，影响基层队伍的稳定。

（魏寿才）

【稻城县营造万亩青杨林】 稻城县位于青藏高原东南缘，是甘孜州边远的藏族聚居县。几年来，全县人民行动起来，营造万亩青杨林，1991年被全国绿委授予造林绿化先进单位称号。

县委、县政府认真分析了制约经济发展的症结，提出了大力改善生产、生活基本条件，从兴修水利、修筑道路、造林营林入手。首先在稻坝区建设万亩青杨林，并纳入1988年县政府工作报告，提交县人大审议通过。各级党政和农村基层组织把青杨林工程作为全县经济工作的重要内容。县政府组成了万亩青杨林指挥部，建立各种岗位责任制，制订了“定人员、定任务、定地段、定质量、定奖惩”的办法和定期检查验收标准，区、乡、村将营林管理措施纳入乡规民约。为了解决林业投入，把开展义务植树与工程造林结合起来，将造林打点、定桩的任务分配到各乡，由县级机关职工和乡干部带领群众挖穴植树，累计群众投劳13万个，挖穴24万个，机关干部义务植树12万株，折合2000亩。

在海拔3700米的高原地区，开展速生丰产林建设，县抓了可行性论证，搞好造林总体设计，按基本建设程序实施。为了保证工程质量，狠抓几个环节：一是提早部署不误林时，保证在苗木萌动发芽前完成栽植前各项准备；二是精心整地，穴大穴深，以利造林季节，河滩地下水位回升，对苗木起到保湿效果；三是开渠引流，自灌与提灌结合，保证苗木有充足的水分；四是起苗、运输、栽植等工序加强管理，苗木运输前浸泡处理，种植时回填客土；五是造林成活的幼树次年6月施一次稀化肥；六是已造林地上搞网围栏，防止人畜践踏。还加强了种苗准备，开展了塑料大棚温室杨树育苗，在高寒地带培育出一年生出山苗；使用插条用生长刺激素浸泡，扦插苗长出后抹芽等技术，把常规3年培育周期缩短为2年。现在，万亩速生丰产青杨林已完成6350亩，造林后长势良好，主干发达，无病虫害，成活率在85%以上，前两年造的杨树大部分闭郁成林，城区附近的小气候发生了明显的变化。（魏寿才）

【青片河林业局】 青片河林业局是绵阳市属中型采伐企业，因保护大熊猫等珍稀动物，1980年6月由青川县迁至北川县青片河林区。这个林区属高山峡谷地带，山高坡陡，平均坡度在35度以上，土层瘠薄，可利用资源出材量仅有45万立方米，全局1800多职工将面临无林可采的严峻形势。局领导发动全体职工开展企业向何处去的大讨论，确定充分利用林区自然资源，实现“以工为主，以工养林”的发展目标。

经过调查研究，反复论证，林区水力、矿产资源丰富，决心以水电为龙头，带动高耗能的产业。首先建成1500千瓦的高水头电站，耗资86.4万元，每千瓦投资576元。又建成了生产75硅铁年生产能力为1000吨的铁合金厂，1988年正式投入生产，产品质量合格率达到96%，当年就创收265.4万元，占企业总收入的22.97%；实现利润102.3万元，为电站和铁合金厂总投资的48%。为了继续调整产业结构，这个局决定上第二期工程，由职工集资140万元，企业自筹1000万元，贷款1100万元，再建设1.2万千瓦水电站和5000吨硅铁厂，目前已投入1092.7万元。通过调整，现企业形成年产原木2万立方米，营造林3000亩，硅铁1000吨，加工能力4000立方米木材的生产格局。1991年实现利润92.7万元，人均创税利2242元，人均收入从1986年的1111.08元，上升到2038.51元，增长83.47%；职工住房，文娱生活也有很大改善，稳定了职工队伍。（四川省林业厅）

【什邡县国营林场】 什邡县国营林场建于1958年，长期单一营林生产，靠国家补贴。1986年全国国营林场工作会议后，坚持贯彻以林为主的经营方针，“七五”期间实现林场经费自给有余；成片造林2579亩，低产林改造1678亩，中幼林抚育2.2万亩，生产木材22 365立方米；总产值830万元，总收入1122.5万元，纯收入231万元。其中多种经营产值229万元，占总产值的27.6%。

什邡县林场把培育森林资源放在首位。对原疏林地和低产林地的土质、水源、植被、海拔和气候进行全面调查，综合分析，改变单一柳杉、杉木树种结构为引进水杉、日本落叶松等多树种结构，采取针阔叶划片混交，对幼林进行施肥管理，改一年抚育一次为一年抚育两次等措施，投入资金141.4万元，实现了森林资源有效增长。据抽样检查，幼龄林平均年高生长由30厘米增加到50厘米；中龄林平均年高生长由50厘米增加到90厘米，年径增长由1厘米增加到1.3厘米；幼林郁闭时间缩短3年，森林蓄积量由1985年的24.99万立方米增加到32.86万立方米；森林覆盖率由82%上升到98%。

在坚持以林为主的同时，积极发展多种经营，走“以副补林，以副促林”的路子。开展木材加工，对加工厂实行承包经营，促使不断改进工艺，增加花色品种，适应市场。现加工产品发展到20多类，上百个品种，产供销“一条龙”；建立林场物资经营部，自筹资金400万元新建天鹅宾馆，还开设汽车运输、汽车修理，发展种植、养殖业等。从1986年以来，多种经营项目安排劳力60多名，总收入达到680万元，纯收入231万元；上交国家税利110万元，投入营林生产130万元；现有固定资产由过去的260万元增加到现在的680万元。（四川省林业厅）

【都江堰市国营林场速生丰产林建设】 都江堰市国营林场围绕经营管理水平低，技术落后，林分生产力不高，经济效益差的问题，依靠科技进步，建设速生丰产林。1987年以来，共造林13 700亩，其中1990年、1991年两年营造高标准速生丰产林10 300亩，年均造林5150亩，为前33年平均年造林面积的7倍，造林成活率由原来的60%提高到97%，造林当年生长比过去高2倍。

1989年，都江堰市林场与四川省林业科学研究院先后签订了杉木、秃杉山地壮苗培育、营建杉木1.5代种子园、良种良法营建高产示范林、速生丰产林技术服务等5个技术承包合同。省林业科学研究院帮助林场培训技术人员，参加工程造林设计与施工管理，并提供杉木优良家系种子；林场负责资金投入，工程管理和后勤保障。从抓种子园和示范林开始，第一年营建了杉木1.5代种子园52亩，示范林152亩，并培育出一年生合格的杉木、柳杉良种壮苗，使育苗成本比林场自育降低一半。为了搞好营造速生丰产林的产前、产中技术服务，在签订速生丰产林技术服务合同中明确规定，省林业科学研究院为工程造林连续服务3年，实现幼树高1.3米、树基径2.5厘米，并郁闭成林后，林场付给省林科院每亩8元的技术服务费，达不到规定的生长指标，林场按比例扣减服务费并罚扣服务费的10%。为加强速生丰产林管理，林场实行了造林目标责任制，林场场长与市林业局签订工程造林目标责任书，在3年内完成1万亩速丰林，每超100亩，奖励承包人，按全场人均工资的10%计发奖金，反之扣减5%；分管工程造林的场长与林场签订合同，可择优聘请施工员，施工员实行定额承包，凡验收合格的，每亩奖励1.2元，若不合格扣发奖励等量的劳务报酬，从而调动了各方面积极性，加快了建设速度，提高了速丰林的造林质量。 （四川省林业厅）

【邛崃县国营林场】 邛崃县国营林场与省林业科学研究院、省林业学校长期配合，实行科研、教育、生产三结合，广泛开展科学试验，推广应用科技成果，造林营林水平大幅度提高，林分单位面积生长量和蓄积量达到或超过全省同行先进水平。

林场实行“三结合”是从70年代开始的。20年来，先后开展了杉木的山地育苗技术、黄化原因探讨与防治、良种良法技术、无性系造林技术、定向培育技术、杉木林采伐更新技术等24项专题试验研究，其中5项获部、省科技进步奖。林场及时将科研成果推广应用，实现了生产经营“十化”：①种子良种化。从60年代起，林场育苗，就利用种子园种子、优良种源种子、母树林种子及引种成功的优良种子育苗，基本实现良种化。②苗木标准化。在山地壮苗育苗试验成功，杉木、柳杉、秃杉都按国家规定营造速生丰产林的苗木标准，选用Ⅰ、Ⅱ级苗造林；近两年，杉木林90%以上都使用营养袋育苗。③造林树种多样化。筛选出适合邛崃山脉中山地带的秃杉，日本柳杉、日本落叶松、藏柏等适应不同立地条件的优良树种，使林地利用率由80%提高到95%以上。④造林规划化。坚持先设计后施工的原则，划定立地类型，按优化模式选择造林树种，确定整地方式和质量，分小班建立作业设计卡。10年来，新造1.8万亩人工林一次成功。⑤抚育模式化。根据不同海拔高度，不同土壤条件和植被生长规律及树种特性，制定了各树种不同林龄的抚育次数、抚育方式及各次抚育期限。⑥间伐定量化。根据不同树种、立地条件、经营目标，制定了严格掌握间伐期、间伐量和保质量的定量间伐技术，使杉木中龄林每年生长量达2立方米。⑦材种经营目标化。按照经营目标确定造林密度、整地方式和经营管理强度，使定向培育的杉木伐期由25年缩短为18—20年。⑧采伐林木节约化。在低产林改造或经营性采伐中，杉木采用翻兜式的采伐方法，增加单位面积出材率5—10%，每亩增加0.5—1.0立方米材积。⑨集运木材机械化。主要伐区采用索道集材，加强林区公路建设，实现运材汽车化。⑩工程管理数量化。在生产过程中，实行多项指标100分制综合评分，把承包制与工程管理的量化结合起来，保证了生产进度，提高了工程质量。

（四川省林业厅）

【四川省森工企业清理“三角债”】 近两年，四川省市场疲软，木材滞销，三角债拖欠严重。1991年上半年，森工行业三角债累计35 534.1万元，其中行业外拖欠债款19 298.5万元（省外6126.7万元，省内13 171.8万元）。为了维持正常生产、生活秩序，企业集中专项资金，向银行贷款11 379.9万元保职工工资的发放。据统计，33个重点森工企业仍有16个企业发不出工资，每月只发生活费20—30元，有的企业欠发工资3个月，有的企业达半年之久，影响了职工生活。森工货款不能回笼，直接影响民族地区财政收入，甘孜藏族自治州大部分县是“木头财政”，18个县因森工欠交税利有15个县级机关发不出工资。在7月份省森工企业、丝绸单位清欠票据交割会上，收回货款1181万元，仍无法解开三角债链。

由于森工三角债对藏区和林区影响很大，省委、省政府十分重视。省委副书记李伯勇、宋宝瑞于12月9—25日先后4次主持会议，专题研究森工清欠工作。省委领导指示，森工企业清欠涉及林区、藏区的稳定，一定要从维护四川省藏区稳定的政治高度来对待森工行业清欠，情况特殊，要作一项特殊政治任务来完成，特事特办。省委常委、常务副省长谢世杰也强调，一定要顾全大局，搞好森工清欠。随后，召开了清欠重点的成都、重庆、乐山、广元、宜宾等市、地的市长、专员会议，落实清欠任务。在有关部门的积极配合下，12月中旬，森工收回货款5766.1万元，占起点50万元以上欠款金额8397.5万元的68.7%，其中甘孜藏族自治州森工收回资金2840.4万元，阿坝藏族羌族自治州森工收回资金2318.1万元，凉山彝族自治州森工收回资金607.6万元。同时，省林业厅根据省委、省政府领导关于搞好森工系统内部清欠工作，要求省属水运企业组织2500万元返回三州森工企业，已返回三州森工企业2100万元，基本保证了森工企业元旦、春节的工资发放。

（魏寿才）

【阿坝林业甘堡电站建成投产】 阿坝林区开发早，资源危机、经济危困尤为突出。面临严峻局面，及时调整产业结构，开发水力资源，取得了良好经济效益。从1988年5月开工，仅用两年多时间，投资7200万元，建成总装机容量2.55万千瓦的甘堡电站和103.5公里110千伏的甘白输电线路。从1990年7月建成投产至1991年11月底，经过17个月试运行，累计发电2.4亿度，实现收入1958万元，归还基建贷款955万元。

甘堡电站是阿坝森工“治危兴林”的转产骨干项目，建设周期短，工程造价低，经济效益好，主要抓了几点：①选准项目。根据林区自然资源优势和社会经济条件，立足于转产项目与民族地区经济发展相结合，经过充分论证，认为可利用水电为龙头，带动高耗能的产业，实现“以电养林，以电养电，滚动开发”。这个发展策略得到州政府的支持，企业自筹和银行贷款共3700万元，保证了电站开工建设需要。②组建建设班子。请州政府出面，从州级各部门中抽调水工、电气、经济管理等方面专业人才，并由具有专业的技术人员组成电站建设指挥部，处理和协调建设中的重大问题。③实行工程建设承包。建设指挥部向州林业管理局承包，即包工期、包质量、包管理人数、包投资，制定了实现“四包”的奖惩办法。在建设施工管理上，引入竞争机制，坚持公开招标；因地制宜优化设计；实行监理工程师制度；加强合同管理，严格履行合同等。④培训技术管理人员。在建设施工中，适当安排由森工企业转产人员参加建设，使他们在建设中边干边学，掌握技术，建成后，作为技术骨干或担任领导职务。从而在较短时期内，使电站生产经营走上正轨。 （魏寿才）

贵州省林业

【概　述】

成就

林业生产　1991年，全省完成造林为年计划的120.3%。其中，工程造林96.1万亩，速生丰产林60.8万亩，长江中上游防护林23.6万亩，飞机播种造林74.9万亩，均比1990年有增长。完成封山育林327.7万亩，为计划数的163.8%；育苗4.5万亩；“四旁”植树（含义务植树）6558万株，为计划数的85.1%。主要林产品产量，除乌桕、棕片、核桃产量比1990年下降外，油桐籽、油茶籽、五倍子、生漆等大宗林产品的产量，均比1990年增长（详见表1）。国营林场工农业总产值达3778万元，比1990年增长8.2%，国营林场完成总收入3453万元，比1990年增长18.3%。完成营林基本建设投资2016万元，比1990年增长5.1%。森林火灾次数，比1990年下降54%，森林火灾受害率为0.42‰，比1990年下降59%。森林病虫害防治率为68.3%。

表1　1991年全省主要林产品产量

林产品名　称	产量（吨）	比1990年增减（%）	林产品名　称	产量（吨）	比1990年增减（%）
油桐籽	71 602	3.6	棕　片	4 145	−9.3
油茶籽	9 117	9.4	核　桃	5 225	−1.1
乌桕籽	6 534	−4.8	板　栗	3 265	−1.8
五倍子	873	3.1	生　漆	727	8.8

改革与林政实施　主要抓了“一个规划，两个基础，三个提高，四个转变”。一个规划：就是抓造林绿化规划的落实，把造林、封山育林、森林火灾受害率、病虫害防治率和森林采伐限额纳入责任状内容，层层签订责任状。两个基础：一是抓种苗基地建设。全省新建良种基地30万亩，新建培萌圃30亩，基本实现马尾松用种自给；二是抓林业工作站建设。全省共完成建新站658个，加上原有的站，全省已有林业工作站1322个。三个提高：一是造林合格率高达83.8%；二是管护水平普遍提高，新造林有人管；三是职工素质有提高，全省共举办各类培训班103期，培训人员5352人。四个转变：一是营林生产由单一抓用材林转变到“以林为主，多种经营，以短养长，综合开发”的路子上来；二是森工企业由单一抓木材生产转变到一手抓生产，一手抓后备森林资源的培育和多种经营上来，全省森工企业共有后备森林资源52.1万亩，每个职工平均50亩。三是由林业部门一家办林业转变到全民动手，全社会办林业。四是领导作风由一般号召转变到亲自办点，真抓实干上来。总之，林业生产建设在1991年得到稳步、协调发展。 （陆应中）

【贵州省十年绿化首战告捷】　1991年，是全省实现十年基本绿化贵州总目标的第一年。经过全省人民的艰苦努力，超额完成了全年造林计划。在各地完成任务后，相继于5、6月间，以县为单位，对人工造林、封山育林、育苗和领导办点开展自查。各地（州、市）于9、10月进行复查；经各地（州、市）行署（政府）审查、推荐，由省林业厅组织工程技术人员，按照林业部制定发布的《全国人工造林、更新实绩核查实施办法》的规定，对地（州、市）推荐的受奖单位和领导人办点进行核查，十年基本绿化贵州首战告捷，成效胜过往年，并为今后开展造林绿化活动创造、积累了经验。

全省在开展第一个造林绿化战役中，具有四个明显的特点：

①把植树造林列入农村工作重点，坚持群众投工投劳，集中力量打歼灭战。各地根据年度造林计划，层层分解到区、乡、村、组，落实到山头地块，集中领导、劳力和时间，开展造林月、旬、周活动，集中力量打造林整地歼灭战，然后再组织专业人员栽植，一鼓作气完成任务。

②各级领导带头办造林绿化示范点，带动全社会办林业、搞绿化。省、地、县、区、乡五级共办造林绿化示范点1800多个。其中，省级6个，地（州）级24个，县级283个。县级以上领导同志办的313个点中，造林66.4万亩，占全省人工造林的18.5%。全省有100万妇女投入造林绿化活动，兴办“三八”绿色工程496处，面积19.5万亩。全省有400多万青少年投入绿色工程，兴办青年绿色工程300多个。

③造林成活率、合格率高于往年。各级领导重视造林质量，各级林业部门加强技术指导，特别是工程造林，做到项目有总体设计，施工前有作业设计，施

工中有检查验收制度，并建立了一条龙的技术指导和质量保障制度，使造林成活率、合格率大为提高。

④加强管护，建立和完善管护责任制。全省采取三种形式进行管护。一是统造统管，即雇请护林人员承包管护；二是统造分管，即统一规划，统一造林，分户管护，利益分成；三是建立林场管护。

（陆应中）

【森林资源连续清查第二次复查】 6月17日，省林业厅向全省通报了森林资源连续清查第二次复查成果：全省林业用地面积11098.2万亩，占全省总面积的42%，全省森林总蓄积13777.9万立方米。各类森林资源现状如下：

各类林业用地面积 ①有林地3904.2万亩，占全省总面积的14.8%；②疏林地1266.1万亩，占全省总面积的4.8%；③灌木林地937.5万亩，占全省总面积的3.5%；④未成林造林地218.3万亩，占全省总面积的0.8%；⑤宜林荒山4772.1万亩，占全省总面积的18.1%。

全省森林覆盖率 ①有林地森林覆盖率14.8%；②有林地＋灌木林地森林覆盖率18.3%。

各类林木蓄积 ①有林地林分蓄积9391.2万立方米，占总蓄积的68.2%；②疏林地蓄积1447.5万立方米，占总蓄积的10.5%；③散生木蓄积2082.0万立方米，占总蓄积的15.1%；④“四旁”树蓄积857.2万立方米，占总蓄积的6.2%。

人工林面积蓄积 全省人工林林分面积719.7万亩，占全省林分面积的21.9%；蓄积2001万立方米，占林分蓄积的21.3%。

森林资源权属 ①国有林业用地面积563.7万亩，占林业用地的5.1%；集体（含自留山）林业用地面积10 534.5万亩，占林业用地的94.9%。②国有林蓄积1 821.6万立方米，占活立木总蓄积的13.2%；集体林蓄积11 956.3万立方米，占总蓄积的86.8%。

（霍仁财）

【富源木材厂引进板式生产线】 贵州省最大的木材综合加工企业——贵州富源木材厂从罗马尼亚引进的板式家具生产线和刨切单板生产线于1991年5月竣工投产。

这条家具生产线，于1988年与罗方正式签订合同，总投资770万元，可年产家具3000套，刨切单板生产线年产单板120万立方米。该生产线设备先进，工艺精湛，使传统家具的零部件标准化、系列化、通用化程度大为提高，便于机械化生产和运输包装贮存。产品以刨花板作基材，实木封边，珍贵树种刨切薄木贴面，极大提高木材利用率，扩大了人造板的使用价值。产品外表面采用国际流行的新型不饱和聚脂漆，内用硝基清漆涂饰，具有强度高，不变形，耐高温，光泽好，木纹清晰等特点。产品已批量投放市场，并已走向国际市场。

这条生产线的竣工投产，结束了贵州省家具生产产品单一，档次低下的历史。 （李永焕）

【贵州省21个县、市、特区造林绿化受表彰】 1991年，有21个县、市、特区造林绿化成绩突出，当年造林合格率达85%以上，受到省人民政府表彰。这21个单位是：

一等奖：黎平县、遵义市、盘县特区、锦屏县、平塘县

二等奖：绥阳县、凤冈县、云岩区、天柱县、花溪区、织金县、威宁彝族回族苗族自治县、三都水族自治县、黄平县、清镇县

三等奖：福泉县、望谟县、金沙县、兴义市、普安县、开阳县、玉屏侗族自治县

受到省绿化委员会表彰的39位领导人是：单洪根、石朝胜、傅奇志、许德璋、张清良、陈锡望、周齐、李让寅、刘宏发、潘茂修、王敬祥、周国才、伍通洲、杨文会、黄玉贵、禄绍康、陈登亮、张小德、郑荣华、黄开富、牟永鹤、龙岳洲、江纪伦、李锦涛、冯一兵、张华、李先安、易国民、张世德、罗志忠、王正华、李贵全、卢胜福、蒋光国、李万禄、王亚光、罗发厚、张文俊、周世康。 （陆应中）

【3356项目通过中期评价】 5月22—30日，世界粮食计划署驻华代表处顾问博杜克和项目助理赵欣敏，林业部和农业部，贵州省林业厅组成三方评审团，对中国3356项目进行了中期评价。评审团主要通过现场考察和座谈讨论等方式，了解项目的管理和执行情况，其中包括项目目标、项目管理方式、执行过程、食品发放、生产责任制形式以及粮食兑换、妇女参与项目活动等内容。评审团经过评审，得出结论：这个项目执行得很好，项目预期的产出基本上达到了，工程的质量是好的。在肯定成绩的同时，也提出了不少好的建议，如造林的种子和苗木还可进一步提高和加强，树种的选择应更多样化，妇女在项目管理中应发挥更大的作用等。

（罗运秋）

【世界银行贷款造林项目完成第一年任务】 1990年8月14日，省林业厅与3个自治州、9个县签订了世界银行贷款造林项目执行协议，世界银行贷款造林项目正式实施。1991年，全省完成造林整地12.0067万亩，为计划的100.06%；完成植苗造林11.163万亩，为计划的93.03%；完成专项育苗3927亩，为计划的109%。报取世界银行贷款337万元。

（罗运秋）

【贵州省实现马尾松造林用种自给】 贵州省是全国马尾松优良种源区之一，现有马尾松林1300万亩。全省每年育苗、直播和飞播造林约需马尾松种子25万公斤。长期以来，由于重造林，轻种苗，重买种，轻采种，本省的优良种源没有很好地开发利用。1991年，省林业厅党组加强了对种苗工作的领导。于8月1日，省

林业厅覃绍德厅长召集20多个重点马尾松种源县的县长开座谈会，请各县把采收马尾松种子的工作列入本县当年“小秋收”的重要内容，并落实了采种任务。全省采收马尾松球果1293万公斤，完成采种任务的104.3%。全部球果处理后，可得马尾松种子25万公斤，首次实现了马尾松育苗、直播、飞播造林用种自给。

（罗运秋）

【贵州省长江中上游防护林建设】 贵州省长江中上游防护林体系建设，1989年试点启动，1990年在赫章、毕节、大方、纳雍、水城、织金、普定、息烽、修文、开阳10县全面展开。1991年，林业部又批准瓮安、清镇2县为“达标”参赛县。1991年，长防林建设完成重点工程造林23.6万亩，为全省计划的94.4%，为林业部计划的112.3%。

贵州省长江中上游防护林建设有4个特点：一是省、地、县都建立了长江防护林建设领导小组，由党政主要领导或分管领导任组长或指挥长，并且层层办点，真抓实干。二是实行工程管理。按规划设计，按设计施工，按工程验收，按实绩考核。造林质量一年比一年好，规模一年比一年大。三是开始从分散经营走向规模治理。长江防护林500亩以上集中连片的已有124片，其中5000亩以上的有10片。四是长江防护林投入逐年增加。3年累计国家拨款570.2万元，地方匹配资金130万元，单位、群众捐款集资103万元。

（罗运秋）

云南省林业

【概　述】

发展与成就

植树造林　1991年，全省造林为年计划的110.7%，比1990年增加4.1%。其中：人工造林359.46万亩，为年计划的108.9%，比1990年增加11.6%；飞播造林83.24万亩，为年计划的118.9%，比1990年减少19.3%。在人工造林中，工程造林261.2万亩，为年计划的186.6%。封山育林累计完成2143.46万亩，本年新封533.4万亩。“四旁”植树13 312万株，为年计划的125.6%。育苗32 267亩，为年计划的161.3%。幼林抚育132.55万亩，成林抚育52.13万亩，分别为年计划的110.5%、130.3%。全省植树造林体现了一般造林与工程造林并重，植树造林与封山育林，与幼、成林抚育并重的特点。

森工生产　全省森工生产工业总产值5.36亿元，完成年计划的58.8%，比1990年增长12.9%，其中省属企业实现产值9263万元，为年计划的128.4%。全部木材产量262.21万立方米，为年计划的87.4%，比1990年增加7.1%，其中省属企业完成10.50万立方米，完成年计划的82.7%，比1990年增加0.9%。全省生产锯材41.40万立方米，人造板8.56万立方米，松香18466吨、栲胶2355吨、虫胶404吨。

森林保护　森林防火、制止乱砍滥伐、乱捕滥猎和森林病虫害防治检疫工作，共同的特点一是指导思想明确，积极预防，依法从严护林；二是领导重视，建立目标责任制；三是宣传教育工作广泛深入；四是健全组织机构，建立专业队伍，真抓实管；五是多方筹集资金，增加投入，配置和改善基础设施，使全省的森林保护取得了新成绩。森林火灾受害率为0.11‰，比全国平均受害率低0.03‰；森林病虫害防治率为55%，超过了林业部要求防治率达50%的指标；各类森林案件综合查处率为96.7%，案件发生数比1990年下降10.68%；取缔非法经营木材户300多家。实行开源与节流并重，当年推广省柴节煤灶28.58万户，新建农村户用沼气池11 544个，推广太阳能热水器11646.1平方米，每年可节约木材300万立方米。

科技与教育　完成全省林木种子资源普查，基本摸清了全省主要用材树种、经济林树种和部分珍稀树种及外来树种的种子资源分布、结实情况，选出一定数量的优良林分和优良单株，经专家鉴定认为已达国内同行的先进水平，填补了云南主要树种在良种选育方面的空白。省林科院与福贡县政府共同承担组织的5000亩油桐高产试验示范林扶贫项目获得良好效益，获国家民委民族团结进步先进集体奖、1991年科学技术进步三等奖。1991年共举办多门类、多个专业的培训班410多期，培训人员共5万多人次。

改革与林政实施

制定规划，完善政策　1990年4月，省委、省政府召开了全省林业工作会议，研究林业发展规划和关系林业发展的若干重大政策问题。会后，先后出台6份政策性文件，即《林业发展十年规划和“八五”计划要点》、《关于进一步稳定和完善林业“两山”责任制的通知》、《木材经营管理暂行规定的通知》、《关于在“八五”期间实现森林资源消长平衡的通知》、《关于增强森工企业活力“治危兴林”的通知》、《关于建立林业基金制度的通知》，对进一步深化林业的配套改革，具有重要的指导意义。

采取措施，遏制森工企业“两危”　一是加快国营森工企业核权发证工作，已发证面积480.9万亩；二是按照“大稳定、小调整，完善提高”的方针完成了企业第二轮经营承包，有95%的企业签订承包合同；三是逐步转换企业经营机制，以升级达标促进改善经营管理。除昆明林机厂保持国家二级企业外，又有卫国林业局晋升为国家二级企业，黑白水林业局、思茅

林业化工厂晋升为省先进企业，景东林业化工厂晋升为省二级企业；四是发展多种经营，开展边境贸易。从1986年至1991年，落实的国家多种经营贷款共4789万元，自筹配套1988.96万元，已建成和在建的项目共98个。有10多个林业企业已在边境口岸建立商号、办事处，开展边境贸易。通过上述措施，部分森工企业"两危"状况有所缓解，华坪林业局多种经营产值已占全局工业总产值的68%；卫国林业局"避危兴林，走上林兴、民富、企业活的路子；黑白水、江边、南盘江林业局，金沙江工程公司开始走出低谷，特别是省木材公司和大旧庄、甸尾、王家营贮木场，省林产公司，昆明林机厂等单位在市场疲软的情况下，超额完成了税利计划。

切实开展"质量、品种、效益年"活动 营林生产总结了1990年造林核实率仅达75.7%，合格率达48%，核实率、合格率比1989年下降的教训，始终把提高造林质量作为全部工作的重心来抓。全省上下共组织3000多人的工作队深入到山头地块督促指导，坚持六个不准；一不准粗放撒播造林；二不准三级以下苗木用于造林；三不准未经培训的人员上岗造林；四不准以种苗推算造林面积；五不准1亩以下零星植树折算造林面积；六不准把未经核实面积和成活率达不到标准的造林面积统计上报。此外，省林业厅"质量、品种、效益年"活动领导小组组织了岗位练兵、建章建制、评比奖励活动，已收到实效。昆明林机厂钢板弹簧质量在机电部组织的50家企业参加的质量评比中，总分名列第一，荣获一等奖。在系列产品中，创出三个省优、两个部优产品，产品畅销国内市场并打入美国、西欧市场。

存在问题 ①森林赤字年达700万立方米；②全省国营森工企业经济效益下滑，23户预算内企业11户盈利，12户亏损，盈亏相抵后仍有赤字1602.8万元；③林区治安形势严峻，重大毁林案件呈上升趋势；④林产业结构和产品结构调整步伐缓慢；⑤各级林业行政管理机关的工作跟不上改革开放的步伐，宏观调控能力及服务工作差。 （云南省林业厅办公室）

【云南省10年全民义务植树】 自1982年开展全民义务植树运动10年来，云南省各族人民共义务植树8亿1千7百10万株，是自1950—1991年42年来全省植树总株数29.87亿株的29.1%。履行义务植树的人数逐年增加，1982—1988年，年均出动500多万人，1989年686万人，1990年1042万人，1991年1322万人，参加义务植树人数已占适龄公民总人数的65%。

全国绿化委员会第八次全体（扩大）会议后，全省的义务植树再掀起高潮，在省委、省政府的领导下，普遍开展了学习广东"为官一任，绿化一方"的经验，建立了保护森林，发展林业的领导干部任期目标责任制。许多地方在换届选举中做到领导换了，计划目标不变，责任不变。1990和1991两年，全省共办造林绿化点7299片，面积132.1万亩。为把造林绿化的义务落到实处，全省127个县（市）的1568个乡（镇）中，有122个县（市）和724个乡（镇）实行了义务植树登记卡制度，楚雄、临沧、玉溪等地（州）的村委会也实行该项制度。通过义务植树登记卡制度的实施，落实到了单位和个人。同时，全省广泛推行了植树造林义务工和劳动积累工制度，既部分解决了造林投资不足的困难，又为农村富余劳力开辟了新的出路。

在全民义务植树运动中，中国人民解放军、武警部队戍边不忘绿化，煤炭、冶金、有色金属、铁路、公路等部门不仅把造林绿化的基本国策教育、法律法规教育和科普知识教育纳入年度宣传教育计划，还把造林绿化与厂矿企业升级达标，创文明单位、园林式单位、清洁工厂等活动紧密结合起来，纳入企业发展总体规划之中，建立了一套严格的管理、考核制度。许多共青团、妇女、民兵、少先队组织还开展了青少年绿化工程、"三八"绿色工程、民兵绿化工程、我与小树同成长的植树造林活动。营造各种纪念林、纪念树的活动，也正在一部分地方的群众中开始兴起。

（胡应祥）

【文山壮族苗族自治州引种湿地松】 1989年11月16、17日，中共中央总书记江泽民在云南文山壮族苗族自治州视察工作时，针对文山州有较多红壤土分布的实际，曾两次对州委领导建议派人到江西考察，引种湿地松改良红壤。

中共文山州委、州人民政府认真落实江总书记建议，即组织科技人员赴江西考察，并将湿地松种子带回，随后开展播种的各项准备工作。1990年2月在文山、砚山县的3个点进行育苗试验，出苗率达到88%，同年7月中旬各点开始移栽，苗平均高9.4厘米，最高的达23厘米。11月下旬，又开始进行第二次育苗试验，出苗率为98.2%，到1991年6月中旬移栽，幼苗平均高22.2厘米，最高的达32.5厘米。两次移栽面积共220亩，成活保存率达90%以上，1990年7月移栽的，到1991年10月底平均幼树已高达50.3厘米，最高的达1.22米，平均地径3.42厘米，地径最粗的达4厘米。1991年6月移栽的幼苗，到10月底，平均苗高26.5厘米，最高的达38厘米，与同龄的云南松相比，湿地松苗的高生长是云南松苗高生长的两倍多。

（文山壮族苗族自治州林业局）

【云南省属森工企业全面完成质量指标】 在"质量、品种、效益年"活动中，云南省林业厅对省属森工企业制定了营林更新、产品质量、质量管理等三个方面的具体指标。通过上下共同努力，经检查，已全面完成。营林更新中，规定造林成活率为90%，实际达到94.7%；三年造林面积保存率指标为85%，实际达到97.4%。产品质量指标中，计划创部优产品1—2个，省优产品4—6个，实际获部优产品2个，省优产品4个；规定出口产品合格率指标为高于98.5%，实际达到100%。质量管理指标中，要求有10个企业的全面质量管理通过省级达标验收，实际有15个企业的全面质量管理通过了省级达标验收。

在“质量、品种、效益年”活动中，省林业厅成立了领导小组，举办了有100人参加的质量管理培训班，还举办了全省林业质量管理小组成果发表会，成立了林业质量管理协会筹备组。通过上述工作，增强了质量意识，收到了实效。（王全富）

【腾冲县实现森林生长量大于消耗量】 位于滇西“南方丝绸之路”要冲的云南省腾冲县，在全省森林资源赤字严重的情况下，率先实现森林生长量大于消耗量。据林业调查部门确认，1980—1987年，全县森林面积净增74.6万亩，森林覆盖率从37.3%上升到46.1%，活立木蓄积量增加了126.4万立方米，年均增加18.06万立方米。从1988—1991年，又增加森林面积近20万亩，全县出现了青山常在，永续利用的良性循环局面。1991年，被全国绿化委员会、林业部、人事部授予全国造林绿化先进单位称号。

主要措施是：①正确分析和认识林情。县委、县政府始终把发展林业、保护森林资源作为一件大事来抓，指标具体，层层落实，措施配套；②充实调整林业管理机构，为发展林业提供了组织保证；③大力植树造林，严格把住造林质量关。从1980年起，全县每年植树造林都在5万亩以上。1986年起，把工程造林作为绿化造林的重点，每年筹集造林资金120万元左右，推广“基地建林场，林场管基地，建一个林场，绿化一座荒山”的经验，并及时配备管护人员，使工程造林的保存率均达到80%以上；④切实抓好“三防”，保护好现有森林；⑤严格执行采伐限额，并在省政府下达的采伐限额基础上，每年主动压缩采伐量5000立方米；⑥开展节柴改灶，以电、沼气代柴等措施，每年节约木材15万立方米。（杨云锦）

【云南省林业宣传工作】 为依靠全社会的力量发展林业，云南省林业厅把宣传工作当作生产建设的第一道工序来抓，利用报刊、出版物、广播、电视、电影、图片、文艺等宣传工具和手段，开展多形式、多层次地宣传林业活动。报刊宣传方面，除继续加强《云南林业》、《云南林业科技》、《森林调整与规划》、《云南林业年鉴》的编辑出版发行外，又先后编辑出版了《云南森林》、《云南森林昆虫》、《云南林业概览》、《中华绿色明珠（云南卷）》、《绿之魂》等近20本林业科技、文学、工具书籍、画册。在形象宣传方面，先后摄制了《飞机播种造林》、《速生丰产林》、《云南高山花卉》等7部电影科教片和《森林、生命》、《栋梁》等多部电视系列片、专题片、电视剧。并先后与《云南日报》等省、市新闻单位，联合举办了第一届、第二届全省林业好新闻评选活动。还与中央驻昆明及省级主要新闻单位开展绿叶文学征文、林区万里行、长江防护林建设、云南植树月等大型林业文学征文和系列报道活动。举办了云岭绿韵等书、美、影展览。由于省林业厅加强了林业宣传行业管理，地（州）、县（市）林业部门也抓住“植树节”、“植树月”、“爱鸟周”以及林业法规颁布实施行的时机，开展大规模街头宣传活动，举办知识竞赛、广播讲座，印发传单、小册子，出动宣传车，设置永久性标语牌等，广泛宣传林业的社会、生态、经济效益。云南省林业厅被林业部授予全国林业宣传先进单位称号。（李广联）

【云南省1991年林业大事】

①云南省委、省政府于4月1—7日在曲靖召开全省林业工作会议。各地（州、市）主管林业的副专员、副州长、副市长以及林业主管部门负责人、林业企事业单位负责人共400余人出席了会议。中共云南省委副书记刘荣惠作了题为《绿化云南、兴林富滇》的讲话；中共云南省委常委、副省长保永康作了《总结经验，真抓实干，为早日绿化云南大地而奋斗》的报告；林业部政策法规司副司长任元寿代表林业部前来出席指导会议。会后，省委、省政府根据会议讨论意见，对6份政策性文件作了修改补充后颁发执行。

②省人民政府第44次常务会议决定，调整农村节能管理机构隶属关系，将原设在省农牧渔业厅的农村能源工作站划归省林业厅直接领导。此决定于1991年8月30日以云政发（1991）204号文通知执行。

（唐庆苹）

【附　表】

云南省自然保护区一览

地　区	自然保护区名称	面积（万亩）	建立时间	主要保护对象	地　区	自然保护区名称	面积（万亩）	建立时间	主要保护对象
1.昆明市		0.02			会泽县	驾车	12.42	1984.4	天然华山松林、种子基地
禄劝彝族苗族自治县	普渡河	0.02	1984.4	原始古生植物苏铁	3.楚雄彝族自治州		23.46		
2.曲靖地区		14.24			楚雄市	哀牢山	6.78	1986.3	中山湿性长绿阔叶林、水源林及各种野生动物
富源县	十八连山	1.82	1986.3	野生山茶、湿性常绿阔叶林	双柏县	哀牢山	15.76	1986.3	

（续）

地　区	自然保护区名称	面积（万亩）	建立时间	主要保护对象	地　区	自然保护区名称	面积（万亩）	建立时间	主要保护对象
禄丰县	雕林山	0.92	1984.4	滇中高原森林植被	禄春县	黄连山	20.78	1983.4	常绿阔叶林、猿猴等动物
4.玉溪地区		21.99			8.丽江地区		51.19		
新平彝族傣族自治县	哀牢山	21.99	1986.3	中山湿性长绿阔叶林、水源林及各种野生动物	丽江纳西族自治县	玉龙雪山	39.00	1984.4	高山森林景观、野生动物
5.思茅地区		88.29			宁蒗彝族自治县	泸沽湖	12.19	1986.3	高山松、高原湖泊、沼泽及水禽等
镇沅彝族哈尼族拉祜族自治县	哀牢山	13.51	1986.3	中山湿性长绿阔叶林、水源林及各种野生动物	9.昭通地区		20.51		
景东彝族自治县	哀牢山	17.50	1986.3	中山湿性长绿阔叶林、水源林及各种野生动物	巧家县	药山	15.32	1984.4	高山天然林、中药材等
景东彝族自治县	无量山	35.03	1986.3	亚热带阔叶林、针叶林、长臂猿	永善县	三江口	1.02	1984.4	原始阔叶林峨眉栲等
思茅县	莱阳河	10.50	1986.3	亚热带季雨林及野生动物	彝良县	海子坪	4.17	1984.4	天然楠竹、罗汉竹、天麻生境
景谷傣族彝族自治县	威远江	11.67	1983.4	思茅松原始林及猴类	10.大理白族自治州		10.00		
孟连傣族拉祜族佤族自治县	竜山	0.08	1986.3	龙血树	云龙县	天池	10.00	1983.4	云南松原始林、高山湖泊、猴等
6.文山壮族苗族自治州		9.60			11.保山地区		121.00		
麻栗坡县	老君山	4.22	1986.3	南亚热带森林及其野生动物	保山市	高黎贡山	57.00	1983.4	亚热带常绿阔叶林、高山针叶林及各种珍稀动物
马关县	老君山	2.54	1986.3	南亚热带森林及其野生动物	腾冲县	高黎贡山	64.00	1983.4	亚热带常绿阔叶林、高山针叶林及各种珍稀动物
西畴县	小桥沟	2.84	1986.3	南亚热带阔叶林、梭子果等	12.怒江傈僳族自治州		627.38		
7.红河哈尼族彝族自治州		59.97			泸水县	高黎贡山	64.23	1983.4	亚热带常绿阔叶林、高山针叶林及各种珍稀动物
屏边苗族自治县	大围山	7.14	1986.3	南亚热带森林及其野生动物	贡山独龙族怒族自治县	怒江	506.38	1986.3	秃杉、乔松、珙桐、羚牛、小熊猫、羚羊等
河口瑶族自治县	大围山	15.91	1986.3	南亚热带森林及其野生动物	福贡县	怒江	56.77	1986.3	秃杉、乔松、珙桐、羚牛、小熊猫、羚羊等
金平苗族瑶族傣族自治县	分水岭	16.14	1986.3	山地苔藓、阔叶林、猴类等动物	13.临沧地区		34.18		

（续）

地 区	自然保护区名称	面积(万亩)	建立时间	主要保护对象	地 区	自然保护区名称	面积(万亩)	建立时间	主要保护对象
永德县	大雪山	23.68	1986.3	亚热带阔叶林及野生动物	德钦县	白马雪山	270.00	1983.4	高山针叶林、滇金丝猴、麝、雉
沧源佤族自治县	南滚河	10.50	1980.7	热带季雨林、野象、长臂猿、虎	中甸县	碧塔海	21.20	1984.4	高山针叶林、高山湖泊、水禽等
14.德宏傣族景颇族自治州		51.24			中甸县	哈巴雪山	32.86	1984.4	高山森林景观及动物
盈江县	铜壁关	38.96	1986.3	印缅季雨林、长臂猿等野生动物	中甸县	纳帕海	3.10	1984.4	珍稀鸟类黑颈鹤栖息地
陇川县	铜壁关	1.71	1986.3	印缅季雨林、长臂猿等野生动物	16.西双版纳傣族自治州		363.00		
瑞丽县	铜壁关	10.57	1986.3		景洪、勐海、勐腊县	西双版纳	363.00	1980	热带森林、沟谷雨林、野象、野牛、长臂猿、虎等动物
15.迪庆藏族自治州		327.16			全省合计		1823.23		

（云南省林业厅）

西藏自治区林业

【概　述】

发展与成就

植树造林　1991年，全区成片造林3.453万亩。其中，工程造林2.7万亩（“一江两河”项目安排1.9万亩，实际完成2.1万亩）；“四旁”和义务植树342.45万株；育苗0.14万亩，种植经济林木14.28万株，迹地更新0.74万亩，封山育林208.823万亩。各项造林指标的完成均好于1990年。

森林防火　全年共发生森林火灾6起（其中火警3起），重大森林火灾2起（其中一起是由印占区引起的），过火面积3.4013万亩，受害森林面积1.4470万亩。与1990年同期相比，火灾次数下降了62.5%，但过火面积和成灾森林面积和上一年相比，都有较大幅度的增加。

木材生产　1991年，全区完成原木生产20.81万立方米。其中，木材主产区林芝地区完成原木生产17万立方米，锯材11.96万立方米，分别完成计划的100%和99%。由于产、供、销严重脱节和调运不力，加之交通受阻，到年末，林芝地区累计积压木材（折合原木）17.0815万立方米。

林业公安　1991年，全区共查处各类案件367起，破获非法偷猎团伙12个（54人），共查处1169人，罚没款（包括补交育林基金）15.29万元，没收木材500余立方米，椽子木550根，没收木材计划指标682立方米，没收伪造木材计划调拨单320立方米，没收各种野生动物皮张92张，藏羚羊角15对，猎枪10支，钢丝套48 432个。为受骗群众追回退款38 119.57元，木料10立方米。

存在问题　①林业体制不顺，林业机构薄弱，基层管理工作跟不上；②林区采育失调；③由于产、供、销脱节，木材积压的问题并未从根本上解决。

（尹秉高　宋淑敏）

【西藏“一江两河”中部流域地区林业发展总体规划完成】　西藏“一江两河”（雅鲁藏布江及其支流拉萨河和年楚河）中部流域地区林业发展总体规划，是1991年由林业部调查规划设计院和西藏自治区林业局共同承担的重点项目。外业调查队伍60多人〔含地（市）、县林业部门的人员〕，3—8月，先后深入到全流域214个乡、11个镇，共计完成了240万亩林业用地和80万亩宜林地资源的调查；完成了18个县的森林资源消耗量调查及“四旁”树调查；完成了标准地31块，解析木50株；收集了大量自然、社会及林业经济资料；完成了6个专题调研；总结了一批当地林业建设的典型经验；并与各级政府及林业主管部门交换了规划的意见和思路，为制订林业发展规划打下了可靠的基础。

在查清林业资源本底和大量外业资料的基础上，完成了计算机数据汇总，建立了数据库，绘制了林业现状底图；制订了规划原则方案。经自治区人民政府10月下旬在拉萨举行的区内外专家咨询会和12月9日在北京召开的林业专家审议会，以及12月20日“江河办”在京负责人座谈会评议，认为规划方案资源本底数据可靠，思路清晰，符合西藏林业发展的实际。

（林业部调查规划设计院　西藏自治区林业局）

【西藏自治区首次森林资源连续清查】　西藏自治区自1977年首次森林资源清查以来，资源消长变化较大，为适应西藏改革开放的需要，加强森林资源管理，根据林业部关于建立森林资源监测体系的要求，1991年开展了全区第二次森林资源清查，并建立了森林资源监测体系。

1991年4—9月，由林业部中南调查规划设计院、西藏自治区林业勘察研究所、湖南省农林工业勘察设计研究院，以及西藏有关地、县的林业科技人员180多人，共同组成了森林调查队。经过5个月的外业工作，全体队员克服了高寒缺氧、山高坡陡、交通不便的困难，深入到西藏30个有林县，涉及面积一百多万平方公里，完成了717个地面实测样群的调查，区划判读图班2.5万多个，判读样地1.75万多个，以及西藏中部“一江两河”流域地区部分宜林县的人工林调查。

西藏的一类森林资源清查是在应用遥感技术结合地面调查方法的基础上进行的，以1988年的TM图象、1986年的MSS图象和1978年的航测照片为基本信息源，结合地面调查和建立遥感信息系统目视解释标志，进行了不同森林类型、不同土地种类的判读和分析，成功地解决了西藏地广人稀、交通不便、环境条件艰苦和调查难度大的问题，以投入最低限度的人力物力，取得了相对其它技术方法成倍的工作效益，为西藏进一步广泛应用遥感技术提供了成功的经验。

（尹秉高　杨建祥）

【亚东县连续6年无森林火灾】　亚东县位于喜马拉雅山东南坡，东南西三面分别与不丹、锡金接壤，有林地面积4.3万多公顷。由于地处边境，过往人员较多，给森林防火工作带来较大的困难。针对这种情况，县委、县政府和林业部门从本地实际出发，采取行之有效的防火措施，取得了连续6年无森林火灾的好成绩。1990年，亚东县人民政府被西藏自治区森林防火指挥部评为全区护林防火先进集体。他们的主要经验是：

①加强领导。防火期到来之前，各级党政领导亲自部署任务、具体抓措施的落实，以早、细、严、狠为工作方针，即：早分析形势，早安排工作，早解决问题；抓措施落实要细；执行《森林法》及有关规定要严；抓重点林区森林防火的薄弱环节要狠。②大力宣传。采取口头宣传与文字宣传相结合的办法，利用各种会议、下乡工作组、张贴标语、下发宣传材料等多种形式，向林区群众、驻军部队和机关，广泛宣传《森林法》、《森林防火条例》及有关规定。近几年来，每年下乡宣传达100多人次。③健全机构。1980年，亚东县成立了以县长为指挥长的森林防火指挥部，有林乡（镇）、村和驻军部队、机关相继成立了森林防火领导小组。1989年冬，还成立了4支160多人的扑火队。现全县有专兼职护林员27人，还配备了2名林业公安干警。④依法治林。1991年1月，亚东县发生了一起森林火警，过火面积13亩。为了教育全县广大干部、群众和肇事人，对火灾肇事者除给予罚款外，还责令其写出书面检查并通报全县，起到了较好的宣传教育作用。

（宋淑敏）

【朗县子龙乡发展经济林木】　朗县子龙乡位于雅鲁藏布江中游北岸，全乡共有417户2137人，总耕地面积3355亩，人均占有耕地1.6亩。长期以来，由于耕地少、产业结构单一，该乡始终未能摆脱贫困的局面。从1987年起，子龙乡开始调整产业结构，利用当地自然优势，发展经济林木，使全乡群众逐步走上了富裕的道路。据统计，1990年全乡农业总收入250万元，人均纯收入1200元，其中纯收入的20%来自经济林木。近几年来，全乡每年向社会提供各种干鲜果品10余万公斤。他们的主要作法是：

①提高认识，加强领导。1987年，新组建的子龙乡党委、政府一班人，根据县委、县政府制定的“以农为主，农牧林相结合，宜农则农、宜牧则牧、宜林则林，分类指导，发展多种经营”的指导思想和本乡的实际，把发展经济林木作为增加群众收入的重要途径。同时，乡领导带头，狠抓各个环节，做到三个明确，一是分管人员明确，二是任务明确，三是管理措施明确。

②因地制宜，合理布局。子龙乡根据本乡荒滩沙地多、耕地少和目前西藏所产的苹果、梨等水果已基本满足区内市场的情况，利用房前屋后、荒滩沙地发展以花椒、核桃、葡萄等为主的经济林木。

③稳定林权，加强管护。土地归户后，为调动群众种植经济林木的积极性，子龙乡规定：谁种谁有，林权不变，允许继承，允许转让。并实行树随地走，折价归户，自主经营，收益归己的办法。同时制定管护措施和护林公约，采取调动群众积极性和行政命令相结合的办法，促进经济林木的发展。

④多方集资，加快经济林木的发展速度。1987年以来，子龙乡争取自治区和县财政投资15万元，建起了3个苗圃，面积92亩，至今已向群众提供各种经济林树苗2万多株。自1988年以来，该乡群众自筹资金4000余元，投入劳力万余人次，种植经济林木2万余株，相当于该乡原有经济林木的2.5倍。

（朗县林业局）

【日喀则市边雄乡农田防护林效益显著】　边雄乡位于日喀则市以东22公里处的雅鲁藏布江南岸，全乡共有10个行政村，497户3411人，总耕地面积1.633万亩。1974年以前，这里除了村边有几块面积很小的林卡外，从田间到江边几乎看不到一株树，常年风沙不断，灾害频繁，粮食亩产只有100公斤左右，每年都吃国家返销粮；民用材和薪材奇缺，秸杆和牛粪全部用作燃料烧掉而不能还田。

为了改善农牧业生产条件和恶劣的生态环境，从70年代中期起，全乡进行了统一规划，实行水、田、林、路综合治理，组织群众植树造林。进入80年代以来，乡政府结合当地实际，认真贯彻谁造谁有，分段归户，长期不变的政策，建立了由乡长主管下的村长负责制，坚持统一规划，统一造林，统一管理，分段包干，兑现奖惩的办法，规定每年的3月9日为全乡护林、护路日。

经过十几年的不懈努力，现全乡已完成了长17公里，平均宽20米，面积达509亩的沿江防风固沙林带；营造了7条护渠、护路林带，总长为22.3公里，植树44.6万多株；农田防护林、"四旁"植树共0.2661万亩，为8.5万亩农田创造了良好的生态屏障，连续几年粮食喜获丰收。1990年，全乡粮油总产量达到了440.4万公斤，平均单产336.5公斤，人均占有粮食1291公斤，创历史最高水平。向国家提供商品粮96万公斤，其中50户农民交售粮食超万斤。林业总收入达4.545万元，使这个乡一跃成了日喀则地区的先进乡。

（日喀则市园林管理局）

【西藏自治区1991年林业大事】

①6月3—5日，由西藏生态学会和西藏林学会共同举办的西南四省（区）生态林业、生态经济学术讨论会在拉萨召开。

②6月15日，西藏自治区野生动物保护协会在拉萨成立。全国人大副委员长阿沛·阿旺晋美任名誉理事长，自治区人民政府主席江村罗布当选为会长。

③10月30日至11月3日，全区植树造林表彰暨森林防火工作会议在拉萨召开，23个植树造林先进集体和30名先进个人受到了自治区绿化委员会的表彰。

④西藏珍稀野生动物考察成果获1991年度自治区科技进步一等奖。

（尹秉高）

陕西省林业

【概　述】

发展与成就　1991年3月初，省政府在西安召开全省农口系统工作会议，王双锡副省长与10地、市的专员签订了《陕西省造林绿化目标责任书》。省人大、省政府先后制订和落实了一系列有利于林业发展的法规和规章。陕西省人民政府发出了《关于〈陕西省实施森林防火条例〉办法的通知》、《转发扑灭美国白蛾指挥部关于做好一九九一年扑灭美国白蛾工作的报告的通知》、《关于下达"八五"期间年森林采伐限额的通知》、《陕西省关于开展全民义务植树运动的实施细则的通知》、《转发省森林防火指挥部关于今冬明春森林防火工作意见的报告的通知》。陕西省人民代表大会常务委员会通过了《陕西省森林管理条例》、《陕西省实施〈中华人民共和国野生动物保护法〉办法（修改草案）》等。陕西省林业厅7月在西安召开全省国营林场会议，10月在安康召开全省造林工作会议，分别表彰23个文明国营林场、20个优秀局（场）长、99个先进个人和乡村林场、采种育苗先进单位52个、先进个人23人。

林业总产值和林业社会总产值　林业总产值（按现价计算）107033万元，比1990年增长24.24%；全省林业社会总产值135991万元，比1990年增长22.93%，其中：农业总产值109794万元，工业总产值21219万元，建筑业总产值581万元，运输业总产值442万元，商业、饮食业总产值3955万元。

育林生产　全省完成造林460.7万亩，超年计划15.18%，育苗18.20万亩，超年计划7%，比1990年增长9.31%。"四旁"植树21967万株。封山育林1319.1万亩，幼林抚育实际面积437.7万亩。采集林木种子5169吨，比1990年增长114.57%。

林副产品产量　全省生产生漆803吨，油桐籽19 971吨，油茶籽394吨，乌桕籽290吨，比1990年增长26.47%。五倍子1415吨，核桃18 153吨，板栗5253吨。

森林保护　①森林防火。1991年，全省发生森林火灾54起，受害森林面积3898亩，其中成灾面积1247亩。因火灾死亡5人，重伤2人。与1990年相比，火灾次数上升5.88%，受害和成灾森林面积分别下降20.45%和22.06%。有78个县级单位实现全年无森林火灾。在设施建设方面，全年共筹集资金529.26万元，新购电台195部，对讲机182部，防火指挥车37辆，风力灭火机47台，发电机36部，建瞭望台16座。②森林病虫害防治。全省发生森林虫害387万亩，实际防治面积80.2万亩，发生森林病害面积76万亩，实际防治面积15.7万亩。③森林案件查处。据统计，全年共查获森林案件2954起，其中森林刑事案件148起，治安案件461起，受林业主管部门委托处理林业行政案件2345起。综合查处率为96.82%，比1990年下降0.9%。处理各类违纪犯罪分子4951人（次），其中逮捕92人，治安拘留215人，警告237人，治安罚款595人，林政罚款2845人，其他处罚967人，收缴木材2779立方米，为国家挽回经济损失152万元。经林业部公安局、省公安厅批准，2人荣立二等功，11人荣立三等功，9个单位荣立集体三等功。

飞播造林　1991年3—6月，全省飞播造林调用民航、空军等单位运—5飞机11架，作业515次，飞行511小时，使用各类种子36.9万公斤，完成飞播造林71.02万亩，其中有效面积为56.30万亩。完成播区补植8.2万亩，飞播林抚育间伐8.1万亩，建立抚育间伐技术样板5处0.6万亩，对丹凤县寺坪飞播林区70.5万亩飞播林进行二类资源调查和经营方案的编制。全省飞播造林及抚育间伐等各项支出388万元。其中飞播造林329.5万元，飞播林经营管理费5.85万元。

改革与林政实施

种苗工作 1991年春，陕西省林业厅发出了《关于切实加强春季育苗工作的紧急通知》，并从计划安排、物资供应上给予保证。省林业厅在安排计划时，单列65万元专款，改善国营苗圃生产基本条件。榆林地区拿出50万元作为苗木生产定购费。延安地区拿出30万元专门扶持骨干苗圃建设。安康、渭南在育苗生产中实行"三个坚持"，即坚持好田好地育苗，坚持育一亩苗补助100元、粮食指标400斤，坚持签订合同包育包销。

封山育林 1991年，陕西省林业厅制定《封山育林管理若干规定》，组织7个地(市)和14个封山育林重点县赴广西藤县参观。推行封山育林项目管理，即按项目设计，按项目投资，按设计封育，按设计检查验收。林业部补助封育资金85万元。全省全年完成封山育林1319.10万亩。

乡村林场建设 1991年，陕西省林业厅发出《陕西省乡村林场管理办法》，对乡村林场的经营体制、内部管理、分配关系及产业结构进行了改革和调整，并结合重点工程造林项目，安排生产任务，从资金上扶持，落实经济政策。全省有乡村林场4529个，比1989年增长22.3%，现有场员2.4万人，其中技术人员2138人。经营面积742.9万亩，有林地513.4万亩。

森林资源管理 1991年，全省森林总采伐量557万立方米，在凤县采伐限额全额管理试点的基础上，制定了《陕西省森林采伐限额管理办法》和《陕西省采伐限额监督检查实施细则》。国有林二类调查，已完成5185.5万亩，占全省国营林场总经营面积的90.9%。10个国营林业局，124个国营林场完成国有林场经营方案的编制工作。编制完成了《全省森林资源数据集》。

木材运输管理 1991年，陕西省林业厅与郑州铁路局、省交通厅共同转发了林业部、交通部、铁道部《关于实行凭证运输木材制度有关问题的通知》、《关于贯彻执行国务院办公厅〈关于保护森林资源、加强松香运输管理的复函〉的联合通知》，进一步明确木材、松香凭证运输的归口管理。全省运输出省木材16.2万立方米，占林业部批准陕西省总量17万立方米的95%。按照省政府的安排，对全省木材检查站进行了全面的清理整顿。撤销26个木材检查站，保留157个，其中，林业单独设立的113个，林业、公安、交通等部门联合设立的44个。在检查项目上，有11个木材检查站增加了查验森林植物检疫证件的任务，69个木材检查站增加了查验运输野生动物及产品证件的任务，批准新设立4个季节性白蛾检疫站。4月份，对商洛、安康2地8县(市)14个木材检查站进行了执法检查，制订了《陕西省木材检查站人员工作守则》。

区、乡林业工作站建设 1991年，林业部拨给全省区、乡林业站建设投资140万元，完成建站209个，全省已达734个，超额完成一期规划任务。

自然保护区管理 陕西省林业厅批准太白山自然保护区在区内明星寺和大爷海建立两个旅游接待站，开展森林公园旅游业务。牛背梁自然保护区的基建投资，征得陕西省计划委员会同意，将原设计任务书所列280万元的概算，修正为373万元，报林业部待批。

存在问题 ①全省230个国营林场有近三分之一处于经济危困之中，有近四分之三的乡村林场经济不能自给。②由于气候干旱，1990年种子欠收和农业土地调整等不利因素，飞播造林出苗差，后期旱死严重，损失面积187.5万亩，占播区总面积的17.5%。森林火灾发生次数有所上升，少数地方在统计报告中，有大火小报，小火不报的现象。③区、乡林业站建设综合指标较低，林业部对延川县8个站，商州15个站抽查，得72.7分。④楼观台发生特大人员伤亡事故。

(孙承骞)

【商洛地区林业行政事业单位兴办经济实体】 商洛地区7县(市)共有林业行政事业单位111个，职工1100人。全区有林地面积1679万亩。1988年开始，地区林特局组织林业基层事业单位，转变职能兴办实体，为林业生产服务。目前，已有36个单位，兴办经济实体43个，从业人员139人。从事开发性生产10余项，办起种植业、加工业44个，开办林特、林副购销业务的6个，建设林业、林特基地12个，经营面积1.95万亩，拥有固定资产46万元，年总收入413万元，利润40万元。

全区林业行政、事业单位兴办经济实体的形式和作法主要有：

①商南县茶叶站转变职能，融林业和经济实体为一体，搞开发性生产，成立了县茶叶联合服务总公司和县茶叶总场，把县站和36个茶厂联合起来，实行种植技术指导，收购、加工、销售一条龙经营，总场干部下乡下场，分片包干，进行技术指导，优化茶叶加工工序，分场进行粗加工，总场负责精加工。总公司提供产前、产中、产后配套服务。到1991年底，全县茶场发展到42个，场员增加到500多名，茶叶种植面积发展到1.05万亩，年产茶10万公斤，总收入200多万元，年纯利6万多元，为国家上缴各种税款11万多元，并让利于茶农双方按50%的比例分红，仅茶叶站1991年就获纯利3.2万元。

②镇安县东川区林业工作站1986年承包乡办林场1200亩，又以50年承包期，承包林场相邻的窄家沟，并入乡林场使承包面积扩大到6500亩，实行以林为主、多种经营，林业育苗36亩，扩大茶园面积25亩，营造经济林420亩。4年来，共经营林木种苗、嫁接工具、防虫器械以及天麻、木耳、板栗、茶叶等总收入57万多元，净利6.1万元。

③商南县成立了9人组成的果树站，专为发展红

果生产服务。建立了红果贮藏窑，设立药械供应服务部和产品购销门市部，开展产品购销、贮藏、加工、药械供应配套服务，包销全县年产75万公斤的红果，从中收取管理费、承包指导费1.5万元，从1985年以来，共获各种收入9万多元，为果农增加收入250多万元，为国家提供税费25万多元。

镇安县王区林业站1989年开始贷款3万元，职工自筹1万元，经营林木种苗、中药材、农药器械，3年来总收入24万元，上交各种税利4万多元，纯盈利2万多元，改善了林业站生活、工作条件。

④地区林特局和地直林业事业单位，组织成立了核桃、板栗、蚕桑、龙须草、意杨等5个承包集团，1991年争取承包费1.2万元，实行有偿服务。

商南县林业系统龙须草承包集团承担了地区纸厂投资10万元建立基地4万亩的任务，4年内交草合计2900吨。承包集团利用这些资金，从育苗栽植、整地、垦复等方面扶持发展龙须草生产并负责从林农中收购和向纸厂交售。

镇安、商州、柞水、丹凤、洛南等县(市)林业部门分别组建了蚕桑、板栗、小杂果、山芋等系列开发工作队，从省农办、多种经营办每年争取一定资金，扶持发展林业生产。 (商洛地区林特局)

【安康地区科技兴林】 安康地区林特局围绕建设林特商品基地，坚持送科技下乡，收到良好的经济、社会、生态效益。1986年以来，累计造林430.8万亩，保存160万亩，森林覆盖率达到42.5%。活立木蓄积量增长200万立方米。林特产品产量持续增长，蚕茧年产量由"六五"期间的407.5万公斤增加到"七五"的819.5万公斤，翻了一番。茶叶年产量由202万公斤增加到275万公斤，增长36.1%。柑桔年产量由20万公斤增长到200万公斤。生漆、五倍子、桐油等林特产品产量都有大幅度增长。紫阳富硒茶、平利"八仙云雾"、岚皋"龙安碧旋"等名茶产量达到5万多公斤。林特年产值由1.1亿元增加到2.1亿元，农民人均林特产品年纯收入达到118元。1991年，全地区开展"科技年"活动，又取得了好成绩。据年终统计，育苗3.53万亩占任务的176%，造林90.2万亩占任务的120.26%；蚕茧产量达到927.4万公斤，比1990年增长13.15%。林业已成为全区经济的重要支柱。他们的主要经验和作法是：

①组织科技承包。从1988年初开始，每年组织1000至1200名科技、行政人员，由县、区、乡各级领导挂帅、层层落实承包指标，承包两大类(林业、特产)，10多个项目，40多万亩的任务，推广10项实用技术。1991年承包蚕桑、柑桔、茶叶、黄姜、板栗等35万亩，新增产值1500万元。同时，组织承包了省林业厅"281"工程任务27.7万亩，完成38.7万亩，为下达任务的139%。

②开展科技培训。近几年来，先后组织科技干部30多人，编写近30万字的10项实用技术培训材料，印发40多万册，送到区、乡、村、组和千家万户，逐级培训。据统计，全区有20多万农户30多万人掌握了一、二项发展林特生产的实用技术。

③创办服务实体。1986年以来，在地、县、乡林特事业单位创办服务性实体36个，以科技服务为主，对林业特产进行产前、产中、产后有偿服务，创收200万元，仅地区蚕研所、林业站、蚕桑站三个服务实体，5年累计创收50多万元。地区蚕技部门在3年的时间里，为蚕农提供粉剂蚕药120吨，针剂蚕药50多万支，蚕具、桑具100余万件。

④抓科技样板。地区林特局在科技承包中抓了安康市建设、县河、白渔、劳动、流水等乡的十多个林特示范点。1991年，全区各级共办示范点422个，面积10218亩。在抓示范点的同时，全区抓了造林在30亩以上的造林大户3840户，共造林13.5万亩；育苗专业户1500多户，育苗2万亩；养蚕户15万户，产量达150余万公斤。通过抓专业大户，起到抓一村，带一乡，抓一户，带一片的作用。 (安康地区林特局)

【渭南地区创办绿色产业】 党的十一届三中全会以来，渭南地区把发展以名优特林果为主的经济林和平原农区速生丰产林作为林业内部主体产业，增强林业整体实力，促进了林业全面发展。全区有林地面积由1979年的201万亩增加到297万亩，森林覆盖率由11.1%增加到15.5%，森林蓄积总量由340万立方米增加到540万立方米。与1985年比较，小片速生丰产林面积由7万亩增加到12万亩，经济林面积由26.38万亩增加到106.22万亩。在造林布局上，南北二山已营造油松、华山松用材林5.6万亩，南北二原沟壑区营造刺槐矿柱用材林8.2万亩，中部平原灌区营造泡桐、杨树速生丰产林12.21万亩，泡桐5098万株。在造林重点上，围绕"三北"防护林、平原绿化"达标"，调整结构，注重效益，大力发展经济林，经济林果总产量达1956.4万公斤，收入1.96亿元，占农业总收入的13.5%，其中，已建成花椒基地40万亩，年产230万公斤，收入3680万元，红枣4.97万亩，收入1184万元，苹果45.54万亩，收入13 950万元。完成了"三北"二期工程造林保存面积71万亩、黄河林带工程造林保存面积35.70万亩，11个县(市)全部实现部颁平原绿化标准。全区控制水土流失面积449万亩，占水土流失总面积的34%。与1978年比较，年泥沙流失量由5572万吨减少到1949万吨，减少了65%。全区粮食总产量由12亿公斤增加到18亿公斤。造林绿化事业的发展不仅获得巨大的生态、经济和社会效益，而且还带动了其他产业的发展。人造纤维板从无到有，年产量达1万立方米。国营林场先后办木材加工厂4家，年加工能力2000立方米。兴办各类林果加工企业38个，组建林产品经销公司9个，林业事业单位兴办各类服务实体34个。1991年，第三产业产值达310.96万元、工业产值431.90万元。农村人均收入近500元。

近年来，地、县(市)各级党委、政府更加重视林业工作，把发展林业产业作为振兴农村经济的战略措施，制定了一系列的优惠政策和措施。县(市)林业部门注意调整林种树种结构，加强技术指导和经营服务。

(渭南地区林业局)

【陕西省楼观台实验林场森林公园发生特大伤亡事故】 1991年2月15日，楼观台林场森林公园闻仙沟吊桥因游 人过多而严重超载，致使一侧扶手钢绳断裂，桥面倾斜，166人翻落桥下。造成伤144人，死亡22人的特大伤亡事故。

这次事故是由于楼观台林场管理混乱，纪律松弛，工作懈怠，工作人员玩忽职守和领导失职造成的。1990年2月，林场森林公园管理处将钢索吊桥承包给不具备经营管理资格的园林队职工姬孝荣。姬孝荣又违反合同，背着领导，私下转包给当地农民李宏良。李宏良承包后，只顾赚钱，不顾安全，时有违反规定，超额售票的现象。2月15日(正月初一)，公园内游人猛增到2万多人，事故苗头已明显可见。但在现场值班的园林队负责人并未果断采取应急措施，也未及时向当班的公园和林场领导报告。在吊桥严重超员，秩序已经混乱的情况下，承包人继续出售门票，使规定只能承载30人的吊桥，一下子拥上近200人，加之无人疏导，终于桥倾人翻，酿成这起特大伤亡事故。

为了严肃法纪，教育广大干部群众，经过对事故原因和责任的认真调查，反复核实，周至县人民法院以重大责任事故罪，判处李宏良有期徒刑5年；判处姬孝荣有期徒刑3年，缓刑3年。经省监察厅批准，省监察厅驻省林业厅监察室决定：对楼观台林场副场长李敏胜，党委书记、代场长魏志忠，副场级调研员翟谦让，副场长李世厚分别给予行政撤职、记大过、记过、警告处分。对负有直接领导责任的公园管理处党支部书记李保良，原管理处主任张海平、副主任武永兆，公园园林队副队长李兆华等四人给予了相应的党纪、政纪处分。

(陕西省林业厅)

【陕西省1991年林业大事】

①6月8日至12日，国务委员、国家科委主任宋健在副省长姜信真的陪同下，考察了榆林治沙和延安绿化建设，在考察榆林治沙后题词“科学治沙，功在千秋”。

②7月28日，国务院在兰州召开的全国治沙工作会议上，榆林地区行政公署、榆林市人民政府获全国治沙先进单位称号，赵秉正、石海源获全国治沙劳动模范称号。

③8月29日至9月1日，国务委员、国务院贫困地区经济开发领导小组组长陈俊生在副省长王双锡、省林业厅厅长任国义的陪同下，考察了榆林治沙工作。

④12月26日至27日，在西安召开省“长防林”工程领导小组会议，副省长王双锡与有关地(市)专员签定了“长防林”工程建设责任状。　(孙承骞)

【附　表】

陕西省1991年林业企业多种经营效益重点单位统计

单位名称	产值（万元）		利润（万元）		利税（万元）	
	计	占总产值（%）	计	占总利润（%）	计	占总利税（%）
宁西林业局	498.23	22.5	52.30	22.8	67.50	15.0
太白林业局	599.12	26.9	84.80	36.9	109.89	29.5
长青林业局	249.80	21.6	72.42	62.1	89.79	41.3
宁东林业局	627.34	37.1	74.50	56.4	124.28	50.0
汉西林业局	189.78	26.2	0.57		3.13	1.6
龙草坪林业局	516.60	45.5	66.73	57.4	76.79	42.4
西北林机厂	140.64	5.3	14.05	3.8	24.58	4.6
省胶合板厂	13.09	2.7				
西安林化厂	166.74	17	48.75	97.3	58.35	55.5
贸易中心	16.00		5.10		5.28	
家具开发部	73.30		5.33		10.04	

(陕西省林业厅)

甘肃省林业

【概　述】

发展与成就

森林培育　全省完成了造林计划的102.5%，工程造林49.1万公顷。其中国营造林3.5万公顷。义务植树6166万株。育苗0.82万公顷，封山育林6.7万公顷，幼林抚育14.31万公顷，沙生植被封护2.7万公顷，低产林改造0.3万公顷，林木种子采集400吨。

沙漠治理　8月，国务院在兰州召开了全国治沙工作会议。12月，省政府在酒泉市召开了全省治沙工作会议，起草了《甘肃省治沙工作若干政策措施的规定》，落实了甘肃省治沙工程十年规划，全面总结了甘肃省治沙经验。据统计，1949年以来，河西地区累计营造防风固沙林保存面积13.3万公顷，农田林网5.3万公顷，已封护天然植被26.5万公顷，治理风沙口454处，控制流沙面积18.7万公顷。

经济林建设　近几年，经济林建设规模占当年造林面积的20—25%。1991年，营造以水果为主的各种经济林2.71万公顷，新增果园专业户5000多个。

“三北”防护林建设　正在实施的“三北”防护林二期工程，共完成造林11.8万公顷，占年计划的102.7%；“四旁”植树442.6万株；义务植树5400.0万株；育苗0.6万公顷，占年计划的94.3%；封山育林5.9万公顷；幼林抚育7.0万公顷；沙生植被封护2.7万公顷。

长江流域防护林建设　全省属长江流域共13县，已启动6县。1991年完成造林3.3万公顷，经林业部抽查，面积核实率为100.8%，成活率保持在85%以上的合格面积占营造面积的85.9%。

木材生产　1991年，生产商品材42.21万立方米，其中森工出材24万立方米。

林产工业　锯材完成11 045立方米，为年计划的16.5%；纤维板完成4036立方米，为年计划的60.2%；胶合板完成533立方米，为年计划的41%；纸板完成852吨，为年计划的106.5%。

森林“三防”　全年共发生森林火警20次，一般森林火灾7起。共受理各类案件3931起，查处2777起，综合查处率为70.6%，打击处理违法犯罪人员1660人次，收缴木材1738立方米，为国家挽回经济损失85万多元。防治病虫鼠害16万公顷；产地检疫苗木1.4亿株，检疫种子70吨，检疫木材910立方米，建立无检疫对象苗圃39个。

改革与林政实施

资源管理　配合林业部对全省8县（区）1990年人工造林实绩进行了核查，面积核实率为100.7%，合格率为82.6%。完成了全省森林资源消耗量和消耗结构调查。1990年，全省森林资源消耗为220多万立方米，保持消耗量小于生长量的势头。对全省39个单位的采伐限额进行了检查，证明对采伐限额的管理是好的。完成了全省森林资源一类清查工作，共布设样点13 310个，完成清查面积4536.9万公顷，其中复查533.3万公顷，新查3964.1万公顷。

国营林场多种经营　截至1991年底，国营林场经营总面积达560.6万公顷，其中有林地136.4万公顷，林木总蓄积9320万立方米，分别占全省的67.7%和48.5%。现有林区道路5300余公里，通讯线路910公里，送变电线路530公里。多种经营和综合利用项目已发展到17个门类690多项，纯收入达3500多万元。

乡村林场建设　新建乡村林场582个，新增造林面积1万公顷。

科技兴林　组织省林业科研单位，对1990年的科研项目进行了检查验收。获省林业科技进步一等奖的科研、推广课题4项，二等奖10项，三等奖17项，四等奖8项；获省科技进步二等奖一项，三等奖7项。组织40名科技人员到中南部地区10县搞科技承包。

企业管理　为从根本上扭转白龙江林区的经济危困局面，省政府决定将昭化储运局近千人整建制移交四川省广元市；将舟曲林业局的5、6、7三个林场移交迭部林业局；向河西地区转移一部分劳动力。12月中旬，在兰州召开表彰大会，对“七五”期间更新造林做出显著成绩的迭部、洮河两个林业局、16个林场、11个苗圃予以表彰奖励。经核实，白龙江林管局“七五”期间人工更新造林成效面积4.4万公顷，迹地更新率和人工更新造林面积保存率均达95%以上。

领导干部办绿化点　1991年，省、地、县、乡四级领导办造林绿化点1993个，参加领导2113人。规划三年完成造林10万公顷，现已完成5.6万公顷，占规划的56%。其中，1991年造林4.2万公顷，占已造林面积的74.3%。

存在问题　①森工企业面临经济危困和资源危机，急需改变经营性质和转产，形势比较严重。②毁林“热点”地区的毁林歪风时起时伏，屡禁不止。③森林病虫鼠害发生面积大，防治能力小，蔓延较快，损失严重。　（田志勇）

【酒泉市三合林场三年脱贫】　三合林场位于河西走廊西部，巴丹吉林沙漠边缘，是1954年建立的防风固沙林场。全场总面积1.8万亩，其中有林地0.6万亩，耕地、苗圃地1300亩，宜林地0.5万亩。在有林地中，果树经济林850亩，防护林5150亩，林木蓄积量6510立方米。现有总人口160人，职工44人。

改革开放以来，特别是近3年来，该场全面推行深化改革、搞活经济的目标管理，以打破“三铁”为主要内容的家庭承包制，促进了经济的发展。现有果园面积800亩，户均20亩，年产果品15万公斤。此外，还有户均5亩的黑瓜籽、蔬菜及粮食基地。1991年，全场总收入达到22万元，增长率达25%。人均收入达2000元以上，比1988年增长了一倍多。他们的主要作法是：

①打破铁饭碗，废除铁工资，实行全额承包，工资标准只做为今后调动、升级和退休的依据。他们按照林业生产特点实行招标承包，经检查验收后，按完成任务的数量、质量结算资金，以此作为职工的工资收入。

②制订优惠政策，调动职工发展生产的积极性。种植业和果园实行10年以上的长期承包制，按照四、六分成，超产归己的办法，果园的产量按五年一定，超额归己的全奖全罚制，鼓励职工投入，改善生产条件。

③加强基础建设，改善生产生活条件。加强水利建设，新修渠道2.5公里，架设自来水管道1公里，新修宿舍280平方米，平整道路3公里，购置汽车一辆；解决子女就业26%。（林依明）

【酒泉地区治沙工作】 酒泉地区地处甘肃西部，与新疆接连，总面积28 389.9万亩，其中有戈壁沙漠面积8173.2万亩，占28.8%。1980年，该地区被列入“三北”防护林建设体系，封育保护沙生植被248万亩，成林面积136.5万亩。森林总面积达到206万亩，其中天然林136.5万亩，人工林69.5万亩；森林总面积中，乔木林37.4万亩，灌木林148.6万亩，经济林20万亩。营造农田防护林和固沙林49.5万亩，已有142.5万亩的农田实现林网化，占耕地总面积的80%。在主要风沙口，采取工程措施和生物措施相结合的办法，压沙1.2万亩，固沙造林8.7万亩。沙漠治理总面积28.7万亩，其中固沙林19.8万亩，农田林网13.9万亩，封滩育林育草248万亩。发展以果树为主的经济林20万亩。全区兴办集体治沙造林林场324个，治沙造林8万亩；水果总产量由430万公斤增加到1995万公斤。1990年，全区粮食总产量56 576万公斤，比1980年增长38%；粮食亩产433公斤，增长42.2%；棉花总产量755万公斤，亩产88.7公斤，增产160.9%；油料总产1287.5万公斤，增产57%；畜牧业总收入达到19136万元。封沙育林育草，治理风沙危害，已取得了明显的社会、生态和经济效益。他们的主要作法是：

①广泛宣传，提高认识，封沙育林育草，治理沙害变成了人民群众的自觉行动。

②搞好规划，科学治理，加速植被恢复和发展。在植被稀疏，光封难成林的地方人工栽植红柳、白刺等沙生灌木，使之达到成林标准。

③健全管护机构，强化管理制度。共建立20处天然沙生植被管护站，配备专职管护人员108人。

④开源节流，解决群众燃料问题。推广省柴节煤灶和供煤点，每年扩大供煤量8.1万吨。利用太阳能灶1365台，修建太阳能采暖房175座，安装风力发电机461台。

⑤合理利用开发沙区资源，努力提高封育效益。采用轮封轮牧，解决放牧需要。在甘草等中药材分布区，进行重点管护和开发利用；对红柳等多年生灌木进行科学平茬，经销薪材和发展编织等。（娄明德）

【西和县长江中上游防护林建设】 西和县位于陇南山区东北部，地处西秦岭南缘，嘉陵江流域西汉水上游。全县24个乡（镇），33万人，总土地面积279.2万亩，其中有林地面积40多万亩，宜林荒山58万亩。

1989年，该县被列为长江中上游防护林一期工程建设县。一期工程的任务量是55万亩。当年启动，第二年全面铺开，前三年已完成任务的一半。三年完成造林28.8万亩，使全县的有林地面积增加到69万亩。1991年，林业部先后两次全面检查，面积核实率为106.8%，合格率为100%，列为全国450个“长防林”建设县中9个一类县之一。他们的具体作法：

①广泛动员，提高认识。广泛宣传长江防护林建设，把长江防护林建设当作振兴西和经济和帮助群众脱贫致富的基础工程。

②集中连片，规模治理。工程建设注重向大规模集中连片治理，向基地化方向发展。3年来，营造万亩以上的工程有4处，五千亩至一万亩的工程有4处，一千至五千亩的工程有5处，五百至一千亩的工程有11处。

③加强管理，提高质量。按照总体设计，认真做好年度作业设计；层层签订承包责任书，实行技术和施工双向承包。万亩以上的工程由县长或县委书记办点包施工，林业局长包技术；万亩以下的工程由乡长或乡党委书记抓点，林业技术人员负责技术指导。

④加强管护，建立集体林场。全县已建立集体林场44个，暂不具备建场条件的也固定了专职护林员，实行承包管护。（赵海泉）

青海省林业

【概　述】

发展与成就

造林绿化　全省造林核实合格面积2.77万公顷，为计划任务的102.5%。其中，国营造林0.25万公顷，占8.9%，国社合作造林0.06万公顷，占2.2%，集体造林2.33万公顷，占84.2%，个人造林0.13万公顷，占4.7%。在造林面积中，用材林占19.2%，经济林占1.2%，防护林占46.6%，薪炭林占32.9%。人工迹地更新933公顷，为计划任务的107.7%。“四旁”植树2563万株，为计划任务的128.2%。封山育林20.67万公顷，为计划任务的123.9%，其中当年新封8.49万公顷。狠抓造林质量，成片造林面积核实率为95%，但因严重旱灾，据9月普查，平均造林成活率只有72.7%。

重点工程　①“三北”防护林体系建设1986—1990年人工造林核实合格面积14.07万公顷，为二期工程规划任务的118.02%；封山育林6.13万公顷，为二期工程规划任务的121.19%，均提前5年超额完成任务。1991年核实合格造林面积2.62万公顷。②长江中上游防护林体系建设1990年开始启动，1991年取得重点突破，成片造林400公顷、封山育林4.47万公顷，超额完成年度计划。③东部部分国营林场用材林基地建设项目开始启动，规划1991—2000年营造用材林6667公顷，造林树种以云杉为主，其中1991—1995年营造3.6万亩；总投资1069万元，1991—1995年投资310万元。1991年开始实施，省计委投资30万元，分别在平安、乐都、民和回族土族自治县等县国营林场营造用材林280公顷，成活率均在90%以上。

森林保护　全年全省发生森林火灾6次，过火林地面积55.7公顷，森林火灾受害率为0.029‰，实现连续5年无重大森林火灾。防治森林病虫鼠害3.20万公顷，其中防治病害0.42万公顷，防治虫害1.39万公顷，防治鼠害1.39万公顷。部分地区主要病虫鼠害得到控制。自然保护区的管理工作得到加强，1991年在鸟岛栖息、繁衍的斑头雁、棕头鸥数量较1989年增加了50%；隆宝自然保护区的黑颈鹤达到80只，比1990年增加30%。合理开发利用野生动物资源，积极开展国际狩猎活动，共猎捕马鹿2头、岩羊22只、藏原羚8只，创汇13万美元。

木材生产　生产木材7.47万立方米，其中，森工企业1.57万立方米，国营林场及林业事业单位3.73万立方米，系统外企、事业单位0.06万立方米，乡（镇）集体企业及单位0.01万立方米，村合作组织和农民个人2.10万立方米。

改革和林政实施

宣传动员　省绿化委员会、省委宣传部等11个单位联合发出《关于广泛开展全民义务植树运动十周年纪念活动的通知》，各地从实际出发，周密部署，具体安排，开展了内容丰富，形式多样的宣传活动。《青海日报》开辟“绿化祖国，造福子孙”专栏，先后发表有关林业方面的文章141篇、图片48幅。省广播电台播放林业稿件165条，省电视台放映林业录像、新闻119次。3月下旬，召开全省造林绿化表彰动员大会，会议表彰了全国造林绿化先进单位8个、全国造林绿化劳动模范4名；表彰了全国国营林场、苗圃先进单位3个；表彰了全省林业先进单位6个。4月初，省委书记尹克升在青海日报撰文，号召全省各族人民广泛持久地开展全民绿化活动。

实行目标管理　3月下旬召开全省林业工作会议，根据绿化规划和“八五”林业发展计划，省与各州（地、市）签订了1991年度林业生产承包合同，量化了各项生产指标，明确了奖惩办法。全省各级领导干部办绿化点342个，亲自抓造林地块、种苗和劳力的落实，抓管护措施。

加强资源和林政管理　省政府印发“八五”期间年森林采伐限额的通知，全省年采伐限额为19.9万立方米，其中国营林场为11.4万立方米；向各州（地、市）下达15万立方米，省留4.9万立方米，由省林业主管部门掌握，以应付自然灾害及突发性的事件，要求各地把资源消耗列为领导干部目标管理的重要内容。省人民政府还印发了《青海省森林采伐限额管理办法》和《青海省年森林采伐限额管理执行情况监督、检查办法（试行）》。从1991年起，森林采伐实行全额管理，重点是加强了农村集体林和农民自用材采伐管理，许多县规定集体林和农民自用材采伐，统一由县林业主管部门审批和掌握，由乡林业站监督执行，基本制止了无证采伐、批少伐多的混乱现象。加强林地、林权管理，全部完成国有林权证的发证工作，坚决抵制随意占用林业用地行为，维护森工企业、国营林场、苗圃和自然保护区的合法权益。进行资源二类调查75万公顷，包括同仁、循化撒拉族自治县、同德、兴海、玉树5个县和仙米林场等7个国营林场，并审定了大通回族土族自治县、湟中、互助土族自治县、湟源等县和玛可河林业局的森林经营方案。加强木材流通管理，省农林厅、西宁铁路分局、交通厅联合转发了中央3部《关于实施凭证运输木材制度有关问题的通知》，省农林厅印发了《青海省木材运输管理暂行办法》，明确规定除国家统一调拨的木材外，非国家统一调拨的木材出省运输，必须持省林业主管部门签发的木材运输证件，省内跨州、县运输木材，须持县以上林业主管部门核发的证件。并对全省木材检查站进行了清理整顿，经省公安厅审定正式批准19个木材检查站。

巩固和发展国营林场 7月中旬召开全省国营林场经验交流会，总结交流了1985年实行改革以来的经验，以深化改革为动力，研究部署了“八五”期间国营林场建设方向、发展目标和建设任务。“七五”期间国营林场发展很快，森林资源有了较大增长，完成造林15.2万亩，为“六五”造林面积的1.3倍，经济活力明显增强，林场收入由1985年的638万元，增加到1990年的1534万元，年递增19%，产业结构渐趋合理，营林产值增加，多种经营收入占总收入的比例达到30%。1991年，国营林场造林3.4万亩，总收入达到1350万元。

加强基层林业机构建设 ①1991年，新建林业公安机构5个，总数达到44个，西宁市林业公安派出所扩建为林业公安分局，海西、海南、黄南州成立林业公安科，全省林业公安干警达到198人。林业公安在保卫森林资源安全，维护林区社会治安方面发挥了重要作用。1991年共查处林业刑事案件120起，破案率为83.9%，查处治安案件71起，查处率为96%，受权处理林业案件329起，查处率为100%，收缴罚款、没收财产、赔偿损失等32万多元，还收缴小口径步枪50多支、冲锋枪1支、半自动步枪9支，以及其他器械等。②新建乡级林业站30个，总数达到209个，共有职工574人，其中正式职工197人（大专以上学历11人，中专59人），临时工、合同工377人。制定了《青海省标准化林业站建设试点方案》。据林业部抽查，全省乡站综合评分为91.2分。各县还陆续建立森林病虫害防治检疫站、种苗站等林业事业单位45个，有职工308人，在管理、组织、指导、服务等方面发挥了重要作用。

筹集林业建设资金 1991年，全省林业资金投入达1842.8万元，比1990年增加18.7%。

存在问题 ①1991年，森林病虫鼠害发生面积达15.47万公顷，防治面积3.21万公顷，防治率只有21%，特别是杨树蛀干害虫、枝干介壳虫和落叶松—青杨锈病分布广，为害严重。但目前的森防机构、经费投入都不适应工作需要，急需改善和加强。②野生动物管理工作薄弱，基层没有机构，开展工作没有专项经费，非法猎杀、收购、贩运国家重点保护动物的案件时有发生。据不完全统计，1991年盗猎白唇鹿、马鹿30头，麝6只。岩羊、黄羊370余只。

（李林欣）

【青海省连续5年无重大森林火灾】 青海省森林资源贫乏，全省有林地、灌木林地和疏林地面积200万公顷，农田林网和“四旁”树1.2亿株，森林覆盖率2.65%。但青海森林大多分布在江河源头，零星分散，全省天然林多达230多片，山大沟深，交通不便，且农林牧交叉分布，林区内生产、生活用火频繁，森林防火难度大。据不完全统计，1949—1986年，全省发生森林火灾426次，过火林地面积2.2万公顷，损失森林蓄积54.6万立方米，年均火灾11.2次、过火林地578.9公顷、损失蓄积1.44万立方米。1987年以来，认真总结历史教训，落实预防为主、积极消灭的方针，实行各级领导负责制，全社会齐抓共管，森林防火工作取得好成绩。1987—1991年，全省发生一般火灾5次，火警39次，过火林地面积85.35公顷，损失蓄积110.9立方米，烧毁幼树4.31万株；年均火灾（火警）8.8次、过火林地17.07公顷、损失蓄积22.18立方米，连续5年没有发生大的火灾。主要经验：

①实行“六长”负责制。州长、县长、乡长、村长、林业局长、林场场长层层负责，把森林防火的责任落实在各级干部肩上。省、州、地、市（县）都建立了防火指挥部，设专人负责防火工作；林区乡村和基层林业单位组建了扑火队伍，全省形成了比较完整的防火指挥和扑救体系。

②深入宣传，依靠群众。通过多形式，广泛、深入宣传，提高了广大农牧民群众和各行各业的防火意识，形成了全社会齐抓共管的局面。近几年，林区流动人员多，在林区放牧、取柴、狩猎和从事副业生产活动频繁，违犯用火规定、引起山林火灾的事件屡有发生，但大多都由当地群众立即发现，及时扑救，没有酿成大的火灾。

③多方集资，加强防火基础设施建设，提高综合防范能力。四年来共投入防火资金420万元，已购置汽车、摩托车95辆，马167匹，风力灭火机365台，电台127部，对讲机250个，传真机8部，以及其他防火机具，还修建防火哨点28处，初步改变了森林防火工作的落后状况，在预防和扑救中发挥了重要作用。

（李林欣）

【青海省旱灾】 1991年6月中旬以来，降水比正常年份减少30—60%，特别是浅山地区，土壤干土层一般达20厘米左右。严重的旱灾使造林成活率大幅度下降。全省林业系统造林2.71万公顷，据9月检查，平均成活率只有72.7%，比6月大约降低了13个百分点，有1.67万公顷林地遭受旱灾，其中，有1.34万公顷需要补植，0.33万公顷需要重造。随着旱情的发展，造林成活率继续下降，据12月调查，浅山地区造林成活率大多已降到30—35%，个别地区全部死亡；山地林网造林成活率一般都降到50%左右，全省需要补植的造林面积有0.53万公顷，需要重造的有1.53万公顷。

严重干旱，使草木提前1个月干枯，地被物异常干燥，增加了森林防火的难度，形势严峻，第四季度全省发生森林火灾5次，其中一般火灾2次，火警3次，过火林地面积6公顷，火灾发生次数和受害面积都比1990年同时期有大幅度提高。

旱灾发生以后，采取了以下措施：①进行提前整地1.3万公顷，备足种苗，为明年造林、补植做好准

备；②切实加强幼林管护；③开展以加强火源管理为中心的森林防火大检查，把各项防火和扑救措施落到实处。（李林欣）

【落叶松—青杨锈病研究取得成果】 青杨是青海省主要造林树种之一。全省现有青杨林32.7万亩，“四旁”树1亿多株。1985年以来，落叶松—青杨锈病蔓延成灾，据1988年调查，发生面积10万亩，成灾面积6.7万亩，轻者叶片失水，提前一个多月落叶，生长势减弱，重者成片死亡。为控制其蔓延，1989年，青海科委列为研究课题，任务是掌握发病规律，提出最佳防治技术措施。该课题由省森防站牵头，有关县参加，经3年试验研究，于1991年9月通过成果鉴定。

①确定了病原，掌握了病菌孢子侵染的潜伏期和寄主范围，以及侵染循环规律。

②掌握了病菌侵染与环境的关系，降雨多、湿度大，发病快，危害重；落叶松病株是青杨发病的侵染源，且两者相距越近，发病越早越重。

③测定出病害对苗木生长量的影响和经济损失等数据。经接种试验，筛选出新疆杨、河北杨等抗病性能较强的树种。

④经多样重复试验，筛选出最佳防治技术措施：一是人工摘除病叶，控制病情，秋冬清除患病落叶，减少越冬菌源；二是培育抗病性能强的树种，避免落叶松和青杨混交或近距离造林；三是药物防治，以0.5BC石硫合剂、15%粉锈宁600倍液或25%粉锈宁800倍液防治效果最佳。据各苗圃测定，经化学防治，该病危害程度一般可控制在二级以下，一级苗的出圃率提高12.2个百分点。

⑤结合科研，进行药物防治2.47万亩，投入和产出比为1∶6.2—1∶19.9。该成果已列入计划大面积推广。（李林欣）

【大通回族土族自治县城关镇林业站】 该站建于1987年，现有职工5人，其中临时工3人。管辖区面积4400公顷，人口2万多人。现有林业用地917.7公顷，其中成片林582公顷，“四旁”树149.8万株。四年来，他们立足服务，强化管理，取得了好成绩。一是逐村逐片进行资源清查，登记造册，建立档案，做到心中有数，情况明，为管理和指导生产打好了基础。二是强化管理。建站初，该镇偷砍滥伐严重，影响了群众造林积极性。他们一方面抓林业方针、政策的宣传教育，提高认识；同时，在乡政府的支持下，强化管理，组建护林队伍32人，并对管区内20个村、3008户农户，全面进行林木采伐和审批手续等情况的清查，发现偷砍和滥伐林木案164起，砍伐树木1988株。在有关部门的配合下，对偷砍滥伐进行了公开处理，在全镇引起强烈反响，很快就刹住了偷砍滥伐风。三是加强技术指导。四年来，全镇成片造林172公顷，为计划任务的103.4%，面积核实率90%以上，存活率达87%；农田林网植树10.3万株，为计划任务的113%。参加义务植树的人数达14.5万人次，占应尽义务人数的98.5%。四是在完成职能任务的前提下，积极办经济实体，已开办苗圃8.8公顷，出圃各类苗木86万株，同时，努力发展种植业、养殖业，生产粮食2.3万公斤，出售商品猪33头，收入3万多元。另外，积极引导发展乡村林场，已建乡村林场5个，经营成片林227公顷，为发展集体林业，壮大集体经济发挥了重要作用。五是建立林业发展基金。资金来源主要有造林补助费、育林和更新费、多种经营收入、义务植树绿化费、毁林案件赔偿等收入以及其他专项资金等六项，至1991年，共集资14.4万元，促进了林业的发展。六是加强自身建设，坚持政治和业务学习，建立了考勤、奖惩、财务管理、林政管理等一系列制度，实行岗位责任制。该站已初步建成能工作，善管理，作风正的集体。（李林欣）

【青海省1991年林业大事】

①3月25—27日，召开全省林业工作会议，主管林业的州长、专员、市长、县长和各级林业局长参加会议。马元彪副省长作了题为《总结经验，发扬成绩，为持续稳定发展林业努力奋斗》的报告。

②3月27日，省人民政府召开全省植树造林表彰动员大会，会议为获得全国和全省造林绿化先进单位、劳动模范、先进个人颁发了奖状和证书。省级各大班子负责同志参加会议。

③6月中旬，《长江中上游防护林工程青海省总体规划》编制就绪。

④10月10日，省政府批转省森林、草原防火指挥部关于今冬明春森林、草原防火工作安排意见的报告的通知，强调指出今年气候异常，雨季少雨，秋后高温，气候干燥，火险等级高，防火形势严峻，要求各地高度重视，精心安排，周密部署，超前工作，使防火措施落到实处。（李林欣）

宁夏回族自治区林业

【概　述】

发展与成就

林业生产　1991年，全区在遭受春季严重霜冻，又三季连旱的情况下，经过艰苦努力，仍达到了国务院批准的造林绿化规划纲要第一年的目标。据检查验收，全区完成人工造林成活率达85%以上的面积

15 455.8公顷，其中工程造林1.3万公顷；新植果树2510.5公顷。新育苗671.6公顷，幼林抚育7.59万公顷。新封山育林2.31万公顷。以苹果为主的果品产量2.55万吨，出口1000吨；核桃产量19吨，花椒产量10.86吨。生产木材（含病虫木）29.97万立方米，其中国营占11.1%；生产人造板7900立方米。

森林保护 ①林木虫害防治。10月31日，自治区政府召开紧急会议，传达贯彻了中央领导同志对天牛防治工作的指示和林业部紧急会议精神，进一步研究部署了今冬明春防治天牛和树种更新工作。1991年全区伐除严重"天牛"虫害木1588万株，并及时进行灭虫处理，防止了新的扩散。

②森林防火。狠抓了增强防火意识的教育，落实措施，增加设施和交通通讯设备。修建了六盘山林区公路23公里。截至年底，已有两地、10个县（市）、3个天然林区及部分林场都装备了无线电通讯设备。11月22日，召开了全区护林防火会议，进一步作了动员部署，防火能力有所提高。全区实现了建国以来第三个无森林火灾年。

③以法治林。组建了林业厅公安处、贺兰山自然保护区公安分局和固原、西吉、海原、隆德、中卫、灵武、永宁、贺兰、盐池等9县的林业公安派出所，使林业公安队伍得到了很大充实和加强。全年共发现受理各类森林案件234起，依法处理犯罪分子29人，警告、罚款和其他处罚308人，罚没款14 864元，收缴木材24立方米，挽回经济损失8897元。

林业科技与教育 1991年6月26日，省林业厅发出《关于建立林业厅科技进步奖制度的通知》，并制定了《宁夏回族自治区林业厅科学技术进步奖奖励实施办法（试行）》。截至年底，共收到申报奖励项目27项。为了实施自治区"231"工程，推进科技兴林，主要推广了灌区多树种造林等12项适用技术和果树新红星乔砧密植等3项应用技术，面积1334公顷，引进了枣等9个林果优良品种。宁夏林业学校首届毕业生144人（普通中专班79人，成人中专班65人），新招普通中专班78人，成人中专班30人，使全校在校学生达396人。

改革与林政实施

领导干部造林绿化任期责任制 1990年12月，自治区白立忱主席与各市、县长签定了"八五"造林绿化任期目标责任书。据检查验收，有18个县（市）完成了规定的生产任务，其中：盐池、中宁、惠农、银川郊区、吴忠5县（市、区）全面超额完成了任务；彭阳、海原、中卫等13个县（市）完成了任务；农垦、水利、公路、铁路等部门行业，也都较好地完成了任务。中宁县达到了全国平原绿化标准，使全区达标市、县总数为8个。中卫和彭阳县、银川和青铜峡市、石炭井矿务局三矿、黄羊滩农场、六盘山林业局、青铜峡铝厂等8个单位，被授予全国造林绿化先进单位称号，有5位同志被授予劳动模范称号；盐池县被授予全国治沙先进单位称号，冒广同志被授予治沙劳动模范称号；盐池、吴忠、永宁3县（市）被林业部授予"三北"二期工程建设（中期）先进单位称号，5位同志被授予先进工作者称号，2位同志被授予先进生产者称号；宁夏电视台被授予新闻宣传先进单位称号，3位同志被授予新闻宣传先进工作者称号。

义务植树 1991年，全区应参加义务植树的人数272.5万人，实际参加216.34万人，占应参加人数的78.6%，完成义务植树1443.63万株。已全面实行义务植树登记卡的有银川、石嘴山、吴忠、贺兰、陶乐、中卫、中宁、灵武、固原、彭阳等10个市、县。3月2日，自治区党委和政府办公厅发出《关于建立绿化点的通知》后，区党委、顾委、人大、政府、政协的领导，率先办起了绿化点，带动了全区县以上领导机关和部门行业领导办绿化点工作的开展。据统计，全区县级以上领导共办绿化点143个，参加办点的195人，规划面积1.2万公顷，已造林4133公顷。乡（镇）领导办绿化点328个，参加办点346人，植树12.11万株。

资源与行政管理 ①修订完善了造林检查验收办法，配合林业部完成1990年造林实绩核查和林木消耗量调查，完成了国营林场普查和56个乡（镇）的林木资源建档工作，使乡（镇）的建档总数达到264个，强化了林木资源监测。②按照《林木种子管理条例》和林业部、国家工商行政管理局通知的要求，同自治区工商部门配合，对木材和种子市场进行了整顿。全区木材经营者共429家，其中集体加工单位58家，个体商贩371家，均结合年检进行换证。为加强木材流通运输的管理，全区设立了12个木材检查站，全年共检查木材47 510立方米，签发出省检疫证书4886张，出境木材运输证3669张。基本杜绝了非法偷运木材和无证拉运病虫木现象。③12月3日，林业厅与物价局、财政厅联合发出了《关于自然保护区征收林地林木补偿费、植被恢复费和保护区管理费的通知》，健全了自然保护区资源管理制度。

存在问题 主要是：有些县、部门未能把林业列入议程，步子小、发展慢；领导办绿化点不够实，办点面不够大；林业科技成果推广还没有放在应有位置，技术推广网络建设的质量和标准不够高。

（朱永元）

【宁夏回族自治区沙漠治理】 宁夏回族自治区绝大部分属干旱、半干旱地区，西、北、东三面分别受腾格里、乌兰布和、毛乌素沙漠包围。全区沙漠化土地面积1.65万平方公里，占总土地面积的31.6%，是我国土地沙漠化最严重的省区之一。

建国前，浩翰的沙区仅有一些散生的天然灌木和沙生草丛，风沙灾害极其严重。建国后，早在50年代中期，营造河西、河东两条大型骨干林带，植树造林3.13万公顷，阻防了三面沙漠的侵袭。自70年代开始，在引黄灌区全面营造农田林网，使平原区的林木覆盖率由0.8%提高到9.3%，截至1991年，乔灌木保存面积10.4万公顷，使26.6万公顷农田受到保护，为了改变沙区的基本条件，先后在沙漠前沿兴建了跃进渠、西干渠、东干渠，总长250多公里，在沙区发展水浇地5.3万公顷。进入80年代以来，又兴建了十余处扬黄灌溉工程，发展水浇地9万公顷。在国家“三西”、“三北”建设的支持下，大力种树种草，保护农田和草原，人工种植牧草4.93万公顷，补播改良和建设灌木草场10.73万公顷，划管封育草场4.6万公顷，加之实行“以草定畜”，控制牲畜饲养量等措施，使大片的沙漠化土地初步得到治理，局部沙化草地开始恢复生机，为农牧业生产稳定发展创造了条件。

在沙漠治理上，自治区采取的主要政策和措施是：①在农牧交错地区，全面实行“以牧为主”的生产方针，实践证明，这对保护土地，合理利用草场资源，保护环境，防止沙化，发展生产起了重要作用。②把植树造林和兴修水利骨干工程，作为大规模治沙的突破口，实行生物措施和水利骨干工程相结合，在此基础上在沙区发展灌溉大农业。③靠政策法规导向，调动全社会治沙的积极性。自治区人大、政府相继颁发了《草原管理条例》、《自然保护区管理条例》等一系列政策法规，有效地制止了破坏植被现象。在沙漠化土地发展剧烈的农牧交错地区，实行十年免征免购的宽松政策。同时明确了“承包荒山荒地谁种谁有，可以继承和转让”等优惠政策，激发了广大群众治沙的积极性。④移民吊庄，调整人口与土地资源的空间布局，大规模治理开发沙荒地。⑤依靠科技进步，把科技作为提高治沙综合效益的根本战略。自治区长期把沙漠化治理作为科学研究的重要领域，组织区内外科技人员联合攻关，取得了多项科研成果，建立了一批科技示范典型，对沙漠治理起了推动作用。 （朱永元）

【宁夏回族自治区平原绿化的生态效益】 宁夏平原地处半荒漠地带，三面受大沙漠的包围，年降水量200毫米左右，生态环境十分脆弱。过去，农田周围树木稀少，风沙、青干、干热风和霜冻等自然灾害时有发生，制约着农业的稳产高产。1988年，宁夏平原农田防护林体系建成后，森林覆盖率由过去的0.8%增加到9.3%，改变了自然景观，也改善了生态环境。主要气象要素出现正相关变化，向着有利于农作物生长的方向转变。

主要是：①据观测，林网内比空旷地，春季平均气温高0.2—1.6℃，秋季平均气温高0.3—1.2℃，夏季平均气温低0.4—1.0℃，全年平均风速减弱22.6—29.23%。全年平均地表蒸发量减少6.5%。全年绝对湿度提高3.3—4.6毫巴。上述气象要素的变化，有助于春小麦、水稻、糜子等农作物的生长发育。②据中卫、贺兰、平罗3县气象站的观测，农田防护林体系建成后的3年，比无农田林网的16年，年平均气温增高0.6℃，年蒸发量减少238.9毫米（17.9%），年平均风速减弱0.6米/秒（26%），而稳定通过≥0℃日期退后2天，通过≥5℃日期提前4天。这就延长了作物生长期。③干热风和青干灾害基本消失。由于林网效应，降低了气温（平均降低1.4℃）、地温（平均降低1.9℃）、风速（平均减弱40.4%），提高了湿度（相对湿度提高10.3%，绝对湿度提高1.3毫巴），减少了地面水分蒸发量，使林网内形不成灾害性天气。④生物排水。据张恩光实测，一株5年生合作杨，一天能蒸腾水分6.5公斤。在一个生长季节里以最低蒸腾1087.5公斤推算，平原有树2.0665亿株，年树木生物排水量达2.2473亿立方米，相当于排水设施工程总排泄量的7.37%。护沟护渠林带减少渠沟淤泥量15%，渠道林带下的地下水位比农田内降低10—55厘米。0—40厘米耕作层内脱盐效率达30%，起到减轻土壤盐渍化和改良盐碱地的作用。 （张恩光 朱永元）

【中宁县平原绿化达标】 中宁县位于宁夏中部，宁夏平原南端，是全国闻名的枸杞之乡。土地总面积27.3万公顷，多为山地和丘陵，河套平原面积4.67万公顷。昔日树木稀少，风沙、干热风等自然灾害时有发生。建国40多年来，经过全县人民的艰苦奋斗，营造了比较完整的“三带一网”防护林体系，即南、北沿山防护林带，七星渠流域2000公顷经济果树林带和黄河护岸林带，全县农田基本实现林网化。到1991年，全县造林保存面积6000公顷，森林覆盖率12.85%，林木总蓄积量41.5万立方米。林网控制面积占适宜林网面积的87%，平原区有林面积占林业用地面积71%，道路、河流、干渠已植树占总长度的87.2%，村庄树木覆盖面积占村庄总面积27%。1991年经验收，达到了全国平原绿化标准。

主要经验：①科学规划。制定了全县林业发展规划，即引黄平原农业区大搞农田林网化，建立速生用材林基地；南北山坡和黄河两岸建立骨干防护林带；长山头新开发区和新垦荒地建立商品水果基地。由于目标明确，规划合理，加快了造林绿化。②宣传和执行林业政策。积极宣传和执行谁开发、谁栽植、谁受益，长期不变，子女继承的林业政策，调动了群众开发荒山荒滩，发展林果的积极性。③加强领导。县委和政府把平原绿化列入重要议事日程，主要领导亲自抓，带头干，亲自办绿化点，抓点带面，推动了全县造林绿化的发展。④科学造林，加强管护。在植树造林中，坚持“五统一”（规划、苗木、定点、栽植、验收）和“三大一深”（大穴、大株行距、大苗、深栽）的科学营林技术，提高了成活率和保存率。狠抓了林木管护工作，全县成立了近百人的护林专业队，使林木管护落到了实处。 （朱永元）

【隆德县义务植树】 隆德县位于宁夏南端，地处六盘山西麓。从1982年以来，认真贯彻全国人大、国务院关于开展全民义务植树运动的决议和实施办法，结合本地实际，制定了隆德县《关于开展义务植树的决定》，把义务植树当作一项重要任务来完成。10年来，参加义务植树的人数累计达84万余人，共投工2351.4万个，植树864.5万株，经历年检查验收，共成活保存685.8万株，按10年应参加义务植树人数计算，人均植树7株。1991年3月被自治区授予全区造林绿化先进单位称号。

主要作法是：①加强领导。县、乡两级分别成立了绿化委员会和绿化小组，由县、乡主管林业的领导同志任主任或组长，专门负责义务植树工作。每到植树季节，县、乡领导带头参加义务植树，推动了全县公民积极参加义务植树的活动。②建立义务植树基地。为了便于管护和巩固义务植树成果，全县22个义务植树单位，其中有16个单位建立统一的义务植树基地，有6个单位以村组为单位建立小片义务植树基地。县党政领导7人办绿化点4处，面积596公顷。③严格检查验收。每年造林检查验收时，先进行义务植树的验收，造册登记，并作为考核各级干部的依据之一。④管好义务树。全县配备护林员830人。其中县级护林员1人，乡级护林员88人，村组级护林员741人。护林员实行责任承包制，根据护林工作的好坏，给予奖罚。

（朱永元）

【盐池县家庭林场】 盐池县地处毛乌素沙漠南缘，干旱多风，土地沙漠化严重。为了加快沙漠化土地治理，县政府积极鼓励和支持农民承包开发治理沙滩荒地，兴办家庭小林场。截至1991年，全县已建立家庭小林场210个。其中：经营面积在67公顷以上的3个，14公顷以上的12个，3.3公顷以上的195个。开发治理沙荒地3333.4公顷。

主要作法：①制定政策，调动农民承包治理沙滩荒地的积极性。1986年，县委和政府颁发了《关于沙漠荒滩和小流域承包治理几个问题的规定》，规定承包地所有权不变，经营使用权归承包户，实行谁治理、谁管护、谁受益，长期不变，允许子女继承。还规定，治理措施应以种草种树为主，多种经营，以短养长；开发一亩林给补贴5—8元，验收合格后兑现。②县里给承包户优先贷款，优先供应化肥、种苗等，还优先为承包户举办林业技术培训班，切实解决他们在资金、物资和技术方面的实际问题。③各级领导重视，支持农民办好家庭小林场，坚定了农民承包治理沙荒地办林场的信心。④树立典型，加强宣传，充分发挥承包治理大户的模范带头作用。县里树立了两户先进家庭林场，并通过广播、电视和报纸等，大力宣传他们的先进事迹，推动了全县家庭办林场的发展。

（丁鹏飞）

【中国石化总公司宁夏化工厂绿化】 中国石化总公司宁夏化工厂是国家重点建设项目，厂区地处银川市西部的半荒漠地带。为了改造这里的环境条件，全厂职工经过10年的艰苦努力，共种植近百种乔木、花灌木和常绿树13万多株；绿篱28 700米；铺设草坪13 277平方米，绿化面积4.4万余公顷。建立苗圃2.67公顷，建花房30间（798平方米），育盆花1万盆；堆设假山7座；建花坛11个，喷泉3处，花架3座；雕塑5尊；开挖5 050平方米人工湖2个；建成了2.47万平方米的生活区小公园。实现了花园式工厂的目标。1987年3月被全国绿化委员会授予全国绿化先进单位称号。近几年5次被评为自治区、银川市绿化先进单位、花园式单位。

为了搞好绿化工作，该厂主要作法：①抓认识，不断提高各级领导和广大职工搞好绿化工作的自觉性。②抓组织，为了加强绿化工作的领导，成立了由厂部和处室领导组成的绿化领导小组，下设绿化环卫办公室负责具体工作。还组织有技术人员、老花工和工人组成的绿化专业队伍35人。③抓规划，合理布局。做到长远有规划，每年有重点，把长远规划和年度计划结合起来。④抓制度，加强管理。厂里制定了树木管理条例，建立了严格的奖罚制度。采取分片包干，科学种植和管理。

（朱永元）

【宁夏回族自治区1991年林业大事】

①1月4日，自治区人民政府批准成立林业厅公安处，与自治区护林防火指挥部办公室合署办公。增加事业编制10人。

②2月6日，自治区人民政府发出《关于加强野生动物保护管理工作的通知》。

③2月28日，自治区六届人大常委会第17次会议作出了《关于深入开展全民义务植树运动的决议》，规定每年4月的第一周为本区“义务植树周”。

④3月中旬，自治区绿化委员会主任李成玉与区级农垦、水利、公路、铁路、军区、劳改、石化、煤炭等8个部门行业领导人签定了1991—1995年造林绿化目标责任状。

⑤10月21日，自治区人民政府召开常务会议，听取了林业厅关于全国治沙工作会议主要精神及贯彻意见的汇报，并讨论决定成立自治区治沙工作领导小组，李成玉副主席任组长；制定全区治沙十年规划和五年计划等。

（宁夏回族自治区林业厅）

新疆维吾尔自治区林业

【概 述】

发展与成就

平原林业生产 全区造林完成年计划的85%。全民义务植树4673.8万株,参加义务植树人数为540万人。完成新育苗0.5万公顷。出圃各类苗木27 371.4万株。新建良种面积26.67公顷。到1991年底,全区共有国营苗圃440处,乡(镇)集体苗圃1012处,个体苗圃3200处,共有育苗地0.99万公顷,一个以地县国营苗圃为中心、乡村集体苗圃为骨干、个体育苗为补充的"三级"育苗体系正在逐步形成。引洪灌溉胡杨林10万公顷,新封育平原天然林6.67万公顷,改造残次林0.1万公顷。

农田防护林建设 1991年,又有2个县、6个团场基本实现农田林网化。截止1991年底,全区基本实现农田林网化的县(市)已占到规划县(市)的74%。伊宁市、且末县还实现了绿化达标,全区已有6个县(市)实现平原绿化达标。

森工生产 1991年,全区木材产量35.72万立方米,锯材生产18.12万立方米,纤维板生产1.82万立方米。全区统配木材运输已全部纳入计划管理,长途运材8.93万立方米。山区更新造林1826.7公顷。1991年,林业厅森工企业基本建设投资完成1247万元,实现工业总产值15 269万元(1990年不变价),实现利税4599万元。

经济林生产 全年新造经济林0.39万公顷,和田、喀什地区积极调整和优化林带结构,配置经济树种,发展混农林业,提高经济效益,使林网化由单纯生态型向生态经济型发展。和田地区毛渠栽桑已达3000余万株,条田道路建葡萄长廊1304公里,林带向阳面配置核桃、杏各12万株,葡萄长廊亩产收入达1000元。

森林保护 1991年,全区出现特大旱情,森林保护形势严峻。各地认真宣传贯彻"二法一条例",提高了广大群众爱林护林意识和法制观念。1991年,全区没有发生重大森林火灾。森林病虫防治管理体系初具规模。到1991年,全区有森林病虫害防治检疫站64个,从事森防工作的专业人员237人。森林植物检疫得到加强,全区有检疫人员187人,绝大部分县都配备了一二名专职检疫员。全年产地检疫苗木10 212.65万株,调运检疫苗木1038.68万株,调运检疫种子28.04吨、木材5.65万立方米、果品35吨。全区现有无检疫对象苗圃29个,面积达140.13公顷。1991年,全区森林病虫鼠害发生面积21.88万公顷,防治面积7.73万公顷,防治率35%。野生动物保护工作认真贯彻林业部等5个单位联合下发的《关于严厉打击非法捕杀、收购、倒卖、走私野生动物活动的通知》精神,自治区政府召开了全区电话会议,要求各级人民政府提高认识,做好野生动物保护工作。认真查处盗猎珍稀野生动物案件,打击违法犯罪活动,侦破并查处违法狩猎案件90起,处理违法人员85名。完成了喀纳斯自然保护区总体规划的外业工作。加强了法制建设,1991年11月,经自治区七届人大23次会议审议通过,颁布实施《新疆维吾尔自治区实施〈野生动物保护法〉办法》。召开了野生动物驯养繁殖许可证发放工作座谈会,并在奇台等县开展了试点工作。1991年,全区林业公安部门共受理森林刑事、治安、行政处罚案件1452起,破案1312起,处理各类违法犯罪分子1789人次,为国家挽回直接经济损失115.1万元。1991年,根据自治区领导指示,林业厅会同有关部门调查了乌苏甘家湖梭梭林保护区和奎屯等地发生的重大毁林开垦事件。

科研与技术推广 科研工作围绕实施自治区科技兴林规划,狠抓"两个面向",安排了一批以林业生产适用技术为主的科研项目。实行科研项目合同管理,与研究单位签订了农用林业的优化模式研究、杨树定向培育研究和铁路固沙技术研究等项课题的合同书。1991年共鉴定科研成果4项,获林业部、自治区科技成果奖各一项。

林业技术推广工作把实施推广项目计划作为中心任务,制定了《推广项目管理办法》,全区大部分地区签订了推广项目合同书,实现了合同制管理。1991年,全区推广计划项目37项,推广项目覆盖13个地(州)的大部分县(市)。胡杨林引洪封育及更新复壮技术,推广面积1.4万公顷,胡杨嫁接新疆杨3万多株。红柳固沙造林技术推广面积0.9万公顷;经济林良种繁育及果粮间作技术推广面积255.3公顷,推广良种1.9万多株。利用云杉速生丰产林营造技术和云杉大苗壮苗培育新技术营造了速生丰产林100多公顷,培育云杉大苗壮苗100余万株。

改革与林政实施

完善承包经营责任制 在对一轮承包到期的企业进行考核、合同兑现的同时,认真总结了一轮承包的经验。在二轮承包中改变了一轮承包分别每个场签订合同的做法,采取召开大会集体签订合同的形式;而且承包期由3年改为5年,有利于克服短期行为;实行了领导班子集体承包,使企业党政工共同承担企业对国家的责任,发挥集体智慧,共担风险,共挑重担。根据森工采伐企业属限产企业,实行采伐限额,对工资效益挂钩实行"定比",实行"总挂总提"财务处理办法。还改变了一轮承包单纯从实现利润中提取效益

工资的办法，二轮承包允许从育林基金中提取营林资金，捆入效益工资一并使用，使“六包双挂钩”落到了实处。

制止乱砍盗伐森林专项斗争 根据近几年伊犁地区乱砍盗伐森林情况严重的实际，自治区政府决定，由林业、公安、司法、检察院等部门组成联合工作组，协助伊犁地区开展制止乱砍盗伐森林严厉打击犯罪分子的专项斗争。时间从1991年元月中旬开始，历时3个半月，取得明显成效。在专项斗争阶段，林业公安部门共受理林业刑事案件9起，治安案件105起，行政案件58起；召开公审大会，判处有期徒刑14人，劳教4人，治安拘留26人，行政处罚212人。收回木材183立方米，罚没款20.85万元。通过“严打”，震慑了犯罪分子，教育了广大干部群众。同时，还狠抓了木材市场整顿，使伊犁地区木材加工厂（点），由原来的390多个减少到130多个，木材市场秩序有所好转。

资源林政管理 全区已开始实行森林资源消耗全额管理，基本做到了采伐限额与计划管理的统一。全疆山区已基本做到凭证采伐，平原地区开始实行。经自治区人民政府1989年批准，在伊犁、阿勒泰地区设立7个木材检查站，正在筹建和完善之中。1991年12月，自治区人民政府又批准在全区国营山区26个林场设立82个木材检查站。1991年9月，林业厅组织有关人员对全疆29个主伐林场、24个抚育采伐林场进行了伐区及抚育采伐作业质量检查。检查伐区面积742.77公顷，占伐区总面积的22.1%，全区平均得分91.74分；检查抚育采伐面积742.77公顷，占总抚育采伐面积的22.3%，全区平均得分81.82分。资源消耗得到有效控制，1991年经林业部检查，全区1990年森林资源总消耗量比1989年下降59.8万立方米，取得明显成效。在完成全疆森林资源二类调查的基础上，资源建档工作进展顺利。山区天山西部林业局、阿尔泰山林业局完成建档，天山中东部林场正在进行中。平原地区在昌吉市、洛浦县建立了2个资源建档示范点，以点带面，到年底，平原地区已有30%的县完成了建档工作。

山区更新造林普查 根据林业部要求，1991年6—11月，自治区林业厅安排组织了全疆山区更新造林普查。直接参加普查人员228人，投入普查经费896 574元，调查面积123 340.93公顷，其中采伐迹地120 289.53公顷，宜林荒山造林作业面积2 197.6公顷，火烧迹地853.8公顷。预期完成了全疆44个山区林场的更新造林普查任务。经普查，到1989年底，全疆森林采伐面积120 289.47公顷，其中更新面积110 382.27公顷，合理占用不能更新的面积1420.27公顷；欠帐面积8486.93公顷，比1985年普查减少8579.73公顷；迹地更新率92.9%，比1985年普查提高9.4个百分点。截止1990年，人工更新造林原报面积44 838公顷，保存面积15 102.8公顷，历年面积保存率33.7%，“七五”期间面积保存率63.6%。其中郁闭成林3 557.6公顷，蓄积量101 434立方米，年生长量17 699立方米。

存在问题 一是林业发展的不平衡，南疆好于北疆，全区尚有19个县（市）没有实现林网化；二是林业经营的经济效益不高，商品经济观念淡薄，经济林还没有形成规模商品经济；三是森林保护工作形势严峻，乱砍滥伐、乱捕滥猎还没有得到有效控制，1991年有些地方连续发生毁林开垦、非法侵占林业用地的事件。

（陈　梦）

【新疆维吾尔自治区林业系统精神文明建设】 近年来，林业厅党组始终把行业思想政治工作列入重要议事日程。在思想建设方面，深入开展坚持四项基本原则教育；加强民族团结、维护祖国统一、反对民族分裂主义教育；加强党的基本路线、基本知识教育，形势教育；加强密切党同人民群众血肉联系的教育；狠抓党内教育，进一步统一了各族林业职工干部的思想认识，坚定了走社会主义道路的信念，收到显著效果。在组织建设方面，贯彻“从严治党”的方针，重视抓好基层党组织建设。目前，林业厅直属基层党委已达26个，支部144个，党员总数已达2475名，从1989年开始连续三年开展民主评议党员工作。建立健全了考核制度，对县处级以上领导干部进行连续考核，对少数领导干部进行了调整。同时，进一步加强了各级领导干部的理论学习和政工干部的岗位培训，不断提高干部的理论水平。目前，林业系统共建立业余党校6所，培训1500人次。

林业系统点多、线长、面广，工作条件艰苦，职工存在的实际困难较多。林业厅党组织及林业系统各级党组织积极探索适合新疆林业特点的思想政治工作新途径。一是近两年，利用冬季，在林业系统开展了社会主义思想教育；二是针对新疆是多民族聚集区，坚持不懈地抓民族团结教育，牢固树立“两个离不开”思想。各级党组织十分重视对少数民族干部的培养和选拔，到目前，林业厅直属单位领导干部中少数民族干部占30%以上。三是狠抓机关作风建设，转变机关作风，狠抓落实。在林业生产大忙季节，各级领导干部带头深入生产第一线，受到群众好评。四是抓廉政建设，认真查处各类违纪案件，坚决纠正行业不正之风。通过内查外调，各类案件涉及金额162 680元，已追回158 680元，结案率达75%以上。

（新疆维吾尔自治区林业厅）

【《新疆维吾尔自治区林业发展十年规划和“八五”计划》】 1991年，根据自治区人民政府和林业部的要求，以《新疆“三北”二期工程总体设计》和《自治区1989—2000年造林绿化规划》为基础，结合国民经济发展和自治区林业发展实际，自治区林业厅组织编制了《自治区林业发展十年规划和“八五”计划》，同时编制了种苗生产建设、护林防火、森林病虫害防治、科研和技术推广、林业公安体系建设等专项业务规划；

下半年又编制了《自治区治沙规划》，为在“八五”期间使林业上新台阶，并为在本世纪末和下世纪初新疆林业实现持续、稳定、协调发展打下良好的基础。

规划的指导思想是认真落实党的十三届七中全会精神，围绕实现现代化建设的第二步战略目标，以深化林业改革、增加森林资源、增强林业活力，提高林业的整体效益为中心，进一步加快森林培育，加强森林保护，强化林业管理，调整产业结构，提高经济效益，推动科技进步，提高职工队伍素质，加强行业精神文明建设，确保自治区实现林业发展的十年规划、奋斗目标和“八五”计划任务顺利实现。

规划目标和建设重点：林业生产建设，十年造林69.34万公顷，其中人工造林50.5万公顷；森林覆被率由1.24%增加到1.68%；全疆全面实现农田林网化；45个县（市）实现绿化达标；十年封育天然林71.1万公顷，封育新增森林面积18.86万公顷；建成几处平原用材林基地，营造速生林5.3万公顷；大力发展经济林，十年内发展7.9万公顷。森工生产建设，加快森林培育，扩大森林资源，中幼林抚育2.8万公顷，改造疏林地0.74万公顷，还清更新欠帐1万公顷；控制山区木材采伐量，实行限额采伐，“八五”年均产31万立方米，“九五”年均产量35万立方米；十年净增森林蓄积524万立方米；林产工业发展，新建阿尔泰山林业局木浆厂（年产1.12万吨）、伊犁刨花板车间（年产5000吨）、喀什造纸厂（以杨树为原料年产1万吨）；多种经营产值增加，到1995年产值收入达4 100万元，利润425万元，收入占企业总产值25%；“八五”建成天山西部林业局，“九五”完成阿尔泰山林业局建设。

（王益敬）

【洛浦县乡（镇）林业站建设】 1980年，县政府就正式批准成立各乡（镇）林业站。现在，全县10个乡（镇）都建有林业站，每个林业站都有独立的办公场所，全县10个乡（镇）林业站共有办公用房58间，建筑面积1562平方米，站均156.2平方米，共配备林业员28名。

县林业局坚持对林业员进行经常的政治思想教育，每月定期或不定期组织林业员学习党的路线、方针、政策，学习有关政策法规。县林业局也重视提高林业员的业务素质，每年冬季举办培训班，系统讲授育苗、造林、抚育、采伐、病虫害防治等多项实用技术。此外，在每个林业建设阶段和开展中心工作时都举办短期学习班。1991年又选送6名林业站站长到自治区林校学习。县林业局还先后制定了《艰苦奋斗、为政清廉规定》、《民族团结公约》、《乡（镇）林业站工作条例》、《乡镇林业员职责》等项规章制度，各乡（镇）林业站也根据本站实际制定了《岗位职责》和工作、财务、考勤、奖惩、值班制度，使各项工作有章可循。

为了增强林业站的活力和后劲，洛浦县给各站划拨生产用地50—100亩，现在10个乡（镇）林业站共有生产基地1027亩，营造用材林328亩，建果园95亩，育苗180.4亩，种植农作物272亩。1991年总收入达11.9万元，纯收入5.86万元，人均创收1378.3元。

洛浦县各乡（镇）林业站均建立了林木资源档案，各站还制定了本乡（镇）林业发展规划，绘制各种图表并张榜上墙。造林前，对造林地、育苗地逐块检查落实，进行卡片登记，造林后对造林面积、成活率、保存率进行三次检查验收。

洛浦县人工林保存面积由1979年的4万多亩，发展到现在的25.18万亩。1984年基本实现农田林网化，1990年实现了平原绿化达标。 （尹予光）

【沙湾县三道河子林场】 该场位于沙湾县城西侧，于1958年建场，是一个由汉、回、哈、维四个民族组成的平原国营造林林场。现有职工46人，土地面积1 333.3公顷，耕地533.33公顷，现有林地366.67公顷，其中用材林146.67公顷、经济林60公顷、防护林160公顷，活立木蓄积量0.85万立方米。从建场到1983年，由于单一的营林生产，加之经营粗放，林场经济发展缓慢、经济效益差，长期处于困境。

1984年，场领导班子调整后，大胆改革，因地制宜发展多种经营；实行场长承包责任制，进行民主管理；坚持“两个文明”一起抓；不断完善内部经营机制，建立健全规章制度，加强管理，推行各种形式的生产责任制，调动广大职工生产积极性。同时，坚持科学为生产服务，加强职工培训，不断提高职工素质。

几年来，该场根据市场需求，以培育椽材林为目的，营造速生丰产林133.33公顷，1990年开始采伐利用，收入4.9万元，1991年木材收入13.2万元。1986年，林场规划了经济林基地，当年营造葡萄、香梨、蟠桃、李子、枸杞经济林53.33公顷。1990年开始收益，1991年仅此一项纯收益15万元。该场还利用地理优势，发展饮食服务业，同时，组建了基建队及制砖厂。1991年仅多种经营收益22.6万元，占全场总收入的59%。

1991年，林场经济收入达到38.4万元，比1984年增长了10倍；职工人均收入达1200元，比1984年增长了6倍。林场改变了经济困境，实现了经费自给有余。职工的思想和精神面貌也发生了很大变化。近两年先后被自治区、地区、县评为先进单位。

（潘永亮）

【昌吉市平原人工林资源建档】 昌吉市位于准噶尔盆地古尔班通古特沙漠南缘，人工林以农田防护林为主，其他有用材片林、经济林、薪炭林等。人工林总面积1 288公顷，立木总蓄积85 617立方米。其中农田防护林占52.6%，用材林占29.8%；中、幼林占92.8%。该市于1989年完成人工林资源调查，从以农田防护林为主体的特点出发，一条林带为小班，行政村为林班，乡为建档单位，全市共区划小班 3 178 个。根据人工林资源调查成果，于 1990 年完成资源建档，1991 年开始更新资源消长数据，实现每年出数。

人工林资源档案包括小班卡片、汇总表、图、规划四部分。昌吉市还建立了森林资源档案室，做到了小班卡片成册、装匣、入框，图、卡、表一体，进入资源档案室就可以直观全市人工林全貌及发展前景。

昌吉市每年进行一次资源消长变化调查，实查每年人工造林、人工更新造林面积、采伐消耗面积、蓄积，未成林进入成林面积、蓄积，依据生长率计算林木自然生长量。根据调查数据每年变动资源档案，做到资源消长变化落实到小班。

资源档案的建立，有力地促进了昌吉市森林资源管理工作，提高了管理水平。（周兴发）

【新疆维吾尔自治区 1991 年林业大事】

①3 月 12 日，自治区党委书记宋汉良、自治区主席铁木尔·达瓦买提为全民义务植树运动开展 10 周年题词。宋汉良题词：全党办林业、全民搞绿化。铁木尔题词：齐心协力、绿化新疆。

②3 月 1—14 日，新疆林业厅与新疆国际经济合作公司组团，到前苏联阿拉木图市进行考察访问，并与前苏方就胶合板联营问题进行了洽谈。

③5 月 13—17 日，德国驻华农林参赞温德尔对新疆阿克苏地区的阿克苏市、温宿县及和田地区的和田县、洛浦县、策勒县的林业建设进行了实地考察。并达成了新疆南部地区通过造林恢复森林生态环境工程中德合作项目的意向。

④6 月 18—24 日，吉尔吉斯共和国部长办公室林委会主席穆苏拉里耶夫为团长的代表团一行 3 人，来新疆进行了考察、洽谈。

⑤9—10 月，新疆林业厅接待美国、西班牙三批狩猎者，在阿克苏与阿勒泰地区开展了盘羊试猎，创汇 11.9 万美元。（新疆维吾尔自治区林业厅）

创　业　者

徐合民　男，51 岁，河北省乐亭县人。1967 年参加工作，曾任县长。现任中共迁安县委书记兼县人大主任。

迁安县有沙地沙荒 86 万亩，1984 年，徐合民担任县长后，跑遍全县调查研究，主持制定了《迁安县沙地沙荒治理开发纲要》。在实施过程中，结合本县实际，收回了分包到户而未治理的沙荒沙滩，实行统一规划、规模开发、专业队承包经营的办法，并树立了一批不同类型的典型。他还主持制定了一系列政策性措施，调动农民和集体投资的积极性，组织推广了 20 多项治沙新技术。1984 年以来，迁安县共治理改造沙荒 26 万亩，新建果园 9 万多亩，绿化面积 29 万亩，全县形成 5 条大的防护林带，总长 500 公里，森林覆盖率由 1984 年的 12.3%增加到 23.2%；农业总产值增长 31.4%。1991 年，他被全国绿化委员会和林业部授予全国治沙劳动模范称号。（河北省林业厅）

贾彦明　男，44 岁，河北省故城县人。1972 年参加工作。现任中共深县县委副书记、县长。

1985 年，贾彦明担任郑口镇党委书记后，就带领群众修路植树。3 年时间，共植树 100 万株，种紫穗槐 100 万墩，栽果树 4000 亩，修乡村公路 64 公里，使全镇 35 个村全部实现了“方田林网化，河渠林带化，村庄密林化，公路油面化”，成为全县的绿化样板。

1989 年 11 月，他调任衡水市常务副市长，通过调查研究很快主持制定了“一年绿化达标，二年完善，三年提高”的全市林业发展规划，并抓了 3 个乡的绿化试点。经过一年努力，全市植树 120 万株，更新农田林网 15 万亩，按期实现了平原绿化达标。1991 年 3 月，他调任深县县长后，首先带领各乡（镇）长和县直有关部门负责人到林业先进县参观学习，并制定林业发展规划，落实植树修路任务。到 1991 年底，全县植树 170 多万株，新营造农田林网 11 万亩，补植完善林网 47 万亩，宜林荒地全部绿化，实现了平原绿化达标，被林业部授予全国平原绿化先进单位称号。1991 年 3 月，贾彦明被全国绿化委员会、林业部和人事部授予全国造林绿化劳动模范称号。（河北省林业厅）

樊好智　男，山西省垣曲县寺里沟村人，农民，生于

1926年2月,1991年4月去世。中共党员。垣曲县第八届人民代表。

樊好智从1976年以来,凭一颗红心,靠一把镢头,连续15年植树不止,为集体造林1012亩,植树40万株,价值60万元,使负债6万元的寺里沟村摆脱了贫困,为昔日的荒山秃岭披上了绿装。他先后4次被省委、省政府授予林业劳动模范称号,16次被地、县授予林业劳动模范和优秀共产党员光荣称号。1991年4月,在他弥留之际,把集体划归他的价值10万元的132亩山林交给了集体,将自己积攒的3700元现金和价值500元的80根木料捐献给了村里小学,并嘱咐县乡村干部和亲属,死后把他埋在绿化了的龙凹岭上。他用艰辛的劳动实现了"只要我活一天,就要叫荒山绿一片"的诺言。 (山西省林业厅)

马海超 男,汉族,59岁。中共党员,林业工程师。1951年参加工作。现任内蒙古敖汉旗林业局局长。1978年以来,主持改革了国营林场的经营管理,实行了场长任期目标责任制、管理人员优化组合制、生产项目承包责任制,打破了"大锅饭"、"铁饭碗",压缩非生产人员120人,年节支10多万元。研制了JKL—50型抗旱开沟犁,总结了一套完整的抗旱造林系列技术,大幅度地提高了造林成活率和保存率,被列为林业部、自治区适用技术推广项目。1985年,他主持的开沟造林及其效益研究被评为自治区科技进步三等奖,京通线敖汉段防沙林营造被评为林业部科技进步三等奖,杨树速生丰产林栽培技术被评为赤峰市科技进步一等奖。全旗有林地达到26.9万公顷,林木覆盖率由1977年的11.2%提高到32.4%。1990年获全国绿化奖章,1991年被评为全国造林绿化劳动模范。 (内蒙古自治区林业局)

车秉志 男,57岁。1968年内蒙古农牧学院毕业,林业工程师。现任科尔沁左翼中旗林业局局长。20多年来,他一直坚持在治沙造林第一线,曾成功改进旧植树机,使造林成活率提高25—30%,在全旗推广后每年造林合格面积达1.67万公顷以上,超额计划一倍多。他率先进行国营林场劳动管理改革试验,推广联产承包、干部定岗、定责、定酬的"三定一奖"责任制,机械单产核算、联产计酬责任制等,提高了国营林场的经济效益。任旗林业局长后,坚持在基层调查研究,制定了一系列切合本旗实际的林业发展规划、措施和办法,首倡保险造林,由乡村集体和农牧民按亩成本交款,国营林场负责苗木、机械、技术承包造林,成活率达不到标准者按百分比为集体和个人赔偿,使年造林达1.67万—2万公顷,保存率提高到85.4%。森林覆盖率提高到14.4%。1991年,被评为全国治沙劳动模范。

(内蒙古自治区林业局)

郭巨才 男,汉族,57岁。1953年参加工作。现任内蒙古杭锦旗阿门其日格乡党委书记。70年代初期,由于连年的滥垦滥牧,65万亩耕地有57万亩成了流沙半流沙。他走村访户,摸索对策,找准了植树造林根治沙害的路子,率领群众艰苦创业,1979年,完成1450条农田草牧场防护林,共3.13万公顷,基本控制了沙害。旗委、政府确定阿门其日格乡以林牧为主,特别是党的十一届三中全会后,他坚定执行改革开放的方针和林牧业政策,严把质量关,每年造林合格面积2000公顷以上。并以草定畜,压减山羊数量,做到科学兴牧。1985年以来,自筹资金70多万元,围建万亩以上林草库伦15处1.42万公顷,小库伦986处1800万公顷。目前,全乡有林面积达2.5万公顷,林木覆盖率达57.8%,户均有15.5公顷,人均4.32公顷,林草覆盖率85%以上,牲畜稳定在3.2万头(只),粮食总产比1974年增长4倍,亩产增加八成,人均收入达600多元。1991年,被

评为全国造林绿化劳动模范。

（内蒙古自治区林业局）

范树德 男，59岁，江苏常熟人。中共党员。高级工程师。1953年毕业于南开大学企业管理系，在内蒙古大兴安岭林区工作达40年。曾任林业管理局副局长。现任林业部驻内蒙古自治区森林资源监督专员。在分管木材调运期间，改革销售体制，探索非统配木材产销区联营，加强服务，搞活流通的办法，增加了企业效益。在企业生产工艺改革，采运设备选型，栲胶、纤维板技术改造和技术引进上均有一定建树。1988年和1989年主持谈判签订了赴苏联采伐过火林合同。组织领导了第一支赴苏劳务队伍并任总指挥，成功地完成了任务。1990年主编的《木材生产技术手册》，由内蒙古人民出版社出版。

（内蒙古大兴安岭林业管理局）

崔宝琦 男，69岁，山东蓬莱人。中共党员。林业高级工程师。1946年参加工作。曾任内蒙古大兴安岭林业管理局副局长、总工程师。现任经济技术顾问。长期从事林业计划和经济管理工作，参与和主持了内蒙古大兴安岭林区各个时期的中、长期林业发展规划的制订工作。领导和组织了林区企业整顿、科技研究和科技成果应用推广。在企业管理和林业经济研究方面有一定建树。1990年被内蒙古自治区批准为成绩优异的高级工程师。

（内蒙古大兴安岭林业管理局）

李竹英 女，53岁，俄罗斯族，内蒙古满归镇人，中学一级教师。1956年12月毕业于上海船舶学院外语系。她任满归林业中学外语教研组组长。从事外语教学32年来，始终坚持教学、教研、教改，治学严谨，勤奋好学，博采众长，锐意进取，形成了自己的教学风格。她特别重视学生德、智、体、美的全面发展，努力提高学生的独立思考能力，使学生的才能得到充分发挥。所教班级外语高考平均成绩一直在80分以上。她教授的八五级学生吴小东曾夺全国俄语高考第一名。1988年参加国家教育委员会在武汉举行的外语教学经验学术交流会，教学论文获一等奖。她17次荣获林业局劳动模范称号，15次被评为“三八”红旗手，两度被推选为林业管理局劳动模范、盟级先进教育工作者。1991年获全国教育系统劳动模范称号。

（内蒙古大兴安岭林业管理局）

刘万生 男，57岁。中共党员。高级工程师。1956年毕业于沈阳林业学校。现任辽宁省经济林研究所核桃研究室主任。是省核桃良种选育及栽培技术课题主持人，1986年又分别担任国家“七五”科技攻关核桃良种选育和核桃早实丰产栽培两个专题的领导小组和核心组成员，先后取得8项科研成果。他参加主持的早实核桃新品种选育研究和核桃丰产与坚果品质国家标准的研制成果，1990年获林业部科技进步一等奖和三等奖；早实核桃新品种选育研究成果，1991年获国家科技进步二等奖；核桃良种选育专题，于1991年受到国家科委、计委和财政部的表彰。

（辽宁省林业厅）

杨景富 男，55岁。1959年吉林省林业学校毕业后，自愿到风沙最大，环境最艰苦，沙包子碱片子多的长岭县工作。现任长岭县林业局局长。他重视树种改良，先后引种优良杨树品种取代本地疙瘩杨和小老树。1979年开始又引进黑松、樟子松、赤松、落叶松等针叶树。他在三团乡搞沙丘

造林试点，一次把6万亩沙丘宜林地，划给国家、集体和个人造林，支持治沙造林承包大户，并发给宜林地使用证书，调动了群众的积极性。大力推广使用机械造林新技术，提高造林质量和效益。全县建成农防林网眼6300个，形成带、片、网相结合的防护体系，庇护270万亩农田免受风沙危害，成为全国第一个实现沙地绿化县。1991年8月，被授予全国治沙劳动模范称号。（吉林省林业厅）

段敏达 男，54岁，吉林省敦化市人。中共党员。1958年毕业于吉林省林业学校。高级工程师。现任省绿委委员、绿委办公室主任。他热爱造林绿化事业，潜心钻研业务，主编了《绿化工作手册》等书，并有多篇论文获奖。主动为省绿委、林业厅领导当好参谋，在绿化宣传，组织协调，督促检查，引种和总结典型经验等方面做了大量工作。1991年，他被评为全国造林绿化劳动模范。

（吉林省林业厅）

张振清 男，65岁。中共党员。曾任省林业厅厅长等职。现任省人大农林委员会委员。他1952年和1983年两次到林业厅工作，认真贯彻党的林业方针、政策。党的十一届三中全会以后，全省推行林业改革，他提出了“改革体制、下放权力、内包外联、综合经营”的方案。在群众造林绿化方面总结推广了划地到户、贷款到户、给权到户的经营方法，为促进全省林业改革和林业建设做出了贡献。（黑龙江省林业厅）

张占德 男，61岁。中共党员。曾任黑龙江省林业厅厅长等职。现任黑龙江省政协提案委员会副主任。他任林业厅厅长期间，认真贯彻执行党的路线、方针和政策，善于调查研究，经常深入基层解决实际问题。他在全系统普遍推行经营承包责任制，并进行了试点工作。在森林资源管理工作中，他重点抓了工程造林和森林防火工作，取得了较好的效果。

（黑龙江省林业厅）

贾玉璞 男，56岁，汉族，山东省平度县人。中共党员。1982年以来历任合江林业管理局副局长、局长。现任管理局党委书记。

在森林资源锐减，企业经济危困的情况下，他团结党委一班人，率领职工群众自力更生，坚持物质文明、精神文明两手抓，搞活基层单位，开展对标达标竞赛，实施治危兴林系统工程，加速培育森林后备资源，大力发展多种经营和家庭经济，以精神文明建设改造林场（所），调整产业结构，治危兴林成效显著。10年来，造林455万亩，实现了森林资源增长大于消耗；1991年多种经营产值达7600万元，占工农业总产值的36%；山上林场（所）文明整洁、优美舒适，80%的职工年家庭经济收入达2000元以上。这些作法被黑龙江省森工总局总结为“合江林业模式”和“四二一”工程。1991年，他在合江林区提出和实施了加速产业结构调整，自强自立，自我解危，自我发展的“以户自立，以场自立”重大改革，以砸“三铁”，改革经营机制为主要内容，创办了林业新村。黑龙江省委在全省推广其作法，受到林业部领导的充分肯定。他被黑龙江省委授予省模范党务工作者称号。（黑龙江省森林工业总局）

孙天经 男，1946年生，汉族，辽宁省大连市人。中共党员。1970年毕业于东北林学院，同年分配到黑龙江省林口林业局工作，1984年任该局局长。1991年10月任牡丹江林业管理局副局长。是中国林业科学研究院林业经济研究所特约研究员、中国林业经济学会林业企业管理研究会理事。他任林口林业局长以来，结合企业的生产和经营实际，制订了经济发展战略，保护和培育森林资源，立体开发，全面经营，开发替代产业，加强多种经营基地建设，加快产业产品结构调整。目前，林口林业局营造人工林50.9万亩，保存率

达96.3%，超出省规定标准7个百分点，达到国家一级企业标准，并形成了以石材、人参、红砖、养鹿、地板块为“龙头”的五大多种经营和综合利用生产体系，建成了全省第二大石材出口生产基地，仅石材生产一项，年产值达1000万元，利润300万元。他注重不断总结探索治危兴林的实践经验，撰写经济论文，并在《林业经济》等国家和省级刊物上发表。为了推进治危兴林工程，他从实际出发，提出了“以场自立、自我发展，模拟独立核算”的管理目标，并开展达标竞赛。经过实践，全局有5个生产单位实现“以场自立，自我发展”规划目标，多种经营产值达到620万元，实现利润180万元，促进了企业机制的转变。1991年，他被授予黑龙江省劳动模范称号。 （黑龙江省森林工业总局）

林翠红 女，44岁，汉族，山东省荣成县人。中共党员。她1987年由家属工转为全民职工，并被任命为迎春林业局轻工产品加工公司经理。几年来，为发展集体经济，改革管理和分配制度，实行效益工资，从而发挥了整体功能，提高了劳动生产率。在一无设备、二无原料、三无厂房的情况下，引进设备、技术、利用旧库房，在林区办起了丝绸厂。改造原有设备使火柴梗打入泰国、马来西亚等国际市场。她把只有249名家属的生产队，建设成为农、工、副、商并举，产、供、销一条龙，各项生产都有一定规模，自负盈亏，相对独立的集体经济实体。五年来，共生产火柴梗3010.5吨（其中出口1092.7吨），粮豆2694万公斤，蔬菜1281万公斤，丝绸被面12 862床，布料65655米，及其它粮豆加工、服装加工。累计总产值878.1万元，平均每年递增128%，交纳税金35.6万元，创外汇318万元，为林区发展多种经营闯出了一条新路。1991年，她获全国“五一”劳动奖章。

（黑龙江省森林工业总局）

李 贵 男，47岁，汉族，黑龙江省依兰县人。中共党员。现任双鸭山林业局红旗林场场长。三年来，把红旗林场从一个落后单位改变为全国森工系统的先进单位。在深化改革中，他不断完善责任制，非生产人员从22%压缩到7%；3年共节约支出13.2万元；3年多造林26 000亩，降低生产成本4.66元；现有46%的职工达到以户自力，分解劳力41%；开荒6500亩，收粮豆140万斤，获收入60万元。建起养鹿、养猪、养牛、养鱼和人参场，产值由1988年的22万元提高到167万元，实现纯利润34万元；干部实行目标责任管理，年节约开支1万元；3年无重伤、死亡、森林火灾及经济火灾。1991年，他获全国“五一”劳动奖章。

（黑龙江省森林工业总局）

黄成祖 男，56岁。中共党员。上海市崇明县林业站站长。他从50年代起就投身于林业工作，是一位从事林业工作已达30多年的林业基层战线的老兵。党的十一届三中全会后，他带领全站同志，跑遍乡村每个角落，在摸清林业资源，制订绿化规划，积极宣传绿化意义，普及林业科学技术和实行科技兴林，加强技术指导服务等方面都作出了优异成绩。他从1986—1990年连续五年被评为市、县绿化先进个人。1991年，全国绿化委员会授予他全国造林绿化劳动模范光荣称号。

（上海市农业局林业处）

涂忠虞 男，56岁，湖北省麻城人。研究员。1961年南京林学院研究生毕业，1984年加入九三学社。现任江苏省林业科学研究所所长。任中国林学会理事、中国林学会林木遗传育种学会常委、中国杨树委员会常委等职。他长期致力于林木遗传改良的研究，先后承担了省和国家科技攻关的柳树育种课题，撰写发表了《柳树育种与栽培》等30多篇学术论文和20多篇译著、译文。应用数量遗传学原理研究树木数量性状的遗传变异，达到了国内的领先学术水平。“七五”期间选育出7个乔木柳树新无性系和2个编柳优良无性系，分别在山东、河南、安徽、江苏、湖北、浙江、新疆、甘肃等省（区）造林6万余亩，新增产值1236.6万元，并被列入国家科委和林业部重点推广项目。

“七五”期间共取得9项科研成果，其中4项分获部和省级科技进步二、三等奖，选育的柳树新无性系苏柳172和194获1990年国家发明二等奖。1988年，劳动人事部授予他为国家级有突出贡献的中青年专

家，1991 年，经国务院批准享受政府特殊津贴。

（江苏省农林厅）

陶德生 男，56 岁。1955 年毕业于浙江林校。高级工程师。现任乐清县桉树良种繁育站副站长。36 年来，他在林业基层单位工作。1979 年，他接受了省下达的桉树良种选育及基地建设任务。此后的 10 多年，他先后引进国内桉树品种 111 个 314 号，建立了品种园，经试验观察，筛选出 11 个具有重要经济价值，能在浙江推广的优良品种，还提出了浙江桉树选优的标准。经过 5 年的试验、摸索，他掌握了良种繁育的关键技术，使桉树嫁接成活率达到 70%以上，扦插条生根率 90%以上，这项成果获温州地区科技成果三等奖。1989 年，桉树引种、良种选育和繁育技术已通过鉴定，其良种基地在 1990 年通过省级验收。

1965—1991 年，他在省级以上刊物上先后发表论文 21 篇，参与编写关于桉树的著作 5 本，获得各级科技成果奖 10 项。1990 年，他获得在我国桉树科研工作中作出重大贡献的贡献奖；1991 年被评为全国绿化劳动模范。

（浙江省林业厅）

林土荣 男，59 岁。1962 年毕业于浙江林学院。现为浙江省松阳县营林公司经理。30 年来，他一直从事林业技术推广和生产管理工作。1972—1990 年，他与公司一班人指导全县基地造林 222 715 亩。1988—1991 年以他为主指导的杉木速丰林、商品材基地，全垦整地挖大穴造林 52 237 亩，质量合格率平均达到 97%，最好的一片达 99%。1989 年起，丽水地区林业部门在全区各县开展营造速生丰产林竞赛，他作具体技术指导的 29 亩，当年幼树平均高 77.2 公分，新梢长 54.1 公分，获得地区竞赛第一名。1991 年，他被评为全国绿化劳模和县先进工作者。

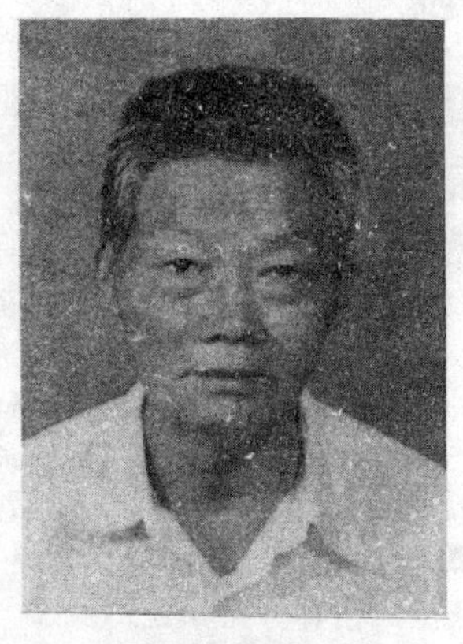

（浙江省林业厅）

李正恩 男，61 岁。1957 年在家乡创办青年园艺场，1958—1989 年积极参加国营马宗岭林场和淮河堤植树造林，两次荣获省劳动模范勋章。1973 年，他带领 8 名农民创办古碑林场，在杂草丛生的山城，营造杉木林 1960 亩。1984 年 5 月，他又个人承包马家河村荒山 5000 多亩，签订了承包合同，创办马家河林场。1985—1988 年，营造速生丰产林 5030 亩，经省、地、县检查验收，均达到省颁速生丰产林标准。1990 年，他把马家河林场 5000 余亩幼林无偿献给国家。1991 年，他荣获全国造林绿化劳动模范称号。

（安徽省林业厅）

庄从宪 男，59 岁。安徽省颍上县人。1955 年毕业于安徽省凤阳农校。长期从事林业工作。1983 年至今任阜阳地区林业局长。在主管全区林业工作中，发动和组织全区人民开展植树造林活动，积极推广涡阳县平原绿化经验，抓颍上县小张庄农村园林化试点，大力营造农田林网，调整林业生产结构，组织制订和实施阜阳地区林业发展规划，全区林业建设取得显著成绩。成片人工林发展到 145 万亩，人均树木 31 株，4.1 万个自然村绿化，全区林木覆盖率由建国初期的 1%提高到 14%。1989 年，全区 11 个县（市）平原绿化达标，被林业部授予全国平原绿化先进单位称号，在全省率先跨入全国平原绿化先进地市的行列，1991 年荣获全国造林绿化先进单位称号，他被评为全国造林绿化劳动模范。

（安徽省林业厅）

余能健 男，54 岁，福建省永泰县人。中共党员。1959 年毕业于福建林校。工程师。长期从事林业工作。现任福建省明溪县林业委员会主任。1984 年在全县推行“分股不分山，分利不分林”的林业股东制、“租赁青山开发经营”和县、乡、村产销联营等经营方式。既发挥林业主渠道作用，又维护了村农利益。多年来，致

力于林业科技的研究、推广和应用。1984年撰写《工程造林管理条例》,把工程管理的原理引进林业生产,使造林成活率提高到95%以上。他还撰写了《杉木工程造林》。1987年参加全国75—733课题的技术攻关,大面积营造马尾松速生丰产林取得重大技术突破,获国家科委、计委、财政部集体荣誉奖励。在育苗研究中,创造和推广了定向育苗、圃地配方等技术措施。马尾松无性繁殖技术填补了国内空白。1984年以来,明溪县共营造速生丰产林1.91万公顷,林木生长超过省颁标准,成为福建省速生丰产林基地建设起步早、面积大、质量好的一个县。1991年,他被授予全国造林绿化劳动模范称号。

(福建省林业厅)

庄志成 男,51岁,福建省惠安县人。中共党员。1962年高中毕业后回乡务农。现任福建惠安涂寨镇庄内村村委主任。29年来,多次放弃招工招干的机会,全心全意带领村民治山兴林,治穷致富,做出卓著贡献。1962年,顶住社会种种压力,组建了林业专业队。自己采种,培育苗木,在6座光秃秃的荒山、10条冲刷沟种下了木麻黄、桉树、樟树、马尾松以及龙眼、余甘、桃等10多种果树,使全村的森林覆盖率达65%,绿化程度100%。人均"四旁"绿化52株,户均林果0.27公顷。现每年林果业收入达50万元,粮食产量也比1963年增长了近3倍。还从林业收入中投资60万元,修建水电,兴办学校,建设村办企业等公益事业。使庄内村成为省级文明村。1991年,他被授予全国造林绿化劳动模范称号。

(福建省林业厅)

曾志光 男,47岁,浙江省龙泉县人。中共党员。1964年大专毕业后即分配到江西省林业科学研究所工作。1987年晋升为高级工程师。现任该所林木良种研究室副主任。27年来,他刻苦钻研业务,坚持严谨的科学态度,取得多项科研成果。他负责的江西省马尾松地理种源试验研究获1984年江西省人民政府优秀科技成果二等奖,江西省杉木优良种源选择的研究获1986年江西省科技进步二等奖。这两项成果已在生产上推广,应用其种子营造速生丰产林面积分别达3400公顷和34 000公顷。马尾松种源变异及种源区划的研究获1988年林业部科技进步二等奖和1990国家科技进步二等奖,杉木地理变异和种源区划分获1987年林业部科技进步一等奖和1989年国家科技进步一等奖。由于他工作积极,科学研究成绩显著,1987年获江西省先进科技工作者称号,1990年被江西省人民政府授予江西省劳动模范称号,1991年被授予国家级有突出贡献的中青年科学家称号。

(江西省林业厅)

张天印 男,55岁,山东单县人。高级工程师。他是日照市农委林业办公室总工程师。50年代针对海岸栽植黑松成活率低的难题,大胆设计了"雨季栽植,黑松、棉槐混交"的技术措施获得成功,在沙滩上种植了1330公顷沿海防护林。1970年,他领导群众进行低产林改造,成功地引进水杉、欧美杨等速生树种。1977年后致力于驯养灰喜鹊防治松毛虫的研究成功。他先后编著出版了《泡桐育苗造林技术》和《驯养灰喜鹊防治松毛虫》等著作。由他担任科学顾问、北京科教电影制片厂摄制的科教片《灰喜鹊》,在国内获金鸡奖和最佳科教片奖;在国际上获金葡萄奖和银象奖。1991年,全国绿化委员会、林业部、人事部授予他全国造林绿化模范称号。

(山东省林业厅)

徐云迁 男,55岁,山东省济南市人。现任烟台市林业局总工程师。60年代在掖县土山公社带领群众营造万亩海滩林,70年代在掖县沙河公社逐村建立林业专业队,在全省率先实现全公社农田林网化。80年代调烟台市林业局后,多次向市领导提出发展烟台林业生产的建议,被领导决策所采纳。分管全市速生丰产林

期间，深入基层，以点带面，使全市丰产林面积由1万亩发展到10万亩。在市长绿化工程施工中，逐山进行规划，并制订严格的技术标准，促进了工程进展。1991年，全国绿化委员会、林业部、人事部授予他全国造林绿化模范称号。（山东省林业厅）

吕喜堂 男，52岁，河南省新郑县人。1959年毕业于河南省中牟农校园林专业。现任禹州市林业技术推广中心主任、高级工程师兼中日合作禹州果梅系列化研究所所长。他从事林业工作30余年。改革10余年来，获省级以上科技成果奖17项，在省级以上杂志报刊上发表科技论文40多篇，1987年编著《泡桐丰产林栽培》一书。1989年以来，先后被禹州市委、许昌市委授予专业技术拔尖人才称号，被河南省政府授予省劳动模范、省优秀科技工作者称号；1991年被国务院批准为享受政府特殊津贴有突出贡献的科技人员。（河南省林业厅）

王哲理 男，53岁，河南省洛宁县人。1958年毕业于洛阳林校，1960年参加北京林学院林业本科函授学习。现任洛宁县林业局长。

1967年，他完成了沙兰杨、日本白杨速生树种的引种、区域栽培、物理力学性质、造纸工艺流程等大型测试项目。1980年，他主持研究的核桃子苗嫁接技术，取得重要进展。多年来，他先后获部、省级科技成果奖5项。1990年，应美国内布拉斯加州大学农业及资源研究院的邀请，到美国传授林业、园林技术，获得成功。30多年来，他为洛宁县的林业发展作出了重大贡献，使洛宁县成为全国林业科技重点县之一。1988年，获洛阳市优秀科技工作者称号；1989年，被命名为洛宁县专业技术拔尖人才。1990年，被评为全国造林绿化劳动模范。（河南省林业厅）

李辉雄 男，47岁，湖南省桂东县人。中共党员。大专文化。1983年任桂东县林业局局长，1990年任桂东县副县长，主管林业工作至今。他倡导“山权不变，林权共有，风险共担，利益分成”的联合经营原则，创办县（林业局）、乡、村、组（户）四级联营林场10个，发展乡村林场101个，经营山地占全县林业用地50%。把森工企业由原单纯经营原木改办成生产经营型企业，投入100多万元，造速生丰产林1066公顷，职工人均11.3公顷。成立营林公司，改无偿投资为有偿投入，集资797万元，造速生丰产林4866公顷。调整林种、树种结构。近4年，全县造林1.6万公顷，封山育林4.8万公顷，消灭了宜林荒山，基本绿化了县城。1989年被全国绿化委员会授予全国绿化奖章。1991年被全国绿化委员会、林业部、人事部授予全国造林绿化劳动模范称号。（湖南省林业厅）

谭杨生 男，56岁，湖南攸县人。中共党员。高中文化。1956年参加工作。1959年以来一直担任攸县林业局长。32年来，他与全县人民一道消灭了8.6万公顷荒山。1982年落实林业责任制时，经过调查研究，他坚持“国营、集体林场不散，集体成片人工林不分”，有效地保护和发展了国营和乡村林场。1985年以后，他大力推广股份制林业，实行“自愿互利，合股联营，统造统管，按股分红”，联营造林8600公顷。特别是1988年以来，全县加快了“灭荒”步伐，广泛推行“两工制”造林，实行封、造、改、管并举，3年造林2.1万公顷，在全省28个荒山大户县中第一个消灭了宜林荒山。现在，全

县立木蓄积量达159万立方米，森林覆盖率也上升到54.1%。1991年，攸县被评为全国造林绿化先进单位。1991年，他荣获全国绿化奖章。（湖南省林业厅）

罗继胜 男，55岁。现任广东省始兴县县委书记。他主持制定五年绿化始兴大地的决定，层层建立和落实造林绿化任期目标责任制，率先选择一个镇办造林绿化示范点。目前，该县活立木总蓄积达到971万立方米，是广东省森林蓄积最多的县。与此同时，他提出并实施建设始兴生态林业县的目标，实行森林资源采伐限额全额管理，全县实行责任山股份合作制经营。并建立一批以森林资源为依托的造纸、松香深加工、中密度纤维板、竹木加工等资源型工业，把林业引向商品林业。1989年，林业部确定始兴县为全国林政和资源管理示范县。1991年，始兴县被省委、省政府批准为实现绿化达标县。罗继胜同志连续两次受到省晋升一级工资奖励。

（广东省林业厅）

李家麟 男，54岁。高级工程师。现任广东省鱼珠木材厂厂长。他带领全厂干部职工，坚持改革开放，强化管理，调整产品结构，引进外资，加快企业技术改造。目前，全厂有11个分厂，1个国内合资企业，3个中外合资企业，形成以胶合板、刨花板、纤维板、塑料贴面板及其二次加工产品和万能胶、树脂胶、制材、家具、藤竹木工艺制品等门类齐全的大型木材加工企业。1989年，被评为国家二级先进企业。1991年，企业的工业总产值、产品销售收入、实现利税、劳动生产率等四项指标超历史最高水平。（广东省林业厅）

何积贵 1991年7月13日，台风袭击尖峰岭林区之时，尖峰岭林业局南中林场六队党支部副书记何积贵，在抢救被山崩压住的群众时壮烈牺牲，年仅27岁。为表彰他勇于献身的革命精神和先进事迹，中共海南省政府机关工委追认何积贵为省直机关优秀共产党员。《海南日报》于1991年8月5日在头版头条以“大山的儿子”为题全面报道了他的先进事迹。省林业局（总公司）党委向全省林业系统发出号召，要求全省林业干部职工向何积贵学习。（海南省林业局）

杨玉坡 男，59岁，江苏盐城人。中共党员。高级工程师。1954年毕业于南京林学院。现任四川省林科院学术委员会主任，国家科委林业专业组成员，中国科学院成都分院学术顾问，国际林联成员。他30多年来一直从事森林调查和亚高山森林生态的研究工作，具有系统的基础理论和专业知识。他先后主持过高山冷杉和云杉人工更新技术、岷江上游森林生态问题综合考察、川西高山日本落叶松引种栽培等课题研究，获12项成果奖。他主持参与的四川林业区划获省政府二等奖，主编的《高山营林手册》获林业部科技进步二等奖。他还先后主编《四川森林》、《四川森林生态研究》等书，翻译出版《森林生态学概论》，发表论文90多篇，计150万字。1991年被国务院批准享受政府特殊津贴。（四川省林业厅）

孙文启 男，59岁，四川省珙县人。初中文化程度。现任中共宜宾地委书记，宜宾大林业开发试验区领导小组组长。他重视和支持造林绿化，组织编制了全区林业发展规划，落实造林绿化“双线”责任制，明确各级绿化责任、目标和任务，带头参加义务植树，大办造林绿化示范点，指导和推动地、县级党政机关办点28个，规划面积16.5万亩，已完成9.5万亩。他勇于探索，提出以林业开发为重点，建立了宜宾地区大林业开发试验区。在他组织和带动下，全区人民经过艰苦奋斗，林业面貌发生了深刻的变化，有林地由70年代的167万亩增加到340万亩，林木蓄积由300万立方米增加到860万立方米，森林覆盖率由8.4%上升到22%。1991年，他被评为全国造林绿化劳动模范。

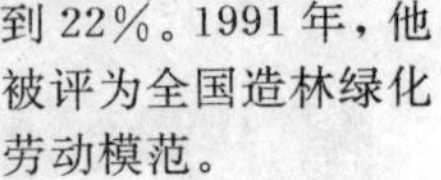

（四川省林业厅）

李纯禄 男，49岁，汉族，甘肃省定西县人。中共党员。1966年毕业于甘肃临洮农业学校，同年进藏。现任西藏山南地区林业局局长。他在洛扎和措美县工作期间，帮助群众创建了10多个果园，为群众致富开辟了门路。1982年调山南地区林业局后，在条件十分艰苦的情况下，他狠抓了地区

苗圃建设、城镇绿化和义务植树，对推动全地区的植树造林起了重要作用。近几年来，他主持了泽当工程造林和扎囊县朗赛林河滩造林的规划设计工作，并组织实施。首创了在雅鲁藏布江边修筑丁字坝淤滩造林的办法，把工程措施和生物措施有机地结合起来，现已在河滩上造林 2.6 万多亩，形成了长 50 公里的沿江防护林带，产生了明显的生态效益和社会效益，受到了上级的表彰和社会各界的重视。1990 年，他荣获了全国绿化奖章，1991 年又被评为全国绿化模范和自治区绿化先进个人。（西藏自治区林业局）

次　仁　男，44 岁，藏族，西藏林芝县人。中共党员。1976 年毕业于东北林学院林学系，同年回到了家乡工作。现任林芝县林业局副局长。十几年来，他带领全局为振兴林芝林业做了大量的调查研究工作，掌握了第一手资料。在全县实行了薪材统一供应，严格控制资源年消耗量；加强了迹地更新工作，坚持严格的检查验收制度，使该县的迹地更新有了新的起色。他和全局同志始终抓住森林防火工作不放松，在全县建立了以乡村为单位，分片包干的责任制，使这个县连续 5 年没发生森林火灾，受到了自治区防火总指挥部的表彰。1990 年，他被评为全国防火模范。

（西藏自治区林业局）

郭　普　男，74 岁，甘肃省秦安县人。1941 年毕业于金陵大学农学院。研究员。曾任甘肃省治沙研究所所长，中国沙漠学会第一、二届常务理事，甘肃省第五、六届政协委员。他在治沙研究领域中整整工作了 40 年，为甘肃治沙作出了突出贡献。他先后主编出版了《民勤治沙综合试验站治沙科研成果综述》、《甘肃沙漠与治理》、《民勤沙生植物园》（中、英文本）等书。撰写了《甘肃省治沙造林》、《甘肃省的风沙灾害与沙漠治理利用问题的探讨》、《荒漠灌木白刺资源开发利用研究》、《开发沙漠植物资源、发展沙产业》等论文 10 余篇。

1991 年，他被全国绿化委员会、林业部、人事部联合授予全国治沙劳动模范称号。

（甘肃省林业厅）

宋栓民　男，56 岁，甘肃省泾川县人。1951 年参加工作。现任平凉地区人大工作委员会副主任。1973 年，担任泾川县县委书记期间，在全县范围内大搞造林绿化，实行山水田林路综合治理，兴办乡村集体林场 270 多个，开创了领导班子绿化接力赛。使该县成为地区、全省绿化先进县和全国先进绿化县。他在担任地区林业处处长期间，实现了全区林业建设的三个转变。即：从单纯的荒山造林转变为营造防护林、速生用材林和果树经济林；从一般的植树造林转变为工程造林；从生态型的林业转变为生态经济型的林业。

1989 年，他被授予全国绿化先进个人称号，并荣获全国绿化奖章。

（甘肃省林业厅）

孟克让　男，48 岁，宁夏中卫县人。现任中卫县林业局局长。他自 1966 年任公社主任、党委书记以来，带领群众开展治沙造林，大办乡村林场。70 年代，又带领东园乡群众营造了第一代农田林网，取得显著成效。1984 年主持县林业局工作后，积极当好县委和政府造林绿化的参谋，动员全县人民大搞植树造林，年年超额完成自治区下达的林业生产任务。县林业局连续 6 年被县授予双文明单位称号。他先后 4 次被评为县先进工作者，记大功两次。1991 年被评为全国造林绿化劳动模范。

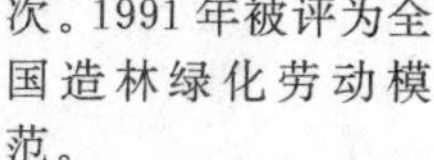

（宁夏回族自治区林业厅）

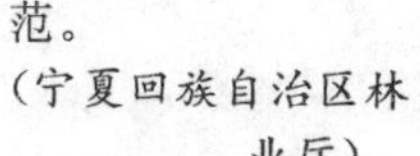

冒　广　男，41 岁，宁夏盐池县人。现任盐池县柳杨堡乡党委书记。1983 年起，他把整治沙漠，种树种草作为改善全乡生态环境，群众脱贫致富，振兴农村经济的根本措施来抓。每年带领群众治沙造林，宣传庭院发展果树，几年来，取得突出成绩。现全乡人工造林 1.01 万公顷，人均有林 1.1

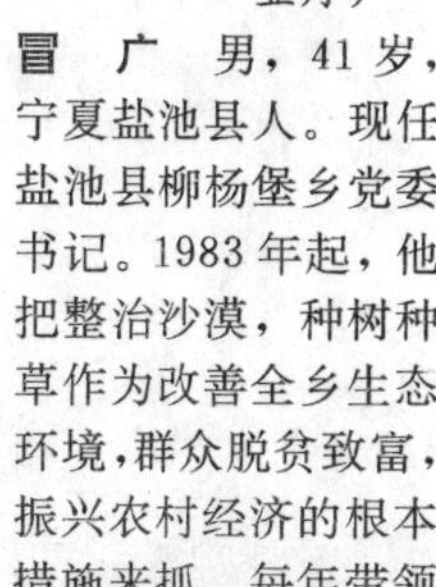

公顷，全乡460户农民在庭院里栽上了果树。生态环境明显改善，经济全面好转。与1982年相比，沙化面积由83.4%下降到30%，人均收入由65元提高到350元，人均有粮由56公斤上升到342公斤。该乡近8年连续被县评为双文明先进单位。他8次被评为县种树种草等先进工作者。1991年获全国治沙劳动模范称号。（宁夏回族自治区林业厅）

吴成伦 男，56岁，四川省江北县人。现任皮山县林业站站长。高级工程师。1959年毕业于四川林校。30多年来一直在皮山县从事治沙工作。建站初期，他与全站同志一起艰苦创业，足迹遍及境内沙丘沙地，掌握了大量第一手资料，为全面开展治沙工作打下了基础。他和当地群众一起在科克铁热克乡的阿依库木，选定风沙危害最为严重的地带，设置人工沙障100多亩，有效地阻挡了流沙，保护了农田。1982年，他又在乔达乡20大队风口设置沙障100亩，并在沙障后沿网格中植灌种草，使固沙效果显著增强。他从吐鲁番引种沙拐枣进行治沙造林试验，获得成功，现已被推广应用。1983年，该成果被地区评为科技成果三等奖。他还先后被评为民族团结先进个人和优秀共产党员。1991年被评为全国治沙劳动模范。（新疆维吾尔自治区林业厅）

陈洪轩 男，56岁，四川省大邑县人。现任吐鲁番市林业局局长。工程师。1959年毕业于四川林校。32年来一直奋战在治沙第一线，为吐鲁番的防风治沙事业做出了突出贡献。60年代初，为解决治沙造林用苗，他通过3年的努力，攻克了新疆杨扦插育苗技术难关。1964年，他到风沙危害严重的恰特卡勒乡西缘的鸭尔郎坎搞治沙试点，成功地进行了引水治沙种植老鼠瓜，营造红柳林的试验，为70年代大面积固沙造林提供了经验。1965年，他又到风沙前沿的亚尔乡同当地干部群众一道挖沙造林。他总结当地群众的治沙造林经验，在坎儿井旁建成了宽窄行、多树种、多带式的防风固沙林带，成为驰名中外的旅游景观。1966年，他又来到风沙最严重、生活最贫困的艾丁湖乡从事农田林网建设，经过4年的努力，共营造农田防护林3000亩，成活率均达到90%以上。1971年，他与中国科学院新疆生物土壤沙漠研究所的科研人员一道，在流沙地带进行利用冬闲水一次性冬灌营造大面积固沙林试验，获得成功，为大面积治沙造林提供了经验，该成果分别获林业部科技成果和推广成果三等奖。1991年，他被评为全国治沙劳动模范。（新疆维吾尔自治区林业厅）

专 文

增加资源 提高效益
建设绿色屏障 办好绿色产业*

高 德 占

一、一九九一年林业工作的简要回顾

1991 年，各级林业主管部门认真贯彻落实党的十三届七中全会和七届全国人大四次会议精神，根据年初全国林业厅局长会议的部署，进一步加强林业工作。在党中央、国务院的关怀和各级党委、政府的领导下，在各部门的支持下，经过林业系统广大干部职工和林农群众的共同努力，在过去工作的基础上，林业改革和林业工作又取得了新的进展。1991 年，我们编制完成了林业发展十年规划和"八五"计划，并开始组织实施，"八五"计划第一年有了一个良好的开端。当前，我们国家政治稳定、经济稳定、社会稳定，我们林业的形势和全国一样，正在进一步向好的方向发展。特别值得指出的是，我们已经实现了全国森林资源总生长量和总消耗量持平，消灭了森林资源"赤字"，扭转了长期以来森林蓄积量持续下降的被动局面，并开始走向森林面积和蓄积量"双增长"，这对我国林业发展来说是关键性的一步，也是林业改革和林业工作成果的综合体现。

（一）召开全国造林绿化表彰动员大会，进一步动员和鼓舞全国人民把造林绿化工作推向新水平。

3 月 12 日植树节，在北京人民大会堂召开了全国造林绿化表彰动员大会，纪念开展全民义务植树运动十周年。江泽民总书记为大会的题词是："全党动员 全民动手 植树造林 绿化祖国"，邓小平同志的题词是："绿化祖国，造福万代"。李鹏总理在会上作了重要讲话，指出：林业是国民经济的重要组成部分，既是一项产业，又是一项社会公益事业。植树造林，绿化祖国是国家的一项重大决策。要大力加强林业建设，积极植树造林，提高绿化水平。领导重视，真抓实干，是发展造林绿化事业的关键。并号召全国人民同心协力，自力更生，艰苦奋斗，把造林绿化工作推向一个新水平，使林业生产建设再上一个新台阶。

全国植树造林表彰动员大会对 1991 年林业工作是一个巨大推动，在全国产生了深刻影响，引起了各级党委和政府的高度重视，进一步加强了对造林绿化的组织领导。大多数省、区、市的党委和政府专门召开会议，研究部署林业工作，有力地促进了造林绿化工作和整个林业的发展。林业宣传工作又有了新的进展，声势大，效果好，取得显著成绩。

（二）全面落实造林绿化规划，加强林业重点工程建设。

1991 年继续围绕实现造林绿化规划，实行多林种、多树种、多形式、多层次造林，造林绿化事业又取得新进展。预计全年完成人工造林面积 6900 多万亩，飞播造林 1600 多万亩，封山育林 5700 多万亩，全民义务植树 23 亿株。

在加快资源培育，提高造林质量方面重点抓了以下工作：

将造林绿化规划确定的"八五"期间任务，具体加以分解，正式下达了分年度实施计划，以此作为检查考核造林实绩的依据。

封山育林进一步得到重视，推广工程封山和封山育林与改灶节柴一起抓的经验，封山育林面积大幅度

---

* 此文为高德占部长于 1992 年 1 月 6 日在全国林业厅局长会议上的讲话材料。

增强。

坚持高标准、严要求，造林质量提高，工程造林面积进一步扩大。1990年度造林实绩核查结果为：面积核实率达95.1％，合格率达75％，再创新水平。

种苗工作有了新的突破，林业部向各省、区、市发出了《关于进一步加强种苗工作的决定》、《关于做好种苗生产与造林任务衔接若干问题的通知》，强调要下大力气抓种苗，超前抓种苗，一把手抓种苗。各地都十分重视，采取有力措施贯彻落实，种苗生产出现了良好发展势头。据对13个省、区、市统计，有184位省、地、县林业部门的领导同志办了苗圃点。

国营林场工作进一步加强，已累计完成部省联营商品材基地造林340万亩，抚育中幼林700万亩；在抓好资源培育的同时，重视发展多种经营和综合利用，林场经济活力进一步增强。

林业重点工程建设取得显著进展：

利用世界银行贷款的“国家造林项目”，1991年开始全面实施，完成造林390万亩，占总规模的26.4％。这个项目第一年实施，起点高，要求严，质量好，得到世行检查组的好评。

“三北”防护林体系建设，包括京津周围地区绿化继续深入发展，全年预计完成造林1515万亩，其中人工造林1325万亩，超额29.8％完成全年任务。“三北”防护林建设成果核查工作全部结束，结果表明：从1978—1988年，十一年共完成造林1.38亿亩，保存面积1.1亿亩，保存率达80.16％。在十分严酷的自然条件下，能取得这样的成效是很不容易的。对此，田纪云副总理作了批示：“‘三北’防护林建设成绩很大，经验不少，值得认真总结、提倡与推广。”

长江中上游防护林体系建设，在1989年试点启动，1990年全面展开的基础上，1991年又取得重点突破，造林封育1170万亩，超计划11.4％完成全年任务，做到三年迈出三大步。林业部召开了由有关省政府领导同志参加的“长防林”体系建设领导小组会议，总结交流经验，讨论建设标准和管理办法，研究部署下一阶段工作，要求进一步动员起来，再接再厉，乘势而上，使工程建设进入以质量效益为中心，全线总体推进，全面加快实施的新阶段。

召开了全国沿海防护林体系建设工作会议，总结交流经验，进一步明确建设任务、目标和原则，通过深入动员，使海防林建设进入了按规划全面推进的新阶段。

平原农田防护林体系建设取得了显著进展，累计已有504个县达到建设标准，实现了平原农田防护林体系建设“五、七、九”规划第一阶段的奋斗目标。

国务院召开了全国治沙工作会议，部署安排今后十年的治沙工作，确定了“统一规划、分工负责，因地制宜、综合治理，防治并重、治用结合，突出重点、讲求效益”的治沙工作方针。江泽民总书记、李鹏总理向会议专门致信，田纪云、宋任穷同志为会议题词，陈俊生同志主持会议并作了重要讲话。会后，国务院还批准了《1991—2000年全国治沙规划要点》，批转了《关于治沙工作若干政策措施的暂行规定》。国家税务局发出了《关于对治沙和合理开发利用沙漠资源给予税收优惠的通知》。

林业部召开了全国竹业工作会议，讨论全国竹业发展十年规划，确定了“统一规划、合理布局，强化管理、发展资源，广开门路、加工利用，开拓市场、提高效益，依靠科技、振兴竹业”的工作方针，动员部署林业主管部门切实加强对竹子的行业管理，要象抓树木那样抓竹子，象抓木材那样抓竹材，努力把竹业生产提高到一个新水平。

（三）重视林业产业建设，森林工业和林产工业有了新发展。

1991年，森工主要生产建设任务按计划完成。全国木材产量完成5443万立方米，其中东北、内蒙古国有林区木材产量完成2004万立方米，国家任务和原木上调量两项国家指令性计划均按计划完成。林产工业稳步发展，生产胶合板64万立方米、纤维板98万立方米、刨花板48万立方米。主要林化产品产量又有了进一步提高，生产松香32.3万吨、栲胶1.8万吨。林区纸浆、纸板和纸产量有所增长，完成产量81.6万吨。林区多种经营进一步发展，预计1991年森工企业多种经营产值和收入达36.7亿元，比去年增长12％。

森工企业治危兴林工作有了新的突破。为解决重点森工企业的困难，改善外部环境，国务院多次专门开会研究，并发了《关于研究解决森工企业困难问题的会议纪要》，采取了一系列重要的扶持政策和措施。主要是，进一步调减统配木材上调量，增加森工投资，安排调整林区产业结构的项目，在税费上给予照顾。为此，国家税务局发出了三个《通知》。

森工企业围绕加快资源培育、调整产业结构和强化企业管理这三个关键环节，制定了治危兴林的“八五”规划和奋斗目标，并开始组织实施。

发展木片生产，是提高资源利用率，发展林业产业，解决森工企业困难的一项重要措施。部里成立了木片生产领导小组，实行统一管理，开拓国内外市场。东北内蒙古国有林区共生产木片310万层积立方米，比90年增长近30％并首次出口，到年末共出口3.7万千吨，创汇350多万美元。

为加快林产工业发展，并与造林绿化规划相衔接，组织各省、区、市完成了林产工业发展规划的编制工作，明确了发展林产工业的指导思想、奋斗目标和布局原则。完成了3个大型林区纸浆厂项目的预可行性研究报告评审工作，并向国家计委上报了项目建议书，完成了东北内蒙古林区10个小纸厂的改扩建项目建议书、可行性报告的批复工作。成立了中国林产工业协会，推动行业管理和企业间的横向联系。

（四）资源和林政管理工作进一步加强。

根据国务院批准的“八五”期间采伐限额，开始对森林资源采伐消耗实行全额管理，这是一项重大改革。各地从实际出发，对各类采伐消耗分别制定具体管理办法，分类指导，分项控制。实行编制采伐量计划制度，开始做到采伐限额管理与计划管理协调统一。

针对林地严重被占用和许多有林地变为无林地、疏林地的问题，加强了林地资源管理。部里向各地发出了《关于进一步加强林地管理的通知》，要求各地林业主管部门，严格执行林业部、国土局《关于加强林地保护和管理的通知》，切实加强林地管理工作。针对国有林区重点森工企业林地被侵占，经营面积日益减少的问题，和国家计委联合发出了《关于加强国营林业局林地管理的通知》，进一步重申了必须加强国营林业局的林地管理。部里还发出了《关于切实维护国营风景林场合法权益的紧急通知》。

基本完成了国营林业单位林权证的颁发工作，到去年8月底，国有林权证发证面积已达8.97亿亩，占应发证面积的87.5%。通过发放林权证，还调处了大量林地林木权属纠纷。

为进一步加强木材和松香产品的运输管理，和铁道部、交通部联合发出了《关于实行凭证运输木材制度有关问题的通知》，和国家工商行政管理局联合发出了《关于颁发松香产品运输管理办法的通知》。

为加强森林资源监督工作，国家编委已批文同意我部向吉林省、黑龙江省、内蒙古自治区、大兴安岭林业公司以及四川、云南、福建省派驻森林资源监督专员办事处。部里专门召开森林资源监督工作会议，下发了《关于加强森林资源监督工作若干问题的通知》，东北内蒙古四单位的森林资源监督工作，已进入正式运行阶段。

（五）森林保护工作取得了新成绩。

森林防火工作，在东北内蒙古林区冬春连旱的极端不利条件下，抓得早、抓得紧、抓得实，经各地共同努力，全国森林火灾受害率为0.14‰，连续四年创历史最好水平。

为加强森林病虫害防治工作，部里多次召开专门会议，研究对策和办法，并采取了一些改革措施，扭转了发生面积连年上升的局面。针对“三北”地区杨树天牛严重危害问题，专门召开紧急会议，进行安排部署，并向国务院作了报告。国务院高度重视，以国函〔1991〕79号文批复了我部的报告，对防治杨树天牛工作的组织领导、任务目标、技术措施提出了明确要求。

为了加强野生动物保护管理工作，林业部同最高人民检察院、最高人民法院、公安部等八个部门，组织了6个联合检查组，到六省区的40多个地、县，检查贯彻落实国务院《关于加强野生动物保护严厉打击违法犯罪活动的紧急通知》的情况，针对存在的问题，向国务院写了《关于加强野生动物保护管理工作的报告》，提出了综合治理的措施。国务院办公厅已以国办发〔1991〕68号文转发了我部的报告，要求各地、各部门遵照执行。

森警部队和林业公安队伍的建设有了加强。部里召开了第四次森警工作会议、全国林业公安系统创先进公安局活动经验推广现场会议和全国林业公安基层基础建设工作经验交流会议。

（六）深化改革，扩大开放，又有了新的进展。

国务院同意在东北内蒙古国有林区实行林价制度，这是林业发展中一项带根本性的改革。为了搞好这项改革，已在九个林业局先行启动。通过实施林价制度，实行森林资源有偿使用，林价进入成本，建立资源消耗的约束机制，提高森林资源的管理水平、采伐利用水平、经营水平和企业财务管理水平。

随着经济体制改革的深化和各方面对大农业的支持，林业建设资金来源多元化的趋势日益增强，国家预算内基建投资所占比重越来越小。针对这个新情况，我们提出对林业建设项目和资金要实行大计划管理，对各种渠道的资金综合平衡，统筹安排、优化配置、合理使用。做到综合管理与分工负责相结合，计划部门的综合平衡与业务部门的专业管理相结合，更好地发挥计划的引导和调控作用，合理调整投资结构，提高投资效益。1991年完成国家预算内基本建设投资12.96亿元，其中，林业基建投资4.51亿元，森工基建投资8.45亿元。完成技术改造投资1.03亿元，比上年增长82.7%。各地对大计划管理开始重视，多渠道资金到位率有所提高，对促进林业发展起了积极作用。

为了促进科技成果的推广应用，解决生产建设和科学技术紧密结合问题，我们提出建立科技、生产、计划、财务“四位一体”促科技成果转化的运行机制。以科技兴林为核心，通过计划的导向作用和资金的保证作用来促进科技面向生产，生产依靠科技。

进一步加强了林业改革试验区工作。三明试验区重点探索南方集体林区林业发展问题，苇河试验区重点探索国有林区林业发展问题，怀化试验区重点探索山区林业经济开发问题，宜宾试验区重点探索林业综合开发问题，形成了比较完整的林业改革试验体系。

积极开展国际间的林业科技交流与经济合作，积极争取联合国粮农组织、开发计划署、世界银行，以及一些国家的林业援助和贷款，引进了一批国外先进技术，促进了林业生产技术和管理水平的提高。参加了第十届世界林业大会，在会上积极宣传我国社会主义林业建设的成就，促进交流与合作。

去年，联合国粮农组织确定10月16日世界粮食日的主题是“植树造林、造福人类”。经国务院批准，我们在人民大会堂举行了隆重的纪念活动。宋健同志在会上作了重要讲话，联合国粮农组织向林业部颁发了植树造林银质奖章和证书，以赞扬林业部在动员人民参加植树造林和森林资源永续经营方面的贡献。

（七）全力以赴，积极做好抗洪救灾工作。

去年我国部分地区遭受严重洪涝灾害，林业受灾情况也相当严重。部里认真贯彻党中央、国务院的部署，把抗洪救灾当作一项重要任务来抓。多次派出工作组到受灾林业单位帮助抗灾救灾。通过节约部内开支，压缩会议，调整基建计划，集中资金帮助受灾单位恢复生产、重建家园。部里共向19个受灾省区林业系统和部直属单位拨出救灾款447万元，下达水毁工程复建投资1060万元，以及为灾区解决钢材、油料、化肥等物资。经过各地林业部门的共同努力，取得了林业系统抗洪救灾工作的重大胜利。

水灾后，部里集中研究了林业建设与水利建设的关系，提出水利要大上，林业要跟上。结合淮河、太湖的综合治理，组织有关省林业部门进行淮河太湖流域综合治理造林绿化工程规划，争取在兴修水利的同时，同步安排林业建设项目。

1991年林业工作取得的进展，集中来说，就是我们认真贯彻党的路线、方针、政策，按照国务院的部署安排，从我国国情和林情出发，充分发挥社会主义制度的优越性，走有中国特色的林业建设道路。通过"八五"第一年的实践，使我们对完成林业发展十年规划和"八五"计划更加充满信心，只要我们坚持不懈地抓下去，振兴林业是大有希望的。

我们还应当清醒地看到，当前林业面临的形势仍然十分严峻。林业发展不平衡，各地差距较大；林业工作中还有不少薄弱环节，林业内部结构和比例关系有的还没有理顺；林业管理水平低，经营粗放，经济效益差的问题还很普遍；对林业的地位和作用还没有得到全社会应有的认识和重视；影响林业发展的一些带根本性的问题还有待于解决，特别是在政策上、投入上，急需采取有力措施加以扶持；我们在林业工作指导上还不能适应林业发展的需要等。总之，林业的现状与发展国民经济和改善生态环境的要求还很不适应。这些问题，需要我们在今后工作中逐步加以解决。我们要总结经验，振奋精神，在新的一年里，进一步把林业工作做好。

二、一九九二年的林业工作

前不久国务院先后召开了全国计划会议、财政会议、企业技术进步会议和第12次国务院全体会议，全面安排部署了1992年的各项工作。我们要根据李鹏总理的重要讲话和这些会议精神，对1992年的林业工作做好具体安排。

1992年林业工作的指导思想和总的要求是：全面贯彻执行党的"一个中心，两个基本点"的基本路线，进一步深化改革，扩大开放，认真贯彻落实党的十三届八中全会和中央工作会议精神。以深化林业改革，发展林业生产力，增加森林资源，增强林业活力为中心，进一步加快资源培育，加强森林保护，强化林业管理，发展加工利用，把林业办成充满生机和活力的绿色产业，充分发 挥林业的经济效益、生态效益和社会效益。要把工作重点真正转移到调整结构和提高效益的轨道上来，转移到依靠科技进步和提高劳动者素质的轨道上来，促进林业持续、稳定、协调发展。

前不久召开的党的十三届八中全会通过了《中共中央关于进一步加强农业和农村工作的决定》，这是今后一个时期指导我国农业发展和农村工作的纲领性文件。林业是大农业的重要组成部分，《决定》的内容为林业工作指明了方向，提出了任务，我们要认真贯彻，全面落实。《决定》中还有多处专门对林业提出了要求，指出："林业是农业和水利的生态屏障，对于保障农牧业稳产高产和水利设施发挥效能具有重要作用。要高度重视林业发展，全面实现造林绿化规划，严格执行采伐限额，加强资源培育和森林保护，抓好防护林体系建设和治沙工程，改善生态环境。"要求"树立大农业观念，搞好农业综合开发，合理利用资源"，"严禁乱垦乱伐等破坏资源的行为"，"山水田林路综合治理，农林牧副渔全面发展，经济效益、生态效益和社会效益并重"。在加快大江大河大湖综合治理中指出"要把治理下游同治理上游、水利建设同林草业发展有机结合起来，切实保护和扩大植被，防止水土流失"等等。

为了实现1992年林业工作总的思路和总体目标，全面落实十三届八中全会和中央工作会议提出的任务，我们要深化林业改革，从实际出发，在各项工作中加大改革的份量，要联 系实际，提高思想认识，通过认识上的深化，进一步促进工作上的深化，工作的重点是：

第一，要从全局出发，进一步提高对林业的地位和作用的认识，增强发展林业的责任感和紧迫感。林业既是一项重要基础产业，又是一项社会公益事业，对发展国民经济，满足社会对木材和林产品的需要，促进山区脱贫致富，增加群众收入，对改善生态环境，促进社会进步，实现第二步战略目标都具有重要意义。林业是大农业的重要组成部分，在继续调整农村产业结构，确保粮食稳步增长的同时，要积极发展多种经营，促进农林牧副渔业全面发展。农林水三者相互依存、相互促进，农业是基础，水利是命脉，林业是屏障。发展林业对于保障农牧业稳产高产、保障水利设施发挥效能，增强农业发展后劲具有重要作用。从这个意义上讲，抓林业就是抓农业、抓水利，就是抓粮食，造林就是修水库。

第二，要始终把增加森林资源，提高森林质量，作为林业工作的首要任务。森林资源是发挥林业三大效益的基础，是林业工作的出发点和落脚点。实现造林绿化规划，要坚持多林种、多树种、多形式、多层次造林，多路进军，总体推进。增加森林资源，要坚持发展和保护并重，开源和节流并重，全面抓好培育、保护、管理和利用，实现森林面积和蓄积量的较快增长。要一手抓全面落实造林绿化规划，提高林木生长量；一手抓严格执行采伐限额，控制资源消耗量。既要重视林木管理，抓好林木消长；也要重视林地管理，抓好林地消长。

第三，要把林业真正办成充满生机和活力的绿色产业。要做到造林营林、木材生产、林产工业、多种经营“四根支柱”并重。对森林资源要实行立体开发、多种经营、综合利用、深度加工；大力发展庭园经济、木本粮棉油和复合林业；重视搞活流通，发展林工商、产供销一条龙经营，不断增强林业的实力，促进林业持续、稳定、协调发展。

第四，抓林业一定要讲求效益，要把提高效益作为林业工作的中心。从林业的实际情况出发，提高效益主要应抓好调整结构，提高质量，强化管理和技术进步。

要重视对产业结构，产品结构，企业的组织机构，造林营林的林种、树种结构以及林业的投资结构等，进行合理调整和优化。

要牢固树立“质量是生命”，“质量第一”的思想观念，全面抓好种苗质量、造林质量、作业质量、产品质量、工作质量等，做到以质量求生存、求发展，向质量要效益、要资金。

要改进林业行业的宏观管理，强化林业的行政执法管理，加强造林营林的项目管理，特别要下力量加强企业管理，挖掘内部潜力。

第五，要认真实施科技、教育兴林的发展战略。科学技术是第一生产力，依靠科技进步，促进林业发展，是带有方向性、战略性的重要任务。要重点抓好技术推广、技术开发、技术改造和技术引进，还要抓好全行业培训，不断提高劳动者的素质。

第六，要下大力量搞好国营重点森工企业和国营林场、苗圃。国营重点森工企业是我国林业的骨干，国营林场是发展林业的希望，两者的森林蓄积量占全国总蓄积量的40%。在积极改善外部条件的同时，要引导企业和场、圃眼睛向内，挖掘潜力，加强经营管理，改革内部经营机制，要在搞好大中型企业、搞好林场(苗圃）方面取得突破性进展。充分发挥国营重点森工企业和国营林场的骨干和辐射作用，推动乡村集体林场建设和抓基层、打基础的工作。

近年来，各地林业主管部门根据林业改革和林业工作总的要求，结合实际情况，做了大量卓有成效的工作，有了一套切实可行的办法，积累了不少好的经验。在安排1992年林业工作时，各地可按照部里提出的总的思路和总体目标，根据各级党委和政府的部署，从实际出发，做好具体安排。为此，对1992年的工作，不准备就各个方面作全面的阐述，下面就林业改革和林业工作中需要强调和引起注意的问题，提出一些重点意见：

（一）重质量，讲效益，总体推进，全面落实造林绿化规划。

加快森林资源培育，全面落实造林绿化规划，是林业部门的一项带根本性的任务。

各地要全面完成年度造林营林计划指标，并和落实签定的造林绿化责任状结合起来。从1992年开始要按年度考核各地造林绿化规划完成率。

全面落实造林绿化规划，一定要做到数量与质量的统一，要在保证质量的前提下完成规划确定的任务。各地对造林成果的考核，要逐步做到围绕提高“六率”（造林绿化规划完成率、宜林地造林率、面积核实率、造林合格率、造林保存率、林木生长率）来进行。从今年起，对造林营林计划要进行改革，除下达作业面积外，还要下达核实合格面积。要考核人工造林核实合格面积、封山育林核实新封面积和飞播造林核实有效面积，还要考核采伐迹地更新面积和迹地更新率，确保更新跟上采伐。

要处理好面上造林与林业重点工程建设的关系。就整个造林绿化任务来说，面上造林是大头，一定要下大力量抓好。重点工程造林和面上造林都是硬任务，都要严格进行考核，必须做到全面推进，不能忽视面上造林。面上造林不但进度要加快，而且要提高造林质量和水平，提高面上造林中工程造林的比重。

速生丰产用材林基地建设，“三北”（包括京津周围)、长江中上游、沿海和平原防护林体系建设以及全国治沙工程，是国家的林业重点建设工程，各地要进一步加强组织领导，强化工程管理，增加投入，加快进度，保证质量，提高建设水平。“三北”防护林、长防林、海防林建设，要按照建设标准，扎扎实实地开展达标竞赛活动。要进一步加快平原农田防护林体系建设，已达标的县要巩固成果，继续向建设高标准达标县迈进。要进一步抓好油茶低产林改造工程。要注意通过抓好重点工程建设，带动一般造林。

要合理调整林种结构，安排好用材林、防护林、经济林，薪炭林的比例关系，注意发展风景林、特用林，还要积极发展竹林。防护林体系应是一个以防护林为主，多林种结合的综合体。通过改善林种结构，充分利用当地的条件和优势，实行长短结合、以短养长，做到经济效益、生态效益和社会效益的统一。

要合理调整树种结构，科学安排好各种树种。调整树种结构，要总结成功经验，从有利于森林保护和提高林分质量出发，坚持适地适树，做到统筹安排。在有条件的地方要积极营造不同树种的混交林，特别是针阔混交林，防止重针叶树轻阔叶树的倾向。

要合理调整造林方式结构，安排好人工造林、飞播造林和封山育林的比例关系。封山育林投资少、见效快，而且成林后是天然混交林。凡有条件的地方应优先考虑封山育林，扩大封山育林面积。要像抓工程造林那样，抓工程封山，搞好规划设计，加强科学管理，并与改灶节柴结合起来抓。在有条件的地方，也要大力提倡飞播造林。

要合理调整造林层次结构。当前在全面推进造林绿化规划中，全民义务植树和部门造林还是薄弱环节，一定要切实抓好。全民义务植树运动要做到规范化、基地化、系统化、制度化。规范化就是要制定规划和分年度实施计划，按计划落实任务和检查验收。基地化就是要按单位建立责任区，或者办义务植树基地。系统化就是要按照谁造林、谁负责的原则，抓好抚育管理，一抓到底。制度化就是要总结推广一套行之有效的制度，今年要全面推行单位义务植树登记卡制度。部门造林也要认真制定和执行造林绿化规划及年度造林计划，按时完成各自的任务。要真正做到全社会办林业，全民搞绿化。林业部门要加强行业管理，做好技术指导、服务、检查考核和统计通报工作。

造林绿化要与水利建设相结合。水利要大上、林业要跟上，做到治水与治山结合，工程措施与生物措施结合，有针对性的配套安排造林绿化工程，充分发挥森林涵养水源、保持水土的作用。凡有条件的都要主动和江河湖库的综合治理相结合，安排建设水源涵养林、水土保持林、护堤护岸林等，取得各方面对林业生态防护作用的重视和支持。要抓紧编制太湖、淮河等综合治理的造林工程规划。

要处理好造林和抚育的关系。当前，抚育管护是营林工作的薄弱环节，各地要把抚育和造林作为同等重要的任务下达，并从计划、资金、规划设计、劳力组织、抚育间伐材销售、税费征收等方面采取配套措施加以扶持。抚育和造林一样，都是硬任务，都要认真进行年度检查考核。部里将专门发一个加强中幼林抚育工作的决定。

要处理好造林与种苗的关系。造林要抓好，种苗需先行。要继续贯彻落实林业部关于加强种苗工作的决定，切实抓好造林与种苗生产的衔接，加强种苗基地和骨干苗圃建设，大力推广良种生产丰产措施、优良无性系繁育和容器育苗技术，抓好种苗技术监督，提高种苗质量。对种苗工作，要建立考核制度，围绕提高“六率”（基地供种率、良种使用率、种子合格率、一级苗率、自育苗率、容器苗率）把种苗工作推向新水平。

消灭宜林荒山是当前各地林业建设的一项重要任务，必须一个县一个县的狠抓落实。要从实际出发，根据不同条件，分别制定消灭宜林荒山的标准，达标一个验收一个。在工作上要坚持分类指导，先易后难，突出重点，逐步推进。要集中力量抓好荒山大户和条件好的县，通过抓两头带中间，推动各县加快消灭宜林荒山的步伐。消灭宜林荒山，要扎扎实实，讲求实效，不搞形式主义、一刀切。

要坚持多渠道、多层次筹集造林资金，加快造林绿化步伐。植树造林，群众投工投劳是投入的主体。最近，国务院发布的《农民承担费用和劳务管理条例》明确规定：“公积金，用于农田水利基本建设、植树造林、购置生产性固定资产和兴办集体企业。”“农村义务工，主要用于植树造林、防汛、公路建勤、修缮校舍等。”“劳动积累工，主要用于农田水利基本建设和植树造林。”各地要认真贯彻落实《条例》的规定，进一步完善农村植树造林劳动积累工、义务工制度，充分发挥广大农民群众的植树造林主力军作用。要积极争取各级政府的支持，增加造林资金投入。要提倡以木材和林副产品为主要原料的企业和单位到林区投资造林，建专用林基地，大力发展各种联合造林。要切实加强育林基金的征收、管理和使用。为了提高资金使用效益，要坚持资金和任务挂钩，增加的资金和增加的造林营 林任务挂钩，和提高造林质量挂钩。在安排新增加资金时，要考虑与各地自筹资金水平和造林实绩挂钩。

要积极学习和采用先进的造林管理办法。近年来，不少地方在造林资金使用上实行多干多补助，先干后补助的制度，先造林，经检查验收核实合格后再拨款。这个办法有利于保证造林质量，提高资金使用效益，建议各地推行，做到花一分钱，起一份作用，见一份效益。

（二）认真执行采伐限额，切实加强森林保护，坚持以法治林，使林业管理工作做到规范化、制度化、科学化。

对森林采伐消耗实行全额管理，是林业工作的一项重大改革，各地要从实际出发，抓紧制定全额管理的实施办法，使工作尽快到位。已经制定实施办法的省区市，要认真执行，并在实践中不断完善。尚未制定实施办法的，1992年上半年内都要抓紧制定。要通过制定和执行实施办法，做到对各类资源消耗既管严、管全，又从实际出发，分类指导，分项控制，以确保不突破采伐限额。省、地、县各级要对采伐限额执行情况和森林资源消长状况，建立检查、考核通报制度和监督机制。

编制森林经营方案是林业经营管理的一项重要的基础工作，是对森林合理经营，永续利用的依据，要集中力量，加快进度。国营林业单位今年内都要全部完成经营方案的编制工作，重点产材县和其他应该编制森林经营方案的单位，也要抓紧时间在一两年内完成。部里对各地编制情况要进行考核。同时要严格执行森林经营方案，每年都要进行森林资源分析和经营效益分析，以评价森林经营方案的执行情况。部里确定，将来编制“九五”期间的森林采伐限额，必须全部以森林经营方案为依据。各省区市1992年要对森林经营方案的编制和执行情况进行一次检查，加强监督和指导。对不按期编制或不按经营方案要求进行生产经营活动的，各级林业主管部门要从计划、资金、采伐限额等方面采取调控措施，促进提高森林经营水平。

建立森林资源档案是资源和林政管理的一项重要的基础工作，要下力量切实抓好。国营森工企业、国营林场和近三年完成二类资源调查的县，1992年内都要全部完成建档工作。同时要做到建管并重，指定专人负责，按照生产经营活动的实际，及时更新资源数据，逐年定期续档，相应实行资源统计年报制度。1992年上半年各省区市要对这项工作进行一次全面检查，部里要进行抽查。

林地管理是关系林业发展全局的一件大事，是巩固造林绿化成果的一项关键性措施。1992年各省（区、市）要组织力量，针对当前有林地被严重占用和减少的情况，进行典型调查。调查要有一定的规模，资料要实，分析要透，并据实向政府汇报，以引起重视。林业部门要认真按照《中华人民共和国森林法》和有关规定，严格林地管理、审批、统计制度，随时掌握占用动态和有林地消长情况。对有林地的占用，要按程序审批，按规定征收森林植被恢复费和林地、林木补偿费等费用，用于造林营林。对不合理占用的，要严格控制，不能迁就。对大量有林地变为疏林地、灌木林地、无林地的问题，林业部门一定要引起高度重视，必须讲究科学经营，加强森林管理和保护，切实防止过度择伐和乱砍滥伐。从1992年起，对有林地的增加量和减少量要进行严格的考核，切实解决对有林地失于管理的问题。要加强林政管理工作，坚决制止随意侵占林地和乱划国有林地，切实维护国营森工企业和国营林场、苗圃的合法权益。要抓紧调处和解决山林权属纠纷，维护林区稳定。

要建立健全全国和地方的森林资源监测体系，尽快投入全面运转，及时掌握资源消长动态。目前，国家森林资源监测体系已基本建立，能够做到每年出个数，提供当年全国资源现状、消长情况和发展趋势。但是，地方森林资源监测还未形成体系，各省区林业主管部门要抓紧安排，在1992年内先把省级资源监测体系建立起来并开展工作。

抓好烧柴管理，控制烧柴对森林资源的消耗，是确保采伐限额严格执行的主要措施。各级林业部门也要下力量抓烧柴管理和烧柴改革，搞好改燃代柴、改灶节柴。对现有以木材为燃料的工、副业生产单位，凡有条件的要限期改用其他能源；不具备改燃条件的，要限期改灶，核定限量；原则上不再新增这类烧柴单位。对居民生活烧柴，要作好宣传，积极引导，推行改灶节柴。

实行森林资源监督制度，是深化林业改革，加强林业管理的一项重大措施。1992年，要进一步抓好东北内蒙古国有林区森林资源监督工作，不但要对森林采伐限额执行情况而且要对林地消长实行监督。

要进一步加强森林防火工作，不能有丝毫的放松。要认真贯彻“预防为主，积极消灭”的方针，严格执行森林防火条例，狠抓以火源管理为中心的预防工作，加强重点火险区的防范和基础设施建设，全面实行森林火险等级天气预报制度。要建立森林火情监测责任制度，完善火灾报告统计制度，开展森林火灾原因分析活动，加强森林火灾案件的查处工作。切实抓好森警部队建设，进一步提高部队的战斗力。对森林火灾次数和森林火灾受害率要进行严格考核，努力保持森林火灾下降的好势头，再创森林防火工作新水平。

森林病虫害防治工作今年要进行改革，全面实行目标管理。到1995年，和“七五”期末相比，全国森林病虫害防治工作要实现“一降三提高”的目标，即病虫害发生率由9%下降到6%；防治率由40%提高到60%；病虫害监测覆盖率由30%提高到60%；种苗产地检疫率由60%提高到80%。对松毛虫、大袋蛾、杨树蛀干害虫、美国白蛾、日本松干蚧、松材线虫病、松突园蚧等七大森林病虫害，部里也提出了防治指标。各地要象抓森林防火那样，认真抓好病虫害防治工作。要把防治指标层层分解，层层建立防治目标责任制。森林病虫害防治也要成为硬指标、硬任务，认真进行年度考核和通报。

切实加强林业公安工作，认真贯彻党中央《关于加强公安工作的决定》和全国公安工作会议精神，加强林业公安队伍建设，增强控制能力和打击能力，加强打击毁林犯罪的斗争，坚决制止乱砍滥伐。进一步贯彻落实《中华人民共和国野生动物保护法》和国务院办公厅批转的《林业部关于加强野生动物保护管理工作的报告》，制止乱捕滥猎、走私倒卖野生动物的歪风。

要采取有力措施加强自然保护区和森林公园的管理工作。各级林业主管部门要严格执行有关规定，坚决制止乱划和侵占自然保护区和森林公园林地、擅自改变和变相改变其隶属关系的作法。

继续抓好乡镇基层林业工作站的建设，特别要抓好已建站的完善和提高。省、地、县三级林业主管部门要加强对林业工作站的领导和管理工作，对已建的站要全面开展建设“标准林业工作站”达标竞赛活动，使林业工作站逐步走向规范化、制度化。要对各地林业工作站建站数和标准站达标数进行考核。要加强林业站站长和“三员”（林政员、营林员、档案员）的岗位培训，提高人员素质。

（三）积极调整产业结构，大力发展林产工业和多种经营，把林业办成充满生机和活力的绿色产业。

森林资源是一个多样性的绿色宝库，只搞单一木材生产，林业就没有活力。要积极调整林业的产业结构，建立造林营林、木材生产、林产工业、多种经营四根支柱并重的林业生产体系，真正把林业办成以森林资源多样性为依托的、开放式的、充满生机和活力的绿色产业。这是林业发展的必然趋势，只有这样，才能壮大林业实力，才能有更好的效益，林业才能持续、稳定、协调地发展。

发展林产工业，要以效益为中心、质量为生命、产品为龙头。要积极利用定向培育的速生丰产用材林、抚育间伐材、林区“剩余物”和“次小薪”材，开展综合利用、深加工、精加工，大力发展制浆造纸、人造板系列产品、深加工产品和小材小料加工产品。下大力量抓产品开发，千方百计提高木材利用率，为社会提供更多、更丰富的林产品。大力发展林产工业，又能促进造林营林，有利于实现林业的良性循环。因此，我们要象抓造林那样抓林产工业，把上下两篇文章都要做好。

发展林产工业还要坚持内涵挖潜为主，外延扩大为辅。首先要立足于现有企业的挖潜改造，抓好企业技术进步，抓好达产达标，充分发挥现有的生产能力。在这个基础上，根据需要与可能，新建必要的项目。1992年，要进一步搞好林产工业的大中型企业。重点企业的达产达标活动，一定要取得突破性进展；林产工业行业的产品开发，提高质量，加强管理，提高效益，一定要取得突破性进展。要集中力量抓好林区10个小纸厂的改造工作和3个大纸浆厂的前期工作。要对林产工业主要产品产量指标、质量指标、销售收入、利润以及林产工业企业达产达标率进行全面系统的考核。

要利用林区丰富的森林资源和木材生产条件，大力开展多种经营。要展宽视野，广开门路，积极发展种植业、养殖业、加工业、采矿业、运输业、商业、服务业和森林旅游等。总之，只要是能利用林区资源，增强林业活力，有什么条件就利用什么条件，能干什么就干什么。要注意对多种经营的产值和收入进行考核。大搞多种经营，不是权宜之计，而是林业发展的内在要求，是办好林业产业的应有之义，只有这样林业才有活力，造林营林才有持久的积极性和承受能力。

要进一步抓好木片生产。1992年，东北内蒙古林区要通过努力，实现400万层积立方米的生产任务，力争出口20万干吨，创汇2000万美元。

要大力发展竹业。抓竹业是抓林业的主业，又是抓林业的以短养长、多种经营。各地要按照全国竹业工作会议的部署，加强竹业的行业管理，制定本地区竹业发展规划，抓好竹子资源的培育，大搞竹子开发利用，发展适销对路的竹产品，努力扩大出口，提高竹业的经济效益。

要大力发展名特优新品种的经济林。各地在大力造林种果发展经济林的同时，要特别注意发挥林业的优势，积极安排发展名特优新品种的鲜果和干果，适应市场变化趋势，提高经济效益。要大力发展木本粮棉油，积极开发利用山地发展油茶、油桐等各种木本油料林，发展桑林、柞林、以及栗、枣、柿林等。要抓好优良品种的选育和推广，重视先进的栽培管理技术，抓好现有低产林（园）的改造，注意利用国营林场和苗圃的条件，抓好基地建设。有条件的地方，要大力抓好药材林生产。

要大力发展庭园经济。各地要从实际出发，因地制宜，积极引导发展小竹园、小果园、小桑园、小茶园、小药园等等，大办庭园经济，为促进脱贫致富和农村经济发展作出贡献。

要从实际出发，在有条件的地方积极推行林粮、林果、林菜、林药合理间作，实行多层次的复合经营和综合开发，提高土地利用率和经济效益。

要重视发展森林旅游。积极开发林区的风景名胜和观赏动、植物资源，有计划地发展森林公园或开辟旅游景点，发展森林旅游事业，搞活林区经济，促进精神文明建设。林业部门既要充分利用自身条件，又要注意和有关部门联合办森林旅游。

要进一步加强非统配木材的经营管理工作。各级木材经销部门、木材公司和林产品经销公司要做好非统配材的调、运、销、贮工作，做好产销衔接、供需协调和导向销售工作。要特别注意适应市场变化，积极开拓经营业务，搞好服务，扩大经营范围和经营门路，不断完善林业系统的销售体系，充分发挥木材经销主渠道作用。木材经营工作，要为林业发展全局服务。通过实行产销联营，发展引资造林，联合建立商品材基地和原料林基地，促进造林事业的发展。要象抓资源培育和木材生产那样，抓好林产品的流通，搞活流通渠道，促进林业商品生产。从实际出发，注意抓好林工商、产供销一体化经营。同时，要积极开拓国外市场，组织林产品出口，努力为林业发展多创汇。

国营林场和乡村集体林场更要注意发展多种经营和综合利用，把它作为调整产业结构，摆脱经济困难的重要出路。国营苗圃要结合推广良种和先进育苗科学技术，从自身的特点出发，发展多种经营。在保证完成为造林提供数量足够的优质苗木这个主要任务的同时，注意发展各种名特优新经济林苗木、观赏树种苗木、以及花卉盆景等，努力搞活苗圃经济。

林业工作站在完成担负职能任务的前提下，有条件的地方也可以搞多种经营项目。通过发展生产，增强自身活力和经济实力，促进林业管理工作更好的开展。要加强林业社会化服务体系建设，积极为林业生产经营全过程服务。

要十分重视林业产业的统计工作。林业，包括造林营林、木材生产、林产工业，多种经营四个部分，造林营林又包括各种经济林，要从这个实际情况出发，不断完善林业社会总产值的统计指标体系，并按此进行统计和考核，全面反映林业行业的生产经营成果，如实体现林业的地位和作用。

（四）眼睛向内，改革内部经营机制，进一步搞好国营重点森工企业和国营林场、苗圃。

国务院对森工企业面临的困难十分重视，近年来，特别是1991年又采取了一系列重要的扶持政策和措施。由于国营重点森工企业的问题是长期积累的，原因是多方面的，对这些大中型企业存在的问题，解决起来难度较大，还要积极争取各方面进一步给予扶持。我们要认真贯彻中央工作会议精神，落实搞好大中型企业的20条措施。在改善企业外部条件的同时，当前最主要的是，从思想上提高认识，坚持眼睛向内，立足于做好企业本身的工作，把工作重点放到深化企业内部改革，转换企业内部经营机制上来。要做到不等不靠，炼内功，挖潜力，积极主动，把企业内部的各项工作真正做好。

国营重点森工企业存在“两危”是个整体的提法，但对各林业局和企业来说，资源危机和经济危困的情况各不相同，而且表现形式也不一样。因此，治危兴林工作要深化，必须从实际出发，实行分类指导。要对各个林业局的资源条件、产业结构和经济状况等进行深入分析，划分类型。部里也提出了一个分类指导的意见。根据不同的类型，分别提出治危和兴林的工作重点、对策措施和奋斗目标，明确搞好企业的标准，增强工作的针对性和科学性，争取今年在治危兴林工作中取得突破性进展。

搞好国营重点森工企业，解决“两危”的问题，首先要切实加强思想政治工作。各级领导要和群众同甘共苦，发扬自力更生、艰苦奋斗精神，兢兢业业，埋头苦干。在具体工作中，要狠抓调整产业和产品结构，强化企业管理，加快资源培育和推进技术进步。从总体来说，要求东北内蒙古国有林区今年要达到四个目标：一是实现更新跟上采伐，还清历史欠帐；二是除黑龙江省森工系统1993年达到外，其他林区都要达到合理定产水平；三是林产工业、多种经营的产值和效益要比上年增长10%以上；四是企业管理和经济效益考核指标要有明显改善。

搞好国营重点森工企业的关键是深化企业内部改革，转换经营机制，调动广大职工的积极性。企业内的各生产单位要实行独立核算，自负盈亏，建立和完善企业内部银行制度，实行全面经济核算。要进行企业内部的劳动组织、用工制度和工资制度改革，认真清理外委生产建设任务，大力压缩非生产人员，加强生产第一线力量。要合理调整企业组织结构，促进生产要素的合理流动。要通过改革内部运行机制促使企业依靠加强管理和技术进步，来提高经营水平、提高经济效益。

要进一步完善“六包”、“三挂钩”承包经营责任制，并且要在“三挂钩”上狠抓落实。各森工主管部门对所属企业，各企业对内部各生产单位、各岗位，从上到下都要层层落实“三挂钩”。把内部经营机制的改革，把调整结构、强化管理和加快培育这些重要措施，都要通过“六包”、“三挂钩”承包经营责任制来具体加以落实，形成一个企业自我约束机制和激励机制相结合的体系。各森工主管部门，要从计划、资金、非统配材指标分配、育林基金使用等方面采取调控措施，通过利益激励机制来促进“六包”、“三挂钩”更好地落实。

实行林价制度是林业的一项带根本性的、关系全局的重大改革。今年，要在先行启动的基础上扩大推行，吉林省森工系统将全面实行内部林价制度。东北内蒙古重点森工企业要根据国发（1991）71号《国务院批准国家计委、国家体改委、国务院生产办公室关于选择一批大型企业集团进行试点请示的通知》，抓紧向省区政府请示下一步如何开展工作。各森工主管部门要根据林业部提出的《关于搞好国有林区森工企业若干问题的意见》，对1992年的企业改革和各项工作，进行系统的研究，作出全面部署，部里准备重点抓好配套改革的样板。

国营林场和国营苗圃，是我国培育和发展森林资源的重要阵地。上面讲到的搞好国营森工企业的原则和工作要求，也适用于国营林场和苗圃。把国营林场、苗圃搞好，使之增强活力，和搞好国营大中型企业一样，也是林业工作的一项重要任务。1992年一定要下力量，在搞好国营林场、苗圃工作中取得突破性进展。在积极改善外部环境的同时，林场和苗圃要立足做好本身工作，搞好内部深化改革和转换经营机制，切实搞好加快资源培育、调整产业结构和强化内部管理，提高经济效益，增强经济活力。要加强对国营场、圃的行业管理、政策扶持和宏观调控。国家重点林业工程建设，在项目和资金安排上，在同等条件下，要优先考虑工程范围内的林场、苗圃；继续抓好部省联营速生丰产用材林和商品材基地建设；林业科技示范和重点科技推广项目，也要以国营林场、苗圃为重点加以安排；林业贴息贷款要重点支持国营林场发展用材林、经济林，开展森林抚育和发展多种经营。各省区也要从实际出发，在政策上和资金安排上向国营林场、苗圃倾斜，促进国营林场和苗圃的发展。要进一步发挥国营场、圃的骨干、示范和辐射作用。还要继续抓好乡村集体林场建设，进一步完善林业生产责任制，不断提高经营管理水平，在促进面上造林中发挥重要作用。

南方集体林区伐木场、采育场等森工生产单位，也是重要的森工生产和培育森林资源的阵地。各地林业主管部门要把这个问题摆上议事日程，进一步加强领导，认真调查研究，根据前面讲到的原则和工作要求，结合地方森工的特点，采取有力措施，帮助他们解决问题，把企业搞活，搞好。1992年在这方面一定要抓好典型，把工作做深做细，争取有实质性的进展。

（五）进一步抓好科技、教育兴林。

科学技术是第一生产力，科技兴林的关键是提高科技成果推广应用的速度、广度和深度。科技成果只有推广应用了，才能转化为生产力。当前林业科技成果的转化率只有30%左右，要扩大科技成果的推广应用，既要抓认识，也要抓工作，但更重要的是通过深化改革，建立促进科技成果转化的运行机制。从1992年起，在林业系统要实行科技、生产、计划、财务部门“四位一体”促科技成果转化的新机制。要通过实行这个新机制，提高科技成果转化率、提高科技成果在适宜地区的覆盖率，增加生产建设项目中的科技含量。

为了保证“四位一体”促科技成果转化机制的有效实施，要重点抓好五个方面的工作。一是抓好科技成果的鉴定工作。今后各级科研项目搞鉴定时，科研、生产、计划、财务部门都要参加，既鉴定科研成果，又研究推广应用，为不同性质、不同层次、不同阶段的成果找好出路。可以大面积推广应用的，计划部门在下达生产建设计划时要同时提出采用的具体要求；需要示范的，计划部门要积极安排项目；对阶段性研究或需要中试的，计划、科技管理部门要作出下一步的安排。二是要对过去经过鉴定的科研成果进行清理，按照“四位一体”的机制安排推广应用，尽快在林业生产建设中发挥作用。三是在抓好推广应用的同时，下力量抓好科技攻关，增强科技兴林的后劲。科研项目的选题，也要努力做到“四位一体”，共同商量，做到选得准，用得上。四是各地都要制定重点科技成果推广计划，对那些影响大、效益好的科技成果进行大面积推广，形成规模效益。五是加快科技推广体系建设。省、地、县各级林业推广机构，要有明确分工，各有侧重，真抓实干，每年都要抓出一批看得见摸得着的推广应用成果。乡镇林业工作站，就是乡级林业科技推广站，要把这个重要职责担负起来，真正抓出成效。

要下力量抓好企业科技进步，把技术推广、技术改造、技术开发、技术引进以及消化吸收结合起来抓。技术改造的重点要放在节能降耗、新产品开发、提高产品质量和档次以及扩大出口上来。

抓科技兴林也要着眼于发展林业产业。要拓宽视野，不但对造林营林，而且对木材生产、林产工业、林产化工、多种经营等方面的科技工作都要高度重视，都要全面抓好。

林业的发展，关键在科技，基础在教育。我们要高度重视林业教育工作，进一步把林业高等和中等院校办好，还要围绕提高职工的素质，开展全行业培训活动。1992 年，对这项工作一定要下大力量抓好，取得大的进展。全行业培训的涵义主要是指多层次、多形式、全方位的培训，一级抓一级、按系统抓好培训。林业系统各部门、各单位都要把培训工作纳入重要议事日程，认真制定培训计划，建立规章制度，使行业培训工作走上规范化、制度化。培训工作要从各类人员的特点出发，以业余培训为主，以岗位培训为重点，开展专业培训、专题培训等灵活多样的培训活动。实行鼓励、支持培训的政策措施，把培训与考核、使用、晋级等结合起来。各级林业科技、教育部门，要把抓好全行业培训工作做为一项重要任务。中央组织部、国务院生产办公室已印发了《1991—1995 年全国企业干部培训规划要点》，各地要按照《规划要点》的要求，认真落实。从 1992 年开始，要对各单位职工全员培训率进行考核。

(六) 各级林业主管部门在工作中要统筹全局，突出重点，改进方法，提高水平。

首先要进一步争取各级党政领导的重视和支持。林业要发展，领导是关键，领导重视了，许多问题都好解决。当前，林业还面临许多困难，更需要各级领导的重视、关心和扶持。领导重视林业，最重要的就是坚持和完善各级领导任期造林绿化目标责任制，具体要做到以下六点：一是编制造林绿化规划和年度实施计划，明确本地区的林业发展目标和任务。二是层层分解任务，层层签定责任状，落实责任制。三是各级领导带头办造林绿化点或林业工作的综合点。四是及时研究解决林业的困难和问题，组织各部门对林业给予照顾和支持，增加林业的投入。五是坚持做好检查验收和通报工作。六是制定具体办法和标准，坚持考核，严明奖惩。这是各级党委和政府加强对林业领导的有效形式和有力保证，各级林业主管部门要努力做好工作，经常地、主动地请示汇报工作，当好各级领导的参谋。还要切实抓好“第一道工序”，进一步加强林业宣传工作。

要努力争取各方面的支持，增加林业资金的投入。随着林业资金来源的多元化，林业计划和资金管理工作要相应跟上来，适应这个转变。除了林业、森工预算内投资和育林基金以外，对林业贴息贷款、森工贴息贷款、治沙贴息贷款、世界银行贷款、国外援助项目、农业综合开发、扶贫开发、山区开发、老区建设开发、以工代赈等方面的资金和投入，我们林业厅局都要有部门和专人对口负责，积极争取，狠抓资金到位，并统筹安排好。更重要的是必须加强项目管理，按规定程序和要求把工作做好，提高资金使用效益，这样才能有利于争取新的项目和资金。我们各级林业主管部门要积极主动与各有关部门密切配合，高水平地把自身的工作做好，特别是要有计划性和预见性，把前期准备工作超前做好，以争取各方面的支持，努力增加林业的投入。

要高度重视林业的对外开放工作。围绕林业发展目标和林业生产建设的需要，积极开展对外科技交流与经济合作，积极争取国外援助和优惠贷款，引进国外先进技术和管理经验，认真做好引进项目的消化吸收，对国外好的经验及时加以借鉴和应用。要加强林业合作项目的管理，保持良好信誉。要主动做好对外项目的前期准备工作。积极开拓国际市场，大力增加各种林产品（竹产品）的出口。要扩大林业的全方位开放，多渠道吸引外资来办林业产业，对营造速生丰产林、建设纸浆和林产工业项目更要重点抓好。还要注意搞好林业对外宣 传工作。1992 年，要对经济技术合作交流项目签定数，取得国外援款和优惠贷款数，以及林产品出口额进行考核。

要加强行业管理，抓好全民义务植树和部门造林绿化工作。各级林业主管部门对各部门的造林绿化要加强行业管理，做好指导、服务和检查监督。各级林业部门要认真履行同级绿化委员会办公室的职责，和各部门协调配合，切实抓好全社会办林业和全民义务植树工作。对个别市的绿化办没有设在林业部门的，我们也要主动搞好协调配合，理顺工作关系。

要重视政策研究和法规建设工作。抓住影响林业发展的主要问题，集中力量进行调查研究，争取每年真正解决若干个问题。要十分重视系统性、根本性的解决问题，对实践证明是行之有效的政策和措施，要及时总结提高，并用法规或制度予以明确规定，使林业工作做到规范化、制度化。要认真抓好林业“二五”普法规划的落实。要抓好现有的林业改革试验区工作，不断总结经验，形成配套的措施和办法。

要注意抓好典型示范工作。以点带面推动整个林业工作的发展是一条重要经验，应继续加以坚持和发扬。1992年要努力做到两个“都要”，就是：各项林业工作，都要抓典型、搞示范；部、省、地、县都要抓典型、搞示范。在年初落实1992年工作时就要做出具体安排。

要重视对林业工作的分类指导。各地的情况千差万别，要在总的要求、总的原则下，实行分类指导，做到从实际出发，实事求是，不搞一刀切，努力提高工作指导的针对性、科学性和有效性。

各级领导要充分认识到，我们林业面临着十分繁重的任务，必须更加自觉地抓好自身建设。要进一步转变作风，深入基层、深入实际，认真调查研究，掌握第一手材料。要切实做到摸实情、讲实话、办实事、求实效，不搞形式主义。要勇于负责，兢兢业业，开拓性地做好工作。要善于团结协作，主动配合，与各方面搞好协调。要提高工作效率，克服拖拉推诿作风。要保持清醒的头脑，善于发现薄弱环节，及时纠正工作中的缺点和失误，扎扎实实把林业工作引向深入。

1992年的林业工作任务重、要求高，总的来说，就是要做到：

增加森林资源，提高综合效益，

建设绿色屏障，办好绿色产业。

对各地林业工作的考核，是否可以形象地概括为以下10句话：

造了封了多少林子，办了多少产业项目，

增加了多少森林资源，增加了多少经济效益，

搞好了多少林业局厂，搞好了多少国营场圃，

实行了多少改革项目，筹集到位了多少资金，

推广了多少科技成果，培训了多少在职人员。

机关、团体及其动态

林业部机关动态

【林业部直属公司简介】 1991年，经全国清理整顿公司领导小组批准，林业部保留各级各类公司29个，新建公司6个，现将部直接管理的公司介绍如下：

中国林业机械公司 1981年成立，为全民所有制企业，定员190人，注册资金为1000万元。经营范围是承担全国营林、木材生产、木材加工、综合利用的专业设备制造、科研、开发，组织林业专用设备成套供应，组织猎枪、弹具的生产供应等工作。下设北京、广州、上海销售服务中心和林业部猎枪、弹具经销中心。

中国林业物资供销总公司 为全民所有制企业，注册资金476.6万元，定员270人。其经营范围是：林业系统生产所需的黑色金属（含钢材）、生铁、炉料、建筑材料、木材及人造板、化工原料、民用爆炸药品、雷管、导火索、煤炭、汽油、柴油、燃料油、润滑油、机电设备（含汽车）的计划供应；为林业系统的最终用户代购小轿车；林业系统有关部门委托组织的代料加工和代购代销业务。下设沈阳、天津、北京、上海、哈尔滨公司。

中国林产工业公司 1981年成立，为全民所有制企业，定员70人，注册资金1450.4万元。其经营范围是：利用森林资源开发林产工业产品，如松香、栲胶、紫胶、人造板、纸浆等，以及生产上述产品的胶粘剂、原辅材料和 包装材料（含镀锌铁皮）。下设京珠林产公司。

中国林产品经销公司 1979年成立，为全民所有制企业，定员60人，注册资金260万元。其经营范围是经营销售非统配木材、竹材、外资造林材及其成品、半成品以及林副特产品，为发展林区商品生产提供信息和服务。

中国林业国际合作公司 1983年成立，全民所有制企业，定员75人，注册资金2561万元。经营范围是对外开发森林、技术合作、提供服务，在外独资或合资兴办企业。经营林业、木材加工、林化生产技术、设备、仪器、及林业产品（包括木片等）进出口业务。利用外资开展“三来一补”业务；国内外承担工程承包和工程设计任务。

中国林木种子公司 1981年成立，全民所有制企业，定员30人，注册资金1500万元。负责乔木、灌木、草，草本、木本花卉，林内植物与菌类的种实果条根及其产品的进出口业务和国内开发经销（包括干、鲜果类）；林木种子采收、加工、育苗等设备开发经营与进出口；兼营林业种苗技术咨询及信息服务。

中国国营林场开发公司 1987年成立，定员50人，注册资金200万元。经营范围是开发建设林场速生丰产林、商品材林、经济林、名优特产基地和森林公园。经营国营林场多种经营产品，协助国营林场疏通渠道，进行综合经营。兼营森林旅游和狩猎。

此外，还有林业部机关劳动服务公司。

（刘志清）

【林业部信息中心成立】 林业部信息中心于1991年5月正式成立，设在林业部调查规划设计院，在该院遥感计算中心基础上发展建成，归口林业部综合计划司管理。

林业部信息中心现有专业技术人员48人，包括林业、林业经济、计算机软硬件、数学、通信、测绘、信息管理、森林保护、林业遥感等15个专业，其中半数以上技术人员可编写应用程序，成为林业等专业和计算机应用的复合型人才。目前，该中心主要开展以下三方面业务工作：①林业遥感技术应用。从事遥感技术在林业中应用开发，以提供快速的宏观的林业信息源和建立信息反馈系统为工作中心，对航天、航空光学遥感信息和数字图象的应用进行多方面探索和研究。②林业信息系统的管理和开发。从事林业信息系统建设的调研、规划和拟定标准、规范、制度，承担技术开发工作，在合理划分林业信息系统子模块基础上，以森林资源和环境信息系统为核心，进行林业资源、林业经济、林业科技信息分系统，以及机关办公自动化的应用研究和系统开发工作。该系统还承担各类林业信息系统分析、汇总、更新和预测技术研究；从事林业辅助决策系统规则库和模型库的建立、研究；从事计算机网络数据通讯技术的应用研究，以及从事林业管理系统建设的信息分类代码标准制订。③计算机系统管理。从事VAX系列机及微机系统的管理、维护和系统开发工作，承担各界用户的技术和咨询服务。

林业部信息中心拥有一定规模的计算机系统、图象专用处理机、图型工作站及微机系统和丰富的软件资源，具有建立林业信息系统和各种数据库，培养系统开发和软件设计人才，承担林业信息系统和计算机系统技术开发应用的潜力。（白会学）

【林业部抗洪救灾工作综述】 1991年夏季的洪涝灾害，不仅给全国部分省（区）的人民生命财产造成了严重损失，而且给林业生产带来了严重影响。据对14个省（区）的不完全统计，截至1991年8月10日，洪水冲毁林区公路1.26万公里、森林铁路329公里，冲毁桥涵5736座、堤坝88公里，倒塌房屋57.26万平方米，损失机械设备3081台，冲毁幼林地187.5万亩、苗圃地24.3万亩、果园81.6万亩，损失苗木12.5亿株、木材69.6万立方米、竹材280万根。直接经济损失约15.5亿元，死亡64人，伤44人。

为了及时地搞好抗洪救灾工作，七八月份，林业部把抗洪救灾视同森林防火一样，作为当时工作的中心任务和压倒一切的大事来抓，从林业行业和林业部机关的实际出发，认真贯彻党中央、国务院关于抗洪救灾的各项指示和部署，积极主动地为灾区人民办实事，主要采取了以下几项措施：

加强领导，及时调整工作重点 1991年6月28日至7月1日，大兴安岭林区发生了开发以来的最为严重的洪涝灾害，5个林业局严重受灾，交通、通讯设施一度中断，直接经济损失5亿多元。高德占部长连夜做出部署，指示要像抓防火一样，把抗洪救灾作为林业部的中心工作，派出了以蔡延松部长为组长的工作组尽快赶赴灾区，了解灾情，慰问灾民，帮助地方抗灾救灾。几乎同时，南方一些省（区）也相继发生了罕见的洪涝灾害。林业部在江苏的一些直属企事业单位受灾严重，纷纷告急。林业部又及时派出了两个工作组，由司（局）长分别带队，赶赴常州、镇江、苏州林业机械厂和南京林业大学、南京林业学校等受灾单位，帮助抗洪救灾。为了加强林业系统的抗洪救灾工作，林业部成立了由有关司局、公司负责人参加的抗洪救灾工作领导小组，高德占部长任组长，蔡延松副部长任副组长。领导小组及时开会，听取汇报，研究解决问题，并决定开通防火通讯专线，坚持昼夜24小时值班；要求各单位、各部门把防汛救灾工作作为当时各项工作中一项极为重要、极为紧迫的任务，思想上高度重视，工作上极端负责，行动上雷厉风行；对有关抗灾救灾事宜，要简化程序，搞好协作，专人负责，迅速落实，保证各项工作有条不紊地顺利进行。

主动服务，竭尽全力，为灾区办实事 这次洪涝灾害面积大、涉及单位多、损失重。根据林业上的灾情，部领导及时决策，要求各司（局）、各单位进一步发扬艰苦奋斗、勤俭节约的精神，对林业部1991年安排的各项林业经费精打细算、节约开支，并调整基本建设计划，能缓办的事要缓办，将未开工的投资全部转移到灾区，尽量多挤出一些资金，向灾区倾斜，以实际行动支援灾区建设。截至1991年年底，在林业资金非常紧缺的情况下，林业部先后向19个受灾省（区、市）林业系统和部直属企事业单位，拨出救灾慰问款660万元；借给部直属企业资金450万元；给大兴安岭林业公司安排非经营性投资300万元；下达林业预算内水毁工程复建投资1060万元；由国家林业投资公司给东北国有林区和在江苏的4个部直属林机厂调整安排救灾投资6040万元；另外，财政部拨付给林业系统的891万元救灾专款，也及时安排到位。国家计委同意，调减了东北、内蒙古国有林区木材上调量75.5万立方米。调减下来的木材，由企业自行销售，用于弥补灾区重建家园的资金缺口。林业部还为受灾省（区）下达救灾钢材1610吨、化肥3300吨、煤炭5000吨、木材870立方米、汽油300吨以及其它部分救灾物资。

以苗圃建设为重点，积极组织恢复苗木生产 1991年的洪涝灾害，林业上受害最严重的是苗圃、道路和房舍。林木种苗是造林绿化工作的基础，如不及时恢复，将会影响到今后一段时间内的造林、营林和木材生产。为此，林业部及时向各地发出紧急电报，并发了文件，提出五点具体要求：①各级林业主管部门和种苗管理部门的领导要重视苗圃救灾和恢复生产工作。②采取一切有效措施，积极开展生产自救，要求各地认真做好抢排、抢救、抢补、抢管和防治病虫害的“四抢一防”工作。③采取应急措施，选择适宜树种，组织秋冬生产。④要合理调整育苗计划，认真周密地做好苗木调剂供应工作。一方面，要适当调减受灾苗圃的育苗任务；另一方面，要发挥国营苗圃的骨干作用，力争在最短时间内，恢复种苗生产，确保种苗供应。⑤采取各项有效措施，加强苗木田间管理，促进苗木生长。

党团员带头，领导作表率，积极开展多种形式的募捐活动 “一方有难，八方支援”。1991年的洪涝灾害，给灾区人民正常的生产、生活带来了严重影响，也牵动着广大林业职工的心。从1991年7月上旬到8月中旬，林业系统的广大干部职工积极开展了各种形式的募捐活动，仅林业部机关及在京直属企事业单位的职工，就向灾区捐款3次，共捐款32.82万元。部直属的一些企业主管部门还向对口的受灾企业捐款12万元，支援灾区恢复生产，重建家园。1991年9月，按照党中央、国务院的部署和安排，林业部机关和在京直属单位的广大干部职工开展了向安徽灾区人民捐赠衣被的活动。从1991年9月9—18日，在短短的10天里，共向灾区捐赠衣被32 739件，人均捐赠6.4件。

其中，棉被类达5 066条，棉衣类13 149件。林业部所捐赠的上述衣被，经过验收、登记、分类、包装，于1991年9月25日安全运抵安徽省重灾区之一——黄山市黄山区。（林业部办公厅综合处）

【中国林业报社工作综述】 中国林业报是林业部和全国绿化委员会的机关报，1987年7月1日创刊，对开4版，现为周二刊，每星期二、五出版。

1991年《中国林业报》共出版104期，刊登稿件5000余篇，计330多万字，照片700余幅。

《中国林业报》1991年在宣传报道上有以下显著特点：

①坚持正确的舆论导向，积极配合林业部和全国绿化委员会的中心工作开展宣传报道。年初竭尽全力宣传全国林业厅（局）长会议精神，以“力量在群众、办法在基层”为题连发5个专版总结并宣传了“七五”期间全国林业改革与建设的经验；从植树节开始大力宣传了开展全民义务植树运动的方针、政策、新经验、新典型，对“三北”、长江中上游、沿海以及平原绿化四大防护林体系建设的报道从“七一”前后一直延续到年底；结合中国共产党建党70周年，大面积地宣传报道了林业战线优秀共产党员的先进事迹；之后，又深入地宣传了“七五”科技攻关成就和“科技是第一生产力”的思想，准确而及时地传达了部领导的决策和指示精神，增强了报纸的指导作用。

②以林业生态工程和重大典型为主体，加强了深度报道。对1个基地、4大防护林体系建设进行了多侧面、多角度的连续报道，无论从发稿的数量与规模上，还是从报道的深度上都明显超过了往年。林业各条战线涌现出来的先进单位、先进人物和重大典型，有的集纳成专栏，有的组合成专版。有关抗洪救灾的连续报道给读者留下了深刻的印象。尤其是对行业思想政治工作、种苗工作以及科技兴林的报道，有了突破性的进展。

③增强了知识性与可读性，拓宽了报道面。报社确立了“与读者贴近些，再贴近些”和“既树木、又树人”的指导思想，一版加强了精神文明建设领域的报道，也有了来自基层的重大新闻。二版开设了“地市领导抓林业”、“县办林业有新招”、“乡镇村屯风景线”专栏，把经济领域的报道一直深入到基层；同时又设立了“资源管护”、“经济信息”、“企业经营管理”、“林业站里人”和“军营绿化”等栏目。三版开设的“林业与科学”、“林业教育”、“政工园地”、“职工之家”和社会性很强的“法制与道德”，又覆盖了林业系统精神文明建设的各个领域；“动物世界”和“国外林业”又把报道扩展到更广阔的天地。报纸的正刊开始形成了比较完善的报道格局，注意加强知识性和趣味性，受到读者的喜爱。报纸巩固、提高了综合文化副刊的质量，文摘“大观园”吸引了越来越多的读者，“滴翠园”和“文化与生活”常常把报道深入到人的心灵世界和更广阔的领域，满足了读者多方面的要求。

④通过报纸开展了一些创作征文活动，试刊了“华夏名山”专版。报纸开展了“第三届新闻摄影比赛”、“绿色长城有奖征文”、“经济短新闻征文”、“基层科技人物画廊有奖征文”、“新时期思想政治工作征文”以及“第一道工序有奖征文”等。这些征文层次各异，角度新颖，吸引了广大作者，起到了强化专题报道、优化稿源的积极作用。特别是“第一道工序有奖征文”，第一次在报纸上公开宣传林业的宣传工作，影响巨大而深远。（李树明）

【林业部扶贫工作】 1991年，林业部向黔桂九万大山地区派遣了第五批扶贫工作团。全团由12人组成，分驻3个地（州）、5个县帮助工作。

林业部扶贫团从九万大山的实际出发，本着“开发项目，科技进步，长短结合，加强基础”的原则，以项目和人才开发为中心，安排并实施了全年工作。

①生态治理与经济开发并重，一手抓森林资源恢复，一手抓果业发展。在恢复森林资源方面：贵州扶贫团组织编制了10个贫困县的封山育林项目建议书，经县、州、省三级审定，然后由林业部批准立项，并于1991年下半年开始实施。广西扶贫团协助河池地区规划了90万亩飞播造林工程，完成了作业设计，调集了施工用种，并在河池地区环江、罗城两县设立了面积为23.6万亩的飞播扶贫示范林场。在发展果业方面：由林业部投资77.6万元在黔东南州从江县建立种苗基地2060亩。

②依靠科技进步，积极推广实用技术，开展人才培训工作。林业部在北京林业管理干部学院举办了第四期九万大山贫困地区经济开发培训班，培训县级从事扶贫开发工作的干部60人（累计已培训260人）。在贵州扶贫团的协助下，中国林业科学研究院为贵州从江县举办了区、乡党委书记31人参加的经济开发及实用技术培训班。贵州扶贫团在黔东南州举办了五倍子生产技术培训班。中国林业科学研究院有关研究所还向从江等贫困县提供了ABT生根粉、农用稀土及林业化学除草剂等实用技术，并被应用于柑桔和沙田柚育苗、杉木无性繁殖和杂交水稻育秧。

在黔桂扶贫团的协助下，林业部在九万大山区投资新建了一批科技推广机构。广西桂林、河池地区林业技术培训中心和贵州从江、三都县林业技术推广站已开工兴建。

③立足当地资源，实行横向开发，带动区域经济的全面发展。贵州扶贫团支持黔东南自治州开展了凯里氧化铝厂的前期工作。由广西扶贫团牵线，北京市农工商总公司对龙胜、资源二县的旅游资源进行了考察，确定了资江飘流、野生动物饲养等合作开发项目。

④综合治理与异地开发相结合，探索石山区经济发展之路。广西扶贫团在深入调查研究的基础上提出

了“以系统工程的方法，走综合治理的路子，实现解决温饱目标”的开发思路。具体措施是：在发展生产方面，实现每户一亩稳产高产田，一亩果园，一千棵树，一块小菜园，一群羊（6只以上），一人一头猪；在改善生活条件方面，每户一个小水柜，一个沼气池，一个省柴灶，每村一片水源林。简称“6141”温饱工程。当年已开始组织实施。广西扶贫团于1987年在环江开展了异地开发试点工作。当年将该县下南、上南、木伦、明伦等四个大石山区143户、200余人迁往廖洞地区。4年来，这些贫困户营造黑荆树7500亩，松杉4500亩，上了一些短期经营项目，另由县里划给天然林6342亩。1991年协助主管部门完善了“统一开发，分户经营，风险共担，利益同享”的经营方式和组织形式，还修通了廖洞至乡里的公路。人均年劳动收入已达千元，实现全部脱贫。

⑤加强林业基础设施建设，完善林果业发展的保障手段。林业部对扶贫地区林业基础建设进行了重点扶持，新建林业工作站16个，为17个县购置了防火通讯和扑救设备，还为贫困地区部分县林业局装备了交通和新闻设备。（何小宁）

中国林学会工作动态

【中国林学会林业科技管理学会成立】 于1991年11月22日在北京宣告成立。成立大会由各省、自治区、直辖市及林业部有关直属机构的70多名代表参加，选举产生了由71人组成的第一届理事会。在第一届理事会上，选举产生了常务理事，并同时明确了学会领导机构的分工：

顾　问：张磐石　梁昌武　蔡延松

理事长：顾锦章

副理事长（按姓氏笔划排序）：洪菊生　顾正平　黄鹤羽（常务）　魏庆莒

秘书长：黄鹤羽（兼）

副秘书长：王琰　魏殿生

常务理事（按姓氏笔划排序）：

王长富　王宗淳　王淑元　李　坚　李葆珍
张宗辉　周　冰　周宝康　祝光耀　洪菊生
顾正平　顾锦章　翁道史　黄宗全　黄鹤羽
蒋祖辉　魏庆莒

该学会提出了在林业部和中国林学会的双重领导下，认真贯彻执行党的基本路线，团结全国广大林业科技管理工作者，宣传贯彻党和国家在科技工作上的一系列方针政策，紧密结合中国林业实际，积极探索和研究林业科技管理发展过程中出现的各种新情况、新问题，为我国的林业科技经济决策服务，为繁荣我国的林业科技事业和全面提高我国林业科技管理水平做出贡献的指导思想和工作目标，明确了开展科技管理领域的软科学研究、开展国内外的学术交流与研讨活动、创办学会会刊、组织开展各种形式的科技咨询与人员培训等项任务。（魏殿生）

【沿海防护林学术讨论会】 中国林学会林业气象专业委员会和广东省林学会于1991年9月18—21日在湛江市召开了全国沿海防护林学术讨论会，到会代表67人，交论文41篇。经过研讨，代表们一致认为40年来，我国沿海防护林建设取得了可喜的科研成果和建设经验：海防林建设必须运用森林生态理论来指导，要以经济效益为杠杆，以改善生态环境为目的的稳定高效生态经济型防护林体系，以此为建设防护林的指导思想；海防林建设要因地制宜、适地适树，要符合当地地理环境的生态条件，在林种结构上要发展混交林，并以乡土树种为主，同时加强良种选育工作；要想建成多林种、多层次、多功能防护林体系，必须打破单一林业观念，要围绕林、农、牧三者的结合，用生态观点，综合开发和利用，才能达到互生互补，以短养长，低投入高产出；针对沿海地区立地类型复杂的特点，海岸林带应发展窄林带的乔灌草结合型防护林，海岸内陆农田采用窄林带、小网格农林间作型防护林，丘陵山地发展水土保持为主的用材林、经济林和薪炭林体系，海岸带以下发展护岸林和防浪林。（朱乾坤）

【太行山防护林体系建设工程学术会】 中国林学会于1991年5月14—18日在山西壶关召开了“太行山防护林体系建设工程学术会，代表122人，收论文90篇。这次学术会议涉及到总体规划设计，小流域综合治理、工程造林技术和管理，新技术的应用及相应的生物学基础，生态效益和经济效益评价等广泛领域。会议认为太行山绿化工程已从单一造林绿化发展成我国五大生态工程之一，在造林内容上坚持了以防护为主的多林种结合，乔灌草并举，山水田路综合治理，农林牧水协调发展的三大效益高水平的统一；在造林技术上有新的突破，如改进了传统的造林方式，利用了飞播造林、封山育林等技术，发展了次生林改造技术和管理技术，在发展经济林方面也有了新的对策；对太行山的主要树种的生理生态特性等方面的研究工作也有突破性进展，为发展太行山林业打下了理论基础；在建立水土保持林模式方面提出了上疏下密，多层次结构，促进地被植物发育的模式。代表对太行山绿化事业今后发展寄予厚望，认为当前急需积累已取得的技术成果，促进全面发展，更加强基础理论研究和软科学研究，为此提出六项建议。（罗敏生）

【沙产业（即治沙）研讨会】 受中国科协委托，中国林学会于1991年3月11—13日在北京召开了沙产业研讨会。代表来自林学、农学、地学、沙漠、环保、国土经济、轻工、自然资源、建材等10个学科的技术人员和有关部门的领导共55人。会议首先听取了钱学森同志关于创建农业型的知识密集沙产业报告，并就这一观点进行了讨论。讨论中，代表认为中国的沙漠资源。环境和开发利用已有了自己的实践经验，可以集中现代技术治理利用沙漠资源，大家认为治理沙漠危害是开发利用的前提，国家“三北”防护林体系建设的成就是明显的例证。目前，我国年平均沙化面积以1560平方公里的速度扩大。为有效地减轻和得到基本控制，把沙化土地上各种自然资源在综合治理中合理开发利用，必须利用现代全部技术综合治理，开发利用沙漠资源。为此，要依托新疆塔里木石油开发、毛乌素沙地陕北定边煤矿、内蒙古准格尔煤矿开采等区域优势产业和有水土资源的沙漠内耕地约3亿亩以及风能、太阳能开发，创建沙产业。但是，要克服政出多门的弊端，为此会议建议在国务院下设具有宏观管理、横向协调职能的沙漠治理综合领导小组统管沙产业建设。（马忠良）

【非木材人造板学术讨论会】 为促进我国非木质人造板工业的发展，1991年8月，中国林学会木材工业学会在哈尔滨市召开了全国非木材人造板学术讨论会。会议回顾了几年来我国发展非木材人造板取得的成就和存在的问题，并对其今后应用、发展进行了研讨。会议主要收获是打破了木材人造板框框，根据市场需要，按不同原料特点及产品不同用途，开发各种新型人造板。会议提出八项建议，供国家主管部门决策时参考。①制定非木材人造板的发展规划。②由于非木材人造板的原料种类较多，性质各有差异，与木材性质也有所不同，因此，其发展方向除了有竞争能力，可发展木材人造板同类产品外，还应扬长避短，发展与木材人造板不同的产品。③提高产品质量。④应根据不同原料、不同产品，研究制定最佳或较好的生产工艺，研制合理的生产设备。同时，根据不同情况，分别确定企业的经济规模。⑤加强科研和开发工作。增加科技投入，不断完善工艺和设备，开展新工艺、新产品的研究，扩大新的应用领域。⑥发展非木材人造板以替代木材，对我国经济建设有重大意义，应加强宣传教育，积极引导消费。木材节约主管部门应将它作为木材节约代用的一个重要方面。⑦国家在政策和资金上对非木材人造板工业的发展应给予积极的优惠和扶持。⑧发展非木材人造板涉及很多部门，国家应有一个归口单位，加强领导，统筹规划，调动和协调各方面的力量，有计划有步骤地发展非木材人造板工业。鉴于非木材人造板生产与木材人造板相近，产品同样可替代天然实体木材，因此，建议由林业部门统一归口管理。（陈平安）

【七届三次全体理事扩大会议】 中国林学会于1991年10月在昆明市召开了七届三次全体理事扩大会议。到会者除理事外，各省级学会秘书长及有关新闻单位列席了会议。这次会议主题是在总结交流1990年工作经验前提下，传达贯彻中国科协“四大”和林业部林业工作会议的精神。与会代表在听取了董智勇理事长的工作报告，副理事长吴博传达两会精神和安徽、山西等省林学会开展“科技兴林”经验后，集中讨论学会贯彻执行两会精神的具体措施和办法。会议一致认为，各级学会在开展活动时，一定要结合本地区的实际情况，首先要大力宣传生态林业观点，大力宣传科学技术是第一生产力的观点，提高各级领导和群众树“科技兴林”的认识，要动员组织广大科技人员深入生产第一线，积极推广科研成果，特别是林业部审定的已经成熟的100项科研成果，尽快使这批成果转化为生产力，使林业建设走向新的台阶。（马忠良）

【《森林世界》电视系列片】 中国林学会自1989年起，经过3年努力，完成了《森林世界》电视系列片的摄制任务。该电视片共分9集，其中《绿色警钟》（3集）反映了我国各大国有林区林业生产历史沿革和现状，并提出了值得思考的问题；《走出困惑》集中反映了东北林区林业生产的发展情况及存在的主要问题，并提出了综合开发、综合利用的发展途径；《西藏林业》反映了我国西藏原始森林丰富的物质资源及其广阔的发展前景；《北回归线上的绿洲》再现了世界北回归线上几乎全是荒漠和沙化地带，唯独我国得天独厚，在海南、广东和广西部分地区，在云南西双版纳生长着茂盛的热带雨林和季雨林，是我国动植物基因宝库，同时也指出近百年来正在遭受严重的破坏，需要严格保护；《沙漠生命》和《森林与城市》反映了我国林业工作者和广大人民群众在沙漠中营造了一片片的绿洲，改善和部分制止了沙漠的危害以及在城市中广植树木所取得的可喜成果；《保护天然林》告诉人们森林不仅保护人类生存的环境而且能防止水土流失、涵养水源，是防止水灾旱灾的天然屏障，它告诉人们要保护好天然林、营造人工林的重要意义。（马忠良）

【全国林业科普网（站）工作经验交流会】 1991年9月，中国林学会在贵阳市召开了有19个省（区、市）林学会、中国林学会林化学会，中国林业出版社和科普出版社参加的全国林业科普网（站）工作经验交流会。会议内容包括：一是总结前几年工作，二是交流建站以来工作经验，三是研究今后的工作方向和重点工作。经与会者充分研讨，确定了今后几个重点工作：第一，根据目前一些领导和群众对科普工作的作用认识不足，从而影响了科普工作的开展，使一些科技成果难于推广的实际问题，决定各级学会要大力宣传“科学技术是第一生产力”这一观点，提高领导和群众的认识。为此，会议决定除要利用各种宣传阵地广为宣传以外，由中国林学会组织编写《科技兴林100例》一书，用典型向领导和群众说教，以此推动科普工作的开展；第二，要继续抓好科普队伍建设工作，争取一二年内把科普网（站）在全国各级建立并完善起来，同时要开展对科普干部和科普作者的培训工作以及开展优秀科普作品评选活动；第三，在已有成绩的基础上，继续抓好青少年生物百项竞赛和科技夏令营活动；第四，从1992年起，科普网开展区域性活动，各大区每年抓一个选题，以推动“科技兴林”活动深入开展，直接为林业生产服务；第五，各省（区、市）林学会每年抓一个“科技兴林”联系点，随时总结经验，中国林学会将召开“科技兴林”评比活动，表彰先进单位和个人。（邱守华）

【林业科技小论文获奖】 为推动青少年生物科技活动的开展，国家教委基础教育司、中国科协青少年部、国家自然科学基金会科学部和中国青少年辅导员协会于1989年共同发起在全国开展生物百项竞赛活动。为保证活动质量，聘请中国林学会等几个学会为技术指导和评委单位。为此，中国林学会受托组织策划了这项活动，首先编写了指导丛书中的林业分册在全国发行，同时向各级林学会行文，要求各级学会积极参与本地区的组织工作并负责业务指导。经过2年的工作，在1991年全国评比中，全国申报林学项目奖的17项中，获得活动奖的有9项，其中江苏淮阴唐春生等的“杨尺蠖的生活习性及最新防治法”、山东郯城李强的“银杏快速培育的实验”、北京怀柔一中的“怀柔县栗瘿蜂天敌的初步研究”获一等奖；上海行知中学的“巴西铁的植物组织培养”、山西浑源师范的“开展校园绿化美化的成果报告”、陕西陕棉十一厂中学的“西安市区行道树特征及分布的调查”、浙江鄞县洞桥中学的“四明山区珍稀兰科植物开发利用研究”获二等奖；江苏徐州二中林学科技组获三等奖，贵州铜仁地区林业科普网委员会获优秀组织奖。（邱守华）

【《森林与人类》创刊十周年】 中国林学会于1992年1月11日在北京科学会堂召开《森林与人类》创刊十周年座谈会，应邀参加会的有林业部副部长蔡延松，老科学家黄秉维、吴中伦、汪振儒、阳含熙、关君蔚，中国科协、中宣部、国家科委、国家新闻出版署、中国科普作家协会、中国科技期刊编辑学会、中国记协、中国生态学会的有关领导以及在京编委，各大报新闻记者。《森林与人类》杂志是1981年12月创刊的，它是全国唯一的林业科普性一级刊物，其宗旨是向社会广大群众和林业广大职工宣传普及林业科学知识和技术，提高人们对森林的认识和林业科学水平。它诞生至今已走过了10个年头，在10年里，它作为一本有益社会公益性刊物，积极宣传林业科学知识、传播林业生产经验和技术，为社会和林业建设做出了一定贡献，但这个刊物仍不能满足广大读者求知的渴望和迅速发展的林业建设的需要。对此，座谈会上，专家、领导都对提高刊物质量，满足广大读者要求，为振兴林业做出更大贡献等提出了忠恳意见。（马忠良）

【营造良种桉树速生丰产样板林】 中国林学会科技咨询服务部为了推广新技术，探讨科技兴林新途径，经与林业部、广西林业厅协商，由中国林学会科技咨询服务部与广西林学会、广西钦州地区林学会联合营造万亩尾叶桉（部分巨叶桉）速生丰产示范样板林。从1990年3月开始至1992年5月底完成。在广西营造万亩样板林的主要目的是推广桉树良种，推广桉树组织培养繁殖技术，机耕整地、施肥等新技术，在短期即6年内可产木片材供木材纤维工业和出口创汇的需要。示范林选在广西灵山县集体所有的宜林地，由县林业局与乡、村联合经营，以总结集体所有制发展短期轮伐桉树的经验，同时亦为学会如何既为科技兴林做出贡献又可取得一些技术服务的收入创造经验。合作的形式是林业部提供低息贷款，林业厅负责组织领导，县林业局负责承包和施工，三级林学会负责技术指导、监督、检查、验收等工作。林木有收益后学会提取部分经济收入，做为技术服务报酬。两年来，学会在当地举办两次技术培训班，对乡、村干部和施工人员进行了培训和多次现场指导和检查，保证了造林质量，成活率达95.4—99.4%，林木生长良好。据测定，1年2个月生林木平均高6.65米，平均胸径6.02厘米。其中以宽行距窄株距造林方式营造的林木1年生高达10米以上，已超出原定生长指标。样板林营造前，有些人认为灵山县不能种桉树。造林后仅3个月，林木生长盎然，引起人们注意，增强了群众营造桉树的信心和积极性，各级领导也看出造良种桉可以广泛利用土地资源，速生丰产具有重要经济意义，是农民脱贫致富的又一重要门路。由学会牵头搞样板林，是一种新的尝试，这种方式可发挥学会优势，参加技术指导和监督管理，使各项计划更好地落实，发现问题能及时解决，在技术上保持先进，质量得到保证，使国家资金更好地发挥作用。（王贺春）

【国际学术交流】 1991年，中国林学会接待6个来华考察团。日本静冈县日中农林水产交流协会派两个团来华。其中，以会长永厚稔为首的考察团于8月来华考察了大连开发区、长春市、吉林市松花湖水源林、中国农业科学研究院特产品研究所。以吉沢仁为团长的代表团于11月考察了四川的都江堰，北京的农、林科学院，上海植物园，云南昆明西山公园。

日中农林水产交流协会于11月派以高宫正彦为团长的考察团来华先后参观了北京市、甘肃的小龙江水源林和白龙江林业局、陕西淳化县黄土高原绿化成果以及上海市和四川省。

6月接待了英国皇家学会学术委员会主席、爱丁堡大学教授F. T. Last。他考察了广西的桂林和柳州、北京的首钢环保建设情况。在访问中分别在广西和北京作了学术报告，并与科技人员进行了座谈。

台湾省林业学者胡大维教授继1990年首次率团来大陆考察之后，于1991年7月再次率领台湾大学、文化大学、辅仁大学林学教授、讲师团来考察访问。他们先后访问了广州华南植物园、中国林业科学研究院热带作物研究所、海南省热带作物学院和研究院、尖峰岭树木园、昆明植物园、西双版纳热带雨林和林业科研部门。

加拿大林学会常务理事 C. A. Lee 和林学会国际林业工作组主席 D. Rousseau 于11月来华考察了黑龙江朗乡林业局、浙江天目山、莫干山林区、上海植物园。

（钱道明）

中国水土保持学会工作动态

【《中华人民共和国水土保持法》颁布施行】 《中华人民共和国水土保持法》于1991年6月29日由第七届全国人大常委会第20次会议通过，并颁布施行。它的颁布与实施，标志着我国水土保持事业步入了一个新的法制阶段，是水土保持事业发展的里程碑，对防治水土流失，发展农业生产和其它各项建设事业，均具有重大意义。

水土保持法共有6章42条。从法的宗旨和内容可以看出，它总结了我国40年来水土保持工作和法制建设的经验，是针对我国实际情况和国民经济发展提出的问题，经过广泛调查研究，多次修改而形成的。

《中华人民共和国水土保持法》提出了“预防为主”的方针，改变了过去“防治并重”的提法，强调了预防意识，这是一个重要突破。制定水土保持法的目的，不仅是提出预防、治理水土流失的法规，同时要保障预防和治理措施的顺利贯彻执行。本法的重要特点是强化了监督和法律机制。另外，本法中规定将水土保持工作列为国务院和地方各级人民政府的重要职责，要求各级政府对水土保持工作非抓不可，否则就是失职，而水土保持部门更应千方百计地做好政府的参谋。针对过去水土保持工作未能纳入国家计划、没有统一防治部署及稳定的专项资金等情况，本法要求由人民政府组织有关部门制定水土保持规划并纳入国民经济和社会发展计划，由政府安排专项资金、组织实施，有利于水土保持工作稳步地向前发展。

（黄　元）

【中国水土保持学会1991年活动简介】 中国水土保持学会在面向经济、面向社会、面向生产方面克服了许多困难，主要做了以下几项工作：①为了贯彻科协“四大”会议精神和总结学会成立五年来的工作经验，于1991年8月下旬在河南信阳鸡公山召开了第一次专业委员会及省级水土保持学会秘书长会议。②中国水土保持学会沙棘专业委员会于1991年9月召开了换届会议，选出了72名沙棘专业委员会委员，22名专业委员会常委。③组织专家完成了推荐中国科学院学部委员及中国科协“四大”代表、全国委员会候选人的工作。④完成了第二届理事候选人的推荐工作和表彰从事水土保持工作30年会员的统计工作，并且完成了愚公奖证章、图稿、证书设计工作。⑤为了配合学会换届改选期间的学术交流活动，已将征集到的论文200多篇进行筛选，编辑出版论文集。⑥为了配合《中华人民共和国水土保持法》的颁布，利用横幅标语、宣传画等进行宣传，并且编写、发行了《人人爱护水土资源》的科普读物。此书已发放4000余册，发至300多个县级单位，深受广大水土保持工作者的欢迎。⑦组织参加中国科协录像片的评比工作，其中沙棘专业委员会录制的《绿色希望》获中国科协科普录像“科蕾奖”二等奖。

（黄　元）

中国林产工业协会工作动态

【综　述】 中国林产工业协会第一次会员代表大会于1991年12月1—2日在北京召开，并同时宣布中国林业工业协会正式成立。会议选举出第一届理事65人，常务理事19人，推选出理事长、副理事长共8人（名单附后）。

中国林产工业协会第一批团体会员205家，分别隶属于林业、轻工、物资、建材等部门和29个省、自治区、直辖市。

中顾委委员、中国工业经济协会吕东会长、国务院生产办公室汤淑霞局长、中国企业管理协会朱仁学副会长、林业部高德占部长到会讲了话，会议还收到许多兄弟协会和单位的贺电、贺信。

中国林产工业协会是由国内林产工业企业、事业单位自愿联合，经原国家经委1988年2月批准成立，1991年8月又经民政部复查登记的跨部门、跨地区的全国性行业组织，属社会团体，具有法人资格，业务上受林业部指导。

中国林产工业协会的宗旨是全心全意为会员单位

服务。协会的任务是依靠行业力量，维护行业和会员的合法权益，发挥政府和会员及有关各方之间的桥梁和纽带作用，贯彻执行党和政府的方针政策，协助政府部门加强行业管理，制定行业规划，开展经济技术交流，加强与国内外同行的联系和合作，开拓国内、国际市场，促进行业的科技进步，提高企业的经济效益和社会效益，为发展我国的林产工业事业和社会主义现代化服务。

中国林产工业协会愿为国内外广大用户提供各种林产工业工程、技术、设计、安装、调试、培训、咨询服务等。

中国林产工业协会第一届理事会名誉理事长、理事长、副理事长、秘书长、副秘书长名单

名誉理事长：蔡延松　林业部副部长

理事长：刘之杰　中国林产工业公司总经理

副理事长：李泽兴　林业部森工司副司长

潘祉贤　中国林产工业公司副总经理

汤淑霞　国务院生产办公室局长

刘志雕　国家林业投资公司林产工业部主任

刘颂椒　物资部木材建材司司长

陈鼎新　中国家具协会理事长

邵玉媛　中国新型建筑材料公司副总经理

秘书长：李泽兴　（兼）

副秘书长：刘茂泰　中国林产工业协会筹备处负责人

杭锡勤　中国林产工业公司林化处长

（刘茂泰）

中国林业经济学会工作动态

【中国林业经济学会活动动态】　1991年12月4—7日，在北京召开了中国林业经济学会四届一次理事会暨“中国林业发展道路研究”学术讨论会。

这次会议既是学会的工作会议，又是学术交流会议。参加这次会议的有学会第四届理事会理事、“中国林业发展道路研究”课题领导小组成员、课题研究组部分同志及特邀代表和新闻记者90余人。理事会选举雍文涛同志为名誉理事长、徐有芳同志为理事长，还选举了13名常务理事；由陈统爱副理事长代表上届理事会做了学会成立11年来的工作总结。11年来，中国林业经济学会在林业部党组领导下，在各级党政部门的关怀支持下，以及各省（区）林业经济学会的配合下，通过全体会员及广大林业经济工作者的共同工作，为开拓林业经济学会工作新局面，开展林业经济学术活动，促进我国林业发展，做出了应有贡献。会议讨论修改了学会章程和奖励办法；与会同志交流了开展学会工作的经验，研究了学会今后工作，并围绕“中国林业发展道路研究”课题，进行了学术讨论。大家对雍文涛同志主持的这项课题研究成果中提出的木材培育论、林业分工论、产业结构合理化的思想体系，给予了充分肯定和高度评价，认为这是一项国内领先国际先进的优秀科研成果。

在会议期间，还召开了四届常务理事会第一次和第二次会议。推选出了本届理事会的正、副理事长，聘任了正、副秘书长，并研究落实了近期学会工作。

（穆志明）

林业部科学技术委员会工作动态

【林业部科学技术委员会工作综述】

审议论证

林业发展十年规划和“八五”计划草案的审议会

会议于7月6—18日在京召开。会议审议了全国造林绿化和野生动植物保护、森林工业发展、全国林业基础设施建设十年规划和“八五”计划。审议会认为，规划总的指导思想是依据我国自然资源、人口和社会主义制度，确定中央财政的导向作用，调动各方面的积极性，投资投劳，植树造林，加强林业的基础建设，这个指导思想，符合我国国情。规划草案突出了科技教育在林业发展中的作用，确立了增加科技投入的战略部署，这将在实现规划的目标中，起着重要的作用。

会议对规划、计划提出了修改和补充意见。在规划、计划的指导思想和应遵循的原则方面，专家们认为：①森林资源培育方面，应确立以生态经济学理论为指导，发挥森林多种效益的原则，强调质量与速度、经济效益与生态效益相统一和营造与保护并重的原则；②在用材林基地建设上坚持工程造林的原则；③在森林工业的发展方面，规划的规模和布局，应遵循资源、原料为第一约束条件的原则；④在建设项目的选择上遵循消耗资源少、经济效益高、劳动密集型的原则；⑤在建设顺序的安排上，遵循建设周期短、见效快的项目先行的原则。

在确立林业总的指导思想和原则方面，专家们建议，考虑到世界林业发展趋势和森林在改善生态环境、促进国民经济和社会发展的重要位置和作用，必须明确提出以生态经济理论为指导，用系统工程的方法，全面规划，合理布局，突出重点，并且以区域为单元，从实际出发，制订出有利于林业发展的政策和措施，推动林业事业的健康发展。

在规划的重点和目标方面，用材林基地建设和重点应放在森工企业局、国营林场和集体林区重点县；生态工程建设，应重点放在五大防护林体系上；森林工业方面，应以林产化工为重点；基础建设应从属于营林与森工部分的重点。

林业公安（检法）体系建设规划审议会　会议于11月24、25日召开。会议认为，林业公安（检法）体系建设规划体现了林业公、检、法工作的特点，编制规划的依据、目的、指导思想是正确的，建设的目标明确，布局合理、重点突出；在投资上体现了以地方为主、中央为辅的原则。

调研考察　①林业部科技委副主任吕军继参加山西西山黄土高原区的综合治理优化开发课题考察后，撰写了《系统优化，综合整治》的专题材料，并出席了1月15、16日于太原召开的审议论证会。

②为了配合林业部关于加强森林病虫害防治体系建设方案的论证工作，1月上旬林业部科技委副主任黄枢与广东省林业厅及中国林业科学研究院热带林业研究所的专家，在广东沿海松突圆蚧与松材线虫病发生严重地区，进行了现场调查研究，并征询了该省有关领导及专家对防治工作的意见。

③黄枢于5月13、14日，参加了全国政协科技委员会组织的科技兴农考察组，到河北省三河县，对该县基层单位农林科技推广工作情况和经验进行了考察。

课题研究　东北、内蒙古国有林区森工企业森林资源危机经济危困对策及发展战略研究课题是国家科学技术委员会和林业部立的软科学课题。课题组由林业部科技委主任董智勇主持。课题自1989年底筹备以来，目前已基本完成。课题总报告及11个子课题的研究报告已经形成。有的子课题已通过了鉴定验收。

（司洪生）

中国野生动物保护协会工作动态

【中国野生动物保护协会第二届常务理事会议】　1991年1月15日在北京召开，在京的22位常务理事出席了会议，董智勇副会长主持会议，会议传达了国务院《关于加强野生动物保护严厉打击违法犯罪活动的紧急通知》精神，通报了为贯彻《紧急通知》将采取的一系列措施和行动，研究了协会今后的工作任务等。

会议的其他议程有：①董智勇副会长汇报了参加国际自然和自然资源保护联盟第18届全体代表大会的情况；②审议通过了协会第二届宣传、科技、基金管理委员会组建情况的报告和工作制度；③批准了协会1991年资金预算和宣传、科技委员会工作计划；④同意接纳中国鹤类联合保护委员会为协会的专业委员会，并审议通过成立协会养殖专业委员会的报告；⑤同意秘书处关于增选1名副会长人选的提案，请农业部推荐1名副会长人选。会议还推荐卿建华、李万禄为协会出席中国科协四大代表和四大委员候选人。

（黄承清）

【中国野生动物保护协会养殖委员会】　为积极贯彻执行《中华人民共和国野生动物保护法》和“加强资源保护，积极驯养繁殖，合理开发利用”的野生动物保护管理方针，配合林业、农业等主管部门做好野生动物驯养繁殖许可证的发放工作，组织专家组对养殖场进行实地考察、评估和论证，协调全国各地野生动物养殖业之间的关系，改善我国野生动物养殖业分散经营条块分割的状况，中国野生动物保护协会常务理事会于1990年7月30日批准成立了养殖委员会。在林业、农业、商业、外贸、医药卫生、轻工业、建设等有关部门及各省（区、市）野生动物保护协会的大力支持下，经过组建工作，该委员会已组成了领导机构，并于1991年10月11日在北京召开了主任委员工作会议。会议审议确定了常务委员、委员名单，审议通过了工作制度，进一步确定了工作性质、职责、任务和组织机构，以及今后的工作方向。（崔国印）

【云南、西藏野生动物保护协会成立】　云南省野生动物保护协会于1991年6月15日成立，副省长保承康当选为会长，选举了78名协会理事。西藏自治区野生动物保护协会于1991年6月27日成立，人民政府主席江村罗布当选为会长，选举了91名协会理事。

素有“动物王国”之称的云南，仅脊椎动物就有1638种，占全国总数的54.9%，国家重点保护野生动物164种，占全国的63.1%，其中有23种动物为云南省所独有。位于世界屋脊的西藏，野生动物资源也十分丰富，共有脊椎动物773种，其中鸟类476种，占全国的40%，哺乳类、爬行类分别占全国的28%和22%，被列入国家重点保护动物的115种，占全国的36%。因此，作好两省（区）保护野生动物的宣传教育，提高人们的保护意识，对保护野生动物资源、拯救濒危物种，推动我国野生动物保护事业的发展具有

十分重要的意义。（黄承清）

中国林业体育协会工作动态

【综　述】

参加全国第七届冬运会　第七届全国冬运会是国内重要的综合性运动会。中国林业体协以“重要的是在于参与”和宣传林业、振兴林业为目的，组团参加了这届全国人民瞩目的冬季运动会。由于人力、财力有限，运动水平不高，林业系统只参加了越野滑雪和速度滑冰两个项目的竞赛。由乌尔旗汗林业局业余体校滑雪队代表的林业滑雪队，获女子第八名的成绩。林业滑雪运动员认真学习、勇于拼搏的精神得到好评。

林业群体工作　竞赛活动是推动职工群体活动发展的杠杆。1991 年，林业体协举办了第二届“雪松杯”越野滑雪赛、第三届“绿化杯”象棋赛、第二届健美操“郊县建筑杯”赛和在京林业系统“五四杯”乒乓球、篮球赛等 4 项较大规模全系统竞赛活动。参加 1991 年竞赛活动的共有 22 个省（区、市），其中多年来未参加全系统活动的天津、广东、山西、河北、甘肃等省（区、市）和“三北”防护林局等单位，都纷纷参加了象棋和健美操比赛。1991 年参加活动的单位之多、人数之广是林业系统群体活动的新发展和突破；这些省（区、市）都相继在本单位进行了选拔赛或举办了培训班、集训等活动而后参加的全林比赛，这是对全系统群体活动的推动。特别是 5 月份在部机关、北京林业大学和中国林业科学研究院举办的在京林业系统首届“五四杯”乒乓球、篮球赛，活跃了部机关的文体生活，推动了部机关等在京林业单位的精神文明建设，得到了部领导的赞扬和支持。

6 月份在第三届“绿化杯”象棋赛期间，召开了林业体协 1991 年群体工作座谈会。有 11 个省（区、市）林业体协的负责同志和 6 个省（区）象棋领队参加。与会同志畅谈了群体工作的经验、体会；议定了林业体育近期重点工作及 1992 年工作安排。

座谈会确定林业系统推行《全国职工体育锻炼标准（试行）》的工作，1991 年先行在福建邵武市林业局、内蒙古自治区牙克石木材加工栲胶联合厂和吉林省临江林业局试点推广。

竞赛成绩　吉林省白河林业局轮滑球代表中国林业体协在杭州的全国第三届轮滑球锦标赛中，再次夺魁，创下三连冠的辉煌成绩。该队有 5 名队员入选国家队参加亚洲轮滑球赛，1992 年将进军巴塞罗那（轮滑球项目定为第十五届奥运会表演项目）。

6 月份，在成都举行的全国行业体协象棋赛中，由四川、吉林省林业体协棋手组成的中国林业体协代表队获得第 4 名的好成绩。

此外，林业滑雪队、地掷球队等也参加了全国竞赛活动。

基础建设工作　林业体协在逐年完善各项规章制度的同时，注重对本系统体育专业人员的培训工作。1991 年，林业体协参加了林业部组织编写的《林业行业岗位规范》中的体育干部岗位规范；制定印发了《中国林业体协会会费使用办法》、《关于林业系统运动队、运动员参加全国性体育竞赛奖惩及有关规定》。5 月份、12 月份分别在南京林业大学、乌尔旗汗林业局举办了全国林业第二期健美操和第一期滑雪教练员培训班；10 月份选送 2 名同志参加国家体委组织的国家级田径裁判员考试并取得了优秀成绩；还有 3 人参加了国家体委举办的专业培训和研讨班的学习。

在年底进行催缴林业体协第二届会费的工作中，得到了大兴安岭林业公司，内蒙古大兴安岭林管局，吉林、四川、海南等省（区）和邵武市林委、常州林机厂等单位的大力支持，此项工作有了很大进展。

存在问题　目前，林业体协的工作虽然有了很大进步，但有些工作开展还不够平衡。有些省（区）体育工作没有开展，林业体协没能建立，体育工作没有放到应有的位置上。随着林业体育的发展，林业体协工作量日益增加，体协办公室人员少，使工作还停留在粗放、应付日常管理工作的事务中；计划编发的“林业体育”简报工作未能完成；深入基层创编林业特色体育活动也未得实施。（刘志清）

【中国林业体育协会群众体育工作会议】　中国林业体协于 1991 年 6 月 14—16 日在黄山市召开了 1991 年度林业体协群众体育工作会议。

参加会议的有 11 个省（区）林业体协负责同志，参加林业第三届“绿化杯”象棋赛的各代表队的领队和全国群体先进单位的代表列席了会议，共 25 人。

会议传达贯彻了全国体育工作会议与国家体委召开的竞赛与训练等会议有关群体工作的文件。与会代表进行了认真学习与讨论，并根据上级指示精神经过充分讨论与协商议定了下述各项具体事项：

①会议商定在林业系统各单位推行《全国职工体育锻炼标准（试行）》的工作，在福建省邵武市林业局、内蒙古自治区牙克石木材加工栲胶联合厂、吉林省临江林业局三个单位，按照林业体协改编制定的标准进行试点，并拟于 1992 年 7 月在邵武市召开现场会议介绍推行工作的经验。

②会议同意中国林业体协制定的《中国林业体育协会会费使用办法》、《关于林业系统运动队、运动员参加全国性体育竞赛奖惩及有关规定》建议补充增加

“参加本系统比赛的奖惩规定”的条款；建议印发《中国林业体协运动服装发放管理办法》以利加强对林业系统内运动服装发放的管理。

③会议同意委托由内蒙古大兴安岭林管局起草编写《林业行业岗位规范》中的《林业体育干部岗位规范（草案）》。

④会议商定中国林业体协参加第七届全国运动会的项目是：田径（北京林业大学、黑龙江省东方红林业局承办）、摔跤（内蒙古大兴安岭林管局承办）、速度滑冰（大兴安岭林业公司承办）和女子举重（大兴安岭林业公司、吉林省松江河林业局承办）等4项。

⑤会议商讨了中国林业体协1992年主要活动及承办单位：2月份举办第二届“开拓杯”速滑赛，由大兴安岭林业公司承办；3月份举办围棋赛，由浙江省林业体协承办；5月份举办健美操比赛；7月份林业系统推行《全国职工体育锻炼标准（试行）》现场会在福建省邵武市召开；9月份举办第三届乒乓球赛，由江西省林业厅承办；10月份举办第二届桥牌赛，由云南省林业体协承办。

（刘志清）

1991年中国林业体育协会举办活动一览

名　称	时　间	地　点	承办单位	参加单位	成　绩
全国林业第二届“雪松杯”越野滑雪赛	2.26—28	牙克石	内蒙古大兴安岭林管局	吉林临江林业局，黑龙江亚布力林业局，内蒙古乌尔旗汗、满归林业局	男子团体：乌尔旗汗林业局、亚布力林业局、满归林业局 女子团体：临江林业局、乌尔旗汗林业局、满归林业局
第二期健美操培训班	5.8—16	南京	南京林业大学	内蒙古大兴安岭林管局，吉林、河南、福建、青海省林业厅，广西壮族自治区林业厅，黑龙江森工总局，林业部“三北”防护林局，大兴安岭林业公司，北京林业大学，西南林学院，宁波林业学校	体育道德风尚奖：亚布力林业局
第三届“绿化杯”象棋赛	6.11—20	黄山	安徽省林业厅黄山市林业局	天津、河北、山西、辽宁、吉林、黑龙江、湖北、浙江、安徽、福建、江西、四川、云南、新疆、陕西省（区）林业厅，内蒙古大兴安岭林管局，林业部“三北”防护林局	团体：四川、吉林、湖北 个人：曾启泉、张明忠、甘奕祜（四川），曹霖、崔守坤（吉林），王振夏（湖北） 体育道德风尚奖：新疆维吾尔自治区、林业部“三北”防护林局、安徽省林业厅队
第二届健美操“郊县建筑杯”赛	9.23—25	天津	天津市农林局、静海县林业局	内蒙古牙克石木材加工榜胶联合厂、满归林业局、大杨树林业局，吉林、福建、广东、甘肃省林业厅，大兴安岭林业公司，北京林业大学，天津市农林局	团体：内蒙古牙克石木材加工榜胶联合厂、北京林业大学、天津市农林局 体育道德风尚奖：广东省林业厅、福建省林业厅
第一期滑雪教练员培训班	12.5—20	乌尔旗汗	乌尔旗汗林业局		

1991年中国林业体育协会参加全国竞赛一览

名　称	时　间	地　点	组队单位	成　绩	备　注
第七届全国冬季运动会	2.1—9	哈尔滨亚布力	中国林业体协乌尔旗汗林业局	女子接力：第八名	
全国越野滑雪锦标赛	3.15—22	长白山	乌尔旗汗林业局		
全国行业体协象棋赛	5.30—6.4	成都	四川、吉林省林业厅	团体第四名	
全国轮滑球锦标赛	8.27—29	杭州	白河林业局	第一名	

（伊尧正）

重 要 会 议

【1991年全国林业计划会议】 1991年1月30日至2月4日召开。会议的主要内容是：认真贯彻落实全国林业厅（局）长会议精神，结合林业生产建设实际，认真总结和交流一年来林业计划工作和改革的经验；围绕林业改革和发展的总体目标和部里确定的1991年六项重点工作，安排落实1991年各项林业、森工生产建设计划；研究讨论如何进一步深化林粘计划改革，提高林业计划管理水平，以适应林业改革和建设的需要。

徐有芳副部长在会上讲了话。他简要回顾了“七五”计划执行情况和1990年林业计划工作，指出：“七五”期间，全国林业战线认真贯彻党的路线、方针、政策和国务院的部署，在各级党委和政府的领导下，认真治理整顿和深化改革，加快森林培育，加强森林保护，强化林业管理，合理利用资源，林业建设取得了可喜成绩，林业形势进一步向好的方向发展。“七五”期间全国造林总面积4亿亩，按同口径，比“六五”时期增长了15%，完成了“七五”计划目标。徐副部长就1991年林业生产建设计划安排的原则、主要指标以及完成1991年林业生产建设计划要着重抓好的工作提出了意见。

与会代表认真讨论了徐副部长的讲话，并结合讲话精神逐项落实了1991年各项林业、森工生产建设计划。

会议结束时，高德占部长到会并讲了话。高部长要求：林业计划工作要围绕林业改革和发展的总体目标，开拓进取，扎实工作，促进林业持续、稳定、协调发展。高部长提出3点要求：①要求林业计划工作再上一个新台阶，要抓住宏观调控、综合平衡、广筹资金3个重要方面，在这3个方面上水平。②要集中力量抓好重点工作，即全面落实造林绿化规划；严格执行采伐限额，认真落实年森林总采伐量计划；进一步加强林产工业和多种经营；充分重视技术进步和技术改造；合理调整投资结构，对各项资金要统筹安排、合理配置、综合平衡；加强项目管理，严格按照基本建设程序办事；认真抓好“质量、品种、效益年”活动；继续抓好“治危兴林”工作。③要转变作风、狠抓落实。要根据各地林业发展的实际情况、实际分类指导；建立项目分级管理制度，明确管理权限，实行分级负责、分级管理，充分发挥中央和地方两个积极性；要充分尊重省厅的意见。他强调：要加强对计划编制工作的领导，遵循自下而上的编制程序，注意在不同层次上集思广益，统一编制、统一下达。

（张周忙）

【国家森林防火总指挥部第八次全体会议】 1991年3月9日在北京召开。国务院副总理、国家森林防火总指挥部总指挥田纪云主持会议并作了重要讲话，会议听取了副总指挥、林业部部长高德占关于1990年全国森林防火工作情况和1991年森林防火工作要点的汇报；听取了总指挥部成员、国家气象局副局长骆继宾关于1990年冬季以来我国气候特点及森林火险趋势分析的汇报。会议决定，国家森林防火总指挥部建立联络员制度，还确认了有关部门提出的调整国家森林防火总指挥部成员名单。

田纪云副总理指出，国家森林防火总指挥部成立3年多来，森林防火体系初步建立，预防和扑救森林火灾的综合能力有了明显增强。森林火灾的次数和损失连年大幅度下降，没有发生大的问题。

田副总理强调指出：要进一步提高认识，加强领导，思想上不能麻痹，工作上不能放松；要明确森林防火工作的性质和特点，加快森林防火体系建设；进一步稳定政策，增加投入，加快森林防火基础设施建设，特别是重点林区的扑火手段现代化建设，逐步提高我国森林消防的综合能力；进一步改进工作方法和工作作风，加强组织协调，加快我国森林防火工作的规范化、制度化、现代化建设；进一步落实各项措施，把1991年春防工作切实抓紧、抓实、抓细、抓好。

（广呈祥）

【全国植树造林表彰动员大会】 1991年是开展全民义务植树运动10周年。全国绿化委员会于1991年3月12日下午在北京人民大会堂召开全国植树造林表彰动员大会。李鹏、万里、田纪云、杨白冰、段君毅、陈希同、陈俊生、王任重、洪学智等党和国家领导人出席了会议。参加会议的代表有：全国绿化委员会成员，各省、自治区、直辖市、计划单列市受到表彰的造林绿化先进单位、劳动模范代表和绿化办公室、林业厅（局）的负责同志，中央国家机关有关部委的负责同志等。会议表彰前10年、动员后10年，是我国林业发展的一次历史性会议，对造林绿化事业的发展必将起到巨大的推动作用。

会议由国务院副总理、全国绿化委员会主任田纪云主持，国务院总理李鹏在会上发表了重要讲话。李鹏总理的讲话深刻阐明了林业在国民经济中的重要地位，肯定了造林绿化事业取得的成就，对今后的工作指明了方向，提出了新的要求，并号召全国人民进一步动员起来，以高度的爱国热情，人人动手，年年植树，愚公移山，坚持不懈，把造林绿化这一功在当代、造福子孙的事业更加深入扎实地开展下去。

会议表彰了一批先进单位和先进个人（见“全民义务植树与社会林业”栏目）。李鹏、万里、田纪云等领导同志向受表彰的单位和个人颁发了奖牌、奖章和获奖证书，并同参加会议的全体代表合影留念。

3月13日，在全国林业厅（局）长和绿化办主任会议上，广东、吉林、福建、辽宁、山西的林业厅厅长以及先进单位代表山西潞安矿务局局长和劳动模范代表杨昌泉介绍了他们的经验和事迹。江西、宁夏、湖南、安徽、广西、云南等省（区）的林业部门在会上表示：要认真贯彻落实全国植树造林表彰动员大会的精神，大干造林绿化，促使林业生产再上新台阶。高德占部长就如何传达贯彻中央领导讲话精神作了总结讲话。

（任锡初）

【全国资源和林政管理工作座谈会】 1991年4月6日，由林业部资源和林政管理司主持召开。参加座谈会的有：各省（区、市）林业（农林）厅（局）、黑龙江省森工总局、大兴安岭林业公司、内蒙古大兴安岭林业管理局、“三北”防护林建设局的资源和林政管理处处长，林业勘察（调查规划）设计院（队）院（队）长，有关县（市）的林业局长，林业部驻东北、内蒙古国有林区森工企业森林资源监督专员，部直属各调查规划设计院院长。徐有芳副部长出席会议并作了重要讲话。

徐副部长指出：贯彻国发［1990］66号《国务院批转林业部关于各省、自治区、直辖市“八五”期间年森林采伐限额审核意见报告的通知》，落实天津会议和全国林业厅（局）长会议提出的各项任务，动员各地集中力量，精心组织，严格执行“八五”期间年森林采伐限额。他强调：1991年资源和林政管理工作，要以抓制度、抓实效为重点，使资源和林政管理的各个方面都取得明显进展，管理水平上新台阶。他要求，各级林业主管部门，特别是资源和林政管理机构，要着重抓好9个方面的工作。认真建立和落实森林采伐限额责任制度；部门之间要协调配合，完善采伐限额管理与计划管理统一制度；抓紧制定规划，明确目标，加强烧材管理和控制；进一步完善木材流通监督管理制度；加快建立地方森林资源监测体系，进一步做好监测工作；进一步巩固和完善林权证颁发工作，加强林地管理；完善造林更新核查制度，加强森林经营方案执行情况的监督检查；进一步加强派驻资源监督机构的工作；加强林业勘察设计单位的管理工作。

徐副部长在讲话中，对各级林业勘察（调查规划）设计单位在林业生产建设中所作的艰苦努力和取得的各项成绩给予了高度评价，并要求各地林业主管部门既要给他们下达任务，也要为他们排忧解难。各勘察设计单位要切实加强组织领导，抓好队伍建设，提高管理水平。

安徽、海南等8个省，4个地、县的12位代表在会上作了典型发言。会议讨论、修改了《关于森林采伐限额执行情况监督检查若干问题的决定》等3个部门规章。

（王祝雄）

【东北、内蒙古国有林区实施林价制度工作汇报会】 1991年5月10—13日，林业部在哈尔滨市召开了东北、内蒙古国有林区实施林价制度工作汇报会。会议主要议题：研究解决前一阶段工作中存在的问题，提出进一步加强林价实施工作的意见和措施，推动林价制度尽快从准备阶段进入实际运转阶段。9个林价先行试点林业局和省级林业主管部门（含管理局）的负责同志共80余人参加了会议。林业部副部长徐有芳主持会议并在会议结束时做了重要讲话。

会议认真听取了9个先行试点林业局的工作汇报，简要小结了前一阶段工作情况，提出了“闯路子、找办法、摸经验”的工作指导方针，并对如何解决好林价制度实施过程中产生的问题，提出了以下措施和要求：①对承担实施林价制度先行试点工作任务的9个林业局给予必要的关心和扶持，对按立木提取林价水平与按销售收入提取育林基金差额过大的，通过调整企业上交利润包干基数和主管部门增加对企业的营林投入加以解决；对企业在不突破采伐限额的前提下，因节约资源消耗而相应增加的木材产量，经批准可在一定幅度内允许企业作非统配木材自销。②对实施工作中反映出来的问题，做了进一步强调和解释。如对伐区调查设计的质量要求、精度标准、操作标准、检查验收等都做了进一步的明确规定，对《立木林价表》的有关问题以及林价财务管理等问题也提出了解决意见，要求尽快按规定将林价计入木材生产成本，投入实际运转。

会议对下一阶段工作做了全面安排和具体部署。

这次会议通过进一步制定、完善有关政策、制度和办法，加快了林价工作的实施进度，推动了整个实施林价制度工作的进展。

（曹致军）

【全国沿海防护林体系建设工作会议】 1991年5月28日至6月1日，林业部在福州召开了全国沿海防护林体系建设工作会议，高德占部长主持会议并作了重要讲话。参加会议的有沿海各省（区、市）和计划单列市林业（农林）厅（局）长，造（营）林主管处长及部分地、县的负责同志。

会议的主要任务是总结海防林建设经验，分析面临的形势，进一步提高思想认识，明确建设的任务、目标和原则，研究措施办法，进行一次新的、深入的动员和部署。

田纪云副总理给会议写了信，信中指出：沿海地区在我国国民经济和社会发展中占有十分重要的地位，在万里海疆大力植树造林，建设绿色屏障，是一项十分紧迫的任务，沿海地区各级人民政府要把这项任务列入议事日程，加强领导，真抓实干，要动员和组织广大人民群众积极投入沿海防护林体系建设，层层建立责任制，及时研究和解决建设中存在的困难和问题，高质量、高水平地完成这项功在当代、造福子孙的伟大事业，为尽快建成整个体系作出自己的贡献。

会议要求，沿海防护林体系建设，要在过去工作的基础上，按照批准的规划，进入加快实施、全面推进的新阶段，把沿海防护林体系建设提高到一个新水平。

会议总结了海防林建设40年来的工作，特别是总结了1987年全国沿海防护林建设经验交流会4年来的新变化、新成就。会议确定了海防林体系建设的任务、目标、原则；明确了"八五"期间的主要任务是巩固、完善海岸基干林带，主攻荒山荒滩绿化，加快农田林网化步伐。到1995年，现在尚未绿化的8000公里海岸线，除河北、天津等地一些重盐碱地段和其它个别困难地段外，海岸基干林带基本形成。

会议要求各地进一步深化改革，真抓实干，根据工程建设的原则，切实抓好宣传发动，落实建设规划；广开资金渠道，努力增加投入；依靠科技进步，提高科技兴林水平；加强组织领导，强化工程管理，开创沿海防护林体系建设的新局面。（张志达）

【全国林业站"双文明"建设经验交流会】 1991年7月10—14日，由林业部林业工作站管理总站主持在辽宁省兴城市召开。各省、自治区、直辖市及计划单列市、新疆生产建设兵团主管林业站工作的负责同志，部分林业站站长，有关单位代表出席了会议。

会议的目的是：在全面完成全国第一期建站规划的基础上，进一步研究如何加强林业站的精神文明建设，使林业站不断完善、巩固、提高，真正做到"两个文明"一起抓。

会议认为：第一期建站规划的完成，是我国林业发展史上的一大成就，但要巩固和发展建站成果，必须"两个文明"一起抓，使之相辅相成，互相促进。

会议就林业站的"两个文明"建设怎样开展、如何结合问题组织了现场参观，并进行了经验交流及座谈讨论，总结出五条经验：①领导重视，真抓真管，不搞形式，不走过场；②抓好思想政治教育，树立行业精神，提高林业站队伍的整体素质，充分调动职工的积极性和创造性；③加强制度建设，增强监督意识，接受群众监督；④开展丰富多彩的文体活动，充实职工的业余生活；⑤树典型，抓表彰，积极开展评先创优活动。会议指出，林业站"双文明"建设活动的开展，必须坚持从实际出发，因时因地制宜，形式灵活多样，加强组织管理，抓出成效。

会议确定"八五"期间林业站建设的总任务是：认真贯彻"管理、组织、指导、服务"的建站方针；加强廉政建设；弘扬艰苦奋斗、无私奉献的精神和开拓进取、勇于创新的精神；加强思想政治教育、科学文化教育和法制教育，努力培养和造就一支有理想、有道德、有文化 、有纪律的基层林业职工队伍，把林业站建设提高到一个新水平。为此，会议提出5项具体措施：①各级林业主管部门必须高度重视林业站的"双文明"建设，切实加强领导；②加强基层站党的建设，选好带头人，充分发挥党支部的战斗堡垒作用；③加强思想政治教育，开展岗位培训，提高林业站整体素质；④搞好林业站自身建设，建立健全规章制度；⑤关心职工生活，搞好站容站貌。

会议还通报了第二次全国林业站建设检查验收结果；对开展"标准化"林业站建设试点工作、林业站岗位培训、人员编制、开展多种经营等工作进一步做了安排、部署；讨论修改了《关于加强基层林业站廉政建设的若干规定》。（许 绠）

【全国治沙工作会议】 1991年7月29日至8月2日，由国务院在甘肃省兰州市召开。沙漠和沙漠化土地面积较大的11个省（区）及新疆生产建设兵团的领导，全国治沙工作协调小组16个成员单位的主管负责同志，有治沙任务的省（区、市）的林业厅（局）长和治沙重点地（市）、县的负责同志，参加了会议。

中共中央总书记江泽民、国务院总理李鹏致信会议，表示热烈祝贺，指出要把治沙作为一项重大工程纳入国民经济和社会发展计划，采取有力措施，切实抓紧抓好。国务院副总理田纪云、中顾委副主任宋任穷为会议题了词。国务委员陈俊生主持会议，并代表国务院作了重要讲话。全国绿委会副主任、林业部部长高德占也在会上讲了话。这次会议进一步贯彻党的十三届七中全会和七届全国人大四次会议精神，认真落实党中央、国务院领导同志对治沙工作的指示，总结交流治沙工作经验，讨论《1991—2000年全国治沙工程规划要点（草案）》，落实治沙任务和政策措施，表彰治沙先进单位和治沙劳动模范，对下一步治沙工作进行了部署和安排。

国务委员陈俊生在讲话中指出：治理沙漠、遏制土地沙漠化和开发利用沙区资源，是人类征服自然、改造自然、改善生存条件的重要事业。治沙是一项涉及多行业、多部门、多学科的系统工程，必须依靠全社会的共同努力才能办好。要明确治沙工作方针；纳入国家重点工程建设计划；明确有关政策；加强科学研究，积极推广应用现有的治沙经验及科技成果。要切实加强对治沙工作的组织领导，建立相应的规章制度，密切配合，精心组织，坚持不懈，艰苦奋斗，努力开创治沙事业的新局面。

全国绿委会副主任、林业部部长高德占在讲话中概述了我国治沙工作的成绩和问题，指出：必须充分认识到治沙工作的重要性，增强治沙工作的紧迫感和责任感。今后十年，要围绕实现现代化建设的第二步战略目标，坚持“统一规划、分工负责，因地制宜、综合治理，防治并重、治用结合，突出重点、讲求效益”的工作方针，在各级党委和政府的领导下，依靠广大群众，动员全社会力量，自力更生，艰苦奋斗，坚持不懈，走有中国特色的治沙道路。（陈培源）

【全国林业公安系统“创先”活动经验推广工作会议】 1991年10月10—12日在吉林省敦化林业局召开。参加会议的有各省（区、市）林业公安处（局）负责同志，共88人，刘广运副部长主持会议。会议介绍了吉林省和敦化林业公安局开展“创建先进公安局”活动的经验和做法，并实地考察和观摩了敦化林业公安局各基层所队的“创先”成果。为了表彰他们的成绩，由林业部授予锦旗一面，并由林业部公安局为敦化局记集体二等功。会议做出决定，要求各地林业公安机关从实际出发，认真学习和推广吉林省林业公安机关的“创先”活动经验。会议认为，吉林省林业公安机关“创先”活动的经验主要有四点：①根据革命化、正规化、现代化、军事化的建警原则，坚持“两手抓”的方针，充分发挥党的思想政治工作的生命线地位和服务保证作用，紧密结合业务工作，以领导班子为重点，全面加强队伍建设，保证林业公安任务的全面完成。②以调动干警的积极性和创造性为主要目标，坚持正面教育为主，树立先进典型。③着眼点是全局和整体，通过抓整体和领导机关，发挥领导班子的核心和带头作用，带动广大干警增强群体意识，树立主人翁责任感。④坚持“一岗双责”，实行目标管理、思想政治工作紧密结合业务工作一起抓，制定量化指标，从制度上保证检查考核、兑现奖惩。会议指出，吉林省林业公安机关“创先”活动的经验是党的思想政治工作在林业公安工作上的具体运用，是社会主义精神文明建设的一项重要内容，对于提高林业公安队伍的整体素质和战斗力发挥了重要作用。各级林业主管部门要切实加强对林业公安机关的领导和支持，为“创先”活动的开展创造良好的外部条件，以保证“创先”活动的顺利进行。（章 宏）

【1991年世界粮食日纪念大会】 1979年，联合国粮农组织确定10月16日（该组织的成立日）为“世界粮食日”，并规定所有成员国从1981年开始需在每年的这一天举行各种形式的纪念活动。该组织确定1991年世界粮食日活动的主题是：植树造林、造福人类。

为了搞好1991年世界粮食日纪念活动，经国务院批准，林业部、农业部、全国绿化委员会于10月16日上午在人民大会堂举办了隆重的纪念会，国务委员宋健、林业部部长高德占等领导同志以及17个部委和20多个驻华使馆、国际组织的代表共300多人参加了纪念会。在纪念会上，国务委员宋健做了题为《植树造林是造福万代的伟大事业》的重要讲话。联合国粮食组织驻华代表达尔在会上宣读了该组织总干事萨乌马为中国纪念粮食日活动所做的《植树造林，造福人类》的致辞；同时宣布，为表彰中国林业部在动员人民参加植树造林和森林永续经营方面的贡献，联合国粮农组织决定授予中国林业部最高奖——银质奖章。高德占部长接受了奖章和证书，并向联合国粮农组织赠送了反映我国林业建设成就的录像带和大型画册。

世界粮食日重在行动。10月15日下午，高德占部长等领导以及达尔等中外人士100多人在北京国际友谊林基地举行了植树活动，以动员人们掀起大规模造林绿化的高潮。（苏 明）

【全国林业政策法规体改工作会议】 于1991年10月18—23日由林业部政策法规司在黑龙江省牡丹江市召开。参加会议有的：各省（区、市）林业部门和黑龙江森工总局、大兴安岭林业公司、内蒙古大兴安岭林管局、新疆生产建设兵团林业局、“三北”防护林建设局分管林业政策法规及林业体制改革工作的同志。这次会议的主要任务是：研究部署当前林业政策、林业法规、林业体制改革的主要工作，推动和保证林业改革和建设的深入发展。

刘广运副部长出席会议并作了重要讲话。他充分肯定了已取得的成绩，提出了工作要求，指出：要认真做好带综合性、战略性的重大林业政策问题的调查研究，既要根据国家的宏观政策要求提出制定林业政策的建议，又要围绕林业的战略目标、林业工作的基本任务、林业生产建设的主攻方向等重大问题开展调查研究。要抓紧制定与《中华人民共和国森林法》、《中华人民共和国野生动物保护法》和其它单行林业法规配套的以及适应深化林业改革急需的法律、法规、规章及其它规范性文件；搞好法规之间的衔接工作，注意有关部门起草的法规与林业行政管理之间的关系。他指出：要认真组织实施《林业系统法制宣传教育第二个五年计划》，认真抓好行政复议和应诉工作。

刘副部长在会上强调：要深化林业体制改革，深入开展研究工作。各级有关职能部门要围绕林价制度改革和搞活大中型企业、组建林业企业集团等工作，搞好调查研究，既要注意探索、总结、推广各地林业综合改革的成功经验，又要注意总结推广单方面的改革成果。特别要随时掌握宏观改革的趋向和所在地区林业改革的动态，搞好林业改革试验。（张健民）

【全国竹业工作会议】 经国务院领导同意，1991年10月19—23日，林业部在杭州市召开了全国竹业工作会议。高德占部长主持会议并作了重要讲话。参加会议的有竹子重点产区的省（区、市）林业（农林）厅（局）长、主管处长和计划单列市林业局长，非重点产区省的造林处长，国家商业部、工商行政管理局和林业投资公司的同志也应邀参加了会议。

会议的主要任务是围绕竹子资源的培育、保护、管理和开发利用，提高认识，交流经验，分析形势，讨论规划，研究在新形势下加快竹业发展的措施和办法，动员部署林业主管部门进一步加强对竹子的行业管理，把我国竹业工作提高到一个新水平。

田纪云副总理专门给会议写了信，要求：各级林业主管部门要切实加强对竹业的行业管理，要像抓树木那样抓竹子，像抓木材那样抓竹材，采取有力措施，对竹子资源加快培育，强化管理，竹子产区各级人民政府要把发展竹业纳入议事日程，加强领导，从政策上、资金上扶持竹业生产，及时研究解决存在的问题。各有关部门要密切配合，团结协作，共同促进竹业的发展。

会议确立了竹业发展的方针、任务、目标和原则。要求在切实保护好现有竹林资源的基础上，到2000年，改造和新造竹林基地2600万亩，力争竹材年产量由800万吨增加到1600万吨，鲜笋年产量由年产20万吨增加到50万吨竹质人造板和竹浆造纸年产量分别达到40万吨以上。竹业年产值达110亿元，年出口创汇3亿美元，分别比现在增加1倍左右。

会议强调，开创我国竹业发展的新局面，要切实加强行业管理，加快资源培育，整顿产区生产和流通秩序，重视竹子开发利用，依靠科技兴竹，努力提高竹业经营水平和经济效益。 （张志达）

【全国林业院校思想政治工作经验交流会】 林业部于1991年11月2—5日在北京召开。参加会议的有全国普通高等林业院校和部属管理干部学院、中等林业学校的党委书记或副书记、院长、党委组织部部长、宣传部部长、学生工作部部长以及优秀思想政治工作者代表，共43人。徐有芳副部长在会上作了报告和总结。会议交流了近一年来各林业院校加强党的建设和思想政治工作的经验；分析研究了林业院校学生和教师特别是青年教师的思想政治状况、目前存在的问题和解决的办法；讨论修改了林业部《关于加强林业院校思想政治工作的意见》。会议表彰了47名在林业院校思想政治工作中做出突出成绩的优秀思想政治工作者。

（王建子）

【长江中上游防护林体系建设领导小组会议】 1991年11月5—8日，长江中上游防护林体系建设领导小组会议在湖南大庸市召开。参加会议的有各省“长防林”体系建设领导小组成员或省政府的负责同志、11省林业厅厅长和“长防办”专职主任及部分地市领导。国家计委、财政部、国家农业综合开发领导小组办公室的有关负责同志，应邀出席了会议。

会议由林业部副部长刘广运主持，高德占部长作了重要讲话。会议的主要任务是总结交流3年来长江中上游防护林体系建设经验，深化对工程建设重要性的认识，讨论“长防林”工程的建设标准和管理办法，研究加强“长防林”建设的措施，部署1992年工作。

高德占部长在讲话中，充分肯定了长江中上游防护林体系建设的成绩，分析了存在的问题，要求下一阶段集中力量重点抓好6个方面的工作：进一步提高思想认识，切实加强领导；广泛开展“达标”竞赛活动，加快工程建设的速度；加强工程管理，提高工程质量；广开资金渠道，增加建设投入；依靠科学技术，实行科技、教育兴林；作好1992年的准备工作。

会上，各省政府的负责人就本省“长防林”工程建设分别发了言。国家计委农经司司长刘传尧、财政部农财司副司长张振国、国家农业综合开发领导小组办公室副主任汪雁题也分别在会上讲了话。

会议期间，各省“长防办”专职主任及部分地市领导参观了大庸市“长防林”工程现场。

（李　滨）

【全国林业科技工作会议】 于1991年11月18—21日在北京召开。参加会议的有各省、自治区、直辖市和计划单列市林业主管部门的科技处长、林业推广站站长、林业部直属科研单位与高等院校的负责人、林业部有关司（局、公司）的负责人，共计158人。

这次会议的主要任务是贯彻落实“科学技术是第一生产力”的指导思想，传达全国科技宣传工作会议和全国科技推广工作会议精神；总结交流“七五”林业科技工作和开展科技兴林的经验，有15个单位的代表在大会上作了典型发言；讨论十年林业科技发展规划和“八五”计划；研究在新形势下加速科技成果转化的重大措施，制定林业科技成果推广工作的决定；对取得国家“七五”科技攻关林业项目重大成果及在“星火计划”、林业专利方面做出成绩的单位和个人进行了表彰。

林业部副部长蔡延松在开幕式上作了《提高认识　明确任务　强化管理　把依靠科技振兴林业提高到一个新水平》的报告。林业部部长高德占作了总结报告。

为进一步解决好科技与生产的结合问题，会议提出了要在林业系统实行“四位一体”促科技成果转化的运行机制。“四位一体”是指把计划、财务、生产、科技四者捏成一体，以促进科技成果的转化。“四位一体”既要强化4个部门的管理职能，又要发挥引导和调控的作用，科技要面向生产，生产要依靠科技，计划起导向作用，资金起保障作用。 （魏殿生）

中国林业大事记

（1991）

1月

1日

经国务院批准，东北、内蒙古国有林区试行林价制度。先行试行林价制度的有带岭、苇河、穆棱、翠峦、双鸭山、大石头、三岔子、呼中、阿里河等9个林业局。

8日

国务院以特急明传电报向各省、自治区、直辖市人民政府和国务院有关部门发出《关于加强野生动物保护，严厉打击违法犯罪活动的紧急通知》，要求各级政府和有关部门采取有力措施，坚决制止和严厉打击乱捕滥猎、非法经营和倒卖走私野生动物的犯罪活动，切实加强野生动物保护管理工作。

9日

林业部发布《国家重点保护野生动物驯养繁殖许可证管理办法》，1991年4月1日起施行。

11日

国家物价局、林业部联合发出通知，决定适当提高四川、云南国有林区统配木材的出厂价格。

11—16日

全国林业厅（局）长会议在西安市召开。会议认真学习贯彻党的十三届七中全会精神，讨论研究了林业发展十年规划和“八五”计划的基本思路，部署安排了1991年的林业改革和林业工作。高德占部长在会上作了题为《开拓进取，埋头苦干，促进我国林业再上一个新台阶》的重要讲话。蔡延松副部长也出席会议并讲了话。

12日

林业部发布《1990年度林业部科学技术进步奖公报》。经林业部科学技术进步奖评审委员会评审，共有158项成果获得奖励，其中一等奖5项、二等奖22项、三等奖131项。

17日

国务院以国阅［1991］7号文件下发《关于研究解决森工企业困难问题的会议纪要》。1990年底，国务院副总理田纪云先后两次主持召开会议，研究解决国有林区森工企业困难问题，提出了4点极为重要的解决意见，决定在增加投入、调整经济政策、减免税收、理顺管理体制等方面对国有林区森工企业实行重大扶持政策。

18日

国务院召开全国保护野生动物电话会议。国务委员宋健出席会议并作了重要讲话。高德占部长对进一步加强野生动物保护管理工作做了具体安排和部署。国务院副秘书长徐志坚主持了会议。

23—25日

全国木片生产座谈会在北京召开。会议回顾了我国木片生产的历史，总结了过去的经验，研究了存在问题，并对全国木片生产工作做了部署。蔡延松副部长出席会议并讲了话。

28日

蔡延松副部长代表部领导接见林业部受国家教委表彰的有突出贡献的博士、硕士学位获得者、回国留学人员和优秀大学毕业生，并作了重要讲话。

2月

4日

国家税务局以国税发［1991］02号文发出《国家税务局关于东北、内蒙古林区原木减税问题的通知》，决定自1991年1月1日起至1995年12月31日止，对东北、内蒙古国有林区森工企业生产的原木暂按5%的税率征收产品税。

5日

国家森林防火总指挥部、总参谋部、林业部联合发出《关于组织林区民兵参加森林防火工作的通知》，对组织林区民兵参加森防工作的具体办法作出了明确规定。

林业部在京召开黑龙江、吉林、内蒙古3省（区）政府秘书长和东北、内蒙古国有林区“四大家”企业领导座谈会，讨论研究贯彻落实国务院国阅［1991］7号文件精神。高德占部长、徐有芳副部长参加了会议。

7日

林业部就延长世界银行贷款林业发展项目执行期发出通知。经世界银行和财政部同意，该项目执行期延长至1991年12月31日。

16日

为纪念全民义务植树运动十周年，中国人民银行决定发行纪念币1套（3枚），每枚面值1元。

3月

6日

林业部发出《关于林业企业开展“质量、品种、效益年”活动的通知》，要求林业企业在1990年开展“林业质量年”活动的基础上，以“两提高”、“四降低”为奋斗目标，积极开展“质量、品种、效益年”活动，并就具体事项提出了要求。

7日

中国绿化基金会在京举行捐赠仪式。中国绿化基金会主席雍文涛向为基金会捐款的有关单位代表颁发了捐款荣誉证书和纪念品。

9日

国家森林防火总指挥部第八次全体会议在京召开。国务院副总理田纪云出席会议并作了重要讲话。高德占部长对1990年的森林防火工作情况和1991年工作要点作了汇报。会议还对国家森林防火总指挥部部分成员作了调整。国家计委指定刘江副主任接替刘中一同志为成员，劳动部指定李沛瑶副部长接替李伯勇同志为成员，农业部指定党组成员张延喜接替刘江同志为成员。

11日

新华社发表江泽民、邓小平同志为全民义务植树运动十周年和全国植树造林表彰动员大会的题词手迹。江泽民同志的题词是：“全党动员，全民动手，植树造林，绿化祖国”，邓小平同志的题词是：“绿化祖国，造福万代。”

国务院副总理、全国绿化委员会主任田纪云发表电视广播讲话，充分肯定了全民义务植树运动和造林绿化工作取得的成绩，要求进一步动员起来，把植树造林、绿化祖国的活动提高到一个新水平。

12日

全国植树造林表彰动员大会在人民大会堂隆重举行。李鹏、万里、田纪云、杨白冰、段君毅、陈希同、陈俊生、王任重、洪学智等领导同志出席了大会。李鹏总理在会上发表了重要讲话，他代表党中央、国务院向受到表彰的先进地区、先进单位和劳动模范表示热烈祝贺，向全国林业战线广大职工以及所有为植树造林、绿化祖国做出贡献的广大干部、群众和人民解放军官兵表示亲切慰问。号召全国人民进一步动员起来，以高度的爱国热情，人人动手，年年植树，愚公移山，坚持不懈，把造林绿化这一功在当代、造福子孙的事业更加深入扎实地开展下去。表彰动员大会由国务院副总理田纪云主持。他宣布：为表彰广东省省委、省人民政府领导全省人民在造林绿化工作中取得的突出成绩，中共中央、国务院决定，授予广东省“全国荒山造林绿化第一省”光荣称号。会上，高德占部长宣读了国家森林防火总指挥部、全国绿化委员会、林业部、人事部的表彰决定。中央领导同志为获奖地区、单位和个人颁发了奖牌和证书。

《人民日报》、《解放军报》、《经济日报》、《光明日报》等首都和地方的报纸纷纷发表社论或评论员文章，纪念全民义务植树运动开展10周年。新华社、《人民日报》发表了《邓小平十年树木》一文，报道了邓小平同志倡导和亲自参加义务植树活动的情况。首都和地方近百家报纸转载。

15日

高德占部长陪同世界银行驻华代表处代表宋默之、副代表万得乐等人到河北省定州市检查世界银行贷款国家造林项目执行情况，并参加植树活动。河北省省长程维高陪同参加植树活动。

16日

国家森林防火总指挥部印发第八次全体会议通过的《关于建立联络员制度的决定》，规定了建立联络员制度的具体办法及联络员的职责。

20日

在全国合理化建议表彰会上，林业系统有7个先进集体、16个先进个人获得表彰。

21—26日

全国工业企业技术进步成就展览在北京展览馆举行，林业部组织森工企业参加了展出，充分展示了改革开放以来森工企业在技术进步方面取得的成就。

24—29日

全国森林防火现场会议在黑龙江省加格达奇举行。会议传达学习了国家森林防火总指挥部第八次全体会议精神和田纪云副总理给会议的信，总结交流了森林防火工作的经验。高德占部长发表了书面讲话。刘广运副部长、黑龙江省孙魁文副省长分别在会上讲了话。

27日

林业部在呼和浩特市召开东北、内蒙古国有林区国营林业局颁发林权证大会，会议到4月1日结束。68个国营林业单位依法取得了林业部颁发的林权证。徐有芳副部长出席会议并就加强林地保护和管理问题讲了话。

4月

3—6日

林业部召开直属单位监察工作座谈会。沈茂成副部长出席会议，对进一步搞好监察工作提出了4点要求。

4—7日

全国林业改革试验区工作座谈会在京召开。会议总结交流了林业改革试验区工作经验，研讨了近期、中期改革试验的选题方向。刘广运副部长主持会议并讲了话。

6—8日

全国青少年绿化祖国表彰动员大会在京举行。中顾委副主任宋任穷、全国人大副委员长彭冲、全国政协副主席王任重分别为大会题词。国务委员陈俊生代表党中央、国务院在大会上作了重要讲话，他希望全国青少年继续站在全民义务植树运动的前列，用青春的智慧和汗水塑造绿色丰碑。会议表彰了106个优秀青年绿化工程、331个全国青年绿化祖国突击队、370名全国青年绿化突击手。

7日

党和国家领导人江泽民、杨尚昆、李鹏、万里、乔石、宋平、李瑞环等在丰台区与首都人民一起参加义务植树劳动。

8—14日

应新西兰林业部邀请，高德占部长率中国林业代表团访问新西兰，参观考察了新西兰发展人工林的经验，并同新西兰林业部签署了1991—1992年度林业合作计划。

12日

在国家民族事务委员会召开的全国民族团结进步先进集体和个人表彰会上，林业系统有1个集体和3名个人获得表彰。

16—19日

全国松香工作会议在广西南宁召开。会议研究讨论了进一步加强松香生产经营和运输管理的措施和办法，审定了松香工业发展十年规划和“八五”计划纲要。徐有芳副部长出席会议并就加强松香工业宏观管理问题讲了话。

19—22日

中国林业报社在山东烟台召开工作会议，着重讨论了提高报刊宣传报道质量和扩大发行问题，表彰了1990年工作成绩突出的记者站和记者。

30日

高德占部长、徐有芳副部长在林业部接见了进京参加“五一”庆祝活动的全国著名劳动模范、“五一”劳动奖章获得者、牡丹江木工机械厂车工李守堂。部领导指出：李守堂作为全国总工会特邀的十名全国著名劳动模范之一，参加今年的“五一”庆祝活动，是林业战线的光荣，林业战线广大职工都要向李守堂同志学习。

5月

1日

林业部发出《关于进一步加强种苗工作的决定》，强调要下大力气抓种苗，超前抓种苗，一把手抓种苗，切实把种苗工作搞上去。

4日

大兴安岭林业公司加格达奇林业局加格达奇镇加北乡发生一起森林火灾，过火林地6091公顷。

6日

高德占部长、徐有芳副部长及有关部门的负责同志，在林业部听取了四川省宜宾地区大林业开发试验区汇报组的情况汇报。部领导对四川宜宾地区提出大林业开发的思路给予充分肯定，并对因地制宜办好试验区提出了重要意见。

7日

国务院副总理田纪云在林业部关于黑龙江省大兴安岭地区加格达奇镇加北乡的火灾报告上批示：“今年许多地区干旱、风大、不利于森林防火。因此，各级森防部门必须高度戒备，严格控制一切火源，一旦发生火情，要集中优势兵力，坚决予以扑灭，决不可使之蔓延”。同日，国家森林防火总指挥部发出《关于认真贯彻田纪云副总理关于森林防火重要批示的通知》，强调各地要把1991年不利的气象条件，作为特殊情况对待，打破常规，采取特殊措施，抓好各项防火扑灭措施的落实。

8日

林业部、铁道部、交通部联合发出通知，就实行凭证运输木材制度有关问题作出规定。

9—12日

国家科技进步奖林业评审组对申报1991年度国家级科技进步奖的林业成果进行了评审。共评出获奖成果15项，其中二等奖5项、三等奖10项。

11—13日

林业部在哈尔滨市召开“实施林价制度工作汇报会”，听取了9个先行试行林价制度的林业局的工作汇报，对做好下一阶段实施林价制度工作提出了具体要求。徐有芳副部长出席会议并讲了话。

13日

为加强林业经济信息系统的建设和管理，经林业部党组批准，林业部经济信息中心正式成立。该中心设在林业部调查规划设计院，由综合计划司归口管理。

14日

林业部组织13个检查组，对全国区、乡（镇）林业站第一期建设规划和1990年林业站基建计划完成情况进行了为期1个月的抽样检查。

17日

国家物价局、林业部联合发出通知决定：东北、内蒙古国有林区森工企业和地方国营林场完成国家、省级上调任务后的非统配木材实行指导性价格。

国家“七五”重点科技攻关项目“用材林基地立地分类、评价及适地适树的研究”，通过林业部组织的专家鉴定。专家们一致认为，该课题研究成果在整体上达到了国际先进水平。

徐有芳副部长主持召开会议，研究部署进一步开展林业系统“质量、品种、效益年”活动的各项工作。林业部成立以蔡延松副部长为组长的“质量、品种、效益年”活动领导小组。

内蒙古自治区呼伦贝尔盟免渡河林业局发生一起雷击火，过火面积7885公顷，受害森林面积300公顷。

18日

林业部决定，对东北、内蒙古国营森工系统开展森林采伐总量、木材运输总量和木材销售总量大检查。

21—24 日

黑龙江省小兴安岭林区友好林业局连续发生两起林火并燃成一个火场，经万余人奋战 7 昼夜，终将大火扑灭。据统计，此次火灾过火面积 5142 公顷。

23 日

林业部、全国总工会农林工会联合表彰 1990 年度全国林业系统合理化建议和技术革新先进企业、先进个人及优秀组织单位、优秀组织者。

25—30 日

农业部、林业部、国家环保局、中国生态学会在河北省迁安县召开全国生态农林业县经验交流会。徐有芳副部长出席会议并讲话。

28 日

全国沿海防护林体系建设工作会议在福建省福州市召开，6 月 1 日结束。田纪云副总理向会议致信，代表国务院对会议的召开表示热烈祝贺，并要求有关单位进一步增强建设沿海防护林的紧迫感和责任感，提高思想认识，发挥沿海地区的优势，采取得力措施，在过去工作的基础上，开拓建设的新局面。高德占部长主持会议并作了题为《加强领导，落实规划，全面推进，把沿海防护林体系建设提高到一个新水平》的讲话。

29 日

林业部、国家保密局联合发布《林业工作中国家秘密及其密级具体范围的规定》。

6 月

1 日

高德占部长在全国沿海防护林工作会议期间，召集到会的林业厅（局）长开会，研究林业工作。高德占部长针对林业工作前进中的问题，作了《当前林业工作中应当注意的几个问题》的讲话，要求各地在安排下半年工作时，克服薄弱环节，进一步深化改革，使林业工作再上新水平。

2 日

中国共产党的优秀党员、久经考验的忠诚共产主义战士、林业部原副部长、顾问张世军同志因病在哈尔滨逝世。陈俊生、王鹤寿等领导同志送了花圈，中央有关部门的领导及张世军同志的生前友好数百人参加了遗体告别仪式。

7 日

国家税务局以国税发［1991］100 号文发出《国家税务局关于东北、内蒙古国有林区森工企业综合利用等产品免征产品税、增值税的通知》。决定自 1991 年 1 月至 1993 年 12 月，对东北、内蒙古国有林区森工企业以“三剩物”为原料生产加工的综合利用产品和部分原木产品免征产品税、增值税。

30 日

黑龙江省大兴安岭林区遭受百年不遇的洪水灾害，5 个林业局 10 多万人受灾，经济损失严重。灾情发生后，林业部组成以蔡延松副部长为组长的抗灾救灾工作组深入灾区察看灾情，指挥救灾。

7 月

1 日

林业部隆重召开庆祝中国共产党成立 70 周年大会。高德占部长专门从外地打来电话，向大会表示热烈祝贺，并向老共产党员致以崇高的敬意。沈茂成副部长在大会上作了重要讲话。

1—5 日

经国务院批准，蔡延松副部长率中国林业代表团出席在布拉戈维申斯克举行的第二次中苏林业合作洽谈会。双方总结回顾了第一次洽谈会后合作项目的进展情况，并商签了 30 个新的合作项目。

9 日

高德占部长主持召开部办公会议，传达贯彻国务院防汛救灾工作紧急会议精神。会议对做好林业系统防汛救灾工作提出了六条措施。

10 日

全国林业站“双文明”建设经验交流会在辽宁省兴城市召开。会议主要推广了辽宁省抓“双文明”林业站建设的经验，研究了进一步加强林业站精神文明建设的措施，安排部署了当前的建站工作。徐有芳副部长出席会议并讲了话。

11 日

林业部印发《关于进一步加强林地管理的通知》，就切实加强林地管理，坚决制止随意侵占林地提出了七条要求。

15 日

全国森林资源和林政管理现场会在辽宁省抚顺市召开。会议交流了林政管理经验，研究了进一步加强森林资源和林政管理工作的办法和措施。徐有芳副部长出席会议并讲了话。

17 日

高德占部长主持召开部务会议，传达贯彻中共中央政治局《关于抗灾救灾工作的通报》，进一步动员部署抗灾救灾工作。会议决定冻结年底计划的各项预备费，适当压缩不受灾单位经费，并积极组织单位、个人捐款，以实际行动支援灾区。

19 日

林业部派员前往中国国际减灾十年委员会，捐赠林业部机关及在京直属单位为灾区捐赠的第一批捐款 30 万元。

20 日

吉林省十年无重大森林火灾纪念钟楼在长春市净月潭风景区落成。徐有芳副部长等出席了钟楼落成仪式。

23 日

林业部发出《关于下达“八五”期间造林绿化规

划分年度实施计划的通知》，将全国造林绿化规划确定的“八五”期间任务具体加以分解，正式下达了分年度实施计划，以此作为检查各地造林实绩的依据。

25日

林业部颁布《沿海防护林体系建设工程管理暂行办法》，对工程建设的目标和原则、项目和资金管理等作出了明确规定。

26日

林业部发布《“三北”防护林体系建设资金管理暂行办法》。

29日

国务院在兰州召开全国治沙工作会议。江泽民总书记、李鹏总理向会议致信，深刻阐述了治沙工作的重要意义，发出了向沙漠进军的伟大号召。田纪云、宋任穷同志为会议题了词。国务委员陈俊生主持会议并代表国务院作了重要讲话。高德占部长就治沙规划的任务、目标和原则以及确保实现治沙规划的具体措施作了报告。会议认真学习了党中央、国务院领导同志对治沙工作的重要指示，总结交流了治沙工作经验，讨论了全国治沙十年规划要点，落实了治沙工作任务和改革措施，表彰奖励了治沙先进单位和先进个人。会议于8月2日结束。

8月

6日

林业部召开森林病虫害防治工作研讨会。高德占部长强调：必须立即采取果断措施，控制病虫害扩展蔓延的趋势。

7日

林业部发布《林业部对外国专家奖励实施细则》。

9日

以我国著名治沙专家高尚武为首的一批科技人员离京，赴内蒙古自治区磴口县参加乌兰布和沙漠建设治沙综合示范区建设。

11—27日

林业部在北戴河召开全国林业计划工作座谈会。会议着重研究讨论了进一步加强林业计划管理、充分发挥计划资金的宏观调控作用问题，并商定了1992年各项林业生产建设计划。

13日

林业部发出通知，决定在“长防林”工程建设中组织200个县开展达标竞赛活动。

林业部教育宣传司在山西省雁北地区召开北方片林业宣传经验交流会，总结交流了林业宣传工作经验，研究了进一步搞好林业宣传工作的措施，会议于17日结束。

14日

入夏以来，江淮流域发生的特大洪涝灾害给工农业生产和人民生命财产造成了重大损失。林业损失也十分严重。林业部积极采取各项措施，千方百计以实际行动支援灾区。据统计，截至本月，共向19个受灾省（区、市）林业系统和部直属企事业单位，拨出救灾慰问款447万元，下达水毁工程复建投资1060万元；下拨救灾钢材1610吨、化肥3300吨、煤炭5000吨、木材870立方米、汽油300吨。林业部机关和在京直属单位的职工个人3次共向灾区捐款32.82万元，部里一些企业主管部门还向对口的受灾企业捐款12万元。

林业部向受水灾省（区）及计划单列市林业厅（局）发出了《关于抓紧做好苗圃恢复生产、确保苗木供应的通知》，对做好苗圃恢复生产以确保苗木供应提出了五条具体措施。

20日

林业部印发《林业全行业培训十年规划和“八五”计划要点》，对管理干部、专业技术人员、工人和林农的培训提出了具体的目标和措施。

26日

江泽民、李鹏、乔石、李瑞环等中央领导同志在北京展览馆参观国家“七五”科技攻关成果展览时，参观了林业科技展区。高德占部长向中央领导同志介绍了林业部“一个基地、四个体系、一个工程”的建设情况。江泽民总书记详细询问了淮河、太湖流域的林业建设情况，并提出水灾之后在兴修水利的同时，要进行综合治理，注意搞好林业建设。

27日

林业部召开党和机关建设工作会议。会上，高德占部长就深入学习江泽民总书记“七一”讲话提出了要求。沈茂成副部长代表部党组对前几个月党和机关建设进行了总结，对下一阶段的几项重点工作作了部署。

28日

林业部、中国野生动物保护协会等单位联合主办的大熊猫展览在北京自然博物馆展出。国务委员、中国野生动物保护协会名誉会长宋健为展览剪彩，高德占部长在开幕式上讲了话。

武警总部党委发布命令，授予张东光同志“抗洪抢险勇士”光荣称号。武警总部批准张东光同志为革命烈士，并追认他为中共正式党员。张东光同志是森警部队驻吉林省敦化市航空机降灭火大队战士，在参加敦化市抗洪抢险战斗中，为抢救落水群众而英勇献身。

29日

国务院办公厅转发全国绿化委员会、林业部《关于治沙工作若干政策措施意见》，对治沙工作的组织领导、资金筹措等方面明确提出了15条具体措施。

29—31日

林业部在京召开森林资源监督工作会议，高德占部长、徐有芳副部长出席会议，并就进一步搞好森林资源监督工作作了重要讲话。

9月

1日

林业部在京召开第四次森警工作会议。高德占部长在会上强调：森警部队一定要切实加强政治建设，搞好军事训练、行政管理和后勤保障，不断提高部队的整体素质和战斗力，坚持以森林防火灭火为中心，确保中心任务的完成。

2日

在国家计委、国家科委、财政部召开的国家“七五”科技攻关总结表彰大会上，林业系统有20项重大科技攻关成果及7名先进个人受到表彰。

3日

高德占部长、蔡延松副部长在林业部接见了国家“七五”科技攻关获林业部重大成果奖主要承担单位的代表和有突出贡献的林业科技人员。

9日

高德占部长主持召开部务会议，传达贯彻国务院召开的向安徽灾区捐赠衣被动员会精神，部署安排捐赠工作。

14日

全国林业系统抗洪救灾先进事迹报告会在林业部隆重举行。高德占部长号召林业系统广大干部职工学习先进单位和先进人物的事迹，用先进人物的模范事迹教育鼓励自己，为加强机关建设、促进林业工作再上新台阶而努力奋斗。

15日

田纪云副总理在《关于1991年春防工作情况和秋季森林防火部署安排》的报告上批示：“各级人民政府、各有关部门领导同志务必高度重视，大水之后一定要防大火，无论如何也不能在水灾之后出现严重火灾。要提高认识，加强领导，动员群众，下大决心千方百计把秋防搞好。”

16日

林业部在京举办“全国林业行业思想政治工作研讨班”。学员同志围绕林业行业思想政治工作的地位和作用、主要任务、体系建设以及基本经验和做法等进行了深入系统的研讨。高德占部长在开学和结业典礼上作了重要讲话。蔡延松、刘琨等领导同志出席典礼并讲话。研讨班于10月11日结束。

17—19日

针对陕西、甘肃、宁夏、内蒙古、山西5省（区）发生杨树天牛严重危害的问题，林业部召集这5个省（区）林业厅的主管副厅长和专家、教授，在京召开紧急会议研究对策。高德占部长到会作重要讲话。刘广运副部长对防治工作作了重要部署。

17—26日

以徐有芳副部长为团长的中国林业代表团一行9人出席在法国巴黎举行的第十届世界林业大会。本届大会共有130多个国家和地区的2500多名代表出席。大会通过了《巴黎宣言》，号召全球人民携起手来，植树造林，保护森林，为创造出一个有利于生态发展的地球而奋斗。

18日

林业部举行“三北”防护林建设成果新闻发布会。高德占部长介绍了11年“三北”防护林体系建设所取得的成果：造林1.38亿亩，保存面积1.1亿亩，保存率为80.16%。

20日

林业部发出《关于加强森林资源监督工作若干问题的通知》，明确了进一步加强森林监督工作八个方面的问题。

21日

刘广运副部长等领导在林业部接见林业公安抗洪抢险救灾先进集体代表和个人。

22日

林业部安排16辆汽车，由两名司（局）长带队，将林业部机关和在京直属单位干部职工为灾区捐赠的32 739件棉衣、棉被等物资运往安徽省黄山市水灾地区。

28日

经人事部批准，侯治溥等42名专家享受1991年政府特殊津贴。

29日

京津周围地区绿化领导小组在京召开第五次会议。京津周围地区绿化领导小组组长马玉槐主持会议，刘广运副部长作了“七五”期间绿化工作总结，国家计委副主任刘江就“八五”期间计划安排讲了意见，高德占部长到会并讲了话。

10月

8日

林业部召开部务会议，高德占部长就向安徽灾区捐赠衣被工作作了总结。他指出：这次捐赠衣被活动不仅为灾区人民送了温暖，更重要的是体现了中华民族在党的领导下所具有的凝聚力，体现了社会主义制度的优越性。

10—12日

全国林业公安系统“创先”活动经验推广工作会议在吉林省敦化林业局召开。刘广运副部长要求全国各地林业公安干警认真学习吉林省的经验，结合实际进行运用和推广。

14日

武警总部授予张东光烈士“抗洪抢险勇士”荣誉称号的命名大会在长春市召开。刘广运副部长宣读了武警总部的命令，并向烈士亲属颁发了英模奖章和证书。

15日

为纪念以“植树造林、造福人类”为主题的世界粮食日活动，林业部、农业部等有关部门的领导以及联合国粮农组织、联合国开发计划署、世界粮食计划署驻华机构官员100多人在京开展植树活动，高德占部长在植树仪式上发表了讲话。

16日

林业部、农业部、全国绿化委员会在京举行“世界粮食日”纪念大会。国务委员宋健出席会议并作了重要讲话。联合国粮农组织驻华代表汉斯·达尔宣读了总干事萨乌马的致词，并代表联合国粮农组织向林业部颁发银质奖章和证书。高德占部长代表林业部接受了奖章和证书。

18—23日

全国林业政策法规体改工作会议在黑龙江省牡丹江市召开。会议总结交流了林业政策法规和林业体改的主要工作。刘广运副部长到会并作了重要讲话。

19日

全国竹业工作会议在浙江省杭州市召开。国务院副总理田纪云为会议写了信，强调指出发展竹业生产的重要意义，要求各级林业主管部门切实加强对竹业的行业管理，要像抓树木那样抓竹子，像抓木材那样抓竹材。高德占部长在讲话中，回顾总结建国以来，特别是近几年来竹业发展的成绩和问题，阐述了发展竹业生产的重要意义，提出了竹业发展规划的方针、任务、目标和原则，强调了当前要集中力量抓好的六项工作。

林业部与国家工商行政管理局联合颁发《松香运输管理办法》。

23日

国务院批转林业部《关于加强野生动物保护管理工作的报告》，要求切实把野生动物保护管理工作抓好。

27—29日

中国林学会在昆明召开第七届第三次全体理事会。

11月

1日

国家税务局以国税函发［1991］1404号文发出《关于林业系统免征土地使用税问题的通知》，决定对林区的部分土地免征土地使用税，对林业系统的贮木场等暂予免征土地使用税。

1—2日

淮河、太湖流域综合治理造林绿化工程会议在京召开。会议研究了淮河、太湖流域综合治理造林绿化工程的总体布局和建设规划，部署了近期工作重点。高德占部长在会上强调指出：大灾之后不仅要重新认识水利的重要地位和作用，也要重新认识林业的重要地位和作用，水利要大上，林业要跟上。

2日

林业部发出《关于做好种苗生产与造林任务衔接若干问题的通知》，从搞好计划安排、种苗基地建设、加强管理和组织领导等方面对切实做好种苗生产与造林任务衔接提出了具体要求。

2—5日

林业部召开全国林业院校思想政治工作经验交流会，总结交流了林业院校党的建设和思想政治工作经验，表彰奖励了先进。

4日

经中央组织部同意，林业部开始在北京林业管理干部学院将连续举办三期县级领导干部林业建设专题研讨班。

5—7日

长江中上游防护林体系建设领导小组会议在湖南省张家界举行。刘广运副部长主持会议，高德占部长作了重要讲话。会议总结交流了前一阶段“长防林”建设的经验和做法，讨论了有关工程建设标准和管理办法，要求“长防林”工程建设进入以质量效益为中心、全线总体推进、全面加快实施的新阶段。

8—11日

“'91湖南张家界国际森林保护节”在湖南省大庸市举行。“保护节”期间，举行了国际生态林业学术报告会、“中国奇山异水游”首游式、湖南林业成就展览等多种活动。全国人大常委会副委员长廖汉生、林业部部长高德占、副部长刘广运及有关部委负责人出席开幕式。美国、日本等10多个国家、地区的外交使节和港澳同胞、海外侨胞等500多名中外嘉宾参加。

18—22日

全国林业科技工作会议在京召开。会议总结交流了“七五”期间，特别是近两年来科技兴林的成绩与经验，研究制定了发展林业科技“八五”计划和今后十年规划。高德占部长在会议结束时作了重要讲话，提出要通过深化改革，在林业系统实行科技、生产、计划、财务部门“四位一体”的促进科技成果转化的新的运行机制，以科技兴林为核心，通过计划的导向作用和资金的保证作用来促进科技面向生产、生产依靠科技。

20—24日

林业部在广西柳州召开黔桂九万大山经济开发研究会暨第三次扶贫工作会议，回顾近一年来的扶贫工作情况，交流总结扶贫工作经验，研究部署1992年及“八五”期间的扶贫开发工作。林业部原副部长杨珏同志出席会议并讲话。

28日

林业部、人民日报社等单位在中国美术馆举办“绿色万里海疆”摄影艺术展览。刘广运、雍文涛等领导同志出席了开幕式。展览运用艺术手段，生动地反映了沿海防护林体系建设的成就，于12月7日结束。

29日

国务院批转林业部《关于陕、甘、宁、蒙、晋五省区杨树天牛防治工作的紧急报告》，对切实做好天牛防治工作提出了五项重要措施。

12月

1—2日

中国林产工业协会召开首次会员大会。吕东、高德占、蔡延松等领导同志出席会议并讲了话。

7日

国家税务局发出《关于对治沙和合理利用沙漠资源给予税收优惠的通知》,决定对治沙和合理开发利用沙漠资源给予八个方面的税收优惠政策。

9—12日

全国林业公安基层基础工作经验交流会在江西省南昌市召开。这是林业公安成立以来第一次全国性基层基础工作会议。会议在充分肯定10年来林业公安基层基础工作的成绩和经验的同时,要求各地提高认识,加强领导,以改革、求实的精神,坚持不懈地抓基层、打基础,以促进林业公安工作迈上新台阶。

11—14日

林业部召开全国国营林场部省联营基地建设会议,全面总结了部省联营用材林基地建设成就,交流了经验,探讨了国营林业基地建设发展方向和对策。刘广运副部长出席会议并作重要讲话。

12日

为期一年的全国中小学生绿化知识普及宣传教育活动结束。全国绿委会、国家教委、广播电影电视部、共青团中央、林业部联合召开总结表彰大会,表彰奖励了691个先进集体、669名先进个人、257名优秀辅导员。同时,26个省(区、市)获得了组织奖。

人事部批准林业部徐冠华等5名同志为1990年度有突出贡献的中青年专家。

经专家评议、部领导研究批准,蒋有绪等24名同志被评为林业部1990年有突出贡献的中青年专家。

13—28日

林业部、全国绿化委员会办公室在北京自然博物馆举办"纪念全民义务植树运动十周年摄影展览"。高德占部长等领导同志出席了开幕式。展出的105幅彩色照片生动地反映了各级领导、各个部门和社会各界积极参加义务植树活动的情况。

14日

国务院以国发[1991]71号文正式批准在东北、内蒙古国有林区组建4个企业集团。

16—20日

林业部和国家林业投资公司在成都召开国有林区森工计划会议。会议传达了全国计划会议精神,部署落实了1992年国有林区各项生产建设计划,研究了1993年滚动计划,林业部副部长徐有芳和国家林业投资公司总经理肖成俊主持会议并讲了话。

16日

林业部发布《长江中上游防护林体系建设工程管理办法》,对"长防林"工程的计划、资金和组织管理等作出了具体规定。

19—21日

中共林业部直属机关第四次代表大会在林业部举行。大会总结了过去5年机关党的建设工作,提出了今后3年的工作任务,选举产生了新的党委和纪委。高德占同志出席会议并对当前加强党的建设工作提出了四个方面的要求,强调各级党组织要努力加强党的建设,保证林业改革和建设事业健康发展。沈茂成副部长主持会议并作重要讲话。 (林业部办公厅)

精神文明建设

【精神文明建设综述】 1991年，林业部各业务司（局）按照坚持“两手抓”的要求，落实了行业思想政治工作责任制，把思想政治工作与业务工作同时安排部署、同时组织实施、同时检查考核。教育宣传司、林业工作站管理总站、林业机械公司等部门，专门召开了本系统思想政治工作或“双文明”建设工作会议。林业公安系统开展了创建先进公安局活动。各省（区、市）林业部门和企事业单位在召开年度工作会议时，都把精神文明建设和思想政治工作同时进行部署。北京、湖北、广西、四川等省（区、市）林业厅（局）还专门召开了思想政治工作会议。

思想政治工作 ①林业行业思想政治工作总体部署。在年初召开的全国林业厅（局）长会议上，再次把加强林业行业精神文明建设作为重要任务进行了部署，会后下发了《林业部关于加强林业行业精神文明建设工作的通知》。各地林业部门也都结合实际情况，对加强精神文明建设和思想政治工作做出了工作规划和安排部署。吉林、黑龙江、山西、广东等省林业厅及黑龙江省森工总局、大兴安岭林业公司、内蒙古大兴安岭林管局等森工企业，都制定了“八五”期间社会主义精神文明建设规划。

②林业行业思想政治工作体系建设又有新的进展。吉林省林业厅专门成立了政治部，其他大部分省（区、市）林业部门成立了思想政治工作办公室或领导小组，明确了主管机构，部分地区林业部门还配备了专职政工干部。1991年，又有黑龙江、湖北、四川、江西4个省的林业系统和林业机械系统成立了职工思想政治工作研究会。

③各地林业部门在加强行业思想政治工作中，探索和总结了一些好的经验和做法。概括起来主要是：坚持两个文明一起抓，把思想政治工作渗透到林业生产经营的全过程；紧紧依靠党委和政府的领导，条块结合，共同做好思想政治工作；把思想教育与为群众办实事、解决实际困难结合起来；抓典型、树先进，树立林业行业精神和企业精神；坚持抓基层，打基础，思想政治工作上生产第一线。通过这些经验的总结和推广，推动了全行业精神文明建设和思想政治工作的开展，增强了工作的针对性和有效性。

纠正行业不正之风 中共中央办公厅、国务院办公厅《关于认真检查对严禁用公款吃喝送礼等有关规定执行情况的通知》（中办发［1991］17号）发出后，林业部党组及时进行了传达部署，成立了由纪检、监察、审计、财务等部门主要负责同志参加的党风和廉政建设检查小组。部机关各司（局）及直属企事业单位按照部党组的安排部署，分传达学习、自查自纠、检查总结和整改三个阶段，重点检查纠正了用公款吃喝、送礼、旅游和滥发钱物等方面的问题。公安局于元旦前向全国林业公安系统发出了《关于认真贯彻执行中办发［1991］17号文件的通知》，重申了《林业公安干警保持清正廉洁的规定》；中国林业科学研究院专门下发了《关于认真检查用公款吃喝送礼等问题的通知》；林业机械公司在自查自纠的基础上，制定了严禁吃喝送礼的十条规定。元旦、春节期间，各单位坚持不搞宴请送礼、不滥发钱物，以廉洁新风过好两个节日。

（汤升享）

【各地认真贯彻落实林办字［1991］1号文件】 1月20日，林业部发出《关于加强林业行业精神文明建设工作的通知》（林办字［1991］1号），4月20日发出了《关于报送贯彻落实〈林业部关于加强林业行业精神文明建设工作的通知〉情况的通知》，4月底至5月中旬，林业部思想政治工作办公室又深入到辽宁、吉林两省的部分国营林场和森工企业，对贯彻落实林业部1号文件情况进行了专题调查。黑龙江、辽宁、宁夏、湖北、浙江、四川、广西等省（区）林业厅全文转发了林业部1号文件，广西林业系统层层组织干部职工认真学习文件，参加学习讨论的干部职工达85%以上。大部分林业部门和企事业单位都恢复或成立了精神文明建设领导小组，特别是在大中型森工企业和大型国营林场还设有专门工作机构，配有专职干部。在活动方式上普遍开展了“双文明”竞赛：黑龙江省森工总局开展了说文明话、办文明事、做文明人、建设文明环境的“四文明”兴林杯大赛活动；辽宁省林业厅在全系统开展了公仆杯竞赛活动。 （汤升享）

【全国林业行业思想政治工作研讨班】 9月16日至10月11日在北京林业管理干部学院举办了全国林业行业思想政治工作研讨班。参加这次研讨班的绝大部分同志是各地林业部门主管行业思想政治工作的处级干部，共计38人，来自全国28个省（区、市）林业厅（局）和大型森工企业以及获全国思想政治工作优秀企业称号的单位。与此同时，还组织了林业部机关及直属单位主管思想政治工作的同志40人，作为培训班参加了研讨班的学习。

为了加强研讨班的组织领导，在部党组领导下成立了以蔡延松副部长为组长的领导小组。在研讨班还建立了临时党支部。

在开学典礼上，高德占部长作了重要讲话。办班期间，高部长又专门到研讨班与学员座谈。中宣部干教局、中国农林工会、中国职工思想政治工作研究会等部门的负责同志也出席了开学典礼并作了讲话。在结业典礼上，高德占部长又再次作了重要讲话，并给各省林业厅厅长写信，要求各地林业部门就加强行业思想政治工作进行专门研究。原林业部副部长、北京林业管理干部学院院长刘琨同志对研讨班的研讨情况做了总结。

这次研讨班坚持理论联系实际的原则，在形势教育、理论学习、经验交流的基础上，互相启发，集思广益，重点研讨林业行业思想政治工作的地位和作用、主要任务、体系建设、基本经验和做法。

（汤升享）

【举办“常林杯”新时期行业思想政治工作征文活动】 林业部思想政治工作办公室和中国林业报社、林业部常州林业机械厂于5月开始，联合举办了“常林杯”新时期行业思想政治工作征文活动。

征文以探讨林业行业思想政治工作方法、总结基层思想政治工作实践经验为主题，内容包括介绍工作经验、工作体会、先进人物、问题探讨和工作建议等方面。原定征文活动于12月底结束，根据基层要求，将征文活动延至1992年2月底结束。整个征文活动共收到各地来稿116篇，在《中国林业报》刊出25篇。经过评选小组评定，共评出一等奖2名，二等奖5名，三等奖10名，鼓励奖8名。（汤升享）

【松江河林业局被评为全国思想政治工作优秀企业】 中国职工思想政治工作研究会受中共中央宣传部、国家计委、全国总工会的委托，在1991年5月组织的1990年度全国思想政治工作优秀企业和优秀企业思想政治工作者评选活动中，经林业部推荐，吉林省松江河林业局被评为1990年度全国思想政治工作优秀企业。

松江河林业局曾先后获吉林省“六好”企业、文明单位和思想政治工作优秀企业等称号，荣获国家“五一”劳动奖状，局工会被全国总工会命名为“模范职工之家”。在实践中，松江河林业局紧紧围绕企业生产开展思想政治工作，一年确定一个新主题，年年都有新突破。1990年，他们坚持以人为本、思想领先的原则，开展了“艰苦奋斗再创业”主题教育。一是强调示范性，领导带头，为群众做表率；典型引路，为群众树标杆。二是坚持超前性，把思想工作做到经济工作之前，为经济建设保驾护航；把思想教育做到群众心态变化之前，为职工群众消疑解惑。三是重视渗透性，围绕企业中心工作开展形式多样的竞赛评比活动，把思想政治工作渗透到生产经营的全过程。四是注重实际性，把艰苦创业同解决群众的实际困难结合起来，增强思想政治工作的说服力。强有力的思想政治工作促进了企业生产的发展，这个局1990年工业总产值比上年净增114.7%，其中多种经营产值比上年净增202%。（汤升享）

【廉政建设工作】 1991年4月2日，高德占部长主持召开部务会议，安排部署纠正林业行业不正之风工作。高部长强调，1991年纠正林业行业不正之风必须首先从机关抓起，凡是要求下级做到的，领导机关要首先做到；凡是政策和法律规定不允许做的事，领导机关要首先不做。各级领导要提高认识，加强领导，切实抓出阶段性成效来。4月20日，沈茂成副部长又主持召开了部机关纠正行业不正之风工作汇报会，总结了林业行业自国务院1990年8月23日电话会议以来的工作情况，提出了林业行业1991年纠正行业不正之风工作的主要目标：一是广大干部职工受到深刻教育，廉政勤政意识、职业道德和遵纪守法观念进一步增强；二是各部门和单位普遍进行自查自纠，查存在的问题并及时纠正和解决；三是以权、以木、以证谋私和乱设卡、乱收费、乱罚款的现象得到有效控制；四是按照年度工作目标完成整章建制工作，建立和完善有效的监督制约机制；五是解决群众反映强烈的热点问题，对严重违法乱纪事件进行查处，并树立一批先进典型。

加强教育，提高认识 年初，林业部发出了关于加强精神文明建设的1号文件，在全行业大力提倡“勤、廉、严、实”的行业作风。上半年，部机关和各直属单位举办了党风党纪和廉政建设学习班，机关95%以上的干部都参加了学习，一些有行业管理任务的司（局）和部门，按系统、分层次举办了各种岗位培训班，同时还制定了队伍培训规划，着力于提高职工队伍的思想政治和业务技术素质。各地林业部门也根据当地政府的安排和林业部的要求，对干部职工进行了多种形式的思想教育，提高了对加强廉政建设、纠正行业不正之风重要性和紧迫性的认识。

领导重视，真抓实纠 1991年，林业行业纠正不正之风工作继续按照“一岗双责”的要求，实行“谁主管、谁负责”的廉政建设责任制。在工作上要求坚决做到“三同步”，即廉政建设与林业经济工作同步计划部署、同步组织实施、同步检查考核。各地林业主管部门根据这一总的要求，也普遍建立了廉政建设领导责任制，坚持一把手亲自抓，分管领导负责抓，职能部门专门抓。各部门、各单位广泛开展了自查自纠，对群众举报的问题进行了认真调查，查处了一批违法违纪案件。一年来，部监察、纪检、审计等部门共受理群众举报问题170多件，做到了群众来信件件有着落，事事有交待。从总体上看，林业行业以权、以木、以证谋私和乱设卡、乱收费、乱罚款等不正之风得到了有效遏制。

抓制度建设，强化监督制约机制 1991年，主要抓了制度的完善和落实。林业工作站管理总站制定了《关于加强基层林业站廉政建设的若干规定》。各地林业部门普遍实行了“两公开一监督”的办事制度，初步形成了整体监督、专门监督、内部监督、群众监督、社会监督、舆论监督等有效的监督制约机制。有的地区林业部门将办证、交费、检验等程序实行“一条龙服务”，减少中间环节，增加办事透明度。各地林业主管部门还对林政执法等面向群众、面向社会的“窗口”单位的廉政建设情况进行经常性的监督检查，撤消了一批未经许可、私自设立的检查站，取消了那些不合理的收费项目，受到广大林农的欢迎。

抓调查研究，加强行业指导 4月，林业部纠正行业不正之风办公室组织人员，分3个组对浙江、福建、湖南等省林业部门纠正不正之风工作进行了专题调查；7月，林业部召开了全国林业工作站“双文明”建设经验交流会和资源林政管理工作现场会，总结交流了加强廉政建设的经验；11和12月，部里又分别组织召开了南方和北方林业监察工作座谈会，重点总结和交流了各省林业部门纠正不正之风工作的进展情况，对进一步做好这项工作提出了建议和要求。通过这些调查研究以及召开经验交流会、现场会、座谈会等多种形式，总结交流了各地的好经验，找出了工作中存在的问题，提出了下一步工作措施，加强了对行业的指导，推动了面上的工作。 （汤升享）

国际林业信息

第十届世界林业大会

【第十届世界林业大会巴黎宣言】 第十届世界林业大会于1991年9月17日至26日召开，来自136个国家和地区的2500多人出席了大会。

考虑到1978年在雅加达举行的第八届世界林业大会的主题："森林为村社服务"；

考虑到1985年在墨西哥城举行的第九届世界林业大会的主题："森林在社会综合发展中的作用"，以及墨西哥宣言的呼吁："各国人民及其政府在各自主权范围内，认识森林资源对于生物圈和人类生存的重要性"；

考虑到1986年召开的国际树木与森林会议及其结论："关于树木与森林的巴黎呼吁书"；

考虑到本届大会的主题："森林，未来的遗产"，以及就各专题所通过的详细结论和建议；

考虑到对因土地竞争、管理不善，以及因人类活动产生的污染物排放等一切导致森林遗产枯竭的原因所引起的森林破坏和衰败，所表现出来的普遍耽心；

考虑到发展中国家毁林的真正原因不是森林采伐，而是贫困、债务和不发达问题，以及满足迅速增长的人口的生活需求；

考虑到森林资源是社会—经济，尤其是乡村发展的一个重要因素；

考虑到我们这一代人在全球自然遗产方面对后代的责任；

大会提醒全世界的公众舆论界、政界的领导人和国际的、政府间和非政府组织：

针对人类日益增长的对材料、燃料、动物、食品、饲料、游憩场所等需求，树木和森林在提供可更新的物质财富及各种服务方面具有重要作用；

全球森林具有丰富性和多样性，在水和二氧化碳循环、土壤保育及生物多样性保存等方面具有积极的作用；

树木和森林的永续经营方式，甚至提高其物质财富和各种服务的产出的方式是存在的，但往往不被认识；

避免对生物圈造成不可逆转的破坏，从而对自然资源的管理进行长期规划，这是必须的。

大会确认，

真正的挑战在于通过综合和持续发展之尝试，协调自然资源的经济利用和环境保护；

森林问题的解决，需要通过消除贫困、提高农业产量、保证食品及能源供给，及促进发展等方面配合一致的努力；

森林规划这一概念本身，构成为对森林的经济、生态、社会和文化功能进行经营的真正工具，从而拓宽了永续利用的涵义；

旨在保护生物多样性的某些森林的整个保存，是森林规划的一个特殊目标。

大会建议，

吸收全体人民参加国土综合整治，为他们提供机构上、技术上和财政上的手段；

制定土地利用长期规划，根据土地潜力划定林业用地，在规划时注意居民特别是以森林为生的居民的需求；

注意树木和森林经营政策的连续性，因为林业周期长；

继续将一些有代表性的或受威胁的森林划为保护区，并将其组织到国家和国际保护区网络中；

通过适当的营林技术，扩大造林，和通过木材长久利用方式，促进二氧化碳的固定；

加强农用林体系的发展，加强造林和更新。

第十届世界林业大会

意识到发展及环境问题的严重性、紧迫性和整体特点，但同时也指出森林资源的可更新特性，并且深信在各国林业政策的范围之内，通过对全球森林的永续经营所提供的那些解决办法的合理性。因此，

向决策人士庄严呼吁：

保证通过造林、更新和对树木与森林多种功能的永续经营，重建地球上的绿色植被，按照综合计划采取行动，吸收民众参加，并将其纳入国土整治的国家

政策；

以粮农组织主持的“1990年世界森林资源评价”为基础，定期监测国家和国际森林遗产的变化；

限制一切可引起森林衰退的污染物的排放，遏制温室气体的排放，包括来源于能源的那些气体；

建立与林业周期相适应的林业经济和财政机制，扩大国家及国际投资，尤其是有利于发展中国家的投资；

努力协调发展林产品国际贸易，禁止任何不符合关税及贸易总协定的单方面的限制，促进林产品的利用；

发展那些具有地区重要性的林业问题上的政策合作，诸如治理沙漠化、森林保护、大流域规划等；

加强和协调有助于森林生态系统之永续经营的任何学科的研究、试验、培训、情报交流及使用；

加强现有的各国际组织的行动与协调；

将本届大会的结论与建议纳入联合国环境与发展大会的进程之中，仿效正在联合国主持之下进行的生物多样性和气候变化谈判，也制定出一些“关于经营、保护及开发全球森林的，不具有法律约束但具有权威性的原则”；

加强国际合作，尤其是热带林行动计划（PAFT）、地中海林业行动计划及其它未来计划等计划范围内的合作；

对公众进行宣传教育，尤其是青年一代，以便使他们更好地理解各种林业问题；

制定落实本届大会的建议的办法，要求粮农组织向政府间机构和第十一届世界林业大会通报有关情况。

（巴黎 1991年）

附英文版：

THE PARIS DECLARATION

THE TENTH WORLD FORESTRY CONGRESS

Having assembled more than 2, 500 participants from 136 countries from 17 to 26 September 1991;

CONSIDERING the theme of the 8th World Forestry Congress, held in Jakarta in 1978, "Forests for People";

CONSIDERING the theme of the 9th World Forestry Congress, held in Mexico City in 1985, "Forest Resources in the integral Development of Society", and its manifesto which urged "all human beings of all nations and their governments, within the framework of their own sovereignty, to recognize the importance of forest resources for the biosphere and the survival of humanity";

CONSIDERING the international Conference "SILVA", held in 1986, which concluded with the "Proclamation of Paris on trees and forests";

CONSIDERING its own general theme "Forests, a heritage for the future" and all its detailed conclusions and recommendations that it has adopted on each theme discussed;

CONSIDERING the general concern about deforestation and degradation of the world's forests caused by competition for land, inadequate management and the emission of pollutants caused by human activities, all of which have caused, in various regions of the world, at different times, and to varying degrees of irreversibility, the deterioration of the forest heritage;

CONSIDERING that, rather than forest exploitation, the real causes of deforestation in developing countries are poverty, debt, underdevelopment, and the requirement to meet the basic needs of rapidly growing populations;

CONSIDERING that forest resources are an important factor of socio-economic development, and more especially of rural development;

CONSIDERING the responsibility of our generation to future generations for the world's natural heritage;

ADDRESSES the public, political leaders, international, inter-governmental and nongovernmental organizations, from the whole world;

REMINDS THEM

of the importance of the renewable goods and services provided by trees and forests, in the face of growing demand for construction materials, fuel, animals, food, fodder, recreation areas, ...;

of the wealth and diversity of forest environments, and their positive role in water and carbon cycles, soil protection and the conservation of biodiversity;

of the availability, too often ignored, of techniques for the sustainable management of trees and forests, which can ensure the permanence and even lead to increasing their ability to provide goods and services;

that it is essential to avoid irreversible damage to the biosphere; and of the advantages of long-term planning in the management of natural resources;

ASSERTS

that the real challenge is to reconcile the economic use of natural resources with the protection of the environment through integrated and sustainable development;

that the solution of forest problems requires common efforts to reduce poverty, to increase agricultural productivity, to guarantee food security and energy supplies, and to promote development;

that forest management plans can be used as comprehensive tools to manage their economic, ecological, social and cultural functions, thus enlarging the concept of sustained yield;

that the preservation of specific forest areas in order to protect biodiversity constitutes a particular objective of forest management policy;

AND RECOMMENDS

that all people be involved in the integrated development of their region, and that they be provided the institutional, technical and financial means to do so;

that land management planning be based on the land's potential and on long-term priorities, in order to determine sites that are best suited to be forested; that the needs of all people concerned, particularly those who depend on forests for their livelihood, should be carefully taken into consideration at the planning stage;

that the continuity of tree and forest management policies be guaranteed, given the need to manage forests on a long-term basis;

that the designation of certain representative or endangered forests as protected zones continue, and that they be integrated into national or international networks;

that appropriate silvicultural techniques, the extension of woodlands and the long-term use of wood be used to contribute to absorption of atmospheric carbon dioxide;

that agroforestry systems, afforestation and reforestation be developed more actively;

The 10th WORLD FORESTRY CONGRESS

Aware of the seriousness, the urgency, and the universality of developmental and environmental problems, emphasizing the renewable nature of forest resources, and convinced of the soundness of solutions afforded by sustainable management of all the world's forests, within the context of national forestry policies,

SOLEMNLY CALLS UPON DECISION—MAKETS TO

COMMIT themselves to the "Greening of the World" through afforestation, reforestation and sustainable management of the multiple functions of trees and forests; and to actions in the form of integrated programmes, involving the participation of all people concerned, in the context of national land management policies;

ASSESS developments in the forest heritage at a national and international level, drawing on the "Assessment of World Forest Resources in 1990" carried out by the FAO;

LIMIT all emissions of pollutants that damage forests, and **CONTAIN** emissions of greenhouse gases, including those produced by power generation;

ADAPT economic and financial mechanisms to the long-term approach required for forest management, and INCREASE national and international financial provisions, particularly in favour of developing countries;

WORK towards the harmonious development of international trade in forest products through the prohibition of any unilateral restriction, inconsistent with the GATT; and PROMOTE the utilization of forest products;

DEVELOP cooperative initiatives, at the political level, on clearly identified forestry issues of regional importance, such as the fight against desertification, the protection of forests, the management of major watersheds, etc;

STRENGTHEN and COORDINATE research and field trials, training and exchange of information, as well as greater cooperation in all disciplines that contribute to sustainable management of forest ecosystems;

STRENGTHEN the activities and coordination between the relevant international organizations;

INTEGRATE its conclusions and recommendations into the process of the United Nations Conference on Environment and Development (UNCED) in Rio de Janeiro in 1992, in order to define "A non-legally binding authoritative statement of principles for a global consensus on the management, conservation and sustainable development of all types of forests"; and, in the context of the current negotiations on biodiversity and climate change being conducted under the auspices of the United Nations;

STRENGTHEN international cooperation, particularly in the context of the Tropical Forestry Action Programme (TFAP), of a Mediterranean FAP and of other future programmes;

RAISE the awareness of the public, and more particularly of young generations, and INFORM it on forest issues so they will be better appreciated by all people;

ENVISAGE ways of following up its recommendations, and invite FAO to inform the appropriate intergovernmental bodies and the 11th World Forest Congress about it.

森林生态效益研究

【森林的功能及其综合效益】 国外围绕“森林的功能及其综合效益”进行研究的专题和成果有：

森林与气候的相互作用

森林对气候的影响 森林通过水分蒸腾、释放气体化合物、改变风速、吸收辐射能等生理生态作用对气候产生影响。

森林生态系统在生物圈碳循环和碳平衡过程中起重要的作用。King 等（1990）估计，陆地生态系统碳贮量为5600—8300亿吨，其中90%贮存于森林中。其中热带森林的碳贮量占全球陆地碳贮量的25%，因此，热带高产森林是生物圈中CO_2的有效贮存库和调节者。

目前世界上植被焚烧每年增加10—20亿吨的碳，并在继续上升。其中热带林每年消失1500万—2000万公顷，释放5500亿吨CO_2，约为大气中CO_2贮量的1/3，使大气中CO_2浓度上升10—15%。除矿石燃料燃烧外，毁林种田、不合理的土地利用也是CO_2增加的主要来源。大规模造林和森林集约管理可使温室效应减弱。澳大利亚实施长期造林计划表明，每年造林4万公顷可吸收CO_2年释放量的12%，从而使造林和环境保护相互促进、协调发展。

气候变化对森林的潜在影响　温室效应引起全球变暖，但气候变化对森林生长、产量及分布的潜在影响还缺乏研究。IPCC（1990）估计，若大气中CO_2和其它温室效应气体以现有水平上升，到下世纪中叶，地球平均温度估计将上升2.0—5.0℃。若大气中CO_2含量增加一倍，气候的变化会影响森林分布及其生产力。温室效应引起温度变化对森林生态系统的进一步研究表明，气候变暖对森林分布和产量有潜在的影响。以加拿大为例，若降雨量不变而温度增加，西部草原地区会出现大面积干旱，引起北方森林往北部、西部、东部退却，而草原则沿同一方向推进。另外，在气候变化的同时，火灾、人为干扰、病虫害及适应新气候条件的树种间竞争也影响森林生态系统的变化。

森林与水土保持的关系　在对湿润温带和热带森林控制集水区所做的试验结果表明，森林局部或全部采伐后，使河水年流量增加。

通常，流域上游的森林砍伐是造成大型河流洪水暴发的主要原因，尤其在热带地区。但还没有确切的证据表明，河流上游森林采伐与下游洪水暴发具有直接的因果关系。一般认为森林采伐后，土地严重衰退，如过度放牧造成洪水灾害的破坏比森林直接破坏带来的后果还要严重。这在尼泊尔中山丘陵区已得到证实。

在潮湿热带地区，普遍认为森林可以吸收所有降水，并阻止或减轻洪水灾害，延长枯水期的水流量。但森林阻止或减轻洪水灾害的作用也是有限的，在喜马拉雅山季雨气候区内的森林覆被带，当土壤水分饱和时，森林便失去蓄水持水作用。

森林的综合效益及其评价　对森林生态、经济和社会效益的评价是开发利用和保护森林资源的决策基础。森林具有直接利用价值和间接利用价值，它们是：

直接利用价值　①消费性价值：商业或工业的市场价值（木材、纸浆材、杆材、果实、动物等）；原有的非市场价值（燃料、动物、毛皮、杆材、果实、坚果等）。②非消费性价值：娱乐价值（城市森林、公园、旅游区森林）；科研教育价值（实验用动植物、林业科研、遗传、基因材料等）。

间接利用价值　①生态效益：水土保持作用；土壤保护和改良土壤肥力；贮存大气中的碳，吸收CO_2，改善空气质量；生物多样性和物种保护。以及为农业、畜牧业和园艺作物提供土地和土壤生产力。②社会效益：为当地人们提供生活环境。

（译者　薛建辉　摘编　李文英）

【森林与大气污染研究】　19世纪70年代末，当欧洲中部集约经营的森林开始出现某些不能解释的症状时，区域性环境问题第一次引起人们的重视。在北美，一些树木生长缓慢，甚至死亡；在阿巴拉契亚山脉，红杉高生长下降；在墨西哥城，臭氧损伤桧林和银杉；在欧洲，臭氧也影响云杉的生长。

污染物种类　在森林生态系统内，臭氧和酸雨是污染物。在接近工业污染区的许多地方，SO_x和NO_x被看作是区域性混合污染的重要物质。另外，挥发性有机物，其他氧化物和重金属元素，也是个别地区的重要污染物。

污染物作用机制　对森林的主要污染物是酸沉降和臭氧。一般条件下，酸沉降在北美，而对欧洲或亚洲森林种类无直接影响。在这些地区的大部分地方，沉降雨pH值一般都超过森林本身的生理和外观受害的阀值水平（pH值＝3.0—3.2）。除此之外，高海拔森林地区和沿海地区都存在着频繁的酸雾（pH值＝2.8—3.5）。试验结果证实，酸沉降对树木冬季的耐寒性、针叶的过滤性、树木繁殖力和表皮形成层有直接影响；但在野外，当pH值处于上述地区水平时，森林无受害症状。

酸沉降最大特点是通过土壤间接或潜在地对森林产生影响。一定的土壤类型受到酸雨的影响以后，破坏植物的营养，引起Ca、Mg、P等元素的平衡失调，阻碍Al的向上运输及影响叶部养分的过滤性。

臭氧只是在某些特殊的情况下，才危害森林。大面积的森林受害一般限于人口居住中心附近，如在墨西哥城周围，大多数森林都有受害症状。尤其在南加利福尼亚，臭氧使松类变得易受基干甲虫的危害。

试验和野外模拟表明，臭氧对北美许多森林生长产生影响，同时还会诱发出某些受害症状，但由于至今尚缺乏在有林地带对臭氧的长期监测资料，难以估计它对某些局部地区森林的危害。

森林质量下降　森林受害或变化只是由于许多不利因子的综合作用引起，而单个不利因子对森林的影响却难以测定。当确定某种因子，如昆虫占主导地位时，便认为对森林影响是由昆虫引起的。但必须认识到，其他因子也同样起作用。每一种不利因子对森林的影响都存在时间和空间上的差别；同时，每一种或多种影响因子都是在渐渐或潜在地对森林产生影响，而森林受害的表现却是突发性的。

森林受污染状况　欧洲有世界上最全面的森林监测系统，1985年，在这里建立了国际合作项目来估价监测环境污染对森林的影响。该项目分布于21个国家

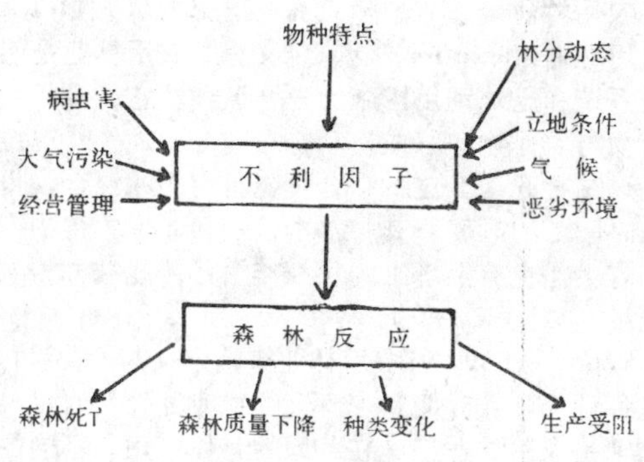

影响森林生态系统因素图

的有林地带和四大洲的其他区域；1988年，监测面积达1.08亿亩，测定样树99万株，证明受到观察的25个国家都存在不同程度的森林受害状况。但对这些受害是否全是由于污染所致，各国观点不一。其中10个国家的观点是把大气污染当作影响森林质量的不稳定因素，而另外15个国家却认为环境污染是影响森林质量的唯一因素。一般情况下，在欧洲由于生物的和非生物因素的综合作用，导致了森林质量下降，而在这所有的因素中，大气污染起着决定性的作用。

对北美研究得最多的污染地区是处于高海拔的阿巴拉契亚山脉的红松林。它们的地理位置决定了它们受到盛行风和寒冻的影响，导致了它们受到雾的伤害和增加了它们在污染物中的暴露时间。在森林所处的所有恶劣环境中，大气污染被认为是影响森林质量的主要因素。酸雨和臭氧改变植物养分分布及生理过程。叶部养分受到影响是通过增加叶片过滤性，同时减少土壤养分向上移动，而导致Al元素活动增加和减少Ca、Mg和P的活性来实现的。在高海拔地区，受污染树木抗寒性减弱。

墨西哥高海拔地区的森林受害主要是因为臭氧作用。城市周围松林受害尤为严重。位于里昂国家公园沙漠地带的林木，两年中死亡了30%。（杨　波）

【国外流域治理】 流域治理，日本称为治山，欧美称为流域管理（Watershed management）。其目的在于充分发挥水土资源的生态、经济效益，对山区流域内的水土资源进行合理利用、调节和处理。在欧洲，流域治理起源于山地整治，以防止山洪、泥石流危害，以及改善日益恶化的山区生态和生存环境。在美国，流域治理则起源于水土保持，以期改善流域的水文状况和水质，特别是保证生活、生产用水的供给。在日本，特定的自然环境和频繁的自然灾害，使得日本从古至今都对治山治水事业给予充分的重视，并在长期的实践中摸索总结出“治水之本在于治山”、“先治山后治国”等治山治水的科学思想。对于许多发展中国家来说，流域治理举步维艰，主要表现在一是破坏严重恢复困难；二是经费不足。近年来，发展中国家在寻求国际合作治理流域方面成效显著。国际社会对流域治理，特别是对林业治山活动日见重视。联合国粮农组织的林业部门（如林业委员会），大多数国家的农林部、林业部，都把流域治理作为自己的业务范围，设立机构。国际林联（IUFRO）多年的研究提纲及世界林业大会的议题中，都把“流域治理”放在重要的位置。

日本 日本的治山治沙事业最早始于17世纪（1689年），1868年明治新政府成立，日本的治山治沙事业进入了大发展阶段。1897年颁布森林法和沙防法。根据森林法，在日本林野厅系统，由国有林和民有林双方共同实施森林治山计划。政府从1911—1935年间，对荒废和土沙流失危险的地域进行治理，并实行造林补助政策，鼓励公众参与。此外，政府还实行了乡村奖励制度，以奖励村民保护森林之功和补偿村民土地经营的损失。

在国家林业预算中，治山预算近占50%。近十八年来，国家对林业治山拨款增加了4.4倍。从1960年到1986年的27年间共执行了六期治山计划，总计预算金额为42549亿日元。在治山预算总额中，国有林部分27年间共投入7089亿日元，占治山总预算额的16.66%；民有林同期总投入29 161亿日元，占总额的68.54%。

林业治山是日本治山事业的一大特色。日本农林省林野厅下设治山课主持治山工作，并自上而下设有治山部门，治山是林业的一项主要任务。日本的林业治山事业主要由复旧治山、预防治山、紧急治山、营造防灾林、整顿防护林、防止滑坡等各项事业组成。

美国 1930年美国建立了水土保持兵团，成立了田纳西流域管理局，开始，允许给农民津贴以鼓励他们从事水土保持工作。到1933年，田纳西流域治理就大见成效。

到1991年为止，美国农业部下设水土保持局，各州、大区、小区也设立了相应的水土保持机构，主管流域治理工作。整个水土保持系统已发展到14 500人。现有州局50个，大区局264个，小区局约300个。在联邦、州、大区3级设有流域治理规划队35个。为了加强流域治理的研究，农业部国家侵蚀与泥沙研究所，专门设有流域治理研究室。全所职工约70人，每年科研经费约300万美元。

奥地利 奥地利是一个多山国家，过去数百年间山洪威胁不断。近年来，由于治山得力，奥地利今日有水皆清、有山皆绿，小水流不断，大水不成灾。其治山政策措施有三个特点：一是切实以法治山，治山与兴林并重。奥地利从联邦政府农林部林业司到各州、县（区）政府均设有灾害治理的专门机构，并在1884年公布的国家大法中明确规定了防止水土流失和泥石流的义务与要求。二是治山以生物措施为主，以工程措施为辅。奥地利的森林划分为防护林和用材林两类，以充分发挥森林在治山中的作用。三是引导公众参与，特别是强化森林保护及生态平衡与国土保安的观念，并使其深入人心。

泰国 作为地处热带且多山的泰国来说，治山与森林的关系是紧密相关的。在国家经济发展进程中，森林资源破坏严重，水土流失加剧，山区生态环境恶化，严重地影响了农业的持续发展。有鉴于此，泰国政府一方面加强自身努力进行流域治理；另一方面，还采取了一条行之有效的政策措施，即寻求国际社会的支持，包括资金和技术两方面的支持。到目前为止，泰国政府已与联合国发展计划署和联合国粮农组织进行了长时期的合作，制定流域区土地综合利用计划；制定适宜的生态经济政策，在保护的同时，为乡村经济的发展寻求新的收入来源；再则就是强化皇家林业部在流域治理中的地位和作用。

尼泊尔 在尼泊尔的山区，将近有74%的山坡在自然条件下发生水土流失。主要原因之一是频繁的人类活动，特别是农业活动对山地、主要是对高山区森林资源的破坏所致。为加强政府的治山工作，尼泊尔政府在林业及水土保持部建立了土壤保持与治山机构，为全国的75个行政区中的26个区直接服务。尼泊尔政府于1988年制定了有名的“主人计划”，对土壤保持与流域治理工作予以了充分的重视，并将其列为林业部门的重要任务之一。

拉美国家 这一地区，由于诸多因素的影响，流域治理工作处于停滞以至退步状况。经费不足和短缺是关键因素。对其中的一些国家来说，由于债务压力而削减了综合治山的经费。阿根廷、哥斯达黎加和危地马拉三国的状况最糟，哥伦比亚、厄瓜多尔、巴拉圭和委内瑞拉等国亦在流域治理经费问题上捉襟见肘。为此，各国政府除制定相应的政策法规以外，还积极向国际组织呼吁参与和资助日益严重的水土流失问题。欧共体向哥斯达黎加提供了直接的经济资助。美国国际发展署及美洲国家组织亦正对危地马拉的流域治理予以支持。联合国粮农组织则对墨西哥、洪都拉斯、玻利维亚、阿根廷和哥伦比亚等国的流域治理活动提供经济援助和技术援助。瑞士的双边合作机构亦就玻利维亚和厄瓜多尔的治山活动提供了相应的帮助。日本则主要参与智利和委内瑞拉的流域治理工作。

当前国外流域治理的主要任务包括：①注意合理利用山区土地资源，开展农、林、牧、副、渔多种经营，以及用经济手段鼓励水土保持工作。② 提高流域治理的技术水平，实现施工机械化，降低治理成本。③注意分析流域治理的经济效益，加强流域治理规划技术的研究，加强国际间流域规划技术的合作与交流。④研究流域管理的法规与管理体制，加强人才培训。⑤注意大流域的治理战略研究，特别是对于大多数发展中国家来说，迫切需要制定大河流流域治理的中长期规划。⑥加强流域治理的科学研究，主要包括侵蚀机制、水文分析技术、防护林体系技术、水源保护林结构、配置及经营管理技术，以及流域治理的生态经济效益分析等。 （李智勇）

【国外农用林业研究】

农用林业概念 国际农林业研究委员会（ICRAF）对农用林业（agro-forestry）定义为：农用林业是土地利用系统和土地利用措施的复合名称。它将多年生木本植物与农作物和（或）动物在同一土地经营单位上精心地结合起来。这种结合可能是空间的混合，也可能是时间上的顺序。其中木本植物和非木本植物间必须既有生态也有经济上的相互作用，才能被称为农用林业。

Young（1989）将农用林业措施定义为“农用林业系统各种成分在时间和空间上的特有配置”。农用林业系统则是农用林业措施在各地的具体应用。不同的环境特点、植物种类及配置、经营管理、社会和经济功能构成不同的农用林业系统。世界上有2000多种农用林业系统，但只有约20种不同的农用林业措施。热带和亚热带，约有一半的农村人口在2/3土地上进行生产性农用林业活动。

农用林业的重要性 在单位面积土地上，农用林业可以实现比其他土地利用形式具有更高的生产力和获得多样性产品。联合国粮农组织和ICRAF列出了农用林业32项作用，其主要的有：①直接地因树木的引入（如饲草、水果），或间接地因土壤肥力和农业持续性的改善所带来的作物增产与稳产；②提供更多的产品与服务；③林产品销售后增加收入；④减少对来自外部的重要农业投入（如肥料）和基本生活用品（燃料、建筑用材）的依赖；⑤改善土壤结构，增加土壤肥力，从而对作物产量产生重要影响；⑥促进小气候的形成；⑦减小对现存森林的压力；⑧减少土壤侵蚀与河道淤积；⑨通过集约化的饲草生产和牲畜饲养，减小对牧地的压力。

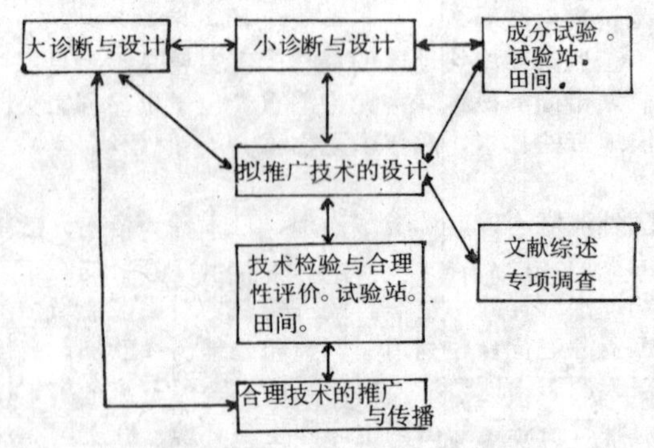

农用林业技术发展循环

围绕以上问题，研究较多的是多目的树种的选择和开发，以及土壤肥力的持续性。多目的树种专指区别于常见的用材林树种。它是农用林业的核心。Carlowitz（1991）建立了内含1000余种农用林业树种的数据库。英国、澳大利亚和美国对多目的树种进行了研究。

土壤持续性指与生产所依赖的自然资源的保护相联系的生产力。土壤肥力的维护构成持续土地利用的主要组成部分。当前控制土壤侵蚀的主要方法是修筑土方工程的“障碍法”和“覆盖法”。但不论哪种方法，树木起着重要作用。

农用林业技术发展循环 ICRAF对农用林业技术与发展循环提出了“诊断与设计法”(Diagnosis and Design)。这一方法包括了较大结构的农用林业技术发展循环（见图）。它的过程是对现存的农用林业措施、土地利用体系、约束条件、农业政策、制度环境、可能引入的农用林业系统，以及技术开发中研究重点的评价。它立足于某一国家的某一生态区。小诊断与设计在小生态区内进行。由ICRAF研究人员选择一种主要土地利用系统进行详细分析。在此基础上得出研究计划特定的指导原则。

常见的农用林业措施，在湿润的热带地区，农用林业技术是多层次的庭院、休闲地上种植优良树木，行状绿篱间作，利用树木控制imperata草原。在半湿润的热带地区或稀树草原，可采用农田绿化，四旁造林，等高条田植树，生物篱和饲草岸。在半干旱的热带和亚热带地区，可采用农田绿化，四旁造林，防护林，生物篱和饲草岸。

农用林业研究 要有坚实的研究基础，才会促进农用林业的发展。ICRAF早期从事的研究工作涉及三个方面：一是建立跨学科队伍，开发诊断土地利用系统的新方法，这就是“诊断与设计法”；二是提出农用林业研究的必要概念和方法，如树木与作物的界面效应等；三是收集、评述和传播有关农用林业的高质量信息。后来，ICRAF转向发展与支持各国研究机构对农用林业的研究，主要内容有：树木自身遗传特性改良；农用林业系统中的养分流动；农民对农用林业技术的使用。核心试验是新遗传材料的田间试验和通过种源筛选、选择和育种等工作对已有树种的改良。

为推动农用林业的发展，ICRAF的国际合作机构有：国际农业研究顾问小组（CGIAR）、国际热带农业中心（CIAT）、热带农业研究与教育中心（CATIE）、国际非洲牲畜中心（ILCA）、国际半干旱热带地区作物研究所（ICRISAT）和国际农用林业研究所（IITA）。世界银行对农用林业/社会林业活动也给予了财政支持。

（译者 张玉圣 摘编 王秉勇）

统 计 资 料

世界森林资源统计表

	1989年				1989年				1989年		
	森林面积	覆盖率	其他林地		森林面积	覆盖率	其他林地		森林面积	覆盖率	其他林地
	（千公顷）				（千公顷）				（千公顷）		
世界	3603731	27	1696432	埃塞俄比亚	27248	24	35300	毛里求斯	14	7	32
非洲	707974	25	1335138	加蓬	20594	79	1500	摩洛哥	3557	8	1161
阿尔及利亚	2198	1	2168	冈比亚	216	21	560	莫桑比克	15460	20	42700
安哥拉	53757	43	28400	加纳	8768	38	9480	尼日尔	2559	2	7880
贝宁	3886	35	6832	几内亚	10652	43	9900	尼日利亚	14913	16	49450
博茨瓦纳	32560	57	20000	几内亚-比绍	2105	53	577	留尼旺	90	35	42
布基纳法索	4747	17	9360	科特迪瓦	9879	31	15390	卢旺达	259	10	155
布隆迪	60	2	24	肯尼亚	2541	4	38105	圣多美和普林西比	56	58	—
喀麦隆	25638	54	15600	莱索托	3	—	16	塞内加尔	11057	57	3115
中非共和国	35890	57	21100	利比里亚	2046	21	5640	塞拉利昂	2061	29	4278
乍得	13503	11	10550	利比亚	333	—	446	索马里	9061	14	53050
刚果	21357	62	2500	马达加斯加	13466	23	7500	南非	1347	1	2803
吉布提	71	3	44	马拉维	4351	46	380	苏丹	47838	20	98600
埃及	40	—	—	马里	7255	6	15100	斯威士兰	176	10	—
赤道几内亚	1295	46	1175	毛里塔尼亚	554	—	3980	多哥	1695	31	3720

（续）

	1989年		
	森林面积	覆盖率	其他林地
	（千公顷）		
突尼斯	424	2	—
乌干达	6061	30	1700
坦桑尼亚	42138	47	17900
扎伊尔	177612	78	29700
赞比亚	29548	40	10800
津巴布韦	19930	51	3570
北美和中美	563063	26	338036
巴哈马	324	32	—
伯利兹	1449	63	574
加拿大	264100	28	172300
哥斯达黎加	1801	35	240
古巴	1612	14	1005
多米尼加	635	13	321
萨尔瓦多	142	7	315
瓜德罗普	93	52	—
危地马拉	4557	42	1865
海地	49	2	96
洪都拉斯	3997	35	1900
牙买加	80	—	386
墨西哥	48509	25	85000
尼加拉瓜	4497	38	1580
巴拿马	4169	54	124
特立尼达和多巴哥	224	43	63
美国	226454	24	71622
南美	871757	50	253065
阿根廷	45100	16	16500
玻利维亚	66786	61	12050
巴西	518335	61	161820
智利	8367	11	8550
哥伦比亚	51795	49	14400
厄瓜多尔	14773	53	3470
法属圭亚那	7832	87	85
圭亚那	18696	94	315
巴拉圭	19713	49	12730
秘鲁	70724	55	8660
苏里南	15008	92	295
乌拉圭	630	3	120
委内瑞拉	33994	38	14070
亚洲	458772	18	623291
阿富汗	1221	2	690
孟加拉	1055	8	315
不丹	2147	45	230
文莱	323	61	237
柬埔寨	12655	71	625
中国	127780	13	27730
塞浦路斯	153	16	40
香港(地区)	—	—	13
印度	59302	19	14848
印度尼西亚	118813	65	41260
伊朗	3793	2	14250
伊拉克	1250	2	300
以色列	75	3	34
日本	23889	63	1309
约旦	71	—	75
朝鲜	4800	39	4200
南朝鲜	6515	66	—
老挝	13636	58	5735
黎巴嫩	38	4	45
马来西亚	21022	63	4825
蒙古	9528	5	4335
缅甸	31957	49	20700
尼泊尔	2140	16	340
巴基斯坦	2640	3	1105
菲律宾	9810	32	3520
斯里兰卡	1771	27	1068
叙利亚	190	1	239
泰国	15789	30	1300
土耳其	8856	11	11343
越南	10314	31	11080
欧洲	136652	28	41701
阿尔巴尼亚	930	34	312
奥地利	3754	45	—
比利时/卢森堡	682	20	160
保加利亚	3400	30	400
捷克和斯洛伐克	4435	35	143
丹麦	466	11	18
芬兰	19885	65	3340
法国	13875	25	1200
前民主德国	2700	25	255
前联邦德国	6989	28	218
希腊	2512	19	3242
匈牙利	1612	17	37
爱尔兰	347	5	33
意大利	6363	21	1700
荷兰	294	8	61
挪威	7635	25	1066
波兰	8588	28	138
葡萄牙	2627	28	349
罗马尼亚	6190	26	150
西班牙	6906	14	23584
瑞典	24400	59	3442
瑞士	935	23	189
英国	2027	8	151
前南斯拉夫	9100	36	1400
大洋洲	91292	10	66720
澳大利亚	41658	5	64242
斐济	851	46	6
新喀里多尼亚	705	37	630
新西兰	7046	26	46
巴布亚新几内亚	38197	84	1530
萨摩亚	142	50	31
所罗门群岛	2457	89	40
汤加	—	—	8
瓦努阿图	236	16	—
前苏联	739900	33	189700

（王秉勇　供稿）

索 引

按汉语拼音排列

B

D

M

T

X

汉语拼音索引首字笔画索引